甘 肃 省 志

·公 路 交 通 志·

（1991—2010）

甘肃省地方史志编纂委员会
甘肃省志公路交通志编纂委员会　编纂

甘肃文化出版社

图书在版编目（CIP）数据

甘肃省志. 公路交通志 : 1991—2010 / 甘肃省地方
史志编纂委员会编纂. -- 兰州 : 甘肃文化出版社,
2019.4
ISBN 978-7-5490-1788-1

Ⅰ. ①甘… Ⅱ. ①甘… Ⅲ. ①甘肃－地方志②交通运
输业－概况－甘肃－1991-2010 Ⅳ. ①K294.2

中国版本图书馆CIP数据核字(2019)第099221号

甘肃省志·公路交通志(1991—2010)

甘肃省地方史志编纂委员会丨编纂

责任编辑丨周乾隆
封面设计丨张国藩

出版发行丨⚫甘肃文化出版社
网　　址丨http://www.gswenhua.cn
投稿邮箱丨press@gswenhua.cn
地　　址丨兰州市城关区南滨河东路 520 号丨730000

营销中心丨王　俊　贾　莉
电　　话丨0931-8454870　　8430531(传真)

印　　刷丨兰州新华印刷厂
开　　本丨787 毫米×1092 毫米　1/16
字　　数丨1060 千
印　　张丨66　　　　　　彩插丨16 页
版　　次丨2019 年 4 月第 1 版
印　　次丨2019 年 9 月第 1 次
书　　号丨ISBN 978-7-5490-1788-1
定　　价丨398.00 元

甘肃省地方史志编纂委员会

《甘肃省志·公路交通志（1991—2010)》
编纂委员会

主　　　任：李　睿

副　主　任：赵彦龙　盖宇仙　刘建勋　孙广明　赵建锋
　　　　　　秦雪滨　谢统纲　畅向丽　赵生跃　王永生
　　　　　　杨惠林

编委会成员：杨碧峰　袁得豪　仇金选　胡雄韬　牛思胜
　　　　　　伏偌林　陈亚民　司俊军　丁兆民　寇学聪
　　　　　　孙永涛　吴敏刚　陈　晖　杨佑君　张树泉
　　　　　　张军仁　赵河清　达世德　雷鸣涛　李树峰
　　　　　　乔松青　刘续军　段兰芬　李文生　王涛忠
　　　　　　岳余之　樊德民　汝登国　杨永晖　杨新林
　　　　　　王　俊　马　健　赵国祥　张强勇　赵文江
　　　　　　马学会　程　仁　董平安

《甘肃省志·公路交通志（1991—2010）》编纂组

主　　　编：李　睿

副　主　编：赵彦龙　赵建锋

总　　　纂：仇金选　达世德

常务副总纂：段兰芬　刘续军　张国藩

副　总　纂：张军平　杨　曦　李慧磊　陈　红　吴亚飞
　　　　　　杨志华　胡俊璐　牛裕隆　王承斌　张　宾
　　　　　　（排名不分先后）

工 作 人 员：张　磊　马鹏云　徐　芬

总序

甘肃省副省长、甘肃省地方史志编纂委员会主任　何伟

修志问道，以启未来。地方志是传承中华文明、发掘历史智慧的重要载体，具有存史、资政、育人的重要价值。继本世纪初我省第一部社会主义新方志《甘肃省志》出版之后，经过多年努力，又一部全面反映甘肃改革开放伟大历程的鸿篇巨制《甘肃省志》续志陆续付梓。这是我省文化建设的又一重大成果，值得庆贺！

纂修方志是中华民族所独有的优秀文化传统，两千年延绵不断，代代相续，数万卷典籍浩如烟海，熠熠生辉，忠实记载了中华民族的发展历程，为人们在继承与创新中开拓美好未来提供着重要历史借鉴。地处黄河上游的甘肃作为华夏文明的发祥地之一，历史悠久，物华天宝，地灵人杰，这里也曾诞生过数百部地方志书，记载传承着陇原各族儿女开疆拓土、改善民生、创造文化、谱写历史

1

篇章的辉煌业绩。盛世修志。新中国成立后到20世纪后期，承平既久，海内晏清，全国上下兴起编纂社会主义新方志的热潮。1985年5月，甘肃省人民政府制定全省修志规划，启动《甘肃省志》编纂。经过全省80多个部门数千名党政领导、专家学者和社会人士20多年艰苦努力，基本完成全志编纂。业已完成的《甘肃省志》，是我省第一部社会主义新通志。全志上起先秦，下讫20世纪后期，凡72卷、5000多万言、3000多幅图片，是甘肃有史以来卷帙最为浩繁、内容最为丰富的创修通志。该志以辩证唯物主义和历史唯物主义为指导，采用新观点、新方法和新体例，统合古今，突出当代，全面记述甘肃自然地理和社会因革演变的发展历程，举凡舆地沿革、山川形胜、物产矿藏、税赋徭役、书院学校、职官人物、金石艺文、民族风俗、气候灾异等情无不穷搜毕罗，堪称"甘肃之全史"和甘肃历史百科全书。《甘肃省志》的刊行，不仅为传承历史、垂鉴后世留下了宝贵的文化遗产，而且在资治教化、服务现实、促进经济社会发展中发挥着重要作用。

历史在前进，时代在发展。《甘肃省志》截稿后，甘肃又走过了改革开放40年的辉煌历程。在中国共产党的正确领导下，中共甘肃省委、甘肃省人民政府团结带领全省各族人民高举中国特色社会主义伟大旗帜，以马克思列宁主义、毛泽东思想、邓小平理论、

"三个代表"重要思想、科学发展观、习近平新时代中国特色社会主义思想为指导，认真贯彻落实中央各项大政方针政策，全面落实习近平总书记视察甘肃重要讲话和"八个着力"重要指示精神，牢牢把握发展这个执政兴国的第一要务，励精图治,奋发图强,艰苦创业，全省社会面貌发生了历史性巨变，开创了经济社会持续健康发展的新局面。全省生产总值由 1978 年的 64.73 亿元增加到 2017 年的 7677.0 亿元；一般公共预算收入由 20.53 亿元增加到 815.6 亿元；固定资产投资由 9.30 亿元增加到 5696.3 亿元；粮食总产量由 510.55 万吨增加到 1128.31 万吨；工业增加值由 34.66 亿元增加到 1769.7 亿元；农村居民人均可支配收入和城镇居民人均可支配收入分别由 101 元和 408 元达到 8076.1 元和 27763.4 元。教育、科技、文化、卫生等社会事业全面推进。经过 40 年来的持续发展，全省经济建设、政治建设、文化建设、社会建设和生态文明建设迈出了新步伐，呈现出政治安定、经济繁荣、文化发展、生态向好、社会进步的可喜景象。

记录伟大时代，续写壮丽史章，是历史赋予我们的光荣使命。根据国务院统一部署，2004 年 2 月，甘肃省人民政府制定全省第二轮修志规划，启动《甘肃省志》续志编纂。《甘肃省志》续志是我省历史上规划的第一部断代体省志，上限一般与《甘肃省志》各卷下限衔接，下限断于本世纪初叶。编纂工作仍由省上各有关部门、相关学术机构和社会人士承担。出于前后两志体例统一的考虑，同时遵循续志编纂的通例，《甘肃省志》续志继续采用横排门类、纵述沿革，卷类相从、以卷为志的大编目体式，在主要卷目与前志基本对应的同时，于不同层面增设了反映新的社会门类和新兴产业的卷目或篇章。全志仍由《概述》《大事记》、各专志、《人物志》和《附录》等72卷组成。《甘肃省志》续志的编纂借鉴第一轮修志的成功经验，吸收方志理论研究的最新成果，顺应时代发展变化，既继承传统，又积极创新，多角度、全景式反映历史面貌，力求使该志成为一部全面、系统、客观、准确记述历史的具有较高学术价值、文化价值和社会价值的资料性文献。与其他史籍明置褒贬以寓惩戒的方式不同，志书向以辑录资料为第一要旨，即所谓"述而不作"，寓观点于资料之中。《甘肃省志》续志尊崇治志所重的"实录"精神，记述改革开放的当代史实，档案资料系统完备，采访资料时近迹真，加之编纂人员钩沉提要，取精用弘，注重以资料反映消长，彰明因果，体现规律，力求达到资料性与思想性、科学性的统一，使该志质量力争有新的提高。志书编纂过程中，数千名参编人员不辱使命，黾勉以之，殚精竭虑，忘我工作，为按期完成任务、保证志书质量付出了艰辛努力，他们的业绩将和这部志书一道载入史册。希望各级地方志工作部门和广大修志工作者进一步增强责任感、使命感，提高政治站位，牢固树立政治意识、大局意识、核心意识、看齐意识，坚持编纂社会主义新方志的指导思想，继续发扬爱岗敬业、艰苦奋斗、默默奉献的精神，以对党、对人民、对历史高度负责的态度，再接再厉，恪尽职守，全面完成《甘肃省志》续志编纂任务，不断推出更多更好的优秀志书，为促进全省经济社会平稳健康发展和社会和谐进步做出新的贡献。

"欲知大道，必先为史。"孔子辑五经为世所重，汉兴收篇籍先典攸高。方志内容宏富、包罗万象，是一地一方的信息总汇和百科全书，就辅翼治道而言，其借鉴意义和参考价值为其他史籍所不及。历代前贤常常览方志而察形势，经国济世。革命先辈每每借方志而知地情，成就大业。习近平总书记2014年2月在北京首都博物馆考察时强调，要"高度重视修史修志""把历史智慧告诉人们，激发我们的民族自豪感和自信心，坚定全体人民振兴中华、实现中国梦的信心和决心。"从历史经验中汲取营养，从地志史籍中察知地情，是每一个为政创业者应有的思维品格，也是各级决策者顺应历史潮流、把握时代脉搏、认准前进方向的重要途径。新的历史时期，肩负领导责任的各级干部尤其应善于从历史经验中汲取营养，重视读史用志，通过方志这一地情信息宝库深入了解当地历史，把握当地特点，发现地方优势，理清发展思路，作出科学决策，推动当地各项事业健康发展。

地方志事业是社会主义文化建设的重要组成部分。2006年5月，国务院颁布《地方志工作条例》，以政府法规确立了地方志工作在经济社会发展全局中的地位和作用，地方志工作进入法制化、科学化发展的新阶段。2009年1月，甘肃省人民政府以国务院《地方志工作条例》为依据，制定了《甘肃省地方志工作规定》，对全省地方志工作作出了进一步规范。2015年8月，国务院办公厅印发《全国地方志事业发展规划纲要（2015—2020年）》，对全国地方志事业作出了规划部署。2016年5月，甘肃省政府办公厅印发《甘肃省地方志事业"十三五"发展规划》，对"十三五"期间全省地方志事业的总体目标、主要任务、保障措施、组织领导等作出了具体规划安排。各级党委、政府要充分认识地方志工作服务各项事业发展的功能和作用，认真抓好国务院《地方志工作条例》和《甘肃省地方志工作规定》的贯彻施行，切实提高依法治志的水平。要抓紧抓好《全国地方志事业发展规划纲要（2015—2020年）》和《甘肃省地方志事业"十三五"发展规划》的贯彻落实，认真谋划好、实施好本地方、本部门的地方志工作，全面完成全省地方志工作各项规划任务。要加强组织领导，把地方志工作纳入经济社会发展规划及各级政府工作任务之中，做到认识到位、领导到位、机构到位、编制到位、经费到位、设施到位、规划到位、工作到位，为地方志工作创造良好条件。

翻开历史画卷，我们充满自豪，一代又一代陇原儿女拼搏进取，在这片热土上谱写了光辉灿烂的篇章；展望未来前景，我们满怀信心，决胜全面建成小康社会，开启全面建设社会主义现代化国家新征程，建设幸福美好新甘肃的光荣使命激励我们砥砺前行。让我们以党的十九大精神为指引，深入学习贯彻习近平新时代中国特色社会主义思想，全面落实习近平总书记视察甘肃重要讲话和"八个着力"重要指示精神，树牢"四个意识"，坚定"四个自信"，动员带领全省各级党组织、广大党员和各族人民，更加紧密地团结在以习近平同志为核心的党中央周围，不忘初心，牢记使命，高举中国特色社会主义伟大旗帜，万众一心，奋发进取，努力同全国一道全面建成小康社会，开启全面建设社会主义现代化国家新征程，用智慧和汗水创造无愧于历史、无愧于时代、无愧于人民的业绩，为加快建设经济发展、山川秀美、民族团结、社会和谐的幸福美好新甘肃而努力奋斗！

是为序。

2018 年 9 月

序

甘肃省交通运输厅党组书记、厅长 李 睿

《甘肃省志·公路交通志（1991—2010)》是《甘肃省志·公路交通志》的续志。经过近三年的努力，终于付梓出版，可喜可贺！

光阴荏苒。20 年在历史长河中只是弹指一挥，但在数千年甘肃交通发展史中却是一次大跨越，这是改革开放成就的体现，更是全省交通系统广大干部职工艰苦努力的结果。20 年来，甘肃省交通运输厅认真贯彻落实中共中央、国务院方针政策，按照甘肃省委、省政府的决策部署，以改变甘肃交通落后面貌为己任，以践行"货畅其流、人便于行、服务群众、奉献社会"的核心价值为目标，深化改革，锐意进取，交通基础设施建设实现了跨越式发展，干线路网四通八达，农村公路纵横交织，运输站场星罗棋布，条条长路成为连起千家万户的致富金桥、民族团结的坚强纽带、信息交流的广阔平台，全省公路服务水平明显提升，运输保障能力全面提高，初步解决了交通运输长期不能适应经济社会发展的矛盾，为推动甘肃经济发展、改善人民群众生活、促进全面建成小康社会做出了应有贡献。

20世纪90年代，全省交通系统广大干部职工充分利用"贷款修路、收费还贷"的政策，发扬"四个一点"的艰苦奋斗精神，筹措资金改造干线公路。通过开展大规模"民工建勤"，用"以工贷赈""民办公助"方式解决边远山区群众"行路难"问题。国有运输企业通过二轮承包经济责任制，逐步走出困境，并形成国营、集体、个体"一起上"的局面，计划经济开始向市场经济转变。坚持"车头向下"，着力解决边远山区群众"坐车难"问题。紧紧抓住西部大开发这一千载难逢的历史机遇，确定"四纵四横四重"路网主骨架，制定"中心辐射、东西推进、区域带动、全面提升"的交通运输发展战略。从1990年到2010年的20年，高速公路从1994年13.15公里，发展到"十五"末的1006.63公里，成为全国第18个高速公路突破1000公里的省份。先后投入资金707.6亿元，开工建设高速公路28条，总里程近2000公里。国道主干线丹东至拉萨甘肃段全部实现高速化，国道主干线连云港至霍尔果斯甘肃段建成和在建的高速公路占总里程的95%。省城兰州全部出口实现高速化，全省以兰州为中心呈放射状的高速公路网初步形成，与青海、宁夏等周边省、区实现了高速公路连接。国省干线公路等级显著提高，路网结构明显改善，公路养护质量稳步上升。高等级公路运营从无到有，管理水平不断提升。同时，落实中央"三农"政策，以实施农村公路"通达、通畅、联网"工程为契机，启动"城乡客运一体化"建设，形成辐射农村的公路运输网络，基本解决了农村经济发展的"瓶颈"问题。公路运输按照"建运并举、和谐发展"的思路，实施"提速中部、东联西拓"战略，运输客货运站场建设步伐加快，通过车辆结构调整，中高档、豪华型车辆比例逐年上升。随着高速公路网的完善，快速客运覆盖全省100%的县区。截至2010年底，全省公路通车总里程达到11.9万公里，其中高速公路1992.6公里，二级及以上公路突破8000公里，全省78%的县通了二级及以上公路。农村公路总里程达到10.3万公里，实现95%的乡通油路（水泥路）、100%的建制村通农村公路的目标。全省拥有乡镇汽车站1035个，行政村停靠站7048个，等级货运站54个，农村客运班线达到2580条，平均日发125万个班次，乡镇通客车率达到99.84%，建制村通客车率达到88.1%。全省营运车辆18.8万辆，客货运量分别达到51404万人、24050万吨。

20年来，全省交通法制建设和行业管理进一步加强，运政、路政、交通规费征稽、海事、工程质量监督等方面的行政执法得到有效规范。交通应急保障、交通体制机制改革、科技创新及人才队伍建设取得很大成果，行业精神文明建设和党风廉政建设稳步推进，甘肃交通抓住历史发展机遇获得了前所未有的大发展。

这些成绩的取得凝结着甘肃交通系统干部职工迎难而上、众志成城、勇于奉献的精神，涌现出了一大批先进集体和英雄模范人物，他们身上所体现的时代精神是我们最为宝贵的精神财富，需要永远继承和发扬。

全面建成小康社会的目标催人奋进，时不我待，只争朝夕。今天的甘肃交通运输依然站在全省经济改革发展、扶贫攻坚奔小康的前沿，肩负着为全省经济发展和人民群众便捷出行提供强有力交通运输保障的重任。我相信，在习近平新时代中国特色社会主义思想的指引下，全省交通运输系统广大干部职工一定会深入贯彻党的十九大作出的建设"交通强国"的战略部署，牢固树立和贯彻落实"创新、协调、绿色、开放、共享"的新发展理念，统筹推进"五位一体"总体布局和协调推进"四个全面"战略布局，按照高质量发展的要求，不断提升交通运输服务品质，努力满足人民日益增长的美好生活需要，为全面决胜建成小康社会当好先行。

编史修志是中华民族的优良传统。根据省政府的安排部署，甘肃省交通运输厅于 2016 年 7 月正式启动《甘肃省志·公路交通志》(1991—2010) 续志编纂工作。编纂人员本着对历史负责的态度，在浩如烟海的资料中，钩奇抉沉，拾遗补缺，按时保质保量完成了编纂任务。以史为鉴，可以知兴替。续志客观真实记录了 20 年间甘肃交通运输发展的全貌，体现甘肃各族人民和交通运输系统广大干部职工在党和政府领导下为改善甘肃交通面貌而自力更生、艰苦奋斗、不畏艰难、锐意进取的精神风貌。续志资料丰富，内容翔实，体例科学，主次得当，是了解甘肃交通运输发展变化的珍贵史料。续志的编写出版是《甘肃省志·公路交通志》（1993 版）出版之后甘肃交通文化建设又一盛事，对于促进新时代甘肃交通事业健康、全面发展，完善交通文化体系建设，加强交通系统广大干部职工敬业爱岗教育，提高领导干部人文素养和决策能力无疑有"继往开来"之功，具有很强的"存史、资治、教化"的功能。希望广大干部职工充分利用这一成果，从中汲取营养，不忘初心，牢记使命，继续前行，努力开创甘肃交通运输事业更加美好的未来。

是为序。

2018 年 10 月

1994 年 7 月 1 日，天（水）北（道）高速公路（S16）建成通车。图为董家沟互通立交路段

2002 年 10 月 26 日，古浪至永昌高速公路建成通车

2002 年 10 月 26 日，兰州（柳沟河）至定西（巉口）高速公路建成通车

2002 年 10 月 26 日，兰州至白银高速公路建成通车

2003 年 8 月，兰州至中川机场高速公路全线通车

2004 年 11 月，兰州至海石湾高速公路建成通车

2004 年 12 月，兰州至临洮高速公路建成通车。图为太石立交

2005 年 12 月，刘寨柯至白银高速公路建成通车

2007 年 12 月，嘉峪关至瓜州高速公路建成通车

2009 年 9 月，宝鸡至天水高速公路建成通车

2010 年 12 月，康家崖至临夏高速公路建成通车

2009 年 12 月，平凉至定西高速公路建成通车

1992 年 8 月 25 日，"河西千里窗口路"（GBM）全线完工。图为改建后的 G312 线嘉峪关段

1993 年 8 月，临夏县新集乡群众民工建勤参与 G213 线兰（州）郎（木寺）公路 GBM 工程

1993 年 11 月，G109 线兰（州）包（头）公路改建通车

1994 年 9 月，G312 线柳（园）星（星峡）段扩建工程竣工

1996 年 11 月，G312 线武威过境段改建工程完工

1998 年，G312 线甘肃段全部建成"部级文明样板路"。图为白银路段

2001 年 11 月 30 日，G310 线天（水）嶻（口）二级汽车专用公路建成通车。图为通渭段互通式立交

2002 年 9 月，S213 线张掖至肃南线通县油路工程完工

2002 年 12 月，成县支旗至徽县伏家镇公路通车

2004 年 6 月，甘州至民乐县际公路建成通车

1997年，庆阳县罗家庄至段家滩公路通车

2001年，泾川县至灵台县公路通车

2006年7月，通渭县襄南至常河公路路面水稳基层铺筑施工现场

2009年，金塔县金塔至新地通村公路建成通车

2010年，漳县新寺至草滩公路建成通车

2002 年 11 月 12 日，永靖县祁家黄河渡口"通达号"渡船下水

2004 年，兰州至海石湾高速公路湟水河大桥建成

1992 年 7 月，G312 线西（安）兰（州）公路车道岭隧道建成通车

麦积山隧道内景

2009 年 6 月 3 日，宝天高速公路麦积山特长隧道贯通

2009 年 9 月，宝天高速公路李子坪特大桥建成

2005年，高速公路养护维修由人工改用铣刨机上路作业

2008年1月30日，养路工用多功能清雪车除雪

2008年，省交通厅投资2600多万元，引进德国生产的威特根沥青路面就地再生列车式养护车组。图为兰州公路总段在柳忠高速公路实施养护作业

2010年，天水公路总段职工清理避险车道

2010年，公路养护由人工清扫改为机械清扫路面

1991 年 8 月，白银汽车站建成运营

1997 年，两当公用型汽车站投入运营

1997 年，新建成的阿克塞公用型汽车站

2005 年，实施城乡客运一体化建设。图为按统一标准建成的乡镇汽车站

2008 年 11 月，兰州客运中心站正式运营

2002年，兰州市出租汽车更新换代首次发车仪式

2003年，甘肃省首次客运班线经营权招标

2006年7月30日，全省"千乡万村"客运网络示范班线开通仪式

2007年4月25日，陇运快客集团兰州至酒泉直达快客首发式

2008年，兰州汽车东站承担春运任务的豪华客车

1994 年 9 月 1 日，柳园至星星峡二级收费公路开始运营收费。图为柳园收费站

高速公路管理应急指挥车

2002 年，柳沟河至忠和高速公路开始运营收费。图为兰州收费站

2005 年 9 月，省高等级公路监控总中心建成

1992年，临夏州运管处运管人员走访货主单位征求意见

2002年9月5日，征稽人员现场查看征稽网络运行情况

2003年4月，白银公路总段路政人员检查大型运输车辆荷载情况

2009年底，甘肃省交通征稽部门整体划转甘肃省公路路政管理总队

2009年11月，张掖市交通局路政人员在辖区治理超限超载车辆

2010年，路政执法人员测量沿线建筑物与公路间的距离

2008 年 "5·12" 汶川地震，造成甘肃陇南、甘南等地区公路严重损坏。图为抢险队员清理落石

2008 年 5 月 13 日，G212 线打通后，甘肃省交通厅组织的抗震救灾物资顺利运往四川

抗震救灾抢险队清理公路塌方

实施灾后公路重建项目

2010 年底，国省干线公路灾后重建任务全面完成

2010 年 8 月 8 日，舟曲发生特大山洪泥石流自然灾害，造成重大损失。省交通运输厅组织交通运输部门对城区道路进行抢修

2010 年 8 月，甘肃交通抢险突击队与武警交通部队协作对三眼峪沟路段进行加宽

2010 年 8 月 28 日至 30 日，省交通运输厅选调交通运输志愿者承担"希望之舟"千里转运行动

转运舟曲师生的车辆安全行进在山区公路上

甘肃交通抢险突击队协助转移被困群众

20世纪90年代的公路道班

2002年后，收费公路管理处（所、站）实施绿化美化工程。图为靖远收费所

2000年后，全省公路道班合并为大道班。图为三滩公路养护管理站

2009年11月，甘肃省交通厅更名为甘肃省交通运输厅

凡 | 例

一、《甘肃省志·公路交通志（1991—2010）》以马克思列宁主义、毛泽东思想、邓小平理论、"三个代表"重要思想、科学发展观、习近平新时代中国特色社会主义思想为指导，坚持辩证唯物主义与历史唯物主义的方法论，存真求实，全面系统记述公路交通行业此一时期的发展历程。力求做到思想性、科学性、资料性相统一，突出时代特点，反映行业特色。

二、《甘肃省志·公路交通志（1991—2010）》为二轮《甘肃省志》其中一卷，属于续修。上限始于1991年，下限断至2010年，为保持记述事物的完整性，本书个别事件有适当上溯或下延。

三、本书采用国家规范的现代汉语语体文、记述体，述而不作。事以类分，类为一志，横排门类，纵述始末。

四、本书结构为编、章、节、目四个层级，必要时设子目，

（一）（二）为序。全志 4 编 18 章 64 节，共 106 万字。采用述、记、志、图、表、录、传等体裁，以志为主，图、表为辅，文、图、表、录、传相结合。卷首设序、概述、大事记，卷末设人物与名录、附录、后记。

五、文字除个别特定意义的繁体字外，其余一律采用 2013 年 6 月 5 日中华人民共和国国务院公布《通用规范汉字表》中的简化字。

六、数字的使用遵循中华人民共和国国家标准《出版物上数字用法》（GB/T15835–2011）。计量单位，遵循中华人民共和国国家标准《量和单位的规定》（GB/3011–3102），标点符号的使用遵循中华人民共和国国家标准《标点符号用法》（GB/T15834–2011）。专业术语均为本行业标准专业用语。国家高速公路用代码 G 表示，后加 1~2 位数或 4 位数；省级高速公路用代码 S 表示，后加 1~2 位数；国道用代码 G 表示，后加 3 位数；省道、县道、乡道、村道和专用道用代码 S、X、Y、C 和 Z 表示。

七、志文中的机构、职务、地名等，均以当时的称谓为准。机构、职务名称首次出现时用全称，并括注简称，之后一般用简称。同一地方古地名和志书下限时的地名不同或同一地名原管辖区域与志书下限时的管理区域不同时，在古地名后括注志书下限时的地名。本志采用公元纪年。

八、图片以彩页形式集中插于书前。表格全书按编、章统一编号。

九、人物传、人物简介、人物简表和先进集体、先进个人名录集中于志书正文之后、附录之前。附录收入文献、碑铭。

十、入志资料来自《甘肃交通年鉴》、交通系统各单位档案、文献等资料。数据以省交通运输厅统计部门公布的统计资料为准，其他采用本单位和有关单位经核实无误的数据。图片均来自甘肃省交通科技通信中心图片资料库。

目　录

目　录

目　录

目 录

目　录

目
录

目 录

甘肃省志 公路交通志

概　述

改革开放以来，特别是党中央、国务院实施西部大开发战略以来，甘肃省交通运输厅基于对甘肃交通重要战略地位的认识，提出了"陆水空邮并举、建管养运并重"的现代交通运输跨越式发展的战略思路，以"服务国民经济和社会发展全局、服务社会主义新农村建设、服务人民群众安全便捷出行"为理念，以建设畅通、高效、安全、绿色的综合交通运输体系为目标，交通体制机制改革迈出较大步伐，公路交通基础设施建设取得重大进展，路网整体服务水平明显提高，运输服务保障能力全面提升，为促进甘肃经济社会又好又快发展做出了重要贡献。

一

中共十一届三中全会以来，围绕社会主义现代化建设，甘肃以现有公路网为基础，把改善、提高干线公路的技术等级和质量列入公路建设重点。1977 年—1990 年，全省新建、改建干线公路 1296.81 公里，整修县乡道路5952.6 公里。截至 1990 年底，全省公路通车总里程达到 3.47 万公里。

1991 年—2010 年，甘肃公路建设保持了持续快速发展的良好势头。"九五"期间，特别是 1998 年以后，全省交通系统紧紧抓住"贷款修路、收费还贷"、中央实施积极的财政政策、加强基础设施建设和西部大开发的机遇，确定了"四纵四横四重"路网主骨架，实施 "东部会战"，按照抓好高速公路建设和农村公路建设，带动国省干线公路网改造"抓两头、带中间"的思路，适度超前，加大投入，加快项目前期工作。"十五"期间，全省投入437亿元，完成"两纵两横两个重要路段"的建设改造，并实现兰州与各市州以高等级公路连接、县县通沥青路、乡乡通公路、有条件的村通汽车的目标。"十一五"期间，省交通运输厅紧紧抓住贯彻《国务院办公厅关于进一步支持甘肃经济社会发展的若干意见》的历史机遇，充分发挥甘肃"连接欧亚大陆桥的战略通道和沟通西南、西北交通枢纽"功能，制定了"中心辐射、东西推进、区域带动、全面提升"的交通运输发展战略，全省投入842亿元，实现以国道主干线高速化、西部通道高等级化、县乡公路通畅化、运输站场网络化的目标。到"十一五"末，全省公路通车总里程达到11.9万公里,公路密度由"十五"末的9.71公里/百平方公里提高到26.2公里/百平方公里。其中二级及以上公路通车总里程突破8000公里，全省78%的县通了二级及以上公路。高速公路通车里程比1990年底增加近2000公里，全省建成和在建的高速公路总里程达3000公里。全省基本形成了以省会兰州为中心，连（云港）霍（尔果斯）、丹（东）拉（萨）2条国道主干线，10条国道及32条省道为干线，以县乡公路为支线，农村公路纵横交织、沟通全省城乡、连接周边省（区）的四通八达的公路网络。

公路建设投资规模持续快速增长。1978年以来，全省公路建设投资规模逐年增加，从1978年的2799万元、"七五"时期的2.4亿元、"八五"时期的19.7亿元，增加到"九五"时期的125.7亿元、"十五"时期的437.2亿元。"十一五"以后，全省公路基础设施建设年度投资连续突破百亿元。2010年，全省交通基础设施建设完成投资226亿元。"十一五"期间，全省交通系统累计完成固定资产投资约842亿元，年均增长14%。公路建设投资规模的扩大，对加快交通基础设施建设和拉动全省经济增长发挥了重要作用。截至2010年底，全省公路通车总里程达到11.9万公里，比2005年底增加了7.5公里。

高速公路建设突飞猛进。1994年，天水至北道13.15公里高速公路建成通车，实现了甘肃高速公路零的突破。其后，甘肃高等级公路建设一度沉寂。直到1998年中央实施西部大开发战略，甘肃高速公路建设驶上快车道。按照交通部"五纵七横"公路网规划，重点加快推进连霍、丹拉2条国道主干线的高速化进程。1999 年 6 月,兰州(柳沟河)至忠和高速公路开工建设,随后相继开工建设了巉口至柳沟河、白银至忠和等 15 条高速公路。2004 年,兰州到海石湾高速公路建成通车,标志着西北第一条省际高速公路(兰州至西宁)全线贯通。兰州到临洮高速公路建成通车,标志着兰州出口路全部实现高速化。2005 年 12 月,刘白高速公路建成通车,丹东至拉萨国道主干线在甘肃境内的 271.9 公里路段实现高速化。同年底,甘肃建成的高速公路达到 1006.63 公里,成为全国第 18 个高速公路突破 1000 公里的省份。其中柳忠高速公路是甘肃第一条利用世界银行贷款修建的项目,刘白高速公路是甘肃第一条利用日元贷款修建的项目。2007 年,甘肃省政府批准实施《甘肃省高速公路网规划》(2009 年调整)。规划按照"近期联通、中期成网、远期加密"三阶段分步实施,2030 年以前全面建成。规划建设 42 条国家高速公路和地方高速公路,总规模 7950 公里。自规划实施以来,全省以国家高速公路、断头路为重点,进一步加快高速公路建设步伐。宝鸡(牛背)至天水、嘉峪关至瓜州、天水至定西、康家崖至临夏等高速公路相继建成。武都至罐子沟、金川至永昌、徐家磨至古浪、营盘水至双塔、雷家角至西峰、临洮至渭源等 14 条高速公路相继开工建设。"十一五"期间,全省实施交通建设"东部会战"战略,五年新增高速公路 986 公里,连霍国道主干线甘肃境内 75% 的路段实现了高速化。建成全省第一条省地联建的高速公路——金昌至永昌高速公路,甘肃少数民族地区第一条高速公路——康家崖至临夏高速公路。截至 2010 年底,甘肃省先后开工建设高速公路 23 条,总投资规模 707.6 亿元。全省建成和在建的高速公路总里程突破 3000 公里,高速公路通车里程达到 2193 公里,在全国排名第 15 位。省会兰州的出口公路全部实现了高速化,以兰州为中心呈放射状的高速公路网初步形成,甘、青、宁三省区省会之间实现了高速公路连通,主通道通行能力明显提升,"千里陇原一日还"成为现实。

干线公路等级逐步提升。20 世纪 90 年代初,针对甘肃经济基础薄弱,财力有限,建设资金来源单一、紧缺的实际,全省采取"贷款修路、收费还贷"和"国家、省上补助一点,地方政府支持一点,各单位挤一点,职工自力更生奉献一点"("四个一点")的方式,筹措资金改造干线公路。从 1991 年开始,全省按二级公路标准对一些重要国省干线公路进行了全面改建,建设 G312 线柳园至星星峡、安西至柳园、兰州绕城线一期工程、兰州至巉口、静宁至巉口和 G109 线唐家台至刘寨柯段建设项目，对张掖、平凉、金昌、庆阳等地市的过境路和出口路段进行升级改造。1994 年建成二级收费公路——柳园至星星峡、金川至永昌公路。此后建成了界石铺至巉口、江洛镇至天水等 38 条 3046 公里二级和一级公路。G312 线张掖、平凉过境段和武南一级公路等二级以上标准的公路也在"八五"期间相继建设。到"八五"末，全省公路总里程比 1990 年净增 486 公里，二级公路比重由 1990 年的 2.1%上升到 7.1%，全省晴雨通车公路里程达到 2.69 万公里。"九五"期间，甘肃围绕 "五纵七横"国道主干线不断加快二级公路建设步伐。开工建设一级公路 174 公里，二级汽车专用公路 519 公里，二级公路 1014 公里。建成二级及以上公路 927 公里。到"九五"末，二级公路发展到 3368 公里。借助国家实施扶贫、通县和县际公路建设的历史机遇，"十五"期间，先后修建 22 条 1189 公里国扶贫困县连接国道、19 条 1561 公里通县油路、43 条 3528 公里县际公路，全省实现了从市州到县区通油路的目标。"十一五"期间，国省干线公路改造持续推进，投资 142 亿元，先后开工建设康家崖至临夏、临夏至合作、安西至敦煌、甜水堡至木钵、折桥至达川等二级公路。实现从市、州到县区通油路的目标，其中甘州至民乐县际公路项目被列入交通部全国示范项目。2006 年 8 月，G213 线康家崖至临夏、临夏至合作段二级公路建成。全省由兰州通往各市州的公路实现了以二级及以上等级公路连通的目标。2010 年底，甘肃启动全省县城所在地通二级公路工程，当年便实现了 12 个县通二级公路目标。2010 年 11 月底，完成 2009 年 3 月启动的"5·12"汶川特大地震灾后干线公路重建项目，重建 1128 公里干线公路。"十一五"期间，全省共升级改造普通干线公路 4803 公里，二级及以上公路里程达到 7885 公里。到"十一五"末，公路密度由"十五"末的 9.71 公里/百平方公里提高到 26.2 公里/百平方公里。全省 78%的县通二级及以上公路。路网平均技术等级由 2005 年末的 4.27（低于四级路）提高到 4.05（接近四级路）。国省干线公路中高级、次高级路面达到 1.18 万公里，占国省干线的 95%。

农村公路建设步入快车道。1990 年 5 月，甘肃省政府发布《甘肃民工建勤修建养护公路暂行规定》，这是甘肃自中华人民共和国成立以来的第一个促进公路发展的政策性规章，全省掀起了民工建勤修建和养护公路的高潮，甘肃农村公路网规模大幅提升。到 1997 年底，全省 99% 的乡镇通了公路，83.4% 的行政村通了汽车。"九五"期间，甘肃省制定《甘肃省农村公路发展规划》，开始组织实施"通达、通畅、联网"三步走的农村公路建设战略。全省共安排实施扶贫公路、通县公路建设项目 41 项 2751 公里，新建改建县乡公路 5592 公里，新铺油路 2800 公里，新增通等级公路乡镇 188 个，新增通油路乡镇 123 个。2002 年，全省实现县县通油路的目标，2003 年实现乡乡通公路的目标。2004 年，甘肃省政府与交通部签订《关于落实中央 1 号文件农村公路建设任务的意见》。全省交通运输部门积极配合社会主义新农村建设，以实施"通达""通畅"工程为重点，启动了历年来规模最大的农村公路建设，农村公路建设走上了"省部联手、各负其责、统筹规划、分级实施"的快速发展轨道。2004 年，敦煌市率先实现村村通油路目标。"十五"期间，全省共完成农村公路通乡、通村项目 2459 项 1.95 万公里。2005 年底，甘肃乡镇等级公路通达率达到 95.09%，89% 的行政村通了公路，95% 的行政村通了机动车路。农村公路建设年度投资规模先后突破 20 亿元和 40 亿元。"十一五"期间，按照"中东部通达会战，西部优化改造"的农村公路发展战略，以实施农村公路部省联建协议为重点，充分发挥地方政府的主体作用，加大资金筹措和政策支持力度，全面加快农村公路建设步伐，农村公路通达深度和通畅程度明显提高。2007 年，农村公路投资达到 49.16 亿元，每年新建改建农村公路 6000 公里以上。 2007 年底，新建改建农村公路 1.39 万公里，金昌、兰州两市实现乡乡通油路，嘉峪关市实现村村通油路。截至 2010 年底，全省农村公路总里程达到 10.3 万公里，比 2005 年增加 2.56 万公里。全省 95% 的乡镇通了沥青（水泥路），100% 的建制村通了公路。

二

1990 年—2010 年，甘肃道路运输经历了改革开放初期的全面开放阶段、市场培育阶段、快速发展阶段，道路运输事业发生很大变化。

二十年间，甘肃省交通部门按照"建运并举、和谐发展"的思路，全力实施道路运输"提速中部、东联西拓"战略，全面加快运输结构调整，规范和培育运输市场，道路运输网络不断完善，提升了道路运输保障能力，基本满足了不同层次、不同地域的运输需要，适应了人们出行从"走得了"向"走得好""走得舒适"的转变，货物流通从"运得出"向"运得及时""运得经济"的转变，有力推动了甘肃道路运输业的快速发展。

1992年6月12日，甘肃省第一家公用汽车站——金昌市公用汽车站成立，日发送旅客1800多人次。此后，公用车站逐年增加。"十五"期间，全省道路运输站场完成投资47.17亿元，新建改建等级客货运输站场55个，全省所有县（区）拥有了等级客货运汽车站。2005年以后，全省各级运输管理部门深入落实"提速中部"战略，基本形成了以兰州公路主枢纽为中心，市、州区域性枢纽为依托，县、乡、村三级站场为基础的点线相连、辐射到面的道路运输基础设施网络。

"十一五"期间，站场建设力度加大。截至2010年底，全省拥有4级以上客运站311个、等级货运站54个，实现了15个市（州、矿区）级道路运输信息中心、86个县（区）道路运输信息站、38个三级以上汽车站、14个运输企业信息站和130个企业GPS监控应用平台的全面联网。

1991年，道路运输管理行业坚持车头向下，努力开放农村、牧区、边远山区客运市场。到2002年，农村客运巴士、夜宿农村班车、串村客运等灵活多样的组织形式出现，较好地适应了农村地区运输需求。之后，全省落实中央"三农"政策，主动适应城镇化进程需求，开展客运"村村通"试点工作，按照"路、运、站"一体化原则，同步发展农村客运。探索"公交下乡、农线进城、税费趋同"的城乡客运一体化经营之路，大力支持发展农村公交，整合乡村运输资源。由初期以乡（镇）为中心，通村通组，形成辐射农村的运输网络，逐步发展成以城市、城际、城乡、乡村公交网络为主的城乡客运一体化网络。2004年以后，启动了"千乡万村"农村客运网络建设工程。到"十一五"末，全省拥有乡（镇）汽车站1035个，行政村停靠站7048个。全省开通农村客运线路2600条，平均日发1.25万个班次，乡（镇）通班车率达到99.85%，行政村通班车率达到88.1%。初步形成了城乡运输资源相互衔接、方便快捷的客运网络。

1992年底，全省跨省跨区线路169条。1993年起，根据交通部提出的

"开放、统一、竞争、有序"要求，省道路运输管理机构运用经济手段和政策导向加强宏观调控，解决运力布局不合理、结构失衡、管理方式落后、运输质量低等一系列问题，基本满足了不同层次旅客乘车需求。在发展传统运输服务业的同时，大力开展物流配送、运输信息中介等现代运输服务业，积极发展与周边省区的区域运输合作，道路客货运输网络进一步完善。1999年，开始积极筹备快速客运企业，对全省快速客运发展进行研究，提出组建快速客运服务系统的具体实施方案。天水至嘉峪关1000公里快客运输线开通，基本形成了以兰州为中心的甘肃中部地区快速运输网络，实现了"千里快线一日还，一小时圈起市县乡"的初步设计。2005年，兰州至西宁、兰州至银川高速公路实现对开，催生了"黄河上游甘青宁三角黄金运输线"的正式启动。全省76%的县（区）开通了快客班车，省内快件运输实现24小时送达。"十一五"期间，全省各级运输管理部门深入落实"提速中部"战略，运输服务保障能力进一步增强，人民群众安全便捷出行条件显著改善。截至2010年底，全省道路运输经营业户达到47100户，从业人员达到40.1万人，营运车达到18.8万辆，比"十五"末分别增长32.27%、46.8%和45.1%；开通客运班线4044条，平均日发班次2.09万个，比"十五"末增长16.7%和31.7%；公路客运量、货运量、旅客周转量、货物周转量分别比"十五"末增长37.8%、41.2%、38.9%和39.6%；道路运输产值达到330亿元，增加值159亿元。运输结构调整进一步加快，中级以上班线客车和重型货车比例分别比"十五"末提高34.5%和4.1%。至2010年底，已延伸到全国24个省、区、直辖市，货运遍布全国，全省跨省客运班线达到357条，保证了电煤、原油、粮食等国家重点物资和鲜活农产品的运输。

20世纪80年代，甘肃省道路运输企业实行的单车承包经营、风险抵押承包经营和融资租赁等以单车为核心的改革。1992年，道路运输行业初步形成国有、集体和个体运输共同发展的局面。1993年，根据省交通厅颁发的《关于建立和完善我省公路运输市场经济体制的若干意见》，省道路运输管理局相继制定了《关于提高办事效率简化客运线路审批手续的规定》，全省公路运输业逐步由计划经济向市场经济过渡，并初步形成开放的运输市场。1992年—1997年，通过政策引导、合理布局、市场准入、简化手续等措施，发展非公有制道路运输经济，由承包经营转向资产经营，全省非公有

7

制运输经济数量大幅增长。2006年底，全省国有86户客货道路运输企业全面完成改制，非公有制经济成分主导了全省道路运输市场。快速客运、旅游客运、汽车租赁等优势运输业务快速发展。截至2010年底，组建了甘肃交运旅游运输公司和宝天公路专线运营公司，全省已经形成了以东运、兰运集团为龙头，20家区域性运输企业为骨干，300家客货运输企业竞争发展的合理格局，运输企业竞争实力显著，为繁荣运输经济、推动行业发展发挥了积极的促进作用。

三

　　二十年间，全省各级交通主管部门和公路管理机构按照"建、管、养、运"并重的方针，围绕人民群众安全便捷出行，坚持高速公路、普通干线公路和农村公路养护协调发展，日常养护、预防性养护与养护大中修工程有机结合，路、桥、隧、涵养护管理同步推进，建立健全养护生产作业标准和绩效考核机制，与高等院校、科研单位联合开展各项养护实用技术研究，组建了公路养护技术研究院和11家高等级公路养护中心，购置了一大批性能优良的专用养护机械，养护生产质量和效率不断提高。

　　全省公路路况服务水平全面提升。"十五"期间，投入资金14549万元，实施养护大中修工程135项4077公里，对重要经济干线公路、城市进出口、省际连接线、高速公路连接线、旅游公路及病害较多路段进行了集中维修改造。2005年开始，甘肃公路管理部门以"养好公路是第一要务"为主线，实施国省干线公路危旧桥加固改造三年计划和农村公路危桥加固改造五年计划，累计加固改造危旧桥600多座，桥梁养护监管水平明显提高。至"十一五"末，国省干线公路实施养护维修工程7000多公里，全省高速公路优良路率达到94.68%，普通国省干线公路优良路率达到57.9%。加固改造干线公路危旧桥梁639座、农村公路危旧桥梁241座。实施公路安全保障工程和公路灾害防治工程6335公里，大大提高了公路安全保障水平。

　　公路权益得到有效维护。1990年，甘肃省政府颁发《甘肃省公路路政管理办法》。甘肃省交通厅行政委托授权甘肃省公路局对全省路政管理行使行政管理职权。1997年，《甘肃省公路路政管理条例》颁布。全省路政机构围绕保护路产路权、保障公路安全畅通的中心任务，不断规范内业标准和执法行为，突出超限运输治理、高速公路路政管理和农村公路路政管理，逐步更新路政执法专用车辆，配备执法器材设备，加强路政基层机构规范化、标准化建设。超限治理纳入路政执法日常工作，探索实行适应新形势的路政工作机制，执法队伍结构得到改善。路政管理基本实现信息化。自2004年6月开始，甘肃省交通厅联合省有关部门，在全省范围内对超限超载、"大吨小标"和非法改装等不法行为进行集中整治。1990年—2005年，路政执法管理走向专职化。

高等级公路运营服务水平得到提高。全省不断完善公路灾害预防抢修预案、高等级公路救援网络、地质灾害及气象预警预报系统建立。"十一五"期间，共投入资金4.99亿元，对全省高速公路和6条二级公路进行计重收费改造，完成了19个服务区的基础设施改造和信息化建设，完成了15条高速公路路线命名编号调整及标志更换工作，建成劝返站15个。对甘肃省收费机电设备实行"站站通"联网，建成信息化综合性服务中心。设立"96969"服务热线、手机短信等信息发布平台，改造ETC车道，开展"五心"服务活动。2009年，全省高等级公路车辆通行费征收首次突破20亿元。"十一五"期间，完成车辆通行费收入123.8亿元，是"十五"期间的3.4倍。完善和落实鲜活农产品"绿色通道"政策，降低了农产品运输成本。

农村公路管理养护体制改革积极推进。自2005年《国务院办公厅关于印发农村公路管理养护体制改革方案的通知》下发后，甘肃省政府于2007年、2008年相继批转《甘肃省农村公路管理养护体制改革实施意见》，甘肃省交通厅印发《甘肃省农村公路管理养护体制改革实施办法》，成立甘肃省农村公路管理养护体制改革领导小组。按照"先试点、再完善、后推广"的思路和有路必养、确保质量的要求，在28个市、县、区进行农村公路管理养护体制改革试点，重点明确各级政府对农村公路管理养护的责任，强化各级交通主管部门的管理养护职能，初步建立以县为主的农村公路管理养护体制和以政府投入为主的养护资金渠道。至2010年底，全省14个市（州）均出台《农村公路管理养护体制改革实施意见》，86个县（市、区）全部出台《农村公路管理养护体制改革实施细则》。全省所有县（市、区）均成立县级农村公路管养机构。截至2010年底，甘肃省1267个乡（镇）中已有1013

个乡（镇）设立农村公路管理所（站），全省 1.7 万个行政村中有 1 万个行政村成立村级养护小组，农村公路养护里程达 9.9 万公里。

规费征收工作稳步推进。1991 年—2008 年底，甘肃省按照国家和省上的有关规定，交通规费征费政策多次调整，全省交通征稽工作以全省公路建设筹集资金为目标，创新征管方法，积极采取各种方式吸引费源，调整交通规费包缴方式、统一汽车计量标准、启动银行代征、开通异地缴费等人性化服务，实现全省联网征收。1995 年 7 月 1 日起，按照甘肃省财政厅、省物价委员会的规定，由甘肃省交通厅授权甘肃省交通征稽部门征收客运车辆基础设施建设费。甘肃省交通厅决定，客运附加费改变征收环节后，为便于年度结算和考核，营运客车仍由运管部门征收，非营运客车由征稽部门征收。2000 年后，全省汽车保有量增加，征稽工作加大科技投入，全面应用电子化、信息化技术，逐步形成"费收分析评估费源监控、管理"的征管模式，规费征收实现跨越式增长。2008 年 12 月，国务院决定实施成品油价格和税费改革，提高现行成品油消费税单位税额，不再新设立燃油税，利用现有税制征收方式和征管手段，实现成品油税费改革相关工作的有效衔接。取消公路养路费等 6 项收费，逐步取消政府还贷二级公路收费。自 2009 年 1 月 1 日起，提高燃油税费税率，停止征收养路费等 6 项交通规费。据统计，1987 年至 2008 年，全省征费车辆从 7.2 万台增加到 44.12 万台；年征费额从 1.64 亿元增长到 16.04 亿元。甘肃省交通征稽部门组建 21 年，为全省公路建设和养护累计征收资金 152 亿元，保障了全省公路交通事业的发展。

1985 年，国务院规定车辆购置附加费的征收工作由交通部门负责，并由车辆生产厂家、组装厂及海关代征。到 1993 年，征收工作一直由代征单位具体办理，交通部门负责征收行为的监督和检查。1994 年开始，车购费征收管理工作由省级交通部门在车辆落籍地设置车辆购置费征收管理单位或机构负责。此后，甘肃省交通部门设立车辆购置附加费征收管理办公室，专门负责此项工作。

四

坚持法治交通，加强交通法治建设，交通行政执法人员的业务素质和执法水平全面提高，公路路政、道路水路运政、交通规费征稽、海事、船检、工程质量监督等方面的行政执法得到规范。先后参与完成五个条例的立法工作，由甘肃省人大常委会颁布实施。1997 年被称为"全省交通立法年"。"十一五"期间，不断加快立法步伐，先后报请省政府出台《甘肃省实施〈民用运力国防动员条例〉办法》《甘肃省高速公路管理条例》等。深化交通行政审批制度改革，通过清理和减少交通行政许可、审批项目，入驻政府政务大厅和建立交通运政大厅，实行集中统一审批，交通行政审批行为进一步规范。积极推行交通政务公开，推进行政权力透明运行，实行首问责任制、限时办结制、"一站式"服务等承诺制度和服务形式，交通公共信息服务体系不断完善。2005 年到 2010 年，共清理和减少交通行政许可、审批项目 42 项。开展治理机动车辆乱收费和整顿道路收费站点工作，预防和治理公路"三乱"，实现全省所有公路基本无"三乱"的目标。

在由计划经济向市场经济转轨过程中，省交通厅加强规划工作，着力提高行业管理水平。始终坚持计划的严肃性，狠抓项目及项目前期工作。先后编制高速公路、国省干线公路、农村公路、内河航运、道路运输、养护管理等综合规划和专项规划。其中《甘肃省高速公路网规划》《甘肃省农村公路规划》《甘肃省公路运输规划》等的实施，为全省交通运输工作科学发展、建设提供了依据。进一步完善交通基础设施建设领域从业单位信用评价体系，在全国较早实现网上在线招标，交通建设市场健康发展。建立健全工程建设质量安全联动机制，规范设计变更程序，加强试验检测、工程监理和造价监督，交通工程质量安全管理水平显著提升。始终坚持"安全第一、预防为主、综合治理"的方针，全面落实道路运输"三关一监督"职责和水上安全责任制，交通安全生产形势保持稳定。道路运输安全源头管理不断加强，三级以上客运站配备 X 射线行李包检查设备和安全门检系统，大部分长途客车和危货车辆安装 GPS 监控系统。进一步完善预算管理，健全财务管理制度。充分发挥内部审计监督职能，确保各项资金安全有效使用。充分发挥国家投资的导向作用，进一步拓宽筹融资渠道，综合运用国家补贴、地方配套、银行信贷、民间投入等多种方式筹措交通建设资金，建立全新的融资、投资、资金收益评价和监督体系，搭建省级交通融资信用平台和"统贷统还"的信贷管理机制，实现交通项目建设与资金供给的良性互动。按照省上的统一部署，积极配合甘肃省编制委员会办公室、省人事厅、省财政厅对甘肃省交通厅属公路管理机构（包括交通征稽机构）和人员进行核定，定编、定员、定岗、定职责，为实行事业单位规范管理奠定基础。交通科技创新成果丰硕，专业人才队伍素质不断优化，为交通事业发展提供了人才保障和智力支持。

理顺公路建设管理体制。为加强公路建设管理，完善政府引导、市场运作、法人主体到位的项目建设机制，规范交通建设市场秩序，高速公路、国省干线公路实行"条块结合，以条为主"的建设管理体制。从 1993 年开始，相继组建甘肃省交通厅工程处（后更名为甘肃省公路建设管理集团有限公司）、甘肃长达路业有限责任公司、甘肃路桥公路投资有限公司、甘肃远大路业集团公司四个公路建设业主单位，承担高速公路项目建设单位职责，各建设单位下设项目办负责现场管理。省交通运输厅授权省公路局负责普通国省干线公路建设管理，省公路管理局组建项目办负责项目现场管理。省交通厅对高速公路和普通国省干线公路建设履行市场监管职能。完善政府引导、市场运作、法人主体到位的项目建设机制，促进项目建设的程序化、规范化和科学化。在交通基础设施建设中全面推行项目法人责任制、招投标制、工程监理制、合同管理制四项制度，规范交通建设市场秩序，交通建设市场的开放度和透明度明显提高。县道、乡道和农村公路实行"条块结合，以块为主"的建设管理体制，由市（州）交通部门、县（市、区）政府承担项目建设单位职责，组织实施，省交通厅授权省公路局履行行业管理职能。

建立符合甘肃省实际的高等级公路运营管理体系。2002 年，成立甘肃省高等级公路运营管理中心，负责高速公路的收费运营管理及综合服务工作。2008 年，甘肃省公路局升格为副厅级建制，并更名为甘肃省公路管理局。按照"建管分离、管养分离"的思路，全省高等级公路实现了由建设业主多头管理养护变为资产委托、集中管理、分头负责、区域协作的新模式，对全省高速公路养护职能和运营管理模式进行调整：由省高等级公路运营管理中心统一负责高速公路的收费运营管理及综合服务工作，由省公路局统一负责高速公路养护的行业管理和监督，各公路总段（分局）具体负责辖区内高速公路的养护管理工作，建立了符合甘肃省实际的高等级公路运营管理体系。同时，全省公路养护单位实施"一分局四实体"改革，张掖公路总段更名为张掖公路分局。2009 年，经甘肃省政府批复成立甘肃省交通运输厅，在原职能中划入指导城市客运和出租汽车行业管理职责，加强了综合运输体系规划等 3 项职责，机关内设 12 个处室。批准组建甘肃省机场投资管理有限公司，归口省交通运输厅管理。

税费改革稳步推进。2000 年，国务院正式颁布车辆购置附加费由政府基金转化为国家税收，成为国税的组成部分，车购税机构及人员由交通部门向国税系统划转。2009 年，落实成品油价格及税费改革工作，理顺"六项"规费取消后交通专项资金的转移支付渠道，甘肃省进一步深化公路路政管理体制改革，交通征稽队伍整体转岗到路政，并将全省公路路政职能从省公路局剥离出来，与全省养路费征稽队伍合并，甘肃省交通征稽局撤销。全省建立以公路路政管理总队、支队和大队为框架的路政管理体制，规范了公路路政执法行为，提高路政执法水平。甘肃省路政执法总队后改为甘肃省公路路政执法管理局。

交通投融资体制改革取得积极进展。1998 年，充分利用"贷款修路、收费还贷"政策，扩大筹融资渠道，积极吸收利用外资，成立甘肃省交通厅引进外资项目管理办公室，负责世行等项目的建设管理。之后，为充分发挥国家投资的导向作用，进一步拓宽投融资渠道，在综合运用国家补贴、地方配套、银行信贷、民间投入等多种投资方式方面进行有益探索。2005 年，为建立全新的融资、投资、资金收益评价和"统贷统还"信贷管理机制，成立信贷管理委员会及信贷办公室、引进外资管理办公室和信贷资金监督管理办公室，初步建立"国家投资、地方筹资、社会融资、利用外资"的高等级公路建设投融资机制。

国有交通企业改革不断深化。加快建立现代企业制度和现代产权制度，规范企业法人治理结构，是这一时期企业改革的重点。省交通厅厅属企业在整顿调整的基础上，坚持一企一策、因企制宜的原则，突出机制创新，围绕交通主业抓项目，突出行业特色抓经营，发展优势产业增效益，企业管理水平和经济效益普遍提高。相继成立甘肃省交通劳动服务公司、甘肃省交通物资供应公司、甘肃省交通工程监理公司。甘肃驼铃客车厂宣告破产。平稳完成厅属单位所属 15 家企业的移交整合工作。加快厅属事企分离步伐，科研机构事改企工作走在全省前列。1998 年底，甘肃省公路工程总公司与甘肃省公路局分离，更名为甘肃路桥建设集团有限公司。2000年，甘肃省交通科学研究院与甘肃省交通工程质量监督站分离，之后更名为甘肃省交通科学研究院有限公司。2004年，甘肃省交通规划勘察设计院改制为甘肃省交通规划勘察设计院有限责任公司，并与1992年成立的甘肃省交通厅公路网规划办公室分离。"十一五"期间，甘肃省不断加快交通体制机制改革步伐，坚持以市场为导向、以产权制度为核心，规范法人治理结构，平稳完成厅属单位所属15家企业的移交整合工作。截至2010年底，甘肃省交通运输厅直属事业单位43个（含14个公路总段、15个路政执法管理处、其他14个）、项目管理单位4个、企业7个。

大 事 记

GAN SU SHENG ZHI GONG LU JIAO TONG ZHI

1991 年

1 月 15 日　由兰州铁道学院、省交通厅公路局和省交通规划设计院完成的科研项目"七道梁隧道结构和通风方案"和"桥梁逐级悬臂浇筑施工挂篮"获甘肃省 1990 年度科学技术进步三等奖。

1 月 15 日—18 日　全省交通工作会议在兰州召开。此后每年召开一次。

2 月 9 日　省交通厅公路局下发甘新公路 GBM 工程实施标准，首次在甘新公路安排 400 公里 GBM 工程。

4 月 9 日　苏联道路、桥梁专家一行 3 人来兰州参观七道梁公路隧道。

是日　省政府召开全省重点建设会议，会议确定 22 个重点项目，在交通建设项目中 G109 线唐家台至刘寨柯段被列为全省重点建设项目。积石山大河家黄河大桥获甘肃省优质工程一等奖，碧口玉垒关双链式悬索汽车吊桥和太平沟加筋土挡墙为二等奖。

4 月 13 日　省交通规划设计院设计的积石山大河家黄河大桥获甘肃省优秀工程设计三等奖。

4月15日 G312线柳园至星星峡改建工程全面开工，工程全长87.62公里。

5月20日—22日 宕昌、岷县、舟曲、迭部、和政、广河等县普降暴雨，9条干线和县乡公路受到严重损坏，13座桥梁、101道涵洞和310公里公路路基被毁。据不完全统计，公路水毁经济损失425.4万元。

5月30日 省交通厅运输管理局和省交通厅电算室联合开发的"客运信息管理系统"在兰州通过技术鉴定。

6月1日 甘肃白银公路总段会宁段助理工程师彭永恒被中华全国总工会授予"全国优秀科技工作者"称号，并荣获"五一劳动奖章"。

7月8日 省交通厅公路局决定拖拉机养路费征收工作改由公路主管部门征收，征费机构设在各公路总段。

9月4日—7日 全国交通科技情报工作会议在兰州召开。交通部副部长郑光迪参加会议并讲话。

10月7日 陕、甘、川三省毗邻地区运管工作联席协调会议在平凉召开。会议讨论防止票款流失问题，研究进行跨省（区）联片治理整顿的意见和措施。

10月30日 省计划委员会、省体制改革委员会通知，甘肃驼铃客车厂划归省交通厅管理。

11月27日 西兰公路车道岭隧道全线贯通，全长660米。

12月6日 省科学技术委员会通知，成立甘肃省汽车运用工程研究所。

12月31日 省交通规划设计院设计的甘川公路七道梁隧道和兰州公路总段设计的西兰公路太平沟加筋土挡墙获交通部1991年度全国公路工程优秀设计三等奖。

1992 年

3月4日 省公路运输工会、省交通厅运输管理局、省公安厅交通警察总队经过逐级推荐、选拔和省评委会评议，评选出许晓安驾驶的甘01—01372号等122辆专业运输汽车为全省红旗车。

6月30日 省物价委员会、省财政厅批复《西兰公路车道岭桥隧工程收取车辆通行费的规定》。

7月11日 经省政府经济贸易委员会批准，省交通厅公路局与香港欣闻实业公司和深圳欣闻镀镍有限公司合资兴办的兰州恒达交通设施有限公司成立。

8月4日 省政府颁布《甘肃省公路养路费征收管理办法》。

8月9日 夏河县汽车联运二队的大客车严重超载超速兼带病运行，行至省道306线卓尼县完冒乡大路石山顶时失控滚坡，死亡42人。1995年8月9日在此立"反思碑"。

8月23日 兰州市政府在东方红广场举行接受香港新美景公司赠送的双层公共汽车仪式。香港新美景公司无偿赠给兰州双层"丹拿牌"客车共10辆。从接受之日起转交兰州市公交公司投入营运。

8月25日 甘肃省兰州河口—安西—敦煌全长1112公里的改建工程全面竣工。改造后的公路达到GBM工程标准。行车时速由原来的50公里提高到88公里。

9月5日—22日 首届"中国丝绸之路节"地方产品展交会在兰州天河大厦举办，省交通厅选送甘肃驼铃客车厂JT6122W型双层卧铺客车、JLK6120型和JLK6900型长途客车参加展示交易会。驼铃牌客车成交额达2500多万元，并被组委会授予地方产品展交会金奖。

10月12日 省交通厅党组召开会议，专题研究贯彻落实全省民族工作会议精神，提出加快少数民族地区交通运输发展步伐的三条措施。

10月28日—30日 省交通厅党组召开扩大会议，对"八五"计划中重点建设项目进行调整，提出"两纵两横""井"字形公路主骨架建设规划。

11月20日 省交通厅印发《关于建立和完善我省公路运输市场经济体制的若干意见》。

12月14日 省政府决定，对在河西千里窗口公路建设中做出突出贡献的8个单位颁发奖牌各1面，奖金各2万元；对10个先进单位颁发奖牌各1面，奖金各1万元。

12月22日 甘肃省第一条高速公路——天（水）北（道）高速公路开工，全长13.15公里。

1993 年

2 月 8 日 甘肃驼铃客车厂与澳大利亚威德斯实业有限公司合资兴办的威驼客车有限公司开业。该项目投资 1 亿元，一、二期工程完成后，可形成年产各种客车 4200 辆的生产能力。

4 月 1 日 中川"一幅高速公路"破土动工。

5 月 24 日 经 5 月 22 日甘肃省八届人大常务委员会第三次会议通过，省政府任命胡国斌为省交通厅厅长。

7 月 9 日—10 日 西兰公路太平沟加筋土挡墙通过技术鉴定。该挡墙全长 230 米，最高填土 29.36 米，1987 年 4 月竣工。

8 月 6 日 省交通厅颁布《甘肃省出租汽车管理办法（试行）》。

8 月中旬 G213 线兰（州）郎（木寺）公路一期改建工程竣工。

是月 甘肃省境内公路水毁严重，公路部门全力以赴组织抢修，月底恢复通车。据统计，4 月—7 月，直接经济损失 2000 多万元。

9 月 10 日—13 日 省政府在兰州召开全省公路建设工作会议，讨论《甘肃"八五"期间至 2000 年公路主骨架规划总体方案（讨论稿）》。

9 月 25 日 兰州市中级人民法院兰州公路总段公路巡回法庭成立。

9 月 30 日 兰州市中级人民法院设立驻兰州养路费征稽单位执行室。

11 月 20 日—30 日 由省交通厅厅长胡国斌，副厅长张玉堂、高更新及厅有关负责人带队，各级地方政府和交通局长等百人参加，分 5 路对 11 条国道、16 条省道和 19 条县乡公路设卡收费情况进行检查，历时 11 天，行程 8721 公里。通过检查，基本摸清全省公路设卡收费情况，检查和纠正一些乱设卡、乱收费、乱罚款的问题，促进全省治理公路"三乱"工作深入开展。

是月 省政府批转省交通厅、省公安厅、省工商局、省土地局、省建委《关于进一步加强公路路政管理工作的几点意见》。

是月 G109 线甘肃段 260 多公里二级公路改建任务全面完成，行车时速由原来的 30 公里提高到 80 公里。其中唐家台至刘寨柯段系"七五"期间建成的兰州至唐家台的延伸路段，竣工里程 84.95 公里，总投资额为 6000

万元，历时 22 个月建成。

12 月 9 日 省财政厅、省物价委员会、省交通厅印发《关于贷款修建高等级公路和大型桥梁、隧道收取通行费有关问题的规定》。

1994 年

1 月 1 日 省交通厅根据国务院办公厅通知精神，决定从即日起，改变车辆购置附加费征收环节，统一收费标准。

1 月 11 日 酒泉公路总段"十工传统教育陈列馆"开馆。陈列馆收藏有周恩来总理赠送给十工道班的推土机，以及 20 世纪五六十年代创业时期公路养护使用过的生产、生活用具。

5 月 13 日 受省交通厅派遣，徐小权、张志文、张廷富、王景春四人随省经济贸易代表团参加在美国洛杉矶举办的经贸洽谈会，历时 20 天。

6 月 20 日 经省财政厅、省物价委批准，从 1994 年 7 月 1 日起，在全省范围内开征甘肃省货运车辆公路交通基础设施建设费。

7 月 1 日 甘肃第一条高速公路——天北高速公路建成通车，该路主干道 13.15 公里，包括岔线、辅道、匝道共计 21.04 公里，全封闭全立交，设计行车时速 120 公里，总投资 7212.88 万元。

7 月 2 日 由省委宣传部、省总工会、省交通厅联合组织的"全国劳动模范、全国十大杰出职工包起帆同志事迹报告会"在兰州宁卧庄礼堂举行。

7 月 31 日 中川"一幅高速公路"工程通车运营。该路东起皋兰忠和乡，西至永登树屏乡，全长 23.1 公里，路基宽 15 米，沥青混凝土高级路面，设计行车时速 80 公里。

8 月 8 日 西北地区规模最大、管理现代化水平最高的多功能公路运输服务枢纽——甘肃公路运输服务中心开业。总建筑面积 1.77 万平方米，投资 2967 万元。

8 月 30 日 G312 线柳园至星星峡段、S212 线河永段二级公路工程全部竣工。9 月 1 日起开始收费还贷。

9 月 12 日 西藏拉萨至甘肃临夏长途客车开通，全程 2500 公里。

9 月 30 日 G312 线平河段暨 S213 线张（掖）火（车站）段二级公路改

建工程通过验收通车，并从 10 月 1 日起按标准收费还贷。

是月 为保护旅客钱财不受损失，被歹徒杀害的庆阳地区汽车运输公司 4 队驾驶员刘明玺被省委、省政府授予"见义勇为积极分子"荣誉称号。刘明玺在 1993 年 11 月 29 日执行西峰至吴忠间客运任务时，在吴忠隰宁堡被 6 个歹徒杀害。同年 12 月，庆阳地委发出通知，追认刘明玺为优秀共产党员。

10 月 11 日—13 日 中国西部地区交通发展战略研讨会在兰州召开。这次会议是根据中国科协名誉主席钱学森的建议召开的。

11 月上旬 兰州第一汽车运输公司名列"中国最大服务业企业公路运输业"第 61 位，在甘肃省名列首位。

12 月 26 日—28 日 G109 线兰州至刘寨柯段文明样板路建设通过验收。

1995 年

4 月 24 日 省委、省政府召开治理公路"三乱"电话会议，决定成立省治理公路"三乱"领导小组，副省长韩修国任组长，省政府副秘书长何锡民任副组长。领导小组成员由省交通厅副厅长高更新、公安厅副厅长石允蒲、林业厅副厅长史本成组成。

是月 兰州第一汽车运输公司第二客运分公司汽车驾驶员、全国劳动模范许晓安与省内各条战线 50 位全国劳动模范一起乘飞机赴京参加"五一"国际劳动节庆祝大会。

5 月 8 日 省财政厅、省物价委批复省交通厅，同意从 7 月 10 日起对省内注册挂牌的各种机动客车征收客运车辆交通基础设施建设费，原执行的公路客运附加费同时停止征收。

5 月 11 日 省高级人民法院驻省交通厅公路局行政执法联络处挂牌。至此，全省已陆续成立 9 个"公路巡回法庭"、30 个"执行室"。

5 月中旬 岷县组织万名群众会战茶马公路砖塔寨至间井段改建工程，每天投入劳力 1.1 万人以上，人力车 300 辆以上，机动车 30 多辆。

6 月 6 日 交通部科学技术司在兰州召开"公路客运计算机网络服务系统推广应用"项目技术鉴定会。该项目为交通部"八五"行业联合科技攻关项目。该系统采用 NETMODEM/ESBVA 与市话音频线路连接，实现了兰州东、西两汽车站的联网售票服务及数据资源共享。在同一城市两个一级汽车站之间实现信息联网在国内尚属首例。之后，该项目又获甘肃省优秀成果一等奖。

是日　交通部科学技术司公布 1995 年交通科技进步获奖项目，由交通部公路科研所、河北省交通厅、广西壮族自治区交通厅、甘肃省交通厅共同承担的"汽车检测诊断设备在汽车维修生产中的应用"课题获二等奖。

10 月 6 日　进京参加"百名养路工国庆观礼活动"的姚元生、杜正田、毛焕堂、吕亚琴四名甘肃养路工代表载誉归来。

10 月 10 日　天北旧线二级标准公路改造通过验收。该工程是甘肃省"八五"期间国道改建的重要组成部分，3 月 1 日动工，7 月 24 日主体竣工，完成投资 407.56 万元，属"贷款修路，收费还贷"项目。

10 月 20 日　G312 线安西至柳园段改建工程竣工，并举行隆重通车典礼。该工程为平原微丘区二级标准公路，全长 80 公里。

10 月 31 日　G312 线静宁至巉口段 151 公里二级公路改建工程竣工通车，通车典礼在会宁县举行。该段工程是交通部规划的"两纵两横"公路主骨架的组成部分，与巉口至兰州段形成全长 237 公里的二级标准公路。

12 月 12 日　G312 线鄣岘至苋麻湾二级公路改建工程竣工，并举行通车典礼。该段全长 41.26 公里，属地方自筹贷款项目。

12 月 25 日　九寨沟旅游公路甘肃境内段 33 公里改建工程竣工。该工程是"八五"期间以工代赈建设重点项目，始建于 1991 年，完成以工代赈投资 516.4 万元。

是月　治理公路"三乱"取得成果，全省共撤除站卡 212 个。经省政府批准全省设收费站和检查站 104 个。

1996 年

1 月 12 日　省交通厅养路费征稽处更名为省交通征稽局，下属所、站随之更名。

2 月 1 日　全省公路车辆通行费实行统收统支。

2月7日 全省公路总段下设公路段更名为"公路管理段"。

5月 甘肃省第一座无黏结部分预应力混凝土连续梁桥秦安康坡桥建成。该桥全长62.6米，工程自1995年4月30日开工，总投资110.65万元。

9月22日—23日 《G212线泥石流滑坡处治技术研究》通过部级鉴定。

10月6日—9日 全国机构改革试点城市第九次交通改革研讨会在天水召开。

11月26日 兰州市首次客运出租车营运权有偿使用竞投大会在兰州市运管处举行，一次拍卖计200辆车。

12月16日 省交通厅发出通知，农用三轮运输车养路费从1997年起改为各地交通主管部门负责征收。

1997 年

1月20日 省八届人大常委会第25次会议审议通过《甘肃省公路路政管理条例》，这是1949以来甘肃省出台的第一部地方性交通法规。

3月18日 六盘山公路隧道竣工通车。交通部、宁夏回族自治区和当地驻军负责人，以及陕、甘、青三省工程施工部队代表和当地群众近2000人参加典礼。六盘山公路隧道建成后，行车里程比翻越六盘山缩短6公里，行车时间减少1小时。

5月28日 《甘肃省道路运输管理条例》《甘肃省公路交通规费征收管理条例》两部地方性交通法规由省八届人大常委会第27次会议审议通过。一年内通过三个交通法规，1997年被称为"交通立法年"。

是月 甘肃省治理公路"三乱"工作通过国务院纠风办的检查验收。甘肃被确定为国、省道基本无"三乱"省份。

7月18日 兰州货运交易市场开业。该市场是集信息服务和提供各项服务为一体的综合型公路运输服务机构。

8月20日 甘肃省首家股份制公路工程施工企业——兰州昌通公路工程有限公司在兰州成立。

10月5日 省交通厅举行记者招待会，向社会各界郑重宣布：由于燃油附加费开征的时机尚不成熟，不能与《中华人民共和国公路法》的实施同步进行，1998 年将继续征收公路养路费。

是月　省政府发布《关于加强公路养路费征收的通告》。

1998 年

4 月 29 日　省委组织部在省交通厅干部大会上宣布省委、省人大、省政府和省委组织部关于省交通厅新一届领导班子的任命决定，任命徐拴龙为甘肃省交通厅厅长、党组书记。

5 月　G312 线兰州至古浪公路工程贷款协议和项目协议在美国华盛顿与世界银行签订。

8 月 30 日　由香港人士徐志旺先生捐资 130 万元修建的安西至榆林窟 30.5 公里油路工程竣工。

9 月 24 日　省公路工程总公司正式从省公路局剥离。该公司下辖12 个经营实体，其中公路施工企业 5 个。

10 月 12 日　省政府办公厅发布《关于加强公路交通规费征收管理的通告》。

11 月 1 日　兰州交通征稽处首次公开拍卖 8 辆欠费车辆。

1999 年

1 月 30 日　省政府发布《关于加快高等级公路建设的决定》。

2 月 6 日　甘肃省第一个世界银行贷款公路项目合同签字仪式在兰州举行。项目总投资 28 亿元人民币，其中利用世界银行贷款 1 亿美元。工程采用菲迪克条款，向国际公开招标，39 家投标商通过资格预审，省公路工程总公司等 7 家单位中标承建。

6 月 3 日　靖（远）若（笠）公路竣工。该公路由靖远县曹岘乡退伍军人杨廷英捐款118 万元改建。

9 月 4 日—7 日　全国农村公路建设发展座谈会在兰州召开。17 个省、市、区的与会代表参观静宁县民工建勤样板工程静（宁）秦（安）公路。

9 月 26 日　白银至兰州、巉口至柳沟河高速公路破土动工。白兰高速公路起自白银市四龙路，至忠和接柳忠高速公路，全长 59.96 公里，概算 15.89 亿元。巉柳高速公路起自定西巉口，至兰州柳沟河，全长 77.74 公里，概算 21.84 亿元。建设工期 3 年。

12 月 14 日—16 日 省养公路养护运行机制改革工作会议在兰州召开。

2000 年

1 月 14 日 国务院办公厅转发交通部、财政部、公安部、国家计委《关于继续做好公路养路费等交通规费征收工作的意见》。

是月 省交通厅与中国人民保险公司甘肃分公司签订协议，为白银至兰州、巉口至柳沟河两条在建高速公路投保总额为 17.2 亿元的建筑工程保险和第三者责任保险。

3 月 7 日 省交通厅印发《甘肃省省养公路养护运行机制改革方案》。

是日 省政府办公厅发出《关于加强公路养路费等交通规费征收管理的通告》。

6 月 20 日 甘肃省高等级公路建设开发有限公司在兰州挂牌成立。

是月 甘肃省高等级公路建设开发有限公司与清华紫光股份有限公司合资成立甘肃紫光智能交通与控制有限公司。

7 月 1 日 尹（家庄）中（川）高速公路开工，并在永登县中川镇举行开工仪式。

7 月 6 日—10 日 G312 线甘肃段 1220 公里文明样板路通过交通部 G312 线文明样板路检查验收组的检查验收。

9 月 5 日 S202 线庆（阳）西（峰）公路开工建设。

10 月 26 日 澳大利亚"外国人看中国"记者采访团一行到定西采访定西地区交通建设情况。

11 月 28 日 G310 线陕西宝鸡至甘肃天水二级公路全线通车并举行通车典礼。甘肃段牛背至北道全长 133.89 公里。

2001 年

3 月 15 日 省委、省政府表彰第四批甘肃省优秀专家，省公路局高级工程师谈敦仪被授予优秀专家称号。

4 月 24 日 甘肃驼铃交通工程设施有限责任公司合资合同签约仪式在兰州举行。该公司是甘肃驼铃客车厂与江苏淮阴船舶制造有限公司、江苏淮安太元交通工程设施有限公司合资组建的，三方共投资 500 万元，合资期限 10 年。

5 月下旬 兰州顺风车行成立党支部。这是兰州市出租车行业成立的第一个党支部。

6 月 29 日 省政府办公厅转发省交通厅《关于加快我省道路运输业发展的若干意见》。

7 月 24 日 省政府公布省政府部门审批制度改革第一批取消、下放、转移、转备案的审批、核准等事项。省交通厅取消审批事项 3 项，下放审批事项 2 项，取消核准事项 2 项，取消备案事项 8 项。

8 月 22 日 兰州市 800 辆绿色桑塔纳出租车正式启运。

11 月 30 日 省交通厅召开新闻发布会宣布：12 月 1 日，甘肃省天巉、徐古、江天、江武和尹中高等级公路通车。5 条公路总长 621 公里，总投资 50 亿元。

2002 年

1 月 29 日 甘肃陇运快客有限责任公司在快速客运班车上安装全球卫星定位系统（GPS）。

3 月 29 日 日本国际协力银行北京代表处和甘肃长达路业有限责任公司在北京签署刘寨柯至白银高速公路项目贷款协议。该协议于 4 月 2 日得到日本国际协力银行确认，贷款总金额 200.13 亿日元。

4 月 10 日 省政府办公厅批转省计委制定的《甘肃省实施通县公路建设项目优惠政策规定》。

5月8日 张掖公路分局举行挂牌仪式。按照"一分局四实体"原则，分局组建甘肃天地路桥工程有限公司、路政支队、收费公路管理处、金达路业有限责任公司4个实体。

6月17日 省公路局机构改革，共设置13个副县级职能处（室）。

7月1日 甘肃交通规费征稽网络正式运行。

10月26日 白（银）兰（州）、岘（口）柳（沟河）、柳（沟河）忠（和）、尹（家庄）中（川）、古（浪）永（昌）、永（昌）山（丹）高速公路通车典礼在兰州举行。6条高速公路总长307公里，总投资71.15亿元。

10月29日 省交通厅印发《甘肃省高等级公路收费运营管理暂行规定》。

11月1日 省交通厅印发《关于加强公路交通规费征收管理工作的通告》。

11月6日 国家开发银行在兰州授予省交通厅AA级信用证书和牌匾，公开授信100亿元贷款额度。

11月28日 省委、省政府在天水召开西陇海兰新线经济带座谈会。会议提出甘肃段建设首要是继续加强基础设施建设和生态环境建设，加快以公路为重点的基础设施建设。

2003 年

1月1日 甘肃交通网（http：∥www.gsjt.gov.cn）正式运行。

1月18日 省公路工程总公司向甘肃慈善总会捐款仪式在兰州举行，共捐款103.26万元。

是月 全省治理公路"三乱"电视电话会议在兰州召开。甘肃公路通过国务院检查组验收，成为全国第二批实现全省所有公路基本无"三乱"的省份。

是月 G109线吴唐段三滩黄河大桥获交通部优秀勘察三等奖和优秀设计三等奖。

是月 省交通厅出台《甘肃省公路客货运输站场建设管理办法》。

4月下旬 中华全国总工会授予庄浪公路段南湖养管站、甘肃圆陇路桥机械化公路工程有限公司全国"五一劳动奖状"。

是月　省政府出台《甘肃省实施县际公路建设项目优惠政策规定》。

6月18日　工商银行甘肃省分行与省交通厅全面合作协议签字仪式在兰州举行。工商银行在2003年至2007年内将公开授信省交通厅138亿元贷款额度。

7月21日　副省长杨志明到濒临破产的甘肃驼铃客车厂现场办公，与省交通厅、省经贸委、省财政厅、省国土资源厅、省劳动厅、省工商局等有关部门负责人就驼铃客车厂存在的问题进行研究，初步形成"引强入甘、优化组合"，对驼铃客车厂进行改制重组的方案。近十年，驼铃客车厂累计亏损7600多万元，已资不抵债。

8月18日　在天（水）嶂（口）、嶂柳、柳忠、白兰高速公路联网收费的基础上，合并尹中高速公路、兰海高速公路忠（和）树（屏）段，实现甘肃省中西部路网"一卡通"。

8月22日　兰州至中川机场高速公路全线通车，全长65.57公里，总投资24.9亿元。

8月28日　兰州宇通客车股份有限公司揭牌。

11月4日　敦煌市实现村村通油路，投入资金1260多万元。

11月14日　树屏至徐家磨、清水至嘉峪关高速公路正式开工，两项工程全长分别为22.915公里、95.9公里。至此，甘肃省建成和在建高速公路突破1000公里。

11月21日　甘肃驼铃客车厂首批20辆宇通客车下线。

是月　省运管局出台《甘肃省汽车客运站与运输企业实施分离的意见》。

是月　全省农村公路建设全面铺开。共完成100个通乡等级公路的验收工作，完成4个通乡等级公路项目，解决了300个行政村通机动车问题。

2004 年

2月25日—27日　亚行贷款项目平凉至定西高速公路建设项目准备阶段技术援助合同谈判在菲律宾马尼拉举行。亚洲开发银行、日本东方咨询有限公司及中国政府的代表参加谈判。

3月30日　两当县14个乡（镇）成立公路养护管理站，在甘肃省率先实施了"县道县养，乡道乡养，村道村养"。

4月16日　设在省经济贸易委员会的省交通战备办公室划归省交通厅，处级建制。

5月19日　省政府发布《关于加强超限超载运输车辆行驶公路管理的通告》。

7月9日　省委组织部宣布省委关于省交通厅主要领导职务变动的决定，杨咏中任省交通厅党组书记，主持省交通厅工作。

7月　在匈牙利布达佩斯LPMA全球会议上，省公路工程总公司二公司经理张建明荣获建设工程"国际杰出项目经理"称号。

8月1日　日本国际协力银行官员及秋田县"道之驿"考察团到甘肃，对景西公路的"道之驿"建设进行考察论证。"道之驿"即公路服务驿站。

8月　甘肃省第十届人民代表大会常务委员会第十一次会议决定任命杨咏中为省交通厅厅长。

9月9日　省运管局与甘肃西部运输集团等4家单位举行公路运输站场建设项目法人签约仪式，标志着公路运输站场建设项目法人招投标制正式启动，此举开全国同行业先河。

11月8日　甘肃省第一条与亚洲开发银行合作建设的平凉罗汉洞至定西十八里铺高速公路贷款谈判在北京举行，贷款3亿美元。2005年3月，签订贷款合同。

11月14日　省交通厅召开6条高等级公路通车发布会，通报甘肃省将于年底陆续建成通车的6条高等级公路情况和公路建设总体情况。这6条高等级公路是兰海、兰临、永山、山临高速公路和罗长一级公路、合郎二级公路，总长528.23公里，总投资112.57亿元。

11月23日　合郎二级公路建成通车，这是甘肃藏区第一条高等级公路。交通部专电致贺。

11月26日　兰（州）西（宁）高速公路全线贯通。兰西高速公路由甘肃兰（州）海（石湾）高速公路和青海马（场垣）西（宁）高速公路组成，兰海高速公路全长105.94公里，投资38.64亿元，于本月建成；马西高速公路全长118.65公里，总投资43.75亿元，于2003年6月建成。兰西高速公路贯通后，兰州至西宁间快速客运正式开通。

12月2日 全省道路运输维修救援网络开通。

12月19日 兰（州）临（洮）高速公路建成通车，全长92.69公里，投资32.64亿元。至此，兰州出口路全部实现高速化。

12月20日 甘肃省车购税征管工作移交国税部门。

2005 年

1月 甘肃省高等级公路全面启动"陇原交通卡"。

4月27日 省编制委员会办公室批复同意将甘肃省公路局路政管理处更名为甘肃省公路路政管理总队，县级事业单位，隶属省交通厅。

是月 省运管局出台《甘肃省乡镇、行政村汽车站建设标准图》。

6月16日 省交通厅召开新闻发布会，向社会公布甘肃省公路建设"东部会战"战略的具体内容和实施方案。

是月 甘肃省确定肃州区、甘州区、嘉峪关市三乡、永昌县、民勤县、永登县、会宁县、安定区、庄浪县、正宁县、永靖县、合作市、武都区、清水县等14个区县为农村公路建设试点县。

是月 省交通厅上报《关于进一步规范全省出租汽车行业管理有关问题的意见》，省政府批转该意见。

是月 省交通厅出台《甘肃省公路建设市场管理办法实施细则》。

8月30日 中国石油甘肃销售公司和甘肃交通服务公司签署合作经营高等级公路服务区加油站协议。

8月31日 宝（鸡）天（水）高速公路奠基仪式在天水市麦积区屈家坪举行。交通部部长张春贤参加奠基仪式，之后赴平凉、庆阳视察交通工作。

9月2日 全省开始更新省际和市（州）际客运车辆。

11月10日 中国西部12个省、自治区和直辖市的道路运输部门负责人在重庆举行的第二届中国西部道路运输新概念论坛上，签订《道路运输一体化合作发展协议》。

11月16日 甘、川两省交通厅有关负责人在兰州召开会议，就兰州至海口高速公路甘川两省接线方案进行座谈。

11月17日 省交通厅和省监察厅联合向宝（鸡）天（水）高速公路建

设项目派驻监察组。这是甘肃省第一次向项目派驻纪检监察组。

11月21日—22日 临（洮）罐（子沟）高速公路项目启动会议在兰州召开，与会的亚洲开发银行PPTA启动团为项目执行期间的首个代表团。

11月23日 甘肃省4项交通建设科技研究成果通过部级鉴定，分别是"甘肃公路自然区划及环境参数研究""黄土路基压实技术""湿陷性黄土地区路基路面病害处治技术研究"和"黄土地区隧道的修筑技术研究"。

12月7日 省政府新闻办公室召开甘肃省高速公路通车1000公里新闻发布会。甘肃省在全国名列第18位。

12月16日 刘（寨柯）白（银）高速公路建成通车。至此，甘、宁两省区高速公路全线贯通，并在刘寨柯举行贯通仪式。刘白高速公路全长110.8公里，投资37.7亿元。

12月16日 G312线树屏至徐家磨、清水至嘉峪关高速公路建成通车。树徐段全长22.92公里，系在二级汽车专用路基础上改建而成；清嘉段全长96.4公里。

12月28日 兰州客运中心（站）奠基，投资1.84亿元。

2006 年

1月13日 省交通厅召开清理拖欠工程款工作会议，传达全国清理建设领域拖欠工程款电视电话会议和全省清理拖欠工程款电视电话会议精神。

2月16日 全国人大代表项目建设视察组一行6人对甘肃交通工作进行视察。

3月24日 甘肃中油交通油品有限公司揭牌，甘肃省交通系统路域经济产业开发迈出新步伐。

是月 兰临高速公路芦家沟特大桥工程获"火车头"优质工程奖。

4月21日 全省公路安全保障工程开工仪式在G316线天水皂角养管站举行。2006年，省交通厅计划投资8000万元，重点处置6000多处公路隐患路段。

6月14日 亚洲开发银行评估团在北京签署《中华人民共和国政府与亚洲开发银行关于拟建甘肃南部公路建设项目贷款评估团谅解备忘录》。亚洲开发银行将向甘肃南部公路建设项目贷款 3 亿美元。

7 月 10 日—12 日　由中国公路学会理事长、交通部原副部长李居昌带领的山区高速公路环保技术问题调研组一行，专门就宝天高速公路建设项目的生态保护、水土保持和污染防治等工作进行现场调研。

7 月 20 日　平定高速公路土建工程保险合同在平定项目办签订，这是甘肃省首次在高速公路建设中引进保险合同和保险经纪人。

7 月 30 日　省运管局举行全省"千乡万村"农村客运网建设启动仪式，共有 15 条城乡客运一体化示范班线开通。

8 月 7 日　康（家崖）临（夏）二级公路改建工程建成通车。该工程于 2005 年 8 月 11 日开工建设，路线全长 80.06 公里，总投资 8000 万元，全部由省交通厅贷款解决，属"贷款修路，收费还贷"项目。

8 月 29 日　省交通厅和兰州市政府举行国道兰州部分出口路段委托管理签字仪式。

9 月 22 日　省交通厅召开全省危旧桥梁加固改造工程新闻发布会，向社会发布甘肃省将投资 2 亿元对 842 座危旧桥梁进行加固改造。

10 月 27 日　在浙江省绍兴市召开的中国首届桥梁文化周上，甘肃路桥第二公路工程有限责任公司荣获"十大桥梁优秀团队"称号。

11 月 1 日　甘肃省交通征稽系统开通异地缴费业务。

11 月 8 日　兰（州）磨（憨）大通道临夏至合作二级公路改建工程通过交工验收。

是日　省交通厅与中国工商银行甘肃省分行举行合作签字仪式。根据协议，中国工商银行甘肃省分行将向省交通厅提供 143 亿元贷款，用于甘肃省交通基础设施建设。

是日　兰州至海口高速公路武都至罐子沟高速公路亚洲开发银行贷款协议和项目协议在北京签署。

12 月 15 日　天水至定西高速公路工程奠基仪式在天水市秦州区太京镇举行。

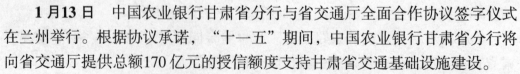

2007 年

1月13日 中国农业银行甘肃省分行与省交通厅全面合作协议签字仪式在兰州举行。根据协议承诺，"十一五"期间，中国农业银行甘肃省分行将向省交通厅提供总额170亿元的授信额度支持甘肃省交通基础设施建设。

是 月 兰州交通运输集团通过与郑州宇通集团有限公司、甘肃东部实业集团有限责任公司、甘肃天嘉交通运输集团有限公司合作，完成二次改制，正式挂牌成立。

3月20日 兰州市有序发放出租车油改气政府补贴，全市2990辆出租车每车补贴2000元，共计598万元，当场兑现给327家出租车公司。

4月3日 省政府印发《甘肃省高速公路网规划》。

7月2日 省交通厅印发《甘肃省公路建设市场信用体系实施细则》，率先在甘肃省基础设施建设领域开展信用评价工作。

7月14日 亚洲开发银行甘肃南部公路项目贷款启动签字仪式在兰州举行。

7月16日 《甘肃省公路水路交通"十一五"规划》通过省发展和改革委员会批准。

7月19日 甘肃新建集团有限责任公司董事长刘建民为家乡捐资2000万元修建1座斜拉桥，捐资修桥奠基仪式在陇南市武都区东江镇举行，该桥被命名为建民大桥。

7月25日 岷县洮河大桥建成通车，标志着全省百座公路危旧桥梁加固改造工程竣工。

7月26日 省交通厅和临夏回族自治州政府签订康家崖至临夏高速公路联建协议。康临高速公路成为甘肃省采用联建方式建设的第一条高速公路。

是 月 省运管局印发《关于运政管理与运政执法职能相对分离的实施意见（试行）》，进一步深化运政管理体制和运政执法体制改革。

8月26日 省政府公布《甘肃省民用运力国防动员办法》。该办法自2007年10月1日起施行。

11月30日 省政府办公厅批转省交通厅、省发改委、省财政厅《关于甘肃省农村公路管理养护体制改革实施意见》。

12 月 18 日 西峰至长庆桥至凤翔路口高速公路奠基暨甜水堡至木钵二级公路通车仪式在西峰市举行。至此，甘肃省建成和在建的高速公路突破2000 公里。

12 月 29 日 嘉峪关至瓜州高速公路建成通车，全长 235 公里，这标志着国家"五纵七横"国道主干线连（云港）霍（尔果斯）高速公路甘肃境内路段实现高等级贯通。连霍高速公路甘肃段 1176 公里，占总里程的65.04%。

2008 年

1 月 11 日 兰海高速公路武都至罐子沟段高速公路暨礼县至武都扶贫公路奠基仪式在陇南市武都区吉石坝工业园区举行。

2 月 29 日 甘肃省交通战备工作会暨交通专业保障旅成立大会在兰州召开。

3 月 28 日 中国农业发展银行甘肃省分行与省交通厅共同签署《农村公路网建设项目贷款业务合作框架协议》，中国农业发展银行甘肃省分行将向省交通厅提供总额100 亿元的贷款。

是月 甘肃路桥公路投资有限公司董事长、正高级工程师牛思胜入选国家"新世纪百千万人才工程"名单，成为甘肃省交通系统首位入选此名单的专业技术人员。

5 月 7 日 兰州高速公路收费管理处柳树收费管理所兰州收费站获得全国"五一劳动奖状"。

5 月 12 日 14 时 28 分，四川汶川发生 8.0 级地震。地震波及甘肃省南部大部分地区，交通基础设施遭到严重损毁。全省有 1 条国道主干线、7 条国道、26 条省道、28 条县道（专道）严重受损，有 104 条乡道、1251 条村道交通中断，造成直接经济损失 76 亿元。

5 月 19 日 省军区、武警甘肃总队、省交通厅、陇南市政府及省、市公路交通部门联合成立交通抢险攻坚指挥部，指挥部设在陇南市武都区，统一协调指挥陇南灾区通村道路的抢通攻坚工作。

5 月 23 日 省政府新闻办召开新闻发布会。宣布截至 5 月 22 日 18 时，甘肃省最后两条因地震造成交通阻断的村道——陇南市文县碧口镇水蒿坪村和武都马街乡小庄头村通村公路抢通。至此，全省因地震受损、受阻的所有国道、省道、县道、乡道、村道全部抢通。

5月25日 16时21分和17时34分，四川省青川县和甘肃文县接连发生6.4级和4.7级余震，陇南灾区的1条国道、2条省道、2条县道、6条乡道、25条村道交通中断。经过30个小时的连续奋战，到5月26日20时，受余震影响交通中断的公路全部抢通。

6月6日 中华全国总工会抗震救灾、重建家园"工人先锋号"（甘肃）授旗仪式在宁卧庄礼堂隆重举行，甘肃省30个先进集体被中华全国总工会授予抗震救灾、重建家园"工人先锋号"荣誉称号，交通系统的甘肃路桥建设集团抢险队、省运管局救援队、陇南公路总段碧口公路管理段石洞滩养管站、天水公路总段和甘南公路总段工程处5家单位榜上有名。

6月11日 由中共中央宣传部、中共中央组织部、解放军总政治部、中共四川省委联合组织的抗震救灾英模事迹报告团首场报告会在北京人民大会堂举行。省公路局局长赵彦龙作为抗震英模报告团成员出席报告会。

6月13日 中华全国总工会召开新闻发布会，分别授予10家抗震救灾工作先进集体和10名先进个人全国"五一劳动奖状"、全国"五一劳动奖章"，陇南公路总段碧口公路管理段职工申明义荣获全国"五一劳动奖章"。

6月19日 省政府新闻办召开新闻发布会，宣布甘肃省道路运输管理部门在公路运输绿色通道的基础上，专门为灾区开辟3条公路运输大通道，并部署客货救灾车辆1.27万辆、设备维修救援站点46个。

是月 为遏制震后货运市场价格乱涨等现象，省运管局发布《关于抗震救灾物资运输价格干预的公告》。这是甘肃省自2006年以来第二次启动客运运价油价联动机制。

7月1日 《甘肃省高速公路管理条例》正式实施。

7月21日 省政府召开新闻发布会宣布，据国家统计局甘肃调查总队测算，全省道路运输业的增加值占全省GDP总值的5.3%，占第三产业增加值的13.4%，占交通邮政业增加值的71.2%，全省道路运输业对GDP的贡献率达到3.83%。

8月15日 根据《甘肃省人民政府办公厅关于印发〈甘肃省第三轮持证

执法工作方案〉的通知》，全省交通系统将正式启用新版交通行政执法证件。

8月18日 "全国模范职工小家"授牌仪式在白银公路总段三滩公路养护管理站举行。

是月 省运管局荣获中华全国总工会抗震救灾、重建家园全国"五一劳动奖状"。

9月1日 甘肃省公路养路费中国工商银行代收业务顺利启动。9点23分，第一张8800001号养路费票据在中国工商银行兰州金城支行开出。

9月5日 被确定为全国"职工书屋"建设示范点的兰州中川机场高速公路收费管理所"职工书屋"揭牌。

9月17日 省公路局建制由正处级升格为副地级，并更名为甘肃省公路管理局。

10月8日 全国抗震救灾总结表彰大会在北京人民大会堂隆重举行。省交通厅荣获"全国抗震救灾英雄集体"称号。

10月22日 交通运输部部长李盛霖一行到甘肃调研交通工作，与省委、省政府领导共商甘肃交通发展大计，并视察建设中的平定高速公路，接见省交通系统抗震救灾英雄集体和个人代表。

10月23日 交通运输部省际通道贯通调研座谈会在兰州召开。交通运输部党组书记、部长李盛霖主持会议。内蒙古、四川、陕西、甘肃、宁夏、青海、新疆等7个省区交通厅负责人就解决省际通道间的"断头路"问题提出各自的意见和建议。

11月7日 全省农村公路养护管理体制改革现场会在庆阳市召开。

11月18日 临夏折桥至兰州达川二级公路开工奠基仪式在永靖举行。总投资15.7亿元，全长77.076公里。

11月25日 省政府新闻办召开新闻发布会。宣布至10月底，省委、省政府确定的新建改建农村公路1万公里的任务全面完成，比计划提前60天。

12月5日 国家发改委等部门公布《成品油价税费改革方案（征求意见稿）》，明确改革方案将于2009年1月1日起实施。

是月 省交通厅制定《甘肃省高速公路服务区管理办法（试行）》。

2009 年

1月1日 全省高速公路正式推行电子不停车收费方式，兰州至中川机场高速公路电子不停车收费车道率先开通。

1月7日 全省以城市、城际、城乡、乡村公交为主的城乡客运一体化四级公交网络开通仪式在武威市举行。

1月16日 兰州至海石湾高速公路工程项目通过竣工验收。全长105.94公里，投资38.64亿元。

2月10日 在甘肃省科学技术奖励大会上，省交通厅引资办承担的交通运输部西部交通建设科技项目"干旱半干旱地区高速公路沿线生态环境建设试验示范研究"获得甘肃省科技进步二等奖。

2月18日 省公路局召开甘肃省国省干线公路地震灾后恢复重建工程建设动员大会，确定甘肃省列入国家《汶川地震灾后恢复重建总体规划》的12个1128公里国省干线公路恢复重建项目年内全部开工建设，2010年10月底前全部建成。

是月 省交通厅和兰州交通大学共同完成的"道路运输及综合运输体系改革与发展研究"项目通过甘肃省科技厅的评审。

3月7日 甘肃省机场投资管理有限公司在兰州挂牌成立。

3月24日 由省交通规划勘察设计院有限公司委托永靖县气象局在刘家峡黄河大桥桥位处建设的自动气象观测站投入使用。这是甘肃省首次针对桥梁抗风设计建立的气象观测站。

4月21日 省政府新闻办召开新闻发布会，通报甘肃省联合整治道路运输市场秩序行动——以"打黑车除隐患、构建和谐交通"为主要内容的"百日行动"、打击"黑车"等非法从事出租汽车经营专项治理行动情况。

4月30日 G212线罗旋沟大桥建成通车。这是地震中垮塌桥梁在原址上重建通车的第一座国道干线公路桥梁。

6月1日 甘肃省国省干线公路地震灾后恢复重建二期工程开工。至此，甘肃省1128公里的国省干线公路地震灾后恢复重建工程全部开工建设。

6月9日 甘肃省高速公路路政管理工作指挥部成立。

是日 省政府新闻办公室召开新闻发布会。宣布到 2012 年，甘肃省将陆续完成 10 个民航机场项目的新建和改扩建工程。

6 月 15 日 国家部委联合调研组在兰州召开甘肃省交通建设专题调研座谈会，就甘肃交通建设问题提出"相互依托、协调发展，加强综合运输体系建设"。

6 月 16 日 零时起，甘肃省高等级公路计重收费启动。

是月 甘肃省高速公路治超劝返站建设工程启动。

8 月 4 日 甘肃省交通运输厅举行挂牌仪式。按照《甘肃省人民政府机构改革方案》，将省交通厅的职责、省建设厅指导城市客运的职责，整合划入省交通运输厅。

8 月 13 日 甘肃省高速公路路线编号调整及标志更换工作开始。

8 月 20 日 甘肃省公路运输服务中心、中国石化销售有限公司西北甘肃分公司合作建设经营交通救援保障服务区框架协议的签字仪式在兰州举行。

9 月 19 日 甘肃省建设的第一座上承式钢管混凝土拱桥和单跨度最大的公路桥梁——祁家黄河大桥建成通车，全长 248 米，投资 4831.87 万元。

9 月 25 日 G30 线连霍高速公路宝鸡至天水高速公路甘肃段建成通车。工程全长 91 公里，总投资 66.96 亿元。

11 月 4 日—6 日 在全国首届交通运输行业"厦工杯"筑养路械操作手技能竞赛决赛上，甘肃省代表队夺得团体第四名，获得交通运输部的表彰奖励，8 名参赛选手被交通运输部授予"全国技术能手"称号。

是月 新调整后的《甘肃省高速公路网规划》经省政府批准实施。

12 月 9 日 省交通运输厅召开加强公路路政执法工作动员会议。从 12 月 10 日起，全省交通征稽人员转入路政执法岗位工作。甘肃省公路路政管理总队、省交通征稽局合署办公，成立临时党委办公室。

12 月 24 日 G22 线青兰高速公路平（凉）定（西）高速公路建成通车，全长 285.48 公里，总投资 76.8 亿元。

12 月 25 日 G30 线连霍高速公路瓜州至星星峡段高速公路开工建设，全长 157 公里，总投资 26.48 亿元。

是月 省交通运输厅修订的《甘肃省交通运输突发事件总体应急预案》施行。

2010 年

3 月 3 日　交通运输部在北京召开"汶川地震灾后重建公路抗震减灾关键技术研究"大纲评审会，甘肃长达路业有限责任公司承担的"武罐高速公路抗震优化设计及灾害防治技术研究"重大课题通过评审。

是日　甘肃省国防交通协会在兰州成立。

3 月 26 日　省交通运输厅在天水召开全省高速公路标准化管理动员大会，总结全省高速公路标准化管理的创新成果，全面部署"高速公路标准化管理年"的各项工作。

4 月 14 日　青海玉树发生地震，甘肃省交通运输部门先后组织 3 支抢险突击队、2 个专家组、5 支运输保障车队，全面展开抗震救灾工作。

4 月 28 日　甘肃交通抢险突击队圆满完成玉树灾区抗震救灾任务凯旋。

是月　甘肃省国省干线公路地震灾后恢复重建工程取得阶段性成果。截至 2010 年 4 月底，完成路基 1016 公里、桥梁 116 座、涵洞 1.1 万道、隧道 6 座，完成工程量 27.3 亿元，占总投资的 73.3%。其中一期工程 9 个项目 791 公里公路基本建成，7 月 1 日竣工，交付养护单位管养。

是月　省政府印发《农村公路建成 2000 公里通乡油路工程实施方案》，确定 2010 年 12 月底前完成农村公路通乡油路工程 95 项 2000 公里。

5 月 14 日　省交通运输厅在庆阳市组织召开全省"十二五"交通运输规划东部片区调研会。

5 月 27 日　省交通运输厅与大唐甘肃发电有限公司、甘肃大唐白龙江发电有限责任公司、华能甘肃能源开发有限公司、甘肃省电力投资集团公司、甘肃电投大容电力有限责任公司就 G212 线 3 个水电站建设还建公路项目举行签约仪式。

是日　省交通运输厅在白银组织召开全省"十二五"交通运输发展规划中部片区调研会，安排部署"十二五"交通运输发展规划编制工作。

6 月 1 日　省交通运输厅与甘肃省农村信用社签署全面合作协议。

7 月 27 日　交通运输部在兰州召开《中华人民共和国道路运输条例》修订工作座谈会。

8月7日 23时许，舟曲县发生特大山洪泥石流灾害，G212线宕昌至武都段、S313线两河口至舟曲至迭部、S210线巴仁口至代古寺段等3条通往舟曲县城的国省干线公路共360多公里路段发生严重的泥石流水毁灾害，造成农村公路损毁123条619公里，共造成损失4.98亿元。交通系统职工及其家属近百人遇难。

8月8日 省交通运输厅紧急召开会议并发出救灾指令："确保在第一时间抢通受阻公路。"中午，抢通进入舟曲县城的全部干线公路，确保中央和省上领导以及参与抗洪抢险救灾的部队顺利进入灾区投入抢险工作。下午，交通运输部部长李盛霖随同国务院总理温家宝到达舟曲县城，指导灾后道路抢险工作。

8月11日 晚，舟曲县、迭部县和宕昌县等地普降暴雨，持续降雨再次引发泥石流，G212线宕昌县官亭至两河口、S313线两河口至舟曲、S210线巴仁口至代古寺等部分路段受阻，外界通往舟曲的"生命线"再次中断。

8月12日 上午，舟曲县城至两河口道路全部抢通。中午，巴仁口至代古寺、迭部至舟曲公路阻断路段基本抢通，通往舟曲的"生命线"重新恢复畅通。

8月17日 省政府新闻办召开新闻发布会，通报8月11日—12日陇南、天水等地特大暴雨致甘肃省交通设施损毁情况，交通设施损失超过20亿元。其中陇南市成县黄渚镇、徽县受灾严重。"8·12"暴洪灾害共造成陇南市148个乡（镇）、989个行政村交通受阻，41条1477.34公里县道、54条1022.488公里乡道、905条5193.44公里村道、66座桥梁受损，直接经济损失达6.165亿元。特别是在建和已完成的22条415.3公里通乡油路毁坏十分严重，直接经济损失达1.12亿元。

8月18日 交通运输部总规划师戴东昌带领专家组一行来到甘肃，对甘南藏族自治州舟曲县及陇南特大山洪泥石流灾害对交通基础设施造成的损毁情况进行评估。

8月19日 中共中央、国务院和中央军委在青海省西宁市举行全国抗震救灾总结表彰大会，甘肃交通抢险突击队荣获"全国抗震救灾英雄集体"称号。

8月19日—21日 交通运输部专家组赴天水、陇南、甘南等地，实地察看甘肃省交通基础设施受损情况。

8月21日 省总工会在舟曲举行授旗仪式。省总工会副主席李惠泽代表中华全国总工会及甘肃省总工会向甘肃省交通运输厅舟曲特大山洪泥石流灾害交通抢险救灾前方指挥部、甘肃省国省干线公路地震灾后恢复重建项目办、甘南公路总段抢险队、陇南交通系统支援舟曲抢险突击队等12个荣获全国"工人先锋号"称号的先进集体和舟曲公路管理段、省运管局舟曲抢险救灾运输保障车队、天水市交通运输局舟曲抗洪救灾救援队、甘南临时路政支队等32个获得甘肃省"工人先锋号"称号的先进集体授旗。

8月22日 交通运输部副部长冯正霖赴舟曲指导交通抢险保通工作。

8月24日—26日 中华全国青年联合会第十一届委员会全体会议在北京召开,甘肃路桥建设集团总经理刘建勋当选第十一届全国青联委员,成为甘肃省交通运输系统唯一入选全国青联委员的职工。

8月27日—30日 甘肃省交通运输各部门顺利将舟曲3000多名师生平安转运到兰州、定西就读,完成"希望之舟"转运行动。

是月 舟曲特大山洪泥石流灾害发生后,全省高速公路开辟救灾车辆专用通道,优先保障救灾车辆通行。截至8月30日零时,全省高等级公路累计通过救灾车辆1.23万辆,减免通行费65.2万元。

9月15日 由中纪委驻交通运输部纪检组、部监察局、部公路局和省纪委、省发改委、省财政厅等部门组成的专家组对连霍高速公路天水过境段工程建设及资金监管预防腐败试点工作进行成果评估论证。

9月26日 全省城乡客运一体化暨运邮合作示范交流会在武威市召开。

9月28日 省交通运输厅在金城大剧院召开表彰大会,隆重表彰舟曲特大山洪泥石流灾害抢险救灾和甘肃省国省干线公路地震灾后恢复重建工程建设先进集体及个人。

10月1日 甘肃省15个高速公路劝返站启动试运行,以治超检测站、计重收费、劝返站为主的"三位一体"高速公路治理超载超限体系形成。

10月27日 雷家角至西峰高速公路在庆阳市西峰区彭原乡李家村举行开工奠基仪式。主线全长128.06公里,投资88.87亿元。

10月28日 成县至武都高速公路举行开工奠基仪式,全长89.93公里。

10月31日 甘肃省国家公路运输主枢纽建设项目启动暨天水市中心客运站奠基仪式在天水市举行。

11月10日 金昌至永昌高速公路建成通车，全长42公里。

是日 景泰营盘水（甘宁界）至古浪双塔高速公路奠基仪式在武威市古浪县黄花滩乡举行。营双高速公路是甘肃省第一条沙漠公路，全长157.56公里。

11月30日 省政府新闻办召开新闻发布会，宣布从2010年12月1日零时起，甘肃省所有收费公路开通"绿色通道"。

12月3日—4日 甘肃省"十二五"交通运输发展规划研讨会在兰州召开。

12月7日 中共中央、国务院在兰州举行全国防汛抗旱暨舟曲抢险救灾总结表彰大会。国家防汛抗旱总指挥部、人力资源和社会保障部、解放军总政治部联合授予219个集体"全国防汛抗旱先进集体"称号；授予378人"全国防汛抗旱先进个人"称号，其中甘肃省交通运输厅舟曲特大山洪泥石流灾害抢险救灾前方指挥部、陇南公路总段徽县公路管理段段长撒存礼、甘南藏族自治州交通运输局办公室主任赵卫东受到表彰。

12月20日 金昌至武威高速公路开工，全长73.5公里。

第一编 公路

第一章　高速公路

第一节　国家高速公路

　　20世纪90年代，国家在国道网的基础上部署实施"五纵七横"国道主干线系统，国道主干线以高速公路、一级公路和二级汽车专用公路为主。按照国务院1992年批准的《国道主干线规划》，经过甘肃的国道主干线为"七横"中的G025丹东至拉萨公路、G045连云港至霍尔果斯公路。2005年，刘白高速公路建成通车后，G025线甘肃段全部建成高速公路。2007年底，嘉峪关至瓜州高速公路建成通车，G045线甘肃段全部建成高等级公路。按照2005年颁布的《国家高速公路网规划》和2007年7月交通部发布实施的《国家高速公路网命名和编号规则》，省交通厅于2010年初完成全省高速公路的命名编号调整和标志更换工作。按国家统一规则命名编号后，甘肃省境内建成和在建的国家高速公路归属G6京藏高速、G22青兰高速、G30连霍高速、G75 兰海高速 4 条国家高速公路（以下记述国家高速公路代码"G"，编号 1、2、4 位数）。1994 年，全省高速公路里程 13.15 公里，2005 年 1005.9 公里，至 2010 年底达到 1992.55 公里。1994 年—2010 年甘肃省高速公路通车里程见表 1-1-1。

1994 年—2010 年甘肃省高速公路通车里程表

表 1-1-1

年份	里程（km）	年份	里程（km）
1994	13.15	2003	340.32
1995	13.15	2004	687.4
1996	13.15	2005	1005.9
1997	13.15	2006	1060.42
1998	13.15	2007	1315.72
1999	13.15	2008	1315.72
2000	13.15	2009	1644.2
2001	13.15	2010	1992.55
2002	318.62		

一、G6 京藏高速甘肃段（宁甘界刘寨柯至甘青界海石湾）

G6 北京至拉萨高速公路属首都放射线，简称京藏高速，始于北京，经河北、内蒙古、宁夏、甘肃、青海，终于西藏自治区拉萨市。G6 京藏高速在白银市靖远县五合乡刘寨柯村出宁夏入甘肃，在兰州市红古区海石湾镇出甘肃入青海，甘肃段规划里程 269 公里。通过建设刘白高速、白兰高速、兰海高速 3 个项目，G6 京藏高速甘肃段于 2005 年底全部贯通。

（一）刘白高速

刘寨柯至白银高速公路全长 110.79 公里，自甘（肃）宁（夏）交界处的靖远县五合乡刘寨柯村接宁夏中（宁）郝（家集）高速，横穿靖远县境于白银市东接白兰高速。2002 年 12 月开工建设，2005 年 12 月建成通车，建设单位为甘肃长达路业有限责任公司。项目概算总投资 27.71 亿元，其中利用日本国际协力银行贷款 200.13 亿日元（折合人民币 12.45 亿元）。刘白高速全线采用全封闭、全立交、双向 4 车道高速公路标准设计，设计行车时速 80 公里。路基宽 24.5 米，路面设计采用 15 厘米沥青混凝土路面。全线桥涵与路基同宽，桥涵设计荷载为汽车—超 20 级、挂车—120 级。另建设王家山、响泉口连接支线 5.12 公里。

项目由甘肃省交通规划勘察设计院设计，在勘察设计中广泛应用当时较为先进的计算机技术。在路线设计上，采用了德国"Card/1"公路集成软件及国家"九五"重点科技攻关项目"路线和立交集成 CAD 系统"。在平面控制中，采用 GPS 全球定位按四等网施测（GPSD 级点）进行首级控制，在工程地质勘查中运用震探与钻探、挖探相结合的方法。在路线、路基路面、桥涵、互通立交等专业设计中，从结构分析、数据处理到图纸绘制，运用公路集成 CAD、桥涵 CAD、互通立交 CAD 等专业软件，全部采用计算机处理，出图率为 100%。在桥头路基设计上，为防止不均匀沉降出现的跳车现象，采用柔性搭板技术，运用土工格栅加固桥头路基。桥梁设计大多运用连续箱梁、连续板等结构，其中黄河特大桥主桥采用 52 米+3 跨×90 米+52 米连续刚构桥型方案，引桥采用 8 跨×30 米×2 部分预应力混凝土连续箱梁。

作为外资贷款项目，刘白高速严格按照国际竞争性招标程序招标选择施工单位和监理单位。土建工程共 10 个标段，路面工程纳入第二、第四、第七、第九等四个土建标段中。交通工程和房建工程各 3 个标段。绿化工程、机电工程各 1 个标段。中标监理单位共 5 家，负责驻地监理咨询服务，另由日本太平洋国际咨询公司提供外方监理服务。甘肃省交通基建工程质量监督站行使政府监督职能。

刘白高速采用国际通用的 FIDIC 合同条款模式进行管理，在履行合同的基础上建立业主、监理、承包人相对独立的关系，强化现场监理和监理职能，采用"施工合同、技术规范、监理办法"三位一体的管理、监理体系。刘白高速在建设中共征用土地 6344.09 亩，拆迁各类房屋 1.57 万平方米，完成路基土石方工程 2091.1 万立方米。全线共建设特大桥 1 座 860 米，大桥 8 座 1718.46 米、中桥 9 座 574.22 米、小桥 14 座 387.54 米，涵洞通道工程 289 道 1.17 万米，天桥渡槽 19 座 862.27 米，互通式立交 6 处，分离式立交 8 处，防排水工程 25.93 万米，以及配套完善的交通安全防护设施。房建工

第一编 公路

程共 1.61 万平方米，设白银东、新墩服务区 2 处，新墩养护工区 1 处，刘寨柯主线收费站 1 处，王家山、响泉口、新墩、吴家川、白银东匝道收费站共 5 处，设立通讯、收费、监控分中心。

刘白高速沿线多为湿陷性黄土，施工中增加对已完成路基的冲碾、注浆和填挖交接部的强夯补强，增加边坡格网防护，完善防排水系统，提高深挖路堑、高填路堤和高边坡的稳定性。在关键项目施工中，邀请国内外专家现场指导、研究讨论有效措施，成立路面质量控制组和黄河大桥质量控制组，控制黄河大桥成桥线形。在沥青质量控制中，对沥青混凝土配合比、级配等重新进行调整设计，路面施工中使用改性沥青等新材料。结合西部项目科研课题，与长安大学联合进行《粉煤灰基层材料在甘肃高速公路上的应用研究》项目，成功将建设项目附近的靖远粉煤灰使用到路面基层中。铺筑"双层（高性能水泥稳定碎石）、双层（二灰稳定碎石）、排水、隔断层、柔性五种路面结构组合"的试验路，在高速公路建设上有所创新。刘白高速参建单位见表 1-1-2。

刘白高速参建单位一览表

表 1-1-2

类别	标段	施工单位	监理单位
土建工程	LB-1	甘肃省公路工程总公司	甘肃省交通工程建设监理公司
	LB-2	路桥集团第一公路工程局第一工程公司	
	LB-3	甘肃天地路桥有限公司	甘肃省交通工程建设监理公司
	LB-4	路桥集团第二公路工程局第一工程处	
	LB-5	甘肃五环公路工程有限公司	山东威海格瑞特监理咨询有限公司
	LB-6	中铁四局集团第二工程有限公司	
	LB-7	岳阳市公路桥梁基建总公司	甘肃新科公路工程监理事务所
	LB-8	中铁十二局第三工程有限公司	

类别	标段	施工单位	监理单位
土建工程	LB-9	沈阳高等级公路建设总公司	西安华兴公路工程咨询监理有限公司
	LB-10	龙建路桥股份有限公司	
交安工程	LB-11-A	甘肃圆峰交通工程公司	甘肃省交通工程建设监理公司
	LB-11-B	北京凯通交通工程有限公司	甘肃新科公路工程监理事务所
	LB-11-C	山东淄博玉泰公路设施有限公司	甘肃省交通工程建设监理公司
绿化工程	LB-11-D	甘肃圆陇路桥机械化公路工程有限公司	
房建工程	LBFJ-1	甘肃华运建筑安装有限公司	甘肃省城乡建设规划设计研究院
	LBFJ-2	兰州房屋建筑工程公司	
	LBFJ-3	武威通达建筑路桥工程有限公司	
机电工程	LB-12	清华紫光甘肃紫光联合体	北京华路捷工程技术咨询公司

（二）白兰高速

白银至兰州高速公路全长 59.96 公里，起于白银市东南约 5 公里处，经高家台、鹿角岘、石洞乡、水阜乡，在忠和立交以东接柳忠高速。另建由白银西互通立交连接支线 2.2 公里，皋兰互通立交连接支线 2 公里。白兰高速于 1999 年 9 月开工建设，2002 年 10 月建成通车，建设单位为甘肃省高等级公路建设开发有限公司（甘肃省交通厅工程处）。项目概算总投资 15.89 亿元。

白兰高速白银至杨家窑段勘察设计由甘肃省交通规划勘察设计院承担，杨家窑段至忠和段勘察设计由铁道部第二勘察设计院承担。全线采用全封闭双向 4 车道高速公路标准，设计行车时速 80 公里，全段路基宽 24.5 米，路面为沥青混凝土面层。桥涵设计荷载为汽车—超 20 级、挂车—120 级。沿线布设白银东、白银西、皋兰、忠和 4 处互通立交。

白兰高速路基工程、路面工程及其附属工程施工单位和监理单位，均通过国内公开招标的方式选定。全线共征用土地 5933 亩，开挖路基土方 1258 万立方米，开挖路基石方 425.45 万立方米，填筑路基 845 万立方米，铺筑沥青混凝土路面 126.3 万平方米。建隧道 1 处 2 座长 1476 米（即高岭子隧道，左线 733 米、右线 743 米）、涵洞 153 道。修大桥 7 座 1258 米、中桥 8 座 467 米、小桥 13 座 914.86 米。设互通立交 3 处、分离式立交 9 处、天桥 7 处、通道 60 处。实施防护工程 3.65 万米、纵向排水工程 4.52 万米、波形护栏 51.2 万米。

针对湿陷性黄土压实问题，白兰高速在建设中提高压实标准，采取高路堤强夯、完善排水设施等措施。对黄土边坡稳定采用土工格栅进行处理，在砼施工中采用电子磅计量。对掏砂洞等不良体路段先采用地质雷达进行探测，再召开专家论证会确定施工方案。白兰高速参建单位见表 1-1-3。

白兰高速参建单位一览表

表 1-1-3

工程类别	标段	施工单位	监理单位
路基工程	BL-1	武警交通独立支队	北京成明达监理咨询有限公司
	BL-2	白银公路总段、天水公路总段（联营体）	
	BL-3	西兰建设公司、恒达集团公司（联营体）	北京育才交通工程咨询监理公司
	BL-4	中国航空港建设总公司	
	BL-5	兰州昌通公司、临夏公路总段（联营体）	甘肃交通工程监理事务所
	BL-6	甘肃省公路工程总公司	中交国际工程咨询有限公司
路面工程	BLM-1	白银公路总段、兰州公路总段（联营体）	甘肃省公路工程总公司
	BLM-2	中国航空港建设总公司	
	BLM-3	甘肃省公路工程总公司	中交国际工程咨询有限公司
交安工程	BLAQ-1	北京华科交通工程技术有限公司	山西省交通建设监理公司
	BLAQ-2	陕西交通公贸公司	中交国际工程有限咨询公司

续表

工程类别	标段	施工单位	监理单位
交安工程	BLAQ-3	辽宁省交通工程公司	山西省交通建设监理公司
	BLAQ-4	北京华纬交通工程公司	中交国际工程咨询有限公司
机电工程	BLJD-1	北京云星宇交通工程有限公司	北京泰克华诚技术信息咨询有限公司
	BLJD-2	甘肃紫光智能交通与控制技术有限公司	
房建工程	BLFJ-1	甘肃省七建七公司	甘肃省交通工程建设监理公司
	BLFJ-2	甘肃新路交通工程公司	
绿化工程		华运园林绿化公司	甘肃省交通工程建设监理公司

（三）兰海高速

兰州忠和至海石湾高速公路全长 105.94 公里。起点位于兰州市皋兰县忠和镇白兰高速公路终点立交匝道，途经皋兰县、永登县、安宁区、西固区、红古区、永靖县、青海民和县四县三区，接青海省马平高速。兰海高速2001 年 12 月开工建设，2004 年 12 月建成通车，建设单位为甘肃省高等级公路建设开发有限公司（甘肃省交通厅工程处）。项目概算总投资 38.64 亿元，其中交通部投资 8 亿元，甘肃省交通厅配套 6.6 亿元，银行贷款 24.04亿元。

兰海高速设计由甘肃省交通规划勘察设计院和中交第一公路勘察设计研究院共同承担。全线按高速公路标准设计，全立交、全封闭、双向 4 车道。设计行车时速：忠和至达家台段为 80 公里，达家台至海石湾段为 100 公里。路基宽度：忠和至达家台段为 24.5 米，达家台至海石湾段为 26 米。桥涵与路基同宽，桥涵设计荷载为汽车—超 20 级、挂车—120 级。全线设有互通式立交 5 处，管理服务区 1 处，收费管理站 5 处。

兰海高速路基工程、路面工程及其附属工程施工单位和监理单位均通过国内公开招标的方式选定。甘肃省交通工程质量监督站负责质量监督。全线共征用土地 7967.72 亩，开挖路基土方 1477 万立方米、石方 482.6 万立方米。砌筑防护工程 8.58 万米（计 4.35 万立方米）、排水工程 25.43 万米。架设特大、大桥 20 座 6708.41 米，中桥 18 座 1139.44 米，小桥 18 座 706.96 米。修筑涵洞 392 道 1.17 万米、隧道 3 处 5 座 6094.1 米。设置互通式立交 5 处、分离式立交及天桥、通道、渡槽 157 处 4726 米。

兰海高速在建设中对沿线的坝式路基及高填土路基采用沉降板观测法。在施工中采用冲击压实、高填路堤底部强夯、软基路段采用粉喷桩。在需要加固的特殊路段铺筑土工格栅，并在部分路面面层与基层之间铺玻纤网格栅。在桥梁施工中采用连续结构，以箱形梁、整体现浇板、空心板为主，采用部分预应力混凝土结构，对桥台台背填土采用土工格栅进行加固。路面施工首次大面积采用 SBS 改性沥青上面层，并引进 SBS 改性沥青的生产技术。中下面层采用克拉玛依沥青，面层石料全部选用碱性玄武岩、辉长岩等加工。兰海高速参建单位见表 1-1-4。

兰海高速参建单位一览表

表 1-1-4

类别	标段	施工单位	监理单位
路基工程	LH-1	路桥集团第二公路工程局第三工程处	北京中交公路桥梁工程监理有限公司
	LH-2	中铁第十六工程局	
	LH-3	中铁第十四工程局第一工程有限公司	甘肃新科公路工程监理事务所
	LH-4	白银公路总段	
	LH-5	甘南公路总段	山西晋达交通建设工程监理所
	LH-6	中铁第十六工程局第五工程处	
	LH-7	中铁四局集团第一工程有限公司	
	LH-8	中铁第二十工程局第一工程处	河北华达公路工程咨询监理有限公司
	LH-9	甘肃路桥第五公路工程有限责任公司	
	LH-10	甘肃五环公路工程有限公司	
	LH-11A	甘肃省新路交通工程公司	湖南省公路工程监理有限公司
	LH-11B	平凉地区公路建设管理处	
	LH-12	山西晋中路桥建设有限公司	
	LH-13	中铁十一局集团有限公司	山西省交通建设工程监理总公司
	LH-14	海南公路工程公司	

类别	标段	施工单位	监理单位
路基工程	LH-15	甘肃省水利水电工程局	西安公路交大建设监理公司
	LH-16	平凉公路总段	
	LH-17	临夏公路总段工程处	北京华通公路桥梁监理咨询公司
	LH-18	河北建设集团	
路面工程	LHM-1	路桥集团第二公路工程局第三工程处	北京中交公路桥梁工程监理有限公司
	LHM-2	路桥集团第二公路工程局第三工程处	河北华达公路工程咨询监理有限公司
	LHM-3	中铁十五局集团第三工程有限公司	
	LHM-4	甘肃省公路工程总公司	甘肃省交通工程建设监理公司
	LHM-5	鞍山市政工程公司	
通信管道工程	LHGD-1	甘肃省新路交通工程公司	河北华达公路工程咨询监理有限公司
	LHGD-2	甘肃昌远公路工程有限公司	甘肃省交通工程建设监理公司
房建工程	LHFJ-1	甘肃省华运建筑安装工程有限公司	河北华达公路工程咨询监理有限公司
	LHFJ-2	甘肃华恒建筑工程有限公司	
	LHFJ-3	中铁三局集团建筑安装工程有限公司	
	LHFJ-4	中国地质工程集团公司	甘肃省交通工程建设监理公司
	LHFJ-5	甘肃省新路交通工程公司	
	LHFJ-6	甘肃华恒建筑工程有限公司	
	LHFJ-7	甘肃路桥第四工程有限公司	
交安工程	LHAQ-1	甘肃省兴盛护栏工程有限公司	河北华达公路工程咨询监理有限公司
	LHAQ-2	甘肃省恒和交通设施安装有限公司	
	LHAQ-3	甘肃兴盛护栏工程有限公司	
	LHAQ-4	山西通安交通工程公司	甘肃省交通工程建设监理公司
	LHAQ-5	四川京川公路工程（集团）有限公司	
	LHAQ-6	甘肃省恒和交通设施安装有限公司	河北华达公路工程咨询监理有限公司

第一编 公路

类别	标段	施工单位	监理单位
绿化工程	LHLH–1	甘肃省华运绿化工程有限公司	河北华达公路工程咨询监理有限公司
	LHLH–2	甘肃省华运绿化工程有限公司	
机电工程	LHJD	甘肃省紫光智能交通与控制技术有限公司	北京兴通交通工程监理有限责任公司

二、G22 青兰高速甘肃段（雷家角至兰州）

G22 青岛至兰州高速公路属东西横向线，简称青兰高速，始于山东青岛市，经莱芜、泰安、聊城、邯郸、长治、临汾、富县、庆阳、平凉、隆德、定西，终于甘肃兰州市。G22 青兰高速自甘陕界雷家角进入甘肃，经西峰区、长庆桥、罗汉洞、泾川、平凉，在甘宁界沿川子进入宁夏隆德，再由静宁司桥进入甘肃，经会宁、定西十八里铺，止于兰州柳沟河，甘肃段规划里程 543 公里，其中定西至兰州段与 G30 连霍高速重线。G22 青兰高速甘肃段通过雷家角至西峰高速公路、西峰至长庆桥至凤翔路口高速公路、平凉至定西高速公路、巉口至兰州柳沟河段高速公路、柳沟河至忠和高速公路项目建成。

（一）雷西高速

雷家角（陕甘界）至西峰段高速公路主线长 128.06 公里，自陕甘界合水县太白镇雷家角接 G30 连霍高速壶口至雷家角段，经庆阳市合水县蒿咀铺、老城镇、郝家湾，庆城县太乐、儒木铺、驿马，与庆阳市西峰区李家寺接西长凤高速。另有合水连接线长 17.1 公里，起于郝家湾，沿 G309 线至合水县板桥乡，之后南行沿 G211 线上塬布设至合水县城。雷西高速于 2010 年 10 月开工，项目建设单位为甘肃省高等级公路建设开发有限公司（甘肃省交通厅工程处）。项目概算投资 87.87 亿元，其中交通运输部补助 9.87 亿元、甘肃省公路航空旅游投资集团有限公司通过发行企业债券等方式融资 34 亿元、银行贷款 44 亿元。

雷西高速由甘肃省交通规划勘察设计院有限公司勘察设计。主线采用双向 4 车道高速公路标准建设，设计行车时速为 80 公里，桥涵设计汽车荷载等级采用公路-Ⅰ级。整体式路基宽 24.5 米，分离式路基宽度 12.25 米。一般路段路面上面层采用 4 厘米高性能改性沥青混凝土（superpave-13），中面层采用 5 厘米高性能改性沥青混凝土（superpave-20），下面层采用 9 厘米密级配沥青碎石（ATB-30），热熔改性沥青封层，基层采用 34 厘米水泥稳定碎石，底基层采用 18 厘米水泥稳定碎石。长陡坡路段路面上面层采用 4 厘米细粒式改性沥青玛蹄脂碎石（SMA-13）。合水连接线采用二级公路标准，路基宽度 12 米，上下塬段设计行车时速 40 公里，塬顶、塬底段设计行车时速 60 公里。

全线共分 35 个施工标段、13 个监理标段，均通过国内公开招标的方式选定。质量监督单位为甘肃省交通基建工程质量监督局，检测单位为西安长大公路工程检测中心、甘肃新瑞交通科技发展有限公司。雷西高速公路共征用土地 1.12 万亩，主线拟建特大桥 6 座、大中小桥 156 座、天桥 30 座、互通式立交 6 座，拟建隧道 5 处 10 座、涵洞 121 道。雷西高速参建单位见表 1-1-5。

雷西高速参建单位一览表

表 1-1-5

类别	标段	施工单位	监理单位
路基工程	LX1	四川攀峰路桥建设集团有限公司	江苏兆信工程咨询监理有限公司（LXJL1）甘肃省交通工程建设监理公司（LXJL2）山东信诚公路工程监理咨询中心（LXJL3）甘肃省交通科学研究所有限公司（LXJL4）甘肃兴陇交通工程监理有限公司（LXJL5）北京港通路桥工程监理有限公司（LXJL6）
	LX2	北京市海龙公路工程公司	
	LX3	甘肃顺达路桥建设有限公司	
	LX4	甘肃路桥建设集团有限公司	
	LX5	中铁四局集团第四工程有限公司	
	LX6	山东东方路桥建设总公司	
	LX7	四川武通路桥工程局	
	LX8	福建省第二公路工程有限公司	
	LX9	中铁十六局第五工程有限公司	
	LX10	中铁二十一局集团有限公司	

续表

类别	标段	施工单位	监理单位
路基工程	LX11	中交二公局三公司	
	LX12	新疆北新路桥建设股份有限公司	
	LX13	中铁十五局第五工程有限公司	
	LX14	中铁五局集团第四工程有限公司	
路面工程	LXLM1	甘肃路桥第三公路工程有限公司	山东信诚公路工程监理咨询中心（LXLMJL1）甘肃兴陇交通工程监理有限公司（LXLMJL2）
	LXLM2	汇通路桥建设集团有限公司	
	LXLM3	安通建设有限公司	
	LXLM4	中铁五局机械化工程有限公司	
	LXLM5	中交二公局第三工程有限公司	
机电工程	LXJD1	甘肃紫光智能交通与控制技术有限公司	西安金路交通工程科技发展有限公司（LXJDJL）
	LXJD2	紫光捷通科技股份有限公司	
	LXJD3	兰州朗青交通科技有限公司	
	LXJD4	甘肃麦岛建设工程有限公司	
房建工程	LXFJ1	甘肃第七建设集团股份有限公司	甘肃省交通工程建设监理公司（LXFJJL1）甘肃兴陇交通工程监理有限公司（LXFJJL2）
	LXFJ2	中海建路桥建设有限公司	
	LXFJ3	二十一冶建设有限公司	
	LXFJ4	甘肃华恒建筑工程有限公司	
	LXFJ5	中铁五局建筑公司	

续表

类别	标段	施工单位	监理单位
交安工程	LXAQ1	甘肃恒和交通设施安装有限公司	甘肃省交通工程建设监理公司 （LXLAJL1） 甘肃兴陇交通工程监理有限公司 （LXLAJL2）
	LXAQ2	甘肃路桥飞宇交通设施有限公司	
	LXAQ3	潍坊东方交通设施工程有限公司	
	LXAQ4	湖南省金达工程建设有限公司	
绿化工程	LXLH1	甘肃圆陇路桥机械化公路工程有限公司	
	LXLH2	甘肃路桥飞宇交通设施有限公司	
	LXLH3	甘肃华运园林绿化工程有限公司	

（二）西长凤高速

西峰至长庆桥至凤翔路口高速公路路线全长 77.41 公里。起点位于庆阳西峰，接雷家角至西峰高速，途经董志、长官、长庆桥、庙头，止于凤翔路口（甘陕界），接陕西永寿至凤翔路口高速公路。西长凤高速于 2007 年 12 月开工建设，建设单位为甘肃省高等级公路建设开发有限公司（甘肃省交通厅工程处），项目概算总投资 32.56 亿元，其中国家安排中央专项基金（车购税）5.49 亿元，甘肃省安排财政预算内资金 2.01 亿元，甘肃省安排公路基金 3 亿元，扩大内需中央国债资金 0.8 亿元（2010 年），其余为国内银行贷款。

西长凤高速由甘肃省交通规划勘察设计院有限责任公司、中交第一公路勘察设计研究院有限公司和招商局重庆交通科研设计院有限公司共同承担。全线采用 4 车道高速公路标准建设，设计行车时速 80 公里，路基宽度 24.5 米；桥涵设计汽车荷载等级采用公路-Ⅰ级；其他技术指标按《公路工程技术标准》（JTG B01-2003）规定执行。西峰南互通连接线采用一级公路标准建设，肖金和凤翔路口互通连接线采用二级公路标准建设。全线在庆阳（西峰）北、庆阳（西峰）南、肖金、长官、长庆桥（为互通立交枢纽）、凤翔路口设置 6 处互通式立交。

西长凤高速路基工程、路面工程及其附属工程施工单位和监理单位均通过国内公开招标的方式，分别在 2008 年 12 月、2009 年 11 月至 2010 年 7 月选择甘肃路桥建设集团有限公司等 17 家施工企业、甘肃省交通工程建设监理公司等 11 家监理企业承担。甘肃省交通工程质量监督站负责质量监督。全线共征用各类土地 494.86 公顷，设特大桥 1 座 1723 米、大桥 15 座 3158.44 米、中桥 25 座 1732.59 米、小桥 3 座 67.88 米、涵洞 49 道 1530.86 米、通道涵 40 道 1225.73 米、通道桥 69 座 1136.7 米、天桥 38 座 2398.3 米、互通式立交 6 处、分离式立交 11 处 784.26 米。西长凤高速公路参建单位见表 1-1-6。

西长凤高速参建单位一览表

表 1-1-6

类别	标段	施工单位	监理单位
路基工程	XCF1	甘肃路桥建设集团有限公司	甘肃省交通科研所有限公司
	XCF2	北京市海龙公路工程公司	
	XCF3	中铁二十局集团有限公司	甘肃兴陇交通工程监理有限公司
	XCF4	浙江宏途交通建设有限公司	
	XCF5	北京市海龙公路工程公司	太原市华宝通工程监理有限公司
	XCF6	中铁十六局集团第五工程公司	
	XCF7	吉林省长城路桥建工公司	
	XCF8	中交第二公路工程局有限公司	山东恒建工程咨询有限公司标段
	XCF9	安通建设公司	甘肃省交通工程建设监理公司
路面工程	XCFLM1	西部中大建设集团有限公司	甘肃省交通科学研究所有限公司
	XCFLM2	甘肃五环公路工程有限公司	甘肃省交通工程建设监理公司

类别	标段	施工单位	监理单位
房建工程	XCFFJ1	湖南新浩建设有限公司	甘肃兴陇交通工程监理有限公司
	XCFFJ2	甘肃新路工程有限公司	
交安工程	XCFJA1	甘肃路桥飞宇交通设施有限公司	甘肃兴陇交通工程监理有限公司
	XCFJA2	兰州金路交通设施有限公司	
机电工程	XCFJID	甘肃紫光智能交通与控制技术有限公司	北京华路捷公路工程技术咨询有限公司
绿化工程	XCFLH	甘肃华运园林绿化工程有限公司	甘肃兴陇交通工程监理有限公司

(三）罗汉洞至长庆桥连接线

罗汉洞至长庆桥段高速公路由罗汉洞至长庆桥一级公路改建而成。全长22.3公里，起于长庆桥，经沟门前、蔡家嘴、常务城、泾明乡、紫荆村、雷家沟、崔家沟、三山子，终于平凉市泾川县罗汉洞。罗汉洞至长庆桥一级公路于2003年4月开工建设，2004年11月建成通车，建设单位为甘肃省高等级公路建设开发有限公司（甘肃省交通厅工程处），概算投资3.68亿元，其中交通部补助1.66亿元，省内配套资金1400万元，银行贷款1.88亿元。

罗汉洞至长庆桥一级公路由甘肃省交通规划勘察设计院有限责任公司勘察设计。全线按双向4车道一级公路标准建设，设计行车时速80公里，路基采用整体式横断面形式，路幅全宽24.5米，桥涵与路基同宽，桥涵设计荷载为汽车—超20级、挂车—120级，路面为沥青混凝土高级路面。

罗汉洞至长庆桥一级公路建设参与各类施工的单位共有9家，监理单位2家，检测单位为甘肃省交通科学研究所，质量监督单位为甘肃省交通基建工程质量监督站。共征用各类土地2101亩，共完成路基土石方307.9万立方米，铺筑沥青混凝土路面48万平方米。建中桥7座292.32米、小桥11座175.2米、通道桥56座583.3米、涵洞31道853米、互通式立交1处，实施防护工程2.6万立方米、纵向排水4.7万米，改移水渠1.4万米、旧路接通工程9.9公里，设临时收费站1处。长庆桥至罗汉洞一级公路参建单位见表1-1-7。

第一编 公路

罗汉洞至长庆桥一级公路参建单位一览表

表 1-1-7

类别	标段	施工单位	监理单位
路基工程	第一合同段	北京市海龙公路工程公司	山西省交通工程建设监理公司
	第二合同段	甘肃省公路工程总公司	
路面工程	路面合同段	甘肃路桥集团第二公路工程局第三工程处	
房建工程	房建合同段	甘肃新路交通工程公司	
交安工程	第一合同段	甘肃兴盛护栏工程有限公司	
	第二合同段	兰州金路交通设施有限责任公司	
绿化工程	绿化合同段	甘肃华运绿化工程有限公司	
通信管道工程	通信管道合同段	路桥集团第二公路工程局第三工程处	
机电工程	机电合同段	甘肃省紫光智能交通与控制技术有限公司	
立交工程	第一合同段	甘肃路桥集团第二公路工程局第三工程处	
	罗汉洞立交合同段	甘肃顺达路桥有限公司	甘肃兴陇公路工程监理有限公司

平定高速公路开工建设后，罗汉洞至长庆桥段作为平定高速公路连接线改建为高速公路。一级改高速工程属平定高速公路建设项目 17 施工标段，施工单位为甘肃路桥建设集团有限公司，监理单位为甘肃省交通工程建设监理公司，勘察设计单位为四川省交通厅公路规划勘察设计研究院。

（四）平定高速

平凉至定西高速公路全长 258.48 公里（含使用国内资金修建的长庆桥至罗汉洞连接线 26 公里），由东西两段组成。东段起于庆阳市宁县长庆桥，途经平凉市泾川县罗汉洞、郿岘、崆峒区，止于甘宁界沿川子；西段起于静宁县司桥，途经静宁县城、会宁县城，止于定西市安定区十八里铺。平定高速公路于 2005 年 10 月奠基开工建设，2009 年 12 月建成通车，建设单位为甘肃长达路业有限责任公司。平定高速建设项目概算总投资 76.8 亿元，其中：亚洲开发银行贷款 3 亿美元（折合人民币 24.9 亿元），交通部补助 16.26 亿元，国家开发银行贷款 21.8 亿元，其余为国内其他银行贷款。此项目是第一条利用亚洲开发银行贷款建设的公路项目，也是当时中国两个使用亚洲开发银行资金建设的交通项目之一。

平定高速建设项目勘察设计共分 6 个标段招标，其中主体工程勘察设计 4 个标段，机电工程设计 2 个标段。甘肃省交通规划勘察设计院有限责任公司为总体协调单位。平定高速全线采用全封闭、全立交、双向 4 车道高速公路标准。长庆桥—罗汉洞段、罗汉洞—郿岘段由原一级公路改造而成。新建路段设计行车时速 80 公里，改造路段行车时速 100 公里，路基宽度相应为 24.5 米和 25.5 米，桥梁、涵洞的设计汽车荷载为公路-Ⅰ级。

省交通厅批准组建平定高速公路建设项目管理办公室，全面负责项目建设管理。项目办下设总监办、工程科、征迁科、综合科、安全科 5 个科室及会宁、平凉 2 个现场办，代表建设单位从质量、进度及投资等方面进行管理。省监察厅、省交通运输厅联合派驻纪检监察组。作为亚洲开发银行贷款项目，平定高速土建工程、路面工程按照国际竞争性招标程序招标，共有 16 家施工企业中标承担土建工程，6 家施工单位中标承担路面工程。17 标段长庆桥至罗汉洞连接线一级改高速工程按国内公开招标程序选择 1 家施工企业承担。其余按国内招标程序招标，共有 6 家施工企业中标承担房建工程，8 家施工企业中标承担交通安全设施工程，2 家施工企业中标承担绿化工程，3 家施工企业中标承担机电工程，29 家监理单位提供监理咨询服务。东段中心试验室为甘肃路桥建设集团有限责任公司中心试验室，西段中心试验室为甘肃省交通科研所有限责任公司中心试验室。监督单位为甘肃省交通基建工程质量监督站。

平定高速在建设中共征用各类土地 2.38 万亩，完成路基土石方 3768 万立方米，建设大桥 65 座 2.28 万米，隧道 6 座单洞总长 1.95 万米，互通式立交 13 处，建设服务区 4 处、停车区 1 处。东段设长庆桥匝道收费站、罗汉洞、泾川东、泾川西、白水、四十里铺、平凉东、平凉西匝道收费站和崆峒山省界主线收费站；西段设司桥省界主线收费站和静宁、大山川、会宁、西巩驿匝道收费站及十八里铺临时主线站。

针对黄土路基病害严重的实际情况，平定高速在建设中加强路堤及基底夯实。对黄土冲沟路基，采用扩沟开挖接合槽及黄土冲沟沟壁，利用强夯法加强夯实，填挖交接处铺设土工格栅，加强坡面防护、完善排水系统，预留沉降。对大面积的湿陷性黄土路堤基底及挖方路堑，采用冲击夯实。对基底软弱的冲沟，沿沟底铺设土工合成材料，对黄土路段的半填半挖路基采用铺设土工格栅及冲击夯实的措施来处理。全线5座黄土隧道围岩自稳能力差，空洞、陷穴频发，在施工中按照"强支护、短进尺"的原则，采取大管棚、小导管注浆、树根桩等超前支护措施，采用短台阶、双侧壁导坑等多种开挖掘进方式，并用地质雷达进行地质超前预报，用激光断面仪量测开挖线形、围岩变形收敛情况、断面尺寸。鉴于沿线生态环境脆弱，平定高速在建设中注重控制水土流失和保护生态，全线绿化面积达491.15公顷。

平定高速全线处于水土流失严重和地质灾害频发的黄土高原地区，横穿六盘山脉，经过地区大多为黄土沟壑、峁梁、丘陵地带。沿线有泾河、响河、祖河、厉河等河流穿过，自然地理和气候条件复杂。建设单位在平定高速301公里+350米~301公里+460米段高填方路基工程中，通过2005年度西部交通建设科技项目"公路非饱和路基土力学特性研究课题"，开展了人工模拟降雨试验、吸力量测、路基变形监测、深层沉降监测、施工碾压试验等工作。通过2006年度西部交通建设科技项目"平定高速公路边坡的影响及防治技术研究"课题，在定西、会宁两处路基边坡的大型现场模拟降雨试验，在定西、静宁、平凉三地选择不同含水量及冻融循环等多种条件下的土样，开展强度试验和原状土样大型冻融循环模拟试验，进行植物纤维防护、多级小平台和植被板防护等多种防护形式的示范工程修筑。平定高速参建单位见表1-1-8。

平定高速参建单位一览表

表 1-1-8

类别	标段	施工单位	监理单位
土建工程	LD1	甘肃路桥集团华翔国际工程有限公司	甘肃兴陇交通工程监理有限公司
	LD2	福建建工集团总公司	甘肃兴陇交通工程监理有限公司
	LD3	甘肃路桥集团三公局工程有限公司	北京中咨路捷工程技术咨询有限公司
	LD4	西部中大建设集团有限公司	山东德州市交通工程监理公司
	LD5	甘肃宏伟建设集团有限公司	甘肃省交通工程建设监理公司
	LD6	中铁二十局集团第二工程有限公司	武汉广益工程咨询有限公司
	LD7	甘肃路桥建设集团有限公司	育才-布朗交通工程咨询监理有限公司
	LD8	岳阳市通衢兴路公司	河北华达公路工程监理有限公司
	LD9	青海路桥建设股份有限公司	山西省交通建设工程监理有限公司
	LD10	中铁五局（集团）有限公司	铁科院（北京）工程咨询有限公司
	LD11	甘肃路桥集团二公局第三工程有限公司	北京中通公路桥梁工程咨询发展有限公司
	LD12	甘肃天地路桥工程有限公司	临沂交通工程监理咨询中心
	LD13	中国十五冶金建设有限公司	山东格瑞特监理咨询有限公司
	LD14	安通建设有限公司	甘肃新科公路工程监理事务所

第一编　公路

甘肃省志 公路交通志

类别	标段	施工单位	监理单位
土建工程	LD15	陕西省通达公路建设集团有限公司	太原市宝通工程监理有限公司
	LD16	甘肃圆陇路桥机械化公路工程有限公司	北京华路捷公路工程技术咨询有限公司
	LD17	甘肃路桥建设集团有限公司	甘肃省交通工程建设监理公司
路面工程	LM1	西部中大建设集团有限公司	甘肃兴陇交通工程监理有限公司
	LM2	甘肃路桥集团第三公路工程有限公司	重庆市交通工程监理咨询有限公司
	LM3	青海路桥建设股份有限公司	甘肃省交通工程建设监理公司
路面工程	LM4	中国交通建设第一公路工程局第五工程有限公司	北京华路顺工程咨询有限公司
	LM5	四川武通路桥工程局	甘肃省交通科学研究所有限公司
	LM6	四川攀峰路桥建设有限公司	临沂交通工程咨询监理中心
房建工程	LDFJ1	甘肃华运建筑安装工程有限公司	甘肃兴陇交通工程监理有限公司
	LDFJ2	甘肃第六建筑工程股份有限公司	
	LDFJ3	甘肃华运建筑安装工程有限公司	
	LDFJ4	甘肃路桥集团第四公路工程有限公司	甘肃省城乡规划设计研究院
	LDFJ5	定西市广厦建筑安装工程有限公司	
	LDFJ6	甘肃华恒建筑工程有限公司	

续表

类别	标段	施工单位	监理单位
交安工程	LDJT1	山西路达实业总公司	甘肃省交通工程建设监理公司
	LDJT2	潍坊东方交通设施工程有限公司	
	LDJT5	陕西高速交通工贸有限公司 江苏汉风钢结构股份有限公司 （联合体）	
	LDJT6	甘肃恒和交通设施安装公司 徐州西亚网架工程公司（联合体）	
	LDJT3	中国交通建设第一公路工程局交通工程有限公司	北京交科工程咨询有限公司
	LDJT4	甘肃路桥飞宇交通设施公司	
	LDJT7	甘肃圆峰交通工程有限公司 徐州市华盛钢结构工程有限公司 （联合体）	
	LDJT8	中国公路工程咨询集团公司 北京泛华钢结构工程公司（联合体）	
绿化工程	LDLH1	甘肃圆陇路桥机械化公路工程有限公司	甘肃省交通工程建设监理公司
	LDLH2	甘肃华运园林绿化公司	北京交科工程咨询有限公司
机电工程	LDJD1	南京铁建通信工程有限公司	北京中交路通交通工程咨询有限公司
	LDJD2	甘肃紫光智能交通与控制技术有限公司	中国公路工程咨询集团有限公司
	LDJD3	北京兴兴交通通信工程技术公司	

三、G30 连霍高速甘肃段（牛背陕甘界至星星峡甘新界）

G30 连云港至霍尔果斯高速公路属东西横向线，简称连霍高速，始于江苏省连云港市，经徐州、商丘、开封、郑州、洛阳、西安、宝鸡、天水、兰州、武威、酒泉、嘉峪关、哈密、吐鲁番、乌鲁木齐、奎屯，终于新疆伊犁哈萨克族自治州霍尔果斯口岸。G30 连霍高速在甘肃境内规划里程 1550 公里，占全线三分之一长，线路大致沿古丝绸之路与 G312 线并行，同甘肃地形走向一致，穿越天水、定西、兰州、武威、金昌、张掖、酒泉和嘉峪关等 8 市，定西至兰州段与 G22 青兰高速共线，兰州境内部分路段与 G6 京藏高速和 S1 兰营高速共线。自 1999 年 6 月柳沟河至忠和高速建设项目开工起，先后建设 17 个高速建设项目，2009 年 9 月 G30 连霍高速甘肃段全线贯通。

（一）宝天高速甘肃段

宝鸡至天水高速公路甘肃段全长 91 公里，自陕甘交界处的牛背与宝天高速公路陕西段相接，向西经东岔、百花、党川（石门）、街子等村镇，于天水市麦积区甘泉镇接天水过境高速。宝天高速甘肃段于 2005 年 9 月开工建设，2009 年 9 月底建成通车。这是国务院西部开发领导小组确定的 2005 年西部地区新开工的十大工程之一，也是交通部当时确定的全国 12 个典型示范工程之一。项目建设单位为甘肃省高等级公路建设开发有限公司（甘肃省交通厅工程处），概算总投资 66.96 亿元，资金来源为国家车购税补助、甘肃安排公路建设资金和国家开发银行贷款。

宝天高速由甘肃省交通规划勘察设计院有限公司、中交第二公路勘察设计研究院有限公司、中国公路工程咨询监理总公司勘察设计。全线采用双向 4 车道控制出入的高速公路设计标准建设，设计行车时速 80 公里。全线路基宽 24.5 米（分离式路基宽为 12.25 米），沥青混凝土路面结构。桥涵与路基同宽，桥涵设计汽车荷载等级为公路-Ⅰ级。宝天高速牛背至天水段采用以隧道为主穿越秦岭的方案，特长隧道和长隧道占比较大。

经公开招标，参与宝天高速公路甘肃段施工的共有 19 家土建施工单位、4 家房建施工单位、2 家管道施工单位和 6 家机电施工单位，承担监理任务的共有 5 家土建监理单位、2 家房建及通信管道监理单位、3 家机电监理单位。甘肃省交通基建工程质量监督站负责项目质量监督，甘肃省交通科学研究所有限责任公司负责质量检测。

宝天高速甘肃段建设项目共征用国有林地 1070.28 亩，征用土地 5781.87 亩，永久占地面积 5063 亩。全线共完成路基土方 368 万立方米、石方 417 万立方米、路基防护 24.7 万立方米。修隧道 22 处 44 座 7.53 万米，其中特长隧道 3 处 6 座 3.95 万米（大坪里特长隧道后更名为麦积山隧道，右线单线全长 1.229 万米，为当时亚洲第二长公路隧道）、长隧道 6 处 12 座 2.59 万米，中隧道 4 处 8 座 5250 米、短隧道 9 处 18 座 4724.2 米。建桥梁 111 座 3.86 万米，其中特大桥 4 处 7 座 1.06 万米、大桥 83 座 2.67 万米、中桥 17 座 1225.05 米、小桥 4 座 93 米。修通道 32 座、天桥 4 座、互通式立交桥 5 处（东岔、桃花坪、散岔、党川、甘泉）、分离式立交桥 3 座、主线涵洞 67 道 2730.91 米。设港湾式停车带 35 处、爬坡车道 6 处、避险车道 3 处。建成停车区 1 处、服务区 1 处、收费站 6 处、隧道管理站 2 处、变电所（站）25 处、养护工区 2 处、监控通信中心 1 处。边坡绿化 69.77 万平方米。另提前实施施工便道 107 条 85 公里，建设标准为四级公路，路基宽 4.5 米，设计行车时速为 20 公里，投资 2603 万元。

宝天高速沿线植被良好，在项目开工前，建设单位与中国科学院寒区旱区环境与工程研究所、甘肃省交通规划勘察设计院有限责任公司联合展开"连霍国道主干线牛背至天水高速公路地质环境与生态安全评估及对策研究"，从生态安全和地质安全两个角度对项目建设进行评价，就公路选线、修建、营运过程中可能出现的问题进行预测，据此提出防治对策措施。为保证放线和征迁工作的准确性，全线首次采用 GPS 定位系统放线，并构建牛背至天水高速公路段的虚拟地理信息系统。通过计算机仿真、结合工程施工监测，对大坪里隧道和典型边坡在不同施工方式下进行模拟仿真，建立地质安全预警系统。结合典型路段的生态调查和隧道施工中可能出现的涌水情况，通过实地采样和观察，采用多种数学模型法测算典型隧道花石山 1 号隧道和温泉隧道的可能涌水量，模拟花石山 1 号隧道的水文地质情况，提出隧道开挖过程中减少涌水量及生态恢复方法，构建隧道施工中涌水对生态环境影响的安全评价体系。建设单位通过与长安大学联合开展"天宝特长高速公路隧道修筑及管理技术研究"，提出隧道结构可靠性评价，为公路隧道结构设计和施工的质量控制与评定提供技术支持，指导隧道开挖、支护施工。

本项目在实施中鼓励参建技术人员提出质量控制的新工艺和新方法。工法创新一经采纳，即对个人和单位均给予 5000~20000 元的奖励。采用的创新工法有 3 项。第一项是钢筋定位支架和箱梁顶板胎膜支架、箱梁封端模板。第二项是推广五项标准化施工工艺，即用喷淋设备对箱梁混凝土进行养生；用"梳型板"控制箱梁翼缘板钢筋间距及数量，在"梳型板"内外采用"皮带板"进行止浆，对预埋筋位置使用泡沫剂堵漏，用高强混凝土垫块控制保护层厚度。第三项是运用钢绞线梳编穿束、数显张拉、真空辅助压浆等新技术。宝天高速参建单位表 1-1-9。

宝天高速参建单位一览表

表 1-1-9

类别	标段	施工单位	监理单位
路基工程	第一合同段	洛阳路桥建设集团有限公司	甘肃新科公路工程监理事务所
	第二合同段	陕西路桥集团有限公司	
	第三合同段	宜昌市宏发路桥建设有限公司	
	第四合同段	路桥集团第二公路工程局第六工程处	
	第五合同段	中铁十六局集团有限公司	铁科院（北京）工程咨询有限公司
	第六合同段		
	第七合同段	中铁二十局集团第二工程有限公司	
	第八合同段	中铁二十局集团有限公司	
	第九合同段	中铁十四局集团第五工程有限公司	河北华达公路工程咨询监理有限公司
	第十合同段	浙江正方交通建设集团股份有限公司	
	第十一合同段	核工业华东建设工程集团公司	
	第十二合同段	湖南省建筑工程集团总公司	中国公路工程咨询监理总公司
	第十三合同段	安通建设有限公司	
	第十四合同段	中铁十九局集团第三工程有限公司	
	第十五合同段	云南路桥股份有限公司	

续表

类别	标段	施工单位	监理单位
路基工程	第十六合同段	中铁十二局集团第一工程有限公司	甘肃省交通工程建设监理公司
	第十七合同段	江西有色工程有限公司	
	第十八合同段	贵州省公路桥梁工程总公司	
	第十九合同段	中铁十六局集团第三工程有限公司	
路面工程	第一合同段	新疆兴达公路工程部	甘肃省交通工程建设监理公司
	第二合同段	甘肃路桥第三公路工程有限公司	
房建工程	第一合同段	汕头市潮阳建筑工程总公司	甘肃三力建设监理有限公司
	第二合同段	甘肃第六建筑工程股份有限公司	
	第三合同段	甘肃中大建设工程有限公司	甘肃兴陇交通工程监理有限公司
	第四合同段	甘肃省第二建筑工程公司	
交安工程	第一合同段	甘肃恒和交通设施安装有限公司	甘肃省交通工程建设监理公司
	第二合同段	甘肃路桥飞宇交通设施有限公司	
绿化工程		甘肃华运园林绿化工程有限公司	甘肃兴陇交通工程监理有限公司
通信管道工程	第一合同段	陕西汉唐计算机有限公司	甘肃三力建设监理有限公司
	第二合同段	甘肃紫光智能交通与监控技术有限公司	甘肃兴陇交通工程监理有限公司
机电工程	第一合同段		北京兴通交通工程监理有限公司
	第二合同段	广州海特天高信息系统工程有限公司	中国公路工程咨询集团有限公司
	第三合同段	甘肃紫光智能交通与控制技术有限公司	
	第四合同段	紫光捷通科技股份有限公司	西安金路交通工程科技发展有限公司
	第五合同段	福建新大陆电脑股份有限公司	
	第六合同段	广东新粤交通投资有限公司	北京兴通交通工程监理有限公司
消防工程	第一合同段	深圳深港建设工程发展有限公司	
	第二合同段	深圳因特安全技术有限公司	

（二）天水过境段

天水过境段高速公路全长 36.9 公里，自天水麦积区甘泉镇接宝天高速，途经谢家河、太京镇、玉泉镇、皂郊镇，在秦州区西十里铺与天定高速相连。天水过境段于 2008 年 8 月开工建设，项目建设单位为甘肃省高等级公路建设开发有限公司（甘肃省交通厅工程处）。项目概算总投资 22.22 亿元，其中国家及甘肃省内投资 7.6 亿元，国内银行贷款 14.6 亿元。

天水过境段由甘肃省交通规划勘察设计院有限公司勘察设计。全线采用全封闭、全立交双向 4 车道高速公路标准，设计行车时速为 80 公里。整体式路基宽 24.5 米，分离式路基宽 12.25 米。路面上面层采用 4 厘米厚细粒式改性沥青混凝土，中面层采用 5 厘米厚中粒式改性沥青混凝土，下面层采用 7 厘米厚粗粒式沥青碎石，基层为水泥稳定碎石厚 32 厘米（水泥掺量 5%），底基层为水泥稳定沙砾土厚 17 厘米（水泥掺量 3.5%）。

通过国内公开招标，天水过境段共有 11 个单位参与施工，8 家单位参与监理。甘肃省交通基建工程质量监督站代表政府负责质量监督。全线共征用建设用地 2660 亩，设特大桥 1 座 1331 米、大桥 15 座 5468.9 米、中桥 4 座 223.56 米、小桥 1 座 28.9 米、互通式立交 2 处、分离式立交 1 处、通道 39 处。设隧道 3 座 6936.04 米，涵洞 43 道。天水过境段参建单位表 1-1-10。

天水过境段参建单位一览表

表 1-1-10

类别	标段	施工单位	监理单位
路基工程	TSGJ1	中铁四局集团有限公司	北京双环公路工程咨询有限公司
	TSGJ2	甘肃路桥建设集团有限公司	甘肃省交通工程建设监理公司
	TSGJ3	新疆兴达公路工程部	北京华路顺工程咨询有限公司
	TSGJ4	甘肃路桥第三公路工程有限责任公司	深圳高速工程顾问有限公司

类别	标段	施工单位	监理单位
路面工程	TSGJLM	内蒙古自治区公路工程局	深圳高速工程顾问 有限公司
房建工程	TSGJFJ	甘肃恒泰建筑安装工程有限公司	甘肃兴陇交通工程监理 有限责任公司
机电工程	TSGJJD1	甘肃紫光智能交通与控制技术 有限公司	中国公路工程咨询集团 有限公司
	TSGJJD2	兰州朗青交通科技有限公司	
消防工程	TSGJXF	甘肃麦岛建设工程有限公司	
交安工程	TSGJAQ	甘肃新盛护栏工程有限公司	甘肃省交通科学研究所 有限公司
绿化工程	TSGJLH	甘肃华运园林绿化工程有限公司	甘肃华顺交通科技咨询 有限责任公司

（三）天定高速

天水至定西高速公路全长 235.09 公里（含陇西至路园连接线 34.82 公里），于天水市西十里铺平峪沟接天水过境段，经天水市秦州区、甘谷县、武山县和定西市陇西县、渭源县、安定区，于定西市十八里铺与巉口至柳沟河高速、平凉至定西高速交会。天定高速于 2007 年 10 月开工，2010 年 12 月建成通车，建设单位为甘肃省高等级公路建设开发有限公司（甘肃省交通厅工程处）。项目总投资为 80.6 亿元，其中中央专项基金（车购税）16.02 亿元、甘肃财政资金 7 亿元、甘肃公路建设资金 5.19 亿元、银行贷款 52.39 亿元。全线采用全封闭、全立交、控制出入的双向 4 车道高速公路标准建设，设计行车时速为 80 公里。桥涵设计汽车荷载等级采用公路–Ⅰ级，整体式路基宽度为 24.5 米，分离式路基宽度为 2×12.25 米。

天定高速建设项目路基工程共分 19 个施工合同段和 8 个监理合同段，路面工程共分 6 个施工合同段和 3 个监理合同段，机电及消防工程共分 7 个施工合同段和 2 个监理合同段，房建工程共分 6 个施工合同段和 2 个监理合同段，交通安全设施工程共分 6 个施工合同段和 2 个监理合同段，绿化工程共分 2 个施工合同段和 1 个监理合同段。经公开招标，甘肃路桥集团等 46

家施工企业参与天定高速建设项目施工，山东恒建工程监理咨询有限公司等18家监理企业承担监理服务。甘肃省交通工程质量监督站负责质量监督。

天定高速共征用各类土地1.97万亩，完成土石方2597万立方米，实施排水及防护工程107万立方米，架设特大桥2座3142米、大桥57座1.73万米、中桥55座3515.22米、小桥21座418米、互通式立交14处、分离式立交20处、通道桥15座3568.5米、天桥7座475米。修筑涵洞521道1.64万米、隧道单洞12处3.27万米、通道涵191座5633.5米。设收费管理处2处、服务区2处。全线设有完善的养护管理设施、收费服务、通讯监控设施和安全设施。

受地质地形限制，天定高速高填路堤和局填土涵洞结构物占比重较大。在天定高速建设中，建设单位与兰州大学合作开展"解决填土涵洞病害的弹性缓冲材料研究"课题，提出防治涵洞开裂破坏的新原则，即在涵洞拱顶部一定范围内回填弹性应力缓冲材料，将高填方路堤的土压力由外土柱和涵洞共同来分担，改善内、外土柱之间的竖向刚度差别。现场试验选择在天定高速18标段309.25公里~329.2公里段坝式路堤处，涵洞基础采用现浇混凝土整体式基础，强度为C20，高1米，每4~6米设2厘米沉降缝一道，缝内用沥青麻絮或其他具有弹性的不透水材料填塞。持力层为压实黄土，持力层上有1.25米的水泥稳定沙砾垫层，地基承载力为250千帕。

（四）巉柳高速

定西市巉口至兰州市柳沟河高速公路既属于G30连霍高速，也属于G22青兰高速，全长77.74公里。此路从定西十八里铺接天定高速，经定西巉口、称沟驿、景泉和榆中县甘草店、清水驿、三角城、连搭、定远、来紫堡、和平，至兰州市近郊柳沟河接柳忠高速。巉柳高速为国家"九五"重点建设项目，于1999年9月开工建设，2002年10月建成通车，建设单位为甘肃省高等级公路建设开发有限公司（甘肃省交通厅工程处）。项目概算投资21.84亿元（含贷款利息），其中交通部投资4.98亿元、国内银行贷款11.5亿元、省内自筹5.36亿元。

甘肃省交通厅委托甘肃省交通规划勘察设计院承担巉柳高速公路勘察设计任务，中国公路工程咨询公司承担机电工程的设计任务。巉柳高速全线采用全立交、全封闭、控制出入4车道高速公路标准，服务水平为二级。设计行车时速为 80 公里。路基分整体式和分离式，宽度分别为 24.5 米和 2×12.5 米。桥梁净宽为 2×12 米，涵洞与路基同宽，桥涵设计荷载为汽车—超 20 级、挂车—120 级。全线共有高填土及坝式路堤 33 座，大桥 4 座，中桥 12 座，小桥 7 座，互通式立交 5 处，分离式立交 9 处，天桥、渡槽 23 座。建隧道 8 座，涵洞 297 道，通道 81 道。设收费管理所 1 处、收费站 6 处、服务区 2 处，隧道管理站 2 处，配套收费、通讯、监控、供电系统和完善的交通安全设施。

1999 年 7 月 14 日，省政府省长办公会议研究决定成立国道主干线嵋口至兰州、白银至兰州高速公路建设招标领导小组。嵋柳高速严格按照交通部颁布的《公路工程施工招标投标管理办法》《甘肃省公路工程施工招标投标管理实施办法》发布招标通告，发售资审文件，开展资格预审、投标、开标、评标、定标的程序，是甘肃公路工程招投标的一次重要发展节点。经公开招标，共确定 8 家路基施工单位、4 家监理单位。甘肃省交通工程质量监督站代表政府实施质量监督。

嵋柳高速建设项目共征用土地 444.14 公顷（6662.1 亩）。沿线为黄土高原干湿过渡区，当时针对湿陷性黄土地带采取的一系列施工技术为甘肃首创。坝式路堤施工中没有采取省内沿用的预留预拱度控制沉降的方法，而是在坝式路堤沟壁结合部分层进行强夯，不仅降低了造价，而且根据施工后观测记录坝式路堤最大沉降量仅为 4 厘米。甘肃以往坝式路堤高位长涵洞一般放在挖方原状土上，嵋柳高速的高位长涵洞均放在填筑土上，工程量减少，沉降量反而更小。路基施工中采取冲击碾压和排夯的办法，增强挖方路段压实度。所有台背填土采用沙砾回填，利用专用冲击式小型碾压机械分层碾压，压实度达到 95% 以上。路面施工采取当时先进的非接触式平衡梁平整度控制系统，路面底基层、基层施工全部采用摊铺机摊铺，稳定土拌和设备选择国内较为先进的机型。个别坝式路堤、填方路基、路面基层、下面层发现横向裂缝后，采取基层铺设土工格栅、面层铺设沥青玻纤网等办法处置。土家湾隧道地处湿陷的黄土软土地基上，地基承载力极小，建设单位与长安大学联合开展的"关于土家湾隧道软基采用旋喷桩、粉喷桩加固地基课题研究""关于黄土地区隧道围岩压力研究"，进行复合地基试验，对隧道地基承载力、掘进方法等进行论证，最后确定洞内旋喷桩处理软基、洞外粉喷桩处理软基的加固处理技术，属省内首次运用。太平沟大桥也是当时西北唯一的大跨度曲线顶推桥梁，运用了多种先进的桥梁施工技术。

嵋柳高速周边黄土梁峁与沟壑交织，植被稀少，山体裸露，绿化工程是项目建设的一大亮点。路基边坡以草灌混交为主，碎落台A、B两段栽植圆柏为主，乔灌栽植、护路固坡。中央分隔带换填种植土，栽植双行侧柏。隧道管理站两侧播种4米草带、中间地段播种紫花苜蓿及穴播柠条。服务区全部土壤改良，利用灌木花卉造型，建植观赏草坪，混播草坪。通过草灌混播和栽植小乔木、灌木护路固坡，防止水土流失，取、弃土场以小乔木和灌木行间混交方式成片栽植。沿线多处修建蒸发池，既减少水土流失，又可集水灌溉。嵋柳高速参建单位表1–1–11。

嵋柳高速参建单位一览表

表1–1–11

类别	标段	施工单位	监理单位
路基工程	CL1	定西公路总段、平凉地区公路建设管理处（联合体）	北京华通公路桥梁监理咨询公司
	CL2	张掖公路总段、武威公路总段（联合体）	
	CL3	河南大河筑路集团有限公司、铁道部第十九工程局二处（联合体）	四川公路工程监理公司
	CL4	甘南公路总段、平凉公路建设管理处（联合体）	山西交通工程监理公司
	CL5	甘肃宏伟建设集团有限公司	
	CL6	铁道部第二十工程局第二工程处	甘肃交通工程监理事务所
	CL7	铁道部第十八工程局一处	
	CL8	铁道部第一工程局桥梁处	
路面工程	CLM1	中铁一局集团第一工程有限公司	北京华通公路桥梁监理咨询公司
	CLM2	路桥集团第二公路工程局第三工程处	
	CLM3	四川公路桥梁建设集团有限公司	甘肃省交通工程建设监理公司
	CLM4	张掖公路总段、天水公路总段（联合体）	

类别	标段	施工单位	监理单位
交安工程	CLAQ1	张家港港丰交通设施工程有限公司	北京华通公路桥梁监理咨询公司
	CLAQ2	福州京鹏交通工程有限公司	甘肃省交通工程建设监理公司
	CLAQ3	北京深华科交通工程有限公司	北京华通公路桥梁监理咨询公司、甘肃省交通工程建设监理公司共同监理
	CLAQ4	甘肃新路交通工程公司	
绿化工程	CLLH1	甘肃格瑞生态技术有限公司	
	CLLH2	甘肃华运园林绿化工程有限公司	
房建工程	CLFJ1	甘肃新路交通工程公司	甘肃省交通工程建设监理公司
	CLFJ2	甘肃省第八建筑工程公司	
	CLFJ3	甘肃红旗建筑安装工程有限公司	
	CLFJ4	甘肃省第二安装工程公司	
	CLFJ5	兰州二建集团第七工程公司	
机电工程	CLJD2	西安金路交通工程科技发展有限公司	陕西公路交通科技开发咨询公司
	CLJD1	湖南交通科学研究所	
	CLJD3	北京兴兴交通通信工程技术公司	

（五）柳忠高速

柳沟河至忠和高速公路全长 33.31 公里，其中柳沟河至兰州路段也属于 G22 青兰高速。柳忠高速东起兰州市东郊柳沟河，与巉柳高速相接，经徐家营、大青山、东岗、青白石、骆驼岘子、盐场堡、中铺，西至兰州市皋兰县忠和镇，与兰海高速和白兰高速相连。另建兰州市区天水路连接线 1.38 公里。柳忠高速于 1999 年 9 月开工建设，2002 年 10 月建成通车，建设单位为甘肃长达路业有限责任公司。项目概算投资 13.56 亿元，由交通部专项补助、世界银行贷款、国内银行贷款、省配套资金四部分构成。

甘肃省交通规划勘察设计院承担该路地质勘探工作，交通部第一公路勘察设计研究院承担工程可行性研究、初设、施工图设计任务，交通部建达设计咨询公司以大桥为重点对柳忠项目施工图设计进行审查和优化。全线按山岭重丘区高速公路标准设计，路基宽度 21.5 米，设计行车时速为 80 公里，双向 4 车道、全立交、全封闭。路面设计为 15 厘米沥青混凝土路面。全线桥涵与路基同宽，桥涵设计荷载汽车—超 20 级、挂车—120 级。沿线设有通讯监控分中心、服务区、养护工区各 1 处，兰州市进出口互通立交收费站 3 处，设置完善的联网收费、通讯、监控、供电系统及安全设施。

柳忠高速建设项目是甘肃首条利用世界银行贷款修建的公路项目，在甘肃首次按照 FIDIC 条款模式进行工程管理。省交通厅批准成立国道连霍路柳古段高等级公路建设办公室，与省交通厅引资办合署办公，作为执行机构对项目建设进行全面管理。甘肃省交通基建工程质量监督站行使政府监督职能。按照世界银行采购指南与程序，柳忠高速土建、机电、绿化等工程和监理均按照国际竞争性招标程序选定施工单位。项目监理采用中外联合的形式，通过国内竞争性招标程序选择 3 家监理单位承担工程驻地监理咨询服务，按世界银行项目采购指南招标选定英国合乐公司作为咨询商。甘肃新科监理事务所、英国合乐公司中外两家监理组成的总监理工程师办公室，全面履行项目监理职责，并对各合同段驻地监理办统一管理。

柳忠高速建设共占用各类土地 3586.7 亩，完成路基土方 1907 万立方米。修筑大桥 7 座 3023.47 米（含特大桥 2 座）、中桥 4 座、天桥 3 座。天水路黄河大桥主桥跨 105 米，为当时甘肃境内黄河大桥单跨长度之最。柳沟河、小砂沟大桥主跨桥墩高达 46 米，挖方边坡最高达 80 多米，填方最高达 43 米。设互通立交 3 处，分离式立交 4 处。建成通道、涵洞 103 道。设置天水路监控通信分中心，天水路主线收费站，东岗、盐场堡立交匝道收费站，盐场堡养护工区和北龙口服务区，同时配套完善的联网收费、通讯、监控、供电系统及安全设施。

作为甘肃修建的第二条高速公路，柳忠高速在建设中邀请设计、科研单位的专家，对施工技术和设计等重大问题进行研讨。与长安大学等单位联合组成课题小组，在 20 公里+670 米、20 公里+447.34 米桥的桥头施工中引进土工格栅新技术，解决桥头跳车等问题。对已完成路基的冲碾、注浆和填挖交接部进行强夯补强，防止湿陷性黄土筑路中的路基压实度与软土路段不均匀沉降。增加边坡格网防护，补充进防排水系统，提高深挖路堑、高填路堤和高边坡的稳定性。在上面层采用改性沥青，预防路面早期破损。与科研单位联合设立科研课题，对基层混合料配比进行适当调整，解决路面底基层开裂问题。柳忠高速参建单位见表 1-1-12。

柳忠高速参建单位一览表

表 1-1-12

类别	标段	施工单位	监理单位
土建工程	1	广东长大公路工程有限公司	甘肃省交通工程建设监理公司、甘肃交通工程监理事务所
	2	兰州市政工程总公司	甘肃省交通工程建设监理公司
	3	甘肃省公路工程总公司	陕西公路交通工程监理咨询有限公司
	4	铁道部第一工程局	甘肃省交通工程建设监理公司
房建工程	FJ-1-A	甘肃省建筑工程总公司	甘肃宏泰工程建设监理公司
	FJ-1-B	甘肃省长城建筑总公司 甘肃省圆陇路桥机械化工程责任有限公司	
	FJ-1-C	甘肃建筑工程总公司	
机电工程		清华紫光股份有限公司	北京华路捷公路工程技术
绿化工程		甘肃华运园林绿化工程有限公司	甘肃省新科公路工程监理事务所

（六）树徐高速

树屏至徐家磨段高速公路位于兰州市永登县境内，全长 22.92 公里，起于尹中高速茅茨岘子互通式立交，沿白土岘，经下滩、上滩、张家庄、观音寺、泉儿沟，以隧道穿越泉沟岘至徐家磨，接永古高速。这条高速公路由树徐二级汽车专用公路改建而成。树屏至徐家磨二级改高速工程项目于 2003 年 11 月开工，2005 年 12 月建成通车，建设单位为甘肃长达路业有限责任公司，概算投资 3.3 亿元，全部为甘肃自筹资金。

树徐高速由甘肃省交通规划勘察设计院有限责任公司勘察设计。全线采用 4 车道高速公路标准建设，设计行车时速为 80 公里。白土岘地形复杂，1.17 公里路段路基宽度 21.5 米，其余路段路基宽度 24.5 米。泉沟岘隧道设计为上下分离式路基。路面为沥青混凝土。桥涵与路基同宽，桥涵设计荷载为汽车—超 20 级、挂车—120 级。

经过公开招标，共有 6 家单位中标承担施工任务，1 家单位中标承担监理任务。甘肃省交通工程质量管理站负责质量监督。树屏至徐家磨二级改高速工程项目全程在"边通车、边施工"的情况下进行，建设单位制定保通保畅施工方案和应急援救预案，并与公安、消防及急救部门建立联动机制。每个施工单位的起讫点均设置施工门架和限速行驶、单向放行通告，徐家磨终点三岔路口设立交通指挥岗，各施工路段以实际情况设置安全警示和交通引导标识，每天安排至少 6 名交通巡查员 24 小时巡查全线，配置专职安全员全天候指挥交通。建设期间，全线保畅保通工作共投入 200 多万元。

树徐二级改高速工程项目共征用建设用地 516 亩，完成路基土石方 170 万立方米。重铺路面 22.92 公里，新建泉沟岘隧道 1 处 390 米，加宽中桥 4 座，改建小桥 1 座，建成通道 21 座、涵洞 102 道、互通式立交 1 处。全线设置完善的交通安全设施。隧道出口设置隧道管理房 1 处，加宽改造原树屏收费站为龙泉收费站。

作为改建项目，在新旧混凝土界面处理技术方面，原混凝土表面植筋，结合面涂抹界面胶，提高混凝土之间的黏结及塑性抗力，防止裂缝延伸。在桥梁改造中广泛采用植筋技术，主要应用在桥面铺装连接，旧桥伸缩缝 U 形钢筋的更换与固定，墩台盖梁、台身、基础与旧桥结构的连接等，提高主梁承载能力。采用钢纤维混凝土桥面铺装技术，钢纤维混凝土铺装层厚 9 厘米，钢纤维掺量0.8%。树徐高速参建单位见表1-1-13。

树徐高速参建单位一览表

表1-1-13

类别	标段	施工单位	监理单位
土建工程	SX1	新疆昆仑路港工程公司	中国公路工程咨询监理总公司
	SX2	中铁四局集团有限公司	
	SX3	中铁十六局集团第四工程有限公司	
路面工程	SXLM1	甘肃五环公路工程有限公司	
交通工程	SXJA1	甘肃圆峰交通工程有限公司	
房建工程	SXFJ1	甘肃圆盛路桥工程有限公司	

（七）永古高速

永登至古浪段高速公路起点位于永登县红城镇徐家磨，接树徐高速公路，途经红城镇、中堡镇、武胜驿镇、天祝县华藏寺镇、打柴沟镇、乌鞘岭山区，终点位于古浪县城北，与古永高速相接。永古高速全长145.46公里，其中徐家磨至安门段102.25公里为已有公路改扩建，安门至古浪段43.21公里为新建段。项目于2009年4月开工建设，概算总投资58.69亿元，建设单位为甘肃路桥公路投资有限公司。

项目勘察设计及后续服务工作共划分为5个合同段，由中交第一公路勘察设计研究院有限公司、中铁第一勘察设计院集团有限公司、甘肃省交通规划勘察设计院有限责任公司、中国公路工程咨询集团有限公司设计。全线按全封闭、控制出入的双向4车道的高速公路标准建设，设计行车时速为80公里，整体式路基宽24.5米，分离式路基宽12.25米，桥梁设计汽车荷载等级采用公路-Ⅰ级。路面为沥青混凝土路面。

项目施工共分37个合同段，其中路基工程施工合同段12个、路面工程施工合同段4个、交通安全设施工程施工合同段5个、房建工程施工合同段5个、机电工程施工合同段6个、绿化工程施工合同段2个、华藏寺互通立交改移工程1个、龙泉寺停车区匝道改扩建工程1个、水保环保完善工程1

个。监理服务分 12 个合同段，全部采用国内公开方式招标。项目共征用各类土地 7452.13 亩，设隧道 5 座（共 22.057 公里），大桥 4 座，中桥 19 座，小桥 23 座，涵洞 380 道，互通式立交 8 处，分离式立交 14 处，通道 182 处。永古高速乌鞘岭隧道群由乌鞘岭隧道、安远隧道、福尔湾隧道、高岭隧道和古浪隧道组成，隧道全长 4.38 万米。其中乌鞘岭隧道右洞长 4905 米，左洞长 4902.51 米；安远隧道右洞长 6868 米，左洞长 6848 米；福尔湾隧道右洞长 865 米，左洞长 855 米；高岭隧道右洞长 6333.45 米，左洞长 6314.45 米；古浪隧道右洞长 2936 米，左洞长 3014 米。

永古高速较（重）大设计变更有：永古高速公路下穿兰新铁路 3 处，分别于 2009 年 6 月、2010 年 1 月组织设计方案调整并报省交通运输厅审批；2009 年 12 月，就永古项目所涉及的路基占压长城的问题，组织甘肃省文物局及敦煌研究院现场调配后提出了相应的设计方案，并上报国家文物局通过审批；2010 年 5 月至 2011 年 6 月，就永古项目有关路基、桥涵、隧道等 33 项较大设计变更问题组织评审并通过变更设计；2011 年 10 月，确定安全标志标牌设置及与 G312 线相接方案。永古高速参建单位表 1-1-14。

永古高速参建单位一览表

表 1-1-14

类别	标段	施工单位	监理单位
土建工程	YG1	中铁二十一局集团有限公司	甘肃华顺交通科技咨询有限公司
	YG2	新疆道路桥梁工程总公司	
	YG3	河南路桥建设集团有限公司	甘肃省交通科学研究所有限公司
	YG4	北京市海龙公路工程公司	
	YG5	甘肃路桥建设集团有限公司	山东恒建工程监理咨询有限公司
	YG6	中铁十七局集团有限公司	
	YG7	中铁五局集团第一工程有限公司	甘肃兴陇交通工程监理有限责任公司
	YG8	甘肃路桥公路投资有限公司	
	YG9	中铁十七局集团第一工程有限公司	山东省德州市交通工程监理公司
	YG10	中铁五局集团第二工程有限公司	

续表

类别	标段	施工单位	监理单位
土建工程	YG11	中铁二十二局集团第四工程有限公司	甘肃省交通工程建设监理公司
	YG12	中铁隧道集团二处有限公司	
	YGHZSLJ	四川武通路桥工程局	
	YGLQSTCQ	甘肃昶通公路工程有限公司	
	YGWS	甘肃路桥建设集团有限公司	甘肃省交通科学研究所有限公司
路面工程	YGLM1	濮阳市通达公路工程有限公司	甘肃华顺交通科技咨询有限公司
	YGLM2	河南公路工程局集团有限公司	
	YGLM3	甘肃五环公路工程有限公司	甘肃省交通科学研究所有限公司
	YGLM4	甘肃路桥建设集团有限公司	
房建工程	YGFJ1	甘肃省建设投资（控股）集团总公司	兰州交通大学工程咨询有限公司
	YGFJ2	甘肃海外工程总公司	
	YGFJ3	甘肃路桥第四公路工程有限公司	甘肃省交通工程建设监理公司
	YGFJ4		
	YGFJ5	甘肃三立工程建设有限公司	
交安工程	YGAQ1	兰州金路交通设施有限公司	陕西海嵘工程项目管理有限公司
	YGAQ2	甘肃恒和交通设施安装有限公司	
	YGAQ3	潍坊东方交通设施工程有限公司	
	YGAQ4	承德市三和交通工程处	
	YGAQ5	甘肃路桥飞宇交通设施有限公司	
机电工程	YGJD1	甘肃紫光智能交通与控制技术有限公司	中国公路工程咨询集团有限公司
	YGJD2	上海电科智能系统股份有限公司	
	YGJD3	南京铁电通信工程有限公司	
	YGJD4	北京公科飞达交通工程发展有限公司	

第一编 公路

续表

类别	标段	施工单位	监理单位
机电工程	YGJD5	山西欣奥特自动化工程有限公司	中国公路工程咨询集团有限公司
	YGXF	甘肃麦岛建设工程有限公司	
绿化工程	YGLH1	甘肃圆陇路桥机械化公路工程有限公司	甘肃华顺交通科技咨询有限公司
	YGLH2	甘肃路桥飞宇交通设施有限公司	甘肃省交通科学研究所有限公司

（八）古永高速

古浪至永昌高速公路全长 69.45 公里，分古浪至武威段和武威至永昌段。其中古浪至武威段全长 40.82 公里，起于古浪县城西八里营村，沿王家庄、小桥堡至侯家庄、双塔镇、黄羊镇、谢和乡、冯家园子与武威过境段相接；武威至永昌段全长 28.63 公里，接武威过境段后经八坝村、六坝乡，于东寨乡与永山高速相接。古永高速于 2000 年 11 月开工建设，2002 年 10 月建成通车。概算投资 8.98 亿元，实际投资 8.62 亿元。建设单位为甘肃省路桥公路投资有限公司，质量监督单位为甘肃省公路工程质量监督站。

古永高速由铁道第一勘察设计院勘察设计。全线按平原微丘区高速公路标准设计，设计标准为新建全封闭双向 4 车道，设计行车时速为 100 公里，路基宽 25.5 米，桥涵设计荷载为汽车—超 20 级、挂车—120 级，桥梁净宽 2×11.25 米，涵洞与路基同宽，设计洪水频率 1/100（百年一遇）。

古永高速全线路基工程施工分 7 个标段，路面工程施工分 3 个标段，交通工程施工分 5 个标段，通信管理工程 1 个标段，机电工程 1 个标段，收费及管养服务设施工程施工分 2 个标段。监理共分 8 个标段。

在平面控制测量方面，古永高速建设项目采用 GPS 全球定位系统进行首级控制，采用全站仪进行一级导线加密，与国家大地控制网联测，经过严密平差建立平面控制系统。高程控制测量与国家水准联测，建立五等高程控制系统。采用三维数字化地表模型，通过动画透视图和三维仿真动画检查平、纵面设计，路线设计采用 CAD 系统。永古高速参建单位表 1–1–15。

古永高速参建单位一览表

表 1-1-15

类别	标段	施工单位	监理单位
路基工程	GY1A	甘肃路桥第二公路工程有限责任公司	甘肃新科公路工程监理事务所
	GY2A	甘肃省机械化工程公司	
	GY2	甘肃省公路工程总公司	
	GY3A	武威公路总段	黑龙江省公路工程监理咨询公司
	GY3B	张掖公路总段	
	GY4	中铁十六局	
	GY5	黑龙江省公路桥梁建设集团总公司	甘肃交通工程建设监理公司
	GY6A	甘肃省水利水电工程局	
	GY6B	平凉公路总段	
	GY7A	酒泉公路总段	
	GY7B	临夏公路总段	
路面工程	GYM1	甘肃路桥第一、第二公路工程有限公司（联营体）	山西省交通建设监理总公司
	GYM2	河南省大河筑路有限责任公司	
	GYM3	甘肃省公路工程总公司	
交通工程	GYAQ1	甘肃路桥飞宇交通设施有限责任公司	路面监理第二驻地办
	GYAQ2	北京深华科交通工程有限公司	
	GYAQ3	甘肃金路交通设施有限责任公司	
	GYAQ4	甘肃新盛护栏工程有限公司	
	GYAQ5	甘肃路桥飞宇交通设施有限责任公司	
机电工程	GYJD	甘肃紫光智能交通与控制技术有限公司	甘肃省交通工程建设监理公司
管道工程	GYGD	甘肃路桥第三公路工程有限责任公司	北京华景交通新技术开发公司
房建工程	GYFJ1	甘肃中大建设工程有限公司	甘肃省交通工程建设监理公司
	GYFJ2	甘肃省第七建筑工程集团公司	

（九）武威过境段

武威过境段高速公路全长 44.63 公里，接古永高速古浪至武威段后，经高坝镇、武威市、永丰乡、丰乐镇，于青林乡岔路口与古永高速公路武威至永昌段相连。武威过境段于 2004 年 12 月开工建设，2006 年 12 月建成通车，建设单位为甘肃省路桥公路投资有限公司（甘肃省交通厅工程处），项目投资 9.07 亿元。

武威过境段勘察设计由铁道部第一勘察设计院和中交第一公路勘察设计研究院两家单位中标承担。全线为全封闭、全立交、双向 4 车道高速公路，路基宽 26 米，设计行车时速为 100 公里。路面结构为 18 厘米厚水泥稳定沙砾底基层，30 厘米厚水泥稳定沙砾基层，15 厘米厚沥青混凝土面层。全线建有 3 处互通式立交，并有完善的交通安全及机电设施工程和收费与管养服务设施。

施工及监理单位均按照公开招标的方式选择。路基工程由中铁十三局第一工程有限公司、北京海龙公路工程公司、安通建设有限公司、甘肃顺达路桥建设有限公司 4 家单位分别中标承建。路面工程由甘肃五环公路工程公司、甘肃公路工程总公司 2 家单位分别中标承担。路基工程监理由北京双环工程咨询有限公司、甘肃兴陇交通工程监理有限责任公司中标承担。路面工程监理因投标单位不足 3 家，经甘肃省交通厅批准委托甘肃新科公路工程监理事务所承担。

武威过境段沿线县乡道路纵横，水利设施密集，东西布线的高速公路导致数百条南北走向的农田灌溉渠道被切断。面对这一问题，建设单位采取为农民修渠的办法解决。先将水渠汇集到某几个涵洞，穿过公路后再将水渠分散，所修水渠长达 70 多公里，超过公路主线长度。对施工取料场统一规划，取料结束后及时对取料坑和临时占用的耕地进行恢复，保持原有地貌完整性。对于部分施工中受损乡村道路，施工单位按高标准修复。

（十）永山高速

永昌至山丹高速公路全长 117.8 公里，起自金昌市永昌县东寨乡，与古永高速公路相连，途经永昌县、马营岔路口、王信堡、水泉子、绣花庙、老君乡、山丹县，终点与山临高速公路相接。

永山高速分三期实施。一期工程为 2578 公里+000 米~2653 公里+685.25

米，全长 75.11 公里，于 1998 年 9 月开工，2000 年 10 月建成通车。二期工程全长 42.69 公里，由永昌过境段 28.38 公里（2549 公里+500 米~2578 公里+000 米）和山丹过境段 14.31 公里（2653 公里+685.25 米~2668 公里+000 米）组成，2001 年 3 月开工建设，2002 年 10 月建成通车。一期、二期工程按平原微丘区一级公路标准建设，双向 4 车道，路基宽 25.5 米，设计行车时速为 100 公里，三期总投资 14.44 亿元。

三期工程即一级改高速工程，于 2003 年 8 月开工，2004 年 12 月通车，概算投资 3.44 亿元，建设单位为甘肃省公路局，设计单位为甘肃省交通规划勘察设计院，质量监督单位为甘肃省交通基建工程质量监督站。设计标准为平原微丘区高速公路，设计行车时速为 100 公里，路基宽 25.5 米，行车道宽 2×7.5 米，中央分隔带宽 2 米，平曲线最小半径 800 米，桥涵设计荷载为汽车—超 20 级、挂车—120 级，设计洪水频率为 1/100（百年一遇）。主要是对原一期工程通车运营后产生的病害进行处置，并加铺 5 厘米沥青混凝土路面，铺筑沥青混凝土路面 177 万平方米，新增丰城堡互通立交 1 座，新建辅道 86 公里，增设天桥 17 座，分离式立交 5 座，征用土地 1515.8 亩。

永山一级改高速公路工程参建单位均通过公开招标。其中天桥工程施工单位为甘肃路桥第二公路工程有限公司、安通建设有限公司、白银新世纪路业公司；辅道工程施工单位为甘肃威远路业有限公司、太原市政工程总公司；主线工程施工单位为甘肃省公路工程总公司、鞍山市政工程公司；交通安全设施工程施工单位为甘肃恒和交通设施安装有限公司；房建工程施工单位为甘肃恒泰建筑安装工程有限公司；机电工程施工单位为甘肃紫光智能交通与控制技术有限公司。监理单位分别为甘肃省交通工程建设监理公司（主线）、北京华通公路桥梁监理咨询公司（辅道及天桥）、甘肃工程建设监理公司（房建工程）、中国公路工程咨询监理总公司（机电工程）。

永山一级改高速公路项目施工采取半幅施工，主线工程施工时在各个道口设立了警示标志、限速标志和方向指示牌，派遣安全员负责专职警示，并与交警部门签订安全责任书，每日进行安全巡检，及时排除安全隐患。针对原一级公路存在大量路面波浪、坑槽、沉陷、车辙等病害，施工单位认真组织对路线病害进行调查，开挖探坑约 60 个，分析病害产生的原因，制定切实可行的施工方案，对病害进行了彻底处置。在施工中为提高工程质量，对八字墙背、锥坡背等薄弱环节，采取精选级配好的材料，掺加水泥，使用板式打夯机薄层夯实并增加防护工程等措施予以解决。对全线桥涵台背回填水泥稳定沙砾进行特殊处理，彻底整治"桥头跳车"这一质量通病。底基层、基层施工全部采用摊铺机进行摊铺，采用洒水和塑料覆盖相结合养生，稳定土拌和设备选用了国内较为先进的机型。路面施工采取半幅路面两台摊铺机平行作业的措施，避免沥青混合料的离析问题。

（十一）山临高速

山丹至临泽高速公路全长 97 公里，起于张掖市山丹县城西，接永昌至山丹高速，经野猫山、二坝、下碱滩堡、九龙江林场、二十里堡、梁家墩，终于临泽县城西的化音。另有互通连接线 6.45 公里。山临高速 2001 年 12 月开工建设，2004 年 9 月建成，建设单位为甘肃省交通厅工程处，甘肃省交通工程质量监督站负责质量监督。项目概算总投资 21.19 亿元，其中交通部投资 6.79 亿元、银行贷款 13.4 亿元、甘肃省配套 1 亿元。

山临高速由甘肃省交通规划勘察设计院、铁道第一勘察设计院和中国公路工程咨询监理总公司设计。全线采用 4 车道高速公路标准建设，设计行车时速为 100 公里。路基横断面采用整体式断面，全段路基宽 26 米，桥涵与路基同宽，桥涵设计荷载为汽车—超 20 级、挂车—120 级，地震基本烈度起点至张掖市为七度，张掖市至终点为八度。设计洪水频率为特大桥 1/300（三百年一遇），其他 1/100（百年一遇），单向行车道宽 2×3.75 米，中央分隔带宽 2 米，硬路肩 3 米。路面为沥青混凝土。连接线采用二级公路标准建设，路基宽度 12 米。

经过公开招标，共有 27 家单位参与工程施工，7 家单位参与工程监理。全线共征用土地 7853.77 亩，完成土石方 1019 万立方米，铺筑沥青混凝土路面 198.52 万平方米。架设特大桥 2 座 1470.8 米、大桥 2 座 570.92 米、中桥 4 座 266.82 米、小桥 34 座 647.74 米、天桥 9 座 421 米。建涵洞 282 道 8757.79 米，通道 106 道 2515 米，砌筑防护结构物 7.4 万米。修建 5 处互通式立交、11 处分离式立体交叉。布设 4 处收费站，设 1 处服务区及收费、通讯、监控、供电系统、交通安全等设施和 97 公里光缆工程。

针对施工路段多处为戈壁滩，路基填方地段对填料先进行料场过筛处理，再要求运料车架设过料筛，从源头上控制路基的压实度；对于软基地段，采用片石挤淤结合土工格栅对软基进行处置。在桥涵构造物施工前，先对地基承载力用重型触探仪进行检测，对全线达不到允许承载力要求的地基进行水泥稳定沙砾换填，小桥伸缩缝将原设计预切伸缩缝形式变更为仿毛勒CD40型伸缩缝。路面面层施工中采用抗剥落剂代替消石灰粉的方法提高石料与沥青的黏附性。山临高速参建单位见表 1-1-16。

山临高速参建单位一览表

表 1-1-16

类别	标段	施工单位	监理单位
路基工程	SL1	中铁十八局集团第四工程有限公司	甘肃省新科公路工程监理事务所
	SL2	中港第二航务工程局	
	SL3	中铁十五局集团第三工程有限公司	甘肃省交通工程建设监理公司
	SL4	甘肃路桥第五公路工程有限公司	
	SL5	甘肃省白银公路总段	甘肃省交通工程监理事务所
	SL6	甘肃省酒泉公路总段	
	SL7	甘肃省公路工程总公司	山西省交通建设监理总公司
	SL8	甘肃省张掖公路总段	
	SL9	甘肃省天水公路总段	铁道部科学研究院工程建设监理部
	SL10	中铁十八局集团有限公司	
路面工程	SLM1	甘肃五环公路工程有限公司	甘肃省新科公路工程监理事务所
	SLM2	路桥集团第一公路工程局第一工程公司	
	SLM3	路桥集团第一公路工程局第三工程公司	甘肃兴陇交通工程监理有限公司
	SLM4	河南省大河筑路有限公司	
通信管道工程	SLGD1	甘肃紫光智能交通与控制技术有限公司	甘肃省新科公路工程监理事务所
	SLGD2	甘肃路桥第二公路工程有限公司	甘肃兴陇交通工程监理有限公司
房建工程	SLFJ1	甘肃武威通达建筑路桥工程公司	甘肃省新科公路工程监理事务所
	SLFJ2	甘肃华恒建筑工程有限公司	
	SLFJ3	甘肃省第七建筑工程集团公司	

类别	标段	施工单位	监理单位
房建工程	SLFJ4	兰州市房屋建筑工程公司	甘肃兴陇交通工程监理有限公司
	SLFJ5	甘肃中大建设工程有限公司	
交安工程	SLAQ1	陕西诚信高速公路交通工程有限公司	甘肃省新科公路工程监理事务所
	SLAQ2	山西长达交通设施有限公司	甘肃兴陇交通工程监理有限公司
	SLAQ3	北京深华科交通工程有限公司	甘肃省新科公路工程监理事务所
	SLAQ4	北京华纬交通工程公司	甘肃兴陇交通工程监理有限公司
机电工程	SLJD	甘肃紫光智能交通与控制技术有限公司	北京华路捷公路工程技术咨询有限公司
绿化工程	SLLH	甘肃格瑞生态技术有限公司	甘肃省新科公路工程监理事务所

（十二）临清高速

临泽至清水高速公路全长 99.72 公里，位于河西走廊中段，自张掖市临泽县化音与山临高速相接，经临泽县新华镇、高台县南华镇、梧桐泉、许三湾、元山子、屯升，于酒泉市清泉镇与清嘉高速相连。临清高速 2002 年 11 月开工建设，2005 年 8 月建成通车。建设单位为甘肃省路桥公路投资有限公司，总投资 18.48 亿元。

临清高速由甘肃省交通规划勘察设计院勘察设计。全线按照全立交、全封闭、控制出入的双向 4 车道高速公路标准建设。路基宽 26 米，路面为沥青混凝土。设计行车时速为 100 公里。桥涵与路基同宽，桥涵设计荷载为汽车—超 20 级、挂车—120 级。因沿线为地震易发区，故公路构造物抗震设防标准按Ⅸ度设防。

临清高速建设项目路基工程分 10 个标段实施，路面分 4 个标段，交通安全防护设施分 8 个标段，房建、通讯管道工程各 2 个标段，机电、绿化工程各 1 个标段，监理单位划分为 8 个标段，所有单位均通过国内公开招标方式选定。临清高速建设中共完成路基土石方 849 万立方米，铺筑沥青混凝土路面 235 万平方米。建大桥 1 座 184.24 米、中桥 31 座 1445.17 米、小桥 24 座 596.42 米、互通式立交 8 座 492.56 米、互通式立体交叉 3 处、天桥 4 座 187 米、通道桥 24 座 533.36 米，修盖板涵 205 道 6135.5 米、通道 67 道 1956.4 米。设服务区 1 处。

临清高速建设项目在勘察设计中运用当时比较先进的技术，采用 GPS 全球定位系统进行首级控制，采用全站仪和红外测距仪进行一级导线加密，与国家大地控制网联测，与国家水准联测建立五等高程控制系统，经整网严密平差，建立准确的平面控制系统。在公路测量中运用航测摄影测量技术，路线设计采用国家"九五"重点科技攻关项目"路线和立交设计集成 CAD 系统"。建立三维数字化地表模型DTM，通过动画透视图和三维仿真动画检查平纵面设计、平纵组合和景观设计，据此修订和优化设计。临清高速参建单位见表 1-1-17。

临清高速参建单位一览表

表 1-1-17

类别	标段	施工单位	监理单位
路基工程	LQ1	四川樊峰路桥建设有限公司	河北华达公路工程咨询监理有限公司
	LQ2	吉林省交通建设集团有限公司	
	LQ3	新疆昆仑路港工程公司	
	LQ4	北京市公路桥梁建设公司	甘肃兴陇交通工程监理有限公司
	LQ5	甘肃省公路工程总公司	
	LQ6	中铁十六局集团第四工程有限公司	
	LQ7	甘肃五环公路工程有限公司	甘肃新科公路工程监理事务所
	LQ8	中铁十二局集团有限公司	
	LQ9	中铁十三局集团有限公司	
	LQ10	中铁十二局集团第四工程有限公司	

类别	标段	施工单位	监理单位
路面工程	LQM1	四川樊峰路桥建设有限公司	甘肃兴陇交通工程监理有限公司
	LQM2	甘肃省公路工程总公司	
	LQM3	中铁五局集团有限公司	甘肃新科公路工程监理事务所
	LQM4	甘肃五环公路工程有限公司	
交安工程	LQAQ1	甘肃圆峰交通工程有限公司	中国公路工程咨询监理公司
	LQAQ2	山西交研科学实验工程有限公司	
	LQAQ3	陕西高速交通工贸有限公司	
	LQAQ4	北京华凯交通科技有限公司	
	LQAQ5	山西长达交通设施有限公司	
	LQAQ6	四川金川公路工程（集团）有限公司	
	LQAQ7	甘肃路桥飞宇交通设施有限公司	
	LQAQ8	泰州市海阳实业总公司	
房建工程	LQFJ1	甘肃路桥第四公路工程有限公司	
	LQFJ2	甘肃恒泰建筑安装工程有限公司	
管道工程	LQGD1	甘肃威远路业有限公司	北京泰克华诚技术信息咨询有限公司
	LQGD2		
机电工程	LQJD	甘肃紫光智能交通与控制技术有限公司	
绿化工程	LQLH	陕西易枫达实业有限公司	甘肃省交通工程监理有限公司

（十三）清嘉高速

清水至嘉峪关高速公路全长 96.4 公里，自酒泉市清水镇与临清高速相接，穿越戈壁滩进入上坝乡，经总寨镇绿洲、酒泉烈士陵园、侯家沟村、安远沟村、张家良沟村，在嘉峪关市民众路口与嘉瓜高速相连。清嘉高速于 2003 年 11 月开工建设，2006 年 12 月建成通车，建设单位为甘肃省路桥公路投资有限公司，概算投资 18.44 亿元，资金来源为交通部补助资金、省交通厅配套资金和国家开发银行贷款。

清嘉高速由甘肃省交通规划勘察设计研究院有限公司、铁道第一勘察设计院和中国公路工程咨询监理总公司承担勘察设计任务。全线按照全封闭、全立交、双向 4 车道高速公路标准设计建设，设计行车时速为 100 公里。路基宽 26 米，行车道宽 2×7.5 米。桥涵设计荷载为汽车—超 20 级、挂车—120 级。

项目路基工程、路面工程、交通安全设施工程、房建工程、机电工程、绿化工程等共分 26 个标段实施，监理分 8 个标段，施工、监理单位均通过国内公开招标方式选定。质量监督单位为甘肃省交通基建工程质量监督站。

清嘉高速建设项目共征用土地 7643.51 亩，完成路基土石方 943.56 万立方米，铺筑沥青混凝土路面 218.52 万平方米。实施砌筑工程 16.76 万立方米、坡面防护工程 89 万平方米。大中桥 12 座、小桥 16 座、分离式立交 20 处、互通立交 4 处、通道桥 38 座、天桥 7 座、穿越长城框架顶进桥 6 座。修涵洞 283 道、通道 85 道，设收费管养设施 6 处。

河西走廊植被覆盖率极低，清嘉高速在设计路线走向方面少占耕地。在路线平、纵设计中各项指标均衡组合，采用较低的路基填筑高度，使道路与戈壁滩地形协调。路基取土坑、弃土堆位置与路基防护、排水紧密结合，以不破坏路线两侧天然植被为原则。在活动性沙丘地貌施工中，路基两侧分别设置整平带、防护带和植被保护带，防护带设置草格防沙障，并在沙障内种植沙生草类植物，植被保护带外设置隔离栅；路基边坡均采用钢筋混凝土拱形骨架和井形骨架加固，并在路基边坡外 2 米处设纵向排水沟，防止冲刷路基外原地貌，在中央分隔带铺筑卵石封盖填土。清嘉高速参建单位见表 1-1-18。

第一编
公路

清嘉高速参建单位一览表

表 1-1-18

类别	标段	施工单位	监理单位
路基工程	QJ1	天津大港油田集团有限公司	甘肃兴陇交通工程监理有限公司
	QJ2	山西路桥有限公司	
	QJ3	中国路桥集团二公局三公司	
	QJ4	中铁十一局二公司	中国公路工程咨询监理公司
	QJ5	甘肃省公路工程总公司	
	QJ6	宁夏路桥工程有限公司	

续表

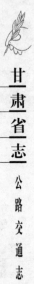

类别	标段	施工单位	监理单位
路基工程	QJ7	甘肃五环公路工程有限公司	甘肃省交通工程建设监理公司
	QJ8	中铁五局集团有限公司	
	QJ9	中铁四局集团有限公司	
路面工程	QJM1	甘肃省公路工程总公司	甘肃兴陇交通工程监理有限公司
	QJM2	山西路桥建设集团有限公司	
	QJM3	成都华川公路建设有限公司	甘肃省交通工程建设监理公司
	QJM4	甘肃天地路桥工程有限公司	
交安工程	QJAQ1	中国公路工程咨询监理总公司海南公司	甘肃省交通工程建设监理公司
	QJAQ2	北京中咨华科交通工程技术有限公司	
	QJAQ3	江苏句容市交通设施有限公司	
	QJAQ4	甘肃恒和交通设施安装有限公司	
	QJAQ5	兰州金路交通设施有限公司	
	QJAQ6	甘肃路桥飞宇交通设施有限公司	
	QJAQ7	江苏句容市交通设施有限公司	
房建工程	QJFJ1	甘肃中大建设有限公司	
	QJFJ2		
管道工程	QJGD1	甘肃路桥第一工程有限公司	中国公路工程咨询监理公司
	QJGD2	甘肃新路交通工程公司	
机电工程	QJJD	甘肃紫光智能交通与控制技术有限公司	
绿化工程	QJQLH	甘肃华运园林绿化工程有限公司	甘肃省交通工程建设监理公司

（十四）嘉瓜高速

嘉峪关至瓜州高速公路全长 235.42 公里，自嘉峪关市城西民众路口连清嘉高速，途经嘉峪关市、甘肃矿区、清泉乡、玉门镇、饮马农场、下西号乡、蘑菇滩、桥湾、布隆吉、双塔水库、小宛农场，终于瓜州县城。嘉瓜高速于 2004 年 12 月开工建设，2006 年 12 月试运营通车，2007 年 12 月底正式联网收费通车。建设单位为甘肃省高等级公路建设开发有限公司（甘肃省交通厅工程处），总投资 35.3 亿元，其中国家专项基金安排 9 亿元、甘肃省公路建设资金安排 2.3 亿元、国内银行贷款 24 亿元。

2005 年 9 月，嘉瓜段按一级公路标准设计建设，路基成形后，省交通厅根据国家高速公路网规划，将一级公路标准改为高速公路标准。负责勘察设计的单位为甘肃交通规划勘察设计研究院有限公司和中国公路工程咨询监理总公司。全线设计行车时速 100 公里，桥涵设计荷载为汽车—超 20 级、挂车—120 级。整体式路基宽 25.5 米，分离式路基宽 12.75 米。路面上面层为 5 厘米厚 SBS（I-C）型改性沥青混凝土，下面层为 7 厘米厚粗粒式沥青混凝土。路面基层为 30 厘米厚（绿洲区 35 厘米厚）水泥稳定沙砾，路面底基层为 20 厘米厚水泥稳定沙砾。整体式大中桥宽 25 米，分离式大中桥宽 12.25 米，小桥涵与路基同宽。

嘉瓜高速公路建设项目路基工程共 18 个标段，路面工程和房建工程各 6 个标段，交通安全设施工程共 10 个标段（5 至 8 标段无业主标底范围内投标人），护栏工程 3 个标段，机电、绿化工程各 1 个标段，管道工程 2 个标段，监理分 8 个标段，所有单位均通过国内公开招标方式选定。质量监督单位为甘肃省交通基建工程质量监督站。嘉瓜高速建设项目共征用各类土地 1.92 万亩。在一级公路建设中，共移动土石方 1599 万立方米，筑路面底基层 622.75 万平方米、基层 580 万平方米，铺路面下面层 514.56 万平方米、路面上面层 515.81 万平方米。建大桥 5 座 983 米、中桥 41 座 2125.3 米、小桥 102 座 2087.23 米、互通式立交和分离式立交各 4 处、天桥 1 座 46.78 米。修涵洞 453 道 1.27 万米、防护工程 59.9 万立方米、排水设施 292 千米。设 9 处收费站、1 处服务区、2 处停车区，以及收费、通讯、监控、供电系统、交通安全等设施。2005 年 9 月，由一级公路标准调整为高速公路标准后，增修互通式立交 4 处（嘉峪关西立交、清泉立交、桥湾立交、双塔立交）、分离式立交 14 座、天桥 29 座、通道桥 3 座，改移辅道 25 处，计 151 公里。

　　嘉瓜高速地处戈壁沙漠区，干旱易蒸发，项目建设中采用取土场预闷土、现场网格法划线卸土、平地机平整、重型压实机具压实等工艺，控制路基填料含水量、分层厚度及平整度。新旧路接合部，采用加宽台阶开挖宽度、重型拖式振动羊角碾压实的方法。针对当地天然沙砾级细集料和粗骨料偏多、中间料偏少的问题，对基层料分三级过筛后再进行掺配碎石。建设单位与长安大学、甘肃省交通规划勘察设计院有限公司联合开展"嘉峪关至安西一级公路盐渍土地段路基修筑技术研究"，分析了季节变化过程中盐渍土对路基及公路构筑物的影响程度，明确盐渍土作为路基填料适用性指标，据此实施盐渍土改性技术方法及公路构筑物防腐蚀措施。沿线风沙大，无法按常规方法对基层养生，对此在风力相对小的嘉峪关至玉门段采用棚膜或麻袋覆盖，用沙土做成网格封压；对风力特别大的玉门镇至安西（今瓜州）段，基层碾压成形补水后先覆盖棚膜，紧跟其后覆盖土工布，最后用沙土封压。项目建设单位与中国科学院寒区旱区环境工程研究所合作开展"戈壁地区公路风沙危害防护体系研究"，提出防护体系设计方案，在路面设计和周边防护体系中采用防治戈壁风沙活动指标，明确不同路段的公路剖面坡度和走向的要求，控制和减少风沙对公路的危害。在路面压实过程中，采用先胶轮后钢轮压实的工艺。河西地区生态环境脆弱，项目穿越玉门市南山省级自然保护区和安西极旱荒漠国家自然保护区，在建设中将清表清除的杂物、特殊路段的盐碱土埋于取土场底部，所有施工车辆在施工便道行驶，避免施工车辆对保护区随意碾压，尽量缩短临时用地的占用时间，及时恢复植被。嘉瓜高速参建单位见表 1-1-19。

嘉瓜高速参建单位一览表

表 1-1-19

类别	标段	施工单位	监理单位
路基工程	JA1	新疆昆仑路港工程公司	甘肃省交通工程建设监理公司
	JA2	山西中北路桥建设有限公司	
	JA3	甘肃恒达路桥工程集团有限公司	
	JA4	四川武通路桥工程局	
	JA5	中铁十一局集团第四工程有限公司	河北华达公路工程咨询监理有限公司
	JA6	路桥集团第二公路工程局	
	JA7	四川攀峰路桥建设有限公司	
	JA8	中铁四局集团第四工程有限公司	甘肃兴陇交通工程监理有限责任公司
	JA9	甘肃五环公路工程有限公司	
	JA10		
	JA11	安通建设有限公司	
	JA12	中铁四局集团第一工程有限公司	北京华通公路桥梁监理咨询公司
	JA13	中铁七局集团有限公司	
	JA14	中铁二十局集团第四工程有限公司	
	JA15	路桥集团第一公路工程局天津工程处	山西省交通建设工程监理总公司
	JA16	中国地质工程集团公司	
	JA17	核工业西南建设工程总公司	
	JA18	四川武通路桥工程局	
路面工程	JALM1	青海路桥建设股份有限公司	甘肃兴陇交通工程监理有限责任公司
	JALM2	甘肃省公路工程总公司	
	JALM3	四川攀峰路桥建设有限公司	
	JALM4	山西平阳路桥有限公司	

类别	标段	施工单位	监理单位
路面工程	JALM5	江西省公路桥梁工程局	中国公路工程咨询总公司
	JALM6	甘肃路桥第三公路工程有限公司	
房建工程	JAFJ1	甘肃路桥第四公路工程有限公司	中国公路工程咨询总公司
	JAFJ2	中国地质工程集团公司	
	JAFJ3	甘肃新路交通工程公司	
	JAFJ4	甘肃中大建设工程有限公司	
	JAFJ5	中国建筑第八工程局第三建筑公司	
	JAFJ6	甘肃华恒建筑工程有限公司	
交安工程	JAAQ1	北京通大现代设施技术开发有限公司	
	JAAQ2	甘肃恒和交通设施安装有限公司	
	JAAQ3		
	JAAQ4	北京华凯交通科技有限公司	
	JAAQ9	宜兴市公路交通设施有限公司	
	JAAQ10		
护栏工程	JAHL1	新疆北方机械化筑路工程处	
	JAHL2	陕西高速交通工贸有限公司	
	JAHL3	新疆北方机械化筑路工程处	
管道工程	JAGD1	贵州省桥梁工程总公司	
	JAGD2	甘肃新路交通工程公司	
绿化工程	JALH	甘肃华运园林绿化工程有限公司	
机电工程	JAJD	甘肃紫光智能交通与控制技术有限公司	

（十五）瓜星高速

瓜州至星星峡高速公路全长 157 公里，路线起于瓜州县城东北约 5 公里处，接嘉瓜高速终点，由东南向西北经北大桥、白墩子、柳园、马莲井等地进入星星峡峡谷，接星星峡至哈密高速公路。瓜星高速于 2009 年 12 月开工建设，建设单位为甘肃省公路局，甘肃远大路业集团有限公司代表省公路局履行项目业主职责。项目概算总投资 26.48 亿元，由中央车购税补助、甘肃省公路基金和国内银行贷款组成。

瓜星高速勘察设计分 4 个标段招标，路基路面勘察设计分别由中交路桥技术有限公司、中国公路工程咨询集团有限公司中标承担，房建和机电设计分别由北京交科公路勘察设计研究院和新疆公路规划勘察设计研究院中标承担。瓜州过境段、柳园过境段、星星峡峡谷段、白墩子文物及湿地保护区绕行路段等 47.93 公里为新建路段，其余 108.78 公里利用原安西至星星峡二级公路改扩建而成。全线按照双向 4 车道高速公路技术标准建设，设计行车时速为 100 公里，局部地形复杂路段设计行车时速为 80 公里，整体式路基宽度为 26 米，分离式路基宽度为 13 米。桥涵设计汽车荷载等级为公路–I 级。

瓜星高速建设项目由甘肃省公路局按照国内公开招标的方式选择施工单位、监理单位。本项目共划定 21 个施工标段，其中路基、路面工程 14 个标段，交通安全工程 2 个标段，房建工程 3 个标段，机电工程 1 个标段，管道工程 1 个标段。监理单位共 14 个标段。瓜星高速建设共征用土地 1.07 万亩，均为未利用土地。瓜星高速参建单位见表 1–1–20。

瓜星高速参建单位一览表

表 1–1–20

类别	标段	施工单位	监理单位
路基工程	GXLJ	甘肃路桥建设集团有限公司	甘肃省交通工程建设监理公司
	GX1	成都华川公路建设集团有限公司	
	GX2	北京市海龙公路工程公司	
	GX3	甘肃省路桥建设集团有限公司	北京港通路桥工程监理有限公司
	GX4	新疆北新路桥建设股份有限公司	

类别	标段	施工单位	监理单位
路基工程	GX5	中铁四局集团有限公司	山东信诚公路工程监理咨询中心
	GX6	新疆北新路桥建设股份有限公司	
	GX7	华通路桥集团有限公司	太原市华宝通工程监理有限公司
	GX8	江西省公路机械工程局	
路面工程	GX9	甘肃省路桥建设集团有限公司	甘肃省交通工程建设监理公司
	GX10	甘肃路桥第三公路工程有限公司	北京港通路桥工程监理有限公司
	GX11	新疆北新路桥建设股份有限公司	山东信诚公路工程监理咨询中心
	GX12	中交第一公路工程局有限公司	太原市华宝通工程监理有限公司
	GX13	新疆兴达公路工程部	
交安工程	GXJT1	甘肃圆峰交通工程有限公司	甘肃省交通工程建设监理公司
	GXJT2	甘肃路桥飞宇交通设施有限公司	太原市华宝通工程监理有限公司
管道工程	GXGD	甘肃万泰建设工程有限公司	山东信诚公路工程监理咨询中心
机电工程	GXJD	甘肃紫光智能交通与控制技术有限公司	甘肃省交通工程建设监理公司
房建工程	GXFJ1	甘肃华恒建筑工程有限公司	北京港通路桥工程监理有限公司
	GXFJ2	甘肃路桥第四公路工程有限公司	
	GXFJ3	新疆兵团建设工程（集团）有限公司	山东信诚公路工程监理咨询中心

四、G75 兰海高速甘肃段（兰州至罐子沟甘川界）

G75 兰州至海口高速公路属南北纵线，简称兰海高速，规划里程 2506 公里，始于甘肃省兰州市，经广元、南充、重庆、遵义、贵阳、麻江、都匀、河池、南宁、钦州、北海、湛江，终于海南省海口市。G75兰海高速甘肃段规划里程530公里，穿越兰州、定西、陇南3市，于陇南市文县罐子沟出甘入川。

（一）兰临高速

兰州至临洮高速公路全长92.69公里，起于兰州市晏家坪，经兰州市七里河区西果园、青岗岔、袁家湾、七道梁和临洮县中铺、井坪、安家嘴、太石、辛店、康家崖、三十里墩、五里铺、洮阳，止于临洮县曹家沟。兰临高速于2001年10月开工，2004年12月建成通车。建设单位为甘肃省公路局，甘肃远大路业集团代表甘肃省公路局具体履行建设单位职责。项目概算投资32.6亿元，其中交通部配套资金6.15亿元、甘肃配套资金0.8亿元、国债转贷0.5亿元，其余为国内银行贷款。

兰临高速由甘肃省交通规划勘察设计院承担设计任务。全线按全立交、全封闭、控制出入的4车道高速公路标准设计。整体式路基全宽24.5米，分离式路基全宽2×12.5米，设计行车时速80公里，设计荷载为汽车—超20级、挂车—120级。兰临高速建设项目施工单位、监理单位均通过公开招标方式选择。甘肃省交通工程质量监督站负责质量监督。全线共征用土地9516.7亩，完成路基土石方1633万立方米，铺沥青混凝土路面25.65万平方米。建特大桥4座2583米、大桥7座1086米、中桥15座922.79米、小桥11座451.5米、互通式立交5处、分离式立交17处。修隧道2座8073米、涵洞352道、纵向排水沟271.56公里。设收费站7处（主线收费站2处）、服务区1处、监控分中心1处。全线设置交通标志、标线、中央分隔带护栏、路侧护栏和隔离栅。

兰临高速地处陇西黄土高原地带，施工中采用冲击压实法及强夯法对路基补强加固，路基开挖成形经压路机碾压后，路槽采用25KJ冲击压实机补压，填方路基填筑成形后也用此法补压，对高填方路堤填挖交界处及黄土基底采用强夯法加固。对埋藏较深的暗陷穴则采用灌沙砾或泥浆进行处理。在建设过程中，因2003年雨雪天气多，经过冬休期后，2004年2月施工人员发现位于古滑坡体上的西果园特大桥14号桥台桩基最大移位1.57米、14号桥墩移位20厘米。在2003年秋季频繁降雨中，15公里+170米~15公里+340米段边坡滑塌。针对上述问题，甘肃省交通厅科技专家委员会召开专家咨询会议确定治理方案，对滑坡采用上部减裁、下部反压，加强防排水设施；对高路堤采用放缓边坡坡率，提高压实度，加强边坡和排水措施；对特大桥缩短桥梁，利用现有桥梁上下部结构进行施工。为预防沥青路面早期破损，施工中变更了原设计路面沥青品种，上面层采用改性沥青，中下面层采用克拉玛依沥青。隧道施工单位中铁十二局二公司投入近 2000 万元购进大量的进口机械设备，在Ⅲ、Ⅳ类围岩地段分别创下连续日进尺 8 米和 10 米的施工纪录。这条高速公路还创下甘肃公路建设三个之最：七道梁隧道单洞长 4070 米，为甘肃当时最长的公路隧道；芦家沟特大桥最高墩 77.24 米，是甘肃当时墩身最高的公路桥梁；临洮特大桥全长 1047.08 米，是甘肃当时最长的公路桥梁。兰临高速参建单位见表 1-1-21。

兰临高速参建单位一览表

表 1-1-21

类别	标段	施工单位	监理单位
路基工程	LL1	安通建设有限公司	甘肃省交通建设工程监理公司
	LL2	中铁四局集团第四工程有限公司	
	LL3	中港第二航务工程局第一工程公司	
	LL4	中铁一局集团第二工程有限公司	甘肃交通工程监理事务所
	LL5	中铁十二局集团第二工程有限公司	
	LL6	中铁隧道局集团三处有限公司	
	LL7	中国人民武装警察部队交通第六支队	潍坊市华潍公路工程监理处
	LL8	甘肃五环公路工程有限公司	
	LL9	甘肃省水利水电工程局、庆阳公路总段（联营体）	江西交通建设工程监理所
	LL10	路桥集团第一公路工程局第二工程公司、甘肃路桥第四公路工程有限责任公司（联营体）	
	LL11	张掖公路总段、白银公路总段（联营体）	山西晋达交通建设工程监理所
	LL12	酒泉公路总段、陇南公路总段（联营体）	
	LL13	定西公路总段、甘肃路桥第三公路工程有限公司（联营体）	西安公路交通大学建设监理公司
	LL14	甘肃省公路工程总公司	

续表

类别	标段	施工单位	监理单位
路面工程	LLM1	北京海龙公路工程公司	甘肃兴陇交通工程监理有限公司
	LLM2	中铁四局集团有限公司	潍坊市华潍公路工程监理处
	LLM3	甘肃省公路工程总公司	北京华通公路桥梁监理咨询公司
	LLM4	四川攀峰路桥建设有限责任公司	甘肃省交通工程建设监理公司
房建工程	LLFJ1	北京市第二建筑工程有限责任公司	甘肃兴陇交通工程监理有限公司
	LLFJ2	中铁十六局第五工程有限公司	
	LLFJ3	甘肃武威通达建筑路桥工程有限公司	
	LLFJ4	甘肃中大建设工程有限公司	甘肃工程建设监理公司
	LLFJ5	甘肃省第九建筑工程公司	
	LLFJ6	北京市第二建筑工程有限责任公司	
管道工程	LLGD1	甘肃紫光智能交通与控制技术有限公司	潍坊市华潍公路工程监理处
	LLGD2		
绿化工程	LLLH	甘肃华运绿化工程有限公司	
机电工程	LLJD1	中铁一局集团电务工程有限公司	中国公路工程监理咨询总公司
	LLJD2	甘肃紫光智能交通与控制技术有限公司	
	LLJD3	北京云星宇交通工程有限公司	
交安工程	LLAQ1	四川蓝灵交通设施工程有限公司	甘肃省交通工程建设监理公司
	LLAQ2	甘肃路桥飞宇交通设施有限责任公司	
	LLAQ3	河北中通交通设施有限公司	
	LLAQ4	甘肃恒和交通设施安装有限公司	
	LLAQG1		
	LLAQG2	甘肃新盛护栏工程有限公司	
	LLAQG3	甘肃恒和交通设施安装有限公司	
完善工程	LLBX	中铁一局二公司	潍坊市华潍公路工程监理处

（二）武罐高速

武都至罐子沟高速公路全长 130.32 公里，起于陇南市武都区两水镇，经武都城区、汉王、大岸庙、玉皇、琵琶、洛塘、清峪沟、余家湾，止于文县中庙乡甘川交界处的罐子沟将军石。武罐高速公路于 2008 年 1 月开工建设，建设单位为甘肃长达路业有限责任公司。项目概算投资 117.13 亿元，其中亚洲开发银行贷款 3 亿美元（折合人民币 24.03 亿元），交通部补助 31.6 亿元，国内银行贷款 54 亿元，自筹资金 7.5 亿元。

武罐高速公路勘察设计分 5 个标段招标，1~3 标承担主体工程勘察设计，3、4 标承担房建、机电和交安工程勘察设计。1 标、2 标中标单位为中交第一公路勘察设计研究院有限公司，3 标中标单位为甘肃省交通规划勘察设计院有限责任公司，甘肃省交通规划勘察设计院有限公司为 1~3 标总体协调单位，4 标中标单位为北京交科公路勘察设计院有限公司，5 标中标单位为招商局重庆交通科研设计院有限公司，招商局重庆交通科研设计院有限公司为 4、5 标总体协调单位。武罐高速全线采用高速公路技术标准设计，双向 4 车道，设计行车时速 80 公里，路基宽 24.5 米，部分路段整体式桥梁路幅宽 23.5 米，桥涵设计汽车荷载等级为公路-Ⅰ级。武罐高速公路经陇南南部高山峡谷地带，全线桥隧比例 69%，洛塘至余家湾段桥隧比例高达 93%。武都区枫相乡草坪村 V 形河谷地形狭窄、坡岸陡峻，该段设计了上下线立体布设的双层高架桥——洛塘河双层高架特大桥，解决了峡谷路段平行布线困难的问题，在甘肃公路桥梁史上尚属首例。针对陇南雨水丰沛、水毁频发的特点，武罐高速西秦岭特长隧道武都端（靠武都一端）至终点将军石段共 72 公里设计为水泥混凝土路面，为甘肃在高速公路中首次采用大段落水泥混凝土路面。

根据项目规模、里程、投资等情况，武罐高速公路路基工程施工分 23 个标段，其中 23 标为武都连接线。经亚洲开发银行同意，全额使用国内资金的 3 标、8~11 标、18~21 标共 9 个施工难度大的控制性标段先期招标，其余 14 个使用亚洲开发银行资金的标段按国际招标程序招标。后期又经全国公开招标，选定 1 家路面施工单位、7 家房建工程施工单位、3 家绿化工程施工单位、7 家交通安全设施施工单位（含 2 家通信管线预埋施工单位、1 家收费大棚施工单位），10 家机电工程施工单位。

武罐高速征用各类用地 6758 亩，基本以逢山打洞、遇水架桥的方式建设，全线桥隧相连、工程浩繁。拟修桥 109 座 4.57 万米，其中特大桥 11 座 2.34 万米、大桥 67 座 2.03 万米、中桥 29 座 1958.9 米、2 座小桥 42.1 米。拟建隧道 46 座 4.15 万米，其中特长隧道 3 座 1.56 万米、长隧道 5 座 9446.7 米，中短隧道 38 座 1.65 万米。筑涵洞 179 座 5370.7 米。设互通立交 7 处。武罐高速参建单位见表 1-1-22。

武罐高速参建单位一览表

表 1-1-22

类别	标段	施工单位	监理单位
路基工程	WG01	中铁隧道集团二处有限公司	甘肃省交通工程建设监理公司
	WG02	甘肃路桥建设集团有限公司	
	WG03	中铁四局集团有限公	山东恒建工程监理咨询有限公司
	WG04	中铁隧道集团有限公司	
	WG05	中铁四局集团有限公司	山东临沂交通工程咨询监理中心
	WG06	安通建设有限公司	
	WG07	甘肃路桥建设集团有限公司	江苏旭方工程咨询监理有限公司
	WG08		
	WG09	中铁隧道集团有限公司	西安方舟工程咨询有限责任公司
	WG10	中国路桥工程有限责任公司	
	WG11	河北北方公路工程建设集团有限公司	云南省公路工程监理咨询公司
	WG12	中铁十七局集团第二工程有限公司	
	WG13	中国交通建设第二公路工程局第三工程有限公司	北京华路顺工程咨询有限公司
	WG14	中国交通建设第一公路工程局第一工程有限公司	
	WG15	中国交通建设第二航务工程局有限公司	北京华通公路桥梁监理咨询有限公司
	WG16	北京海龙公路工程公司	
	WG17	中国交通建设第一公路工程局第一工程有限公司	甘肃省交通工程建设监理公司
	WG18		

续表

类别	标段	施工单位	监理单位
路基工程	WG19	福建省第一公路工程公司	深圳高速工程顾问有限公司
	WG20	陕西明泰工程建设有限责任公司	
	WG21	安通建设有限公司	河北华达公路工程咨询监理有限公司
	WG22	中铁四局集团第一工程有限公司	
	WG23	甘肃路桥建设集团有限公司	济南金诺公路工程监理有限公司
路面工程	WGLM01	中国交通建设第二公路工程局第三工程有限公司	北京港通路桥工程监理有限责任公司
交安工程	WGJA01	山西长达交通设施有限公司	
	WGJA02	北京颐和安迅交通技术有限公司	
	WGJA03	茂名公路建设有限公司	
	WGJA04	江西赣东路桥集团有限公司	甘肃省交通工程建设监理公司
	WGJA05	甘肃紫光智能交通与控制技术有限公司	北京港通路桥工程监理有限责任公司
	WGJA06	浙江浙大中控信息技术有限公司	甘肃省交通工程建设监理公司
	WGJA07	徐州光环钢结构工程有限公司	北京港通路桥工程监理有限责任公司
绿化工程	WGLH01	甘肃华运园林绿化工程有限公司	北京港通路桥工程监理有限责任公司
	WGLH02	甘肃圆陇路桥机械化公路工程有限责任公司	
	WGLH03	宁夏建坤园林产业发展有限公司	甘肃省交通工程建设监理公司
机电工程	WGJD1	中国交通建设第一公路工程局集团电务工程有限公司	中国公路工程咨询集团有限公司
	WGJD2	中国交通建设第十二公路工程局集团电气化工程有限公司	
	WGJD3	陕西政合汉唐工程有限公司	
	WGJD9	河南顺捷消防工程有限公司	

类别	标段	施工单位	监理单位
机电工程	WGJD4	兰州朗青交通科技有限公司	北京泰克华诚技术信息有限公司
	WGJD5	紫光捷通科技股份有限公司	
	WGJD8	湖南四建安装建筑有限公司	
	WGJD6	西安金路交通工程科技发展有限责任公司	北京路桥通国际工程咨询有限公司
	WGJD7	甘肃紫光智能交通与控制技术有限公司	
	WGJD10	甘肃麦岛建设工程有限公司	
房建工程	WGFJ01	甘肃广林建筑安装工程有限责任公司	甘肃省交通工程建设监理公司
	WGFJ02	甘肃第一建设集团有限责任公司	
	WGFJ03	甘肃华恒建筑工程有限公司	
	WGFJ04	中铁五局（集团）有限公司	
	WGFJ05	甘肃三立工程建设有限公司	兰州交大工程咨询有限公司
	WGFJ06	甘肃路桥第四公路工程有限责任公司	
	WGFJ07	甘肃恒泰建筑安装工程有限公司	

第一编 公路

五、其他建设中的高速公路

（一）G2012定武高速甘肃段（营盘水至双塔）

G2012 定边至武威高速公路是 G20 青银高速的联络线，简称定武高速，连接 G20 青银高速、G6 京藏高速、G30 连霍高速三条国家高速公路，起于陕西定边县，经盐池、红寺堡、中宁、中卫进入甘肃景泰，止于武威双塔。

G2012 定武高速甘肃段长 157.56 公里，位于甘肃省白银市景泰县和武威市古浪县境内，起于甘肃和宁夏交界处的营盘水，经景泰县城，景泰县寺滩，古浪县裴家营、大靖、土门，于武威市古浪县双塔接 G30 连霍高速，是甘肃首条完全在沙漠地带修建的高速公路。营双高速于 2010 年 11 月开工，概算总投资 73.9 亿元，建设单位为甘肃长达路业有限责任公司。营双高速主体工程由甘肃省交通规划勘察设计院有限责任公司勘察设计，机电工程由北京交科公路勘察设计研究院有限公司设计。路基宽 24.5 米，设计行车时速 80 公里。全线为全封闭、全立交、控制出入 4 车道高速公路标准，桥涵设计汽车荷载等级为公路–Ⅰ级。

营双高速建设项目实行国内公开招标，工程施工单位 32 家，监理单位 12 家。质量监督单位为甘肃省交通基建工程质量监督站。共征用各类土地 1.86 万亩。营双高速参建单位见表 1-1-23。

营双高速参建单位一览表

表 1-1-23

类别	标段	施工单位	监理单位
路基工程	YS1	中铁十七局集团有限公司	河南省中原公路工程监理有限公司
	YS2	中国交通建设第一公路工程局第一工程有限公司	
	YS3	华通路桥集团有限公司	山西路杰公路工程技术咨询有限公司
	YS4	中国交通建设第二公路工程局第三工程有限公司	
	YS5	山东省路桥集团有限公司	北京双环工程咨询有限公司
	YS6	浙江交工路桥建设有限公司	
	YS7	中铁四局集团有限公司	甘肃省交通工程建设监理公司
	YS8	中国路桥集团西安实业发展有限公司	
	YS9	甘肃路桥建设集团有限公司	
	YS10	甘肃五环公路工程有限公司	
路面工程	YSLM1	中国交通建设第二公路工程局第三工程有限公司	甘肃兴陇交通工程监理有限公司
	YSLM2	中国交通建设第一公路工程局有限公司	
	YSLM3	甘肃路桥第三公路工程有限公司	北京中港路通工程管理有限公司
	YSLM4	中铁五局集团机械化工程有限公司	
	YSLM5	新疆兴达公路工程部	甘肃兴陇交通工程监理有限公司
	YSLM6	四川攀峰路桥建设集团有限公司	
房建工程	YSFJ1	甘肃恒泰建筑安装工程有限公司	甘肃建祥工程建设监理有限公司
	YSFJ2	甘肃建工工程承包有限公司	
	YSFJ3	甘肃路桥第四公路工程有限公司	

类别	标段	施工单位	监理单位
房建工程	YSFJ4	甘肃省第八建筑工程有限公司	甘肃兴陇交通工程监理有限公司
	YSFJ5	甘肃华恒建筑工程有限公司	
交安工程	YSJA1	中国交通建设第一公路工程局有限公司	
	YSJA2	甘肃恒和交通设施安装有限公司	
	YSJA3	甘肃路桥飞宇交通设施有限公司	甘肃省交通工程建设监理公司
	YSJA4	兰州金路交通设施有限公司	
	YSJA5	湖南省金达工程建设有限公司	
	YSJA6	云南康迪科技有限公司	甘肃兴陇交通工程监理有限公司
	YSJA7	陕西高速交通工贸有限公司	甘肃省交通工程建设监理公司
	YSJA8	徐州腾龙钢结构工程有限公司	
绿化工程	YSLH1	甘肃华运园林绿化公司	甘肃兴陇交通工程监理有限公司
	YSLH2	甘肃圆陇路桥机械化公路工程有限公司	甘肃省交通工程建设监理公司
机电工程	LDJD1	中海网络科技股份有限公司	中国公路工程咨询集团有限公司
	LDJD2	甘肃紫光智能交通控制技术有限公司	
小型预制	YSYZ1	中铁五局集团有限公司	甘肃省交通工程建设监理公司

（二）G3017 金武高速（金昌至武威）

G3017 金昌至武威高速公路是 G30 连霍高速的联络线，简称金武高速，全长 75.83 公里，其中主线起于金昌市金川区，经永昌县水源镇、朱王堡镇及武威市凉州区双城镇、洪祥镇、永昌镇、金沙乡、金羊镇、柏树乡，于凉州区北二环路接古永高速，全长 73.48 公里。另有金昌连接线 2.35 公里。金武高速于 2010 年 12 月开工建设，建设单位为甘肃远大路业集团有限公司，概算投资 31.54 亿元。

金武高速路基、路面、绿化和交通安全工程由甘肃省交通规划勘察设计院有限公司勘察设计，机电、房建工程由北京交科公路勘察设计研究院有限公司勘察设计。主线按双向 4 车道高速公路标准建设，金昌、武威连接线按双向 4 车道一级公路标准建设，设计行车时速 80 公里，桥涵设计汽车荷载等级为公路-Ⅰ级。路基宽度 24.5 米，主线分离式路基宽度 12.25 米。路面为沥青混凝土。

金武高速路基工程分 4 个标段，路面工程、房建工程、交通安全工程、机电工程各 2 个标段，绿化工程 1 个标段，监理分 7 个标段。施工、监理单位均通过国内招标方式确定。甘肃省交通基建工程质量监督局负责质量监督，路基、路面工程试验检测单位为甘肃畅陇公路养护技术研究院有限公司，其他工程试验检测单位为甘肃省交通科学研究院有限公司和西安公路研究院公路工程试验检测中心。金武高速共征地 7435.86 亩。金武高速参建单位见表 1-1-24。

金武高速参建单位一览表

表 1-1-24

类别	标段	施工单位	监理单位
路基工程	JW1	山东省滨州公路工程总公司	云南云通监理咨询有限公司
	JW2	中铁四局集团第四工程有限公司	
	JW3	青岛建工集团有限公司	北京交科工程咨询有限公司
	JW4	中国交通建设第四公路工程局有限公司	
路面工程	JWLM1	甘肃路桥建设集团有限公司	江苏兆信工程咨询监理有限公司
	JWLM2	浙江省大成建设集团有限公司	重庆市交通工程监理咨询有限公司
房建工程	JWFJ1	中国甘肃国际经济技术合作总公司	江苏兆信工程咨询监理有限公司
	JWFJ2	甘肃第五建设集团公司	重庆市交通工程监理咨询有限公司
交通工程	JWJT1	科达集团股份有限公司	
	JWJT2	甘肃路桥飞宇交通设施有限责任公司	
机电工程	JWJD1	江西路通科技有限公司	江苏兆信工程咨询监理有限公司
	JWJD2	甘肃紫光智能交通与控制技术有限公司	
绿化单位	JWLH	甘肃圆陇路桥机械化公路工程有限公司	

（三）G8513 平绵高速甘肃段（成县至武都）

G8513 平凉至绵阳高速公路是 G85 银昆高速的联络线，简称平绵高速，连接着 G5 京昆高速、G30 连霍高速、G70 福银高速、G75 兰海高速、G85 银昆高速等。这条高速公路规划路线起自平凉，经华亭、庄浪、天水、成县、康县、武都、九寨沟、平武至绵阳。甘肃境内始于平凉四十里铺，止于甘川界青龙桥，规划组成路段为平凉至天水高速公路、成县至武都高速公路、武都至九寨沟高速公路，部分路段与 G7011 十堰至天水高速公路共线。

成县至武都高速公路作为甘肃省省级高速 S15 平凉至武都高速公路的组成路段来建设，建设过程中调整为 G8513 平凉至绵阳高速公路的组成路段，长 89.93 公里，起于陇南市成县纸坊镇府城村，经成县苏元镇、索池镇，康县太石乡、平洛镇、望关镇，武都区佛崖乡、甘泉镇、安化镇、柏林镇、马街镇、城关镇、姚寨镇，于武都区城郊乡黄家坝村接武罐高速。另建康县连接线二级公路 4.43 公里。成武高速于 2010 年 10 月开工，建设单位为甘肃省公路航空旅游投资集团有限公司，甘肃长达路业有限责任公司履行项目建设管理职责。项目概算投资 120.96 亿元，资金来源为国家补助和国内银行贷款。

成武高速勘察设计工作通过招标由 4 家单位承担，其中甘肃省交通规划勘察设计院有限公司、中交公路规划设计院有限公司和中国公路工程咨询集团有限公司承担路基、路面、房建、交通安全设施、绿化工程的勘察设计，招商局重庆交通科研设计院有限公司承担机电工程勘察设计。全线采用 4 车道高速公路技术标准建设，设计行车时速 80 公里，路基宽 24.5 米，单向行车道宽 2×3.75 米，桥涵设计汽车荷载等级为公路–Ⅰ级。连接线采用二级公路技术标准，设计行车时速 80 公里，路基宽 24.5 米，行车道宽 8.5 米。

通过国内公开招标方式确定 19 家单位承担路基土建工程施工、3 家单位承担路面工程施工、5 家单位承担交通安全设施及预埋管线工程施工、3 家单位承担隧道防霉阻燃涂料工程施工、2 家单位承担绿化与环境保护工程施工、8 家单位承担机电工程施工、5 家单位承担房建施工。监理共 12 个标段，也通过国内公开招标方式确定。项目共征用各类土地 4436 亩。成武高速参建单位见表 1–1–25。

第一编 公路

107

成武高速参建单位一览表

表 1-1-25

类别	标段	施工单位	监理单位
路基工程	CW01	中国交通建设第一公路工程局有限公司	北京港通工程监理有限公司
	CW02	河南省路桥建设集团有限公司	
	CW03	中国交通建设第一公路工程局桥隧工程有限公司	
	CW04	北京市海龙公路工程公司	山东信诚公路工程监理咨询中心
	CW05	浙江金筑交通建设有限公司	
	CW06	武警交通部队新疆兴达公路工程部	
	CW07	武警交通部队四川欣通公路工程部	深圳高速工程顾问有限公司
	CW08	中铁二十局集团有限公司	
	CW09	新疆北新路桥集团股份有限公司	
	CW10	江西际洲建设工程集团有限公司	北京华路顺工程咨询有限公司
	CW11	福建省第二公路工程有限公司	
	CW12	中国交通建设第四公路工程局有限公司	
	CW13	甘肃路桥第三公路工程有限公司	武汉中交路桥设计咨询有限公司
	CW14	四川武通路桥工程局	
	CW15	中国交通建设第二公路工程局第三工程有限公司	
	CW16	中铁二十一局集团第三工程有限公司	甘肃省交通科学研究所有限公司
	CW17	中铁隧道集团有限公司	
	CW18	甘肃路桥建设集团有限公司	
	CW19	中铁二局第五工程有限公司	深圳高速工程顾问有限公司
路面工程	CWLM01	中国交通建设第一公路工程局第五工程有限公司	甘肃省交通工程建设监理公司
	CWLM02	甘肃路桥建设集团有限公司	
	CWLM03	中国交通建设第二公路工程局第三工程有限公司	广西交通科学研究院
房建工程	CWFJ01	甘肃伊真建设集团有限公司	兰州交大工程咨询有限责任公司

续表

类别	标段	施工单位	监理单位
房建工程	CWFJ02	四川省正梁建设工程有限公司	兰州交大工程咨询有限责任公司
	CWFJ03	甘肃第一安装工程有限公司	甘肃建祥工程建设监理有限公司
	CWFJ04	甘肃华恒建筑工程有限公司	
	CWFJ05	甘肃路桥第四公路工程有限公司	
交安工程	CWJA01	甘肃路桥飞宇交通设施有限公司	北京正立监理咨询有限公司、山东恒建工程监理咨询有限公司
	CWJA02	兰州金路交通设施有限责任公司	
	CWJA03	潍坊东方交通设施有限公司	
	CWJA04	甘肃第一建设集团有限责任公司	
	CWJA05	江苏金阳交通工程有限公司	
绿化工程	CWLH01	甘肃华运园林绿化工程有限公司	北京正立监理咨询有限公司
	CWLH02	甘肃圆陇路桥机械化公路工程有限公司	山东恒建工程监理咨询有限公司
机电工程	CWJD01	中铁一局集团电务工程有限公司	陕西公路交通科技开发咨询公司、中国公路工程咨询集团有限公司
	CWJD02	兰州朗青交通科技有限公司	
	CWJD03	西安金路交通工程科技发展有限公司	陕西公路交通科技开发咨询公司
	CWJD04	石家庄泛安科技开发有限公司	
	CWJD05	甘肃紫光智能交通与控制技术有限公司	中国公路工程咨询集团有限公司
	CWJD06	紫光捷通科技股份有限公司	
	CWJD07	安徽省中信消防工程有限公司	陕西公路交通科技开发咨询公司
	CWJD08	重庆思源建筑技术有限公司	中国公路工程咨询集团有限公司
涂料工程	CWTL01	宝鸡市第一建筑工程有限公司	北京正立监理咨询有限公司
	CWTL02	甘肃麦岛建设工程有限公司	北京正立监理咨询有限公司、山东恒建工程监理咨询有限公司
	CWTL03	国诚集团有限公司	山东恒建工程监理咨询有限公司

第二节 省级高速公路

甘肃第一条省级高速公路是 1994 年建成的天北高速公路，这也是甘肃省的第一条高速公路。2007 年，省政府批准实施的《甘肃省高速公路网规划》，规划 8 条地方高速公路。2009 年，又将地方高速公路规模调整为 35 条。2010 年底，甘肃建成的省级高速公路共有 5 条（以下记述省级高速公路代码"S"，编号 1、2 位数），分别为 S1 兰营高速、S2 兰郎高速、S14 陇渭高速、S16 天北高速和 S17 金永高速。其中 S14 陇渭高速作为天定高速连接线，纳入天定高速建设项目一并实施。

一、S1 兰营高速（兰州至营盘水）

S1 兰州至营盘水高速公路简称兰营高速，规划里程 172 公里，其中 38 公里与 G2012 定武高速共线，5 公里与 G30 连霍高速共线，起于兰州尹家庄，经中川机场、景泰，终于甘肃景泰和宁夏中卫交界处的营盘水。尹家庄至中川高速公路建成后，S1 兰营高速从兰州到中川机场段实现高速贯通。

尹家庄至中川高速连接中川机场和省会兰州，是 G6 京藏高速的联络线，部分路段还与 G30 连霍高速重合，被称为"省门第一路"。路线全长 22 公里，于永登县树屏镇尹家庄互通立交处接 G6 京藏高速兰海段，向北经哈家嘴、刘家湾、小河川、马家山，止于中川机场大门口。尹中高速于 2000 年 7 月 1 日开工建设，2002 年 8 月建成通车，建设单位为甘肃省高等级公路建设开发有限公司（甘肃省交通厅工程处），是甘肃省第一条由企业贷款修建的高速公路，概算总投资 5.37 亿元，其中交通部补助 0.4 亿元、省内配套 0.1 亿元、银行贷款 4.87 亿元。

尹中高速由甘肃省交通规划勘察设计院勘察设计。全线按双向 4 车道高速公路标准建设，全线采用全立交、全封闭，控制出入口，设计行车时速 100 公里。路基宽 24.5 米，每车道宽度 3.75 米，外侧设 2.75 米宽的紧急停车带，中央分隔带宽 2 米。桥涵设计荷载为汽车—超 20 级、挂车—120。设置监控、通信、收费等交通工程和服务设施。中央分隔带和公路两侧 5 米范围内绿化。

尹中高速被甘肃省九届人大三次会议列为 2000 年甘肃省公路基本建设

第一重点建设项目。本项目实行建设单位负责制,路基工程采用国内邀请招标方式,其余工程采用国内公开竞争性招标方式。共有 10 家企业承担施工任务,1 家单位承担监理任务。甘肃省交通基建工程质量监督站负责质量监督。尹中高速在施工过程中大部分路段边施工边通车,且车流量较大。施工期间,各施工路段出入口及平交口均设置了统一明显的反光标志,配备专职安全指挥员,阶段性的工程进度创造了甘肃的"深圳速度"。尹中高速参建单位见表 1-1-26。

尹中高速参建单位一览表

表 1-1-26

类别	标段	施工单位	监理单位
路基工程	YZ1	甘肃水利水电工程局	甘肃交通工程监理事务所
	YZ2	武装警察部队交通第六支队	
	YZ3	武装警察部队交通独立支队	
	YZ4	定西公路总段	
路面工程	YZM	武装警察部队交通第六支队	
房建工程	YZFJ	甘肃恒达实业发展集团有限公司	
交安工程	YZAQ1	陕西诚信高速公路交通工程有限公司	
	YZAQ2	兰州金路交通设施有限责任公司	
机电工程	YZJD	甘肃紫光智能交通与控制技术有限公司	
绿化工程	YZLH	甘肃华运园林绿化工程有限公司	

二、S2 兰郎高速 (兰州至郎木寺)

S2 兰州至郎木寺高速公路简称兰郎高速,规划里程 397 公里,与 G75 兰海高速共线 58 公里,2010 年底建成康家崖至临夏段。康家崖至临夏高速公路全长 71 公里,自临洮康家崖接兰临高速公路康家崖互通立交,经广河县、菁支沟、三十里铺,终于临夏市尕杨家村。康临高速于 2007 年 12 月开工,2010 年 12 月建成通车,建设单位为甘肃省路桥公路投资有限公司,概算总投资 25.53 亿元,其中交通运输部补助 8.47 亿元、国内银行贷款 16.6

亿元、自筹 0.46 亿元。

康临高速勘察设计由甘肃省交通规划勘察设计院有限公司承担。全线采用全封闭、全立交、双向 4 车道的高速公路标准，设计行车时速 80 公里，路基宽度为 24.5 米，桥涵设计汽车荷载等级为公路-Ⅰ级。

康临高速建设项目路基工程共 8 个标段，路面、机电、房建工程各 2 个标段，安全工程 3 个标段，绿化、管道工程各 1 个标段，经公开招标共 17 家单位参与工程施工。监理共 10 个标段，经招标共有 8 家单位参与监理服务。康临高速在建设中共征用各类土地 4280 亩，完成路基土石方 820 万立方米；修大桥 10 座 2849.36 米、中桥 9 座 587.76 米、小桥 23 座 485.52 米、互通式立交 4 处、分离式立交 9 处、通道桥 32 座、天桥 4 处；建特长隧道 1 座 3290 米、长隧道 1 座 1203 米，涵洞 106 道，修导涵 43 道。设服务区 1 处。

康临高速穿梭于黄土高原于青藏高原的过渡地带，是甘肃在少数民族地区建成的首条高速公路，也是 G75 兰海高速和 G213 线的连接线，是省会兰州通往临夏回族自治州和甘南藏族自治州的快速通道。康临高速参建单位见表 1-1-27。

康临高速参建单位一览表

表 1-1-27

类别	标段	施工单位	监理单位
路基工程	KL1	安徽省交通建设有限公司	甘肃省交通科学研究所有限公司
	KL2	中铁十五局集团第五工程有限公司	
	KL3	广东省长大公路工程有限公司	深圳高速工程顾问有限公司
	KL4	中交第一公路工程局有限公司	
	KL5	甘肃路桥建设集团有限公司	山东德州市交通工程监理公司
	KL6		
	KL7	北京市海龙工程公司	甘肃交通工程建设监理公司
	KL8	中铁十三局集团第三工程有限公司	
路面工程	KLLM1	中铁五局集团机械化工程有限公司	甘肃省交通科学研究所有限公司
	KLLM2	中交一公局第三工程有限公司	

类别	标段	施工单位	监理单位
房建工程	KLFJ1	甘肃路桥第四公路工程有限公司	甘肃蓝野建设监理有限公司
	KLFJ2	甘肃华运建筑安装工程有限公司	甘肃兴陇交通工程监理有限公司
交安工程	KLAQ1	四川蓝灵交通设施工程有限公司	山东临沂交通工程咨询监理中心
	KLAQ2	甘肃路桥飞宇交通设施有限公司	
	KLAQ3		
绿化工程	KLLH	甘肃华运园林绿化工程有限	
机电工程	KLJD1	甘肃紫光智能交通与控制技术有限公司	北京泰克华城技术信息咨询有限公司
	KLJD2	山西四和交通工程有限公司	
管道工程	KLGD	甘肃新路交通工程公司公司	

三、S16 天北高速（麦积区至天水）

S16 天水至北道高速公路简称天北高速，于 1992 年 12 月开工建设，1994 年 7 月建成通车，是甘肃首条高速公路。该路东起天水市麦积区（原北道区）渭河人行桥头，靠渭河及其支流耤河右岸逆水而上，止于秦州区五里铺桥头东，主线长 13.15 公里，支线、辅道、匝道计长 7.89 公里，全线堤路合一。天北高速由省交通厅与天水市政府共同集资建设，共投资 7212.88 万元。

天北高速由原线路二级公路改建而成，由省交通厅公路局设计室主持设计。全线按双向 4 车道高速公路标准改建，路基东段宽 20 米加 7 米辅道，西段宽 24.5 米。路面基层为 15 厘米厚水泥、石灰综合稳定沙砾，面层为 24 厘米厚的抗强折度 1.5 兆帕的水泥混凝土结构。设计行车时速 120 公里，桥涵设计荷载为汽车—超 20 级、挂车—120 级。

天水市政府成立天北高速公路工程领导小组，设立由分管副市长任总指挥的天北高速公路工程指挥部，下设办公室、总工办、工程处、计财处、征迁处、后勤处，负责项目管理工作。省交通厅公路局委派总监理并组建监理组，负责质量监督和监理工作。工程施工分第一分部和第二分部。第一分部由天水市交通局承担，第二分部由天水公路总段承担。

天北高速建设项目共占用土地 536.75 亩，完成路基土方 146.71 万立方米，铺筑沥青混凝土路面 6590 平方米、水泥混凝土路面 20 万平方米。修中桥 3 座、小桥 1 座、互通式立交桥 1 处（含跨线桥 2 座、匝道 4 条）。建涵洞 35 道、分离式通道 8 处。设收费站 3 处。主线配安全护栏、标线及标志。

天北高速路基工程几乎全部临河设置，当时采用明挖抽水、人工开挖和砌筑的方式施工，以分段开挖砌筑和及时回填的方法减少抽水量。路基填方开始前，先将各段填料做重型击实试验后，按分部各铺筑一段 100 米长的路基填筑试验路，取得最佳基本参数后再全面实施。受限于经费和设备，水泥稳定沙砾基层采用人工路拌法施工，故非常重视水泥剂量、骨料粒径、拌和均匀度、含水度、平整度、高程及压实度控制，如在基层顶面高程控制中每 4~5 米检测一个断面，高程允许偏差 +5 毫米、−20 毫米（当时交通部标准为 100 米检 3 点，允许 ±20 毫米偏差）。在水泥混凝土面层施工中，引进当时较为先进的真空吸水工艺，购进 4 套真空吸水设备，并请苏州水泥制品混凝土研究院组织示范工程队先铺 710 米试验路，然后由 4 个施工队平行作业。董家沟互通式立交上的两座跨线桥是本工程难点之一，受地形限制设计为两座集坡、弯、斜、歪于一身的不对称 T 形刚构。因台身部分数量大，为使外形美观，将原设计现浇混凝土结构改为预制块镶面内填混凝土结构。在箱形主梁浇注中，技术小组在附近制作 1∶1 空间立体样台，在样台上制作钢筋与模板。将土牛现浇施工方案改为满堂支架，加快工程进度。在全线 3 座中桥与吊装中，当地施工队伍没有大型吊装设备，故水家沟、罗家沟两座桥采用桥头路堤预制，战备钢架桥做跨中移梁支架，轨道平车移梁，千斤顶起落梁的简易方法。天北高速参建单位见表 1-1-28。

天北高速参建单位一览表

表 1-1-28

类别	执行单位			组织单位
管理单位	天北高速公路工程领导小组	天北高速公路工程指挥部	办公室	天水市政府
			总工办	
			工程处	
			计财处	
			征迁处	
			后勤处	
监理单位	总监理	监理组		甘肃省交通厅公路局
设计单位	甘肃省交通厅公路局设计室			甘肃省交通厅公路局
施工单位	第一分部	天水市交通局工程队第二施工分队		天水市交通局
		天水市交通局工程队第八施工分队		
		秦城区交通局第三施工分队		
		北道区交通局第一施工分队		
	第二分部	天水公路总段第七施工分队		天水公路总段
		天水总段秦城工程队第六施工分队		
		北道公路管理段第五施工分队		
		天水公路管理段第四施工分队		

四、S17 金永高速（金昌至永昌）

S17 金昌至永昌高速公路简称金永高速，全长 42 公里，起于金昌市新材料工业园区东环路端点，经宁远堡、张家老庄、下四坝、八一农场东寨分场，在永昌县东寨镇与 G30 连霍高速连接。金永高速于 2009 年 4 月开工建设，2010 年 10 月建成通车，建设单位为甘肃省公路局，甘肃远大路业集团公司代表甘肃省公路局履行项目建设单位职责。项目概算总投资 13.25 亿元，其中交通运输部补助 1.2 亿元、甘肃省财政安排 1500 万元、金昌市筹资 1 亿元、金川公司出资 1 亿元，其余为国内银行贷款。这是甘肃第一条省地联建的地方高速公路。

金永高速由甘肃省交通规划勘察设计院有限公司勘察设计。0公里+000米~5公里+670米段采用一级公路标准建设，其余路段均按双向4车道高速公路标准建设，路基宽度24.5米，设计行车时速80公里，桥涵设计汽车荷载等级公路-Ⅰ级。路面为沥青混凝土。

通过国内公开招标，共有12家单位承担施工任务，2家单位承担监理任务。项目质量监督单位为甘肃省交通基建工程质量监督站，项目中心试验室为甘肃恒达路桥工程集团有限公司中心试验室。

金永高速共征用土地3238亩。共完成路基土石方475万立方米，铺筑沥青混凝土路面83.8万平方米、水泥混凝土路面892平方米。建大桥3座457.8米、中桥5座254.34米、小桥4座84.62米、分离式立交桥4座440.82米、互通式立交2处，修涵洞83道2512.28米、通道53道1416.8米。实施防护工程11.79万立方米、排水工程33.5千米。沿线均设有各类标志牌、标线、防眩板等安全设施。工程建设中共使用钢材1.2万吨、水泥11.7万吨、沥青1.2万吨、木材1660立方米。建设金永高速公路收费管理所和金昌主线收费站、河西堡匝道收费站及1处养护工区。

金永高速穿梭于西北干旱区绿洲、荒漠区和河西寒冷气候带，生态脆弱。项目办设立环保组织机构，组织全体参建人员学习环保知识和有关法规。各施工单位在规定区域内取料、弃料，对取土后的取土场采取有效的排水防护措施和植被恢复措施，合理处置施工废水、渣土。全线采用坐浆法施工，并且沉降缝及伸缩缝用料均采用沥青浸泡压缩板或沥青麻絮伸缩缝。路面基层配合比设计采用振动成形方法，路面配合比设计采用旋转压实仪成形马歇尔设计原理。在半刚性基层与沥青面层之间，采用同步沥青碎石封层技术，利用全自动同步碎石封层机一次性成形。经甘肃省公路局与长安大学合作开展试验和研究，金永高速路面下面层在全省率先使用粗粒式改性沥青稳定碎石（ATB-25）结构。金永高速参建单位见表1-1-29。

金永高速参建单位一览表

表 1-1-29

类别	标段	施工单位	监理单位
路基工程	JY1	北京市海龙公路工程公司	潍坊市华潍公路工程监理处
	JY2	中铁四局集团第四工程有限公司公司	
	JY3	安通建设有限公司	
	JY4	甘肃路桥建设集团有限公司	
路面工程	JYM1	甘肃路桥第三公路工程有限责任公司	
	JYM2	江西省公路桥梁工程局	
路基路面工程	HXBLJX	宁夏路桥工程股份有限公司	甘肃省交通科学研究所有限公司
房建工程	JYFJ1	甘肃恒泰建筑安装工程有限公司	
	JYFJ2	甘肃华运建筑安装工程有限公司	
交安工程	JYJT1	甘肃路桥飞宇交通设施有限责任公司	
	JYJT2	甘肃恒和交通设施安装有限公司	
机电工程	JYJD	北京路安交通科技发展有限公司	

第一编　公路

附：2010年甘肃省建成和在建高速公路一览表（表1-1-30）。

2010年甘肃省建成和在建高速公路一览表

表1-1-30

路线名称	路段名称	起讫地名	里程（km）	甘肃境内经过城镇、控制点	建设时间	通车时间
G6	刘白高速	刘寨柯至白银市	110.79	刘寨柯村、靖远县、白银市东	2002年12月	2005年12月
	白兰高速	白银市至兰州市	59.96	苏家墩北、高家台、川口、红丰、杨家窑、蔡家河、燕儿坪、忠和镇	1999年9月	2002年10月
	兰海高速	兰州市至海石湾	105.94	皋兰县、永登县、安宁区、西固区、红古区、永靖县	2001年12月	2004年12月
G22	雷西高速	雷家角（陕甘界）至西峰	128.06	合水县蒿咀铺、老城镇、郝家湾，庆城县太乐、儒木铺、驿马，西峰区李家寺	2010年10月	在建
	西长凤高速	西峰市至凤翔路口	77.41	董志、肖金、长官、和盛、太昌、长庆桥、泾明乡、凤口镇	2007年12月	在建
	长罗连接线	长庆桥至罗汉洞	22.3	蔡家嘴、常务城、泾明乡、紫荆村、雷家沟、崔家沟、三山子	2003年4月	2004年11月
	平定高速	平凉至定西	258	长庆桥、罗汉洞、鄡岘、沿川子、静宁、会宁、十八里铺	2005年10月	2009年12月
	巉柳高速	定西巉口至兰州柳沟河	77.74	称沟驿、景泉、甘草店、清水驿、三角城、连搭、定远、和平	1999年9月	2002年10月

续表

路线名称	路段名称	起讫地名	里程(km)	甘肃境内经过城镇、控制点	建设时间	通车时间
G30	宝天高速	宝鸡至天水（甘肃段）	91	牛背、东岔、大坪里、散岔、党川、街子、甘泉镇	2005年9月	2009年9月
	天水过境段	甘泉镇至西十里铺	36.9	麦积区甘泉镇、秦州区西十里铺	2008年8月	在建
	天定高速	天水至定西	235.09	秦州区、甘谷县、盘安、洛门、武山县城、陇西县城、景家店	2007年10月	2010年12月
	柳忠高速	柳沟河至忠和镇	33.31	徐家营、大青山、东岗、青白石、骆驼岘子、盐场堡、中铺	1999年9月	2002年10月
	树徐高速	树屏至徐家磨	22.92	茅茨岘子、徐家磨	2003年11月	2005年12月
	永古高速	永登徐家磨至古浪	145.46	红城、中堡、武胜驿、华藏寺、打柴沟、乌鞘岭	2009年4月	在建
	古永高速	古浪县至永昌县	69.45	八里营村、王家庄、小桥堡、双塔、冯家园子	2000年11月	2002年10月
	武威过境段	武南至丰乐镇	44.63	高坝镇、武威市、永丰乡、丰乐镇	2004年12月	2006年12月
	永山高速	永昌县至山丹县	117.8	东寨、永昌县、水泉子、山丹县	1998年9月	2002年10月
	山临高速	山丹县至临泽县	97	山丹县、二坎、二十里堡、临泽县	2001年12月	2004年9月
	临清高速	临泽县至清水县	99.72	新华镇、南华镇、梧桐泉、许三湾、元山子	2002年11月	2005年8月
	清嘉高速	清水至嘉峪关市	95.9	清水镇、酒泉市、嘉峪关市	2003年11月	2006年9月
	嘉瓜高速	嘉峪关至瓜州	235.42	甘肃矿区、清泉、赤金、玉门、黄闸湾、饮马农场、布隆吉	2004年12月	2007年12月

第一编 公路

路线名称	路段名称	起讫地名	里程(km)	甘肃境内经过城镇、控制点	建设时间	通车时间
G30	瓜星高速	瓜州至星星峡	157	白墩子、柳园、马莲井	2009年12月	在建
G75	兰临高速	兰州市至临洮县	92.69	晏家坪、西果园、袁家湾、七道梁、太石、辛店、康家崖、三十里墩	2001年10月	2004年12月
	武罐高速	武都至罐子沟	130.32	两水、东江、汉王、三河、玉皇、洛塘、清峪沟、余家湾	2008年1月	在建
G2012	营双高速	营盘水至双塔	157.56	景泰县城、寺滩、裴家营、大靖、土门	2010年11月	在建
G3017	金武高速	金昌至武威	73.5	水源镇、朱王堡、双城镇、洪祥镇、永昌镇、金沙乡、金羊镇、柏树乡	2010年12月	在建
G8513	成武高速	成县至武都	89.93	苏元、索池、太石、平洛、望关、佛崖、甘泉、马街、姚寨	2010年10月	在建
S1	尹中高速	尹家庄至中川机场	22	哈家嘴、刘家湾、小河川、马家山	2000年7月	2002年8月
S2	康临高速	康家崖至临夏	71	广河县、蒿支沟、三十里铺	2007年12月	2010年12月
S14	陇路高速	陇西至路园	34.82	陇西、路园（天定高速连接线）	2006年12月	2010年12月
S16	天北高速	天水市至麦积区	13.15	秦州区、麦积区、火车站	1992年12月	1994年7月
S17	金永高速	金昌至永昌	42	宁远堡、张家老庄、下四坝、东寨镇	2009年4月	2010年10月

第二章　普通干线公路

第一节　普通国道

1981年，国家计划委员会、经济委员会和交通部联合颁布《国家干线公路网（试行方案）》，划定全国国道网，甘肃有5511公里干线公路划入11条国道。2001年，在全国第二次公路普查的基础上，甘肃对境内公路行政等级进行调整，按照2001年7月1日颁布实施的《公路路线标志规则命名、编号和编码》（GB 917.1-2000）对公路重新编号命名。调整后，G313安若线撤销，至此甘肃省境内普通国道共10条（以下记述国道代码"G"，编号3位数）。2010年底，甘肃境内10条普通国道计4849公里，其中技术标准达到二级及以上的共3302公里。1991年—2010年甘肃省国道通车里程（含国家高速公路）见表1-2-1。

1991年—2010年甘肃省国道通车里程表（含国家高速公路）

表 1-2-1

年份	里程（km）	年份	里程（km）
1991	5168	2001	5062.94
1992	5178	2002	5346.45
1993	5178	2003	5348.15
1994	5215.27	2004	5516.54
1995	5341.61	2005	5789.04
1996	5022.97	2006	5843.56
1997	5081.48	2007	6076.22
1998	5085.29	2008	6096.57
1999	5180.47	2009	6424.5
2000	5219.23	2010	6663.43

一、G109 京拉线甘肃段（刘寨柯至享堂）

G109 北京至拉萨公路为首都放射线，简称京拉线，始于北京市，止于西藏自治区拉萨市，经过北京、河北、山西、内蒙古、宁夏、甘肃、青海和西藏八个省（自治区、直辖市）。G109 线在甘肃境内由兰包公路、甘青公路组成，自靖远县五合乡刘寨柯村进入甘肃，经靖远县、白银市、皋兰县、兰州市，在兰州红古区与青海民和县交界处的享堂出甘入青，长 346.4 公里。1991 年至 1995 年，G109 线唐家台至刘寨柯段建成二级公路。从 1996 年开始，陆续改建吴家川至唐家台段、平川公路、河窑公路、河口至海石湾段。2006 年底，经交通部检查验收，G109 线甘肃段全线创建为部级文明样板路。至 2010 年底，G109 线甘肃段有 31.5 公里为一级公路标准（八里湾至大砂坪段 3.3 公里、秀川至新城西 28.2 公里），其余 314.9 公里为二级公路标准。

（一）兰包公路改建工程

这项工程主要对兰包公路 182 公里+200 米~267 公里+500 米段共 85.3 公里进行提升改造，共投资 5991.5 万元，于 1990 年 11 月开工，1993 年 11 月竣工。在改建工程实施中，白银市成立由副市长任指挥的国道改建指挥部，并在工地设立现场办公室，白银公路总段在工地设立现场办公室，甘肃省公路局工程处派驻工作组。甘肃省交通厅成立交通工程建设监理公司，甘肃省监理公司成立兰包公路监理组负责工程监理。白银、兰州、陇南、甘南、临夏公路总段和甘肃省公路局第三工程队负责施工。

兰包公路改建工程主要技术标准为：182 公里+200 米~221 公里+500 米段路基宽度 12 米，路面宽度 9 米，面层采用 4 厘米沥青碎石混合料+1 厘米沥青砂（高级路面），基层为级配天然沙砾；221 公里+500 米~267 公里+500 米段路基宽度 12 米，路面宽度 7 米，面层为 3 厘米沥青表面处置，基层为级配碎石掺灰，垫层为天然级配沙砾。设计荷载为汽—20 级、挂—100 级。

这次改建中共完成土石方 165.73 万立方米，新铺热拌沥青碎石混合料路面 674.67 平方米，新建大桥 2 座 253.16 米、中桥 5 座 337.5 米、小桥 15 座 272.54 米，修筑涵洞 169 道 2608.14 米、倒虹吸 27 道 253.2 米、渡槽 1 道 35 米，实施护坡 3050.68 米 7567 立方米、浆砌边沟 1.43 万米 7796.19 立方米、边沟盖板涵 217 道 1203.5 米、挡土墙 800.93 米 5300.41 立方米，设公路与铁路立体交叉 4 处。

（二）吴家川至唐家台段改建工程

吴家川至唐家台段改建工程长 22.22 公里，起于靖远县吴家川，沿大沙河，途经陆家台子、陈家大房子，跨大沙河后经稀土公司烧碱厂南侧、川岘沟，在三滩黄河新渡口处跨越黄河止于唐家台。工程自 1996 年 9 月开工，2000 年 9 月完工，总投资 1.34 亿元。吴家川至唐家台段改建工程建设单位为甘肃省交通厅工程处，勘察设计单位为甘肃省交通规划勘察设计院，质量监督单位为甘肃省交通基建工程质量监督站，白银公路总段、交通部二局一处、甘肃省交通厅服务公司建安总队等 9 家单位承担施工，甘肃省交通工程建设监理公司和甘肃省交通工程监理事务所负责监理。全线按平原微丘区二级公路标准建设，路基宽 12 米，路面宽 9 米，建成大桥 1 座 520 米、中桥 1 座 101 米，小桥 4 座 92.51 米，修筑通道 3 处、涵洞 133 道 3021.48 米，实施纵向排水 3416.73 米、防护工程 3934.3 米 1.48 万立方米。

（三）平川公路改建工程

平川公路改建工程位于白银市平川区和靖远县境内，主要对 G109 线 1539~1579 公里段共 40 公里按平原微丘区二级公路标准进行改建。工程于 1998 年 7 月开工，1999 年 10 月完工，总投资 1861 万元。建设单位为白银公路总段，设计单位为甘肃省公路局设计所，施工单位为甘肃省公路工程总公司、昌通公司、兰州公路总段、白银公路总段。监理单位为甘肃省交通工程建设监理公司和北京双环工程咨询有限责任公司。质量监督单位为甘肃省交通基建工程质量监督站。这项工程共实施 2 厘米沥青砂罩面 45.6 万平方米，挖补路面 10.08 万平方米，实施混凝土护肩墙 3.16 万米、纵向排水 522.18 米。

（四）河窑公路改建工程

河窑公路全长 79.83 公里，由 G109 线兰州市河口至海石湾、S301 线海石湾至窑街组成。1993 年，省交通厅批准对河窑公路改建进行可行性研究。随后经省交通厅、省计划委员会、省建设委员会审查批准立项，以"贷款修路，收费还贷"的方式进行改造。河窑公路改建工程概算投资 7841 万元，分两期实施。

一期工程长 42.46 公里，1996 年 3 月开工，同年 10 月 30 日完工，完成投资 3923.36 万元。G109 线青土坡至海石湾段 27.98 公里按平原微丘区二级公路标准设计，工程以完善排水系统、改善路面、增设交通设施为主，工程实施后路基宽 12 米，路面宽 11 米。S301 线海石湾至窑街段 14.49 公里按山岭重丘区二级公路标准设计，工程实施中共完成路基土石方 19.1 万立方米，砌筑挡土墙 1448 米，维修和新修涵洞 57 道 255.05 米，新修混凝土路面 5.5 公里，重铺油路 30.1 公里，挖补罩面 23.73 公里，硬化路肩 42.47 公里，新设交通安全设施 42.47 公里，设收费站 2 处。

二期改建工程长 3.8 公里，于 1997 年 3 月开工，1998 年 12 月完工，完成投资 2800 余万元。二期工程主要为桥梁建设，在湟水河上新建 6 孔 30 米跨径的大桥 2 座 374.4 米，新建 20 米长、跨径为 10 米的桥梁 1 座。

（五）河口至海石湾收费公路大修改造工程

河口至海石湾收费公路大修改造工程于 2004 年经甘肃省政府批准立项，同年甘肃省发展和改革委员会批准实施方案，全长 69.9 公里，于 2005 年 3 月开工，2006 年 3 月完工，预算投资 9500 万元。

河口至海石湾收费公路大修改造工程由甘肃省交通规划勘察设计院有限公司勘察设计，全线按二级公路标准建设，设计行车时速 80 公里，车辆荷载为汽车—20 级、挂车—100 级，路基宽 12 米，路面宽 9 米，同步实施 GBM 工程。这项工程主要重铺油路 46.49 公里，挖补罩面 23.54 公里，预制安装混凝土缘石 5 万米；实施浆砌片石矩形边沟 3.4 万米、浆砌片石梯形边沟 1.37 万米；设钢筋混凝土盖板涵 39 道、钢筋混凝土圆管涵 27 道、钢管涵 2 道、修建混凝土护墩 1195 立方米对虎头崖山体进行处置；实施明洞 81 米，开挖石方 5850 立方米，浆砌片石挡土墙 193.2 立方米。

二、G211 银陕线甘肃段（罗儿沟圈至甜水堡）

G211 银川至西安公路为北南纵线，简称银陕线，始于宁夏回族自治区银川市，终于陕西省西安市，经宁夏、甘肃、陕西三个省（自治区）。G211 线在甘肃境内长 308.8 公里，自环县甜水堡进入甘肃，纵穿环县、庆城县、合水县、宁县、正宁县，于正宁县罗儿沟圈出甘入陕。1991 年底，G211 线甘肃段有二级公路 39.13 公里、三级公路 134.26 公里、四级公路 55.71 公里，还有 65.9 公里为等外公路，全线均为次高级（渣油贯入式表面处置）路面，晴雨通车。从 1998 年开始，陆续对曲子至庆城段、宁县至宫河段进行了大修改造。2005 年至 2008 年甘肃省公路局实施甜水堡至木钵段二级公路改建工程以后，G211 线甘肃段有 202.9 公里达到二级公路标准，其余 105.9 公里为三级公路标准（板桥至核桃峪 88.6 公里，小指头至正宁与陕西交界处 17.3 公里）。

（一）甜水堡至木钵段二级公路改建工程

G211 线甜水堡至木钵段二级公路改建工程起点位于甘宁交界的甜水堡镇，经环县山城、洪德、环城，终于木钵镇，长 106 公里。甜水过境段 3 公里、环县甜水堡至山城段 30 公里路段为新建路段，山城至木钵段 73 公里路段为改建路段。工程于 2005 年 10 月开工，2008 年 11 月建成通车，建设单位为甘肃省公路局，甘肃远大路业集团代表甘肃省公路局具体履行建设单位职责。按"贷款修路、收费还贷"的方式建设，总投资 3.9 亿，设收费站 1处。

甘肃通广公路勘察设计有限公司负责勘察设计，全线采用山岭重丘区二级公路标准建设。设计行车时速 60 公里，桥涵设计汽车荷载等级为公路-Ⅱ级，桥涵与路基同宽。甜水堡至环县县城以北 81.46 公里路基宽 10 米，环县县城以南至木钵 17.3 公里路基宽度为 12 米，环县县城过境段 3.4 公里路基宽 24 米，木钵过境段 1 公里路基宽 15 米。路面为沥青混凝土。

甜木路改建工程共铺筑沥青混凝土路面 97.34 万平方米。建大桥 11 座1940.7 米、中桥 6 座 427.52 米、小桥 7 座 114.42 米、涵洞 188 道、平面交叉 7 处。实施防护工程 1.85 万立方米、排水工程 3.56 万立方米、房建工程1 处 3413 平方米。路基工程施工单位为甘肃武威通达建筑路桥有限公司、路桥集团国际建设股份有限公司、甘肃恒达路桥工程集团有限公司、安通建设有限公司、甘肃路桥第二公路工程有限公司、白银新世纪路业公司、甘肃路桥第一公路工程有限公司、甘肃省公路工程总公司、庆阳远通公路工程有限公司。路面工程施工单位为甘肃路桥第一公路工程有限公司、甘肃甘南新世纪路桥有限公司、甘肃昶通公路工程有限公司。房建工程施工单位为甘肃省第五建筑工程公司。交通安全工程施工单位为甘肃恒和交通设施安装有限公司。机电工程施工单位为甘肃恒智信息科技有限公司。监理单位为甘肃省交通工程建设监理公司、甘肃恒科交通工程监理有限责任公司。质量监督单位为甘肃省交通基建工程质量监督站。

（二）曲子至庆城段大修工程

1998 年 7 月，庆阳公路总段投入 1.02 亿元，对 G211 线曲子至庆城段 44 公里大修改造成二级收费公路，工程于 1999 年 11 月完工。工程起点为环县曲子镇，经贺旗、董家滩、马岭、阜城、卅里铺，终于庆阳县城（今庆城县）五里坡。设计单位为庆阳公路总段设计室，监理单位为甘肃省新科监理事务所、甘肃省交通基建工程质监站，土建工程施工单位为庆阳公路总段工程机运队、庆阳地区地方道路工程队、长庆（集团）筑路工程总公司、甘肃省公路工程总公司五公司。收费设施施工单位为陕西省机械施工公司和北京恒宇交通设施有限责任公司。

曲子至庆城段大修工程全线采用平微区二级公路标准，设计行车时速 80 公里，路基宽 12 米（其中穿越街道集镇路段 9.62 公里，宽 17 米），沥青碎石路面。桥涵设计荷载为汽车—20 级、挂车—100 级。大修改造中共完成路基土石方 72 万立方米，铺筑沥青碎石路面 56 万平方米、水泥混凝土路面 3320 平方米。实施防护工程 847 米、排水边沟 3.5 万米、路基护肩 5 万米。修中小桥 8 座、168.76 米、涵洞 50 道 857 米。房建面积共 5974.55 平方米，建成收费所 1 处、养管站 2 处、三亭 4 车道收费站 1 处。

（三）宁县至宫河段大修工程

宁县至宫河段大修工程属按照大中修工程进行管理的国债路网建设项目，按三级公路标准改造并实施 GBM 工程，于 2002 年 3 月开工，2002 年 10 月完工，投资 1408 万元，建设单位为庆阳公路总段。此项大修工程全长 37.7 公里，北起宁县县城，经宁县早胜镇至正宁县宫河乡核桃峪村。

宁县至宫河段大修工程勘察设计由庆阳公路总段设计室负责。设计标准为山岭重丘区三级公路，路基宽度分别为 7.5 米、8 米、12 米。路面为沥青碎石。施工分为 3 个标段。甘肃省公路局委派平凉公路总段负责工程监理。这项工程主要完成路基土石方 1.1 万立方米，铺筑沥青碎石混合料路面 26 万平方米，实施梯形边沟 8200 米、护肩带 6.62 万米。

三、G212 兰渝线甘肃段（兰州至罐子沟）

G212 兰州至重庆公路属北南纵线，简称兰渝线，即甘川公路，始于甘肃省兰州市，穿过定西市、陇南市、广元市、南充市、广安市、北碚区，终于重庆市沙坪坝区，经过甘肃、四川、重庆3个省（直辖市）。甘肃段长684.58公里，起自兰州市中心广场，经晏家坪、临洮县、岷县、武都区、文县，于陇南文县罐子沟出甘入川，兰州至会川段共131公里与G316线共线，韩家河至曹家沟段91.74公里与G75兰海高速重合。1977年到1990年，投资2483.8万元改建二级公路22.48公里、三级公路96.08公里，修隧道2座、桥梁45座。进入21世纪后，修建木寨岭隧道，将会川至宕昌、大岸庙至文县、文县至罐子沟段道路进行升级改造。在2008年初冰雪灾害和"5·12"汶川特大地震中，G212线受损严重，随后宕昌至两河口、两河口至罐子沟被国家纳入灾后重建总体规划进行重建。经过历次整修和重建，G212线甘肃段除与G75兰海高速重合段外，共有一级公路2.32公里（五星坪至韩家河段）、二级公路411.68公里、三级公路174.85公里、四级公路4公里。

（一）木寨岭隧道及引线工程

木寨岭隧道及引线工程按"贷款修路、收费还贷"的方式于2002年5月开工，2004年6月建成通车，建设单位为定西公路总段，投资1.57亿元，其中国债资金5750万元、银行贷款8169万元，建成后设木寨岭收费站。主要工程为隧道1座1710米、引线9.01公里，按山岭重丘区二级公路标准建设，设计行车时速40公里，路基宽12米，行车道宽9米。施工单位为中铁十二局二公司、中铁十六局四处、甘肃恒达路桥工程集团。该项工程除了建成木寨岭隧道外，还修中桥3座、小桥及渡槽3座、涵洞29道，建综合楼1436平方米，设收费亭1座、收费监控系统1套。

（二）会川至宕昌段公路改建工程

会川至宕昌段公路改建工程长184.8公里（含木寨岭隧道及引线10.84公里），起于渭源县会川镇南出口，经会川镇、沈家滩、分水岭、殪虎桥、大草滩、木寨岭、梅川镇、茶埠镇、岷县县城、巴仁口、麻子川、哈达铺镇、何家堡，终于宕昌县城。工程于2007年8月开工，2009年8月完工，投资 3.8 亿元，建设单位为甘肃省公路局，甘肃远大路业集团公司代表甘肃省公路局履行项目管理职责。

此公路改建工程由甘肃省交通规划勘察设计院有限公司勘察设计，全线按二级公路标准建设，路面为沥青混凝土，行车道宽 7 米。大部分路段设计行车时速 40 公里，路基宽度为 8.5 米。分水岭至车厂（26 公里+730 米~39 公里+200 米）段设计行车时速 20 公里，路基宽 7.5 米。殪虎桥至岷县县城段路基宽 8.5 米，梅川、茶埠过境段路基宽 12 米。铺筑沥青混凝土路面 49 万平方米、水泥混凝土路面 1 万平方米。建中桥 5 座 253.72 米、小桥 29 座 528.24 米、涵洞 304 道 3114.53 米。实施防护工程 39.2 公里 14.47 万立方米。路基、路面工程施工单位为甘肃威远路业有限公司、陇南通途公路工程处、甘肃顺达路桥建设有限责任公司、河北交建工程有限公司、甘肃甘南新世纪路桥有限责任公司，交通安全工程施工单位为甘肃恒和交通设施安装有限公司，监理单位为甘肃省交通工程建设监理公司，质量监督单位为甘肃省交通基建工程质量监督站。

（三）宕昌至两河口公路重建项目

此工程由国家纳入国省干线公路冰雪灾害恢复重建项目，长 52.35 公里，投资 9600 万元，于 2009 年 3 月开工建设，2010 年 6 月建成通车。设计单位为甘肃省交通规划勘察设计院有限公司，施工单位为甘肃路桥建设集团有限公司、甘肃路桥第五公路工程有限公司、甘肃恒和交通安装设施有限公司，监理单位为甘肃省交通工程建设监理公司，质量监督单位为甘肃省交通基建工程质量监督站。

宕昌至两河口公路重建工程主要完成路基土方 22.53 万立方米、石方 18.93 万立方米，铺筑沥青混凝土路面。建大桥 1 座 106 米、中桥 1 座 70 米、小桥 2 座 73 米、涵洞 87 道 801.8 米，加固桥梁 12 座 286 米，修复涵洞 27 道。实施纵向排水设施 5 万米 1.38 万立方米、防护工程 1.27 万米 9.89 万立方米、标志牌 96 块。设港湾式停车带 16 处、平面交叉 23 处。

（四）大岸庙至横丹县际油路工程

大岸庙至文县横丹县际油路工程全长 146 公里，于 2002 年 3 月开工建设，2003 年 10 月完工。建设单位为文县政府和陇南公路总段，投资 6100 万元，按山岭重丘区三级公路标准改建，施工单位为陇南通途公路工程处、陇南宏途公路工程公司、武都县交通局，共完成土石方 146 公里 9.7 万立方米，修建桥梁 8 座 102 米、涵洞 20 道 170 米。

（五）文县至罐子沟公路改建工程

文县至罐子沟公路改建工程全长 85.29 公里，按二级公路标准改建，起点位于文县横丹乡，终点位于甘川交界处罐子沟，于 2003 年 5 月开工，2006 年 7 月竣工，投资 5577.23 万元。建设单位为陇南公路总段。陇南通途公路工程处、兰州福天路桥建设有限公司负责该工程施工，甘肃省通勤公路工程监理公司负责监理。共改建路基 54.8 公里 37.55 万立方米，新铺油路 54.8 公里 38.46 万平方米，建涵洞 111 道 770.2 米，设标志牌 245 块、标线 47.7 公里。

（六）两河口至罐子沟公路重建项目

此工程为国务院《汶川地震灾后恢复重建总体规划》中的国省干线公路地震灾后恢复重建项目，起点位于宕昌县两河口，途经两水、武都、汉王镇、大岸庙、高楼山、东峪口、文县县城、关头坝、碧口、余家湾（姚渡），终点位于甘川交界的罐子沟，全长 316 公里，投资 14.37 亿元。工程分两期施工。一期工程于 2009 年 3 月开工建设，2010 年 6 月建成通车。二期工程于 2009 年 7 月开工建设，2010 年 9 月建成通车。

两河口至罐子沟公路重建工程由甘肃省交通规划勘察设计院有限公司、西北市政设计院勘察设计，全线按照二、三级公路标准设计建设。施工单位为甘肃路桥建设集团有限公司、陇南通途公路工程处、陇南市公路工程总公司、天水陆桥交通工程有限公司、四川武通路桥工程局、四川武通路桥工程局第一工程处、甘肃五环公路工程有限公司、湖南株洲路桥工程有限公司、甘肃昶通公路工程有限公司、甘肃恒和交通设施安装有限公司、甘肃路桥飞宇交通设施有限公司、山西创世公路工程有限公司。监理单位为甘肃省交通工程建设监理公司、北京华路捷公路工程技术咨询有限公司、甘肃华顺交通科技咨询有限公司、甘肃恒科交通工程监理有限公司。质量监督单位为甘肃省交通基建工程质量监督站。

两河口至罐子沟公路在重建中铺筑沥青混凝土路面。建大桥 3 座 360 米、中桥 16 座 595 米、小桥 35 座 4119 米、渡槽 12 座 221.3 米。修隧道 2 座 233 米、涵洞 373 道 3188.5 米，加固旧涵 364 道。设纵向排水设施 25 万米、防护工程 83.6 万立方米。

四、G213 兰磨线甘肃段（兰州至郎木寺）

G213 兰州至磨憨公路属北南纵线，简称兰磨线，甘肃段即兰郎公路，始于甘肃兰州市，经甘肃、四川、云南，止于云南西双版纳磨憨口岸。G213 甘肃段长 422.36 公里，起于兰州市中心广场，经岸门、永靖县、临夏市、合作市，由碌曲县郎木寺出甘入川。20 世纪 90 年代初对全线实施 GBM 工程。进入 21 世纪以后，G213 线甘肃段陆续优化、升级和改造，二级公路达到 325.25 公里，秀川至岸门段 16.84 公里达到一级公路标准，其余 80.27 公里为三级公路。

（一）兰郎公路 GBM 工程

1992 年，省政府决定对兰郎公路及附近国、省道共 420 余公里实施 GBM 工程。第一期工程共计 300 余公里，包括 G212 兰州通往甘南路段、S312 王格尔塘—夏河段等 5 条路段，投资 6000 余万元。除沿线的兰州、临夏、定西、甘南公路总段参加建设以外，还抽调酒泉、张掖、金昌、武威公路总段 600 余名职工和民工参与施工，参与施工的公路段和工程队共 22 个。在九个多月的施工期内，共加宽改造公路 278.3 公里，移动土石方 169 万立方米，新铺油路 89 公里，罩面 120.5 公里，加宽油路 187 公里，新改建桥梁 65 座。一期工程于 1993 年 8 月甘南藏族自治州成立四十周年州庆前完工，改造后的兰郎公路基本上达到二级公路标准。1993 年 8 月 27 日，省政府对兰郎公路建设先进单位进行表彰，随后省交通厅表彰 66 名兰郎公路建设标兵和先进个人。

土门关至合作段 76 公里改建工程是兰郎公路 GBM 工程一期工程的重要组成部分，于 1993 年 2 月开工，同年 7 月完工，投资为 2121 万元，建设单位为甘肃省交通厅公路局，设计单位为甘南公路总段设计室。土门关至合作段 GBM 改建工程采用山岭重丘区二级公路技术标准，设计行车时速 80 公里，路基宽度不小于 9 米，特殊路段不小于 8.5 米，两侧设路肩墙或作边沟衬砌，路面全幅铺筑。工程分为 3 个标段，分别由酒泉、武威、甘南公路总段施工。

兰郎公路 GBM 二期工程主要改建合作至郎木寺段，长 159 公里，于

1994 年 4 月开工，1994 年 8 月完工，投资 2013 万元。工程建设单位为甘肃省交通厅公路局，设计单位甘南公路总段设计室，施工单位为甘南公路总段。

（二）兰州至刘家峡二级公路建设项目

兰州至刘家峡二级公路起点为兰州市西固区西柳沟口，终点为永靖县小川，全长 44.51 公里。其中：正线北起兰州西柳沟口，南至永靖县红柳台村，长 41.13 公里；支线从红柳台村正线为起点，经刘家峡大坝至永靖县交警大队门口，长 3.38 公里。于 2001 年 9 月开工，2003 年 12 月完工，预算投资 3.2 亿元，建设单位为临夏公路总段。项目由甘肃省交通规划勘察设计院设计。正线采用山岭重丘区二级公路标准，路基宽 12 米，沥青混凝土路面，设计行车时速 40 公里，桥涵设计荷载为汽车—20 级、挂车—100 级。支线平纵线指标不做调整，其余设计标准同正线。

路基工程施工单位为由甘肃圆陇路桥机械化公路工程有限公司、临夏公路总段工程处、庆阳公路总段、甘肃路桥第四公路工程有限公司、甘肃省公路工程总公司、甘肃恒达路桥工程集团有限公司，监理单位为甘肃恒科交通工程监理有限公司。路面工程施工单位为甘肃昌远公路工程有限公司、甘肃公路工程总公司，监理单位为省交通工程监理公司。工程共完成路基土石方 244.96 万立方米，铺筑沥青混凝土路面 44.51 公里，建隧道 2 座 785 米、桥梁 11 座 426.5 米。

（三）永靖至东乡县际公路改造工程

永靖至东乡县际公路改造工程全长 66.02 公里，起点为永靖县河南丁字路口，终点为东乡县城西出口。全线除列入祁家黄河大桥工程段（82 公里+500 米~87 公里+500 米）5 公里外，实际改造路段 61.02 公里。工程于 2003 年 12 月开工，2005 年 9 月交工，概算投资 5200 万元。建设单位为临夏公路总段，设计单位为甘肃通广勘察设计有限公司。全线采用山岭重丘区三级公路标准建设，沥青碎石路面，路基宽 7.5~8.5 米，设计行车时速 20~30 公里，桥涵设计荷载为汽车—20 级、挂车—100 级。施工单位为甘肃昌远公路工程有限公司、甘肃五环公路工程有限公司。监理单位为甘肃省交通工程建设监理公司，临夏州交通局代表州政府负责质量监督。工程共完成路基土石方 22.45 万立方米，铺筑沥青碎石路面 49 万平方米，实施防护挡墙 2916 立方米、纵向排水设施 5 万米 2.82 万立方米，修涵洞 46 道 457 米。

（四）临合二级收费公路建设项目

临合二级收费公路建设项目长 93.98 公里，起点为临夏市南龙镇尕杨家村西北郊，经双城、土门关、麻当、王格尔塘、唐尕昂，终点为甘南州合作市。临合二级收费公路为国家"十五"藏区公路建设重点路线，于 2004 年 12 月开工，2006 年 10 月建成通车，预算投资 7.21 亿，建设单位为甘肃省公路局。临合二级收费公路由中国公路工程咨询监理总公司设计，全线采用二级公路标准建设，设计行车时速 60 公里，路基宽度 12 米，路面宽度 9 米，桥梁设计荷载为汽车—20 级、挂车—100 级，路面采用沥青混凝土结构。其中起点至双城段约 20 公里为新建路段，双城至终点段约 74 公里利用现有公路改扩建。

全线占地 3486.84 亩，在建设中移动土石方 373.24 万立方米，铺筑路面底基层 91.83 万平方米、基层 89.94 万平方米、面层 86.13 万平方米。建大桥 11 座 1813.23 米、中桥 8 座 627.86 米、小桥 17 座 483.78 米。修隧道 3 座 1522 米、涵洞 236 道 3963.55 米、通道 35 道 447.51 米。设分离式立交 1 处、平面交叉 32 处、收费站 2 处、停车区 1 处、服务区 1 处。路基工程分 10 个标段，施工单位分别是中铁十九局集团第二工程有限公司、陇南地区通途公路工程处、甘肃威远路业有限公司、甘肃路桥第二公路工程有限公司、中铁十六局集团第四工程有限公司、甘肃省公路工程总公司、甘肃恒达路桥工程集团有限公司、金昌金桥路业有限公司、甘肃圆陇路桥机械化公路工程有限公司、甘南新世纪路桥有限公司。路面工程分 3 个标段，施工单位分别为甘肃省天地路桥工程有限公司、甘肃恒达路桥工程集团有限公司、甘南新世纪路桥有限公司。房建工程分 3 个标段，施工单位为甘肃新路交通工程公司、甘肃武威通达建筑路桥工程有限公司、甘肃华运建筑安装工程有限公司。交通安全工程施工单位为甘肃圆盛路桥工程有限公司。机电工程施工单位为甘肃紫光智能交通与控制技术有限公司。绿化工程施工单位为甘肃华运园林绿化工程有限公司。监理单位为甘肃兴陇交通工程监理有限公司、潍坊市华潍公路工程监理处、甘肃恒科交通工程监理有限公司、甘肃省交通监理总公司。质量监督单位为甘肃省交通基建工程质量监督站。

针对临夏至合作段二级收费公路安全设施和交通标志不齐全等问题，

2010 年 7 月，省公路管理局安排甘南公路总段对全线 93.98 公里实施完善工程，同年 10 月完工，投资 1246.6 万元。主要增设波形钢板护栏和混凝土防撞墙、交通标志和边沟、急流槽及导流坝，对收费广场混凝土路面进行重修，对 3 座隧道进行维修完善。共完成路基防排水浆砌片石 6027.9 立方米，增设波形护栏 15.67 公里，安装交通标志牌 70 块，加固维修隧道 3 道，铺筑沥青路面 2287.4 平方米、水泥混凝土路面 5544 平方米。甘肃省交通规划勘察设计院有限公司负责设计，沙河市飞耀交通设施有限公司和甘南新世纪路桥有限公司承担施工，临夏公路总段公路技术咨询中心负责监理。

（五）合作至郎木寺段公路改建工程

合作至郎木寺段公路改建工程长 161.18 公里，起点为合作市以北，经博拉、阿木去乎、碌曲、晒银滩、尕海，终点为甘川交界处的郎木寺。工程于 2002 年 9 月开工，2004 年 11 月完工，预算投资 6.78 亿元，建设单位为甘肃省公路局。建成后在合作和碌曲各设 1 处收费站。

工程由甘肃省交通规划勘察设计院设计。合作市过境段 8.7 公里为宽幅二级公路，由合作市政府担任建设单位先期开工。其余路段按平原微丘二级公路标准修建，设计行车时速 80 公里。另设郎木寺支线 3.6 公里按平原微丘三级公路标准修建，设计行车时速 60 公里；碌曲支线 2.67 公里按山岭重丘区二级公路标准修建，设计行车时速 40 公里，主线和支线同步实施。主线路基宽 12 米，路面宽度 9 米。支线路基宽 8.5 米，路面宽 7 米。路肩宽 2×1.5 米，桥涵和路基同宽。桥涵设计荷载为汽车—20 级、挂车—100 级，桥涵设计洪水频率为大桥 1/100（百年一遇），小桥、涵洞为 1/50（五十年一遇）。

合作至郎木寺段公路改建工程主线共完成路基土石方 572 万立方米，铺筑沥青混凝土路面 141 万平方米，修大桥 1 座 126.56 米、中桥 4 座 209.44 米、小桥 21 座 301.27 米、涵洞 368 道 6357.87 米、平面交叉 115 处，实施防护工程 16.75 万立方米、房建工程 2 处 3413.26 平方米。合作过境段宽幅二级公路主要完成路基土石方 19 万立方米，铺筑沥青混凝土路面 13 万平方米，修中桥 4 座 209.44 米、小桥 2 座 72 米、涵洞 15 道 341.28 米、平面交叉 2 处，实施防护工程 1642 立方米。

路基工程施工单位为兰州公路总段、甘肃路桥第一公路工程有限公司、中铁二十局集团有限公司、兰州昌通公路工程有限公司、甘南公路总段工程处、中铁二十局集团第二工程公司、辽宁省鞍山市市政工程总公司、甘肃路桥第五公路工程公司、中铁十九局集团第二工程有限公司、中国路桥西安实业发展有限公司、甘肃省恒达路桥集团、河南大河筑路公司、临夏公路总段工程处、中铁隧道局四处。路面工程施工单位为吉林交通建设集团、甘南公路总段工程处、甘肃省路桥第三公路工程有限公司、甘肃省路桥第一公路工程有限公司、临夏公路总段工程处。房建工程施工单位为甘肃新路交通工程公司、甘肃省路桥第四公路工程有限公司。交通安全工程施工单位为宁夏华通达实业有限公司、北京华纬交通工程公司。监理单位为甘肃新科公路工程监理事务所、甘肃兴陇交通工程监理有限公司、北京双环工程咨询有限公司、甘肃建设监理公司。

（六）临夏折桥至兰州达川公路建设项目

临夏折桥至兰州达川公路全长 81.66 公里，起点为临夏市折桥镇，经河滩镇、新寨、祁家渡口、永靖县城、盐锅峡镇，在兰州市西固区达川乡与 G109 线连接。其中：祁家黄河大桥至永靖属 G213 线，永靖至达川段属 S106 线，折桥至祁家黄河大桥属 X382 线。该路于 2008 年 11 月开工，概算投资 17.25 亿元。建设单位为甘肃省公路管理局，甘肃远大路业集团代表甘肃省公路管理局履行建设单位职责。

折达路由甘肃省交通规划勘察设计院有限公司设计，全线采用二级公路标准建设。9 公里~22 公里、46 公里+600 米~51 公里+720 米段设计行车时速60 公里，其余设计行车时速 40 公里。主线路基宽分段采用 8.5 米、10 米、12 米沥青混凝土路面。桥涵设计汽车荷载等级为公路–Ⅰ级。

全线建设和利用特大桥 2 座 945 米（含祁家黄河大桥）、大桥 14 座3156.9 米、中桥 3 座 103.47 米、小桥 11 座 276.3 米。修建隧道 8 座 10257米、涵洞 254 道。路基工程施工单位为安徽省路港工程有限责任公司、中交第一公路工程局有限公司、核工业西北工程建设总公司、中交一公局第三工程有限公司、新疆兴达公路工程部、中铁十三局集团有限公司、河南高速发展路桥工程有限公司、中铁十五局集团第二工程有限公司。路面工程施工单位为四川欣通公路工程部、四川武通路桥工程局。机电工程施工单位为安徽皖通科技股份有限公司、兰州郎青交通科技有限公司、山西四和交通工程有限公司。交通工程施工单位为甘肃恒和交通设施安装有限公司。房屋建筑工程施工单位为甘肃恒达建筑安装有限公司、甘肃路桥第四公路工程有限公司。监理单位为山东信诚公路工程监理咨询中心、中国公路咨询集团有限公司、太原市华宝通工程监理咨询公司、甘肃华顺交通科技咨询有限公司。大桥监控单位为重庆大学、兰州交通大学。刘家峡大桥监控单位为甘肃省交通科学研究院有限公司、兰州交通大学。质量监督单位为甘肃省交通工程质量安全监督管理局。中心试验室为甘肃智通科技检测咨询有限公司中心试验室。

五、G215 红格线甘肃段（柳园至当金山口）

G215 红柳园至格尔木公路属北南纵线，简称红格线，始于甘肃省瓜州县红柳园（柳园火车站），经敦煌、阿克塞、大柴旦，终于青海省格尔木，连接甘肃、青海两省。G215 线甘肃段称红当公路，起自瓜州县柳园火车站，向南横穿安西县西湖乡至敦煌，由敦煌向南经大草滩至当金山口出甘入青，全长 255.27 公里，修建于 1958 年。2008 年至 2009 年省公路局将敦煌至七里镇段改建为一级公路后，G215 线共有一级公路 7.28 公里、二级公路 132.29 公里、三级公路 115.69 公里（139 公里+574 米至当金山口段）。2009 年底至 2011 年底，完成敦煌至当金山二级公路建设项目，七里镇至当金山段改建为二级公路。

（一）敦煌至七里镇一级公路建设项目

敦煌至七里镇公路为二级公路，2008 年 10 月按一级公路改建开工，2009 年 10 月完工，投资 1470 万元。敦煌至七里镇一级公路改建工程起点为敦煌市党河桥西桥头，终点为青海石油管理局敦煌基地三号路口，全长 7.51 公里。项目建设单位为甘肃省公路局、酒泉公路总段。甘肃通广公路勘察设计有限公司负责勘察设计，路面宽 19~20 米，采用上拌下贯式路面结构，设计行车时速 60 公里。此项工程共铺筑 4 厘米厚沥青混凝土上面层 13.79 万平方米、7 厘米厚沥青碎石下贯层 13.79 万平方米、黏层油 13.79 万平方米，特殊路基处理 1.12 万平方米，实施排水工程 1.51 万米，维修小桥 2 座 14 米、涵洞 5 道，设平面交叉 10 处。施工单位为酒泉通达路桥有限责任公司，监理单位为北京诚盟公路工程监理有限公司，质量监督单位为甘肃省交通基建工程质量监督站。

（二）敦煌至当金山口二级公路建设项目

敦煌至当金山二级公路建设项目起点为敦煌七里镇，终点为当金山口，全长 119.9 公里，于 2009 年 12 月开工，概算投资 4.96 亿元，按"贷款修路、收费还贷"方式建设。建设单位为甘肃省公路管理局，甘肃远大路业集团代表甘肃省公路管理局履行项目管理职责。质量监督单位为甘肃省交通工程质量安全监督管理局。

敦煌至当金山二级公路由云南省交通规划设计研究院和甘肃省交通规划勘察设计院有限公司勘察设计，全线采用二级公路标准建设，路基宽为 12 米和 10 米，设计行车时速分别为 80 公里和 60 公里。

六、G227 西张线甘肃段（扁都口至张掖）

G227 西宁至张掖公路属北南纵线，简称西张线，长 389 公里，始于青海省西宁市，经大通、门源、民乐，终于甘肃张掖市，连接甘肃、青海两省。G227 西张线甘肃段称张青公路，起于张掖市与青海省交界的扁都口，经民乐县止于张掖市区，长 93.21 公里，修建于 1938 年，1949 年后经过几次整修，技术标准提升到三级公路。1998 年改建后全线达到二级公路标准。

G227 线扁都口至张掖市段 91.96 公里于 1998 年 6 月开工建设二级公路，1999 年 10 月完工，投资 1.5 亿元。建设单位为张掖公路总段。施工单位为长庆石油勘探局筑路工程集团总公司、张掖公路总段、酒泉公路总段、金昌公路总段、定西公路总段、张掖地区公路工程总公司、兰州恒和交通设施有限责任公司、陕西省机械施工公司等。工程监理单位为甘肃省新科监理事务所。质量监督单位为甘肃省交通基建工程质监站。建设标准为平原微丘区二级公路，设计行车时速 80 公里。路基宽 15 米，桥梁桥面净宽 9 米。建设项目主要完成路基土石方 172.62 万立方米，铺筑热拌沥青碎石下面层 93.47 万平方米、沥青混凝土上面层 95.43 万平方米，建中小桥 13 座 226.26 米、涵洞 217 道 3260.19 米，修混凝土边沟 3998.7 米。

七、G309 荣兰线甘肃段（雷家角至兰州）

G309 荣城至兰州公路属东西横线，简称荣兰线，始于山东省荣成市，终于甘肃省兰州市，经过山东、河北、山西、陕西、宁夏和甘肃6个省（自治区）。G309线甘肃段长546公里，称兰宜公路，横贯黄土高原，自合水县陕甘交界处的雷家角进入甘肃，经太白镇、安家寺、方山，在镇原县小园子出甘肃进宁夏，穿过彭阳县孟塬乡、固原市、西吉县，于甘宁交界处的祁家南山出宁夏再进甘肃，通过会宁县甘沟驿乡、榆中县定远镇、兰州市南部七道梁，在永靖县境内过黄河，到焦家川，再越湟水河至达川接G109线。G309线甘肃段自建成后除和平至官滩沟段等个别路段大修改造外，大部分路段未经过大修改造，白马乡至驿马路口段11.61公里、定远镇至猪嘴岭段5公里达到一级公路标准，雷家岘子至白马乡段7.9公里、徐顶桥头至陈井段12.29公里达到二级公路标准，营门前至柳树湾段2公里尚属等外路，其余507公里均为三级公路。

G309线和平至官滩沟段是通往官滩沟旅游景点的唯一通道，为满足旅游交通需求，2008年省交通厅立项对此段进行改造，工程预算774万元。改造路段为2178公里+200米~2187公里+400米段，长9.2公里，于2008年8月开工，2008年12月完工，按三级公路标准改造，设计行车时速40公里。改造工程主要完成路基土方1.65万立方米，处理路基翻浆及沉陷9163立方米，全段铺筑沥青碎石面层，实施防护工程572.6立方米、排水沟320米、平面交叉4处，新建涵洞1道，维修旧涵洞21道。

八、G310连天线甘肃段（牛背至景家口）

G310连云港至天水的公路属东西横线，简称连天线，起于江苏省连云港市，途经江苏、山东、安徽、河南、陕西、甘肃等七省，终点为甘肃省天水市。G310线甘肃段从甘陕交界的牛背进入甘肃天水，经东岔、立远、伯阳，在天水市秦城区接天巉路，长126公里。《国家高速公路网》颁布实施后，G045连霍主干线的天巉路于2010年10月划入G310线，G310线甘肃段达到300公里，其中与S16麦天高速共线12公里，与S304线莲叶段共线10公里。除与S16麦天高速共线段为高速公路以外，S310线甘肃段其余路段均为二级公路。

（一）牛背至北道段改建工程

牛背至北道段改建工程全长133.89公里，东起陕甘交界的北道区（今天水市麦积区）牛背村，经东岔、立远、吴砦、元龙、伯阳等乡镇，接天北高速公路。工程于1993年11月开工，1998年11月建成通车，概算总投资3.56亿元，建设单位为甘肃省交通厅工程处。牛北路改建工程由甘肃省交通规划勘察设计院设计。北道至潘集寨和龙凤桥段7.9公里按平原微丘区二级公路标准建设，路基宽12米，行车道宽9米，设计行车时速80公里。潘集寨至牛背106.52公里按山岭重丘区二级公路建设，路基宽度8.5米，行车道宽7米，设计行车时速40公里。全线桥涵与路基同宽，设计荷载为汽车—20级、挂车—100级，隧道净宽7.5+2×0.5米，路面为沥青混凝土。此项工程共完成路基土石方1175万立方米，铺筑沥青混凝土路面92万平方米，建大桥5座581.61米、中桥12座711米、小桥29座590米、涵洞334道4677米、隧道6座1371米，设纵向排水7.6万米、防护工程35万立方米。施工单位为天水市交通局、北道区政府、平凉地区公路工程局、甘肃省公路工程总公司、兰州市公路工程公司、甘肃省交通建安总队和天水、甘南、临夏、陇南、庆阳公路总段等11家单位。监理单位为甘肃省交通工程建设监理公司。质量监督单位为甘肃省交通基建工程质量监督站。

2005年，牛背至北道段采用半封闭方式实施大中修改造工程，当年2月开工，当年9月底完工，总投资1.8亿元，其中开发银行贷款0.69亿元、天宝高速公路辅道建设资金1.11亿元。建设单位为甘肃省交通厅工程处。主要对路面进行全面整修，处置上、下边坡病害，完善防排水及安全设施。铺沥青混凝土路面。路基改线1.48公里，新建东岔河大桥长126.57米。

（二）天巉二级公路建设项目

天水至巉口公路全长192公里，起自天水市秦城区，经秦安、叶堡、通渭，于定西十八里铺接G312线至巉口。后景家店至十八里铺段在天定高速公路建设中被利用，剩余天水至景家店段174公里在2010年10月调整为G310线延伸线。

天巉汽车专用二级公路建设项目属甘肃"九五"时期重点公路建设项目，于1998年6月开工建设，2001年12月建成通车，总投资21.91亿元，建设单位为甘肃省交通厅工程处。天巉路按汽车专用二级公路标准建设，全线路基宽12米、路面宽11米，平原微丘区设计行车时速80公里，山岭重丘区设计行车时速60公里。路面为沥青混凝土。项目分四期建设。一期工程红土窑至十八里铺段长 35 公里，1998 年 6 月开工。二期工程马营至红土窑段长 25 公里，1998 年 9 月开工。三期工程天水至秦安段长 42 公里、通渭至马营段长 35 公里，1998 年 10 月开工。四期工程秦安至通渭段长 43 公里，1998 年 11 月开工。2001 年 12 月 31 日唐家凤台隧道的贯通标志着天巉路全线完工。天巉路在天水境内海拔落差大，持续下坡和连续弯道多，急弯最小弯道半径不足百米，最大纵坡度为 5.6%。秦安县郭嘉乡往西有 10 公里路线系拉槽填沟成形，即遇到山梁则挖出一条高度从四五米到十几米不等的宽十余米的拉槽，路线顺槽而过；遇到几十米到四五十米的大沟则填平夯实，路线从上而行。

九、G312 沪霍线甘肃段（凤翔路口至星星峡）

G312 线上海至霍尔果斯公路属东西横线，简称沪霍线，始于上海市，终于新疆维吾尔自治区霍尔果斯口岸，经过上海、江苏、安徽、河南、陕西、宁夏、甘肃和新疆共 8 个省（自治区、直辖市），穿过南京、合肥、西安、兰州、乌鲁木齐等 5 个省会城市。G312 线由陕甘交界的泾川县凤翔路口入进入甘肃平凉，在平凉苋麻湾进入宁夏横穿隆德，又从静宁司桥进入甘肃，经过会宁、定西、兰州、武威、金昌、张掖、嘉峪关、酒泉，至星星峡出甘入新，线路大致沿古丝绸之路与 G30 高速并行，同甘肃地形走向一致。甘肃境内路段始建于 20 世纪三四十年代，称西兰公路、甘新公路，长1557.95 公里，占 G312 线全长的三分之一强。经过历次改建和整修，尤其是通过 20 世纪 90 年代初"河西千里窗口路"建设，G312 线大部分路段达到二级公路标准。进入 21 世纪，随着 G045 连云港至霍尔果斯公路国家主干线甘肃段的建设，G312 线河西段被纳入 G045 线的组成路段，陆续改造为高速公路。《国家高速公路网规划》颁布实施后，G312 线河西段建成的高速公路归入 G30 连霍高速，被高速公路断续占用的路段则以三到四级公路标准的高速公路辅道代之。全线除 1161 公里为二级公路外，尚有一级公路52.6 公里、三级公路 107 公里、四级公路 237.35 公里。

（一）凤翔路口至郎岘段公路工程

凤翔路口至郎岘段公路工程起于泾川县陕甘交界处的凤翔路口，在长武塬上沿老路西行，于高平转向西北弃旧路顺郝家沟右侧山坡下塬出沟，于罗汉洞顺原路线至郿岘，全长81.73公里。工程于1997年10月开工，2000年10月完工，总投资7.5亿元，项目建设单位为甘肃省交通厅工程处。凤翔路口至罗汉洞段24.9公里由西安公路交通大学公路设计研究院设计，路基宽15米，从凤翔路口起前17.15公里采用平原微丘区二级公路标准，随后7.25公里采用山岭重丘区二级标准，最后0.5公里由二级渐变与一级过渡段衔接。罗汉洞至郿岘段56.83公里采用一级公路标准，路基宽25.5米，设计行车时速100公里，设计荷载为汽车—20级、挂车—100级。罗汉洞至百泉段由西安公路交通大学公路设计研究院设计，百泉至郿岘段由甘肃省交通规划设计院设计。

凤翔路口至罗汉洞段在建设中主要换填路基土方4万立方米，铺筑沥青混凝土路面34万平方米，加固边沟2.7万米，砌筑护面墙2950米2.4万立方米。罗汉洞至郿岘段完成路基土方144万立方米，铺筑沥青混凝土路面68万平方米，建大桥1座225.21米、中桥3座112米、小桥11座239.78米、涵洞109道。施工单位为平凉地区公路建设管理处、平凉公路总段、平凉公路总段工程建设处、庆阳公路总段、陇南公路总段、酒泉公路总段、天水公路总段、白银公路总段、甘肃公路工程总公司、甘肃五环公路工程有限公司、甘肃新路交通工程公司、甘肃恒达实业发展集团公司、甘肃华运园林绿化有限公司。监理单位为甘肃省交通工程建设监理公司。

在平定高速公路建设中，罗汉洞至郿岘段一级公路大多被改造为高速公路并入G22青兰高速，G312线罗汉洞至郿岘段则以原路线和高速公路辅道代之。

（二）郿岘至苋麻湾段二级公路改建工程

郿岘至苋麻湾段原由山岭重区四级公路和平原微丘区三级公路组成，1995年—1997年改建为平凉境内第一条二级收费公路，改建后全路段长47.86公里。改建工程分两期实施，投资共4496万元，建设单位为平凉公路总段。

一期工程建设41.27公里主线路，于1995年3月开工，同年11月完工，投资3867万元。按平原微丘二级公路标准建设，路面宽12~24米，设计荷载为汽车—20级、挂车—100级。铺筑沥青面层37.34万平方米、水泥混凝土路面7060平方米，实施路肩硬化及沥青表面处置22.7万平方米，新建桥梁 5 座 144.62 米，加宽旧桥 10 座 875.62 米，修建涵洞 92 道、防护工程 4.85 万米、纵向排水边沟 1.15 万米，建收费亭 2 座 396.6 平方米。设计单位为甘肃省交通规划设计院。监理单位为平凉公路总段。路基施工单位为泾川公路段、灵台公路段、平凉公路段、平凉公路总段工程建设处、华亭公路段、平凉地区公路工程局、庄浪公路段、静宁公路段、平凉公路总段第二工程队、崇信公路段。路面施工单位由平凉公路总段工程队、平凉公路总段第二工程队、定西公路总段工程队、平凉地区公路建设管理处等单位承担。

二期工程改建安国与宁夏相接的 6.59 公里路段，于 1996 年 3 月开工，1997 年 8 月完工，投资 629 万元。主要完成土石方 13.8 万立方米，建小桥 3 座 25.4 米、涵洞 20 道 232.37 米，实施混凝土波形护肩 1 万米 960 立方米，加固边沟 3550.78 米。施工单位为平凉地区公路建管处、平凉公路总段二队，监理单位为甘肃省交通工程建设监理公司。

郿岘至苋麻湾二级收费公路自建成运营十年后，由于交通量大幅增加出现大面积路基沉陷、路面破损等病害。2005 年，平凉公路总段利用银行贷款 5300 万元，对全段进行大修改造，改造工程于 2005 年 3 月开工，同年 9 月完工。大修工程主要重铺油路 25 公里，挖补罩面 22 公里，新建八里大桥 285.88 米、鸭儿沟小桥 25 米，新建钢筋混凝土盖板涵 2 道，砌筑边沟 11.93 公里、护坡 36 米。设计单位为甘肃康大公路设计咨询有限公司，监理单位为甘肃省交通工程建设监理公司，质量监督单位为平凉市交通工程质量监督站，施工单位为平凉市天翔路桥工程处、甘肃恒达路桥工程集团有限公司。

（三）静宁至巉口段二级公路改建工程

静宁至巉口段二级公路改建工程是交通部和甘肃省"八五"计划重点建设项目，全长 140 余公里，从 1991 年开始实施。通过改建和大修，此路段陆续由三、四级公路改建成准二级公路。改造后避开旧路线祁家大山和华家岭山脊，使静宁至兰州里程缩短 68 公里。

静宁司桥至界石铺段 34.33 公里于 1993 年 3 月开工改建，1995 年 10 月完工，投资 7653 万元。设计标准为一般二级公路，路基宽 12 米，路面宽 9 米，设计荷载为汽车—20 级、挂车—100 级。铺筑沥青混凝土路面，建中桥 1 座 101 米、小桥 3 座 41.48 米、祁家大山隧道 1 座 860 米、涵洞 171 道，实施防护工程 2944 立方米、纵向排水工程 8025.7 立方米。建设单位为甘肃省交通厅工程处，设计单位为甘肃省交通规划设计院，施工单位为武警交通第六支队、甘肃省交通服务公司工程队、甘肃省公路局第二工程队、平凉公路总段国道办、平凉地区行署交通处，监理单位为甘肃省交通工程建设监理公司。

界石铺至会宁县鸡儿嘴段 62 公里于 1991 年 10 月开工改建，1995 年 10 月完工，投资 9273 万元。按二级公路改建，新铺沥青路面 57.3 万平方米，新建大桥 1 座 127.54 米、中桥 4 座 338.86 米、小桥 1 座 9 米、涵洞 231 道，实施护坡 730 米 3611 立方米、挡土墙 181 米 2433 立方米，浆砌边沟 78.657 公里，设平面交叉 175 处、立交 1 处。白银公路总段代理建设单位职责。设计单位为甘肃省交通厅规划设计院，监理单位为甘肃省交通厅监理公司，施工单位为白银、定西、平凉、庆阳、甘南和临夏公路总段及甘肃省公路局三个工程队。

2005 年 6 月，甘肃省公路局投入 4868 万元对界石铺至会宁县鸡儿嘴全段实施大修改造工程，2006 年 9 月大修改造工程完工。大修改造工程主要处理陷穴 2.2 万立方米，换填沙砾 2.71 万立方米，实施石灰砂桩 722 立方米、防护工程 2310 立方米、纵向排水工程 9849 立方米、盲沟 1261 米，铺筑沥青混凝土路面，加固桥梁 8 座、涵洞 98 道，新建涵洞 3 道。设计单位为甘肃省交通规划勘察设计院，施工单位为白银新世纪路业公司、甘肃万泰建设工程有限公司、甘肃恒和安装工程有限公司，监理单位为甘肃省交通工程建设监理公司。

2005 年 7 月 1 日，鸡儿嘴至十八里铺段 42.4 公里采用二级公路标准实施大修改造工程，全线油路重铺 4.96 万平方米，2006 年 9 月完工，施工单位为甘肃威远路业有限公司。

（四）兰州至巉口段改建工程

兰州至巉口段改建工程属"七五"跨"八五"工程项目，总投资 1 亿多元。泉水沟至桃树坪段是兰州至巉口段的最后一项工程。泉水沟至桃树坪段长 6.65 公里，按二级公路标准改建，于 1993 年 3 月开工，同年 11 月 25 日完工，投资 780 万元。路基宽 12 米，主要工程量为路基土方 70.6 万立方米，铺筑路面 6.56 万平方米，建 6 孔 13 米空心桥 1 座、1 孔 6 米混凝土拱桥接 1 座 24.84 米、1 孔 3.5 米混凝土拱涵 2 座。

（五）河口至屯沟湾收费公路改造工程

河口至屯沟湾收费公路改造工程长 79.96 公里，起于兰州市西固区河口镇，终于永登县武胜驿镇屯沟湾村，于 2005 年 4 月开工，2006 年 8 月完工，概算投资 2.09 亿元。全线按二级公路标准设计，分 3 个标段实施。施工单位为甘肃昶通公路工程有限责任公司、甘肃五环公路工程有限公司和甘肃恒达路桥工程集团有限公司。监理单位为甘肃新科公路工程监理事务所。共完成路基土石方 19.75 万立方米，浆砌片石 20.48 万立方米，铺筑沥青混凝土路面 161.35 万平方米，新建中桥 4 座、小桥 16 座、涵洞 251 道。

（六）永登胡家湾至武胜驿段公铁立交改移工程

永登胡家湾至武胜驿段公铁立交改移工程为配合兰新铁路兰州至武威段复线工程而实施。全路段共有公路铁路立交 6 处，总里程 7.34 公里，于 2005 年 6 月开工，2006 年 9 月底完工，概算投资 1968 万元。改移路段按二级公路标准设计，设计行车时速 80 公里，主要完成路基土方 27.5 万立方米，铺筑沥青混凝土路面 7.34 公里，实施排水工程 1.47 万米、混凝土路缘石 4.32 万米，建涵洞及倒虹吸 17 道。

（七）"河西千里窗口路"建设

1991 年—1992 年底，甘肃省交通厅公路局按照交通部提出的 GBM 工程标准，在 G312 线从兰州河口至安西（今瓜州）、G313 线安西（今瓜州）至敦煌（2002 年后调整为 S314 线）及敦煌至千佛洞公路长达 1112 公里的路段上，开展"河西千里窗口路"建设会战。内容主要包括路基加宽、路面铺筑、新建桥梁涵洞，加宽桥梁和接长涵洞，设置路缘石、轮廓桩，建设道班房、培训基地等，总投资 6000 余万元。除敦煌至千佛洞 15 公里改建为三级公路以外，其余路段通过改建达到或接近二级公路标准。1992 年 10 月，甘肃省政府对河西千里公路建设先进单位进行表彰。

兰州公路总段管养的河口至永登城关 97.7 公里原有二级公路 5.8 公里、三级公路 91.9 公里，1991 年开始实施 GBM 工程。共完成路基土石方 57.6 公里 12 万立方米，加宽桥梁 8 座 149 米，新建涵洞 1004 道，实施防护工程 7.6 万米、路肩墙 3675 立方米，硬化路肩 31.79 公里，修建房屋 3 栋 1583 平方米。

武威公路总段管养路段 1992 年开始实施窗口路工程，共改造加宽路基 143 公里 3 万立方米，加宽油路 88.4 公里，油路罩面 52 公里，重铺油路 27 公里，新建桥梁 2 座 83.88 米，对 27 座 377.4 米桥梁桥面进行加宽，新建涵洞 11 道，改建涵洞 6 道，实施防护工程 1675 米、混凝土边沟 17.4 公里、混凝土护肩带 102.5 公里、混凝土路缘石 90 公里。

从 1991 年开始，金昌公路总段对管养的 G312 线金昌段进行二级改造。1992 年，金昌公路总段按照 GBM 工程标准，将剩余的 24 公里三级路改造为二级公路，路基由原来 10 米加宽至 12 米，路面由原来 8 米加宽至 9 米，使 G312 线金昌段全线达到二级公路标准。

1991 年 10 月至 1992 年 8 月，张掖公路总段对管养的 G312 线 254 公里（包括张掖城北复线 3.42 公里）实施 GBM 改造工程，改造后 G312 线张掖境全线达到二级公路标准。10 个月共完成工程量折合人民币 1759.3 万元，移动土石方 17.8 万立方米，重铺油路 30.21 公里，油路罩面 57.79 公里，油路加宽 71.78 公里，加宽小桥 16 座，新建涵洞 19 道，接长涵洞 133 道，衬砌路肩墙 126 公里，安装路缘石 111.63 公里，硬化路肩 41.43 公里，薄层罩面 9.98 公里。高台县及张掖驻军派出官兵 250 名参加开挖边沟、整理路肩和路容等劳动，沿线政府也发动民工建勤完成土石方 4.7 万立方米、采备养护砂 7592 立方米。

酒泉公路总段承担酒泉境内 G312 线、G313 线和 S217 线共 510.5 公里改建任务，工程量占"河西千里窗口路"的近一半。会战从 1991 年 10 月 1 日开始，到 1992 年 8 月 13 日结束，总投资 2121.07 万元。所有施工路段的路基从 8.5 米至 10 米统一加宽到 12 米，路面从 7 米至 7.5 米加宽到 8.5 米至 9 米。新建桥梁 9 座，加宽旧桥 21 座，新建涵洞 59 道，接长涵洞 466 道，新建农田边沟涵 136 道，实施防护工程 7 处 3712 米，边沟衬砌 13 处 2.5 万米。建段房 5 栋 2140 平方米、大道班房 5 栋 5079 平方米、小道班房 5 处 82 平方米。

（八）武威过境路改建工程

武威过境路改建工程长 45.65 公里，于 1996 年 1 月开工建设，同年 11 月完工，投资 1.6 亿元，建设单位武威公路总段，设计单位为武威公路总段设计室，监理单位为甘肃省交通规划勘察设计院监理事务所。进入武威起有

10 公里为宽幅二级公路，路基宽 16.5 米，路面宽 15.5 米，设 4 车道；随后 22 公里为汽车专用二级公路，路基宽 12 米，路面宽 11 米。其余路段为一般二级公路，路基宽 12 米，路面宽 9 米。桥涵设计荷载为汽车—20 级、挂车—100 级。大、中、小桥、涵洞与路基同宽。全线实施 GBM 工程。改建工程主要完成土方 148.68 万立方米，铺筑路面 55.61 万平方米，实施防护工程 4796.2 米、平面交叉工程 121 处，建桥梁 16 座 553.94 米、涵洞 287 道 4746.6 米、通道 54 处，设收费站 2 处。

（九）平河张火路建设

1994 年 5 月底，张掖公路总段在张掖至张掖火车站 5.7 公里的基础上，将张火路向东延伸至太平堡公铁立交桥，再向西延伸至黑河大桥，延伸路段总长 21.38 公里，预算投资 3740.3 万元。延伸路段按二级公路标准建设，同年 9 月底完工。1995 年 1 月，张掖公路总段又将平河张火路收费路段再次向东延伸至山丹公路段小寨子道班，长 23.64 公里。1995 年 8 月底完工，延伸后平河张火路总长 56.24 公里。

（十）山丹至张掖收费公路大修改造工程

山丹至张掖收费公路由 G312 线、城北复线及 S213 线张火公路组成，起点为山丹县小寨子，经甘州区碱滩乡、上秦镇、甘州区过境段，绕城北复线经张掖市黑河大桥至甘州区西城驿，全长 52.87 公里。工程于 2005 年 7 月开工，2006 年 6 月底完工，总投资 4800 万元，建设单位为张掖公路分局。甘肃省公路局委托甘肃康大公路工程勘测设计公司负责勘察设计。全线按平原微丘区二级公路标准设计，设计行车时速 60 公里，路基路面同宽，沥青混凝土路面。桥梁设计荷载为汽车—20 级、挂车—100 级。

施工、监理单位在全省范围内招标。路基路面由甘肃天地路桥工程有限公司、甘肃天马建筑公路工程有限公司施工。机电工程由广东同望科技股份有限公司与甘肃恒智信息科技有限责任公司联合体承担。网架工程由开封市金星网架工程有限公司负责实施。标线工程由陕西高速交通工贸有限公司承担。监理单位为张掖市大地公路工程咨询有限公司。全线完成路基土方 2.34 万立方米，铺筑沥青混凝土路面 1.7 万平方米，改造桥梁 11 座 474.1 米，建涵洞 47 道，实施混凝土梯形边沟 3496 米 1112 立方米、混凝土护坡 240 米 68.4 立方米，对太平堡、黑河桥两个收费站进行改造，增设收费监控系统光纤 4.2 万米。

（十一）东乐至清泉至双窝铺（甘蒙界）公路改建工程

东乐至清泉至双窝铺（甘蒙界）公路改建工程全长 61.64 公里，包括 G312 线东乐至清泉段 27.65 公里和 X224 线清泉至双窝铺公路 34 公里，按二级公路标准实施。工程于 2009 年 4 月按"贷款修路，收费还贷"的方式开工建设，2010 年 11 月 1 日完工，投资 1.35 亿元，建设单位为甘肃省公路局、张掖公路分局。G312 线东乐至清泉段设计行车时速为 80 公里，其余路段依地形设计行车时速为 40 公里或 60 公里，桥涵设计荷载采用公路-Ⅰ级。工程主要完成路基土石方 88 万立方米，全部铺筑沥青混凝土路面，建中桥 2 座、小桥 4 座、涵洞 96 道，实施排水工程 1.46 万立方米、防护工程 2.56 万立方米，建设收费站房 1171 平方米、收费大棚 659.2 平方米。设计单位为甘肃省交通勘察规划设计院，土建工程施工单位为甘肃天地路桥工程有限公司、平凉市天翔路桥工程处，房建工程施工单位为甘肃省第二建筑工程公司，机电工程施工单位为甘肃恒智科技信息有限公司，交通安全设施工程施工单位为兰州金路交通设施有限公司，监理单位为山西太原市华宝通工程监理有限公司，监督单位为甘肃省交通基建工程质量监督站。

（十二）嘉峪关段拓宽改造工程

1992 年，嘉峪关市城区段 5 公里按二级公路标准拓宽改造。测量和设计工作由嘉峪关公路段负责。拓宽标准为路基宽 36 米，主车道宽 14 米，缓行道 4 米，照明带和绿化带宽 1.5 米。工程总造价为 939.68 万元，其中拆迁工程 531.3 万元、路基工程 102 万元、路面工程 242.15 万元、配套工程 64.2 万元。由于财力有限，在拓宽改建工程实施中，路基土方工程动员全市市民义务劳动完成。拓宽改造工程参与实施单位达 81 个，投入劳动工日 2 万余人次，其中酒钢公司承担 50% 的路基工程任务。此项工程共完成土方量 19.57 万平方米，砌筑挡土墙 179.8 立方米，迁设水、暖、煤气等地下管线 200 米，迁移电杆 61 根，铺设绿化管线长 4800 米，增设路灯电线 1 万米，架设路灯杆 200 根。

（十三）酒嘉过境公路改建工程

酒嘉过境公路改建工程正线长 56.83 公里，支线 1 公里、岔道 2.4 公里，东起酒泉市总寨镇，西至嘉峪关市民众路口公铁立交。工程于 1996 年 8 月开工，1997年10月完工，投资1.21亿元，建设单位为甘肃省公路局。改建工程由甘肃省交通规划设计院设计，正线为平原微丘区二级汽车专用公路标准，设计行车时速80公里。一般路基宽12米，路面宽11.6米，两侧各设0.2米混凝土路肩。城市过境段路基宽16.5米，路面宽15.5米，两侧各设0.5米混凝土路肩。全线桥涵与路基同宽，桥涵设计荷载为汽车—20级、挂车—100级。支线为一般二级公路标准，路基路面宽度同正线。施工单位为甘肃省公路工程总公司、酒泉公路总段、张掖公路总段。监理单位为甘肃省交通工程监理公司。质量监督单位为甘肃省交通基建工程质量监督站。

（十四）安西至柳园段改建工程

安西至柳园段改建工程长82.89公里，起点为安西（今瓜州县），经北大桥岔路口、白墩子、黑山口，终点为柳园。改建工程于1994年8月开工，1995年10月完工，总投资9406万元，建设单位为甘肃省交通厅工程处。全路段按平原微丘区一般二级公路标准设计，路基宽12米，路面宽9米，次高级路面按GBM工程标准设计，设计行车时速80公里，桥涵与路基同宽，桥涵设计荷载为汽车—20级、挂车—100级。改建中主要完成路基土石方227万立方米，铺筑沥青下贯上拌路面74.9万平方米，建中桥5座317.8米、小桥27座489.76米、涵洞124道，实施纵向排水1.19万米、防护工程1.49万立方米，建管理用房3502.7平方米。勘察设计单位为甘肃省交通规划设计院。施工单位为武威公路总段工程队、酒泉公路总段机械筑路队、张掖公路总段工程队、天水公路总段工程队、兰州公路总段机械化施工队、甘肃省公路工程公司。监理单位为甘肃省交通工程监理公司。

（十五）柳园至星星峡段改建工程

柳园至星星峡段为G312线最后一段沙砾路面。改建工程长89.62公里（含岔道2公里），总投资6428.52万元，建设单位为酒泉公路总段，勘察设计单位为甘肃省交通规划设计院。全路段按二级平原微丘区标准，路基宽12米，路面宽7米，桥涵与路基同宽，设计荷载为汽车—20级、挂车—100级。

改建工程分两期进行。一期工程于1991年3月开工，1993年10月完工。施工单位为酒泉公路总段工程队、酒泉公路总段机械筑路队、张掖公路总段工程队、武威公路总段工程队、甘肃省公路局第一工程队、武警交通六支队。监理单位为甘肃省交通监理公司。主要完成路基土石方278万立方米，铺筑沥青混凝土路面 64.18 万平方米，建大桥 1 座 133 米、中桥 3 座 177 米、小桥 24 座 480 米、涵洞 112 道，实施防护工程 3 万立方米、纵向排水工程 1 万立方米，修大道班 1 栋、建筑面积 3718.65 平方米。二期改建工程于 1994 年 4 月开工，1995 年 10 月完工，主要将路面 7 米加宽至 9 米，将原沥青路面 2.5 厘米加厚至 7.5 厘米。施工单位为甘肃省酒泉公路总段工程队。

十、G316 福兰线甘肃段（杨家店至兰州）

G316 线福州至兰州公路属南北纵线，简称福兰线，起点为福建省福州市，终点为甘肃省兰州市，经福建、江西、湖北、陕西、甘肃五个省，过福州、南昌、武汉、兰州四个省会城市。G316 线甘肃段由华（家岭）双（石铺）公路、定（西）天（水）公路、会（川）陇（西）公路组成，从陕甘交界的杨家店入甘肃境内，经两当、徽县、天水市、甘谷、陇西、临洮至兰州市小西湖，长 550.54 公里，会川至兰州段共 131 公里与 G212 线共线，韩家河至曹家沟段 91.74 公里与 G75 兰海高速重合。G316 线甘肃段除与 G75 兰海高速重合段以外，共有一级公路 2.32 公里（韩家河至五星坪段）、二级公路 212.61 公里（杨家店至天水郡花园段 195.2 公里，文鸳路口至三家店段 11.13 公里，五星坪至兰州中心广场 6.28 公里），三级公路 238.87 公里（天水郡花园至文鸳路口段 137.92 公里，三家店至曹家沟段 100.95 公里），其余 5 公里为四级公路。

（一）杨家店至两当县际油路工程

杨家店至两当县际油路工程全长 44.6 公里，投资 2650 万元。工程于 2005 年 1 月开工，同年 12 月完工，建设单位为陇南公路总段，设计单位为陇南公路总段路桥设计所，施工单位为陇南通途公路工程处，监理单位为甘肃交通监理公司。此项工程按山岭重丘区三级公路标准改建，共改建路基 24.37 万立方米，铺油路 31.85 万平方米，修建桥梁 8 座 337.1 米，建涵洞 110 道 840.67 米，实施防护驳岸挡墙工程 40 处 2.58 万立方米。

（二）两当至伏镇县际油路工程

两当至伏镇县际油路工程全长 97 公里，投资 3770 万元。工程于 2002 年 3 月开工，2004 年 12 月完工，建设单位为陇南公路总段，施工单位为陇南通途公路工程处、康县公路管理段、盐官公路管理段。此项工程按山岭重丘区三级公路标准改建，共改建路基 26.8 万立方米，铺油路 75.65 万平方米，修建桥梁 2 座 71 米、涵洞 67 道 569.5 米。

（三）杨家店至江洛公路重建项目

此项目属国家《汶川地震灾后恢复重建总体规划》中的国省干线公路地震灾后恢复重建项目，全长 98.15 公里，投资 3.9 亿元，于 2009 年 3 月 1 日开工建设，2010 年 7 月 20 日建成通车。该项目由甘肃康大公路设计咨询有限公司设计，甘肃省交通基建工程质量监督站负责质量监督，甘肃兴陇交通工程监理有限责任公司负责监理，甘肃恒通路桥工程有限公司、甘肃昌远公路工程有限公司、金昌金桥路业有限公司、甘肃恒和交通设施安装有限公司、甘肃紫光智能交通与控制技术有限公司承担施工。全线采用二级公路标准重建，主要完成路基土石方 251.32 万立方米，全部铺筑沥青混凝土路面，修中桥 8 座 495 米、小桥 5 座 80 米、隧道 2 座 765 米、涵洞 157 道 1706 米，实施防护工程 18.26 万立方米、排水工程 6.97 万米。

（四）江天二级收费公路建设项目

江洛至天水二级收费公路 95.89 公里，起点为徽县江洛镇，终点为天水市天水郡，于 1998 年 10 月开工，2001 年 12 月建成通车，概算投资 4.33 亿元，建设单位为甘肃省公路局。路基、路面、桥涵、隧道由甘肃省交通科研所勘察设计，其中八盘山隧道及引线由铁道部第一勘测设计院勘察设计，稍子坡滑坡处置由铁道部科学院西北土木勘测设计所勘察设计，交通工程、房屋设计由甘肃省交通规划勘察设计院设计。施工单位有陇南公路总段、天水公路总段、铁二十局四处、恒泰房地产公司等。监理单位为省交通工程建设监理公司、甘肃鑫辉工程建设监理公司（房建监理）。质量监督单位为省交通基建工程质量监督站。兴隆镇至天水郡采用平原微丘区宽幅二级公路标准，路基宽 17 米，设计行车时速 80 公里。其余路段采用山岭重丘区二级公路标准设计，设计行车时速 40 公里，江洛镇过境段路基宽 17 米，娘娘坝镇过境段路基宽 12 米，其余路段路基宽 8.5 米。全线路面均为沥青混凝土路面，新建桥梁 29 座 1045.58 米、涵洞 124 道，桥涵与路基同宽，桥涵设计荷载为汽车—20 级、挂车—100 级。

（五）天水至陇西段改造工程

天水至陇西公路改造工程全长 148.52 公里，东起天水市秦州区天水郡，西至陇西县文峰镇峡口村，途经秦州区、甘谷县、武山县和陇西县四县（区）。天陇路于 2003 年 5 月 8 日开工，2005 年 8 月建成通车，概算投资 5959.83 万元。全线以山岭重丘区三级公路标准为主，路基宽度根据实际情况分别取 8.5 米、7.5 米、24 米、18 米四种类型，设计行车时速 40 公里，桥涵设计荷载为汽车—20 级、挂车—100 级，全铺沥青碎石路面。天陇路由甘肃省通广公路勘察设计有限公司设计。天水段施工单位为甘肃恒达路桥公司、甘肃路桥三公司、路桥五公司及甘肃五环公路公司，监理单位为甘肃通勤公路工程监理公司和省交通监理公司。

附表：2010 年甘肃省境内国道一览表（表 1-2-2）。

2010 年甘肃省境内国道一览表

表 1-2-2

编号	名称	甘肃起讫点	甘肃境内经过城镇、控制点	省内里程（公里）
G109 线	京拉线	刘寨柯至享堂	刘寨柯、白银市、皋兰县、兰州市、黄河桥、岗镇、享堂	346.4
G211 线	银陕线	罗儿沟圈至甜水堡	罗儿沟圈、宁县、合水县、庆城县、环县、甜水堡	308.8
G212 线	兰渝线	兰州至罐子沟	兰州市中心广场、七道梁、临洮县、岷县、武都区、文县、罐子沟	684.58
G213 线	兰磨线	兰州至郎木寺	兰州市中心广场、岸门、永靖县、临夏市、合作市、郎木寺	422.36
G215 线	红格线	柳园至当金山口	柳园镇、敦煌市、大草滩、当金山口	255.27
G227 线	西张线	扁都口至张掖	扁都口、民乐县、张掖市	93.21
G309 线	荣兰线	雷家角至兰州	雷家角、板桥、小园子、祁家南山、甘沟、定远、七道梁、达川	546
G310 线	连天线	牛背至景家口	牛背、东岔、伯阳、社棠、天水、秦安、叶堡、通渭、马营	300
G312 线	沪霍线	凤翔路口至星星峡	平凉、会宁、定西、兰州、武威、金昌、张掖、嘉峪关、酒泉	1557.95
G316 线	福兰线	杨家店至兰州	杨家店、徽县、天水、陇西、临洮、兰州	550.54

第二节 普通省道

1987年底，甘肃省交通厅根据公路普查，划定省道32条。2001年全国第二次公路普查后，甘肃境内公路行政等级重新调整，其中省道重新编号命名，调整后全省省道共38条。2010年底，38条普通省道计6197公里，达到三级公路及以上技术标准的有5963公里（以下记述省道代码"S"，编号3位数）。1991年—2010年甘肃省省道通车里程见表1-2-3。

1991年—2010年甘肃省省道通车里程表

表1-2-3

年份	里程（km）	年度	里程（km）
1991	5320	2001	5923.5
1992	5320	2002	5919.63
1993	5320	2003	5917.2
1994	5319.88	2004	6011.15
1995	5334.88	2005	6073.44
1996	5671.82	2006	6112.36
1997	5671.82	2007	6064.65
1998	5678.02	2008	6042.53
1999	5727.14	2009	6051.32
2000	5733.19	2010	6197.2

一、S101 兰夏线

S101兰州至夏官营公路简称兰夏线，起点为兰州沈家坡桥北桥头，终点为榆中县夏官营街口，全长74.8公里，由兰州至阿干镇（民国时期甘川公路首段）、三角城至兴隆山、三角城至夏官营等公路组成。沈家坡至周前村段共49.1公里，技术等级为三级，周前村至夏官营段共25.7公里，技术等级为二级。

该路修建于 20 世纪 60 年代，技术等级低。1998 年，榆中县投资 1200 余万元，对三角城至兴隆山公路进行改建，改建路段起始于三角城三岔路口，经榆中县陈家庄、周前庄、周后庄 3 个村至兴隆山，全长 4.92 公里。三兴路改建后达到二级公路设计标准，设计行车时速 80 公里，路基宽 12 米，路面宽 9 米，沥青混凝土路面，路基两侧设绿化带和 4 米宽排水沟。2003 年，榆中县投资 3200 余万元，以兰州大学榆中校区门口为起点，对三角城至夏官营公路进行改建。三夏路改建后达到二级公路标准，设计行车时速 80 公里，路基宽 12 米，路面宽 9 米，沥青混凝土路面。

2007 年，兰州公路总段投资 515 万元，将兰州至阿干镇公路兰州市解放门雷坛河桥至石嘴子村段 5 公里改建为三级公路，设计行车时速 30 公里，路基宽 8.5 米，路面宽 7.9 米，水泥混凝土路面。2008 年 3 月，兰州公路总段投资 2300 万元，对兰阿路剩余路段进行改建。铺筑水泥混凝土路面。修复利用桥梁 3 座 44 米，清淤利用桥梁 2 座 11 米，新建涵洞 20 道。浆砌防护工程 1076.7 立方米、混凝土边沟 1286.3 立方米。2008 年 10 月，兰阿路完成改建，全路段 23 公里达到三级公路标准。

二、S103 兰临线

S103 兰州至临洮公路简称兰临线，起于兰州晏家坪，经西果园、七道梁、摩云关、太石、康家崖，出临洮县城至曹家沟，长 102 公里，兰州至康家崖段 74 公里为二级公路，康家崖至曹家沟 28 公里为三级公路。

兰州至临洮公路属 G212 兰渝线，1987 年之前归兰州—郎木寺公路，1993 年全路段与兰郎公路一并实施 GBM 工程。2004 年，兰临高速公路建成后，甘肃省公路局将 G212 线摩云关至兰临高速公路临洮县城南出口（白塔村）段调整为 S103 线。2006 年和 2007 年，临洮境内中铺桥、红旗桥、大碧河桥实施危桥加固工程。2005 年，兰州公路总段投入 660 万元，对管养的晏家坪至摩云关段近 24 公里按山岭重丘区二级公路标准进行大修改造，重铺油路 10 公里，设计行车时速 60 公里，改造后路基宽 10 米，路面宽 9.4 米。

三、S201 营兰线

S201 营盘水至兰州公路简称营兰线，由皋兰至营盘水公路、中川至小黑山公路和中川公路组成。S201 线北起白银市营盘水，在景泰县城分东西两路穿城而过，一路自县城北经汽车站到县城南，另一路自县城北经火车站到县城南，东西两条路在城南会合后向南经郭家窑、秦川、西槽、钟家河，至兰州市西沙桥北，全长 192.18 公里。全线共有一级公路 5.43 公里、二级公路 173.6 公里、四级公路 13.15 公里。

1993 年 4 月，中川"一幅高速公路"开工建设，1994 年 7 月建成通车，建设单位为甘肃省交通厅工程处。中川"一幅高速公路"长 64 公里，东起兰州市大沙坪，经忠和、树屏至中川机场。大沙坪至忠和段 16 公里属 G109 线，忠和至树屏段为 23.1 公里属 G312 线兰州绕城段，树屏至中川机场段 24 公里属 S201 线。中川"一幅高速公路"由甘肃省交通规划设计院设计。忠和至树屏段为新建路段，按山岭区"一幅高速公路"标准修建，全封闭全立交 4 车道，路基宽 15 米，沥青混凝土高级路面，设计行车时速 80 公里。桥涵与路基同宽，设计荷载汽车—超 20 级、挂车—120 级。隧道为 9 米+2×0.75 米人行道，净高 5 米。另设辅道 13 公里、农道 15 公里。大沙坪至忠和段、树屏至中川机场段实施 GBM 改建工程，路基宽 15 米，技术指标略高于二级公路标准。中川"一幅高速公路"项目参照"菲迪克"（国际咨询联合会编写的《土木工程施工合同条款》，简称 FIDIC 条款）合同条款模式管理。通过招（议）标，省交通厅公路局第二工程队、第三工程队，以及酒泉公路总段工程队、兰州公路总段工程队、天水公路总段工程队等 14 个单位中标承担施工任务。省交通厅成立由建设单位、监理单位、养护单位负责人参加的中川"一幅高速公路"现场办公室，代表项目主管和建设单位全权负责项目管理。建设单位委托甘肃省交通工程建设监理公司负责工程监理。新建路段忠和至树屏段共占地 1411.44 亩，移动路基土石方 140 万立方米，建隧道 1 座 300 米、涵洞 65 道，设互通式立交 1 处、分离式立交 19 处，修拖拉机和人行通道 20 处。

1998 年 9 月，景泰公路改建项目开工，概算投资 1.31 亿元。1999 年 10 月完工，建设单位为白银公路总段。景泰公路改建项目长 86.14 公里，含

S201 线营盘水至景泰段和 S308 线白墩子至大岭段两段改造工程。S201 营景段起自营盘水，经白墩子、长城至景泰县城，长 40.3 公里。S308 线白大段起自白墩子，经三个山、上沙窝、红水至大岭，长 37.54 公里，另有岔道 8.3 公里。景泰公路采用平原微丘区二级公路标准，设计行车时速 80 公里，路基宽度 12 米，路面宽度 9 米，设计荷载为汽车—20 级、挂车—100 级。S201 营景段改建中移动路基土石方 44 万立方米，铺筑沥青混凝土路面 36.98 万平方米，沥青表面处置 11.78 万平方米，建中小桥 10 座 212.94 米、涵洞 56 道。S308 线白大段改建中移动路基土石方 58 万立方米，铺筑沥青混凝土路面 33.33 万平方米，沥青表面处置 10.92 万平方米，建中小桥 11 座 355.32 米、涵洞 94 道。改建工程勘察设计单位为甘肃省公路局设计所。施工单位为景泰公路管理段、兰铁工程总公司、武威水电工程队、兰州总段工程队、省公路工程总公司嘉峪关公司、明达交通工贸公司、昌道公路工程公司、省公路工程总公司三公司、西峰市一建总公司、武威公路总段通达路业公司、白银公路总段机械化工程公司、景泰县二建四处。监理单位为甘肃省交通工程建设监理公司和北京双环工程咨询有限责任公司。甘肃省交通基建工程质量监督站对该项目进行工程质量监督。

2001 年 7 月，甘肃省公路局安排白银公路总段、兰州公路总段对景泰至中川段进行改建，分景泰至郭家窑、郭家窑至西槽两个项目实施。景泰至西槽段改建工程起自景泰县城南端，经郭家窑至永登县西槽乡，长 101.7 公里，概算投资 6000 万元，于 2001 年 7 月开工，2003 年 9 月完工。因 2003 年白银地区降雨集中，景西路原设计矮路堤路段水毁严重，追加投资 560 万元用于增加防护、改移河道和疏通河床。工程由甘肃省交通规划勘察设计院勘察设计，采用平原微丘区二级公路标准，设计行车时速 80 公里，有 9.3 公里路基宽 17 米，其余路基均宽 12 米，路面宽 9 米，设计荷载为汽车—20 级、挂车—100 级。改建中移动路基土石方 136 万立方米，铺筑沥青混凝土路面 100.6 万平方米，建中桥 3 座 160.78 米、小桥 17 座 438.84 米，涵洞 261 道 3682.62 米。工程质量监督单位为甘肃省交通基建工程质量监督站。

景泰至郭家窑段建设单位为白银公路总段，监理单位为甘肃省交通工程建设监理公司通勤分公司，施工单位为武威通达建筑路桥工程有限公司、白银公路总段机械化工程公司、甘肃省水利水电工程局、甘肃五环公路工程有限公司。郭家窑至西槽段建设单位为兰州公路总段，监理单位为成都久久公路工程监理有限公司、甘肃省交通工程建设监理公司通勤分公司，施工单位为兰州公路总段、甘肃恒达实业发展集团有限公司和甘肃圆陇公司联营体、甘肃五环公路工程有限公司。郭家窑至中川段改建工程由兰州公路总段建设，起点为永登县中川镇，终点为永登县中川外埠郭家窑，长37.1公里，于2001年10月开工，2003年10月完工，概算投资1.08亿元。按照平原微丘区二级公路标准设计，设计行车时速为80公里，路面宽9米，硬化路肩2×0.5米，桥涵设计荷载为汽车—20级、挂车—100级。

2003年12月，景泰县城过境段建设工程开工，概算投资2430万元，2004年11月完工，建设单位为白银公路总段。景泰县城过境段长9.31公里，起于景泰县城北端，穿景电一期西干渠渡槽南行，经民航景泰导航站、南环路东口，跨越条山砂河，在县城南接S201线主线。甘肃交通规划勘察设计院与白银新世纪公路工程勘察设计所共同承担勘察设计任务。全线按宽幅二级公路等级设计，路基宽17米，桥面宽14米+2×1.5米。路面为沥青混凝土，设计行车时速80公里，设计荷载为汽车—20级、挂车—100级。土建工程由白银新世纪路业公司承建，交通工程由甘肃省康道佳通设施有限责任公司承建，绿化工程由白银区大坪苗圃承担。甘肃省交通质量监督站负责质量监督，甘肃省交通建设监理公司庆阳分公司承担监理任务。建设中移动路基土石方30.68万平方米，铺筑沥青混凝土路面16.42万平方米，建中桥1座59.06米、涵洞22道，设平面交叉4处，立体交叉1处。

四、S202华灵线

S202华池至灵台公路简称华灵线，由华吴、庆华、凤甜、罗长、泾灵、凤灵等公路组成，起自陕甘交界的打扮梁，经华池县、庆城县、西峰区、长庆桥、泾川县至灵台县渗水坡，全长298.27公里。S202线从长庆桥起至罗汉洞附近共31.62公里与G22青兰高速共线，从罗汉洞附近起至泾川县城共3.65公里一级公路与G312线共线。除共线路段外，白马乡至彭原乡共30.16公里为一级公路，其余161.18公里为二级公路、71.66公里为三级公路。

2001年7月，打扮梁至庆城段改建工程开工，预算投资2.34亿元，2003年8月工程完工。改建工程起于华池县打扮梁，经乔河、温台、悦乐、新堡、玄马、贾桥至庆城县城南，长 80.5 公里。甘肃省公路局设计所负责勘察设计，按山岭重丘区二级公路标准改建。设计行车时速 40 公里，双向 2 车道，路面与路基同宽。全线采用高级路面结构，路肩硬化，实施 GBM 工程。桥涵设计荷载为汽车—20 级、挂车—100 级。

2002 年 3 月，泾川至灵台至渗水坡段油路工程开工，概算投资 2850 万元，建设单位为平凉公路总段，同年 9 月完工。工程起于泾川县党校桥头，经灵台县，终于陕甘交界处的渗水坡，长 69.74 公里。全路段按平原微丘区和山岭重丘区三级公路标准设计建设，按 GBM 工程实施，路基宽 8.5 米，路面为沥青碎石。此路段在建设中移动土方 5 万立方米，铺筑沥青碎石面层 34.4 万平方米，沥青碎石罩面 23.47 万平方米，实施混凝土路肩墙 9763.3 立方米。勘察设计单位为平凉公路总段，施工单位为静宁、崇信、泾川、灵台公路管理段，监理单位为武威公路总段。

2005 年 7 月，西峰至长庆段大修工程开工，预算投资 7600 万元，建设单位为庆阳公路总段，2006 年 8 月完工。甘肃省交通规划勘察设计院负责工程勘察设计。全路段标准路面宽 12 米，采用重铺和挖补罩面两种方案对原路进行补强，重铺路段路面为沥青混凝土。西环路城区段约 2 公里及董志、肖金、和盛街道机动车道加宽至 15 米，非机动车道和机动车道用宽 1.5 米的绿化带分割。施工单位有长庆筑路工程总公司、庆阳远通公路工程有限公司、甘肃紫光智能交通与控制技术有限公司和甘肃圆峰交通工程有限公司，监理单位为甘肃省交通工程建设监理公司，质量监督单位为庆阳市交通基建工程质量监督站。西峰至长庆段大修工程实施后，S202 线庆阳段有一级公路 19 公里、二级公路 153.94 公里。

五、S203 平大线

S203 平凉至大桥村公路简称平大线，起于平凉市马峪口，经安口至陕甘交界处的华亭县神峪乡大桥村，全长 56.6 公里，全线为二级公路。

1998 年 7 月，安口过境段改建工程开工，改建路段长 29.5 公里，概算投资 1.37 亿元，建设单位为平凉公路总段，1999 年 12 月完工。甘肃省交通规划设计院负责勘察设计，设计标准为山区宽幅二级公路，路面宽 12~15 米，设计行车时速 60~80 公里，设计荷载为汽车—20 级、挂车—100 级。甘肃省公路工程总公司、甘肃省公路工程总公司与铁二十局四处联营体、平凉地区公路建设管理处、甘煤二公司、平凉公路总段、中国蓝星总公司承担工程施工，平凉公路总段、甘肃省交通工程建设监理公司负责监理，甘肃省交通厅计划处及省交通工程质量监督站负责质量监督。改建工程共完成土方96万立方米，铺筑路面49.5万平方米，建大桥1座112米、中桥2座121米、小桥12座160.6米、涵洞78道、隧道1座412米，实施防护工程3万立方米、混凝土护肩2268立方米。

2002年3月，安口至大桥村公路改建工程开工，建设单位为平凉公路总段。改建路段起于安口镇，经嶂岘、吴坪、神峪乡、草窝沟至大桥村，长16公里，2004年10月工程完工，投资1.59亿元。设计单位为长安大学公路设计研究院，设计标准为山岭重丘区二级公路。设计行车时速40公里，路基宽12米。桥涵与路基同宽，隧道净宽10.5米，设计荷载为汽车—超20级、挂车—120级。工程施工分5个标段，施工单位分别为中铁十八局集团公司第二工程处、庆阳公路总段、平凉公路总段、平凉市天翔路桥工程处、静宁建筑企业集团公司。监理单位为甘肃恒科交通工程监理有限公司。改建工程共完成路基土石方180万立方米，铺筑沥青混凝土路面16万平方米，建跨铁路大桥1座187.14米、中桥2座131米、小桥1座35米、隧道1座1030米、涵洞52道，修挡土墙8654立方米、护面墙2万立方米，设收费厅1处，建收费站办公楼783.41平方米。

2008年9月，马峪口至安口段二级公路改建工程开工，改建路段长36.7公里，投资1.24亿元，建设单位为甘肃省公路局，平凉公路总段具体执行项目管理职责，2009年11月工程完工。设计单位为甘肃省交通规划勘察设计院有限公司，设计标准为二级公路，路基宽8.5米，行车道宽7米。工程施工分3个标段，路基路面工程由甘肃恒达路桥工程集团有限公司和甘肃省平凉市天翔路桥工程处承担，交通安全设施工程由甘肃恒和交通设施安装有限公司承担。监理单位为甘肃省交通工程建设监理公司，质量检测单位为甘肃路桥试验检测有限公司，质量监督单位为甘肃省交通基建工程质量监督站。改建工程共完成路基土石方63.19万立方米，铺筑沥青混凝土路面31.92万平方米，建大桥1座150米、小桥1座26米、涵洞61道，实施防护工程2.92万立方米。

六、S204 尕玛线

S204 尕海至玛曲公路简成尕玛线，起自碌曲县尕海，经李卡如牧场、中克山、尼玛至玛曲县城，全长54公里，全线为三级公路。尕玛路建成于1987年，为县道X407线，2001年调整为省道S204线。

1999年4月至2000年10月，甘南公路总段将玛曲县城段10公里由沙砾路面改造为沥青路面，采用山岭重丘区三级公路标准，投资284.53万元。共铺筑沥青面处置面层6万平方米。施工单位为玛曲公路管理段，监理单位为甘南公路总段工程科。

2002年，甘南公路总段按通县油路工程将全线再次改建。2002年4月开工，同年9月完工，概算投资1873万元，建设单位为甘南公路总段。全线采用山岭重丘区三级公路标准，路基宽7.5米，路面宽7米，沥青碎石路面。施工单位为合作、碌曲、玛曲、临潭公路管理段，监理单位为临夏公路总段。主要铺筑沥青碎石面层16.54万平方米、沥青碎石罩面22万平方米，加宽挖补路段铺筑面层和基层5.7万平方米。

七、S205 江武线

S205 江洛至武都公路简称江武线，起自江洛镇，经成县、平洛、望关至武都，全长161.6公里，全线为二级公路。江武公路由S2608线江洛镇至望关公路和S2626线略阳至武都公路望关至武都段组成，2001年合并调整为S205 江武线。

1994年—1999年，甘肃省、市两级交通运输部门分四期将江武公路改建为二级收费公路。第一期在1994年由甘肃省交通厅公路局实施，改造成县酸枣坡至毛坝段共7公里路段。第二期在1996年由甘肃省公路局实施，改造成县小川至康县中寨40公里路段。第三期在1998年由陇南公路总段实施，改造康县中寨至武都甘泉、高桥至武都共41.3公里路段。第四期在1999年由陇南地区交通处实施，改造江洛至小川、甘泉至高桥79.56公里路段。四期改建工程除全线路新铺沥青表面处置路面外，新建桥梁46座1572米、隧道4座650米、半山洞2处300米。

2005年，陇南公路总段投入2791.98万元对全线实施养护维修改造工程，改造路基 40 公里 26 万立方米，重铺油路 40 公里 31 万平方米，实施浆砌工程 40 公里 3.78 万立方米、驳岸墙 30 处 4315.6 立方米。施工单位为陇南通途公路工程处。

2008 年，在"5·12"汶川地震中江武路受损，国家补助 3 亿元实施灾后恢复重建工程。恢复重建工程于 2009 年 3 月开工，2010 年 7 月完工，按二级公路标准重建。全线在恢复重建中完成路基土石方 13.56 万立方米，新建大桥 1 座 144 米、中桥 1 座 72.74 米，小桥 3 座 42.92 米，加固桥梁 29 座 993.52 米，新建涵洞 17 道，修复涵洞 368 道。设计单位为甘肃省交通规划勘察设计院有限公司，施工单位为甘肃天马公路建筑工程有限公司、白银新世纪路业有限公司、甘肃路桥第一公路工程有限公司、甘肃恒和交通设施安装有限公司，质量监督单位为甘肃省交通基建工程质量监督站，监理单位为济南金诺公路工程监理有限公司。

八、S206 大姚路

S206 大岸庙至姚渡公路简称大姚路，起自武都县大岸庙，经琵琶、洛塘至四川青川县姚渡，全长 116 公里，全线为三级公路。

大姚路建成后一直为沙砾路面，技术等级低。1991 年 12 月，甘肃省交通厅召开"陇南地区十年公路交通发展研究"课题会议，大姚路列入陇南地区骨架公路。此后，大姚路逐年逐段拓宽、取直和改造，新建大小桥梁 10 座。1999 年，在洛塘养管站附近新铺油路 2 公里，结束了大姚路没有油路的历史。2008 年，在"5·12"汶川地震中，大姚路损毁严重，同年 10 月大姚路定为武罐高速公路辅道，其灾后恢复重建工程纳入武罐高速公路建设项目同步开工。经过此次灾后恢复重建，大姚路全线铺筑沥青混凝土路面，达到三级公路标准。

九、S207 靖天线

S207 靖远至天水公路简称靖天线，起于靖远县，经会宁、通渭、秦安至天水市，纵贯陇中腹地，全长 343.7 公里。靖天线由靖会、会通、华双公路调整而来。2000 年，兰包公路吴家川至埝门段并入 S207 线。全线 24.8 公里达到二级公路标准，315.9 公里达到三级公路标准，另有 3 公里接头路段为四级公路。

1991年—1992年，会宁县城至侯家川段通过工业品"以工代赈"方式改造成三级沙砾公路，2000年10月铺筑成油路。1995年，会宁县城至侯家川段开始整修。1997年完工，铺筑沥青路面，投资576万元。

2003年8月，开工靖远至红岘段改建工程。改建路段北起靖远县大芦乡黑城子，经郭城驿至会宁县头寨镇红岘村，长59.7公里，概算投资2865.21万元，建设单位为白银公路总段，于2004年10月完工。设计单位为甘肃省交通规划勘察设计院，全线按山岭重丘区三级公路标准设计，路基宽6.5~12米，桥涵设计荷载为汽车—20级、挂车—100级。改建中主要完成土石方18万立方米，铺筑沥青表面处置路面18万平方米、沥青碎石路面25万平方米，建中桥2座192米、涵洞13道，加固维修涵洞56道，实施纵向排水工程3万米、防护工程1.14万米2万立方米。施工单位为白银新世纪路业公司、甘肃五环公路工程有限公司、甘肃金路交通设施有限公司，监理单位为甘肃省交通工程建设监理公司路通分公司，质量监督单位为白银市交通工程质量监督站。

2008年7月，靖远至会宁县际扶贫公路开工。靖远至会宁县际扶贫公路起于靖远县石板沟，经大芦乡、郭城驿、河畔镇至会宁县城，长118.79公里，概算投资2.59亿元，建设单位为甘肃省公路局，于2010年12月完工。全线新建路段7.45公里（含靖远黄河公路大桥620米），按二级公路标准设计，路基宽10米，设计行车时速60公里，新建桥涵设计荷载等级为公路—Ⅰ级。改建路段111.34公里除会宁连接线路基宽12米外，其余路基宽8.5米，设计行车时速40公里。完成路基土石方208万立方米，铺筑沥青混凝土路面36.8万平方米，水泥混凝土路面2310平方米，建大桥3座1075.28米、中桥4座305米、涵洞62道、倒虹吸49道，修复涵洞、倒虹吸74道，实施防护工程2.2万平方米、排水工程4万米。建成后在靖远黄河大桥桥头设收费站1处。设计单位为甘肃省交通规划勘察设计院有限公司，施工单位为中交第一公路工程局第五工程有限公司、甘肃恒达路桥工程集团有限公司、四川武通路桥工程局、白银新世纪路业公司，监理单位为甘肃省交通工程建设监理公司、甘肃恒科交通工程监理有限公司，质量监督单位为甘肃省交通工程质量安全监督管理局。

十、S208 洛马线

S208 洛门至马街公路简称洛马线，起于武山县洛门镇，经四门镇、界碑山，礼县崖城乡、石桥镇、中坝乡、白河镇、桥头乡、草坪乡至武都区马街，全长 254.66 公里。除格子沟至白河段 46.38 公里为二级公路外，其余路段为三级公路。

洛马线大多数路段为沙砾路面。1999 年 10 月，甘肃省公路局将 S208 线天水境内路段列入国家扶贫项目，按三级公路标准进行改建，概算投资 3000 万元。改建工程于 2000 年 3 月开工，2001 年 8 月建成，由天水公路总段、天水路桥交通工程公司、陇南地区交通工程公司施工。这次改建共铺油路 62 公里 22.93 万平方米，建桥梁 29 座 486.7 米、涵洞 146 道。改建后路基宽 7.5 米，路面宽 6 米，沥青碎石路面。

2008 年，洛马线武都段在"5·12"汶川地震中损毁，随后列入国家灾后恢复重建总体规划。恢复重建项目起于武都区龙沟煤矿，途经马营乡、安坪村至马街镇，长 33.93 公里。2009 年 6 月开工，2010 年 9 月建成，国家补助 8500 万元。全段按三级公路标准恢复重建，主要完成路基土石方 78 万立方米，铺筑水泥混凝土路面 1 万平方米、沥青混凝土路面 18.54 万平方米、热拌沥青碎石贯入式路面 3.62 万平方米，稀浆封层 22 万平方米，新建小桥 1 座 12 米、涵洞 96 道，实施纵向排水 2.8 万米、防护工程 12 万立方米。设计单位为甘肃康大公路设计咨询有限公司，施工单位为中交第一公路工程局第五工程有限公司、甘肃恒和交通设施安装有限公司，监理单位为济南金诺公路工程监理有限公司，质量监督单位为甘肃省交通基建工程质量监督站。

十一、S209 定殪线

S209 定西至殪虎桥公路简称定殪线，起于定西市安定区南川，经景家口、团结镇，穿陇西县、漳县至殪虎桥，全长 122.16 公里。全线有二级公路 76.82 公里、三级公路 40.34 公里、四级公路 5 公里。

S209 线由定天公路定西至陇西段和殪陇公路两条简易公路整合而成。2002 年 6 月开工实施定陇公路改建工程，对定西市至陇西县城段 73.4 公里进行改造。定陇公路按二级公路标准设计，改建工程概算投资 4700 万元，

2007年12月建成通车，定西至景家口10公里采用平原微丘区二级公路标准，路基宽12米，路面宽9米，设计行车时速80公里。景家口至陇西63.4公里采用山岭重丘区二级公路标准，路基宽8.5米，路面宽7米，设计行车时速40公里。这次改建共完成路基土石方387万立方米，铺筑沥青路面55.79万平方米，建大桥5座590.54米、中桥1座47.5米、小桥2座17.64米、涵洞135道，实施防护工程2.32万立方米。路基施工单位为兰州公路总段等16家单位，路面施工单位为甘肃路桥第四公路工程有限公司和甘肃圆陇路桥机械化有限公司。

2007年，定西公路总段投入600万元，对漳县境内路段重铺沥青混凝土路面。施工单位为定西公路实业开发公司，监理单位为甘肃恒科交通工程监理有限公司定西分公司。

十二、S210巴代线

S210巴仁口至代古寺公路简称巴代线，起点为岷县寺沟乡巴仁口，途经马场、铁尺梁、腊子口，终点为迭部县洛大乡代古寺，全长70.11公里。2004年，S210线全线被列为岷县至迭部县际公路改建工程，改建工程于2004年5月开工，2005年9月完工。改建后全线大多数路段达到三级公路标准。

巴仁口至铁尺梁段27公里由定西公路总段改建，投资1213万元。根据旧路状况及沿线不同的地形地貌按山岭重丘区三级、四级公路标准设计。路基宽8.5米，主要为沥青碎石路面。改建中开挖路基土石方6.36万立方米，填筑路基土方5.69万立方米，铺筑沥青路面23公里、沙砾路面4公里，新建涵洞21道，维修桥梁3座87米、涵洞28道。设计单位为甘肃省交通规划设计院，施工单位为甘肃威远路业有限公司，监理单位为甘肃省通勤交通工程监理公司。

铁尺梁至代古寺段46公里由甘南公路总段改建，投资2452万元。设计单位为甘肃省交通规划设计院，施工单位为甘南新世纪路桥有限责任公司，监理单位为甘肃通勤公路工程监理有限公司。改建工程前23公里按山岭重丘区三级公路标准改建，设计行车时速30公里，路基宽7.5米。后23公里按山岭重丘区四级公路标准改建，设计行车时速20公里，基宽度为6.5米。

全段除腊子林场、腊子口景区、腊子乡街道段外，路面宽 6 米，两侧为 0.75 米土路肩，沥青表面处置路面，全路段桥梁设计荷载为汽车—13 级、拖车—60 级。改建中完成路基土石方 19 万立方米，铺筑沥青碎石路面 23.1 公里 14 万平方米，加固桥梁 5 座，建涵洞 44 道、渡槽 4 座，实施防护工程 4.27 万立方米、排水工程 2.76 万立方米。

2006 年 11 月，铁尺梁隧道开工建设，2009 年 10 月建成通车，概算投资 9458 万元。建设单位为甘肃省公路局，甘肃省远大路业集团代表建设单位具体履行项目管理职能。铁尺梁隧道建设项目起自八路峡隧道北口，经长征桥、林场养管站、八隆卡让至铁尺梁隧道终点，项目全长 23.6 公里，其中隧道长 1060 米，新建里程 1.9 公里。铁尺梁隧道建设工程按三级公路标准设计，设计行车时速 30 公里，路基宽 7.5 米，隧道宽 8.5 米，隧道内采用水泥混凝土路面，旧路利用路段采用泥结碎石路面，其余路段采用 3 厘米沥青表面处置路面。工程建设中共移动路基土石方 16.13 万立方米，实施防护工程 1.35 万立方米，排水工程 2.36 万延米，铺筑沥青混凝土路面 5.12 万平方米，建隧道 1 座 1060 米、中桥 1 座 50 米、小桥 1 座 21 米、涵洞 5 道，利用涵洞 43 道，实施房建工程 1 处。设计单位为中交第一公路勘察设计院有限公司。主体工程施工单位为山东省路通工程集团有限公司和铁十五局第二公司，房建工程施工单位为甘肃省恒泰建筑安装工程有限公司，交通安全工程施工单位为甘肃恒和交通设施安装有限公司，机电工程施工单位为甘肃恒智信息科技有限公司，监理单位为甘肃省交通工程建设监理公司，质量监督单位为甘肃省交通基建工程质量监督站。

十三、S211 民九线

S211 民勤至九条岭公路简称民九线，起于民勤县城，经三雷乡、薛百乡、九墩乡、武威市区、皇台乡，终点为甘青交界处仙米寺，全长 161.77 公里。民勤县至小沙河桥 105.46 公里为二级公路，小沙河桥至甘青交界的仙米寺段 56.31 公里为三级公路。

2000 年 3 月，民勤至武威段改建工程开工，概算投资 1.51 亿元，建设单位为武威市政府组建的武威市民武公路建设管理处，工程于 2002 年 12 月完工，建成后设中坝、民勤两个收费站。改建路段长 96.39 公里，采用平原微丘区二级公路标准设计，设计行车时速 80 公里，路基宽 12 米，行车道宽 9 米，桥涵设计荷载为汽车—20 级、挂车—100 级。改建中完成路基土方 149 万立方米，铺筑沥青碎石路面 112 万平方米，建大桥 1 座 108 米、小桥 5 座 90 米、涵洞 129 道。设计单位为武威公路总段设计室，施工单位为甘肃路桥第三公路工程有限公司、甘肃省水电工程局、武威公路总段、甘肃省公路工程总公司、甘肃路桥第一公路工程有限公司等，监理单位为兰州中科工程监理公司。

2010 年 4 月，武威至骆驼河口改建工程开工，概算投资 3.46 亿元，建设单位为甘肃省公路局和武威公路总段，改建路段长 70 公里，全线按二级公路标准改建。99 公里+200 米~131 公里+140 米段设计行车时速 60 公里，路基宽 10 米；131 公里+140 米~169 公里+193 米段设计行车时速 40 公里，路基宽 8.5~12 米。桥涵与路基同宽，桥涵设计汽车荷载等级为公路–Ⅰ级。设计单位为甘肃通广公路勘察设计有限公司，监理单位为甘肃华顺交通科技咨询有限公司。

十四、S212 雅永线

S212 雅布赖至永昌公路简称雅永线，即河雅公路，起于内蒙古雅布赖盐场，经柴照子、独青山、红沙岗、下四分、金昌市、河西堡至永昌县，全长 164.87 公里。柴照子至金武路口段 115.3 公里为三级公路，金武路口至永昌 49.57 公里为二级公路。

1994 年 4 月，河西堡至永昌段公路改建工程开工，改建工程长 25 公里，概算投资 2107.13 万元，同年 8 月建成。改建后此段又称金永二级收费公路，是继陇南关头坝大桥以后甘肃以"贷款修路，收费还贷"方式建设的第二条收费公路。设计标准为平原微丘区二级公路，设计行车时速 80 公里，设计荷载为汽车—20 级、挂车—100 级，路基宽 12 米，路面宽 9 米。改建中重铺油路 4 公里，路面加宽罩面 25 公里，全线实施 GBM 工程。

1995 年 3 月，金昌至河西堡公路改建工程开工，概算投资 4908.32 万元，建设单位为金昌公路总段，工程于 1995 年 10 月完工。改建路段长 27 公里，设计标准为平原微丘区超二级公路标准，路基宽 15 米，沥青路面。

2003 年 5 月，雅布赖至金昌段改建工程开工，概算投资 5780 万元，建设单位为金昌公路总段，2004 年 7 月工程完工。改建路段长 105.1 公里，按平原微丘区三级公路标准建设，桥涵设计荷载为汽车—20 级、挂车—100 级。改造段（4 公里~97 公里+660 米）路基宽 8.5 米，路面宽 7 米；罩面段为挖补罩面。路面为沥青碎石。设计单位为甘肃省通广公路勘察设计有限公司，施工单位为甘肃威远路业有限公司、金昌金桥路业有限公司、甘肃路桥第一公路工程有限公司，监理单位为甘肃省交通工程建设监理公司和甘肃省恒科交通工程监理有限公司，质量监督单位为金昌市交通工程质量监督站。

2005 年 6 月，开工金昌至永昌段收费公路改造工程。改造工程起点为金昌市东区，终点为永昌县郊区，长 51 公里，概算投资 1999.58 万元，建设单位为金昌公路总段，当年 12 月完工。全线按二级公路标准改造，共完成路基土石方 1122 立方米，重铺油路 1.8 公里，挖补罩面 49.29 公里，实施岔道涵 6 道，全路段实施交通安全附属工程，铺设光缆 54.97 公里，新建收费监控通信系统 1 套、收费监控管理用房 3 处。设计单位为甘肃省交通规划勘察设计院有限公司，施工单位为甘肃天地路桥工程有限公司，监理单位为甘肃省交通工程建设监理公司金昌分公司，试验检测单位为金昌公路总段中心试验室。质量监督单位为金昌市交通工程质量监督站。

十五、S213 张肃线

S213 张掖至肃南公路简称张肃线，起点为张掖市火车站，经甘浚镇、倪家营镇、白银乡、青龙乡、肃南县城，终点为甘青交界处的东岔垭口，长 158.76 公里。张掖市至甘浚镇和迎宾门至肃南公路管理段共 39.34 公里为二级公路，甘浚镇至八字墩段前 92.16 公里为三级公路，后 27.26 公里为三级公路。

2001 年 11 月，张掖至肃南通县油路工程开工，对张掖至肃南县城 95.4 公里进行改造，工程于 2002 年 9 月完工，投资 4750 万元，建设单位为甘肃省公路局。此路前 25.2 公里和最后 3.5 公里按平原微丘区二级公路标准改建，路基路面均宽 12 米；剩余 66.7 公里按平原微丘区三级公路标准改建，路基路面均宽 8.5 米。桥涵与路基同宽，设计荷载为汽车—20 级、挂车—100 级。工程主要完成路基土石方 28.45 万立方米，铺沥青碎石罩面 30 万平方米，铺沥青碎石路面 51 万平方米，加宽小桥 3 座 40.5 米，建涵洞 126

道，实施防护工程1.5万立方米。设计单位为甘肃省交通科学研究所，施工单位为张掖公路总段。

十六、S214 酒航线

S214 酒泉至航天城公路简称酒航线，起点为航天城，经双城、金塔、鸳鸯池、怀茂乡，终点为酒泉市城区，全长144.97公里，全线为二级公路。

S214 线为疙瘩井至酒泉公路，2007年酒泉至航天城公路建成后，经甘肃省交通厅与酒泉市政府协商，将疙瘩井至酒泉公路调整为县道，编号X247线，同时将酒泉至航天城公路由X245线调整为S214线。至此，S214线由疙酒线变为酒航线。2009年，甘肃省公路局将S214线走向从由南向北调整为由北向南，即起止点从酒泉至航天城变为从航天城至酒泉。

酒泉至航天城公路于2001年10月开工建设，2007年2月完工，概算投资2.25亿元，建设单位为酒航公路建设管理局。全线按二级公路标准建设，设计行车时速为80公里。酒泉和金塔过境段计12公里，路基宽17米，其余路段路基宽12米。路面为沥青混凝土，宽7米。桥涵与路基同宽，设计荷载为汽车—20级、挂车—100级。完成路基土石方337.7万立方米，铺筑路面103.4万平方米，建大桥3座712米、小桥2座45米、涵洞284道，实施路基防护工程5767立方米。设计单位为甘肃省交通科学研究所有限公司。酒泉公路总段、甘肃省交通战备公路工程总队、武威通达建筑有限公司、甘肃宏海土木建筑有限公司、甘肃中大建设工程有限公司、定西公路总段、张掖地区公路工程局、中国有色第二十一冶建设公司8家单位承建路基施工，兰州公路总段、金昌金桥路业有限公司、甘肃圆陇路桥机械化公路工程有限公司、甘肃路桥第三公路工程有限公司、甘肃省张掖地区公路工程局、甘肃路桥飞宇交通设施有限公司6家单位承建路面施工。监理单位为甘肃新科监理公司、甘肃恒科监理公司。

十七、S215 嘉二线

S215 嘉峪关至二指哈拉公路简称嘉二线。1990年，由不同时期修建的民众公路、镜铁山公路和二指哈拉战备公路整合而成，起于嘉峪关民众路口，经大山口、吊大板、铁镜山至甘青交界处的二指哈拉，全长182.88公里。民众路口至镜铁山段除铁镜山路口前6公里为二级公路外，其余为三级公路，镜铁山至二指哈拉段61公里为四级公路。

2000年，甘肃省交通厅、酒钢公司、嘉峪关市政府三方投资3568万元，用三年时间分三期对民众路口至镜铁山段沙砾路实施新铺油路工程。这轮改造由嘉峪关公路总段测量设计，嘉峪关公路总段工程处和酒钢汽运公司联合施工，共完成土石方39万立方米，新铺沥青表面处置路面57.84万平方米，浆砌防护设施2.41万立方米。一期工程改造25公里+600米~56公里段30.4公里按平原微丘区三级公路标准改造，路基宽8.5米，路面宽8.1米。二期工程改造56公里~86公里段30公里按山岭重丘区三级公路标准改造，路基宽7.5米，路面宽7.1米，桥涵设计荷载为汽车—20级、挂车—100级。三期工程改造86公里~121公里+723米段35.72公里按山岭重丘区三级公路标准标准改造，路基宽7.5米。

2003年，S215线前121.6公里列入嘉峪关县际公路改建项目，新铺沥青贯入式路面，2004年完工，由嘉峪关公路工程公司施工。

十八、S216 红桥线

S216红石山至桥湾公路简称红桥线，起点为肃北县马鬃山红石山，途经公婆泉、音凹峡，终点为安西县桥湾，全长232.75公里，是1949年后甘肃省修建的唯一的边防公路。S216线路基宽7~8.5米，路面宽4.5~7米。红石山至草湖段189.45公里为四级公路，草湖至桥湾段43.3公里为三级公路。红石山至公婆泉78.73公里为沙砾路面，其余154.02公里为沥青表面处置路面。

十九、S217 景白线

S217景泰至白银公路简称景白线，起于景泰县大水磙，经野狐水、赵家水、红岘台、武川、红沙岘至白银市，全长65.23公里。全线为三级公路。

2003年11月，实施县际公路改建项目，工程于2004年11月完工，建设单位为白银公路总段，投资3650万元，资金来源为西部地区县际油路国债资金。改建中完成路基土方10.3万立方米，修建涵洞21道，铺筑沥青碎石路面23.81万平方米。改建后全线达到三级公路标准，路基宽7~12米，行车道宽7~9米，设计行车时速30公里，桥涵设计荷载为汽车—20级、挂车—100级。施工单位为甘肃五环公路工程有限公司和白银新世纪路业公司，监理单位为甘肃交通工程建设监理公司路通分公司。

二十、S218 静庄线

S218 静宁至庄浪公路简称静庄线，起点为静宁县城北，经威戎、蛟龙掌、南湖、柳梁，终点为庄浪县城新北河桥，全长 75.89 公里。全线为三级公路，2010 年 6 月全线开工二级公路改建工程。

静宁至庄浪公路为县道，编号 X047 线，起于静宁，终于庄浪南湖镇。2000 年 3 月，X047 静庄路作为国债扶贫工程建设项目开工改建，2000 年 10 月底完工。此次改建工程概算投资 3000 万元，由甘肃省公路局勘察设计，平凉公路总段施工，甘肃恒科交通工程监理事务所监理。全线按平原微丘区、山岭重丘区三级公路标准改建，改建后路基宽 7.5~8.5 米，路面宽 7 米。路面结构为 20 厘米石灰稳定土基层加 4 厘米沥青混合料。桥涵设计荷载为汽车—20级、挂车—100级。

2001 年，X047 静庄线与 X046 线隆庄路南湖至庄浪段整合为 S218 线。

2010 年 6 月，S218 线二级公路改建工程开工，项目概算投资 4.3 亿。建设单位为平凉公路总段，按"贷款修路、收费还贷"的方式改建，改建后设南湖收费站 1 处。甘肃康大公路设计咨询有限公司承担勘察设计工作。全线按二级公路标准设计，设计行车时速为平原微丘区 60 公里、山岭重丘区 40 公里。静宁至威戎段路基宽 12 米，威戎至庄浪段路基宽 10~12 米。路面为沥青混凝土。桥涵设计汽车荷载等级为公路–Ⅰ级。2011 年 12 月，改建工程完工。威戎至庄浪段完成路基土石方 460 万立方米，铺筑沥青混凝土路面56 万平方米，建大桥 4 座 511 米、中桥 2 座 94 米、盖板涵 144 道。静宁至威戎段实施路面工程 21 万平方米。施工单位为内蒙古天骄公路工程有限公司、新疆昆仑路港工程公司、甘肃万泰建设工程有限公司、陕西润辉交通设施有限公司、甘肃紫光智能交通与控制技术有限公司、甘肃万隆建筑工程有限公司，监理单位为甘肃省交通工程建设监理公司，监督单位为甘肃省交通基建工程质量监督站。

二十一、S219 祁成线

S219 祁山堡至成县公路简称祁成线，于 2001 年由 X483 线和 X501 线整合而成，起点为礼县祁山堡，经长道、石堡、西峪、西和县、石峡、纸坊、沙坝，终点为成县，全长 103.16 公里。祁山至新城段 35.6 公里为二级公路，其余 52.68 公里为三级公路。

1999 年，西和县交通局对祁山堡至石堡坡陡弯急路段的路基进行改建。2002 年，甘肃省公路局将祁山堡至朝阳段列入徐西公路改建项目。2003 年底完成改建。2008 年"5·12"汶川地震后，S219 祁成线纳入《汶川地震灾后恢复重建基础设施规划》。重建工程预算投资 2.6 亿元，于 2009 年 6 月开工，2010 年 9 月建成。祁山至新城段采用二级公路标准，其余采用三级公路标准。工程共完成土石方 105 万立方米，铺筑沥青混凝土路面 50 万平方米、沥青碎石路面 65 万平方米，建大桥 2 座 347.7 米、中桥 3 座 191.56 米、小桥 4 座 44 米，加固桥梁 15 座，建涵洞 51 道，修复涵洞 134 道，设置港湾式停车带 10 处。勘察设计单位为甘肃通广公路勘察设计有限公司，施工单位为天水通联路桥有限公司、白银新世纪路业公司、平凉市公路工程建设局、甘肃恒和交通设施安装有限公司，监理单位为甘肃兴陇交通工程监理有限公司，质量监督单位为甘肃省交通基建工程质量监督站。

二十二、S220 高肃线

S220 高台至肃南公路简称高肃线，起于高台县元山子，经杨家庄村、暖泉村、韭菜沟乡，终点为肃南白庄子，全长 52.68 公里，全线为三级公路。高肃线为 X205 元山子至白庄子公路，2001 年调整为 S220 线。

2008 年 6 月，S220 线元山子至白庄子公路改建工程开工，投资 5100 万元，建设单位为甘肃省公路局和张掖公路分局，2009 年 8 月 30 日工程完工。全线按山岭重丘区三级公路标准设计，设计行车时速 30 公里，路基宽 7.5 米，路面宽 7.5 米。除大河桥至大河乡段 2 公里采用水泥混凝土路面外，其余均为沥青碎石路面。桥涵设计汽车荷载等级为公路－Ⅰ级。工程共完成路基土石方 23.74 万立方米，铺筑沥青路面 33.57 万平方米、水泥混凝土路面 1.33 万平方米。新建中桥 1 座 45.54 米、小桥 4 座 121.66 米，维修加固桥梁 4 座，新建涵洞 45 道，改造涵洞 10 道。勘察设计单位为甘肃康大公路设计咨询有限公司，施工单位为甘肃天马公路建筑工程有限公司、甘肃天地路桥工程有限公司，监理单位为山东临沂交通工程咨询监理中心。

二十三、S301 海岗线

S301 海石湾至岗子沟公路简称海岗线，20 世纪 70 年代建成，起点为红古区海石湾，经窑街、河桥、连城，终点为岗子沟，全长 64.21 公里。海石湾至红山村段 14.46 公里为二级公路，红山村至岗子沟段 49.76 公里为三级公路。

2003 年 10 月，改建工程开工，全线按山岭重丘区三级公路标准改建，概算投资 3178.7 万元，于 2004 年 10 月完工。工程完成路基土石方 19.71 万立方米，铺筑沥青碎石路面 51.78 万平方米，全线路肩硬化处理，新建涵洞 2 道，改造涵洞 39 道，修复加固小桥 10 座 167.3 米，实施防护工程 6009 立方米、排水工程 1.15 万立方米。施工单位为甘肃昌远公路有限公司和甘肃五环公路工程有限公司，监理单位为甘肃通勤公路工程监理公司。

二十四、S302 肃沙线

S302 肃北至沙枣公路简称肃沙线，起点为肃北县城，经芦草湾、五个庙，终点为沙枣园，全长 65.74 公里，全线为三级公路。

2001 年 11 月，实施通县油路工程，概算投资 3893 万元，2003 年 11 月工程完工。全线按照平原微丘区一般三级公路建设，设计行车时速 60 公里。路基宽 8.5 米，路面宽 8.1 米，沥青碎石路面。桥涵设计荷载为汽车—20级、挂车—100 级。工程完成路基土石方 62 万立方米，铺筑沥青碎石路面 27.64 万平方米，建大桥 1 座、小桥 2 座、涵洞 11 道。前 9 公里建设单位为肃北蒙古族自治县政府，设计单位为酒泉公路总段，施工单位为酒泉公路总段金路公司、甘肃省交通战备公路工程总队，监理单位为沙肃路建设项目监理组。其余路段建设单位为甘肃省公路局，设计单位和施工单位为酒泉公路总段，监理单位为张掖公路分局。

二十五、S303 正镇线

S303 正宁至镇原公路简称正镇线，起点为正宁县调令关，经五顷塬、正宁县城、米桥、平子、良平、早胜、长官路口、肖金、马头坡、翟池、七里河，终点为镇原县城，全长 188.67 公里。长官至肖金 13.35 公里为二级公路，其余为三级公路。

2003 年 6 月，列入县际公路建设工程开工实施，2004 年 10 月工程完工，投资 2199.22 万元，建设单位为庆阳公路总段工程处。工程全长 43.64 公里，主要在原路基础上适当加宽，局部改善线形、改造旧路基，完善构造物及防排水设施。全线采用山岭重丘区三级公路标准，受地形限制的路段平、纵面按四级公路指标控制，桥涵设计荷载为汽车—20 级、挂车—100 级。工程完成路基土方 28.7 万立方米，全路段铺筑沥青混凝土路面，修建涵洞 15 道、混凝土水沟 1.93 万米。设计单位为甘肃省交通科学研究设计所，施工单位为庆阳远通公路工程有限公司、兰州金路交通设施有限公司，监理单位为甘肃通勤公路工程监理有限公司。

二十六、S304 泾甘线

S304 泾川至甘谷公路简称泾甘线，起点为泾川县城，终点为甘谷县姚庄，经泾川、崇信、华亭、庄浪、静宁、秦安、甘谷等七县，全长 272.75 公里。叶堡至秦安约 10 公里与天巉路重合。泾川县城至秦安 220.77 公里为二级公路，秦安至甘谷县姚庄 51.98 公里为三级公路。

2002 年 3 月，庄浪至莲花段通县油路工程开工，2002 年 8 月完工，投资 500 万元。工程起点为庄浪县城，终点为秦安县莲花镇，建设单位、设计单位、监理单位均为平凉公路总段，施工单位为庄浪公路管理段。工程按平原微丘区三级公路标准设计，除庄浪县城过境段 1.2 公里和万泉过境段 1 公里重铺外，其余 26.8 公里罩面。过境段路基宽 12~15 米，其余路段路基宽 8.5 米，路面宽 7 米。实施中人工开挖清理旧路面 2.54 万平方米，重铺路面面层 3 万平方米，罩面 19.99 万平方米。

2002 年 4 月，莲花至叶堡二级收费公路建设项目开工。工程起于莲花镇，经仁大、安伏至叶堡，长 40.39 公里，2005 年 12 月建成通车，概算投资 2.16 亿元，建设单位为甘肃省公路局。莲叶路按二级公路标准设计。杨家寺至终点路段路基宽 12 米，设计行车时速 80 公里。其余路段及支线路基宽 8.5 米，设计行车时速 40 公里。桥涵设计荷载为汽车—20 级、挂车—100 级。工程完成路基土石方 198 万立方米，铺筑沥青混凝土路面 34.42 万平方米，建大桥 6 座 730.8 米、中桥 4 座 277.71 米、小桥 13 座 330.93 米、涵洞 124 道、通道 6 道，设互通式立交 1 处、收费站房 3 处。设计单位为甘肃省交通规划勘察设计院。路基工程由嘉峪关公路总段、甘肃恒达实业发展集团有限公司、定西公路总段、中国建筑工程总公司甘肃分公司、甘肃路桥第五公路工程有限公司、甘肃路桥第二公路工程有限公司、天水公路总段承建。路面工程由武威公路总段、甘肃路桥第五公路工程有限公司承建。交通安全设施工程由甘肃圆盛路桥工程有限公司承建。质量监督部门为甘肃省交通基建工程质量监督站。

2003 年 12 月，华亭至庄浪段二级收费公路建设项目开工。华庄路起点为蔺家沟，终点为庄浪县城东侧，长 60.3 公里，于 2005 年 7 月完工，概算投资 8450 万元，建设单位为甘肃省交通厅工程处。设计标准为平原微丘区二级公路，设计行车时速 80 公里，路面宽 12 米，桥梁净宽 12 米，设计荷载为汽车—20 级、挂车—100 级。工程完成路基土石方 54 万立方米，铺筑沥青混凝土路面 36 万平方米、水泥混凝土路面 2234 平方米，建中桥 3 座 102.38 米、小桥 22 座 357.19 米、隧道 1 道 2825 米、涵洞 106 道，实施防护工程 1.81 万立方米、边沟排水沟 3 万米，修建收费站房 791.82 平方米。设计单位为长安大学公路设计研究院。路基施工单位为甘肃新路交通工程公司、甘肃路桥第五公路工程有限公司、甘肃平凉市天翔路桥工程处、白银新世纪路业公司。路面施工单位为天水通联路桥有限公司、甘肃圆陇路桥机械化公路工程有限公司。交通工程施工单位为兰州金路交通设施有限公司、甘肃陇岳交通工程有限公司。监理单位为甘肃省交通工程建设监理公司，检测单位为甘肃省交通科学研究所。质量监督单位为甘肃省交通基建工程质量监督站。

2008 年 8 月，庄浪至莲花二级公路改建工程开工，长 27.72 公里，2009 年 12 月完工，投资 1 亿元，建设单位为平凉公路总段。全线按二级公路标准改建，设计行车时速 60 公里，路基宽 10 米（朱店、万泉过境段宽 12 米），路面为沥青混凝土。桥涵设计汽车荷载等级为公路-Ⅰ级。工程完成路基土石方 23.9 万立方米，铺筑沥青混合料面层 23.8 万平方米、水泥混凝土面层 3 万平方米。建中桥 3 座 97 米、小桥 10 座 170.4 米、钢筋混凝土盖板涵 61 道，实施防护工程 5846 立方米、纵向排水 1.86 万立方米。设计单位为甘肃省交通规划勘察设计院有限公司，施工单位为平凉市天翔路桥工程处、甘肃恒达路桥工程集团有限公司、甘肃圆锋交通工程有限公司，监理单位为甘肃恒科交通工程监理有限公司，质量监督单位为甘肃省交通基建工程质量监督站。

二十七、S305 石北线

S305 石槽沟至北道公路简称石北线，东起陕甘交界的石槽沟，经大湾口、马鹿、恭门、上磨、胡川、黄门、后川、红堡至天水市麦积区（原北道）社棠镇，全长 137 公里，公路技术等级为三级。

2001 年 11 月，张家川至清水段改建工程开工。此段改建工程属扶贫项目，投资 6425.52 万元，建设单位为天水市交通局，设计单位为天水公路总段，施工单位为甘谷第三建筑工程公司道桥工程处、甘肃省第六建筑工程公司和天水市政工程公司。2004 年 8 月工程完工，改建后达到山岭重丘区三级公路标准，沥青碎石路面。

2003 年 7 月，寺湾至张家川至莲花县际公路改建工程开工，长 121.55 公里，预算投资 6175.26 万元。改建路段包括 S305 线石槽沟至张家川段和 X056、X458、X463 等县道路段，起点为甘陕交界的寺湾，经大湾口、马鹿乡、阎家乡、恭门乡、张家川县城、木河乡、龙山镇、马河村、陇城乡，终点为秦安县五营乡蔡河村。另有张家川回族自治县大湾口至清水县山门乡政府支线，起自张家川县马鹿乡大湾口，经清水县盘龙乡、百家乡、秦亭乡、山门乡。石槽沟至张家川段 56.14 公里建设单位为天水公路总段，概算投资 2573 万元，于 2007 年 4 月建成通车，改建后达到山岭重丘区三级公路标准，设计行车时速 30 公里，路基宽 7.5 米，路面宽 6 米。S305 线石槽沟至张家川段完成路基土石方 20.58 万立方米，新建涵洞 51 道，改造旧涵洞 49 道。设计单位为兰州煤炭设计研究院，施工单位为甘肃恒达路桥工程集团有限公司、甘肃五环公路工程有限公司，监理单位为甘肃省通勤公路工程监理有限公司，质量监督单位为天水市交通基建工程质量监督站。县道路段改造方面，张家川至马河段31公里由张家川县政府建设，甘肃省煤矿设计院、甘肃省自然灾害防治研究所设计；支线大湾口至山门段34.66公里由清水县政府建设，甘肃省煤矿设计院设计。县道路段改造后，除马河至蔡河段达到平原微丘区三级公路标准外，其余均为山岭重丘区三级公路标准。

2010年4月，庄浪（韩店）至张家川至天水（社棠）二级公路建设项目开工，概算投资15.76亿元。项目起点为庄浪县韩店镇，经张家川县张棉乡、刘堡乡、张家川县城、胡川乡、清水县黄门乡、红堡镇，终点为天水市麦积区社棠镇，主线长97.21公里。另有清水支线起于清水县红堡镇，至清水县城与轩辕大道相接，长6.06公里。建设单位为甘肃省公路管理局，甘肃远大路业集团公司代表建设单位履行项目管理职责。勘察设计由甘肃省交通规划勘察设计院有限公司承担。全线采用二级公路标准建设，设计行车时速60公里，除23.1公里路基宽10米外，其余路段路基宽12米。桥涵设计汽车荷载等级为公路–I级。全线设收费站2处、隧道管理站1处、养护工区2处、服务区1处。路基、路面工程施工单位为华通路桥集团有限公司、四川武通路桥工程局、黑龙江华龙建设有限公司、四川欣通路桥工程部，交通防护工程施工单位为甘肃路桥飞宇交通设施公司、华通路桥集团有限公司、四川欣通路桥工程部、黑龙江华龙建设有限公司，机电工程施工单位为甘肃紫光智能交通与控制公司，绿化工程施工单位为甘肃圆陇路桥公路工程公司，房建工程施工单位为淮安市镇淮建筑工程有限公司、甘肃省第一安装工程有限公司。

庄浪（韩店）至张家川至天水（社棠）二级公路作为天水至平凉高速公路连接线建设，建成后调整为S305线。S305石北线随之变为S305庄天路。

二十八、S306徐合线

S306徐家店至合作公路简称徐合线，起点为天水市秦州区徐家店，经陇南、定西、甘南，终点为甘南藏族自治州合作市，全长421.4公里。全线二级公路77.14公里，三级公路344.26公里。

1998年8月，麻木索纳至多河段公路改造工程开工，长9.36公里，同年11月完工，投资280.59万元，建设单位为甘南公路总段。该项目共完成路基土方3万立方米，实施3.5厘米厚沥青表面处置路面8.3万平方米。新修涵洞 19 道。设计单位为甘南公路总段总工办，施工单位为甘南公路总段工程处，监理单位为甘南公路总段工程科。1999 年 6 月，合作过境段 6.8 公里按二级公路标准开工建设，同年 10 月完工，投资 1000 万元。

2000 年 3 月，临潭至合作段三级公路改建工程开工，长 79 公里，同年 10 月底完工，投资 2800 万元，建设单位为甘肃省公路局。工程采用山岭重丘区三级公路标准，设计行车时速 30 公里。路基宽 7.5 米，行车道宽 6 米。桥梁设计荷载为汽车—20 级、挂车—100 级，桥面净宽 9 米。工程主要完成土石方 33 万立方米，铺筑沥青碎石路面 7.26 万立方米，沥青罩面 24.25 万平方米，沥青表面处置 30 万立方米。修建中桥 1 座 61 米、涵洞 96 道。实施纵向排水工程 1.8 万米、路肩墙 1.8 万立方米。施工单位为甘南公路总段，监理单位为甘肃交通恒科监理公司。

2001 年 4 月，卓尼梁至临潭段改建工程开工，长 19 公里，同年 9 月底完工，投资 760 万元，建设单位为甘南公路总段。工程采用山岭重丘区三级公路标准，设计行车时速 30 公里，路基宽 7.5 米，路面宽 7.1 米。路面为沥青碎石，工程完成路基土石方 16.6 万立方米，铺筑路面 14 万平方米。建石拱桥 1 座 19.1 米、涵洞 25 道，实施混凝土路肩墙 3.78 万米。施工单位为临潭公路管理段和迭部公路养护公司，监理单位为甘肃交通恒科监理公司。

2000 年 10 月，岷县至卓尼段路网改造扶贫公路建设项目开工，长 35 公里，2002 年 10 月完工，投资 6160 万元，建设单位为岷县政府。工程采用山岭重丘区三级公路标准，设计行车时速 30 公里，路基宽 7.5 米，路面宽 7 米。完成路基土石方 38.34 万立方米，新建桥梁 9 座 358 米、涵洞 59 道，实施防护工程 2360 米。路面施工单位为岷县畅顺公路工程公司。

2003 年 12 月，岷县至礼县县际公路改建工程开工，分定西段和陇南段两段实施。定西段起点为岷县茶埠，经禾驮、申都、闾井、锁龙、马坞，终点为岷县与礼县交界处的分水岭，长 127.44 公里，2006 年 1 月完工，投资 6843 万元，建设单位为定西公路总段。有 86.65 公里按山岭重丘区三级公路改建，路基宽 7.5 米，设计行车时速 30 公里；40.79 公里按山岭重丘区四级公路改建，路基宽 6.5 米，设计行车时速 20 公里。工程完成路基土石方 77 万立方米，实施路面工程 88.85 万平方米，新建过水路面 18 处 340 米。新建桥梁2座58.24米、渡槽10座191.4米、涵洞102道。施工单位为甘肃威远路业有限公司、白银新世纪路业公司、甘南新世纪路桥有限公司。陇南段起于礼县县城东，经罗坝、田河、酒店村至分水岭，长46.6公里，于2006年6月完工，投资2678万元，建设单位为陇南公路总段，施工单位为陇南通途公路工程处。除个别城区过境段采用二级公路标准外，其余大多数路段按三级公路改建，共改建路基土石方12万立方米，新铺油路30万平方米，建桥梁3座120.3米、涵洞98道。

2008年"5·12"汶川地震后，徐家店至祁山堡段纳入《汶川地震灾后恢复重建基础设施规划》。重建工程长45公里，于2009年3月开工，2010年6月底完工，预算投资8100万元。全线按二、三级公路标准设计。工程主要完成路基土石方11万立方米，铺筑沥青混凝土路面30万平方米、中粒式沥青碎石路面3.4万平方米、热拌沥青碎石路面29万平方米、水泥混凝土路面1万平方米，挖补整修路面2.65万平方米。修建涵洞6道，设置港湾式停车带18处、平交5处。实施混凝土边沟1万立方米、防护工程1855立方米。设计单位为甘肃省交通规划勘察设计院有限公司，施工单位为天水通联路桥有限公司、甘肃恒和交通设施安装有限公司，监理单位为甘肃兴陇交通工程监理有限公司，质量监督单位为甘肃省交通基建工程质量监督站。

2010年，岷县至合作段二级公路改建工程开工。项目起自岷县县城，经卓尼县城、临潭县城至合作市，主线长180公里，另有支线20公里，估算投资17.5亿元，建设工期3年。

二十九、S307 康望线

S307 康县至望子关公路称略武公路，2005年县际油路改建后改为白望公路，后又称康望线。康望线起点为甘陕交界的白河沟，经王坝乡、三官乡、城关镇，终点为望子关乡，全长49.45公里，全线为二级公路。

1998年6月，甘肃省交通厅投资95.8万元对康县至望子关路段中的2.5公里路基进行改造。同年7月，投资近百万元对长坝镇至望子关中的7公里路段裁弯取直。同年底，康县至望子关公路全部铺成简易油路。

2005年1月，S307线全线开工三级公路改建工程，同年12月完工，投资3224万元，建设单位为康县政府。工程共改建路基13万立方米，新铺油路 34.7 万平方米，新建桥梁 1 座 66 米、涵洞 55 道。设计单位为陇南公路总段路桥设计所，施工单位为天水通联公路工程处和陇南通途公路工程处，监理单位为甘肃交通监理公司陇南分公司。

2008 年 "5·12" 汶川地震后，康望线纳入《汶川地震灾后恢复重建基础设施规划》。全线按二级公路标准设计，于 2009 年 3 月开工，2010 年 6 月底完工，预算投资 2.48 亿元。工程完成路基土石方 64 万立方米，铺筑沥青路面 44 万平方米、水泥混凝土路面 4.6 万平方米。新建中桥 2 座 78 米、小桥 3 座 45 米、隧道 1 座 40 米、涵洞 157 道，恢复重建中桥 2 座 94 米、小桥 1 座 21.24 米，修复改造小桥 2 座 15 米、涵洞 19 道。实施排水工程 4 万米、防护工程 5 万米、防撞墩 11.55 公里、防撞墙 1.05 公里。设紧急停车带 24 处、平面交叉 8 处。设计单位为甘肃通广公路勘察设计有限公司，施工单位为甘肃天地路桥工程有限公司、甘肃威远路业有限公司、甘肃恒和交通设施安装有限公司，监理单位为北京华路顺公路工程咨询有限公司，质量监督单位为甘肃省交通基建工程质量监督站。

三十、S308 辘古线

S308 辘辘坝至古浪公路简称辘古线，起自甘肃白银市平川区与宁夏回族自治区海原县交界处的辘辘坝，经石门、大红、景泰、大靖、土门镇，至古浪县双塔，全长 318 公里。辘辘坝至共和、沿寺至白墩子两段共 45.8 公里为三级公路，水泉至沿寺 75.4 公里为等外公路，其余 196.8 公里均为二级公路。

1995 年，辘辘坝至共和段改建工程列为 "以工代赈" 项目，于 1996 年 6 月开工，1998 年完工，投资 711 万元，平川区政府按三级公路标准改建。改建路基 22.8 公里，铺筑沙砾路面 1664 万平方米，建中桥 1 座 36.5 米、小桥 9 座 131.92 米、管涵 51 道。2001 年，此段再次列入 "以工代赈" 项目，实施油路改造，于 2002 年 8 月开工，2002 年 10 月完工，投资 350 万元，由平川区政府组织实施沥青表面处置。

1998 年 2 月，双槽至双塔段 40.66 公里开工改建，1998 年 12 月完工，投资 4543.21 万元。同年 10 月，大岭至双槽段 52.86 公里开工改建，1999 年 11 月完工，投资 9.78 亿元。两项改建工程均按二级公路标准设计，设计行车时速 80 公里，路基宽 12 米，路面宽 9 米，桥涵设计荷载为汽车—20 级、挂车—100 级。双槽至双塔段改建工程完成路基土方 78 万立方米，铺筑沥青上拌下贯式面层 38 万平方米，建中桥 1 座 66.48 米、小桥 4 座 95.5 米、涵洞 94 道。大岭至双槽段改建工程完成路基土方 123.36 万立方米，铺筑沥青路面 47.58 万平方米，修建中桥 2 座 116 米、小桥 18 座 351 米、涵洞 98 道。两项改建工程建设和施工单位为武威公路总段，设计单位为武威公路总段设计室，监理单位为甘肃省交通建设监理公司。

1998 年 7 月，红山寺至唐家台段 28.84 公里开工改建，工程投资 6942.43 万元，1999 年 10 月完工，建设单位为白银公路总段。设计行车时速 80 公里，红山寺至贺家川段路基宽 12 米，路面宽 9 米；贺家川至唐家台段路基宽 17 米，路面宽 14 米。桥涵设计荷载为汽车—20 级、挂车—100 级。工程完成路基土方 50 万立方米，铺筑沥青路面 29 万平方米，修建大桥 1 座 171.8 米、中桥 1 座 91.1 米、小桥 9 座 123.58 米、涵洞 114 道。实施路基排水工程 1.8 万米、防护工程 3116 米。设计单位为甘肃省公路局设计所，施工单位为甘肃省公路工程总公司、兰州公路总段、白银公路总段等，监理单位为甘肃省交通工程建设监理公司和北京双环工程咨询有限公司，质量监督单位为甘肃省交通基建工程质量监督站。

1999 年，白墩子至大岭段实施二级公路改建工程，铺筑油路 37.54 公里。同年，复线长城至三个山段按 GBM 工程标准改建，铺筑油路 8.6 公里。

2009 年，腰站至石门 18 公里作为通乡油路改造项目开始铺筑沥青表面处置路面。双龙至北城全长 24.5 公里，2010 年后改建为沙砾路面。

三十一、S309 甘大线

S309 甘草店至大河家公路简称甘大线，起点为榆中县甘草店，经高崖、临洮、广河、临夏、积石山，终点为大河家镇，全长 243 公里。其中新添镇至临夏瓦窑头广场和吹麻滩至积石山 87 公里为二级公路，其余 156 公里为三级公路。

1990 年，临夏至大河家段 84 公里实施路基改造工程，主要按三级公路标准对临夏瓦窑头广场至积石山吹麻滩段进行改造。工程于当年 12 月完工，投资 600 万元。工程主管和测设单位为临夏公路总段，建设单位分别为临夏回族自治州临夏市政府、临夏县政府和积石山东乡族保安族撒拉族自治县政府。

1992年10月，康家崖至土门关段纳入兰郎公路GBM工程实施。工程采用平原微丘区和山岭重丘区三级公路标准，加宽改造路基110公里，重铺油路32.53公里，加宽油路57.88公里，罩面33.2公里。新建、加宽小桥37座257.5米，新建、接长涵洞317道。工程于1993年8月底完工，投资2500万元。

2001年5月，东（乡）临（夏）大（河家）公路通县油路工程开工。工程全长110.53公里，由东乡县城至临夏市瓦窑头广场段25.53公里与临夏至大河家路段85公里组成，投资2750万元，于2002年9月完工，由临夏公路总段组织实施，兰州公路总段负责工程监理。工程按山岭重丘区、平原微丘区三级公路标准建设，维持原有基本线形，调整曲线半径和纵坡，个别路段加宽取直。共完成土石方1万立方米，重铺油路21.87公里，油路罩面88.13公里，挖补罩面2.53万平方米。

2004年11月，甘蒲路县际公路改建工程开工。工程起于榆中县甘草镇，经高崖至临洮县蒲滩村，长39.12公里（含支线2.08公里），概算投资2005.6万元，2005年11月完工。甘蒲路按山岭重丘区三级公路标准设计，个别地形困难路段按四级公路标准设计。完成路基土方15.8万立方米，实施路面工程39.12公里，新建小桥3座、涵洞60道，实施排水工程1.34万米、防护工程9855立方米。

2005年8月，康临二级公路改造工程开工。工程起于临洮县康家崖，终于临夏市瓦窑头广场，长80.36公里，概算投资7999.7万元，2006年8月完工，建设单位为临夏公路总段。工程采用二级公路标准，设计行车时速40~60公里，路基宽10米，桥涵设计荷载为汽车—20、挂车—100。完成路基土石方21.9万立方米，铺筑沥青混凝土路面79.9公里、水泥混凝土路面0.4公里。施工单位为甘肃昶通公路工程有限公司、甘肃昌远公路工程有限公司、甘肃恒泰建筑安装工程有限公司和甘肃圆盛路桥有限公司，监理单位为甘肃交通工程建设监理公司。

2010年12月，临大二级收费公路开工建设。临大二级收费公路起点为临夏市枹罕镇，经红台乡、营滩乡，终点为大河家镇，长74.77公里，概算投资7.41亿元，2014年8月建成通车。全线采用二级公路标准，设计行车时速 40~60 公里，路基宽 8.5~12 米。建设和设计单位为临夏公路总段，路基施工单位为甘肃顺达路桥建设有限公司、中铁二十一局集团有限公司、甘肃万泰建设工程有限公司、甘肃昌远公路工程有限公司，路面施工单位为甘肃甘南新世纪路桥有限公司、甘肃昌远公路工程有限公司施工，监理单位为山东信诚公路工程监理有限公司、甘肃兴陇交通工程监理有限公司。

三十二、S310 临平线

S310 临夏至青海平安公路简称临平线，长 59.64 公里，起点为临夏市木场广场，经后杨、双城、韩集（临夏县）、卧龙沟，在甘青两省交界的达里加山垭口接青海省 S202 线至海东市平安区。木场广场至卧龙共 40.44 公里公路技术等级为二级，卧龙至达里加山垭口段 19.2 公里公路技术等级为三级。

改造前 S310 线称双城至平安公路，长 40 余公里。G213 线临夏至合作二级收费公路建成通车后，2007 年甘肃省公路局将原 G213 线临夏市至双城段 19 公里调整至 S310 线，S310 线更名为临平线。2008 年 1 月，双城至达里加山垭口段开工改造，2011 年 9 月改造完成。改造后路基由原来的 8.5 米加宽至 24 米，主车道加宽至 15 米，全路段铺筑沥青碎石路面，桥涵设计荷载为汽车—20 级、挂车—100 级，设计行车时速 60~80 公里。建设单位为临夏县政府，设计单位为甘肃省交通规划勘察设计院有限公司，施工单位为临夏县交通局。

三十三、S311 定新线

S311 定西至新城公路简称定新线，起点为定西，经内官营、塔湾、连湾、临洮、虎关、康乐、胭脂、新集、景古、冶力关，终点为临潭县新城，全长 259.41 公里。其中定西至临洮段为 20 世纪 70 年代建成的战备公路。定西至内官营段和桑家村至张家寨两段共 27.78 公里为二级公路，其余 205.41 公里为三级公路、26.22 公里为四级公路。

1993 年至 2001 年，康乐至莲麓共 48 公里路段通过"民工建勤""以工代赈"等方式陆续加宽改造，路基宽度达到 8.5 米，全路段铺筑渣油路面。

2003 年 11 月，临洮至莲花山段 61.21 公里作为临洮至临潭县际公路开工改造，2005年11月工程完工，投资3181万元，建设单位为临夏公路总段。嘎啦桥以上3.99公里按四级公路标准改造，嘎拉桥以下59.2公里按三级公路标准改造。设计行车时速20~30公里，路基宽7.5~8.5米，沥青碎石路面。桥涵与路基同宽，桥涵设计荷载为汽车—20级、挂车—100级。工程完成土石方32.62万立方米，铺筑沥青碎石路面63.19公里，重建桥梁2座31.7米，新建涵洞109道。施工单位为甘肃昌远公路工程有限公司、中铁十五局第三工程有限公司，监理单位为甘肃省交通工程建设监理公司，质量监督单位为临夏州交通局。

2008年10月，定西至内官营段二级公路改建工程开工建设，长25公里，建设单位为定西公路总段，投资4138万元，2010年10月完工。工程按二级公路标准建设，路线基本沿旧路而行。施工单位为甘肃威远路业有限公司，完成路基土石方22万立方米，铺筑沥青混凝土路面。新建小桥2座23.3米、涵洞39道，加固中桥1座36米、涵洞6道，实施浆砌片石边沟1.7万米、浆砌片石防护设施2724立方米。

三十四、S312 王达线

S312王格尔塘至达久滩公路简称王达线，起点为王格尔塘，经达麦乡、虎尔卡、浪格塘、夏河县城、桑科乡，终点为甘青交界达久滩，全长103.7公里。王格尔塘至达久滩47.3公里为二级公路，达久滩段56.4公里为三级公路。

1992年10月，王格尔塘至夏河公路实施GBM工程，长35.79公里，建设单位为甘南公路总段，1993年8月完工，投资287.75万元。采用山岭重丘区三级公路标准，路基宽7.5米，全铺沥青渣油路面，路面两侧设路肩墙或衬砌边沟。工程完成路基土石方5万立方米，沥青渣油路面表面处置64.7万平方米，修建钢筋混凝土桥1道8米、涵洞12道，新建及维修边沟4625米，浆砌挡土墙4345立方米、路肩墙9416米。设计单位甘南公路总段，施工单位为合作公路管理段，监理单位为甘南公路总段工程科。

2001年9月，王格尔塘至达久滩新建工程开工，长47.23公里，概算投资1.14亿元，2003年7月完工，建设单位为甘南公路总段。工程采用山岭重丘区二级公路标准，设计行车时速40公里，路基宽12米，路面宽9米。

桥涵与路基同宽，设计荷载为汽车—20级、挂车—100级。工程完成路基土石方197万立方米，铺筑沥青碎石混合料路面43.35万平方米。建中桥5座208.6米、小桥2座18.5米、涵洞107道。设计单位为甘肃省公路局勘察设计所。路基施工单位为兰州公路总段工程处、甘南公路总段工程处、陇南公路总段工程处、酒泉公路总段工程处、长庆石油勘探局筑路工程总公司，路面施工单位为甘南公路总段工程处和张掖公路分局，交通工程施工单位为兰州陇岳交通工程有限公司，监理单位为甘肃恒科交通工程监理有限公司。

三十五、S313两玛线

S313两河口至玛曲公路简称两玛线，起自陇南市武都区两河口，经舟曲县、迭部县、郎木寺、玛曲县，至玛曲黄河大桥，全长315.41公里。两河口至瓦厂和玛曲县至玛曲黄河大桥两段共17.45公里为二级公路，其余297.96公里为三级公路。

2000年1月，两河口至舟曲三级公路改建工程开工，2000年9月完工，投资818万元，建设单位为甘肃省公路局。工程按山岭重丘区三级、四级公路标准设计，设计行车时速30公里。路基宽7.5米，行车道宽6米，舟曲过境段为沥青混凝土路面，其余为沥青表面处置路面。桥涵与路基同宽，设计荷载为汽车—20级、挂车—100级。工程完成土石方18万立方米，铺筑天然沙砾路面2.57万平方米、沥青表面处置面层1.68万平方米，现浇混凝土过水路面2处52米。建渡槽4座82.6米、涵洞9道。设计单位为甘肃省公路局勘察设计所，施工单位为甘南公路总段，监理单位为甘肃恒科交通工程监理有限公司。

2001年，舟曲至迭部153公里通县油路改造工程开工，甘南藏族自治州政府成立项目领导小组，建设单位为舟曲县政府和迭部县政府，2003年工程完工，投资1.53亿元。

2008年"5·12"汶川地震后，两河口至黑水沟段纳入《汶川地震灾后恢复重建基础设施规划》。重建工程长61.73公里，预算投资1.23亿元，于2009年6月开工建设，2010年9月完工。全线按三级公路标准重建，设计行车时速30公里，路基宽7.5米，路面宽6.5米，桥涵设计汽车荷载等级为公路-Ⅰ级。工程完成路基土石方 3.8 万立方米，铺筑沥青混凝土和热拌沥青碎石路面各 31 万平方米、水泥混凝土路面 11 万平方米。建大桥 1 座 148 米、中桥 1 座 98 米、小桥 10 座 201 米、涵洞 70 道，加固桥梁 3 座、涵洞 50 道。设计单位为甘肃省康大公路设计咨询有限公司，施工单位为甘南新世纪路桥有限公司、安通建设有限公司、甘肃恒和交通设施安装有限公司，监理单位为甘肃恒科交通工程监理有限公司，质量监督单位为甘肃省交通基建工程质量监督站。

2010 年舟曲"8·8"特大山洪泥石流灾害发生后，舟曲县城至峰迭新区段 17.66 公里纳入灾后重建项目，于同年 11 月开工，投资 3.71 亿元。舟曲县城至峰迭新区段灾后重建工程采用二级公路标准，设计行车时速 60 公里，路基宽度有 12 米和 17 米两类。新建和维修大桥 3 座 918.8 米、中桥 4 座 178.12 米、隧道 2 座 1191 米、通道 1 座 17 米、渡槽 2 座 32 米、涵洞 60 道，设置隧道管理所 1 处、养护工区 1 处、紧急停车带 10 处。

三十六、S314 安拉线

S314 属 G313 安若线甘肃段，2001 年全国第二次公路普查后 G313 线撤销，此段路随之由国道调整为省道，编号命名为 S314 安西至拉配泉路简称安拉线。安拉线起点为安西县（今瓜州县），经敦煌、阿克塞，终于甘新交界处的拉配泉，全长 423.15 公里，其中敦煌市至大草滩段 85 公里与 G215 线重合。瓜州至七里镇 131.48 公里为二级公路，七里镇至拉配泉 291.67 公里为三级公路。

2004 年 8 月，安西至敦煌公路改建工程开工，主线长 122 公里，敦煌连接线长 4.6 公里，概算投资 4.87 亿元，2006 年 8 月完工，建设单位为甘肃省公路局。敦煌五墩乡至敦煌烈士陵园段、敦煌连接线段采用平原微丘区一级公路标准，设计行车时速 100 公里，路基宽 25.5 米。其余改建路段采用平原微丘区二级公路及宽幅二级公路标准，设计行车时速 80 公里，路基宽 12~17 米。安敦路建设工程完成土方 234 万立方米，铺筑沥青混凝土路面 156 万平方米。建大桥 1 座 152 米、中桥 1 座 84.5 米、小桥 13 座 154 米、涵洞 300 道。设计单位为甘肃省交通规划设计院，施工单位为恒达路桥公司、甘南新世纪路桥公司、中国第四冶金建设公司，监理单位为甘肃省交通基建工程质量监督站、北京华路捷科技监理有限公司。

2009年3月，阿克塞至柳城子沟60.19公里按三级公路标准开工改建，同年10月完工，投资5431万元。建设单位为甘肃省公路局、酒泉公路总段，质量监督单位为酒泉市交通工程质量监督站。大草滩至阿克塞沟段30余公里设计单位为甘肃省康大公路设计咨询有限公司，施工单位为嘉峪关公路工程公司，监理单位为甘肃省交通工程建设监理公司酒泉分公司，完成路基土石方14.75万立方米、新建中桥1座44.54米、小桥5座113.7米、涵洞76道。城镇街道路段采用沥青碎石罩面，新铺路段铺沥青混凝土路面。阿克塞沟至柳城子沟30余公里设计单位为甘肃通广公路勘察设计有限公司，施工单位为酒泉通达路桥有限公司，监理单位为甘肃省交通工程建设监理公司，完成路基土石方10.72万立方米，建小桥8座120.66米、涵洞70道，全线铺沥青混凝土路面。

三十七、S317康和线

S317原为蒿支沟至临洮公路，2001年X364康乐至蒿支沟公路调整至S317线后更名为康乐至和政公路，简称康和线。康和线起点为康乐县城，经苏集、八松、槐山子、吊滩、达浪，终点为和政县蒿支沟，全长58.28公里。康乐县至槐山子5.7公里为三级公路，槐山子至康乐县52.58公里为二级公路。

1995年至2002年，和政县投资356.83万元，将蒿支沟至沈家庄3公里改建为二级公路，路面拓宽改造为4车道沥青碎石路面。

2003年9月，全线实施县际公路改造工程，概算投资3167.77万元，2005年8月完工，建设单位为临夏回族自治州交通局。全线按平原微丘区三级公路标准建设，改造路基59.1公里，特殊路基处理7.13公里，全线铺筑沥青碎石路面。设计单位为北京双环工程咨询有限公司，施工单位为甘肃昌远公路工程有限公司、白银市鑫城公路工程有限公司和甘肃省水利工程局，监理单位为北京华通公路桥梁监理咨询有限公司，质量监督单位为临夏州交通工程质量监督站。

三十八、S318 西郿线

S318 西峰至郿岘公路简称西郿线，起点为庆阳市西峰区，经南佐、临泾、镇原、平泉、新城、张寨、龙爪坡，终点为平凉市四十里铺郿岘村，全长 133 公里，全线为三级公路。

2002 年 3 月，西峰至镇原段通县油路工程开工，长 61.15 公里，投资 4200 万元，2002 年 10 月完工，建设单位为庆阳公路总段。全段按山岭重丘区三级公路标准对原路进行加宽改造，全段实施 GBM 工程。设计行车时速 30 公里，路基宽度分 7.5 米和 8 米两种，路面采用次高级路面。桥梁宽 12 米，桥涵设计荷载为汽车—20 级、挂车—100 级。工程完成路基土石方 71.58 万立方米，铺筑路面 47.2 万平方米，建中桥 1 座 56 米、涵洞 28 道。设计单位为庆阳公路总段设计室，施工单位为庆阳、西峰、环县、镇原、正宁公路管理段，监理单位为甘肃省通县油路工程西峰至镇原段监理组。

2003 年 6 月，镇原至平凉段县际公路改建工程开工，长 25.8 公里，投资 1440.72 万元，2004 年 8 月完工，建设单位为平凉公路总段。全段按三级公路标准设计，路基宽度分 7.5 米、8.5 米和 12 米三种，路面为沥青碎石。桥涵设计荷载为汽车—20 级、挂车—100 级。工程完成路基土方 24 万立方米，铺筑沥青碎石路面 20 万平方米，建桥梁 1 座 46.5 米、涵洞 11 道。设计单位为甘肃省交通科研所，施工单位为平凉市天翔路桥工程处，监理单位为甘肃省恒科交通工程监理有限公司，质量监督单位为甘肃省公路工程质量监督站平凉分站。

附：2010 年甘肃省省道一览表（表 1-2-4）。

2010年甘肃省省道一览表

表1-2-4

编号	名称	起讫点	省内经过城镇	里程(km)
S101	兰夏线	兰州至夏官营	兰州文化宫、阿干镇、榆中县、夏官营	74.8
S103	兰临线	兰州至临洮	西果园、摩云关、中铺、太石、康家崖、临洮县城	102
S201	营兰线	营盘水至兰州	营盘水、景泰、秦川、西槽、钟家河、西沙桥北	192.18
S202	华灵线	华池至灵台	打扮梁、庆城县、西峰市、长庆桥、泾川县、灵台县、渗水坡	298.27
S203	平大线	平凉至大桥村	马峪口、安口、大桥村	56.6
S204	尕玛线	尕海至玛曲	尕海岔路口、尕海乡、玛曲县	54
S205	江武线	江洛镇至武都	江洛镇、成县、毛坝、武都	161.6
S206	大姚路	大岸庙至姚渡	大岸庙、琵琶、洛塘、姚渡	116
S207	靖天线	靖远至天水市	靖远县、会宁县、通渭县、秦安县、天水市	343.7
S208	洛马线	洛门至马街	洛门、礼县、龙沟、马街	254.66
S209	定殪线	定西至殪虎桥	景家店、云田、菜子、殪虎桥	122.16
S210	巴代线	巴仁口至代古寺	巴仁口、铁尺梁、腊子口、代古寺	70.11
S211	民九线	民勤至九条岭	民勤、红崖山、九墩、武威市、西营、九矿桥	161.77
S212	雅永线	雅布赖至永昌	红砂岗、下四分、河西堡、永昌县	164.87
S213	张肃线	张掖至肃南	张掖市、白银乡、肃南县、东岔垭口	158.76
S214	酒航线	航天镇至酒泉	航天镇、大庄子乡、大柳林、银达乡	144.97
S215	嘉二线	嘉峪关至二指哈拉	民众路口、大山口、镜铁山、二指哈拉	182.88
S216	红桥线	红石山至桥湾	红石山、跃进山、马鬃山、音凹峡、桥湾	232.75
S217	景白线	景泰至白银	野狐水、赵家水、红岘台、红砂岘、西铜厂	65.23
S218	静庄线	静宁至庄浪	威戎、新华、蛟龙掌、南湖、柳梁	75.89

续表

编号	名称	起讫点	省内经过城镇	里程(km)
S219	祁成线	祁山堡至成县	长道、石堡、西峪、西和县、石峡、纸坊、沙坝	103.16
S220	高肃线	高台至肃南	元山子、杨家庄村、暖泉村、韭菜沟乡、白庄子村	52.68
S301	海岗线	海石湾至岗子沟	海石湾、窑街、连城镇、岗子沟	64.21
S302	肃沙线	肃北至沙枣园	肃北县五个庙、沙枣园	65.74
S303	正镇线	正宁至镇原	碉灵关、正宁县、宁县、镇原县	188.67
S304	泾甘线	泾川至甘谷	泾川县、崇信县、华亭县、庄浪县、秦安县、甘谷县	272.75
S305	石北线	石槽沟至北道	石槽沟、马鹿镇、张川县、远门、北道	137
S306	徐合线	徐家店至合作	徐家店、礼县、岷县、新城、临潭县、合作	421.4
S307	康望线	康县至望子关	白河沟、康县、望子关	49.45
S308	辘古线	辘辘坝至古浪	辘辘坝、景泰县、大靖、双塔	318
S309	甘大线	甘草店至大河家	甘草店、广河县、临夏市、积石山县、大河家	243
S310	临平线	临夏至达里加山	后杨、双城、韩集、卧龙沟达里加山垭口	59.64
S311	定新线	定西至新城	安定区、临洮县、康乐县、冶力关、新城	259.41
S312	王达线	王格尔塘至达久塘	王格尔塘、达麦乡、夏河县、达久塘	103
S313	两玛线	两河口至玛曲	两河口、舟曲县、迭部县、郎木寺、玛曲县	315.41
S314	安拉线	瓜州至拉配泉	敦煌、阿克塞、拉配泉	423.15
S317	康和线	康乐至和政	苏集、八松、吊滩、达浪、蒿支沟	58.28
S318	西郿线	西峰至郿岘	南佐、巴家咀、太平、镇原、代家坪、龙爪坡	133

第一编

公路

187

第三章 农村公路

第一节 县 道

1987 年底，甘肃省交通厅根据公路普查，划定县道 340 条（以下记述县道代码 X，编号 3 位数）。2001 年，全国第二次公路普查后，甘肃对境内公路行政等级进行调整，部分县道调整为省道，原 X407 尕秀至玛曲公路调整为 S204 线，原 X047 静宁至庄浪公路与原 X046 隆德至庄浪公路南湖至庄浪段整合为省道 S218 线，原 X483 线和县道 X501 线整合为 S219 祁山堡至成县公路，原 X205 元山子至白庄子公路调整为 S220 线，原 X364 康乐至嵩支沟公路调整至 S317 线，新调整 X077 段家官庄至磨坪公路等县道。2007 年，酒泉至航天城公路建成后，原 S214 线疙瘩井至酒泉公路调整为 X247 线，原 X245 线酒泉至航天城公路调整为 S214 线。与此同时，从 20 世纪 90 年代开始，新建 X014 阜城至桐川公路、X016 白马铺至铁李川公路、X071 南湖至阳川公路、X283 双石路等县道。截至 2010 年底，全省县道共 343 条 1.57 万公里，有 1.39 万公里铺装次高级和高级路面，晴雨通车里程达 1.48 万公里。有 29 公里达到一级公路标准，303 公里达到二级公路标准，5938 公里达到三级公路标准，8267 公里达到四级公路标准，其余 1158 公里为等外公路。1991 年—2010 年甘肃省县道通车里程见表 1-3-1。

1991 年—2010 年甘肃省县道通车里程表

表 1-3-1

年度	里程（km）	年度	里程（km）
1991	13628	2001	14898
1992	13664	2002	14915
1993	13717	2003	14943
1994	13812	2004	15139

年度	里程（km）	年度	里程（km）
1995	13865	2005	15317
1996	13916	2006	15506
1997	14098	2007	15622
1998	14231	2008	15626
1999	14384	2009	15714
2000	14433	2010	15695

注：2001 年，全国公路普查，按交通部统计口径，公路里程发生变化。

一、X002 董镇路

X002 董志至镇原公路简称董镇路，起点为西峰区董志村，终点为镇原县城，长 53.08 公里，四级公路标准，沥青表面处置路面。董志至北石窟寺段长 16 公里，从董志村起经冯堡村、南庄村通往北石窟寺，修建于 1997 年，是庆阳市的一条旅游路线，路基宽 6.5 米，路面宽 5 米，四级公路标准。2007 年，庆阳市政府、西峰区政府投资，按三级公路标准对董志至北石窟寺段进行改建。改建后董镇路平原区路段路基宽 8.5 米、路面宽 8 米，下山段路基宽 7.5 米、路面宽 7 米，路面结构为天然沙砾垫层+水泥稳定沙砾基层+沥青碎石面层。

二、X016 白铁路

X016 白马铺至铁李川公路简称白铁路，起点为庆城县白马乡，经白马、赤城、何家畔乡，终点为合水与宁县交界的铁李川，长 33.15 公里。白铁路是 1994 年建成的"以工代赈"项目，原为沙砾路面。2005 年，合水境内的陈家老庄至铁李川段改建为三级公路，改建后赵家楼子至铁李川段 4.47 公里路基宽 7.5 米、路面宽 6 米，其余路段路基宽 8.5 米、路面宽 6 米。2009 年，庆城县境内的白马乡铺至陈家老庄段改建为三级公路，改建后路基宽 8.5 米、路面宽 7 米。经过改建，白铁路全线铺装沥青表面处置路面。

第一编 公路

189

三、X018 柔太路

X018 柔远至太白公路简称柔太路，起点为华池县城柔远镇，经山庄、林镇，终点为陕甘交界处的合水县太白镇，全长 84.65 公里，是华池县城通往南梁革命纪念馆的主要线路。柔太路柔远至东华池段 57.13 公里修建于 1998 年，为三级公路标准，沥青表面处置路面，其余 27.52 公里为后期修建的四级沙砾路。

四、X027 正政路

X027 正宁至政平公路简称正政路，起点为正宁县城南端，途经山河镇、永正乡、榆林子镇、宫河镇、周家乡，终点为陕甘交界的宁县政平大桥，全长 49.6 公里，其中榆林子镇至宫河段 13 公里与 G211 线重合。2001 年至 2003 年，正宁至周家乡段按二、三级公路标准实施改建，投资 2342 万元。其中正宁至榆林子镇段 21.7 公里和宫河段 2.7 公里按二级公路标准改建，改建后路基宽 15 米，路面宽 12 米；16.5 公里按三级公路标准改建，路基宽 8.5~15 米，路面宽 7~9 米；未改建的周家至政平段 8.7 公里为等外公路。

五、X045 庄北路

X045 庄浪至北道公路简称庄北路，连接庄浪县和天水市麦积区，起自庄浪县韩店石桥，经张家川回族自治州、清水县至天水市北道区（今麦积区），全长 126.85 公里，天水境内有 1.94 公里与 G310 线重合。此路称石桥至张家川公路，2000 年 12 月调整为 X045 庄北路。2006 年 10 月，庄浪和张家川境内路段开工改造。庄浪境内路段于 2007 年 8 月完工，投资 600.6 万元，建设单位庄浪县交通局，修建石桥至酒槽延伸线 10 公里，移动土石方 20.5 万立方米，建小桥 3 座 23.28 米、涵洞 19 道，铺筑沥青表面处置路面 4.7 万平方米、沙砾路面 3.6 万平方米。张家川境内路段于 2007 年底完工，投资 1540 万元，建设单位为张家川回族自治县交通局。经历次整修，庄北路除与 G310 线重合路段外，全线为四级公路，天水境内元树梁至姚店子 71.95 公里为沙砾路面，其余为沥青路面。

六、X049 平华路

X049 平凉至华亭公路简称平华路，起点为平凉市十里铺村，经峡门乡、麻川乡、关梁、五里墩、策底乡、曹园，终点为华亭县城，全长 54.65 公里。1998 年，平凉市和华亭县采用"以工代赈"的方式对平华路重点路段路基进行加宽，新修挡土墙等设施，铺筑渣油路面，使 41.5 公里路段达到四级公路标准。2000 年 6 月，平凉至华亭二级公路改建工程开工，2001 年 12 月工程完工，投资 7642.62 万元，建设单位为平凉公路总段。工程完成路基土方 104.76 万立方米，铺筑沥青混凝土路面，建中桥 2 座 151.66 米、小桥 4 座 43.21 米、涵洞 80 道。改建后平华路全线达到山岭重丘区二级公路标准，十里堡至关梁 28 公里路基、路面宽 12 米，其余路段路基宽 8.5 米、路面宽 7 米。

七、X054 泾土路

X054 泾川至土谷堆公路简称泾土路，起点为泾川县城，经城关镇天池村、王村镇掌曲、四坡、中塬、上塬村、泾塬村和崇信县老爷山、柏树乡，终点为崆峒区大寨乡土谷堆，长 69.12 公里。2002 年，王母宫山景区坡道段约 3 公里铺筑水泥混凝土路面。2006 年，泾土路崇信段列入通乡公路改建项目，投资 1912 万元，全线按三级公路标准建设，于同年 4 月开工，10 月完工。至此，信家庄村至土谷堆段 40.5 公里达到三级公路标准，沥青路面，信家庄村至陶坡村段路基宽 12 米、路面宽 10 米，陶坡村至土谷堆段路基宽 8.5 米、路面宽 7 米；其余路段为四级公路（除王母宫山景区坡道外均为沙砾路面）。

八、X056 孔韩路

X056 孔家沟至韩川公路简称孔韩路，自庄浪县朱店镇孔家沟接 S304 线，经梁山乡惠家村、五方村、马关乡西山村、马堡村，龙山镇四方村至龙山镇韩川村，全长 24.69 公里。庄浪境内路段称朱店至梁山公路。1994 年，庄浪县朱店镇通过"民工建勤"拓建路基，铺筑沙砾路面 4 公里。2000 年 12 月，整合为 X056 孔韩路。1999 年，张家川境内马堡至韩川 4 公里作为

"以工代赈"项目改造为四级沙砾路，投资 62 万元。2008 年 7 月，韩川至梁山 22 公里通乡油路工程开工，2009 年 5 月完工，投资 973.84 万元，建设单位为张家川回族自治县交通局。至此，除庄浪境内 3.7 公里为三级沙砾路外，其余路段均为四级沥青路。

九、X060 静秦路

X060 静宁至秦安公路简称静秦路，起点为静宁县雷大乡，经李店、深沟，终点为秦安好地村，全长 56.69 公里。1998 年，静宁县动员沿线群众投工投劳改扩建静秦路，移动土石 184 万立方米，建涵洞 150 道，新建和加宽道路 65 公里，其间自发捐资、捐物 6.65 万元。1999 年 9 月，在兰州参加全国农村公路建设发展座谈会的代表专程到静秦路参观。2004 年，静宁县对雷大至李店段进行改扩建。2006 年至 2007 年，分两次铺筑沥青路面。经过历次整修，静秦路达到三级公路标准，全线为沥青表面处置路面。

十、X063 李刘路

X063 李店至刘家埂公路简称李刘路，起于平凉市静宁县李店镇，经深沟乡、定西市通渭县新景乡、鸡川镇，终点为鸡川镇刘家埂，接 S207 线，路线全长 57.45 公里。2007 年，静宁县交通局采用四级公路标准对李店至深沟段 13 公里进行改扩建，改造后路基宽 6.5 米、路面宽 6 米，沥青表面处置路面。2008 年，通渭县交通局对新景至刘家埂 34.4 公里实施通乡油路改造项目，当年完成路基土方工程、涵洞和天然沙砾垫层的铺筑。2009 年，铺筑沥青路面，共投资 1405.92 万元。经过扩建，刘李路达到四级公路标准。

十一、X071 南阳路

X071 南湖至阳川公路简称南阳路，位于庄浪县，起点为庄浪县南湖镇，经南湖石峡，卧龙镇苏家山、山集梁，终点为阳川镇，全长 35.38 公里。南阳路为乡村道，于 1993 年开始建设。1994 年，南湖镇利用"民工建勤"拓建南湖至石峡段路基 4 公里。1997 年，南湖镇和卧龙乡以"民工建勤"方式建成土路基 12.1 公里。1998 年，架通石峡桥。1999 年，阳川、卧龙两乡以"民工建勤"方式建成土路基 23.1 公里，架通赵家沟桥。2000 年和 2001

年，利用"以工代赈"等筹资 726 万元，全线改建路基铺沙砾路面，砌筑防护工程 3285.6 米，埋设涵洞 70 道。2001 年，南阳路由乡村道改为县道。2005 年，全线铺筑沥青表面处置路面，南湖至山集梁段达到三级公路标准，山集梁至阳川段达到四级公路标准。

十二、X083 定渭路

X083 定西至渭源公路简称定渭路，起自定西市安定区厘金局，经香泉镇、大安乡、北寨镇至渭源县城清源镇，全长 90 公里。20 世纪八九十年代，定渭路陆续铺筑成渣油路面。2004 年 3 月，定渭路作为县际油路改建工程开工实施，2007 年 1 月完工，投资 3820.36 万元，建设单位为定西市交通局。完成路基土石方 65.58 万立方米，铺筑沥青路面 47.3 万平方米，建中桥 1 座 51 米、小桥 2 座 46 米、涵洞 94 道，改造利用中桥 4 座 235.7 米、小桥 2 座 41 米、涵洞 28 道。改造后，定渭路有 74.4 公里达到三级公路标准，其余 15.6 公里达到四级公路标准。

十三、X087 通甘路

X087 通渭至甘谷公路简称通甘路，连接通渭、甘谷两县，起自通渭县城，经襄南乡、李店乡、常家河镇、温家岘和甘谷县的礼辛乡、大石乡、安远镇、新兴镇至甘谷县城，全长 100.14 公里。1995 年，通甘路作为"以工代赈"项目开始改建。其中通渭段通过"以工代赈"改建一直延续到 2005 年 6 月，累计投资 1270.47 万元，避开旧路新辟线路建设。2005 年，通甘路纳入全省通县油路改造项目，全线铺筑沥青表面处置路面，2007 年底工程完工。其中通渭境内按四级公路标准改建，投资 1650 万元；甘谷境内按三级公路标准改建，投资 1960 万元。在通甘路实施通县油路改造项目的同时，通渭县境内旧线路列入通乡油路改造项目，于 2007 年完成路面铺油。

十四、X088 高新路

X088 高家沟至新四公路简称高新路，起自漳县武当乡高家沟，经何家门、马泉、四族、石川、草滩至新寺，全长 90.11 公里，为绕风景名胜贵清山线路。1994 年至 1995 年，贵清山路口路段 13 公里完成改建。1995 年 12

月，高家沟至四族段列入"以工代赈"项目，按山岭重丘区四级公路标准开始改建，1998年12月完工，投资450万元，建桥梁4座106.85米、渡槽2座28米、涵洞38道，铺沙砾路面。2000年，四族至石川段开工改造，2003年底完工，投资320万元，完成土石方43.82万立方米，建小桥1座35.8米、涵洞33道。2005年，石川至草滩段实施通乡等级公路改造项目完工，国家补助资金169.8万元，完成路基土石方40万立方米，建钢筋混凝土桥梁4座65米、涵洞29道，铺沙砾路面。2006年8月，高家沟至石川段通乡油路改造项目开工。2007年11月，石川至新寺段通乡油路改造项目开工。2009年两项工程完工，铺筑沥青表面处置路面，分别投资1796万元和1715万元。

十五、X095 临渭路

X095 临洮至渭源公路简称临渭路，连接临洮、渭源两县，起自临洮县龙门镇东二十里铺，经窑店镇徐家铺、康家店、庆坪、韩家湾、瓦厂至渭源县城，全长45.78公里。1994年，临洮县修建东二十里铺桥。1996年，临渭路列入"以工代赈"项目，于1997年3月开工，按山岭重丘区三级公路标准按年分段改造，2005年完工，投资计656万元。2006年，临渭路列入通乡公路改造项目，于2007年9月开工，全线铺筑沥青路面，临洮境内路段2008年完工，渭源境内路段2009年完工，投资计2002.13万元。

十六、X097 文漳路

X097 文峰至漳县公路简称文漳路，起自陇西文峰，经宝凤、党家门、冯家门、仙家门、木林至漳县城关，全长38.34公里。文漳公路改建工程于2001年4月开工，2002年9月完工，属国扶贫困县连接国道项目，为国债投资项目，概算投资3380万元，建设单位为漳县政府。工程延伸至盐井，全长41.31公里，改建29.51公里，新建11.8公里，采用三级公路标准。工程完成路基土石方132.47万立方米，铺筑沥青表面处置路面，建中桥2座92.37米、小桥20座208.56米、涵洞85道。

十七、X107 通高路

X107 通渭至高庙山公路简称通高路，起点为通渭县城，经平襄镇、三铺乡、榜罗镇，终点为什川乡高庙山，全长 54.63 公里。1993 年，修建董家庄桥。1995 年，通渭县城至温泉段 9 公里列入"以工代赈"项目开始按山岭重丘区三级公路标准改建，2000 年完工，投资 157 万元，铺筑沥青表面处置路面。2006 年，在通甘路通乡油路改造项目中通渭县城至温泉段重铺油路。2006 年，温泉至高庙山段列入通乡公路改建项目，同年 8 月开工，2007 年底完工，投资 1941.81 万元。经过历次改造，通高路通渭至董家庄段 4.7 公里达到三级公路标准，其余达到四级公路标准。因榜罗镇有红军长征榜罗会议会址，通高路亦被列为红色旅游线路。

十八、X123 永窑路

X123 永登至窑街公路简称永窑路，起点为永登县城，经五渠村、中铺、通远，终点为兰州市红古区窑街河桥，总长 50.67 公里。2004 年，甘肃省发展和改革委员会批准立项永登至河桥县际公路改建项目，2005 年 3 月开工，2005 年 11 月完工，国债投资 2585 万元，建设单位为兰州公路总段。永登至河桥县际公路改建项目主要完成路基土石方 13.8 万立方米，特殊路基处理 8.92 公里，铺筑沥青碎石路面 30.55 万平方米，建中桥 1 座 50.4 米，加固利用中桥 6 座 389 米，新建和加固涵洞 107 道。工程实施后，永窑路达到三级公路标准，沥青路面。

十九、X131 皋盐路

X131 皋兰县至盐场堡公路简称皋盐路，起点为皋兰县，经什川乡、打麦沟、马家沟、青白石，终点为兰州市城关区盐场堡，全长 40.76 公里。2001 年，兰州市政府立项对什川至盐场堡段进行改建，工程总投资 3068 万元，其中小峡电站投资 2300 万元、兰州市政府投资 768 万元。改建后，皋盐路城关区境内路段达到三级公路标准，皋兰县境内路段有 9.5 公里达到二、三级公路标准，其余 19 公里达到四级公路标准。

二十、X138 夏方路

X138 夏官营至方家泉公路简称夏方路，起点为榆中县夏官营镇，经夏官营、金崖、来紫堡3个乡镇，终点为来紫堡乡方家泉村，全长27.1公里。1991年至1995年，夏方路通过"以工代赈"改建成三级公路，铺筑沙砾路面，投资计680万元，县、乡"民工建勤"折合1100万元。1999年至2001年，夏方路再次通过"以工代赈"的方式改建，铺筑沥青表面处置路面，投资768万元。2004年至2005年，兰州市政府投资5884万元建成兰州通往榆中钢厂的公路，即兰州市东岗出口至金崖二级公路，夏芳路金崖至方家泉14.8公里随之改造成二级公路，沥青混凝土路面。2008年5月，榆中县交通局对夏方路进行改造，2010年6月完工，投资860万元，完成土石方13.5万立方米，夏官营至金崖12.3公里重铺沥青表面处置路面，达到三级公路标准。

二十一、X141 十条路

X141 十八里堡至条山村公路简称十条路，起自古浪县十八里堡乡，经黄羊川、横梁、干城、新堡等乡镇至景泰县年家井乡条山村再经寿鹿山、八支渠接S201线，全长140.44公里，全线为三级公路。2001年5月，古浪境内十八里堡至条山村106.03公里作为国扶贫困县公路建设项目开工改建。2003年10月工程完工，投资6013万元，完成路基土石方98万立方米，建中小桥12座、涵洞276道，铺筑沥青表面处置路面。从2001年开始，景泰境内路段开始实施油路改造，2001年有14公里改造为油路，2003年投资263.7万元将条山至十八里铺和十八里铺至寿鹿山两条路段计19公里铺筑油路，剩余10公里路段于2006年投资480万元铺筑油路，至此景泰境内34.41公里达到三级公路标准，沥青碎石路面。

二十二、X144 曹西路

X144 曹家台至西沟口公路简称曹西路，起点为古浪县十八里堡乡曹家台，经天祝县茶树沟、朵什、黑沟、直岔、土星、照子山，终点为西大滩乡西沟口，全长38.63公里。曹西路于1992年至1994年通过"以工代赈"的方式改建而成，时为天然沙砾路。2007 年开工通乡油路改建工程，2008 年10 月完工，投资 1861.36 万元，改建后达到四级公路标准，沥青表面处置路面。

二十三、X162 民东路

X162 民勤至东湖公路简称民东路，位于民勤县境内，起自民勤县城，经大滩、泉山、红沙梁、西渠镇、东湖镇至甘肃与内蒙古自治区交界处深坑井，全长 125.22 公里。2003 年，西渠镇至深坑井段作为通乡公路项目改建为三级公路，铺筑沙砾路面，投资 616 万元。2004 年，民勤县城至西渠镇段列入县际公路建设项目。2006 年 11 月完工，投资 3016 万元，改建后达到三级公路标准，沥青表面处置路面。2007 年，西渠镇至雷达站段 40 公里作为战备公路建设项目进行改建，2008 年完工，投资 1600 万元，改建后达到四级公路标准，沥青碎石路面。

二十四、X164 民金路

X164 民勤至金昌公路简称民金路，连接民勤、金昌，自民勤县昌宁乡小坝口接 S211 线，经薛百、昌宁、华建、金昌九个井、新华至金昌市经济技术开发区，全长 84.86 公里。1994 年 5 月，金昌通过"民工建勤"方式建成金昌市至新华村的路段；1995 年至 1996 年，建成新华村至民勤县昌宁乡路段，移动土石方量 4.53 万立方米，投资 892.5 万元，建设标准为三级公路。2007 年，金昌境内 25.1 公里按三级公路标准全线改造，铺筑沥青表面处置路面，投资 936.68 万元。民勤境内路段于 1987 年建成路基，1995 年—2009 年陆续改造为四级公路，铺筑沥青碎石路面。

二十五、X181 金武路

X181 金昌至武威公路简称金武路，起点为金昌市金川区，经永昌县水源镇到武威双城镇、永昌镇，终点为凉州区北沙河桥，全长 94.42 公里。武威境内路段称武威至双城公路，修建于 1991 年，长 26.75 公里。从 2003 年10 月开始，金昌、武威两市对金武路全线进行改造，2004 年底建成通车，改造后全线达到三级公路标准，沥青碎石路面。金武路武威段改造项目于

2003 年 11 月开工，2004 年 11 建成通车，投资 2354.03 万元，建设单位为武威市交通局，长 33.9 公里（主线长 25.9 公里、支线 8 公里），征用土地 231 亩，移动路基土石方 21.91 万立方米，建小桥 1 座 21.24 米、涵洞 48 道，铺筑沥青碎石路面 30 万平方米。金武路金昌段改造项目于 2003 年 10 月开工，2004 年主体工程完工后试通车，2005 年 5 月全部完工，投资 3600 万元，建中桥 8 座、小桥 14 座、涵洞 137 道。

二十六、X184 永清路

X184 永昌至清河公路简称永清路，起自永昌县六坝乡八坝村，经九坝村、田庄村、沙滩、水源镇宋家沟村、永宁堡、汤宁堡至朱王堡，全长 46 公里。1991 年至 1993 年，永昌县政府先后两次投资 397 万元以"民工建勤"方式铺筑沥青罩面 15 公里，达到三级公路标准。1995 年，永昌县政府投资 109 万元，铺筑油路 10 公里，达到平原微丘区三级公路标准，并将永清路由 37 公里延长至 46 公里，修建涵洞 45 道。2008 年 5 月，永清路全线实施通乡油路改造项目，投资 2289.7 万元，终点段延伸到朱王堡毗邻的民勤县蔡旗堡乡，又称永民路。

二十七、X194 新西路

X194 新城子至西大河公路简称新西路，起点为永昌县新城子镇，经毛家庄、军马场到西大河自然保护区，终点为民乐县总寨镇，长 90.44 公里。2003 年，甘肃省交通厅批准建设永昌至民乐总寨县际公路（永昌段）改建工程项目，金昌市交通局为建设单位。2003 年 3 月开工，同年 10 月完工，投资 879.28 万元，移动路基土石方 2.8 万立方米、铺筑沥青碎石路面 18.44 万平方米。新西路全线达到三级公路标准，沥青碎石路面。

二十八、X210 新马路

X210 新河至马营公路简称新马路，位于山丹县境内，起自陈户乡新河村，经李桥乡至马营乡，全长 46.4 公里。从 1993 年开始，张掖市交通部门逐年对新马路进行改造。2008 年 10 月，经甘肃省发展和改革委员会立项，新马路开工改建，2009 年 10 月工程完工，投资 1716.6 万元，建设单位为山丹县交通局。新马路改建后全线达到三级公路标准，陈户乡至孙营村 4.35 公里为沥青表面处置路面，其余为水泥混凝土路面。

二十九、X214 张罗路

X214 张掖市北门至罗城桥公路简称张罗路，起点为张掖市甘州区北门，经临泽县和高台县，终点为高台县罗城黑河大桥，全长 137.9 公里。2004 年 11 月，张罗路高台县境内 62.76 公里作为县际公路建设项目按平原微丘区三级公路标准开工改建，2005 年 11 月建成通车，投资 3400 万元。2006 年 6 月至 2007 年 8 月，临泽境内路段改建为三级公路。同年 6 月，甘州至三闸镇 15 公里作为通乡公路改建工程开工改建，按二级公路标准设计，2007 年 12 月完工，投资 1778 万元，完成路基土方 12.96 万立方米，新建桥梁 5 座、涵洞 50 道，铺沥青混凝土路面 15.2 万平方米，建设单位为张掖市交通局。经过历次改建，张罗路甘州区至靖安乡 15 公里达到二级公路标准，沥青混凝土路面；靖安乡至小口河子 9.53 公里达到四级公路标准，水泥混凝土路面；其余路段达到三级公路标准，沥青碎石或沥青表面处置路面。

三十、X224 清双路

X224 清泉至双窝铺公路简称清双路，起自山丹县清泉，经红寺湖、茨湖、地圈台至双窝铺村，全长 34 公里。2002 年，甘肃省交通厅投资 600 万元修通山丹至红寺湖 20.51 公里沙砾路。2009 年 4 月，东乐至清泉至双窝铺（甘蒙界）公路改建工程开工，工程包括 G312 东乐至清泉段和 X224 清泉至双窝铺公路，2010 年 11 月完工，投资 1.35 亿元。建设单位为甘肃省公路局和张掖公路分局。改建后清双路全线达到二级公路标准，沥青混凝土路面。

三十一、X247 疙酒路

X247 疙瘩井至酒泉公路简称疙酒路，纵穿金塔县和肃州区，起点为甘肃与内蒙古自治区交界处的金塔县疙瘩井，终点为酒泉市火车站，全长 200.13 公里，为省道 S214 线。通过多次开展"民工建勤"活动，疙酒路大部分路段由砂路改造为沥青路，除金塔境内有 52.16 公里为四级沙砾路外，其余路段为沥青碎石或沥青表面处置路面的二三级公路。2007 年，酒泉市政府建成 X245 酒泉至航天城公路后，经甘肃省交通厅与酒泉市政府协商，将疙酒路由省道调整为县道，编号 X247 线，同时将 X245 酒泉至航天城公路调整为省道 S214 线。

三十二、X265 玉鱼路

X265 玉门镇至鱼儿红公路简称玉鱼路，起点为玉门镇城西，经戈壁滩、祁连山峡谷到昌马乡，经东湾村、金沟村，终点为肃北鱼儿红乡，全长 121.47 公里。1990 年，昌马乡政府组织群众采取"民工建勤""民办公助"的方式对玉门至昌马乡 10 公里路段路基进行改造，改建小桥 2 座、涵洞 21 道。自 2000 年起，玉门市交通局按照三级公路标准对玉门至昌马乡路段进行改造，新建桥梁 2 座、涵洞 11 道。2004 年，玉门境内 72 公里全部铺筑沥青表面处置路面。2003 年，肃北境内的昌马乡至鱼儿红段 49.47 公里由简易沙砾路改建为四级沙砾路。

三十三、X266 玉布路

X266 玉门镇至布隆吉公路简称玉布路，自玉门镇接 G312 线，经柳河乡、瓜州县三道沟镇、河东乡，在瓜州县布隆吉乡过疏勒河桥接 G312 线，全长 72.22 公里。1998 年，由酒泉地区交通处投资 80 万元对玉门镇至布隆吉乡路段进行改造，其中 6.2 公里铺筑油路。2001 年，布隆吉至七道沟 20.3 公里按"民工建勤"方式实施路基改造工程。2002 年，投资 250 万元新铺油路 9.1 公里。2009 年 4 月，玉门境内玉门至三道沟段 24.54 公里通乡公路改造工程开工，2009 年 10 月完工。另有支线一条 1.98 公里于 2010 年 8 月开工改造，2010 年 10 月完工。玉门至三道沟段通乡公路改造工程主支线计 26.52 公里，共投资 1151.33 万元，建设单位为玉门市交通局。改建后全线达到三级公路标准，沥青表面处置路面。

三十四、X273 南湖公路

X273 南湖公路即 G215 至南湖公路，位于敦煌市境内，由 G215 线通往阳关景区，全长 27.9 公里。20 世纪八九十年代，通过"民工建勤""民办公助"方式按照三级公路标准逐年逐段改造，铺筑沥青路面。2006 年 6 月，敦煌市交通局在全线实施大中修改造工程，2007 年 10 月完工，修建桥梁 1 座、涵洞 12 座、拦洪坝 2400 米、护坡 3600 平方米。大中修改造后达到三级公路标准，沥青表面处置路面。

三十五、X279 石肃路

X279 石包城至肃北公路简称石肃路，位于肃北县境内，起点为石包城乡，经一棵树、土大板、石板墩，终点为肃北蒙古族自治县党城湾镇，全长 146 公里。2001 年，肃北县实施党城湾至石包城公路"三通"工程，对石肃路全线进行改造，工程于 2001 年 4 月开工，11 月完工，投资 820 万元。共完成土石方 48.4 万立方米，建桥梁 5 座 156 米、涵洞 219 道。工程实施后，石肃路达到四级公路标准，除肃北县城附近 6 公里为沥青碎石路面外，其余 140 公里均为沙砾路面。

三十六、X283 双石路

X283 双塔至石包城公路简称双石路，起点为安西县（今瓜州县）双塔水库西侧，经过安西、肃北两县的四个乡（镇），终点为肃北蒙古族自治县石包城乡，全长 127.53 公里，三级公路标准，沥青路面。双石路于 2002 年开始建设，2004 年建成通车，是利用国债资金修建的县际公路，投资 1.02 亿元，其中国债投资 7300 万元。该工程除修建双塔至石包城主线 127 公里以外，还修建东千佛洞支线、锁阳城支线、榆林窟支线共 18.44 公里。

三十七、X301 嘉祁路

X301 线嘉峪关至祁丰公路简称嘉祁路，起自嘉峪关接 G312 线，经过长城第一墩、嘉峪关火车站、文殊镇至肃南县祁丰乡，全长 34.35 公里。该路于 2002 年由 X301、X302 及 X304 整合而成。2003 年 8 月，实施县际公路改建工程，2006 年 10 月底完工，投资 1381 万元，完成路基土石方 1.35 万立方米，铺筑沥青路面，改建后达到三级公路标准。

三十八、X307 嘉断路

X307 嘉峪关至断山口公路简称嘉断路，起点为嘉峪关水泥厂，终点为峪泉镇断口山村，全长 20.6 公里。1991 年，嘉峪关市政府投资对水泥厂至城楼段 3 公里进行改造，铺筑沥青表面处置路面。1995 年至 1996 年，嘉峪关市政府投资修建嘉峪关乡政府至悬壁长城段 8 公里，铺筑 3 厘米厚沥青表面处置路面。1996 年，嘉峪关市政府投资修建悬壁长城至黄草营六组段 5.1 公里，铺筑沥青上拌下贯式路面。2008 年 8 月，新城镇至文殊镇段实施通乡公路建设工程，此工程实施路段有 X307 线和 X253 线，投资 3255 万元，按三级公路标准建设，铺筑沥青碎石路面。其中 X307 线实施路段为嘉峪关至黄草营六队共 13 公里。

三十九、X321 兴宽路

X321 兴泉至宽沟公路简称兴宽路，位于靖远县境内，起自喜泉镇兴泉村，经玉川、刘庄、永川、九支、寺滩村、疃庄、宽沟至寿鹿山森林公园，全长 42.46 公里。其中九支至寺滩段 12.5 公里与 X141 共线。1995 年，为开发寿鹿山风景旅游区，通过"以工代赈"方式修建兴宽路，1996 年 10 月建成，投资 315 万元，完成路基土石方 39 万立方米，铺砂 20.4 万平方米，修筑涵洞 51 道。2000 年，投资 40 万元将 3.2 公里路段铺筑沥青路面。2003 年，在 X141 油路改造中，将十八里铺至寿鹿山段铺筑成油路。经过历次改造，全线达到三级公路标准，沥青碎石路面。

四十、X322 唐靖路

X322 唐家台至靖远公路简称唐靖路，位于靖远县境内，起自唐家台，经红柳泉、东湾镇、沙梁、杨梢沟口、靖远县城至阎门村，全长 24.62 公里。唐靖路属 G109 线。2000 年，G109 吴家川至唐家台段改建工程实施后，G109 线改线三滩，此段路随之改为 X322。2009 年，白银公路总段对 X322 唐静路全线实施改建工程，投资 1612.6 万元。工程完成土方 1.89 万立方米，铺筑沥青混凝土路面 27.57 万平方米、建涵洞 7 道，修复旧桥 1 座。改建后唐靖路全线达到二级公路标准。

四十一、X324 白榆路

X324 白银至榆中公路简称白榆路，连接白银市白银区和兰州市榆中县，起点为白银市，经白银的王岘乡、强湾乡、水川乡，榆中县青城镇、哈岘乡、贡井乡，终点为榆中县小康营，全长 128.63 公里。白榆路在 20 世纪 90 年代初期改建为天然沙砾路面。1999 年，白银市交通部门投入 22 万元，在境内路段实施油路罩面 5 公里，完成白榆路断头路改建工程。2003 年，甘肃省计划委员会立项白银至榆中县际公路改建工程，工程于 2004 年开工，2005 年完工。白银境内路段 23.49 公里全部改建为三级公路，沥青碎石路面，车购税投资 1350 万元，建设单位为白银市交通局；榆中县境内 105.14 公里有 48.32 公里改造为四级公路，其余 56.82 改造为三级公路，沥青表面处置路面，车购税投资 4556 万元，建设单位为兰州市交通局。

四十二、X325 平大路

X325 平川至大芦公路简称平大路，起点为平川区贺家川，经常家河、高湾乡，终点为靖远县大芦乡河口村，全长 76.94 公里。平川境内平川至高湾段于 1998 年被列入"以工代赈"项目，分两期建成。一期工程于 2000 年 4 月开工，2002 年 11 月完工，投资 380 万元，完成路基土石方 54 万立方米，建小桥 1 座、涵洞 19 道，路面铺砂 15.6 万立方米。二期工程完成路基土方 31 万立方米，建桥梁 4 座、管涵 44 道，投资 429 万元。靖远境内路段于 1998 年通过"以工代赈"方式投资 842.5 万元建成。经过历次改建，平大路有 37.45 公里为三四级沥青碎石路面，39.49 公里为三四级沙砾路面。

四十三、X327 郭巉路

X327 线郭城至巉口公路简称郭巉路，起自会宁县郭城，经头寨、峡口、鲁家沟至定西市安定区巉口，全长 76.66 公里。1990 年，郭巉路列入中低档工业品"以工代赈"项目，1993 年完工，铺筑油路。2003 年，郭巉路作为靖远至定西公路县际油路改建工程的组成部分开工改建，资金来源为国债资金。定西境内路段建设单位为定西市交通局，于 2003 年 7 月开工，2004 年 7 月完工，投资 1974.56 万元，完成路基土石方 8 万立方米，铺筑沥青表面处置路面，加固旧桥 3 座 135.5 米，建涵洞 14 道，接长旧涵洞 22 道，改建后达到四级公路标准。会宁境内路段建设单位为白银市交通局，于 2003 年 8 月开工，2004 年 6 月完工，投资 1157 万元，铺筑沥青碎石路面，改建后达到三级公路标准。

四十四、X330 马塬路

X330 马家堡至塬坪公路简称马塬路，起点为会宁县马家堡，经定西市安定区的石峡湾、葛家岔、巉口、青岚四乡镇，终点为安定区青岚乡塬坪鏊岘，全长 51.28 公里。马塬路于 1998 年被列为"以工代赈"项目。塬坪鏊岘至葛家岔 17.1 公里作为一期工程于 1999 年 7 月开工，2001 年 5 月完工，投资 292 万元；安定区内剩余 23 公里作为二期工程于 2002 年 3 月开工改建，2003 年完工，投资 403 万元。通过两期改建，马塬路安定区境内路段达到四级公路标准，沙砾路面。2006 年，马塬路安定区内路段实施通乡油路改造工程，2007 年底完工，投资 1600 余万元。改造后安定区境内 40.18 公路达到四级公路标准，沥青表面处置路面。会宁境内 11.1 公里为等外公路。

四十五、X333 双界路

X333 双铺至界石公路简称双界路，起点为白银市平川区双铺村，经刘家寨、新塬、大沟、平头川、老君坡，终点为会宁县青江驿，全长 171.07 公里。1995 年 4 月，老君坡至平头川段县际公路改造项目开工，1998 年 8 月完工，投资 528.9 万元。2004 年 5 月，黄峤乡双铺村至复兴乡稍沟岘段改造工程作为"以工代赈"项目开工，2005 年 10 月完工，完成路基土方 24.94 万立方米，投资 628 万元。2006 年，秦岔岘至青江驿段 62 公里、稍沟岘至祁家南山 60 公里铺油改造，投资 2400 万元。2006 年，平川境内路段列入通乡油路改造项目，2007 年 11 月完工，投资 1931.74 万元，完成土方 23 万立方米、铺筑沥青表面处置路面，全线改建为四级沥青路，该工程完成后平川区实现乡乡通油路。

四十六、X362 和铁路

X362 和政至铁沟公路线简称和铁路，位于和政县境内，起点为和政县龙泉广场，经城关镇、西关、三谷村、买家集、新营，终点为和政县铁沟，全长 33.97 公里。和铁路编号为 X365。2001 年，X362 调整为 Y559，此路同时调整为 X362。1996 年，和政县筹资 80 万元，通过"民工建勤""以工代赈"方式将和铁路县城过境路段 2 公里铺筑成沥青路。1997 年，采取"民工建勤"和机关干部义务劳动的方式，拓宽改造县城西出口路段。1998 年，麻尼坡路段降坡加宽。1999 年，利用"以工代赈"资金 40 万元和和政县自筹资金，和政至买家集 12.34 公里铺筑成沥青表面处置路面。2002 年，买家集至新营 5 公里路段及买家集街道、新营街道铺筑沥青表面处置路面，投资 153 万元。2009 年 4 月，和政县龙泉广场至新营乡 22.1 公里按三级公路标准开工改造，2010 年 1 月完工，投资 1489.64 万元，建设单位为临夏公路总段。改造后，和铁路除铁钩段 8 公里为等外沙砾路外，其余路段达到三级公路标准，沥青表面处置路面。

四十七、X364 折双路

X364 折桥至双城公路简称折双路，在临夏市和临夏县境内，起点为临夏市折桥桥头，经南龙、榆林、漫路、铁寨、尹集，终点为临夏县双城，全长 46.75 公里。1990 年至 1993 年，临夏市境内 16.2 公里改造为三级公路，铺筑沥青路面。1995 年，临夏县境内路段开工改造三级公路，2000 年完工，投资 455 万元，铺筑沥青路面。2007 年，折桥至南龙段按二三级公路标准开工改建，2008 年完工，投资 1398 万元。改造后，折双路马家庄至南川 2.5 公里达到二级公路标准，其余路段达到三级公路标准。折桥至马家庄、单子庄至榆林沟口 13.71 公里为水泥混凝土路面，其余为沥青路面。

四十八、X367 临三路

X367 临夏至三塬公路简称临三路，连接临夏市与永靖县，起点为临夏市，经北塬崔家坡、蒋家川、冯唐、尕陈家、刘家峡水库，终点为永靖县三塬镇，全长 43 公里。1992 年—1996 年，投资 423 万元，按三级公路标准改建土桥至莲花段路基 17.83 公里。1998 年，崔家坡至土桥段 3.29 公里铺筑为沥青路面。1998 年，莲花码头、向阳码头动工修建，历时 3 年完工，分别投资 436.3 万元、549.8 万元。2004 年，崔家坡段 2.1 公里铺筑水泥混凝土路面，投资 373 万元。2006 年，临夏县境内 26.31 公里路段改建为水泥混凝土路面，投资 1785 万元。经历次改建，临三路朱潘村至向阳码头 28.75 公里达到四级公路标准，其余路段为三级公路。除向阳码头附近 3 公里为沙砾路面外，其余为水泥混凝土路面。

四十九、X368 新八路

X368 新集至八松公路简称新八路，位于康乐县境内，修建于 2000 年，自新集接 S311 线，经草滩、普巴、上湾、八丹、鸣鹿、八松，于终点八松乡接 S317 线，全长 55.93 公里。2006 年，全线实施铺油改造工程，投资 2530 万元。改造后全线达到四级公路标准，沥青表面处置路面。

五十、X377 刘白路

X377 刘家峡至白川公路简称刘白路，位于永靖县境内，起自永靖县城河南岔路口，经刘家峡、三塬、杨塔、王台、小岭、新寺、段岭、坪沟，于白川跨湟水河接 G109 线，全长 129.24 公里。1989 年至 1991 年，刘家峡至三塬 17.95 公里铺筑沥青表面处置路面。1995 年，三塬至新寺 57.31 公里改建为三四级公路，投资 719 万元。1998 年，改建新寺至段岭段 14.88 公里路基，投资 488.75 万元。2000 年，新铺油路 10.5 公里，补铺油路及拓宽 3 公里。2005 年刘白路列入县际油路建设项目，2006 年王台镇蒋家铺至段岭 53.64 公里铺筑油路，2007 年段岭至白川段 40.84 公里铺筑油路。至此，刘白路除刘家峡村 1.65 公里铺筑水泥混凝土路面外，其余均铺筑沥青表面处置路面。出刘家峡村到三湾村 64 公里达到三级公路标准，其余均为四级公路。

五十一、X402 博贡路

X402 博拉至贡去乎公路简称博贡路，连接夏河、碌曲两县，起点为夏河县博拉乡，经加禾村、多田村、阿拉乡、洛措村，终点为碌曲县西仓乡贡去乎村，全长 72.55 公里。从 2001 年开始，博贡路通过"以工代赈"的方式陆续改建。夏河境内路段改建工程于 2001 年 8 月开工，2003 年 7 月完工，投资 460 万元，改建为四级砂路，此后实施油路改造工程。碌曲县境内路段于 2005 年开始改造，2008 年投资 2461 万元实施油路改造工程。经过历次改造，博贡路达到四级公路标准，沥青混凝土路面。

五十二、X412 江迭路

X412 江果河至迭部公路简称江迭路，自临潭县术布乡江果河村接 S306 线，经卓尼县扎古录镇、刀告乡、尼巴乡、迭部县扎尕那、呐加、益哇、于迭部县城连 S313 线，全长 140.7 公里。1996 年 6 月，甘南州交通局开建江迭路一期工程，1999 年 10 月完工，投资 2821 万元。2002 年，续建江车至扎尕那 59.75 公里路段，2003 年完工，投资 1.16 亿元。江迭路全线为三级公路，除卓尼境内有 45.88 公里为沙砾面外，其余路段为沥青表面处置或沥青混凝土路面。

五十三、X418 黄群路

X418 黄河桥至群强公路简称黄群路，自玛曲县玛曲黄河大桥接 S313 线，经黄河第一弯风景区、欧拉乡欧强村、洛尔龙，在阿万仓乡一直沿黄河蜿蜒而上至甘肃玛曲与青海久治交界处的木西合乡（群强），全长 109.84 公里。1996 年，通过"以工代赈"方式筹资 582 万元开工建设洛尔龙至久治段 50.55 公里，1997 年修通。2001 年 6 月，按四级公路标准开工改建阿万仓至木西合段 68.1 公里，2003 年底竣工，投资 912 万元。此后又陆续实施油路改造工程。2008 年 5 月，甘、青两省交通厅，甘南和果洛两个藏族自治州政府举行合作修建甘青界沙木多黄河大桥协议签字仪式。2009 年 5 月，甘青界沙木多黄河大桥开工建设，投资 1300 万元，甘、青两省各承担投资 50%。沙木多黄河大桥（含引线）全长 1.26 公里，其中大桥长 187 米，采用三级公路工程标准，2013 年 9 月完工。经过历次改造，黄群路除起始 18.2 公里路段为三级公路以外，其余均为四级公路，沥青混凝土路面。

五十四、X424 碌则路

X424 碌曲桥头至则岔公路简称碌则路，位于碌曲县境内，自碌曲县城碌曲桥头接 G213 线，经玛艾镇、西仓乡、拉仁关乡、贡去乎村至则岔石林，全长 55.54 公里。2001 年 5 月全线开工改建，2002 年底建成通车，投资 3565 万元，改建后全线达到三级公路标准，沥青表面处置路面。

五十五、X429 西麻路

X429 西寨至麻路公路简称西麻路，自岷县西寨接 S306 线，经卓尼县纳浪、木耳、柳林、大族、卡车至扎古录镇麻路村，全长 93.12 公里。西麻路于 1993 年 11 月开工修建，起点为岷县西寨野狐桥，终点为麻路，长 98.7 公里，1994 年 8 月完工，投资 1301.4 万元，四级公路标准，路面为 10 厘米厚天然沙砾面层，建设单位为甘南藏族自治州交通局。1995 年，通过"以工代赈"筹资 405 万元，改造 17.55 公里，建成中桥 1 座、涵洞 35 道，路面铺砂 1.1 万立方米，同年投资 63 万元将卓尼县城 3.2 公里路段铺筑为沥青路面。2000 年底，卓尼至岷县西寨 49.83 公里油路改造工程开工，2002 年完工，投资 2800 万元。经过历次改造整修，西麻路除拉力沟至麻路有 25.43 公里为四级砂路外，其余路段均为三级沥青路面。

五十六、X447 武漳路

X447 武山至漳县公路简称武漳路，起点原为武山县城。2006 年，前 15 公里并入 G316 线，起点改为武山县鸳鸯镇广武门村，经鸳鸯镇、山丹、阳坪在漳县境过武当、武阳、漳县县城，终点为漳县吴家门村。主线长 40.3 公里，贵清山支线长 26.4 公里，合计全长 66.7 公里。1995 年，改建漳县至三岔段 9.2 公里。1997 年至 2000 年，漳县将邹家门至张坪、张坪至城关段 25 公里改建为等级公路，投资 1909.8 万元。2003 年 12 月，武漳路作为通县油路改造项目开工，主线按山岭重丘区三级公路标准设计，贵清山支线按山岭重丘区四级公路标准设计，2006 年 11 月建成通车，投资 3298.69 万元。武山至漳县通县油路改造项目完成路基土石方 34.67 万立方米，铺筑沥青表面处置路面 42.5 万平方米、泥结碎石路面 2.61 万平方米。

五十七、X449 清社路和景西路

X449 有两条路线，一条为天水境内的清社路，另一条为定西境内的景西路。

X449 清水至社棠公路简称清社路，起点为清水县城，经永清镇、草川铺乡、丰望乡，终点为天水市麦积区社棠镇，全长 38.1 公里。2007 年，草川至甘涝池段列入"以工代赈"项目完成改造，投资 560 万元。改造后清社路达到四级公路标准，沥青表面处置路面。

X449 景家店至西大桥公路简称景西路，起点为安定区景家店，经苟家窑、高泉、大阴梁、高台山，终点为陇西县渭河乡西大桥，全长 74.82 公里。景西路属 S209 线，1997 年在农机路基础上铺筑简易油路而成。2007 年 S209 新线建成通车，2009 年 7 月景西路调整为 X449 线。

五十八、X456 磐草路

X456 磐安至草川公路简称磐草路，连接甘谷和武山两县，于甘谷县磐安镇接 G316 线，经武山县温泉乡至草川，全长 33.35 公里，是通往草川大草原的旅游路线。2007 年，甘谷境内投资 390 万元建成 9 公里四级水泥混凝土路面。2002 年 8 月，建成武山境内温泉疗养院段至草川段 19.73 公里公路，为天然沙砾路面，2010 年改建成四级水泥混凝土路面；高磨村至温泉疗养院段于 2005 年 9 月铺沥青表面处置路面，四级公路标准。

五十九、X462 张秦路

X462 张川至秦安公路简称张秦路，起点为张家川回族自治县，经木河乡、龙山、韩川村、秦安县陇城、五营、莲花至秦安县城，全长 95.84 公里。张秦路原为 S304 线。2005 年 12 月，S304 线莲叶段建成通车后，原莲花至秦安县城段调整为县道 X462 线。张秦路秦安境内于 2002 年 11 月通过"以工代赈"方式按三级公路标准建设，2005 年 11 月通过竣工验收，投资 908.98 万元。张家川境内于 2004 年 4 月按三级公路标准建设，2006 年底竣工，投资 1594 万元。全线为三级公路标准，沥青表面处置路面。

六十、X481 徽谈路

X481 徽县至谈家庄公路简称徽谈路，起自徽县县城，经水阳乡、石滩村、两铺垭村、田河村至嘉陵镇谈家庄徽县火车站，全长 23.25 公里。1990年，田家河至嘉陵镇段 7 公里实施改线工程，建嘉陵镇黄沙河大桥 1 座，改建路线路面铺油。2005 年 1 月，徽谈路全线开工改建，同年年底完工，投资 1100 万元，建设单位为徽县政府，施工单位为徽县交通局和徽县公路管理段。改建路基土石方 6.16 万立方米，新铺油路 15.4 万平方米。改建后，徽谈路达到三级公路标准，有 4 公里为沥青碎石路面，其余为沥青表面处置路面。

六十一、X482 康阳路

X482 康县至阳坝公路简称康阳路，起自康县县城，经岸门口镇、白杨乡、铜钱乡，从龙神沟入乱山子至阳坝镇，长 82.36 公里。2001 年，康阳路开始按三级公路标准改造，2005 年完工，投资 9800 万元，建设单位为康县县政府。此次共改建路基 334 万立方米，铺筑油路 57.87 万平方米，建桥梁21 座 491 米、涵洞 320 道。"5·12"汶川地震中康阳路受损，随后纳入国务院《汶川地震灾后恢复重建总体规划》。重建工程起点为康县县城，终点为阳坝镇南，长 79.6 公里，于 2009 年 6 月开工，2010 年 9 月建成通车，投资 1.76 亿元。共完成土石方 27.65 万立方米，全铺沥青碎石路面，新建涵洞42 道。重建后，康阳路全线达到三级公路标准。

六十二、X484 东青路

X484 东峪口至青龙桥公路简称东青路，位于文县境内，起自石坊乡东峪口，经石坊乡、邓草坝、枣元坝、沙渠村、石鸡坝、朱元坝、哈南村至青龙桥，全长 31.7 公里。2001 年 9 月，东青路实施油路工程，2002 年 11 月完工，投资 2145 万元，建设单位为陇南公路总段。工程共完成路基土石方13.79 万立方米，新铺油路 22.19 万立方米，建桥梁 4 座 88 米、涵洞 107 道，改造后达到山岭重丘区三级公路标准。"5·12"汶川地震中东青路受损，随后纳入国务院《汶川地震灾后恢复重建总体规划》。重建工程于 2009 年 3 月开工，2010 年 7 月建成通车，投资 1.36 亿元。共完成土方 15 万立方米，全线水泥混凝土路面，建大桥 1 座 149 米、中桥 3 座 162 米、小桥 1 座 21 米、涵洞 41 道。重建后，东青路全线达到二级公路标准。

六十三、X489 沙杨路

X489 沙湾至杨布河公路简称沙杨路，起自陇南市宕昌县沙湾镇，于下半山村进入舟曲县境，经池干乡、塘古村、武坪村、皇见村至杨布河大水沟口，全长 43.95 公里。2002 年，舟曲县实施沙湾至大水沟口 39.7 公里新改建工程，改建 11.6 公里，新建 28.1 公里，投资 1215.5 万元，全线为四级公路，沙砾路面。2007 年，沙湾至大水口 39.7 公里实施通乡油路改造工程，投资 992.5 万元，舟曲县交通局组织实施。

六十四、X513 支伏路

X513 支旗至伏镇公路简称支伏路，起自成县支旗乡，经店村镇、红川镇至徽县伏家镇接 G316 线，全长 33.37 公里。1993 年陇南市对全线进行改建，2002 年实施铺油硬化工程。在"5·12"汶川地震中支伏路受损，随后纳入农村公路地震灾后恢复重建项目，全线达到三级公路标准，铺筑沥青混凝土路面。

六十五、X521 长罗路

X521 长庆桥至罗汉洞公路简称长罗路，位于泾川县境内，起自长庆桥，经泾明乡山底下村至罗汉洞，长 24.76 公里。此路属 S202 线，2003 年 4 月，作为"西部通道"银川—武汉公路组成路段开工改造为一级公路。2009 年 10 月，长罗一级公路作为平定高速公路连接线改造为高速公路，改属 G22 青兰高速，2009 年新建成的长庆桥至罗汉洞高速公路辅道则改为县道，即 X521 线。

附表：2010 年甘肃省县道一览表（表 1-3-2）。

2010年甘肃省县道一览表

表 1-3-2

编号	名称	里程(km)	所在市州	编号	名称	里程(km)	所在市州
X002	董志至镇原	53.08	庆阳	X003	平泉至中原	21.75	庆阳
X004	镇原至草滩	50.02	庆阳	X005	镇原至殷家城	94.3	庆阳
X006	王地庄至方山	12.37	庆阳	X007	太平至回回店	21.54	庆阳
X008	杨旗至三岔	103	庆阳	X009	范家湾至冰淋岔	64.7	庆阳
X010	环县至固原	98.49	庆阳	X011	李上山至毛井	38.25	庆阳
X012	洪德至大水坑	60.25	庆阳	X013	北塬头至蔡口集	26.5	庆阳
X014	阜城至桐川	34.8	庆阳	X015	儒木铺至柳树湾	31.38	庆阳
X016	白马铺至铁李川	33.15	庆阳	X017	悦乐至铁角城	77.3	庆阳
X018	柔远至太白	84.65	庆阳	X019	新堡至山庄	40.43	庆阳
X020	合水至拓儿塬	39.29	庆阳	X021	合水至固城	25.26	庆阳
X022	合水至观音	19.05	庆阳	X023	石鼓至罗山府	70.5	庆阳
X024	五里墩至宁县	68	庆阳	X025	早胜至政平	22.2	庆阳
X026	早胜至青牛	46.49	庆阳	X027	正宁至周家至政平	49.6	庆阳
X028	五顷塬至罗儿沟圈	26.23	庆阳	X029	正宁至艾蒿店子	24.88	庆阳
X030	西峰至合水	30.07	庆阳	X031	镇原至王咀	28.22	庆阳
X040	碾盘子至店峡	17.15	平凉	X041	高平至葛家腰岘	67.08	平凉
X042	殿王至泾川	32.6	平凉	X043	什字至千阳	50.55	平凉
X044	白水至崇信	21.07	平凉	X045	庄浪至北道	126.85	平凉、天水
X046	下肖至玉都	36.5	平凉	X047	平凉至沿川子	16.98	平凉
X048	苏台至庄浪	39.9	平凉	X049	平凉至华亭	54.65	平凉

续表

编号	名称	里程(km)	所在市州	编号	名称	里程(km)	所在市州
X050	白庙至西阳	24	平凉	X051	高平至邵寨	70.21	平凉
X052	朝那至水磨	27.72	平凉	X053	雷家河至新集	52.78	平凉
X054	泾川至土谷堆	69.12	平凉	X055	华亭至田儿哈	34.83	平凉
X056	孔沟至韩川	24.69	平凉、天水	X057	马家官路至卧龙	18.5	平凉
X058	乔湾至余湾	34.4	平凉	X059	韩店至良邑	38.2	平凉
X060	静宁至秦安	56.69	平凉	X061	靳家寺至邢家岔	31.93	平凉
X062	平峰至八里	30	平凉	X063	李店至刘家埫	57.45	平凉、定西
X064	仁大至叶堡	41.65	平凉、天水	X065	曹务至威戎	37	平凉
X066	张家小河至新店	30.7	平凉	X070	阳川至胡家咀	18.2	平凉
X071	南湖至阳川	35.38	平凉	X073	南坪至马关	21.5	平凉
X076	界石铺至红土窑	116.48	平凉、定西	X077	段家关庄至磨坪	40	平凉
X078	双疙瘩梁至马峡	13.25	平凉	X079	崇信至大湾岭	50.55	平凉
X080	华亭至上关	21.4	平凉	X081	华家岭至马营	11.4	定西
X082	马营至陇西	83.94	定西	X083	定西至渭源	90.02	定西
X084	泉头至蒲滩	24.38	定西	X085	玉井至尕路梁	18.26	定西
X087	通渭至甘谷	100.14	定西、天水	X088	高家沟至新寺	90.11	定西
X089	东桥至新城	100.29	定西、甘南	X090	梅川至堡子	30.83	定西
X091	岷县至洮砚	59.64	定西、甘南	X092	岷县至桥上	21.41	定西
X093	定西至通渭	87.22	定西	X094	苟家渠至文家门	62.54	定西

第一编　公路

213

编号	名称	里程(km)	所在市州	编号	名称	里程(km)	所在市州
X095	临洮至渭源	45.78	定西	X097	文峰至漳县	38.34	定西
X098	陇西二十铺至渭源五竹	67.29	定西	X099	红岘至李家营	47.73	定西
X100	常河至榜罗梁	32.15	定西	X101	虎龙口至砖塔寨	23.65	定西
X102	白碌至高家渠	67.67	兰州、定西	X103	临洮至古达川	35.8	定西
X104	直沟至草滩	8.96	定西	X105	华岭至兔儿岘	36.7	定西
X106	王儿岘至通渭	38.68	定西	X107	通渭至高庙山	54.63	定西
X108	马营至李店	37.85	定西	X109	东坡洼至陇阳	30.9	定西
X110	漳县至碧峰	9.98	定西	X111	银山子至普济寺	70.15	兰州、定西
X112	王公桥至定西	27.09	定西	X120	巉口至定西	21.27	定西
X123	永登至窑街	50.67	兰州	X124	小皋路	47.8	兰州
X125	高崖至内官营	35.62	兰州、定西	X126	榆中至新营	24.6	兰州
X127	伏龙坪至直沟门	16.04	兰州	X128	龚家湾村至湖滩乡	24.7	兰州
X129	秦川至满城	53.89	兰州	X130	秦川镇至马家坪	29.14	兰州
X131	皋兰至盐场堡	40.76	兰州	X133	通远至大有	27.64	兰州
X134	树屏乡至徐家磨	23.22	兰州	X135	忠尹路	23.87	兰州
X136	马尹路	24.13	兰州	X137	西岔至连城	29.14	兰州
X138	夏官营至方家泉	27.1	兰州	X139	深沟桥至大库沱	17.87	兰州
X141	十八里堡至条山村	140.44	白银、武威	X142	华藏寺至东大滩	71.68	武威
X143	炭山岭至天堂寺	27.34	武威	X144	曹家台至西沟口	38.63	武威
X145	古浪镇至哈溪镇	44.05	武威	X146	大靖至海子滩	36.87	武威

甘肃省志 公路交通志

续表

编号	名称	里程(km)	所在市州	编号	名称	里程(km)	所在市州
X148	谭家井至年家井	52.22	武威	X149	武威至古浪	83.85	武威
X151	牛家花园至祁连	41.9	武威	X152	南营至旦玛	29.51	武威
X153	刘畦至黄羊	38.74	武威	X154	东河至黄羊农场十二连	19.9	武威
X155	黄羊至吴家井	31.19	武威	X157	武威至下双	22	武威
X158	武威至朱王堡	7	金昌	X159	前庄至西营	41	武威
X161	俞家湾至蔡旗	26.23	武威	X162	民勤至东湖镇	125.22	武威
X163	民勤县城至西山	75.09	武威	X164	民勤至金昌	84.86	武威、金昌
X165	民勤东门至大滩	38.88	武威	X166	蒲阳至红沙堡	10.35	武威
X168	黄羊岔口至哈溪镇	40.33	武威	X170	马路滩至永丰滩	19.75	武威
X171	民勤至南湖	64.72	武威	X172	凉州区至武南镇	15.72	武威
X181	金昌至武威	94.42	武威、金昌	X182	下四分至双湾	29.2	金昌
X183	金昌至宁远堡	10.29	金昌	X184	永昌至清河	46	金昌
X185	河西堡至清河	41	金昌	X186	王信堡至赵家庄	27.27	金昌
X188	永昌至河西堡	23	金昌	X192	永昌至头坝	20	金昌
X194	新城子至西大河	90.44	金昌	X201	东乐至六坝	23.28	张掖
X202	张掖至鹰落峡水库	35	张掖	X203	临泽至梨园	23.22	张掖
X206	水磨沟至皇城	27.47	张掖	X207	马营沟至皇城	34.07	张掖
X208	马蹄公路	9.44	张掖	X209	榆木庄至康乐	28.45	张掖
X210	新河至马营	46.4	张掖	X211	李桥至总寨	39	张掖

第一编 公路

编号	名称	里程(km)	所在市州	编号	名称	里程(km)	所在市州
X212	民乐至平坡乡	51.6	张掖	X213	民乐至花寨	49.87	张掖
X214	张掖市北门至罗城桥	137.9	张掖	X215	小满至龙渠	16.6	张掖
X217	临泽至板桥	24.1	张掖	X218	临泽至平川	26.47	张掖
X219	蓼泉至巷道	25.35	张掖	X220	临泽至倪家营	19.11	张掖
X221	高台至石泉子	91.64	张掖	X222	鸭暖至寺儿沟	33.27	张掖
X223	元山子至明海	38.5	张掖	X224	清泉至双窝铺	33.97	张掖
X242	臭水墩至沙婆泉	107.11	酒泉	X243	清河口至东风泉	81.24	酒泉
X244	石板井至明水	157.69	酒泉	X247	疙瘩井至酒泉	200.13	酒泉
X249	冰沟至铁山	49	嘉峪关	X251	莲花至下河清	25.53	张掖
X252	酒泉至文殊	14	酒泉、嘉峪关	X253	酒泉至嘉峪关机场	32.5	酒泉、嘉峪关
X254	酒泉至黄泥堡	27.1	酒泉	X255	牌楼至漫水滩	20.82	酒泉
X256	酒泉至清水	69.53	酒泉	X257	金塔至三下	26.86	酒泉
X258	金塔至梧桐沟	37.9	酒泉	X259	大柳林至中东	22.16	酒泉
X260	丁新至芨芨	20.5	酒泉	X261	大庄子至西红	31.58	酒泉
X262	金塔至新地	22.43	酒泉	X263	金塔至大庄子	33.4	酒泉
X264	金塔至石泉子	32.7	酒泉	X265	玉门镇至鱼儿红	121.47	酒泉
X266	玉门镇至布隆吉	72.22	酒泉	X267	玉门市至赤金	30.1	酒泉
X268	赤金桥至花海	42.93	酒泉	X269	玉门市至花海	28.78	酒泉
X270	瓜州至锁阳城镇	28.28	酒泉	X271	安西至南岔	20.2	酒泉
X273	G215至南湖	27.9	酒泉	X274	敦煌至月牙泉	8	酒泉
X275	转渠口至敦煌	22.22	酒泉	X277	吕家堡至黄墩农场	20	酒泉
X278	肃北至盐池湾	130.1	酒泉	X279	石包城至肃北	146	酒泉

续表

编号	名称	里程(km)	所在市州	编号	名称	里程(km)	所在市州
X280	G215至建设	65	酒泉	X281	S314至博罗转井镇	40.6	酒泉
X282	G215至红柳湾	20.55	酒泉	X283	双塔至石包城	127.53	酒泉
X285	明水至苦水井	50	酒泉	X287	李总路至民乐总寨	3.13	张掖
X290	营盘至十四号	31.7	酒泉	X301	嘉峪关至祁丰	34.35	张掖、嘉峪关
X302	飞机场至观蒲村	10.2	嘉峪关	X307	嘉峪关至断山口	20.6	嘉峪关
X321	兴泉至宽沟	42.46	白银	X322	唐家台至靖远	24.62	白银
X323	会宁至慢湾	30.5	白银	X324	白银至榆中	128.63	兰州、白银
X325	平川至大芦	76.94	白银	X326	景泰至天祝	67.46	白银、武威
X327	郭城至巉口	76.66	白银、定西	X329	窝铺至华家岭	22.9	白银
X330	马家堡至塬坪	51.28	白银、定西	X331	靖远至白银	52.81	白银
X332	共和至杨梢	34.59	白银	X333	双铺至界石铺	171.07	白银
X334	兴仁堡至共和	37	白银	X335	大格达至北长滩	30.6	白银
X336	大嘴子至景泰	48.21	白银	X337	靖远至若笠	44.2	白银
X338	杜寨柯至小红磴	79.03	白银	X339	海原至榆中	126.84	白银
X340	会宁至石碑岘	41.33	白银	X341	龙川堡至党岘	40.6	白银
X342	乌兰至东湾	16.2	白银	X361	董岭至唐汪	22.75	临夏
X362	和政至铁沟	33.97	临夏	X363	折桥至塔张	20	临夏
X364	折桥至双城	46.75	临夏	X365	黄泥湾至买家集	28.44	临夏
X366	朱潘至银川	35	临夏	X367	临夏至三塬	43	临夏
X368	新集至八松	55.93	临夏	X369	广河至康乐	40.98	临夏

第一编 公路

续表

编号	名称	里程(km)	所在市州	编号	名称	里程(km)	所在市州
X370	三甲集至蒿支沟	35.8	临夏	X371	锁南至蒿支沟	35.55	临夏
X372	锁南至达板	41.53	临夏	X373	白家岭至后河	17.96	临夏
X374	八仙口至陈家集	38.73	临夏	X375	老庄至穆家	21	临夏
X376	五苏木至达板	31.72	临夏	X377	刘家峡至白川	129.24	临夏
X378	盐锅峡至坪沟	34.15	临夏	X379	吹麻滩至桥头	48.24	临夏
X401	卓尼支线	6	甘南	X402	博拉至贡去乎	72.55	甘南
X403	甘同桥至浪格塘	37.22	甘南	X404	碌曲至河南赛尔龙	40.11	甘南
X405	洛尔龙至齐哈玛吊桥	51.11	甘南	X406	合作至冶力关	106.7	甘南
X408	桑科至阿木去乎	49.4	甘南	X409	麻布索纳至麦西	47.96	甘南
X411	柏林至包舍口	35.6	甘南	X412	江果河至迭部	140.7	甘南
X413	两河口至峡子梁	22.33	甘南	X414	舟曲至化马	35.79	甘南
X415	舟曲至九原	25	甘南	X417	西可河至扎西滩	139	甘南
X418	黄河桥至群强	109.84	甘南	X419	黄河桥至齐哈玛	138	甘南
X420	店子至总寨	22.4	甘南	X421	陈旗至店子	21.4	甘南
X422	槐树坝至大水口	49.2	甘南	X423	羊沙至术布吊桥	67.06	甘南
X424	碌曲桥头至则岔	55.54	甘南	X425	博峪至铁坝	73	甘南
X426	达久滩至红科	28.6	甘南	X428	次龙坝至电尕	19.29	甘南
X429	西寨至麻路	93.12	甘南	X441	天水郡至松树湾	48.88	天水
X442	耤口至罗家堡	38.92	天水、陇南	X443	刘家河至盐关	43.66	天水、陇南
X444	东岔至马跑泉	123.38	天水	X445	南河川至甘谷	55.82	天水
X446	温泉至桐林湾	37.4	天水	X447	武山至漳县	66.7	定西、天水
X448	清水至陇东	19.1	天水	X449	清水至社棠	38.1	天水

编号	名称	里程 (km)	所在市州	编号	名称	里程 (km)	所在市州
X449	景家店至西大桥	74.82	定西	X450	秦安至远门	34.34	天水
X451	秦安至南河川	38.1	天水	X452	寺咀至魏店	25	天水
X453	侯辛至王甫	58.6	天水	X454	蔡河至四十里墩	21.38	天水
X455	姚庄至杨家岘	62.67	天水	X456	磐安至草川	33.35	天水
X457	洛门至榆盘	25.57	天水	X458	合河口至码头口	34.71	天水
X459	武山至咀头	25.05	天水	X460	杨河至马坞	24.15	定西、 天水
X461	张家川至清水	36.88	天水	X462	张川至秦安	95.84	天水
X463	大湾口至温沟	44.94	天水	X464	中滩至渭南	3.53	天水
X465	姚庄至龙王庙	5.35	天水	X481	徽县至谈家庄	23.25	陇南
X482	康县至阳坝	82.36	陇南	X483	狮子至角弓	26.39	陇南
X484	东峪口至青龙桥	31.7	陇南	X485	宕昌至簸箕	21.05	陇南
X486	理川至哈达铺	20	陇南	X487	白河至临江铺	60.6	陇南
X488	马营至两水	34.36	陇南	X489	沙湾至杨布河	43.95	甘南、 陇南
X490	龙坝至司家坝	37.24	陇南	X491	麻崖梁至关头坝	88.67	陇南
X492	裕河至两河	45.96	陇南	X493	安昌河至博峪	47.77	甘南、 陇南
X494	康县至小河口	55.46	陇南	X495	歇马至黄坪	15.91	陇南
X496	何家湾至马泉	112.8	陇南	X497	鹄衣坝至铁楼	23.73	陇南
X498	赵家坝至天池	27.55	陇南	X499	寺沟门至长坝	59.45	陇南
X500	龙神沟至燕子砭	12.41	陇南	X501	成县至康县	88.3	陇南
X502	河口至阳平关	36.06	陇南	X503	周家坝至渡口	22.71	陇南
X504	支旗至二郎	36.81	陇南	X505	成县至寺儿沟	40.2	陇南
X506	排路梁至宋坪	43.85	陇南	X507	兴隆至清河沿	62.88	陇南

第一编 公路

编号	名称	里程(km)	所在市州	编号	名称	里程(km)	所在市州
X508	黄渚至王磨	17.78	陇南	X509	十里至石峡	77.69	陇南
X510	西和至马元	32.9	陇南	X511	鱼家磨至花桥子	51.23	陇南
X512	麻沿至剡家阙	62.1	陇南	X513	支旗至伏镇	33.37	陇南
X514	显龙至西坡	42.4	陇南	X515	两当至广金	74.85	陇南
X516	茨坝至大滩	35.27	陇南	X517	赵坪至马场	43.04	陇南
X518	红河至十字路	19.88	陇南	X519	闾井至脚力铺	52.75	定西、陇南
X520	永昌至民乐	70.8	张掖	X521	长庆桥至罗汉洞	24.76	平凉
X522	武山至直沟	15.85	天水				

第二节 乡村道

　　甘肃大部分乡村自然条件严酷，经济困难，地方财力紧张，乡村道建设难度较大。1990年底，全省符合公路标准的乡村道555条，计8766公里，村道多为农机道。20世纪90年代，全省通过"民工建勤""以工代赈""民办公助"等方式组织群众投工投劳修建乡道，村民利用农闲时间在农机道的基础上整修村道。到2000年底，全省乡村道合计达到1.25万公里。进入21世纪，中共中央和国务院高度重视"三农问题"，国家"西部大开发"战略开始实施，甘肃乡村道建设规模成倍增长。2004年起，大规模实施农村公路建设。2006年起，甘肃实施通乡公路改造工程，逐年分批将乡道改造为等级公路，部分条件较好的乡村修建沥青路面或水泥路面。到"十一五"末，全省乡村道路合计达到8.72万公里，是"十五"末的7倍。

　　2010年底，全省共有乡道（以下记述乡道代码"Y"，编号3位数）1.23万公里，晴雨通车里程1.07万公里，等级公路有9991.42公里，等级公路中80%为三四级公路。有53%的乡道铺装路面，其中1493.8公里乡道铺装沥青或水泥路面，有5102.1公里乡道铺装沙砾等简易路面。2010年底，全省共有村道 7.49 万公里，晴雨通车里程 5.38 万公里，等级公路有 4.6 万公里，等级公路中 98%为四级公路。有 22%的村道铺装了路面，其中 8394 公里铺装沥青路面或水泥路面，有 8216 公里铺装沙砾等简易路面。1991 年—2010 年甘肃省乡村道情况见表 1-3-3。

1991 年—2010 年甘肃省乡村道里程汇总表

表 1-3-3

年份	乡道（km）	村道（km）	年份	乡道（km）	村道（km）
1991	8777	—	2001	11291.21	39852
1992	8779	—	2002	11373.89	40837.06
1993	8779	—	2003	11416.33	42546.85
1994	8734.66	33155.8	2004	11413.8	46255.13
1995	8754.63	40302.64	2005	11478.18	50550.4
1996	8829.36	40864.74	2006	11863.43	53480.01
1997	8844.9	41935.01	2007	11911.5	58256.3
1998	8960.66	44905	2008	11970.75	63220.51
1999	9011.02	55196	2009	12168.59	70698.94
2000	11928.14	57001	2010	12309.23	74883.09

注：2001 年，全国公路普查，按交通部统计口径，统计里程发生变化。

一、兰州市乡村道

1991 年，兰州市共有农村公路 2218.6 公里，其中有铺装路面的仅 751 公里，通沥青（水泥）路的乡（镇）约占 43%，通公路的行政村通达率约占 48%。"八五"期间，兰州市重点升级改造低等级农村公路，1995 年底，全市铺装路面的农村公路里程达到 1209 公里，是"八五"初的 1.6 倍，68%的乡（镇）通了沥青（水泥）路，62%的行政村通了公路，17%的行政村通了沥青（水泥）路。"九五"期间，全市继续改造、整修农村公路，净增农村公路 414.4 公里，农村公路净增铺装路面 503 公里，实现所有乡（镇）通沥青（水泥）路，87%的行政村通公路，31%的行政村通沥青（水泥）路。进入 21 世纪，兰州市加快通乡油路、通村公路建设步伐。"十五"期间净增农村公路 692.4 公里，新增农村公路铺装路面 547 公里。2005 年，实现全市所有乡（镇）通油路、所有行政村通公路。"十一五"末，全市农村公路总里程达到 5855 公里，是 2000 年末的 2 倍，铺装路面里程是 2000 年末的 1.74 倍，72% 的行政村通了沥青（水泥）路。截至 2010 年底，兰州市共有乡道 44 条 668.94 公里，村道 1411 条 4492.75 公里。

（一）Y238 通七路

Y238 通远至七山公路简称通七路，位于永登县西南部，起点为永登县通远乡，经盘道岭、何家湾、长沟、旦本，终点为七山乡，全长 20 公里。2004 年，利用国家专项资金 200 万元改造局部路基。2006 年，实施通乡油路改造项目，投资 998 万元，建设单位为永登县通乡油路建设项目部。改造后通七路达到四级公路标准，铺筑沥青路面。

（二）Y253 罗水路

Y253 罗圈湾至水阜公路简称罗水路，位于皋兰县境内，自罗圈湾接 X124 线，经山字墩、赵家铺、窝窝井、涝池、砂岗，在水阜连接 G109 线，全长 33.68 公里。2002 年至 2004 年，先后实施通乡公路改建工程和通乡油路建设工程，投资 890.4 万元。改建后罗水路达到三级公路标准，铺筑沥青路面。

（三）Y259 华坪路

Y259 华林坪至坪岭公路简称华坪路，位于城关区，自兰州市华林坪甘肃省工商行政管理学校门口接市政道路，经市殡仪馆、烈士陵园、兰石林场、八里镇五里铺、八里窑、沈家岭、海家岭、白家岘，在阿干镇坪岭村连接 G309 线，全长 25.2 公里。2004 年，实施通乡油路建设项目，投资 277.2 万元，项目完工后华坪路达到四级公路标准，铺筑沥青路面。

（四）Y264 河青路

Y264 河咀至青土坡公路简称河青路，位于红古区境内，起点为河咀村，终点为青土坡村，全长 4 公里。2008 年，实施通村硬化路改建工程，完成路基土石方 8957 立方米，铺筑水泥混凝土路面 2.5 万平方米，投资 246 万元。改建后河青路达到四级公路标准。

（五）Y270 定张路

Y270 定远镇至张家湾公路简称定张路，位于榆中县境内，起点为定远镇，终点为金崖镇张家湾子，全长 19.6 公里。2008 年 6 月，实施通乡油路改造工程，2010 年 7 月完工，投资 1350 万元。项目建设单位为榆中县交通局。工程共完成路基土石方 2.9 万立方米，铺筑沥青路面，实施后 7.3 公里达到三级公路标准，其余 12.3 公里达到四级公路标准。

（六）Y276 金关路

Y276 金沟至关山公路简称金关路，位于西固区境内，自金沟乡鸭儿洼接 X139 线，至关山森林公园连接 G309 线，全长 18.56 公里。金关路于1993 年由兰州市政府、兰州市广电局和红古区、金沟乡共同筹资 50 万元改造而成。1996 年，西固区政府动员全区厂矿企业集资、驻地部队支援，投入资金、人力、物资折合 170 万元，与金沟乡群众军民共建，将全线整修为四级公路，铺筑沙砾路面。2001 年，金关路划定为乡道。2010 年，金关路改建为四级沥青路面。兰州市乡村道里程见表 1-3-4。

兰州市乡村道里程汇总表

表 1-3-4

县（区）	乡道（km）	村道（km）	县（区）	乡道（km）	村道（km）
城关区	4	98.5	七里河区	73.98	193.97
安宁区	6.7	29.03	西固区	28.96	139.52
红古区	41.22	273.49	榆中县	190.24	1566.52
永登县	160.47	1754.52	皋兰县	163.37	437.2

二、白银市乡村道

20 世纪 90 年代，白银市乡村道主要通过"民工建勤"和"以工代赈"等方式建设。进入 21 世纪，随着通乡公路、通村公路建设项目的实施，乡村道建设和改造规模逐年增加。2000 年，全市县乡公路建设投资 2182 万元，其中"以工代赈"资金 1905 万元，新建乡村道 41 公里，改建乡村道472 公里。2005 年，全市农村公路建设投资达 1.4 亿元，改造通乡等级公路路基 176.7 公里，建成通乡油路 48.6 公里、通村油路 73 公里、通村等级公路 644 公里。2010 年，全市农村公路投资达到 2.32 亿元，新改建农村公路 653 公里，其中建成通乡油路 200 公里、建制村沥青（水泥）路 263 公里。截至 2010 年底，白银市共有乡道 38 条 772.23 公里、村道 1358 条 8368.57 公里，全市所有乡（镇）和行政村通公路。

（一）Y461 龙大路

Y461 龙泉至大水公路简称龙大路，位于景泰县境内，起于中泉乡龙湾黄河石林，终于中泉乡大水村，全长 32.1 公里。龙大路在中泉至大水公路的基础上延伸修建而成。2000 年，景泰县在黄河风情旅游节前，修建龙湾至中泉公路 17.1 公里。龙大路龙湾至中泉段为四级公路标准，中泉至大水段为三级公路标准，全线为沥青路面。

（二）Y468 靖五路

Y468 靖安至五合公路简称靖五路，位于靖远县境内，起点为靖安乡五星村，终点为五合乡白茨林村，全长 21.35 公里。靖五路为 2007 年建成的通乡等级公路，建设单位为靖远县交通局。2009 年，实施通乡油路改造项目，全线铺筑 3 厘米厚沥青表面处置路面，投资 850 万元，全线达到四级公路标准。

（三）Y473 袁三路

Y473 袁淌至三房吴公路简称袁三路，位于会宁县境内，起自四房吴乡三房吴村接 G309 线，经大岘、四房吴、大南滩、下川子、杨家岘、上北湾、土门岘、苏家堡、后沟至刘家寨子乡袁淌，全长 50 公里。2009 年，投资 3138.62 万元，实施袁淌至三房吴公路改建工程，工程主线长 59.18 公里，另有主线接四房吴乡政府支线、主线接土门岘街道支线、土门岘街道接土门岘乡政府支线共 1.22 公里。袁三路全线达到四级公路标准，铺筑沥青路面。

（四）Y492 五顾路

Y492 五柳至顾家善公路简称五顾路，位于白银区境内，起于盐沟，经五柳、顺安、均安、桦皮川、金锋、张庄、白茨滩、大川渡，于顾家善村接 Z133 线，全长 20 公里。2008 年，五顾路改建为四级公路，铺筑水泥混凝土路面，投资 600 万元。

（五）水川至平堡公路

水川至平堡公路位于白银区和靖远县境内，由 Y495 线和白银区 C010 线、C011 线、C019 线组成。白银区境内水川至四龙公路 21 公里为 C010 线，大坪支线 5 公里为 C011 线，四平路至四龙村公路 3 公里为 C019 线，白银和靖远境内的四龙至平堡公路 3.89 公里为 Y495 线。水川至平堡公路于 2006 年 6 月开工，2008 年 6 月完工，投资 2973.9 万元。水川至平堡公路建设项目全长 32.2 公里，主线自白银区水川接 X324 线，经金沟、重坪、苦水沟、小坪、大坪、小左落沟、殷家坡、盐沟、糜地沟、四龙至靖远县平堡乡蒋滩村，长 26.34 公里。大坪支线自大坪向南至石咀接 Y492 线，长 5 公里，四龙支线由主线通往四龙镇，长 0.92 公里。全线建成后达到四级公路标准，铺筑沥青路面。白银市乡村道里程见表 1-3-5。

白银市乡村道里程汇总表

表 1-3-5

县（区）	乡道（km）	村道（km）	县（区）	乡道（km）	村道（km）
白银区	40.24	330.2	平川区	13.91	549.2
会宁县	390.53	3888.27	靖远县	183.76	1996.83
景泰县	143.79	1604.07			

三、定西市乡村道

定西市边远山区历来交通不便，尤其渭河以南地区山大沟深，交通闭塞，羊肠鸟道，十分艰险。1985 年，定西市七县全部列入"以工代赈"县，各县、乡组织群众以"自力更生为主，国家补助为辅"大办交通，从 1985 年至 1995 年十年间，通过连续十年实施"以工代赈"工程，全市新建、改建乡道 718.14 公里，新建村道 104.82 公里。至"八五"末，全市 98.2% 的乡（镇）和 56.7% 的行政村通了公路。"九五"期间，定西市继续实施"以工代赈"项目，并开展"民工建勤"活动修建公路，每年通过"以工代赈"修建公路的投资都在 2000 万元以上。2000 年，定西市成立公路建设领导小组，开展以修复水毁、恢复路况、拉备沙砾、修建乡村道路和通乡四级公路为主要内容的"民工建勤"和"筑路月"活动，当年修建乡村道路892公里，实现全市村村通农机路。进入21世纪，定西市开始实施通乡等级路工程，通乡油路工程，农村公路通达、通畅工程。到"十一五"末，定西市所有乡（镇）通了公路，乡（镇）通油路率达到89.1%，行政村通沙砾路率达到90%。截至2010年底，全市共有乡道781.68公里，村道6412.32公里。

（一）Y161 漫石路

Y161漫湾至石泉公路简称漫石路，位于安定区境内，自漫湾接X076线，经石泉至西巩驿连接G312线，全长23.11公里。2000年8月，石泉至西巩驿段14.2公里按四级公路标准开工改建，2003年11月完工，投资283.84万元，共完成路基土方43.45立方米，新建桥梁1座29.92米，铺筑天然沙砾路面。2007年8月，实施通乡油路改造项目，2008年9月完工，投资1091万元。实施后全线达到四级公路标准，铺筑沥青路面。

（二）Y178 漫阴路

Y178漫坪洼至阴山子公路简称漫阴路，位于临洮县境内，自上营乡漫坪洼接X111线，经上营乡至阴山子连接S309线，全长22.39公里。2003年，列入"以工代赈"油路改造项目，于2004年3月开工，2006年竣工，投资530万元。工程实施后漫阴路达到四级公路标准，铺筑沥青路面。

（三）Y193 沈峡路

Y193沈家滩至峡城公路简称沈峡路，位于渭源县境内，自会川镇沈家滩接G212线，经撒马滩、田家河、沟门、塔庄河、关山梁、生地湾、磨沟峡至峡城乡，全长24.5公里，为引洮工程专线。1993年至1995年，九甸峡电站利用"以工代赈"工业券40万元，改造烂泥沟至关山梁段13.15公里，增建桥涵和防护工程。2002年，为配合九甸峡水利枢纽工程，沈峡路全线改造为三级公路，投资1767万元。2007年，海巅峡至峡城至田家河至麻家集通乡油路改建工程项目开工，投资3042万元，包括Y193沈峡路、Y180田麻路、峡城至海巅峡路，建设总里程63.672公里，建设单位为渭源县交通局。

（四）Y199 宏马路

Y199宏伟至马头川公路简称宏马路，位于陇西县境内，起自宏伟乡景坪村，经齐家渠、半岔至马头川，全长 16.61 公里。2005 年，宏马路改造为四级公路，投资 241.83 万元，铺筑沙砾路面。2006 年，宏马路全线与马河至通安驿公路合计 34 公里一并列入通乡油路项目，总投资 1540 万元，2008年工程完工。至此，宏马路全线达到四级公路标准，铺筑沥青路面。

（五）Y209 新草路

Y209 新寺至草滩公路简称新草路，位于漳县境内，起自新寺镇，经东泉、韩川至草滩乡，全长 34.41 公里。2000 年 9 月，新草路新寺至东泉 20.5公里作为"以工代赈"项目按四级公路标准开工改建。2003 年完工，铺筑沙砾路面，投资 624 万元。2009 年，新草路新寺至韩川 32 公里列入通乡公路改造工程，同年 8 月开工，2010 年底完工，投资 1280 万元，铺筑水泥混凝土路面 15 公里。改建后，新草路全线达到四级公路标准，有 15 公里为水泥混凝土路面，其余为沙砾路面。

（六）Y213 城马路

Y213 城关至马烨仓公路简称城马路，位于岷县境内，起自城关，经岷阳镇、秦许乡、鹿峰、沙木至马烨仓，全长 28.09 公里。1998 年，秦许至马烨仓 17.69 公里作为"以工代赈"项目建成四级沙砾路。2004 年 8 月，城关至秦许段 11 公里通乡油路改造工程开工。2006 年 12 月竣工，投资 66 万元，铺筑沥青路面 7.15 万平方米。经历次改造，城马路全线达到四级公路标准，城关至鹿峰 17 公里为沥青路面，鹿峰至马烨仓 11.09 公里为沙砾路面。定西市乡村道里程见表 1-3-6。

定西市乡村道里程汇总表

表 1-3-6

县（区）	乡道（km）	村道（km）	县（区）	乡道（km）	村道（km）
安定区	137.9	1405.98	通渭县	33.57	1291.05
陇西县	125.94	831.32	渭源县	190.65	752.42
临洮县	171.05	1211.06	岷县	68.18	556.16
漳县	54.39	364.33			

甘肃省志

公路交通志

四、平凉市乡村道

20世纪90年代初期，平凉市大部分通乡公路为沙砾路面，通村公路则以农机路为主，晴通雨阻。从1993年开始，平凉市连续十六年开展"民工建勤"和"筑路月"活动，动员全民义务投工投劳整修、改造农村公路，每乡每年修一条上等级通村公路。进入21世纪，平凉市以通乡油路建设工程为重点，逐步将乡道改造为沥青路面或水泥路面。2003年开始，平凉市开始实施通村等级公路改造工程。2007年开始，实施农村公路通达工程，逐步实现村村通公路。到2010年底，平凉共有乡道1049.63公里，村道6706.54公里。

（一）Y063转闫路

Y063转咀子至闫湾公路简称转闫路，位于崆峒区境内，起自四十里铺转咀子，经香莲乡至寨河回族乡闫湾村，全长28公里。2005年，崆峒区对转闫路全线路基进行改造，投资63万元。2008年，转闫路实施通乡油路改造工程，投资1215.88万元。至此，转闫路达到四级公路标准，铺筑沥青路面。

（二）Y066水安路

Y066线水泉寺至安国平凉火车站公路简称水安路，又称北大路，位于崆峒区和泾川县境内，自泾川县水泉寺接X042线，经刘家沟、雷燕村、苏陈村至安国平凉火车站，全长66.82公里。1993年，在"筑路月"活动中建成苏陈至平凉火车站50公里路基工程。1995年至2002年，建水沟、北干渠、马家庄沟、杜家沟、庙底下、潘口6座桥梁，铺筑沙砾路面13.4万立方米，投资264.35万元。2006年7月，崆峒区开工修建崆峒至索罗通乡公路项目67.08公里，其中50公里改建路段为水安路苏陈至平凉火车站段，2007年11月工程完工，总投资2800万元。工程实施后，水安路达到四级公路标准，崆峒区境内48.62公里为沥青路面，泾川县境内18.2公里为沙砾路面。

（三）Y081灵五路

Y081线灵台至五星公路简称灵五路，位于灵台县境内，自灵台县城接S202线，经蒲窝乡官庄、韩家洼至蒲窝乡五星村，全长25.48公里。2005

年，灵五路列入通达工程建设项目，投资 165.4 万元改造 7 公里坡道，完善排水配套设施。2008 年，灵五路实施通乡油路改造工程，全线铺筑沥青路面，投资 1770 万元。至此，灵五路达到四级公路标准。

（四）Y087 关史路

Y087 关村至史家山公路简称关史路，位于崇信县境内，自锦屏镇的关村接 S304 线，至木林乡史家山连接 X041 线，全长 9 公里。2005 年，关史路实施通乡油路改造工程，工程实施后全线达到三级公路标准，铺筑沥青碎石路面。

（五）Y096 蔺麻路

Y096 蔺家沟至麻庵公路简称蔺麻路，位于华亭县境内，起自西华镇蔺家沟桥头，经草滩、赵家山、三角城村至南庄村，全长 36.5 公里。蔺麻路原为关山林场专用公路。2001 年，平凉市、华亭县两级政府投资 337.5 万元改造为三级沙砾路面，建牛舌堡大桥 1 座 88 米。2006 年，蔺麻路实施通乡油路改造工程，2008 年完工，投资 1424 万元，改造后全线为四级公路，铺筑沥青路面。

（六）Y104 张通路

Y104 张岇至通化公路简称张通路，位于庄浪县境内，自永宁乡张家岇接 X059 线，经葛峡、陈堡、梅堡至通化与 X048 线相连，全长 14.2 公里。1994 年，修建于 1980 年的通化新庄至陈堡公路被列为乡道。2000 年，通化乡通过"民工建勤"拓建新集至陈堡段路基 8.1 公里。2002 年，庄浪县通化、永宁乡组织"民工建勤"建成陈堡至张岇沙砾路面，至此张通路全线修通。2008 年，新集至陈堡至葛峡公路改建为四级水泥路，投资 589.3 万元。张通路全线达到四级公路标准，其中 4.2 公里为沥青路面，10 公里为水泥路面。

（七）Y114 静司路

Y114 静宁至司桥公路简称静司路，位于静宁县境内，自县城东关接 G312 线，经陈家坡至司桥乡，全长 11 公里。1997 年，静司路通过"以工代赈""民工建勤""民办公助"方式开工改建，1998 年完工，其中桥涵工程投资 315.52 万元。2009 年，静司路改造为四级公路，铺筑沥青路面。

（八）Y127 长凤路

Y127 长庆桥至凤翔路口公路简称长凤路，位于泾川县境内，起于泾川县与宁县交界处的长庆桥，经练范、东坡至窑店镇凤翔路口，全长 13.08 公里。2009 年，长凤路作为西长凤高速公路辅道改建为三级公路，沥青路面。平凉市乡村道里程见表 1-3-7。

平凉市乡村道里程汇总表

表 1-3-7

县（区）	乡道（km）	村道（km）	县（区）	乡道（km）	村道（km）
崆峒区	200.38	1024.5	泾川县	227.45	668.05
灵台县	93.48	846.5	崇信县	48.97	352.8
华亭县	148.56	323.54	庄浪县	117.88	905.61
静宁县	212.91	2585.54			

五、庆阳市乡村公路

庆阳市地处陇东黄土梁峁和旱塬地区，20 世纪 90 年代初大多数乡村道以土路为主。"八五"和"九五"期间，全市通过"以工代赈""民工建勤"等方式，组织群众义务拓建通乡公路，利用农机路拓建通村公路。进入 21 世纪，庆阳市实施通乡油路和通村公路建设项目。到 2010 年底，庆阳市共有乡道 1483.58 公里，村道 7443.36 公里。

（一）Y006 平湫路

Y006 平泉至湫池公路简称平湫路，位于镇原县境内，自平泉接 X003 线，经黄岔、景家至湫池，全长 11.06 公里。2005 年，改建为四级公路，铺筑天然沙砾路面。2008 年，全线实施通乡油路改建工程，改建后达到四级公路标准，铺筑沥青碎石路面。

（二）Y016 洪罗路

Y016 洪德至罗山公路简称洪罗路，位于环县境内，连接洪德、罗山两乡，全长 45.58 公里。2005 年，洪罗路全线按路基宽 6.5 米、路面宽 5 米的标准改建，改建后全线达到四级公路标准，铺筑天然沙砾路面。

（三）Y024 乔山路

Y024 线乔河至山庄公路简称乔山路，位于华池县境内。自乔河哈拉沟门接 S202 线，经乔河、紫坊畔、山庄乡等 3 个乡终于山庄乡雷圪崂村，全长 39.87 公里。2005 年，乔山路改造为三级沙砾路。2009 年，哈拉沟门至紫坊畔乡 23.04 改造为四级公路，铺筑沥青路面。

（四）Y033 罗段路

Y033 罗家畔至段家集公路简称罗段路，位于合水县境内，自吉岘乡罗家畔村接 G211 线，经肖咀乡梅家寨子、铁赵、老庄、肖咀、化沟，至段家集与 X022 线相连，全长 25.46 公里。罗家畔至肖咀街道 18.57 公里修建于 1995 年，肖咀街道至段家集 6.89 公里修建于 1998 年，两段路建成时均为三级沙砾路面。2009 年，罗段路实施通乡油路改建工程，工程实施后全线达到三级公路标准，铺筑沥青路面。

（五）Y042 宁文路

Y042 宁县至文安公路简称宁文路，位于宁县境内，自宁县县城接 S303 线，经马坪、杨湾、任堡、王湾、昔家川、西头、原沟、刘坳至瓦斜乡文安村，全长 22.5 公里。宁文路宁县至望宁段 20.5 公里修建于 2004 年，全线按山岭重丘区四级公路标准测设，路面结构为 15 厘米厚水泥稳定沙砾+3 厘米厚沥青表面处置。望宁至文安 2 公里修建于 2004 年，2008 年改造为四级沥青路面。

（六）Y044 张刘路

Y044 张村至刘家店公路简称张刘路，位于正宁县境内，起点为湫头乡张村，经关家川、东庄、索洛、后坡、狼牙洼、前马塬、蔡头湾，终点为三嘉乡刘家店，全长 29 公里，亦为子午岭林区专用公路。张刘路于 1997 年建成时为四级沙砾路面。2006 年，张刘路实施通乡油路改造工程，投资 1160 万元，改造后全线达到四级公路标准，铺筑沥青路面。

（七）Y045 肖蒲路

Y045 肖金至蒲河公路简称肖蒲路，位于西峰区境内，起点为肖金镇上刘村，终点为显胜乡蒲河村，全长 22.2 公里。肖蒲路平原段 11.6 公里于 1998 年修建，为四级沥青路面。山区段于 2007 年修建为四级公路，铺筑沥青路面。

（八）Y049 庆六路

Y049 庆城至六寸塬公路简称庆六路，位于庆城县境内，自庆城县城南接G211 线，经南庄乡政府至庆城县与合水县交界处的南庄乡六寸塬，全长 34.94公里。2001 年，庆六路庆城县至南庄乡 18.26 公里修建为四级沥青路面。2009年，南庄乡至六寸塬 16.68 公里由等外沙砾路面改造为四级沥青路面。

庆阳市乡村道里程见表 1-3-8。

庆阳市乡村道里程汇总表

表 1-3-8

县（区）	乡道（km）	村道（km）	县（区）	乡道（km）	村道（km）
西峰区	54.41	839.38	庆城县	43.66	727.89
环县	443.9	1719.27	华池县	227.87	728.41
合水县	144.11	567.77	正宁县	45.21	704.38
宁县	317.46	1308.03	镇原县	206.96	848.23

六、天水市乡村道

天水位于甘陕交界地带，黄土梁峁沟壑与河谷山地交错，交通不便。"八五"期间，国家和地方在天水公路交通建设的资金达 2.94 亿元，是"七五"时期的四倍多。至 1995 年底，全市乡道共 780.81 公里，然通村道路仍以小道为主。"九五"期间，全市通过"民工建勤""以工代赈"等方式整修乡村道路，等级公路比例逐年增加。进入 21 世纪，随着通乡油路、通村等级公路建设项目的实施，天水乡村通达、通畅水平不断提高。2004 年至2010 年，天水建成通乡油路 1204 公里，投资计 5.87 亿元。2010 年底实现全市所有乡（镇）通沥青路或水泥路。

2003 年—2010 年，天水建成通村等级沙砾路 1641 条 4593.5 公里、通村硬化路 436 条 1447 公里，投资计 6.28 亿元。2009 年全市实现所有行政村通等级公路，2010 年全市 31.3% 的行政村通了硬化路。到 2010 年底，天水市共有乡道 877.22 公里、村道 6752.32 公里。

（一）Y629 元温路

Y629 元店至温泉公路简称元温路，位于麦积区境内，起于甘泉镇元店，终于街亭温泉，全长 10.2 公里，亦为旅游线路。1996 年，元温路全线改建为三级公路，铺筑沥青路面，投资 400 多万元。

（二）Y634 大凤路

Y634 大营梁至凤凰公路简称大凤路，位于秦州区境内，起于大营梁，经五龙、赵家庄、新阳，终于新阳镇西席村，全长 34.12 公里。其中五龙段（赵庄至大营梁含延伸段）于 2001 年建成四级沙砾路面，投资 178 万元。2009 年铺筑沥青路面 2.2 公里，2010 年铺筑沥青路面 27.4 公里。至此，全线达到四级公路标准，除 4.52 公里为沙砾路外，其余为沥青路面。

（三）Y644 红太路

Y644 红堡至太坪公路简称红太路，位于清水县境内，连接红堡、太坪两乡，全长 12.63 公里。红太路修建于 1990 年，2005 年 6 月至 2006 年 6 月由红堡乡政府和清水县交通局改建为四级沙砾路面。2009 年改造 10 公里路段并铺筑沥青路面，2010 年铺筑沥青路面 2.63 公里。至此，红太路全线改造为四级公路标准。

（四）Y649 张平路

Y649 张家川至平安公路简称张平路，位于张家川回族自治县境内，自上磨村接 S305 线，经杨川村、沟口村、黄家村、磨马村至平安乡，全长 11.52 公里。2007 年 8 月，张平路实施通乡油路改造工程，2008 年底完工，投资 550 万元，全线达到四级公路标准，铺筑沥青路面。

（五）Y657 喇双路

Y657 喇嘛墩至双庙公路简称喇双路，位于秦安县境内，起自莲花镇喇嘛墩，经好地乡至双庙村，全长 11.53 公里。喇双路修建于 1990 年，2002 年投资 271.39 万元实施通乡等级公路建设工程，2004 年又增设涵洞，全线改造为四级沙砾路面。2008 年，喇双路被列入通乡公路改造项目，2009 年完成改造，全线为四级公路标准，铺筑沥青路面。

（六）Y668 安礼路

Y668 安远至礼辛公路简称安礼路，位于甘谷县境内，自安远镇接 X087 线，经大石乡至礼辛乡寨子村，全长 19.24 公里。2007 年 9 月，安礼路开工实施通乡油路改造工程，2008年10月完工。改造后安礼路达到四级公路标准，铺筑沥青路面。

（七）Y675 丁高路

Y675 丁家门至高楼公路简称丁高路，位于武山县境内，自鸳鸯镇丁家门村接X447线，沿漳河向西至高楼乡高家窑村，全长14.17公里。2008年，丁高路实施通乡油路改造工程，全线改造为四级沥青路面。

天水市乡村道里程见表1-3-9。

天水市乡村道里程汇总表

表 1-3-9

县（区）	乡道（km）	村道（km）	县（区）	乡道（km）	村道（km）
秦州区	153.77	1230.6	麦积区	161.8	1093.8
清水县	111.22	1132.62	张家川县	156.24	440.71
秦安县	51.38	957.31	甘谷县	172.41	1131.77
武山县	70.4	765.51			

七、陇南市乡村道

陇南山大沟深，公路建设难度大，20世纪90年代初期，大部分乡村交通闭塞，通乡、通村公路多为等外路，晴通雨阻，每年"民工建勤"修养公路任务繁重。进入21世纪，随着通乡等级公路建设和通乡油路工程的实施，陇南乡（镇）通达、通畅率稳步提升。2004年至2009年，陇南全市实施"村村通工程"，实现所有建制村通等级公路。2010年底，陇南市共有乡道1059.58公里、村道10217.85公里。

（一）Y691 苇杨路

Y691 苇子坝至杨坝公路简称苇杨路，位于宕昌县境内，起点为兴化乡苇子坝，经兴化、南阳、竹院等乡，终点为竹院乡杨坝村，全长54.72公里。此路全线原为等外砂路。2003年至2008年，通过通乡等级公路项目将33公里改造为四级沙砾路面，投资400万元。

（二）Y698 白坪路

Y698 白草坝至坪牙公路简称白坪路，位于武都区境内，自角弓镇陈家坝接 G212 线，至坪牙藏族自治乡，全长 9.93 公里。2003 年，白坪路通过实施通乡公路改造工程改造为四级沙砾路面，同年通过"以工代赈"筹资 197 万元建陈家坝桥 1 座 82.8 米。2006 年 9 月，白坪路实施通乡油路改造工程，2007 年 5 月完工，投资 515.68 万元。白坪路达到四级公路标准，铺筑沥青路面。

（三）Y713 冷梨路

Y713 冷堡子至梨坪公路简称冷梨路，位于文县境内，自临江镇冷堡子村接 G212 线，跨白龙江大桥沿龙巴河至梨坪乡，全长 15.48 公里。2007 年，冷梨路改建为四级公路，铺筑水泥混凝土路面。

（四）Y716 豆店路

Y716 豆坝至店子公路简称豆店路，位于康县境内，起自豆坝乡政府驻地，与康小公路相接，沿豆坝河而下至店子乡政府驻地，全长 10.84 公里。2001 年 6 月，豆店路按四级公路标准开工改建，2003 年 6 月完工，投资 131.5 万元，改建后为四级沙砾路面。2007 年 9 月，豆店路作为通乡油路建设项目开工改造，2008 年 10 月完成改造，投资 464.5 万元。至此，豆店路全线为四级公路，铺筑沥青路面。

（五）Y720 毛太路

Y720 毛坝至太石公路简称毛太路，位于成县境内，自毛坝桥接 S305 线，顺西汉水至太石乡，全长 13.59 公里。2007 年，毛太路改造为四级公路，铺天然沙砾路面，投资 151 万元。2008 年，全线铺筑沥青路面。

（六）Y731 西姜路

Y731 西和至姜席公路简称西姜路，位于西和县境内，自西和县接 S219 线，经王磨、峡坡梁、晚霞湖至姜席镇席川村，全长 10.26 公里。2003 年，西姜路实施通乡油路改造工程，按四级公路标准拓宽改建，铺筑沥青路面，投资 416 万元。

（七）Y747 高太路

Y747 高桥至太白公路简称高太路，位于徽县境内，自高桥乡下关村接 X521 线，至高桥乡太白村（原太白乡），全长 29.38 公里。高太路在修建

第一编 公路

X521 麻剡路时由沿线各乡修通，1997 年拓宽改造。2005 年，高太路改造为四级公路，铺筑沙砾路面。

（八）Y752 张唐路

Y752 张家至唐藏公路简称张唐路，位于两当县境内，起点为两当县张家乡，终点为陕甘交界处的陕西省凤县唐藏乡，全长 6.34 公里。2002 年 5 月，张唐路开工改建，2003 年 6 月完工，投资 240 万元。2006 年，张唐路作为通乡公路改造项目开工改建，2007 年完工，投资 560 万元。改造后，张唐路达到四级公路标准，铺筑水泥混凝土路面。

（九）Y753 两太路

Y753 两当至太阳公路简称两太路，位于两当县境内，由两当县城通往太阳乡，全长 33.24 公里。两太路于 2001 年 4 月开工修建，2002 年 5 月建成通车，投资 500 余万元，建桥梁 8 座 301.77 米。2008 年，两太路按四级公路标准实施通乡公路改造工程，铺筑水泥混凝土路面。

陇南市乡村道里程见表 1-3-10。

陇南市乡村道里程汇总表

表 1-3-10

县（区）	乡道（km）	村道（km）	县（区）	乡道（km）	村道（km）
武都区	208	2178.9	成县	114.36	799
文县	66.42	1422.5	宕昌县	96.87	861.15
康县	130.05	986.85	西和县	114.17	842.54
礼县	189.85	1565.4	徽县	85.1	939.31
两当县	55.07	622.2			

八、甘南藏族自治州乡村道

"八五"期间，甘南藏族自治州共投资 752.4 万元建设乡道 8 条 150 公里，全州 97.2% 的乡（镇）通了公路，70% 的农牧村通了公路或农机便道。"九五"期间，甘南州投资 1694.93 万元，修建乡道 9 条 154 公里。进入 21 世纪，甘南州乡村公路建设步伐加快，力度加大，"十五"期间新建、改建乡道 46 条 1212 公里，投资达 3.1 亿元；投资 7202.11 万元，修建村道 118 条 1116.65 公里。"十一五"期间，投资 2.76 亿元，新建、改建乡道 35 条 968.85 公里；投资 3.16 亿元，新建、改建村道 419 条 3227 公里。截至 2010 年底，甘南州共有乡道 759.2 公里、村道 3266.77 公里。

（一）Y575 合扎路

Y575 合作至扎油公路简称合扎路，位于合作市和夏河县境内，自合作市接 G213 线，经加可尕村、扎油曼村，终于夏河县扎油乡，全长 26.05 公里。2001 年，夏河境内 20.1 公里通过实施通乡公路建设工程，投资 300 万元，铺筑天然沙砾路面。2007 年，夏河境内路段实施通乡油路改建工程，2008 年合作境内 5.95 公里油路改造工程开工，2009 年全线完工，投资 920 万元。合扎路达到四级公路标准，铺筑沥青路面。

（二）Y582 古术路

Y582 古战至术布公路简称古术路，位于临潭、卓尼两县境内，自临潭县接 S306 线，经临潭县古战乡、卓尼县阿子滩乡菜子村、临潭县术布乡普藏什村、卓尼县阿子滩乡盘元村，终于临潭县术布乡术布村，全长 13.7 公里。古术路修建于 1990 年，1996 年投资 262 万元改建为等级公路。2006 年，古术路实施通乡油路改造工程，2007 年完工，铺沥青路面，全线达到四级公路标准。

（三）Y588 西八路

Y588 西岔梁至八楞公路简称西八路，位于舟曲县境内，自西岔梁接 X489 线，经西岔村、阳山村，终于舟曲县八楞乡，全长 10.61 公里。2007 年，西八路实施通乡油路建设项目，2009 年完工，投资 560 万元，完成路基工程 6425 立方米，修建桥梁 1 座 27.18 米、涵洞 21 道，铺筑沥青混凝土路面，达到四级公路标准。

（四）Y593 达那路

Y593 达拉至那盖公路简称达那路，位于迭部县境内，自达拉乡接 S313 线，经达拉乡、高吉村至那盖村，全长 45 公里。达那路修建于 1996 年。2005 年至 2006 年，达那路 31.62 改造为四级公路，铺筑沙砾路面。2007 年，达那路实施通乡油路改造工程，2009 年完工，投资 1200 万元，全线达到四级公路标准，铺筑沥青路面。

（五）Y599 尕唐路

Y599 线尕果至唐科公路简称尕唐路，位于碌曲县境内，自碌曲县尕果村接 X412 线，经扎哈马儿扣村至唐科村，全长 11.54 公里。2006 年，尕唐路列入通乡油路改造工程，2008 年完成改造，投资 482.2 万元。改造后尕唐路达到四级公路标准，铺筑沥青路面。

（六）Y601 河啊路

Y601 河曲马场至啊籽实验站公路简称河啊路，位于玛曲县境内，于河曲马场接 X419 线，经曼日玛乡麦科村至啊籽实验站与 X405 线相连，全长 64.41 公里。2005 年，玛曲至曼日玛段开工修建，2006 年底完工，共移动路基土石方 31 万立方米，修建排水设施 380 米，建小桥 2 座 15.4 米、涵洞 79 道，投资 312 万元，为四级砂路。2009 年，玛曲至曼日玛段 35.4 公里铺筑沥青路面，全线达到四级公路标准，其中 35.4 公里为沥青路面，其余为沙石路面。

甘南藏族自治州乡村道里程见表 1-3-11。

甘南藏族自治州乡村道里程汇总表

表 1-3-11

县（市、区）	乡道（km）	村道（km）	县（市、区）	乡道（km）	村道（km）
合作市	97.3	187.86	夏河县	89	414
临潭县	81	343.42	卓尼县	69.3	459
玛曲县	92.9	709.27	碌曲县	45.5	227.73
迭部县	192.2	505.35	舟曲县	92	420.14

九、临夏回族自治州乡村道

"八五"期间，临夏回族自治州在国家民族政策的强力支撑下，公路交通取得长足发展，累计投资 9380 万元，至 1995 年底通公路的乡（镇）有 132 个、通油路的乡（镇）有 43 个，99.7%的建制村通了公路。进入"九五"后，临夏乡村公路建设和改造力度逐年加大，至 2005 年底全州共有乡道 59 条 665.72 公里，等级公路占 54.8%；村道 2379.69 公里，其中 93%为

甘肃省志 公路交通志

238

等外公路。截至 2010 年底，全州共有乡道 801.94 公里、村道 2321.25 公里。

（一）Y505 双多路

Y505 双城至多支巴公路简称双多路，位于临夏县境内，自双城接 X365 线，经双城、高家庄、刁祁、友好、杨庄、多支坝、土门关等村与 G213 线相连，全长 12.93 公里。2007 年，全线改造为四级公路，投资 551.3 万元，铺筑水泥混凝土路面。

（二）Y523 二新路

Y523 二郎岗至新庄公路简称二新路，位于和政县境内，自城关镇达郎乡二郎岗接 S317 线，经达浪、关滩沟乡至新庄乡前进村，全长 11.78 公里。2006 年，二新路实施通乡公路改造工程，全线改造为四级公路，铺筑水泥混凝土路面，投资 605 万元。

（三）Y532 康上路

Y532 康乐至上湾公路简称康上路，位于康乐县境内，自康乐县附城镇接 S317 线，经磨羌、松树沟、老庄、包家、麻池、大羌，至上湾乡接 X368 线，全长 10.66 公里。2004 年全线改造为四级公路，投资 480 万元，铺筑沥青路面。

（四）Y535 对槐路

Y535 对康至槐山顶公路简称对槐路，位于广河县境内，自对康接 X369 线，至槐山顶接 S317 线，全长 25.77 公里。1997 年至 2001 年，对康至马浪段 22.3 公里采用"民工建勤"方式改建为三级砂路，投资 350 万元。2002 年，投资 309 万元铺筑沥青路面。2003 年，改造马浪至槐山顶段路基 10.57 公里。2004 年，投资 200 万元，铺筑沥青路面 7.2 公里。2007 年和 2009 年，剩余路段陆续改造为四级公路标准，铺筑沥青路面。

（五）Y541 龙三路

Y541 龙泉至三塬公路简称龙三路，位于东乡族自治县境内，自龙泉乡接 G213 线，至考勒乡三塬村，全长 21.4 公里。2001 年龙三路开工改造，2003 年完工，投资 377.44 万元，铺筑沙砾路面。2010 年，全线改造为四级公路标准，铺筑沥青路面。

（六）Y550 罗王路

Y550 罗川至王台公路简称罗王路，位于永靖县境内，自尤家塬魏川接

X377 线，经白家川、孔家寺，顺砂子沟、红泉镇至王台镇接 X377 线，全长 44.4 公里。1992 年至 1994 年，在砂子沟口修建 1 孔 40 米的双曲拱桥 1 座。1999 年至 2002 年，尤孔段改造为等级公路，铺筑沙砾路面，投资 382 万元。2002 年，投资 196 万元将王红段改造为等级沙砾路面。经历次改造，全线达到四级公路标准，有沥青路面 1.64 公里、水泥混凝土路面 6.6 公里，其余为沙砾路面。

（七）Y551 刘大路

Y551 刘集至大河家公路简称刘大路，位于积石山东乡族保安族撒拉族自治县境内，自刘集乡接 S309 线，经崔家、大敦、康吊等村，至大河家接 S309 线，全长 13.8 公里。1997 年，建刘坊桥 1 座 24 米。2001 年，投资 18 万元改建干河滩桥 1 座。2004 年，大河家至保安三庄段 7.2 公里铺筑沥青路面，投资 120 万元。2006 年，刘梅段 6.45 公里铺筑沥青路面，投资 237 万元。至此，刘大路全线达到四级公路标准。

临夏回族自治州乡村道里程见表 1-3-12。

临夏回族自治州乡村道里程汇总表

表 1-3-12

县（市、区）	乡道（km）	村道（km）	县（市、区）	乡道（km）	村道（km）
临夏市	20.49	49.46	临夏县	190.61	251.52
康乐县	95.25	254.23	永靖县	99.94	420.7
广河县	121.13	249.23	和政县	73.24	292.15
东乡县	98.68	534.53	积石山县	102.6	269.43

十、武威市乡村道

"八五"期间，武威市投资 436.58 万元建设乡道 12 项 73 公里，至 1995 年底，全市乡道达到 364.42 公里。"九五"期间，武威按照"先通后畅、先易后难"思路，采取"民工建勤""以工代赈"建设农村公路，在乡道建设方面投资 1867.95 万元，建设乡道 44 条 336.27 公里；在村道建设方面投资 3141.5 万元，建设村道 19 条 560 公里。至 2000 年底，全市有乡道

1887.85 公里，99.1%的乡（镇）通了公路，73.5%的乡（镇）通了油路，74.14%的行政村通了公路。进入 21 世纪，武威加快农村公路建设步伐，从 2003 年起组织实施通乡油路、通村公路和通村油路（水泥路）工程。"十五"期间，武威市投资 6915.14 万元新建、改建乡道 87 条 667.57 公里，投资 4334.6 万元新建、改建村道 126 项 587.83 公里。"十一五"期间，投资 3.18 亿元实施乡道建设工程 85 项 828.64 公里，投资实施通乡油路和通达、通畅工程建设，投资 4.71 亿元实施村道建设工程 603 项 2765 公里。截至 2010 年底，武威市共有乡道 1446.81 公里、村道 5558.67 公里，全市所有乡（镇）和行政村通了公路，96.84%的乡（镇）通了沥青路，47.03%的行政村通了硬化路。

（一）Y282 华柏路

Y282 华藏寺至柏林公路简称华柏路，位于天祝藏族自治县境内，起点为天祝县华藏寺、红大、野雉沟、三庄，终点为原柏林乡，全长 13.67 公里。2004 年 4 月，华柏路作为"以工代赈"项目开工改造，2007 年完工，改造后全线达到四级公路标准，铺筑沥青路面。

（二）Y306 裕东路

Y306 裕民至东湖镇公路简称裕东路，位于民勤县境内，起点为裕民，经双茨科、收成等乡（镇）和沙咀墩、义粮滩农场，终点为东湖镇，全长 48 公里。2003 年，民勤县动员近万名干部职工和 3 万名沿线群众，以"民工建勤"的方式将全线改建为四级公路，投资 200 万元。2005 年，裕东路列入通乡公路建设项目，2007 年 10 月底完工，投资 1948 万元。改造后全线达到四级公路标准，铺筑沥青路面。

（三）Y311 大小路

Y311 大靖至小山子公路简称大小路，位于古浪县境内，自大靖镇北侧接 S308 线，经大靖、民权、横梁等乡（镇），于横梁乡小山子接十条公路，全长 18.64 公里。2006 年 4 月，大小路按三级公路开工改建，2007 年 10 月完工，铺筑沥青表面处置路面。

（四）Y312 石金路

Y312 石油库至金塔公路简称石金路，位于凉州区境内，起自凉州区石油库，经西闸口、和平镇、柏树乡、金塔乡，于金塔河东干渠与 X151 线相接，全长 15.27 公里。2007 年，石金路实施通乡油路改造工程，改造后全线达到四级公路标准，铺筑沥青路面。

武威市乡村道里程见表 1-3-13。

武威市乡村道里程汇总表

表 1-3-13

县（区）	乡道（km）	村道（km）	县（区）	乡道（km）	村道（km）
凉州区	376.31	1960.7	天祝县	292.21	1248.43
古浪县	365.84	953	民勤县	412.45	1396.54

十一、金昌市乡村道

"八五"期间，金昌市重点以"民工建勤""民办公助"的方式建设农村公路。至 1995 年，金川区所有乡（镇）通了等级公路，20% 的行政村通了等级公路，永昌县所有乡（镇）通了沥青路。1997 年至 2000 年，金川区修建农村等级公路 45.9 公里。至 2000 年底，行政村通达率达到 64%。进入 21 世纪，金昌市加快乡村通油路建设步伐。"十五"期间，永昌县新建、改扩建县乡村道路 30 条 261.83 公里。全县 86% 的行政村道路全部硬化，金川区则实现所有行政村通等级公路。"十一五"期间，金昌市建成通村硬化路 80 条 625.6 公里，实现 98.5% 的建制村通硬化路。1991 年至 2010 年 20 年间，金昌市在通乡公路建设方面投入资金 2738 万元，在通村公路建设方面投入资金 2.56 亿元，在实现所有乡（镇）和建制村通达、通畅方面居于全省前列。至 2010 年底，金昌市共有乡道 108.27 公里、村道 1154.75 公里。

（一）Y330 祁何路

Y330 祁庄至何家湾公路简称祁何路，位于永昌县境内，起点为南坝乡祁庄村，经永丰村、永安村、西校村，终点为何家湾村，全长 16.2 公里。祁何路于 2002 年通过"民工建勤"的方式建成，投资 607 万元，全线达到三级公路标准，铺筑沥青路面。

（二）Y910 天小路

Y910 天生坑至小井子公路简称天小路，位于金川区境内，起点为八一农场天生坑分场，终点为小井子分场，全长 28.5 公里。天小路于 2001 年通过"民工建勤"的方式建成路基，投资 278 万元。2007 年，实施通乡油路改造工程，投资 848 万元，改造后全线达到三级公路标准，铺筑沥青路面。

金昌市乡村道里程见表 1-3-14。

金昌市乡村道里程汇总表

表 1-3-14

县（区）	乡道（km）	村道（km）	县（区）	乡道（km）	村道（km）
金川区	67.77	237.57	永昌县	40.5	917.18

十二、张掖市乡村道

至 1991 年底，张掖市共有乡道 56 条 657 公里，其中晴雨通车里程 147 公里。经过"八五""九五"时期的发展，至 2000 年底，全市乡道里程达到 854 公里。进入 21 世纪，张掖农村公路进入快速发展阶段，各县（区）采取"项目投、政策补、部门帮、社会捐、群众筹"的方式筹措资金，快速推进农村公路建设。截至 2010 年底，张掖市共有乡道 1144.8 公里、村道 7176.6 公里。

（一）Y360 甘平路

Y360 甘州区至平山湖公路简称甘平路，位于甘州区境内，自甘州区接 X214 线，经仁宗口、平易、窟窿大坂、碱槽子、小水、平山湖，至甘肃内蒙古交界处的平山湖煤矿，全长 61.3 公里。2000 年，甘平路前 43 公里改建为四级砂路。2007 年，全线实施通乡油路改造工程，2009 年 7 月完工，投资 1986.4 万元，改造后全线达到四级公路标准，铺筑沥青路面。

（二）Y331 皇头路

Y331 皇城水库至头坝口公路简称皇头路，位于肃南裕固族自治县境内，自皇城水库接 X206 线，经东顶村、河东村，终于皇城镇浃翔头坝口，全长 28.6 公里。2005 年，全线改造为四级沙砾公路，投资 168 万元。2010 年改造为四级沥青路面。

（三）Y373 元红路

Y373 元山子至红沙河公路简称元红路，位于高台县境内，自新坝乡元山子村接 G312 线，经元山子、小坝、上坝、楼庄、古城、六洋坝、霞光、红崖、边沟，于红沙河与 Z081 线相连，全长 33.5 公里。2005 年，有 12.55 公路改造为四级公路，铺筑沙砾路面。后元山子至边沟桥 21 公里按四级公路标准改造为沥青路面。

（四）Y775 张一路

Y775 张罗路岔路口至一工公路简称张一路，位于临泽县境内，自张罗路岔路口接 X214 线，至平川镇一工村，全长 23.63 公里。2004 年，全线改造为四级公路，铺筑沙砾路面。

（五）Y780 花大路

Y780 花寨至大黄山公路简称花大路，位于山丹县境内，自花寨接 X210 线，经马营乡花寨子中河、上河村，至大黄山林场钟山寺，全长 13.68 公里。2001 年，有 5.3 公里改造为四级沙砾路面，投资 190 多万元。2002 年，改造四级沙砾路面 2.3 公里。2007 年，全线按四级公路标准改建为水泥混凝土路面。

张掖市乡村道里程见表 1–3–15。

张掖市乡村道里程汇总表

表 1–3–15

县（市、区）	乡道（km）	村道（km）	县（市、区）	乡道（km）	村道（km）
甘州区	257.7	2579.7	肃南县	203.8	838
民乐县	358.5	774.8	临泽县	76.3	883.7
高台县	108.6	873.4	山丹县	139.9	1227

十三、酒泉市乡村道

酒泉市地处戈壁沙漠地区，地域广袤，农村公路建设点多面广线长。"八五"期间，酒泉市在农村公路建设方面投资共 1366.4 万元，新建、改建县乡道 266.74 公里，铺筑油路 220.24 公里，酒泉市（今肃州区）和敦煌市所有乡（镇）通了油路。1996 年开始，酒泉各级政府把乡村道建设作为

"小康工程"重点推进、考核，通过"民工建勤"等方式组织群众兴修乡村道。至 1999 年底，在乡村道建设方面累计投资 1580 万元，投入"民工建勤"人工日 29.5 万个、车工日 14.8 万个，修建乡村道 331 条 2240 公里。进入"十一五"，酒泉市通过实施通乡、通村公路建设工程，实现 96.4%的建制村通公路、49.3%的建制村通油路、97%的自然村通公路。截至 2010 年底，酒泉市共有乡道 1343.4 公里、村道 6855.9 公里。

（一）Y403 上红路

Y403 上坝至红山公路简称上红路，位于肃州区，自上坝接 G312 线，经上坝镇、金佛寺镇，至红山乡，全长 15.7 公里。1996 年，上红路前 6.2 公里路基拓宽为 8.5 米，1997 年此段铺筑沥青路面。1999 年，改造剩余 9.5 公里路基，2000 年铺筑沥青路面。上红路全线达到三级公路标准。

（二）Y416 常东路

Y416 常乐城至东巴兔乡公路简称常东路，位于瓜州县境内，起于常乐城，终于锁阳城镇东巴兔村，全长 34.1 公里。常东路修建于 1997 年，投资 100 万元，为四级公路，铺筑沙砾路面。

（三）Y438 长草沟公路

Y438 长草沟公路位于阿克塞哈萨克族自治县境内，由长草沟通往 G215 线，全长 41 公里，1986 年至 1994 年陆续建成，2007 年改建为四级公路，铺筑沙砾路面。

（四）Y766 花玉路

Y766 花海至玉门镇公路简称花玉路，位于玉门市境内，起点为花海镇，经柳湖乡、黄花农场、下西号乡，终点为玉门镇，全长 50 公里。花玉路修建于 2000 年。2008 年，花玉路实施通乡油路改造工程，2009 年 10 月完工，投资 2795.17 万元，改造后全线达到三级公路标准，铺筑沥青路面。

（五）Y767 航阿路

Y767 航天城至内蒙古自治区阿拉善盟右旗公路简称航阿路，位于金塔县境内，起点为航天镇河东里开发区，终点为阿拉善盟右旗甘肃与内蒙古交界处，全长 56.8 公里。航阿路修建于 2003 年。2006 年底实施通乡油路改造工程，2007 年完工，投资 2317 万元，改造后全线达到四级公路标准，铺筑沥青路面。

（六）Y422 肃孟路

Y422 肃州镇至孟家桥公路简称肃孟路，位于敦煌市境内，从孟家桥至G215 线，全长 9.8 公里。肃孟路于 1994 年投资 30 万元修建。2008 年，通过通乡油路改造工程改造为四级公路，铺筑沥青路面。

（七）Y443 红四路

Y443 红山寺至四〇四厂农场公路简称红四路，为甘肃矿区唯一乡道，起自红山寺，经赤金镇、朝阳村、苗圃村至四〇四厂农场，全长 7.3 公里。2005 年，红四路全线改造为四级公路，铺筑沥青路面，投资 220.66 万元，建设单位为甘肃矿区交通局。

（八）Y763 石鹰路

Y763 石包城至鹰嘴山村公路简称石鹰路，位于肃北蒙古族自治县境内，自石包城接 X279 线，经石包城乡、泉脑村、大龚岔、大黑沟、老虎沟至鹰嘴山，全长 45.73 公里。2009 年，石鹰路全线改造为四级公路，铺筑沙砾路面。

酒泉市乡村道里程见表 1-3-16。

酒泉市乡村道里程汇总表

表 1-3-16

县（区）	乡道（km）	村道（km）	县（区）	乡道（km）	村道（km）
肃州区	178.2	1142.3	金塔县	194.9	1121.5
玉门市	272.9	758.2	瓜州县	252.4	1022.7
敦煌市	60.2	1404.2	肃北县	72.1	979.9
阿克塞县	312.7	427.1			

十四、嘉峪关市乡村道

嘉峪关市为工业城市，也是甘肃面积最小的地级市，农村公路里程较少。全市共有乡道 3 条，Y451 新城乡至泥沟村公路全长 6.15 公里、Y452 玉门东至白杨河公路全长 15.05 公里，Y453 魏晋墓至泥沟村公路全长 15.7 公里。1995 年，全市有村道 196 条 124 公里，大多为等外公路。1995 年至

1999 年，嘉峪关市财政投资 977 万元，铺筑村、组、居民点沥青路面 173 条 105.34 公里，建成桥涵 231 座（道），实现村与村、村与组、组与组通沥青路面的目标。截至 2010 年底，嘉峪关市共有乡道 36.9 公里、村道 130.45 公里。

（一）Y451 新泥路

Y451 新城乡至泥沟村公路简称新泥路，起点为新城乡，终点为新城乡泥沟村，全长 6.15 公里。新泥路建于 1998 年，投资 60.52 万元，路基通过"民工建勤"的方式建成，为四级公路，铺筑沥青路面。

（二）Y453 魏泥路

Y453 魏晋墓至泥沟村公路简称魏泥路，起于魏晋墓，经新城村至泥沟村，全长 15.7 公里。魏泥路草湖至泥沟二组 3 公里修建于 1995 年，为等外公路。泥沟村二组至一组 2.2 公里修建于 1999 年，为四级公路，铺筑沥青路面。其余路段修建于 2004 年至 2005 年，为三级公路，铺筑沥青路面。

第三节　专用道

甘肃地形狭长，地质地貌复杂多样，矿产和旅游资源丰富，专用道因国防建设和工矿、农林及旅游开发而建。资料显示，1990 年全省列入交通部门管理的专用道有 97 条，计 1888.68 公里（以下记述专用道代码"Z"，编号 3 位数）。20 世纪 90 年代，专用道大部分通过"民工建勤""民办公助""以工代赈"和省地联建、企业出资等方式建成。为便于煤炭开采运输和水电生产，修建 Z021 茶埠至耳阳煤矿专用道、Z032 永登至天矿专用道、Z123 黑山矿专用道、Z133 金沟口至大峡电厂等工矿专用道。修建的国防专用公路有 Z117 战备线、Z122 黑鹰山战备线、Z107 高炮营专用道等，修建的农场水利专用公路有 Z101 十工农场专用道、Z105 榆林河水库专用道、Z136 白墩车站至石门沟专用道、Z137 五佛道班至五泵专用道等。此外，随着一批旅游资源的开发，其间还兴建 Z033 石佛专用专用道、Z305 党河水库至雅丹地貌公路等旅游专用道。进入 21 世纪，随着新的矿产资源和新能源开发及工业园区兴起，建成通往麻黄滩、黑崖子、柳泉、红青石梁等风电场的 Z444、Z445、Z446、Z447 等专用道，修建便于矿产开采的 Z448 三个泉铜铁矿专用道、Z504 花石沟铜矿专用道、Z505 红柳沟石棉矿区专用道、Z506 花岗岩石材基地专用道、Z510 红柳河镇钒矿专用道等。与此同时，修建 Z119 莫高至敦煌、Z143 小川至太极岛等专用道，另外还建成便利人民群众生活的 Z507 垃圾处理场专用道、Z508 汉族公墓专用道等。在此期间，一批工矿农林专用道随着产业转型调整为民用公路，大部分随着通乡油路建设得到改造。截至 2010 年底，全省由交通运输部门管理并有固定专道编号的专用公路有 164 条 3131.9 公里，其中等级公路有 2395 公里，铺装路面的有 1468 公里。1991 年—2010 年甘肃省专用道通车里程见表 1-3-17。

1991 年—2010 年甘肃省专用道通车里程表

表 1-3-17

年份	里程（km）	年份	里程（km）
1991	1883	2001	2668.83
1992	1881	2002	2668.83
1993	1881	2003	2668.83
1994	1902.25	2004	2670.66
1995	1897.25	2005	2671.92
1996	1897.85	2006	2836.86
1997	1897.85	2007	2681.05
1998	1909.23	2008	2681.13
1999	1909.23	2009	2942.91
2000	2029.86	2010	3131.9

注：2001 年，全国公路普查，按交通部统计口径，公路里程发生变化。

一、Z010 柳湖桥引线

Z010 柳湖桥引线位于平凉市崆峒区，为 G312 平凉过境段，起点为加油西站，终点为八里村，长 3.87 公里。1994 年，平凉公路总段利用银行贷款按二级公路标准对 G312 线郿岘至苋麻湾段进行改造，改造中部分路段改线，改线后原 G312 加油站至八里桥段 3.21 公里三级公路作为 G312 线柳湖桥引线。在 2001 年公路普查中，此段编为 Z010 线。2005 年，在 G312 线郿苋段大修改造中新建八里大桥，旧八里桥段（建于民国时期）0.67 公里二级公路并入 Z010 线。全线为沥青混凝土路面。

二、Z015 黑石路

Z015 黑爷庙至石门水库公路简称黑石路，位于定西市渭源县，起点为渭源县蒲川乡黑爷庙村，经曲家河至石门水库，长 6.62 公里，既是通往石门水库的专用公路，也是通往天井峡的旅游公路。1994 年石门水库和天井峡被列为旅游景点，1995 年黑石路被列入"以工代赈"项目，按四级公路标准改建。改建工程路基土方、便道改建整修及铺砂由蒲川乡组织群众完成，共移动土石方 3.5 万立方米，投劳 8750 个工日。配套工程由渭源县县乡公路管理站完成，为四级公路，铺筑沙砾路面。

三、Z032 永天路

Z032 永登至天祝煤矿公路简称永天路，为天祝煤矿专用道，位于兰州市永登县和武威市天祝藏族自治县，起自永登县武胜驿，跨庄浪河后经金咀子、向阳洼、奖俊埠、西岔、宽沟、马家湾、东路沟、克岔沟、古城岭、塌窝至天祝煤矿，全长 77.5 公里。2008 年 3 月，永天路武胜驿至奖俊埠段 16.9 公里利用通乡公路补助资金开工改建，同年 10 月完工，投资 660 万元，建设单位为兰州公路总段。武胜驿至奖俊埠段改建工程采用双车道四级公路标准，完成路基土方 1.86 万立方米，铺筑沥青表面处置面层 10.24 万平方米，建涵洞 9 道，修复小桥 3 座、涵洞 19 道，加固浆砌片石边沟 8109 米、浆砌片石排水沟 454 米。改建后全线达到四级公路标准，35.58 公里为沙砾路面，其余为沥青路面。

四、Z035 专用路

Z035 专用公路位于武威市，全长 2.08 公里。2004 年全线按三级公路标准改建，改建路基土石方 6700 立方米，铺筑沥青表面处置路面，投资 150 万元，建设单位为武威市交通局。2007 年，武威市投入 40 万元对全线进行维修。

五、Z058 永马路

Z058 永昌至马营沟公路简称永马路，位于永昌县境内，起自马营沟煤矿，经破城子、上圈、新城子、柴家庄连接 G312 线，全长 38.5 公里。1995 年 3 月，通过"民工建勤"方式对新城子镇 18 公里路段进行改造，改造后路基宽 8 米，路面宽 6.5 米。2004 年，永马路全线列入永昌县与肃南裕固族自治县皇城镇的县际公路改造项目，与 X027 线 29 公里路段一并改造。永昌至肃南县（皇城）县际公路工程起点为永昌县红山窑乡赵家庄，终点为肃南县皇城镇，长 67.6 公里。工程于 2005 年 3 月开工，2006 年 8 月完工，概算投资 3400 万元。项目建设单位为金昌公路总段。工程共完成路基土石方 527.37 万立方米，铺筑沥青碎石路面 34.18 万平方米，新建桥梁 6 座 120.92 米、涵洞 70 道。工程实施后，永马路全线达到三级公路标准。

六、Z073 山马路

Z073 山丹至马营公路位于山丹县境内，起点为山丹县城，经山丹位奇镇、李桥乡、马营乡，终点为山丹马场总场，全长 53.68 公里。2007 年，在山丹县清泉镇至霍城通乡公路改造工程中，山马路前 32 公里改造为四级公路。2009 年，山马路其余路段改造为四级公路。经过两次改造，山马路全线达到四级公路标准，铺筑沥青表面处置路面。

七、Z075 张大路

Z075 张掖至大野口水库公路简称张大路，位于张掖境内，起点为甘州区城西南，经甘州区长安镇、小满乡、大满镇、和平镇和花寨乡，终点为大野口水库，全长 54.37 公里。张大路原为张掖市最早的煤炭专用公路，后成为通往大野口水库的旅游线路。2003 年，张大路纳入甘州通往民乐的县际公路改造项目，前 36.8 公里与 X213 线肃南裕固族自治县马蹄至民乐段一并改建。甘州至民乐县际公路改建工程起自甘州区城南，经甘州区长安镇、小满乡、大满镇、和平镇、花寨乡，肃南县马蹄区，民乐县南古镇、顺化乡，于民乐县城东接 G227 线，全长 97.58 公里（其中马蹄支线 9.31 公里）。工程于 2003 年 5 月开工，2004 年 6 月完工，投资 5800 万元。项目建设单位为张掖公路分局。甘州至和平段 19 公里、民乐过境段 3.07 公里按二级公路标准设计，和平至民乐段 66.2 公里、马蹄寺支线 9.31 公里按三级公路标准设计。工程完成路基土方 40.33 万立方米，铺筑沥青碎石路面 83.6 万平方米，建中桥 1 座 66.02 米、小桥 6 座 78.52 米、涵洞 122 道。改建后，张大路甘州至和平段 19 公里达到平原微丘区二级公路标准，其余 21 公里为三级公路、14.37 公里为四级公路。除花寨子至大野口水库 4.82 公里为沙砾路面外，其余为沥青路面。

八、Z097 下黄路

Z097 下西号至黄花公路简称下黄路，起点为下西号乡，经小泉、沙泉子、塔尔湾、黄花农场，终点为黄花农场十四队，全长 17 公里。2009 年 1 月，实施下西号至黄花段三级公路改建工程，同年 10 月完工，投资 960 万元。改建后，下黄路全线达到三级公路标准，路基宽为 8.5 米，路面宽 6 米，铺筑沥青碎石路面。

九、Z100 三昌路

Z100 三十里井至昌马取水口公路简称三昌路，位于玉门市境内，全长 39.65 公里，亦称四昌公路，属甘肃矿区取水专用公路。2005 年，三昌路前 9 公里实施油路罩面工程，投资 60 万元，建设单位为矿区交通局。全线为四级公路，铺筑沥青碎石路面。

十、Z108 西生路

Z108 西坝至生地湾公路简称西生路，位于金塔县，是金塔县通往生地湾农场的专用道，全长 20 公里。1984 年起，生地湾农场每年动员大批农工利用空闲时间修建公路。到 1994 年，从西坝乡骆驼圈桥至场部各站建成四级沙砾路 20 公里。1995 年至 1998 年，利用国家扶贫补助投资 90 万元，场部自筹 308 万元，将全线铺筑为油路。2005 年，西生路列入通乡公路改造计划，2006 年开工改造，2007 年工程完工，投资 987 万元，建设单位为金塔县交通局。全线按平原微丘区四级公路标准进行改造，铺筑沥青碎石路面。

十一、Z109 低矿路

Z109 低窝铺至矿区公路简称低矿路，又称甘矿公路，位于玉门市境内，全长 23 公里，为甘肃矿区专用公路。2005 年，在嘉峪关至安西高速公路建设过程中，嘉安公路建设项目管理办公室对低矿路前 6.36 公里进行油路罩面，调整局部路段线形，改造后此段路达到二级公路标准，路基宽 12 米，路面宽 9 米。2007 年，接以上已改造路段继续改造 6 公里路段，主要实施油路罩面，设置公路附属设施，改造标准为二级公路标准，投资 355.4 万元，建设单位为甘肃矿区交通局。嘉安高速公路建成后，矿区通往 G312 线的通道阻断，2009 年，新建矿区通往 G312 连接线 2.31 公里，为三级公路，铺筑沥青混凝土路面，路基宽 8 米，路面宽 7 米，投资 180 万元。

十二、Z306 红柳沟石棉矿区专用道

Z306 红柳沟石棉矿区专用道全长 24.17 公里，位于酒泉市阿克塞哈萨克族自治县境内，是红柳沟石棉矿区通往 S314 线的专用通道。经过历次整修，到 2008 年底红柳沟石棉矿区专用道有四级公路 16 公里，等外公路 8.17 公里。2010 年，投资 1240 万元修建红柳湾镇至红柳湾镇大鄂博图公路 26.1 公里，全线改造为四级公路，铺筑沥青路面。

十三、Z117 专用道

Z117 战备线位于嘉峪关市境内，起点为嘉峪关绿化火车站，终点为峪泉镇，全长 4 公里。修建于 1995 年，工程造价 106.66 万元，除省级补助资金 54 万元以外，其余由地方财政和社会各界义务出工解决，为三级公路，路基宽 8.5 米，路面宽 7 米，沥青路面。2007 年，嘉峪关市政府对战备线主干道按照城市道路标准拓宽改建，建成后行车道宽 9 米，两侧增设 3.5 米宽非机动车道。

十四、Z122 黑鹰山公路

Z122 黑鹰山公路，起自嘉峪关市北出口，经断山口、树窝井、南泉至内蒙古自治区阿拉善额济纳旗黑鹰山，全长 285 公里，甘肃境内长 127.5 公

里。黑鹰山公路修建于20世纪80年代，为酒钢公司运输矿石的专用通道。20世纪90年代，部分路段铺筑为沥青路面。2002年，黑鹰山公路列入公路建设计划。一期工程实施嘉峪关铁道口至金塔县树窝井58公里，2002年6月开工，2005年10月完工，投资5657万元，建设标准为三级公路，铺筑沥青路面。二期工程实施树窝井至南泉段72.8公里，2006年开工，2008年8月完工，投资2942万元，建设标准为四级公路，铺筑沥青路面。

十五、Z131 白深路

Z131白银至深部铜矿公路简称白深路，自白银市接S217线，经郝家川、白银公司运输部、冶炼厂至深部铜矿，全长19.77公里。2007年6月，白银至深部铜矿四级公路改建工程开工，2008年11月完工，投资897.69万元，建设单位为白银市交通局。改建后，全线达到四级公路标准，有11.75公里为沥青碎石路面、5.64公里为水泥混凝土路面，露天矿附近2.38公里为沙砾路面。

十六、Z143 小太路

Z143小川至太极岛公路简称小太路，位于永靖县境内，起点为永靖县城吊桥头，沿黄河北岸经大庄、古城、中庄、大川等村，终点为太极岛，全长12.1公里，是通往太极岛的旅游线路。2000年4月，为开发太极岛旅游景点，开工建设小太路，2002年10月建成，投资1075万元。建设设计单位为永靖县交通局。铺筑水泥混凝土路面，达到四级公路标准。

十七、Z165 四马路

Z165四门至马力公路简称四马路，位于武山县境内，自武山县四门镇接S208线，经龙台乡、滩歌镇，在马力镇接X477线，全长50.6公里。2006年，四马路列入通乡油路改建项目，2007年底开工，2008年完工。改建后，全线达到四级公路标准，路基宽6.5米，路面宽6米，铺筑沥青碎石路面。

十八、Z177 姚朱路

Z177 姚庄至朱圉公路简称姚朱路，位于甘谷县境内，起于新兴镇，终于朱圉村甘谷监狱门口，全长 10.67 公里。姚朱路是通村道路，也是监狱专用通道，还是通往朱圉山的旅游线路。2004 年，姚朱路作为建制村通畅工程开工改造，2005 年 6 月完工，工程造价 330 万元，由甘谷县交通局测设、施工。工程实施后，姚朱路达到四级公路标准，路基宽 6.5 米，路面宽 6 米，铺筑水泥混凝土路面。

十九、Z183 平白路

Z183 平安至白石嘴公路简称平白路，位于张家川回族自治县境内，起自张家川县平安乡，经新庄村、水泉村至白石嘴牧场，全长 6.15 公里，为陇山白石嘴牧场专用道路。2007 年 8 月，平白路开工改建，2008 年底完工，投资 168.24 万元，建设单位为张家川县交通局。改建后平白路路基宽 6.5 米，路面宽 6 米，达到四级公路标准，铺筑沥青路面。

二十、Z192 徽白路

Z192 徽县至白水公路简称徽白路，位于徽县境内，起自徽县县城，经西寺村、新柳村、文池村、大河乡、王河村至陕甘交界处的白水江，全长 34.6 公里。此路于 20 世纪 50 年代在宋代白水路古道的基础上修建而成，时为大炼钢铁专用道路，后为通往白水江的旅游线路，沿途有北宋嘉祐二年镌刻的《新修白水路记》摩崖石刻。2006 年和 2008 年，徽白路两次分段实施通乡油路改造工程，改造后全线达到四级公路标准，铺筑泥结碎石路面。

二十一、Z193 两西公路

Z193 两河口至西坡公路简称两西路，位于两当县境内，自甘陕交界附近的两河口接 G316 线两当河桥，经河坝里、西坡村、仓平至西坡乡，全长 15.65 公里，为战备公路。2005 年，两西路实施硬化改造工程，2008 年 6 月底完工，投资 1650 万元，改造后全线达到四级公路标准，铺筑水泥混凝土路面。2009 年 9 月，两当至西坡战备公路项目开工，工程起自 G316 线两当河桥头，经田家坝、王家坝、张家坪、嘉陵江大桥、西坡镇至庙河坝，总长34公里，中间25.17公里按照四级公路标准实施，两头8.83公里按照三级公路标准实施，全线铺筑沥青碎石面层。建设单位为两当县交通局。工程于2013年8月完工。

二十二、Z200 雷鸡路

Z200雷神庙至鸡峰山公路简称雷鸡路，位于成县境内，起点为成县鸡峰镇雷神庙，终点为鸡峰山，长5.28公里，为通往鸡峰山国家级森林公园的旅游专用公路。2001年，成县政府投资对雷鸡路进行拓宽改建，路面实施硬化工程，全线路缘带贯通。改建后雷鸡路达到四级公路标准，铺筑水泥混凝土路面，路基宽5.5米，路面宽5米。

附表：2010年甘肃省专用道一览表（表1-3-18）。

2010年甘肃省专用道一览表

表 1-3-18

编号	名称	里程（km）	所在市州	编号	名称	里程（km）	所在市州
Z001	庆阳过境段	11.24	庆阳	Z002	西峰南段	8.2	庆阳
Z005	静宁县过境段	4.22	平凉	Z008	新果园至十条路	8.35	白银
Z010	柳湖桥引线	3.87	平凉	Z011	唐家堡至东寨	8.9	定西
Z012	宋家沟至张家沟	3.7	定西	Z013	古达川至海巅峡	2.91	定西
Z014	锹家铺至钱家台	1	定西	Z015	黑爷庙至石门水库	6.62	定西
Z016	莲峰至水泥厂	10.17	定西	Z017	微波站至塌窑湾	5.27	定西
Z020	何家山至陇山	10.08	定西	Z021	茶埠至耳阳煤矿	12.85	定西
Z022	东山至火烧沟口	12.27	定西	Z031	中川至龙泉	26.57	兰州
Z032	永登至天祝煤矿	77.5	兰州	Z033	石佛专用公路	4.98	兰州

续表

编号	名称	里程(km)	所在市州	编号	名称	里程(km)	所在市州
Z034	槐安至仙米寺	13.32	武威	Z035	G312线至飞行学院	2.08	武威
Z041	石门河至石膏矿	16	武威	Z042	石门河至天祝煤矿	62	武威
Z043	水磨沟支线	15	武威	Z044	卫星台支线	8.5	武威
Z045	丰乐至大口子	12	武威	Z047	西岔至大峨岜	9.39	武威
Z048	炮校南门至北门	4.6	武威	Z049	高坝至四十里堡	24.28	武威
Z050	武威市至火车站	2.05	武威	Z051	乌鞘岭支线	15.8	武威
Z052	古浪县城支线	5	武威	Z056	河西堡至九墩湾	15.4	金昌
Z057	河西堡至东大山	14	金昌	Z058	永昌至马营沟	38.5	金昌
Z059	永马支线	8.5	金昌	Z061	金昌至曹大板	29.5	金昌
Z062	河西堡至火车站	2.54	金昌	Z071	新河至东水泉线	17.81	张掖
Z072	王家湾线	5	张掖	Z073	山丹至马营	53.68	张掖
Z074	山丹至平坡煤矿	15.83	张掖	Z075	张掖至大野口水库	54.37	张掖
Z076	张掖至平原堡砖厂	4.03	张掖	Z077	皂凡沟线	4	张掖
Z078	四满口线	34.5	张掖	Z079	民乐至石炭窑	59.6	张掖
Z080	高台合黎至七坝泉	16.4	张掖	Z081	元山子火车站至错沟煤矿	54	张掖
Z082	顺化至海潮坝	17.44	张掖	Z083	城北复线	3.47	张掖
Z084	高台至火车站	12.04	张掖	Z085	X520岔路至军马总场	7.93	张掖
Z091	大草滩至大皇沟	40	嘉峪关	Z092	岔路口至西沟矿	25	嘉峪关
Z093	底窝铺至旱峡	35.35	酒泉	Z094	双井子至马莲井	61.54	酒泉
Z095	红柳园至方山口	52	酒泉	Z096	北大桥至农科所	2.32	酒泉

甘肃省志 公路交通志

续表

编号	名称	里程(km)	所在市州	编号	名称	里程(km)	所在市州
Z097	下西号至黄花	17	酒泉	Z098	玉门市至旱峡	50	酒泉
Z099	军垦至昌马大坝	36.4	酒泉	Z100	三十里井至昌马取水口	39.65	酒泉
Z101	S314至十工农场	4	酒泉	Z103	北大桥至牛圈子	160.4	酒泉
Z104	X278至大道尔吉	8.91	酒泉	Z105	X272至榆林河水库	4.2	酒泉
Z107	G312至某部	4.6	酒泉	Z108	西坝至生地湾	20	酒泉
Z109	低窝铺至矿区	23	酒泉	Z110	敦煌至千佛洞	14.65	酒泉
Z111	柳园至辉铜山	4.66	酒泉	Z112	火车站至文殊口	7.58	酒泉
Z113	茅庵河至丁闸坝	19.81	酒泉	Z114	酒嘉岔至酒金岔	1.05	酒泉
Z115	长草沟至阿克塞	2	酒泉	Z116	嘉峪关至花海	23.8	嘉峪关
Z117	嘉峪关某部	4	嘉峪关	Z118	安远沟至飞机场	10.39	嘉峪关
Z119	莫高至敦煌	4.63	酒泉	Z120	安远沟至城楼	10.27	嘉峪关
Z121	嘉峪关至火车站	3.6	嘉峪关	Z122	黑鹰山战备公路	127.5	嘉峪关
Z123	黑山矿专用公路	23	嘉峪关	Z126	靖远县城至面粉厂	2	白银
Z127	丁沟至水泥厂	4.44	白银	Z128	宝积至磁窑煤矿	16.91	白银
Z129	黄毛沟至碱水煤矿	11.68	白银	Z130	三河菜市场至舟桥团	4.83	白银
Z131	白银至深部铜矿	19.77	白银	Z132	白银至石灰石矿	4.66	白银
Z133	金沟口至大峡电厂	9.09	白银	Z134	条山至八连	7.63	白银
Z135	上沙窝至直滩	32.2	白银	Z136	黄河铁桥公路专用道	2.08	白银
Z136	白墩车站至石门沟	24.65	白银	Z137	五佛道班至五泵站	6.95	白银
Z141	红柳台至大坝	3.38	临夏	Z142	桥头至盐锅峡	6.9	临夏

编号	名称	里程 (km)	所在市州	编号	名称	里程 (km)	所在市州
Z143	小川至太极岛	12.1	临夏	Z144	尕拉桥至莲花山	15.76	临夏
Z145	岔路至尕虎林	4.06	临夏	Z161	散岔至利桥	9.5	天水
Z162	甘泉至董水沟	27.55	天水	Z163	上尧至李子圆	11	天水
Z164	贺店至滩歌	16.1	天水	Z165	四门至马力	50.6	天水
Z166	马跑泉至天水郡	22.35	天水	Z168	天北辅道	5.75	天水
Z169	莲花街道	2.74	天水	Z170	南河川至火车站	1	天水
Z171	七里墩至汽车站	4.1	天水	Z172	砖瓦厂至刘家庄	3.8	天水
Z173	石马坪至微波站	6.64	天水	Z174	墁坪至寨子	22.87	天水
Z175	石嘴头至码头	30.22	天水	Z176	野猪坪至桦树坝	14.94	天水
Z177	姚庄至朱圈	10.67	天水	Z178	马家门至李家山	18.34	天水
Z179	史家庄至鲁班沟	10	天水	Z180	陈魏梁至石峡口 水库	5.87	天水
Z181	张家川至东峡口 水库	6.65	天水	Z182	张家川至瓦泉	6.2	天水
Z183	平安至白石嘴	6.15	天水	Z184	平安至夭儿屲	3.2	天水
Z185	阎家梁至陈家庙	3.14	天水	Z186	付川至长石厂	2.84	天水
Z190	龙沟至后沟	5	陇南	Z191	礼县至洮坪	33.67	陇南
Z192	徽县至白水	34.6	陇南	Z193	两河口至西坡	15.65	陇南
Z194	南河至花儿坡	19.64	陇南	Z195	新城子至鸭子滩	19.4	陇南
Z196	两水镇至瓜子沟	12.3	陇南	Z197	朱沙坝花桥子	1.4	陇南
Z198	阳坝至梅园	40.7	陇南	Z199	白家村至毕家山	9.66	陇南
Z200	雷神庙至鸡峰山	5.28	陇南	Z201	柳林至杏树垭	6.8	陇南
Z202	页水河至邓家庄	13	陇南	Z203	寨子岭至张家	15.1	陇南
Z300	金梧岔路至 芒硝矿	56.34	酒泉	Z301	金梧岔路至铅矿	27	酒泉
Z303	天苍至铜矿	14	酒泉	Z304	柳园至铅锌矿	34.77	酒泉

续表

编号	名称	里程(km)	所在市州	编号	名称	里程(km)	所在市州
Z305	党河水库至雅丹地貌	133.4	酒泉	Z306	S314 至红柳沟	24.17	酒泉
Z307	S314 至阿克塞沟	14.2	酒泉	Z317	城郊林场二分场路	4.03	酒泉
Z444	G312 线至麻黄滩风电场	59.31	酒泉	Z445	G312 线至黑崖子风电场	47.95	酒泉
Z446	花海镇至红柳泉风电场	41.35	酒泉	Z447	玉花路至青石梁风电场	21.54	酒泉
Z448	昌马乡至三个泉铜铁矿	20.55	酒泉	Z449	G312 线至玉门东镇	21.75	酒泉
Z501	工业开发区北一区至南一区环线	2.86	酒泉	Z502	工业开发区南二区至北二区	1.25	酒泉
Z503	工业开发区南二区至北二区	1.44	酒泉	Z504	S305 线至花石沟铜矿	13.71	酒泉
Z505	阿克塞沟石棉矿区至红柳沟石棉矿区	15.94	酒泉	Z506	Y439 线至花岗岩石材基地	7.81	酒泉
Z507	G215 线至垃圾处理场	1.98	酒泉	Z508	X282 线至公墓	1.04	酒泉
Z509	G215 至红柳河镇	117.92	酒泉				

注：此表所列专用公路为交通运输部门管理并有固定专用道编号的公路。

第四章　公路桥涵与公路渡口

第一节　高速公路桥梁

一、李子坪特大桥

李子坪特大桥为G30连霍高速公路宝天段桥梁，位于天水市境，中心桩号1287公里+495米，起点接桃花坪隧道出口，终点阴家沟，长度2620.33米，桥梁净宽10.75米，共65孔每跨40米，最大桥高35.7米，上部采用预应力混凝土连续箱形梁或箱梁刚构，下部桥墩采用柱式墩、桩基础，桥台采用柱式台、肋板台、桩基础。设计汽车荷载等级公路-Ⅰ级。为尽可能保护环境，本桥设计没有“裁弯取直”，而是采取曲线进沟的方案，减少开挖。建设单位甘肃省交通厅工程处，设计单位中交第二公路勘察设计研究院，施工单位甘肃路桥集团第二公路工程局第六工程处，监理单位甘肃新科公路工程监理事务所。2005年9月开工，2009年9月26日建成通车。

二、巉柳六十五桥

巉柳六十五桥也称东岗高架桥，为G22青兰高速公路桥梁，位于兰州市境，中心桩号1864公里+080米。该桥由左右两幅分离式断面组成，位于S形反向曲线上。该桥始建于1999年9月，2001年9月建成通车。桥梁全长642.6米，跨径总长635米，桥梁跨径组成为主桥（45+75+45米）+引桥（4×40米）+（5×40米）+（35+40+35米）。单孔最大跨径75米，桥梁全宽12.25米，桥面净宽9.5米。主桥上部构造结构形式为钢筋混凝土组合式梁，桥墩为薄壁墩，设计荷载为汽车—超20级、挂车—120级，抗震等级为0.20、0.30或8度。该桥由甘肃省交通规划勘测设计院设计，建设单位为甘肃长达路业有限公司，施工单位为广东省长大公路工程有限公司，监理单位为甘肃省交通工程监理事务所。建成后由兰州公路管理局管养，甘肃省公路局监管。

三、巉柳八十桥

巉柳八十桥又称天水路黄河大桥，为 G22 青兰高速公路桥梁，位于兰州市，中心桩号 1873 公里+025 米处，该桥始建于 1999 年 7 月，2002 年 9 月建成通车。桥梁全长 750 米，跨径总长 743.2 米，单孔最大跨径 105 米，桥梁全宽 24.5 米，桥面净宽 21.5 米。主桥为 57.5 米+3 孔×105 米+57.5 米预应力混凝土连续刚构，兰州岸引桥（南引桥）为 8 孔×30 米逐孔施工预应力混凝土连续箱梁，忠和岸引桥（北引桥）为 4 孔×18.3 米单幅钢筋混凝土连续箱梁。主桥上部构造结构形式为钢筋混凝土连续箱梁，桥墩为薄壁墩，设计荷载为汽车—超 20 级、挂车—120 级，抗震等级为 0.20、0.30 或 8 度。该桥由甘肃省交通规划勘察设计院设计，建设单位为甘肃长达路业有限公司，施工单位为甘肃省公路工程总公司，监理单位为甘肃省交通工程监理公司。

四、黑河大桥 1 号

黑河大桥 1 号为 G30 连霍高速公路桥梁，位于张掖市境内，中心桩号 2198 公里+311 米处，该桥修建于 2003 年，2004 年 9 月建成通车。桥梁全长 785.4 米，跨径总长 780 米，单孔最大跨径 20 米，桥梁全宽 25 米，桥面净宽 23 米。主桥上部构造结构形式为预应力钢筋混凝土空心板梁，桥墩为单柱墩，设计荷载为汽车—超 20 级、挂车—120 级，抗震等级为 0.10、0.15 或 7 度。该桥由甘肃省交通规划勘察设计院设计，建设单位为甘肃省高等级公路建设开发有限公司（甘肃省交通厅工程处），施工单位为甘肃省公路工程总公司，监理单位为陕西省交通建设监理公司。

五、大沙河大桥

大沙河大桥位于 G30 连霍高速公路，中心桩号 2224 公里+741 米，该桥修建于 2001 年 12 月，2004 年 9 月建成通车。桥梁全长 685.4 米，跨径总长 680 米，单孔最大跨径 20 米，桥梁全宽 25 米，桥面净宽 23 米，主桥上部构造结构形式为预应力钢筋混凝土空心板梁，桥墩为单柱墩，设计荷载为汽车—超 20 级、挂车—120 级，抗震等级为 0.10、0.15 或 7 度。该桥由甘肃省交通规划勘察设计院设计，建设单位为甘肃省高等级公路建设开发有限公司（甘肃省交通厅工程处），施工单位为中铁十八局集团公司，监理单位为铁科院工程建设监理部。

六、兰海十七桥

兰海十七桥也称尹家庄 2 号桥，位于 G6 京藏高速公路，中心桩号 1612 公里+589 米，该桥修建于 2001 年 12 月，2004 年 8 月建成通车。大桥全长 611.9 米，桥梁跨径总长 171 米，单孔最大跨径 30 米，桥梁全宽 12.25 米，桥面净宽 11.5 米，主桥上部构造结构形式为预应力钢筋混凝土连续箱梁，桥墩为双柱式墩，设计荷载为汽车—超 20 级、挂车—120 级，抗震等级为 0.20、0.30 或 8 度。该桥由甘肃省交通规划勘察设计院设计，建设单位为甘肃省交通厅工程处，施工单位为中铁十四局集团第一工程有限公司，监理单位为甘肃新科公路工程监理事务所。

七、兰海三十八桥

兰海三十八桥也称庄浪河大桥，位于 G6 京藏高速公路，中心桩号 1637 公里+190 米，该桥修建于 2001 年 12 月，2004 年 8 月建成通车。大桥全长 621.9 米，桥梁跨径总长 595 米，单孔最大跨径 35 米，桥梁全宽 11.75 米，桥面净宽 10.75 米，主桥上部构造结构形式为钢筋混凝土连续箱梁，桥墩为双柱式墩，设计荷载为汽车—超 20 级、挂车—120，抗震等级为 0.20、0.30 或 8 度。该桥由甘肃省交通规划勘测设计院设计，建设单位为甘肃省交通厅工程处，施工单位为中铁二十局第一工程处施工，监理单位为河北华达公路工程咨询监理有限公司。

八、兰海七十六桥

兰海七十六桥也称湟水河 1 号大桥，位于 G6 京藏高速公路，中心桩号 1671 公里+158 米，修建于 2001 年 12 月，2004 年 8 月建成通车。全长 766.9 米，桥梁跨径总长 760 米，单孔最大跨径 40 米，分左右两幅，单幅桥面宽度为 12.5 米，主桥上部构造结构形式为预应力钢筋混凝土连续箱梁，桥墩为双柱式墩，设计荷载为汽车—超 20 级、挂车—120 级，抗震等级为 0.20、0.30 或 8 度。该桥由甘肃省交通规划勘测设计院设计，建设单位为甘肃省交通厅工程处，施工单位为甘肃省平凉公路总段工程处，监理单位为西安交大建设监理公司。

九、兰临七桥

兰临七桥也称西果园大桥，位于 G75 兰海高速公路，中心桩号 9 公里+23 米，该桥修建于 2001 年 10 月，2004 年 11 月建成通车。大桥全长 650 米，桥梁跨径总长 520 米，单孔最大跨径 40 米，桥梁全宽 12.25 米，桥面净宽 11 米，主桥上部构造结构形式为钢筋混凝土连续箱梁，桥墩为薄壁墩，设计荷载等级为汽车—超 20 级，抗震等级为 0.20、0.30 或 8 度。该桥由甘肃省交通规划勘察设计院设计，建设单位为甘肃省交通厅工程处，施工单位为北京安通建设有限公司，监理单位为甘肃省交通建设监理公司。

十、临洮高架桥

临洮高架桥位于 G75 兰海高速公路，中心桩号 84 公里+342 米处，该桥修建于 2001 年 10 月，2004 年 11 月建成通车。大桥全长 1047.1 米，桥梁跨径总长 1040 米，单孔最大跨径 20 米，桥梁全宽 25 米，桥面净宽 21.5 米，主桥上部构造结构形式为预应力钢筋混凝土连续箱梁，桥墩为单柱墩，设计荷载等级为汽车—超 20 级，抗震等级为 0.10、0.15 或 7 度。该桥由甘肃省交通规划勘察设计院设计，建设单位为甘肃省公路局，施工单位为甘肃省公路工程总公司，监理单位为西安交大建设监理公司。

十一、树徐二桥

树徐二桥也称尹家庄 3 号桥，位于 G30 连霍高速公路，中心桩号 1730 公里+328 米处，该桥修建于 2004 年 8 月，2005 年 4 月建成通车。大桥全长 593 米，桥梁跨径总长 500 米，单孔最大跨径 25 米，桥梁全宽 12 米，桥面净宽 11 米，主桥上部构造结构形式为预应力钢筋混凝土连续箱梁，桥墩为双柱式墩，设计荷载为汽车—超 20 级、挂车—120 级，抗震等级为 0.20、0.30 或 8 度。该桥由甘肃省交通规划勘察设计院设计，建设单位为甘肃长达路业有限公司，施工单位为中铁十四局集团第一工程有限公司，监理单位为新科公路工程监理事务所。

十二、新田黄河大桥

新田黄河大桥位于 G6 线京藏高速公路，中心桩号 1485 公里+460 米处，于 2002 年 10 月开工，2005 年 12 月建成。新田黄河大桥桥长 860 米，桥面总宽 24.5 米。设计荷载等级为汽车—超 20 级。主桥跨径组合为 52 米+3 孔×90 米+52 米 5 跨 PC 变截面连续箱形刚构桥，由上、下行分离的两个单箱单室截面组成，梁根部高 5.2 米，箱梁顶板宽 11.75 米，箱梁底板宽 6.25 米。该桥建设单位为甘肃长达路业有限公司，施工单位为中铁四局集团第二工程有限公司，总投资 2.06 亿元。

十三、韩河大桥

韩河大桥位于 G30 连霍高速公路，中心桩号 1529 公里+393 米。桥梁总长 689 米，单幅桥面净宽 10.75 米，结构采用 6 孔 40 米+6 孔 40 米+5 孔 40 米预应力混凝土连续箱梁，全桥共 3 联，采用先简支后连续的施工方法。下部结构桥墩采用长式墩、薄壁墩、桩基础、肋板式桥台，共计 20 个空心薄壁墩，墩柱最高达 41 米，施工难度属天定高速全线之最。韩河大桥项目部在薄壁墩、盖梁的施工中大胆采用先进的无支架施工工艺和钢筋滚压直螺纹连接技术，缩短了工期，降低了施工成本。2005 年 10 月开工，2007 年 7 月建成。建设单位为甘肃省交通厅工程处，设计单位新疆公路规划设计院，施工单位为新疆北新路桥建设股份有限公司，监理单位为北京华运公路桥梁监理咨询有限公司。

十四、红柳湾大桥

红柳湾大桥位于机场高速公路红柳湾路段。因该路段 13 公里+720 米至 14 公里+520 米段左侧，引大入秦水渠纵坡平缓，渠底防渗不完善，局部水渠防护工程损坏，使渠水直接渗入公路路基，导致公路承载力下降，经甘肃省交通规划研究院、甘肃省公路局勘察后，决定修建红柳湾大桥。2000 年 7 月开工，2002 年 8 月建成通车。大桥长 764 米，高 0.95 米，该桥下部结构为钻孔灌注桩基础，上部结构为左右幅不等长的多孔 20 米预应力混凝土连续空心板。施工单位为甘肃五环公路工程公司。

十五、机场四桥

机场四桥位于 S1 兰营高速公路，中心桩号 14 公里+320 米，该桥修建于 2000 年 1 月，2002 年 8 月建成通车。大桥全长 770.1 米，桥梁跨径总长 340 米，单孔最大跨径 20 米，桥梁全宽 12.25 米，桥面净宽 10.75 米，主桥上部构造结构形式为预应力钢筋混凝土空心板梁，桥墩为双柱式墩，设计荷载等级为汽车—超 20 级，抗震等级为 0.20、0.30 或 8 度。建设单位为兰州公路总段，设计单位为甘肃省交通规划勘察设计院，施工单位为兰州公路总段工程处，监理单位为甘肃省交通工程监理事务所。

第二节　普通干线公路桥梁

一、三滩黄河大桥

三滩黄河大桥位于 G109 线京拉公路，中心桩号 1561 公里+260 米处，1996 年 9 月开工，1999 年 10 月建成。设计荷载为汽车—超 20 级、挂车—120 级。设计洪水频率 1/300（三百年一遇），设计地震烈度 8 度，通航标准 V 级，桥孔布设自吴家川开始 78 米+140 米+78 米（主桥）+6530 米（引桥），桥梁全长 520 米，桥面净宽 16.5 米。主桥为三向预应力混凝土连续刚构，其主跨长 140 米，总投资 8600 万元，为当时西北地区同类结构中跨径最大的桥梁。建设单位为甘肃省交通厅工程处，设计单位为甘肃省交通规划设计院，施工单位为交通部公路二局，监理单位为甘肃省交通工程建设监理公司。

二、靖远黄河大桥

靖远黄河大桥位于 S207 线靖天公路中心桩号 19 公里+430 米处，2008 年 9 月开工，2010 年 12 月建成。桥长 620 米，桥面总宽 12.5 米，主桥跨径组合为 1 孔 70 米+3 孔 90 米+1 孔 70 米+7 孔 30 米箱梁，设计汽车荷载等级为公路–I 级，总投资 1.52 亿元。建设单位为白银公路总段。该桥建成通车后，靖远县城与白银刘川工业集中区、刘白高速公路融为一体。

第
一
编

公
路

三、草滩 3 号大桥

草滩 3 号大桥位于 G211 线，中心桩号 189 公里+573 米，该桥于 2009 年 9 月建成通车，是一座 6 跨 40 米钢筋混凝土上承、连续、箱型梁桥，桥梁全长 249.16 米，设计汽车荷载等级为公路–Ⅱ级，桥面净宽 9 米。建设单位为甘肃省公路局，设计单位为甘肃通广公路勘察设计有限公司，施工单位为甘肃路桥集团国际建设股份有限公司，监理单位为甘肃交通工程建设监理公司。

四、永宁河大桥

永宁河大桥位于 G316 线福兰公路 424 公里+553 米处，位于徽县永宁镇境内，跨越永宁河。桥梁全长 130.65 米，桥面净宽为 11 米+2×0.5 米，设计荷载为汽车—20 级、挂车—100 级，上部结构为 4 孔 30 米预应力混凝土连续 T 梁，下部结构形式是双柱式墩、U 形桥台、扩大基础，该桥于 2003 年 6 月开工建设，2004 年 8 月建成通车。陇南公路总段承建，陇南通途公路工程处施工。民国时期建成的华双公路永宁桥完成其历史使命。

五、下埧子 3 号大桥

下埧子 3 号大桥位于 G212 线 402 公里+714 米处，位于陇南市武都区角弓镇境内。桥梁长 106.58 米，桥梁全宽 9 米，净宽 7 米，设计汽车荷载等级为公路–Ⅰ级，上部结构为 5~20 米预应力混凝土连续空心板，下部结构为双柱式墩、扩大基础。该桥是"5·12"汶川地震灾后恢复重建工程，于 2009 年 6 月开工，2010 年 5 月通车。甘肃省交通规划勘察设计院有限责任公司勘察设计，陇南公路总段承建，甘肃路桥集团总公司施工。

六、拉则塘上桥

拉则塘上桥位于 G213 线，中心桩号 210 公里+806 米，是一座 6 孔 20 米预应力连续箱梁，上部结构为预应力连续箱梁，下部结构为柱式桥墩、钻孔灌注桩基础，U 形桥台、扩大基础。桥梁全长 130.06 米，设计荷载为汽车—20 级、挂车—100 级。桥面宽 12 米、行车道宽 11 米。该桥开工于

2004 年 12 月，竣工于 2006 年 10 月。建设单位为甘肃省公路局，施工单位为甘肃省路桥总公司。

七、代尔宗大桥

代尔宗大桥位于 G213 线 349 公里+245 米处，跨越洮河，位于碌曲县境。桥梁全长 126.56 米，设计荷载为汽车—20 级、挂车—100 级，跨径组合为 6 孔 20 米预应力钢筋砼空心板桥，桥梁全宽 12 米，桥面净宽 9 米、桥下净空 5.4 米，墩台高度 4 米，桥梁宽度为 9+2×1.75 米，下部结构为重力式桥台、圆柱式桥墩、钻孔灌注桩基础，该桥于 2002 年 9 月开工建设，2004 年 9 月通过竣工验收。项目建设单位为甘肃省公路局，设计单位为甘肃省交通规划设计院，施工单位为中铁十二局集团第二工程公司，监理单位为甘肃兴龙监理公司。

八、祁家黄河大桥

祁家黄河大桥全长 828 米，其中桥长 248 米，起点为永靖县刘家峡镇，终点为东乡族自治县董岭乡祁家村。该桥于 2006 年 8 月 9 日开工建设，2009 年 9 月 19 日建成通车，概算投资 4831.87 万元。建设单位为甘肃省公路局，甘肃远大路业集团公司代表甘肃省公路局具体履行项目管理职责。祁家黄河大桥属渡改桥项目，大桥建成前，G213 线在该段一直靠祁家渡口通行。

祁家黄河大桥由甘肃省交通规划勘察设计院有限公司勘察设计，按二级公路标准设计，桥梁设计荷载为公路–Ⅰ级，设计洪水频率为 1/100（百年一遇），设计行车时速 40 公里。大桥引线路基宽为 12 米，大桥设计净宽为 11 米+2 孔×0.5 米，其余路段路基宽度为 8.5 米。该桥为主桥净跨 180 米的桁架式钢管混凝土拱桥无铰拱桥。拱肋肋高 3.5 米，两肋中心距 7 米。祁家黄河大桥采用的钢管混凝土拱桥结构在甘肃公路建设史上尚属首例，被甘肃省住房和城乡建设厅评为 2011 年度甘肃省优秀工程勘察设计一等奖。

祁家黄河大桥建设项目施工单位为甘肃路桥建设集团有限公司，监理单位为甘肃省交通建设监理公司。建设中共挖土方 5 万立方米、石方 1 万立方米，利用土方 1.78 万立方米。C15 级现浇混凝土边沟 933.3 米，M7.5 级浆砌片石排水沟、引水沟 361 米；C15 级混凝土平台截水沟 168 米，M7.5 级浆砌片石截水沟 396 米；M7.5 级砂浆片石护面墙 1486 立方米，混凝土防护边坡厚 100 毫米喷 C20 级混凝土 1880 平方米。浇筑 C20 级钢筋混凝土 1952.9 立方米、C30 级钢筋混凝土 1044.9 立方米、C40 级钢筋混凝土 1659.6 立方米、C50 级微膨胀混凝土 1153.9 立方米。铺装 C40 级 150 毫米厚钢纤维水泥混凝土桥面 2728.66 平方米。使用 Ⅰ 级钢筋 131.55 吨、Ⅱ 级钢筋 173 吨、16Mnq 钢筋 718 吨、后张法预应力钢绞线 44 吨、后张法预应力钢筋 2.35 吨。

第三节　农村公路桥梁

一、崖坪渭河桥

崖坪渭河桥位于首刘公路 3 公里+100 米处，是"以工代赈"扶贫项目。该桥由省交通厅工程处设计室勘测设计，上部结构为 11 孔 16 米钢筋混凝土空心板桥，全长 201.2 米，桥墩为挑臂重力式，桥台为混凝土重力式，桥面宽度为 4.5 米+2 孔×0.32 米，设计荷载为汽车—15 级、挂车—80 级，设计流量为 2350 立方米/秒，洪水频率为 1/100（百年一遇）。总投资 128 万元。崖坪渭河大桥由陇西县文峰开发区基础建设工程队承建，1997 年 11 月开工，1998 年 7 月 15 日竣工。该桥的建成，彻底解决了陇西县首阳、柯寨等乡渭河两岸群众"过河难"的问题。

二、中堡吊桥

中堡吊桥位于岷县城东南 2.5 公里处，是沟通岷县中堡与 G212 线的主要通道。该桥为 9 股 28 毫米钢绳、两侧各 4 根主索绳的钢桁架加劲梁人行吊桥，3 孔主跨 60 米，边跨各 25 米，全长 110 米，高 9 米，宽 3 米，桥面为钢筋混凝土预制板，角钢桥栏，高 73 厘米。承载力每平方米 5 人，能通行小汽车及人、畜力车。该桥于 1994 年 7 月开工，10 月 20 日竣工通车。工程总造价 28 万元，其中群众捐资 3 万元，贷款 2 万元，"民工建勤"投工折价 5.68 万元，定西地区交通处拨款 1.5 万元，其余由县上设法解决。该桥的建成解决了中堡村 2500 人"过河难"的问题。

三、广成泾河大桥

广成泾河大桥位于平凉市城区广成路北端，与泾河大道立体交叉，横跨泾河，与泾河北路、北大路相接。主桥为11孔25米箱梁，长287米，桥面宽18米（净14米+2孔×2.0米）；引桥为9孔20米后张法预应力空心板梁，长182米，与主桥同宽；在主桥与引桥连接处两侧设置人行天桥2座，桥北匝道长287.5米。设计行车时速40公里，桥涵设计汽车荷载等级为公路-Ⅰ级，洪水频率为1/100（百年一遇）。平凉市交通局作为项目业主负责建设。甘肃省交通规划勘察设计院有限责任公司负责设计，甘肃平凉路桥有限公司负责施工，甘肃兴陇交通工程监理公司负责监理，平凉交通工程质量监督站负责质量监理。工程于2008年4月开工建设，2011年8月25日竣工验收。

四、天马桥

天马桥是连接民武公路、武威城区南二环路和武南一级公路和武威老城区与城市东区，同时又是连接连霍高速公路进入武威市区的必经之桥。该桥采用Ⅰ级城市主干道标准建设，设计行车时速60公里，桥梁全长149米，宽40米，两侧各16米行车道，中央分隔带宽度4米，人行道宽度2米。下部明挖扩大基础，上部为7孔20米预应力钢筋混凝土空心板梁，桥面铺装沥青混凝土。引线长614.2米，路面宽度55米。项目于2003年5月1日开工，2004年9月28日建成通车。

五、揽月桥

揽月桥位于临泽县汽车站门前，东至滨水东岸住宅小区，西至滨河路，桥长120米。上部采用预应力钢筋混凝土连续空心板结构，下部为双柱式墩、钻孔灌注桩基础，桥面净宽9.5米，其中车行道6.5米，人行道2×1.5米，设计汽车载荷等级为公路-Ⅱ级，设计洪水频率为1/100（百年一遇）。2009年5月开工，2009年11月竣工，完成投资384万元。

六、黑河大桥

黑河大桥位于S214线，中心桩号32公里+022米。全长366.54米，桥面宽 12 米，设计桥梁荷载等级为汽车—20 级、挂车—100 级。上部构造设计以 18 孔 20 米预应力空心钢筋混凝土板桥为主，下部构造为钻孔灌柱桩基础，双柱式墩台。该桥总投资 775 万元，全部用国债资金和省上补助资金。工程于 2002 年 5 月开工建设，2003 年 5 月竣工。建设单位为酒航公路管理局，设计单位为甘肃省交通科研所，施工单位为定西公路总段工程处，监理单位为甘肃恒科监理公司。

七、董家庄桥

X107 线通高公路董家庄桥位于通渭城西牛谷河上，为"以工代赈"建设项目。该工程由省公路局设计室测设，省公路局第三工程队承建。1993 年 4 月 4 日开工，11 月中旬主体工程竣工，共完成投资 120 万元。董家庄桥全长 87.8 米，高 16.77 米，单孔净跨 65 米，设计荷载为汽车—20 级、挂车—100 级，上部结构为刚架拱。同年 12 月 1 日竣工通车。

附：1991 年—2010 年甘肃省公路桥梁统计表（1-4-1）；2010 年甘肃省 200 米以上高速公路桥梁表（1-4-2）、2010 年甘肃省 100 米以上普通干线公路桥梁表（1-4-3）、2010 年甘肃省 100 米以上农村公路桥梁表（1-4-4）。

1991 年—2010 年甘肃省公路桥梁统计表

表 1-4-1

年份	座数	长度（延米）	年份	座数	长度（延米）
1991	3166	93162	2001	4420	139056
1992	3222	95058	2002	4709	154689
1993	3275	96688	2003	4700	153773
1994	3320	97972	2004	4958	172733
1995	3408	101668	2005	6723	224348
1996	3503	104530	2006	6862	228786
1997	3579	107154	2007	7173	240907
1998	3638	108816	2008	7346	248756
1999	3715	111337	2009	7928	274528
2000	3829	115911	2010	8114	286369

表 1-4-2

2010 年甘肃省 200 米以上高速公路桥梁表

路线编号	路线名称	桥梁名称	桥梁中心桩号	桥梁全长（米）	桥梁全宽（米）	结构形式 上部	结构形式 下部
G6	京藏高速	灰条沟大桥	1438.512	245.88	24	箱形梁	—
G6	京藏高速	王家山大桥	1457.464	277.9	24	箱形梁	单柱墩
G6	京藏高速	新田黄河大桥	1485.460	860	24.5	箱形梁	单柱墩
G6	京藏高速	大沙河 2 号大桥	1504.768	424	24	板拱	单柱墩
G6	京藏高速	银光大桥	1537.792	305.44	24.5	空心板梁	单柱墩
G6	京藏高速	白兰十桥（蔡家河大桥）	1572.752	251.06	12.25	连续 T 梁	双柱式墩
G6	京藏高速	白兰十一桥（蔡家河大桥）	1572.753	221.64	12.25	连续 T 梁	双柱式墩
G6	京藏高速	白兰二十六桥（忠和 1 号立交）	1590.634	381.9	12.25	连续箱梁	双柱式墩
G6	京藏高速	兰海十七桥（尹家庄 2 号桥）	1612.589	611.9	12.25	连续箱梁	双柱式墩
G6	京藏高速	兰海三十八桥（庄浪河大桥）	1637.19	621.9	11.75	连续箱梁	双柱式墩
G6	京藏高速	兰海四十桥（大红沟大桥）	1638.965	326.9	12.25	连续箱梁	薄壁墩
G6	京藏高速	兰海四十一桥（大沟大桥）	1640.24	482.95	12.25	连续箱梁	薄壁墩

第一编 公 路

271

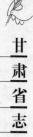

续表

路线编号	路线名称	桥梁名称	桥梁中心桩号	桥梁全长（米）	桥梁全宽（米）	结构形式 上部	结构形式 下部
G6	京藏高速	兰海四十九桥（达家沟1号大桥）	1646.776	406.9	12.25	连续箱梁	薄壁墩
G6	京藏高速	兰海七十六桥（湟水河1号大桥）	1671.158	766.9	12.5	连续箱梁	双柱式墩
G6	京藏高速	兰海九十一桥（湟水河4号大桥）	1681.903	446.9	12.25	连续箱梁	双柱式墩
G6	京藏高速	兰海一〇七桥（牛克沟大桥）	1691.223	366.9	12.5	连续箱梁	双柱式墩
G22	青兰高速	西兀驿大桥	1754.30	208.44	24.5	连续T梁	双柱式墩
G22	青兰高速	西坪大桥	1762.80	258.44	24.5	连续T梁	双柱式墩
G22	青兰高速	水桥沟大桥	1560.613	278.2	—	连续箱梁	双柱式墩
G22	青兰高速	纸坊沟大桥	1562.408	448.28	—	连续T梁	双柱式墩
G22	青兰高速	泾河大桥	1573.566	424	—	连续箱梁	双柱式墩
G22	青兰高速	泾川三号桥	1497.451	365	22.5	连续空心板梁	双柱式墩
G22	青兰高速	跨宝中铁路分离式立交	1549.032	495.56	4.5	空心板梁	双柱式墩
G22	青兰高速	葫芦河大桥	1658.416	217.06	4.5	连续箱梁	双柱式墩

甘肃省志 公路交通志

续表

路线编号	桥梁名称	桥梁中心桩号	桥梁全长（米）	桥梁全宽（米）	结构形式	
					上部	下部
G22	狗娃河1#大桥	1662.197	252.12	4.5	连续箱梁	双柱式墩
G22	韩家堡子大桥	1673.859	206.94	22.5	简支其他桥	双柱式墩
G22	褚家湾大桥	1676.817	209.52	22.5	简支T梁	双柱式墩
G22	韩家堡子大桥	1673.859	206.94	22.5	简支其他桥	双柱式墩
G22	褚家湾大桥	1676.817	209.52	22.5	简支T梁	双柱式墩
G22	祁家寺大桥	1678.107	209.52	22.5	简支T梁	双柱式墩
G22	狗娃河大桥	1681.326	247.06	22.5	简支其他桥	双柱式墩
G22	太平店大桥	1702.14	210.66	22.5	连续箱梁	双柱式墩
G22	任坪大桥	1704.333	209.44	22.5	连续T梁	双柱式墩
G22	唐湾大桥	1706.486	258.44	22.5	简支悬索桥	双柱式墩
G22	和王川大桥	1711.219	208.8	22.5	简支其他桥	双柱式墩
G22	翟圻大桥	1711.509	248.08	22.5	简支T梁	双柱式墩

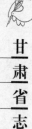

续表

路线编号	路线名称	桥梁名称	桥梁中心桩号	桥梁全长（米）	桥梁全宽（米）	结构形式 上部	结构形式 下部
G22	青兰高速	张城堡大桥	1718.556	248.08	22.5	简支其他桥	双柱式墩
G22	青兰高速	王家口大桥	1719.784	208.08	22.5	简支T梁	双柱式墩
G22	青兰高速	祖厉河1大桥	1720.189	357.72	22.5	简支悬索桥	双柱式墩
G22	青兰高速	祖厉河2大桥	1729.364	247.5	22.5	简支箱梁	双柱式墩
G22	青兰高速	鸡儿嘴大桥	1740.5	277.5	22.5	简支其他桥	双柱式墩
G22	青兰高速	大岔河大桥	1557.281	205.46	22.5	简支T梁	双柱式墩
G22	青兰高速	郑家沟大桥	1563.206	408.28	22.5	简支T梁	双柱式墩
G22	青兰高速	三里塬大桥	1564.001	278.2	22.5	简支箱梁	双柱式墩
G22	青兰高速	甘沟大桥	1564.879	458.2	22.5	简支其他桥	双柱式墩
G22	青兰高速	鸭儿沟大桥	1566.572	245.46	22.5	简支T梁	—
G22	青兰高速	大风沟沟高架桥上行线	1579.848	302.76	22.5	连续空心板梁	双柱式墩
G22	青兰高速	大风沟沟高架桥下行线	1579.869	345.46	22.5	连续空心板梁	双柱式墩

续表

路线编号	路线名称	桥梁名称	桥梁中心桩号	桥梁全长（米）	桥梁全宽（米）	结构形式 上部	结构形式 下部
G22	青兰高速	沙塘河大桥下行线	1581.817	394.56	22.5	连续空心板梁	双柱式墩
G22	青兰高速	关川河大桥	1790.495	336.9	24.5	连续箱梁	双柱式墩
G22	青兰高速	道沟河大桥	1798.153	208.79	24.5	连续T梁	双壁墩
G22	青兰高速	巉柳五十八桥（大平沟大桥）	1856.31	358.8	12.25	连续箱梁	双柱式墩
G22	青兰高速	巉柳六十二桥（柳沟河大桥）	1859.815	458.72	12.25	连续T梁	双柱式墩
G22	青兰高速	巉柳六十五桥（东岗高架桥）	1864.08	642.6	12.25	组合式梁	薄壁墩
G22	青兰高速	巉柳六十七桥（东岗黄河大桥）	1866.139	445.68	12.25	连续箱梁	双柱式墩
G22	青兰高速	巉柳七十二桥（小沙沟大桥）	1870.7	209.12	12.25	连续箱梁	薄壁墩
G22	青兰高速	巉柳八十桥	1873.025	750	24.5	连续箱梁	薄壁墩
G30	连霍高速	牛背渭河大桥	1270.460	704.616	11.75	预应力连续箱梁	—
G30	连霍高速	牛背渭河大桥	1270.442	619.016	11.75	预应力连续箱梁	—

第一编 公 路

275

续表

路线编号	路线名称	桥梁名称	桥梁中心桩号	桥梁全长（米）	桥梁全宽（米）	结构形式	
						上部	下部
G30	连霍高速	码头渭河大桥	1272.349	661.66	11.75	预应力连续箱梁	—
G30	连霍高速	码头渭河大桥	1272.334	618.58	11.75	预应力连续箱梁	—
G30	连霍高速	东岔河大桥	1273.880	287.6	11.75	预应力连续箱梁	—
G30	连霍高速	东岔河大桥	1273.880	287.6	11.75	预应力连续箱梁	—
G30	连霍高速	兰家园大桥	1275.696	556.495	11.75	预应力连续箱梁	—
G30	连霍高速	兰家园大桥	1275.601	457.803	11.75	预应力连续箱梁	—
G30	连霍高速	榆家湾1号特大桥	1276.695	1212.454	11.75	预应力连续箱梁	双柱式墩
G30	连霍高速	榆家湾2号特大桥	1276.698	1209.588	11.75	预应力连续箱梁	双柱式墩
G30	连霍高速	凉水泉大桥	1278.690	217.045	11.75	预应力连续箱梁	—
G30	连霍高速	凉水泉大桥	1278.690	217.045	11.75	预应力连续箱梁	—

续表

路线编号	路线名称	桥梁名称	桥梁中心桩号	桥梁全长（米）	桥梁全宽（米）	结构形式 上部	结构形式 下部
G30	连霍高速	曹家坪大桥	1279.406	307	11.75	预应力连续箱梁	—
G30	连霍高速	曹家坪大桥	1279.406	303.5	11.75	预应力连续箱梁	—
G30	连霍高速	土桥村大桥	1279.913	369.52	11.75	预应力连续箱梁	—
G30	连霍高速	土桥村大桥	1279.913	365.55	11.75	预应力连续箱梁	—
G30	连霍高速	道家庄大桥	1282.556	397	11.75	预应力连续箱梁	—
G30	连霍高速	道家庄大桥	1282.558	398.766	11.75	预应力连续箱梁	—
G30	连霍高速	桃花坪大桥	1284.452	732.588	11.75	预应力连续箱梁	—
G30	连霍高速	桃花坪大桥	1284.452	723.91	11.75	预应力连续箱梁	—
G30	连霍高速	上曲湾大桥	1285.349	943.09	11.75	预应力连续箱梁	—
G30	连霍高速	上曲湾大桥	1285.349	942.38	11.75	预应力连续箱梁	—

第一编 公 路

277

续表

路线编号	路线名称	桥梁名称	桥梁中心桩号	桥梁全长（米）	桥梁全宽（米）	结构形式	
						上部	下部
G30	连霍高速	李子坪1号特大桥	1287.495	2620.332	11.75	预应力连续箱梁	双柱式墩
G30	连霍高速	李子坪2号特大桥	2287.495	2500.332	11.75	预应力连续箱梁	双柱式墩
G30	连霍高速	朱家庄1号特大桥	1289.370	1031.973	11.75	预应力连续箱梁	双柱式墩
G30	连霍高速	朱家庄2号特大桥	1289.387	1001.8	11.75	预应力连续箱梁	双柱式墩
G30	连霍高速	大水峪沟大桥	1290.392	225.4	11.75	预应力连续空心板	—
G30	连霍高速	石嘴头大桥	1303.820	310	11.75	预应力连续箱梁	—
G30	连霍高速	石嘴头大桥	1303.821	310	11.75	预应力连续箱梁	—
G30	连霍高速	百花河3号桥	1310.849	230.23	11.75	预应力连续空心板	—
G30	连霍高速	百花河4号桥	1311.881	414.71	11.75	预应力连续空心板	—
G30	连霍高速	百花河4号桥	1311.873	414.71	11.75	预应力连续空心板	—

续表

路线编号	路线名称	桥梁名称	桥梁中心桩号	桥梁全长(米)	桥梁全宽(米)	结构形式 上部	结构形式 下部
G30	连霍高速	百花河5号桥	1312.424	245.54	11.75	预应力连续空心板	—
G30	连霍高速	百花河5号桥	1312.424	245.54	11.75	预应力连续空心板	—
G30	连霍高速	花石山沟大桥	1318.791	217.5	11.75	预应力连续箱梁	—
G30	连霍高速	花石山河桥	1318.812	217.5	11.75	预应力连续箱梁	—
G30	连霍高速	包家沟中桥	1321.928	218.2	11.75	预应力连续箱梁	—
G30	连霍高速	旧桩沟1号桥	1324.865	626.04	11.75	预应力连续空心板	—
G30	连霍高速	旧桩沟1号桥	1324.865	626.04	11.75	预应力连续空心板	—
G30	连霍高速	旧桩沟2号桥	1326.225	273.93	11.75	预应力连续箱梁	—
G30	连霍高速	旧桩沟2号桥	1326.247	273.01	11.75	预应力连续箱梁	—
G30	连霍高速	石门河1号桥	1326.804	424	11.75	预应力连续箱梁	—

第一编 公 路

续表

路线编号	路线名称	桥梁名称	桥梁中心桩号	桥梁全长（米）	桥梁全宽（米）	结构形式 上部	结构形式 下部
G30	连霍高速	石门河1号桥	1326.795	424	11.75	预应力连续箱梁	—
G30	连霍高速	石门河3号桥	1329.385	449.36	11.75	预应力连续空心板	—
G30	连霍高速	石门河3号桥	1329.377	449.36	11.75	预应力连续空心板	—
G30	连霍高速	石门河4号桥	1330.876	349.78	11.75	预应力连续空心板	—
G30	连霍高速	石门河4号桥	1330.856	328.08	11.75	预应力连续空心板	—
G30	连霍高速	党川河4号桥	1332.921	287.6	11.75	预应力连续空心板	—
G30	连霍高速	党川河4号桥	1333.138	611.08	11.75	预应力连续空心板	—
G30	连霍高速	仙人崖大桥	1338.124	221.7	11.75	预应力变截面箱型连续刚构	—
G30	连霍高速	仙人崖大桥	1339.086	213.12	11.75	预应力变截面箱型连续刚构	—

续表

路线编号	路线名称	桥梁名称	桥梁中心桩号	桥梁全长（米）	桥梁全宽（米）	结构形式 上部	结构形式 下部
G30	连霍高速	水石崖沟1号桥	1340.285	612	11.75	预应力连续箱梁	—
G30	连霍高速	水石崖沟特大桥	1340.510	1062.6	11.75	预应力连续箱梁	双柱式墩
G30	连霍高速	水石崖沟2号桥	1342.250	516.36	11.75	预应力连续空心板	—
G30	连霍高速	贾沟里大桥	1342.161	333.8	11.75	预应力连续箱梁	—
G30	连霍高速	水石崖沟3号桥	1343.102	333.8	11.75	预应力连续箱梁	—
G30	连霍高速	温家河大桥	1343.612	294.8	11.75	预应力连续箱梁	—
G30	连霍高速	温家河大桥	1343.400	885.66	11.75	预应力连续箱梁	—
G30	连霍高速	温泉大桥	1346.202.5	405.73	11.75	预应力连续箱梁	—
G30	连霍高速	温泉大桥	1346.228	400	11.75	预应力连续箱梁	—
G30	连霍高速	白家沟大桥	1347.448	208	11.75	预应力连续箱梁	—

第一编 公 路

续表

路线编号	路线名称	桥梁名称	桥梁中心桩号	桥梁全长（米）	桥梁全宽（米）	结构形式 上部	结构形式 下部
G30	连霍高速	白家沟大桥	1347.448	208	11.75	预应力连续箱梁	—
G30	连霍高速	东沟大桥	1353.112	205.4	11.75	预应力连续空心板	—
G30	连霍高速	东沟大桥	1353.112	205.4	11.75	预应力连续空心板	—
G30	连霍高速	甘泉高架桥	1358.200	529.2	11.75	预应力连续箱梁	—
G30	连霍高速	甘泉高架桥	1358.200	529.2	11.75	预应力连续箱梁	—
G30	连霍高速	文家庄大桥	1363.290	547	11.75	预应力连续箱梁	—
G30	连霍高速	文家庄大桥	1363.260	487	11.75	预应力连续箱梁	—
G30	连霍高速	大江河大桥	1368.030	691.3	11.75	预应力连续空心板	—
G30	连霍高速	大江河大桥	1368.020	672.54	11.75	预应力连续空心板	—
G30	连霍高速	孙家河大桥	1372.935	456	11.75	预应力连续箱梁	—

续表

路线编号	路线名称	桥梁名称	桥梁中心桩号	桥梁全长（米）	桥梁全宽（米）	结构形式 上部	结构形式 下部
G30	连霍高速	孙家河大桥	1373.020	506	11.75	预应力连续箱梁	双柱式墩
G30	连霍高速	老虎沟1号特大桥	1379.6	1331	11.75	预应力连续空心板	双柱式墩
G30	连霍高速	老虎沟2号特大桥	1379.6	1331	11.75	预应力连续空心板	双柱式墩
G30	连霍高速	皂郊大桥	1381.780	605.4	11.75	预应力连续空心板	双柱式墩
G30	连霍高速	皂郊大桥	1381.780	605.4	11.75	预应力连续空心板	—
G30	连霍高速	皂郊大桥	1381.780	605.4	11.75	预应力连续空心板	—
G30	连霍高速	新庄大桥	1384.076	225.4	11.75	预应力连续空心板	—
G30	连霍高速	新庄大桥	1384.076	225.4	11.75	预应力连续空心板	—
G30	连霍高速	门家河大桥	1386.355	340.8	11.75	预应力连续空心板	—
G30	连霍高速	门家河大桥	1386.335	320.8	11.75	预应力连续空心板	—

第一编 公 路

续表

路线编号	路线名称	桥梁名称	桥梁中心桩号	桥梁全长（米）	桥梁全宽（米）	结构形式	
						上部	下部
G30	连霍高速	暖和湾大桥	1390.820	345.4	11.75	预应力连续空心板	—
G30	连霍高速	暖和湾大桥	1390.820	345.4	11.75	预应力连续空心板	—
G30	连霍高速	天水西大桥	1392.760	506	11.75	预应力连续空心板	—
G30	连霍高速	天水西大桥	1392.760	506	11.75	预应力连续箱梁	—
G30	连霍高速	西十里铺藉河大桥	1395.680	265.4	11.75	预应力空心板	—
G30	连霍高速	西十里铺藉河大桥	1395.680	265.4	11.75	预应力空心板	—
G30	连霍高速	董家磨藉河大桥	1404.230	265.92	11.75	预应力连续箱梁	—
G30	连霍高速	董家磨藉河大桥	1404.230	265.92	11.75	预应力连续箱梁	—
G30	连霍高速	五十里铺藉河大桥	1412.720	286.1	11.75	预应力连续箱梁	—
G30	连霍高速	五十里铺藉河大桥	1412.720	286.1	11.75	预应力连续箱梁	—

续表

路线编号	路线名称	桥梁名称	桥梁中心桩号	桥梁全长（米）	桥梁全宽（米）	结构形式 上部	结构形式 下部
G30	连霍高速	下磨措河大桥	1413.200	325.76	11.25	预应力连续箱梁	—
G30	连霍高速	下磨措河大桥	1413.200	325.76	11.25	预应力连续箱梁	—
G30	连霍高速	高家磨措河大桥	1422.870	205.4	11.25	预应力连续箱梁	—
G30	连霍高速	高家磨措河大桥	1422.870	205.4	11.25	预应力连续箱梁	—
G30	连霍高速	关子措河大桥	1424.730	246	11.25	预应力连续箱梁	—
G30	连霍高速	关子措河大桥	1424.740	246	11.25	预应力连续箱梁	—
G30	连霍高速	梁家庄大桥	1434.005	507	11.25	预应力连续箱梁	—
G30	连霍高速	梁家庄大桥	1434.005	507	11.25	预应力连续箱梁	—
G30	连霍高速	小砂沟特大桥1号	1432.565	1904.96	11.25	预应力连续箱梁	双柱式墩
G30	连霍高速	小砂沟特大桥2号	1432.685	1904.96	11.25	预应力连续箱梁	双柱式墩

第一编 公 路

285

续表

路线编号	路线名称	桥梁名称	桥梁中心桩号	桥梁全长（米）	桥梁全宽（米）	结构形式	
						上部	下部
G30	连霍高速	小砂沟大桥	1435.000	305.76	11.75	预应力连续箱梁	—
G30	连霍高速	小砂沟大桥	1435.100	605.52	11.75	预应力连续箱梁	—
G30	连霍高速	磐安渭河大桥	1455.320	487	11.75	预应力连续箱梁	—
G30	连霍高速	磐安渭河大桥	1455.335	487	11.75	预应力连续箱梁	—
G30	连霍高速	武山高架桥	1479.000	806	11.75	预应力箱梁	—
G30	连霍高速	武山高架桥	1479.000	806	11.75	预应力箱梁	—
G30	连霍高速	车家川渭河大桥	1489.300	907.2	11.75	预应力连续箱梁	—
G30	连霍高速	车家川渭河大桥	1489.310	937.2	11.75	预应力连续箱梁	双柱式墩
G30	连霍高速	鸳鸯渭河1号大桥	1492.550	1236.84	11.00	预应力连续箱梁	双柱式墩
G30	连霍高速	鸳鸯渭河2号大桥	1492.550	1236.84	11.00	预应力连续箱梁	双柱式墩

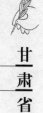

甘肃省志 公 路 交 通 志

286

续表

路线编号	路线名称	桥梁名称	桥梁中心桩号	桥梁全长（米）	桥梁全宽（米）	结构形式 上部	结构形式 下部
G30	连霍高速	谢家坡渭河大桥	1499.162	307.1	11.75	预应力连续箱梁	—
G30	连霍高速	谢家坡渭河大桥	1499.162	307.1	11.75	预应力连续箱梁	—
G30	连霍高速	牛家庄渭河大桥	1502.525	816.9	11.75	预应力连续箱梁	—
G30	连霍高速	牛家庄渭河大桥	1502.525	816.9	11.75	预应力连续箱梁	—
G30	连霍高速	武山收费站渭河大桥	支线桥	232.16	12	预应力连续箱梁	—
G30	连霍高速	张家磨大桥	1504.18	356	25	箱形梁	双柱式墩
G30	连霍高速	四十里铺渭河大桥	1505.50	758	25	箱形梁	双柱式墩
G30	连霍高速	小韩沟大桥	1518.05	247	25	箱形梁	双柱式墩
G30	连霍高速	韩河大桥	1529.393	689	25	箱形梁	双柱式墩
G30	连霍高速	马头川沟大桥	1549.4	249	25	箱形梁	双柱式墩
G30	连霍高速	中川大桥	1551.5	217	25	箱形梁	双柱式墩
G30	连霍高速	东沟大桥	1553.36	217	25	箱形梁	双柱式墩
G30	连霍高速	龙头嘴大桥	1558.1	369	25	箱形梁	双柱式墩

第一编 公 路

续表

路线编号	路线名称	桥梁名称	桥梁中心桩号	桥梁全长（米）	桥梁全宽（米）	结构形式 上部	结构形式 下部
G30	连霍高速	马家山大桥	1559.9	329	25	箱形梁	双柱式墩
G30	连霍高速	马家山大桥	1559.9	369	25	箱形梁	双柱式墩
G30	连霍高速	西岔大桥	1563.82	218.32	25	箱形梁	双柱式墩
G30	连霍高速	唐湾大桥	1565.2	277.79	25	箱形梁	双柱式墩
G30	连霍高速	柳忠二桥（石门沟大桥）	1692.443	329.12	12.25	I形梁	双柱式墩
G30	连霍高速	黑河大桥1号	2198.311	785.4	25	空心板梁	单柱墩
G30	连霍高速	黑河大桥2号	2200.051	405.4	25	空心板梁	单柱墩
G30	连霍高速	大沙河大桥	2224.741	685.4	25	空心板梁	单柱墩
G30	连霍高速	茅庵河大桥	2386.682	412.9	25	空心板梁	双柱式墩
G30	连霍高速	酒泉大桥	2392.3	487.76	25	连续箱梁	双柱式墩
G30	连霍高速	北大河一桥	2399.631	413.48	25	空心板梁	双柱式墩
G30	连霍高速	北大河二桥	2400.365	253.52	25	空心板梁	双柱式墩
G30	连霍高速	赤金河大桥	2497.580	249	24	连续箱梁	—
G30	连霍高速	疏勒河1桥	2542.3	312.5	24	箱形梁	双柱式墩
G30	连霍高速	树徐二桥（尹家庄3号桥）	1730.328	593	12	连续箱梁	双柱式墩
G75	兰海高速	兰临七桥（西果园大桥）	9.23	650	12.25	连续箱梁	薄壁墩

续表

路线编号	路线名称	桥梁名称	桥梁中心桩号	桥梁全长（米）	桥梁全宽（米）	结构形式 上部	结构形式 下部
G75	兰海高速	兰临八桥（湾沟大桥）	11.25	490	12.25	连续箱梁	双柱式墩
G75	兰海高速	兰临九桥（芦家沟大桥）	13.275	400	12.25	连续箱梁	薄壁墩
G75	兰海高速	关沟1号大桥	23.933	320	24.5	连续箱梁	双柱墩
G75	兰海高速	临洮高架桥	84.342	1047.1	25	连续箱梁	单柱墩
S1	兰营高速	机场四桥（红柳湾大桥）	14.32	770.1	12.25	空心板梁	双柱式墩
S1	兰营高速	机场五桥（红柳湾大桥）	14.321	669.98	12.25	空心板梁	双柱式墩
S14	陇渭高速	倾家门大桥	1.9	209	25	箱形梁	—
S14	陇渭高速	上河蒲渭河大桥	3.65	397	25	箱形梁	—
S14	陇渭高速	上河蒲渭河大桥	3.65	307	25	箱形梁	—
S14	陇渭高速	科羊河大桥	14.13	266	25	箱形梁	—
S14	陇渭高速	莲峰河大桥	29.85	326	25	箱形梁	—
S17	金永高速	高岸子立交桥	2.861	202.21	24.5	连续箱梁	多柱墩
S17	金永高速	河东庄大桥	14.383	207	24.5	箱形梁	多柱墩
S17	金永高速	兰新铁路分离式立交大桥	26.593	217	24.5	连续箱梁	H形墩
S17	金永高速	永昌立交A匝道桥	40	464.38	10.5	连续箱梁	多柱墩
S17	金永高速	永昌立交C匝道桥	40.15	454.85	10.5	连续箱梁	多柱墩

注：中心桩号为该桥梁中心所在线路公里数。

表 1-4-3

2010 年甘肃省 100 米以上普通干线公路桥梁表

路线编号	路线名称	桥梁名称	桥梁中心桩号	桥梁全长（米）	桥梁全宽（米）	结构形式 上部	结构形式 下部
G109	京拉线	荒树滩桥	1533.08	100	12	I 形梁	双柱式墩
G109	京拉线	水泉下砂河桥	1534.927	140	12	T 梁	双柱式墩
G109	京拉线	三滩黄河大桥	1561.260	520	16.5	箱形梁	双壁墩
G109	京拉线	湟水河 1 号桥	1785.705	180	12.8	T 梁	重力式墩
G109	京拉线	湟水河 2 号桥	1787.039	180	13	T 梁	重力式墩
G211	银陕线	草滩 1 号桥	186.503	250	12	T 梁	薄壁墩
G211	银陕线	草滩 2 号桥	187.125	200	8.5	T 梁	薄壁墩
G211	银陕线	草滩 3 号桥	189.573	249.16	9	连续箱梁	薄壁墩
G211	银陕线	赵庄 1 号桥	191.354	150	8.5	T 梁	薄壁墩
G211	银陕线	赵庄 2 号桥	194.49	120	8.5	箱形梁	薄壁墩
G211	银陕线	赵庄 3 号桥	197.478	200	8.5	连续 T 梁	薄壁墩
G211	银陕线	冯岔沟 1 号桥	199.598	120	8.5	连续箱梁	双柱式墩
G211	银陕线	冯岔沟 2 号桥	202.706	120	8.5	连续箱梁	双柱式墩
G211	银陕线	冯岔沟 3 号桥	203.471	200	8.5	连续箱梁	双柱式墩
G211	银陕线	山城 1 号桥	204.615	120	8.5	连续箱梁	双柱式墩
G211	银陕线	二十里沟桥	247.834	120	7.6	连续箱梁	双柱式墩

续表

路线编号	路线名称	桥梁名称	桥梁中心桩号	桥梁全长（米）	桥梁全宽（米）	结构形式 上部	结构形式 下部
G211	银陕线	五里坡桥	342.637	120	12	T梁	双柱式墩
G211	银陕线	崭山湾大桥	349.528	120	12	T梁	双柱式墩
G212	兰渝线	下侯子4号桥	403.127	100	8.5	空心板梁	双柱式墩
G212	兰渝线	羊儿圾大桥	495.249	111	7.5	T梁	重力式墩
G213	兰磨线	羊山桥	35.13	128	12	空心板梁	单柱墩
G213	兰磨线	祁家黄河大桥	84.6	220	12	桁架拱	—
G213	兰磨线	畅沁园大桥	140.648	180	12	连续箱梁	重力式墩
G213	兰磨线	后杨村大桥	143.475	200	12	连续箱梁	重力式墩
G213	兰磨线	双城大桥	151.955	336.43	12	连续箱梁	重力式墩
G213	兰磨线	阿支拦姆桥	207.668	126.66	12	连续箱梁	重力式墩
G213	兰磨线	拉则塘下桥	211.08	154.06	12	连续箱梁	重力式墩
G213	兰磨线	拉则塘上桥	210.806	130.06	12	连续箱梁	重力式墩
G213	兰磨线	达交塘大桥	215.392	175.06	12	连续箱梁	重力式墩
G213	兰磨线	麻当大桥	218.126	134.06	12	连续箱梁	重力式墩
G213	兰磨线	亚当大桥	218.593	113.06	12	连续箱梁	重力式墩
G213	兰磨线	果瓦塘大桥	220.316	128.06	12	连续箱梁	重力式墩
G213	兰磨线	唐格尔大桥	241.833	113.06	12	连续箱梁	重力式墩

第一编 公路

续表

路线编号	路线名称	桥梁名称	桥梁中心桩号	桥梁全长（米）	桥梁全宽（米）	结构形式	
						上部	下部
G213	兰磨线	劳娄多下桥	252.405	102.06	12	连续箱梁	多柱墩
G213	兰磨线	洮河大桥	340.53	126.6	9.5	连续箱梁	重力式墩
G309	荣兰线	太乐1号大桥	1655.819	188	24	刚架拱	—
G309	荣兰线	太乐2号大桥	1657.542	188	24	刚架拱	—
G310	连天线	东岔桥	1334.076	126.6	8	连续箱梁	双柱式墩
G310	连天线	龙凤1号桥	1346.936	166.3	11.5	T梁	双柱式墩
G310	连天线	龙凤2号桥	1347.417	145	11.5	T梁	双柱式墩
G310	连天线	东河桥	1434.196	104	9.5	T梁	双柱式墩
G310	连天线	颖川河桥	1439.341	104.04	9.5	T梁	—
G310	连天线	耤河大桥	1453.953	275.44	12	连续T梁	双柱式墩
G310	连天线	罗峪沟大桥	1457.987	121.24	12	空心板梁	多柱墩
G310	连天线	中滩大桥	1475.116	217.1	12	连续T梁	多柱墩
G310	连天线	葫芦河1号桥	1481.19	147.04	12	连续T梁	双柱式墩
G310	连天线	葫芦河2号桥	1481.869	187.04	12	连续T梁	双柱式墩
G310	连天线	葫芦河3号桥	1483.74	163.44	12	连续T梁	双柱式墩
G310	连天线	葫芦河4号桥	1484.026	157.08	12	连续T梁	双柱式墩
G310	连天线	葫芦河5号桥	1484.246	186.92	12	连续T梁	双柱式墩

续表

路线编号	路线名称	桥梁名称	桥梁中心桩号	桥梁全长（米）	桥梁全宽（米）	结构形式	
						上部	下部
G310	连天线	葫芦河 6 号桥	1484.637	187.1	12	连续 T 梁	双柱式墩
G310	连天线	葫芦河 7 号桥	1489.737	217.37	12	连续 T 梁	双柱式墩
G310	连天线	葫芦河 8 号桥	1491.943	247.5	12	连续 T 梁	双柱式墩
G310	连天线	西小河大桥	1496.658	145.44	12	空心板梁	多柱墩
G310	连天线	葫芦河 9 号桥	1502.125	171.58	12	连续 T 梁	多柱墩
G310	连天线	葫芦河 10 号桥	1502.554	170.88	12	连续 T 梁	多柱墩
G310	连天线	郭嘉河大桥	1516.024	127.34	12	连续 T 梁	双柱式墩
G310	连天线	牛谷河大桥	1540.394	127.34	12	连续 T 梁	双柱式墩
G310	连天线	锦屏大桥	1576.489	186.29	12	连续 T 梁	双柱式墩
G310	连天线	东河大桥	1611.206	186.17	12	连续 T 梁	双柱式墩
G310	连天线	芮河桥	1718.279	216.29	22.5	连续箱梁	多柱墩
G310	连天线	新八里桥	1789.753	279.34	24	空心板梁	多柱墩
G312	沪霍线	涝子沟桥	1956.631	127.54	12	T 梁	重力式墩
G312	沪霍线	罗川桥	1978.909	114.22	12	箱形梁	重力式墩
G312	沪霍线	西巩桥	1983.706	134.22	12	箱形梁	重力式墩
G312	沪霍线	麻华沟桥	1988.519	125.2	12	桁架拱	—
G312	沪霍线	堡子坪桥	2048.059	220	10	连续 T 梁	单柱墩

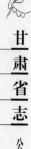

续表

路线编号	路线名称	桥梁名称	桥梁中心桩号	桥梁全长（米）	桥梁全宽（米）	结构形式 上部	结构形式 下部
G312	沪霍线	安远河大桥	2312.4	127	12	空心板梁	—
G312	沪霍线	古浪河七桥	2341.778	101.46	16.5	空心板梁	—
G312	沪霍线	截河坝桥	2424.366	124.24	12	T梁	双柱式墩
G312	沪霍线	北大河桥	2869.431	307	16.5	T梁	双柱式墩
G316	福兰线	永宁大桥	2424.552	130.65	12	空心板梁	双柱式墩
G316	福兰线	广济渭河大桥	2690.478	244.04	8.5	T梁	重力式墩
G316	福兰线	谢坡渭河桥	2700.558	124.04	9	工字梁微弯板	双柱墩
S202	华灵线	余家坪桥	38.351	111.14	12	箱形梁	单柱墩
S202	华灵线	悦乐桥	47.731	126	12	I形梁	双柱式墩
S202	华灵线	吴家岭桥	62.136	127.1	12	T梁	双柱式墩
S202	华灵线	延庆桥	63.085	127.1	12	T梁	双柱式墩
S203	平大线	后沟跨铁路桥	47.726	187.14	12	I形梁	双柱式墩
S205	江武线	成州东河桥	21.73	270	12.5	空心板梁	双柱式墩
S207	靖天线	靖远黄河大桥	19.430	620	12.5	箱形梁	双柱式墩
S209	定嬗线	东河大桥	9.843	126.54	12.5	空心板梁	重力式墩
S209	定嬗线	转体桥1	36.721	103.32	11.5	桁架拱	—
S209	定嬗线	转体桥2	37.976	103.32	11.5	桁架拱	—

续表

路线编号	路线名称	桥梁名称	桥梁中心桩号	桥梁全长（米）	桥梁全宽（米）	结构形式 上部	结构形式 下部
S209	定嶂线	转体桥 3	44.55	103.32	11.5	桁架拱	一
S209	定嶂线	云田大桥	54.484	150	9	刚架拱	重力式墩
S211	民仙线	新鲜大桥	89.963	112.8	12.5	空心板梁	双柱式墩
S214	酒航线	黑河大桥	32.022	366.54	15	空心板梁	其他
S214	酒航线	鸳鸯池桥	105.792	108.74	18	空心板梁	其他
S214	酒航线	北大桥	138.912	226.54	17	空心板梁	一
S301	海岗线	帽沙湾 1 号大桥	61.772	152.5	8	空心板梁	重力式墩
S301	海岗线	帽沙湾 2 号大桥	62.59	161.06	8	空心板梁	重力式墩
S302	肃沙线	肃北大桥	5.956	105	9	T 梁	双柱式墩
S303	正镇线	马莲河新桥	96.225	345.17	12	刚架拱	重力式墩
S304	泾甘线	漕河大桥	33.6	164.56	12	空心板梁	双柱式墩
S304	泾甘线	小庄大桥	55.58	144.56	12	空心板梁	双柱式墩
S304	泾甘线	新砚马寺桥	92.56	146.6	12	空心板梁	多柱墩
S304	泾甘线	新马峡大桥	94.4	146.6	12	实心板梁	多柱墩
S304	泾甘线	南河大桥	145.567	224.96	9	实心板梁	单柱墩
S304	泾甘线	杨家湾大桥	185.64	114	8.5	实心板梁	双柱式墩
S304	泾甘线	李家河 1 号桥	188.52	168.59	8.5	空心板梁	双柱式墩

续表

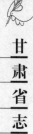

路线编号	路线名称	桥梁名称	桥梁中心桩号	桥梁全长（米）	桥梁全宽（米）	结构形式 上部	结构形式 下部
S304	泾甘线	李家河2号桥	189.562	107.84	8.5	空心板梁	双柱式墩
S304	泾甘线	杜湾里大桥	195.87	127.59	8.5	空心板梁	双柱式墩
S304	泾甘线	陈家庄大桥	198.955	107.74	8.5	空心板梁	双柱式墩
S304	泾甘线	显亲河桥	209.526	105.04	12	空心板梁	双柱式墩
S308	辘古线	大沙河桥	41.758	171.8	15	T梁	重力式墩
S312	王达线	桑科桥	47.825	145.3	7.3	空心板梁	双柱式墩
S313	两玛线	懋班桥	44.048	148	8.5	连续箱梁	—
S313	两玛线	玛曲黄河桥	314.323	280	8.7	肋拱	重力式墩
S314	安拉线	党河大桥	124.497	144.4	8	空心板梁	双柱式墩
S318	西嵋线	鄙岷泾河大桥	131.543	310	7.5	连续T梁	重力式墩
X002	董志至镇原	祁川桥	45.051	106.2	7	T梁	重力式墩
X002	董志至镇原	茹河大桥	52.689	230.7	9	T梁	重力式墩
X048	苏台至庄浪	上洛河桥	36.574	123	12	I形梁	—
X048	苏台至庄浪	下洛河桥	39.3	128.8	12	桁架拱	—
X053	雷家河至新集	石咀大桥	3.15	147	9	空心板梁	双柱式墩
X058	乔湾至余湾	阳川葫芦河桥	26.4	147	9	双曲拱	—
X060	静宁至秦安	威戎葫芦河大桥	1.039	197	10.5	T梁	—

续表

路线编号	路线名称	桥梁名称	桥梁中心桩号	桥梁全长（米）	桥梁全宽（米）	结构形式 上部	结构形式 下部
X073	南坪至马关	南坪大桥	0.3	108	9	T梁	—
X085	玉井至冢路梁	姬家河大桥	1.918	160.1	8	双曲拱	重力式墩
X087	通渭至甘谷	谢家庄渭河大桥	97.829	307.22	13.5	T梁	双柱式墩
X087	通渭至甘谷	常河大桥	—	113	10	桁架拱	多柱墩
X094	苟家渠至文家门	金家门桥	—	117.1	8	空心板梁	双柱式墩
X138	夏官营至方家泉	宛川河大桥	—	117.8	8	桁架梁	—
X138	夏官营至方家泉	宛川河桥	—	130	8	T梁	重力式墩
X138	夏官营至方家泉	桑园子桥	—	132	12	T梁	其他
X149	武威至古浪	荣华桥	—	173	24.5	空心板梁	双柱式墩
X149	武威至古浪	清水河桥	—	116.1	12	空心板梁	双柱式墩
X151	牛家花园至祁连	南岔河桥	—	120	7.5	其他拱桥	重力式墩
X161	俞家湾至蔡旗	蔡旗大桥	—	126.6	8	空心板梁	双柱式墩
X172	凉州区至武南镇	六坝河大桥	—	147	24	空心板梁	重力式墩

第一编　公　路

297

续表

路线编号	路线名称	桥梁名称	桥梁中心桩号	桥梁全长（米）	桥梁全宽（米）	结构形式	
						上部	下部
X221	高台至石泉子	六坝黑河桥	—	230.69	12.5	双曲拱	双柱式墩
X265	玉门镇至鱼儿红	昌马大桥	—	200	8.6	空心板梁	重力式墩
X420	店子至总寨	总寨洮河大桥	—	128	6.5	T梁	—
X445	南河川至甘谷	新阳镇渭河大桥	—	269.5	8	空心板梁	重力式墩
X481	徽谈线	黄沙河桥	—	182.21	8	T梁	重力式墩
X481	徽谈线	嘉陵江大桥	—	123.1	9	整体现浇板	双柱式墩
X501	成县至康县	犀牛江大桥	—	150	8.5	空心板梁	重力式墩
X504	支旗至二郎	水泉大桥	—	126.4	8	整体现浇板	重力式墩
X513	支旗至伏镇	伏镇大桥	—	122	8.5	空心板梁	双柱式墩
X516	茨坝至大滩	苟坝桥	—	129.9	8	空心板梁	重力式墩
Z001	庆阳过境段	庆阳东河桥	—	148	8.5	T梁	—
Z049	高四线	杨家坝河桥	—	246.64	12.5	空心板梁	双柱式墩
Z098	旱峡线	石油河大桥	—	144	10	箱形梁	—
Z113	茅丁线	北大河大桥	—	207.1	12	整体现浇板	—
Z171	七天线	五里铺桥	0.558	204.04	13	T梁	—
Z445	新能源基地道路	风光桥	16.997	101.1	12	箱形梁	—

表 1-4-4

2010 年甘肃省 100 米以上农村公路桥梁表

路线编号	路线名称	桥梁名称	桥梁中心桩号	桥梁全长(米)	桥梁全宽(米)	上部构造结构形式
Y012	环县至何坪	环江桥	0.5	190	7	T 梁
Y067	荔堡至吊堡子	泾明白家大桥	19.125	148	5.5	T 梁
Y069	青龙至安国	油坊颉河桥	13.3	161	6	空心板梁
Y113	朱店至刘庙	朱店大桥	0.5	144	9	T 梁
Y163	梁家坪至称钩	铁路桥	1.209	139.8	5	空心板梁
Y167	葛家岔至西巩	西巩驿大桥	34.765	129.6	7.2	T 梁
Y196	何家沟至首阳	渭河大桥	12.576	220	8	空心板梁
Y197	刘家掌至首阳	崖坪渭河大桥	4.8	206	6	空心板梁
Y257	什川至三岔路	小峡新桥	1.2	193.6	12	双曲拱
Y502	南龙至木场	大夏河第二大桥	2.006	165	12	T 梁
Y636	中滩至张白	渭河人行桥	5.426	179	2.5	空心板梁
Y681	峡口至南河川	峡口吊桥	0.4	199	3	自锚悬索桥
Y698	白草坝至坪牙	陈家坝桥	0.204	106	5	空心板梁
Y735	小杜家至白杨	杜河大桥	0.121	106	8.5	双曲拱
C004	河那坡至旋坪	河那坡渭河大桥	0.385	223.7	5.5	空心板梁
C009	高桥至小湾村	小湾吊桥	0.101	120	2	自锚悬索桥

续表

路线编号	路线名称	桥梁名称	桥梁中心桩号	桥梁全长（米）	桥梁全宽（米）	上部构造结构形式
C009	旋滩至坪里	旋滩吊桥	0.02	105.6	5.5	自锚悬索桥
C009	麻沿至胡广	麻沿胡广桥	10.919	110	2	空心板梁
C010	张家湾至杜山	杜山桥	2.694	110	4	空心板梁
C012	大潘至G312	大潘桥	0.59	203	6	箱形梁
C019	桔柑至曹家湾	桔柑大桥	0.152	128.2	5	空心板梁
C020	江口至磨沟	磨沟大桥	0.239	126	5.5	连续箱梁
C023	柳林至庙坪	庙坪大桥	5.595	160	1.6	空心板梁
C030	朱家坪至南丰	漫坝河吊桥	4.52	174	3	悬索桥
C035	李家寺至银河	鹦鸽嘴大桥	4.2	133	7.5	桁架拱
C037	上河坪至什川	小峡吊桥	3.4	122.4	6.5	自锚悬索桥
C040	兰郎路至火红	马良桥	0.254	122.4	15	双曲拱
C045	G312至八里	景庄大桥	0.212	121	6	空心板梁
C045	伏镇至峡门	伏镇峡门桥	5.558	110	1.5	空心板梁
C061	G109至黄草岭	红城桥	9.294	123	6	空心板梁
C065	G109至瓦房	瓦房桥	0.697	111	6.5	斜拉桥
C066	岗子至福川	福川桥	0.638	121	7.4	空心板梁
C081	滩子至胡家河	水阳胡河桥	0.195	110	2	空心板梁

续表

路线编号	路线名称	桥梁名称	桥梁中心桩号	桥梁全长（米）	桥梁全宽（米）	上部构造结构形式
C111	黄王路至杨庄	杨庄吊桥	0.071	130	2.5	自锚悬索桥
C113	党原至王村	王村泾河大桥	9.479	203.2	9	T梁
C130	牡丹至南家庄	南家庄桥	17.052	120	3	空心板梁
C131	岔路口至郭台	高桥郭台村桥	0.063	110	2	空心板梁
C141	河口沟岔道至房河坝	房河坝吊桥	5.124	130	2.5	自锚悬索桥
C144	城关至南店子	朱家湾桥	0.07	155	16	T梁
C146	庙底下至 G312 线	闫寨泾河大桥	1.932	183.2	6	空心板梁
C157	G212 至垒坪	王垒吊桥	2.358	180	5	悬索桥
C164	兰家山至泾灵路	安定大桥	0.844	240	17	空心板梁
C165	冯崖至马山	西汉水过水桥	0.066	106.62	7	空心板梁
C167	高家磨至井头坝	高家磨吊桥	0.184	204	5	连续 T 梁
C167	高家磨至井头坝	让水河大桥	14.385	101.7	5	板拱
C171	大桥至张坪	张坪桥	0.999	126	9	空心板梁
C173	王家沟至南石窟寺	南石窟寺大桥	0.35	264.8	5.5	空心板梁
C175	龙凤至联合	龙凤大桥	0.095	130	7.5	T梁
C183	寺申至段庙	西礼大桥	8.998	172	8	T梁
C212	樑三路吊桥支线	吊桥	0.672	317.4	4.5	悬索桥

续表

路线编号	路线名称	桥梁名称	桥梁中心桩号	桥梁全长（米）	桥梁全宽（米）	上部构造结构形式
C306	西坪村至圈湾子社	西坪黄河吊桥	0.242	136	4.5	自锚悬索桥
C358	石坡至烟墩沟	渭子沟沟吊桥	1.2	190	2.3	自锚悬索桥
C371	黑坝至阳山	黑坝村吊桥	0.07	170	2.3	自锚悬索桥
C443	汉王至万象洞	将军石桥	0.68	124	5	空心板梁
C468	S205至上板桥	上板桥吊桥	0.05	105	2.3	自锚悬索桥
C488	后坝至小山坪	小山坪吊桥	1.07	195	2.3	自锚悬索桥
C588	土鲁沟旅游道路	土鲁沟桥	0.508	108	9.6	双曲拱
CH66	Y366至靖安上堡黑河桥	乌靖黑河大桥	1.5	226.5	8	空心板梁

第四节　公路涵洞

甘肃早期建成的公路，尤其是农村公路缺桥少涵现象比较严重。进入20世纪90年代，随着公路建设等级的提升，公路涵洞作为公路排水和通行的重要构造物，建设数量和标准逐步提升。1991年，全省公路涵洞共有4.15万道40.42万米，到1999年达到4.91万道50.87万米。2001年以后，涵洞作为单纯的公路排水构造物，不再纳入公路统计范畴。1991年—2010年甘肃省公路涵洞见表1-4-5、2010年甘肃省主要公路涵洞分布见表1-4-6。

1991年—2010年甘肃省公路涵洞数量表

表1-4-5

年份	道数	长度（米）	年份	道数	长度（米）
1991	41524	404213	1998	48016	496016
1992	42681	417894	1999	49110	508740
1993	43238	427473	2000	50496	—
1994	43786	436602	2001	49773	—
1995	44502	446236	2002	51616	—
1996	46053	468915	2003	51929	508740
1997	47133	482609	2010	35589	—

注：2010年涵洞数量不包含乡道、村道和专用道上的涵洞。

2010年甘肃省主要公路涵洞分布表

表1-4-6

路线编号	路线名称	涵洞数量	路线编号	路线名称	涵洞数量	路线编号	路线名称	涵洞数量
G6	京藏高速	948	S101	兰夏线	113	S301	海岗线	151
G22	青兰高速	360	S103	兰临线	323	S302	肃沙线	16
G30	连霍高速	2220	S201	营兰线	390	S304	泾甘线	123
G75	兰海高速	318	S204	尕玛线	97	S305	石北线	203

路线编号	路线名称	涵洞数量	路线编号	路线名称	涵洞数量	路线编号	路线名称	涵洞数量
G109	京拉线	658	S207	靖天线	515	S306	徐合线	470
G212	兰渝线	407	S208	洛马线	52	S308	辘古线	186
G213	兰磨线	774	S209	定殪线	281	S309	甘大线	721
G215	红格线	135	S210	巴代线	138	S310	临平线	107
G227	西张线	218	S212	雅永线	135	S311	定新线	373
G309	荣兰线	617	S213	张肃线	307	S220	高肃线	110
G310	连天线	1014	S214	酒航线	320	S312	王达线	109
G312	沪霍线	2138	S215	嘉二线	259	S313	两玛线	562
G316	福兰线	577	S216	红桥线	24	S314	安拉线	403
S1	尹中高速	62	S217	景白线	152	S317	康和线	133
S17	金永高速	84	S219	祁成线	107		县道	18179

第五节 公路渡口

一、港口、码头建设

甘肃公路渡口设置主要集中在黄河干流、洮河和白龙江。1991年以后，全省加快了港口、码头建设，提高渡运效率。截至2010年底，甘肃省拥有渡运码头19个。规模较大的港口有兰州、白银、临夏、陇南4个港、渡运码头11个，其中刘家峡水库祁家码头（渡口）是省内最大的公路码头，由临夏公路总段建设管理，其余由地方交通部门建设管理。

（一）兰州港

截至2010年底，兰州港共有渡运码头5座。运营的码头从上游到下游为西固码头、十里店码头、白塔山码头、通渭路码头，在建的码头有小峡码头。

西固码头位于兰州市西固区，1999年5月建成，结构形式为实体斜坡踏步码头，泊位数 1 个，码头前沿水深 1.3 米，靠泊能力 100 吨。

十里店码头位于兰州市七里河区七里河桥，1999 年 5 月建成，结构形式为实体斜坡踏步码头，泊位数 1 个，码头前沿水深 1.3 米，靠泊能力 100 吨。

白塔山码头位于兰州市城关区北滨河路，1999 年 5 月建成，结构形式为实体斜坡踏步码头，泊位数 2 个，码头前沿水深 1.3 米，靠泊能力 100 吨。

通渭路码头位于兰州市城关区南滨河路，于 1999 年 5 月建成，结构形式为实体斜坡踏步码头，泊位数 1 个，码头前沿水深 1.3 米，靠泊能力 100 吨。

小峡码头位于皋兰县什川镇，该工程于 2007 年 9 月 20 日开工，2008 年 6 月完工，未交工验收、尚未运营。该码头工程由码头、管理站房和渡船组成。其中码头部分主要建设内容为土石方开挖、混凝土挡墙、下河踏步、码头广场。码头投资 143.93 万元。小峡码头建设两个 100 客位泊位。建设单位为兰州市交通局，设计单位为四川省交通厅交通勘察设计研究院，施工单位为沧州黄骅港航务工程有限公司，质量监督单位为甘肃省水运工程质量监督站。

（二）白银港

截至 2010 年底，白银港共有渡运码头 3 座，从上游到下游依次为大峡水库码头、四龙码头、龙湾客运码头。

大峡水库码头位于白银区水川镇西，由白银市交通局于 1999 年开工建设，2000 年建成，码头平面布置 L 形，面积 86 平方米，结构形式为斜坡踏步码头，码头前沿线 20 米，泊位数 1 个，预算投资 38.3 万元。

四龙码头位于白银区四龙镇，甘肃省水运管理局于 1998 年 10 月批复建设。工程于 1999 年开工，2000 年建成。码头岸线长 50 米，码头结构形式为斜坡码头，泊位 1 个。2002 年黄河白银四龙至龙湾段航运建设一期工程建设过程中，对四龙码头进行重建，建设为 1 个 100 客位客轮泊位，码头结构形式为实体斜坡式，码头占用岸线 133.4 米，码头高水平台前沿高程 1428 米，低水平台高程 1422.16 米，前沿实体下河梯步宽 6.5 米。工程于 2004 年 10 月 24 日开工，2007 年 9 月 28 日竣工。建设单位为白银市交通局，设计单位为四川省交通厅内河勘察规划设计院，施工单位为四川省公路桥梁建设集团路航有限责任公司，监理单位为四川省水运工程监理事务所。

龙湾客运码头位于景泰县龙湾村，为1个100客位客轮泊位，结构形式为实体斜坡道，包括码头平台和下河人行梯步，码头占用岸线40米。工程于2006年4月15日开工建设，2007年9月28日完工。建设单位为白银市交通局，设计单位为四川省交通厅内河勘察规划设计院，施工单位为四川省公路桥梁建设集团路航有限责任公司，监理单位为四川省水运工程监理事务所。

（三）临夏港

截至2010年底，临夏港共有渡运码头8座，其中位于刘家峡库区的有吧咪山码头、向阳码头、莲花码头、塔张码头，位于盐锅峡库区的有恐龙湾码头、八卦岛码头。

吧咪山码头位于永靖县刘家峡库区，2002年5月建成并投入使用，岸线长50米，码头前沿水深1.3米，泊位数1个，靠泊能力15吨。2007年，投资20万元，对码头进行了改扩建。

向阳码头位于永靖县三塬乡刘家峡库区，1998年9月16日开工，2001年10月底竣工。建设单位为永靖县交通局，设计单位为甘肃省水利水电勘测设计研究院，施工单位为甘肃省永靖县建筑工程公司一〇三处，监理单位为兰州铁道学院工程建设监理公司。工程由码头引道、管理站房和渡船三部分组成。码头引道245米，其中沥青路面83米，混凝土路面161米，路基宽8米，引道纵坡9%；码头管理站房及仓库房屋面积900平方米，停车场2000平方米；建造6车渡滚装船1艘。工程实际投资549.84万元。码头结构形式为重力式斜坡，占用岸线长度60米，码头前沿设计水深1.5米，靠泊能力200吨。

莲花码头位于临夏县莲花乡刘家峡库区，1998年5月11日开工，2000年12月底竣工。工程建设单位为临夏县交通局，设计单位为甘肃省交通规划勘察设计院，施工单位为甘肃省临夏县建筑工程总公司〇〇八处，监理工作由临夏县交通局聘请监理工程师承担。主要建成码头引道375米，其中沥青路面162米、混凝土路面213米、路基宽8.1米、引道纵坡9%；码头办公楼581平方米，厕所30平方米，望江平台基础795平方米，农田灌溉渠

59.6 米；建造 6 车渡滚装船 1 艘。工程实际投资 436.34 万元。码头结构形式为重力式斜坡，占用岸线长度 60 米，码头前沿设计水深 1.5 米，靠泊能力 200 吨。

塔张码头位于临夏县河西乡刘家峡库区，2004 年 7 月开工建设，2004 年 9 月交工验收，2006 年 9 月竣工并投入使用。建设单位为临夏州交通局，设计单位为上海航道勘察设计研究院，施工单位为临夏州金发建筑工程有限公司，监理单位为四川省水运工程监理事务所。泊位 1 个，码头长度 83 米。工程投资 9.59 万元。

恐龙湾码头位于永靖县盐锅峡镇盐锅峡库区，2007 年 4 月开工建设，2009 年 8 月完成交工验收，工程投资 77.58 万元。工程建设单位为甘肃省水运管理局，勘察单位为甘肃省建筑设计研究院，设计单位为四川省交通厅交通勘察设计研究院，施工单位为四川路桥第二航道工程处，监理单位为四川长江航运建设工程监理公司。主要水工建筑物为架空栈桥，栈桥为 7 曲引桥，宽 5 米，总长 75.6 米，上部结构为现浇钢筋混凝土 T 梁板结构，下部为钢筋混凝土钻孔灌注桩。建造趸船 1 艘，投资 31.29 万元，总长 16 米，船宽 5 米。码头前沿水深 1.5 米，泊位 2 个。

八卦岛码头位于永靖县刘家峡镇盐锅峡库区，2007 年 4 月开工建设，2009 年 8 月完成交工验收，工程投资 92.3 万元。建设单位为甘肃省水运管理局，勘察单位为甘肃省建筑设计研究院，设计单位为四川省交通厅交通勘察设计研究院，施工单位为四川路桥第二航道工程处，监理单位为四川长江航运建设工程监理公司。主要水工建筑物为码头平台和架空栈桥，平台由回填形成，面层采用钢筋混凝土，栈桥为 3 跨，宽 5 米，上部结构采用钢筋混凝土 T 梁板结构，下部为钢筋混凝土钻孔灌注桩。建造趸船 1 艘，投资 59.53 万元，总长 25.3 米，船宽 6 米。码头前沿水深 1.5 米，泊位数 2 个。

祁家码头（渡口）位于 G213 线 88 公里处刘家峡库区，由临夏公路总段建设管理。始建于 1970 年，是进入 21 世纪甘肃境内黄河上仅存的国道渡口。1990 年有驳船 3 艘、拖船 2 艘。渡口隶属刘家峡公路段。年渡运量 3.61 万辆，其中货运量 1.08 万吨。1992 年，祁家渡口管理所成立，科级建制，人员编制 31 人。过渡收费按省物委、省财政厅甘价费〔1992〕325 号文件执行，除军车、公安、司法车辆免费过渡外，其他车辆按每吨 2 元收

第一编

公 路

费，不足 1 吨按 1 吨收费。2000 年，按照省财政厅甘价费〔2000〕164 号文件规定，1 吨以上车辆每吨按 4 元收费，1 吨以下车辆每次按 5 元收费。2001 年，因 2 艘机船和 1 艘驳船已到报废年限，经省交通厅、省公路局审批，拨付 231 万元，由临夏公路总段负责，西北造船厂建造 280 千瓦的滚装汽车专用船 1 艘，取名"通达号"，2002 年 11 月建成下水启用。2005 年，祁家渡口渡运量达 4.63 万辆，年货运量 16.45 万吨。2009 年，祁家黄河大桥竣工通车后，祁家渡口结束摆渡。

（四）陇南港

截至 2010 年底，陇南港共有渡运码头 3 座、泊位 6 个，其中白龙湖库区有陇南港中心码头。碧口库区内有曲水湾码头、下院子码头。

1998 年 5 月，陇南港由甘肃省交通厅批准立项。陇南港（陇南港中心码头）以水运为主，兼顾公路运输，为港监、运政行业管理综合港站。1999 年 7 月，省交通厅批准初步设计，批准投资 110 万元。工程占地面积 2400 平方米，码头岸线长 10 米，斜坡阶梯式踏步长 38.1 米，港站楼 640 平方米，停车场 723 平方米。工程于 1999 年 9 月 9 日开工，2001 年 6 月竣工验收并投入使用。陇南港码头设计最低水位为 571 米，最高水位为 590 米。码头泊位 2 个。

碧口港（曲水湾码头）位于文县碧口镇碧口库区，1997 年 11 月建成并投入使用。碧口港包括高、中、低水位码头，长 41.8 米，港区道路长 120 米，宽 4.8 米，候船楼 65 平方米。码头泊位 3 个。

下院子码头位于文县范坝乡渭沟（让水河）碧口库区，工程总投资 45 万元，建设单位为陇南市交通局。2005 年 8 月开工，2006 年 6 月竣工，建设斜坡阶梯式踏步长 12 米、宽 2.75 米，码头引道长 180 米、宽 2.8 米。码头泊位 1 个。

（五）其他港点码头

其他港点码头 8 座，涉及黄河甘南段、洮河及部分水库码头，共有泊位 20 个。

三甲码头位于临洮县三甲乡洮河岸。1999 年 6 月开工建设，同年 11 月竣工投入使用。建设单位为临洮县交通局，设计单位为临洮县水利水电勘察设计队，施工单位为临洮县交通建筑安装工程有限公司。主要建设三甲水电厂码头、大坝左岸码头、大坝右岸码头、韩家园码头、苟家滩码头、塔下王家码头、打石坪码头等小型码头。工程总投资 29.65 万元。码头泊位 6 个。

临洮县城中心码头位于临洮县城洮河岸，2002 年建成投入使用，岸线长 50 米，码头前沿水深 1.3 米，泊位 1 个，靠泊能力 15 吨。

玛曲城关黄河大桥码头位于玛曲县城黄河岸，2001 年建成投入使用，岸线长 50 米，码头前沿水深 1.3 米，泊位 1 个。

二、渡　口

（一）渡口改造

甘肃省境内的黄河、大夏河、洮河、渭河、泾河、黑河、白龙江、西汉水等较大江河上都曾设置过渡口。渡口运输作为沟通江河两岸交通的主要方式存在了数千年。随着公路建设的发展，许多渡口被桥梁代替，老渡口数量逐年减少，但随着江河沿岸经济发展、人口增多，新渡口不断出现，渡口数量处于动态变化中。《甘肃省志·航运志》记载：1990 年底，甘肃省交通厅管理的渡口共有 59 个。2006 年 3 月至 4 月，甘肃省水运局对全省渡口、渡船基本情况做了摸底调查，有各类渡口 116 个，其中汽车渡口 22 个、农用车渡口 41 个、客运渡口 53 个，除个别渡口为国有和集体所有外，大部分为个体所有。经复查，116 个渡口经批准设置的有 91 个，未经批准设置的有25 个。随后按照"一渡一档"的要求，建立台账。这些渡口大部分设置在农村，多为自然岸坡，洪水期冲刷严重，渡口斜坡道不稳定，农用车上下有安全隐患；部分渡口设置与公路连接不顺畅，弯曲半径过小，汽车、农用车上下不便；渡口系缆设置简陋，部分索渡船的钢丝绳锈蚀老化，渡运不安全；大部分渡口未设置渡口安全须知、渡口守则牌。

从 20 世纪 90 年代开始，省交通厅将农村渡口列入改造计划。1999 年，建成白银野麻滩渡口码头。2000 年，改造建设岷县洮河郭哈、武旗渡口码头和永靖黄河白川渡口码头。2006 年，省交通厅下达 2006 年至 2008 年全省农村公路渡口码头改建任务共计 117 处，总投资 2340 万元，其中中央车购税投资 1170 万元。

2007 年 1 月，甘肃省水运局和甘肃省交通规划设计院对临洮县王马家渡口，石嘴子 1 号、2 号渡口，新添渡口及白银市白银区靖远县的部分顺岸码头和斜坡码头进行现场调查。依据甘肃省渡口码头建设技术标准，出台适合甘肃省农村公路渡口码头的通用设计文件。同时，狠抓渡口改造建设资金管理，设立资金专户，制定资金使用检查制度，杜绝挪用和随意改变资金用途。2010年11月20日，甘肃省水运管理局投资194万元，建造40座候船亭，其中9座城市渡口候船亭实施了亮化工程。

（二）渡口设置

黄河流域渡口。2006年，甘肃省地方海事局全省渡口普查统计，黄河水系渡口主要有：甘南州所辖木西合渡口、阿万仓渡口，临夏州所辖祁家渡口、向阳至莲花渡口、电灌至平坡渡口、魏川渡口、杨家滩至太极渡口、白川渡口、枣园至牛鼻子拐渡口、岗沟寺至孔寺渡口、塔张渡口、三二家渡口、鲁坪至炳灵寺渡口、马巷渡口、祁阳渡口、张家塬至李家塬头渡口、东干渡口、苏孟渡口、河东渡口、汪湖渡口、坷坨渡口、金家渡口、吧咪山渡口、九滩渡口，兰州市所辖青白石渡口、夹滩渡口、东滩渡口、黄崖至蒋家湾上渡口、青城至大川渡口（该渡口兰州、白银各占二分之一），白银市所辖黄崖至蒋家湾上渡口（该渡口兰州、白银各占二分之一）、蒋家湾下渡口、民乐渡口、陡城渡口、黄湾渡口、野麻渡口、下村渡口、大拉牌渡口、龙湾中渡口、龙湾下渡口、车木峡渡口、驼水路渡口、金坪上渡口、金坪下渡口、北长滩渡口、上白砂渡口、下白砂渡口、蒋滩上渡口、蒋滩下渡口、金园上渡口、金园下渡口、高崖村渡口、簸箕湾渡口、天字渡口、马滩渡口、营防上渡口、营防下渡口、北城渡口、碾湾上渡口、碾湾下渡口、前进渡口、胜利渡口、硒滩渡口、茨滩上渡口、茨滩下渡口、水源渡口、小口上渡口、小口下渡口、吊坡上渡口、吊坡下渡口、小红道渡口、沿寺渡口、仁义渡口、大庙渡口、坝滩渡口、席子水渡口、贾口渡口、簸箕湾下渡口、白杨林渡口。

洮河经过的临潭、卓尼、岷县、渭源、东乡、临洮、永靖等县，均有小型民用渡口。渭河雨季曾在天水元龙、东岔一带设置过临时渡口。泾河与马莲河交汇处的政平因工程建设需要设置过临时渡口。

长江流域渡口。2006年，甘肃省地方海事局全省渡口普查统计，长江水系渡口主要有：陇南市所辖青江坝渡口、草坝子渡口、枣川渡口、段河坝渡口、玉垒渡口，宕昌县上坝渡口、秦峪沟渡口、舍书渡口、土嵩渡口、黑阴沟渡口、庄子上渡口、关子沟渡口、下院子渡口、玉垒坪渡口、筏子坝渡口、梨坪渡口、桥坪渡口。

截至 2010 年底，全省共有渡口 60 处。2010 年甘肃省渡口基本情况见表 1-4-7。

三、渡改桥

早在古代，甘肃先民就有渡改桥的实践。清代有了铁索吊桥，铁索的应用是甘肃吊桥跨时代的进步。1949 年以后，甘肃交通管理部门重视山区交通建设，在原设置过渡口、溜索的地方建设桥梁，其中渡改吊桥达 372 座，渡改桥工程进一步方便了山区群众安全出行。据 2004 年普查，甘肃省公路渡口改吊桥情况详见表 1-4-8。

表 1-4-7

2010 年甘肃省渡口基本情况表

序号	渡口名称	渡口所在位置 (县、乡、村)	管理单位	渡口性质	渡船现状
一			兰州市：渡口总数 4 个		
1	青白石渡口（停运）	城关区青白石街道	城关区青白石街道	车渡	钢质机动船
2	咸水村渡口	西固区咸水村	西固区河口乡	客渡	钢质索渡船
3	东滩渡口—大川渡口	榆中县青城镇	榆中县青城镇	客渡	钢质机动船
4	黄崖渡口—蒋家湾渡口	榆中县青城镇	榆中县青城镇	客渡	钢质机动船
二			白银市：渡口总数 34 个		
1	大川渡渡口—东滩渡口	白银区水川镇 大川渡村	水川镇	农用车渡	钢质机动船
2	蒋家湾渡口—黄崖渡口	白银区水川镇 蒋家湾村	水川镇	客渡	玻璃钢机动船
3	民乐渡口	白银区四龙镇 四龙村	四龙镇	车渡　客渡	钢质船
4	陡城渡口	平川区水泉镇 陡城村	水泉镇	车渡	钢质索渡船
5	黄湾渡口	平川区水泉镇 陡城村	水泉镇	车渡	钢质索渡船
6	野麻渡口	平川区水泉镇 陡城村	水泉镇	车渡	钢质索渡船

续表

序号	渡口名称	渡口所在位置 (县、乡、村)	管理单位	渡口性质	渡船现状
7	下村渡口	平川区水泉镇 陡城村	水泉镇	农用车渡	钢质索渡船
8	龙湾中渡口	景泰县中泉乡 龙湾村	中泉乡	车渡	钢质双体 索渡船
9	龙湾下渡口	景泰县中泉乡 龙湾村	中泉乡	车渡	钢质双体索 渡船
10	车木峡渡口	景泰县五佛乡 车木峡村	五佛乡	车渡	钢质双体索 渡船
11	金坪上渡口	景泰县五佛乡 金坪村	五佛乡	车渡	钢质双体索 渡船
12	金坪下渡口	景泰县五佛乡 金坪村	五佛乡	车渡	钢质双体索 渡船
13	北长滩渡口	景泰县草窝滩镇 北长滩村	草窝滩镇	车渡	钢质索渡船
14	上白砂渡口	靖远县平堡乡 蒋滩村	靖远县平堡乡	农用车渡	钢质索渡船
15	下白砂渡口 (不合格停渡)	靖远县平堡乡 蒋滩村	靖远县平堡乡	农用车渡	钢质索渡船
16	蒋滩上渡口	靖远县平堡乡 蒋滩村	靖远县平堡乡	农用车渡	钢质索渡船
17	蒋滩下渡口	靖远县平堡乡 蒋滩村	靖远县平堡乡	农用车渡	钢质索渡船

续表

序号	渡口名称	渡口所在位置 (县、乡、村)	管理单位	渡口性质	渡船现状
18	金园上渡口	靖远县平堡乡金园村	靖远县平堡乡	农用车渡	钢质双体索渡船
19	金园下渡口	靖远县平堡乡金园村	靖远县平堡乡	农用车渡	钢质双体索渡船
20	簸箕湾渡口（停渡）	靖远县北湾镇高崖村	靖远县北湾镇	农用车渡	钢质双体索渡船
21	簸箕湾下渡口	靖远县北湾镇高崖村	靖远县北湾镇	农用车渡	钢质双体索渡船
22	马滩渡口	靖远县乌兰镇马滩村	靖远县乌兰镇	农用车渡	钢质双体索渡船
23	营防上渡口	靖远县乌兰镇营防村	靖远县乌兰镇	农用车渡	钢质双体索渡船
24	营防下渡口	靖远县乌兰镇营防村	靖远县乌兰镇	车渡	钢质双体索渡船
25	碾湾上渡口	靖远县糜滩乡碾湾村	靖远县糜滩乡	农用车渡	钢质挂机渡船
26	碾湾下渡口	靖远县糜滩乡碾湾村	靖远县糜滩乡	农用车渡	钢质单体索渡船
27	硷滩渡口	靖远县三滩乡中一村	靖远县三滩乡	车渡	钢质索渡船
28	茨滩下渡口	靖远县石门乡茨滩村	靖远县石门乡	农用车渡	钢质双体索渡船

续表

序号	渡口名称	渡口所在位置（县、乡、村）	管理单位	渡口性质	渡船现状
29	小口下渡口	靖远县石门乡小口村	靖远县石门乡	农用车渡	钢质单体索渡船
30	吊坡上渡口	靖远县石门乡安韦村	靖远县石门乡	农用车渡	钢质单体索渡船
31	沿寺渡口	靖远县双龙乡仁义村	靖远县双龙乡	车渡	钢质单体索渡船
32	大庙渡口	白银市靖远县兴隆乡	白银市靖远县兴隆乡	客渡	钢质单体索渡船
33	驼水路渡口	白银市景泰县五佛乡	白银市景泰县五佛乡	客渡	钢质单体索渡船
34	水源渡口	靖远县石门乡坝滩村	靖远县石门乡	农用车渡	钢质索渡船
三	临夏州：渡口总数 9 个				
1	河口渡口	康乐县河口乡	河口乡	库区旅游渡	钢质机动船
2	科妥渡口	东乡县达坂乡	东乡县达坂乡	客渡	钢质机动船
3	塔石沟渡口（不合格）	东乡县唐汪乡	东乡县唐汪乡	农用车渡客渡	钢质索渡船
4	黄家湾渡口	广河县排子坪乡	广河县排子坪乡	农用车渡客渡	索渡船

第一编 公 路

续表

序号	渡口名称	渡口所在位置（县、乡、村）	管理单位	渡口性质	渡船现状
5	申家滩渡口	广河县排子坪乡	广河县排子坪乡	客渡	钢质机动船
6	马巷渡口	东乡县唐汪乡	东乡县唐汪乡	客渡	钢质机动船
7	向阳渡口—莲花渡口	永靖县交通局	永靖县三塬镇	客渡	钢质机动船
8	杨家滩—大极岛渡口	永靖县刘家峡镇	永靖县刘家峡镇	客渡	钢质机动船
9	梁家水库渡口	和政县梁家三河水库	和政县梁家三河水库	旅游渡	钢质机动船
四	陇南市：渡口总数 5 个				
1	青江坝渡口（修建兰渝铁路，2009 年起停渡）	武都区角弓镇青江坝村	青江坝村	客渡	钢质索渡船
2	草坝子村渡口（修建兰渝铁路，2009 年起停渡）	武都区石门乡草坝村	草坝村	农用车渡客渡	钢质索渡船
3	枣川村渡口（修建兰渝铁路，2009 年起停渡）	武都区石门乡枣川村	枣川村	客渡	钢质索渡船
4	段河坝渡口（撤渡建桥）	武都区两水镇段河坝	段河坝	客渡	钢质索渡船
5	玉垒渡口（修建兰渝铁路，2009 年起停渡）	武都区三仓乡	三仓乡	客渡	钢质机动船

续表

序号	渡口名称	渡口所在位置（县、乡、村）	管理单位	渡口性质	渡船现状
五			甘南自治州：渡口总数 6 个		
1	冶力关"天池"旅游渡口	冶力关镇八角乡	冶力关镇八角乡	农用车渡	钢质机动渡船
2	新堡码头（不合格）	新堡乡	新堡乡政府	农用车渡	钢质索渡船
3	术布渡口（修电站回水区，停渡）	术布乡	术布乡政府	农用车渡	钢质机动渡船
4	总寨关渡口（修电站回水区，停渡）	总寨关	总寨乡政府	农用车渡	钢质索渡船
5	陈旗码头	陈旗	陈旗乡政府	农用车渡	木质索渡船
6	巴杰渡口（新增）	临潭县巴杰村	巴杰村	农用车渡	无
六			定西市：渡口总数 2 个		
1	侯家渡口	定西市渭源县峡城乡秋池湾村	秋池湾村	客渡	钢质索渡船
2	扎马镇中寨渡口（不合格）	岷县中寨村	中寨村	客渡	钢质索渡船

甘肃省公路渡口改吊桥情况表

表 1-4-8

渡口名	河名	所在县乡	渡改桥时间	吊桥状况
中滩渡口	嘉陵江	两当西坡	1974 年 12 月	渡口名即桥名
李家河渡口	嘉陵江	两当西坡	1967 年 8 月	
谈家庄渡口	嘉陵江	徽县谈家庄	1983 年 12 月	
虞关渡口	嘉陵江	徽县虞关	1983 年 11 月	
聂家湾渡口	嘉陵江	徽县嘉陵	1971 年 6 月	
高崖渡口	嘉陵江	徽县嘉陵	1978 年 5 月	
大桥渡口	西汉水	西和大桥	20 世纪 80 年代	
赵窑渡口	西汉水	西和大桥	1986 年 10 月	
何家山渡口	西汉水	西和蒿林	1966 年 5 月	
龙凤渡口	西汉水	西和大桥	1966 年 7 月	
安塄渡口	西汉水	成县安塄		
白云渡口	白龙江	迭部电尕	1986 年	2002 年维修
卡坝渡口	白龙江	迭部卡坝	1984 年	已危
上巴藏渡口	白龙江	舟曲巴藏		建桥前为木梁
下巴藏渡口	白龙江	舟曲巴藏	1976 年	
立节渡口	白龙江	舟曲立节	2001 年	曾建木梁
果者渡口	白龙江	舟曲立节	1980 年	
憨班渡口	白龙江	舟曲憨班	20 世纪 70 年代	1995 年维修
项尕渡口	白龙江	舟曲憨班	1982 年	
好地坪渡口	白龙江	舟曲峰迭	1998 年 8 月	20 世纪 70 年代曾建平索吊桥
武都关渡口	白龙江	舟曲峰迭	1998 年	曾建木梁
锁儿头渡口	白龙江	舟曲城关	1970 年	已危
平安渡口	白龙江	舟曲大川	1997 年	
梁家坝渡口	白龙江	舟曲大川	1996 年	
上垢渡口	白龙江	宕昌沙湾	20 世纪 70 年代	2003 年维修

渡口名	河名	所在县乡	渡改桥时间	吊桥状况
沙湾渡口	白龙江	宕昌沙湾	1964 年	1987 年改建后废
沙坝渡口	白龙江	宕昌沙湾	1973 年	3 次维修已危
麻池渡口	白龙江	武都汉王	1982 年 1 月	
汉坪渡口	白龙江	武都汉王		
绸子坝渡口	白龙江	武都汉王	1965 年 11 月	
包家坝渡口	白龙江	武都汉王		
大元坝渡口	白龙江	武都透坊	1976 年 12 月	
上宗家坝渡口	白龙江	武都透坊	1975 年 1 月	
曹家坝渡口	白龙江	武都外纳	1968 年 5 月	
向阳渡口	白龙江	文县舍书	1966 年	
草坡渡口	白龙江	文县临江	1983 年	
冷堡子渡口	白龙江	文县临江	1965 年 10 月	已废弃
四新渡口	白龙江	文县临江	1987 年 5 月	
白桥渡口	白龙江	武都角弓	1965 年 10 月	已废、拆除
桥头渡口	白龙江	武都城郊	1967 年 10 月	已废、拆除
陈家坝渡口	白龙江	武都桔柑	1969 年 1 月	
蒿子店渡口	白龙江	文县尖山	1985 年	已危,原为铁索桥
木园坝渡口	白龙江	文县尖山		
黄土梁渡口	白龙江	文县口头坝	1972 年	已危
灌坝渡口	白龙江	文县口头坝	1966 年	已危
碧口渡口	白龙江	文县碧口	1965 年 11 月	数次维修
肖家渡口	白龙江	文县肖家	1965 年	加固维修后通机动车
中庙渡口	白龙江	文县中庙	1976 年 6 月	2004 年改建后废
玉垒关渡口	白龙江	文县玉垒	1988 年 8 月	原为木梁后由渡改桥
华年渡口	白龙江	舟曲立节	2002 年	1979 年建成平索吊桥
后坝渡口	白龙江	舟曲城关	2001 年	20 世纪 70 年代为平索,已危

渡口名	河名	所在县乡	渡改桥时间	吊桥状况
南峪渡口	白龙江	舟曲南峪	2003 年	曾为木桥、渡口
陈家坝渡口	白龙江	武都角弓	20 世纪 90 年代	
小山坪渡口	白龙江	武都石门	1992 年 12 月	1973 年建成平索吊桥，曾为渡口
渭子沟渡口	白龙江	武都城郊	2000 年 1 月	
大堡渡口	白龙江	武都城郊	1991 年 7 月	曾设溜索、渡口，1962 年建平索吊桥
桔柑渡口	白龙江	武都桔柑	1981 年	曾设溜索、渡口，20 世纪 60 年代建平索吊桥
包家坝渡口	白龙江	武都汉王	1983 年	
将军渡口	白龙江	武都汉王	1986 年	1969 年 9 月始建，含引道
下宗家坝渡口	白龙江	武都透坊	1988 年 12 月	
边地平渡口	白水江	文县石鸡坝	1973 年	2002 年维修，已危
哈南渡口	白水江	文县石鸡坝	1980 年	已危
安昌河渡口	白水江	文县石鸡坝	20 世纪 70 年代初	
新关渡口	白水江	文县石鸡坝	1970 年	已改建，废
旧关渡口	白水江	文县石鸡坝	1976 年	已废、拆除
上柳元渡口	白水江	文县石坊	1983 年 8 月	桥体分两部分建造
下柳元渡口	白水江	文县石坊	1975 年	已危
高峰坝渡口	白水江	文县石坊	1964 年	已危
沙湾渡口	白水江	文县城关		
白衣坝渡口	白水江	文县城关	1986 年	1965 年建成简易吊桥
大西元渡口	白水江	文县城关	1985 年	已危
兴文渡口	白水江	文县城关	1988 年	已危
韩家坝渡口	白水江	文县城关	1967 年	已废、拆除
贾昌渡口	白水江	文县城关	2003 年	1964 年始建

渡口名	河名	所在县乡	渡改桥时间	吊桥状况
上坝渡口	白水江	文县尚德	1968 年	已危
水坝渠渡口	白水江	文县尚德	1965 年	已危
水坝江渡口	白水江	文县尚德	1965 年	
张家河口渡口	白水江	文县尚德	1994 年	70 年代初建简易吊桥
屈家河口渡口	白水江	文县尚德	1994 年	已危
杜家坪渡口	白水江	文县尚德		
虹桥渡口	白水江	文县尚德	2003 年 12 月	2004 年桥下游 改建新桥
甘沟渡口	白水江	文县尚德	20 世纪 80 年代初	电站建成后被淹
曹字头渡口	白水江	文县尚德	1981 年 11 月	电站建成后被淹
黄路山渡口	白水江	文县尚德	2002 年	原为平索吊桥
河家湾渡口	白水江	文县玉垒		电站建成后被淹
齐心坝渡口	白水江	文县玉垒		电站建成后被淹
汗坪咀渡口	白水江	文县玉垒		电站建成后被淹
玉垒渡口	白水江	文县玉垒	1985 年	
玉垒坪渡口	白水江	文县玉垒	1995 年 7 月	
山盘子渡口	岷江	宕昌官亭	20 世纪 80 年代末	
宁家渡口	岷江	宕昌官亭	1976 年	
邓桥渡口	岷江	宕昌官亭	1996 年	
官亭渡口	岷江	宕昌官亭	1989 年	
青林子渡口	岷江	宕昌官亭	1983 年	
秦峪渡口	岷江	宕昌秦峪	1966 年	
谢家河渡口	岷江	舟曲中排	1992 年 7 月	
冲家渡口	岷江	宕昌化马	1965 年	
华石关渡口	岷江	宕昌	1964 年	
高桥渡口	岷江	宕昌南河	1994 年	

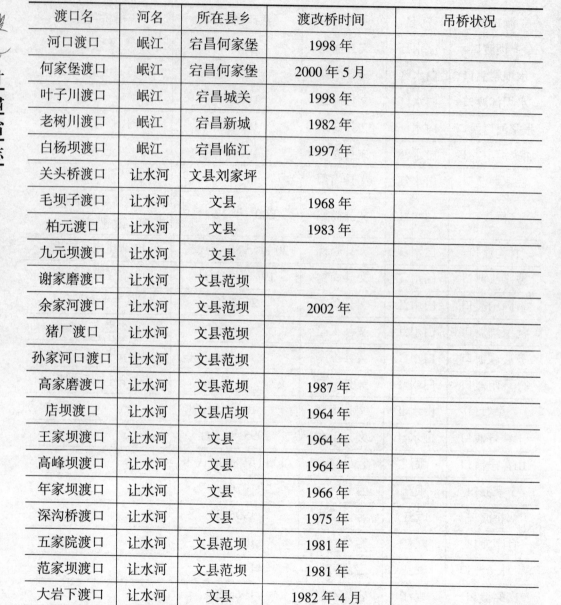

渡口名	河名	所在县乡	渡改桥时间	吊桥状况
河口渡口	岷江	宕昌何家堡	1998 年	
何家堡渡口	岷江	宕昌何家堡	2000 年 5 月	
叶子川渡口	岷江	宕昌城关	1998 年	
老树川渡口	岷江	宕昌新城	1982 年	
白杨坝渡口	岷江	宕昌临江	1997 年	
关头桥渡口	让水河	文县刘家坪		
毛坝子渡口	让水河	文县	1968 年	
柏元渡口	让水河	文县	1983 年	
九元坝渡口	让水河	文县		
谢家磨渡口	让水河	文县范坝		
余家河渡口	让水河	文县范坝	2002 年	
猪厂渡口	让水河	文县范坝		
孙家河口渡口	让水河	文县范坝		
高家磨渡口	让水河	文县范坝	1987 年	
店坝渡口	让水河	文县店坝	1964 年	
王家坝渡口	让水河	文县	1964 年	
高峰坝渡口	让水河	文县	1964 年	
年家坝渡口	让水河	文县	1966 年	
深沟桥渡口	让水河	文县	1975 年	
五家院渡口	让水河	文县范坝	1981 年	
范家坝渡口	让水河	文县范坝	1981 年	
大岩下渡口	让水河	文县	1982 年 4 月	
井地渡口	让水河	文县	1982 年 5 月	
后坪渡口	文县	文县	1986 年	
七姓沟渡口	让水河	文县	1987 年 8 月	
齐哈玛渡口	黄河	玛曲齐哈玛	1986 年 10 月	

续表

渡口名	河名	所在县乡	渡改桥时间	吊桥状况
太极渡口	黄河	永靖城关		
刘家峡渡口	黄河	永靖刘家峡	2002 年 4 月	
八盘峡渡口	黄河	兰州西固	1983 年	
杨家湾渡口	黄河	兰州杨家湾	1987 年 11 月	
柴家台渡口	黄河	兰州西固	1970 年	
中立桥渡口	黄河	兰州城关	1998 年 8 月	
上河坪渡口	黄河	皋兰什川	1985 年	
桑园峡渡口	黄河	榆中来紫堡	1980 年	
安平渡口	黄河	榆中来紫堡	2002 年 5 月	
青城渡口	黄河	榆中青城	1987 年 12 月	
什川渡口	黄河	皋兰什川	1971 年 5 月	
平堡渡口	黄河	靖远北湾	1970 年 4 月	
糜滩渡口	黄河	靖远糜滩	2001 年	
秋池湾渡口	洮河	渭源峡城	1995 年	
下戚家渡口	洮河	康乐莲麓	1986 年	
门楼寺渡口	洮河	渭源峡城	1999 年 9 月	
古麻窝渡口	洮河	卓尼藏巴哇		
包舌口渡口	洮河	卓尼藏巴哇		
石媳妇渡口	洮河	卓尼木耳	1993 年	
羊化渡口	洮河	卓尼木耳	2000 年	
麻地卡渡口	洮河	卓尼大族	1999 年	
降差渡口	洮河	卓尼扎古录	1979 年	
立珠渡口	洮河	卓尼扎古录	1983 年	
塔乍渡口	洮河	卓尼扎古录	1983 年	
羊沙口渡口	洮河	卓尼	1991 年 12 月	
术布渡口	洮河	临潭术布	1990 年	

续表

渡口名	河名	所在县乡	渡改桥时间	吊桥状况
将台渡口	洮河	岷县茶埠	1986 年	
西江渡口	洮河	岷县梅川	1986 年	
清水渡口	洮河	岷县清水	1996 年 7 月	
岷山渡口	洮河	岷县岷山	1969 年	
堡子渡口	洮河	岷县堡子	1975 年 12 月	
中寨渡口	洮河	岷县中寨	1977 年	
高石崖渡口	洮河	岷县	1985 年	
祁家堡渡口	洮河	临洮苟家滩		
元龙渡口	渭河	北道元龙	1966 年 12 月	
吴砦渡口	渭河	北道吴砦	1975 年	
桦林渡口	渭河	武山桦林	1975 年	
伯阳渡口	渭河	北道伯阳	1976 年	
立远渡口	渭河	北道立远	1980 年	
琥珀渡口	渭河	北道琥珀	1982 年 9 月	
惊龙渡口	渭河	北道立远	1986 年 12 月	
桑家门渡口	渭河	北道吴砦	1987 年	
山丹渡口	渭河	武山山丹	1986 年	
新阳镇渡口	渭河	北道新阳	1965 年	
东岔渡口	渭河	北道东岔	1984 年 9 月	

注：表中少数吊桥前身为溜索、荡绳，集中在今陇南市、甘南州河流上游地区。2004 年普查时，武都县外纳乡有外纳、崖底下溜索，康县境内有 5 道溜索。吊桥状况栏中未注者为吊桥状况良好。

第五章 公路隧道

第一节 高速公路隧道

一、胡洼山隧道

胡洼山隧道位于 G6 京藏高速兰州至海石湾段，为上下行线分离的两座直线隧道，总长 1579.2 米，轴线相距 50 米，内轮廓净高 7 米，净宽 10.2 米。该隧道地处祁连山褶皱地带，地质结构疏松，节理裂隙发育，围岩类别差，最大埋深 140 多米，最浅处不足 9 米，施工难度大。施工单位中铁二十局四处。2001 年 12 月开工，2002 年 9 月 15 日贯通。

二、白虎山、赵家楞杆、新庄岭隧道

白虎山、赵家楞杆、新庄岭隧道位于 G22 青兰高速公路榆中县境内。中心桩号 1838 公里+82 米~1841 公里+816 米。白虎山隧道（后更名为兴隆隧道）上行线长 1235 米，下行线长 1277 米；赵家楞杆隧道（后更名为定远隧道）上行线长 973.3 米，下行线长 995 米；新庄岭隧道（后更名为和平隧道）上行线长 1455 米，下行线长 1422 米。隧道按分离式断面设计，隧道行车中心线间距 70 米。隧道净高 5 米，拱顶高 7.1 米，隧道行车道宽 7.5 米，所处地质构造基本相同，山体表层为 15~30 米厚风积黄土，隧道洞口段为 I 类围岩，其余为 II 类围岩。白虎山、赵家楞杆、新庄岭隧道于 1999 年 10 月 26 日同时开工，2000 年 9 月 28 日赵家楞杆隧道贯通，同年 11 月 15 日白虎山隧道贯通，同年 11 月 21 日新庄岭隧道贯通。设计单位为甘肃省交通规划勘察设计院，施工单位为铁道部第二十工程局二处，监理单位为甘肃省交通工程监理事务所。

三、土家湾隧道

土家湾隧道位于 G22 青兰高速公路榆中县境内，中心桩号 1809 公里+

508 米，起讫桩号 28 公里+030.75 米~29 公里+320 米，表层为 40~60 米厚风积黄土，下伏 10~20 米厚的离石黄土，与下卧上第三系粉砂质泥岩呈不整合接触，老黄土及泥岩较坚硬。上下行隧道均穿越上述三种地质体。隧道设计，洞门采用端墙式，洞顶仰坡高度控制在 15~20 米，仰坡及侧坡均采用浆砌片石护面墙加固，洞口各修建 8 米左右明洞。隧道上行线全长 1289.25 米，下行线全长 1210 米，隧道净宽 8.5 米，属于土质隧道。1999 年 9 月开工修建，2002 年 10 月 26 日建成通车。建设单位为甘肃省交通厅工程处，设计单位为甘肃省交通规划勘察设计院，施工单位为铁道部第十九工程局第二工程处，监理单位为四川公路工程咨询监理公司。

四、麦积山特长隧道

麦积山特长隧道（大坪里特长隧道）位于 G30 连霍高速公路牛背至天水段，中心桩号左线 22 公里+542 米~34 公里+828 米，右线 22 公里+518 米~34 公里+808 米，长度左线 12286 米、右线 12290 米，为亚洲第二长公路隧道。该隧道是一座上、下行分离的 4 车道高速公路特长隧道，隧道宝鸡端洞口位于甘肃省天水市北道区东岔镇境内，穿越秦岭主脊。散岔端洞口位于甘肃省天水市北道区利桥乡境内，隧道最大埋深 477 米。单洞净宽 10.25 米，净高 5 米，设计行车时速 80 公里。隧道共设 4 处通风竖井，左右线各两处，共计 863.01 米，隧道内设有行人横洞 17 处，行车横洞 16 处，灯光景观带 4 处。隧道施工全隧采用独头掘进，两头对打，钻爆法施工，重型车载出渣，喷锚支护，整体式液压台车浆砌施工方案。在掘进中先后遇到碎裂带、断裂带、浅埋层、软弱岩层、深埋岩爆、地下水等不良地质。由中铁二十局集团五公司完成的 6330 米的单洞掘进也创下了亚洲公路隧道单洞独头掘进最长纪录。该工程于 2005 年 12 月开工，2009 年 6 月 3 日贯通。建设单位为甘肃省高等级公路建设开发有限公司（甘肃省交通厅工程处），设计单位为中交第二公路勘察设计研究院，施工单位为中铁十六局、中铁二十局。

五、小陇山隧道

小陇山隧道位于 G30 连霍高速公路天水境内，中心桩号 1316 公里+733 米，上行隧道长度 3850 米，下行隧道长度 3960 米，净宽 8.5 米，净高 5

米，属于特长隧道。2005 年开工，2009 年 9 月 26 日建成通车。建设单位为甘肃省高等级公路建设开发有限公司（甘肃省交通厅工程处），设计单位为甘肃省交通规划勘察设计院有限公司，施工单位为核工业华东建设工程集团公司，监理单位为河北华达公路工程咨询监理有限公司。

六、秦州隧道

秦州隧道位于 G30 连霍高速公路天水境内，上行线起讫桩号 162 公里+180 米~166 公里+810 米，隧道全长 4630 米，最大埋深 184 米；下行线起讫桩号 162 公里+250 米~166 公里+840 米，隧道全长 4590 米，最大埋深 183.72 米，属岩石山岭深埋特长隧道。该隧道上行线进口和下行线出口采用削竹式洞门，上行线出口和下行线进口采用端墙式洞门。在有条件的地方，隧道上下行线间设置了联络通道，以确保隧道运营管理安全、方便。隧道设计行车时速 80 公里，根据隧道所处地形、地质条件按分离式设计，每幅为单向双车道。隧道行车道宽度 7.5 米，建筑限界净宽 10.25 米，限界高度 5 米，净高 5 米。2006 年开工，2011 年建成通车。建设单位为甘肃省高等级公路建设开发有限公司（甘肃省交通厅工程处），设计单位为甘肃省交通规划勘察设计院有限公司，施工单位为中铁隧道股份有限公司、中铁四局。

七、剪子岘隧道

剪子岘隧道位于 G30 连霍高速公路定西市安定区与陇西县的交界处，全长 4076 米（其中上行线长 2046 米，下行线长 2030 米）。隧道处于干旱少雨的黄土梁峁地带，围岩以强风化泥岩为主，成岩性差。施工单位为甘肃路桥建设集团。2006 年 12 月开工，2009 年 6 月贯通。

八、新七道梁隧道

新七道梁隧道位于 G75 兰海高速兰临段，中心桩号 18 公里+529 米，起点位于兰州市七里河区袁家湾松树沟，穿越七道梁，终点位于临洮县中铺乡张家沟，为双线特长公路隧道，是中国西部地区埋深最大（最大埋深大于 500 米）、洞身最长（单洞长 4000 米以上）和断面最大（隧道净宽 10.8 米、净高 7.1 米，断面为单圆曲拱形）的公路隧道。隧道双洞全长 8073.19 米，其中上行线 4003.19 米，下行线 4070 米。隧道按山岭区高速公路标准设计，设计行车时速为 80 公里，建筑限界净宽 9.75 米，净高 5.0 米，隧道为上下行分离式单向行驶隧道，均设通风竖井（在甘肃省尚属首次）。上行线竖井深 92.5 米，下行线竖井深 171.16 米，隧道内设 5 个紧急停车带，2 座隧道之间由 5 个行车横洞、5 个人行横洞相连接。工程于 2001 年 11 月 17 日开工，2003 年 12 月 26 日顺利贯通。建设单位为甘肃省远大路业集团有限公司，设计单位为甘肃省规划设计院，施工单位为中铁十二局集团公司二公司。

九、南阳山隧道

南阳山隧道为 S2 康临高速公路中最长的一座黄土隧道，位于临夏市境，起讫桩号 48 公里+970 米~52 公里+260 米处，全长 3290 米。隧道按山岭重丘区高速公路分离式断面设计，双向 4 车道，设计行车时速 80 公里。隧道净宽 10.25 米，净高 4.5 米，紧急停车带净宽 13 米，车行横通道净宽 4.5 米，净高 5 米，人行横通道净宽 2 米。设计单位为甘肃省交通规划勘察设计院有限责任公司、中国公路工程咨询集团有限责任公司，施工单位为甘肃路桥公路投资有限公司，监理单位为山东省德州市交通工程监理公司。2008 年 3 月开工建设，2010 年 12 月建成通车。

第二节　普通干线公路隧道

一、金龙山隧道

金龙山隧道位于 G310 连天线牛北段天水市北道区立远乡，全长 740 米，高 7 米，宽 8.5 米。1994 年 3 月 1 日开工建设，1995 年底贯通。全洞采用正台阶先拱后墙法从进口出口两个方向同时施工，引进光面爆破法，使隧道开挖断面，特别是拱圈开挖断面得到了良好的控制，避免重复处理对围岩的扰动，使回填混凝土数量大大减少。建设单位为甘肃省交通厅，设计单位为甘肃省交通规划设计院，施工单位为中铁二十局，监理单位为甘肃省监理公司。

二、唐家凤台隧道

唐家凤台隧道（卦台山隧道）位于 G310 连天线天水市西北方向 7 公里处，全长 2236 米（包括进口 6 米明洞和出口 5 米明洞），横穿秦城、北道两区交界的营房梁唐家凤台嘴，设计最大埋深为 307.5 米，最小埋深为 6 米。隧道地质构造十分复杂，共有 14 条压扭性逆断层斜切洞身。断泥层及影响带最小 1 米，最大达 10 米以上，特别是出口段断层严重，复杂多变，软弱破碎地质段即 I 类围岩占施工全长的 80%。隧道按二级汽车专用道标准设计施工，净宽 9 米，净高 5 米，设计行车时速 60 公里，设计荷载汽车超—20 级、挂车—120 级。由中铁二十局三处和中铁隧道局一处中标承建，于 1998 年 11 月和 12 月从南北两个方向开始掘进，2001 年 1 月 18 日隧道全线贯通。

三、祁家大山隧道

祁家大山隧道位于 G312 线静宁县八里铺西 3.5 公里处，中心桩号 1897 公里+871 米。全长 860 米，净宽 10.5 米，拱顶净高 6.89 米。路面采用混凝土两次衬砌，中间敷设防水层。1993 年 10 月开工，1995 年 10 月建成，投资 1619.23 万元。设计单位为甘肃省交通规划设计院，施工单位为中国人民武装警察交通部队第六支队，监理单位为甘肃省交通工程建设监理公司。

四、车道岭隧道

车道岭隧道位于 G312 沪霍线定西景泉乡官兴村马儿湾，中心桩号 2049 公里+805 米，长度 660 米，车道净宽 9 米，两边各附设 0.75 米的人行道，净高 5 米，洞顶净高 6.91 米，可供汽车双向行驶，设计日通汽车 5000 辆。隧道内采用反光标志，标线级照明设备。工程于 1990 年 6 月 20 日开工，1992 年 6 月 5 日建成通车。建设单位为甘肃省交通厅，设计单位为甘肃省交通规划设计院，施工单位为兰州公路总段，监理单位为甘肃省公路局，总投资 1018 万元。

五、柏垭子梁隧道

柏垭子梁隧道位于 G316 福兰线徽县城关镇石佛村，中心桩号 2432 公里+348 米，起讫桩号 2431 公里+900 米~2432 公里+335 米，全长 435 米，隧道净宽 10 米，净高 5 米，2010 年 5 月建成通车。建设单位甘肃省公路局，设计单位为甘肃康大公路设计咨询有限公司，施工单位为甘肃金昌金桥路业有限责任公司，监理单位为甘肃兴陇交通工程监理有限责任公司。

六、八盘山隧道

八盘山隧道位于 G316 福兰线天水市与陇南地区交界处，中心桩号 2517 公里+403 米，长度 885 米，宽 10.5 米，高 6.99 米，1999 年 12 月开工建设，建设过程中采取"短进尺、弱爆破、强支护、快衬砌"的施工方法，攻克了 Ⅱ 类围岩断裂带穿越 Ⅲ 类围岩的施工难题。2001 年 2 月 6 日贯通。建设单位为陇南公路总段，设计单位为甘肃省公路设计所，施工单位为中建一局机械化公司，监理单位为甘肃省交通工程建设监理公司。

七、木寨岭隧道

木寨岭隧道位于 G212 兰渝线岷县境内，地处青藏高原东边缘，海拔3216 米，中心桩号 218 公里+641 米，长度 1712 米。隧道工程在遇到国内罕见的强褶皱地震破碎带的情况下，施工方案增设 WTD 超前注浆锚杆，对洞身采取双液注浆加固，掘进方法变为双侧壁导坑法，取得良好效果。建设单位为定西公路总段，设计单位为甘肃省交通规划勘测设计院，施工单位为中铁十六局、中铁十二局，监理单位为北京双环工程监理咨询公司。2004 年 6月 14 日贯通后，解决了原越岭公路弯急坡陡、雪雨多路滑的问题。

八、朗青隧道

朗青隧道位于 G213 兰磨线夏河县境内，中心桩号 201 公里+947 米。隧道全长 600 米，为双向行驶的二级公路隧道，隧道净宽 10.5 米，隧道净高 5米，设计行车时速 80 公里。2004 年 11 月开工，2006 年 10 月竣工。投资2309.91 万元。建设单位为甘肃省公路局，设计单位为中国公路工程监理公司，施工单位为甘肃省路桥二公司，监理单位为山东省潍坊市华维监理公司。

九、安口隧道

安口隧道位于 S203 平大线安口至大桥村段，穿越华亭县安口镇梨树坪丘岭，中心桩号 42 公里+232 米，起点桩号 0 公里+215 米，终点桩号 1 公里+245 米，全长 1030 米，隧道断面净宽 10.5 米，净高 7.1 米，其中行车道净宽 9 米，两侧人行检修道各 0.75 米，总投资 4500 万元。工程于 2002 年 3 月开工建设，2004 年 8 月贯通。建设单位为平凉公路总段，设计单位为长安大学公路设计研究院，施工单位为中铁十八集团二公司，监理单位为甘肃恒科交通监理公司。

十、双凤山隧道

双凤山隧道位于 S204 泾甘线华亭县双凤山，中心桩号 74 公里+691 米，全长 412 米，宽 10.5 米，拱顶净高 6.98 米，混凝土路面。1998 年 7 月 18 日开工，同年 12 月 6 日通车。建设单位为平凉公路总段，设计单位为甘肃省交通规划设计院，施工单位为铁道部第二十工程局四处，监理单位为甘肃省交通工程建设监理公司。

十一、铁尺梁隧道

铁尺梁隧道位于 S210 巴代线岷县至迭部公路交界处的分水岭铁尺梁半山腰处，中心桩号 25 公里+75 米，隧道路线起自八路峡隧道北口，经长征桥、腊子口养管站、八隆卡让至终点，全长 1060 米，设计行车时速 30 公里，隧道宽度 8.5 米。隧道所处点海拔 3100 米，是通往天险腊子口和九寨沟红色经典旅游景区的捷径。2007 年初开工建设，2009 年上半年贯通，投资 9458 万元。建设单位为甘肃省公路局，设计单位为甘肃省交邮测设队，施工单位为国防科委二机部，监理单位为甘肃恒科监理公司。

第三节 农村公路隧道

截至 2010 年底，全省农村公路隧道 17 座，总长 2082 米。

附表：1991 年—2010 年甘肃省公路隧道数量及长度见表 1-5-1；2010 年甘肃省公路隧道明细见表 1-5-2、1991 年—2010 年甘肃省普通干线公路隧道明细见表 1-5-3、1991 年—2010 年甘肃农村公路隧道明细见表 1-5-4。

1991 年—2010 年甘肃省公路隧道数量及长度表

表 1-5-1

年度	座数	长度（米）	年度	座数	长度（米）
1991	34	4182	2001	38	14338
1992	35	4842	2002	44	20782
1993	35	4842	2003	45	21252
1994	36	5142	2004	50	30251
1995	37	6002	2005	71	37712
1996	37	6002	2006	72	38104
1997	38	6247	2007	77	42783
1998	38	6247	2008	79	43067
1999	39	6659	2009	80	44538
2000	45	8035	2010	97	55717

注：2001 年，全国公路普查，按交通部统计口径，隧道数发生变化。

2010年甘肃省高速公路隧道明细表

表 1-5-2

隧道名称	隧道代码	隧道中心桩号	所属路线情况			长度（延米）	净宽（米）	净高（米）	建设情况				技术状况
			路线编号	路线名称	技术等级				建设单位	设计单位	施工单位	监理单位	
高岭子隧道	G6620122U0010	1587.092	G6	京藏高速	高速	743	9.26	5	省交通厅工程处	铁道部第二勘测设计院	甘肃省公路工程总公司	中交国际咨询有限公司	一类
高岭子隧道	H6620104U0010	1587.84	H6	京藏高速	高速	733	9.26	5	省交通厅工程处	铁道部第二勘测设计院	甘肃省公路工程总公司	中交国际咨询有限公司	一类
青土岘隧道	G6620122U0020	1602.607	G6	京藏高速	高速	430	9.75	5	省交通厅工程处	铁道部第二勘测设计院	甘肃省公路工程总公司	中交国际咨询有限公司	一类
青土岘隧道	H6620104U0020	1603.21	H6	京藏高速	高速	430	9.75	5	省交通厅工程处	铁道部第二勘测设计院	甘肃省公路工程总公司	中交国际咨询有限公司	一类
大红山隧道	G6620104U0030	1630.481	G6	京藏高速	高速	2043	9.75	5	省交通厅工程处	铁道部第二勘测设计院	甘肃省公路工程总公司	中交国际咨询有限公司	一类
大红山隧道	H6620104U0030	1632.496	H6	京藏高速	高速	2043	9.75	5	省交通厅工程处	铁道部第二勘测设计院	甘肃省公路工程总公司	中交国际咨询有限公司	一类
胡洼山隧道	G6620104U0040	1633.742	G6	京藏高速	高速	795.2	9.75	5	省交通厅工程处	铁道部第二勘测设计院	甘肃省公路工程总公司	中交国际咨询有限公司	一类
胡洼山隧道	H6620104U0040	1634.45	H6	京藏高速	高速	795.2	9.75	5	省交通厅工程处	铁道部第二勘测设计院	甘肃省公路工程总公司	中交国际咨询有限公司	一类

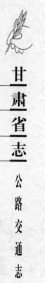

续表

隧道名称	隧道代码	隧道中心桩号	所属路线情况			长度（延米）	净宽（米）	净高（米）	建设情况				技术状况
			路线编号	路线名称	技术等级				建设单位	设计单位	施工单位	监理单位	
青兰隧道	—	1768.547	G22	连霍高速	高速	1345	10.6	6.89	—	—	—	—	一类
青兰隧道	—	1768.610	G22	连霍高速	高速	1415	10.6	6.89	—	—	—	—	一类
土家湾隧道	G22620123U0060	1808.221	G22	青兰高速	高速	1289.3	9.75	5	省交通厅工程处	甘肃省交通规划勘察设计院	铁道部第十九工程局第二工程处	四川公路工程咨询监理工司	一类
土家湾隧道	H22620123U0060	1809.508	H22	青兰高速	高速	1265	9.75	5	省交通厅工程处	甘肃省交通规划勘察设计院	铁道部第十九工程局第二工程处	四川公路工程咨询监理工司	一类
兴隆隧道	G22620123U0070	1838.82	G22	青兰高速	高速	1235	9.75	5	省交通厅工程处	甘肃省交通规划勘察设计院	铁道部第十九工程局第二工程处	甘肃省交通工程监理事务所	一类
兴隆隧道	H22620123U0070	1840.442	H22	青兰高速	高速	1277	9.75	5	省交通厅工程处	甘肃省交通规划勘察设计院	铁道部第十九工程局第二工程处	甘肃省交通工程监理事务所	一类
定远隧道	G22620123U0080	1840.284	G22	青兰高速	高速	973.3	9.75	5	省交通厅工程处	甘肃省交通规划勘察设计院	铁道部第二十工程局第二工程处	四川公路工程咨询监理公司	一类
定远隧道	H22620123U0080	1841.62	H22	青兰高速	高速	995	9.75	5	省交通厅工程处	甘肃省交通规划勘察设计院	铁道部第二十工程局第二工程处	四川公路工程咨询监理公司	一类

续表

隧道名称	隧道代码	隧道中心桩号	所属路线情况			长度（延米）	净宽（米）	净高（米）	建设情况				技术状况
			路线编号	路线名称	技术等级				建设单位	设计单位	施工单位	监理单位	
和平隧道	G22620123U0090	1841.816	G22	青兰高速	高速	1455	9.75	5	省交通厅工程处	甘肃省交通规划勘察设计院	铁道部第十八工程局	甘肃省交通工程监理事务所	一类
和平隧道	H22620123U0090	1843.616	H22	青兰高速	高速	1422	9.75	5	省交通厅工程处	甘肃省交通规划勘察设计院	铁道部第十八工程局	甘肃省交通工程监理事务所	一类
渭河隧道	G30620503U0010	1268.67	G30	连霍高速	高速	642	8.5	5	甘肃省高等级公路建设开发有限公司	中交第二公路勘察设计研究院	洛阳路桥建设集团有限责任公司	甘肃新科公路工程监理事务所	一类
渭河隧道	H30620503U0010	1268.67	H30	连霍高速	高速	664	8.5	5	甘肃省高等级公路建设开发有限公司	中交第二公路勘察设计研究院	洛阳路桥建设集团有限责任公司	甘肃新科公路工程监理事务所	一类
东口隧道	G30620503U0020	1269.582	G30	连霍高速	高速	965	8.5	5	甘肃省高等级公路建设开发有限公司	中交第二公路勘察设计研究院	洛阳路桥建设集团有限责任公司	甘肃新科公路工程监理事务所	一类
东口隧道	H30620503U0020	1269.582	H30	连霍高速	高速	1014	8.5	5	甘肃省高等级公路建设开发有限公司	中交第二公路勘察设计研究院	洛阳路桥建设集团有限责任公司	甘肃新科公路工程监理事务所	一类

续表

隧道名称	隧道代码	所属路线情况				长度（延米）	净宽（米）	净高（米）	建设情况				技术状况
		隧道中心桩号	路线编号	路线名称	技术等级				建设单位	设计单位	施工单位	监理单位	
南北崖隧道	G30620503U0030	1271.344	G30	连霍高速	高速	1247	8.5	8.5	甘肃省高等级公路建设开发有限公司	中交第二公路勘察设计研究院	洛阳路桥建设集团有限责任公司	甘肃新科公路工程监理事务所	一类
南北崖隧道	H30620503U0030	1271.344	H30	连霍高速	高速	1303	8.5	5	甘肃省高等级公路建设开发有限公司	中交第二公路勘察设计研究院	洛阳路桥建设集团有限责任公司	甘肃新科公路工程监理事务所	一类
码头隧道	G30620503U0040	1272.848	G30	连霍高速	高速	320	8.5	5	甘肃省高等级公路建设开发有限公司	中交第二公路勘察设计研究院	洛阳路桥建设集团有限责任公司	甘肃新科公路工程监理事务所	一类
码头隧道	H30620503U0040	1272.848	H30	连霍高速	高速	388	8.5	5	甘肃省高等级公路建设开发有限公司	中交第二公路勘察设计研究院	洛阳路桥建设集团有限责任公司	甘肃新科公路工程监理事务所	一类
桃花沟隧道	G30620503U0050	1274.376	G30	连霍高速	高速	471.1	8.5	5	甘肃省高等级公路建设开发有限公司	中交第二公路勘察设计研究院	陕西路桥集团有限公司	甘肃新科公路工程监理事务所	一类
桃花沟隧道	H30620503U0050	1274.375	H30	连霍高速	高速	457	8.5	5	甘肃省高等级公路建设开发有限公司	中交第二公路勘察设计研究院	陕西路桥集团有限公司	甘肃新科公路工程监理事务所	三类

续表

隧道名称	隧道代码	隧道中心桩号	路线编号	路线名称	技术等级	长度(延米)	净宽(米)	净高(米)	建设单位	设计单位	施工单位	监理单位	技术状况
			所属路线情况						建设情况				
锁家滩隧道	G30620503U0060	1274.824	G30	连霍高速	高速	125	8.5	5	甘肃省高等级公路建设开发有限公司	中交第二公路勘察设计研究院	陕西路桥集团有限公司	甘肃新科公路工程监理事务所	一类
锁家滩隧道	H30620503U0060	1274.824	H30	连霍高速	高速	125	8.5	5	甘肃省高等级公路建设开发有限公司	中交第二公路勘察设计研究院	陕西路桥集团有限公司	甘肃新科公路工程监理事务所	一类
观音山隧道	G30620503U0070	1275.213	G30	连霍高速	高速	263.6	8.5	5	甘肃省高等级公路建设开发有限公司	中交第二公路勘察设计研究院	陕西路桥集团有限公司	甘肃新科公路工程监理事务所	一类
观音山隧道	H30620503U0070	1275.213	H30	连霍高速	高速	265	8.5	5	甘肃省高等级公路建设开发有限公司	中交第二公路勘察设计研究院	陕西路桥集团有限公司	甘肃新科公路工程监理事务所	一类
土桥隧道	G30620503U0080	1281.846	G30	连霍高速	高速	213.6	8.5	5	甘肃省高等级公路建设开发有限公司	中交第二公路勘察设计研究院	宜昌市宏发路桥建设有限责任公司	甘肃新科公路工程监理事务所	一类
土桥隧道	H30620503U0080	1281.846	H30	连霍高速	高速	213	8.5	5	甘肃省高等级公路建设开发有限公司	中交第二公路勘察设计研究院	宜昌市宏发路桥建设有限责任公司	甘肃新科公路工程监理事务所	一类

续表

隧道名称	隧道代码	隧道中心桩号	所属路线情况			长度（延米）	净宽（米）	净高（米）	建设情况				技术状况
			路线编号	路线名称	技术等级				建设单位	设计单位	施工单位	监理单位	
桃花坪隧道	G30620503U0090	1285.963	G30	连霍高速	高速	286	8.5	5	甘肃省高等级公路建设开发有限公司	中交第二公路勘察设计研究院	路桥集团第二公路工程局第六工程处	甘肃新科公路工程监理事务所	一类
桃花坪隧道	H30620503U0090	1285.963	H30	连霍高速	高速	286	8.5	5	甘肃省高等级公路建设开发有限公司	中交第二公路勘察设计研究院	路桥集团第二公路工程局第六工程处	甘肃新科公路工程监理事务所	一类
麦积山隧道	G30620503U0100	1296.662	G30	连霍高速	高速	12290	8.5	5	甘肃省高等级公路建设开发有限公司	中交第二公路勘察设计研究院	中铁十六局，中铁二十局	铁科院（北京）工程咨询有限公司	一类
麦积山隧道	H30620503U0100	1296.662	H30	连霍高速	高速	12286	8.5	5	甘肃省高等级公路建设开发有限公司	中交第二公路勘察设计研究院	中铁十六局，中铁二十局	铁科院（北京）工程咨询有限公司	一类
小陇山隧道	G30620503U0110	1316.733	G30	连霍高速	高速	3850	8.5	5	甘肃省高等级公路建设开发有限公司	甘肃省交通规划勘察设计院有限责任公司	核工业华东建设工程集团公司	河北华达公路工程咨询监理有限公司	一类
小陇山隧道	H30620503U0110	1316.796	H30	连霍高速	高速	3960	8.5	5	甘肃省高等级公路建设开发有限公司	甘肃省交通规划勘察设计院有限责任公司	核工业华东建设工程集团公司	河北华达公路工程咨询监理有限公司	一类

续表

隧道名称	隧道代码	所属路线情况				长度(延米)	净宽(米)	净高(米)	建设情况				技术状况
		隧道中心桩号	路线编号	路线名称	技术等级				建设单位	设计单位	施工单位	监理单位	
花石山隧道	G30620503U0120	1320.373	G30	连霍高速	高速	2940	8.5	5	甘肃省高等级公路建设开发有限公司	甘肃省交通规划勘察设计院有限责任公司	湖南省建筑工程集团总公司	中国公路工程咨询监理总公司	一类
花石山隧道	H30620503U0120	1320.37	H30	连霍高速	高速	2899	8.5	5	甘肃省高等级公路建设开发有限公司	甘肃省交通规划勘察设计院有限责任公司	湖南省建筑工程集团总公司	中国公路工程咨询监理总公司	一类
秦岭关隧道	G30620503U0130	1323.328	G30	连霍高速	高速	2581	8.5	5	甘肃省高等级公路建设开发有限公司	甘肃省交通规划勘察设计院有限责任公司	安通建设有限公司(武警交通部队)	中国公路工程咨询监理总公司	一类
秦岭关隧道	H30620503U0130	1323.334	H30	连霍高速	高速	2600	8.5	5	甘肃省高等级公路建设开发有限公司	甘肃省交通规划勘察设计院有限责任公司	安通建设有限公司(武警交通部队)	中国公路工程咨询监理总公司	一类
党川隧道	G30620503U0140	1326.48	G30	连霍高速	高速	244	8.5	5	甘肃省高等级公路建设开发有限公司	甘肃省交通规划勘察设计院有限责任公司	中铁十九局集团第三工程有限公司	中国公路工程咨询监理总公司	一类
党川隧道	H30620503U0140	1326.502	H30	连霍高速	高速	243	8.5	5	甘肃省高等级公路建设开发有限公司	甘肃省交通规划勘察设计院有限责任公司	中铁十九局集团第三工程有限公司	中国公路工程咨询监理总公司	一类

第一编 公路

续表

隧道名称	隧道代码	隧道中心桩号	所属路线情况			长度（延米）	净宽（米）	净高（米）	建设情况				技术状况
			路线编号	路线名称	技术等级				建设单位	设计单位	施工单位	监理单位	
石门隧道	G30620503U0150	1330.368	G30	连霍高速	高速	183	8.5	5	甘肃省高等级公路建设开发有限公司	甘肃省交通规划勘察设计院有限责任公司	中铁十九局集团第三工程有限公司	中国公路工程咨询监理总公司	一类
石门隧道	H30620503U0150	1330.367	H30	连霍高速	高速	166.9	8.5	5	甘肃省高等级公路建设开发有限公司	甘肃省交通规划勘察设计院有限责任公司	中铁十九局集团第三工程有限公司	中国公路工程咨询监理总公司	一类
牧马滩隧道	G30620503U0160	1331.218	G30	连霍高速	高速	212	8.5	5	甘肃省高等级公路建设开发有限公司	甘肃省交通规划勘察设计院有限责任公司	中铁十九局集团第三工程有限公司	中国公路工程咨询监理总公司	一类
牧马滩隧道	H30620503U0160	1331.236	H30	连霍高速	高速	262	8.5	5	甘肃省高等级公路建设开发有限公司	甘肃省交通规划勘察设计院有限责任公司	中铁十九局集团第三工程有限公司	中国公路工程咨询监理总公司	一类
仙人崖隧道	G30620503U0170	1332.09	G30	连霍高速	高速	717	8.5	5	甘肃省高等级公路建设开发有限公司	甘肃省交通规划勘察设计院有限责任公司	云南路桥股份有限公司	中国公路工程咨询监理总公司	一类
仙人崖隧道	H30620503U0170	1332.052	H30	连霍高速	高速	668	8.5	5	甘肃省高等级公路建设开发有限公司	甘肃省交通规划勘察设计院有限责任公司	云南路桥股份有限公司	中国公路工程咨询监理总公司	一类

续表

隧道名称	隧道代码	所属路线情况			隧道中心桩号	长度(延米)	净宽(米)	净高(米)	建设情况				技术状况
		路线编号	路线名称	技术等级					建设单位	设计单位	施工单位	监理单位	
燕子关隧道	G30620503U0180	G30	连霍高速	高速	1335.273	3536	8.5	5	甘肃省高等级公路建设开发有限公司	甘肃省交通规划勘察设计院有限责任公司	云南路桥股份有限公司	甘肃省交通工程建设监理公司	一类
燕子关隧道	H30620503U0180	H30	连霍高速	高速	1335.294	3556	8.5	5	省交通厅工程处	甘肃省交通规划勘察设计院有限责任公司	云南路桥股份有限公司	甘肃省交通工程建设监理公司	一类
康家崖隧道	G30620503U0190	G30	连霍高速	高速	1337.532	811	8.5	5	甘肃省高等级公路建设开发有限公司	甘肃省交通规划勘察设计院有限责任公司	中铁十二局集团第一工程有限公司	甘肃省交通工程建设监理公司	一类
康家崖隧道	H30620503U0190	H30	连霍高速	高速	1337.554	783	8.5	5	甘肃省高等级公路建设开发有限公司	甘肃省交通规划勘察设计院有限责任公司	中铁十二局集团第一工程有限公司	甘肃省交通工程建设监理公司	一类
净土寺隧道	G30620503U0200	G30	连霍高速	高速	1339.088	1747	8.5	5	甘肃省高等级公路建设开发有限公司	甘肃省交通规划勘察设计院有限责任公司	中铁十二局集团第一工程有限公司	甘肃省交通工程建设监理公司	一类
净土寺隧道	H30620503U0200	H30	连霍高速	高速	1339.102	1827	8.5	5	甘肃省高等级公路建设开发有限公司	甘肃省交通规划勘察设计院有限责任公司	中铁十二局集团第一工程有限公司	甘肃省交通工程建设监理公司	一类

第一编 公 路

341

续表

隧道名称	隧道代码	隧道中心桩号	路线编号	路线名称	技术等级	长度（延米）	净宽（米）	净高（米）	建设单位	设计单位	施工单位	监理单位	技术状况
温泉隧道	G30620503U0210	1344.83	G30	连霍高速	高速	2118	8.5	5	甘肃省高等级公路建设开发有限公司	甘肃省交通规划勘察设计院有限责任公司	江西有色工程有限公司	甘肃省交通工程建设监理公司	一类
温泉隧道	H30620503U0210	1344.924	H30	连霍高速	高速	2129	8.5	5	甘肃省高等级公路建设开发有限公司	甘肃省交通规划勘察设计院有限责任公司	江西有色工程有限公司	甘肃省交通工程建设监理公司	一类
甘泉隧道	G30620503U0220	1355.458	G30	连霍高速	高速	1775	8.5	5	甘肃省高等级公路建设开发有限公司	甘肃省交通规划勘察设计院有限责任公司	中铁十六局集团第三工程有限公司	甘肃省交通工程建设监理公司	二类
甘泉隧道	H30620503U0220	1355.425	H30	连霍高速	高速	1710	8.5	5	甘肃省高等级公路建设开发有限公司	甘肃省交通规划勘察设计院有限责任公司	中铁十六局集团第三工程有限公司	甘肃省交通工程建设监理公司	二类
马家山隧道（下）	—	1561.155	G30	连霍高速	高速	2030	10.25	5	—	—	—	—	一类
马家山隧道（上）	—	1561.201	G30	连霍高速	高速	2048	10.25	5	—	—	—	—	一类

续表

隧道名称	隧道代码	所属路线情况				长度（延米）	净宽（米）	净高（米）	建设情况				技术状况
		隧道中心桩号	路线编号	路线名称	技术等级				建设单位	设计单位	施工单位	监理单位	
定西西隧道（上行）	—	1590.685	G30	连霍高速	高速	2505	10.25	5	—	—	—	—	一类
泉沟岘隧道	G30620121U0230	1754.028	G30	连霍高速	高速	390	9.44	5	省交通厅工程处	甘肃省交通规划勘察设计院有限责任公司	中铁十六局集团第四工程有限公司	中国公路工程咨询监理总公司	一类
泉沟岘隧道	H30620121U0230	1754.345	H30	连霍高速	高速	390	9.44	5	省交通厅工程处	甘肃省交通规划勘察设计院有限责任公司	中铁十六局集团第四工程有限公司	中国公路工程咨询监理总公司	一类
新七道梁隧道	G75620103U0010	18.529	G75	兰海高速	高速	4003.2	9.75	5	省交通厅工程处	甘肃省规划设计院	中铁隧道集团	甘肃兴陇监理事务所	一类
新七道梁隧道	H75620103U0010	22.544	H75	兰海高速	高速	4070	9.75	5	省交通厅工程处	甘肃省规划设计院	中铁十二局	甘肃兴陇监理事务所	一类

第一编 公 路

343

表 1-5-3

1991 年—2010 年甘肃普通干线公路隧道明细表

隧道名称	隧道代码	隧道中心桩号	所属路线情况			隧道长度（延米）	隧道净宽（米）	隧道净高（米）	建设情况				技术状况
			路线编号	路线名称	技术等级				建设单位	设计单位	施工单位	监理单位	
四道岘隧道	G10962012 2U0010	1672.186	G109	京拉线	二级	350	10.5	5.0	兰州公路总段	兰州路德设计公司	兰州公路管理段	武汉交科监理公司	二类
虎头崖明洞	G10962011 1U0020	1811.08	G109	京拉线	二级	81	9.5	5.0	兰州公路总段	兰州路德勘察设计有限公司	甘肃祀通公路工程监理有限责任公司	甘肃新科公路工程监理事务所	二类
木寨岭隧道	G21262112 6U0010	218.641	G212	兰渝线	二级	1712	10.5	5.0	定西公路总段	甘肃省交通规划勘察设计院	铁十六局、铁十二局	北京双环工程监理咨询公司	一类
马家沟隧道	G21262122 2U0020	617.767	G212	兰渝线	三级	392.1	7	5.4	陇南公路总段	国家水电部五局	国家水电部五局	甘肃省交通工程监理公司陇南分公司	一类
骆驼巷隧道	G21262122 2U0030	627.315	G212	兰渝线	三级	82.5	4.6	5.4	陇南公路总段	国家水电部五局	国家水电部五局	甘肃省交通工程监理公司陇南分公司	一类
井地1号隧道	G21262122 2U0040	641.625	G212	兰渝线	三级	158	7	5.3	甘肃省公路局	甘肃省交通规划勘察设计院有限责任公司	—	—	一类

续表

隧道名称	隧道代码	隧道中心桩号	所属路线情况			隧道长度（延米）	隧道净宽（米）	隧道净高（米）	建设情况				技术状况
			路线编号	路线名称	技术等级				建设单位	设计单位	施工单位	监理单位	
井地2号隧道	G21262122 2U0050	641.828	G212	兰渝线	三级	75	7	5.3	甘肃省公路局	甘肃省交通规划勘察设计院有限责任公司	—	—	一类
麒麟寺隧道	G21262122 2U0060	666.838	G212	兰渝线	三级	345	7.5	5.3	陇南公路总段	绵阳市川交公路规划勘察有限公司	大唐水电公司	甘肃省交通工程监理公司	一类
前岭隧道	G21362292 3U0010	43.924	G213	兰磨线	二级	99	8.5	6.5	临夏公路总段	甘肃省交通规划勘察设计院	甘肃路桥第四有限责任公司	甘肃佰科监理公司	二类
大岭隧道	G21362292 3U0020	52.374	G213	兰磨线	二级	686	8.5	6.5	临夏公路总段	甘肃省交通规划勘察设计院	甘肃路桥总公司	甘肃佰科监理公司	二类
朗青隧道	G21362302 7U0030	201.947	G213	兰磨线	二级	600	10.5	6.5	省公路局	中国公路工程监理公司	省路桥二公司	甘肃佰科监理公司	二类
隆冈果隧道	G21362302 7U0040	208.006	G213	兰磨线	二级	362	10.5	6.5	省公路局	中国公路工程监理公司	省路桥二公司	佰科监理公司	二类
碌冬隧道	G21362302 7U0050	209.715	G213	兰磨线	二级	560	10.5	6.5	省公路局	中国公路工程监理公司	省路桥二公司	佰科监理公司	二类
子午岭隧道	G30962102 4U0010	1577.772	G309	荣兰线	三级	444.4	7	5.0	甘肃省公路局	甘肃省公路局	甘肃省公路总段一队	庆阳公路总段	二类

续表

| 隧道名称 | 隧道代码 | 隧道中心桩号 | 所属路线情况 | | | 隧道长度(延米) | 隧道净宽(米) | 隧道净高(米) | 建设情况 | | | | 技术状况 |
			路线编号	路线名称	技术等级				建设单位	设计单位	施工单位	监理单位	
柏岭子	G30962292 3U0020	2285.718	G309	荣兰线	三级	318	8.5	6.5	临夏公路总段	交通部第二设计院	甘肃省公路局三队	甘肃省公路局	二类
石岭梁	G31062050 3U0010	1345.304	G310	连天线	二级	145.9	8.5	6.5	甘肃省交通厅	甘肃省交通规划设计院	中铁二十局	甘肃省监理公司	一类
月亮坝	G31062050 3U0020	1349.438	G310	连天线	二级	182	8.5	6.5	甘肃省交通厅	甘肃省交通规划设计院	中铁二十局	甘肃省监理公司	一类
卧虎崖	G31062050 3U0030	1351.779	G310	连天线	二级	101	8.5	6.5	甘肃省交通厅	甘肃省交通规划设计院	中铁二十局	甘肃省监理公司	一类
金龙山	G31062050 3U0040	1353.555	G310	连天线	二级	729	8.5	6.5	甘肃省交通厅	甘肃省交通规划设计院	中铁二十局	甘肃省监理公司	一类
大碌	G31062050 3U0050	1384.823	G310	连天线	二级	103	8.5	6.5	甘肃省交通厅	甘肃省交通规划设计院	中铁二十局	甘肃省监理公司	一类
史家窝	G31062050 3U0060	1386.396	G310	连天线	二级	95	8.5	6.5	甘肃省交通厅	甘肃省交通规划设计院	中铁十五局	甘肃省监理公司	一类
卦台山隧道	G31062050 3U0070	1466.805	G310	连天线	二级	2236	9	5.0	甘肃省交通厅	甘肃省交通规划勘察设计院	中铁十五局	甘肃省监理公司	一类

续表

第一编 公路

隧道名称	隧道代码	所属路线情况				隧道长度（延米）	隧道净宽（米）	隧道净高（米）	建设情况				技术状况
		隧道中心桩号	路线编号	路线名称	技术等级				建设单位	设计单位	施工单位	监理单位	
葫芦峡隧道	G31062052 2U0080	1481.429	G310	连天线	二级	290	9	5.0	甘肃省交通厅	甘肃省交通规划勘察设计院	中铁十五局	甘肃省监理公司	一类
庙咀隧道	G31062052 2U0090	1483.891	G310	连天线	二级	102	9	5.0	甘肃省交通厅	甘肃省交通规划勘察设计院	中铁十五局	甘肃省监理公司	一类
周庄隧道	G31062052 2U0100	1524.456	G310	连天线	二级	325	9	5.0	甘肃省交通厅	甘肃省交通规划勘察设计院	中铁十五局	甘肃省监理公司	一类
王甫梁隧道	G31062052 2U0110	1529.679	G310	连天线	二级	820	9	5.0	甘肃省交通厅	甘肃省交通规划勘察设计院	中铁十五局	甘肃省监理公司	一类
贾家岔隧道	G31062052 2U0120	1538.025	G310	连天线	二级	340	9	5.0	甘肃省交通厅	甘肃省交通规划勘察设计院	中铁十五局	甘肃省监理公司	一类
朱家峡隧道	G31062112 1U0130	1540.657	G310	连天线	二级	470	10.5	5.0	甘肃省交通厅工程处	甘肃省交通规划勘察设计院	甘肃省路桥总公司	甘肃省交通监理公司	一类
坡儿川隧道	G31062112 1U0140	1574.895	G310	连天线	二级	330	10.5	5.0	甘肃省交通厅工程处	甘肃省交通规划勘察设计院	甘肃省路桥总公司	甘肃省交通监理公司	一类
马营峡隧道	G31062112 1U0150	1579.444	G310	连天线	二级	413	10.5	5.0	甘肃省交通厅工程处	甘肃省交通规划勘察设计院	甘肃省路桥总公司	甘肃省交通监理公司	一类
祁家大山隧道	G31262082 6U0010	1897.871	G312	沪霍线	二级	860	10.7	6.6	交通武警第五支队	甘肃省交通规划设计院	交通武警第五支队	甘肃省交通工程建设监理公司	二类

续表

隧道名称	隧道代码	隧道中心桩号	所属路线情况			隧道长度(延米)	隧道净宽(米)	隧道净高(米)	建设情况				技术状况
			路线编号	路线名称	技术等级				建设单位	设计单位	施工单位	监理单位	
车道岭隧道	G312621102U0020	2049.805	G312	沪霍线	二级	660	9	5.0	甘肃省交通厅	甘肃省交通规划设计院	甘肃省兰州公路总段工程处	甘肃省公路局	一类
柏垭子隧道	G316621228U0010	2432.348	G316	福兰线	二级	435	7	5.0	甘肃省公路局	甘肃康大公路设计咨询有限公司	甘肃金昌金桥路业有限责任公司	甘肃兴陇交通工程监理有限责任公司	一类
袁家湾隧道	G316621227U0020	2438.4	G316	福兰线	二级	330	7	5.0	甘肃省公路局	甘肃康大公路设计咨询有限公司	甘肃金昌金桥路业有限责任公司	甘肃兴陇交通工程监理有限责任公司	一类
刘家阳隧道	G316621227U0030	2480.945	G316	福兰线	二级	60	8	5.0	甘肃省公路局	甘肃省公路设计所	中建一局机械化公司	甘肃省交通工程建设监理公司	一类
蚂蝗沟隧道	G316621227U0040	2481.319	G316	福兰线	二级	55	8	5.0	甘肃省公路局	甘肃省公路设计所	中建一局机械化公司	甘肃省交通工程建设监理公司	一类
青河沿隧道	G316621227U0050	2484.126	G316	福兰线	二级	190	7.5	5.0	甘肃省公路局	甘肃省公路设计所	中建一局机械化公司	甘肃省交通工程建设监理公司	一类
麻沿隧道	G316621227U0060	2504.215	G316	福兰线	二级	110	7.5	5.0	甘肃省公路局	甘肃省公路设计所	中建一局机械化公司	甘肃省交通工程建设监理公司	一类

隧道名称	隧道代码	隧道中心桩号	所属路线情况			隧道长度（延米）	隧道净宽（米）	隧道净高（米）	建设情况				技术状况
			路线编号	路线名称	技术等级				建设单位	设计单位	施工单位	监理单位	
八盘山隧道	G31662122 7U0070	2517.403	G316	福兰线	二级	885	7.5	5.0	陇南公路总段	甘肃省公路设计所	中建一局机械化公司	甘肃省交通工程建设监理公司	一类
鸡儿咀隧道	G31662052 3U0080	2640.474	G316	福兰线	三级	75	7	6.0	甘肃省高等级公路建设开发公司	甘肃省交通规划设计院	交通建设有限公司	甘肃兴陇交通工程监理有限责任公司	一类
安口隧道	S20362082 4U0010	42.232	S203	平大线	二级	1030	10.5	5.0	中铁十八集团二公司	长安大学公路设计研究院	中铁十八集团二公司	甘肃恒科交通监理公司	一类
黑峪隧道	S20562120 2U0010	156.807	S205	江武线	二级	105	7.5	6.5	陇南公路总段	陇南公路总段设计所	陇南公路总段工程一队	甘肃省交通工程监理公司	一类
枫相隧道	S20662120 2U0010	86.967	S206	大姚路	三级	240	7.5	5.5	陇南公路总段	甘肃省交通规划勘察设计院有限公司	陇南公路总段工程处	甘肃省交通工程监理公司	一类
铁尺梁隧道	S21062302 4U0010	25.75	S210	巴代线	三级	1060	7.5	6.0	甘肃省公路局	甘肃省交邮测设队	国防科委二级部	甘肃恒科监理公司	二类
腊子八路隧隧道	S21062302 4U0020	46.684	S210	巴代线	三级	79	7.4	6.0	甘肃省公路局	甘肃省交邮测设队	国防科委二级部	甘肃恒科监理公司	一类
帽沙湾隧道	S30162012 1U0010	62.09	S301	海岗线	三级	203	7	4.5	兰州公路总段	铁道第一勘察设计院	中铁十九局	兰州公路总段	二类

第一编　公路

续表

隧道名称	隧道代码	所属路线情况				隧道长度（延米）	隧道净宽（米）	隧道净高（米）	建设情况				技术状况
		隧道中心桩号	路线编号	路线名称	技术等级				建设单位	设计单位	施工单位	监理单位	
双凤山隧道	S30462082 4U0010	74.691	S304	泾甘线	二级	414	10.5	7.0	铁道部二十局四处	甘肃省交通规划设计院	铁道部二十局四处	甘肃省交通工程建设监理公司	二类
稞老湾梁隧道	S30462082 4U0020	90.435	S304	泾甘线	二级	332	10.5	5.0	铁道部二十局四处	甘肃省交通规划勘察设计院	铁道部二十局四处	甘肃省交通工程建设监理公司	一类
关山隧道	S30462082 5U0030	110.2	S304	泾甘线	二级	2825	10.5	5.0	铁道部二十局	甘肃省交通规划勘察设计院	铁道部二十局	甘肃省交通工程建设监理公司	一类
老虎嘴隧道	S30762122 4U0010	25.757	S307	康望线	二级	40	9	6.5	甘肃省公路局	甘肃通广公路勘察设计有限公司	甘肃威远路业有限公司	—	一类
代古寺隧道	S31362302 4U0010	81.765	S313	两玛线	三级	860	7.5	5.0	甘肃省公路局	甘肃省设计研究院	国防科委二级部	恒科监理公司	一类
下石门隧道	S31362302 4U0020	197.863	S313	两玛线	三级	36.6	7.5	6.5	甘南公路总段	甘南公路总段	甘南公路总段工程队	甘南公路总段	二类

表 1-5-4

1991 年—2010 年甘肃农村公路隧道明细表

| 隧道名称 | 隧道代码 | 隧道中心桩号 | 所属路线情况 | | | 隧道长度（延米） | 隧道净宽（米） | 隧道净高（米） | 建设情况 | | | | 建成通车时间 | 技术状况 |
			路线编号	路线名称	技术等级				建设单位	设计单位	施工单位	监理单位		
达拉隧道	Y59362302 4U0010	11.035	Y593	达拉至那盖	四级	305	5.2	4.5	达拉电站	达拉电站	达拉电站	夏河县交通局	2003 年	四类
阿夏隧道	Y59462302 4U0020	10.529	Y594	麻牙至羊布	四级	590	5	4.5	夏河县交通局	交通局	夏河县交通局	夏河县交通局	2007 年	四类
江峡隧道	Y74862122 7U0010	14.219	Y748	永宁至江口	等外	200	4	5	徽县交通局	徽县交通局	徽县交通局	徽县交通局	1972 年	三类
红湾隧道	Z13362040 2U0010	3.702	Z133	金沟口至大峡电厂	三级	267	6	7	大峡电厂	大峡电厂	大峡电厂	大峡电厂	1991 年	三类
新添隧道	C01062072 1U0010	10.074	C010	珠龙关村至陶丰村	四级	367	5	5	酒泉三元水电开发有限责任公司	酒泉三元水电开发有限责任公司	酒泉三元水电开发有限责任公司	酒泉三元水电开发有限责任公司	2005 年	二类
张家大滩隧道	C02062010 4U0010	4.294	C020	新天堡村口至张家大滩村路	四级	52	4	3.7	西固区公路段	兰州市公路局	西固区公路段	兰州市公路局	2002 年	二类
白裘路至一隧	C03862040 2U0010	1.923	C038	白输路至裘家窑路	四级	200	4.5	4.5	强湾乡政府	强湾乡政府	强湾乡政府	强湾乡政府	1998 年	四类

续表

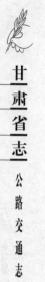

隧道名称	隧道代码	隧道中心桩号	所属路线情况			隧道长度（延米）	隧道净宽（米）	隧道净高（米）	建设情况				建成通车时间	技术状况
			路线编号	路线名称	技术等级				建设单位	设计单位	施工单位	监理单位		
强麦路隧隧	C0396204 02U0010	1.807	C039	强湾村至麦地沟	四级	428	4.5	4.5	强湾乡政府	强湾乡政府	强湾乡政府	强湾乡政府	1995年	四类
牛圈沟隧道	C0396204 02U0020	3.456	C039	强湾村至麦地沟	四级	300	4.5	4.5	白银区扶贫办	白银区扶贫办	白银区扶贫办	白银区扶贫办	1995年	四类
高崖隧道	C1346212 27U0010	5.276	C134	诈家庄至虞夫	四级	128	6.5	5	徽县交通局	徽县交通局	徽县交通局	徽县交通局	2001年	三类
孔家沟隧道	C1346212 27U0020	10.324	C134	诈家庄至虞夫	四级	30	5	4.5	徽县交通局	徽县交通局	徽县交通局	徽县交通局	2001年	三类
华池隧道	C1746212 02U0010	0.268	C174	上河坝至郭坪	四级	15	4	4.5	武都区交通运输局	武都区交通运输局	武都区交通运输局	武都区交通运输局	2001年	三类
隧道1	C4026212 02U0010	5.78	C402	石唠坎至张庄	四级	15	3	4.5	武都区交通运输局	武都区交通运输局	武都区交通运输局	武都区交通运输局	1998年	三类
隧道2	C4026212 02U0020	5.796	C402	石唠坎至张庄	四级	15	3	4.5	武都区交通运输局	武都区交通运输局	武都区交通运输局	武都区交通运输局	1998年	三类

第六章　公路养护

第一节　公路养护业务管理

一、公路养护管理体制

1949年后，甘肃省国省干线公路管理体制历经"两下三上"演变（即从1950年国家组建西北公路局到1957年成立省交通厅公路局，均采取垂直管理体制；1958年下放到地方政府管理，1962年收回到省交通部门管理；1969年再次下放地方政府管理，并撤销省公路局，1977年收归省交通管理部门领导并恢复省公路局）。1997年，省人大颁布《甘肃省公路路政管理条例》等法规，正式确定国省干线公路垂直管理的体制。2003年—2006年，甘肃省高等级公路运营管理中心负责全省高速公路的养护管理工作。2007年，省交通厅将高速公路养护移交至省公路局管理。在"统一领导、分级管理、以条为主、事权统一"的管理下，甘肃省交通厅领导全省公路养护管理工作，甘肃省公路局负责全省高速公路、普通干线公路的养护管理工作。各公路总段设高等级公路养护管理中心，养护中心下设路面、桥隧涵、交通设施等专业养护队，划分养护工区，具体承担辖区高速公路养护管理工作。公路总段下设公路管理段，公路管理段下设公路养护管理站，具体承担全省普通干线公路的养护管理工作。

农村公路养护管理工作由县级地方政府负责，省公路管理局、省公路路政执法管理局分别按职责进行行业监管。2007年11月，根据国务院办公厅转发的《农村公路管理养护体制改革方案》，甘肃省政府出台《甘肃省农村公路管理养护体制改革实施意见》。2008年4月，省交通运输厅制定《甘肃省农村公路管理养护体制改革实施办法》，在全省启动农村公路管理养护体制改革。经过此次改革，明确以县为主的农村公路管理养护主体责任和以公共财政投入为主的养护资金渠道，形成"统一领导、分级管理、以县为主、乡村配合"的农村公路养护管理模式。

二、公路养护管理运行机制

在地方财力紧张、公路养护市场化培育不充分的背景下，长期以来甘肃一直实行以事业化运作、预算管理为主的事权相对较为集中的公路养护管理运行机制，对全省公路系统实行"统一管理、统一调度、统一考核"。"九五"期间，在开展公路技术状况评定的基础上，全省推行以大道班养护为主的运行机制改革，后来在此基础上又将大道班全部整合为公路养护管理站。"十五"期间，全省按照"一分局四实体"的思路，在国省干线公路进行新的养护运行机制改革，推行定额养护、招投标养护和大道班养护方式，开始养护公司化试点。受客观条件制约，此次改革仅在张掖公路分局实行，并未在全省推行。"十一五"以后，适应市场化养护需求，甘肃省公路日常养护和小修保养继续推行事业化养护运作模式，养护大中修工程开始按市场化运行模式全面公开招标。但由于养护维修资金紧张、定额标准低，社会企业因利润小或无利润很少参与投标，大部分养护大中修工程在多次招标无果后按规定签订合同委托公路总段下属施工企业承担。

在公路应急保障机制运行方面，2008 年省交通厅在省国防动员委员会的支持下成立交通专业保障旅，在省公路局组建公路应急抢险保障大队，负责全省公路应急保畅工作。全省公路系统共有 15 个中队、135 个突击小分队、1 个路政应急大队、16 个高速公路应急中队、76 个干线公路应急中队。在各公路总段、公路管理段、高养中心设立了应急物资储备仓库并定期补充、更新；在冰雪灾害和泥石流易发路段建设应急抢险保通站 3 处（G312乌鞘岭、G310 马营梁、G212 分水岭）。

高速公路和普通收费公路养护资金来源主要是车辆通行费收入，纳入政府性基金由省级财政统一管理，实行收支两条线。省交通厅确定当年车辆通行费收入预算草案和支出预算，经省财政部门审核后执行。省财政部门根据预算将资金通过国库集中支付系统拨付省交通厅，省交通厅通过银行交换系统拨付至省公路局通行费专用账户。省公路局将日常经费分期拨付各基层养护单位，养护维修工程资金实行计量支付。

非收费普通国省干线公路资金来源主要是成品油价税改革替代养路费返还资金和车购税资金。基层养护单位编制基础预算，经公路总段初审后报省公路局，省公路局审核汇总后报省交通厅，省交通厅审定后报省财政部门审批。省财政部门下达全省交通运输系统预算控制数后，省交通厅对预算控制数内资金进行统一调配，经省财政部门批复后下达各预算单位执行。根据公路养护支出预算和用款单位月度用款计划，省财政部门通过国库集中支付系统拨付公路总段，公路总段根据公路养护计划及进度拨付用款单位。用于危桥、安保等项目的车购税补助资金，省财政厅根据年度车购税预算通过国库集中支付系统拨付省交通厅，省交通厅再通过银行交换系统拨付省公路局，省公路局根据年度公路养护计划及进度拨付用款单位。

　　农村公路养护资金来源主要是成品油价税改革替代养路费返还资金、车购税资金和地方财政资金。县级交通运输部门编制农村公路养护维修工程基础预算，市级交通运输部门初审汇总后报省公路局，省公路局审核汇总后报省交通厅，省交通厅审定汇总后报省财政部门审批。省财政部门将用于农村公路养护的成品油价税改革替代养路费返还资金和用于危桥、安保的车购税资金，通过国库集中支付系统直接拨付县级财政部门，县级交通局按养护计划及实际养护需要向当地财政部门申请资金，市县财政资金通过财政拨付系统拨付县级交通运输部门。

第二节　公路养护方针及成效

　　1991 年，按照 1990 年交通部提出的"建养并重、强化管理、深化改革、调整结构、依靠科技、提高质量、依法治路、保证畅通"32 字公路工作方针，甘肃省交通厅制定"以改革为动力，以实施 GBM 工程为龙头，以强化路政管理和质量管理为重点，以经济责任制为手段，以科技为依托，以人为本，全面提高公路综合效益和服务水平"的公路养护管理工作方针。省交通厅公路局带领全省公路部门采取"贷款修路、收费还贷"和"部里、省上补助一点，地方政府支持一点，各单位挤一点，职工自力更生奉献一点"的"四个一点"等方式筹集资金，结合"文明样板路建设"、大中修工程、小修保养、水毁修复和民工建勤项目，大规模实施具有甘肃特色的公路养护 GBM 工程。1991 年，率先在河西规划工期为两年的兰州河口至安西北大桥至敦煌至千佛洞 GBM 工程共 1112 公里，年底完成 466.26 公里。1991 年底，甘肃干线公路优良路率达到 80.3%，综合值 71.3，分别比"七五"末增加 4.3% 和 1.5 个绝对值，打破了多年来好路率年度升值一直在 1% 徘徊的局面。1991 年—1996 年，全省共完成 GBM 工程 1714 公里。其中"八五"期间实施 GBM 工程 1550 公里，全省在公路养护方面投入的资金共 10.86 亿元，"八五"末全省省养公路平均好路率达到 74.8%，比 1991 年底提高 4.9%。与此同时，甘肃广泛发动群众通过开展"民工建勤"改善农村公路通行条件。1991 年，省交通厅、省交通厅公路局要求各地区解决历年来"民工建勤"重修轻养的问题，加强养护工作，重点落实了各地区交通部门主管养护工作的领导和技术人员，在主要县乡道上设置了道班，配备了养路工，开展"百日路面养护优胜杯"竞赛活动。到"八五"末，全省县乡公路平均好路率达到 55.7%，比 1991 年底提高 5.1%，比"七五"末提高 17.9%。

　　"九五"期间，省公路局采取"抓好主要国省道，带动一般公路，促进地方道路"的养护措施，加强公路养护、管理和技术改造。各级公路管理部门把实施 GBM 工程、创建文明样板路及"好路杯"养护劳动竞赛作为提高公路养护管理水平、改善公路通行环境的重要措施来抓。五年间全省共实施 GBM 工程 2910 公里，建设文明样板路 1910 公里。G312 线甘肃段 1220 公里文明样板路通过交通部组织的检查验收，并在全线 9 个省、市、区中名列第三。至 2000 年底，全省干线公路平均好路率达到 84.64%，综合值达到 77.84。在县乡公路养护方面，继续推行"民工建勤"活动改造和整修公路。到 2010 年底，全省平均好路率达到 45.56%，综合值达到 60.36。

　　进入 21 世纪，根据交通部提出的公路工作"32 字方针"，甘肃省公路局提出"以养护保证畅通，以改造提高等级"的养护思路，集中改善重要旅游路段、城市进出口路段、病害较多路段的路况质量。"十五"期间，全省共投入公路养护费用 21.89 亿元。五年内共实施养护大中修工程 135 项 4077 公里，GBM 工程 145 条 1704 公里，建设省、部级文明样板路 8 条 1578 公里。2005 年，全省对 G109 河口至海石湾、G312 界石铺至巉口、G312 郿岘至苋麻湾、G312 山丹至张掖、S212 七道梁隧道、G310 牛背至北道、S309 康家崖至临夏、S205 小川至中寨共 10 条收费运营八年以上的二级收费公路进行大修改造，改造里程 619.8 公里，投资总额 7.78 亿元。按照交通部的部署，2004 年开始在全省干线公路上实施以"珍视生命、消除隐患"为主题的安全保障工程。2004 年—2005 年，全省共在 35 条国道上通过实施安全保障工程，消除安全隐患路段 8390 处 2352 公里，加固改造危旧桥梁 393 座。至 2005 年底，全省干线公路平均好路率达到 76.3%，综合值 76.1。在农村公路养护方面，"十五"期间甘肃以修复水毁、保证畅通、提高养护质量为重点，开展了"好路杯"和"筑路月"活动。至 2010 年底，县乡公路好路率达到 56.5%，综合值 67.1。

"十一五"期间，甘肃省公路部门按照省交通厅"养好公路是第一要务"的总体要求，突出养护基础性地位。"十一五"期间，全省共改造升级普通国省干线公路 4805 公里，投入 22.95 亿元实施国省干线公路养护维修工程 3746 公里，在 47 条国省干线公路上实施安保工程和灾害防治工程 6335 公里。至 2010 年底，全省干线公路平均优良路率达到 64.45%。鉴于全省大多数公路桥梁建设年代久远，长期超负荷运行，2006 年甘肃省公路局组织开展"公路桥梁养护质量年"活动，并同时启动国省干线公路危旧桥加固改造三年计划、农村公路危旧桥加固改造五年计划。"十一五"期间，全省加固改造干线公路危旧桥梁共 639 座、农村公路危旧桥梁 241 座。至 2010 年底，全省干线一、二类桥梁达到 96.7% 以上。1991 年—2010 年甘肃省公路养护里程见表 1-6-1。

1991 年—2010 年甘肃省公路养护里程表

表 1-6-1

年份	公路里程（km）	技术等级（km）						养护里程（km）
		高速	一级	二级	三级	四级	等外公路	
1991	34776	—	—	1003	9470	13157	11146	34676
1992	34822	—	—	1810	9144	12935	10933	34699
1993	34875	—	—	2115	8931	12907	10922	34735
1994	68140.2	13.15	—	2217.09	8963.84	12950.5	43995.62	34888
1995	75496.33	13.15	—	2508.87	9117.85	12862.88	50993.58	35088
1996	76202.67	13.15	—	2574.84	9345.66	12843.48	51425.54	35160

年份	公路里程 (km)	技术等级 (km)						养护里程 (km)
		高速	一级	二级	三级	四级	等外公路	
1997	77528.89	13.15	—	2656.3	9516.7	12925.99	52416.75	35419
1998	80769.57	13.15	—	2712.67	9893.52	12898.97	55251.26	35579
1999	91407.48	13.15	—	3163.33	10144.84	12766.77	65319.39	35949
2000	96344.74	13.15	75	3280.11	11231.22	14793.86	66951.4	39210
2001	79696	13.15	154.17	4015.09	14304.14	17620.68	43588.8	39844
2002	81060.57	318.62	154.17	4141.89	14228	18001.05	44216.84	40223.5
2003	82840.3	340.32	153.67	4184.02	14374.57	18192.46	45595.26	40292.78
2004	87006.28	687.41	143.13	4903.53	14397.12	17463.52	49411.57	40751.14
2005	91879.96	1005.9	141.63	4998.29	14714.54	17336.3	53683.3	40842.46
2006	95642.07	1060.42	165.71	4961.92	14999.04	21678.88	52776.1	41283.78
2007	100612.04	1315.72	144.44	5076.15	14726.31	29399.54	49949.88	50228.22
2008	105637.72	1315.72	147.14	5076.15	14630.37	37211.35	47256.99	53648.47
2009	114000.29	1644.2	147.14	5493.99	14042.28	55303.17	37369.51	71114.66
2010	118879.42	1992.55	160.57	5768.22	14077.64	63733.63	33146.81	82832.16

注：2001年全国公路普查，按交通部统计口径，里程有所变化。

第三节　高速公路养护

1994年，甘肃省首条高速公路天北高速公路和首条高等级公路中川"一幅高速公路"通车以后，省交通厅公路局设立高等级公路管理科，负责天北高速和中川"一幅高速公路"的养护、运营业务管理工作，天水公路总段、兰州公路总段具体承担养护职能。进入21世纪以后，甘肃省高速公路建设开始加快。2002年—2004年，白兰高速、兰海高速、兰临高速、巉柳高速、柳忠高速、古永高速、永山高速、山临高速、尹中高速共9条687.41

公里高速公路建成通车。2005 年—2007 年，刘白高速、树徐高速、武威过境段、临清高速、清嘉高速、嘉瓜高速共 6 条 610 公里高速公路建成通车。2002 年 12 月，省交通厅设立甘肃省高等级公路运营管理中心，负责全省高等级公路的运营和养护行业监管工作。具体养护管理业务按照"谁建设谁养护"的原则，由业主单位负责。2007 年 7 月，省交通厅将全省所有高速公路养护管理职责统一交由省公路局负责，各公路总段（分局）具体承担养护任务。

一、养护组织与养护线路

（一）省公路局统一管理前养护组织与养护业务

2003 年，甘肃省高速公路共 7 条，养护总里程 340.32 公里；2004 年，高速公路共 10 条，养护总里程 687.4 公里；2005 年，高速公路共 13 条，养护总里程 1005.9 公里。截至 2006 年底，高速公路共 16 条，养护总里程 1060.42 公里，养护特大桥 5 座 3906.6 米、大桥 73 座 1.56 万米、中桥 239 座 1.34 万米、小桥 10 座 2.12 万米，涵洞 3240 道 8.98 万米（未包含武威过境段和嘉安高速公路）。

省高等级公路运营管理中心监管的 16 条高等级公路分别由省交通厅所属四大业主单位具体承担养护管理职能。其中甘肃省高等级公路建设开发有限公司（甘肃省交通厅工程处）负责管理巉柳高速、白兰高速、机场高速、兰海高速、山临高速、天北高速、嘉安高速 7 条路段；甘肃长达路业有限责任公司负责管理刘白高速、柳忠高速、树徐高速 3 条路段；甘肃省远大路业集团有限公司负责管理永山高速、兰临高速 2 条路段；甘肃省路桥投资公司负责管理古永高速、临清高速、清嘉高速、武威过境段高速 4 条路段。

2002 年—2006 年，高速公路养护管理责权事权关系比较复杂，尚处于探索阶段。甘肃省高等级公路的养护管理总体上实行由甘肃省高等级公路运营管理中心监管、各高速公路管理处（所）管养、专业养护公司和各公路总段承养的三级养护管理体制。2002 年 8 月，省高等级公路运营管理中心组建养护科，隶属于甘肃省交通厅工程处。白兰高速公路管理处、古永高速公路管理处、永山高速公路管理处、柳古公路管理处及天水高速公路管理所、兰州中川机场高速公路管理所、巉柳高速公路管理所等相继成立养护科。

养护模式主要分为三类：

第一类是自我养护模式，管理处、所本身设置养护队伍，拥有部分养护作业人员和施工机械，承担部分日常养护作业任务，同时委托专业养护单位开展规模较大的专项养护工程（如天北高速）。

第二类是专业化养护公司养护模式，由业主单位组建高等级公路机械化养护公司，养护公司负责制订养护作业计划、执行养护任务、监督养护工程质量和养护作业安全管理等，日常养护和专项养护工程都由养护公司实施（如白兰高速）。

第三类是委托公路养护管理部门实行属地养护模式，委托公路总段承担部分路段的日常养护和专项养护工程（如山临高速）。

总体而言，高速公路主要采用委托养护，实行合同制。截至2006年底，14条高速公路养护管理人员71人、技术人员81人、养护工人421人、养护工程抢险人员527人。2002年—2006年甘肃省高速公路养护单位设置情况见表1-6-2，2006年甘肃省高速公路养护队伍情况见表1-6-3。

表 1-6-2

2002 年—2006 年甘肃省高速公路养护单位设置情况表

序号	路线编号	管养路段	管养单位	养护科组建时间
1		全省高速	甘肃省高等级公路运营管理中心	2002 年 8 月
2	G045	天北高速	天北高速公路管理所	2002 年 8 月
3	G045	古永高速	古永高速公路管理处	2002 年 8 月
4	G025	白兰高速	白兰高速公路管理处	2002 年 8 月
5	S201	机场高速	兰州中川机场高速公路管理所	2002 年 10 月
6	G045	巉柳高速	巉柳高速公路管理所	2002 年 8 月
7	G045	柳忠高速	柳古高速公路管理处	2002 年 10 月
8	G045	永山高速	永山高速公路管理处	2002 年 8 月
9	G025	兰海高速	兰海高速公路管理处	2004 年 8 月
10	G045	山临高速	山临高速公路管理处	2004 年 8 月
11	G212	兰临高速	兰临高速公路管理处	2004 年 8 月
12	G045	临清高速	临清高速公路管理处	2005 年 6 月
13	G045	树徐高速	柳古高公路管理处	2002 年 10 月
14	G045	刘白高速	刘白高速公路管理处	2005 年 9 月
15	G045	清嘉高速	清嘉高速公路管理处	2006 年 8 月

第一编 公 路

361

2006年甘肃省高速公路养护队伍统计表

表 1-6-3

序号	路段	管理单位	承养单位	养护人员情况			抢险队伍人员	备注
				管理人员	技术人员	工人		
1	柳忠高速	柳古高速公路管理处	甘肃新晨高等级公路机械化养护有限公司	1	1	15	10	委托养护实行合同制
2	树徐高速	柳古高速公路管理处	兰州公路总段工程处	3	2	10	23	—
3	巉柳高速	巉柳高速公路管理所	甘肃新晨高等级公路机械化养护有限公司	3	2	34	30	委托养护实行合同制
4	白兰高速	白兰高速公路管理处	甘肃新晨高等级公路机械化养护有限公司	3	2	30	30	委托养护实行合同制
5	机场高速	兰州中川机场高速公路管理所	甘肃新晨高等级公路机械化养护有限公司	3	2	10	10	委托养护实行合同制
6	永山高速	永山高速公路管理处	金昌公路总段永昌公路管理段	12	12	20	75	—
			张掖公路分局高等级公路机械化养护工程处	12	6	50	65	—
7	兰临高速	兰临高速公路管理处	兰州公路总段工程处	3	3	11	11	—
			定西公路总段临洮公路管理段	4	3	26	26	—
8	兰海高速	兰海高速公路管理处	甘肃新晨高等级公路机械化养护有限公司	2	1	10	10	—
			兰州公路总段工程处	3	5	40	40	—

续表

序号	路段	管理单位	承养单位	养护人员情况			抢险队伍	备注
				管理人员	技术人员	工人	人员	
9	山临高速	山临高速公路管理处	张掖公路分局高等级公路机械化养护工程处	3	10	36	68	委托养护实行合同制
10	古永高速	古永高速公路管理处	武威公路总段凉州公路管理段	3	12	35	35	委托养护实行合同制
11	天北高速	天水高速公路管理处	天北高速公路收费管理所	1	1	10	10	自我养护
12	刘白高速	刘白高速公路管理处	白银总段公路养护中心	10	4	24	24	委托养护实行合同制
13	清嘉高速	清嘉高速公路管理处	—	0	0	0	0	2006年9月建成，未完成委托养护业务
14	临清高速	临清高速公路管理处	张掖公路分局高等级公路机械化养护工程处	3	8	40	40	—
			酒泉金通公司	2	7	20	20	—
合计				71	81	421	527	—

第一编 公 路

在此期间尝试市场化机制，由两家高等级公路机械化养护公司承担9条路段的养护工作，一家是甘肃省高等级公路建设开发有限公司成立的甘肃新晨高等级公路机械化养护有限公司，另一家是甘肃弘达高等级公路养护有限责任公司。

甘肃新晨高等级公路机械化养护有限公司成立于2003年3月，注册资金210万元，拥有固定资产780万元，技术管理人员28人，机械设备50余台，其中LYD-1多功能养护车1辆、清扫车1辆、山猫铣刨机1台、ZL50装载机2台、压路机2台、WTU75摊铺机2台、LTU75拌和楼2套、5T洒水车3辆、养护巡查车6辆及其他养护配套设备。公司主要承担柳忠、巉柳、白兰、机场、兰海忠树段5条高速公路路段的养护任务。

甘肃新晨高等级公路机械化养护有限公司树屏养护工区建筑面积3200平方米，养护工区及拌和场占地面积7500平方米；白兰办公场所及养护工区2800平方米；巉柳办公场所建筑面积100平方米；天巉办公场所建筑面积500平方米，养护工区4000平方米，拌和场地4800平方米；机场办公场所建筑面积80平方米。

甘肃弘达高等级公路养护有限责任公司由甘肃长达路业有限公司与兰州公路总段于2004年6月联合成立，注册资金200万元，拥有固定资产159万元，技术管理人员20人，机械设备10余台，其中LQY40沥青拌和机1台、养护巡查车8辆及其他养护机具。甘肃弘达高等级公路养护有限责任公司主要承担树徐、兰临（0公里~22公里）、兰海树海段（80公里）等3条高速公路路段的养护任务。养护工区建筑面积240平方米，占地面积2981.13平方米。

2005年，柳忠高速公路由甘肃弘达高等级公路养护有限责任公司负责养护；2003年、2004年、2006年，柳忠高速公路由甘肃新晨高等级公路机械化养护有限公司负责养护。

属地单位养护单位。树徐、兰临（0公里~22公里）、兰海树海段（1719公里+329米~1799公里+360米）高速公路由兰州总段工程处负责养护；古永高速公路由武威公路总段凉州公路管理段负责养护；永山（2549公里+500米~2604公里）高速公路由金昌公路总段永昌公路管理段负责养护；永山（2604公里~2668公里）、山临、临清（2765公里~2845公里+320米）高

364

速公路由张掖公路分局高等级公路机械化养护工程处负责养护；刘白高速公路由白银公路总段高等级公路养护中心负责养护；临清（2845 公里+320 米~2864 公里+720 米）高速公路由酒泉金通公司负责养护；天北高速公路由天北高速公路收费管理所养护，委托天水公路管理段实施规模较大的专项养护工程。

2002 年—2006 年甘肃省高速公路养护设备统计见表 1-6-4。

2002 年—2006 年甘肃省高速公路养护设备统计表

表 1-6-4

序号	路段	管理单位	承养单位	主要养护设备	抢险队伍主要设备	承养关系
1	柳忠高速	柳古高速公路管理处	甘肃新晨高等级公路机械化养护有限公司	拌和站 1 座 铣刨机 1 台 摊铺机 2 台 综合养护车 1 台压路机 2 台	装载机 2 台 自卸车 5 辆 指挥车 2 辆 挖掘机 1 台	委托养护实行合同制
2	树徐高速		兰州公路总段工程处	拌和站 1 座 铣刨机 1 台 摊铺机 1 台 压路机 2 台	装载机 2 台 自卸车 4 辆 指挥车 2 辆	
3	巉柳高速	巉柳高速公路管理所	甘肃新晨高等级公路机械化养护有限公司	拌和站 1 座 铣刨机 1 台 摊铺机 2 台 综合养护车 1 台 压路机 2 台	装载机 2 台 自卸车 5 辆 指挥车 2 辆 挖掘机 1 台	

序号	路段	管理单位	承养单位	主要养护设备	抢险队伍主要设备	承养关系
4	白兰高速	白兰高速公路管理处	甘肃新晨高等级公路机械化养护有限公司	拌和站1座 铣刨机1台 摊铺机2台 综合养护车1 压路机2台	装载机2台 自卸车5辆 指挥车2辆 挖掘机1台	
5	机场高速	兰州中川机场高速公路管理所	甘肃新晨高等级公路机械化养护有限公司	拌和站1座 铣刨机1台 摊铺机2台 综合养护车1台 压路机2台	装载机2台 自卸车2辆 指挥车2辆 挖掘机1台	
6	永山高速	永山高速公路管理处	金昌公路总段永昌公路管理段	拌和站2座 铣刨机1台 摊铺机1台 装载机1台 综合养护车1台	装载机2台 自卸车3辆 抢险车6辆	委托养护实行合同制
			张掖公路分局高等级公路机械化养护工程处	铣刨机1台 装载机1台 沥青灌缝机1台 打桩机1台		
7	兰临高速	兰临高速公路管理处	兰州公路总段工程处	沥青拌和机1台 沥青洒布机1台 拌和站1座 铣刨机1台 摊铺机1台 压路机2台	装载机1台 指挥车2辆 压路机2台	

甘肃省志 公路交通志

续表

序号	路段	管理单位	承养单位	主要养护设备	抢险队伍主要设备	承养关系
7	兰临高速	兰临高速公路管理处	定西公路总段临洮公路管理段	沥青拌和机 1 台 沥青洒布机 1 台 多功能养护车 1 台 沥青摊铺机 1 台 压路机 1 台	装载机 1 台 自卸车 3 辆 指挥车 2 辆 压路机 2 台	
8	兰海高速	兰海高速公路管理处	甘肃新晨高等级公路机械化养护有限公司	拌和站 1 座 铣刨机 1 台 摊铺机 1 台 综合养护车 1 台 压路机 2 台	装载机 2 台 自卸车 2 辆 指挥车 2 辆 挖掘机 1 台	委托养护实行合同制
		兰海高速公路管理处	兰州公路总段工程处	沥青拌和机 1 台 沥青洒布机 1 台 拌和站 1 座 铣刨机 1 台 摊铺机 1 台 压路机 2 台	装载机 2 台 自卸车 4 辆 指挥车 2 辆	
9	山临高速	山临高速公路管理处	张掖公路分局高等级公路机械化养护工程处	自卸车 2 辆 铣刨机 1 台 装载机 1 台 灌缝机 1 台 拌和站 1 座	自卸车 2 辆 装载机 1 台 指挥车 2 辆	
10	古永高速	古永高速公路管理处	武威公路总段凉州公路管理段	自卸车 5 辆 铣刨机 1 台 沥青拌和机 1 台 综合养护车 1 辆 压路机 4 台 装载机 3 台	自卸车 5 辆 装载机 3 台 指挥车 3 辆 压路机 4 台	

第一编 公路

367

续表

序号	路段	管理单位	承养单位	主要养护设备	抢险队伍主要设备	承养关系
11	天北高速	天北高速公路管理处	天北高速公路管理所	0	0	自我养护
12	刘白高速	刘白高速公路管理处	白银公路总段养护中心	0	0	
13	清嘉高速	清嘉高速公路管理处	—	0	0	
14	临清高速	临清高速公路管理处	张掖公路分局高等级公路机械化养护工程处	拌和站 1 座 铣刨机 1 台 摊铺机 1 台 压路机 2 台 装载机 1 台	自卸车 6 辆 推土机 1 台 装载机 1 台 指挥车 2 辆	委托养护实行合同制
			酒泉金通公司	拌和站 1 座 铣刨机 1 台 摊铺机 1 台 压路机 2 台 装载机 2 台	自卸车 5 辆 推土机 1 台 装载机 2 台 指挥车 2 辆	

（二）省公路局统一管理后养护组织与养护业务

2007年，省公路局内设高速公路养护管理处，负责对全省高速公路养护工作的业务管理。承担高速公路养护管理职能以后，省公路局以属地化养护为基本原则，打破严格的行政区域划分，根据各公路总段（分局）的养护资源布设养护半径，划分高速公路线路养护任务。各公路总段（分局）设立直属科级事业单位高速公路养护管理中心，中心均组建路面养护、桥隧涵、交通设施等专业养护队，具体承担各项养护任务，并依据养护路线设立养护工区或养护基地。截至 2010 年底，承担高速公路养护管理任务的公路总段（分局）建设 19 个高速公路养护工区，其中有 12 个投入使用。养护工区配备有适合高速公路养护的各种类型机械设备和车辆，常驻高速公路养护专业队承担日常养护生产。全省高速公路事业编制养护人员合计 767 人，其中酒泉公路总段 74 人、嘉峪关公路总段 25 人、张掖公路分局 108 人、金昌公路总段 77 人、武威公路总段 98 人、兰州公路总段 150 人、白银公路总段 44 人、定西公路总段 105 人、平凉公路总段 25 人、庆阳公路总段 12 人、临夏公路总段 14 人、天水公路总段 35 人。各公路总段（分局）管养高速公路共计 1992.55 公里，养护高速公路匝道合计 238 公里，连接线 60 公里，辅道 309.7 公里，自救车道 10 条 1790 米。2010 年甘肃省高等级公路养护工区与养护队伍情况见表 1-6-5。

2010 年甘肃省高等级公路养护工区与养护队伍情况表

表 1-6-5

总段名	工区名	人数	机械台数	建筑面积（m²）	组建年份
兰州公路总段	巉柳养护工区	4	4		2007
	兰海养护工区	4	5		2007
	徐界养护工区	3	4		2007
	兰临养护工区	4	4		2007
白银公路总段	白银养护工区	33	30	3600	2009
定西公路总段	安定养护工区				2009
	临洮养护工区				2009
平凉公路总段	崆峒养护工区	15	8	478.54	2009
	泾川养护工区	4	4	2020.48	2009
	静宁养护工区	6	5	4002.66	2009
武威公路总段	凉州养护工区	25	25	2237.4	2009
	古浪养护工区	29	2	373.17	2009
张掖公路总段	山临养护工区	38	9	1796.83	2005
	临清养护工区	16	8	443.66	2007
金昌公路总段	永山养护工区	34	50		2007

总段名	工区名	人数	机械台数	建筑面积（m²）	组建年份
酒泉公路总段	玉门养护工区	18	16	350	2009
	瓜州养护工区	19	13	220	2009
天水公路总段	甘泉养护工区	11	12	3563	2009
	秦安养护工区	10	10	627	2009

二、日常维护保养

2002年起，甘肃省高等级公路管理运营中心制定完善《甘肃省高等级公路预防性养护实施办法（试行）》《甘肃省高等级公路隧道管理办法（试行）》《甘肃省高等级公路桥梁管理办法（试行）》《甘肃省高等级公路桥梁重要病害动态管理制度（试行）》《甘肃省高等级公路日常维修保养计划编制办法（试行）》《甘肃省高等级公路桥梁突发事件应急预案（试行）》《甘肃省高等级公路临时占道施工作业安全规定》《甘肃省高等级公路日常维修保养工程界定标准》等养护管理制度。2003年—2006年，高速公路日常养护由各收费运营单位具体负责，主要采取委托合同管理方式对全省高速公路进行养护。

2004年，建立和完善高等级公路养护体系，实现高等级公路"信息化管理、机械化养护、人性化服务、企业化运营"的模式。2005年，突出以路面质量为主的专项养护工程，重视养护数据基础工作，规范内业资料管理。2006年，全省14条高速公路综合技术指标MQI平均值为97.13，养护质量等级均为优等。

2007年，高速公路养护管理统一交公路管理部门负责，省公路局提出"一年打基础、两年见成效、三年上台阶"的目标，制定《甘肃省高等级公路养护管理办法》和《甘肃省高等级公路养护专项、大修工程管理办法》等11个配套制度，在各公路总段（分局）组建专业养护队伍负责日常养护，采取机械化、精细化、专业化养护作业。针对高速公路行车速度快、安全保障性能要求高的特殊性，省公路局及时组织开展路况专项检测和调查，突出预防性养护，对出现的小裂缝及时灌补，对路面网裂、松散等病害采取稀浆封层或沥青表面处置，防止雨水渗入导致路基、路面病害蔓延和扩张。2007年，全省高速公路优良路率达到80.03%，综合值76.34；2008年，全省高速公路优良路率达到94.7%，综合值91.8；2009年，全省高速公路优良路率达到100%，综合值92.3。

三、养护维修工程

2003年—2006年，甘肃省高等级公路运营管理中心共投入专项工程及水毁处置费用3359.18万元。2003年，完成水毁处置254.62万元。2004年，完成水毁处置149.69万元。2005年，完成水毁处置及专项工程947.29万元，交通安全设施完善完成148.35万元，安保工程完成91.78万元。2006年，完成水毁处置245.94万元，完成专项工程1521.51万元。

天北高速公路。2003年，水毁专项工程共完成72.93万元，水毁修复主要内容为维修路基和辅道路面翻浆等。2005年，水毁及专项工程完成82.57万元。主要内容为标志标牌更换，混凝土路面伸缩缝灌缝处置、标线重划。2006年，水毁工程完成26.03万元，专项工程完成46.25万元。水毁工程主要内容为修复浆砌片石护坡，增设边坡防护石笼；专项工程主要内容为停车带油路重铺。

古永高速公路。2004年，水毁专项工程完成40.42万元，主要内容为维修通道、韩佐收费站新增应急收费车道、辅道增设圆管涵等。2005年，水毁及专项工程完成43.81万元，主要内容为处置路面病害、处置通道积水、修筑便道等。交通安全设施完善完成12.64万元，安保工程完成13.66万元。2006年，水毁工程完成34.77万元，专项工程完成28.8万元。水毁工程主要内容为恢复边坡、急流槽，处置陷穴；专项工程主要内容为拆除及更换桥梁伸缩缝。

白兰高速公路。2003年，水毁专项工程共完成62.79万元，水毁修复主要内容为清理路基塌方和维修边沟、急流槽等。2004年，水毁专项工程共完成34.38万元，水毁主要内容为维修急流槽、排洪沟和路面沉陷等。2005年，水毁工程完成26.2万元，专项工程完成85.5万元。水毁主要内容为维修护面墙、路堤边坡和挡土墙等；专项工程主要内容为处置路面松散、沉陷、翻浆等；交通安全设施完善完成12.15万元，安保工程完成13.73万元。

2006 年，水毁工程完成 12.04 万元，专项工程完成 1128.66 万元。水毁工程主要内容为恢复排水沟、护肩墙等；专项工程主要内容为处置路面松散、壅包、车辙、防护工程完善及路面微裂缝渗水路段 3 公里单幅雾封层试验段。

机场高速公路。2003 年，水毁专项工程共完成 25.59 万元，水毁修复主要内容为清理路基塌方和维修边沟、蒸发池等。2004 年，水毁专项工程共完成 4.38 万元，主要内容为维修边沟、急流槽塌陷和路基陷穴等。2005 年，水毁专项工程共完成 49.51 万元，专项工程完成 57.46 万元。水毁主要内容为维修边沟、急流槽和护面墙平台裂缝等；专项工程主要内容为处置路面沉陷、补充隧道灯具等。交通安全设施完善完成 12.14 万元，安保工程完成 9.3 万元。2006 年，水毁工程完成 41.32 万元，专项工程完成 182.13 万元。水毁工程主要内容为增设边沟及挡土墙，增设圆管涵；专项工程主要内容为处置路面沉陷。

嶂柳高速公路。2003 年，水毁专项工程共完成 80.98 万元，水毁修复主要内容为维修边沟、急流槽、路面沉陷。2004 年，水毁专项工程共完成 38.31 万元，主要内容为维修急流槽、护面墙、路面沉陷等。2005 年，水毁工程完成 99.1 万元，专项工程完成 214.14 万元。水毁主要内容为维修边坡急流槽、排水沟等；专项工程主要内容为处置二、三、四级护面墙沉陷裂缝和平台坍塌、桥头沉陷、路面沉陷等。交通安全设施完善完成 43.16 万元，安保工程完成 5.44 万元。2006 年，水毁工程完成 36.56 万元，专项工程完成 38.59 万元。水毁工程主要内容为维修排水沟、急流槽、维修桥梁伸缩缝；专项工程主要内容为高边坡滑塌防护处置。

柳忠高速公路。2003 年，水毁专项工程共完成 12.33 万元，水毁修复主要内容为维修边沟、急流槽、锥坡、拱形骨架、路面沉陷。2004 年，水毁专项工程共完成 32.20 万元，主要内容为维修急流槽和路基路面沉陷等。2005 年，水毁工程完成 41.98 万元，专项工程完成 73.31 万元。水毁主要内容为维修路基缺口、路面陷穴等；专项工程主要内容为重修排水沟、挡土墙、处置路面沉陷等，共完成 137.7 万元。2006 年，水毁工程完成 49.64 万元，专项工程完成 55.08 万元。水毁工程主要内容为增设兰州市天水路危险路段防撞墙，增设边沟；专项工程主要内容为处置路面沉陷、车辙。

永山高速公路。2005 年，水毁工程完成 31.36 万元，专项工程完成 6.6

万元，其中水毁主要内容为维修边坡急流槽、排水沟收费站排水等；交通安全设施完善 18.5 万元，安保工程 4700 元，共完成 56.93 万元。2006 年，水毁工程完成 5.78 万元，专项工程完成 42 万元，共 47.78 万元。水毁工程主要内容为处置河床冲刷、增设土坝、修复小桥防护工程；专项工程主要内容为处置路面松散、车辙。

兰州至海石湾高速公路。2006 年，水毁工程完成 17.1 万元，主要内容为清理桥下塌方，改移农灌渠，恢复排水沟。

山临高速公路。2006 年，水毁工程完成 21.17 万元，主要工程内容为恢复通道铺底，加高农灌渠，恢复挡土墙、排水沟。

临清高速公路。2006 年，水毁工程完成 1.53 万元，主要工程内容为增设蒸发池。

随着投入使用的高速公路陆续进入大中修改造期，省公路管理部门在开展公路技术状况评定的基础上，利用交通运输部补助、银行贷款、单位自筹等多种方式筹集资金，逐年组织实施养护维修工程。2007 年—2010 年，全省共实施高速公路养护维修工程 1700 公里，投入资金共计 12.03 亿元。在养护维修工程实施中，推行合同管理、计量支付。建立省公路管理局检测中心、总段（分局）试验室、项目办试验室三级试验检测机制，严把原材料进场关和工程质量关。建立养护工程质量跟踪评价体系，落实督查通报制度，层层落实工作责任，保障养护维修工程质量。2007 年—2010 年甘肃省高等级公路养护大中修工程情况见表 1-6-6。

2007 年—2010 年甘肃高等级公路养护大中修工程情况表

表 1-6-6

路线名称	起讫桩号	工程性质及建设规模（公里/单幅）					主要工程量	管养单位	投资金额（万元）	实施年度
		预防性养护	重铺	局部重铺	加铺罩面	其他				
白兰高速	K1664+090~K1691+988	—	—	—	—	11.4	机场路沉陷处置 2.86 万平方米；白兰路路面病害处置 5.58 万平方米，沉陷处置 1.1 万平方米	兰州公路总段	1320.05	2007
天巉路二级专用	K0+000~K85+000	6	—	—	—	—	79 公里+000 米~85 公里+000 米段 6000 米 CAP 封层，路面沉陷处置 6105 平方米	天水公路总段	247.43	2007
永山高速	SK2563+000~SK2578+000	30	—	—	—	—	上下行车道各 15 公里处理路面病害后，做 MS-3 单层微表处处理。共实施 MS-3 微表处铺筑 31.5 万平方米，路面裂缝处置 4000 平方米，沉陷处置 2.1 万平方米，路面标线 14.6 公里，桥面铺装 286 平方米	金昌公路总段	691.94	2007
	XK2563+000~XK2578+000									

续表

路线名称	起讫桩号	工程性质及建设规模（公里/单幅）					主要工程量	管养单位	投资金额（万元）	实施年度
		预防性养护	重铺	局部重铺	加铺罩面	其他				
白兰高速	K1639+400~K1664+000	—	—	—	—	24.6	路面松散处置 5.23 万平方米，路面沉陷处置 6197 平方米，试验路段 2091.72 平方米，路面标线 5880 平方米	白银公路总段	1047.96	2007
天巉二级专用	K118+300~K143+000	24.7	—	—	—	—	CAP 封层 24.7 公里，停车带安全岛改建 6 处，标线 30.4 公里	定西公路总段	1074.13	2007
巉柳高速 兰临高速	XK1677+280~XK1741+200	23.7	—	—	2.8	—	罩面 2.81 公里，预防性养护 23.7 公里	兰州公路总段	1122.3	2008
天巉二级专用	K0+000~K11+000 K65+000~K85+000	—	—	31	—	—	3 厘米沥青砼上面层 16.33 万平方米，1 厘米应力吸收层 16.23 万平方米，挖补路面 2.38 万平方米，粘层沥青 1842 平方米，透层沥青 2.38 万平方米，路面标线 2310 平方米	天水公路总段	1079.41	2008

第一编　公路

375

续表

路线名称	起讫桩号	工程性质及建设规模（公里/单幅）					主要工程量	管养单位	投资金额（万元）	实施年度
		预防性养护	重铺	局部重铺	加铺罩面	其他				
山临高速	K2688+600~K2704+000	12.22	8.5	—	—	—	微表处处置车辙病害12.22公里，16厘米厚面层重铺8.5公里	张掖公路总段	705.98	2008
永山高速	K2578+000~K2589+000	18	—	—	—	—	对上下行车道采用MS-3微表处。实施MS-3微表处27万平方米，处置沉陷2328.16平方米	金昌公路总段	572.46	2008
	K2597+000~K2604+000						处置67412米，路面修补3963平方米，车辙处置6276米，沉陷处置5400平方米，路面标线3063.77平方米			
天嶷二级专用	K85+000~K100+000 K141+000~K141+000	—	—	—	20	—	1厘米应力吸收层+3厘米厚AC-13沥青混凝土罩面20公里	定西公路总段	1592.19	2008
嶷柳高速	SK1676+031~SK1741+140	49.7	—	—	15.4	—	预防性养护49.69公里，罩面15.42公里	兰州公路总段	2542	2009
白兰高速	K1664+000~K1699+216	—	—	—	—	35.2	病害处置6282平方米	兰州公路总段	100	2009

续表

路线名称	起讫桩号	工程性质及建设规模（公里/单幅）					主要工程量	管养单位	投资金额（万元）	实施年度
		预防性养护	重铺	局部重铺	加铺罩面	其他				
白兰高速	K1664+000~K1699+216	35.2	—	—	—	—	预防性养护 35.22 公里	兰州公路总段	3061.22	2009
柳忠高速	K1740+500~K1762+260				65.3	—	罩面 65.25 公里，维修红柳湾大桥 800 米/1 座	兰州公路总段	25793.2	2009
兰海高速	K1698+000~K1720+490	—	—	—		—				
尹中高速	K0+000~K21+600									
白兰高速	K1720+000~K1799+300		79.3	—	—	—	行车道重铺 79.3 公里	兰州公路总段	9577.74	2009
兰临高速	全段	22.6	—	—	—	—	预防性养护 22.6 公里	兰州公路总段	1765.22	2009
树徐高速	K2258+644~K2281+560	22.9	—	—	—	—	预防性养护 22.92 公里	兰州公路总段	2104.31	2009

续表

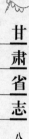

甘肃省志 公路 交通 志

路线名称	起讫桩号	工程性质及建设规模（公里/单幅）					主要工程量	管养单位	投资金额（万元）	实施年度
		预防性养护	重铺	局部重铺	加铺罩面	其他				
天嬷二级专用	K63+000~K85+000	—	—	22	—	—	1厘米厚热熔橡胶沥青应力吸收层23.4万平方米，8厘米厚大粒径透水性沥青混合料下面层18.3万平方米，4厘米厚改性沥青混凝土上面层24万平方米，9厘米厚沥青碎石下面层5762平方米，10厘米厚沥青碎石面层2.91万平方米，沥青碎石基层1137.4立方米，水泥混凝土路面1264.8平方米，热熔标线1.34万平方米	天水公路总段	3520.19	2009
白兰高速	K1639+400~K1664+000	—	—	—	—	—	路面松散处置4725平方米，路面沉陷处置5475平方米，路面车辙处置2805平方米	白银公路总段	207	2009

续表

路线名称	起讫桩号	工程性质及建设规模（公里/单幅）					主要工程量	管养单位	投资金额（万元）	实施年度
		预防性养护	重铺	局部重铺	加铺罩面	其他				
天巉二级专用	K100+000~K105+000						1厘米厚应力吸收层+3厘米厚 AC-13 沥青混凝土罩面 38 公里	定西公路总段	3537	2009
	K115+000~K118+000	—	—	—	38	—				
	K139+600~K140+600									
	K146+000~K175+000									
嘉安高速	K2450+700~K2662+543	—	—	—	—	—	路面维修 5.26 万平方米、裂缝处置 52.89 万平方、桥面病害处置 4635 平方米；路基现浇混凝土急流槽 875.43 立方米、混凝土边沟 296.7 立方米、浆切片石护坡 832.8 立方米、砂浆勾缝及抹面 1.6 万平方米、现浇混凝土菱形框格 41.85 立方米、热熔公路标线 1505.4 平方米、中央分隔带封顶砖维修 33.62 立方米、安装突起路钮 1.37 万个、百米牌 453 块	酒泉公路总段	1201.29	2009

续表

路线名称	起讫桩号	工程性质及建设规模（公里/单幅）					主要工程量	管养单位	投资金额（万元）	实施年度
		预防性养护	重铺	局部重铺	加铺罩面	其他				
S1尹中段	K4+641~K21+980	—	17.3	—	—	—	行车道重铺17.34公里	兰州公路总段	916	2010
G6白兰段	K1718+220~K1729+480	1.7	6.6	—	—	—	行车道重铺6.6公里，预防性养护1.7公里	兰州公路总段	926	2010
G22嶓柳段	XK1677+280~XK1741+200	44.2	19.7	—	—	—	重铺19.7公里，预防性养护44.2公里	兰州公路总段	8276.49	2010
G310天嶓二级专用	K0+000~K63+000	—		—	63	—	0公里+000米~11公里+000米段（卦台山隧道除外）路面病害及损坏基层用ATB-30沥青碎石挖补处置，原路面铣刨后洒布热熔橡胶沥青碎石封层，加铺大粒径透水性沥青LSPM-25型下面层和粘层油，铺筑改性沥青混凝土AC~13C型上面层。11公里+000米~63公里+000米段路面病害及损坏基层用ATB-30沥青碎石进行挖补处置，铣刨拉毛旧路面，撒布橡胶沥青碎石封层后用AC-13型沥青混凝土罩面	天水公路总段	6568.44	2010

甘肃省志 公路交通卷

续表

路线名称	起讫桩号	工程性质及建设规模（公里/单幅）					主要工程量	管养单位	投资金额（万元）	实施年度
		预防性养护	重铺	局部重铺	加铺罩面	其他				
G30 山临段	K2668+000~ K2765+000	179	15	—	—	—	行车道微表处预防性养护178.99公里，路面重铺15.01公里，雾封层91.93万平方米，处置沉陷及桥头跳车1.9万平方米，改性沥青处置桥面铺装1898平方米，更换维修桥梁伸缩缝846米，重新喷涂路面热熔标线	张掖公路总段	6874.08	2010
G30 临清段	K2765+000~K2864+717	193.8	5.6	—	—	—	行车道微表面处置预防性养护193.81公里（包括上下行），路面重铺5.62公里，超车道及紧急停车带实施雾封层80.79万平方米，沉陷处置及桥头跳车1.2万平方米，改性沥青处置桥面铺装6092平方米，重新喷涂路面热熔标线等	张掖公路总段	4777.48	2010

续表

路线名称	起讫桩号	工程性质及建设规模（公里/单幅）					主要工程量	管养单位	投资金额（万元）	实施年度
		预防性养护	重铺	局部重铺	加铺罩面	其他				
G30 永山段	K2549+500～K2668+000		—			—	避险车道 630 米,沉陷处置 1.97 万平方米，破损处置 2.5 万平方米，沥青混凝土重铺 13.07 万平方米，沥青混凝土重铺 8400 平方米，沥青混凝土重铺 3.28 万平方米，MS–Ⅲ型微表处处填补车辙 10.02 万平方米，MS–Ⅳ型微表处填补车辙 7840 平方米，MS–Ⅲ型微表处 27.02 万平方米，桥面破损处置 1800 平方米，桥涵伸缩缝维修 17 道/196 米，标线铣刨 1.34 万平方米，热熔标线 3.74 万平方米	金昌公路总段	7002.46	2010

续表

路线名称	起讫桩号	工程性质及建设规模（公里/单幅）					主要工程量	管养单位	投资金额（万元）	实施年度
		预防性养护	重铺	局部重铺	加铺罩面	其他				
G6刘白、白兰段	K1423+000~K1532+794	107.44	—	—	—	—	路面病害处置及重铺 9.9 万平方米、微表处 81.83万平方米、雾封层 155.04 万平方米、护面墙 215 立方米、急流槽 1370.43 立方米、填挖土 6.95 万立方米、沥青混凝土桥面重铺 892.25 平方米、桥梁伸缩缝修复 967.5 米/90 道、交通安全设施 110.8公里	白银公路总段	5173.5	2010
G6白兰段	K1532+794~K1557+400	24.6	—	—	—	—	病害处置及罩面 7.96 万平方米、微表处 38.58 万平方米、浆砌片石防排水设施 500 米、沥青混凝土桥面重铺 5590 平方米、桥梁伸缩缝修复 253 米、交通安全设施 24.61公里	白银公路总段	2267.39	2010

第一编 公路

续表

路线名称	起讫桩号	工程性质及建设规模（公里/单幅）					主要工程量	管养单位	投资金额（万元）	实施年度
		预防性养护	重铺	局部重铺	加铺罩面	其他				
G6白兰段	K1532+794-K1557+400	—	—	—	—	—	路面工程24.61公里，改性沥青混凝土罩面4.17万平方米，沥青混凝土上面层+沥青稳定碎石下面层1800平方米，改性沥青混凝土罩面9258平方米，微表处1.36万平方米，交通安全设施24.61公里，热熔标线2230.7平方米	白银公路总段	500	2010
G22嵋柳段	K1684+000~K1676+031	56.06	—	—	—	—	MS-Ⅲ型微表处预防性养护56.06公里（单幅）	定西公路总段	4730.53	2010
G310线天嵋路	K118+000~K139+600、K140+600~K143+000	24	—	—	—	—	改性沥青碎石封层24公里	定西公路总段	700	2010
G310线天嵋路	K105+000~K115+000	10	—	—	—	—	应力吸收层+AC-13沥青混泥土罩面10公里	定西公路总段	1200	2010

续表

路线名称	起讫桩号	工程性质及建设规模（公里/单幅）					主要工程量	管养单位	投资金额（万元）	实施年度
		预防性养护	重铺	局部重铺	加铺罩面	其他				
G30古永段	K2433+100~K2473+987、K2521+440~K2550+074	47.5	—	—	—	—	沥青混凝土铺筑5.1万平方米，AC–16沥青混凝土铺筑5.22平方米，AC–16沥青混凝土铺筑2.77万平方米，ATB–30沥青碎石铺筑4.92万平方米，更换桥梁伸缩缝427.5米，沥青碎石混凝土铺筑31.76万平方米，MS–Ⅲ型微表处32.04万平方米；雾封层57.7万平方米；桥面处置6394平方米	武威公路总段	5155.1	2010

续表

路线名称	起讫桩号	工程性质及建设规模（公里/单幅）					主要工程量	管养单位	投资金额（万元）	实施年度
		预防性养护	重铺	局部重铺	加铺罩面	其他				
G30古水段	K2473+987-K2521+440	47.5	—	—	—	—	对道路沿线设施进行维修，对桥头跳车、桥面破损及伸缩缝破损进行处置，对原路面病害进行彻底处置后采用MS-Ⅲ微表处进行罩面及预防性养护。完成AC-16沥青混凝土9771平方米；AC-16沥青混凝土铺筑3.33万平方米；ATB-30沥青碎石9771平方米；微表处41.1万平方米；雾封层33.27万平方米；桥涵伸缩缝维修168.75米；桥面改性沥青混凝土9424平方米；路面标线4.42万平方米	武威公路总段	2414.9	2010

注：K表示公里，S表示上行线，乙表示下行线。

第四节　普通干线公路养护

一、养护组织

1991 年以后，省公路局负责普通干线公路养护管理的内设机构先后有养路科、省养公路管理处、普通干线公路养护管理处。1991 年，全省在地（州、市）驻地共设 13 个公路总段。1996 年 1 月 17 日，酒泉公路总段嘉峪关公路段单列，由甘肃省交通厅直接管理。1997 年，撤销酒泉公路总段嘉峪关公路段，设立嘉峪关公路总段。至此，全省 14 个地（州、市）驻地均设置公路总段。

20 世纪 90 年代初，全省各公路总段共设 75 个公路段。1995 年增设 1 个公路段。1996 年 3 月 31 日，根据省交通厅文件通知，公路总段下设的"××公路段"统一更名为"××公路管理段"，更名后其性质、级别、经费支付渠道均不变。2002 年，按照"一分局四实体"改革方案，全省增设 9 个公路管理段。2005 年又增设 1 个公路管理段。至此，全省共设 85 个公路管理段。

1991 年，甘肃共设公路养护道班 1270 个。1996 年，根据省交通厅《关于全省设置第一批公路养护管理站的批复》），省交通厅公路局从 11 月开始将条件成熟的 40 个大道班改为公路养护管理站，副科级建制，配备 1 名副科级站长（不脱产）、1 名技术员、1 名统计员，负责管辖段内公路的养护、路政管理等工作。公路养护管理站养护里程标准为：河西地区每站管理养护 40~60 公里公路，陇东、陇南地区为每站管养 30~50 公里公路。2000 年，根据交通部《公路科学养护和规范化管理纲要》，省公路局制定《全省公路养护管理站设置规划》，将 609 个道班全部整合为 297 个公路养护管理站。2002 年公路养护管理站合并为 235 个，2005 年合并为 231 个。随着公路里程的不断增加和养护工作需求，至 2010 年底全省公路养护管理站增加到 245 个。

养护队伍方面。1996 年，省交通厅根据交通部、劳动部《公路养护定员标准》对省交通厅直属自收自支事业单位人员编制进行重新核定，共核定

14个公路总段养护管理人员编制 21220 名。至 2010 年底，全省 14 个公路总段（分局）共有干部职工 15577 人，其中养护一线人员 10468 人，管理人员 2202 名，二级收费公路收费人员 2425 人，路政管理人员 482 人。2010 年甘肃省各公路总段（分局）人员分类情况见表 1-6-7，1991 年—2010 年甘肃省各公路总段（分局）公路养护组织数量见表 1-6-8。1991 年甘肃省各公路总段（分局）主要道班设置情况见表 1-6-9，2010 年甘肃省各公路总段（分局）主要养管站设置情况见表 1-6-10。

2010 年甘肃省各公路总段（分局）人员分类统计表

表 1-6-7

单位名称	管理人员	养护人员		收费人员	路政人员	总人数
		总数	含企业合同工			
酒泉公路总段	211	1017	148	224	47	1499
嘉峪关公路总段	39	206	8	0	10	255
张掖公路分局	155	765	102	151	38	1109
金昌公路总段	94	401	72	89	13	597
武威公路总段	111	772	94	89	22	994
兰州公路总段	207	1163	119	179	61	1610
白银公路总段	124	735	59	294	27	1180
定西公路总段	219	1116	115	44	48	1427
平凉公路总段	149	513	88	368	35	1065
庆阳公路总段	181	666	120	306	36	1189
临夏公路总段	131	439	22	186	34	790
甘南公路总段	166	652	41	168	27	1013
陇南公路总段	238	1174	73	149	47	1608
天水公路总段	177	849	112	178	37	1241
合计	2202	10468	1173	2425	482	15577

1991 年—2010 年甘肃省各公路总段（分局）公路养护组织数量表

表 1-6-8

年份	公路总段	公路分局	公路段	道班	养管站	备注
1991	13	—	75	1270	—	
1995	13	—	76	663	—	
1997	14	—	76	610	—	
1998	14	—	75	583	—	
2000	14	—	75	609	297	撤销合并养管站
2002	13	1	84	—	235	张掖为公路分局
2005	13	1	85	—	231	张掖为公路分局
2010	13	1	85	—	245	张掖为公路分局

1991 年甘肃省各公路总段（分局）主要道班设置情况表

表 1-6-9

总段名	段名	道班名称
兰州公路总段（49 个）	榆中公路段	甘草、三角城、定远、金崖、大涝池、曲子湾、中连川、银山、马坡、郝家庄、高崖、黄坪（12）
	中川公路段	沙梁墩、哈家咀、中川、张家坪、罗圈湾（5）
	兰州公路段	土龙川、岘子、忠和、和平、柳沟河、七道梁、西果园、石咀子、清水营、水阜（10）
	永登公路段	大同、苦水、通远、武胜驿、汪家湾、野泉、水槽沟、柳树、马莲滩、鲁家湾、竹林沟、方达湾、张家咀、西岔（14）
	河口公路段	河口、达川、平安、青土坡、红古、旋子、海石湾、窑街（8）
白银公路总段（43 个）	会宁公路段	大路、张坪、六十里铺、康河、燕岔、荔峡、北庄、庄湾、甘沟、大沟、梅岔、汉岔、白土洼、窑沟、青江驿、小湾、马家堡、翟所（18）
	靖远公路段	孙寨柯、大红沟、大红门、旱平川、吴家川、碾子湾、白土梁、党家水、墩墩湾、黑城、二十里铺、石板沟（12）
	白银公路段	后长川、白银、红库托、范家窑、来家窑、武川（6）

总段名	段名	道班名称
白银公路总段（43个）	景泰公路段	双墩、甘沟、兴泉、条山、长城、红水、大水（7）
定西公路总段（76个）	临洮公路段	中铺道班、巴下道班、太石道班、新添道班、城关道班、泉头道班、连儿湾道班、站滩、云谷、小湾、蔡家岭、东二十铺、店子、红滩、党家墩（15）
	定西公路段	李塘、宁远、华尖堡、南川、巉口、景泉、山庄、内官、崖湾、联庄、高泉、苍沟、香泉（13）
	通渭公路段	新城、高碾子、坡儿川、马营、黑燕、什川、渴泉、史家庙、老站、三条岘、油坊、白庄（12）
	陇西公路段	三十铺、四店、菜子、高台山、窑湾、福星、白草湾、春场、直沟（9）
	渭源公路段	黄香沟、沈家滩、尖山、杨庄、五竹、城关、路园、阳坡磨、北寨（9）
	岷县公路段	老幼店、红桥、麻子川、寺沟、八路口、马场、十里、禾驮、闾井（9）
	漳县公路段	分水岭、车厂、石关、大草滩、大坪、三岔、宋家沟、张坪、张家磨（9）
平凉公路总段（54个）	泾川公路段	高家山、飞云、何家坪、王村、长庆桥、泾明、何家塬、汭丰（8）
	平凉公路段	白水、四十里铺、甲积峪、柳湖、十五里铺、土谷堆、潘岭、大寨、草峰、谯家（10）
	静宁公路段	静宁、狗娃河、七里、界石、靳寺、新华（6）
	灵台公路段	什字、柳家铺、红崖沟、独店、上良、朝那、新集（7）
	崇信公路段	关家砭、锦屏、黄花、赤城、新窑、黄寨（6）
	华亭公路段	神峪、安口、大湾岭、蔺家沟、马峡、秋叶庙、孟台（7）
	庄浪公路段	店峡、石桥、寺门、水洛、朱店、万泉、岳堡、南湖、柳梁、蛟龙掌（10）

总段名	段名	道班名称
庆阳公路总段（54个）	环县公路段	张铁、甜水堡、山城、十五里沟、新营、吕家湾、玄城沟、杨旗（8）
	合水公路段	吉岘、高楼、连家砭、三关桥、上柳沟、城关、板桥（7）
	庆城公路段	马岭、三十里铺、庆城、安家寺、桐川、众意、驿马、教子川（8）
	西峰公路段	小寨、董志、草滩、南佐、马头坡（5）
	华池公路段	麻暖泉、吴家岭、马登砭、温台、孙家巷、乔河（6）
	正宁公路段	中湾、南邑、秦家店、米桥、平子（5）
	宁县公路段	宁城、高尉、长庆桥、太昌、早胜、南义（6）
	镇原公路段	南李、屯字、城关、姚川、新城、关山、方山、石咀、米家川（9）
天水公路总段（57个）	天水公路段	大湾、娘娘坝、王家店、皂郊、盐池、马周、平南、小天水、柴家庄、南河川、南寨、李子园、天水郡（13）
	北道公路段	百花、石咀、烟粉坝、崖湾、赵崖、下曲、青岗咀、砂滩（8）
	武山公路段	贾河、西川、洛门、苟河、金刚、西川、广武、杨坪、滩歌、高山（10）
	甘谷公路段	甘谷、南寨、东三十铺、西三十铺（4）
	秦安公路段	莲花、秦安、云山、王铺、半墩、叶堡、南瓦、吊湾、曾梁、墩湾、杜窑（11）
	清水公路段	椅子山、远门、白驼、水清、半山、红堡、花园（7）
	张家川公路段	马鹿、恭门、张川、鸟湾（4）
陇南公路总段（95个）	宕昌公路段	阿坞、哈达铺、寺卜寨、白杨、大堡子、老树川、临江河、官亭、化马、两河口、沙湾（11）
	武都公路段	柳城、白草坝、石门、黄家坝、城关、汉王、董家坝、外纳、歇马、甘泉、米仓山、安化、石坪、三河、姚沟门、平套、大板坪、马营（18）
	文县公路段	冷堡子、羊儿坝、铧厂、磨坝、黄家、高楼山、寺陡坪、东峪口、城关、尚德、马家沟、李家坪（12）

总段名	段名	道班名称
陇南公路总段（95个）	碧口公路段	井地、豆家坝、中庙、石洞滩、麻崖子、两河、洛塘、琵琶、东沟、龙尾坝、竹林、关庄、安昌河（13）
	两当公路段	灵官殿、两当、永宁、东坡（4）
	徽县公路段	石佛、贺店、江洛、麻沿、殷家沟、熊北、马王庙、田家河、关圣堡、姚坪、大河店（11）
	成县公路段	泥阳、枣儿沟、高桥、酸枣坡、小川（5）
	康县公路段	豆坪、平洛、望关、王坝、咀台、黑马关、长坝、岸门口、贾安、枫岭、白杨、铜钱、杨坝（13）
	盐官公路段	中川、祁山、课寨、燕子河、白金、石青、长道、中川（8）
甘南公路总段（35个）	合作公路段	阿木去乎、扎刹、香拉、红墙、清水、达麦、多河（7）
	碌曲公路段	晒银滩、尕海、加仓、贡巴、郎木寺（5）
	玛曲公路段	麦西、大水、黄河桥（3）
	迭部公路段	谢谢寺、卡坝、旺藏、花园、代古寺、洛大、腊子口（7）
	舟曲公路段	大川、沙川、峰迭、憨班、华年、巴藏（6）
	临潭公路段	三岔、扁都、羊永、城关、江可河、沙冒、卓尼（7）
临夏公路总段（45个）	临夏公路段	四家咀、塔张、辛家河、双城、马集、唐尕、卧龙、卡意沟（8）
	东乡公路段	东塬、锁南、龙泉、董岭、范家塬、唐汪（6）
	刘家峡公路段	刘家峡、三条岘、陈井、抚河、徐顶、徐家湾、上蒲家、王家窑（8）
	和政公路段	南阳山、蒿支沟、买家巷、和政、吊滩、祁家集、买家集、临园（8）

总段名	段名	道班名称
临夏公路总段（45个）	康乐公路段	康乐、虎关、苏集、八松、马集、五户、莲麓、景古（8）
	积石山公路段	枹罕、红台、乩藏、寨子沟、吹麻滩、肖红坪、刘集（7）
武威公路总段（26个）	武威公路段	谢河、大七、槐安、小坝口、香家湾、洪水河、羊下坝、团庄、红星、柳湾、松树（11）
	古浪公路段	十八里铺、双塔、土门、双槽、大靖、裴家营、老城（7）
	天祝公路段	石门河、深沟、乌鞘岭、狼龙沟、土城沟、碳山岭、金沙、古城（8）
张掖公路总段（35个）	山丹公路段	四坝、梁家湾、丰城堡、新河、磁坝、宋家墩、小寨子（7）
	甘州公路段	张鹰、黑河桥、新沟、草湖、余家城、团结、沙井子、苗圃、甘浚、甘州、大满（11）
	高台公路段	梨园、新华、化音、义和、元山子（5）
	民乐公路段	六坝、洪水、南丰（3）
	肃南公路段	大岔、小白泉、白泉门、长征峡、韭菜沟、青沟、孟家庄、青龙、岔路河（9）
酒泉公路总段（42个）	酒泉公路段	酒泉、阎门、茅福地、清水、石河桥、下河清（6）
	金塔公路段	二杰、营盘、金塔养管站（3）
	玉门公路段	清泉、蘑菇滩养管站、新民堡、巩昌河、低窝铺、农副组（6）
	马鬃山边防公路段	桥湾养管站、音凹峡、公婆泉（3）
	安西公路段	双塔、柳园、北大桥（3）
	敦煌公路段	西湖道班、三个墩、东沙门、长草沟、岔路口、小红山、文化路、五个庙、北台（9）
	嘉峪关公路段	嘉峪关、安远沟、黑山湖、岔路口、双洞桥、沙龙坪、红土湾、柳沟泉、大柳沟、大山口养管站、大泉口、向阳湖（12）

2010 年甘肃省各公路总段（分局）主要养管站设置情况表

表 1-6-10

总段名	段名	养管站名称
兰州公路总段（19 个）	兰州公路管理段	石洞、忠和、清水营、西果园、柳沟河（5）
	榆中公路管理段	甘草、三角城、定远、金崖（4）
	永登公路管理段	大同、苦水、武胜驿、通远（4）
	红古公路管理段	河口、旋子、省家庄（3）
	中川公路管理段	秦川、哈家咀、中川（3）
白银公路总段（15 个）	会宁公路管理段	甘沟驿、会宁、大沟、马家堡、青江驿、新堡子（6）
	靖远公路管理段	孙寨柯、旱平川、三滩、乌兰（4）
	白银公路管理段	来家窑、王岘（2）
	景泰公路管理段	条山、兴泉、新村（3）
定西公路总段（28 个）	临洮公路管理段	太石、洮阳、党家墩、连湾、站滩（5）
	安定公路管理段	西巩驿、巉口、内官、南川（4）
	陇西公路管理段	春场、福星、菜子（3）
	渭源公路管理段	会川、清源、北寨（3）
	漳县公路管理段	车场、大草滩、武阳（3）

总段名	段名	养管站名称
定西公路总段（28个）	岷县公路管理段	梅川、城关、马场、西寨、马坞、间井（6）
	通渭公路管理段	平襄（驻碧玉新城）、沙湾、马营、什川（4）
平凉公路总段（12个）	崆峒公路管理段	柳湖、四十里铺（2）
	庄浪公路管理段	南湖、水洛（2）
	灵台公路管理段	什字、灵台（2）
	崇信公路管理段	崇信、赤城（2）
	华亭公路管理段	华亭（1）
	泾川公路管理段	长庆桥、泾川（2）
	静宁公路管理段	八里（1）
庆阳公路总段（24个）	环县公路管理段	木钵、十五里沟、山城、甜水堡（4）
	合水公路管理段	连家砭、城关、板桥（3）
	庆城公路管理段	铜川、驿马、庆城、阜城（4）
	西峰公路管理段	肖金（1）
	华池公路管理段	悦乐（1）
	镇原公路管理段	屯字、城关、新城、方山（4）

总段名	段名	养管站名称
庆阳公路总段（24个）	正宁公路管理段	南邑、米桥、宫河（3）
	宁县公路管理段	早胜、南义、宁城、太昌（4）
天水公路总段（14个）	秦州公路管理段	娘娘坝、皂郊（2）合并平南、皂郊养管站，撤销原平南养管站，新建皂郊养管站
	麦积公路管理段	麦积、太碌、元龙（3）合并伯阳、立远养管站，撤销原伯阳、立远养管站，新建元龙养管站
	武山公路管理段	石岭、洛门、杨坪（3）合并杨坪、石岭养管站，撤销原杨坪养管站
	甘谷公路管理段	甘谷（1）
	秦安公路管理段	莲花、秦安、云山（3）
	清水公路管理段	红堡、上磨（2）
陇南公路总段（49个）	宕昌公路管理段	南河工区：哈达铺、大堡子、临江河作业点、官亭、沙湾、南河（6）
	武都公路管理段	黑坝工区：柳城作业点、白杨坝作业点、两水、汉王、外纳、甘泉、石坪、马街、三河、平套（10）
	文县公路管理段	东峪口工区：铧厂、寺陡坪、尚德、玉垒、关庄（5）
	碧口公路管理段	碧口工区：豆家坝、石洞滩、东沟、洛塘、两河（5）
	康县公路管理段	郑家沟工区：宋坝、平洛、王坝、黑马关、长坝、岸门口、白杨、阳坝（8）
	成县公路管理段	枣儿沟工区：枣儿沟、西狭、索池、丰泉（4）
	徽县公路管理段	架子山工区：石佛、贺店、江洛、田河、大河（5）
	两当公路管理段	永宁工区：两当、永宁（2）
	西和公路管理段	十里工区：长道、石峡（2）
	礼县公路管理段	祁山工区：盐官、白金（2）

续表

总段名	段名	养管站名称
甘南公路总段（11个）	合作公路管理段	扎刹、王格尔塘（2）
	碌曲公路管理段	郎木寺、桥头（2）
	玛曲公路管理段	大水养、尼玛（2）
	迭部公路管理段	谢谢寺、代古寺（2）
	舟曲公路管理段	峰迭（1）
	临潭公路管理段	城关、新城（2）
临夏公路总段（12个）	临夏公路管理段	双城、南龙（2）
	和政公路管理段	广河、三合（2）
	康乐公路管理段	景古、康乐（2）
	积石山公路管理段	红台、吹麻滩（2）
	东乡公路管理段	锁南、董岭（2）
	刘家峡公路管理段	陈井、徐顶（2）
武威公路总段（7个）	天祝公路管理段	石门河、乌鞘岭、炭山岭（3）
	古浪公路管理段	古浪、大靖（2）
	凉州公路管理段	凉州、团庄（2）

第一编 公路

397

总段名	段名	养管站名称
金昌公路总段（6个）	河西堡公路管理段	河西堡、周家井、下四分、柴照子（4）
	永昌公路管理段	永昌、新城子（2）
张掖公路分局（13个）	山丹公路管理段	宋家墩、小寨子、位奇（3）
	甘州公路管理段	甘州、甘浚、大满（3）
	高台公路管理段	元山子、化音、南华（3）
	肃南公路管理段	孟家庄、韭菜沟、肃南（3）
	民乐公路管理段	民乐（1，段站合一）
酒泉公路总段（19个）	肃州公路管理段	酒泉、下河清（2）
	金塔公路管理段	二杰、金塔、营盘道班（2站1班）
	玉门公路管理段	清泉、玉门镇、蘑菇滩（3）
	马鬃山边防公路管理段	桥湾、音凹峡、公婆泉道班（1站2班）
	瓜州公路管理段	北大桥、柳园、双塔道班（2站1班）
	敦煌公路管理段	北台、阿克塞、东沙门、长草沟、肃北道班（2站3班）
嘉峪关公路总段（3个）	雄关公路管理段	嘉峪关、玉门东（2）
	镜铁公路管理段	镜铁山（1）

二、日常维护保养

1991 年，省交通厅公路局印发《甘新公路 GBM 工程实施标准》，对实施 GBM 工程的路段加强日常维护，集中实施改造工程和维修工程，推动公路养护的标准化、规范化、美观化。1991 年 10 月，针对当时公路水毁产生的大面积病害，组织公路部门开展"大干 100 天"活动，在年内集中整治影响通行的公路病害。结合实施 GBM 工程，1994 年，提出"以养为主，养管并重"的公路养护管理原则，明确公路总段的工作中心为养护生产，全省各级公路养护部门从计划安排、人员经费落实、奖金分配等方面突出养护生产业务。1995 年，组织开展百日竞赛活动，并从 9 月开始组织开展"大干 60 天，修复水毁，建设标准路，恢复路况"竞赛活动，领导包段，划段承包，责任到人，集中整修公路水毁。

"九五"时期，实施 GBM 工程、创建文明样板路及养护竞赛活动，广泛推广应用乳化沥青、旧油皮再生利用、土工布与塑料格栅等新技术、新材料、新工艺，注重养护技术含量，促进养护管理工作科学化、规范化。在交通部全国干线公路范围内组织的首次养护管理检查中，取得片区第一的成绩。

"十五"期间，省文明委制定《甘肃省文明样板路建设管理办法》《甘肃省文明样板路建设检查验收办法》，省公路局制定《甘肃省公路标准化养护实施标准》和油路修补实施细则，推行标准化养护。省公路局每年安排标准化养护示范路段创建任务，先后组织开展"春运安全""好路杯""文明畅通"及"修复水毁、恢复路况、整修标准路"等竞赛活动，重点对高等级公路连接市、县的道路和重要旅游路线、未列入改建计划但病害较多的主要路段实施标准化养护，主要路线标准化养路合格率达 100%，优良品率 90%以上，国省干线公路好路率每年以 2%的速度递增。2004 年，省交通厅专门成立 G109 线部级文明样板路建设领导小组，投资 2 亿多元，当年完成 G109 线甘肃段 347 公里部级文明样板路创建任务。"十五"期间，全省巩固 G312 线甘肃段部级文明样板路 1 条 1576 公里、兰州至郎木寺文明线 1 条 615 公里、省级文明样板路 7 条 1231 公里，创建 G109 线部级文明样板路 347 公里。

"十一五"期间，省公路局通过开展"标准化养护"等活动，把日常养护作为提高公路路况服务水平的重点。每个公路总段（分局）每年创建1~2条100~200公里的标准化养护示范路段，实行挂牌作业。在加强路面养护的基础上，重点整治路容路貌，带动全省普通干线公路养护标准化。在"十二五"初全国干线公路养护管理检查中，甘肃普通干线公路养护管理获得第15名、综合排名第20名的成绩，省交通运输厅被交通运输部评为"十一五全国干线公路养护管理工作进步单位"。1991年—2010年甘肃省省养干线公路主要路况技术指标见表1-6-11。

1991年—2010年甘肃省省养干线公路主要路况技术指标表

表1-6-11

年份	省养普通公路		省养普通干线		年份	省养普通公路		省养普通干线	
	好路率	综合值	好路率	综合值		好路率	综合值	好路率	综合值
1991	69.9%	71.3	80.3%	73.3	2003	72.1%	73.53		
1992	71.7%	71.9	83.5%	77.3	2004	74.38%	74.28	90.23%	82.59
1993	73.2%				2005	73.6%	76.1	76.3%	76.1
1994	74.2%	72.8			2006	66.08%	69.96		
1995	74.8%	73	87.4%		2007	67.03%	70.99		
1996	60.7%	68.4	80.2%	76.1	省养普通干线				
1997	62.6%	69.2	83.6%	76.9	年度	优良路率	综合值		
1998	63.1%	69.4	83.1%	77.1	2008	56.05%	35.47		
1999	63.13%	69.69	84.39%	77.5	2009	50%	76.1		
2000	64.82%	70.6	84.64%	77.84	国、省道				
2001	67.1%	70.9	84.9%	77.8	年度	优良路率	综合值		
2002	70.38%	72.34			2010	64.45%	81.97		

注：2008年2月1日起交通运输部施行《公路技术状况评定标准》（JTG H20-2007），公路技术状况评定指标发生变化。因统计口径变化，2010年国省道路况技术指标为国家和省级高速、普通国省道平均指标。

三、养护维修工程

1986年—1995年，全省围绕"以实施GBM工程为龙头，以强化路政管理和质量管理为重点，全面提高公路综合效益和服务水平"的公路养护管理工作方针，组织公路职工大会战，先后在甘（肃）新（疆）、兰（州）郎（木寺）等8条重点路线实施GBM工程1550公里。"九五"时期，省公路局按照省交通厅提出的"加强大中修，减少养护量""95%以上经费必须用于养护，80%以上的道工必须从事养护生产"的要求，集中组织实施养护大中修工程。其中1996年，省公路局承建公路改建工程4项，省养油路工程171项，合格率100%，优良品率82.5%。1997年，省养路工程完成225项，完成油路新铺117.08公里，油路重铺97公里，油路罩面625.7公里，自力更生油路薄层封面343公里。2000年，全省实施养护维修工程，完成9条686公里省级文明样板路、18条1046公里地级文明样板路、73条2114公里县级文明样板路，承担和管理的26个公路建设和路网改造工程项目完成投资8.03亿元。"十五"期间，交通部下达甘肃实施GBM工程投资任务1873万元，共在15条线路上实施GBM工程1704公里，结合重点公路项目建设和路网改造工程，主要对部分扶贫、通县和县际公路项目实施绿化、美化工程和完善防排水工程。"十五"期间，每年平均大中修和改造公路里程占国省干线公路总里程的7.42%。其中2005年利用贷款和自筹资金1.82亿元实施养护维修工程836.2公里，贷款6.43亿元对10条二级收费公路进行大修改造。五年间，在8条国道和27条省道共8390处实施公路交通安全保障工程2352公里，对185座国省干线公路桥梁进行加固维修。"十一五"期间，全省利用交通运输部补助、银行贷款、单位自筹等多种方式筹措资金251.6亿元实施养护维修工程，平均每年实施养护维修工程里程占公路总里程的13.2%。共实施高速公路和普通干线公路养护维修工程7133.6公里，在G211线、G212线、G312线等47条路线上实施安保工程和灾害防治工程6335公里，整治公路上跨陇海线、兰新线等8条铁路公路立交66处，加固改造干线公路危旧桥梁568座，实施渡改桥18座。

兰州公路总段"八五"期间养护维修工程累计完成1052万元，GBM工程完成投资1368万元，完成中川"一幅高速公路"、西巩驿大桥和西兰路桃泉段拓宽改建工程等。"九五"期间，完成 G312 线徐树段、天巉段、凤郿段、柳古段、兰巉段，以及 G109 线河窑段、兰白段、青海段等公路改建工程，共 15292.75 万元。"十五"期间，兰州公路总段完成投资 5.07 亿元，对管养的 S201 线景西路、S301 线红岗路、S309 线甘蒲路、X123 线、G109 线河海路，G312 线河屯路进行二级收费公路或县际公路改造。"十一五"期间，实施养护维修工程 594.27 公里，完成投资达 6.1 亿元。

白银公路总段 "八五"期间，共实施养护维修工程 26 项，投资 623.91 万元，主要在 G312 线、G109 线、S207 线、S308 线、S201 线、X322 线实施油路罩面、薄层封面及油路重铺工程。"九五"期间，共实施养护维修工程 13 项，总投资 628.5 万元，主要在管养路段上实施罩面、重铺等工程。"十五"期间，共实施养护维修工程 23 项，总投资 1858.86 万元，主要在 G312 线、G109 线、S308 线实施沉陷处置工程和油路修补工程、罩面工程及重铺工程。"十一五"期间，共实施养护维修工程 20 项，总投资达 3897.25 万元，主要在 G109 线、G309 线、S201 线、S308 线实施碎石封面工程，在 G312 线实施沉陷处置工程，在 G109 线、S201 线实施油路重铺工程和罩面工程。

定西公路总段 "八五"期间，共完成养护维修工程投资 3113.78 万元，仅 1994 年新、改建涵洞 21 道 262 米，挖补罩面 60 公里 40.53 万平方米。"九五"期间，完成养护维修工程投资 7480 万元，其中 1997 年新铺油路 16.08 公里，挖补罩面 72.5 公里。"十五"期间，共完成养护维修工程投资 6879.89 万元，其中 2005 年重铺油路 56.36 公里，挖补罩面 92.86 公里。"十一五"期间，共完成养护维修工程投资 3.1 亿元，其中 2009 年就重铺油路 18.53 公里、挖补罩面 64.8 公里、沉陷等病害处置 5.75 万平方米。

庆阳公路总段 "八五"期间，养护维修工程共完成投资 4922.68 万元（含公路改建工程），其中 1995 年完成投资 1811.68 万元，主要实施吴凤公路西长段西峰环城西路 9.7 公里二级路改建工程。"九五"期间，养护维修工程共完成投资 3.5 亿元（含公路改建工程），其中 1999 年完成的 G211 线木板公路改建工程投资达 2.2 亿元。"十五"期间，养护维修工程共完成投资 7.44 亿元（含公路改建工程），其中 2002 年 S202 线打扮梁至庆阳二级公路改建工程完成投资 2.11 亿元。"十一五"期间，养护维修工程共完成投资 1.03 亿元，仅 2010 年就完成投资 3671.62 万元，主要在 G211 线木板路、S318 线西镇路、S202 线打庆路、S202 线西长路实施挖补、重铺和碎石封层工程。

平凉公路总段　"八五"期间，养护维修工程共完成投资 1073.83 万元，其中 1995 年新铺油路 10 公里、挖补罩面 8 公里、砂土封层 47 公里。"九五"期间，养护维修工程共完成投资 3927.6 万元，仅 1998 年就完成投资 1767.4 万元，主要改建 G312 线 6.54 公里、油路罩面 23 公里，在 S304 线、X046 线新铺油路共 2.6 公里。"十五"期间，养护维修工程共完成投资 4680.69 万元，其中 2005 年投资 2049.7 万元，主要在 S202 线、S218 线油路重铺 12.5 公里，在 G312 线、S202 线、S218 线挖补罩面 50 公里，在 S304 线、S218 线薄层罩面 12 公里、稀浆封层 7.67 公里。"十一五"期间，养护维修工程共完成投资 1.47 亿元，仅 2010 年就完成投资 9090.9 万元，主要实施 G312 线凤鄜高等级公路罩面 29.5 公里，实施 G312 线、S304 线、S202 线碎石封层 85.3 公里、罩面 16.66 公里。

天水公路总段　1991 年—2010 年，实施的养护维修工程较大的有 6 项。1998 年实施的天巉公路改造工程投资 3629 万元，主要为挖补罩面。2001 年—2002 年，实施的 G316 线甘谷至武山公路改造工程投资 700 万元，主要是重铺油路和挖补罩面。2005 年，实施的 G310 线牛背至北道段大中修改造工程投资 1.8 亿元，全面整修路面，完善防排水及安全设施。2008 年，实施的天巉公路养护维修工程概算投资 1079.4 万元，主要重铺路面。2009 年，实施的天巉公路养护维修工程概算投资 3902.68 万元，铺筑改性沥青混凝土面层 24 万平方米，处置路面病害 34827 平方米，橡胶沥青碎石封层 23.45 万平方米，铺筑水泥混凝土路面 1926 平方米。2010 年，实施的 G316 线江天路养护维修和水毁修复工程概算投资 1763.89 万元，共实施挖补罩面 14.69 公里，碎石封层 8500 平方米，处置病害 2000 平方米，重铺油路 4 公里，清理沿线塌方、泥石流 8260 立方米，修复路面 4581 平方米。

陇南公路总段　1991 年—2010 年，养护维修工程实施力度逐年加大。"八五""九五""十五"和"十一五"在养护维修工程方面完成投资分别为 1327.47 万元、2809.14 万元、4690.69 万元和 6135.18 万元。

甘南公路总段　1991年—2010年，在管养的1条国道和5条省道上实施养护维修工程投资超过1亿元。在G213线上共完成养护维修工程投资4527万元，其中1995年投入247.59万元实施重铺和挖补罩面工程，1998年投入405.95万元实施9项重铺和罩面工程，2010年投入1815.93万元对231.18公里进行全面重铺维修。X407线自2001年调整为S204线后，2006年—2008年先后实施路面维修工程投资合计537.54万元。S210线在2010年实施养护维修工程6.5公里，投资181.19万元。S306线实施的养护维修工程投资2968.73万元，其中2004年—2008年投资2468.4万元，逐年逐段维修改造。S312线上完成养护维修工程投资1109.54万元，其中2010年投资754.67万元，主要为改性沥青碎石封层并完善交通安全设施。S313线实施的养护维修工程投资2503.51万元，其中1999年新铺简易油路沥青表面处置路面10公里，2006年—2009年每年投资500万元左右改造危桥和完善安全保障设施。

临夏公路总段　1991年—2000年，共完成养护维修投资6336.14万元，主要修补油路73.1万平方米，大中修罩面32.45万平方米，重铺油路20.02万平方米，修复路基19.13万平方米。2001年，在G213、S309线安排实施维修工程10项。2002年—2004年，筹资1215.99万元对G213线、S309线、S311线和S317线超期服役油路进行维修，建成兰郎文明样板路2公里。2005年，筹资546万元，主要在管养路线上重铺油路11.28公里。"十一五"期间，共完成养护维修工程投资6078.54万元，主要在G213线、S311线、S309线上实施油路重铺、病害处置、油路罩面、碎石封层和附属设施维修等工程。

武威公路总段　2005年，在G312线武威过境段实施挖补罩面、修复护肩带等维修工程，完成投资295.5万元。"十一五"期间，在G045线完成养护维修工程投资4881.6万元，其中2010年完成投资1900万元，主要为碎石封层，油路重铺和灌缝。同时在S308线和S211线完成养护维修工程投资1113.4万元。

金昌公路总段　"八五"期间，通过实施GBM工程将管养的G312线由三级公路改造为二级公路，对G312线8公里路段、S212线10余公里路段进行油路重铺、罩面。"九五"期间，主要在G312线油路重铺20公里、罩面 50.6 公里，实施文明样板路 75 公里，在 S212 线油路重铺 4 公里，加宽罩面 7.4 公里。"十五"期间，共重铺油路 49 公里，罩面 70 公里，薄层封面 53 公里。"十一五"期间，主要在 G312 线实施薄层封面 15 公里，在 S212 线重铺油路 4.5 公里。

张掖公路分局　1991 年—2010 年，在管养的 2 条国道和 2 条省道上实施的主要养护维修工程投资共 7413.53 万元。在 G312 线共完成养护维修工程投资 3075 万元，其中 2010 年投资 1202.41 万元实施油路重铺、罩面和碎石封层工程。在 G227 线共完成养护维修工程投资 3202 万元，其中 2007 年—2010 年共投资 3114 万元，实施油路重铺、碎石封层、油路罩面工程。在 S213 线共完成养护维修工程投资 1095 万元，其中 1993 年投资 73.24 万元，实施油路新铺，1998 年投资 120 万元实施微表处工程，2007 年—2010 年投资 706 万元实施油路重铺、稀浆封层和同步碎石工程。

酒泉公路总段　"八五"期间，完成养护维护修工程投资 3203.98 万元，仅 1995 年投资 1813.91 万元，重铺油路 17 公里，路基加宽 47.62 公里，罩面 112.62 公里。"九五"期间，完成养护维修工程投资 7833.2 万元，其中 1999 年投资 3859.5 万元，路基加宽 437.3 公里，罩面 172.1 公里。"十五"期间，完成养护维修工程投资 6367.2 万元，其中 2005 年投资 2636.45 万元，油砂封层 121 公里，挖补罩面 52.1 公里，重铺油路 6.3 公里。"十一五"期间，完成养护维修工程投资 4707 万元，仅 2010 年投资 1383 万元，碎石封层 47.5 公里，油路重铺 18.38 公里、铺设草方格防风固沙带 2 万平方米。

嘉峪关公路总段　"八五"期间，共完成养护维修工程投资 265.49 万元，其中 1994 年罩面 5.5 公里、路基加宽 5.5 公里。"九五"期间，完成养护维修工程投资 294.9 万元，其中 1997 年加宽路基 7 公里、罩面 4.5 公里、砂路铺砂 50 公里。"十五"期间，完成养护维修工程投资 5749.11 万元，其中 2002 年新铺油路 30 公里、加宽路基 36 公里、新建涵洞 124 道。"十一五"期间，完成养护维修工程投资 7514.57 万元，其中 2009 年挖补罩面 11.45 公里。

四、安全保障工程

甘肃地形地貌复杂多样，尤其是高原、山区修建的公路大多在山谷和梁崀中蜿蜒，加之早期建成的公路安全防护设施不齐全，行车安全隐患较多。2004 年开始，按照交通运输部的统一部署，甘肃本着"统筹安排、分期实施""先重点后一般"的原则，先后在 G025 线、G045 线 2 条国主干线，G109 线、G211 线、G212 线、G213 线、G215 线、G227 线、G309 线、G310 线、G312 线、G316 线等 10 条国道，S101 线、S210 线、S202 线、S205 线、S207 线、S209 线、S211 线、S212 线、S214 线、S215 线、S218 线、S301 线、S303 线、S304 线、S306 线、S308 线、S309 线、S311 线、S313 线、S318 线等 32 条省道，X049 线、X372 线、X484 线、X044 线、X265 线、X273 线、X267 线、X251 线、X258 线、X271 线、X130 线等 159 条县、乡道，共计 203 条路线上实施公路安全保障工程。在此期间，还完善公路上跨陇海线、兰新线、兰青线、包兰线、宝中线 5 条铁路干线和红会线、嘉绿线、嘉镜线 3 条铁路支线公铁立交 66 处（座）。至 2010 年底，全省改造安全隐患里程共计 2.08 万公里，整治视距不良路段 642 处，新增波形护栏钢筋混凝土防撞护栏 32.03 万米，增设标志牌 1.57 万块，施划标线 327.33 万米，设置公路示警桩 4012 个，混凝土防撞墩 43.34 万米，减速设施 2512 处，反光镜 2.35 万块，新增及改造失控车辆自救车道 36 处，硬化整治平面交叉道口，完善防排水工程、防抛网、岩面挂网，清理危石等。总投资达 44878 万元，其中中央投资 35569 万元，省配套资金 9309 万元。据统计，安保工程实施后，同期交通事故起数减少 57.9%，伤亡人数减少 52.7%。

为了保证安保工程实施效果，省交通厅、省公路局每年对安保工程进行认真研究、专项部署，经过交流、学习和探索，制定《甘肃省公路安全保障工程实施方案》《甘肃省公路安全保障工程管理办法》《甘肃省公路安全保障工程实施技术要求》《甘肃省公路安全保障设施养护实施办法》等一系列管理制度和技术规范。为保证安保工程质量，省公路局成立公路安全保障工程实施领导小组和技术小组，负责全省公路安全保障工程管理、指导工作。各公路总段成立项目办，负责安保工程的实施。

公路安全保障工程点多、面广，不同地区、不同路线情况千差万别，组织施工难度较大，从安保工程实施一开始，甘肃公路系统就确定"先试点、后推开，先设计、后施工"的工作思路，在庆阳、陇南、定西三市分别确定 10 公里具有代表性的路段作为安保工程示范路段，先期开展实施安全保障工程。通过示范工程建设，摸索适合不同自然条件下的安全防护技术及工程管理办法，为全面实施安全保障工程提供实践经验。根据整治路段的公路特征、交通特征、路侧具体情况及交通工程的实施类型制定安保工程实施方案。因地制宜，处理好"被动防护"与"主动引导"的关系，对于不能通过主动引导解决问题的路段，公路部门采用增设护栏等被动措施。比如，在山大沟深、弯急坡陡的路段，增设护墩、波形护栏和钢筋混凝土防撞墙等防撞设施，以大幅标志代替小的警示、警告标志，在局部路段设置防护工程。在有效提高整治路段安全性的同时，坚持保持公路线形的美观，努力做到与周围景观相协调，并统筹考虑工程后期的养护、维修等因素，体现"重点设防、局部设防、综合处置"的思路。

公路安保工程竣工后，甘肃公路部门及时建立"公路安全保障工程登记台账"，做到经常性检查、定期检查不放松。对失控车辆自救车道砾石随时翻松和摊铺，对防撞墙、防撞墩、警示桩等防撞警示构造物等经常进行刷新，构造物出现损坏、基础掏空等现象，随发生随处置。结合甘肃省开展的道路交通安全隐患治理工作和"平安畅通县区"创建工作，公路部门与安监、交警等部门建立交通安全联席会议运作机制，积极预防和减少各类道路交通事故的发生，保护人民群众的生命及财产安全。对一些事故易发路段，各部门都抽调专人深入现场勘察，实地分析、调查事故隐患原因。对急弯、陡坡、长下坡、城市进出口路段、隧道、高填方路段等，组织基层单位和专家认真研究，反复论证，及时完善安保设施。

公路安保工程实施后成效显著的路段有：

（一）华灵公路灵台段

平凉境内 S202 线华灵公路灵台县坡道、黑河坡道，山大沟深，坡陡弯急。随着交通量和超速超载车辆增加，此路一度事故频发。黑河坡道、灵台坡道由于公路技术标准低，坡陡弯急，危险路段密布，安全设施缺乏，被当地人称为"死亡之坡"。黑河坡道、灵台坡道安保工程实施以前，每年平均发生交通事故 11 起，死亡 1 人，重伤 7 人，经济损失达 126 万以上。安保工程实施后，黑河坡、灵台坡两路段发生交通事故 1 起，所有事故车辆全部被安保设施拦挡，无冲出路面坠崖的车辆，直接避免特大交通事故 8 起。

（二）G316 线公路铁路立交

G316 线 1653 公里+098 米、1587 公里+536 米、1607 公里+200 米、1636 公里+720 米等 6 处上跨陇海公路铁路立交，所处路段车流量较大，且属于高填方路段，桥头两侧均和农田岔道口相接。6 处立交桥两侧除栏杆系外，均无其他安全保障设施。由于纵坡较大，行车视距不良，车速过高往往会导致车祸发生，造成人员伤亡。2004 年—2007 年，上述 6 处公铁立交共发生交通事故 10 起，死亡 2 人，重伤 6 人。2007 年 6 月，开始组织实施防撞护栏 80 米、墙式护栏 20 块、波形梁护栏 590 米、标志牌 10 块。安保工程实施完成后，该路段平均每年发生交通事故 1 起，零死亡。

（三）G312 线村镇平面交叉路口

G312 线道路设计标准为平原微丘区二级公路，设计行车时速 80 公里，路基宽 12 米，属混合交通。沿途急弯陡坡、连续下坡、视距不良路段较多，人口密集，穿越村镇和平面交叉路口较多，行人横穿马路现象频繁。2004 年开始，在此路段实施安保工程，主要完成增设、整合交通标志，设置示警桩、混凝土防撞墩、防撞墙、波形护栏，施划、补划标线，增设公路轮廓标等。工程完成后，年平均日交通量不断增加，但交通事故发生次数、伤亡人数比实施前仍呈现下降趋势。

（四）S308 线

S308 线 209~215 公里段为事故多发路段，2000 年—2003 年发生特大交通事故 5 起，重大交通事故 21 起，夺去 44 条生命，致使 52 人受伤，被省安全委员会列为重点整治的四条路段之一。2005 年、2006 年和 2008 年，S308 线先后实施安保工程，开展重点整治。工程实施后，在 15 天时间里就避免了 7 起事故的发生。

五、危旧桥加固改造

20 世纪 90 年代开始，甘肃在充分利用交通部危旧桥梁加固改造专项资金的同时，多方筹措配套资金，逐年组织实施危旧桥梁加固改造和维修工程，完成 G312 线堡子坪大桥、S309 线大河家黄河大桥等具有代表性的桥梁维修加固改造工程。"十五"期间，甘肃省先后对 393 座三类以上的国省干线公路危旧桥梁进行加固、改造和维修，改造后的桥梁基本满足交通运输需求，安全技术状况稳定可靠。在此期间，各级地方交通运输部门加大农村公路危旧桥加固改造力度，每年都有计划地对农村公路上出现的危旧桥梁进行加固改造。

截至2005年底，甘肃投入使用的公路桥梁中接近40%建成于20世纪七八十年代，急需加固和改造的干线公路三、四、五类桥梁共284座。随着交通量的迅猛增加，这些桥梁长期超负荷运行，桥梁技术状况不断下降，成为公路安全隐患。这些存在病害的桥梁数量大，全部推倒重建既不现实，也不科学。2006年—2010年，省交通部门利用交通运输部专项补助资金、银行贷款的方式筹集资金2.6亿元，对全省国省干线公路三、四、五类桥梁进行加固和改造，并对部分二类桥梁进行预防性维修。全省共加固改造干线公路危旧桥梁568座，农村公路危旧桥梁332座，实施渡改桥18座。至2010年底，全省干线一、二类桥梁达到96.7%。

位于卓尼的X401线洮河大桥1971年12月建成，桥梁总长154.4米，为5孔25米双曲拱桥，设计荷载为汽车—20级。1999年，由于县城道路拓宽改造，将原桥拓宽，在拓宽前对旧桥拱肋进行加固，将横系梁改为横隔板。X093线56公里+170米处马营桥跨越通渭马营油坊河，原桥修建于1969年，为1孔6米砖拱桥，原设计荷载为汽车—15级、拖车—80级，桥面宽7米。经过三十余年使用，桥梁主拱圈严重风化，出现明显裂缝，危及行车安全，被省公路局列入2004年危桥改建工程。定西公路总段于2005年5月组织人员对该桥测设，同年7月动工修建。改建后的马营桥设计荷载为汽车—20级、挂车—100级，上部构造为1孔8米空心板桥，下部构造为钢筋混凝土薄壁式轻型桥台，桥面全宽9米。G109线皋兰桥原为双曲拱桥，修建于1975年，位于皋兰县境内，1991年实施桥面加宽工程，后原拱桥多处出现裂缝，成为危桥。2004年—2005年，兰州公路总段实施彻底整修，主要拆除原双曲拱桥，重修桥上部构造及附属设施，并增加桥头两侧引线16米，新修部分预应力T形简支梁桥。主要工程数量为浇筑20号混凝土台身116立方米、30号混凝土台帽37.22立方米，安装板式橡胶支座10个、40号混凝土主梁92.1立方米、40号混凝土主梁湿接缝7.8立方米，桥面铺装24立方米30号混凝土、320平方米4厘米沥青混凝土面层，修建桥头引线16米。G316线南河桥位于陇西县境内，是陇西县城通往文峰镇的必经之路，修建于 1972 年 8 月，原为 3 孔 15 米双曲拱桥，桥长 59 米，桥面宽 8 米，设计荷载为汽车—13 级、拖车—60 级。由于原设计标准难以满足交通运输发展需求，桥面部分破坏严重，侧墙外倾，部分坍塌。2004 年列入危桥加固项目，主要更换拱上填料，用新材料铺装防水层，重新修建人行道及栏杆系，将原设计浆砌片石侧墙拆除后用混凝土现浇侧墙，修复桥面铺装。G316 线江洛大桥位于徽县境内，建成于 1967 年 5 月，全长 107.84 米，桥面净宽为 7+2×0.5 米，设计荷载为汽车—13 级、拖车—60 级，为 6 孔 16.8 米工形梁桥。后承担的交通量和载重量远远超出原设计标准，主梁出现大量裂缝，伸缩缝填料脱落。2007 年，采用粘贴碳纤维布提载补强梁体，增加横系梁增强横向联结，重做钢筋混凝土桥面铺装，更换支座及伸缩缝。

第五节 农村公路养护

20 世纪 90 年代，全省各级地方政府和交通部门发动群众义务劳动，通过动员开展"民工建勤"活动修养、改造农村公路。1991 年，省交通厅公路局制定《县乡公路养护生产管理标准》，并按照"民工建勤""民办公助"的方针，把 1.35 万公里县乡公路列入全省养护重点，各地共完成标准化养护公路 1809 公里，自力更生改造公路 200 公里，消除差等路 174 公里，当年重点养护的县乡公路好路率达到 50.6%，3892 公里重点养护的县道好路率达到 65.4%。1995 年，全省通过"民工建勤"拓宽改造县乡公路 210 公里。2001 年，全省通过开展"民工建勤筑路月"活动，重点改造县通乡四级公路和行政村通机动车路，当年整修行政村通机动车道路 338 条。省公路局于 2001 年和 2002 年先后制定《甘肃省县乡公路桥涵、防护构造物养护管理办法》《甘肃省县乡公路小修保养油路修补管理办法》，并提出县乡公路标准化养路六条标准，即路基宽度除特殊情况外，其余按规定的技术等级保持宽度一致；路肩平整、边线顺适、横坡达到规定的坡度，边坡平顺、坡度符合技术标准，路肩无高草；土质边沟要达到口宽 1.2 米、底宽 0.4 米、深 0.4 米的矩形标准，沟底平顺有一定纵坡，排水流畅；沙砾路面的路拱超高逐步符合规定；路基边缘成线、坡度成面，直线顺适、曲线圆滑，路面、路基边缘、沙堆、行道树形成四条线；栏杆、护柱、构造物完好。

随着通村硬化路建设，长期以来农村公路尤其是村道管理责任模糊，养护管理无机构、资金和专人保障的矛盾突出，农村公路特别是新建村道缺养、失养问题非常普遍。根据 2005 年国务院办公厅印发的《农村公路管理养护体制改革方案》，2007 年甘肃省政府办公厅批转省交通厅、省发展改革委、省财政厅制定的《甘肃省农村公路管理养护体制改革实施意见》，决定用 3 年时间，通过改革基本建立符合甘肃实际和社会主义市场经济要求的农村公路管理养护体制和运行机制，保障农村公路的日常养护和正常使用，实现农村公路管理养护的正常化和规范化。按照"先试点、再完善、后推广"的思路和有路必养、确保质量的要求，2007 年省交通厅、省公路局在除嘉峪关市外的 13 个市（州）各选一个示范试点县，率先推行农村公路养护管理体制改革。2008 年，示范试点县扩大到全省三分之一以上的县。2009 年，全省全面实施农村公路管理养护体制改革。

通过这次改革，甘肃省明确农村公路养护责权、事权。省交通厅负责指导、监督全省农村公路管理养护工作，制订全省农村公路建设规划，编制和审核下达农村公路养护计划，监督检查养护计划执行情况和养护质量，统筹安排和监管农村公路养护资金；甘肃省公路局负责制定农村公路养护管理技术规范和管理制度，建立全省农村公路养护数据库，具体执行省交通厅授权的全省农村公路养护管理监管和督查考核等工作；县级人民政府为农村养护管理责任主体，县级交通主管部门为农村公路养护管理执行主体，在县级交通主管部门设置专门的农村公路养护管理机构，具体承担农村公路的日常管理和养护工作，指导乡（镇）政府开展村道养护管理工作。在养护资金筹集上，明确市州级财政每年将新增财政收入的 1%~2% 专项用于平衡本地区农村公路日常养护经费和市州交通局从事农村公路管理的人员经费；县市区政府在统筹本县财政预算支出时，每年按财政收入的 2%~3% 专项用于农村公路日常养护经费和县市区交通局及其所属公路管理机构从事农村公路管理养护的人员经费；农村公路养护工程资金主要由省级财政和汽车养路费（成品油价税改革后为燃油税返还资金）安排，不足部分由市（州）、县（区）两级财政配套解决。

至 2009 年底，全省所有市（州）出台《农村公路管理养护体制改革实施意见》，86 个县（市、区）全部出台《农村公路管理养护体制改革实施细则》，各县级交通主管部门均设立县乡公路管理站或整合成立县级公路局，新建农村公路养护道路 574 个，1013 个乡（镇）设立农村公路管理所（站），10000 余个建制村成立养护小组，全省县（区）一级农村公路养护管理从业人员共 3080 人，乡（镇）一级农村公路养护管理从业人员共 3102 人（含兼职)，村一级农村公路养护从业人员共 2.57 万人。至此，甘肃农村公路养护管理基本实现"三有三落实"，即有机构、有办公场所、有专职人员，责任落实、资金落实、措施落实。至 2007 年底，全省县、乡、专公路优良路率达到 58.58%，综合值 67.32。1991 年—2010 年甘肃省农村公路主要路况技术指标见表 1-6-12。

1991 年—2007 年甘肃省农村公路主要路况技术指标表

表 1-6-12

年份	好路率	综合值	年份	好路率	综合值
1991	50.6%	61.7	1999	44.81%	59.84
1992	52.6%	62.5	2000	45.56%	60.36
1993	54.4%		2001	47.7%	61.4
1994	55.3%	63.5	2002	50.75%	62.92
1995	55.7%	63.7	2003	52.76%	64.13
1996	43.2%	58.4	2004	54.68%	65.23
1997	44%	59.1	2005	56.5%	67.1
1998	44.2%	59.2	2007	58.58%	67.32

注：2008 年 2 月 1 日起交通运输部施行《公路技术状况评定标准》（JTG H20-2007)，公路技术状况评定指标发生变化。2010 年，全省农村公路优良路率 26.28%，综合值 62.37。

第六节　公路绿化

省公路局在 20 世纪 80 年代初成立绿化办公室，有专职人员负责全省公路绿化工作。各公路总段均成立公路绿化领导小组，配备专兼职管理人员。至 1998 年底，全省共有 1.23 万公里公路完成绿化，占宜林公路总里程的 57.3%。20 世纪 90 年代，省公路局除保证每年养护计划中专项安排资金外，结合部、省级文明样板路建设、GBM 工程等，保障和增加公路绿化投入。各级地方政府积极发动群众投劳投资，为公路绿化提供人力、财力和物力支持。1991 年，地处戈壁沙漠区的张掖公路总段在管养的公路上植树 4122 株，绿化公路 230 公里。地处黄土干旱区的庆阳公路总段、平凉公路总段泾川公路管理段管养的宜林路段绿化率达到 100%，这三家公路总段均被省委、省政府评为"绿化先进单位"。地处陇中旱塬区的定西公路总段在 1991 年—2000 年绿化公路 711.32 公里，被共青团甘肃省委、省交通厅评为"甘肃省筑万里绿色长城先进单位"，被定西地委、定西地区行署评为"定西地区绿化造林先进单位"。

2002 年，省政府对 1986 年制定的《甘肃省公路造林与管护规定》进行修订，规定公路绿化用地范围、种植、管护收益等，明确公路造林工作由各级公路管理机构统筹规划和组织实施，并提出在各级政府支持下按规定组织群众义务植树，配合公路绿化。至此，甘肃公路两旁留地范围造林准则确定为：在公路留地靠外侧边界种植一行长青树、果木或优质树种，作为路界标志树长期保留。省公路局随后制定《甘肃省省养公路绿化指导意见》，并配合省绿化办制定《甘肃省绿色通道工程建设规划》，除保证每年公路养护计划中专项安排绿化资金外，还结合建设部、省级文明样板路、实施 GBM 工程等增加公路绿化投入。各级地方政府同时发动群众投劳、投资，配合支持公路绿化。"十五"期间，全省公路部门共投资 600 多万元，种植公路行道树 1810 公里 198.55 万株，建设绿色示范路段 406 公里。其中绿化的主要路段有：S211 线民勤至武威段 93 公里投资 47 万元，S308 线大双段 93 公里投资 30 万元，G213 线合郎段 161 公里投资 161 万元，G213 线兰刘段 41 公里投资 14 万元。2002 年，江武公路改建完成后，陇南公路总段筹资 230 多万元，投入 10000 多人次，对全线 161 公里公路统一规划种植侧柏、水杉。凡属公路造林地范围内的林木，公路管理机构都按不同类型登记，建立公路林木档案，及时管护，及时补栽新植，植树成活率达到 90%，保存率达到 92%。

"十一五"以后，高速公路绿化工程列入建设项目内容，与主体工程同步实施、同步验收。宜林路段除在高速公路外侧植树造林外，边坡、防护坡均种草绿化，中央隔离带种植长青木并配合种植花草绿化、美化。高速公路绿化养护实行市场化，由公路管理部门以签订合同的方式委托具备资质的专业绿化公司承担病虫害防治、灌溉、补植、施肥、修剪、松土、扶正等管护工作。

至 2010 年底，甘肃省可绿化的 2.41 万公里公路共绿化 1.43 万公里，绿化率 59.3%。其中，国、省道可绿化里程 7257 公里，已绿化 5336 公里，绿化率 73.5%；县、乡、村道和专用公路可绿化里程 1.68 万公里，已绿化 8981 公里，绿化率 53.5%。

第七节　"民工建勤"与"以工代赈"建养公路

一、"民工建勤"建养公路

1990 年 6 月 1 日，省政府发布《甘肃省民工建勤修建养护公路暂行规定》，规定公路两侧各 15 公里范围内，18 至 45 周岁男性及 18 至 40 周岁女性农牧民、乡（镇）企业职工，均有建勤建养公路的义务。"民工建勤"以村（农、牧场）为单位，由乡（镇）政府按照各单位应建勤的劳力、车辆（船只）数和上级下达的建勤任务。"民工建勤"可以采取代表工的形式，也可"以金代工""以金代车（船）"的形式。对于常年从事公路修建、养护工作的代表工，公路部门与其签订合同，给予适当补贴。"以金代工"的工资按当地二级工工资标准折算，"以金代车（船）"计费标准按生产定额折算。"民工建勤"修建、养护公路，主要是进行国道、省道和列入各级公路部门养护的县乡以上公路的修建、养护，改善、修复及采备砂石料。最初"民工建勤"仅限于县乡公路，1991 年起，扩大到干线公路加宽改造、养护中，取得显著成绩。据不完全统计，当年全省完成备砂732.93万立方米，其中省养公路备砂44.68万立方米，整修公路1.34万公里，开挖边沟8412公里，修复水毁路基30547公里，清理塌方3957万立方米。酒泉地区发动所属6县（市）39个乡（镇）、2个农场，投劳1047万个工日，机动车建勤520台班，完成路基加宽20公里，移动土石方3446万立方米，仅三季度就完成GBM工程加宽公路75公里。张掖地区采取地县乡分级管理的办法，永昌、临泽等县还建立乡、村、户"民工建勤"台账，落实建勤责任。嘉峪关市领导带头参加建勤劳动，干部与群众一齐上路搞会战。天水市实行机动车建勤车日制度，对出不了车、完不成建勤任务的，按吨位收取一定数量的建勤费。临夏回族自治州把"民工建勤"修公路与公粮入库、计划生育、平田整地列为政府工作四大任务来抓。根据年终检查和平时考核情况，酒泉、嘉峪关、天水等地市和敦煌、酒泉、临泽、永昌等县（市）被省交通厅树立为"民工建勤"先进单位。

1992年，全省各级政府陆续出台"民工建勤"修建养护公路规定和实施细则，深入推进"民工建勤"建养公路工作。全省共完成"民工建勤"工日279万个，车日407万个。其中庆阳地区发动民工投劳加宽改造干线公路65公里，移动土石方10万多立方米。1993年，各地区以修复公路水毁为重点，在下半年广泛动员，开展整修公路工作。全省在"民工建勤"整修公路方面共投入78万个工日、77万个车日。其中陇南地区以省养干线公路和水毁严重的县乡公路为重点，将整修公路作为秋后农闲时节的主要工作来抓，13名地级领导、310名县级领导和3000多名科级干部带头上路参加劳动。

1994年开始，"民工建勤"修养公路工作主要集中在县乡公路。其中平凉地区从1994年开始把每年11月定为全区农村"筑路月"。1996年，全省范围内开展"民工建勤""筑路月"活动，当年全省"民工建勤"完成备砂109万立米，整修公路1.1万公里，征收代金498万元。1999年，针对县乡公路养护资金紧张的状况，全省各地采取集资、捐资、征收代金和财政支持等形式，多方筹资，动员和组织广大群众义务投工投劳，涌现出靖远杨廷英、宁县章平等个人捐资百万元以上建设县乡公路的典型事例。甘肃省通过"民工建勤"的方式建设农村公路取得突出成绩，省公路局在交通部召开的中西部省区农村公路建设座谈会上介绍经验，与会代表现场考察了静宁县农村公路建设现场。

2002年，国家取消自1950年开始实施的"民工建勤"政策，采用"一事一议"的方式解决农村公路建设养护问题。按照"一事一议"政策规定和"三年过渡期"的要求，甘肃省在当年组织第七次"筑路月"活动。完成备砂121.5万立方米，整修公路1625公里，"民工建勤"完成折合工作量17077.27万元。"筑路月"活动中各地区将农村公路建设重点放在路网改造县通乡四级路、行政村通机动车道路上。活动期间，计划安排100个乡通四级公路建设项目，改造里程1932公里。2002年底完成铺筑沙砾路面109.5万平方米，修建桥梁192座4072.69米、涵洞3715道338万米。全省分三次补助资金8626万元用于农村公路建设。2004年，全省大规模农村公路建设展开，财政投资增加，"民工建勤"修养公路逐步退出历史舞台。陇南、甘南因情况特殊，"民工建勤"政策仍发挥着积极作用。

二、"以工代赈"建养公路

1984年冬—1995年，国家实施粮、棉、布和中低档工业品"以工代赈"开展公路建设、养护。10年间，累计投资4亿多元（含实物折价），共新建公路2370公里，改建公路4512公里，新建桥梁580多座，使改革开放以后成立的260多个乡通了公路，近千个乡的交通条件得到显著改善，受益面达10地区64个县。全省地方公路开始进入规范化、标准化发展的新阶段。

1984年9月，中共中央、国务院《关于帮助贫困地区尽快改善面貌的通知》中，把甘肃列入扶贫范围，并对如何发展地方公路做了政策性规定。甘肃省委、省政府根据"利用库存余粮组织修路劳务"的精神召开紧急电话会议，部署安排"以工代赈"修路工作。省交通厅认真研究，统一认识，制订规划，并在厅公路局成立"以工代赈"公路建设工程办公室，各地交通处（局）也成立了相应的办事机构。

根据早建设、早受益的原则，崇信至安口、巉口至郭城、红土窑至马营等几条经济效益好的重点公路工程于1984年冬先期开工修建。1985年春，粮、棉、布"以工代赈"公路工程在全省全面展开。广大农村群众踊跃参加，上路人数达到十多万人。至1987年底，顺利完成三年粮、棉、布"以工代赈"修路任务。三年共动用粮、棉、布实物折价款1.22亿元，从省财政、能源返还资金和养路费中筹集配套资金 8807 万元。共完成新建公路 1947 公里、简易乡村道路 7042 公里，改建三级、四级公路 3029 公里，新建桥梁 415 座、吊桥 54 座、涵洞 6177 道，修建公路防护工程 979 处、总长 10.05 万米。农村群众共投入劳力 1.56 亿个，移动土石方工程量 9870 多万立方米。在初战告捷的基础上，1989 年—1993 年利用库存中低档工业品，采取"以工代赈"方式新建、改建地方公路。四年累计投资 2.23 亿元（含配套资金），共新建公路 424.9 公里，改建公路 1483.3 公里，修建桥梁 167 座，新铺油路 174 公里。

经过十年的艰苦奋战，全省地方公路技术状况显著改善，通过能力大大提高。至 1993 年底，全省地方养护公路已发展到 2.24 万公里，其中二级公路 28 公里、三级公路 3566 公里、四级公路 9238 公里、等外公路（主要是乡道）仅剩 9597 公里。在公路总里程中，有高级、次高级路面 2602 公里，有晴雨通车里程 1.47 万公里。

1995 年以后，大规模"以工代赈"公路建养告一段落，项目与扶贫公路、"村村通"工程相结合进行。2000 年，实施交通部下达的扶贫公路建设计划和省计划委员会下达的"以工代赈"公路建设计划。全省交通扶贫公路建设计划总投资 27052.92 万元（含上年结转 9639.92 万元），其中"以工代赈"项目投资 17630 万元，养路费专项配套投资 828 万元，省财政资金 472 万元，地县自筹资金 7882.92 万元。到年底，完成工作量 14833.52 万元，余 12219.4 万元结转次年完成。项目 467 项，开工 283 项，竣工 230 项。新建公路 140 公里，改建公路 298.8 公里，新铺、罩面油路 132.5 公里；新建桥梁 46 座 1481.8 米，新建、改建涵洞 699 道 6371.5 米，护坡、驳岸、挡墙 105 处 5.12 万立方米。

"以工代赈"修建公路不仅改善了老区、贫困地区、边远山区交通落后的面貌，而且使全省公路网络布局得到进一步完善，提高了公路整体质量水平。与以往公路建设相比，具有如下特点：一是领导重视，政府支持。各级地方政府把"以工代赈"公路建设当作每年的大事来抓，交通、粮食、商业、电力、银行、劳动人事等部门相互配合，通力协作，很好地解决了工程组织、实物兑现、电力物资供应、劳力调配、人事调动及征地拆迁等问题，保证了各项工程顺利进行。二是坚持改革，实行目标管理。省、地、县、乡层层签订目标责任书，工程按项目划段承包，奖优罚劣。三是严格标准，严格规范，坚持修等级路。省政府要求各地严格按标准施工，严禁出现新的等外路。针对各地技术力量薄弱的实际，省交通厅从公路总段抽调技术骨干充实各施工点，帮助解决施工中遇到的问题，并制定规章制度，加强管理。同时，省交通厅多次组织有关部门领导深入基层调查研究，督促检查工程质量，使新建、改建工程一次性达到等级标准。四是科学规划，合理布局。省交通厅根据全省"井"字形公路主骨架和现在网络布局合理安排新、改建项目，对于经济效益好的项目尽量做到优先安排，如崇安、巉郭、红马、陇漳等公路，均于 1987 年前后建成通车，不到三五年就收回了全部投资。另据公路部门统计，1985 年—1987 年建成的公路，由于布局合理，共缩短运输里程 2000 多公里，每年可节约汽油费用 4400 万元，经济效益十分可观。

"以工代赈"发展地方公路，使贫困地区、老区、边远山区落后的交通条件大为改观，也为这些地区群众脱贫致富创造了条件。沿途农村产业结构发生显著变化，乡（镇）企业、家庭手工业蓬勃发展，运输服务业也随之兴起。"要想富，先修路"成为农村广大干部群众的共识。

第七章　公路运营

第一节　高速公路运营

一、通行费征收

1994 年，甘肃省首条高等级公路中川"一幅高速公路"和首条高速公路天北高速建成通车，这两条公路收费运营由省交通厅公路局负责。同年，省交通厅公路局设立高等级公路管理科和甘肃省中川高速公路管理所，天水公路总段成立甘肃省天北高速公路管理所，具体负责天北高速公路运营管理。进入 21 世纪，全省陆续建成一批高速公路，大多数高速公路运营管理由各建设业主负责。2002 年 12 月，甘肃省高等级公路运营管理中心成立，负责大部分联网高速公路的运营管理。2007 年，全省高速公路运营统一交由省高等级公路运营管理中心负责。根据《中华人民共和国收费公路管理条例》和甘肃省交通厅《甘肃省高等级公路收费运营管理暂行规定》对高速公路进行管理。

2002年，高等级公路通行费征收采用IC卡（一卡通）入口发卡、出口缴费的封闭式区域性联网收费系统收费，即人工半自动收费方式（MTC），个别收费站对地方车辆采用月票方式收费。

MTC，也就是"人工收费、计算机管理、闭路电视监视"模式。当汽车进入MTC车道时，收费员判别车型，将车型及入口地址输入收费员终端，按照车型收费，软件系统根据此信息告诉读卡器应该收取多少金额的通行费，显示器显示金额，收费员收取通行费，打印票据，通行信号灯由红变绿，自动栏杆开启，车辆驶离完成收费。半自动收费方式具备对讲监控和图像监控功能，实现对收费过程的实时监控。在收费站监控室，监控员可以随时监控收费人员的工作和车辆通行情况，有效防止收费员在车型、免费车辆上作弊，对收费过程进行录像和抓拍，且录像机可以采用24小时连续工作方式。为了克服录像机图像难以查找、检索、长期保存困难等缺点，采用硬盘录像，以对收费过程和产生警报信号的视频信息进行采集并压缩储存，建立图像数据库，用光盘长期保存。

2005年8月，按照"建成一条联网一条"的目标，临清高速并入西部路网收费。同年12月16日，又将刘白、徐树高速并入中部路网收费。12月29日，清嘉高速试通车。至年底，甘肃省高速公路里程达1006公里，联网收费路段达到14条，其中中部路网10条长86公里，西部路网4条长38公里。2006年，实现清嘉高速并网收费。

2008年，兰州至中川机场电子不停车收费（ETC）及电子缴费正式开通，在部分收费站入口车道增设自动发卡设备。2009年—2010年，甘肃省高速公路采用以MTC为主、ETC收费方式为辅的收费模式。

ETC收费模式：ETC车道前方装有标志和信号灯，指示车辆驶入并按照规定速度行驶。车道侧面安装有路测阅读器，在车辆驶入特定区域时开启工作，与车载AVI（汽车自动识别）卡通信，并立即判别处理，车道后端装有信号灯、报警器和电动栏杆，并设有通向人工收费车道出口。当计算机判断车辆传递信息有效时，即控制信号灯转绿，栏杆开启，予以放行。如信号无效，或驶入 ETC 车道未装 AVI 卡，则立即发出警报，控制信号灯将车辆导入人工收费车道。同时，为了有效防止车辆超限超载，2009 年还实行小型车、客车按车型收费，货运车辆按称量的车货总重收费。2003 年—2010 年甘肃省高速公路通行费征收情况见表 1-7-1。

2003 年—2010 年甘肃省高速公路通行费征收情况一览表

表 1-7-1

序号	年份	本年度征收计划（万元）	本年度通行费收入（万元）	实际完成计划比（%）	上一年度通行费收入（万元）	本年度与上一年度同期增长额		通行费减免额（万元）
						（万元）	（%）	
1	2003	20700.00	37947.49	183.32	—	—	—	—
2	2004	39405.00	49578.58	125.82	37947.49	11631.09	30.65	—
3	2005	75480.00	82959.88	109.91	49578.58	33381.30	67.33	1670.08
4	2006	98900.00	99001.91	100.10	82959.88	16042.03	19.34	2121.30
5	2007	124000.00	150578.30	121.43	99001.91	51576.39	52.10	4363.04
6	2008	158000.00	163190.78	103.29	150578.30	12612.48	8.38	42426.33
7	2009	179000.00	207211.98	115.76	163190.78	44021.20	26.98	32258.18
8	2010	260000.00	303058.16	116.56	207211.98	95846.19	46.26	37414.17

二、费 率

（一）高速公路收费标准

甘肃省高速公路全部属政府还贷公路，车辆通行费由省交通厅采取"统贷统还"的管理方式，按照"建成一条，联网一条"的目标收费。2002 年—2010 年甘肃省高速公路批准收费情况见表 1-7-2。

表 1-7-2

2002 年—2010 年甘肃省高速公路批准收费情况表

序号	收费项目名称	高速公路起点名称	高速公路终点名称	批准收费文件文号	批准收费文件名称	批准收费起始时间	批准收费终止时间	收费里程合计	小型客车单位里程收费标准	货车计重收费单位重量里程基本费率
								公里	元/公里	元/吨公里
1	白兰高速	白银	兰州	甘价费[2005]22号	省物价局、省财政厅关于核定白兰高速公路收费标准和收费期限的通知	2003 年 1 月 1 日	2022 年 12 月 31 日	58.973	0.35	0.08
2	柳忠高速	柳沟河	忠和	甘价费[2005]24号	省物价局、省财政厅关于核定柳忠高速公路收费标准和收费期限的通知	2003 年 1 月 30 日	2022 年 12 月 31 日	34.694	0.35	0.08
3	机场高速	尹家庄	中川	甘价费[2005]21号	省物价局、省财政厅关于核定尹中高速公路收费标准和收费期限的通知	2003 年 1 月 30 日	2022 年 12 月 31 日	22.3	0.35	0.08
4	永山高速	永昌	山丹	甘价费[2005]25号	省物价局、省财政厅关于核定永山高速公路收费标准和收费期限的通知	2005 年 1 月 1 日	2022 年 12 月 31 日	117.8	0.35	0.08

续表

序号	收费项目名称	高速公路起点名称	高速公路终点名称	批准收费文件文号	批准收费文件名称	批准收费起始时间	批准收费终止时间	收费里程合计 公里	小型客车单位里程收费标准 元/公里	货车计重收费单位重量里程基本费率 元/吨公里
5	嶂柳高速	嶂口	柳沟河	甘价费[2005]23号	省物价局、省财政厅关于核定嶂柳高速公路收费期限和收费标准的通知	2005年1月30日	2022年12月31日	78.27	0.35	0.08
6	古永高速	古浪	永昌	甘价费[2006]90号	省物价局、省财政厅关于核定古永高速公路收费标准和收费期限的通知	2005年8月18日	2023年8月17日	70.04	0.35	0.08
7	兰海高速	兰州	海石湾	甘价费[2004]331号	省物价局、省财政厅关于国道主干线兰海高速公路收取车辆通行费标准的通知	2003年11月15日	2023年8月17日	100.843	0.35	0.08
8	山临高速	山丹	临泽	甘价费[2006]326号	省物价局、省财政厅关于山丹至临泽高速公路车辆通行费收费标准和收费期限的通知	2004年11月1日	2024年10月31日	97	0.35	0.08

续表

序号	收费项目名称	高速公路起点名称	高速公路终点名称	批准收费文件文号	批准收费文件名称	批准收费起始时间	批准收费终止时间	收费里程合计 公里	小型客车单位里程收费标准 元/公里	货车计重收费单位重量里程基本费率 元/吨公里
9	兰临高速	兰州	临洮	甘价费[2004]334号	省物价局、省财政厅关于国道212线兰临高速公路收取车辆通行费收费标准的通知	2004年11月15日	2024年11月14日	92.69	0.35	0.08
10	临清高速	临泽	清水	甘价费[2006]356号	省物价局、省财政厅关于正式核定临泽至清水高速公路车辆通行费收费标准和收费期限的通知	2004年11月15日	2024年11月14日	99.721	0.35	0.08
11	刘白高速	刘寨柯	白银	甘价费[2005]283号	省物价局、省财政厅关于国道主干线刘白高速公路收取车辆通行费收费标准的通知	2005年12月1日	2025年11月30日	110.6	0.35	0.08
12	树徐高速	树屏	徐家磨	甘价费[2005]289号	省物价局、省财政厅关于国道主干线树徐高速公路收取车辆通行费收费标准的通知	2006年1月1日	2025年12月31日	22.915	0.35	0.08

续表

序号	收费项目名称	高速公路起点名称	高速公路终点名称	批准收费文件文号	批准收费文件名称	批准收费起始时间	批准收费终止时间	收费里程合计 公里	小型客车单位里程收费标准 元/公里	货车计重收费单位重量里程基本费率 元/吨公里
13	清嘉高速	清水	嘉峪关	甘价费〔2004〕335号	省物价局、省财政厅关于国道主干线清高速公路收取车辆通行费收费标准的通知	2006年8月1日	2026年7月31日	95.9	0.35	0.08
14	武威过境高速	武南镇	丰乐镇	甘价费〔2006〕382号	省物价局、省财政厅关于武威过境高速公路车辆通行费收费标准的通知	2006年12月25日	2026年12月24日	44.634	0.35	0.08
15	嘉安高速	嘉峪关	安西	甘价费〔2009〕17号	省物价局、省财政厅关于正式核定嘉峪关至安西高速公路车辆通行费收费标准和收费期限的通知	2006年12月26日	2026年12月25日	235.417	0.35	0.08
16	宝天高速	东岔镇	麦积区	甘价费〔2009〕218号	省物价局、省财政厅关于连霍国道主干线宝(鸡)天(水)高速公路牛背至天水段车辆通行费收费标准的通知	2009年9月26日	2029年9月25日	91.114	0.5	0.08

续表

序号	收费项目名称	高速公路起点名称	高速公路终点名称	批准收费文件文号	批准收费文件名称	批准收费起始时间	批准收费终止时间	收费里程合计 公里	小型客车单位里程收费标准 元/公里	货车计重收费单位重量里程基本费率 元/吨公里
17	平定高速	平凉	定西	甘价费〔2009〕280号	省物价局、省财政厅关于银武通道平凉至定西高速公路车辆通行费收费标准的通知	2009年12月24日	2029年12月23日	258	0.35	0.08
18	金永高速	金昌	永昌	甘发改收费〔2010〕1687号	省发展和改革委员会、省财政厅关于永昌至金昌收费公路车辆通行费收费标准和收费期限的通知	2010年10月23日	2030年10月22日	42.14	0.35	0.08
19	康临高速	康家崖	临夏	甘发改收费〔2010〕1920号	甘肃省发展和改革委员会、甘肃省财政厅关于康家崖至临夏高速公路通行费收费标准的批复	2010年12月15日	2030年12月14日	70.973	0.35	0.08

续表

序号	收费项目名称	高速公路起点名称	高速公路终点名称	批准收费文件文号	批准收费文件名称	批准收费起始时间	批准收费终止时间	收费里程合计	小型客车单位里程收费标准	货车计重收费单位重量里程基本费率
								公里	元/公里	元/吨公里
20	天定高速	天水	定西	甘发改收费〔2011〕1605号	省发展和改革委员会、省财政厅关于天水至定西高速公路路辆通行费收费标准的批复	2010年12月28日	2030年12月27日	234.617	0.35	0.08

（二）通行费车型分类

2003 年 4 月 28 日，交通部颁布中华人民共和国交通行业标准《收费公路车辆通行费车型分类》（JT/T 489-2003），该标准于 2003 年 10 月 1 日起执行。中华人民共和国国家标准《汽车和挂车类型的术语和定义》（GB/T 3730.1-2001）中，汽车分为乘用车和商用车两大类。其中商用车辆又细分为客车、半挂牵引车、货车（包括专用作业车）。标准将汽车分为乘用车、客车、半挂牵引车、货车四类。

宝天高速由于建设成本较高，根据《省物价局、省财政厅关于宝天高速公路车辆通行费收费标准的批复》，小车（含 6 座及 6 座以下小型客车、越野车）0.50 元/车·公里；2 吨以下（含 2 吨）各类客、货车 0.60 元/车·公里；2 吨~5 吨（含 5 吨）各类客、货车 0.90 元/车·公里；5 吨~10 吨（含 10 吨）各类客、货车 1.30 元/车·公里；10 吨~20 吨（含 20 吨）各类车辆 1.60 元/车·公里；20 吨以上的各类车辆 2.00 元/车·公里。通过宝天高速牛背至天水段麦积山特长公路隧道车辆，另按车型收取隧道车辆通行费。具体收费标准为：小车（含 6 座及 6 座以下小型客车、越野车）20.00 元/车·次；2 吨以下（含 2 吨）各类客、货车 30.00 元/车·次；2 吨~5 吨（含 5 吨）各类客、货车 40.00 元/车·次；5 吨~10 吨（含 10 吨）各类客、货车 50.00 元/车·次；10 吨~20 吨（含 20 吨）各类车辆 60.00 元/车·次；20 吨以上的各类车辆 70.00 元/车·次。甘肃省高速公路车型划分及收费标准见表 1-7-3。

甘肃省高速公路车型划分及收费标准

表 1-7-3

类别	车型及规格		收费标准（元/车·公里）	
	客车	货车	高速公路（不含宝天）	宝天高速
1	小型客车：6 座以下（包括 6 座）		0.35	0.50
2	中型客车：6 座以上至 20 座（包括 20 座）	小型货车：2 吨以下（包括 2 吨）	0.55	0.60
3	大型客车：20 座以上至 50 座（包括 50 座）	中型货车：2 吨以上至 5 吨（包括 5 吨）	0.80	0.90

续表

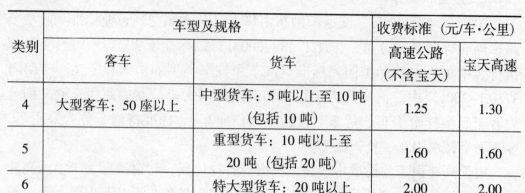

类别	车型及规格		收费标准（元/车·公里）	
	客车	货车	高速公路（不含宝天）	宝天高速
4	大型客车：50座以上	中型货车：5吨以上至10吨（包括10吨）	1.25	1.30
5		重型货车：10吨以上至20吨（包括20吨）	1.60	1.60
6		特大型货车：20吨以上	2.00	2.00

三、计重收费

2005年，按照交通部《印发关于收费公路试行计重收费指导意见的通知》要求，参照周边省份的做法，在全省建立遏制超限运输的长效机制，对通行甘肃省高等级公路的载货类汽车实行计重收取车辆通行费。2009年5月，根据《省物价局、省财政厅关于收费公路载货类汽车车辆通行费试行计重收费的通知》精神，全省高等级公路计重收费于2009年6月16日零点正式启动，正常装载的合法运输车辆行驶高等级公路时，其车辆通行费按现行收费车型分类标准执行；超过公路承载能力的车辆通行费收费标准按照如下基本费率和计算办法确定。

封闭式高速公路计重收费基本费率按0.08元/吨·公里执行，封闭式二专公路基本费率按0.07元/吨·公里执行。总重5吨以下按5吨计，计费不足10元按10元计收；车货总重超过该车对应的公路承载能力认定标准但未超过超限认定标准的载货类汽车，该车车货总重中小于等于10吨的重量部分及超过公路承载能力认定标准的重量部分按基本费率计重收取车辆通行费。车货总重中正常装载的10吨~40吨部分，其基本费率封闭式收费公路和开放式收费公路线性递减到50%和80%；车货总重超过超限认定标准的载货类汽车，超限认定标准内的重量部分，按基本费率的3倍计重收取车辆通行费，超过超限认定标准的重量部分，按基本费率的6倍计重收取车辆通行费。甘肃省公路承载能力标准及公路超限标准见表1-7-4。

甘肃省公路承载能力标准及公路超限标准

表 1-7-4

车（轴）型	公路承载能力标准（吨）	公路超限标准（吨）
二轴货车	17	20
三轴货车	27	30
四轴货车	37	40
五轴货车	43	50
六轴及六轴以上货车	49	55
三轮货车	2	—
低速货车（四轮且最高设计车速小于70公里）	4.5	—

注：计重收费基本费率 0.08 元/吨。

四、收费站

2002 年—2010 年，甘肃省高等级公路运营管理中心共管辖 7 个高速公路管理处（兰州、临夏、天水、平凉、定西、酒泉、武威）、24 个收费管理所、139 个收费站。收费站设置最初由省财政厅批准，后由省政府批准。2002 年—2010 年甘肃省高速公路收费站设置情况见表 1-7-5。

甘肃省志 · 公路交通志

表 1-7-5　　　　　2002 年—2010 年甘肃省高速公路收费站设置情况表

管辖单位	所属路段	收费站编号	收费站名称	所在线路编号	批复文号
柳树收费管理所	柳忠高速	513	兰州收费站	G22	甘财综 [2001] 72 号
		514	兰州东收费站		甘财综 [2001] 72 号
		516	兰州北收费站	G30	甘财综 [2001] 72 号
机场收费管理所	尹中高速	25890	树屏收费站	S1	甘政发 [2001] 90 号
		25889	中川收费站		甘政发 [2001] 90 号
刘白收费管理所	刘白高速	26369	刘寨柯主线收费站		甘政发 [2005] 54 号
		26370	刘寨柯匝道收费站		甘政发 [2005] 54 号
		26371	王家山收费站		甘政发 [2005] 54 号
		26372	响泉口收费站		甘政发 [2005] 54 号
		26373	新墩收费站		甘政发 [2005] 54 号
		26374	吴家川收费站	G6	甘政发 [2005] 54 号
白兰收费管理所	白兰高速	26115	白银东收费站		甘政发 [2001] 90 号
		26116	白银西收费站		甘政发 [2001] 90 号
		26113	皋兰收费站		甘政发 [2001] 90 号
		26117	水阜收费站		甘政发 [2001] 90 号
兰海收费管理所	兰海高速	769	兰州西收费站		甘政发 [2003] 64 号
		770	河口收费站		甘政发 [2003] 65 号

兰州高速公路管理处

续表

管辖单位	所属路段	收费站编号	收费站名称	所在线路编号	批复文号
兰州高速公路管理处	兰海高速	771	花庄收费站	G6	甘政发〔2003〕66号
		772	海石湾主线收费站		甘政发〔2003〕67号
		773	海石湾匝道收费站		甘政发〔2003〕68号
	兰临高速	26625	兰州南收费站	G75	甘政发〔2004〕51号
		26626	井坪收费站		甘政发〔2004〕51号
		26627	安家嘴收费站		甘政发〔2004〕51号
		26629	三十里墩收费站		甘政发〔2004〕51号
		26630	临洮收费站		甘政发〔2004〕51号
	平定高速	2817	司桥收费站		甘政函〔2009〕55号
		2818	静宁收费站		甘政函〔2009〕55号
		2819	大山川收费站		甘政函〔2009〕55号
		2820	会宁收费站		甘政函〔2009〕55号
		2821	西巩驿收费站		甘政函〔2009〕55号
定西高速公路管理处	天定高速	262	柳沟河收费站	G22	甘政发〔2001〕90号
		261	定远城收费站		甘政发〔2001〕91号
		257	三角城收费站		甘政发〔2001〕92号
		260	甘草店收费站		甘政发〔2001〕93号
		259	巉口收费站		甘政发〔2001〕94号

续表

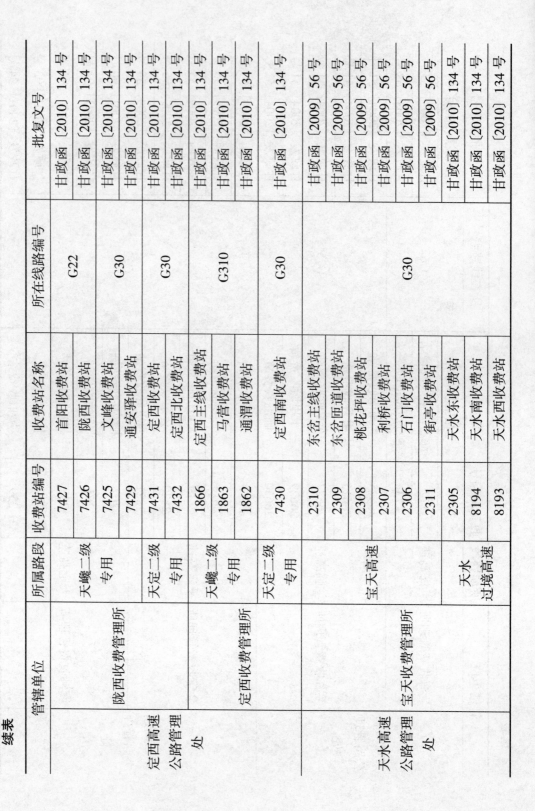

管辖单位	所属路段	收费站编号	收费站名称	所在线路编号	批复文号
陇西收费管理所	天嚯二级专用	7427	首阳收费站	G22	甘政函〔2010〕134号
		7426	陇西收费站		甘政函〔2010〕134号
		7425	文峰收费站	G30	甘政函〔2010〕134号
	天定二级专用	7429	通安驿收费站		甘政函〔2010〕134号
		7431	定西收费站		甘政函〔2010〕134号
		7432	定西北收费站	G30	甘政函〔2010〕134号
定西高速公路管理处 定西收费管理所	天嚯二级专用	1866	定西主线收费站		甘政函〔2010〕134号
		1863	马营收费站	G310	甘政函〔2010〕134号
		1862	通渭收费站		甘政函〔2010〕134号
	天定二级专用	7430	定西南收费站	G30	甘政函〔2010〕134号
天水高速公路管理处 宝天收费管理所	宝天高速	2310	东岔主线收费站		甘政函〔2009〕56号
		2309	东岔匝道收费站		甘政函〔2009〕56号
		2308	桃花坪收费站		甘政函〔2009〕56号
		2307	利桥收费站		甘政函〔2009〕56号
		2306	石门收费站	G30	甘政函〔2009〕56号
		2311	街亭收费站		甘政函〔2009〕56号
	天水过境高速	2305	天水东收费站		甘政函〔2010〕134号
		8194	天水南收费站		甘政函〔2010〕134号
		8193	天水西收费站		甘政函〔2010〕134号

续表

管辖单位	所属路段	收费站编号	收费站名称	所在线路编号	批复文号
		7681	关子收费站		甘政函〔2010〕134号
		7682	甘谷收费站		甘政函〔2010〕134号
甘谷收费管理所	天定高速	7683	磐安收费站	G30	甘政函〔2010〕134号
		7684	洛门收费站		甘政函〔2010〕134号
天水高速公路管理处		7685	武山收费站		甘政函〔2010〕134号
		7686	鸳鸯收费站		甘政函〔2010〕134号
		1825	天水北收费站		甘政函〔2010〕134号
		1826	七里墩收费站		甘政函〔2010〕134号
天水收费管理所	天巉二级专用	1827	中滩收费站	G310	甘政函〔2010〕134号
		1828	秦安收费站		甘政函〔2010〕134号
		1865	叶堡收费站		甘政函〔2010〕134号
		1861	郭嘉镇收费站		甘政函〔2010〕134号
		3335	平凉东收费站		甘政函〔2009〕55号
崆峒收费管理所	平定高速	3336	平凉西收费站	G22	甘政函〔2009〕55号
平凉高速公路管理处		3337	崆峒山主线收费站		甘政函〔2009〕55号
		3334	四十里铺收费站		甘政函〔2009〕55号
泾川收费管理所	平定高速	3333	白水收费站	G22	甘政函〔2009〕55号
		3332	泾川西收费站		甘政函〔2009〕109号

第一编 公 路

433

续表

管辖单位	所属离路段	收费站编号	收费站名称	所在线路编号	批复文号
平凉高速公路管理处 泾川收费管理所	平定高速	3331	泾川东收费站		甘政函 [2009] 109 号
		3330	罗汉洞收费站	G22	甘政函 [2009] 55 号
		3329	长庆桥收费站		甘政函 [2009] 55 号
临夏高速公路管理处 康临收费管理所	康临高速	26884	临夏收费站		甘政函 [2010] 131 号
		26883	和政收费站		甘政函 [2010] 131 号
		26882	广河收费站	S2	甘政函 [2010] 131 号
		26881	三甲集收费站		甘政函 [2010] 131 号
古永收费管理所	徐古二级专用	1545	古浪收费站	G312	甘财综 [2001] 72 号
	古永高速	4610	双塔收费站	G30	甘高运发 [2004] 14 号
		4611	黄羊收费站		甘高运发 [2004] 14 号
武威高速公路管理处	武威过境路	5377	武南收费站		甘政发 [2006] 74 号
		5378	武威收费站	G30	甘政发 [2006] 74 号
		5379	丰乐收费站		甘政发 [2006] 74 号
金昌收费管理所	金阿高速	5123	金昌东收费站	G3017	甘政发 [2006] 74 号
		5120	河西堡收费站	S17	甘政函 [2010] 114 号
		5121	金昌收费站		甘政函 [2010] 114 号
永登收费管理所	永古高速	8706	永登收费站		甘政发 [2003] 64 号
		8707	中堡收费站	G30	甘政发 [2003] 64 号
		8708	武胜驿收费站		甘政发 [2003] 64 号

续表

管辖单位		所属路段	收费站编号	收费站名称	所在线路编号	批复文号
武威高速公路管理处	永山收费管理所	金永高速	4866	永昌南收费站	G30	甘政发 [2004] 51号
		金永高速	4867	永昌收费站		甘政发 [2004] 51号
		永山高速	4868	马营口收费站		甘政发 [2004] 51号
		永山高速	4869	丰城堡收费站		甘政发 [2004] 51号
			4870	山丹东收费站		甘政发 [2004] 51号
			4871	山丹西收费站		甘政发 [2004] 51号
	山临收费管理所	山临高速	5633	老寺庙收费站		甘政发 [2004] 51号
			5634	张掖收费站		甘政发 [2004] 51号
			5635	张掖西收费站		甘政发 [2004] 51号
			5636	临泽收费站		甘政发 [2004] 51号
酒泉高速公路管理处	临清收费管理所	临清高速	5889	高台收费站	G30	甘政发 [2004] 51号
			5890	梧桐泉收费站		甘政发 [2004] 51号
			5891	清水收费站		甘政发 [2004] 51号
	清嘉收费管理所	清嘉高速	6145	下河清收费站		甘政发 [2005] 54号
			6146	总寨收费站		甘政发 [2005] 54号
			6147	酒泉收费站		甘政发 [2005] 54号
			6148	嘉峪关收费站		甘政发 [2005] 54号
	嘉安收费管理所	嘉安高速	6402	黑山湖收费站		甘政发 [2006] 89号
			6403	清泉收费站		甘政发 [2006] 89号
			6404	赤金收费站		甘政发 [2006] 89号

五、绿色通道

（一）落实绿色通道减免政策

2004 年，按照《甘肃省人民政府办公厅批转省交通厅等部门〈关于开通我省农产品绿色通道意见的通知〉》要求，甘肃省开通"绿色通道"。此后，省高等级公路运营管理中心每年专门召开工作会议，安排部署"绿色通道"工作。

（二）历年"绿色通道"减免金额

2005 年，"绿色通道"减免金额为 1446.43 万元。2006 年，减免金额为 1861.56 万元。2007 年，减免金额为 4058.1 万元。2008 年，鲜活农产品减免金额为 21448.46 万元，抗震救灾车辆减免 16281.02 万元。2009 年，鲜活农产品减免金额为 27468.43 万元，抗震救灾车辆减免 181.39 万元，省内运输化肥车辆减免 4.42 万元。2010 年，鲜活农产品减免金额为 30048.05 万元，抗震救灾车辆减免 140.2 万元，抗洪救灾车辆减免 142.3 万元。

（三）开通"绿色通道"路段

2005 年，按照交通部等七部委《关于印发全国高效率鲜活农产品流通"绿色通道"建设实施方案的通知》中关于开通以国道网为基础的"五纵二横""绿色通道"网络，甘肃省高等级公路属于"五纵二横"路网的路段全部开通"绿色通道"。具体路段为：白兰高速、尹中高速、兰海高速，凤鄜一级路、天巉二级专用路、巉柳高速、柳忠高速、树徐高速、徐古二级专用路、古永高速、武威过境高速、永山高速、山临高速、临清高速、清嘉高速、嘉安高速、刘白高速等共 17 条收费路段。2009 年，按照交通部《关于进一步完善和落实鲜活农产品运输绿色通道的通知》，甘肃省严格按照《鲜活农产品品种目录》，全部路段落实"绿色通道"车辆通行费减免政策。

（四）"绿色通道"建设

多次延长开通期限。从开通至 2010 年底，6 年时间 4 次延长期限，2004 年为 7 月 16 日—10 月 15 日，后延长至 11 月 15 日；2005 年延长为 7 月 1 日—12 月 31 日；2007 年提前 1 月开通"绿色通道"，延长为 2007 年 6 月 1 日—2008 年 3 月 31 日；2008 年延长为 6 月 1 日至 12 月 31 日，并从原先的减半优惠政策改为全免政策。

扩大优惠对象和提高优惠幅度。为落实交通部2008年1月25日电视电话会议精神，保障春运期间的物资运输，按照省交通厅《关于落实交通部"绿色通道"车辆省内外无差别通行费优惠政策的紧急通知》，甘肃省高等级公路对省内外"绿色通道"车辆实行无差别优惠政策。2008年1月26日开始，按照交通部"绿色通道"车辆全部免费的要求，甘肃省高等级公路全部开通"绿色通道"，对省内外运输鲜活农产品的车辆实行全部免交通行费政策。

改善绿色通道服务设施。全省在具备条件的收费站点均开通"绿色通道"专用通道，设置标志标牌，专人负责，对"绿色通道"标志标牌统一规范。在地域交界、收费站口、道路的主要出入口或交叉口，都设有醒目、样式统一的"绿色通道"标志牌，保障鲜活农产品运输车辆优先通行。

提高服务质量。安排业务熟练人员进行收费，确保绿色通道畅通。组织对收费人员进行操作流程培训，编制简明扼要的操作流程框图，提高绿色通道的通行效率。实行站长负责制，层层落实责任，确保优惠政策真正落实到位。各收费站点对运输鲜活农产品的车辆提供文明服务和帮助，在农产品运输高峰期间，各收费站实行专人负责，疏通车辆，保障鲜活农产品运输车辆优先通行。采取多种形式广泛开展宣传，在收费站悬挂宣传横幅，在可变情报板上滚动播放减免政策、监督电话等信息，使减免政策深入人心。

加强"绿色通道"车辆查验管理。全面贯彻落实"应征不免，应免不征"的收费政策，对"绿色通道"车辆分级查验实行责任倒查制。购置配备工作记录仪、货物查验内窥镜"绿色通道"辅助查验设备，提高查验的准确率，印发《甘肃省高等级公路"绿色通道"车辆分级查验管理规定（试行）》（甘高运收费〔2010〕6号），落实"绿色通道""两人三点五步"（两人：必须由两人以上同时检查；三点：随机抽取车身三点；五步骤：验货、拍照、登记、上报、放行）和查验有关要求，完善图片和文字记录，以备后期核查。同时，加强"绿色通道"等减免车辆数据稽查，层层分析"绿色通道"增幅变化情况，对增长幅度大、减免额度高的重点收费站，认真分析原因，实行重点管理。

六、收费业务管理

2003 年，省高等级公路运营管理中心制定《收费员岗位职责（试行）》和《联网收费人员操作错误处罚办法（试行）》，编印《甘肃省高等级公路管理条例（讨论稿）》《甘肃省高等级公路收费业务学习材料》和《高等级公路运营管理制度汇编》。组织各管理处、所系统学习，制定车辆通行费票据报表、工作日志和登记本。

2004 年，省交通厅研究制定《甘肃省收费公路月票车、免费车管理办法（试行）》，同时严格执行省交通厅制定的《减免邮政车辆通行费实施管理办法》。

2005 年，全省高等级公路开展"严格收费，确保任务，四比四看"竞赛活动，制定详细的活动实施方案。

2006 年，分解任务到各收费管理处（所）、收费班组，层层签订目标责任书，落实征收目标任务，明确责任，任务到人；举办收费站长和监控人员业务培训班；开展"加强收费管理，减少收费漏洞；加强服务意识，减少收费纠纷；加强机电维护，减少系统故障；加强业务培训，减少收费差错"的"四加强"收费竞赛活动。

2007 年，加大考核力度，改变过去以清分收入为考核目标的方法，以车辆通行费实际收入为计划任务；制定《甘肃省高等级公路"星级文明收费站"评选管理暂行办法》和《甘肃省高等级公路"星级文明收费站"创建标准》；开展优质服务、所站标准化建设、"百万元收费无差错"和"百日收费无差错"活动；举办"甘肃紫光杯"高等级公路收费员技能比武大赛；制定《省公路运营中心职责》《高速公路管理处职责》《高速公路收费管理所职责》和《高速公路收费站职责》。

2008 年，制定《甘肃省高速公路收费系统违纪人员处罚办法》。开展"文明收费优质服务"和"百万元收费无差错"竞赛活动。印发《甘肃省高等级公路车辆通行费票据管理规定》，制定《甘肃省联网收费反班结及废票审核管理办法（试行）》《陇原交通卡管理办法（试行）》。

2009 年，省高等级公路运营中心在高等级公路 75 个收费站入口车道安装自动发卡机，实现司乘人员自动取卡通行。

2010 年，加大对通行费征收数据的科学分析，每月对全省高速公路通行费征收情况专门统计分析，对各处、所、站通行费征收任务完成情况排名。印发《甘肃省高等级公路逃漏通行费黑名单车辆管理规定》和《甘肃省高等级公路通行费征收数据统计管理规定（试行）》。制定收费、监控、稽查、机电四种业务的《分中心监控日志》等共计 12 种日志和登记本。为树立统一、规范的甘肃高速公路管理和服务品牌，高速公路标准化建设按照宝天所的标准化管理为样板进行建设，特别是标志、标识和颜色，全省公路收费系统实现了统一。

七、打击偷逃通行费与稽查

（一）打击偷逃通行费措施

随着全省高速公路联网收费里程的不断增加，逃漏通行费的利益空间日益增大，个别车主在高利益驱使下，置国家法律法规于不顾，采取恶意堵塞收费站、暴力冲卡、假冒"绿色通道"车辆等各种形式逃漏车辆通行费，并呈现不断增长态势。

高速公路偷逃通行费主要有以下几种形式：一是假冒享受国家政策性减免车辆逃费（如假冒"绿色通道"、军警、救灾车辆）；二是使用逃费工具、隐蔽手段、非正常操作逃费（如垫钢板、跳秤等）；三是殴打收费人员强行冲卡或恶意堵道、破坏交通设施逃费；四是换卡、换牌、倒货或使用假牌证逃费。2010 年，先后多次发生暴力冲卡、破坏高速公路设施及超限车辆集体逃费等事件。

2006 年，省高等级公路运营管理中心加大对改型车、超时车、无卡车及各类假冒证件车辆的查处力度，严格执行收费标准，对"大吨小标"的重型货车、改型车等集中整治。2008 年，针对奥运火炬在甘肃省境内传递途经的重要路段嘉安高速和天巉公路出现的破坏交通封闭设施及随意开设路口、扰乱正常交通运营秩序的问题，在全省范围内开展"迎奥运、保畅通"百日专项整治活动。充分发挥交通协管员作用，在西部路网开展专项稽查整治活动。运用收费新技术，在部分收费站入口加装摄像头，加强收费监控稽查。2010 年初，针对恶意堵塞收费车道、超载超限车冲卡逃费严重和通行费征收外部环境差的问题，省高等级公路运营中心联合公路路政管理、高速公路交警部门印发《全省高等级公路整顿收费站秩序、打击车辆逃漏通行费专项整治活动实施方案》，在全省高等级公路范围内开展整顿收费站秩序、打击车辆逃漏通行费专项整治活动。针对超载超限车辆利用高速冲秤、跳秤、"S"过秤、压边通行、垫钢板等作弊手段降低计重数据逃费的问题，在车辆称重过程中安排收费人员对设备进行前置值守，杜绝利用逃费工具及非正常操作的逃费行为；针对遮挡微波测速仪、车辆分离光栅降低计重数据等逃费漏洞，对设备进行软件升级，及时堵塞因设备缺陷造成的逃费；为彻底消除车辆跳秤、垫钢板等违规过秤逃费问题，对车流量大的主线收费站进行整车称重设备改造；针对假冒"绿色通道"逃费行为，建立符合不同路段、不同季节及不同类别鲜活农产品特点的货物查验办法和措施，采取分级查验和责任倒查制的方式，有效杜绝假冒"绿色通道"逃费行为；落实交通运输部绿色通道产品目录，加强职工教育学习，确保惠农政策有效落实。

（二）稽查

稽查机制。2002年甘肃省高等级运营管理中心成立后，收费人员和社会车辆违规违纪现象呈现出新的特点和趋势。鉴于此，稽查工作也完成了从上路巡查、现场蹲守、人工筛查比对到运用大数据分析开展收费稽查的转变。

2007年，建立中心督查、处所稽查、站所抽查的三级监控体系，并下发《关于加强收费监控稽查管理的通知》。

2008年，运用收费新技术，采取车辆"压线圈发卡"，即线圈上有车才允许发卡操作，而且每辆车只允许一次发卡，避免收费员发"空卡"的现象，并在部分收费站入口加装摄像机，加强收费监控稽查。

2010年，组织稽查、警卫人员分别对嘉安、兰海等重点路段进行集中整治，出动稽查人员1.41万人次，上路稽查5630次，打击逃漏费车1.58万辆、追缴通行费4068万元，查处假"绿色通道"车9653辆。规范对逃费车辆的处罚，出台《甘肃省高等级公路偷漏通行费黑名单车辆管理规定》，下发全省高等级路网逃费车辆黑名单信息1033条，查处黑名单车34辆，追缴通行费41.86万元、通行卡卡费1.59万元。采取措施，及时封闭逃费路口，采取修补封闭设施、开挖沟槽等方式，遏制私开道口逃费现象。全路网共封闭养护临时开口、不法司机私开道口、服务区开口23处，修补封闭平定高速东段设施7.8公里，在嘉安路开挖防逃费沟槽18公里。

典型案例。2008年1月27日10时—11时10分，车牌为豫EA·6686和鲁D·19663六型半挂货车，分别驶出罗汉洞收费站出口4车道和5车道，途中因司乘人员采用秤台紧急制动、猛加油高速通过的方式造成该超载车辆成超限车辆。司机要求复秤，班长、警卫人员及时上前制止，要求其减速、缓慢通过，而司乘人员在利益的驱使下未听取现场工作人员劝告，强行采用跳秤的方式逃漏通行费，造成车辆超限。对于其恶劣的逃漏通行费行为，工作人员根据相关规定，并上报监控分中心，通知稽查队现场处理。经稽查队工作人员和罗汉洞收费站值班站长对司乘人员解释相关政策及规定，该司乘人员承认其采用不正当方式试图逃漏通行费的行为，并全额缴纳车辆通行费。其中豫EA·6686六型半挂，超限1.4吨，缴纳通行费1415元；鲁D·19663六型半挂，超限0.7吨，缴纳通行费1380元。

同年7月30日零时55分，宁E·15032三型客车，在刘寨柯站主线出口2车道刷卡交费时，系统显示为黑名单车辆，有冲卡记录3次。该车只有驾驶员和副驾驶员两人，当班班长、收费员向驾驶员说明情况，并做相关解释工作。驾驶员矢口否认曾有逃费行为，并辱骂工作人员，强行冲卡逃逸。当班班长及时上报站长后，站长迅速带领驻站交警、路政出警，并通知宁夏方面协助拦截。2时左右，在距刘寨柯64公里的桃山将该冲卡黑名单车辆成功拦截，并带回刘寨柯站接受处理，追缴通行费、IC卡赔偿费共计1131元，甘宁两省（区）共出动警车4辆、警力20余人。

同年7月30日，宁E·25951六型车，在刘寨柯站主线称重56.1吨，应交3735元，驾驶员拒绝交费，且态度蛮横。当班班长耐心解释收费政策后，仍无结果，强行冲卡驶往宁夏方向。当班班长上报站长后，值班站长立即抽调协警两人驱车追赶，同时通知宁夏兴仁收费站协助拦截，10分钟后，该冲卡车辆在兴仁收费站被5名宁夏高速公路交警成功拦截，追缴通行费3735元。

同年8月21日23时3分，宁E·26915六型车通过刘寨柯站主线4车道，当班收费员发现该车所持IC卡内信息与该车不符，称重83.8吨，疑为换卡车，随即上报值班所长，所长在赶往刘寨柯站路途中，求援驻站响泉大队交警扣留此车和另一辆同伙车。随后带领超限站、路政大队人员到站对其车控制，该车叫来老人、小孩、妇女围堵路政人员拖车。最终经说服教育，承认其从海石湾匝道入，收缴通行费7290元加收50元卡费，其同伙车辆主线正常计重缴费7290元。

同年9月8日，宁A·63660驶入刘寨柯主线2车道时，称重为56.2吨，该车驾驶员拒绝交费，在与当班工作人员无理纠缠数小时后，强行冲卡逃逸，值班站长当即通知宁夏兴仁主线路政大队及兴仁收费站协助拦截，同时派车由副站长带领协警由国道前往宁夏兴仁匝道收费站堵截，站长与驻站响泉交警大队交警由主线驾车追逃。约十分钟后，在兴仁匝道收费站将该车成功拦截，但驾驶员仍拒绝补交通行费，并纠集本地同行13人无理取闹，扰乱收费站正常工作秩序，经交警、路政、收费站工作人员密切配合、耐心说服后，足额追缴通行费3745元。

八、公共服务

2005年，投入资金扩建省交通信息监控总中心，建立起省监控总中心、处监控分中心、站监控室三级监控系统，对全路网收费秩序实时监督。同年1月1日，建立"陇原交通卡"办卡服务中心，对客运司机提供办卡、缴费、查询等服务。全年有1965辆客运车辆办理了"陇原交通卡"，缴费额达到28万元。增加3部服务热线电话，确保高峰时段接话畅通，全年"96969"服务热线共接到各类电话3575次，为社会提供了路况、收费政策标准、沿线服务区设施等。

2010年，完成交通信息监控中心数字化路况监控系统、指挥调度系统和呼叫中心系统的实施工作，提高智能化管理程度，新增监控大屏系统、大屏控制系统、外场监控系统及"96969"客服电话升级系统。全年共保障车队、协助救援等343起。在平凉、宝天、定西、兰州、武威、酒泉等地组建7支应急救援队。在抗震救灾、抗洪救灾、抗雨雪冰冻等急、难、险工作中，设立"救灾车辆专用通道"，对救灾车辆免征车辆通行费。在兰州、中川、临洮南等收费站设立"救灾服务点"，储备方便食品、饮用水、工具等物资，服务救灾车辆确保车道畅通。支持风电装备制造产业发展，在清嘉高速酒泉工业园区设置一处控制出入单匝道口，作为风电设备运输的专用道口。

九、机电管理

2006 年，共安排机电专项费用 700 多万元，改造机电项目 11 个，升级 3 个，新建 4 个，修复机电项目 50 多个。

2009 年，投入机电专项资金 800 万元，对全省路网内使用频率高、严重影响收费运营的机电设备维护更新；投资 14 万元，在兰海、刘白、柳树、机场、兰临和永山等高速建成 12 处路况数字监控点，集中统一调度，及时对路网内发生的交通事故突发事件和特殊气候等异常情况监控，实现对整个路网的有效监管；投资 192 万元，在中心和 16 个收费管理所安装视频会议及应急调度系统。

十、专项工程

2006 年—2010 年，共拨付专项工程资金上亿元，先后整治收费路段内存在的安全隐患，增设完善标志设置，调整限速标志。

根据省交通厅对高速公路服务区行业管理的要求，完成全省服务区设施运营情况的调查摸底，对服务区公共设施进行维修改造。

完成高等级公路收费站的计重收费改造工程。

组织实施高速公路路线命名编号调整及标志更换工程，共计拆除标志牌 686 块、新建标志牌 232 块、更换反光膜 3354.2 平方米、增加右上角编号标志 412 块，新建公里牌和百米牌 2644 块。完成投资 9252 万元。

第二节　高速公路服务区运营

一、沿　革

2002 年 10 月，G30 连霍高速柳沟河至忠和路段、徐古路段、定西巉口至兰州柳沟河路段、国道 G310 线天巉路天水至定西巉口路段二级汽车专用公路建成通车。先后有北龙口、华藏寺、接驾嘴、十八里铺、马营、通渭、唐家凤台、秦安 8 对服务区相继投入运营，分别由省高等级公路建设开发公司（甘肃省交通厅工程处）下属甘肃新益高等级公路服务有限公司、甘肃长达路业有限公司下属甘肃长兴交通物资公司负责经营管理。

同年12月，省交通厅成立省高等级公路运营管理中心后，高等级公路服务区随之纳入管理范围。服务区的建设和运营则由省高等级公路建设开发公司、甘肃路桥投资公司、甘肃长达路业有限公司、甘肃远大路业有限公司等四大业主具体负责。由于甘肃省高等级公路在建设上的多业主状况，高等级公路服务区的经营呈现分散、多业主管理的特点。

2004年12月，G30连霍高速山丹至临泽路段、永昌至山丹（一、二期）路段，G6京藏高速兰州至海石湾路段，G75兰州至临洮路段建成通车，九龙江、张家寺、太石、永昌、山丹服务区相继投入运营，分别由甘肃省高等级公路建设开发公司、甘肃远大路业有限公司负责经营管理。

2005年3月14日，省交通厅决定"对全省高等级公路服务区实行统一管理、一体化经营"，由省交通服务公司结合全省高等级公路服务区经营管理现状，制定《甘肃省高等级公路服务区统一管理一体化经营实施方案》。同年8月，G30连霍高速临泽至清水路段建成通车，高台服务区建成投入运营，由甘肃路桥投资公司负责经营管理。同年11月，G6京藏高速刘寨柯至白银路段、G30连霍高速清水至嘉峪关路段全线建成通车，高台、白银东、新墩、酒泉4对服务区相继投入运营，分别由甘肃路桥投资公司、甘肃长达路业有限公司经营管理。至此，全省高速公路服务区达到17对。同年11月底，按照省交通厅办公会议纪要精神，省交通服务公司对已建成的17对服务区纳入统一管理、统一经营。12月，省交通厅委托省交通服务公司对全省高等级公路服务区加油站相关设施实行统一管理。自2006年1月1日起，承担相应的管理责任。

2007年9月，省交通厅《关于省交通服务公司组建甘肃省高速公路服务区管理公司的批复》，同意由省交通服务公司出资组建甘肃华运高速公路服务区管理有限公司（以下简称"华运公司"），对全省高等级公路服务区统一经营管理。

2008年1月，华运公司正式成立，并搬迁至兰州市城关区大沙坪左家湾4号办公。

截至2010年底，甘肃省高速公路运营服务区28对，华运公司统一经营管理24对、监管4对（北龙口、华藏寺、百花服务区由甘肃长兴交通物资公司经营，赤金服务区由个体经营)。

2002 年—2010 年甘肃省高等级公路服务区设置情况见表 1-7-6。

2002 年—2010 年甘肃省高等级公路服务区设置情况表

表 1-7-6

服务区名称	所属路段	结构形式	建成时间	管理主体
北龙口服务区	柳忠	双侧	2002 年 10 月	甘肃华运高速公路服务区管理有限公司
接驾嘴服务区	巉柳	双侧	2002 年 10 月	
十八里铺服务区	巉柳	双侧	2002 年 10 月	
唐家凤台停车区	天巉	单侧	2002 年 10 月	
通渭服务区	天巉	单侧	2002 年 10 月	
马营停车区	天巉	单侧	2002 年 10 月	
秦安服务区	天巉	单侧	2002 年 10 月	
华藏寺服务区	徐古	双侧	2002 年 10 月	甘肃长兴交通物资有限公司
九龙江服务区	山临	双侧	2004 年 12 月	甘肃华运高速公路服务区管理有限公司
张家寺服务区	兰海	双侧	2004 年 12 月	
永昌服务区	永山	双侧	2004 年 12 月	
山丹服务区	古永	双侧	2004 年 12 月	
太石服务区	兰临	双侧	2004 年 12 月	
高台服务区	临清	双侧	2005 年 8 月	
白银东服务区	刘白	双侧	2005 年 11 月	
新墩服务区	刘白	双侧	2005 年 11 月	
酒泉服务区	清嘉	双侧	2005 年 11 月	
武威南服务区	古永	双侧	2006 年 12 月	
赤金服务区	嘉安	双侧	2007 年 12 月	个体经营
玉门服务区	嘉安	双侧	2007 年 12 月	甘肃华运高速公路服务区管理有限公司
清泉服务区	嘉安	双侧	2007 年 12 月	

服务区名称	所属路段	结构形式	建成时间	管理主体
布隆吉服务区	嘉安	双侧	2007 年 12 月	甘肃华运高速公路服务区管理有限公司
会宁服务区	平定	双侧	2009 年 10 月	
静宁服务区	平定	双侧	2009 年 10 月	
平凉服务区	平定	双侧	2009 年 10 月	
泾川服务区	平定	单侧	2009 年 10 月	
百花服务区	宝天	双侧	2010 年 4 月	甘肃长兴交通物资有限公司
买家巷服务区	康临	双侧	2010 年 12 月	甘肃华运高速公路服务区管理有限公司

二、运营管理

2003 年，省高等级公路运营管理中心坚持"宏观上管理、微观上搞活"的指导思想，筹建高等级公路服务公司，开展服务区招商活动。完成服务区的基本服务设施，为司乘人员提供卫生间、休息室、供应开水等服务项目。制定《甘肃省高等级公路服务区经营准入制度》《甘肃省高等级公路服务区规范化管理实施办法》。

2004 年，统一服务品牌和标志，建立、完善 CIS 形象系统，健全、规范各项经营管理制度、完善经营服务项目，服务区普遍具备加油、汽修、餐饮、住宿、商务综合服务功能。

2005 年，全省高速公路服务区把公共服务放在首位，注重社会效益，规范服务区加油站管理，服务区呈现出优质服务、人性化服务的特色。

2006 年，根据省交通厅"统一管理、一体化经营"的管理思路，对全省高速公路服务区进行资源整合、统一开发，实现服务区行业管理、专业管理。

2007 年，重点在服务区工作衔接、移交启动和规范管理等方面做了大量工作，逐步实现"物业统管"，引进"加盟连锁经营"方式。同年 4 月 12 日，关于《甘肃省高等级公路服务区经营模式的研究与应用》课题申请立项。

2008 年，华运公司管辖服务区达到 19 个，划分兰州、定西、武威和酒泉四个中心管理片区。先后在玉门服务区、武南服务区两个直营试点开始直营模式探索；完成酒泉、高台、九龙江、山丹等 14 个服务区厕所及配套设施的改造。

2009 年，华运公司增设物业管理部、商品配送中心。划分平凉管理片区，形成职能管理+片区管理+服务区现场管理的三级管理体系。采取自营试点+合作联营的方式。统一标识标牌制作安装。完成全省 19 个服务区的二期维修改造工程。通过对玉门、酒泉、山丹、武南、张家寺、白银东、新墩、通渭首批试点服务区的物业统管和公司"三标一体"管理体系认证初审及筹建门户网站等工作，开展管理创新，向科学化、规范化、标准化企业迈进。

2010 年，按照"一区一特色、一区一品牌"的思路，打造会宁红色旅游服务区、静宁烧鸡品牌服务区、平凉"阿西娅羊羔肉"品牌服务区。创新运营模式，在超市实行网络化集中采购、统一配送经营模式；对中心服务区、重点服务区餐饮项目统一实行自营，其他服务区采取"保底+提成"的方式，实行对外招商、合作联营模式；在客房项目上，实行智能化联控经营模式；在汽修项目上，选择技术力量雄厚、信誉高的合作伙伴，实行加盟连锁经营模式。同年 8 月底，完成对服务区的维修改造，全省服务区全面实施物业统管；全面接管北龙口服务区、永昌服务区、高台服务区。9 月，通过公开竞聘方式，选拔一批优秀管理人才。12 月底，《甘肃省高速公路服务区运营模式应用研究》课题研究成果顺利通过评审验收。

2010 年，在玉树地震灾害及甘南藏族自治州舟曲县特大泥石流灾害发生后，全省服务区设立救灾服务点，及时为救灾人员及物资车辆提供方便和帮助，开通"绿色便捷服务"，提供优先就餐、临时休息、免费加水等贴心服务。同时，各服务区踊跃向灾区捐款捐物，共捐款 1.16 万元，共接待救灾队伍 240 批次、人员 1.3 万人次、车 3500 辆次。免费提供矿泉水、方便面、火腿肠等食品物品，价值 3 万多元。2008 年—2010 年甘肃省高速公路服务区经营情况见表 1-7-7。

2008 年—2010 年甘肃省高速公路服务区经营情况统计表

表 1-7-7

年份	资产总额（万元）	营业收入（万元）	利润（万元）
2008	3378674.42	1363465.24	-1684892.55
2009	7984865.96	14694045.98	-1557021.73
2010	8081592.94	17526103.06	-3565488.73

第三节　二级收费公路运营

一、通行费征收

1988 年 12 月，文县关头坝大桥建成通车，开始运营收费，甘肃收费公路从此诞生。1989 年，省交通厅利用贷款建成 G212 线七道梁隧道，根据"贷款修路，收费还贷"政策，经省政府批准，在七道梁隧道北口设置收费站开始收费还贷。1994 年以后，各总段先后贷款修建二级公路，提高公路路况。收费方式最初为手工开票，1996 年以后使用甘肃省车辆通行费票据管理系统。收费标准均由省财政厅、省物价委批复，小车每车每站收取 5 元，大车每吨每站收取 4 元，摩托车每车每站收取 1 元，拖拉机每吨每站收取 2 元不等，并根据物价情况适度调整。1991 年—2010 年甘肃省二级公路通行费征收情况见表 1-7-8。

1991 年—2010 年甘肃省二级公路通行费征收情况表

表 1-7-8

年份	通行费收入（万元）	年份	通行费收入（万元）
1991	230.73	2001	35079.1
1992	330.85	2002	50506.8
1993	631.46	2003	56667.17
1994	1216.61	2004	63696.7
1995	4086	2005	64836.25
1996	6902.9	2006	71639.7
1997	10760.8	2007	88558.25
1998	13054.78	2008	99467.53
1999	15564.93	2009	117819.47
2000	26558.96	2010	118137.64

二、收费站

截至 2000 年底，甘肃省公路局管理的二级收费公路共 18 条，收费里程 1181 公里，设置收费站 33 个。至 2005 年底，二级收费公路共 30 条，收费里程 2196 公里，设置收费站 49 个。至 2010 年底，全省共有二级收费公路 37 条，收费里程 2795 公里，设置收费站 60 个，二级收费公路共有收费人员 2425 人。1994 年—2010 年甘肃省二级收费公路收费站设置情况见表 1-7-9。

1994年—2010年甘肃省二级收费公路收费站设置情况表

表 1-7-9

收费所名		站名	设立文号	撤销文号
兰州公路总段	国道109线、省道301线河窑公路管理所	青土坡收费站 窑街收费站	甘公发〔1996〕067号	
		河口收费站 红古收费站	甘政函〔2005〕59号	
	省道201线中川收费管理所	砂梁墩收费站	甘政发〔2004〕10号	
	国道312线河屯二级公路收费所	永登收费站	甘政发〔2007〕13号	
白银公路总段	白银国道312线界巇段管理所	会宁东收费站	甘交人〔1995〕44号	
		会宁西收费站		
	景泰收费公路管理所	长城收费站	甘交人〔1999〕44号	
		上沙窝收费站		
		大水磋收费站	甘政发〔2004〕10号	
		景泰收费站	甘政函〔2009〕108号	
	靖远收费公路管理所	银三角收费站 新墩收费站 三滩收费站	甘交人〔1999〕45号	
		靖远收费站	甘政函〔2010〕135号	
平凉公路总段	郿苋段管理所	平凉东收费站	甘交人〔1995〕52号	
		平凉西收费站	甘交人〔1995〕52号	
	祁家大山隧道管理所	祁家大山隧道收费站	甘交人〔1995〕70号	

续表

收费所名		站名	设立文号	撤销文号
平凉公路总段	华亭收费公路管理所	东华收费站	甘交人〔1999〕58号	
		西华收费站	甘交人〔2000〕12号	甘政函〔2009〕108号
		峡中收费站	甘交人〔2000〕12号	
	泾大收费公路管理所	关家砭收费站	甘交人〔2005〕81号	
		神峪收费站	甘交人〔2005〕81号	
	华庄收费所	关山收费站	甘交人〔2006〕42号	
庆阳公路总段	西长段公路收费管理所	太昌收费站	甘交人〔1994〕57号	
		董志收费站	甘交人〔1994〕57号	甘政函〔2009〕37号
		长官收费站	甘交公高〔1995〕51号	
		申明收费站	甘政函〔2011〕187号	
	木板公路收费管理所	朱家河畔收费站	甘交人〔1999〕63号	
		板桥收费站	甘价费〔2002〕331号	甘政函〔2009〕108号
		三十里铺收费站	甘交人〔1999〕63号	继续收费

收费所名		站名	设立文号	撤销文号
庆阳公路总段	打庆公路收费管理所	麻暖泉收费站	甘政发〔2004〕10 号 甘价费〔2004〕105 号	
		孙家巷收费站	甘政发〔2004〕10 号 甘价费〔2004〕105 号	甘政函〔2010〕71 号
		玄马收费站	甘政函〔2011〕187 号	继续收费
	甜木公路收费管理所	环城收费站	甘政函〔2007〕91 号	继续收费
天水公路总段	徐家店收费公路管理所	徐家店收费站	甘交人〔2001〕28 号	
	莲叶收费公路管理所	安伏收费站	甘交人〔2003〕45 号	
	金龙山收费公路管理所	金龙山收费站	甘财综发〔1999〕92 号	
陇南公路总段	江武收费公路管理所	成县收费站 望关收费站 石坪收费站	甘交人〔2002〕54 号	甘政发〔2008〕10 号，石坪收费站合并至成县、望关收费站；（甘政函〔2010〕71 号撤销石坪收费站
	江洛收费公路管理所	江洛收费站 高桥收费站	甘交人〔2001〕28 号（站所合一）	《甘肃省人民政府关于批准迁移江武公路高桥收费站的通知》，高桥收费站迁移成县广化村
甘南公路总段	合郎收费公路管理所	唐尕昂收费站	甘政发〔2004〕337 号	
		合作收费站 碌曲收费站	甘政发〔2004〕51 号	

收费所名		站名	设立文号	撤销文号
甘南公路总段	王达收费公路管理所	王格尔塘收费站	甘政发〔2004〕10号	
临夏公路总段	刘家峡收费公路管理所	柏林子收费站	甘政发〔2004〕10号	
	康临收费公路管理所	祁家集收费站	甘政发〔2006〕46号	
		牛津河收费站		
	临合二级收费公路管理所	双城收费站	甘政发〔2006〕34号	
武威公路总段	G312线武威过境公路管理所	六坝河收费站 四十里堡收费站	甘公发〔1996〕78号	武总段党发〔2004〕54号
	省道308线大双段公路管理所	土门收费站 大靖收费站	甘交人〔1998〕54号	甘政办发〔2003〕87号
金昌公路总段	金川收费所	泰安路收费站	甘政发〔1996〕2号	
		北京路收费站	甘政发〔1996〕2号	
	河西堡收费管理所	山湾收费站	甘政发〔1996〕2号	甘政函〔2009〕108号
		河西堡收费站	甘政发〔1996〕2号	
	永昌收费所	永昌收费站	甘政发〔1996〕2号	
		马家坪收费站	无	金路总人〔2003〕6号
张掖公路总段	收费公路管理处（所）	黑河桥收费站	甘政发〔1996〕2号	
		太平堡收费站	甘政发〔1996〕2号	
		党寨收费站	甘政发〔2007〕12号	
		民乐收费站	甘政发〔2007〕12号	
	东双收费公路管理所	清泉收费站	甘政函〔2010〕31号	
酒泉公路总段	柳星公路养护管理所	柳园东收费站	甘交人〔1994〕54号	甘交财〔1999〕85号
		柳园西收费站	甘交人〔1994〕54号	甘交财〔1999〕85号

第一编 公路

收费所名		站名	设立文号	撤销文号
酒泉公路总段	G312线酒嘉过境公路管理所	茅庵河收费站	甘交人〔1997〕63号	
		安远沟收费站	甘交人〔1997〕63号	甘政函〔2009〕45号
	安西至敦煌收费公路管理所	嘉峪关西收费站	甘政函〔2009〕45号	
		敦煌收费站	甘交人〔2006〕22号	
		瓜州收费站	甘交人〔2006〕22号	

三、计重收费及费率

甘肃省所有二级收费公路收费项目均由省政府或省交通厅批准成立。通行费征收标准在报请省政府同意后，由省财政部门、物价管理部门依每条路运营情况批复。

2009年7月1日起，全省具备条件的6条开放式二级收费公路9个收费站点实行计重收费，分别是G312线酒泉至嘉峪关路（嘉峪关西收费站、双闸收费站）、G109线河口至海石湾公路（红古收费站、河口收费站）、G310线牛北公路（金龙山收费站）、S201营盘水至景泰、S308线白墩子至大岭（景泰收费站）、G312线太平堡至黑河桥公路（黑河桥收费站、太平堡收费站）、G212线木寨岭隧道及会宕公路（木寨岭收费站）。

根据2009年印发的《甘肃省物价局甘肃省财政厅关于收费公路载货类汽车车辆通行费试行计重收费的通知》，未超过公路承载能力标准的运输车辆，其车辆通行费仍按现行收费办法及标准执行，超过公路承载能力标准或超过公路超限标准的各类载货类汽车行驶收费公路时，车辆通行费标准按基本费率和相应的计算办法确定收取。二级公路计费收费基本费率为：封闭式二级汽车专用公路基本费率为0.07元/吨·公里；开放式收费公路基本费率为现行车辆通行费收费标准的70%。计重收费计算办法：车货总重超过该车对应车（轴）型的公路承载能力标准，但未超过该车相对应的超限标准的载货类汽车，计重后，车货总重中 10 吨以下（含 10 吨）的重量部分和超过公路承载能力标准的重量部分，均按基本费率收取车辆通行费；车货总重中 10 吨以上至 40 吨部分，封闭式收费公路按其基本费率线性递减到 50%收取车辆通行费，开放式收费公路按其基本费率线性递减到 80%收取车辆通行费。

四、运营管理

根据国务院颁布的《收费公路管理条例》和交通部关于收费公路管理的各项规定，省交通部门制定《甘肃省收费公路收费工作程序及要求》《甘肃省收费公路站（点）标准化、规范化管理办法》等管理制度和办法，加强收费公路规范化管理、标准化建设，推行文明承诺服务制度，提高收费人员的业务技能和服务水平。1997 年，省公路局推进二级公路收费工作现代化，为 7 个收费所安装电视监控设备。1999 年，省公路局制定《甘肃省收费公路经济责任制实施办法》《甘肃省收费公路养护与养护工程招标管理办法》，加强二级收费公路运营与养护绩效管理。2005 年，省公路局把完成收费任务、优质文明服务、方便快捷通行作为收费管理的主要任务，对所管辖收费单位进行经常性督查抽查，促进收费任务有序完成。全年完成通行费征收 37450 万元，占年计划的 103.33%。举办全省二级收费公路票据软件培训班，推广新开发的票据管理软件和月票 IC 卡。2009 年，对全省 6 条 228 公里二级公路进行计重收费改造，2009 年 6 月 16 日零时起对在上述 6 条二级公路通行的载货类汽车实施计重收费。计重收费实施以后，超限超载车辆减少 90%以上。

相对于高速公路，开放式二级收费公路收费秩序整顿难度较大。省公路管理部门严格按照《收费公路管理条例》等政策规定设置和撤并收费站点，坚持依法收费、文明服务，完善和落实鲜活农产品"绿色通道"政策。连年组织开展文明收费、优质服务、树立形象等技术比武和劳动竞赛活动，深化收费秩序专项整治活动，提高通行费征收管理能力。

第八章　抢险救灾与灾后重建

第一节　汶川地震公路抢险救灾与灾后重建

一、抢险救灾

2008 年 5 月 12 日 14 时 28 分，四川省汶川县发生 8.0 级地震，甘肃省陇南、甘南、天水、平凉等市（州）的交通基础设施造成严重损毁，全省有 1 条国道主干线、7 条国道、26 条省道、28 条县道（专道）受损，有 104 条乡道、1251 条村道交通中断，共造成经济损失 76.37 亿元。

地震发生后，省交通厅连夜部署，第一时间启动应急预案，迅速集结抢险队伍和各地抢修机械，动员和组织全省交通系统的干部职工投入抗震抢险救灾一线，在陇南成立甘肃省交通厅抗震救灾公路抢险指挥部，厅领导驻帐篷研究方案，指挥行动。省公路局按照省交通厅"举全系统之力，迅即抗震救灾"的指导思想和"重点突击，全面推进"的工作方针，成立抗震救灾组织领导机构和临时党组织，明确分工，加强组织。公路职工面对道路时断时通，余震造成塌方、落石不断的严重情况，甘南、天水、定西、平凉、临夏、兰州等公路总段职工冒着生命危险，昼夜持续奋战，到 13 日以最快的速度全力以赴抢通受阻的 G212 线甘肃段、S206 线大姚路、省道 205 线江武路等国省干线和农村公路，灾后不到 26 小时，打通受阻国道的主干线，96 小时抢通所有干线公路，240 小时抢通所有农村公路。保证抢险救灾队伍和物资及时到达甘肃重灾区。受损公路抢通以后，按照"逐点排查、分类治理"的原则，组织 15 支 370 人的抢险保通突击队、机械设备 209 台，分段、定点、划片保通，明确责任，严防死守，保证救灾生命线的畅通。

5 月 13 日晚，甘肃重灾区国道主干线被抢通时，邻省四川的陆路交通还没有抢通，汶川、茂县仍是孤城。省交通厅接交通部命令并向省政府汇报后，自觉服从全国抢险救灾大局，在自身任务很重的情况下，确立"内保陇南、外援四川"的公路抢险救灾方针，决定派出甘肃交通抢险队，随交通部专家组一起外援四川。

5月14日晚，交通部专家组乘飞机来到兰州，连夜召开会议与省交通厅领导和专家共同商定打通G213线进入茂县、汶川公路方案。数小时之内，临夏公路总段、甘肃路桥集团、甘南公路总段等单位接到省交通厅命令，组织十余支抢险队，分别在甘南、临夏、兰州集结，随时准备开赴一线。

5月15日凌晨，交通部专家组从兰州出发，临夏公路总段交通抢险队从临夏出发，沿G213线进入四川，经四川省的若尔盖向重灾区茂县挺进。23时30分，专家组和临夏公路总段抢险队进入茂县境内，专家组和抢险队在两个大塌方地带安营扎寨。甘肃交通抢险队先后近百人，配备机械三十余台，第一路由文县沿G212线进入青川县抢修公路，第二路从文县赶赴九寨沟抢修公路，第三路沿国道213线，打通甘南经松潘通往茂县、汶川的公路。

5月16日凌晨，由80名精兵强将、30台大型机械车辆组成的甘肃交通抢险突击队全力投入到公路抢通工作中。5月17日21时30分，经过三十多个小时的奋战，通往茂县的公路打通，这是灾后打通的第一条通往茂县的公路。5月18日10时，交通部专家组和甘肃交通抢险队进入茂县，被阻截在松潘石大关镇的济南军区红军师也在甘肃交通抢险队的引导下进入茂县。

5月18日上午，地震中心区汶川仍与外界隔绝，交通部专家组、甘肃交通抢险队与茂县抗震救灾指挥部决定两面夹击抢通公路，甘肃交通抢险队和水电工程局由茂县向汶川方向抢通，二炮、武警部队由汶川向茂县方向抢通。5月21日晚茂县至汶川公路打通，22日清晨，第一批运送救灾物资的车队安全开进汶川。公路抢通后，甘肃交通抢险队成立临时指挥部，就地承担抢通路段保通任务一个多月，保证松潘至茂县生命线畅通。

省道路运输管理部门紧急组织兰州、天水、白银、定西、临夏、平凉、甘南、陇南等地460辆客车、4台油罐车，编成2个运输保障大队、8个保障支队集结待命。先后组织90多辆客货车分批赴九寨沟、汶川、松潘转移受困群众1000多人，运送救灾物资200多吨，救灾帐篷2500顶。详见第二编第四章第四节"抢险救灾运输"。抗震救灾期间，全省收费公路开辟抗震救灾专用通道，减免通行费1.95亿元。

在这次支援四川抗震救灾交通保畅工作中，全省交通职工作风顽强、勇往直前，成为了一支英雄团队。省交通厅被中共中央、国务院、中央军委授予"全国抗震救灾英雄集体"称号，交通系统涌现了一大批先进集体和个人。

二、灾后重建

2008 年"5·12"汶川特大地震受阻路段抢通后，省交通厅组织全省公路职工在灾区一千多公里公路上，开展灾后公路抢险保通维修工程。与此同时，省交通厅在综合掌握全省灾情和路情的基础上，经过充分评估论证，编制《甘肃省交通运输基础设施汶川地震灾后恢复重建规划》，并纳入《国家汶川地震灾后恢复重建总体规划》。2009 年 3 月 1 日，全省国省干线公路地震灾后恢复重建工程开工建设。按照国家和甘肃省地震灾后恢复重建规划，全省干线公路灾后恢复重建项目共 12 项 1128 公里，计划总投资 36.52 亿元。另外，2008 年冰雪灾后恢复项目 1 项 52.35 公里，投资 9600 万元，纳入地震灾后恢复重建项目一并实施。见表 1-8-1。

这些项目经甘肃省发展和改革委员会批准立项，总工期 2 年。除 S206 线大岸庙至姚渡恢复重建项目作为武都至罐子沟高速公路辅道由甘肃长达路业公司组织实施外，其余项目建设单位为省交通厅。2008 年底，根据全省公路地震灾后损坏情况和地震灾区恢复重建大局需要，省交通厅确定灾后干线公路恢复重建项目分批开工建设、分段组织施工、有序快速推进的建设方式，将 12 个项目（除 S206 线大岸庙至姚渡段）划分为 4 个设计标段、8 个监理标段、29 个施工标段（一期 18 个施工标段，二期 11 个施工标段）和 3 个交通工程施工标段，按招标程序在全国范围内进行公开招标。2009 年 3 月 1 日，一期项目 S307 线王坝至望关段、S205 线江洛至武都段、S306 线徐家店至祁山堡段、S313 线两河口至舟曲段、G316 线杨店（陕甘界）至江洛段、G212 线两河口至罐子沟部分路段、X484 线东峪口至青龙桥路及冰雪灾后恢复项目 G212 线宕昌至两河口段开工建设。2009 年 6 月 1 日，S208 线洛门至马街（武都段）、X482 线康县至阳坝段、S219 线祁山堡至西和至成县段、S313 线舟曲至黑水沟段及 G212 线两河口至罐子沟剩余路段开工建设。2010 年 11 月 30 日，"5·12"汶川地震灾后干线公路恢复重建项目主要工

"5·12" 汶川地震灾后干线公路恢复重建项目概况表

表 1-8-1

项目名称	规模 (km)	计划投资 (亿元)	备注
G212 线两河口至罐子沟	316	14.37	省灾后重建办批复调整后投资 13.05 亿元
G316 线杨店（陕甘界）至江洛	114	3.9	省灾后重建办批复调整后投资 4.05 亿元
S205 线江洛至武都	161	3.01	省灾后重建办批复调整后投资 3.48 亿元
S206 线大岸庙至姚渡	119	2.98	为武罐高速公路辅道由长达公司实施
S208 线洛门至马街（武都段）	34	0.85	省灾后重建办批复调整后投资 0.92 亿元
S219 线祁山堡至西和至成县	104	2.6	
S306 线徐家店至祁山堡	45	0.81	
S307 线王坝（陕甘界）至望关	50	2.48	省灾后重建办批复调整后投资 2.78 亿元
S313 线两河口至舟曲恢复	21	0.85	
S313 线舟曲至黑水沟恢复	49	1.23	省灾后重建办批复调整后投资 1.31 亿元
X482 线康县至阳坝	83	2.08	
X484 线东峪口至青龙桥	32	1.36	省灾后重建办批复调整后投资 1.61 亿元
G212 线宕昌至两河口	52.35	0.96	冰雪灾后恢复项目

程全部完工，共完成投资 37.24 亿元。除 S206 线大姚路 119 公里外，共完成路基 1061.35 公里（含 G212 线宕昌至两河口冰雪灾后恢复重建项目 52.35 公里），铺筑沥青路面 990.05 公里，浇筑水泥混凝土路面 71.3 公里，完成桥梁 154 座 5547.86 米，完成涵洞 1323 道，完成隧道 5 座 1038 米，完成护墩 2.2 万米 5.28 万立方米，完成波形护栏 436 处 13 万米，完成示警桩 636 处 7.31 万米。

农村公路恢复重建国家补助资金20.4亿元，2009年追加补助资金2亿元。武都区、文县、康县、成县、两当县、徽县、西和县、舟曲县共8个重灾县（区）国家补助8.4亿元，安排农村公路恢复重建项目1539项9047.86公里，其中通乡油路34项513.9公里，村道恢复重建及通达通畅工程1479项8533.96公里，危旧桥梁改造26座1343米。礼县、宕昌县、合作市、临潭县、卓尼县、迭部县、玛曲县、碌曲县、秦州区、麦积区、清水县、秦安县、甘谷县、武山县、张家川回族自治县、崆峒区、泾川县、灵台县、崇信县、华亭县、庄浪县、静宁县、正宁县、镇原县、宁县、西峰区、庆城县、安定区、通渭县、陇西县、渭源县、临洮县、漳县、岷县、会宁县、康乐县共36个一般受灾县（区），国家补助10亿元，安排农村公路恢复重建项目990项4481.9公里，其中通乡油路24项403.3公里，村道恢复重建及通达通畅工程870项4078.6公里，危旧桥梁改造96座4693.81米。2009年，国家又追加补助资金2亿元，主要用于800个受灾严重的村庄整体搬迁后的村道恢复重建和桥涵配套。农村公路地震灾后恢复重建工作由县级政府负责，县级交通运输部门组织实施，于2009年陆续开工，2010年11月底全部完成。

在灾后重建项目组织管理方面，省交通运输厅（2009年11月更名）成立由厅长任组长的甘肃省交通运输厅地震灾后抢险保通恢复工程领导小组及办公室，设置设计审查工作组、建设指挥部和监督检查组，全面负责公路灾后恢复重建工作的组织领导和检查监督。以省公路管理局（2009年12月更名）为主体组建甘肃省国省干线公路灾后恢复重建工程项目管理办公室，以公路总段为主体组建8个现场办，具体负责项目组织实施。项目开工之后，在省交通运输厅、省公路管理局的支持和积极协调下，与陇南市政府联合成立陇南市公路灾后恢复重建协调领导小组和办公室，灾区各县（区）组建由交通、交警、公安、林业、国土等部门组成的工作协调机构，加强项目建设征地拆迁、交通保畅、料场选址、施工治安等方面的协调力度。省交通运输厅、省公路管理局于2009年2月18日和5月23日分别召开项目建设动员大会，确定公路灾后恢复重建的总体目标为"五个必须确保"，即工程质量合格率必须确保达到100%，路面返修率为零；工程进度必须确保在规定时限内完成；资金使用必须确保全部用于项目建设；安全生产必须确保无重大责任事故；廉政建设必须确保无违纪违法行为。省公路管理局与项目办、项目办与现场办逐级签订项目建设目标责任书，与施工、监理单位签订施工合同和廉政合同。在项目建设过程中，建立项目巡查、分片包干督查、定点督查、项目派驻督查及督查责任追究等制度，现场跟踪督查抓落实。

在项目建设中，坚持精细化管理，重点抓好关键环节的控制。在参建单位履约能力管理上，主要审查参建单位主要管理人员资历。在原材料质量管理上，重点对沥青、水泥等大宗材料进行招标专供，加强供应过程管理。在试验检测方面，实行项目办巡检制度和施工、监理及现场办多级试验检测制度，重视中间实验检测，对存在质量隐患的下发整改通知单返工，派专人现场跟踪整改。推行样板引导和示范，在各分项工程质量好的标段召开现场观摩会，推广经验。每月定期召开生产调度会，对项目进展情况进行通报，分析解决施工过程中出现的问题，调度和督促各标段工程进度。组织开展"抓质量、抢进度、保安全，大干 120 天"活动、冬季养护生产"大干 50 天"活动和"创精品、树形象"劳动竞赛等活动，以活动开展推进项目建设。举办项目管理系统、办公自动化管理系统，以及工程质量、安全生产、路面施工等培训班，提高参建人员自身素质和项目管理水平。施工现场组织管理上，合理布设施工作业区，严禁乱挖、乱弃，注重废料回收处理和设备除尘。注重路容路貌整修，沿线宜林路段和施工场地全部植树绿化、美化。

针对陇南灾区地质条件和边施工、边通车的实际特点，项目办围绕安全生产和交通保通工作，对不同时期、不同阶段、不同路段的安全管理进行布置。建立完善项目办、现场办以及监理、施工单位安全防范体系，对全体参建人员开展安全生产教育。各标段以施工作业点和安全专职员、劳务人员为重点强化安全管理，组织开展安全生产整治行动，及时消除安全生产隐患。加强爆破安全管理，雷管、炸药专人保管，爆破程序规范合法。加大道路安全保畅投入，在施工路段设置规范鲜明的指示牌和警示标志，与陇南市签订交通保畅协议，派专人协助交警疏导交通，每个施工点有 1~3 名交通保畅员指挥交通。制定应急抢险预案，建立与地方政府的联动机制，实行无条件抢险保通。2009 年"7·17"陇南洪灾灾害、2010 年舟曲"8·8"特大泥石流自然灾害和陇南"8·12"暴洪灾害发生后，项目参建单位均派出重建队伍迅速赶赴灾区参加道路抢修保通。

制定《甘肃省国省干线公路地震灾后恢复重建工程计量支付管理办法》《甘肃省国省干线公路地震灾后恢复重建工程资金使用管理办法》等制度，印发《关于进一步加强国省干线公路地震灾后恢复重建工程资金使用管理的规定》，对资金使用及工程计量支付程序等做出严格规定，明确了项目办、现场办、项目经理部及监理部的责任。在项目建设过程中，建设单位、施工单位与银行签订资金监督协议，在指定银行开设单独账户，专款专用，封闭运行；建立资金支出签认制度，按规定程序拨付建设资金，严格现金支出，特别对施工单位 10 万元以上的支出，必须经现场办主任签认方可支付，坚决杜绝挤占、挪用等现象。在执行过程中，项目办严格按照规定的程序审核上报的各类报表，对符合程序的予以确认，对不符合程序的，坚决不予支付或计量。2009 年 11 月，针对国家审计署驻兰特派办审计时提出的问题，及时处理和纠正了个别单位违规使用建设资金的问题，同时组织开展"遵守财经纪律，加强财经管理，规范财经行为"的主题活动，增强项目管理人员遵守各项财务规定的自觉性、严肃性，并加大内部跟踪审计力度，对建设资金进行多次专项审计，保证实现资金安全使用的目标。

省公路管理局在项目办成立临时党委，在各现场成立临时党支部，设置党员模范示范岗 33 个，组建党员先锋突击队 22 支。在公路灾后重建项目实施中，2 人被评为部省级劳模，项目办被全国总工会、省交通运输厅、省公路局及陇南市委、市政府评为先进单位。成立廉政建设领导小组，明确各参建单位廉政建设职责和目标任务，各类项目公布事项均在施工现场显著位置予以公示，并在《甘肃日报》及省公路管理局、项目办网站上对外公布。设计、施工、监理单位及沥青、水泥等大宗材料在全国范围内进行公开招标。项目办还举办"爱现长路"文艺巡演活动、庆祝中华人民共和国成立 60 周年书画摄影展，制定项目建设宣传方案，重建期间在中央电视台播放新闻报道 2 条，省级电视台播放新闻报道 36 条，市级电视台播放新闻报道 58 条，在《中国交通报》办专刊 6 期，在其他各类媒体发表新闻 260 余篇，散发各类宣传材料 10 万份。

国省干线公路地震灾后恢复重建项目除 S208 线洛门至马街、X482 线康县至阳坝、S219 线西和至成县、S313 线舟曲至黑水沟和其他部分路段共 520 公里采用三级公路技术标准建设外，其余 608 公里均采用二级公路技术标准建设。这些项目主要是在原路的基础上结合陇南山区特点对部分路段进行必要改线优化，以提高路面质量和通行能力为主，加强对旧路病害及地质灾害的治理，注重完善防排水设施和安全保障设施，适当增加停车带和停车港湾，达到设计功能要求，提高灾区公路的通行能力和抗灾能力。

第二节　舟曲特大山洪泥石流灾害公路抢险救灾

一、抢险救灾

2010年8月8日凌晨，舟曲县发生特大滑坡泥石流灾害，造成重大人员伤亡和财产损失，导致多条公路受损，交通一度中断。

据统计，S313线穿越舟曲城区路段有1000多米被泥石流淹没，泥石流堆积厚度达两米多；另有800多米路段被堰塞湖淹没，完全不能通行，环城滨河路被淹没路段达1900米。受损公路总里程264.5公里，其中S313线损坏30公里，损坏公路堆积泥石流17.36万立方米、塌方3.28万立方米、路基损毁3.07万立方米、路面损毁4.89万平方米，边沟、桥涵、渡槽淤塞2.33万立方米，安保设施混凝土防撞墩损毁1964个1411.2方米，钢筋混凝土防撞墙309立方米/308米，挡土墙6623立方米、过水路面548立方米/391米。

县道受损4条35.7公里，其中沙大公路11.5公里、两峡公路7.1公里、舟化公路14.1公里、槐大公路3公里。

乡道受损3条19.8公里，其中八西公路7.8公里、插岗至角桥公路0.7公里、瓜咱至堡子公路11.3公里。

村道53条220公里，其中曲瓦乡境内10条32公里、巴藏乡3条9公里、大峪乡4条23.5公里、立节乡3条8公里、憨班乡2条9公里、峰迭乡7条22公里、城关镇3条7.5公里、东山乡8条33公里、南峪乡1条2公里、大川镇2条8公里、八楞乡4条26公里、武坪乡6条40公里。全毁桥梁14座244延米。特别是舟曲至化马、两河口至峡子梁、沙湾至大水沟口、八楞至西岔梁、槐树坝至大水沟口通乡公路塌方、滑坡泥石流堵塞、防护破坏、受阻中断。

公路、运输、水运设施及交通运输部门办公楼、家属楼等基础设施遭受严重破坏。舟曲县汽车站大楼3层以下被水淹没，站内14辆客运车辆及10辆轿车淹没；9处水运码头、3艘机动船受损；县运输公司办公场地和车辆淹没；县运管分局办公楼1层淹没；公交公司和维修企业严重受损；临时路政大队办公楼2层淹没。公路管理段机关办公楼3层1300平方米、家属楼2幢3层2000平方米、单身宿舍2层468平方米，库房、大门等被毁，9台（辆）车和抢险设备损毁。县交通局办公楼4层1400平方米、家属楼6层2650平方米严重受损，3辆车损毁。

交通运输部门职工家属遇难近百人。其中甘南公路总段38人，甘南州运管局23人，甘南路政支队和其他部门数十人。

S313线经济损失4689万元、县道1086.8万元、乡村道3516.5万元，合计9292.3万元。

交通运输行业站场、码头、办公楼、家属楼等经济损失1.96亿元。

以上合计经济损失28892.3万元。

抢险救灾机构与队伍。2010年8月8日凌晨3时，省交通运输厅紧急启动应急预案，成立甘肃省交通运输厅舟曲特大山洪泥石流灾害抢险救援指挥部。省公路管理局、省运管局、省水运局、省路政征稽合署办临时党委、省高速公路管理局、"5·12"地震灾后重建项目办公室、武罐高速公路项目办公室、各公路总段和厅属企业亦成立相应的指挥机构。省交通战备办公室恢复甘肃交通专业保障旅（2008年成立）建制，厅长任第一政委，主管副厅长任政委。旅下设公路抢修保障大队、公路运输保障大队、水路运输保障大队、交通管制大队、高速公路保障大队、桥隧保障大队、公路勘察设计大队、甘南州交通保障大队，各大队下设若干中队、小队。各单位负责人为大队、中队、小队负责人。

省交通运输厅主要领导率领在兰各指挥部负责人连夜奔赴灾区。到达灾区后，成立省交通运输厅舟曲抢险救灾前线指挥部。

8月12日，成立交通警地联合抢险指挥部，由省交通运输厅党组书记、厅长担任指挥长，武警交通指挥部副主任任政委、党委书记，武警交通指挥部副参谋长、省公路管理局局长和省交通运输厅总工程师担任副指挥长。指挥部下设技术组、抢险组、运输保障组和综合协调组。这是武警交通部队纳入国家应急保障力量之后，甘肃省交通和武警交通在抢险救灾保通中的首次联合行动。

8月8日灾情发生后，舟曲公路管理段抢险队（交通专业保障中队）朝两河口方向抢通公路。随后，甘南公路总段组成3支抢险队，分赴两迭、岷代公路抢通。8日凌晨4时，"5·12"地震灾后恢复重建项目办甘肃路桥集团抢险队闻讯驰援，先打通宕两公路，11日，陇南公路总段投入抢险。

12日，嘉峪关、酒泉公路总段等7支抢险队赴舟曲、陇南等地抢险。

陇南市交通运输局投入抢险人员1500人、机构设备60多台次。

在8月11日—12日舟曲县城抢通最紧张时，全省公路部门组建抢险队13支、抢险队员450人，机械设备106台。

8月8日—26日，全省路政系统投入路政人员3.66万人次、车1.17万台次。

抢险救灾期，全省储备运力1675辆、驾驶员3000人左右。

道路抢险。灾害发生后，甘肃交通应急抢险救灾突击队奔赴救灾现场。8月8日天刚亮，舟曲公路管理段47名死里逃生的职工在段长桑安宁带领下，出动3台装载机、6辆翻斗车朝两河口方向抢通公路，这是全省第一支投入抢险保通的队伍。在两河口与省地震灾后重建项目办会合。之后，甘南公路总段紧急组织220名抢险队员，由4台挖掘机、12台装载机、11辆自卸车组成的3支公路抢险突击队，奔赴S313线两河口至迭部、S210线岷山至代古寺公路水毁、塌方路段。与此同时，陇南市交通运输局第一时间组成抢险突击队，迅速调集武都、宕昌县交通局、公路管理段8台大型机械对G212线宕昌至两河口路段、S313线两河口至舟曲段水毁塌方、泥石流进行清理。承建G212线宕昌至两河口地震灾后恢复重建施工任务的甘肃路桥建设集团宕两项目部组织救援人员，抽调装载机、自卸车等设备投入抢险工作，抢通宕两公路。宕两公路恢复通车后，抢险小组接到灾后重建项目办的指示，继续前往省道313线两河口至舟曲公路进行抢险。至8月8日9时30分，S210线岷县至代古寺公路抢通。10时15分，S313线两河口至舟曲公路抢通。11时，省公路管理局主要领导到达舟曲城东，下令向舟曲靠拢。各路抢险人员600人、机械70台于12时40分抢通S313线迭部至舟曲公路。至此，从甘南、定西、陇南三个方向进入灾区的公路全部打通，为中央、省市领导赴舟曲视察灾情和指导救灾工作、抢险部队及社会各界运输救灾物资提供了交通保障。

8月8日下午，交通运输部部长李盛林到达灾区指挥抢险工作，慰问抢险队员，激励士气。8月9日，交通运输部发来慰问电。

8月9日，城区道路1000米被泥石流掩埋，800米浸泡在江水中，机械无法进入城区，救灾物资难以抵达。下午3时，交通运输部公路局局长李华到达灾区现场与专家现场研究制定城区道路抢通方案。因城区厚达数米的泥石流短期内清除几无可能，决定用"垫、铺、撒、架、埋"的方式抢通，即先垫大砾石，再铺天然沙砾，后撒水泥，路基上架钢板，路基下埋涵管。随即陇南公路总段、甘南公路总段和甘肃路桥集团连夜运送速凝水泥150吨、沙石材料400多立方米、钢板38吨到现场，对城区主干道泥石流淹没路段做特殊处理。随后，通过警地600多人联合奋战，8月11日2时，舟曲县城主要道路全部打通，通往主城区的道路具备通车条件，10吨以下货车和小型车辆可以通过。至此，从天水、定西、陇南、甘南等方向进入舟曲县城的生命通道全部打通。陇南市交通运输局抢险队在打通生命通道的同时，组织机械设备在舟曲县城入口开辟停车场3处1.5万平方米，保证陇南救援车辆设备、部队设备、物资的停放。搭建陇南市支援舟曲抗洪救灾指挥部。同时，在距县城东2公里山坡下，平整5000平方米场地，供临时停放遇难者遗体。

8月11日晚，舟曲、迭部、宕昌县普降暴雨，再次引发山洪泥石流，致使G212线、S313线、S210线部分路段交通中断。省交通运输厅连夜组织装载机、挖掘机106台及抢险人员450人，火速赶赴受阻路段。经过公路职工近11个小时奋战，抢通所有受阻路段。8月12日8时30分，舟曲县城至两河口中断道路全部抢通。经甘南、陇南、定西公路总段职工及武警交通一支队官兵奋力抢修。8月12日中午，岷县至代古寺、迭部至舟曲公路中断路段基本抢通。经陇南公路总段全力抢险，G212线陇南宕昌境内多处水毁路段抢通。

8月12日，陇南暴雨洪水灾害致G316线、G212线及一部分省、县道损毁严重，成县境内尤为严重。省交通运输厅紧急组织天水公路总段、陇南公路总段等9个公路总段（分局）和陇南公路地震灾后重建项目办、武罐高

甘肃省志

公路交通志

速公路项目办、省交通规划勘察设计院、甘肃路桥集团组成 13 支突击队，双向展开抢险工作。经过近四百名公路交通职工、百余台机械设备持续奋战，通往舟曲灾区和陇南灾区的受阻路段全部打通。

由于陇南暴洪分散了兵力，致使舟曲城区救援力量不足，省交通运输厅、省公路管理局命令酒泉、嘉峪关、临夏、庆阳、武威、金昌、平凉公路总段 7 支由党员组成的抢险突击队驰援舟曲；抽调定西公路总段、张掖公路分局抢险突击队驰援 G316 线天水水毁路段。8 月 13 日，酒泉、嘉峪关、临夏、庆阳公路总段抢险队到达两河口，并与甘南公路总段签署《舟曲 8·8 特大的山洪泥石流洪灾公路保畅联动协议》，各抢险队主要做好 S313 线两河口至舟曲 17 公里抢险保畅工作。各抢险队严防死守，抢险队员冒着生命危险，不分昼夜，一面清理淤泥、落石，一面抢救护送过往行人车辆。抢险工作中，酒泉公路总段抢险队共清理山体滑坡 6780 立方米，填筑桥涵锥坡圬坡 720 立方米；帮助当地群众铺筑农道 760 米，清理矩形边沟 680 米、三角边沟 860 米；冒雨巡路 17 次，救助群众 10 余人。舟曲县委、县政府为抢险队送来"保通生命线、感恩公路人"锦旗。

陇南市交通运输局抢险队几天来连续投入抢险人员 1500 多人次，机械设备 50 多台次。从 8 月 9 日开始，市交通运输局调运沙袋 1000 条，大型挖掘机、装载机 32 台，成功封堵白龙江涌入舟曲街道的洪水，同时清除街道淤泥 300 米，挖运泥石流 300 立方米，装载机运送群众 20 多趟 1000 多人。8 月 11 日，暴雨再次造成 G212 线宕昌至两河口段、两河口至舟曲段 22 处大面积的泥石流，交通再次中断。市交通运输局立即调集 22 台大型机械，组成 76 人突击队，清理泥石流塌方，抢修路基。共清理泥石流 8000 立方米。8 时以前两河口至舟曲段恢复通行，9 时以前 G212 线宕昌至沙湾恢复单向通行。出动翻斗车 17 台、挖掘机 2 台、装载机 2 台。从 8 月 12 日 11 时至 14 日 9 时，陇南市交通运输局与兰州军区第 21 集团军一道冒雨奋战，清理淤泥、杂物等 5000 立方米。8 月 12 日，应甘南藏族自治州政府请求，陇南市交通运输局组织运输车和装载机开挖道路，转运并掩埋遇难者遗体。

8 月 12 日晚，省委、省政府主要领导看望交通警地联合抢险保通指挥部成员，称赞交通抢险保通队伍是一支"反应迅速、技术过硬、敢打硬仗"的队伍，不愧为党中共中央、国务院、中央军委命名的抗震救灾英雄集体。

8月13日凌晨，舟曲县城又下起了大雨，三眼峪沟水流渐急。14时，甘肃交通抢险突击队与武警交通二总队六支队等在三眼峪沟口道路上紧急埋设钢管涵，使三眼峪沟内流水顺利通过钢管排入白龙江。13日下午，又在进入主城区的道路上埋设1道钢管涵，基本消除了通过路面排水的现象，增强了道路通行能力。同时，甘南公路总段全力组织舟曲段等单位在城区内开展清淤工作。在舟曲县三眼峪沟南门大街、县罗家峪沟瓦厂桥、县春江广场街道铺设快速凝固式路面和巨幅钢板，所有清淤的挖掘机、装载机及自卸车安全通过这3处咽喉要道。8月16日晚20时，经公路部门四天四夜奋战，瓦场钢架桥竣工通车。该桥全长75米，宽4.5米，满足60吨车辆通行，大大加快了白龙江河道砂石的清运速度。8月16日—17日，省委、省政府紧急从陇南武都、临夏广河等舟曲周边城市调运米、面、油、蔬菜等生活物资支援灾区。8月18日8时，第一批装满芹菜、西红柿、茄子、大蒜等蔬菜的救灾车队抵达舟曲城东。因道路水毁，交通临时中断，送运车辆被堵在县城东大门。嘉峪关公路总段抢险突击队一方面组织人员从靠近白龙江一侧修一条临时边沟作为过水通道，让从堰塞湖渗下的水顺着边沟流入白龙江下游；一方面组织机械、人力疏通涵洞。道路傍山临水，作业面小，挖掘机等大型机械无法展开作业，经过5小时战斗，12人的抢险队伍用铁锹和双手将60米水毁公路整修完成。运输米、面、粮油等生活物资的车队顺利进入县城。

在两河口以北G212线上，定西公路总段抢险突击队始终保证道路畅通。8日7时许，总段在岷县成立抗洪抢险救灾保畅指挥部。领导分赴保畅一线，对养管全线展开养护巡查，消除阻车隐患；对重点线路组织人员紧急清除施工设施，填平病害处置路段，全力确保道路畅通。10日10时，兰州军区驻宁夏中卫某部队在赶赴舟曲救援途中，由于大型机械超高，在G212线209公里90米石头坡渡槽处受阻。指挥部请求将渡槽下方原路基降低1米。得到批准后，抽调队员65人、机械车辆7台（辆）组织施工。经过3小时奋战，救援部队顺利通过。同时完成会宕公路1300平方米的油路修补任务。由于救灾重型运输车辆不断通过，造成"生命通道"出现大面积推移、沉陷等病害，指挥部立即采取突击会战的形式，修补油路6000多平方米，对小型水毁及时进行抢修。11日21时，迭部县境内突降暴雨，S210线

69~73 公里路段发生水毁 21 处，交通中断 4 处。指挥部抽调抢险队员 4 名、机械车辆 3 台（辆），赶赴岷代公路，清理泥石流 800 多立方米。24 时许，道路恢复通行。8 月 12 日上午，接省公路管理局紧急明电通知，要求以最快的速度完成会宕公路油路修补工作，指挥部紧急动员，从岷县、渭源公路管理段抽调养护职工 80 余人、机械车辆 20 余台（辆），从临洮公路管理段调拨沥青拌和料 200 立方米。突击队员冒雨作业，路政人员疏导交通，经过昼夜奋战，19 日 10 时全面完成。8 月 13 日，接到空军某部维修机场跑道的求援，指挥部抽调临洮公路管理段养护职工 45 人，机械车辆 7 台（辆），对机场道路及跑道 3000 平方米的破损进行修补。养护职工加班加点，15 日完成修补任务。

灾情发生后，农村公路损害严重，甘南州交通运输局突击队在奔赴灾区途中，大型机械在前清理道路塌方，200 多名抢险队员手搬肩扛及时跟进，50 多辆大型挖掘机、装载机、自卸车对舟曲外围泥石流阻塞路段进行清淤。8 月 8 日，抢通陇南通往舟曲的农村道路，确保救助人员和救灾物资顺利到达。舟曲县交通运输局按照"先保通、后修复"的抢修方案，划分前山、山后、上河三个区域，明确抢修责任，具体分工，责任到人，对严重受损桥梁、危险路段安排专人昼夜值守，限制通行，设置警示标志。至 8 月 11 日 18 时，舟曲灾区受损中断的两河口至峡子梁、槐树坝至大水沟口等 6 条 57.5 公里县道和瓜咱至堡子、插岗至角桥等 7 条 60 公里乡道及 54 条 184 公里村道已抢通，车辆、行人正常通行，累计抢通公路 301.5 公里。

8 月 11 日晚，暴雨再次引发山洪泥石流。至 8 月 13 日，受损的 8 条县道抢通 6 条 57.5 公里；受损乡道 8 条 70 公里，抢通 6 条 56.5 公里；八楞和巴藏至瓦曲受损村道 65 条 236 公里，抢通 58 条 190 公里；搭建临时便桥 10 余座；共清理各条公路沿线塌方 3 万多立方米。为解决救助车辆停车困难，县交通运输局组织 2 台挖掘机、12 台装载机，经过一天两夜连续施工作业，8 月 13 日完成能停放 500~600 辆车的停车场。为保障车辆通行，预防地质灾害，县交通运输局还组成 7 个工作组，对城区通往避灾场所的道路进行排查，清除各类障碍，保障救灾物资直通受灾群众安置点。

8 月 15 日—8 月 28 日，巴掌、南峪等乡农村公路仍处于受阻状态。省交通抢险救灾前线指挥部调集定西、甘南公路总段抢险队五六十人，机械三四十台前往抢修保通 50 多公里。

8 月 31 日，省交通抢险救灾前线指挥部调集甘南、定西等 4 个公路总段和舟曲县交通运输局的 250 名抢险队员、机械 40 辆，组成 6 支抢险突击队，对未抢通农村公路最后突击。并组织沿线群众投工投劳。9 月 2 日 19 时，两河口至峡子梁公路全部打通。至 9 月 6 日，抢通农村公路 18 条 80 多公里。9 月 10 日，受阻农村公路全部打通，解决了数万群众出行问题。

路政保畅与服务。灾情发生后，甘南路政支队及时安排舟曲路政大队将职工安全撤离。当夜甘南路政支队负责人带队赶赴灾区，并抽调临潭、卓尼路政人员投入 S313 线两河口至舟曲路段保畅工作；抽调碌曲、迭部路政人员投入 S210 线铁尺梁至代古寺、S313 线代古寺至舟曲路段保畅工作。省路政征稽临时党委启动路政系统应对突发事件紧急预案，成立甘肃省公路路政抗洪救灾前线指挥部，安排陇南、临夏、定西、兰州路政支队全员上路巡查，保证通往灾区公路安全畅通。各路政支队在通往灾区的公路上设立 13 个路政救灾服务点，自筹资金购买生活急需品，向抢险人员免费发放，向救灾车辆提供维修、护送等服务。

陇南临时路政支队人员兵分三路，出动 83 人次、12 台车辆，开展清障保畅工作，保证了抢险救灾物资车辆顺利到达舟曲灾区。8 月 9 日，为了保障筑路材料迅速到场，陇南临时路政支队 22 人驻扎两河口，连夜奋战，日夜坚守，协助疏导交通，确保交通部门救灾物资车辆进入灾区。至 10 日晚，保障所需物资按时投入使用。8 月 12 日，陇南成县黄渚镇遭受暴雨侵袭，陇南临时路政支队紧急调集成县、徽县、康县、两当大队人员 21 人，赶赴现场，疏导交通、协助水毁抢修。一是派驻人员继续留守舟曲两河口，保障通往舟曲灾区道路；二是坚守驻地所在县（区），就地投入抢险保畅；三是抽调成县、江洛大队和麻沿河超限站人员，分为 6 组，每组 4 人，蹲守各路段各险段，协助抢修疏导交通，使全队道路保畅工作有序开展。

8 月 8 日，定西公路总段抗洪抢险救灾保畅指挥部将 G212 线漳县境内的流动治超站变为救灾应急保畅服务站，为前往灾区救灾部队等人员提供服务；木寨岭隧道管理所紧急开通应急救援车道，同时沿 G212 线在临洮、木寨岭隧道、岷县等重要路段设立 6 个路政服务点，疏导交通，发放行车指南，维修救灾车辆，调动方便面、矿泉水、药品等应急物资，为赶赴灾区的救援人员提供饮食、医疗等保障服务。服务站累计为 3600 辆救灾车提供了保障服务，向过往救援人员发放价值 2.4 万元的生活用品。

至 8 月 13 日中午，13 处路政服务点共发放矿泉水 2.37 万瓶、方便面 1.15 万桶和价值 5000 多元的药品，提供开水 3 吨，为 290 辆车提供维修帮助。为保证 30 套移动公厕运往灾区，白银、兰州、定西、陇南和甘南路政支队出动车 8 辆次、路政人员 27 人次，开展接力保畅，于 8 月 13 日 2 点安全抵达灾区。截至 8 月 16 日，全省各级公路路政管理机构共出动人员 3965 人次，车 552 辆次。到 8 月 26 日，全省路政人员共疏导交通堵塞 460 起 9730 辆，清理公路打场晒粮 320 起 2.69 万平方米，护送救灾车辆 51 起 1230 辆，护送紧急救灾车辆 680 辆。

舟曲县发生特大泥石流灾害后，省高等级公路运营管理中心及时启动高等级公路突发事件一级预案，严格 24 小时值班制度，各管理处（所）主要领导在重点收费站值守；开辟救灾车辆专用通道，设专人指挥引导，优先保障救灾车辆通行；设立救灾服务点，储备食品药品、饮用水、工具等，服务救灾车辆；调整收费班次，加大人员投入，提高工作效率；及时发布公路养护作业、交通事故等突发事件信息和路况信息。截至 8 月 18 日零时，全省高等级公路累计通行救灾车 4980 辆次，减免通行费 36.87 万元；引导保障救灾车队 619 列，旅行车 3502 辆。

省交通服务公司在北龙口、太石、张家寺等服务区设立抢险救灾服务点，紧急储备方便面、矿泉水、感冒药等救援食品、药品，为过往救援队伍免费分发。同时，为赴灾区救援人员开通"绿色便捷服务"，实行优先就餐、临时休息、免费加水等服务。沿途各服务区汽修厂免费为救灾车辆提供小型维修、加水充气等便捷服务。全省高速公路各服务区共接待救灾队伍约 240 批次，人员 1.3 万人次、车 3500 辆次，免费提供矿泉水 6000 瓶、方便面 3200 桶、卤鸡蛋 1800 个、火腿肠 1300 个。

陇南交通运输局组织交通运输管理人员 20 人、16 辆车进行交通运输管理疏导，免费接送灾民及救援人员和志愿者 3000 人次。

救助捐款。舟曲县遭受重大泥石流灾害后，全省交通运输行业以多种形式进行救灾支援工作，帮助灾区人民渡过难关。

甘南公路总段在获悉舟曲公路管理段办公楼部分楼层被淹没、职工及家属遇难的严重灾情后，总段第一时间向舟曲段捐款 5 万元，同时发出献爱心捐款倡仪。8 月 10 日共计捐款 16.29 万元。8 月 31 日上午，指挥部将载满 8500 万公斤、价值 1 万元的甘蓝菜、大葱、马铃薯等 10 多种时蔬，经过十多个小时长途运输，于 22 时送到舟曲段。支援灾区的各总段抢险突击队都顺路带上蔬菜、水果等食品和职工捐款，向受灾兄弟单位表示慰问。

据统计，全省公路系统共捐款 55 万元、省路政系统 14.29 万元、省高速公路系统 11.89 万元。

省运管局先期补助甘南运管系统 10 万元。截至 2010 年 8 月 12 日 12 时，全省道路运输业募得各类捐款 49.79 万元。

省交通运输厅机关 16 万元。

二、灾后重建

灾后重建规划。省政府根据《国务院关于印发〈舟曲灾后恢复重建总体规划〉的通知》和《国务院关于支持舟曲灾后恢复重建政策措施的意见》精神，制定《舟曲灾后恢复重建规划和资金安排实施方案》，将舟曲老城区至峰迭新区段连接线工程按照二级公路标准列入舟曲灾后交通重建项目。安排资金 4.5 亿元。见专栏。

管理机构与施工队伍。舟曲灾区重建项目正式启动后，省交通运输厅于 2010 年 11 月 18 日成立舟曲灾后交通运输恢复重建工作领导小组，厅长任组长，领导小组下设办公室。

2010 年 12 月 8 日，省交通运输厅下发《关于成立甘肃省交通运输厅舟曲灾后恢复重建工程项目管理办公室的通知》，批准成立甘肃省交通运输厅舟曲灾后恢复重建工程项目管理办公室。办公室下设工程科、综合科、安全科、征迁科四个职能科室，抽调管理技术人员 22 名。

省交通运输厅按照《甘肃省舟曲灾后恢复重建监督工作实施方案》规定，成立舟曲灾后交通运输恢复重建监督检查工作领导小组及办公室，全面负责舟曲灾后重建监督检查工作的组织协调和安排部署，第一时间向舟曲灾后重建项目办派驻纪检组，制定工作人员岗位职责，成立重建项目质量、安全、廉政建设领导小组，建立项目临时党总支，在项目办机关和各施工单位成立临时党支部，并创建"党员先锋岗"，组建 7 个"党员突击队"、3 个

干线公路：	恢复重建受损的省道 313 线 15 公里；做好国道 212 线及省道 210、313 线 580 公里的保通工作。加快临洮至武都高速公路前期工作，并规划建设舟曲县城连接线。
农村公路：	恢复重建受损的农村公路 481 公里。
道路客运站场设施：	统筹建设县汽车客运站、货运站。
公路养管设施：	恢复重建交通行政、路政管理和养护业务用房及养管设施。
应急救援：	新建救援直升机停机坪 1 个，配套通信、导航等设备。

"青年突击队"，承担险、重、难、新等任务，为项目顺利实施提供坚实的组织保证。

S313 线舟曲县城至峰迭新区灾后重建工作和 S313 线两河口至舟曲灾后维修工程项目主管单位为甘肃省交通运输厅，项目建设单位为甘肃省公路管理局，项目设计单位为甘肃省交通规划勘察设计院有限责任公司，项目质监单位为甘肃省交通基建工程质量监督站，项目监理单位为甘肃恒科交通工程监理有限公司。

省交通运输厅承担县城至新区公路改扩建工程、汽车站场及公路管养设施等 9 个援建项目，总投资调整为 4.79 亿元。遵循"以人为本、尊重自然、统筹兼顾、科学重建"的原则，对公路安全、施工保通、运营成本等环节统筹规划。按照把舟曲县城至峰迭新区公路打造成"经济、环保、实用、安全、美观"的快速通道和全省二级公路示范精品工程的目标，针对影响全线安全畅通的锁儿头、咀疙瘩两个特大型古滑坡体，设计了两座隧道和两座大桥进行科学避让，有效提升了公路标准和抗灾通行能力。同时，合理布设养管站、汽车站场等基础设施，首次在二级公路建设中引入绿化工程，提高交通安全和机电工程设施标准，做到了日常养护管理配套，公路建设与自然环境协调。

舟曲灾后重建涉及部门多，建设密度大，工期紧，任务重，50 多家施工单位、2 万余名参建者同时在舟曲新老城区之间展开施工，加之降雨频繁，道路保畅难度异乎寻常。由省公路管理局施工的 S313 线交通量从原来的每天 200 辆左右，一下提高到 3500 辆左右，施工单位采取"5+2""白加黑"的错时作业法，项目办临时党总支也相继开展了"交通铸精品，共建新

第一编 公路

舟曲""我为舟曲做贡献，创先争优立新功""大干六十天""大干八十天"等系列活动，做到了"时间再紧，程序不减；任务再重，标准不降；困难再多，目标不变"，确保工程质量、进度与安全。全体参建人员以参与灾后重建为荣，昼夜奋战，按时完成 1 公里标准示范路、南滨江路、锁儿头箱涵、泉城隧道、武都关大桥等节点工程。

在项目建设的两年里，省委、省政府和交通运输部领导多次深入舟曲一线检查指导工作。为交通项目与水电站、国土、水利、建设等部门就交叉问题专项协调 18 次。省交通运输厅及时成立重建工作领导小组、监督检查领导小组和前方工作机构，抽调精干力量举全行业之力参与交通重建。地方政府及沿线群众的大力支持和密切配合为改建工程创造了良好的重建环境，甘南州、舟曲县两级政府在征地拆迁和交叉问题协调等方面给予大力支持，从县、乡、村主要行政领导中抽调人员成立 S313 线重建协调小组，为项目顺利实施创造良好的外部环境。

整体重建项目于 2012 年 8 月 2 日提前 4 个月完成并交付使用。

第三节　其他公路灾害抢险

一、金昌、武威等地"5·5"沙暴袭击

1993 年 5 月 5 日 15 时—17 时，百年不遇的沙尘暴袭击金昌、武威等地，最大风力达到 10 级，最大风速 28 米/秒，持续时间 2 个小时，能见度为零。人民生命财产遭受巨大的损失，死亡人数达到 67 人，失踪 20 多人，受伤 213 人，死伤和丢失各类牲畜 4 万余头。S212 线 0~99 公里，河西堡至九东湾专用公路 0~10 公里，河西堡至东大山铁矿专用线 0~8 公里共 117 公里公路边沟被流沙填平，S212 线八挂沙窝路段公路上堆起 7 万多立方米的沙丘，武威地区 12 条县乡公路受到黄沙侵害，面积达到 18.2 万平方米，G312 线、省道民仙、海古线受灾严重。灾情发生后，金昌总段 130 名职工，16（辆）台机械投入抢修，疏通边沟沙砾，重新铺筑公路，维修和补栽毁坏的公路标志，不到半个月时间完成抢险救灾任务；武威各县市经委及总段组织道工、机关人员上路清理沙堆、疏通边沟，用 25 天恢复了民昌、南湖、武

古、民西等公路交通，武威总段组织 23 个道班的职工用 1 个月时间修复省养公路，清理流沙 1.8 万立方米，完成抢险任务。

二、平凉地区暴雨灾害

1996 年 7 月 26 日晚—28 日晨，平凉地区境内遭受暴雨灾害，国、省道公路遭到严重水毁。省养公路共计毁坏油路面 8.4 万平方米，路基受损 6.9 万立方米，桥梁防护设施受损 4 座 172 立方米，涵洞受损 5 道 55 米，混凝土边沟、急流槽及排洪渠纵向排水设施受损 25 处长 1192.45 米，拦水带、导流堤、驳岸、护坡等受损 289 处 8865.4 立方米，路面、边沟淤泥 6 万立方米，塌方 123 处 7697 立方米，泥石流 5 处 5212 立方米，道班围墙冲毁 128 米，直接经济损失 186 万元。7 月 26 日傍晚，泾河水暴涨，G312 线泾川何家坪路段，水漫路面，泥沙淤积厚 0.6 米，平凉总段及所属泾州段组织道工，在当地政府支持下动员驻军和群众 240 人参加抢险，在洪水过后 6 小时内恢复通车；G312 线白水涧沟河桥栏杆、扶手及上游护岸被冲毁，平凉总段组织清淤在 5 个小时内恢复通车；省道铜郿路平凉郿岘大桥北岸上游导流堤被冲毁，平凉总段组织道工 256 人，会同当地驻军于 48 小时内恢复通车；泾甘路净石沟路基护岸冲毁 90 米，崇信公路段 90 名道工一天内开辟出 130 米长便道。平凉总段在抗洪抢险工作中投入水毁修复资金 79.3 万元。

三、临潭县地震灾害

2004 年 9 月 7 日晚，临潭县境内发生里氏 5.0 级地震，受损严重的县道陈店路、岷洮路、东新路共计 70.22 公里，累计塌方 92 处共计 4.5 万立方米，受损严重的乡村道路 16 条共 48.46 公里，全部直接经济损失达 1437.5 万元。临潭县委、县政府成立以县交通局、县民政局、县地震办等部门为主要负责人的抗震救灾指挥部，分 7 个工作小组开展救灾工作。9 月 8 日至 10 日，临潭县交通局组织工人进行抢修。9 月 10 日，X091 线岷县至洮砚桥公路马家浪段和陈旗至陈庄、立新、马旗 3 个行政村农机道路抢通。至 9 月底，X091 线岷县至洮砚桥公路的其余路段和 X089 线东新路新城至石门至洮砚桥受损路段抢修通车。

四、青海玉树地震道路抢险救援

2010 年 4 月 14 日上午，青海省玉树县境内发生 7.1 级地震。根据省交通运输厅部署，省公路管理局从兰州公路总段养护施工一线抽调 12 名专业技术人员和机械驾驶人员组建抗震救灾突击队，于 21 时与甘肃交通抗震救灾队伍赴青海省玉树县紧急援助地震灾区，开展道路抢通及其他抢险救灾工作。4 月 14 日，省公路管理局在省交通运输厅安排部署下，组织干部队伍赴灾区支援青海玉树抗震救灾工作，并在全局开展捐助活动，收到捐款 2.1 万元。

五、陇南 "8·12" 暴洪灾害

2010 年 8 月 11 日晚—13 日，在舟曲交通抢险保通工作紧张开展的关键时刻，陇南地区发生特大暴洪灾害，造成 G212 线宕昌至罐子沟、S307 线白河沟至望关、S219 线祁山堡至成县、X484 线东峪口至青龙桥、S205 线江洛至武都、X482 线康县至阳坝、G316 线杨店至八盘山及 X507 线青河沿至黄渚段等 8 个路段 900 公里范围内发生水毁，G316 线八盘山至江洛镇至徽县多处发生山体塌方、冲毁路基和泥石流，交通灾后重建项目大面积被洪水冲毁，短期内无法恢复。

"8·12" 陇南特大暴洪灾害对交通设施的损毁非常严重，尤其是一些刚完成地震灾后重建的项目遭到损坏，G316 线江天路、S205 江武路等路段损失尤为惨重。此次特大暴洪冲毁路基 54.7 公里 61.6 万立方米，发生泥石流 263 处 25.4 万立方米、塌方 296 处 41 万立方米，冲毁沥青路面 54 万平方米，冲毁边沟 18 公里 12 万立方米，冲毁桥梁 1 座 32.8 米，桥梁局部损坏 23 座，隧道局部损坏 4 座，冲毁涵洞 49 道，冲毁防护构造物 55 处 31 万立方米，冲毁防撞墩 5175 块 3312 立方米、冲毁波形梁护栏 2.7 万米。

省交通运输厅启动抢险应急预案，成立舟曲暨陇南特大山洪泥石流灾害交通抢险救灾指挥部，统一指挥交通抗洪抢险救灾工作。从国省干线公路地震灾后重建项目办和陇南、天水、酒泉、嘉峪关、张掖、武威、金昌、定西、平凉等地调集交通抢险队至陇南、天水等地抢险。12 日晚，省交通运输厅根据省政府安排部署，派出省地方海事局、兰州市地方海事局、临夏回族自治州地方海事局和西北潜水打捞公司 4 支救援队携带 7 艘海事救援船艇赶赴成县开展救援工作。16 日，省交通科研所有限公司等单位技术专家赴陇南，现场研究制定道路修复工作方案。

针对这次灾害情况，交通抢险指挥部确定了"先通后畅"的抢险指导思想和"双向推进、优先抢通、分段保畅"的抢险保通方案，划分各支抢险队伍的责任路段，组织公路交通职工昼夜抢修。针对 G316 线江洛至徽县段多处全幅路基被洪水冲毁、洪水漫过道路的现场情况，采取用铅丝笼围堰改移河道、开山炸石、填筑路基、抢修便道等方法恢复交通。12 日 11 时，G316 线天水至八盘山段抢通；13 日 12 时 30 分，G316 线八盘山至江洛、S205 线江洛至成县段实现半幅通车；13 日 16 时 40 分，X507 线清河至黄渚段便道抢通；14 日 20 时，G316 线江洛镇至徽县段水毁路段抢通。至此，从天水通往陇南成县和徽县的救灾生命线全线抢通，道路抢修工作由"抢通"转入"保通"阶段。

此次陇南、天水等地公路抢险保通工作，全省交通运输部门共投入抢险队伍 13 支、人员 1000 多人次、大型机械设备和运载车 200 多辆。省交通运输厅海事救援队完成水路抢险运输数百航次，共运送救援人员 600 人次；完成了清污、船体解体等工作。同时，省交通运输厅在高等级公路上开辟了"救灾车辆专用通道"。截至 8 月 17 日零时，顺利保障 4642 辆救灾车免费通过高等级公路。各高速公路服务区共接待救灾抢险队伍 130 批次，人员 1.1 万人次、车辆 2300 辆次。

2010 年底，省交通运输厅成立甘肃省交通运输厅陇南"8·12"暴洪灾后恢复重建工程指挥部，启动陇南"8·12"暴洪灾害公路灾后恢复重建工作。重建工程于次年 1 月开工建设，同年 7 月底前全部建成通车，共投资 4 亿元。

第二编　公路运输与生产

第一章　运输管理

第一节　客　运

一、普通客运

1991 年，按照"巩固区内，发展区外，以长补短"的经营方针，促进汽车站向社会开放，全省有 105 个汽车站向社会开放，实现"车进站、人归点"的目标。兰州至定西、兰州至白银、兰州至景泰、兰州至临洮、嘉峪关至酒泉、天水至成县、平凉至西峰 7 条跨区线路全方位开放试点。

1993 年，甘肃省交通厅公路运输管理局（以下简称省运管局）制定出台《关于培育和发展公路运输市场的若干意见》，全省公路运输业逐步由计划经济向市场经济过渡，短途客运全面开放，夜班车、卧铺车从无到有，不断发展壮大。特别是交通部《道路客运开业条件》出台后，只要符合开业条件的，均可经营同类客运线路。支持企事业单位的自备车辆实行单独核算、自负盈亏，与原单位脱钩，以独立的经济实体参与社会营运，也可以入股的形式与其他运输企业联合经营。

1995年，启用新"线路审批表"，增加了运输企业现有技术经济条件和车辆运营情况等内容，要求主干线运距250公里以上的线路，除符合交通部规定的技术条件外，必须投放中档以上客车。年内新投放中档以上客车120辆，其中卧铺车30辆。根据交通部23号部令精神，出台贯彻《道路运输违章处罚规定》的具体措施，将行业管理纳入法制化轨道。

1996年，省运管局下发《关于印发〈关于加快培育和发展甘肃省道路运输市场的意见〉的通知》，提出经济增长方式从粗放型向集约型转变。建立以客运（点）为基础，布局合理、开放有序、安全优质的客运服务体系，形成一个以班车客运为骨干，以包车客运为辅助的客运网络。根据交通部《关于整顿道路客运秩序的通知》要求，省运管局下发《转发交通部〈关于整顿道路客运秩序的通知〉的通知》，开展对无证及超类别经营、违法、违章经营和不正当竞争、违章超载、客车秩序、客车车辆技术状况等五个方面的整顿，特别是对不按审批线路运行、站外停车、沿街揽客、甩客、卖客、倒客、线路牌不规范等开展重点整顿。

1998年，依据国家政策，在道路运输市场发育的不同阶段，先后制定实施《甘肃省公路运输管理暂行办法》《关于建立和完善甘肃省公路运输市场经济体制的若干规定》等管理规章制度，形成培育道路运输市场相对完整的政策体系，初步实现"开业有标准、经营有规范、变更有程序"。

1999年，下发《关于进一步培育和发展道路旅客运输市场若干问题的通知》《关于对道路客运安全管理工作和道路客运市场秩序进行检查的通知》，规范道路客运市场秩序。针对甘肃省道路客运市场存在的一些群众反映比较强烈的问题，从5月开始，在全省范围内开展了重点以清理无证经营及超类别、超范围经营，规范汽车站经营行为和服务行为，制止违章、违法经营和不正当竞争，清理空头班线，查处倒卖和非法转让客运班线行为及规范运政管理人员驻站管理行为为主要内容的客运市场整顿工作。在整顿中，共清理空头线路130条210个班次，清理"三无"黑车120辆，强制报废老旧客车260辆，取缔马路站点100多处。

2000年，下发《关于转发交通部道路旅客运输行业管理主体的复函的通知》，解决好道路客运与城市公共客运分工问题。

2001年，省政府办公厅转发省交通厅、省公安厅、省建设厅等七个部门联合下发的《甘肃清理整顿道路客货运输秩序的通知》，并于年初召开全省清理整顿客货运输秩序工作会议，成立省清理整顿客货运输秩序领导小组，下设领导小组办公室，负责监督检查工作。在全省逐条客运班线全面开展了"清户、清车、清线、清牌证"的"四项清理"活动。共审核跨省、跨区班线4381条3919个班次，其中确认1285条3616个班次；清理出未经审批班线68条205个班次；注销空头班线103条208个班次。

2002年，改革道路运输投资体制，引导建立多元化的投融资体制，采取政府投资、股份合作、银行借贷、招商引资等多种方式拓宽筹融资渠道，通过兰洽会招商引资和申请国家计委扶持企业资金，筹得发展资金4600万元，主要用于快客车辆的投入和现代物流的发展，改变了投资渠道单一的局面。

2003年，制定《甘肃省道路客运管理办法》，规定班线权归国家所有，经营权归企业。下发《关于清理整顿道路客运挂靠经营的通知》，按"先易后难，分步实施"的原则，各地对辖区重点线路开展了服务质量招投标工作，对所有客运线路挂靠车辆进行清理整顿，形成"线路经营权明确、车辆产权清晰、企业管理规范、人员素质提高、服务质量特别是安全质量明显改善"的道路旅客运输发展环境。

2004年9月，在高速公路客运和快客运输车辆上推广安装GPS卫星定位仪、行车记录仪等设备，对车辆和驾驶员实行动态监控。

2005年11月10日，在重庆召开的第二届中国西部运输新概念论坛上，西部12省（区、市）签订《道路运输一体化合作协议》，根据协议内容这些省（区、市）将改革省际客运班线审批方式，共同制订年度客运线路和运力发展计划，建立统一的高速客运经营方式，鼓励客运企业组建跨省客运集团公司，实施省际高速客运班线公司化经营方案，引入客运班线退出机制。

2006年，在运输经营结构上，客运重点发展快速客运、旅游客运和农村客运，培育"陇运快客"精品品牌。全省高级客车在高速公路客运、旅游客运、一类客运班线比例达到65%。在运营模式上，客运站将所有权、管理权与经营权相分离，采取租赁、合伙等多种经营方式，达到"以站养站"

的目的。在建设上，将客运站建设成为农村运输网络的基础设施，建成农村医疗、文化等公益设施，建成农产品供销的终端市场。

2010年，省运管局开展代号为"曙光行动"的道路运输客运市场秩序专项整治行动，全省累计出动执法人员2.7万人次，执法车辆4200辆次，依法查处各类"黑车"340辆、站外揽客车辆150辆、拒载出租汽车130辆，排查客运站和客运车辆安全隐患27起。

二、旅游客运

1993年，省运管局制定《甘肃省旅游汽车客运管理办法》。同年5月，放开旅游客运市场。

1995年，各地运管部门按交通部《出租汽车旅游汽车客运管理规定》，加强对旅游客运的管理，使其经营行为规范化，凡申请从事旅游客运的经营业户必须符合管理规定的开业条件，执行运管有关政策，方可办理开业手续。申请经营定线、不定线的旅游客运线路，必须按照客运班车规定的审批程序逐级上报，由运管部门按管理权限审批。旅游客车必须悬挂由交通运输管理部门统一监制的旅游客运线路标志牌。必须在3个月之内到当地运管部门补办"道路运输经营许可证"、线路标志牌等营运手续。旅游客车必须是中、高档客车。旅游客车驾驶员须经过外事纪律和旅游业务知识的培训后，方可上岗驾驶。

2001年，支持和引导有条件的客运企业开辟旅游客运相关业务，参与旅游市场的竞争，扩大道路运输服务的外延。

2005年，按照西部12省（区、市）《道路运输一体化合作协议》，根据旅游客运"互为源地，互为目的地"的特征，取消旅游汽车区域限制和景区限制，鼓励企业开行跨省（区、市）旅游客运线路。

2008年，省运管局下发《关于兰州市旅游客运市场有关问题协调会议纪要》，规范旅游客运行政许可程序，完善旅游客运市场的监管。

2009年，落实"旅游产业三年翻两番与质量提升"计划。在省交通厅、省旅游局支持下，兰州交通运输集团有限公司、甘肃天嘉运输集团有限公司、甘肃东部运输实业集团有限责任公司共同投资成立甘肃交运旅游汽车有限责任公司。该公司是甘肃省首个全省性专业从事旅游运输的公司，标志着甘肃省着力打造"甘肃旅游"道路旅客运输服务品牌线路战略付诸实施。该公司拥有 50 辆高档旅游车辆，计划达到 200 辆的规模。

三、出租车客运与公交

1993 年，省运管局印发《关于颁发〈甘肃省出租汽车管理办法(试行)〉的通知》，规范出租汽车客运管理；印发《转发交通部〈关于出租汽车管理体制应暂时维持现状的通知〉的通知》，将全省出租汽车纳入交通行业管理。同年 5 月，放开出租客运市场，并由运管部门承担管理职责。至年底，全省共有出租汽车 2303 辆。

1994 年，对营运证件的使用做出明确规定。

1995 年，面对城镇出租汽车迅速发展和一车一户零散经营难于管理的突出问题，依据交通部关于出租车客运管理规定，各地运政管理部门按照"多头经营、统一管理"原则，重点提高客运出租行业组织化程度，引导个体经营者组织起来，筹建出租汽车行业协会，组建出租公司（车行），让单车单户经营者接受挂靠管理。

1996 年，兰州市交通局根据市政府《兰州市客运出租汽车营运权证有偿使用办法》精神，成立客运出租汽车营运权有偿使用竞投领导小组，并组织实施。当年 11 月 26 日，经资质审查合格的 58 位竞投者参加了竞投大会。首次客运出租汽车营运权有偿使用年限分别为：桑塔纳轿车 10 年，夏利轿车 8 年，天津大发面包车 6 年，其他品牌小型客运车 8 年。

1997 年 5 月 28 日，省第八届人大常委会第二十七次会议通过《甘肃省道路运输管理条例》，初步以法律的形式明确了出租汽车的主管部门是交通行政管理部门。

1998 年，统一营运标志和计价器。

2001 年，按照省政府办公厅批转《关于进一步加强清理整顿城市出租汽车等公共客运交通工作的意见》要求，将城市及城市以外的县城、乡(镇)和城市间的出租客运秩序整顿纳入道路客货运输秩序清理整顿的范围。兰州市运管部门加大对出租车市场无证经营的查处力度，兰州市 10 个较大的出租车行建立基层党组织，稳定了这支较为庞大的从业人员队伍。

2002 年，省运管局下发《关于印发〈甘肃省出租汽车管理办法（试行）〉的通知》，完善了宏观调控机制，对出租车的投放实现总量控制，有效遏制了出租汽车总量盲目增长；引导个体运输业户和出租汽车企业（车行）加快整合，通过经营股份制或股份合作制改造，实现紧密型公司化经营。通过经营权招投标，提升运力档次。同时，制定《甘肃省出租汽车有偿使用管理办法》。

2004年，建立由省政府办公厅有关负责人为召集人、省交通厅等八部门为成员单位的全省整顿规范出租汽车行业管理联席会议制度。同年，建设部出台《关于优先发展城市公交交通的意见》，规定特大、大中城市公交使用比重分别不低于30%和20%，通过倡导"公交优先"策略，进一步提高公交使用比重来解决城市交通问题。甘肃省各市（州）运管机构根据市场需求，监督、协调各运输企业大力发展公交客运业务。

2005年，甘肃省出租车全部由交通部门管理，有法可依，全行业开始实行三证（经营许可证、车辆运营证、驾驶员服务资格证）。召开全省出租汽车管理座谈会，讨论《甘肃省出租汽车行业群体性突发事件应急预案》《甘肃省出租汽车行业稳定工作方案》。同年6月，省交通厅等八部门联合下发《〈关于进一步规范全省出租汽车行业管理有关问题意见的通知〉的实施意见》，要求各地、各相关部门进一步整顿规范出租汽车行业管理。此次整顿规范的项目主要有：清理整顿出租汽车经营权有偿转让；加大宏观调控力度，严格控制新增运力及其投放程序；清理收费项目，减轻出租汽车经营者负担；各级交通、运政管理部门积极探索出租客运的运营模式和监管方法，合理界定出租汽车经营范围；严厉打击非法营运，维护市场秩序；加强营运主体监管，规范经营行为；建立健全报告制度和责任追究制度，保持信息渠道畅通，落实出租汽车行业稳定责任。

2008年，按照《财政部 发展改革委 交通运输部 住房城乡建设部关于全力做好城市出租车油价补贴工作 切实维护社会稳定的紧急通知》，从6月20日起，汽油、柴油每吨提价1000元。下发《关于做好出租汽车行业稳定及油价补贴工作的通知》，有效应对成品油价格调整对城市出租汽车行业影响，防止出现社会不稳定因素。同年11月，省交通厅、省公安厅和省安监局开始在全省道路运输行业联合开展"打黑车除隐患，构建和谐交通"百日行动，对长期影响道路运输行业健康发展的"三黑"（即黑车、黑站、黑户）、"三患"（即站场安全隐患、车辆安全隐患、从业人员资质隐患）问题进行为期100天的集中整治。

2009 年，修订《甘肃省出租汽车企业质量信誉考核实施办法》，建立出租汽车市场诚信体系，完善优胜劣汰的竞争机制和市场退出机制，引导和促进出租汽车企业加强管理、保障安全、诚信经营、优质服务。

2010 年，省运管局印发《关于认真履行城市客运和出租汽车行业指导职能的通知》。印发《关于〈甘肃省城市公共交通调查报告〉的报告》，明确甘肃省城市公共交通改革发展的对策。同年 11 月，在兰州召开全省城市公交管理职能的接管工作，会议确定全省除平凉、庆阳两市外，其余市（州）城市公共交通管理职能全部移交给交通运输部门。

四、汽车租赁

1996 年，省运管局制定《甘肃省小型客、货车租赁管理办法》，市场经营行为和行政管理行为得到进一步规范。

1998 年，印发《甘肃省汽车租赁业管理办法》，规范了汽车租赁的开业技术经济条件、开业、歇业、经营管理和法律责任。至 2010 年，汽车租赁业在全省得到初步发展。

第二节　货　运

一、普通货物运输

1991 年，甘肃省对货运运力实行宏观调控，在全省范围内推开新增营业性运输车辆购置审批制度。新增营运车辆凭购车前核发的"营运汽车购车许可证"办理"两证"，未办理购车许可手续而私自购买的车辆，不得参加营运，遏制了运力盲目增长的势头。平凉、定西、酒泉、嘉峪关等地的运力增长速度控制在 4%以内，兰州市增长速度为 6%，白银市 8%。临夏回族自治州运管处为了加强对个体经营者的管理，引导个体户走联营新路子，在自愿结合、联合经营、民主管理的原则下，由 796 辆个体车组建了 18 个联合运输队。在探索中逐步建立货源调控监督体系，对大宗、重点物资实行计划指导下的合同运输。全省推广柳园运管站货源管理经验和迭部县木材运输在计划指导下的合同运输经验。兰州、武威、平凉、庆阳、陇南等地和迭部、安西、成县、陇西、甘谷、北道（今麦积）、灵台、天祝等县（区）开展货源管理，有形货运市场逐步形成。兰州市运管处以西固热电厂和兰州第二电厂的煤炭运输为突破口，逐步加强货源管理，推广合同运输，全年共签订运输合同近200份，货运量达百万吨。

1992年，全省货运市场取消了对新增营业性运力的额度控制，除救灾、抢险、战备物资仍实行指令性计划运输外，其余物资运输一律走向市场。同年3月，嘉峪关市首先放开农村、农场、各类学校的货车进入运输市场。

1993年，省交通厅转发交通部印发施行《道路货物运输业户开业技术经济条件（试行）》，对开业审查及道路运输业户新增项目、扩大规模进行审查提供了依据。省运管局下发《关于道路旅客、货物运输业户开业申请审批几项规定的通知》，自1993年7月12日起，申请道路货物运输，严格按普通货物、零担货物运输、大件货物运输、集装箱货物运输、冷藏货物运输、危险货物运输、搬家运输分类，其经营资格既要具备开业一般条件，也须达到规定的补充条件。经营多项货物业务，还须同时具备相应项目所要求的条件。货运市场开放后，指令性计划运输占运输总量的比重较小，占很大比重的大宗、重点物资运输要逐步向运输交易市场或运输交易洽谈会过渡，承托双方直接见面，在自愿协商、平等互利的前提下实行合同运输。采取进出货运市场自愿，车货双方择优成交，运输价格也向市场调节过渡的措施。在省交通厅和当地政府的支持下，临夏回族自治州交通部门依托商贸市场建立货运有形市场，初步构建兰州市至临夏的兰临公路货运有形市场体系。至1994年底，全省经运管部门批准纳入行业管理的货运交易场所达75处，其中由国营单位组建的24处、集体单位组建的34处、个体组建的17处，从业人员422人。张家川回族自治县龙山依托皮毛市场建立集仓储、配载、运输一体化的货运有形市场，至当年10月配载货运1.3万吨，占市场货运量的60%，纯利润1.5万元。

1995年，甘肃省在建立货运有形市场中，总结出了"三个依托"（即依托商贸市场、依托大宗货物集散地、依托重点港站）和一个原则（即"谁投资、谁所有、谁受益"）。针对全省货运市场发育不完善、货运服务体系不健全的状况，提出了"布点—连线—建网"的发展规划。

1996年，根据交通部颁发的《关于加强培育和发展道路运输市场的若干意见》通知要求，把货运交易所、配载站的建设作为培育和发展道路运输市场的重点来抓。投资 490 万元，组建白银、庆阳、天水 3 个货运中心。对具有大宗货源厂矿企业等货源集散地的货物流量，紧紧依托货源市场，组建货运交易所，为车主提供配货、装卸及运输信息咨询等服务项目。各交易所、配载站定期邀请货主、车主直接进行交易，当场成交，当场签订运输合同或协议，实行合同运输，为车货双方提供法律约束依据。

至 1997 年底，全省运输服务组织达 513 个。1998 年，全省货运交易所配载站达到 188 个，比上年增加 13 个。全省开展合同运输业户 677 户，主要货源单位 133 户，年签订合同 4918 份，完成运输量 505.05 万吨。

2000 年，全省开展道路货运代理（代办）和货运配载市场专项整治。同时，以"道路运输市场管理年"活动为契机，制定措施，围绕西部大开发、商品增多、物资流通加快这一机遇，着力引导道路货运业向信息化、物流化的方向迈进。

2001 年，在专业公司弃货从客的新情况下，组织兰州、天水、酒泉货运中心和全省道路快速货运企业等单位开展快速货运和零担商贸专线运输的专题论证，完成甘肃省新辰货运有限责任公司的组建工作。在 G312 线、G310 线开辟零担货物运输、特快专递运输，充分发挥汽车货运批量小、易组织、门到门运输的特点。兰州、嘉峪关等市进行物流企业试点。

2004 年，确定嘉峪关区域物流中心等 7 户物流试点企业，加强对不同类型物流试点企业的分类指导工作。

2005 年，转发《关于发布货运汽车及汽车列车推荐车型工作规则的通知》。推荐车型主要指集装箱运输车、厢式车、煤炭运输车和散装水泥运输车。

2008 年，提高重型车辆比重，呈现出货运车辆专业化、大型化、厢式化的发展态势。全省大型货车 4.38 万辆，同比增长 5.22%。

2010 年，省运管局下发《关于转发〈甘肃省制止滥用行政权力排除限制物流业竞争规范物流市场秩序工作实施方案的通知〉的通知》，加强对物流市场的监督管理，严厉打击无证照经营和其他扰乱物流市场的违法经营活动；统一执法尺度和标准，严防乱罚款、乱收费情况的发生，为物流企业提供多样化、高质量的行政管理服务。上报《甘肃省交通运输物流业发展规划的报告》，根据全省产业集群和循环经济区在空间上的布局特点，以及各重点产业

的物流需求类型将甘肃省物流体系划分为 5 个物流片区：兰州—白银—定西物流片区、酒泉—嘉峪关物流片区、天水—平凉—庆阳—陇南物流片区、张掖—武威—金昌物流片区、临夏—甘南物流片区。

二、危险货物运输

1995 年，省运管局下发《甘肃省危险品货物运输管理办法》。同年 12 月，根据交通部下发的《汽车危险货物运输规则》《道路危险货物运输管理规定》等文件，结合甘肃实际，制定《甘肃省道路危险货物运输管理实施细则》，使管理更趋规范。

1999 年，转发交通部《关于进一步加强危险货物运输安全管理的通知》，要求严肃查处无证、无危险品标志灯牌的车辆，无"操作证"的人员或不使用危货运单的驾驶员承运危险货物的，依法严肃处理。严格审批制度，对申请从事道路危险货物运输的车辆和从业人员，必须严格按照《甘肃省道路危险货物运输管理实施细则》审核办理。

2001 年，按照交通部《全国道路化学危险品货物运输专项整治实施方案》，省运管局结合本省实际，开展道路危险货物运输专项整顿工作。摸清危货运输车辆底数，基本掌握了危险货物运输的经营业户、车辆状况、从业人员和危货运输的品种、分布、流量等情况。全省从事道路危险货物运输业户有844 户，车辆 4080 辆，年完成运量 800 万吨，危险货物的种类有原油、各类原油产品、酒精、酸碱类、炸药、农药、化工原料、石油液化气等。危险货物主要分布在兰州、庆阳、酒泉、白银、甘肃矿区等地。结合年度审验工作对从事道路危险货物运输的业户、车辆重新审验，查出不符合条件的车 360 辆。停止对新增个体运输业户和机关单位车辆从事道路危险货物运输的审批，对车况达不到一级标准要求的车辆限期退出危险货物运输市场。

2002 年，通过股份制改造进行整合，全省道路危险货物运输企业减少到 275 户，核准危险货物运输车辆 1065 辆，车辆数比上年下降 54%，危险货物运输从业人员持证上岗率达到 90%。

2003 年，全省核定危货运输企业 64 户，危货运输车辆 1034 台，从业人员 1130 个。从业人员全部持证上岗。2004 年，全省 59 户危险货物运输企业建立基本情况台账，健全全省 1078 辆危险货物运输车的准入资格审核登记档案。至 2005 年底，从事危险货物运输企业 116 户，集装箱运输 1 户，大件运输 38 户。

2006 年，对 9 户危险货物运输企业依法取缔，有 93 户符合危险货物运输条件的企业顺利通过资质审查，并核定符合危险运输条件车 2318 辆，强制 63 辆不达标车退出市场。同时，引导 2 家危险货物运输企业购置 12 辆厢式炸药运输车和 4 辆二氧化碳专用罐车。

2010 年，转发交通部《关于柴油是否纳入危险货物运输管理有关问题的批复》，将柴油纳入危险货物运输管理。

第三节　维修检测

1991 年，省交通厅道路运输管理局对全省维修企业的技术力量、维修设备、资金、从业人员、维修场地等进行全面审查，全省共审验维修场（厂）点 2399 户，对整顿后仍不合格的 292 户分别给予降低修理级别和取消经营资格的处理（降级 157 户，取缔 135 户）。通过整顿，全省三级保养以上维修企业的出厂检验员经过培训全部达到持证上岗的要求，出厂车辆实行签发合格证和建立维修档案制度。交通部 29 号部令颁布《汽车运输业车辆综合性能检测站管理办法》，自 1991 年 10 月 1 日起施行。之后，省运管局批准新建金昌、张掖两家 B 级综合检测站，并支持庆阳地区运管处购置汽车综合性能检测设备，承担 C 级检测任务。兰州汽车检测中心组织人员、设备深入皋兰、红古、天水、白银、甘南等地抽检汽车 831 辆，全年检测 8628 辆车（其中营运车 8564 辆）。平凉、临夏、白银等地对参营车辆实行定点保养、强制维护制度，对不按规定日期和指定场点保养者，货车不得参加营运。对二级维护情况实行全省范围内的查验制度。规定甘肃省使用的"运输车辆技术合格证"由省交通厅统一制发，基层运管部门具体管理。"合格证"包括"基本情况""二级维护记录""运管部门年度检测记录"和"违章处理记录"等。在实现强制维护中，甘肃省规定实行维修厂与车主双向自由选择、运管部门认定的"定点"维修厂家，严禁强制定点。

1992 年，甘肃省运输业实行全方位的开放政策，对凡申请从事汽车维修、搬运装卸经营者，只要其符合开业条件的，一律批准开业。机动车维修

业还放开了工时单价，经营者可根据市场情况自定工时单价，实行优质优价。省运管局下发《关于颁发〈甘肃省汽车维修质量管理办法实施细则〉的通知》，细则适用范围包括甘肃省从事汽车修理、维护或专项修理（包括摩托车维修）的国营、集体、合资企业及个体工商户和各级汽车维修行业管理部门。同时，自该年3月1日起，要求汽车大修、主要总成大修、二级维护、维修预算费用在1000元以上的承、托双方必须签订合同。

1993年，交通部发布的第13号令《汽车运输业车辆技术管理规定》中，第一次把汽车检测诊断技术的应用列入管理条款，同时对原汽车维修制度的指导原则做出重大修改，即把"定期保养、计划修理"改为"定期检测、强制维护、视情修理"，并明确规定"二级维护前进行检测诊断和技术评定"。在兰州举办汽车检测设备操作员培训班，颁发"上岗技术合格证"。

1994年，省运管局对全省一类汽车维修企业（汽车大修、总成大修）及部分二类汽车维修企业（二级维护）的开业技术条件、运用和实施情况进行全面复查和抽查。共复查335户维修企业，一类维修企业266户，占注册开业总数的88%；二类维修企业69户，占注册开业总数的10.4%；合格占复查总数的86.9%。对不具备相应开业技术条件，须降低维修级别的21户，保留原维修级别；需限期购置设备的54户。

1995年，对一、二类维修业户开业严格按交通部技术条件审批，对三类维修企业，只要申请，及时审批，加大培育市场主体的力度。经过多方清理整顿和规范经营行为，全省维修市场初步实现"五统一"（统一作业范围、技术标准、工时定额、工时单价、维修票据），建立了正常的市场秩序。维修业转变为开放的社会服务型模式，由单一的公有制模式发展成为国有、集体、私营、个体和"三资"等多种经济成分共同发展的模式。

1998年，省运管局转发交通部2号令《道路运输车辆维护管理规定》，于4月1日起规定道路运输车辆的维护分为日常维护、一级维护、二级维护，首次提出维修检测属于市场管理。5月—7月，依据《汽车维修业开业条件》，依法降类或取缔设备简陋、人员素质低、管理制度不完善、维修质量差的企业399户，检查核定一类维修企业263家、二类维修企业957家、三类维修企业3860家。转发交通部《汽车维修质量纠纷调解办法》，于9月1日执行，明确规定运政机构负责汽车维修质量纠纷的调解，在汽车维修质量保证期内或汽车维修合同约定期内，维修业户与托修方因维修质量产生的纠纷，双方可自愿到运政机构调解。实行维修竣工出厂合格证制度和汽车维修工持证上岗制度。

1999年4月，全省维修企业总收入3011.99万元，利润总额89.17万元，上缴税款130.60万元，维修车辆在保证期内的返修率未超过5%，没有发生因维修质量引起的质量纠纷和投诉。

2000年，省运管局印发《甘肃省汽车维修救援网络实施方案》，组织沿G312线的平凉、定西、白银、武威、金昌、张掖、嘉峪关、酒泉九地（市）政府所在地设1家汽车维修救援中心和2家救援企业，其余各县（市、区）设1家救援企业；兰州四城区设1家救援中心和10家救援企业，其余3县1区各设1家救援企业。

2002年，省运管局出台《甘肃省汽车综合性能检测站管理办法（试行)》，印发《关于进一步规范汽车检测市场行业管理的通知》，综合性能检测站作为市场的经营主体，必须实行经营性、服务性收费，依据市场经济规律运作，凡属于行政事业性收费的检测站一律停止收费。检测站分为A、B两级。至年底，全省综合性能检测站有9户，其中A级站6户、B级站3户。批准成立甘肃省汽车综合性能检测中心站，属于股份制技术经济实体，按照A级站的标准建设，同时配套建设一个一类维修企业。印发《关于印发〈甘肃省汽车维修救援网络建设方案〉的通知》，提出了由网络通信系统、救援系统和监督管理系统三大系统组成的甘肃省维修救援网络建设目标，设立甘肃省维修救援接入号码"96779"，全省维修救援网络建设工作全面展开。

2003年，省运管局印发《甘肃省汽车维修市场整顿工作实施方案》。汽车维修市场经过多年的培育，一大批国内外名牌汽车生产厂家的特约维修服务站、4S店、连锁经营店在省内逐步兴起。全省维修市场以城市为依托，以一类企业为骨干、二类企业为基础、三类企业为补充，维修类别齐全向外辐射的汽车维修网已基本形成。至2004年底，全省建立15家救援中心、115家救援网点，制定全省统一救援工作标准、统一救援标式，形成覆盖全省、运作灵活、救援方便及时的维修救援网络。

2005年，省运管局在未设立网点的22个县（区）培育1或2家汽车维修救援网点。

2006年10月，甘、宁两省（区）"96779"汽车维修救援网络正式联网。

2009年，印发《关于进一步加强汽车维修检测管理工作的紧急通知》。要求严格执行二级维护制度，确保车辆技术状况持续良好；加强维修检测市场监管，提高车辆维修检测服务质量；加强车辆技术状况动态监管，建立健全道路运输车辆档案管理；实行二级维护企业资格管理制度，规范二级维护市场秩序。

2010年，印发《关于启用新版〈甘肃省汽车二级维护竣工出厂技术档案〉的通知》，对"甘肃省汽车二级维护竣工出厂技术档案"和"机动车维修竣工出厂合格证"（以下简称"技术档案"和"合格证"）进行改版修订，要求各级道路运输管理机构应加强对"技术档案"和"合格证"使用情况的监管，向社会公开维护作业项目及收费标准，不得减项、漏项作业，坚决禁止"只收费、不维护"和倒卖"合格证"等违规行为。新版"技术档案"和"合格证"自2010年1月1日启用。

第四节　驾　培

1994年，根据国务院办公厅《关于研究交通管理分工等问题的会议纪要》和交通部《关于开展汽车驾驶学校和驾驶员培训行业管理工作的补充通知的规定》，交通部门负责对汽车驾驶学校和驾驶员培训的行业管理工作，公安部门负责对驾驶员的考核发证工作。

1995年，汽车驾驶学校在交接过程中与甘肃省公安厅交警总队协调因证件使用及交叉管理等原因，无法实施。省运管局下发《关于转发交通部有关汽车驾驶员培训行业管理文件的通知》，转发交通部关于发布《汽车驾驶员培训行业管理工作的补充通知》（以下简称《补充通知》），完成《甘肃省驾校、驾驶员培训行业管理办法》法规的起草工作。《补充通知》中规定，"公安机关今后将不再审批驾校，交通部可以制定相应的规章发布施行"。根据公安部《关于不同意会签〈汽车驾驶员培训管理工作有关交接事项的通知〉的函》，指出公安机关今后将不再审批驾校。

1999年，省运管局转发交通部第2号令《中华人民共和国营业性道路运输机动车准驾证管理规定》，规范"准驾证"考试、发证等工作。

2001 年，省交通厅印发《关于对全省汽车驾驶员培训市场进行清理整顿意见》，将汽车驾驶员培训市场依法纳入道路运输行业管理，明确"先培训，后考证""培训教学学科、术科统一"和"培训、考证管理部门不得从事培训活动"等重要原则。

2002 年，按照省运管局《关于驾驶员培训市场清理整顿通知》要求，各市（州）运管部门对驾驶员培训市场进行全面摸底调查，对驾驶员培训学校实行总量控制。印发《关于对全省汽车驾驶员培训学校实行总量控制的通知》，改变驾驶员培训市场"多、小、散、弱"和培训市场无序竞争的现状。修订《甘肃省汽车驾驶员培训管理办法（试行）》，维护驾驶员培训市场的正常秩序。印发《关于对全省汽车驾驶员培训业户进行资质认定的通知》，落实省交通厅《关于对全省汽车驾驶员培训市场进行清理整顿的意见》。印发《关于加强驾驶员培训教练用车管理和技术等级评定的通知》，规范对驾驶员培训教练用车管理和教练车辆的驾驶安全，规定业户培训用车和考试车型相一致。

2003 年，对全省驾驶员培训市场进行清理整顿，并规范了驾校收费项目和收费标准。经整顿共核定合格驾校 53 户，是 2002 年末驾校总数的 40%，其中一类驾校 4 户、二类驾校 32 户、三类驾校 17 户；核定限期整改驾校 11 户，取缔驾校 10 户。

2005 年，驾校由县级道路运输管理机构审批，从业资格证由市级道路运输管理机构审批，教练员资格由省级道路运输管理机构审批，对驾校资格、驾校行为、教学质量进行审验、评估。

2006 年，交通部印发《机动车驾驶培训教练员从业资格考试大纲》。省运管局按照大纲要求组织对省内申请机动车驾驶员培训教练员从业资格的人员进行培训及考试。

2007 年，省运管局印发《甘肃省机动车驾驶员培训机构质量信誉考核办法（试行）》，确定考核不合格弄虚作假、利用职权谋取私利等情形相关责任追究条款。

2010 年，省运管局印发《关于开展全省汽车驾驶员培训学校安全维护联网系统应用培训的通知》，实现全省汽车驾驶员培训工作的联网与信息共享，强化驾培市场监管，发挥驾校计时监控系统的应用效能。

第五节 运 价

1991年，省运管局对运输票据建立了票据印刷、入库、领用、收缴、销号、分类、分户账户专人保管发放制度。对客货运输实行线路分等、货物分类的结构运价，改变了多年来运价不合理的状况。同时，各地运管部门严格监督执行客货运输、搬运装卸、车辆维修、运输服务的价格和收费标准，组织人员经常进行户查路检，打击了违法使用票据、侵吞票款、贪污运费、抬价压价的行为。交通部发布《汽车运价规则》，自1991年5月1日执行。汽车货运价格、普通货物运输价格一般为0.29元/吨公里~0.418元/吨公里，平均运价为0.35元/吨公里。

1992年，甘肃省逐步改革现行国家定价的运价体制，建立以市场形成价格为主的道路运输价格管理体制。货运价格实行指导价，随着市场的发育，逐步由国家定价向同行议价过渡。客运价格执行不同线路、不同车型的区别定价和季节性的浮动价。省交通厅会同物价部门建立以市场形成价格为主的运价机制，逐步放开公路运价，允许货运运价在一定幅度内浮动。可根据服务质量的高低、条件设施的不同对运输服务业实行差别费率。运输服务业价格实行指导价，组货费、回程配载服务费和客运站（点）代办费等费率标准，由省交通厅会同物价部门制定中准价，经营者可在中准价的基础上按10%~15%的幅度上下浮动。搬运装卸业、机动车维修业实行市场调节价。经营者可根据自己的质量自定工时单价和零部件加工价，实行优质优价。

1998年，交通部、国家发展计划委员会联合发布《汽车运价规则》，自1998年10月1日起施行。依此，甘肃省确定汽车旅客运价，规范汽车旅客运价计算标准，保护承运人、旅客双方的合法利益。

2000年，省交通厅、省物价局发布《甘肃省汽车旅客运价实施细则》，自2001年1月1日起实施。汽车旅客运价包括：班车客运运价、旅游客车运价、出租汽车客运运价、包车客运运价。道路汽车旅客运价实行全省统一领导、分级管理。出租车汽车客运运价，由地（州、市）物价部门会同交通主管部门制定，并报备省级主管部门。其他汽车旅客运价由省物价局会同省交通厅制定。基本运价：汽车旅客运输基本运价分为座席基本运价和卧铺基本运价。2000 年甘肃省汽车旅客运价见表 2-1-1。

2000 年甘肃省汽车旅客运价表

表 2-1-1

客车种类	等级划分	计算单位	调整后执行运价		
			一类线（高速、一级公路）	二类线（二、三级公路）	三类线（四级、非等级公路）
大型客车	高三级	元/人公里	0.357	0.340	0.367
	高二级	元/人公里	0.294	0.280	0.302
	高一级	元/人公里	0.252	0.240	0.259
	中级	元/人公里	0.158	0.150	0.162
	普通级	元/人公里	0.105	0.100	0.108
中型客车	高二级	元/人公里	0.294	0.280	0.302
	高一级	元/人公里	0.252	0.240	0.259
	中级	元/人公里	0.158	0.150	0.162
	普通级	元/人公里	0.116	0.110	0.119
小型客车	高二级	元/人公里	0.315	0.300	0.324
	高一级	元/人公里	0.263	0.250	0.270
小型客车	中级	元/人公里	0.231	0.220	0.238
	普通级	元/人公里	0.179	0.170	0.184
卧铺客车	高三级	元/人公里	0.411	0.391	0.422
	高二级	元/人公里	0.357	0.340	0.367
	高一级	元/人公里	0.321	0.306	0.330
	中级	元/人公里	0.232	0.221	0.239

备注：此表不包含客运附加费和旅客身体伤害赔偿保障金。人公里运价最小单位保留到厘。

第二编　公路运输与生产

2003 年，汽油、柴油价格分别由 2001 年的每升 2.71 元和每升 2.62 元上调至每升 3.68 元和 3.48 元，上涨幅度分别为 35.8% 和 32.8%。单车燃油成本由 2001 年 30% 上升至 40% 以上。加之高档次客车的投入成本高和配件材料价格的上升、公路收费路段增多、通行费急剧增加、保险费用上升，从 2003 年"五一"黄金周开始，"十一"节假日及春运期间，旅客运价可在基本运价的基础上加成 20% 计算，由各地运输企业根据市场供求变化在此范围内自行调节。

2004 年，道路运输市场全面放开，个体运输业户快速增长，工商业市场化进程加快，道路货运业卖方市场向买方市场快速转变，汽车货运价格在恶性竞争的环境中很难达到上述水平，某些货物的运价在 0.20 元/吨公里以下。由于"治超"工作的开展，甘肃省普通货运平均价格由 0.36 元/吨公里上升到 0.45 元/吨公里。煤炭运价由 0.33 元/吨公里上升到 0.44 元/吨公里，粮油运价由 0.33 元/吨公里上升到 0.46 元/吨公里，食用油运价由 0.41 元/吨公里上升到 0.45 元/吨公里，蔬菜运价由 0.36 元/吨公里上升到 0.45 元/吨公里。

2006 年 11 月，省物价局、省交通厅联合印发《关于建立甘肃省公路客运运价与燃油价格联动机制的通知》，建立公路客运运价与燃油价格联动机制，按照"建立机制、价格联动、合理分担、保持稳定、促进发展"的原则，根据油价变动与交通客运运输成本之间的内在联系，建立公路客运运价随油价变动，及时合理调整客运运价的价格管理机制，并将根据燃油价格变动的幅度和水平实行客运运价与油价变动挂钩联动。

2007 年 11 月 15 日，省交通厅、省物价局联合发文，第一次要求各市（州）交通局、物价局启动公路客运运价与燃油价格联动机制，以化解燃油价格上调对省内公路客运运输生产带来的影响。以现行公路客运人公里基本运价 0.10 元为基础，省内不同线路等级和车辆类型的人公里运价（基价）0.04 元为基础，调整后的价格是公路客运人公里最高运价。同时，鉴于省内部分线路公路汽车旅客运价执行不到位的实际情况，不同线路具体执行票价，客运运输经营企业根据实际经营情况可下浮执行。农村道路客运价格不实行油价运价联动，客运附加费及其他费收不做变动。

2008 年 6 月 20 日零时，全国汽油、柴油价格每吨提高 1000 元，航空煤油价格每吨提高 1500 元。同年 7 月 18 日，省物价局与省交通厅印发《第二次启动公路客运运价与燃油价格联动机制的通知》，决定 2008 年 8 月 1 日起启动公路客运运价与燃油价格联动机制。具体执行方法是以现行公路客运人公里运价 0.104 元为基础，根据不同线路、车辆类型的人公里运价（基价）上调 0.008 元，此次启动客运运价与燃油价格联动机制后的价格是公路客运人公里最高限价，各客运企业根据实际经营情况下浮执行。同时农村道路客运价格不做调整。根据财政部、发展改革委员会、交通运输部、住房城乡建设部《关于全力做好城市出租车油价补贴工作切实维护社会稳定的紧急通知》，省运管局印发《关于做好出租汽车行业稳定及油价补贴工作的通知》，要求加强出租汽车财政补贴落实工作，财政部对中西部地区的中央财政负担由 55% 提高到 65%，在出租汽车行业暂不调整运价期间，全额补贴出租汽车经营者。当年，甘肃省城市公共交通客运运价形式主要包括三种形式：一是全程同一运价，即乘客上车后，不论搭乘多远距离（在公交车单程全程距离内），都实施统一票价的运价形式。二是计站（里程）运价，即乘客上车后，根据到达目的地的站（里程）数收取相应票价的运价形式。甘肃省现行城市公共交通客运票价标准，根据区域的不同和线路的远近，同一运价形式的票价标准从 0.5 元~2.0 元不等；计站（里程）运价形式的票价标准，一般情况都有起运价格，即乘客搭乘站（里程）数在规定的起运值内的，收取起运价，若乘客乘站（里程）数超过规定的起运值的，除收取起运票价外，超出部分按规定收取相应数额的票价。据统计，甘肃省城市公共交通客运按计站（里程）运价形式票价标准的起运价多集中在 4~7 站内 0.5 元~1.0 元不等，每增加 1 站加收 0.1 元~0.2 元不等。三是计价里程收费。如张掖市昌运公共交通有限责任公司采取的收费标准是 7 公里内 1.0 元，7~20 公里 1.5 元，20 公里以上 2.0 元。部分地区城乡公交客运由于线路较长，有些票价甚至达到 7 元。此后，每年根据物价水平适当提高，运价由各市（州）自行调整。

2009 年，国家发改委降低成品油价格，省物价局、省交通厅于同年 1 月 1 日起，启动第三次公路客运运价和燃油价格联动机制，降低公路客运联动票价。具体以现行公路客运人公里第二次联动运价 0.112 元为基础，省内不同线路等级和车辆类型的人公里运价（计价）下调 0.008 元，下调后执行人公里 0.104 元运价（基价）。农村客运价格不实行联动。联合省物价局及时发布抗震救灾物资运输价格干预公告，严厉打击哄抬运价等违法违规经营行为，确保抗震救灾期间物资运输市场价格稳定。同年，完成《甘肃省汽车运价规则实施细则》的编制。

2010 年 1 月，省运管局在兰州组织召开全省道路运输行业燃油补贴工作座谈会，会上传达了交通运输部和财政部《城乡道路客运成品油价格补助专项资金管理暂行办法》、财政部等七部委《关于成品油价格和税费改革后进一步完善种粮农民、部分困难群众和公益性行业补贴机制》。参会单位代表重点从燃油补贴发放范围、标准、程序、责任主体、工作保障等五个方面讨论全省道路运输行业燃油价格补贴工作。在全行业进行清理整顿涉及出租汽车收费问题：一是各级道路运管机构按要求清理整顿并取消城市出租汽车经营许可证工本费、城市出租汽车车辆营运证工本费、城市出租汽车从业人员资格证工本费等收费项目。二是要求各级道路运输管理机构严格执行国家和省上有关政策，任何单位或个人不得超范围、超标准收费。三是要求各级道路运管管理机构进一步规范出租汽车行业的收费管理行为，坚决取缔不合法收费，切实减轻出租汽车行业负担，建立出租汽车稳定健康发展的长效管理机制。

甘肃省志

公路交通志

第二章 运输组织

第一节 国有运输企业

1991年，甘肃省地（州、市）属国有大中型运输企业有嘉峪关市汽车运输公司、酒泉汽车运输公司、张掖汽车运输公司、武威地区汽车运输公司、定西汽车运输公司、平凉汽车运输公司、庆阳地区汽车运输公司、天水汽车运输公司、陇南汽车运输公司、临夏州汽车运输公司、甘南州汽车运输公司、兰州市第一汽车运输公司、白银汽车运输公司等13户。国营企业坚持"客货并重，主副齐驱"，开展运、销、购、吃、住、行一条龙服务，实现利润984.6万元。9户运输企业当年投资420多万元，更新和新增营运客车32辆、货车29辆。

1992年，交通部发布《关于深化改革、扩大开放、加快交通发展的若干意见》，进一步加大交通运输业改革开放力度。全省公路运输系统全民所有制交通运输企业贯彻实施《全民所有制工业企业转换经营机制条例》，转变国家计划生产观念，树立市场意识。货运市场取消了对新增营运性运力的额度控制，实行全方位开放政策，放开对货源的指导性计划管理，除救灾、抢险、战备物资实行指令性计划运输外，其余物资运输一律走向市场。

1993年，根据交通部提出的"开放、统一、竞争、有序"的要求，对运输市场进行改革，允许各种经济成分进入运输市场，公平竞争，全省货运市场进出自愿，车货双方择优成交，运输价格也向市场调节过渡。各地运输企业开展多种形式的试点改革，对客车实行单车风险抵押承包，推行单车租赁及拍卖等不同形式的经济责任制。省道路运输管理部门运用经济手段和政策导向加强宏观调控，培育竞争、有序的客运市场，解决运力布局不合理、结构失衡、管理方式落后、运输质量低等一系列问题。以河西客运市场为突破口，印发《关于进一步发展全省西部道路客运市场的意见》，集中精力解决干线、热线旅客"走得好"，支线、冷线旅客"走得了"的问题。

1994 年，河西地区的 1871 辆客车中，有中档以上客车 74 辆，比上年同期增长 12.26%；卧铺客车从无到有，达到 45 辆。

1995 年，全省以产权制度改革为核心，实施"小企业、大集团"战略，加快 86 家国有运输企业的改制，使国有经济成分有序退出道路运输市场，民营运输企业完成公司化改造，个体运输业户实行规范化经营，由多种成分所有制运输经济主导甘肃省道路运输市场。在建设货运站的同时，争取社会投资，坚持"谁投资、谁受益"的原则，并向吃、住、购、贸、停车、加油、修理、配载等社会化、多功能方向发展。全省新组建货运交易市场及货运交易网点 50 个，完成货运量 17719 万吨，货运周转量 885896 万吨公里。

1998 年，全省交通系统共有国有运输企业 76 户，在职职工 2.68 万人，总资产 11.8 亿元。34 户完成了改制，国有运输企业营业收入 2.7 亿元，其中运输主业收入 1.7 亿元，占总营收的 61%，营利企业 44 户，亏损企业 32 户，盈亏相抵共亏损 3577 万元。全省货运交易所配载站达到 188 个，比上年增加 13 个，为建立全省货运网络体系奠定了基础。

1999 年，道路运输产值达 42 亿元，在全省第三产业的产值中占 6.4%。

2000 年 5 月 18 日，甘肃陇运快速客运有限责任公司正式开业，有高级以上营运客车 24 辆。

2001 年，按照"东扩西进"战略，以资产为纽带，组织筹建了临夏、武威陇运快客分公司，进一步壮大了陇运快客的实力，扩展了快客网络。

2002 年，83 户国有及国有控股运输企业年营业收入达 9.3 亿元。全省道路运输业为社会提供就业岗位 22 万个，道路运输业完成年产值 56.63 亿元，分别比上年增长 9.96% 和 11.24%，占当年全省国内生产总值的 2.3%。

2003 年后，按照国有企业多元化、民营企业集约化、个体业户公司化的原则，加快道路企业的改制和整合。60% 的国有运输企业完成二次改制，85% 的客运个体业户基本实现公司化经营。省运管局引导组建金昌飞龙运输集团和西运、惠达两个跨区域运输集团；陇南、庆阳、定西、白银四个地区制定了区域集团组建方案。

2004 年，初步形成以甘肃陇运、兰运集团为龙头，20 个区域性运输企业为骨干，300 家客货运输企业为主体的企业群体，形成服务分层、相互竞争、适当补充、共同发展的运输经营格局。快速客运、现代物流、城市运输等新型运输方式快速发展。辅助业发展势头强劲，尤其是驾培、检测市场得到发展，适应了社会多样化、多层次的运输需求。

1991 年—1997 年甘肃省地属大中型运输企业旅客运输量见表 2-2-1、表 2-2-2，1991—1997 年甘肃省地属大中型运输企业货物运输量见表 2-2-3、表 2-2-4。

1991 年—1997 年甘肃省地属大中型运输企业旅客运输量表

表 2-2-1

单位	客运量（万人）						
	1991 年	1992 年	1993 年	1994 年	1995 年	1996 年	1997 年
兰州市	247.16	217	139	124	117	122.38	141.68
白银市	186.4	204.43	200.75	97.93	58.99	84.55	134.66
天水市	425.33	384.73	295.92	231.85	254.8	251.3	125
嘉峪关市	79.9	206.3	136.8	61	23	23.5	9.34
金昌市	—	—	787.54	84.25	79.8	80.26	87
酒泉地区	313.4	271.72	172.13	109.99	124.09	135	123.2
张掖地区	247.08	346.32	199.54	168.87	175.9	184.85	168
武威地区	244.25	178.33	146.69	58.9	187.2	78.13	72.51
定西地区	231.86	201.82	96.45	62.61	114.28	91.02	129.64
陇南地区	104.38	209.22	70.6	120.65	42.6	120.4	90.7
平凉地区	453.55	296.54	317	160.24	192.83	249.07	192.83
庆阳地区	289.84	240	71.8	75	79	74	159
临夏州	153.1	149.6	170.2	155.32	137.2	148	141.3
甘南州	67.53	61.9	33.91	49.91	57.39	68.18	62.99
甘肃矿区	—	187	163.2	165	165	140	145

1991年—1997年甘肃省地属大中型运输企业旅客运输量表

表 2-2-2

单位	旅客周转量（万人公里）						
	1991年	1992年	1993年	1994年	1995年	1996年	1997年
兰州市	259252.8	42262	28414	30171	33916	42217.87	49529.84
白银市	39927.66	14556.7	10676.6	8347.31	7716.5	13269.9	16755.01
天水市	24808.3	22314.2	16221.9	16206.2	25582.2	25988	8856
嘉峪关市	5379.95	5933.4	4602.5	6980	6754	7548	3624
金昌市	—	—	10079.6	11825.4	13676	14551	16163
酒泉地区	36723.76	32257.9	225943	14933	15529.31	18204	18137
张掖地区	22048.01	21467.9	14569	9990	15431.9	18032.8	20793
武威地区	27766.62	20406.7	15094.9	9438	12703.08	15729	15900
定西地区	12114	10476.6	6428	6359	4333	8668	12410
陇南地区	11839	12001	7348.02	7651	3745	6025	8914
平凉地区	25208.82	21201.8	12537.9	5940.21	15461.27	17526.04	15461.27
庆阳地区	20256	17322	10187	9731	9951	9207	9257
临夏州	10199.9	9059.05	7996.1	6542.7	4280.4	4695.4	4565.54
甘南州	—	7950.25	4361.11	5654.35	6603.79	7755.6	7744
甘肃矿区	—	2665	2835.2	2940	2940	1891	2395

1991年—1997年甘肃省地属大中型运输企业货物运输量表

表 2-2-3

单位	货运量（万吨）						
	1991年	1992年	1993年	1994年	1995年	1996年	1997年
兰州市	11.86	123.25	88	62	50	41.41	27.66
白银市	12.17	7.08	2.77	1.99	1.86	0.48	0.6

续表

单位	货运量（万吨）						
	1991 年	1992 年	1993 年	1994 年	1995 年	1996 年	1997 年
天水市	33.34	22.64	62.41	13.58	10.83	11.4	1.37
嘉峪关市	2.09	2.8	—	—	—	—	—
金昌市	—	—	3.16	10.21	27.42	24.9	—
酒泉地区	14.16	5.02	2.89	2.29	6.43	1.5	0.67
张掖地区	12.91	10.81	9.79	4.4	2.14	0.32	—
武威地区	60.21	17.83	18.45	3.95	3.81	1.94	1.8
定西地区	7.34	6.17	1.69	2.99	4.8	2.71	2.27
陇南地区	15.52	13.36	10.85	12.48	3.09	—	—
平凉地区	32.19	22.91	27.65	21.89	23.56	15.52	23.56
庆阳地区	17.22	16.2	8.92	2.51	6.09	2	3.04
临夏州	10.2	7.44	6.3	4.17	8.49	3.75	3.65
甘南州	7.47	5.46	4.44	1.83	1.91	—	—
甘肃矿区	—	0.33	0.38	1.05	1.41	19.42	1.51

1991 年—1997 年甘肃省地属大中型运输企业货物运输量表

表 2-2-4

单位	货物周转量（万吨公里）						
	1991 年	1992 年	1993 年	1994 年	1995 年	1996 年	1997 年
兰州市	3697.7	11118	9117	7054	5229	3842.51	3138.37
白银市	2473.7	1539.66	520.78	357.51	137.93	69.4	88.19
天水市	3964.9	3659.33	8829.28	2404.77	—	1312	236.84
嘉峪关市	508.88	661.3	—	—	—	—	—
金昌市	—	—	144.85	839.6	2342.4	2215	—
酒泉地区	1566.9	1375.94	672.52	942	703.79	384.61	151.2
张掖地区	1505.7	1464.03	1072.55	948	273.2	28.47	—

续表

单位	货物周转量（万吨公里）						
	1991年	1992年	1993年	1994年	1995年	1996年	1997年
武威地区	4063.9	1705.96	1864.76	427	318.9	93	77.3
定西地区	851	960	333	381	367	323	274
陇南地区	3842	3080	2946.4	1537	378	—	—
平凉地区	4731.8	4741.26	4747.6	3562.35	3781	2472.53	3781
庆阳地区	5043	3924	2636	754	604	591	623
临夏州	2377.5	2214.95	2304.52	1878.2	1373.44	886.8	782.3
甘南州	2472.5	1865.13	1303.72	592.76	594.6	—	—
甘肃矿区	—	19	28.64	89.7	111.6	78.16	102.29

第二节　股份制运输企业

一、产权改制与股份制改造

1993年以后，省运管部门贯彻《全民所有制工业企业转换经营机制条例》，改制的主要形式有股份制、股份合作制、承包、租赁、兼并或出售等。1999年，非公有制经营业户已达2.8万户，占总经营业户的76.5%。非公有制经济在巩固提高的基础上，逐步向规范化和规模化经营的方向发展。

2000年，引导整合社会分散运力，分离厂矿企业自备运力，采取多种形式培育专、新、特、精的小型运输企业。

2001年，省运管局协调省公路运输服务中心等单位，以股份制方式组建甘肃新辰快运有限责任公司。新辰快运当年完成货运量3.38万吨，货运周转量259.7万吨公里。

2002年，全省清理各类挂靠车1251辆。通过督促企业与单车经营者解除挂靠合同或协议，引导企业采取出资收购或折价融资入股等形式将车辆产权转为企业资产。

2003 年是甘肃省道路运输企业改制取得长足进展的一年。民营运输企业平凉市客运有限公司兼并国有运输企业平凉运输公司，组建以民营为主、国有参股、总资产达 1.15 亿元的甘肃东部运输集团，并妥善解决了两千多名职工的安置问题。陇南地区的 12 户民营运输企业整合辖区的 2500 辆营运车，组建甘肃南部运输集团。甘肃西部运输集团、甘肃三力运输公司拓宽筹融资渠道，企业经营规模与经营范围得到扩大和延伸。

2004 年，全省以产权制度改革为突破点进行新一轮国企改革，建立健全公司法人治理机构，加快民营企业公司化改造。

2004 年，原 86 家国有运输企业有 85 家完成产权改制。民营企业股份制改造加快，甘南雪羚交通实业集团、庆阳三力运输集团等民营运输企业集团完成整合。

2006 年，从事班线客车运输经营业户 413 户，拥有 100 辆以上营运车的客运企业 112 个，户均拥有班车数由 2005 年的 23.1 辆提高到 25.6 辆。全省 86 户国有道路运输企业全面完成改制，民营运输企业和多种经济成分混合成为全省道路运输市场主体。在运输经营结构上，客运重点发展快速客运、旅游客运和农村客运，培育"陇运快客"精品品牌。在定西市试点劳务包车客运，在平凉市试点旅游景点运输。货运方面加快普通货运向现代物流发展，兰州、定西等市物流发展迅速。

2007 年 3 月 20 日，省政府新闻办公室举行"甘肃省国有客货道路运输企业改制完成"新闻发布会，向社会各界发布全面完成 86 家国有客货运输企业改制。重新确定兰运、东运等 15 家省级重点联系运输企业。甘肃陇运快速客运有限责任公司、兰州交通运输集团有限责任公司、甘肃酒泉神舟道路运输集团、甘肃东部运输集团有限责任公司被确定为交通部重点联系企业。

截至 2010 年底，全省从事道路旅客运输经营业户 255 个（含个体运输户），全省营运性车达到 18.8 万辆（含出租车和公交车）。

二、出租、公交运输业

（一）出租汽车运输业

20 世纪 80 年代，城市出租车市场较为混乱，人力三轮车、摩的、"招手停"混用。进入 90 年代，兰州市出现以夏利、天津大发车型为主的出租汽车市场，打破城市公交车的一统局面。1993 年，全省共有出租汽车 2303 辆。1994 年底，全省出租汽车达 6084 辆，成为道路客运的重要组成部分。

1995 年底，甘肃省出租汽车达 7500 辆，其中兰州市出租客运汽车 5700 辆，比"七五"末增长 6 倍，从业人员也从 1500 人增长到 7000 人。

1997 年，兰州市已有出租汽车经营企业 110 户，各类出租汽车达 6300 辆，吸纳社会各界投资 5 亿多元，安置人员 1.4 万人，每年为地方财政增加税收近 2000 万元。

2000 年，城市出租车遍及甘肃省 90%的县城，全省出租车占到营运客车总数的 63.4%。兰州市出租车行业创建"五星级"出租客运企业 28 个，"五星级"出租车 816 辆，兰州市城关区道路运输管理所与辖区出租汽车公司（车行）签订目标责任书 96 份。

2002 年，全省出租客车 2.25 万辆，比 2001 年同期增长 6.9%。全省客运出租车经营业户 1230 户，业户数比上年下降 23.7%。省道运输管理机构引导个体运输业户和出租汽车企业（车行）加快整合，通过经营权招投标，提升运力档次。通过经营股份制或股份合作制改造，实现紧密型公司化经营。至 2003 年底，全省出租汽车保有量达到 2.39 万辆，比上年增长 6.1%。占全省营运客车的 65%。出租汽车客运从业人员已达 4 万人，平均每万人拥有出租汽车 10 辆左右，出租车行业年产值近 12 亿元，每年上缴税金 3000 万元。出租车行业成为城市公共道路客运中不可缺少和替代的一种交通方式。

2005 年，甘肃省出租汽车出现负增长，主要原因在于 2005 年兰州市 1000 多辆出租车报废停运，这是甘肃省相关管理部门宏观调控的结果。2006 年，全省出租汽车经营业户为 1739 户，其中个体运输户为 1576 户。

2009 年，全省出租客车 2.85 万辆，同比增长 9.22%。出租客运经营户 469 个，出租客运户平均拥有车辆数由 2008 年的 33.3 辆提高到 60.6 辆。

（二）公交客车运输业

1996 年 10 月，武威市海石公共交通有限责任公司成功开通了武威城区公共汽车，公司从开业至 1997 年底，车由 8 辆发展到 64 辆（其中工作车 3 辆），营运线路由 2 条发展到 5 条，营运里程从 10 公里发展到 43 公里。从此，甘肃部分县（市）开始摸索经营城市公交和城乡公交业务。

1997年5月18日，敦煌市政府批准开通城市公交车，首次开通东西线1路、南北线2路两条线路。两条线路沿途共设站点34处，每半小时发车一次。同年11月1日，张掖市第一汽车运输公司投放15辆中巴，开通东到上秦镇、西到地区收割机厂、南到张掖电力局的3趟城市公交。12月20日，公司又投放20辆中巴，开通市区至城郊新墩乡、党寨乡等5条公交线路。

1998年5月4日，甘谷县平川区魏家地至电厂的公共交通线路开通。至年底，天水市汽运司共筹资60万元，购置并投入公交客车8辆，在甘谷开辟新公交线路2条。

2000年7月18日，靖远县汽车运输公司开辟城市公交，先后筹措资金60万元，购车9辆，开通罗家湾至大坝公交线路；9月又开通钟鼓楼至二七九厂公交线路。

2001年5月8日，由临夏公路总段投资130万元成立的永靖县刘家峡公庆公司开通1路公交专线，从刘家峡罗川村口至县政府门口，长7.7公里，投入6辆车，平均8分钟一趟车；经试行营运3个月后，新购进5辆车，于8月10日开通县城至太极岛的2路公交车。同年9月，经天水市道路运输管理处协调，天水市区5路公交车恢复正常运行。在北道火车站投放中巴车5辆。9月28日，天水市道路运输管理处正式批复开通市区环行的26路公交车，营运线路总长15.4公里。

2002年4月，秦安县开通县城至郭嘉乡、西川乡李堡村、古城乡、王尹乡等线路的营运，为沿途村镇的学生、乡镇企业、林果业基地群众乘车及进城贸易带来方便，同时也吸引外地客商"上山下乡"洽谈生意。5月1日，武山县成立交通公交公司，开通从武山县城至洛门镇15公里路程的交通线路，沿线有10个村，运行时间为6时30分至20时，每15分钟一趟，解决群众乘车问题。11月8日，天水市公交公司通过招商引资方式新建的天水市区公交总站投入使用。

2003年，合作市公交有限责任公司投入10辆客车开始营运，后又购置第二批客车10辆，开通3条线路，投资规模达221万元。同年，泾川县坚持"车头向下、方便农民"，发展农村公交客运。泾川县恒泰公司投放公交车9辆，开通温泉至一中、汽车站至田家沟、西门口至百烟3条城郊和农村公交客运线路，使城关镇兰家山、茂林等 9 个行政村和枣林子等 6 个行政村通了公交车，至年底泾川县有 15 个村通上了公交车。成县相继开通了县城发往小川的 7 条城乡公交线路，共 26 辆客车运营，日始发班次 198 个，客流量 1 万人次。到年底有 14 个乡（镇）的乘客能够享受到城乡公交带来的便利。

2004 年，省运管局在嘉峪关市、临夏回族自治州、酒泉市肃州区、陇南市成县、张掖市甘州区等地开展了"城乡公交一体化"试点，改革现有城乡客运管理模式，打破城市公交与农村客运二元分割的局面，探索城乡公交无缝衔接。全年共开通 53 条城乡线路，投放 409 辆城乡公交，覆盖 41 个乡（镇）、294 个行政村。嘉峪关市新建汽车客运北站城乡运输一体化枢纽中心，公交穿行于17 个行政村 104 个村民小组之间，形成了城乡客运大循环，村村通班车率达到100%，促进了城乡之间人流、物流、信息流的沟通。

2006 年，全省开通 15 条城乡公交示范班线，这是全省范围内进行的第一批城乡公交示范班线试点工程。

2007 年，甘肃省道路运输管理机构完成 3 个城乡客运换乘站建设项目，开通以城市、城际、城乡、乡村公交为主的第 2 批客运一体化公交网络试点工程，新增 10 条城际公交示范班线、10 个城乡公交示范区、34 个乡村公交示范网。同年，临夏回族自治州七县一市全部开通公交车，有公交企业 7 户、公交线路 36 条、公交车 242 辆，其中 172 辆公交车已延伸至部分乡（镇），农村客运初步形成了长途以班线客车为主、中途以定线客车为主、短途以公交车为主的"城乡公交车一体化"客运网络。是年，酒泉市交通运输部门 10 辆旅游观光巴士正式投放市场，结束没有观光旅游公交的历史。旅游观光巴士运营包括西汉胜迹至鼓楼和市政广场至航天公园 2 条旅游线路，采取对开循环的方式运行。同时，嘉峪关市 4 路公交旅游专线正式开通，以四〇四厂生活基地为起点，沿途经过市区的主要干道和辅助干道，最后到达嘉峪关市最著名的 5A 级旅游景区嘉峪关城。此条旅游专线的开通填补了嘉峪关市区到重点旅游景区旅游线路的空白，不仅方便南部市区群众出行，而且为海内外宾客提供更为便捷、舒适的观光出行环境。

2010 年，兰州市筹集专项资金对公交车辆更新给予财政补贴，完成到期报废的 317 辆公交车更新任务。首批引进的 50 台空调公交车于 12 月 25 日投入运营，承担 1 路公交线路的运营任务。同批订购的267 辆普通公交客车，有200辆陆续投放运营。同年，康县县城和周边的几个乡（镇）开通了公交客车，结束城内无公交的历史。

三、搬运装卸业

1991年，依据《甘肃省搬运装卸管理暂行办法》对全省搬运装卸业户进行清理审验。全省共审验1258户，对35户不合格或非法经营的分别给予合并、取缔处理。

1993年，全省全面放开搬运装卸、运输服务市场，共有搬运装卸业820户，从业人员7731人。纳入行业管理的服务业61户，从业人员1031人。

2000年，全省共有搬运装卸业户326户，从业人员7194人，拥有主要装卸机具192台（辆），搬运车688辆，年装卸操作量908.17万吨。

2002年，全省道路搬运装卸业225户，从业人员5664人，平均每户拥有从业人员由2001年的22人增加到25人。从事城市搬家运输的业户发展较快，其他搬运装卸业基本退出运输市场。1998年—2001年甘肃省道路搬运装卸业情况见表2-2-5、表2-2-6。

1998年—2001年甘肃省道路搬运装卸业情况表（一）

表2-2-5

年份	企业个数	从业人数	装卸工人	主要装卸机具									
				输送机	起重汽车		吊车		铲车		叉车	
				台	辆	吨位	辆	吨位	辆	吨位	辆	吨位
1998	405	7936	6542	5	10	57	59	534.5	31	94.4	26	80
1999	330	7207	6188	8	11	65	69	674.5	34	89.4	42	96.5
2000	326	7194	6274	31	11	70	63	632.5	42	105.4	45	125.5
2001	309	6950	6180	12	11	70	59	533.3	28	62.4	43	97.5

1998年—2001年甘肃省道路搬运装卸业情况表（二）

表 2-2-6

年份	搬运车辆						装卸操作量
	汽车		拖拉机		其他机动车		
	辆	吨位	辆	吨位	辆	吨位	万吨
1998	103	487.5	395	486.5	577	3361.9	1214.89
1999	116	540.3	337	410.5	142	343.9	926.77
2000	110	523	347	387.7	231	325.4	948.17
2001	159	734.5	293	354.5	230	317	750.27

附：重点运输企业简介

一、兰州交通运输集团有限责任公司

兰州交通运输集团有限责任公司前身是兰州第一汽车运输公司，创建于1951年3月。1999年11月，根据兰州市经济体制改革委员会《关于同意〈兰州第一汽车运输公司组建为"兰州运输集团有限责任公司"〉的批复》，按照建立现代企业制度要求，进行公司制改制，构建母子公司体制，完善法人治理结构，组建成立兰州运输集团有限责任公司。

2005年，按照兰州市国有企业改革"393"攻坚战的统一安排部署，根据兰州市国有企业改革领导小组办公室《关于兰州运输集团有限责任公司改制方案的批复》精神，全面推进企业二次改制，完成职工身份和企业产权"两个置换"，基本上达到精减富余人员、剥离不良资产、减轻企业负担、轻装上阵的目的。

2006年，按照兰州市政府、市交通局和市国资委关于退出国有序列、进行资产重组的要求，根据市国有企业改革领导小组办公室《关于对兰州运输集团有限责任公司改制后引进外部投资者共同组建新公司的批复》精神，完成整体回购剩余国有净资产的工作，实现股权多元化和产权清晰化，组建成立兰州交通运输集团有限责任公司（简称兰州交运集团）。

兰州交运集团被评定为全国道路旅客运输一级企业，跨入"中国道路旅客运输企业100强"和"全国道路旅客运输百强诚信企业"行列。公司拥有各类营运客车和城市出租车1300辆，客运班线覆盖全省14个市（州），辐射西北地区。

二、嘉峪关汽车运输有限责任公司

嘉峪关汽车运输有限责任公司前身是嘉峪关市汽车运输公司。2002年，根据《嘉峪关市企业改革工作领导小组会议纪要》，原则批准《嘉峪关市汽车运输公司改制方案》，将市汽车运输公司（含汽车站、物流中心）改制为规范的有限责任公司。公司改制后承担所有企业债务。

2003年3月，根据嘉峪关市委文件精神，顺利实现两个置换，即整体置换企业的国有性质，整体置换国有职工身份，真正实现"产权关系、劳动关系"的彻底转换。嘉峪关市汽车运输有限责任公司为独立企业法人，股东以其出资额对公司承担责任，公司以其全部资产对公司债务承担责任。公司无偿接受继承原汽车运输公司、公交公司、汽车站、物流中心、货运中心所经营的中、长、短途客运线路，市内公共交通、出租小车、中巴车、货运、货物信息配载及物流等全部经营权。

三、金昌飞龙汽车（集团）运输有限责任公司

2002年6月14日，金昌飞龙汽车（集团）运输有限责任公司成立，这是由金昌汽车运输公司、金昌市交通局（代表金昌汽车站所属国有资产）、金川区汽车运输公司、金昌通达汽车运输公司、金昌平安汽车租赁有限责任公司、永昌县联合运输公司、金昌四达运输公司7家汽车运输企业以资产为纽带，通过联合重组，共同投资组建的跨区域、跨所有制性质的道路运输企业。公司注册资本5180.3万元，有营运车152辆，客车总座位3930个。经营客运线路29条、145个班次，是金昌市规模最大的道路旅客运输企业。2002年10月，获得交通部道路旅客运输二级企业临时资质。2007年6月，获全国道路旅客运输二级企业资质。

至 2010 年底，金昌飞龙（集团）有限责任公司有长途客车 138 辆、公交车 18 辆，车辆座位总数 4030 座。车辆等级大幅提高。年发送旅客 785 万人次，完成旅客周转量 1.27 亿人公里。全年实现营运收入 2132 万元，上缴税金 85 万元，营业收入较 2009 年同比下降 5%。

四、白银银冠汽车运输（集团）有限责任公司

白银银冠汽车运输（集团）有限责任公司前身是甘肃省白银汽车运输公司，系白银市市属国有企业，主要从事客货运输等业务。20 世纪 90 年代初期，企业经营方式以承包经营为主，其他经营方式为辅。90 年代末期，推动企业改革，企业按照国家相关政策实行"减员增效、下岗分流"和车辆产权转移等改革，但由于计划经济体制下企业经营机制不活，发展活力不足，经营效益不景气。2002 年，白银市委、市政府印发《关于进一步深化中小企业改革的指导意见》，按照"转让公有产权、转变职工身份、转换经营机制、增强发展活力"的总体思路，实行以产权制度改革为核心，以转让企业产权为主要形式的国有企业民营化改革。

白银银冠汽车运输（集团）有限责任公司从业人员 926 人，注册资本 2500 万元，总资产 13089 万元，系交通部道路客运二级资质企业和甘肃省货运三级资质企业。拥有货车 260 辆、出租汽车 353 辆、教练车 58 辆、营运客车 150 辆，客运线路 80 条，日发送客运班次 150 个。

五、甘肃天嘉交通运输集团有限公司

甘肃天嘉交通运输集团有限公司（以下简称甘肃天嘉交运集团）前身是甘肃省天水汽车运输总公司，成立于 1995 年 8 月。2002 年 9 月，天水汽车运输总公司与所属公共汽车分公司分离，成立天水市公共汽车交通公司。2003 年 7 月，兼并秦安县汽车运输公司。同年 9 月，组建秦安客运公司、秦安汽车北站。2003 年底，经天水市企业改制领导小组批准，进行整体改制。2005 年 4 月，甘肃天嘉交通运输集团有限公司成立。2009 年 4 月，甘肃天嘉交运集团收购甘肃天水公路运输服务中心，成立甘肃天嘉交运集团麦积运输服务有限公司。甘肃天嘉交运集团是国家道路客运一级企业、交通运输部重点联系道路运输企业，拥有各类客车 1003 辆，其中班线客车 698 辆、

出租车 259 辆、公交车 46 辆；拥有各类班线 267 条，其中省际 25 条、市际 77 条、区内 165 条。

六、酒泉汽车运输总公司

酒泉汽车运输总公司前身是甘肃省酒泉汽车运输公司，是甘肃比较老的汽车运输企业。1990 年，公司对车队实行上缴利润定额包干、超额分成责任制，对车站实行"一包四保"经营责任制。1991 年 4 月，公司与行署交通处签订公司第二轮承包经营合同。6 月 28 日，省交通厅批准酒泉汽车运输公司晋升为省二级企业。1994 年 10 月，公司实行全员劳动合同制，在册的 1275 名正式职工全部转换为劳动合同制职工。下半年，公司在车辆实行承包经营的基础上，根据存在的问题，推行单车租赁经营。1998 年，酒泉汽车运输公司改制为酒泉汽车运输总公司，为股份合作制企业，参与改制的职工 954 人。公司下设酒泉、玉门、敦煌客运公司，酒泉货运公司，小汽车修理厂，汽车配件经销公司，油料供应公司，柴油车配件公司，驾驶技工学校及酒泉、敦煌、玉门、安西桥湾、金塔、肃北等汽车站。2003 年 11 月，由酒泉汽车运输总公司牵头，酒泉道路运输集团协调指导小组协调区内各县（市）运输公司，依照《企业集团登记管理暂行规定》，成立甘肃酒泉神舟道路运输集团(简称神舟集团)，集团由甘肃省酒泉汽车运输总公司、玉门市联合汽车运输公司、阿克塞哈萨克族自治县联通汽车运输有限责任公司、阿克塞哈萨克族自治县开源汽车运输有限责任公司、肃北蒙古族自治县通达汽车运输有限责任公司 7 家区内运输企业发起成立，各成员单位实行独立核算、自主经营、自负盈亏和独立纳税的经营体制。2004 年 1 月 6 日，神舟集团吸纳金塔县昌达汽车运输公司、东风城区汽车运输公司加入，至此神舟集团有 9 户运输企业。2003 年—2007 年，新增和更新客车 172 辆，占营运客车总数的 90% 以上，高级车型比例占到37.2%。2007 年，全公司新审批班线 5 条，恢复停运线路班次 14 个，拥有营运线路 80 条。

七、张掖汽车运输有限责任公司

张掖汽车运输有限责任公司前身为成立于 1961 年 10 月的张掖地区运输公司。1997 年，张掖地区运输公司成立体制改革领导小组。1998 年 4 月，发起成立张掖地区汽车运输有限责任公司，并报经张掖行署批准改制。按照《公司法》和公司章程，经公司股东代表会议选举通过，组成公司董事会、监事会，初步实现由工厂制转入公司制运行的现代企业制度。经过两次改制重组，2008年3月，经张掖市政府国有资产监督管理办公室批复，由公司部分股东收购全部国有股改制成股份制民营企业。公司原注册资本747.5万元，公司总资产10074万元，企业安全储备金达300余万元。截至2010年底，公司有在职职工268人、退休职工612人，其中各类专业技术人员80人；公司下属13个基层单位，拥有各种（类）车250辆，其中营运车173辆、教练（考试）车60辆、其他车17辆。

八、武威交通运输集团有限责任公司

武威交通运输集团有限责任公司前身为成立于1961年10月的甘肃省交通厅武威汽车运输公司。1985年1月，省交通厅将武威汽车运输公司下放给武威地区。1993年4月，改名为甘肃省武威汽车运输总公司，隶属武威市交通局管理。2002年10月，批准武威汽车运输总公司和武威交通客货运输服务中心合并。2003年2月，改名武威汽车运输集团公司。2004年12月，根据武威市经济体制改革办公室《关于对武威汽车运输集团公司改革方案的批复》，改制为民营企业。2007年8月，名称变更为武威交通运输集团有限责任公司。

九、定西交通运输集团

1961年，成立定西汽车运输公司。1991年，公司下属1个客车队、2个货车队、1个修理厂、1个汽车配件供销公司、3个区级车站、4个股级车站；职工总数869人，汽车203辆，其中营运客车78辆、货车98辆，固定资产净值514.4万元。1997年，成立定西同力汽车运输（集团）有限责任公司，下设2个分公司、4个子公司，有职工758人、客货车134辆。1999年，推行单车产权制度改革。2001年，公司收购一家从事高危货运输的联营车队，组建危货运输车队。2002年，加快定西交通运输集团的筹建，制定《定西交通运输集团组建方案》。2003年3月，定西交通运输集团挂牌成立。年底前，临洮、通渭、岷县汽车运输公司相继加入定运集团公司。同时，与兰州奔马出租公司出资成立的定运集团奔马出租有限责任公司正式挂牌营运。

至 2003 年底，定运集团有员工 918 名、营运客车 150 辆、货车 220 辆、营运线路 82 条。公司占地面积 12.9 万平方米，其中停车场地达 4.28 万平方米。企业资产总额为 9881.1 万元。有客运驾驶员 184 人，其中安全行车 30 万公里以上的 114 人，占驾驶员 62%。公司下设 11 个生产经营单位、4 家加盟公司。

2008 年，定运集团公司为全司职工统一制作西服，企业文化建设成效显著。2010 年，定运集团公司被中国质量诚信企业协会、中国品牌价值评估中心评为"全国质量诚信 AAAAA 级品牌企业"。

十、陇南汽车运输（集团）有限责任公司

陇南汽车运输（集团）有限责任公司的前身是陇南地区汽车运输公司。2003 年 7 月完成集团化改制，更名为陇南地区陇运汽车运输（集团）有限责任公司。

2004 年 1 月，陇南撤地设市后，公司更名为甘肃省陇南汽车运输（集团）有限责任公司。

2007 年，公司按照陇南市委、市政府深化企业改制的相关精神，依照陇南市国企改革领导小组下发的《关于陇南汽车运输公司改制方案的批复》，改制为国有控股企业。

十一、甘肃南部运输集团有限公司

甘肃南部运输集团有限公司组建于 2003 年 9 月 3 日，是甘肃省运管局批准成立的一家按照现代企业管理制度要求，对现有民营运输资产整合后组建的集团有限公司。

甘肃南部运输集团的前身是个体运输业户，主要经营农村班车客运。2003 年 9 月，该企业成为拥有营运客车 329 辆、从业人员 353 人、各类班线 31 条、总资产 4009 万元的大型民营企业。企业经营范围从过去单一的农村班车客运逐步发展到经营省、市、县际和县内班车客运，出租客运、城市公交、普通货运、危险货物运输、机动车维修的格局。2008 年 5 月，甘肃南部运输集团获得中国道路运输协会核准的道路旅客运输二级企业资质。2008

年、2009 年被省运管局授予道路运输企业质量信誉考核等级"AAA 级企业"。

十二、甘肃东部运输实业集团有限责任公司

平凉汽车运输总公司前身为 1956 年成立的平凉汽车公司，隶属平凉地区行署交通处，县级建制，省二级企业。1992 年—1993 年，公司先后成立联合运输公司、物资经销公司、供销公司、综合服务公司。1995 年改名为平凉汽车运输总公司。

2003 年初，依据《平凉市道路运输业结构调整指导意见》，平凉汽车运输总公司通过产权制度改革，牵头组建甘肃省东部运输实业集团。

甘肃东部运输实业集团有限责任公司是经平凉市政府批准，通过平凉汽车运输总公司全面改制后重新组建的以民营为主、国有参股的集团化专业运输企业，集团按照母子公司的形式设置。母公司以平凉汽车运输总公司为主体，合并陇运快客平凉分公司资产进行组建。子公司按照直属子公司、协作子公司不同形式设置。其中，直属子公司由母公司重新布局，包括客运子公司、货运子公司、站务子公司、维修中心、培训中心、服务子公司，形成集团公司核心层。协作子公司通过有资质条件的县（区）8 家运输单位加盟进行组建。

集团总资产 1.15 亿元，从业员工 2500 多人。2003 年 11 月 6 日，在平凉市挂牌成立。注册资本金 8205.9 万元，占地面积 25 万平方米，拥有各专业经济实体 32 个，高中低档各类客、货车 1060 辆，营运线路 209 条，日发送 524 班次。

十三、甘肃惠达集团甘南汽车运输有限责任公司

甘南汽车运输有限责任公司前身系甘南藏族自治州汽车运输公司，成立于 1958 年 4 月。1998 年 11 月，将原甘南州汽车运输公司剥离组建为甘南汽车客运有限责任公司等五个独立有限责任公司。2002 年 12 月，经甘南、临夏两州政府批准组建成立全省第一个跨区域的甘肃惠达交通运输集团公司，晋升为国家二级公路旅客运输企业。2010 年底，公司拥有 82 辆营运客车、37 条营运线路。公司被省运管局评为道路运输行业质量信誉考核 AAA 级企业，被中华全国总工会授予"工人先锋号"。

十四、甘南雪羚交通实业集团

2004 年 6 月，甘南雪羚交通实业集团挂牌运营。该集团是由合作市汽车运输有限责任公司、临潭县汽车运输有限责任公司、夏河县汽车运输有限责任公司、卓尼县汽车运输有限责任公司、迭部县汽车运输有限责任公司、舟曲县汽车运输有限责任公司、玛曲县汽车运输有限责任公司按照"平等自愿、互惠互利、资源共享、共同发展"的原则发起组建的集团化企业。集团公司以合作为中心，有跨省、地、州、县、乡的客运经营线路 137 条，有客车 171 辆、货车 450 辆。有员工 1200 人，其中管理人员 36 人。

十五、国营四〇四厂运输处

国营四〇四厂运输处是甘肃矿区辖区内专业的运输企业，1958 年成立，主要业务为旅客运输和汽车修理，下设国营四〇四厂运输处汽车队和汽车大修车间。2006 年 6 月，国营四〇四厂运输处改制为甘肃矿区公铁运输有限公司，公司注册资本 1906 万元，拥有各类运输车 28 辆，其中豪华大客车 18 辆，面包车、小型货车、轿车 10 辆。

矿区、四〇四厂生活基地搬迁到嘉峪关后，改制后的甘肃矿区公路运输有限公司增加宇通客车 12 辆。

第三节　汽车维修业

1991 年，全省维修企业审验合格的有 1850 户。1992 年，全省有汽车、摩托车维修行业户 2011 家，其中一类企业 148 户、二类企业 515 户、三类 1233 户、摩托车维修户 115 户；按经济类型分，全民 413 户、集体 511 户、个体 1087 户。共有行业人员 3.43 万人，销售总收入 21762 万元，全甘肃省有专兼职维修业管理人员 152 人。

1995 年，全省 4467 户维修企业中，国有 626 户，集体 894 户，个体 2931 户，合资企业 16 户。全省营运客车二级维护达 100%，货车二级维护在 85% 以上。

1999 年，全省汽车综合性能检测站基础设施合计 12 个，其中 A 级 2

个、B 级 3 个、C 级 7 个。采用新的标签式"汽车二级维护竣工出厂合格证",严格二级维护制度。

2002 年,全省各类汽车维修业户达 5830 户,其中一类企业 117 个,占2.4%;二类企业 912 个,占 19.2%;三类业户 3824 户,占 63.3%;摩托车维修业户 977 户,占 15.1%。维修从业人员 45647 人,全年维修业完成维修量 16.65 万辆(台)。其中整车大修 4257 辆次,总成大修 1.59 万辆次,二级维护 35.66 万辆次,专项修理 128.89 万辆次。

2005 年,全省各类汽车维修业户达 6275 户,其中一类企业 107 户、二类 903 户、三类 4432 户、摩托车维护业户 833 户,汽车维修从业人员达4.38 万人。全年完成维修量 25.53 万辆次,其中整车大修 6070 辆次,总成大修 2.25 万辆次,二级维护 3.4 万辆次,专项修理 21.84 万辆次。

2009 年,全省机动车维修业户达 6111 户,其中一类 105 户、二类846户、三类 4571 户、摩托车维修 589 户。机动车维修从业人员达到 4.66 万人,全年完成维修量 207.4 万辆次。

1991 年—1996 年、1997 年—2010 年甘肃省汽车维修业务开展情况分别见表 2-2-7、表 2-2-8,1991 年—1996 年甘肃省汽车维修企业经济指标见表 2-2-9。

1991 年—1996 年甘肃省汽车维修业务开展情况表

表 2-2-7

年份	企业数（个）						职工人数（人）			
	合计	全民	集体	合资	股份	个体	合计	技术人员	管理人员	生产人员
1991	2387	448	504	—	—	1435	35080	2457	3890	28733
1992	2930	518	611	—	—	1801	36509	2616	4227	29666
1993	3610	545	740	—	—	2325	39577	3295	5202	31080
1994	4149	626	873	—	—	2650	44669	4528	6894	33247
1995	4715	591	894	—	—	3230	43485	5049	6810	31626
1996	4708	927	761	19	1	3001	44025	5487	6889	31649

表 2-2-8

1997年—2010年甘肃省汽车维修业务开展情况表

年份	营业户数（户）	从业人数（人）	主要设备（台）	整车大修（辆次）	总成大修（台次）	二级维护（辆次）	专项修理（辆次）	维修救援（辆次）
1997	4612	43019	41138	3807	10411	225615	761806	—
1998	4877	44854	45164	3413	11946	231921	1285916	—
1999	4900	41313	42324	5386	9790	274325	1351889	—
2000	4767	45226	44222	3651	20874	301417	1228132	—
2001	5102	49774	46995	2388	24090	269881	1136118	—
2002	5830	—	—	4257	15957	356572	1288091	—
2003	5774	—	—	4285	30673	270220	1683269	—
2004	6183	—	—	5852	20028	268113	1304909	—
2005	6275	—	—	6070	22585	340261	2184462	—
2006	6092	—	—	22303	61838	351324	2355520	12057
2007	6288	—	—	11610	51737	351101	1889521	11401
2008	5971	—	—	15399	36348	359747	1447377	7661
2009	12222	—	—	39438	120988	788750	3024314	34912
2010	6773	—	—	8938	55380	494366	1749088	23984

表 2-2-9

1991年—1996年甘肃省汽车维修企业经济指标表

年份	一、销售总收入（万元）	其中：维修营业额（万元）	二、车辆维修消耗费用（万元）	其中：原材料消耗（万元）	三、实现利润总额（万元）	其中：车辆维修（万元）	四、全部人员工资总额（万元）	五、上缴利税（万元）	六、全部职工人数（人）	其中：技术人员（人）
1991	21879.98	15597.3	7175.9	3158.81	1207.35	894.04	4933.3	814.13	35080	2457
1992	22481	16283	9846.44	5062.1	1832.68	1265.58	5204.33	2894.75	36509	2616
1993	30461.64	20996.43	12738.27	4936.5	2272.87	1571.88	7106.82	3592.75	39577	3495
1994	30024	23871	12292	4645	1639	1158	8454	3924	44669	4528
1995	27134	22300	11891	4483	1156	914	8261	1984	44839	4797
1996	34683	27217	16464	5759	907	495	13545	1852	44025	5487

第三章 运输工具

第一节 汽 车

1991 年，甘肃省对运力实行宏观调控，在全省范围内推行新增营业性运输车辆购置审批制度，新增营运车辆凭购车前核发的"营运汽车购车许可证"办理"两证"，规范运力增长。

1992 年，张掖汽车运输公司率先购进 3 辆卧铺客车，经营兰州至张掖间 500 公里线路的卧铺客运。这种新型客车在河西千里"窗口"公路上一出现，即以其快速、便捷、舒适的优势受到欢迎。客座利用率 80%~100%，营收利润率 10%，比普通客车（3%~5%）高出 1 倍多。随后，嘉峪关、酒泉、武威、金昌、兰州等汽车运输公司也陆续开辟线路。至 1994 年底，全省卧铺客车有 47 辆，1995 年底发展到 80 辆。兰州第一汽车运输公司 1996 年上半年发展到 38 辆，营运线路遍及省内各地（州、市）及西北各省（区），跨省线路 28 条。

"八五"期间，甘肃省民用汽车大量增加，结构有所调整。全省民用汽车 15.14 万辆，其中载客汽车 5.8 万辆，载货汽车 8.56 万辆。载客汽车的大小型比例由 1990 年的 0.3:1 调整到 0.2:1，载货汽车的大小型比例由 1990 年的 4.1:1 调整到 1.9:1。客运方面，注重发展高档、豪华客车和卧铺车；全省以加大河西客运线路中高档客车的投放比重为突破口，使车型结构和技术状况逐步向大型、中型、小型，高级、中级、普通多元化方向发展。在河西地区的 1860 辆客车中，中高级客车达 115 辆，比"七五"期末增长了 1.3 倍。省际长途客运和超长班线发展迅速，兰州至西宁、西峰、武都、银川都开通了卧铺客车；全省城市出租客运发展迅速，成为长途客运的一种补充形式。货运方面，有大型货车 3.62 万辆，以加大重型货车投入比重、加快中型货车更新速度为发展目标，改变货运运力结构不合理的状况。

1997 年，运力增长从"量"的增加向"质"的提高转变，优先发展市场急需的、性能良好的专用型车辆，优先发展跨省、跨地（市）长途客运及农村山区客运班线，引导和鼓励经营者走集约经营、规模经营的路子。客运车辆中，中小型客车和城市出租车发展较快，占客运车辆的65%以上；卧铺客车204辆，舒适性、方便性和灵活机动性不断增强；集装箱、危险货物等专用车辆有了较快发展。营运货车中，载重8吨以上的货车1512辆，载重3吨以下的货车1.76万辆，缺重少轻的局面有了一定改变。详见1991年—1997年甘肃省民用车辆实有数统计表2-3-1。

2000年5月，省陇运快客公司组建后，带动了快速客运的发展，高级营运客车从无到有，逐步发展到24辆。城市出租客车发展迅速，遍及全省90%的县城，部分重要乡（镇）也出现了出租客车，占全省营运客车总数的63.4%，衔接了各种运输方式，方便了群众出行。营运货车7万辆，其中大型货车3.5万辆，数量有所减少，其中普通大型载货汽车下降幅度较大，8吨以上重型载货汽车高速增长，其占营运载货汽车的比重由上年同期的2.96%上升到4.7%。8吨以上重型货车和微型货车数量增长较快，普通载货汽车减幅较大，一是因为"八五"初期，普通大型载货汽车发展较快，到"九五"末，这部分车辆到了报废时期，许多车退出营运市场；二是因为2000年国家先后8次上调油价，部分车辆难以承受车辆耗油，成本急剧上升，申请报停；三是因为国家封山育林，使省内一些专门从事木材运输的营运车辆减幅较大。"九五"末民用汽车保有量和营运车辆分别比"八五"末增长了1.5倍和1.4倍。

2001年，快速客运高级客车快速增加，陇运快客公司拥有中高档客车55辆，带动全省高级客车比上年增长了150%，中级客车（含出租车）增长了208%。城市出租客车发展迅速，遍及县级城市，占营运车辆总数的65.9%。营运货车7.1万辆，其中大型载货汽车3.57万辆（含重型载货汽车）。

2002年，对道路危险货物运输企业资质进行审定，核准危货转运车1065辆；对出租汽车的投放实行总量控制，遏制出租汽车总量增长；引导个体运输业户和出租汽车企业加快整合，通过经营权招投标提升运力档次。

2004年，自运输市场全面开放以来，全省班线客车首次出现负增长，运力大于运量的矛盾得到缓解，运力结构进一步优化。

2005年9月，开始更新省际、市（州）际客运车辆。更新或调整后的车辆总座位数不超过原车总座位数的15%。为适应不同层次旅客乘车需求，鼓励大型客车更新为小客车，发展小客车定线客运新型运输方式。

表 2-3-1　1991 年—1997 年甘肃省民用车辆实有数统计表

年份	民用汽车								运输拖拉机	其他机动车	载货挂车	民用汽车		
	合计	客车			货车			特种车				汽油车	柴油车	国产车
		小计	大型	小型	小计	大型	小型							
1991	115292	35091	7097	27994	74105	58599	15506	6096	230681	56025	5684	105643	9649	96410
1992	122259	39860	7433	32427	76016	57858	18158	6383	242876	68780	6164	113726	8533	105008
1993	132374	46574	7426	39148	79194	57382	21812	6606	241132	93156	6516	123236	9138	114266
1994	144075	51532	7263	44269	84804	57338	27466	7739	249163	106715	5782	132304	11771	128553
1995	151377	58042	7204	50838	85603	56204	29399	7732	254413	50594	5195	137559	13818	135861
1996	165022	68351	7301	61050	90305	55215	35090	6366	234730	87598	3863	148266	16756	147758
1997	171173	74113	7712	66401	88578	52914	35664	8482	21804	34241	3630	150556	20617	153248

2006 年，甘肃省营运车 12.92 万辆。全年共引导运输企业更新班线客车、货车、出租车及仓储装卸设备等 9246 辆（台）；营运货车中集装箱车辆增长迅速，重型载货车辆比重逐步提高，"缺重少轻"的局面得到改善，货运专业化程度提高；城市服务业发展，大量超市、批发市场涌现，配送业务扩大，小型货车以其机动灵活的特点承担起了城市内和城乡间的货物集散运输任务，发展速度较快。

2007 年，新增营运客货运输车 6600 辆，年内共引导运输企业更新客运班车、出租汽车、货运车辆及仓储装卸设备等 3500 辆（台）。中级以上客车占比27.3%，全省高级客车在高速公路客运、旅游客运、一类客运班线中占比65%。货运车辆大力发展集装箱车、厢式货车、特种专用车辆和载重 8 吨以上的重型柴油货车，加快普通敞篷货车的厢式化进程。

截至 2010 年底，甘肃省营运车 18.08 万辆。其中营运客车 1.8 万辆，1.35 万辆班线客运车辆中中高级客车 6879 辆，比重达 51%。营运货车 16.28 万辆，同比增长 32.99%，其中大型货车 6.57 万辆，8 吨以上的重型货车 3.24 万辆，分别比上年增长 38.7% 和 67.34%，分别占营运载货汽车的 40.38% 和 19.9%。

"十一五"期间，甘肃省按照"路、站、运"一体化和"城乡客运一体化"的发展要求，加快道路运输城乡客运站点网络建设，推广经济实用车型，推进城乡客运一体化，使农村客运网络与城市客运网络有效衔接。"十一五"末，全省中级以上班线客车比例51%，比"十五"末提高 34%；货运车辆逐步提高重型车辆比重，发展大吨位重型货车和专用货车，全省重型货车比例 16.95%，比"十五"末提高 3.3%。1998 年—2010 年甘肃省营业运输车辆实有数见表 2-3-2。

1998 年—2010 年，营运载客车辆由普通车辆向高档车辆变化，卧铺客车的车辆数和客位数逐年提升，客车的舒适性和便捷性得到极大改善。1998 年—2010 年甘肃省营运载客汽车数量见表 2-3-3，1998 年—2005 年甘肃省班车客车数量见表 2-3-4，2006 年—2010 年甘肃省班车客车数量见表 2-3-5，1998 年—2010 年甘肃省其他客车数量见表 2-3-6，2004 年—2010 年甘肃省个体营运载客汽车数量见表 2-3-7。

营运载货汽车数量也逐年增加，其中中型、大型汽车占较大比例，运输重量从1998年的21.65万吨上升到2010年的69.33万吨，小型载货汽车数量也在逐年上升，运输总量从1998年的3.2万吨上升到2010年的9.23万吨。营运载货汽车中，汽油车和柴油车占主要地位。1998年—2010年甘肃省营运载货汽车数量见表2-3-8、表2-3-9，2006年—2010年甘肃省专用汽车载货汽车数量见表2-3-10，2004年—2010年甘肃省个体营运载货汽车数见表2-3-11。

2006年始，甘肃省对检验不合格的车辆实行退出机制。2006年—2010年共退出4898辆。2006年—2010年甘肃省道路运输车辆退出情况见表2-3-12。

1991年—1997年，汽油车需求量处于逐年上升趋势；国产车在民用汽车中占主要数量，但进口车依然处于逐年递增阶段。1991年—1997年甘肃省民用汽车燃油与产地情况见表2-3-13。

1998年—2010年甘肃省营业性运输车辆实有数统计表

表2-3-2

年份	车辆实有数（辆）					
	合计	客车				货车
		小计	班线	旅游	出租车	
1998	88393	23277	9581	202	13494	65116
1999	94911	24159	10441	166	13552	70752
2000	98985	28799	10271	287	18241	70186
2001	102992	31953	10588	318	21047	71039
2002	108385	34090	11212	373	22505	74295
2003	118205	35533	11139	493	23901	82672
2004	122605	37131	11064	579	25488	85474
2005	127347	35141	10536	629	23976	92206
2006	126331	34961	10602	623	23736	91370
2007	132187	35901	10958	703	24240	96286
2008	141433	37672	10897	716	26059	103761
2009	163435	41006	11713	832	28461	122429
2010	177149	14326	13496	830	—	162823

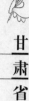

表 2-3-3

1998 年—2010 年甘肃省营运运载客汽车数量表

年份	合计		高级		中级		普通		卧铺客车	
	辆	客位	辆	客位	辆	客位	辆	客位	辆	客位
1998	23277	323828	—	—	—	—	—	—	167	5332
1999	24159	327432	—	—	—	—	—	—	338	9948
2000	28762	345820	—	—	—	—	—	—	327	10120
2001	31953	373295	—	—	—	—	—	—	447	15180
2002	34090	386288	117	4160	—	—	—	—	422	10490
2003	36091	391246	201	7124	—	—	—	—	394	9659
2004	38336	424797	330	11719	—	—	—	—	436	13084
2005	37275	414645	408	15036	—	—	—	—	417	13305
2006	37809	431453	614	22063	—	—	—	—	388	13369
2007	39088	449599	751	29418	—	—	—	—	447	15691
2008	41450	474523	1142	42511	—	—	—	—	465	16422
2009	46001	533428	1621	63044	—	—	—	—	447	16390
2010	17975	392267	2201	85848	—	—	—	—	375	14407

表2-3-4

1998年—2005年甘肃省班车客车数量表

年份	合计		大型				中型				小型	
			高级		中级		高级		中级			
	辆	客位	辆	客位	辆	客位	辆	客位	辆	客位	辆	客位
1998	9585	238361	2595	116110	0	0	5503	105681	1	25	1486	16545
1999	10441	248412	2328	101487	0	0	6118	125041	0	0	1995	21884
2000	10258	243578	1927	85625	24	970	6321	134664	0	0	1986	22319
2001	10622	253105	2016	84802	28	1138	6981	147786	6	108	1591	19271
2002	10134	257168	1746	70450	108	3982	7543	165701	9	178	728	16857
2003	10386	267353	1596	65272	132	5299	7650	171138	69	1825	939	23819
2004	10698	281402	2020	72047	208	8406	7352	172098	110	2834	1008	26017
2005	10248	278796	1924	70163	300	12017	6970	168410	104	2844	950	25362

表 2-3-5

2006 年—2010 年甘肃省班车客车数量表

年份	合计		按等级分						按标记客位分						按车长分							
			高级		中型		普通		大型		中型		小型		特大型		大型		中型		小型	
	辆	客位	辆	客位	辆	客位	辆	客位	辆	客位	辆	客位	辆	客位	辆	客位	辆	客位	辆	客位	辆	客位
2006 年	10602	256999	523	18964	2223	66731	7856	171304	2046	73588	7138	170817	1418	12594	59	2681	1890	68083	6348	151317	2305	34918
2007 年	10958	265645	679	26599	3979	103725	6300	135321	2281	84173	7269	16909	1408	12463	67	3034	1865	66606	6757	162712	2269	33293
2008 年	10897	270739	1038	38938	4082	98919	5777	132882	2647	98677	6757	157873	1493	14189	72	3341	1779	69034	6483	158639	2563	39725
2009 年	11713	299194	1417	54419	4289	108680	6007	136095	2795	105682	7125	172537	1793	20975	81	3899	2014	78169	6291	161678	3327	55448
2010 年	13496	337141	1909	76594	4970	135514	6617	125033	3338	129267	7300	174002	2858	33872	65	3216	2163	87009	7051	182049	4217	64867

1998 年—2010 年甘肃省其他客车数量表

表 2-3-6

年份	旅游客车		出租客车		包车客车		其他客车	
	辆	客位	辆	客位	辆	客位	辆	客位
1998	202	4344	13494	81205	—	—	—	—
1999	166	3808	13552	75212	—	—	—	—
2000	287	7504	18241	95708	—	—	—	—
2001	318	7810	21047	113626	—	—	—	—
2002	373	10819	22505	115474	—	—	—	—
2003	493	13092	23901	120012	—	—	—	—
2004	579	15285	25488	133081	—	—	—	—
2005	629	16347	23976	121500	—	—	—	—
2006	623	14831	23736	118572	4	44	2844	41007
2007	703	19906	24240	120549	0	0	3187	43499
2008	716	20334	26059	133333	0	0	3778	50117
2009	832	24760	28461	143207	0	0	4995	66267
2010	830	25052	0	0	8	252	3641	29822

2004 年—2010 年甘肃省个体营运载客汽车数量表

表 2-3-7

年份	营运载客汽车		卧铺客车	
	辆	客位	辆	客位
2004	—	—	—	—
2005	—	—	—	—
2006	4012	44355	8	320
2007	5774	54387	7	301
2008	5578	55275	7	301
2009	5783	60913	7	301
2010	1288	34685	4	166

1998 年—2010 年甘肃省营运载货汽车数量表（一）

表 2-3-8

年份	合计	
	辆	吨位
1998	64354	248601
1999	70065	262562
2000	69201	255467
2001	69900	256420
2002	73028	273848
2003	77723	288375
2004	80656	313006
2005	86933	350103
2006	82566	311731
2007	92919	359394
2008	99834	398067
2009	117775	466068
2010	156966	711689

表2-3-9

1998年—2010年甘肃省营运载货汽车数量表（二）

年份	小计		专用载货汽车												危险货物运输车	
			集装箱运输车		大件运输车		商品汽车运输车		冷藏保温车		罐车		其他			
	辆	吨位	辆	吨位	辆	吨位	辆	吨位	辆	吨位	辆	吨位	辆	吨位	辆	吨位
1998	762	4189	0	0	78	1217	—	—	216	394	453	2470	15	108	1697	8561
1999	687	3939	7	35	31	929	—	—	242	516	398	2396	9	63	1967	9460
2000	985	7350	7	35	38	1184	—	—	179	1613	752	4455	9	63	2217	11325
2001	953	5268	0	0	62	734	—	—	109	326	776	4185	6	14	1944	9707
2002	1267	8339	0	0	125	2079	5	100	159	384	849	5068	129	708	1614	7963
2003	4949	16902	14	38	141	2095	0	0	144	503	1192	9023	3458	5243	1619	10082
2004	4818	22586	1	5	144	2047	130	181	124	463	1705	14276	2714	5614	1918	13652
2005	5273	32999	0	0	126	2300	124	170	131	498	1863	18359	3029	11672	2188	17943
2006	83386	335651	0	0	277	5818	0	0	101	457	2121	20076	80887	309300	2265	19823
2007	2948	29973	0	0	230	3939	217	1018	152	981	2349	24035	—	—	2546	22621
2008	3140	39844	0	0	469	10270	0	0	121	763	2550	28811	—	—	2787	26994
2009	3523	45336	0	0	415	9192	0	0	47	382	3061	35762	—	—	3315	36075
2010	4558	61817	0	0	707	14657	0	0	71	463	3780	46697	—	—	4067	45079

2006 年—2010 年甘肃省专用载货汽车数量表

表 2-3-10

年份	合计		大型		中型		小型	
	辆	吨位	辆	吨位	辆	吨位	辆	吨位
2006	3627	37828	3481	37570	46	148	100	110
2007	3367	29471	2454	27812	305	1070	608	589
2008	3927	41105	2983	39490	284	962	660	653
2009	4654	52805	3655	51207	277	929	722	669
2010	5857	73961	4857	72196	316	1084	684	681

2004 年—2010 年甘肃省个体营运载货汽车数量表

表 2-3-11

年份	营运载货汽车		普通载货汽车								专用载货汽车	
			小计		大型		中型		小型			
	辆	吨位	辆	吨位	辆	吨位	辆	吨位	辆	吨位	辆	吨位
2004	22773	76925	22755	76813	9486	55292	3039	8732	10230	12789	18	112
2005	20016	69024	19992	68728	7244	49457	3680	10880	9068	8391	24	296
2006	32629	120378	32436	117764	12628	83549	5074	16171	14734	18044	392	4055
2007	37409	129638	37409	129638	12315	83552	6798	23029	18296	23057	219	1554
2008	41367	137480	41367	137480	12974	86849	6351	21690	22042	28941	285	1911
2009	57971	203431	57971	203431	17021	126463	9118	27951	31832	49017	397	3191
2010	82315	317399	82315	317399	23251	221306	11193	38808	47871	57285	474	5046

2006年—2010年甘肃省道路运输车辆退出情况表

表2-3-12

合计	报废车辆辆数		合计	检验不合格退出车辆辆数	
	客运车辆	货运车辆		客运车辆	货运车辆
5108	1692	3416	166	1718	1552
4552	791	3761	68	1653	1585
4654	1030	3624	7	231	224
4232	1689	2543	17	339	322
3071	529	2542	112	908	796

1991年—1997年甘肃省民用汽车燃油与产地情况表

表2-3-13

年份	民用汽车中			
	汽油车	柴油车	国产车	进口车
1991	105643	9649	96410	18882
1992	113726	8533	105008	17251
1993	123236	9138	114266	18108
1994	132304	11771	128553	15527
1995	137559	13818	135861	15516
1996	148266	16756	147758	17264
1997	150456	20566	153248	17925

　　20世纪90年代，甘肃运输企业客运车型主要是甘肃驼铃厂制造的"驼铃牌"客车，货车主要是"解放牌""东风牌"货车。进入21世纪，客车以"宇通牌""金龙牌"为主要车型。货车车型较杂，为追求运量，改装车普遍，"大吨小标"、超重超载情况严重，长则20米以上，重则百吨左右。

第二节　其他机动车

20世纪80年代，手扶拖拉机退出农村运输市场，出现四轮拖拉机。1991年，全省拖拉机数量达到23.07万台。拖拉机作为农业生产重要机械和运输工具，数量逐年增加。1998年以后，三轮拖拉机（俗称"三轮摩托车"）逐渐占领农村运输市场，成为短途物资运输的主要工具，1999年达到10.17万台。河西地区农村几乎家家都有三轮拖拉机。至2010年底，全省三轮拖拉机在百万台左右。摩托车作为代步工具，数量从1991年的3.9万台上升到1999年的13.8万台。2004年后，乡村道路条件逐年改善，至2010年底摩托车在50万辆上下。个体户汽车开始纳入民间运输工具，1999年达到7.41万辆。此后，通过联合、挂靠实行统一管理。1991年—1999年甘肃省机动车数量见表2-3-14。

1991年—1999年甘肃省机动车数量表

表2-3-14

年份	运输拖拉机	其他机动车	个体户汽车	汽车挂车
1991	115292	56807	13320	5684
1992	122259	68810	16712	6164
1993	132374	89156	19179	6516
1994	144075	106715	22432	5782
1995	151377	116728	27737	5195
1996	165022	164058	39971	3863
1997	171173	244356	47048	3583
1998	—	242677	63012	—
1999	—	264742	74150	—

第四章 运输生产

第一节 旅客运输

一、普通客运

改革开放以后，汽车客运量逐年增加。至 1992 年底，全省共完成客运量 8208 万人次，旅客周转量440311 万人公里，其中个体（联户）客运量增长较快。1991 年—1997 年甘肃省城乡个体（联户）公路旅客运输量见表 2-4-1、表 2-4-2。

1991 年—1997 年甘肃省城乡个体（联户）公路旅客运输量表（一）

表 2-4-1

单位	客运量（万人）						
	1991 年	1992 年	1993 年	1994 年	1995 年	1996 年	1997 年
兰州市	118	138	230	668.12	774	728	768
白银市	178.1	209.23	289.6	320.09	313	331	456
天水市	110.55	90.98	159.2	427.43	479	478	231
嘉峪关市	1.06	4.7	17.1	67.29	132	138	97
金昌市	66.68	88.82	71.66	72.67	133	80	183
酒泉地区	34.08	138.2	433.93	662.69	675	726	914
张掖地区	60.08	83.17	37.9	232	297	347	407
武威地区	63.88	52.08	58.78	232.71	460	460	548
定西地区	72.31	65.94	50.85	181.25	147	190	604
陇南地区	90.19	156.26	210.51	205.07	285	195	400
平凉地区	38.79	53.34	56.86	210.68	246	227	234
庆阳地区	70.8	152	191	145.13	325	325	361
临夏州	77.08	70.35	126.48	387.14	372	483	427
甘南州	15.42	17.45	17.61	22.05	37	51	61
矿区	—	—	0.88	—	—	—	—

1991年—1997年甘肃省城乡个体（联户）公路旅客运输量表（二）

表 2-4-2

单位	旅客周转量（万人公里）						
	1991年	1992年	1993年	1994年	1995年	1996年	1997年
兰州市	8142.03	8850	17730	32483.39	37575	24118	20188
白银市	8037	10097.86	21984.65	22175.57	12970	12423	21501
天水市	8142.03	738.31	1036.88	11945	17510	18350	9177
嘉峪关市	6.68	78.7	107.2	692.83	1513	1382	1244
金昌市	1692.67	2398.29	1818.01	1694.93	5238	3889	8012
酒泉地区	940.44	1775.1	4892.15	12628.96	11779	12596	17933
张掖地区	1689.89	2784.7	3675.9	9491.01	10280	11027	11556
武威地区	3503.52	2655.77	3730.6	8247.37	13885	14638	20025
定西地区	2555	2380	2340	6387.77	7234	7124	19320
陇南地区	2408	4363	3961.7	5005.38	6939	6278	1149
平凉地区	1665.72	1682	1871.7	4465.3	5079	7142	7635
庆阳地区	4253.9	13615	15105	10776.41	21558	21362	24998
临夏州	1479.55	2952.63	5460.67	15467.63	15084	22370	22286
甘南州	1664.5	2041.94	1911.8	3334.18	3623	3392	3641
矿区	—	—	24.8	—	—	—	—

2000 年，铁路部门为了提高其在综合运输体系中的竞争力采取了全面提速、增发朝发夕至列车等一系列措施，使铁路旅客运输量呈高速增长态势。随着西部大开发战略的实施，民航完成旅客运输量分别比上年增长117.66%和68.33%。2000 年为"八五"以来这两种运输方式增长最快的一年，在全省综合运输体系中，公路旅客运输量所占比重分别比上年下降了1.3%和1.93%。

2003 年，受上半年"非典"的影响，客运量下降。"非典"期间，全省大量客运班线停运。据统计，5 月初全省停运班线达 370 条 4873 班，停运班次占总班次的 37%，全省旅客日发送量由原来的 25.6 万人次下降到10.2 万人次，旅客实载率由原来的 70% 下降到 20%~30%。上半年全省公路运输分别比上年同期下降 12.5% 和 13.5%。

2007 年，日益旺盛的旅游业带动客运量快速增长。尤其是春运期间，各地日投放客车 1.09 万辆，客位数 26.73 万个。"黄金周"期间，共完成客运量 302.8 万人次，比上年同期增长 2.9%。全省全社会公路客运量和旅客周转与上年同期相比分别增长了 6.88% 和 7.02%。在综合运输体系中分别占到 90.37% 和 34.93%。

2008 年，随着国家和地方各级政府逐年加大对公路和站场等基础设施建设的投入，尤其是全省农村公路和农村客运站建设的不断深入实施，农村交通运输条件改善，全省农村中短途客运呈现不断上升趋势，从而带动了公路客运量的稳定增长。假期频率增多，在原有"五一""十一"的基础上增加了端午、清明和中秋节短假，旅客短途出行次数增多。高速客运逐步向快速化、舒适化方向发展，运输效率和服务质量不断提高，更新换代的豪华客车以灵活方便、舒适快捷的优势充分显现，发车频率的加快使乘客随到随走，满足乘客的各种需求。

附：1991 年—2010 年甘肃省公路旅客运输量一览表（表 2-4-3）

表 2-4-3

市州	年份	1991 年	1992 年	1993 年	1994 年	1995 年	1996 年	1997 年	1998 年	1999 年
兰州	运量（万人）	618	558	936	457	387	486	673	1732	1792
	周转量（万人公里）	384311	56010	81900	38252	36700	58782	71040	101594	104375
嘉峪关	运量（万人）	80	76	70	92	35	24	41	92	96
	周转量（万人公里）	5380	5206	4575	6554	5915	7548	5819	7180	7309
金昌	运量（万人）	41	54	147	151	62	115	88	331	403
	周转量（万人公里）	2411	2938	—	22546	12644	15658	13029	29305	51276
白银	运量（万人）	320	332	303	363	342	198	270	907	987
	周转量（万人公里）	19628	19863	23228	24905	33382	19524	22257	53555	55279
天水	运量（万人）	685	664	557	422	449	446	271	931	981
	周转量（万人公里）	32415	28970	39499	30073	26476	32798	22682	45525	45830
武威	运量（万人）	513	507	398	398	160	381	230	846	855
	周转量（万人公里）	38583	38072	27998	26600	22366	25932	31969	53461	56272

旅客运输量一览表

2000 年	2001 年	2002 年	2003 年	2004 年	2005 年	2006 年	2007 年	2008 年	2009 年	2010 年
1935	1975	1996	2067	2235	2416	2560	2739	2168	2520	—
130031	147595	50547	157881	173728	189647	204948	219909	293949	310045	—
107	121	136	133	151	165	179	110	54	59	—
7601	8629	9935	9853	11343	12402	13480	13413	11394	11955	—
422	488	475	496	536	580	616	660	242	284	—
53656	58431	60449	63947	69801	76130	80896	86745	17075	18138	—
1011	1110	1143	1186	1305	1413	1498	1588	2113	2432	—
55267	59578	62088	65237	72545	79234	85355	91330	113980	120617	—
1047	1120	1219	1201	1303	1402	1491	1595	6166	6483	—
48580	57999	62419	62262	68239	74048	80312	85933	224950	235573	—
905	1054	1182	1215	1322	1426	1522	1614	4201	4530	—
57397	62563	76459	79580	87370	95180	101924	109059	138693	145827	—

市州	年份	1991年	1992年	1993年	1994年	1995年	1996年	1997年	1998年	1999年
张掖	运量（万人）	624	630	617	487	460	498	514	1069	1082
	周转量（万人公里）	38184	36548	30404	30605	32726	36447	29835	48409	48622
平凉	运量（万人）	937	780	819	461	442	570	458	462	518
	周转量（万人公里）	36930	31445	23102	25083	26696	24563	25250	25977	27159
酒泉	运量（万人）	620	563	399	346	336	335	221	1222	1272
	周转量（万人公里）	52757	48036	37723	30945	33226	29283	34375	55237	56596
庆阳市	运量（万人）	586	554	406	369	366	342	378	783	738
	周转量（万人公里）	34168	31050	25692	25970	25062	21036	39400	72731	72472
矿区	运量（万人）	199	236	184	142	153	173	161	179	164
	周转量（万人公里）	2922	3055	3216	2434	2767	2238	3555	4252	5367
定西	运量（万人）	619	551	415	334	269	361	125	765	891
	周转量（万人公里）	25785	24511	18521	17822	11451	19989	10100	43903	46581

甘肃省志 公路交通志

2000 年	2001 年	2002 年	2003 年	2004 年	2005 年	2006 年	2007 年	2008 年	2009 年	2010 年
1125	1131	1237	1289	1441	1557	1684	1820	1361	1607	—
51539	49993	51493	54344	59778	65160	71089	77487	117669	124934	—
528	573	621	631	678	730	788	868	3314	3566	—
29130	32169	47650	49002	53314	58017	63320	70012	146399	153536	—
1169	1262	1338	1370	1512	1636	1741	1793	5598	5902	—
60837	67698	71705	74325	82501	89987	96515	97866	134625	141025	—
778	856	921	932	1032	1111	1180	1260	7741	8115	—
75009	82603	88921	91095	101935	110845	117804	125304	223605	233704	—
133	146	152	162	183	198	208	83	18	20	—
3561	4054	4643	5030	5815	5922	6240	3813	1575	1662	—
988	1118	1279	1292	1428	1536	1640	1755	3851	4272	—
48444	52320	55709	56994	63605	69022	74852	80166	190687	198860	—

市州	年份	1991年	1992年	1993年	1994年	1995年	1996年	1997年	1998年	1999年
陇南	运量（万人）	415	425	302	284	335	305	95	632	511
陇南	周转量（万人公里）	20489	20668	12201	11386	10751	11353	7207	26747	29951
临夏	运量（万人）	269	277	319	152	204	228	152	670	731
临夏	周转量（万人公里）	12859	11484	11648	11593	11854	5901	4920	31158	31276
甘南	运量（万人）	69	64	40	40	58	70	73	175	202
甘南	周转量（万人公里）	8751	8014	4995	4469	4532	7412	7954	18436	21160

注：2010年，统计口径变化。全年甘肃省公路客运量51404万人，旅客周转量220.15亿人公里。分别占全社会各种运输的95.59%、43.2%。平均每人乘公路汽车次数20.1次（1990年3.51次，2005年6.26次）。

2000 年	2001 年	2002 年	2003 年	2004 年	2005 年	2006 年	2007 年	2008 年	2009 年	2010 年
559	610	673	678	752	812	865	942	2490	2790	—
30550	33627	35527	36237	40814	44487	48227	52050	143853	150842	—
731	786	856	883	960	1038	1101	1180	2434	2739	—
33156	37220	42705	44619	49346	53794	57726	61930	111416	117250	—
186	210	192	197	212	227	246	252	2211	2437	—
21592	23182	20371	21223	23048	25011	27321	27867	97184	101881	—

二、快速客运

1999 年，甘肃省开始筹备公路快速客运业务，提出组建快速客运服务系统的具体实施方案，报请省交通厅批准成立甘肃省陇运快客有限责任公司。

2000 年 5 月 18 日，甘肃省以产权为纽带，多方入股成立了甘肃陇运快速客运有限责任公司。首先在兰州至平凉班线上投入 4 辆高级客车运营。及时出台《甘肃省道路快速旅客运输管理暂行规定》和初步拟订《甘肃省道路快速客运发展规划》，确立"东扩西进"的发展战略。又于同年 11 月 18 日挂牌成立天水陇运快客公司，年底又组建了临夏陇运快客公司，进一步扩展快客网络。

2002 年 8 月，天水陇运快客公司投资 540 多万元购置的 6 辆"宇通王"高级豪华客车投入天水至兰州的快速客运。年内快速客运覆盖全省的 14 个市（州、地），并延伸到青海、宁夏、陕西三个省会城市。全省有 15 家运输企业开通了 56 条快客班线，快速客运服务网络覆盖面迅速扩大。

2003 年，全省道路快速客运覆盖全省 57% 的县（区），并向临近省会城市以外的其他城市辐射。

2007 年，快速客运覆盖到了全省 100% 的县（区）。4 月 25 日，陇运快客公司开通兰州至酒泉直达班线。

2008 年，开通甘肃兰州、天水、平凉市至上海市高速客运班线。

2009 年，组建天宝高速公路专线专营公司，开通天水至西安、天水至宝鸡客运专线，投放 20 辆大型高二级客车，筹备组建兰州至平凉高速公路专线运营公司，推行公车公营。

三、农村客运

1991 年，坚持"车头向下"，努力开放农村、牧区、边远山区客运市场，到年底全省有 1162 个乡（镇）通客车，通车率达 76.4%。临夏回族自治州运管处针对主干线运力过剩，农村边远山区运力短缺，调整了 28 辆夜宿农村班车。

1998 年，省运管局制定的《甘肃省营运车辆挂靠经营管理办法》中明确规定，推动"车头向下"，放手发展农村客运运输，支持开展农村短途客运。

1999 年，加强运力结构调整，对申请农村、边远山区、林区、牧区支线客运的，优先办理有关手续，引导运力投向"老、少、边、穷"地区。

2002 年，农村客运成为新的经济增长点，张掖、酒泉、临夏、天水等地运输企业大力发展农村客运，以农村客运巴士、夜宿农村班车、串村客运等灵活多样的组织形式，较好地适应了农村运输需求。

2003 年，甘肃省落实中央"三农"政策，制定农村客运网络建设示范工程实施方案。乡（镇）汽车站建设进入大规模实施阶段，农村班线持续增加，客运量、旅客周转量显著增长。2006 年—2010 年甘肃省农村旅客运输量见表 2-4-4。

表 2-4-4

2006年—2010年甘肃省农村旅客运输量一览表

年份 市(州)	2006年		2007年		2008年		2009年		2010年	
	客运量 (万人)	周转量 (万人公里)	客运量 (万人)	周转量 (万人公里)	客运量 (万人)	周转量 (万人公里)	客运量 (万人)	周转量 (万人公里)	客运量 (万人)	周转量 (万人公里)
全省	4381	202832	4697	177404	4326	177276	7907	312796	5305	218657
兰州	—	25071	719	27327	726	36212	863	43044	949	47334
嘉峪关	—	856	59	968	61	1120	30	990	66	1518
金昌	120	4027	139	4587	62	2011	133	4560	133	4560
白银	231	16543	303	17436	303	17832	407	25197	447	25772
天水	369	20028	452	24466	458	24732	230	12366	312	12480
武威	245	16596	332	22489	355	24047	495	30511	316	11060
张掖	595	16780	598	16912	635	17958	680	51012	680	51012
平凉	342	20520	182	10374	195	11100	193	11001	257	14640
酒泉	659	38640	675	3876	331	1907	336	1940	484	4670
庆阳	257	10285	262	10457	280	11754	3651	105166	392	10970
矿区	0	0	0	0	0	0	0	0	0	0
定西	178	5803	324	5431	346	5812	354	5972	373	6293
陇南	200	7146	313	17608	217	6542	153	3271	500	11000
临夏	465	19379	321	13482	342	14364	365	15765	380	16400
甘南	17	1158	18	1991	15	1885	17	2001	16	948

注：2006年全省农村客运量合计数含兰州市、嘉峪关市客运量，两市合计603万人。

第二节　货物运输

一、普通货运

1991 年，全省完成货运量 1.47 万吨，货运周转量 62 万吨公里。1993
年，全省货运市场实行进出自愿，车货双方择优成交，运输价格也向市场调
节过渡。全省共完成货运量 1.66 万吨，货运周转量 44.03 万人公里。1997
年，全省完成货运量 1.86 万吨，货运周转量 97 万吨公里。国有货运企业货
运量呈现减少态势，但个体（联户）运输逐年增长。1991 年—1997 年甘肃
省城乡个体（联户）公路货物运输量见表 2-4-5、表 2-4-6。

1991 年—1997 年甘肃省城乡个体（联户）公路货物运输量表

表 2-4-5

单位	货运量（万吨）						
	1991 年	1992 年	1993 年	1994 年	1995 年	1996 年	1997 年
兰州市	513	542.6	382	923.05	1011	793	852
白银市	187.07	146.18	184.75	508.79	726	331	467
天水市	1753.78	478.51	30.65	401.55	337	402	396
嘉峪关市	12.2	34.4	26.1	27.73	23	25	120
金昌市	33.25	20.78	23.75	245.95	179	179	393
酒泉地区	130.81	105.26	40.35	245.55	292	467	536
张掖地区	44.29	108.26	99.77	375.92	511	346	236
武威地区	81.89	67.85	67.65	142.34	214	226	391
定西地区	26.68	27.79	23.01	267.67	429	466	161
陇南地区	19.5	26.68	17.15	268.98	356	424	327
平凉地区	342.58	320.17	70.21	279.89	303	556	593
庆阳地区	96.8	129.8	123	250.3	514	499	938
临夏州	25.09	36.06	50.89	634.29	743	658	567
甘南州	10.24	16.06	12.21	108.95	190	164	116
甘肃矿区	0.4	0.59	0.4	—	30	—	—

1991 年—1997 年甘肃省城乡个体（联户）公路货物运输量表

表 2-4-6

单位	货物周转量（万吨公里）						
	1991 年	1992 年	1993 年	1994 年	1995 年	1996 年	1997 年
兰州市	9530	11717	12534	57629.13	68204	67023	115334
白银市	10935.29	12242.13	16092.38	27269.14	42829	15460	35733
天水市	4193.16	5769.61	3919.89	18411.1	19702	8730	16560
嘉峪关市	99.5	353.4	237	384.93	380	586	1874
金昌市	1092.1	1488.96	7415.68	6961.86	5696	8282	7865
酒泉地区	7050.07	7682.56	3181.52	9405.13	18119	27722	27496
张掖地区	4168.34	7094.06	5891.18	18840.97	23498	13705	12459
武威地区	6055.87	3563.94	3656.12	8818.83	10695	11564	23578
定西地区	2500	2121	1690	11612.38	20927	27173	8072
陇南地区	2964	4268	3546	13221.47	11171	14128	25828
平凉地区	3499.35	4457.07	5322.71	12990.93	27682	24886	30926
庆阳地区	5611	14359	13633	23940.47	28563	34130	30200
临夏州	1730.26	3789.63	6225.09	35601.17	42388	50557	53624
甘南州	1827.13	2878.3	2343.3	7298.94	8173	7626	9787
矿区	160.8	64.66	41.22	—	2660	—	—

　　1999 年，公路货物运输量所占比重略有下降，究其原因，综合运输体系中，铁路运输通过采取提速、路网改造等一系列措施，使其货物运输量增长；受全省国民经济大环境的影响，全省工业总产值增长速度与上年相比呈明显下降趋势，导致了流通领域内工业产品运送数量大量减少，加之国家加大了环境治理力度，关闭了一些矿区、煤矿和林场，使这些过去在甘肃省货物运输量中占很大比重的货物种类运输减少。

　　2000 年，在综合运输体系中，公路货物运输量分别占到了 87.1% 和 19.8%，所占比重比上年下降了 0.5% 和 1.28%，而铁路同比增长 7.23% 和 13.68%，民航同比增长 131.9% 和 43.8%。

2002年，全省公路货物运输量呈现增长趋势，主要原因是工业经济效益有所好转，流通领域内的物资流量加大，促进了全省道路运输生产快速发展，特别是公路货物运输量的增长。

2003年，随着甘肃省城乡经济的繁荣和社会商品零售总额的增加，物资商品的流通进一步加快，极大地促进了公路货物运输的发展。虽然上半年受"非典"的影响，部分地区限制外地车辆驶入，但总体上货物运输量受"非典"影响相对较小。全省工业生产持续增长，使流通领域内的物资流量加大，促进了甘肃省道路货物运输量的快速增长。西部大开发战略的实施，公路基础设施建设规模进一步扩大，公路大建设带动了诸如沙石、钢材、沥青等相关货物运输量的上涨。

2007年，全省矿物性建筑材料、钢材、煤炭及制品等能源、工业原料需求持续旺盛，原材料和新能源的运输呈现出比较繁荣的状态，加之农村公路通达深度逐步加大，城乡运输一体化的形成，使农产品流动进一步增加，全社会物资流通量加大。至年底，全省营业性车辆完成公路货运量和货物周转量与上年同期相比分别增长了6.29%和6.85%，在综合运输体系中分别占85.83%和15.27%。

2008年，全省石化、有色、电力、冶金、食品和机械等支柱产业较快发展，装备制造业继续保持良好发展势头，全省工业生产总值不断增大，加之社会消费品需求持续旺盛，带动公路货运的发展。公路货物运输也与国民经济相适应增长。

2009年，甘肃经济继续回暖，企稳回升的态势更加稳固，呈现出工业生产不断加快，投资强劲增长，消费品市场持续活跃，重点支柱产业拉动经济发展。公路等级不断提高，运输范围不断延伸，长途运输增多。农村公路通达深度逐步加大，城乡运输一体化的形成，农产品流动进一步增加，加之社会消费品需求旺盛，零售市场活跃，批发市场、超市配送业务加大，导致2009年大量小型货车涌入运输市场，新增1.15万辆，造成货运量快速增长，货运平均运距缩短，货物周转量小幅上升。

2010年，全省营运车辆公路货运量和货物周转量分别比上年增长了5.56%和7.72%，在综合运输体系中分别占81.8%和33.3%。

附：1991年—2010年甘肃省公路货物运输一览表（表2-4-7）。

表 2-4-7

市(州)	年份	1991 年	1992 年	1993 年	1994 年	1995 年	1996 年	1997 年	1998 年	1999 年
兰州	运量(万吨)	136	126	90	91	128	40	—	6565	6485
	周转量(万吨公里)	14494	11312	9942	10289	11435	3595	—	283870	254310
嘉峪关	运量(万吨)	2	2	—	—	—	—	—	1018	1119
	周转量(万吨公里)	509	631	5	—	—	—	—	16509	17604
金昌	运量(万吨)	0	—	3	2	2	—	—	721	813
	周转量(万吨公里)	15	—	145	389	463	—	—	54094	73952
白银	运量(万吨)	14	9	4	7	13	2	—	1569	1667
	周转量(万吨公里)	3078	1962	671	632	530	193	—	68483	72440
天水	运量(万吨)	52	34	32	51	42	19	—	1116	1084
	周转量(万吨公里)	6224	4889	3551	4620	4077	1984	—	62538	66869
武威	运量(万吨)	60	28	29	26	27	15	—	779	794
	周转量(万吨公里)	4739	3172	2128	1474	4117	360	—	51662	56122

货物运输量一览表

2000 年	2001 年	2002 年	2003 年	2004 年	2005 年	2006 年	2007 年	2008 年	2009 年	2010 年
6515	5213	4906	4754	4804	5029	5366	5692	1310	1578	—
249070	225084	228153	228108	235898	248693	267204	283942	191286	213366	—
1235	1321	1386	1442	1605	1679	1761	1849	241	267	—
19012	26542	28650	30691	35386	37242	39562	40763	62712	65506	—
819	945	952	988	1064	1109	1177	1250	733	874	—
62351	60100	58604	62650	67842	71445	76402	81370	264838	273136	—
1634	1734	1814	1878	1985	2075	2197	2329	4733	5069	—
70395	74945	78875	84099	90897	95832	102620	109803	827391	833892	—
1111	1249	1305	1331	1367	1422	1505	1598	792	939	—
75587	75300	87767	91212	95039	100367	107226	114407	271795	284776	—
873	1052	1093	1121	1155	1227	1286	1350	594	692	—
63129	67830	70723	74525	78523	83112	88331	94500	251849	260775	—

市(州)	年份	1991年	1992年	1993年	1994年	1995年	1996年	1997年	1998年	1999年
张掖	运量(万吨)	59	69	62	16	20	34	—	619	499
	周转量(万吨公里)	2482	2608	2057	3470	1311	769	—	67725	72817
平凉	运量(万吨)	40	47	44	41	40	25	—	1428	1532
	周转量(万吨公里)	6282	6618	6611	6735	4143	3474	—	68410	71813
酒泉	运量(万吨)	15	8	7	5	10	6	—	1018	1062
	周转量(万吨公里)	2671	1964	1509	753	1921	906	—	64787	63622
庆阳	运量(万吨)	24	24	16	26	27	8	—	1139	1211
	周转量(万吨公里)	6238	5024	3558	3383	3045	1773	—	67427	65534
矿区	运量(万吨)	0	0	1	1	3	10	—	33	27
	周转量(万吨公里)	21	19	28	151	241	73	—	3258	4176
定西	运量(万吨)	13	14	7	25	65	6	—	1050	1156
	周转量(万吨公里)	1640	1511	841	1803	4212	505	—	40447	46476

甘肃省志 公路交通志

2000 年	2001 年	2002 年	2003 年	2004 年	2005 年	2006 年	2007 年	2008 年	2009 年	2010 年
525	610	627	651	689	724	763	801	1199	1403	—
73670	73670	75879	81082	85677	90810	96258	102033	420299	431376	—
1555	1665	1648	1694	1738	1812	1926	2083	1713	1993	—
86295	105664	107491	113831	117587	123922	132424	143853	985274	988022	—
1194	1266	1299	1339	1373	1443	1512	1574	1144	1328	—
71757	71563	76954	81715	84603	89506	94626	97559	297822	310823	—
1221	1481	1589	1642	1686	1770	1872	1980	2656	3035	—
77692	73961	76461	80346	83130	87887	93680	99860	270619	281467	—
19	26	23	24	27	26	27	18	7	7	—
2219	2283	2149	2152	2502	2442	2551	1997	2723	2778	—
1115	1299	1380	1425	1487	1621	1695	1801	1339	1583	—
60143	83861	87732	93336	99749	105446	111324	118782	361879	375136	—

市(州)	年份	1991年	1992年	1993年	1994年	1995年	1996年	1997年	1998年	1999年
陇南	运量（万吨）	23	17	12	19	17	—	—	825	671
	周转量（万吨公里）	4521	3763	2539	2625	2404	—	—	54858	63514
临夏	运量（万吨）	12	10	9	11	13	5	—	719	799
	周转量（万吨公里）	2516	2303	2476	2430	2127	1004	—	64881	65685
甘南	运量（万吨）	8	7	5	10	13	3	—	436	415
	周转量（万吨公里）	2535	1988	1407	1606	488	375	—	41638	45753

注：2010年，统计口径变化，甘肃省公路货物运输量每万人24050万吨，货物周转量524.09亿吨公里，分别占全社会各种运输方式的82.91%、32.61%。

2000 年	2001 年	2002 年	2003 年	2004 年	2005 年	2006 年	2007 年	2008 年	2009 年	2010 年
785	862	825	842	861	904	955	1007	246	302	—
61732	60566	58359	60362	63052	66835	71058	74610	69053	87789	—
814	985	1106	1135	1161	1205	1282	1361	1111	1286	—
62621	73294	80814	85449	89670	94652	101232	107812	371554	384838	—
384	471	455	447	458	474	502	513	384	455	—
58090	65588	66801	67555	70541	74931	80108	82911	99338	103535	—

二、快速货运

2000 年，加快道路快速货运企业的筹建步伐，三季度组织天水、酒泉、嘉峪关货运中心和省公路运输服务中心等单位完成在省内开展快速货运和零担商贸专线运输的专题论证，达成由省公路运输服务中心牵头组建甘肃省快货有限责任公司的意向。

2001 年，支持、引导和协调省运输服务中心等单位，以股份制方式组建甘肃新辰快运有限责任公司，为全省发展快速货运业开启了先河。年初，按照"小规模起步，大踏步发展"的思路，经多方入股，以产权为纽带，在 G312 线、G310 线开辟了兰州至西安、兰州至西宁、天水至嘉峪关等快货班线，随着业务的进一步拓展，货运班线网络、货运代办网络逐步形成，为全省发展快速货运进行了有益尝试。新辰快货自投入运营以后，完成货运量 3.38 万吨，货物周转量 259.7 万吨公里。

2004 年，道路货物运输网络进一步完善，省内快件运输基本 24 小时送达。全省进一步完善了物流试点方案，确定嘉峪关区域物流中心等 7 户物流试点企业，加强了不同类型物流试点企业的分类指导工作。

2005 年，将道路运输"提速中部"战略的实施分为三个层次。建设以兰州为中心，以连接定西、白银、武威的高速公路为依托，辐射周边城市的高速运输网络。通过科学合理安排运力，优化运输网络结构，使运输资源合理配置并发挥最佳功能作用，全面提高区域内运输经营效益和服务质量；建设以兰州为中心，以连接银川、西宁的高速公路为依托，连贯三省（区）的高速运输网络。打破行政区域的限制，加大运力投放，构建现代物流业，加快区域内运输产业联动，形成黄河上游甘、青、宁三角运输黄金线，率先实现三省（区）道路运输一体化，促进区域经济快速发展；建设以兰州为中心，以国、省干线公路为依托，东联天水、平凉、庆阳，北及银川，南至陇南，西接酒泉、西宁的快速运输网络。通过加快运力结构调整，提升运输车辆档次，规范运输市场秩序，形成安全、便捷、高效的客货运输系统，提高客运便捷化程度和货运物流服务水平，促进全省经济社会的发展。至 2010 年底，"提速中部"战略基本完成。

第三节　运营班线

一、省际线路

1990 年，白银市开辟了 2 条省际线路。敦煌市为发展旅游业，开通酒泉、兰州、格尔木、芒崖等地长途直达班车线路 6 条 11 个班次。同时与新疆达成协议，开通敦煌至哈密、敦煌至乌鲁木齐客运班车线路，于 1991 年 4 月正式通车。

1994 年，省运管局印发《关于进一步发展甘肃省西部道路客运市场的意见》，开辟 800 公里以上的客运线路 22 条，营运总里程达 3.6 万公里，其中通往四川、陕西、新疆、西藏等省（区）的线路 10 条。

1995 年，经省运管局与河南、陕西、宁夏、青海、内蒙古、新疆、四川等省（区）运管部门联系协调，开辟省际线路 13 条，分别是兰州至西安、宁夏（吴忠、银川）、内蒙古（乌海、鄂祺）、乌鲁木齐、西宁、郑州、洛阳、平凉至郑州、洛阳，金昌至西宁，酒泉至西宁，张掖至银川等。

1996 年，国有运输企业发挥主导作用，先后与新疆、四川、青海、宁夏、陕西、河南等省（区）协调，新增营运线路 6 条 22 个班次。同年 6 月，兰州第一汽车运输公司联合洛阳第一汽车运输公司、郑州客运总公司，开辟了兰州至洛阳、兰州至郑州的 95 次、86 次直达卧铺班车。兰州至洛阳班车每日 10 时由兰州汽车东站始发，途经西安、渭南、潼关、三门峡等地，全程 1130 公里，运行 26 小时；兰州至郑州班车全程 1300 公里，运行 30 小时。这两个班次的开通，结束了甘肃不通直达中原腹地公路客运班车的历史。兰州运输公司客运有限责任公司在省、市交通管理部门的配合下，重点开辟了一批跨省长线，相继审批兰州至新疆、宁夏、青海、内蒙古、四川、河南等省际班线；先后开通兰州至西安、汉中等跨省卧铺班线和兰州、西宁、银川等零担班线。新增线路 43 条 78 个班次。跨省班线与省内班线比例为 1 : 3。根据交通部发布的《省际道路旅客运输管理办法》和《关于贯彻〈省际道路旅客运输管理办法〉有关问题的通知》，统一制作了省际班车客运线路标志牌。新的省际班车客运线路标志牌从 1996 年 10 月 1 日起正式启用。

　　1999 年，省运管局同青海省运管部门几经协商，两省增开兰州至西宁线路 30 个班次。6 月 1 日，兰州第一汽车运输公司及其交通旅行社开辟了兰州至拉萨 10 日旅游专线。与此同时，兰州交通旅行社也开通了兰州至夏河至西宁至格尔木至拉萨至日喀则 13 日旅游线路。旅客从兰州乘车经青海入藏，再不需要从格尔木中转，而且可以尽情领略"世界第三极"独有的风光。这条线路全程 2216 公里，运行 50 个小时，采用国产豪华旅游卧铺班车，每日发车两个班次。

　　2003 年，由省运管局组织的甘肃省首次客运班线经营权招投标会在兰州举行。这次招投标严格按照《甘肃省客运班线招标投标管理办法（试行）》规定的招投标程序和要求，在监察人员和公证人员的监督、公证下进行。至年底，全省开通客运班线 3876 条，营运里程达 64.2 万公里，其中跨省线路 428 条 706 个班次，延伸到全国的 24 个省（区、市）。

　　2004 年，兰州至海石湾高速公路正式建成通车，兰州至西宁两个省城之间的直达快速客运全线开通。

　　2005 年 9 月 21 日，甘陕川三省十六市（州）运管工作联席会第 19 届年会在定西召开。在《中国西部道路运输区域合作框架性协议》的指导下，与宁夏、青海两省（区）达成了双边合作协议，共同建设黄河上游甘、青、宁三省区三角黄金运输线。12 月初，成立省级客运市场需求与行政许可审查委员会，加强新增客运班线和车辆更新计划管理。至年底，全省开通客运班线 3465 条，营运里程达 68 万公里，其中跨省线路 432 条 790 个班次。实现大城市间 400~500 公里当日往返，800~1000 公里当日到达。

　　2007 年，省运管局对全省道路客运市场班线需求情况进行调查，经各市（州）意见反馈后，许可 27 条省际客运班线。从当年 7 月 1 日起，非定线旅游客运换发使用省运管局统一式样的"省际、市际、县际、县内（旅游）包车"标志牌。

　　2009 年，在"新亚欧大陆桥东（沪）西（甘）道路运输合作框架性协议"指引下，开通兰州、天水、平凉市至上海市高速客运班线，做实西部道路运输区域合作。优化客运班线资源，组建天宝高速专线运营公司，开通天水至西安、天水至宝鸡客运专线。筹备组建兰州至平凉高速公路专线运营公司，推行公车公营。

截至 2010 年底，全省开通跨省班线 379 条，平均日发班次 927 个。

二、市际线路

1992 年，省交通厅运管局简化客运线路审批手续，将原来规定的省内跨区线路由起讫地运管处签注意见后报省交通运管局审批，简化为由车籍所在地运管处签注意见后报厅运管局审批，批准后通知相关地州市运管处即可开通。继 1987 年开放兰州至河西各地市线路的基础上，从 12 月 1 日起对兰州至定西、兰州至白银、兰州至景泰、兰州至临洮、嘉峪关至酒泉、天水至成县、平凉至西峰 7 条跨区线路，进行全方位开放试点，对在上述线路上申请经营客运的不论其经济性质，只要符合开业条件则一律批准开业，为全方位开放甘肃省客运线路摸索经验。

1993 年 6 月 1 日起，张掖地区对在全区经营旅客运输的新增车一律收取线路使用费，实现公路客运线路有偿使用，以经济手段调控客车增长的暂行办法。办法规定：全区客运线路分跨县、乡、村三个等级，根据线路等级和里程定额收取线路使用费，一定 3 年，收取标准是：跨县线路 3 年收取 5000 元，县乡线路 3 年收取 3000 元，乡村线路三年收取 1000 元。办法还规定，经批准使用有偿线路的经营者，在有效期内不准随意变更，经营未满一年者不准转让，经营满一年后需转让者，提前一个月向车籍所在地的运管部门申请，签注意见后报原批准机关审批。原经营线路需变更者，须重新申请。线路有偿使用有效期内，因各种原因要求退出经营的，使用费一律不退。收取的线路使用费按分级管理的原则，列入全区客运市场管理和站、点建设资金。至 12 月底，全区共收取线路使用费 4.7 万元，新增有偿线路使用班次 17 个。

1995 年，省道路运输管理部门按照客运市场的现状和"促进统一、开放、竞争、有序、服务、效益"原则，年内相继开放了定西至静宁、渭源至临洮至兰州、陇西至渭源至临洮等路线，共投放客车 31 辆，保持了客运业的适度和超前发展。嘉峪关市经营远至临夏、近到酒泉的线路 13 条，日发班车 239 班次，其中专业运输公司 140 班，旅游、社会及个体 99 班，日班行驶总里程 1.78 万公里。景泰县运输管理部门认真分析现状，从调查研究入手，把握时机，以景泰至兰州为突破点，因势利导、大胆推进、逐年投放的办法，使景泰至兰州的客运线路经营出现好转。至年底，共投放 18 辆客运班车（其中国营 1 辆、个体 17 辆），计 563 座，占全县营运客车的42%。在 198 公里的营运线上，对开 24 班营运客车（兰州投放 6 辆），每天6 时 50 分至 18 时，平均不到半小时就有一辆客车发往兰州。以前广大乘客前去兰州，多乘火车，经商者批发货物也经火车托运，不但运价高，而且周转慢，最快也得 3 天。汽车客运开通后，不断拓宽服务项目，对小批量的商品实行到门、到户运输，逐渐形成采购、运输、销售一条龙服务体系，不但减少了火车托运货物的周转环节，而且缩短了时间，备受旅客青睐。

1998 年，省运管局制定《甘肃省营运车辆挂靠经营管理办法》，解决了兰州至临夏线路多年来存在的一百多个班次擅自变更发车地点、营运车辆多次易主、倒卖线路经营权的问题。同年，"兰州至敦煌干线公路快速客运发展研究"课题经过评审。该课题紧密结合甘肃省公路交通发展的实际，在当前各种旅客运输方式激烈竞争的情况下，为甘肃省公路客运企业的发展提供了一个新思路。

2000 年，公路运输面对铁路运输提速的压力和甘肃省高速公路建设的机遇，兰州交通运输集团与白银运输公司携手合作，开通兰州至白银快速班线客车。同年 11 月 12 日，兰州至永登的快客班车也正式开通。11 月 28 日，兰州至临洮、兰州至武威的公路运输快客班线也相继开通。

2001 年，省运管局进一步加强夜间班车的运行管理，停止对夜行班车的审批，对已经批准的夜行班车全面清理，对运行路线公路等级低于二级的夜行班车一律改为白班运行，对未经审批擅自运行及不符合安全要求的夜行班车坚决停班。同年 1 月，临夏陇运快速客运有限责任公司在临夏汽车西站挂牌成立，临夏至兰州、合作至兰州的快客班线正式开通。5 月，酒泉汽车运输公司在原有班线的基础上，开通了酒泉至敦煌的"飞天"客运班线。

2004 年，14 个市（州）政府所在地和全省 72%的县（区）开通快客班车，省内快件运输基本上实现 24 小时送达。

2005 年，东风道路运输管理所先后开通基地至酒泉、基地至金塔的 2 条客运班线，成立了为基地服务的定线出租车公司。至 2005 年底，10 号基地与酒泉和 14 号基地互营对开的有 13 辆豪华大客车和 12 辆定线出租车。

截至 2010 年底，全省市际班线 699 条，日发班次 2360 个。

三、县际线路

1992 年，省运管局以简化客运线路审批手续，提高办事效率，方便客运经营者做起，将原来区内跨县线路由原来的起讫县运管所签注意见后由地区运管处审批简化为车籍所在地运管所签注意见后报地区运管处审批。

2001 年，县内客运班线占到全省班线的33.8%。县内班线 2523 条，7998 个班次。

2007 年，清水县第二届轩辕文化旅游节期间，开通清水至秦安线路，结束了两地群众往来必须中转换车的历史，实现市、县道路无缝连接。

截至 2010 年底，全省县际班线 950 条，日发班次 5151 个。

四、农村班线

1991 年，甘肃省重视解决边远地区群众"乘车难"的问题，开辟夜宿农村班车线路 18 条。白银市打通 12 条县（区）营运线路。武威市运管机构新开农村线路 4 条，增加支线班车 14 辆。古浪县运管所为了解决新堡乡、黄灌区群众"乘车难"的问题，在县政府的支持下，多方协调，解决了经营者的平价用油，开辟两条农村线路，共 4 个班次，方便了群众。

1995 年，针对经营者"挤干线、抢热线"，盲目发展，造成运力闲置浪费的现象，鼓励"车头向下"，向支线、农村、边远山区、林区、牧区发展，优先审批农村班线。

2000 年，全省营运班线从增长速度看，县内客运班线增长最快，增长率达到 4.6%，高于跨省和跨地班线的 3.1%和 2.9%。民乐县道路运输管理所实行"谁修路、谁受益"的办法，采取以资代劳、以小带大，鼓励村、社农民积极投劳、投车修路，年内共维修道路 16 条 120 公里。结合小康村建设，张掖市运管所与 14 个乡（镇）协调联系，在实地考察后，统筹规划，合理安排，采取经营方出钱、出材料，群众出力、出车的方式，修建冰沟等村、社小康路 6 条 210 公里。鼓励客车住宿农村，开辟回头线路，3 年共建乡村站 48 个，使一些冷线变成热线，经营效益明显提高。

2004 年，甘肃省实施《关于推进甘肃省社会主义新农村运输网络建设的实施意见》，积极推进城乡运输一体化进程，开展"千乡万村"农村客运网络建设工程，开通15条"城乡客运一体化"示范班线，并给予相关优惠扶持政策。7月，省运管局在定西市安定区鲁家沟镇举行"千乡万村"农村客运网络示范班线开通仪式，标志着甘肃省农村客运网络建设全面展开。试点地区新增农村线路120条，改造客运线路62条，农村客运网络更趋合理，通达深度明显提高，新增网络覆盖面积3万余平方公里，惠及农村200多万人口。

2008年，落实国家燃油补贴政策和农村客运运管规费减免政策，为农村客运班车发放补贴，大大降低了农村车辆运营成本。

2009年，按照"路、站、运一体化发展"的思路，推进农村客运网络建设工程，在河西走廊推行区域运输一体化，新开通10条城际公交示范班线。

2010年，推进城际、城市、城乡、镇村四级公交网络建设，加快农村客运线路公交化改造，适时开通农村客运线路，全年新增农村客运班线320条。

附：1998年—2010年甘肃省客运班线一览表2-4-8。

甘
肃
省
志

公
路
交
通
志

1998 年—2010 年甘肃省客运班线一览表

表 2-4-8

班线类型	省际班线		市际班线		县际班线		农村客运班线	
年份	线路（条）	日发班次（个）	线路（条）	日发班次（个）	线路（条）	日发班次（个）	线路（条）	日发班次（个）
1998	336	474	1055	2588	2597	8246	1277	4519
1999	356	472	1014	2793	2614	7809	1270	4390
2000	363	501	1043	2973	2701	7809	1329	4390
2001	382	568	1077	2963	2523	7998	146	4313
2002	374	662	1094	2836	2256	9272	1264	5353
2003	412	697	1059	2865	2406	10820	1389	5736
2004	465	760	1086	2912	2718	12105	1435	5843
2005	432	790	779	2732	2254	12358	1340	5892
2006	410	737	739	2390	797	4212	1440	8992
2007	327	642	685	2136	815	4182	1765	10409
2008	367	685	724	2303	876	4803	1946	12016
2009	357	724	696	2384	887	5182	2001	12411
2010	379	927	699	2360	950	5351	2203	15298

第四节　抢险救灾运输

一、汶川地震抢险救灾运输

2008 年 5 月 12 日，四川省汶川县发生的 8.0 级地震波及甘肃省南部地区，陇南市受损尤其严重。全省各级道路运输管理机构全面开展抢险救灾保通工作。13 日上午，省运管局成立抗震救灾工作领导小组，局长担任组长，副局长担任副组长，领导小组办公室设在甘肃省道路运输应急指挥中心。领导小组下设客运保障组、货运保障组、恢复重建组。

（一）赴四川九寨沟运输救援任务

2008年5月15日上午，省运管局接到省交通厅下达的关于提供运力支援四川灾区，疏散九寨沟游客的紧急任务。省运管局立即启动《甘肃省道路运输行业地震运输应急预案》，成立由局长担任组长的疏运保障领导小组，紧急集结兰州、天水、白银、定西、临夏、平凉、甘南、陇南的应急储备运力，共抽调20家运输企业、460辆客运车（共计1.66万个座位数），应急货运车349辆（共计2320个吨位），组织4台油罐车、45吨油，编为2个运输保障大队8个保障支队，确保完成灾区人员的疏散工作。省运管局要求，各市（州）车队由所在市（州）运管局（处）的1名领导和1名运输企业经理领队，各车队每2辆车配备3名司机，各大队配备2名修理工，各保障车辆一律开通GPS，与甘肃省道路运输应急指挥中心保持信息畅通。5月16日，甘南藏族自治州、陇南市组织30辆疏运保障车，由局长、副局长带队，从G212、G213线开赴九寨沟。5月17日，两支车队共搭乘三百余名被困旅客返回兰州，完成疏散任务。

（二）赴陇南承担运输救援任务

四川汶川地震使陇南道路运输行业受损严重。地震灾害发生后，省运管局紧急在陇运集团公司、陇南运通公司、南运集团振新公司各抽调1名联络员到陇南市运管局值班，抽调客车30辆（942个座位），落实货车30辆（450个吨位），以保障地震运输应急。5月13日，陇南市文县由于路断受阻，县内班车和文县发往成都的150个班次停班，受阻旅客2600人次，其他八县（区）实发班次1150个，运送旅客2万人次。5月14日，陇南市班车基本恢复正常，实发班次1300个，运送旅客2.21万人次。从地震发生到5月15日，3天内甘肃省共落实应急客运车460辆（共计1.66万个座位数）。同时，严格信息上报和24小时值班值守制度，落实带班领导和值班人员，确保重大情况随即上报。

（三）赶赴四川阿坝州运送灾民

5月19日，省运管局接到四川省交通厅公路运输管理局求助函，请求甘肃省紧急支援40辆客车前往阿坝州运送汶川灾民，省交通厅启动应急预案，命令甘南州运管局迅速组织保障车队前往救援，配备医疗救护设备。同时，正在文县执行慰问灾区任务的省运管局副局长火速从文县赶往阿坝州，进行前线指挥。5月19日下午，甘南州完成40台客运车辆调度后，甘肃救援车队承载甘南州政府捐赠的10万斤面粉、大米，及车队购买的400床棉被前往阿坝州灾区。5月20日，救援车队抵达目的地，开展救援工作，并于5月21顺利完成任务。

（四）赴松潘县承担运输救援任务

5月23日，甘肃省接到四川省松潘县抗震救灾指挥部求助函，请求甘肃省紧急支援货运车辆，将安徽省对口支援的抗震救灾物资（帐篷2500顶，挖掘机6台）运送至四川省松潘县。省交通厅指示省运管局、兰州市城市运输管理处落实此项任务。兰州市城运处成立了兰州抗震救灾货运保障大队，并于5月26日组织35辆车（其中30辆为运输车，4辆为应急指挥车，1辆为维修保障车）、79名人员，将重达236吨的2500顶帐篷顺利装车出发。5月28日9时25分，甘肃救灾物资运输车队顺利到达四川省松潘县，完成运输任务。

（五）道路保通情况及维修救援站点设置

地震发生后，按照交通运输部和甘肃省委、省政府的要求，及时确定了"内保陇南、外援四川"的公路救灾抢险方针，及时组织抢险力量，奔赴四川全面实施交通抢险工作，率先打通了3条运输通道，并在通道沿线部署1.27万辆客车救灾储备运力，设立了46个维修救援站点。在抗震救灾工作中，省运管局协调运输行业各部门、各单位加强运输组织协调，强化道路运输市场监管，保证了灾害期间人员、物资的及时运输，完成了赴四川九寨沟景区、汶川县和松潘县的人员疏散和救灾物资紧急运输任务，以及深圳、上海、北京三市对口支援甘肃省的6万套活动板房运输任务。

2008年6月6日，省委领导代表全国总工会授予甘肃省道路运输管理局抗震救灾重建家园"工人先锋号"称号和旗帜。7月，省运管局荣获中华全国总工会授予的全国"五一劳动奖状"。6月19日，省运管局对陇南市道路运输管理局等11个单位授予甘肃省道路运输行业抗震救灾保障运输先进集体荣誉称号；对谭福荣等61人授予甘肃省道路运输行业抗震救灾保障运输先进个人荣誉称号。震灾发生后，按照中共中央"救援是关键，交通是保障"的工作要求，甘肃省各级运管机构把道路运输畅通作为首要的政治任务，广泛深入各运输企业、运输站场，加强运力指挥调度，及时疏散滞留旅客。地震发生至 6 月中旬，除因公路中断使武都发往昭化班线停班、武都发往成都班线绕道行驶、文县发往成都班线一度停班外，全省其他客运班线均正常运行，全行业没有发生一起旅客滞留事件和责任事故。从地震发生至 6 月 18 日，全省道路运输行业共运送旅客 1865.4 万人，运送货物 2487.8 万吨，其中救灾人员及受灾人员 1.5 万人，救灾物资 43 万余吨。同时，圆满完成赴四川九寨沟、汶川和松潘县 3 次运输救援任务，出动客车 70 辆 350 个班次、货车 35 辆，转运四川灾区群众及伤员 1600 人，运送援川物资 236 吨。

"5·12"大地震给甘肃省道路运输行业造成巨大损失，灾区道路运输设施不同程度受损，尤其是陇南、甘南、天水、定西等四个市（州）的道路运输站场破坏严重，20 世纪 80 年代建设的大型站场几乎全部需要大修和重建，平凉、兰州、庆阳等地也受到强震影响，有不同程度的损失。灾害发生后，省运管局迅速安排灾区运管机构对辖区运政设施、运输站场受损情况进行调查评估，据初步调查统计，甘肃省道路运输行业直接经济损失约 2.48 亿元。为此，按照省交通厅开展交通系统灾后评估和灾后重建规划要求，及时编制了《甘肃省道路运输震灾后恢复重建规划》和《甘肃省地震灾区"十二五"运输枢纽及站场规划建设方案》，根据规划，2008 年—2010 年拟投资 16.98 亿元重点建设地震灾区公路运输枢纽及站场。

灾情发生后，甘肃省道路运输应急指挥中心及时对甘肃省一、二级汽车客运站运行情况进行严密监视，对所有安装 GPS 的运输车辆实施24 小时全程监控，并随时与受灾地区运管机构、运输企业保持联系，了解行业抗震救灾进展情况，及时向社会发布运输信息，方便人民群众出行。

二、青海玉树地震抢险救灾运输

2010 年 4 月 14 日，青海省玉树藏族自治州玉树县遭遇 7.1 级地震。按照省委、省政府的统一领导和部署，省交通运输厅迅速成立了援青抢险救灾指挥部，先后向灾区派遣了四支救援队伍。省道路运输管理机构抗震救灾应急保障领导小组全面负责全省道路运输行业抗震救灾工作，从 4 月 14 日 19 时开始，全面投入抗震救灾工作中。同时，应急预案在第一时间立即启动。

（一）联络及后勤服务保障车队

4月14日，根据省政府安排和省交通运输厅援青抢险救灾指挥部要求，省运管局紧急征集20辆大型客车和10辆重型卡车在兰州北龙口服务区待命，准备投入到人员转运和物资运送工作中。当日21时30分，由省运管局副局长带队的抗震救灾第一运输保障车队随省交通运输厅交通抢险救灾突击队出发，奔赴玉树开展地震抢险救援工作。省交通运输厅的这支交通抢险救灾突击队是外省（区）支援玉树地震灾区的第一支交通抢险救灾队伍，主要任务是承担前线运输保障联络及后勤服务工作，由7名运管人员和2辆客运车组成。第一运输保障车队在玉树灾区一线克服艰难险阻，做好各种前线运输保障联络及后勤服务工作后，于20日凌晨顺利结束救援任务安全返回兰州。

（二）运输伤员及伤员家属保障车队

4月15日，省交通运输厅接到省卫生厅转运灾区伤员及其家属的求援后，省运管局组织30名运管人员并紧急调集10辆豪华大巴，由省运管局党委副书记带队，火速集结北龙口服务区待命。15时，接到接机命令后，省运管局30名志愿者集结机场停机坪，执行向兰州各大医院转运灾区伤员和家属的任务。志愿者主动承担起抬运担架、将伤员从运输飞机上向救护车上转送的任务。现场经过近6小时的紧张工作，于20时40分先后完成了两个架次两批近二百名伤员及伤员家属的接转任务。

（三）转运救灾官兵保障车队

4月17日凌晨1时，省运管局接到省应急指挥办公室、省交通运输厅的紧急命令，紧急调集15辆大客车集结待命，承担玉树至西宁区间运送部队官兵的任务。从凌晨1时起，省运管局援青第三运输保障车队连夜部署，立即调集兰运集团应急保障车队15辆大客车前往省运管局院内集结，4时50分第一批应急保障的7辆大客车集结完毕。9时30分，接到青海省抗震救灾前线指挥部命令，要求已经集结到位的由1辆指挥车、7辆大客车共18名人员组成的第三运输保障车队立即奔赴青海玉树灾区实施救援。4月19日凌晨1时30分，兰州消防官兵97人登载2辆客车，在车上休息待命。5时30分，两辆客车随兰州消防支队车队出发，一辆转运官兵至西宁，一辆转运官兵至兰州。4月19日6时30分，重庆消防官兵208人登载剩余5辆客车。6时45分，按照前方总指挥部的要求，第三运输保障车队出发前往玉树机场。4月19日12时25分，由于转运成都军区官兵的青海运输公司一辆客车发生故障，第三运输保障车队主动承担起转运任务，于19日15时50分将45名官兵运抵四川石渠。4月19日14时30分，完成前方指挥部交付的所有转运任务，从玉树机场出发返回兰州。4月19日21时20分，返回车队行至玛多县，在玛多县公路段休整。4月20日凌晨1时，玛多县突降大雪，经与车队驾驶员商议后，车队从玛多出发返回兰州。返回车队在山顶遇阻，1小时后，车队开始通行。4月20日21时40分，第三运输保障车队行程2400多公里，圆满完成省应急办、省交通运输厅和青海抗震救灾前方总指挥部交付的各项任务，安全返回兰州。第三运输保障车队日夜兼程，长途跋涉历经19小时，于18日6时30分安全到达玉树结古镇，历时4天，行程2400公里，转运四川、兰州、重庆等地消防官兵403人、搜救犬6只，圆满完成各项救援和转运任务。

（四）货运车辆运输保障车队

4月17日晚20时，省运管局接到青海省交通运输部门发出的抗震救灾货运车辆支援请求后，连夜调集货运车辆。18日10时，16台大型货运车辆，总计243个吨位，全部集结到位。经过紧张的准备后，10时30分由省运管局副局长带队的第四运输保障车队从甘肃省道路运输应急救援保障中心统一出发，驰援玉树灾区。此次抗震救灾保障车队的16辆货运车主要承担青海省西宁市至玉树的救灾物资转运任务，其中8辆货运车装载矿泉水5767件、肉肠1890件、饼干228件；另外有8辆货运车装载帐篷、大米和折叠床等2200件，参与运送人员共30人，于17时顺利到达青海省西宁市。其中装载帐篷、折叠床等物资的8辆货运车从西宁出发，19日凌晨4时到达共和县倒淌河镇，车队在短暂休整之后，于19日7时出发前往玉树灾区，沿途受暴雪、冷雹、沙尘暴等恶劣天气影响，路况差、能见度低，运送人员克服严重高原反应，在长途跋涉37小时20分钟后于4月20日11时20分安全到达玉树灾区，圆满完成抗震救灾指挥部交给的物资转运任务。22日16时，安全返回兰州。

（五）运送交通技术人员保障车队

4月22日上午8时，由省运管局、兰州公路总段路政支队、甘南公路总段、兰州交运集团第五客运公司有关人员和车辆组成的省交通运输厅运输保障车队奔赴青海玉树地震灾区，运送甘肃交通技术人员执行玉树灾区的抗震救灾保通任务，并将已经在当地执行抗震救灾保通任务达 10 天之久的省交通运输厅有关救灾人员运抵兰州。省运管局派出 4 名运管人员、2 辆运输保障车（1 辆指挥车、1 辆客运车），4 月 23 日下午抵达玉树甘肃省交通运输厅抗震救灾指挥部，顺利完成运输保障任务。

4 月 14 日至 4 月 25 日，省运管局共组织集结救援车 240 辆（客货车各 120 辆，局机关出动干部职工 51 人次，车 9 辆次；组织出动行业员工 48 人次，客车 20 辆次（合计 1000 座位），货运车辆 16 辆次（合计 243 个吨位），共计完成客运量 610 人次，旅客周转量 110000 人公里；货运量 250 吨，货物周转量 157500 吨公里。青海玉树抗震救灾车辆台班等各项费用支出总计 106.27 万元。

三、舟曲特大山洪泥石流抢险救灾运输

2010 年 8 月 7 日 23 时，甘南藏族自治州舟曲县发生特大山洪泥石流灾害。灾害发生后，交通运输行业站场、码头、办公楼、家属楼等经济损失 1.96 亿元。全省道路运输行业立即启动一级自然灾害应急响应，成立抗洪救灾领导机构，开展道路运输行业抗洪抢险救灾工作。

（一）运力储备与物资运输

8 月 8 日 8 时 25 分，省运管局紧急启动《甘肃省道路运输行业应对各类突发事件保障预案》和《甘肃省道路运输应对自然灾害以及突发性群体事件应急保障预案》，启动一级自然灾害应急响应，成立由局长任组长的舟曲自然灾害应急领导小组，有力、有序、有效地加强抢险救灾组织领导工作。截至 8 月 11 日 10 时 28 分，全省储备客运运力 405 辆 10.05 万座，储备货运运力 697 辆 8 264 吨，派出客运运力 26 辆 552 座、货运运力 87 辆 534 吨，运送各类救援人员 732 人、救灾物资 499 吨。

8 月 8 日 8 时 30 分，省运管局副局长带队赶赴舟曲灾区一线。同时，省运管局先期补助甘南运管系统抢险费 10 万元。

8 月 10 日晚 23 时，省运管局接到省交通运输厅命令，紧急调集运力将省民政厅的一批方便面运往灾区。11 日凌晨 4 点，17 辆总载重 278 吨的大

第二编 公路运输与生产

型货车在兰州九州开发区集结完毕。11日10点45分，省运管局机关三十余名干部职工与兰州市运管处30名运政人员、20名装卸人员通力合作，经过三个多小时完成装货任务。14时，由43名工作人员及4辆指挥车、17辆大货车组成的第三支运输保障车队，将2.1万箱方便面运往舟曲，并于12日8点57分到达指定地点。

舟曲县城内道路泥泞，大型车辆无法通行。8月10日早上，省道路运输行业抗洪抢险救灾临时指挥部决定，在两河口、舟曲县运管分局、锁儿头、峰迭离舟曲最近的路口设4个道路运输服务站，组织小型车辆（小面包车）免费运送群众到17公里外领取生活必需品，运政人员自觉维持现场交通秩序、树立交通标示牌、疏导交通。

陇南市运管局落实应急保障措施，设立抗洪救灾服务站，紧急抽调10名运政执法人员，全天候24小时上路执勤，协调保障道路运输安全畅通。抽调60辆客车（1824个座位）和100辆货车（802个吨位），组建抢险救灾运输应急车队，随时待命。8月8日，抽调3辆大型卧铺客车、5辆客车和5辆货车，赶赴舟曲进行救灾运输工作。8月9日，组织24辆出租车向灾区运送急需物资，其中方便面100箱、矿泉水50件。及时排除成都救援车队故障，将救援大队35人和设备及时运到舟曲。

定西市运管局至8日下午，共调集应急保障车辆17辆，调集救灾物资方便面10箱、大饼800个、矿泉水20箱、水果250公斤、雨伞30把送往灾区。在重要路段、路口设立救援服务点，为往返车辆司乘人员及时提供保障服务。各运输企业按照要求及时调度客货运力储备，保证接到命令后运力到位，确保救灾物资运输。

兰州市城运处要求甘肃交通旅游汽车有限公司紧急储备40辆51座大客车，并派10辆车运送四百多名解放军开赴舟曲。兰州康大旅游客运公司、甘肃奥林旅游客运公司、甘肃安翔旅游客运公司、兰州安顺行旅游客运公司各储备5辆大客车待命。

天水市运管系统向全市各大货运企业发出运输车辆集结命令。天水元通有限公司、天水市亨通运输有限公司、天水长宁货物运输有限公司、天水恒远货物运输有限公司抽调5吨货车25辆、10吨货车25辆、20吨以上大型货车5辆，驾驶员120人组成第一运输梯队；其他货运企业选调300辆货车，共计 2800 个吨位，以及 700 名驾驶人员，随时待命。

合作市运管分局紧急调集 2 辆客车和 3 辆货车，分别于 8 日下午和 9 日上午运送 64 名救灾人员和近 10 吨的救灾物资紧急赶赴灾区。

8 月 10 日，甘南州交通运输局紧急采购矿泉水 252 件、方便面 150 箱及手电筒、蜡烛、风扇、挂面、蔬菜等总价值 3.3 万元的急需救援物资，于当日下午启程运往灾区。

8 月 9 日，兰州市运管处启动道路运输行业应急预案，成立抗洪救灾货运保障大队，落实应急运力 50 辆，共 650 个吨位。

（二）恢复客运与运送人员

在抢险救灾期间，全省储备应急运力 1675 辆，运送受灾群众和各类救援人员 5.7 万人次，运送救灾人员，组织协调恢复班线客运。

2010 年 8 月 16 日 16 时，第一辆由舟曲发往迭部的班车驶出设在舟曲锁儿头村采沙场的临时发车点，这标志舟曲灾区通往外界客运班线初步恢复。为了给舟曲抗洪救灾工作提供强有力的运输保障，同时给受灾群众和救援人员提供出行必要条件，省运理局与省交警总队协商，于 8 月 16 日在舟曲县城东、西各设立一个临时发车点。两个临时发车点由甘南州 20 名运政人员和舟曲汽车站服务人员组织管理，所有车辆每天 8 时~20 时循环发放。运管部门在两个临时发车点张贴公告，公布运价和监督电话，并要求经营人员提供优质服务，杜绝哄抬票价、超载超员及堵塞交通等现象的发生。随着灾区临时发车点的设立，舟曲在 16 日重新开通发往迭部县的客运班线后，17 日恢复通往兰州、武都、玛曲、郎木寺、宕昌、合作、岷县等地的 7 条班线，灾区通往外界的旅客运输状况进一步改善。至 8 月 17 日 16 时 30 分，甘南州运管局设在舟曲县城东线的临时发车点投入运力 13 辆，发送班次 164 个，输送人员 1150 人次；西线临时客运发车点发送班次 17 个，输送人员 157 人次；全天共计发送班次 181 个，输送旅客 1307 人次。至 19 日 17 时，累计运输人员 3.54 万人次。

舟曲沙川坝受灾群众临时安置点是县城西面政府设置的最大一处临时安置点，安置 130 多户 450 名受灾群众，有近五十名小学生。为方便灾区学生上学，省运管局、甘南州运管局、舟曲县运管分局上报甘南州舟曲抢险救灾指挥部同意后，于 8 月 26 日开通舟曲县城至沙川坝受灾群众安置点临时公交专线。共投入公交专线车2辆，每日6时至20时发车，30分钟一班，双向对开。除在学校上学、放学时间免费运送师生外，沙川坝安置点的群众可凭运管部门监制的免费乘车证乘车。

按照省委、省政府的要求，舟曲一中3000余名师生转送任务由省交通运输厅承担，转运从8月28日开始，至8月30日完成。为确保安全、顺利、圆满完成转送任务，甘肃省交通运输厅经过八天八夜的精心准备，共选调82辆安全性能高、服务水平好的大型客车，100名技术精湛、安全驾驶30万公里以上的驾驶员，六十余名作风优良的运政执法人员，108名交通志愿者承担此次转送任务。同时为了保证转运沿途的道路通畅，省交通运输厅组织1200余名公路养护人员对沿线的40余处水毁路段进行抢修，组织580名路政人员、600名高速公路运营人员在沿途保畅，组织600名运政执法人员在停靠点为师生服务，并协助交警部门做好停靠点交通管制工作，做到了领导一线指挥、沿线路政运政全员上路执勤、全路段联合保障、生活全方位亲情服务。

8月28日，首批1016名舟曲一中异地就读师生成功转运至位于兰州市的甘肃省财政学校、甘肃省银行学校和兰州市科技外语学校。9时30分，省交通运输厅在舟曲县运管分局广场举行简单的舟曲师生"希望之舟"异地就读转运发车仪式。由26辆高级大型客车组成的舟曲师生转运车队，承运1061名舟曲师生，于19时40分顺利抵达兰州，早已等候在兰州市科技外语学校的省委领导迎接了首批转运师生。

此次转运行动历时3天，分3个批次，累计出动客车81辆（共计3618座），往返行程2671公里，成功转运舟曲师生及家属3076名（学生2917名，教师152名，教师家属7名）。

第五章 站 场

第一节 客运站场

1991 年，全省 105 个汽车站开始向社会开放。1992 年，实行"谁投资、谁受益"的原则，鼓励社会各界积极兴办公用型汽车站。1993 年，出台《甘肃省"八五""九五"客运站点建设规划》后，至 1994 年全省共新建、改建、扩建客运站 11 个，全省汽车站达到 238 个，其中企业站 218 个、公用站 20 个。将站场设施改、扩建和新建的重点放在国有大中型企业上，并出台《甘肃省汽车客运站管理办法》《甘肃省公用型客运站管理办法》等加强对汽车站的管理。制定了《甘肃省汽车客运站服务"三化"达标考核办法》。"八五"期间，全省共投资14700 万元用于站场建设，其中新改建汽车站场 81 个，有一二级客运汽车站 13 个、三四级站 59 个。自此，甘肃省县（市、区）所在地的汽车站有50%已经新改建。

1996 年，制定兰州公路主枢纽组织管理中心的布局规划，基本结构为"一个中心、两个系统"，其中客运枢纽系统包括客运中心站、客运北站、客运西站等 6 个客运站。1997 年，根据交通部《关于开展汽车客运站级别核定和普查的通知》《汽车客运站级别划分和建设要求》，结合《甘肃省汽车客运站级别划分标准（施行）》的要求，在全省范围内，进行调查摸底和普查工作，对各汽车站的设备、设施，经营范围，业务工作量和建筑面积等数据及经营线路、班次，旅客流量进行了普查核实。经核定，1997 年甘肃省共有各类汽车客运站 222 个，其中一级客运站 4 个、二级客运站 31 个、三级客运站 75 个、四级客运站 107 个。"九五"期间，共新建、改扩建汽车站 48 个。

2001 年，推行站场建设资本金制度，按照省投资金与地方自筹大体为 1:2 的比例投入资金总量，尽可能调动地方和社会各方的积极性，广泛吸引更多社会资金投入到运输基础设施建设中，实现 8500 万元的投资规模。2003 年，制定实施《甘肃省道路运输站场建设计划》和《甘肃省道路运输站场建设"一主五辅"发展规划》，将站场建设的重点放在"一主五辅"、老旧车站技术改造、新型客货运输信息化建设和农村客运"村村通"上。3月，省交通厅出台《甘肃省公路客货运输站场建设管理办法》，规范基本建设程序，拓宽筹融资渠道，引导社会资金投入运输站场建设，并确定客运站场建设由数量型增长变为质量型增长的思路，重点加强规划与法制建设、客运站场信息化建设和农村客运站建设。2005年，推进交通投融资体制改革，鼓励和引导社会资金参与运输站场建设，实行站场投资有偿使用，滚动发展。确定"十一五"甘肃道路运输"提速中部"的发展战略，率先实现"农村通班车、县（区）通公交、城乡客运一体化"。"十五"期间，客运站建设上消除了所有空白县，实现一县至少一站。

2008年，建成兰州客运中心站。2009年10月31日，在天水市举行甘肃国家公路运输枢纽建设项目启动暨天水市中心客运站奠基仪式，标志着甘肃省55个总投资约40亿元的国家公路运输枢纽项目进入实施阶段。

截至2010年底，全省等级客运站达832个，其中一级站19个、二级站47个、三级站70个、四级站97个、五级站599个、简易站及招呼站5474个。"十一五"期间，启动甘肃国家公路运输枢纽项目建设，建成国家级公路运输枢纽项目9个、省级公路运输枢纽项目8个、地区级公路运输枢纽项目2个，初步形成了以国家级、省级枢纽为主骨架，区域级客货运站场为节点，辐射乡镇、延伸农村、信息联通的道路运输站场服务体系。

一、重点等级客运站

（一）兰州客运中心

1996年，经交通部、省政府发布的《关于兰州公路主枢纽总体布局规划的批复》，同意兰州市规划兰州客运中心站站场布局。1998年，批准立项。1999年，完成立项审批。2000年，划拨兰州客运中心站建设用地。2002年，兰州市政府下发《关于给兰州市交通局划拨"兰州客运中心（站）"建设用地的通知》，确定了兰州客运中心站的项目建设，经铁道部第二勘探设计院按照《汽车客运站建筑规范》及相关建设标准设计完成设计。2005年8月，经公开招标由甘肃省四建承建并开工建设，2008年6月竣工。2008年11月6日，兰州客运中心有限责任公司站场正式投入运营，占地面积46.63亩，总建筑面积3.11万平方米，停车场面积5600平方米，发车位

39 个，停车位 107 个，日发送旅客 1.7 万人次，工程总投资 2.43 亿元。兰州客运中心是国家 45 个公路主枢纽之一，国家一级汽车客车站，位于兰州火车站对面。

（二）兰州汽车东站

兰州汽车东站地处兰州市城关区平凉路 276 号，于 1986 年开工建设，1988 年完工，自筹投资 1016 万元。车站占地面积 4 万平方米，建筑面积 9700 平方米，停车场面积 2 万平方米，拥有大小停车位 260 个，日发送旅客约 1 万人。车站拥有营运线路 73 条，辐射甘肃省 14 个地(州、市)，跨省直达青海、新疆、四川、宁夏、内蒙古、陕西、山西、河南、江苏、浙江、湖北、湖南、福建等 17 个省（区），每天从 6 时至 20 时采取滚动发车形式，日均发班次 300 个。

（三）兰州汽车南站

兰州汽车南站位于兰州市七里河区晏家坪 19 号，紧邻兰临高速公路出入口，是省内南部地区与省会兰州的交通枢纽。汽车南站以道路旅客运输站场服务为主，集小件快运、车辆维修、安全检测、餐饮住宿等为一体，并配备有智能化微机售票系统、红外自动扫描检票系统、GPS 车辆监控系统等，功能齐全，信息化程度高。汽车南站总建筑面积 2.44 万平方米，设有 18 个售票窗口、12 个检票口、30 个发车位，停车场面积 3.06 万平方米，日均可发班次 500 多个，日均可接送旅客 3 万多人次，营运线路 70 多条，营运客车400 多辆。主要始发省内陇南、甘南、临夏和定西临洮、渭源等地区客运班车，以及河西地区金昌、武威、敦煌等客运班车，同时还有青海西宁、若尔盖，宁夏石嘴山，新疆乌鲁木齐，四川九寨沟等省外班线，是兰州市南线重要的客运枢纽站。

（四）兰州汽车西站

兰州汽车西站始建于 1976 年，是国家部颁一级汽车客运站。车站占地面积 9880 平方米，建筑面积 8951 平方米，其中停车场 8750 平方米，日发送旅客 5000 人次、16 个班线、160 个车次，主要发往永登、红古、海石湾、刘家峡等线路。2010 年后，对主楼进行扩建，总投资 2 亿元。位于兰州市七里河区西津东路南侧。

（五）嘉峪关汽车站

嘉峪关市汽车站最初是为嘉峪关汽车运输公司服务的企业站。1990 年 2

月，省交通厅《关于〈嘉峪关市汽车站设计任务书〉的批复》，批准嘉峪关市汽车站按二级标准站进行设计。1992年10月，嘉峪关市汽车站建成。同年12月31日，通过省交通厅、市计委、市建委的共同验收。建成后总建筑面积4943平方米，日发送旅客能力6200人次，总投资420万元。1995年，被交通部评为"文明汽车站"。2003年，改扩建成一级站，占地面积达到1.86万平方米，建筑面积7000平方米以上，日客运发送能力1.1万人次，具备快速客运、行包快递专运服务、联运服务、联网售票服务、商业交易服务等功能。2005年，根据省运管局《关于2005年汽车站智能化改造和门检系统建设计划的通知》安排，对嘉峪关汽车站配置安全门检系统。2007年，引进客运智能管理系统，站内基础设施趋于完善。

（六）金昌汽车站

金昌市汽车站于1992年6月12日竣工验收后交付使用。站址位于金昌市金川路末尾与新华路交会处北侧，由站房、餐厅、停车场三大部分构成，集办公、售票、候车厅、行包托运及小件寄存处为一体。停车场面积1.02万平方米，设有12个乘车发车台，日发送旅客1800人次，工程项目总投资549万元，隶属金昌市计划委员会工业交通局管理。1993年，归金昌汽车运输公司管理。1995年5月，划归金昌市经贸委管理，后又划入金昌市交通局管理。2002年，金昌市汽车站整体加入金昌飞龙汽车运输(集团)公司。同年6月，配置服务器、UPS、打印机、检票机等，并开始使用智能化客运管理系统。2003年5月，改建金昌市汽车站快运客车站，开辟出快客候车厅面积190平方米，停车场面积5000平方米，划定发车位2个、停车位18个，并于当年10月投入运营。2004年3月26日，根据省运管局关于站运分离的通知精神，完成与金昌飞龙汽车运输公司的分离，分离后仍归金昌市交通局管理。2007年，车辆安全检测站建成，并购置安装X光"三品"旅客行包检测仪，确保旅客及客车行驶的安全。

（七）白银汽车站

白银汽车站隶属于白银银冠汽车运输有限责任公司，为甘肃省一级客运汽车站，1991年8月1日落成，10月1日正式投入使用。总占地面积1.1万平方米，其中停车场面积9000平方米，设发车位67个、售票窗口4个、检票口2个，有在职员工95人，进站营运客车172台。客运线路32条，班线覆盖西安、银川、西宁三个省（市）及兰州、平凉、天水等九个地（市），日发班车 182 辆次，日均客流量 5000 人次左右。2003 年，顺利通过 ISO9001 国际质量管理体系认证。拥有全市联网售检系统、语音广播系统、全天候咨询系统、危险物品检测系统和智能化安全、监控、报班，调度指挥系统等多种智能化、信息化、网络化服务设施，并与白银汽车西站实行联网售票。

（八）天水汽车总站

天水市汽车总站位于天水市秦州区泰山东路 31 号，成立于 1957 年。2002 年，依据省交通厅《甘肃省公路客货运输站场建设管理办法》，天水市汽车站改造工程项目列入甘肃省道路运输管理统一规划。2003 年，天水长途汽车站改造工程完工。2009 年 10 月，天水中心客运站建设项目工程可行性研究和初步设计已经得到省交通运输厅和省发改委批复。2010 年 10 月 31 日，天水市政府和省交通厅为天水中心客运站项目举行了启动暨奠基仪式。天水中心客运站占地面积 4.2 万平方米，预算工程总投资 4.875 万元。天水汽车西客站占地面积 1.72 万平方米，预算工程总投资 2.72 万元。有员工 158 人，14 个站位同时发车，营运线路 33 条，县（市、区）6 时至 20 时滚动发车，始发班次辐射省内 14 个市（州）、25 个市县，跨省直发西安、宝鸡、银川、固原、汉中等市（区），途经深圳、温州、太原、福建。日发 267 个班次，日均发送旅客近 4000 人。

（九）酒泉客运站

1988 年，在原砖木结构平房汽车站的基础上，翻建成框架结构的 5 层楼房汽车站，总建筑面积 5100 平方米，1989 年底竣工投入运营。1991 年后多次扩建。汽车站停发车场区 1 万余平方米，候车室面积 400 平方米，候车室内建有快客候车室和普通候车室，安装使用微机售票和智能化检票及 X 光检测系统，日接纳旅客 3000 人次，日发客运班次150 次。

（十）张掖汽车站

张掖市张运汽车运输有限责任公司张掖汽车站，始建于 1957 年。2006 年，总公司投资 920 万元进行改建，是张掖旅客流量最大的公路客运枢纽站。车站占地面积 1.16 万平方米，建筑面积 6875 平方米，站房面积 6374 平方米，停车场面积 8030 平方米，停车场设计车位 80 个，有从业人员 52 人。车站客运线路 84 条，进站参营客车 223 辆，日均发放班次 300 个，日发送旅客4000~5000 人次，有 4 条跨省客运线路、10 条跨区客运线路、5 条市内跨县客运线路。1997年，其被交通部评为一级汽车客运站；1998年至2001年，被交通部评为文明汽车客运站。

（十一）定西汽车站

定西汽车站始建于1938年3月，位于西兰公路入城口处，即今安定区交通路279号。1983年4月在原址建成新站，总建筑面积9394.32平方米，占地5000多平方米。1992年，定西汽车站共有职工64人，经营客运路线19条，日接发班车56次，日均输送旅客620人次，日均售票额达5000元以上，全年营业总收入达200.82万元。1999年筹资26万元，对车站候车室、售票厅等进行彻底改造，对招待所设施进行更新，并争取资金购进服务器、售票机、演示系统等，于12月10日正式投入使用。2000年，被评为全省文明汽车客运站，被交通部命名为文明汽车客运站。2002年，通过一级车站验收，被省运管局评为一级三星客运汽车站。2003年7月10日，车站顺利通过ISO9001：2000质量管理体系认证。2004年5月，进行智能化改造。2009年，智能化改造工程竣工，建成集售票、检票、调度、站务等多种功能为一体的智能化客运管理系统。

（十二）平凉汽车东站

平凉汽车东站位于平凉市解放北路中段，南接平凉商贸城，背靠G312线。1996年10月6日动工，1998年6月30日竣工，总投资440万元，占地总面积为15亩，设有发车车位41个，占地1400平方米。2000年，修建卫生楼，总建筑面积723平方米，总投资43万元，并申请上级有关部门批准安装微机售票系统。2002年，对治安进行数字模拟化管理，通过电子监控系统对候车大厅、售票窗口等处实施监控。2003年9月3日，正式挂牌为一级公用型汽车客运站。2006年12月，省运管局为车站配置车站智能化管理系统，实现车辆报班、售票、检票、结算等一体化作业，年底配置车辆安全门检测系统。2006年—2007年，实行老旧汽车站改造，候车大厅扩展到312平方米，并筹措资金300万元，在车站西面新扩站场5.5亩，投资74.2万元，在扩建的场地上修建车辆安检门。2008年7月，申请为全省智能化系统试点车站，并对售票系统进行升级更新，成立平凉汽车东站托运部，主要经营货运代理、仓储理货、货运配载、行包寄存等。同年底，配置安装了X光安全检测仪，对进站旅客行包进行安全检查。2010年，购置安装智能车场管

理系统，将站前广场改造为临时停车场。截至 2010 年底，车站参营公司 27
家，参营车辆 236 辆，日发班次 278 个，日客流量在 6000 人次。

（十三）临夏汽车南站

1989 年，临夏汽车南站开工，1991 年底竣工，1992 年 4 月 1 日正式交
付使用。总投资 414 万元。车站占地约 8000 平方米，建筑面积 5551 平方
米。车站接纳社会各种经济性质的 68 辆客车进站参营，日发班次88 个，日
均发送旅客 2300 人次。2003 年，多方筹措资金 120 多万元，对候车大厅进
行改造，实现多功能服务、集约化管理，同时在候车大厅安装 X 光检测仪，
对进站乘客所带的行李进行一一检测。

（十四）甘南州汽车站（合作汽车北站）

2009 年，新建甘南州汽车站，工程总投资 980 万元，车站主体楼为 3 层框
架结构，建筑面积为 3474.52 平方米。2009 年 8 月开工，2010 年 9 月竣工验收。

（十五）敦煌汽车站

敦煌汽车站于 1984 年 9 月建成投入使用，随后逐年进行改造。1998
年，改制为股份合作制企业。汽车站服务设施配套完善、功能齐全，坚持客
运与多经并举方向，建立敦煌交通旅行社、敦煌汽车站招待所，并设立敦煌
汽车站国际互联网。1998 年—1999 年度、2004 年度，被交通部、省运管局
评为全国文明客运站。2003 年 1 月 1 日，省运管局核定公示向交通部推荐为
一级汽车客运站、服务信誉三星级。2006 年 5 月 13 日，通过ISO9001：2000
认证并颁发证书。2008 年，新建敦煌汽车站，并将敦煌汽车站搬迁建设纳入
交通部敦煌公路客运枢纽站项目，于 2010 年 4 月 1 日整体搬迁后，在新站址
处租用临时房产办公。敦煌公路客运枢纽站坐落在市三危路南侧，站场占地
面积 2.4 万平方米，按"国投"一级客运站场标准建设，总建筑面积 5634 平
方米，总投资总额 3250 万元，设计日发班次200 班，日均旅客发送量 4000
人次，有公交车、出租车、旅游客车车辆停放区，站场内配套旅游业、餐饮、
超市、汽车修理、快件速递、行李保管等设施。

附：1991 年—2010 年甘肃省主要客运站场建设情况见表 2-5-1。

1998 年—2010 年甘肃省客运站场数量见表 2-5-2。

1998 年—2010 年甘肃省客运站场班次、旅客发送情况见表 2-5-3。

2010 年底甘肃省各地区客运站场数量情况见表 2-5-4。

表 2-5-1

1991—2010 年甘肃省主要公路客运站场建设情况一览表

市州	站场名称	站级	占地面积（亩）	建筑面积（㎡）	总投资（万元）			竣工时间	备注
					合计	部省投资	地方自筹		
	兰州客运中心	一	46	23990	13300	4000	9300	2008 年	
	永登汽车站	二	26	3800	486	326	160	2000 年	
兰州市	红古连海客运中心	二	11.6	3000	60		60	1994 年	
	榆中公用型汽车站	三	8	3643	115.74		115.74	1992 年	
	皋兰汽车站	三	17.5	2538	440	180	260	2003 年	
	兰州客运北站	一	10	7619	5953			2011 年	
	嘉峪关汽车站	二	24	4943	420	290	130	1992 年	1997 年、2002 年，省厅共补助 40 万元
	嘉新西路汽车站	四	3	380	73	20	53	1996 年	已出售
嘉峪关市	嘉新城汽车站	四	6.2	314	40	20	20	1996 年	
	嘉峪关新华北路汽车站	四	5.7	442	40	10	30	1995 年	1999 年，省厅给各 4 个四级站补助上下水及采暖工程款 30 万元
	嘉峪关新华南路汽车站	四	5.3	416	40	10	30	1997 年	已出售

续表

市州	站场名称	站级	占地面积（亩）	建筑面积（m²）	总投资（万元）合计	总投资（万元）部省投资	总投资（万元）地方自筹	竣工时间	备注
金昌市	金昌汽车站	一	9.8	4000	584.7	235	349.7	1992年	2002年，省厅补助30万元修建快客候车厅
	河西堡汽车站	二	12	3200	380	230	150	1997年	
	永昌县汽车站	三	12.4	2000	240	100	140	2002年	
	金昌运输公司永昌县汽车站	三	9.4	2084	195	35	160	1993年	1995年、1997年，省厅共补助65万元
酒泉市	酒泉汽车站	一	28.8	5013	297	200	97	1991年	
	酒泉市汽车东站	三	10	650	120	100	20	2000年	2002年，省厅补助20万元
	玉门市汽车站	二	16	4268	250	157	93	1991年	1996年，省厅补助10万元
	玉门镇汽车站	二	12	2500	230	130	100	1996年	1997年、1998年，省厅共补助155万元
	敦煌客运中心	三	9.1	4000	215	150	65	1992年	
	阿克塞汽车站	四	5	850	64	50	14	1998年	1998年，省厅补助30万元
	安西汽车站	三	19.1	4000	230	150	80	1998年	
	金塔汽车站	三	10.5	2800	250	160	90	1998年	1998年、1999年，省厅共补助60万元

续表

市州	站场名称	站级	占地面积(亩)	建筑面积(m²)	总投资(万元)			竣工时间	备注
					合计	部省投资	地方自筹		
酒泉市	东风航天城汽车客运站	三	6.6	2579	400	290	110	2010年	
	三道沟汽车站	三	6	1100	200	110	90	2003年	
白银市	白银汽车站	一	17.2	5760	450	350	100	1991年	2002年，省厅补助15万元
	平川汽车站	三	15	3000	110	30	82	1995年	已出售。1999年，省厅补助25万元
	平川汽车站	三	16	2000	450			2005年	
	会宁亚欧桥汽车站	二	17	2700	220	130	90	1996年	2001年，省厅补助15万元
	景泰县汽车站	三	15	1755	144	70	74	2001年	
	靖远汽车站	三	3.8	1500	80	60	20	1998年	1998年、2002年，省厅共补助45万元
	会宁县新堡子汽车站	一	14	2500	130			2007年	
	靖远县汽车站	二	21	4600	750	150		2007年	
天水市	天水公路运输服务中心	二	19.3	7987	950	550	400	2002年	

续表

市州	站场名称	站级	占地面积（亩）	建筑面积（m²）	总投资（万元）合计	部省投资	地方自筹	竣工时间	备注
	天水东岔汽车站	三	5	1000	150	70	80	2002年	
	甘谷汽车站	三	5	2671	105	95	10	1993年	2002年，省厅补助15万元
	清水汽车站	三	13.4	1517	87	62	25	1990年	1997年、2000年、2002年，省厅共补助30万元
天水市	张家川汽车站	二	10	1500	200	100	100	1997年	
	秦安汽车站	二	9	3810	270	210	60	1994年	
	武山汽车站	三	15	4198	420	140	280	2002年	
	张家川亨运汽车站	二	19	7866	2680			2010年	
	清水县顺达客运汽车站	二	53.8	4221	999			2010年	
	定西县汽车站	二	20	4010	480	320	160	2000年	2002年，省厅补助15万元
定西市	定西巉口汽车站	三	41	2985	420	150	270	2003年	
	临洮公用型汽车站	三	4	2510	165	70	95	1993年	
	陇西客运站	三	7.5	2000	210	140	70	1997年	2000年、2002年，省厅共补助20万元
	岷县汽车站	三	7	3000	220	170	50	1997年	1997年、1999年，省厅共补助40万元

续表

市州	站场名称	站级	占地面积（亩）	建筑面积（㎡）	总投资（万元）			竣工时间	备注
					合计	部省投资	地方自筹		
定西市	渭源汽车站	三	5.8	1600	135	110	25	1998年	1998年，省厅补助30万元
	漳县汽车站	三	7.5	1600	180	160	20	2000年	
	通渭汽车站	三	17	1600	200	180	20	2002年	
	岷县汽车站	三	12.1			140		2006年	
	定西交通运输集团定西汽车站	一	15					2009年	
	临洮汽车北站	二	21.2			240		2007年	
	通渭县公用型汽车站	二			890	500		2002年	
武威市	武威汽车站	二	15	4097	283	220	63	1989年	1997年，省厅补助50万元
	天祝汽车站	三	5	2130	110	40	70	1991年	
	古浪汽车站	三	6	2400	132	127	5	1991年	
	民勤汽车站	三	12	2000	180	120	60	1997年	1996年，1997年，1999年，2002年，省厅共补助70万元
	武威汽车北站	二	15	3160	750	110	640	2006年	
	张掖汽车东站	二	21	4886	650	550	100	1994年	1994年，1995年，省厅共补助100万元

续表

市州	站场名称	站级	占地面积（亩）	建筑面积（m²）	总投资（万元）			竣工时间	备注
					合计	部省投资	地方自筹		
	民乐汽车站	二	12	1600	160	100	60	1997年	1998年、2002年，省厅共补助40万元
	高台客货西站	二	6	1800	183	30	153	2000年	
	临泽汽车站	二	10	1800	160	120	40	1997年	1997年、1998年、1999年，省厅共补助55万元
张掖市	肃南汽车站	三	6	800	100	80	20	1999年	1999年、2000年，省厅共补助30万元
	山丹汽车站	三	22	2002	202	150	52	1999年	2001年、2002年，省厅共补助30万元
	肃南马蹄寺旅游景区客运站	三	18.1		588	200		2008年	
	平凉汽车西站	一	45.9	6246	320	220	100	1998年	1996年、1997年、1998年、2002年，省厅共补助120万元
平凉市	平凉汽车东站	二	15	3300	440	320	110	1998年	1998年、1999年，省厅共补助110万元
	灵台汽车站	三	4.9	1500	115	55	60	1994年	
	华亭汽车站	三	3.7	1824	95	30	65	1993年	
	静宁汽车站	三	22	2000	200	100	100	1999年	1997年、1999年，省厅共补助70万元

续表

市州	站场名称	站级	占地面积（亩）	建筑面积（㎡）	总投资（万元）			竣工时间	备注
					合计	部省投资	地方自筹		
平凉市	泾川县汽车站	三	10	1800	200	140	60	2001年	
	庄浪汽车站	三	10.5	1800	200	140	60	2000年	
	安口汽车站	三	19.5	1800	200	100	100	2001年	
	崇信县汽车站	三	22.5	2400	420	140	280	2002年	
	平凉站务运营有限责任公司泾川汽车站	二	10	1800	200	140	60	2003年	
	平凉站务运营公司庄浪汽车站	二	30	4480	341	150	190	2005年	
	庄浪昌隆站务运营有限公司	二	38	2200	850	150	700	2008年	
庆阳市	西峰汽车站	一	22.7	3381	88	85	3	1990年	1996年、1997年、1999年，省厅共补助90万元
	西峰汽车东站	二	7.6	1314	200	120	80	1992年	1998年、2000年，省厅共补助70万元
	庆阳汽车站	二	21	2968	312	160	152	1995年	1996年、1998年，省厅共补助80万元
	庆阳公司西安业务站	二	5.4	1800	495	235	260	2000年	2000年，省厅补助25万元
	宁县汽车站	三	4.2	2105	115	65	50	1993年	

续表

市州	站场名称	站级	占地面积（亩）	建筑面积（m²）	总投资（万元）合计	总投资（万元）部省投资	总投资（万元）地方自筹	竣工时间	备注
	镇远汽车站	三	5	1314	105	60	45	1990年	
庆阳市	正宁汽车站	三	10.7	1997	180	100	80	1996年	1999年、2002年，省厅共补助20万元
	合水汽车站	三	11	1926	210	170	40	1998年	1999年、2002年，省厅共补助80万元
	环县汽车站	三	10	1680	160	130	30	2001年	2002年，省厅补助15万元
	华池汽车站	三	4.6	1619	140	120	20	2001年	
	成县汽车站	二	31.2	4000	540	460	80	1994年	1995年，省厅补助60万元
	成县黄渚汽车站	三	4.2	2339	214	95	119	1995年	
	武都汽车站	二	4	1250	82	30	52	1992年	
陇南市	两当汽车站	三	5.8	1400	130	80	50	1997年	1999年，省厅补助10万元
	文县汽车站	三	31.9	1900	180	120	60	1999年	1999年、2000年，省厅共补助30万元
	文县碧口汽车站	三	7.8	2700	280			2006年	
	康县汽车站	三	8.6	2294	91	40	51	1992年	

第二编　公路运输与生产

587

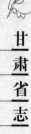

续表

市州	站场名称	站级	占地面积（亩）	建筑面积（㎡）	总投资（万元）合计	部省投资	地方自筹	竣工时间	备注
陇南市	陇运集团公司康县汽车站	三	7.5	2800	300			2001年	
	礼县汽车站	三	19.2	1594	420	140	280	2003年	
	徽县汽车站	三	30	2691	420	160	260	2006年	
	西和汽车站	三	9.5	2243	420	160	260	2003年	
	宕昌县汽车站	二	17	5551	775		80	2010年	
	临夏汽车南站	二	12		414	300	114	1992年	
	临夏县汽车站	三	8.7	2150	205	165	40	1999年	2000年，省厅补助15万元
临夏州	刘家峡汽车站	二	5.9	2300	220	120	100	1996年	1997年、1998年、1999年，省厅共补助56万元
	积石山汽车站	三	5	1500	160	120	40	2001年	
	和政汽车站	三	6	1500	140	100	40	1997年	1997年，省厅补助30万元
	东乡汽车站	三	4.2	1000	182	80	102	2002年	2002年，省厅补助30万元
	康乐汽车站	三	7	1199	360	120	240	2002年	
	广河汽车站	三	10					2004年	

续表

市州	站场名称	站级	占地面积（亩）	建筑面积（㎡）	总投资（万元）			竣工时间	备注
					合计	部省投资	地方自筹		
临夏州	甘肃省惠达交通运输集团有限公司临夏汽车站	一	16	10340	1200	280	920	2010年	
	合作汽车南站	二	10.7	2900	456	240	216	1996年	2002年，省厅补助20万元
	夏河汽车站	二	4.7	1409	130	110	20	1996年	1994年、1995年、2001年，省厅共补助110万元
甘南州	迭部汽车站	三	5	2000	180	138	50	1999年	1999年，省厅补助10万元
	舟曲汽车站	三	5	1200	150	120	30	2002年	
	临潭汽车站	三	8	1300	400	100	100	2006年	
	玛曲汽车站	三	27.3	2468	300	100	200	2005年	
	卓尼车站	三	11.7	1898	370	180	190	2006年	
	甘南州汽车站	一	18.6		980	290		2010年	
甘肃矿区	矿区客运站	三	5.6	1369	108	50	58	1993年	

589

1998 年—2010 年甘肃省客运站场数量表

表 2-5-2

| 年份 | 等级客运站数量 | | | | | | 行政村停靠站 | 简易站及招呼站 | 农村客运站 | 乡镇客运站 |
| | 合计 | 一级站 | 二级站 | 三级站 | 四级站 | 五级站 | | | | |
	个	个	个	个	个	个	个	个	个	个
1998 年	225	9	33	73	110	—	—	—	—	—
1999 年	229	9	33	77	110	—	—	—	—	—
2000 年	237	10	35	81	111	—	—	—	—	—
2001 年	237	10	35	83	109	—	—	—	—	—
2002 年	152	17	38	51	46	—	—	0	—	—
2003 年	155	17	38	54	46	—	—	0	—	—
2004 年	158	17	38	57	46	—	—	118	—	—
2005 年	206	17	42	62	85	—	—	208	—	—
2006 年	934	17	40	70	163	644	2688	685	—	—
2007 年	1033	17	41	66	177	732	3048	778	1378	588
2008 年	1276	18	44	66	256	892	—	2210	2796	—
2009 年	848	19	45	70	175	539	6048	3897	—	888
2010 年	832	19	47	70	97	599	—	5474	—	—

1998 年—2010 年甘肃省客运站场班次、旅客发送情况表

表 2-5-3

| 年份 | 客运站平均日发班次（班次） | | | 客运站平均日旅客发送量（人次） | | |
	合计	一级站（班次）	二级站（班次）	合计	一级站（人次）	二级站（人次）
1998 年	8592	—	—	178739	—	—
1999 年	8982	—	—	162599	—	—
2000 年	9982	—	—	223691	—	—
2001 年	10883	—	—	211354	—	—
2002 年	—	—	—	—	—	—
2003 年	—	—	—	—	—	—
2004 年	—	—	—	—	—	—
2005 年	—	—	—	—	—	—
2006 年	8880	3755	5125	155533	72991	82542
2007 年	9059	3913	5146	167109	79132	87977
2008 年	10007	3921	6086	180616	86407	94209
2009 年	10511	4668	5843	283714	133633	150081
2010 年	11274	4632	6642	299595	134646	164949

2010 年底甘肃省各地区客运站场数量表

表 2-5-4

序号	地区	等级客运站数量合计	一级站	二级站	三级站	四级站	五级站	简易站及招呼站
	甘肃省总计	832	19	47	70	97	599	5474
1	兰州市	69	4	4	4	57	0	567
2	嘉峪关市	3	1	0	0	2	0	20
3	金昌市	12	1	1	2	8	0	48
4	白银市	57	1	2	3	2	49	583
5	天水市	18	1	3	7	2	5	927
6	武威市	103	1	3	5	4	90	53
7	张掖市	67	2	6	4	2	53	426
8	平凉市	116	2	6	5	1	102	727
9	酒泉市	87	3	5	9	2	68	366
10	庆阳市	33	1	4	6	0	22	605
11	矿区	1	0	0	1	0	0	0
12	定西市	114	1	5	7	0	101	571
13	陇南市	28	0	2	11	1	14	119
14	临夏州	72	1	2	2	2	65	426
15	甘南州	52	0	4	4	14	30	36

二、乡（镇）汽车站

2003 年底，凡甘肃省行政区划内，除市（州）、县政府驻地的乡（镇）及纳入城市（郊区）公交网络服务范围的乡（镇）、行政村外，其余乡（镇）政府驻地和行政村均纳入农村客运站规划。规划分为三个阶段，第一阶段是 2004 年—2005 年，目标是以加快重点乡（镇）汽车站建设力度为主要任务，带动其他农村客运站建设步伐。到 2005 年末，争取建成 75 个重点乡（镇）汽车站（四级站），188 个一般乡（镇）汽车站（五级站）和 1517 个行政村简易汽车站。第二阶段是 2006 年—2010 年，目标是力争建成 50 个重点乡（镇）汽车站（四级站），856 个一般乡（镇）汽车站（五级站）和 7520 个行政村简易汽车站。到 2010 年末，全省 87% 的乡（镇）汽车站和 55% 的农村简易站将建成并投入运营。届时，与农村公路发展相适应，农村客运网络初具规模。第三阶段是 2011 年—2015 年，目标是力争建成剩余的 178 个一般乡（镇）汽车站和 7520 个行政村简易汽车站。至 2015 年末，全面完成农村客运站建设任务，确保规划区域内 100% 的乡（镇）和 100% 的行政村都建有农村客运站。

2005 年，省运管局出台《甘肃省乡（镇）、行政村汽车站建设标准图》，被列入 2005 年农村客运站建设计划的乡（镇）、行政村汽车站建设严格按照新标准图实施。资金筹措方面扩大筹融资渠道，积极引导和广泛吸收各行业、部门、企业、个人投资建设，实现投资主体多元化和资金来源多样化，加快农村客运站建设步伐。2006 年，省运管局制定下发《甘肃省农村公路试点市、县（区）道路运输网络建设方案》，指出利用两年左右的时间，完成试点市、县（区）259 个乡（镇）100% 建成乡（镇）汽车站，实现"一乡（镇）一站"的目标，乡（镇）汽车站项目建设也必须专款专用，实行质量终身责任制。甘肃省农村客运站规划范围见表 2-5-5，甘肃省农村客运站建设规模汇总见表 2-5-6，甘肃省农村客运站建设投资估算汇总见表 2-5-7，甘肃省农村客运站建设资金来源构成见表 2-5-8。

在建设过程中，2003 年以前，甘肃省根据农村经济社会发展和道路运输需求，重点选择玉门镇、黄渚、河西堡等 7 个乡（镇）汽车站和 1 个重点村汽车站进行建设。2003 年，省运管局启动"村村通班车工程"，选取环县吴城子乡、天池乡，两当县显龙乡、金洞乡、鱼池乡和酒泉市肃州区先行作为一期试点，实行公路建设、站场建设、运力投放统筹实施，共涉及 12 个乡（镇）、88 个行政村，完成投资 832 万元。2004 年，省运管局提出"乡（镇）城乡一体化建设"后，全省扩大范围继续开展"村村通班车工程"，并于同年 8 月底编制完成《甘肃省农村客运站建设规划（2004 年—2015 年)》，拟定选择 16 个镇、14 个乡、270 个行政村进行农村客运站建设试点。随后，"村村

甘肃省农村客运站规划范围表

表 2-5-5

内容	2003 年底甘肃省统计数据（个）	城（郊）区公交网络服务范围	农村客运网络规划研究范围			说明
			合计（个）	其中：已建项目	列入本建设规划项目	
乡镇	1462	97	1365	18	1347	2003 年建成的红山乡汽车站，因红山乡被撤销而不计划
行政村	17463	817	16646	89	16557	

甘肃省农村客运站建设规模汇总表

表 2-5-6

项目类别		数量（个）	建设规模（m²）	
			占地面积	建筑面积
2004 年—2005 年	小计	1780	3005100	160350
	重点乡（镇）客运站	75	375000	37500
	一般乡（镇）客运站	188	658000	47000
	行政村简易站	1517	1972100	75850
2006 年—2010 年	小计	8426	13022000	615000
	重点乡（镇）客运站	50	250000	25000
	一般乡（镇）客运站	856	2996000	214000
	行政村简易站	7520	9776000	376000
2011 年—2015 年	小计	7698	10399000	420500
	重点乡（镇）客运站	—	—	—
	一般乡（镇）客运站	178	623000	44500
	行政村简易站	7520	9776000	376000
规划期总计	重点乡（镇）客运站	125	625000	62500
	一般乡（镇）客运站	1222	4277000	305500
	行政村简易站	16557	21524100	827850
	合计	17904	26426100	1195850

第二编 公路运输与生产

甘肃省农村客运站建设投资估算汇总表

表 2-5-7

建设项目		建设投资（万元）	其中：			
			土建工程	设备购置	智能系统	征地拆迁
2004 年—2005 年	重点乡（镇）客运站	6000	4200	900	900	由项目所在地乡镇政府或行政村无偿提供使用
	一般乡（镇）客运站	9400	7990	1410	—	
	行政村简易站	6068	5461	607	—	
	小计	21468	17651	2917	900	
2006 年—2010 年	重点乡（镇）客运站	4000	2800	600	600	
	一般乡（镇）客运站	42800	36380	6420	—	
	行政村简易站	30080	27072	3008	—	
	小计	76880	66252	10028	600	
2011 年—2015 年	重点乡（镇）客运站	—	—	—	—	
	一般乡（镇）客运站	8900	7565	1335	—	
	行政村简易站	30080	27072	3008	—	
	小计	38980	34637	4343		
合计		137328	118540	17288	1500	

甘肃省农村客运站建设资金来源构成一览表

表 2-5-8

序号	资金来源渠道	估算投资额（万元）	构成比例
	总计	136828	100.0%
1	申请国家补助	45997	33.5%
2	省上定额补助	30277	22.0%
3	地方财政配套	30277	22.0%
4	车站经营者自筹	30277	22.5%

县乡村交通情况表

不通公路的乡镇(个)	行政村交通情况						自然村交通情况				乡村道路情况	
	行政村总数(个)	通汽车(个)	通班车(个)	通公路(个)	通等级路(个)	通等外路(个)	自然村个数(个)	通汽车(个)	通班车(个)	通公路(个)	条数(条)	长度(公里)
15个：鱼儿红乡、赛拉龙、直滩、南湖、北山、坪城、家沟、上庄、韦营、东泉、韩川、碧峰、江盘、郭河、龙凤	17494	15111	8283	11976	0	0	103149	72636	37344	52895	6852	44905
8个：鱼儿红乡、北山、坪城、韦营、东泉、韩川、郭河、龙凤	17504	15541	8873	12675	0	0	103168	74548	39598	55340	8899	55196
8个：鱼儿红乡、北山、坪城、韦营、东泉、韩川、郭河、龙凤	17508	15893	8904	12845	0	0	103168	75025	39634	55611	9293	57001
4个：鱼儿红、北山、磨坝乡、桔柑乡	17757	16868	10698	14910	6818	8092	0	0	0	0	6797	39852

年份	县（市）通油路情况			乡镇交通情况							
	县市总数（个）	通油路县市数（个）	不通油路的县（市）名称	乡总数（个）	通汽车（个）	通公路（个）	通等级路（个）	通等外路（个）	通油路（个）	通班车（个）	不通汽车的乡镇（个）
2002	87	87	0	1542	1541	1538	1261	277	669	1273	北山乡
2003	87	87	0	1541	1541	1541	1290	251	676	1277	

不通公路的乡镇(个)	行政村交通情况						自然村交通情况				乡村道路情况	
	行政村总数(个)	通汽车(个)	通班车(个)	通公路(个)	通等级路(个)	通等外路(个)	自然村个数(个)	通汽车(个)	通班车(个)	通公路(个)	条数(条)	长度(公里)
4个: 鱼儿红、北山、磨坝乡、桔柑乡	17810	16821	10734	15030	6912	8118	0	0	0	0	6998	40848
	17815	16851	10764	15324	7058	8266	0	0	0	0	6880	42546

第二编 公路运输与生产

表 2-5-10

2003 年—2010 年甘肃省乡（镇）客运站建设情况表

项目所在地区		建设性质	个数	项目名称	建设计划（万元）				
地（市）	县（区）				合计	中央车购税	部省投资	地方自筹	
兰州市	红古区	新建	4	花庄镇汽车站，河咀乡汽车站，平安镇汽车站，红古乡汽车站	160	80		80	
	皋兰县	新建	7	石洞镇汽车站，西岔镇汽车站，忠和镇汽车站，什川镇汽车站，黑石川乡汽车站，中心乡汽车站，水阜乡汽车站	280	100	40	140	
	榆中县	新建	22	夏官营镇汽车站，工业园区汽车站，高崖镇汽车站，金崖乡汽车站，哈岘乡汽车站，甘草店镇汽车站，青城镇汽车站，定远镇汽车站，来紫堡乡汽车站，小康营乡汽车站，连搭乡汽车站，马坡乡汽车站，银山乡汽车站，新营乡汽车站，清水驿乡汽车站，龙泉乡汽车站，韦营乡汽车站，中连川乡汽车站，贡井乡汽车站，园子岔乡汽车站，上花岔乡汽车站，和平镇汽车站	880	240	200	440	
	永登县	新建	19	武胜驿乡汽车站，河桥镇汽车站，连城镇汽车站，苦水乡汽车站，中川镇汽车站，吐鲁沟汽车站，龙泉寺镇汽车站，树屏镇汽车站，秦川镇汽车站，红城镇汽车站，柳树乡汽车站，上川镇汽车站，大有乡汽车站，坪城乡汽车站，民乐乡汽车站，通远乡汽车站，七山乡汽车站，中堡镇汽车站，大同镇汽车站	720	200	160	360	

续表

项目所在地区		建设性质	个数	项目名称	建设计划（万元）			
地（市）	县（区）				合计	中央车购税	部省投资	地方自筹
白银市	白银区	新建	4	水川镇汽车站、四龙镇汽车站、王岘乡汽车站、强湾镇汽车站	160	80		80
	平川区	新建	11	红会镇汽车站、王家山镇汽车站、捡财塘风电厂汽车站、北武当汽车站、陡城镇汽车站、宝积乡汽车站、黄峤乡汽车站、屈吴山汽车站、种田乡汽车站、复兴乡汽车站	440	180	40	220
	靖远县	新建	14	北湾镇汽车站、寺儿湾石窟汽车站、东湾乡汽车站、法泉寺汽车站、糜滩乡汽车站、三滩乡汽车站、刘川乡汽车站、高湾乡汽车站、靖安乡汽车站、五合乡汽车站、东升乡汽车站、北滩乡汽车站、永新乡汽车站、大芦乡汽车站	560	220	60	280
	会宁县	新建	28	老君乡汽车站、鸡儿川汽车站、河畔镇汽车站、头寨乡汽车站、丁家沟乡汽车站、中川乡汽车站、新添堡乡汽车站、侯川乡汽车站、党岘乡汽车站、杨集乡汽车站、老君乡汽车站、八里湾乡汽车站、太平店镇汽车站、翟家所乡汽车站、柴门乡汽车站、八里湾乡汽车站、平头川乡汽车站、大沟乡汽车站、四房吴乡汽车站、汉家岔乡汽车站、铁木山汽车站、土门岘乡汽车站、新塬乡汽车站、刘寨乡汽车站、草滩乡汽车站、土高山乡汽车站、白草塬乡汽车站、新庄乡汽车站	1120	380	180	560

续表

项目所在地区		建设性质	个数	项目名称	建设计划（万元）			
地（市）	县（区）				合计	中央车购税	部省投资	地方自筹
白银市	景泰县	新建	16	条山镇汽车站、芦阳镇汽车站、上沙沃镇汽车站、喜泉乡汽车站、草窝滩乡汽车站、营双汽车站、中泉乡汽车站、黄河石林汽车站、正路乡汽车站、寺滩乡汽车站、双墩汽车站、寿鹿山汽车站、五佛乡汽车站、五佛沿寺景点汽车站、漫水滩乡汽车站、四个山镇汽车站	640	160	160	320
嘉峪关市	市辖区	新建	8	新城镇汽车站、峪泉镇汽车站、关城汽车站、悬臂长城汽车站、七一冰川汽车站、长城第一墩汽车站、花海乡汽车站、文殊乡汽车站	320	60	100	160
酒泉市	肃州区	新建	20	泉湖乡汽车站、西峰乡汽车站、怀茂乡汽车站、西洞镇汽车站、屯升乡汽车站、总寨镇汽车站、金佛寺镇汽车站、红山乡汽车站、上坝乡汽车站、三墩乡汽车站、临水乡汽车站、银达乡汽车站、果园乡汽车站、下清河乡汽车站、黄泥堡乡汽车站、铧尖乡汽车站、海马泉汽车站、东洞乡汽车站、瓷窑口汽车站、丰乐乡汽车站	800	140	260	400
	金塔县	新建	9	中东镇汽车站、鼎新镇汽车站、东坝镇汽车站、航天镇汽车站、三合乡汽车站、古城乡汽车站、西坝乡汽车站、羊井子湾汽车站、大庄子乡汽车站	360	120	60	180

续表

项目所在地区		建设性质	个数	项目名称	建设计划（万元）			
地（市）	县（区）				合计	中央车购税	部省投资	地方自筹
	玉门市	新建	13	柳墩乡汽车站，赤金镇汽车站，下西号乡汽车站，黄闸湾乡汽车站，柳河乡汽车站，昌马乡汽车站，清泉乡汽车站，小金湾乡汽车站，柳湖乡汽车站，独山子乡汽车站，七墩滩汽车站，铁人故居汽车站，赤金峡汽车站	520	240	20	260
	瓜州县	新建	19	柳园镇汽车站，南岔镇汽车站，锁阳城汽车站，锁阳城镇汽车站，瓜州乡汽车站，西湖农场汽车站，渊泉镇汽车站，榆林窟汽车站，双塔乡汽车站，河东乡汽车站，布隆吉乡汽车站，环城乡汽车站，腰站子乡汽车站，七墩滩乡汽车站，广至乡汽车站，沙河乡汽车站，梁湖乡汽车站，小宛农场汽车站，三道沟镇汽车站	760	200	180	380
酒泉市	敦煌市	新建	13	七里镇汽车站，敦煌古城汽车站，孟家桥乡汽车站，莫高窟汽车站，五墩乡汽车站，吕家堡乡汽车站，南湖乡汽车站，阳关汽车站，玉门关汽车站，转渠口乡汽车站，杨家桥乡汽车站，郭家堡乡汽车站，黄渠乡汽车站	520	120	140	260
	肃北县	新建	3	马鬃山汽车站，石包城汽车站，鱼儿红牧场汽车站	120	20	40	60
	阿克塞县	新建	6	红柳湾镇（工业区）汽车站，建设（哈尔腾）汽车站，乌呼图乡汽车站，阿勒腾乡海子汽车站，当金口汽车站，团结乡汽车站	231	71	40	120

续表

项目所在地区		建设性质	个数	项目名称	建设计划（万元）			
地（市）	县（区）				合计	中央车购税	部省投资	地方自筹
金昌市	金川区	新建	3	双湾镇汽车站，双湾乡汽车站，小井子汽车站	120	40	20	60
	永昌县	新建	12	新城子镇汽车站，东寨汽车站，红山窑乡汽车站，水磨关汽车站，六坝乡汽车站，新城子镇汽车站，朱王堡镇汽车站，东寨镇汽车站，水源镇汽车站，红山窑乡汽车站，焦家庄乡汽车站，六坝乡汽车站	480	160	80	240
定西市	安定区	新建	19	内官营镇汽车站，巉口乡汽车站，麻子川镇汽车站，鲁家沟乡汽车站，西巩驿镇汽车站，宁远乡汽车站，李家堡乡汽车站，团结乡汽车站，香泉乡汽车站，符川镇汽车站，葛家岔镇汽车站，白碌乡汽车站，青岚山乡汽车站，高峰乡汽车站，石泉乡汽车站，杏园乡汽车站，称钩驿镇汽车站，石峡湾乡汽车站，新集乡汽车站	640	240	80	320
		改	1	口镇汽车站	40	20		20
	通渭县	新建	17	平襄镇汽车站，马营镇汽车站，鸡川乡汽车站，榜罗镇汽车站，常家河镇汽车站，义岗川镇汽车站，陇阳乡汽车站，陇山乡汽车站，陇川乡汽车站，碧玉乡汽车站，襄南乡汽车站，李家店乡汽车站，什川乡汽车站，第三铺乡汽车站，华家岭汽车站，寺子川乡汽车站，北坡铺乡汽车站	680	340	340	

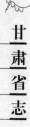
甘肃省志 公 交 通 卷

续表

第二编 公路运输与生产

项目所在地区		建设性质	个数	项目名称	建设计划（万元）			
地（市）	县（区）				合计	中央车购税	部省投资	地方自筹
	陇西县	新建	6	菜子乡汽车站，云田镇汽车站，碧岩乡汽车站，马河镇汽车站，柯寨乡汽车站，权家湾乡汽车站	240	60	60	120
	渭源县	新建	21	清源镇汽车站，莲峰镇汽车站，会川乡汽车站，太白山汽车站，五竹镇汽车站，路园镇汽车站，北寨镇汽车站，新寨镇汽车站，麻家集镇汽车站，锹峪乡汽车站，秦祁乡汽车站，庆坪镇汽车站，庆坪乡汽车站，上湾乡汽车站，峡城乡汽车站，祁家庙乡汽车站，秦祁乡汽车站，田家河乡汽车站，大安乡汽车站	820	80	320	420
定西市	临洮县	新建	17	洮阳乡汽车站，洮阳镇汽车站，八里镇汽车站，新添乡汽车站，辛店镇汽车站，太石铺乡汽车站，中铺镇汽车站，峡口乡汽车站，龙门乡汽车站，窑店乡汽车站，玉井乡汽车站，牙下镇汽车站，南坪乡汽车站，红旗乡汽车站，康家集乡汽车站，站滩乡汽车站，漫湾乡汽车站	680	240	100	340
	漳县	新建	12	新寺镇汽车站，金钟乡汽车站，金钟乡汽车站，殪虎桥乡汽车站，大草滩乡汽车站，遮阳山汽车站，石川乡汽车站，草滩乡汽车站，草滩乡汽车站，贵清山汽车站，武当乡汽车站	440	40	180	220

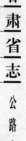

续表

| 项目所在地区 | | 建设性质 | 个数 | 项目名称 | 建设计划（万元） | | | |
地（市）	县（区）				合计	中央车购税	部省投资	地方自筹
定西市	岷县	新建	13	蒲麻镇汽车站，梅川镇汽车站，同井乡汽车站，中寨镇汽车站，清水乡汽车站，寺沟乡汽车站，禾驼乡汽车站，申都乡汽车站，锁龙乡汽车站，西江镇汽车站，十里镇汽车站，麻子川乡汽车站	400	60	140	200
临夏州	临夏市	新建	5	城西汽车站，辛家河汽车站，南龙镇汽车站，折桥镇汽车站，双城镇汽车站	200	40	60	100
	临夏县	新建	12	土桥镇汽车站，马集乡汽车站，莲花镇汽车站，尹集镇汽车站，营滩乡汽车站，漫路乡汽车站，北塬乡汽车站，坡头乡汽车站，先锋乡汽车站，河西乡汽车站，南源乡汽车站，黄泥湾乡汽车站	480	140	100	240
	康乐县	新建	11	苏集镇汽车站，莲麓乡汽车站，莲花山汽车站，康丰乡汽车站，虎关乡汽车站，白王乡汽车站，八松乡汽车站，八丹乡汽车站，上湾乡汽车站，草滩乡汽车站，五户乡汽车站	440	140	80	220
	永靖县	新建	17	刘家峡镇红柳台汽车站，盐锅峡镇汽车站，大极镇汽车站，三塬镇汽车站，三塬镇向阳码头汽车站，大极岛汽车站，西河镇汽车站，三塬镇汽车站，岘塬镇汽车站，陈井镇汽车站，川城镇汽车站，王台镇汽车站，关山乡汽车站，红泉镇汽车站，徐顶乡汽车站，坪沟乡汽车站，新寺乡汽车站，杨塔乡汽车站	680	120	220	340

续表

项目所在地区		建设性质	个数	项目名称	建设计划（万元）			
地（市）	县（区）				合计	中央车购税	部省投资	地方自筹
临夏州	广河县	改	1	刘家峡水库汽车站	40	20	—	20
		新建	4	城关镇汽车站，祁家集汽车站，庄禾集镇汽车站，排子坪乡汽车站	160	80	—	80
	和政县	新建	6	马家堡镇汽车站，陈家集乡汽车站，罗家集汽车站，新营乡汽车站，新庄乡汽车站，松鸣岩汽车站	240	120	—	120
	东乡县	新建	11	达板镇汽车站，河滩乡汽车站，那勒寺乡汽车站，唐汪镇汽车站，柳树乡汽车站，东塬乡汽车站，百和乡汽车站，汪集镇汽车站，龙泉乡汽车站，考勤乡汽车站，董岭乡汽车站	440	120	100	220
	积石山县	新建	5	石塬乡汽车站，柳沟乡汽车站，关家川乡汽车站，安集乡汽车站，银川乡汽车站	200	100	—	100
天水市	秦州区	新建	7	关子镇汽车站，平南镇汽车站，娘娘坝镇汽车站，大门乡汽车站，齐寿乡汽车站，牡丹镇汽车站，西口镇汽车站	200	40	60	100
	麦积区	新建	3	花牛镇汽车站，中滩镇汽车站，元龙镇汽车站	120	40	20	60
	清水县	新建	8	金集乡汽车站，松树乡汽车站，王河乡汽车站，土门镇汽车站，黄门乡汽车站，白沙乡汽车站，贾川乡汽车站，百家镇汽车站	240	60	60	120

续表

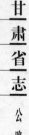

项目所在地区		建设性质	个数	项目名称	建设计划（万元）			
地（市）	县（区）				合计	中央车购税	部省投资	地方自筹
天水市	秦安县	新建	6	陇城镇汽车站，郭嘉镇汽车站，刘坪乡汽车站，中山乡汽车站，王甫乡汽车站，王尹乡汽车站	200	20	80	100
	甘谷县	新建	4	新兴镇汽车站，西坪乡汽车站，谢家湾乡汽车站，礼辛乡汽车站	120	—	60	60
	武山县	新建	3	鸳鸯镇汽车站，滩歌镇汽车站，杨河乡汽车站	120	—	60	60
	张家川县	新建	3	恭门镇汽车站，马鹿镇汽车站，龙山镇汽车站	80	—	40	40
武威市	民勤县	新建	23	三雷乡汽车站，瑞安堡景区汽车站，西渠镇汽车站，东湖镇汽车站，蔡旗乡汽车站，重兴乡汽车站，昌宁乡汽车客运站，昌宁乡汽车站，红崖山水库汽车站，宋河生态园区汽车站，大坝乡汽车站，勤锋沙生态园汽车站，苏武庄园汽车站，双茨科乡汽车站，夹河乡汽车站，大滩乡汽车站，红沙岗镇汽车站，南湖乡汽车站，红沙梁乡汽车客运站，收成乡汽车站	920	180	280	460
	天祝县	新建	19	华藏镇汽车站，打柴沟镇汽车站，安远镇汽车站，华藏镇汽车客运站，安远镇汽车客运站，赛什斯汽车站，石门镇汽车站，松山乡汽车站，毛藏乡汽车客运站，东坪乡汽车运站，赛拉隆乡汽车站，西大滩乡汽车站，抓喜秀龙乡汽车站，东大滩乡汽车站，朵什乡汽车站，大红沟乡汽车站，毛藏乡汽车站，祁连乡汽车站，旦马乡汽车站	740	260	100	380

续表

项目所在地区		建设性质	个数	项目名称	建设计划（万元）			
地（市）	县（区）				合计	中央车购税	部省投资	地方自筹
武威市	古浪县	新建	17	泗水镇汽车站，土门镇汽车站，大靖镇汽车站，裴家营镇汽车站，海子滩镇汽车站，定宁镇汽车站，黄羊川汽车站，永丰滩乡汽车站，黄花乡汽车站，西靖乡汽车站，民权乡汽车站，直滩乡汽车站，新堡乡汽车站，横梁乡汽车站，古丰乡汽车站，黑松驿汽车站，冰草湾汽车站	680	160	180	340
	凉州区	新建	32	高坝镇汽车站，武南镇汽车站，白塔寺汽车站，武南镇汽车站，沙漠公园汽车站，清源镇汽车站，双城镇汽车站，丰乐镇汽车站，高坝镇汽车站，金羊乡车站，羊下坝乡汽车站，中坝乡汽车站，古城镇汽车站，天梯山石窟汽车站，发放乡汽车站，西营镇汽车站，四坝镇汽车站，谢河镇汽车站，城镇客运站，五和乡汽车站，康宁乡汽车站，长城镇汽车站，柏树乡汽车站，金塔乡汽车站，下双镇汽车站，九墩乡汽车站，金山乡汽车站，清水乡汽车站，吴家井乡汽车站，新华乡汽车站，东河乡汽车站，河东乡汽车站，和平镇汽车站	1280	440	200	640
张掖市	甘州区	新建	15	碱滩古城站，上秦镇汽车站，大满镇汽车站，和平乡汽车站，沙井镇汽车站，乌江镇汽车站，甘浚镇汽车站，新墩镇汽车站，碱滩镇汽车站，三闸镇汽车站，小满镇汽车站，龙渠乡汽车站，安阳乡汽车站，靖安乡汽车站，平山湖乡汽车站	600	220	80	300

续表

项目所在地区		建设性质	个数	项目名称	建设计划（万元）			
地（市）	县（区）				合计	中央车购税	部省投资	地方自筹
张掖市	临泽县	新建	11	沙河镇汽车站，工业开发区汽车站，新华镇汽车站，蓼泉镇汽车站，平川镇汽车站，板桥镇汽车站，鸭暖乡汽车站，香菇寺汽车站，双泉湖汽车站，倪家营乡汽车站，丹霞景区汽车站	440	120	100	220
	高台县	新建	9	城关镇汽车站，南华镇汽车站，巷道乡汽车站，宣化镇汽车站，黑泉乡汽车站，罗城乡汽车站，合黎乡汽车站，骆驼城汽车站，新坝乡汽车站	360	140	40	180
	山丹县	新建	11	清泉镇汽车站，位奇镇汽车站，霍城镇汽车站，东乐乡汽车站，陈户乡汽车站，老军乡汽车站，李桥乡汽车站，焉支山森林公园汽车站，军马一场汽车站，军马二场汽车站，军马三场汽车站	440	160	60	220
	民乐县	新建	9	六坝乡汽车站，新天镇汽车站，南古镇汽车站，永固镇汽车站，三堡镇汽车站，南丰乡汽车站，民联乡汽车站，顺化乡汽车站，丰乐乡汽车站	360	80	100	180
	肃南县	新建	9	马蹄寺汽车站，康乐乡汽车站，大河乡汽车站，明海乡汽车站，祁丰镇汽车站，祁青工业开发区汽车站，白银蒙古族乡汽车站，文殊寺汽车站，马蹄乡汽车站	360	140	40	180

续表

| 项目所在地区 | | 建设性质 | 个数 | 项目名称 | 建设计划（万元） | | | |
地（市）	县（区）				合计	中央车购税	部省投资	地方自筹
平凉市	崆峒区	新建	17	四十铺镇汽车站，崆峒镇汽车站，龙隐寺汽车站，白水镇汽车站，安国乡汽车站，柳湖乡中心汽车站，花所乡汽车站，索罗乡汽车站，香莲乡汽车站，西阳乡汽车站，大寨乡汽车站，白庙乡汽车站，寨河乡汽车站，大寨乡汽车站，上杨乡汽车站，麻武乡汽车站，峡门乡车站	680	300	40	340
	泾川县	新建	16	南石窟寺汽车站，王母宫汽车站，田家沟寺汽车站，玉都镇汽车站，高平镇汽车站，荔堡镇汽车站，王村镇汽车站，窑店镇汽车站，汭丰乡汽车站，罗汉洞乡汽车站，泾明乡汽车站，红河乡汽车站，飞云乡汽车站，太平乡汽车站，丰台乡汽车站，党原乡汽车站	640	280	40	320
	灵台县	新建	13	中台镇汽车站，邵寨镇汽车站，独店镇汽车站，什字镇汽车站，朝那镇汽车站，新开乡汽车站，西屯乡汽车站，上良乡汽车站，梁塬乡汽车站，龙门乡汽车站，星火乡汽车站，百里乡汽车站，蒲窝乡汽车站	200	200	60	260
	崇信县	新建	8	锦屏镇汽车站，九功乡汽车站，新窑镇汽车站，柏树乡汽车站，黄寨乡汽车站，木林乡汽车站，木林乡汽车站	320	140	20	160

续表

项目所在地区		建设性质	个数	项目名称	建设计划（万元）			
地（市）	县（区）				合计	中央车购税	部省投资	地方自筹
平凉市	华亭县	新建	9	东华镇车站，石堡子汽车站，西华镇车站，石拱寺汽车站，策底镇汽车站，上关乡汽车站，神峪乡汽车站，山寨乡汽车站，河西乡汽车站	360	140	40	180
	庄浪县	新建	18	朱店镇汽车站，万泉乡汽车站，韩店镇汽车站，云崖寺汽车站，韩店乡汽车站，岳堡乡汽车站，岳堡乡汽车站，杨河乡汽车站，赵墩乡汽车站，柳梁乡汽车站，白堡汽车站，大庄乡汽车站，阳川乡汽车站，良邑乡汽车站，通化乡汽车站，郑河乡汽车站，南坪乡汽车站，盘安乡汽车站	720	200	160	360
	静宁县	新建	27	威戎镇汽车站，界石铺镇汽车站，李店乡汽车站，城川乡汽车站，司桥乡汽车站，古城乡汽车站，古城乡汽车站，双岘乡汽车站，双岘乡汽车站，雷大乡汽车站，雷大乡汽车站，余湾乡汽车站，仁达乡汽车站，贾河乡汽车站，深沟乡汽车站，治平乡汽车站，新店乡汽车站，甘沟乡汽车站，四河乡汽车站，红寺乡汽车站，红寺乡汽车站，细巷乡汽车站，三合乡汽车站，原安乡汽车站，原安乡汽车站，灵芝乡汽车站	1080	440	100	540
庆阳市	西峰区	新建	4	肖金镇汽车站，小崆峒汽车站，什社乡汽车站，显胜乡汽车站	160	40	40	80

续表

| 项目所在地区 | | 建设性质 | 个数 | 项目名称 | 建设计划（万元） | | | |
地（市）	县（区）				合计	中央车购税	部省投资	地方自筹
庆阳市	庆城县	新建	9	驿马镇汽车站，熊家庙乡汽车站，马岭镇汽车站，赤城乡汽车站，太白梁乡汽车站，土桥乡汽车站，南庄乡汽车站，霍家河乡汽车站，蔡家庙乡汽车站	360	120	60	180
	环县	新建	16	曲子镇汽车站，甜水镇汽车站，天池乡汽车站，吴城子乡汽车站，演武乡汽车站，合道乡汽车站，樊家川乡汽车站，八珠乡汽车站，洪德乡汽车站，耿湾乡汽车站，山城乡汽车站，小南沟乡汽车站，车道乡汽车站，毛井乡汽车站，芦家湾乡汽车站，兴隆山汽车站	640	220	100	320
	华池县	新建	10	悦乐镇汽车站，元城镇汽车站，城壕乡汽车站，上里塬镇汽车站，王咀子乡汽车站，怀安乡汽车站，乔川乡汽车站，山庄乡汽车站，南梁乡汽车站，林镇乡汽车站	400	120	80	200
	合水县	新建	7	望宁堡汽车站，段家集乡汽车站，板桥定祥汽车站，老城镇汽车站，固城乡汽车站，太白镇汽车站，子午林汽车站	280	140		140
	正宁县	新建	9	山河镇汽车站，榆林子镇汽车站，宫河镇汽车站，永和镇汽车站，西坡乡汽车站，永正乡汽车站，周家乡汽车站，湫头乡汽车站，五倾塬乡汽车站	360	120	60	180

613

续表

项目所在地区			建设		项目名称	建设计划（万元）			
地（市）	县（区）		性质	个数		合计	中央车购税	部省投资	地方自筹
庆阳市	宁　县		新建	8	平子镇汽车站，旱胜镇汽车站，南义乡汽车站，米桥乡汽车站，良平乡汽车站，九岘乡汽车站，春荣乡汽车站，中村乡汽车站	320	120	40	160
	镇原县		新建	13	马渠乡汽车站，孟坝镇汽车站，三岔镇汽车站，开边镇汽车站，太平镇汽车站，庙渠乡汽车站，新集乡汽车站，武沟乡汽车站，中原乡汽车站，南川乡汽车站，新城乡汽车站，屯子镇汽车站，方山乡汽车站	520	180	80	260
	合作市		新建	6	卡加曼乡汽车站，卡加道乡汽车站，佐盖多玛乡汽车站，佐盖曼玛乡汽车站，加茂贡乡汽车站，那吾乡汽车站	240	80	40	120
甘南州	临潭县		新建	14	城关镇汽车站，新城乡汽车站，冶力关镇汽车站，冶力关景区汽车站，古战乡汽车站，卓洛乡汽车站，长川乡汽车站，羊永乡汽车站，流顺乡汽车站，店子乡汽车站，陈旗乡汽车站，三岔乡汽车站，石门乡汽车站，羊沙乡汽车站	560	160	120	280
	卓尼县		新建	11	柳林镇汽车站，木耳乡汽车站，扎古录镇汽车站，纳浪乡汽车站，大峪沟汽车站，尼巴乡汽车站，完冒乡汽车站，阿子滩乡汽车站，恰盖乡汽车站，康多乡汽车站，藏巴哇乡汽车站	440	140	80	220

续表

项目所在地区		建设性质	个数	项目名称	建设计划（万元）			
地（市）	县（区）				合计	中央车购税	部省投资	地方自筹
甘南州	舟曲县	新建	14	大川镇汽车站，曲瓦乡汽车站，巴藏乡汽车站，立节乡汽车站，丁字河口景点汽车站，憨班乡汽车站，坪定乡汽车站，江盘乡汽车站，弓子石乡汽车站，捅岗乡汽车站，武坪乡汽车站，铁坝乡汽车站，丁字河口汽车站，博峪乡汽车站	560	220	60	280
	迭部县	新建	9	白云乡汽车站，达拉乡汽车站，尼傲乡汽车站，旺藏乡汽车站，花园乡汽车站，桑坝乡汽车站，腊子口乡汽车站，代古寺乡汽车站，洛大乡汽车站	360	140	40	180
	玛曲县	新建	9	尼玛黄河首曲汽车站，欧拉乡汽车站，下欧拉乡汽车站，阿万仓乡汽车站，木西合乡汽车站，齐哈玛乡汽车站，采日玛乡汽车站，曼日玛乡汽车站，河曲马场汽车站	360	100	80	180
	碌曲县	新建	10	朗木寺镇汽车站，贡巴乡汽车站，艾玛镇汽车站，尔海乡汽车站，西仓乡汽车站，拉仁关乡汽车站，则岔石林景区汽车站，双岔乡汽车站，则岔石林汽车站，阿拉乡汽车站	400	140	60	200
	夏河县	新建	10	王府乡汽车站，拉卜楞镇王府汽车站，王格尔塘乡汽车站，阿木去乎汽车站，甘加草原汽车站，达麦乡汽车站，扎油乡汽车站，博拉乡汽车站，吉仓乡汽车站，科才乡汽车站	400	100	100	200

续表

项目所在地区 地(市)	县(区)	建设性质	个数	项目名称	建设计划（万元） 合计	中央车购税	部省投资	地方自筹
甘南州	夏河县	改	1	桑科草原汽车站	40	20	—	20
陇南市	武都区	新建	1	隆兴乡汽车站	40	—	20	20
	成 县	新建	5	红川镇汽车站，王磨镇汽车站，陈院镇汽车站，黄陈镇汽车站，昌河坝汽车站	200	—	100	100
	宕昌县	新建	1	城关镇汽车站	40	—	20	20
		重	1	两河口乡汽车站	40	—	40	—
	康 县	重	1	阳坝镇汽车站	40	—	40	—
	徽 县	新建	6	伏家镇汽车站，江洛镇汽车站，柳林镇汽车站，嘉陵镇汽车站，三滩森林汽车站，西坡镇汽车站	240	40	100	100
	两当县	新建	7	站儿巷镇汽车站，杨店乡汽车站，显龙乡汽车站，鱼池乡汽车站，张家乡汽车站，金洞乡汽车站	280	20	120	140
	文 县	新建	1	中庙乡汽车站	40	20	—	20
合计			889（个）		34991	10431	7060	17420

第二节　货运站场

自 1993 年出台《甘肃省"八五""九五"货运站点建设规划》后，新改建货运中心（站）9 个，全省以地（市、州）、县（区、市）货运交易场所为依托，仓储、配载、信息、运输一体化的货运服务体系初具规模。1996年，制订兰州公路主枢纽组织管理中心的布局规划，其中货运枢纽系统包括货运东站、集装箱中转站、河口货运站、泉子沟货运站等 7 个货运站。至2010 年底，全省等级汽车货运站达 65 个，其中一级站 5 个、二级站 24 个、三级站 9 个、四级站 27 个。

一、主要货运站

（一）西北永新置业有限公司新东部货运服务站

2010 年 6 月 22 日发证经营，占地 40 亩，总投资 3000 万元。站场有大型车辆停车位 210 个，仓储面积 1.2 万平方米，停车场面积 2000 平方米，站场容纳经营户托运部数 82 户，从业人员 2000 人，是一家综合货运站。

（二）兰州新派克仓储服务有限公司东岗货运服务站

2010 年 6 月 28 日发证经营，占地 53 亩，总投资 5000 万元。站场有大型车辆停车位 210 个，仓储面积 3700 平方米，停车场面积 3 万平方米，站场容纳经营户托运部数 51 户、信息部数 119 户，从业人员 2120 人，是一家综合货运站。

（三）兰州煜墩货运集散中心

2010 年 7 月 1 日发证经营，占地 56 亩，总投资 7500 万元。站场有大型车辆停车位 280 个，仓储面积 1.07 万平方米，停车场面积 2.67 万平方米，站场容纳经营户托运部数 80 户，从业人员 2490 人，是一家综合货运站。

（四）景泰县货运中心

1998 年，景泰县货运市场开始起步建设，初步开辟简易货运市场 1 处，占地面积 3000 平方米，可容纳 100 辆车，结束有市无场的状况。2006 年工程可行性研究通过审查，省交通厅立项批复，进入初设阶段。2007 年开工，完成投资 200 万元。2008 年完成主体，完成投资 760 万元，累计完成投资

860万元。2008年完成日元贷款"道之驿"项目，完成投资450万元。

（五）天水市公路运输服务中心

1997年6月26日，天水市公路运输服务中心完成一期建设工程并正式开业。该中心直属天水市运管处，主要经营项目有汽车客运、货运、仓储、停车、住宿、饮食等。1998年6月，由省、市交通部门投资建成天水公路运输服务中心。该中心以货运为"龙头"，成为甘肃省东部公路运输网络的连接点和货运网络的中心站。1999年，中心自筹资金20万元，积极组织各货运单位开拓西安、郑州、呼和浩特、银川、汉中等398家单位和3600家个体经营户的业务，与66个运输单位、个人和挂靠的68辆车主签订长年配载合同和服务公约，并牵头在秦城区（今秦州区）、北道区（今麦积区）和西安等地相继成立了5个以货运配载为主，零担货运和公铁联运为辅的配载服务体系。同年，天水市公路运输服务中心被交通部评为道路货运文明单位。

（六）金塔货运站

1999年7月成立，驻金塔县汽车运输公司。货运站新建项目于2002年5月由省交通厅立项，批准工程总投资310万元，位于金塔县金鑫工业园区内酒航公路与金石支渠交汇处，占地面积2万平方米，其中建成776平方米的2层综合楼1幢、600平方米全封闭式仓储库1座、210平方米地下储藏室7间，硬化货物堆场、工作作业区、停车场2200平方米，硬化站前广场1200平方米，建成其他附属工程115平方米，站前绿化面积200平方米。货运站隶属金塔县交通局管辖，2008年整体出租给金塔县昌达运输公司使用。

（七）高台县陆通货运站务有限责任公司

高台县陆通货运站务有限责任公司经省交通厅批准立项，隶属高台县安信汽车运输有限责任公司，2005年3月按部颁三级货运站标准设计建设，2005年10月投入试运营，2006年11月1日验收，总投资315万元。地处南华镇南郊连霍高速公路和高火公路交会处，占地面积50亩，建筑面积1956平方米（综合楼1438平方米），有企业员工5人。公司主要从事信息配载、货物代理、仓储理货、公铁联运、车辆停靠等相关服务业务。2010年，完成货物配载20万吨，有各类货运车辆1929辆、货运配载及信息服务业户4户、搬运装卸队1个，货运量完成143.2万吨，货物运周转量4326.39万吨公里。

（八）陇西货运站

陇西县交通便利，是定西、平凉、天水、陇南、甘南等5市（州）和16个县（区）的物资集散地。1993年，陇西县政府决定在文峰建设货运服务站。1993年6月5日，陇西县交通局上报《关于新建陇西货运站工程可行性研究报告》。计划总投资200万元，建筑面积2200平方米，包括货运业务、行政办公、仓储和其他配套设施，其中100平方米为省货运中心和汽车运用研究所信息网络使用，停车场3300平方米，可停放汽车60辆。该工程于1994年11月动工，1995年10月底大楼主体工程全部竣工，完成投资136.9万元。1997年6月，正式投入运营。

（九）平凉货运中心吴岳货场

吴岳货场是平凉货运中心"一个中心两个分支"总体建设规划中的一个项目，设在平凉市四十里铺工业开发区（吴岳村），总占地42亩，建筑面积3739平方米。主要建设站务楼、仓库、大型停车场等仓储服务设施。2003年3月31日，平凉货运中心吴岳货场一期工程开工，用地面积7200平方米，建筑面积1277平方米，并于2003年7月中旬完成建设任务，年底完成续建任务。吴岳村以土地入股，与平凉货运中心共同建设和经营。

（十）合水县汽车货运中心

合水县汽车货运中心为集体所有制独立法人企业，2004年经甘肃省交通厅批准立项，县运管局负责筹建，2004年7月动工，2005年10月竣工。货运中心占地1.96万平方米，建设综合办公楼1幢，建筑面积1590.81平方米；建设货物仓库1处，建筑面积1328.58平方米；其他附属工程面积818.33平方米；货运停车场、货物堆放场地9000平方米；货物吞吐量570吨。2008年8月，搬至货运中心办公楼。

1995年—2001年甘肃省主要货运站场建设情况见表2-5-11，2002年—2010年甘肃省货运站场数量、吞吐量、投资情况见表2-5-12，2010年甘肃省各地区货运站情况见表2-5-13。

表 2-5-11

1991 年—2010 年甘肃省主要货运站场建设情况一览表

市州	站场名称	站级	占地面积（亩）	建筑面积（㎡）	总投资（万元）			竣工时间	备注
					合计	部省投资	地方自筹		
兰州市	省货运中心	省	30.4	17000	3400	3400		1994 年	运通大厦
	兰州货运站	地	12	3840	698	80	618	1995 年	交通物资大厦
	兰州货运东站	地	13	7000	3200	3000	200	2003 年	
	古城坪物流中心	地	83	15307	5617			2004 年	
	永登货运站	二		9338	649	150	499	2005 年	
	红古连海货运中心	县	28	1580	450			2005 年	
	榆中货运站	县	13	2100	360	140	220	2002 年	
嘉峪关市	嘉峪关货运中心	地	8.4	7368	1249	200	1049	1995 年	已出售。1998 年，省厅补助 80 万元
	嘉峪关物流中心	地	7.5	2300	900	300	600	2001 年	
酒泉市	酒泉货运站	县	8.4	4000	369	130	239	2002 年	该工程分两期，一期未立项，1994 年、1997 年、1998 年、1999 年省厅共补助 110 万元
	玉门市货运中心	县	15	2500	460	160	300	2004 年	
	敦煌货运站	县	6.5	2233	161	80	81	1994 年	1999 年、2000 年、2002 年,省厅共补助 65 万元
	金塔货运站	县	20	2600	310	120	190	2003 年	

续表

市州	站场名称	站级	占地面积（亩）	建筑面积（m²）	总投资（万元）			竣工时间	备注
					合计	部省投资	地方自筹		
白银市	白银道路运输物流园区	一	46.8	10493	3828			2010年	
	白银货运中心	县	15	3500	300	300		1998年	1999年，省厅补助30万元
	甘谷货运站	县	15	1000	130	100	30	2002年	
	张川（龙山）货运站	县	10	560	119	119		1996年	1997年，省厅补助15万元
天水市	秦安货运站	县	9.6	2888	437	237	200	2003年	该站分两期建设，1996年为第一期；1999年、2000年为第二期。省厅共补助50万元
	武山（洛门）货运站	县	15	600	166.5	156.5	10	1996年	1998年、1999年，省厅共补助40万元
定西市	临洮货运中心	县	20	4030	580			2005年	
武威市	民勤货运站	三	60	3116	600	240	360	2006年	
	武威客货中心	一	30	8500	991	650	341	2000年	
	民勤红沙岗货运中心	县	147	3729	1333.2			2010年	
张掖市	高台货运站	三	63	2216	480	100	380	2006年	
	临泽货运站	三		1200	540	100	440	2005年	
	民乐货运站	县	28	2000	290	150	140	2000年	1999年，省厅补助25万元

续表

市州	站场名称	站级	占地面积（亩）	建筑面积（m²）	总投资（万元）			竣工时间	备注
					合计	部省投资	地方自筹		
张掖市	民乐物流中心	县	88	5700	422	160	262	2002年	一期工程
平凉市	庄浪货运站	三	22.1	3479	590	150	440	2005年	
	平凉货运中心	地	10.7	2404	600	200	400	2004年	
	庆阳货运中心	地	21.5	1050	965	645	320	2002年	共分两期工程
	庆阳县货运站	县	26	3567	600	240	360	2003年	
庆阳市	庆阳公司西安业务站	二	5.4	1800	495	235	260	2000年	2000年，省厅补助25万元
	合水货运站	一	30	1198	562			2005年	
	宁县货运站	县	10	928	406			2005年	
	正宁货运站	县	15	2087	550	190	360	2003年	
甘南州	甘南州货运中心	地	4.5	2137	180	100	80	2002年	

2002 年—2010 年甘肃省货运站场数量、吞吐量、投资情况表

表 2-5-12

年份	货运站						货运站本期完成投资	
	货运站数量					年平均日换算货物吞吐量		
	合计	一级站	二级站	三级站	四级站		合计	政府投资
	个	个	个	个	个	万吨	万元	万元
2002	33	0	5	18	10	40	—	—
2003	38	0	6	22	10	30.3	—	—
2004	55	2	8	16	29	34.3	—	—
2005	32	2	8	7	15	19	—	—
2006	38	3	11	11	13	9	4395	370
2007	44	3	15	9	17	9	6825	500
2008	49	3	15	10	21	12	1330	100
2009	51	3	15	10	23	9	4570	400
2010	65	5	24	9	27	12	8339	415

2010 年底甘肃省各地区货运站情况表

表 2-5-13

序号	地区	货运站数量					货运站本期完成投资（万元）		货运站平均日换算货物吞吐量（万吨）	
		合计	一级站	二级站	三级站	四级站	合计	政府投资（万元）	合计	一级站（万吨）
	甘肃省总计	65	5	24	9	27	8339	415	12	2
1	兰州市	18	2	12	2	2	0	0	1	1
2	嘉峪关市	2	1	0	0	1	785	0	1	1
3	金昌市	22	2	9	5	6	0	0	2	0
4	白银市	1	0	0	0	1	2024	0	0	0
5	天水市	7	0	0	0	7	0	0	6	0

续表

序号	地区	货运站数量					货运站本期完成投资（万元）		货运站平均日换算货物吞吐量（万吨）	
		合计	一级站	二级站	三级站	四级站	合计	政府投资（万元）	合计	一级站（万吨）
6	武威市	1	0	0	0	1	0	0	0	0
7	张掖市	4	0	0	1	3	0	0	0	0
8	平凉市	1	0	0	0	1	5500	385	0	0
9	酒泉市	5	0	0	1	4	0	0	1	0
10	庆阳市	0	0	0	0	0	0	0	0	0
11	矿区	0	0	0	0	0	0	0	0	0
12	定西市	3	0	3	0	0	0	0	1	0
13	陇南市	1	0	0	0	1	30	30	0	0
14	临夏州	0	0	0	0	0	0	0	0	0
15	甘南州	0	0	0	0	0	0	0	0	0

二、主要物流园区

2001年，新建民乐物流中心。2002年，完成民乐物流中心二期，甘肃现代物流开始启动。至2010年底，全省共建成主要物流园区12个。

（一）甘肃东岗物流有限责任公司

2010年7月22日发证经营，占地面积69亩，总投资30800万元。站场现有大型车辆停车位200个，仓储面积0.6万平方米，停车场面积4万平方米，站场可容纳经营户托运部数42户、信息部数31户，从业人员1200人，是综合性货运站。

（二）兰州东部顺盛物流中心

2010年7月22日发证经营，占地面积92亩，总投资3600万元。站场现有大型车辆停车位260个，仓储面积0.5万平方米，停车场面积1.3万平方米，站场可容纳经营户托运部数120户、信息部数50户，从业人员2363人，是一家综合性货运站。

（三）甘肃西部欣星物流有限公司

2010年8月31日发证经营，占地面积70亩，总投资7150万元。站场有大型车辆停车位230个，仓储面积0.25万平方米，停车场面积2.3万平方米，站场可容纳经营户托运部数15户、信息部数230户，从业人员2120人，是综合性货运站。

（四）嘉峪关市区域物流中心

嘉峪关市区域物流中心1998年开工，2000年8月建成，位于嘉峪关市文化南路兴达5号。总投资900万元，建有物流中心主体、货运汽车站、货运电子信息中心、大型停车场、汽车修理厂、货运信息发布网站等。2008年至2010年进行二期工程建设，总投资1730万元，占地5万平方米，建筑面积3750平方米，停车场面积3.7万平方米。

（五）嘉峪关市启域物流客货快运有限责任公司

嘉峪关市启域物流客货快运有限责任公司成立于1992年7月，拥有出租车150辆、货运车辆30多辆，管理人员及从业人员近300人。公司拥有相对独立的办公场所、停车场和现代化的办公设备。

（六）嘉峪关盛和物流有限公司

嘉峪关盛和物流有限公司成立于2010年8月4日，位于嘉峪关市雄关西路育才街区6号~25号。公司拥有车辆22辆，从业人员31人，管理人员7人，停车场面积为2000平方米，办公场所面积为100平方米。主要经营道路普通货物运输、建筑材料、五金交电、农副产品、日用百货、办公用品的批发零售，还有劳务服务等。

（七）天水信合货运物流中心

天水信合货运物流中心2008年建设，2009年建成使用，2010年正式投入运营。位于秦州区左家场天巉公路入口处，占地面积2.67万平方米，建筑面积2570平方米，内设大型停车场，可容纳30户货运企业开展经营活动，是集信息发布、仓储配载为一体的物流中心。2010年7月中旬，天水信合物流公司快速货运通道信息化平台项目的建成，为天水货运市场提供准确而及时的货运信息，为组建现代物流企业奠定了基础。

（八）酒嘉国际物流中心

酒嘉国际物流中心位于酒泉市肃州区高新技术工业园区（南园）内，与连霍高速公路相邻，占地面积10万平方米，建筑面积4万平方米，总投资9200万元。分三期工程建设，其中一期工程规模总投资3400万元，从2005年9月开始建设，2007年8月竣工并投入试运营。一期工程建成指挥调度大楼4970平方米、综合服务楼1200平方米、海关大厅600平方米、综合生活楼2918平方米、大型仓储库房6栋6000平方米、货运物流仓库及大棚7300平方米、铺筑园区内专用道路1.6万平方米，海关货物监管区散货堆场5000平方米，园区散货堆场1.41万平方米，硬化大型停车场1.2万平方米，整修绿化带9560平方米，并安装完备了海关货物监管场所的全方位电子监控系统，设计生产能力为货物吞吐量55万吨每年。至2010年底，公司货物吞吐量也达到65万吨。经营的项目主要有货物运输、物流配送、货物配载、仓储服务、仓库出租、场地出租、物流宾馆、从业人员培训等，并入驻物流托运部35户、物流信息部30户。酒嘉国际物流中心获得国家AA级综合物流企业资质，是交通部重点联系企业，并获甘肃省工信委评定的甘肃省中小企业公共服务示范平台和省级生产性服务业示范企业，2010年被评为全国先进物流企业，是具备多项专业服务功能的综合性国际物流园区。

（九）平凉道路运输物流中心

平凉市道路运输物流中心是国家二类枢纽，是全省"一主五辅"公路枢纽重点工程之一。该中心位于平凉市甘肃东部运输集团所在地，占地148亩，停车场面积3.33万平方米，钢架结构仓储面积6800平方米，年货物吞吐量11.04万吨，投资总额为5800万元。2004年11月24日，通过项目建设可行性研究报告的评审，2004年底开工建设，2006年底建成投入使用。

（十）静宁县鼎元物流有限公司

静宁县鼎元物流有限公司占地面积132亩，停车场面积3万平方米，主要以当地苹果等农副业产品运输为主，年货物吞吐量13.4万吨，年交易额56.85万元左右。

（十一）庆阳市陇禧货运物流有限责任公司

庆阳市陇禧货运物流有限责任公司成立于2008年3月12日，占地53亩，停车场面积25亩，办公大楼6000平方米。2009年建成9600平方米物流仓库，拥有信息服务部54户、吊车服务8户、托运部13户、大型货运公司2户，并于2010年10月成立货运出租公司。公司主要经营物资仓储、集散、停车住宿、交易配载、信息服务综合货运站场服务、车辆维修、货物出租、普通货物运输等。

（十二）甘南藏族自治州物流中心

甘南藏族自治州物流中心于 2008 年建设，总投资 800 万元，其中省交通厅投资 150 万元。物流中心综合楼建筑面积为 3050 平方米，于 2012 年底建成投入使用。

三、信息服务中心

2002 年，兰州主枢纽信息中心项目完成工程可行性研究。2003 年，兰州主枢纽信息中心项目开工建设，并完成兰州货运东站二期主枢纽信息中心和临夏、定西、武威、嘉峪关信息中心等 14 个新开工项目的建设工作。

2004 年，兰州主枢纽信息中心项目完成投资 1500 万元，其中完成交通部投资 500 万元。开工建设金昌道路运输信息中心和甘肃省维修救援中心，并建成甘肃省汽车检测中心、省公路局主枢纽信息中心和嘉峪关、定西、武威信息中心。

2005 年，兰州主枢纽信息中心项目竣工验收，全年完成投资 700 万元。同年底，开工建设庆阳维修救援中心、兰州主枢纽信息中心二期、甘南道路运输信息中心和金昌道路运输信息中心，省道路运输指挥中心进入初步设计阶段。在 38 个县（区）道路运输信息站建设中，26 个改造项目实现联网运行，12 个新建项目开工。

2006 年，庆阳维修救援中心二期建成投入使用。武威、定西、临夏、甘南等 4 个市（州）道路运输信息中心、28 个县（区）道路运输信息站和 10 个企业信息化建设项目建成投入使用。全省道路运输信息化网络基本建成，并被交通部列入全国道路运输信息化建设示范点。

2007 年，完成 6 个市（州）道路运输信息中心、22 个县（区）信息站、8 个运输企业信息站的建设工作。

2008 年，建成定西维修救援培训中心，开工建设甘肃省道路运输指挥中心等项目。同时，甘肃省道路运输从业培训中心等项目的前期工作取得进展。

2009 年，甘肃省道路运输救援保障中心等项目建成并投入使用。

第三编　规费征稽与路政管理

第一章　规费征稽

第一节　交通规费

一、养路费

1987 年国务院发布的《公路管理条例》第 18 条规定："拥有车辆的单位和个人，必须按照国家规定，向公路养护部门缴纳养路费。"1991 年，交通部、财政部、国家计委、国家物价局联合发布《公路养路费征收管理规定》。1999 年，修改后的公路法第 36 条规定："国家采用依法征税的办法筹集公路养护资金，具体实施办法和步骤由国务院规定。"2000 年 10 月，经国务院批准发布《交通和车辆税费改革实施方案》，规定在车辆购置税、燃油税出台前，继续征收养路费。

（一）征收对象和范围

1989年，甘肃省物价委、省财政厅、省交通厅《关于征收摩托车公路养路费的通知》规定："凡领有牌证的各型两轮、侧三轮、轻便摩托车，除党政机关、人民团体（指车辆购置和开支由国家财政预算行政经费列支的），学校（指由国家教育部门或其他党政机关办的，由教育经费或行政经费列支的）自用在编的各型摩托车外，均应按月按辆缴纳公路养路费，不实行车辆报停制度。"

1991年10月，交通部、国家计委、财政部、国家物价局颁发《关于发布〈公路养路费征收管理规定〉的联合通知》，对原规定的征费对象、减免范围基本保持不变，对不适应改革开放的征收办法做了相应的修改补充。

1992年8月，省政府发布《甘肃省公路养路费征收管理办法》，重申由省交通厅行政主管部门设立的征稽机构负责征收稽查工作，对养路费征收和减免征收范围、征费方式和标准、养路费征费吨位的计量标准、缴费时间和结算办法、车辆报停和异动以及处罚均做了较为详细的规定。

1996年12月，根据省交通厅通知精神，从1997年度起，各地农用三轮运输车的养路费由原交通征稽部门负责征收管理改为由各地交通主管部门负责征收管理。

1998年1月，省政府颁布的《甘肃省公路交通规费征收管理办法》规定：凡是领有牌证的，不管是临时的、试车的、学习的、军队的、武警的、公安的、外国人的各种客、货机动车，或是应领而未领牌证的、临时投入使用的各种机动车，从事公路运输的畜力车，均应缴纳。这一规定包括了所有应征车辆和拥有车辆的单位和个人，真正体现"应征不漏"的原则。同时，对减征和免征的车辆和车属单位也做出界定，除沿袭历来应免的如军队、武警的军事专用车，公检法机关的警车、囚车、消防车，外国使（领）馆的自用车以及一些特种车如防汛车、微波车、道路养护车、洒水车、环境监测车、救护车、防疫车等外，还对城市公共汽车跨行公路和农场、林场汽车跨越自修自养专用公路等情况，做了按实际跨行公路里程减征养路费的规定。

2001年，根据交通部、国家计委、财政部的有关规定，对计划生育活动服务车免征养路费。2003年，省交通征稽局对医疗卫生部门专用救护车免征交通规费做出答复，对联网收费路政公务用车免征养路费等做出批复。

（二）历年征收情况

1990 年 1 月 11 日，省交通厅、省财政厅联合发布《甘肃省公路养路费征收实施办法》。全年征收养路费 2.73 亿元。1991 年，甘肃省统一数量与质量指标计算口径，制定月吨征费额，单车全年实征月数及实征率、报停率、漏征率、偷费率等 14 项考核指标，规范计算公式。全年征收养路费 2.99 亿元。1992 年 8 月，《甘肃省公路养路费征收管理办法》颁布，自 1993 年 1 月 1 日全面实施，取消车辆报停制度（特种车辆除外），改过去的按月按吨（费率）计征为按车龄档次实行养路费包缴。当年，全省包缴车辆占应包缴车辆（全额征费汽车）总数的 94.75%。全年征收养路费 4.29 亿元。在附加费征管环节改变后，征稽部门配合省附加费征收管理办公室，当年征收附加费 1.49 亿元。1995 年，省交通厅对省交通厅养路费征稽处实行全额分成政策。

1998 年，《中华人民共和国公路法》正式颁布实施，税费改革准备工作加快，全省车辆增长幅度较往年大幅减少，征费难度及阻力不断加大。省政府就加强公路交通规费征收管理工作两次发布通告，确保改革时期交通征稽工作顺利进行。

2004 年，根据《全国开展车辆超限超载治理工作实施方案》，严格执行对普通载货类汽车暂按车辆行驶证核定吨位征收公路养路费的规定。省交通征稽局开展全省车辆清查核对，对载货汽车的公路养路费征收吨位的计量进行调整，使养路费征收标准与车辆超限超载认定标准一致，对 6 月以后因包缴而多征的费额予以退还，治超期间因政策性因素少征规费 1500 多万元。

2007 年 3 月，交通部下发《关于进一步规范公路养路费征收管理工作的通知》，从缴费时间、滞纳金计算办法、养路费征收标准、减免征行为、计量核定办法、票证管理、调驻车辆管理等方面规范征收行为。

2009 年 1 月 1 日起，在全省范围内停止征收公路养路费及公路客货运附加费。各有车单位和车主已经预缴的 2009 年度公路养路费及公路客货运附加费，由原属地交通征稽机构办理全额退费。凡欠缴、漏缴 2008 年及以前年度公路养路费和公路客货运附加费的单位和个人，在 2009 年 1 月 10 日前主动到交通征稽机构补缴欠费的，可免于处罚。逾期不缴的，按规定依法追缴并予以处罚。

甘肃省交通征稽系统管辖征费车辆数从 1987 年的 7.2 万台增长为 2007

年的 39.7 万台，征费吨位从 1987 年的 26 万吨增长为 2007 年的 85.9 万吨，年征费额从 1987 年的 1.64 亿元增长为 2007 年的 13.74 亿元。甘肃省交通征稽部门组建 21 年间，为全省公路建设和养护累计征收资金 152 亿元。养路费征收情况见本节附表 1987 年—2008 年甘肃省交通征稽局征费情况统计表 3-1-2。

（三）成品油价税费改革

1997 年 7 月，《中华人民共和国公路法》颁布，首次提出公路养路费用采取征收燃油附加费的办法。1999 年 10 月，全国九届人大常委会第十二次会议将该法有关条款修改为"国家采用依法征税的办法筹集公路养护资金，具体实施办法和步骤由国务院规定"。

2008 年 12 月 18 日，国务院印发《关于实施成品油价格和税费改革的通知》（国发〔2008〕37 号），决定实施成品油价格和税费改革，提高现行成品油消费税单位税额，不再新设立燃油税，利用现有税制征收方式和征管手段，实现成品油税费改革相关工作的有效衔接，包括取消公路养路费等 6 项收费，逐步有序取消政府还贷二级公路收费。

自 2009 年 1 月 1 日起，提高成品油消费税税率，停止征收养路费等 6 项交通规费。

二、车辆购置税

车辆购置税的前身是车辆购置附加费，由交通部门征收。车辆购置附加费起征于 1985 年 5 月 1 日，是交通部经国务院批准，在全国范围内强制征收的用于国家公路建设的政府性专项基金。1984 年 12 月，国务院第 54 次常务会议决定征收车辆购置附加费。1985 年 4 月，国务院发布《车辆购置附加费征收办法》。1985 年 4 月 6 日，交通部、财政部、中国工商银行联合发布实施细则，当年 5 月 1 日实施征收。

（一）征收范围和标准

凡购买或自行组装使用的车辆（不包括人力车、兽力车和自行车），在购买时或投入使用之前，必须缴纳车辆购置附加费。车辆按规定缴纳车辆购置附加费后，直到报废为止，中间发生过户、改型等情况，都不再征收。

车辆购置附加费征收范围：一是国内生产和组装（包括各种形式的中外

合资和外资企业生产和组装的，下同）并在国内销售和使用的大小客车、通用型载货汽车、越野车、客货两用汽车、摩托车（二轮、三轮）、牵引车、半挂牵引车以及其他运输车（如厢式车、集装箱车、自卸汽车、液罐车、粉状粒状物散装车、冷冻车、保温车、牲畜车、邮政车等）和挂车、半挂车、特种挂车等。二是国外进口的（新的和曾使用过的）前款所列车辆。

免征车辆购置附加费的车辆：一是设有固定装置的非运输用车辆，包括消防车、环境保护车、洒水车、混凝土搅拌车、沥青洒布车、铲车、叉车、吊车以及有固定装置的军用车辆等。二是外国驻华使领馆自用车辆，联合国所属驻华机构和国际金融组织自用车辆。三是其他经交通部、财政部批准免征购置附加费的车辆，其中包括港口、车站、货场、厂矿内部搬运用的电瓶车，以及国内用户接受国外赠予的车辆等。

车辆购置附加费的征收标准：1985 年出台的《车辆购置附加费征收办法》规定，以车辆的实际销售价格为计费依据，组装车辆参照同类车辆的当地价格计费，车辆购置附加费费率均为 10%。国外进口车辆按照海关出具的说明书上的价格予以缴纳，以计算增值税后的计费组合价格（到岸价格+关税+增值税）为计费依据，费率为 15%。

《车辆购置附加费征收办法实施细则》规定，拖拉机暂不征收车辆购置附加费，但拖拉机使用的载重量 1 吨以上（含 1 吨）的挂车，应按规定计征。但对于将拖拉机或其动力装置改装成主要从事运输的运输车辆，则应按照《交通部、财政部关于〈车辆购置附加费征办法实施细则〉第三条的解释复函》相关规定征收车辆购置附加费。

由于当时国家对小轿车实行专营，为统一销售价格，交通部、财政部下发《关于小轿车实行专营后征收车辆购置附加费有关问题的通知》，决定对小轿车实行定额征收。

1991 年，交通部、财政部、海关总署联合下发《关于非贸易渠道进口车辆改由进境地交通部门征收车辆购置附加费的通知》。要求自 1991 年 10 月 1 日起，个人从国外进口的车辆，其车辆购置附加费以计算进口税后的组合价格为计费依据。1993 年，交通部、财政部《关于贯彻国务院办公厅国办通〔1993〕35 号文件精神有关问题的通知》对国外进口车辆的费率做出调整，"国内生产或组装的车辆以及国外进口车辆，其车购费费率均为百分之十"。

1990 年 9 月 11 日，交通部、财政部联合下发《关于违反〈车辆购置附加费征收办法〉的处罚细则》，规定伪造或使用伪造车辆购置附加费凭证、套购、倒卖或涂改车购费凭证，代征单位不按规定代征车购费或滞缴车购费费款，缴费人不按《车辆购置附加费征收办法》缴纳费款，行车不携带车购费凭证或车证不符行驶等行为应受处罚。1997 年，交通部、财政部下发《关于违反〈车辆购置附加费征收办法〉的处罚规定》，原细则正式废止。

（二）征收机构和方式

1985 年，国务院出台《车辆购置附加费征收办法》，规定车辆购置附加费的征收管理工作由交通部门负责，并由车辆生产厂、组装厂及海关代征。组装自用的车辆向所在地交通部门缴纳车辆购置附加费。

1985 年车购费正式开征至 1993 年，车购费的征收一直由代征单位具体办理，交通部门负责征收行为的监督和检查。1993 年 11 月 29 日，国务院办公厅下发《国务院批复通知》，交通部、财政部下发《关于贯彻国务院办公厅国办通〔1993〕35 号文件精神有关问题的通知》，要求从 1994 年 1 月 1 日起，车购费征收管理工作由省级交通部门在车辆落籍地设置的车购费征收管理单位或机构负责。除交通部、财政部外，其他任何单位或个人均无权减征或免征车购费。1994 年 1 月 4 日，交通部、财政部联合下发《关于做好改变车辆购置附加费征收环节、统一征费标准过渡衔接工作的通知》，要求"为加强车购费征收管理工作，各省（自治区、直辖市、计划单列市）交通厅（局）应设置相对独立、名称统一的机构。各级机构名称统一为'××省（地区或县）车辆购置附加费征收管理办公室'。县级设置车购费征管机构，请各省（自治区、直辖市、计划单列市）交通厅（局）根据业务需要情况自定"。同年，省交通厅设立车购费征管机构。经省编制委员会批准，成立甘肃省车辆购置附加费办公室（简称省车购办），为县级事业单位。考虑到兰州地区担负全省一半以上征收任务，组建独立的征管机构。各地（州、市）设 16 个车辆购置附加费办公室，除兰州车购办外，其他地（州、市）车购办同养路费征稽所合署办公，两块牌子，一套机构。各县（区）设车购办，同各县（区）征稽站合署办公。从全省征稽部门分流一部分人员到各地区车购办，有职工 250 人。省车购办对各地（州、市）和各县（区）车购办进行业务指导。自此，车购费停止代征，征管工作由各地交通部门具体负责。

1995年11月23日，省交通厅下发《关于设立甘肃省车辆购置附加费征收管理办公室的通知》。1996年，省交通征稽局决定各征稽所除中心站外，凡有交警大队发牌、换证业务的县（镇）站均应设1名车辆购置附加费征收管理兼职人员。

2000年10月，国务院转发财政部、国家计委、交通部、税务总局等部门《交通和车辆购置税费改革实施方案》。10月，国务院正式颁布《中华人民共和国车辆购置税暂行条例》，决定从2001年1月1日起开始征收车辆购置税，车辆购置附加费由政府基金转化为国家税收，成为中央税的组成部分。在改革过渡期间，仍由交通部门代征。

（三）历年征收情况

1995年，开始征收车购费。1996年，省车购费征管单位征费车192万辆，全年办理更新汽车补贴手续242辆，补助金额81万元。1997年，省车购费征管机构加强与公安车管、运管、农机、司法等部门联系，挂牌成立"法院驻车购办执行室"，加强对征管工作司法监督。1998年，办理丢失补办车购费凭证2605本，换发558本，核发免征凭证146本，办理老旧汽车更新608台，补助2124万元。1999年，税费改革进程加快，一些车主等待观望，逃、抗、拒交车购费现象明显增加。2000年，办理新车征费业务4.17万台，丢失补办2586台，换发凭证460本，核发免征凭证218本，办理老旧汽车更新补贴773辆，补助金额268万元。

2001年，根据国务院从2001年1月1日起开征车辆购置税的决定和国家税务总局、交通部关于代征工作的要求。省车购费征管机构严格执行《中华人民共和国车辆购置税暂行条例》和《关于车辆购置税若干政策及管理问题的通知》，继续执行车购税征收。2002年，省交通厅、省国税局、省公安厅联合发布《关于做好车辆购置税征收工作协作问题的通知》，代征工作落实到位，征收额逐年上升。1995—2004年甘肃省车辆购置附加费征收情况见表3-1-1。

1995 年—2004 年甘肃省车辆购置附加费征收情况表

表 3-1-1

年份	车购费（万元）	年份	车购费表（万元）
1995	19000	2000	26000
1996	20800	2001	27100
1997	21600	2002	33200
1998	24400	2003	36200
1999	21300	2004	40800

（四）车辆购置税费改革

2001 年税费改革后，2002 年 1 月，国务院办公厅转发中央编办、交通部、税务总局联合制定的《关于车辆购置税改革人员划转分流安置的意见》，车购税机构及人员开始由交通部门向国税系统划转。

2004 年 10 月，国家税务总局、交通部、人事部、财政部、中央编办下发《关于做好车辆购置税费改革人员财产业务划转移交工作的通知》，要求人员划转录用接收工作必须于 2004 年 12 月 31 日以前全部完成，同时停止车购税的代征。甘肃省交通征稽系统共划转国税部门 212 人。2005 年 1 月 1 日，车辆购置税的征收从交通部门转到国家税务部门，结束交通部门代征车辆购置税的历史。

三、运管费、客货运附加费和教育附加费

1987 年，征收运管费 1031 万元。1989 年，省建委、财政厅、交通厅联合发文，起征客运附加费。当年征收 1031 万元。

1992 年 7 月 27 日，省物价委、省财政厅和省交通厅联合发文，调整公路客运附加费征收标准，客运附加费由现行的 0.004 元提高到 0.01 元。1993 年 10 月 1 日起，全省对从事公路客运的汽车，实行公路客运附加费缴讫证制度。

1994 年，省财政厅、省物价委联合下发《关于收取货运车辆公路交通基础设施建设费的批复》，开征货运车辆公路交通基础设施建设费。规定除

按国家正式编制标准配备的并由财政拨款购置的县级以上（含县级）党政机关、人民团体和学校的自用货车、军事部门（其所属企业除外）的自用货车、设有固定装置不能载货的专用起重机、钻井机、仪器车等非货物运输车辆、摩托车、柴油三轮拖拉机和其他经核准免征的货车外，凡在本省境内从事公路货物运输的各种机动车辆的车主（包括外省调驻和军队参加营运）均应按规定缴纳。6月，省交通厅下发《甘肃省货运车辆公路交通基础设施建设费征收使用管理办法》，规定除按国家正式编制标准配备的并由财政预算内拨款购置的县级以上（含县级）党政机关、学校和人民团体的自用货车（含客货两用车），军队武警部门（其所属企业除外）自用货车，设有固定装置的城市环保部门的清洁车、洒水车，矿山、油田的专用起重车、钻机车、仪器车，铁路、交通、邮电部门的战备专用通信车等非货物运输车辆，摩托车、农用三轮运输车、拖拉机，农民个人购置的运输自种、自产、自销农副产品的农用四轮运输车，公路和城市道路养护管理部门的养路专用车辆，省交通厅核准免征的货车外，在本省境内从事公路货物运输的各种货车、客货两用车、厢式货车、自卸货车、挂车、大型平板车、牵引车、各种罐车、可载货物的专用车、农用四轮运输车均应按照规定主动缴纳。10月，省委《关于加快教育改革和发展若干政策的决定》发布，规定对本省挂牌注册的机动车辆（不含农用拖拉机）征收机动车辆教育附加费，由交通部门在征收养路费时统一代征。

1995年，省财政厅、省物价委联合下发《关于征收客运车辆交通基础设施建设费的批复》，规定对省内注册挂牌的各种机动客车（除暂定免征的车辆外）均应缴纳客运车辆基础设施建设费，将其作为全省交通运输基础设施的专项建设资金，由省交通厅授权交通征稽部门于7月1日起征收。原执行的公路客运附加费同时停止征收。5月24日，省教委、省交通厅联合下发《甘肃省机动车辆教育附加费征收管理办法》，自7月1日起施行。6月23日，根据省交通厅党组决定，客运附加费改变征收环节后，为便于年度结算和考核，营运客车仍由原征收部门征收，非营运客车由征稽部门征收。

2007年6月27日，省交通厅《关于规范营运客车公路客运附加费征收管理的通知》规定："从2007年7月1日起，原由全省各级公路运输管理机构负责征收的营运客车客运附加费交由全省各级交通征稽机构负责征收。"

全年征收非营运客车客运附加费 3456 万元，货运附加费 1.43 亿元。

2009 年 1 月 1 日起，甘肃省停止征收运管费、公路客货运附加费和车辆教育附加费。历年征收情况见本节附表 1987 年—2008 年甘肃省交通征稽局征费情况统计表 3-1-2。

四、费 率

(一) 养路费征收标准

1989 年 9 月，省物价委、省财政厅、省交通厅下发《关于征收摩托车公路养路费的通知》，规定两轮摩托车每辆每月征收 10 元，全年一次性包干缴纳为 100 元；三轮摩托车每辆每月征收 15 元，全年一次性包干缴纳为 150 元；轻便摩托车每辆每月征收 5 元，全年一次性包干缴纳为 50 元。各型摩托车应于 9 月 20 日至 25 日前，一次性缴纳当月或全年公路养路费，除免征外，逾期不缴纳者，一经查出，除补缴其应缴公路养路费外，另按补缴日期，每逾缴一天处以应补金额百分之一的滞纳金，从 11 月开征。

1989 年 12 月 4 日，省计委、省财政厅、省物价委、省交通厅联合发布《关于调整全省公路养路费征收标准的通知》，决定从 1989 年 12 月 26 日起执行新的征费标准。①调整后的养路费征收标准是：按营运收入计征的费率是营运收入的 15%，按车辆每月每吨位计征的费额为 120 元；汽车挂车 60 元，拖拉机 48 元；畜力车每月每大套（即 3 头牲畜曳拉的畜力车）10 元；按月按辆征收的摩托车侧三轮 15 元，两轮 10 元，轻便 5 元；汽车旬券 40 元，次券 25 元。②调整后的养路费征收标准规定：承担由省计委与省交通厅下达的抢险救灾指令性运输任务的车辆，经运管、养路费征稽和财税部门联合审查，省交通厅核准不收取运费者，免征养路费和运管费。有关养路费征收的其他规定，包括应征、减征、免征范围和征收管理办法等，仍按原规定执行。③公路养路费是用于养护和改善公路的专项资金，必须坚持"专款专用"，不准挪作他用，以充分发挥公路养路费的使用效果。

1990 年 3 月，对甘肃生产的"兰驼牌"农用三轮运输摩托车养路费征收标准进行调整。对用于农业性生产和自产自营的"兰驼牌"605A 型或其他同类型农用运输摩托车（额定最高时速不超过 35 公里）的养路费征收标准，从 3 月份起，暂改按拖拉机征费标准即每月每辆 48 元计征。全年一次缴纳的按 8 个月计征。如改变用途，参加公路营运者，按汽车费额予以补征。

1992 年 7 月，省交通厅调整养路费征收标准。客车每月每吨（10 座位折合 1 吨）按 150 元计征；货车每月每吨按 140 元计征；汽车挂车每月每吨按 70 元计征；简易农用运输车、农用三轮运输车每月每吨按 70 元计征；拖拉机每月每吨（24 马力折合 1 吨）按 56 元计征；汽车旬券统一按 50 元、次券统一按 30 元计征，自 8 月 1 日起执行。同年 8 月，省政府颁布《甘肃省公路养路费征收管理办法》，规定养路费按费率、定额和费额三种方式征收。费率：对具有健全运输计划、行车记录、统计资料，能准确反映营运收入总额，实行独立经济核算的国营交通部门的公路运输企业、出租汽车公司和城市旅游部门按营运收入总额的 15% 计征。定额：对个体出租、经营和国营、集体单位包租给单位或承包给个人经营的核定 20 座以下（含 20 座）的各种客车，按核定的客座计征，5 座以下（含 5 座）每月每客座 50 元，5 座以上 10 座以下（含 10 座）每月每客座 38 元，10 座以上 15 座以下（含 15 座）每月每客座 25 元，15 座以上 20 座以下（含 20 座）每月每客座 18 元。侧三轮、两轮、轻便摩托车全年按 8 个月计征，侧三轮每月每辆 15 元，两轮每月每辆 10 元，轻骑每月每辆 5 元，超过半年不足一年的按 8 个月计征，不足半年的按 4 个月计征。费额：除核定免征和按费率、定额计征的车辆以外，其余车辆均按吨位计征，客车月券每月每吨 150 元，货车（含客货两用车、正三轮摩托车）月券每月每吨 140 元；客货车旬、次券统一按每旬每吨 50 元，每次每吨 30 元。简易农用运输车、农用三轮运输车每月每吨 70 元，拖拉机每月每吨 56 元，对城镇企业、事业、机关单位和个体、联户的拖拉机，包括从农村进入城镇长年搞副业的拖拉机，均按月按吨位计征，并可实行全年包缴，全年包缴应不低于 8 个月的标准；从事季节性运输的大中型拖拉机按 5 个月计征，小型拖拉机按 3 个月计征。畜力车每月每套 10 元计征。对专业运输企业内部非营运车辆以及承包后营运收入归集不全的车辆则按费额或定额计征。该标准自 8 月 1 日起施行，1980 年 4 月发布的《甘肃省公路养路费征收和使用实施办法》同时废止。

在执行《甘肃省公路养路费征收管理办法》过程中，为做到合理征费，简化计算便于操作，省交通厅、省计委、省财政厅、省物价委、省控办联合下发文件，对个体出租、经营和国营、集体单位包租给单位或承包给个人经营的核定20座以下（含20座）的各种客车，按核定的客座计征规定调整：5座以下（含5座）每月每客座50元，5座以上20座以下（含20座）每月每客座在5座征费额（250元）基础上，按每增加1个客座增收10元的标准计征公路养路费。将农用运输车征费标准调整为：参加社会运输的按每月每吨140元计征；自货自运的车辆，维持原规定每月每吨70元的标准计征。农用运输车当月11日之后办理牌证入户的，允许办理旬券和次券的缴费手续。

1994年3月31日，省物价委、财政厅《关于调整公路养路费征收标准的批复》，调整养路费征收标准。对按吨位计征的车辆，货车（含客货两用车、正三轮摩托车）由现行每月每吨140元调整为150元；客车由现行每月每吨150元调整为160元。对个体出租、经营和国营、集体单位包租给单位或承包给个人经营的核定20座以下（含20座）的各种客车，其基础征收额由现行每月每台250元调整为270元；5座以上（不含5座）、20座以下的客座由每月每座10元调整为12元。旬券由现行每旬每吨50元调整为55元；次券由现行每次每吨30元调整为35元。厂矿企事业单位（含乡镇企业）、机关团体、个体运输户的农用运输车、农用三轮运输车，按每月每吨150元计征。农民个人运输自种、自产、自销农副产品的农用运输车、农用三轮运输车，按每月每吨75元计征。拖拉机由现行每月每吨56元调整为60元，

下列征收标准暂不予调整：对按费率计征的车辆仍按营运收入总额的15%计征；侧三轮、新式三轮载人摩托车（LT-80型及同类型）、两轮、轻便摩托车仍按每月每辆5~15元的标准计征；畜力车仍按每月每套10元标准计征。

1996年1月，省交通厅转发国家计委、交通部对六轮农用运输车养路费征收标准的批复，明确对采用或仿制130型汽车底盘生产的六轮农用运输车，按汽车改装产品更名，并比照130、NT130型载货汽车计征养路费，配置390、390Q型柴油发动机的，统一按1.5吨计征养路费；配置485、490、492型柴油发动机的，统一按2吨计征养路费；配置4102型柴油发动机的，统一按2.5吨计征养路费。

1997 年，省物价局、省财政厅联合印发《关于调整公路养路费征收标准的批复》，对养路费征收费额进行调整。①按吨位计征的车辆，客车由现行的每月每吨 160 元调整为每月每吨 170 元；货车（含客货两用车、正三轮摩托车）由现行的每月每吨 150 元调整为每月每吨 160 元。②对个体出租、经营和国营、集体单位或承包给个人经营的核定 20 座以下（含 20 座）的各种客车，其基础征收额由现行的每月每台 270 元调整为 290 元；5 座以上（不含 5 座）20 座以下的客车由每月每座 12 元调整为 15 元。③旬券由现行的每旬每吨 55 元调整为 60 元；次券由现行每次每吨 35 元调整为 40 元。④厂矿企事业单位（含乡镇企业）、机关团体、个体运输户的农用运输车、农用三轮运输车由现行的每月每吨 150 元调整为每月每吨 160 元。农民个人运输自种、自产、自销农副产品的农用运输车、农用三轮运输车由现行的每月每吨 75 元调整为每月每吨 80 元。⑤拖拉机由现行的每月每吨 60 元调整为每月每吨 65 元。⑥侧三轮摩托车由现行的每月每辆 15 元调整为每月每辆 20 元；两轮摩托车由现行的每月每辆 10 元调整为每月每辆 15 元；轻骑摩托车由现行的每月每辆 5 元调整为每月每辆 10 元。⑦对按费率计征的车辆仍按营运收入总额的 15% 计征；畜力车仍按每月每套 10 元计征。自 1997 年 4 月 1 日起执行，沿用至停征公路养路费止。

　　1999 年 9 月，根据《甘肃省人民政府批准转经贸委等部门关于在全省范围内整顿农机市场意见的通知》，省物价局、省财政厅联合下发《关于调整农用运输车养路费征收标准的批复》，对农用运输车养路费征收标准重新调整。凡领有牌证的各厂矿企事业单位（含乡镇企业）、机关团体、个体运输户的农用运输车、农用三轮车，除兰驼牌农用运输车、农用三轮车外，其养路费征收标准由现行的每月每吨 160 元调整为每月每吨 190 元；农民个人运输自种、自产、自销农副产品的农用运输车、农用三轮车的养路费征收标准由现行的每月每吨 80 元调整为每月每吨 95 元；兰驼牌农用运输车、农用三轮运输车养路费仍按原标准执行。自 9 月 1 日起执行。

　　2004 年 9 月 20 日，国家发改委、财政部、交通部联合发文，决定从 2005 年 1 月 1 日起，对三轮汽车免收公路客货运附加费、公路运输管理费，对从事田间作业和非营运运输的三轮汽车免收公路养路费。年底，交通部发布《关于明确 2005 年度公路养路费征收工作有关问题的通知》，规定 2005

年度全国公路养路费征收计量工作仍然按照《关于在全国开展车辆超限超载治理工作的实施方案》原则执行。同时，鉴于发改委发布的《车辆生产企业及产品公告》"载货类汽车质量参数调整更正表"是国家对汽车核定载质量的规定，也是各地核定车辆行驶证载质量的唯一依据，加之当时车辆假行驶证泛滥和一车多证现象频发，为避免公路养路费征收管理工作混乱，各地在公路养路费征收计量中，在确保稳定的前提下，可参考如下标准和原则执行：一是从2005年1月1日起，载货类汽车按照发展改革委发布的《车辆生产企业及产品公告》"载货类汽车质量参数调整更正表"和发改委2004年第31号公告核定的车辆吨位计量征收公路养路费，其他各类车辆按照交通部和原国家计委联合发布的《公路汽车征费计量手册》（第3册）的要求，计量征收公路养路费。二是发展改革委《车辆生产企业及产品公告》和"载货类汽车质量参数调整更正表"中，同一车型质量参数多次公布前后不一致的，按最新公布的标准核定。三是未列入发展改革委《车辆生产企业及产品公告》的车辆，仍然按照交通部和原国家计委联合发布的《公路汽车征费计量手册》（第3册）的要求，计量征收公路养路费。

2008年6月19日，省政府发布《关于省内生产商品汽车在提运途中公路养路费征收有关问题的通知》。自2008年7月1日起，对甘肃省境内生产的商品汽车，在提运途中允许按实际在途天数征收公路养路费，标准为每天每吨6元。同时，免征商品汽车在提运途中的公路客货运附加费。

（二）客货运附加费和教育附加费征收标准

1994年5月26日，省物价委、省财政厅联合发布《关于货运车辆公路交通基础设施建设费收费标准的批复》，规定货运车辆公路交通基础建设费标准为每月每吨30元，从1994年7月1日起征收。

1994年10月，省委《关于加快教育改革和发展若干政策的决定》，对本省挂牌注册的机动车辆（不含农用拖拉机）每车每月征收5元教育附加费。

1995年6月13日，省物价委、省财政厅联合发布《关于客运车辆公路交通基础设施建设费收费标准的批复》，规定非营运客车按每月每吨30元标准计征，对纳入公路客运管理的营运客车（不含在城建部门养护的城区道路行驶的客车），按每月每客座25元标准计征，包缴客车按合同包缴月数征收，免征客车暂免征收客运车辆公路交通基础设施建设费。从 1995 年 7 月 1 日起征收。

2000 年 10 月 20 日，省物价局、省财政厅印发《关于规范公路客货运附加费为公路建设筹措资金的通知》，将甘肃省原已批准征收的客运车辆交通基础设施建设费统一规范为公路客运附加费，将货运车辆公路交通基础设施建设费统一规范为公路货运附加费。规定凡在甘肃省境内注册挂牌的各种机动客车（除暂定免征的车辆外）均应交纳公路客运附加费，其中营运客车客附费征收对象为乘车旅客，其征收标准为每人公里 0.01 元。凡纳入公路运输管理从事旅客运输的企业、单位和个体联户在向旅客出售客票时，均应以客票附加形式将客附费计入客票面值，按规定标准向旅客收取；非营运客车客运附加费按每月每吨 30 元（10 个座位折合 1 吨）计征。凡在甘肃省境内从事公路货物运输的各种机动车辆，均应按每月每吨 30 元缴纳货运附加费，其征收吨位按公路养路费计量标准核定的缴费吨位计征，并与公路养路费一起实行合同包缴。

五、交通规费上解与使用

甘肃省公路养护部门根据养路费的使用范围和收入情况编制年度计划，保重保主，先急后缓，先主后次地安排投资，必须保证小修保养、大中修、水毁修复工程以及路基、路面、桥涵工程的投资。

货运车辆公路交通基础设施建设费作为交通基础设施建设的专项事业费，纳入省财政预算外资金管理，全额的 70% 用于重点公路建设，30% 用于站点建设，其使用严格纳入年度全省公路养护计划和货运站点建设计划。建设费由交通厅统一征收、管理和使用，实行收支两条线。

客运车辆交通基础设施建设费作为交通运输基础设施的专项建设资金，纳入省财政预算外资金管理，实行财政专户存储、收支两条线管理办法。除按规定用于建设费的征收经费支出外，重点用于各地公用型为主的客运站、点建设和地市以上客运汽车站及大型交通枢纽站点建设。建设项目原则上一年安排一次。

车辆购置附加费是公路建设专用资金的来源，为充分调动和发挥地方积极性，交通部对这笔资金的使用采取补助投资的形式，主要用于高等级公路、独立的大桥和特大桥的修建。一般补助金额为其所需投资的四分之一至三分之一。

第二节　稽查与管理

一、稽　查

1987年，道路交通管理体制改革实施，省公安厅以《通告》形式向社会宣布"任何部门，未经公安机关批准，不得上路检查车辆"。一些个体运输户和部分事业单位认为交通征稽部门无权上路查车，拒缴养路费、报停偷驶等现象严重。省政府决定除各征稽所保留1辆北京吉普外，各站106台车全部划归公安。交通征稽部门稽查管理工作陷入被动。同年10月5日，省政府发布《关于加强养路费征稽工作的通告》，明确赋予交通征稽部门上路上户稽查管理的权限，加强路查路检和内部稽核。在有公安检查站的地方，养路费征稽部门可派人参加联合检查。没有公安检查站的地方，经县以上政府批准，由当地公安机关办理手续。养路费征稽人员凭"中华人民共和国交通稽查证"上路检查，对漏、欠、偷、抗养路费和违反车辆购置附加费征收规定者，养路费征稽部门可扣证并照章处罚，情节严重的，可扣车直至查封车辆。在办理车辆新增入户、转籍、报废、年检时，凭养路费征稽部门签证到当地公安车辆管理所办理相关手续。对阻挠养路费征稽人员按规定执行公务的，视情节严重，由公安机关按治安管理处罚条例有关规定给予处罚或移送司法机关依法处理。

省交通厅养路费征稽处增加编制、配备人员，建立14个稽查队，以重点检查和流动检查、常规检查和机动检查、深入单位检查和路查夜查、内查和外查相结合方式，查清车辆数、吨位、分布和性质等情况，治理征费环境。

（一）日常稽查

1990年6月16日—22日，召开全系统首次稽查工作会议，定西、平凉等10个稽查队介绍了经验。会后，省交通厅、厅征稽处相关领导带领与会人员，分组划片，在代古寺木材转运点、迭部林场、792矿，多处车辆报停点以及甘川、甘陕交界，兰郎、甘川公路等处展开大规模查车活动。全年完成稽查任务 608.52 万元。

1994 年 4 月 28 日，省交通厅养路费征稽处上报《关于对稽查补征及农用车、摩托车养路费实行提成的请示》，建议提成稽查补费。根据《关于进一步明确交通安全管理部门分工职责问题的报告的通知》，对稽查补征的养路费按 5%实行提成，用于农机监理、运管等有关单位开展日常工作。1994年，累计投入稽查 5.89 万人次，深入单位 4443 个，查补养路费 1595.83 万元。对包缴车辆的车型、吨位、包缴档次全面审核，对未纳入台账管理的农四轮、农三轮、摩托车全面治理，三区四点（林区、矿区、牧区，货运点、施工点、采砂点、采矿点）征费秩序好转。

1995 年，全系统实施"稽查工作规范"，统一稽查实效的考核标准和统计口径，完善稽查资料。在基层单位普遍实行稽查成绩与稽查补贴挂钩的办法。累计投入稽查人力 7.27 万人次，查处违章车辆 1.6 万台次，补费 3037.53 万元，征收"三小"车辆养路费 1433 万元。

1997 年 7 月 3 日，全国人大常委会通过《中华人民共和国公路法》（以下简称《公路法》），提出以"燃油附加费"替代养路费。1998 年 10 月，国务院提请全国人大常委会审议《公路法》修正案草案，将"燃油附加费"改为"燃油税"。1999 年 10 月 31 日，九届全国人大常委会第十二次会议通过《公路法》修正案，将第 36 条修改为"国家采用依法征税的办法筹集公路养护资金，具体实施办法和步骤由国务院规定"，正式将"燃油附加费"改为"燃油税"。

《公路法》修正案通过后，部分法律界人士认为 1997 年《公路法》为养路费改为燃油附加税规定了过渡性条款，而 1999 年《公路法》则取消了过渡条款，明确规定采用依法征税的办法筹集公路养护资金，并授权国务院规定实施办法和步骤，法律上否定了继续征收养路费的可能性，养路费征收行为因失去法律依据而构成违法行政行为。

1997 年，甘肃省经济环境偏紧，大中型企业缴费能力普遍下降，林区和矿区车辆因国家规范政策原因大部分停驶。省交通征稽局先后报请甘肃省政府于 1997 年 12 月 30 日发布《甘肃省人民政府关于加强公路养路费征收的通告》。1998 年 10 月 12 日发布《甘肃省人民政府办公厅关于加强公路交通规费征收管理的通告》。明确指出在公路养路费征收方式改变前，公路养路费征收管理工作遵照《公路法》《甘肃省公路交通规费征收管理条例》《甘肃省公路交通规费征收管理办法》严格执行。省交通征稽局于通告发布时邀请在兰二十多家新闻单位召开记者招待会和交通规费征稽新闻工作座谈会，创造舆论环境。甘肃省交通征稽局向全系统广大职工反复阐明《公路法》出台的重大意义以及燃油附加费征收与《公路法》不能同步实施的理由和依据，动员职工稳定思想，改变坐等收费的管理方式，充实稽查力量，大力开展上门上户上路的稽查治理整顿，以查促征。

1997年11月18日—20日，在全省开展昼夜大稽查，检查车辆8.14万台，征补规费167.99万元。全年完成稽查任务3917.94万元。

1998年，各级交通征稽机构普遍采取处、所结合方式，开展征费环境治理整顿。1998年9月以后，各处普遍坚持每周6天工作制，主动放弃节假日，抓住漏费车主的侥幸心理和漏费车辆出没时间加强稽查。1998年，共投入人力10.99万人（天），查处违章车辆9.21万台次，追补规费达4792.73万元，规费滑坡的局面得到扭转。通过对天水航修厂、山丹军马局两个企业的稽核，使军队不按规定缴纳养路费的局面被打破。纠正24个专业运输公司、车队，3个驾驶学校等34个单位偷漏拖欠养路费问题。

1999年，随着税费改革步伐加快，不少单位和个人错误认为《公路法》修改后即可不缴纳公路养路费等交通规费，拖欠、拒缴、抗缴公路养路费等事件时有发生，养路费征收额出现严重滑坡。交通部、财政部联合下发《关于加强养路费等交通规费征收工作的紧急通知》，要求在国家尚未实施收费改革之前，各有关部门要积极配合、支持交通征稽机构做好养路费等交通规费的征收工作。1999年度养路费等交通规费一律统一按月计征。未经交通部、财政部批准，各地不得擅自按季或按年（含半年）计征养路费等交通规费。交通部、财政部联合下发《关于切实做好公路养路费等交通规费征收工作的通知》。2000年1月14日，国务院办公厅发布《关于继续做好公路养路费等交通规费征收工作意见的通知》，指出在国务院没有正式出台费改税政策前养路费仍严格按以往方式征收，对故意妨碍国家征费人员执行公务的，要依法严惩，情节严重的移送司法机关追究刑事责任。对未缴纳交通规费的车辆，公安交通管理部门不予登记。确立交通规费征收的合法性。各地征稽部门深入单位、乡镇集市、贸易场所、矿山、矿点、施工场所，详尽解释费税改革的进程和目前暂缓实施的有关情况。征费难度最为突出的甘南、陇南为治理征费死角，征稽人员在荒郊野岭和偏远牧区投宿。甘南交通征稽处针对少数民族地区的语言习惯，专门录制藏汉语结合的宣传磁带，定期在广播电视台播放，并将有关交通征稽法规、规章及规定翻译成藏汉文对照的小册子，利用宗教集会的时机进行散发，请当地宗教人士进行讲解和动员，加深少数民族车主对征稽法规的理解。临夏交通征稽处每月都邀请车主代表和阿訇进行学习、座谈和交流，带动全州车主提高缴费意识。同年，省交通征稽局从局机关和兰州处机关抽调 40 名征稽人员、10 辆稽查车，分组进驻兰州处 8 个重点所协助基层征稽人员上门上户跟踪清费。河西片区多次开展联片联网治理，酒泉、敦煌、甘南、张掖等交通征稽处常年开展巡回稽查。甘南州各级人民法院专门抽调干警大力配合征稽部门开展稽查。兰州市区各出口路收费部门积极协助交通征稽部门查车验费。各地公安交警、运管、公路、地方交通等部门均成立协调领导小组，给予征稽部门配合支持。全年完成稽查任务 6630.61 万元，交警协查补费 517.42 万元，法院执行补费 198.84 万元。

2000 年，国务院发布《国务院批转财政部、国家计委等部门〈交通和车辆税费改革实施方案〉的通知》，决定于 2001 年 1 月 1 日先行出台车辆购置税。为稳定国内油品市场，燃油税的出台时间将根据国际市场原油价格变动情况由国务院另行通知。

2002 年，各地征稽部门主动与工程项目办取得联系，通过宣传征费政策、座谈协调、现场摸底、上门催缴等途径，摸清各工地、各标段施工车辆底数，理顺费源。张掖、兰州、白银、定西、临夏、平凉、甘南等辖区有公路工程项目的处所，多次深入施工现场，清理参与施工的漏费车辆。全年征收施工车辆规费 1181.53 万元，占征费总额的 1.56%。对驾校车辆进行清理排查，对查出的 276 台非免费车辆一律纳入全额征费管理。

2003 年，省交通征稽局在部分路段建立 41 个联合稽查站，对通行费、养路费等规费进行同步稽查，仅金昌马家坡收费稽查点稽查补费 12 万元。据不完全统计，联合稽查站设立以后，查补规费 407.28 万元。12 月 2 日，省交通征稽局下发《甘肃省公路交通规费稽查与处理暂行规定》。

2007年，各交通征稽处普遍在国、省道干线公路收费进出口、治超检测站开展联合稽查。全省建立联合稽查站点39个，仅古浪峡稽查点和土门稽查点就依法稽查补费790万元。全年投入稽查力量12.92万人次，查处违章车辆11.48万台，稽查补征交通规费1.34亿元，占总征收额的9.88%。

2009年，开展以往年度交通规费清缴清欠活动，共清缴清欠交通规费178.2万元。

（二）依法清欠

全国道路交通管理体制改革以后，年度审验车辆的权力划归公安交警部门。1987年，省政府发布《关于加强养路费征稽工作的通告》，规定"对漏、欠、偷、抗养路费和违反车辆购置附加费征收规定者，交通养路费征稽部门可扣证并照章处罚，发给待理证，并通知发证单位。车主办理交费手续后退还原证。情节严重的，可扣车直至查封车辆"。

1991年，针对征费难，偷、抗、拒、逃缴养路费屡屡发生的现状，充分借助执法部门和法律手段开展欠费追缴。武威征稽所普遍同纳费单位签订并依法公证征缴合同，依法律程序送达处理违规案件9起，在当地引起较大反响，解决了少数单位和个人长期不缴规费的问题。陇南征稽所查获1台军队办矿车辆，经耐心解释仍拒缴养路费，后按法律程序处理后补缴欠费。临夏交通征稽所积极与州法院联系，建立州人民法院驻征稽所执行室。辖区临夏交通征稽站、广河交通征稽站也建立市、县人民法院驻征稽站执行室，依法解决偷、漏、抗、拖养路费问题。1992年，省交通厅养路费征稽处在《征稽信息》上介绍了湖南、湖北、四川等省建立执行室，处理拖欠、逃费、抗缴案件，以法律手段维护国家利益和车主利益的经验，要求各所积极推行。同年4月29日，民勤县人民法院强制执行一起欠费案，车主交清欠费698元，这是首次由执行室办理的车辆报停偷驶、拖欠费款案。同年5月7日，省交通厅养路费征稽处成立养路费行政复议、应诉领导小组，各所成立养路费行政复议、应诉办公室。当年6月底，酒泉、金昌中级人民法院成立驻酒泉所、金昌所执行室，临潭、古浪、民勤、武威等县（市）和红古区人民法院也分别成立了执行室。执行室的职责：一是对扣留的车辆、证件，车主和有车单位借故不来接受处理的，执行室可依照法律程序做出强制性执行决定；二是发生偷、漏费后，对一些提前转移财产而逃避处罚的，执行室可在诉讼前进行财产保全（封车或财产）；三是将偷、漏费者的存款冻结，可以变卖其财产抵押偿还欠费；四是对严重阻挠征稽人员执行公务的可以实行拘留，同时贯彻《中华人民共和国行政诉讼法》，让广大经营者监督征稽人员按章征费。至1993年底，全系统共成立执行室（庭）44个，受理疑难案件206起，执行室收回养路费73.83万元，追回1992年欠缴规费35.3万元。1994年，增设执行室10个。至1995年底，执行室达到66个，到年底，依法办理各类偷、漏、抗、逃、拖欠案件4631起，依法追补规费及课收滞纳金1209.5万元。

2003年，省交通征稽局从公安车管部门提取有关车辆底数资料，将核出的不在册车辆登记造册，按辖区和单位划分到每个职工，限时限期上门上户清缴清核，对查出的报废车辆从网络数据库中予以删除，对查出的漏费车辆当场开具"稽查补费通知单"，要求限期补缴，未按期补缴的，提交法院强制执行。

2007年，省交通征稽局按照省交通厅《关于加强交通系统法律顾问管理工作的通知》要求，全系统各单位均聘任法律顾问。当年提交法院强制执行案件736件，执行238件，收回规费74.15万元。甘南交通征稽处临潭所通过法院强制将本辖区1辆长期在成都地区运营的欠费车辆扣押回车籍地补缴规费，收到良好社会效应。

2008年，建立法律顾问审核备案制度、重大法律事务会审制度、重大法律案件报备制度、法律顾问考核评价制度和法律风险事先防范机制。兰州交通征稽处2008年7月25日—12月25日开展"挂牌督办50家欠费单位统一清欠活动"。长期欠费的400余车辆按照流程进行集中催缴，最后对催缴无效的车辆统一按照法定程序申请兰州市城关区人民法院强制执行。

（三）稽查专项治理

2002年，省交通征稽局开展"三小"车辆专项治理。对摩托车、农用车和"摩的"等小型车辆集中治理整顿。全省全年共征收摩托车、农用车规费1001.87万元。

2007年，交通部、国家发改委、公安部、财政部、国家税务总局、工商总局联合制定《关于在全国开展车辆外挂治理工作的实施方案》，甘肃交通征稽部门在全省开展专项治理活动。至2008年底，转回本省车辆894台、

30085 吨，征收规费 422.6 万元。同年 5 月，总参谋部军务部、总政治部保卫部、总后勤部军事交通运输部、公安部办公厅、交通部办公厅五部委下发《关于继续深入开展打击盗用、伪造军车号牌专项斗争的通知》，省交通征稽局按通知精神部署开展专项治理活动。

（四）稽查方式电子化

2002 年，省交通征稽局信息系统建设工程正式启动，随着全省征稽数据的集中管理，全省联网稽查成为现实。省交通征稽局机关和 16 个交通征稽处 102 个所配备车牌通 10 套，掌上稽查通 120 台。2003 年，各交通征稽所配发笔记本电脑、无线网卡等设备，实现上路实时查询车辆信息及车辆缴费信息，并对欠费车辆进行缴费。科技手段和电子设备的广泛运用有效克服多头查车、盲目挡车的做法。2006 年，甘肃省交通规费征稽管理信息系统 2.0 版本推出，稽查管理模块功能更加完善，基本满足交通征稽行政执法和管理业务。

2006 年，省交通征稽局主持开发第二代掌上稽查通，软件完全自主研发并拥有知识产权，具有数据更新快速、准确，操作简单等优点。同年，主持研发征稽一体机正式配备基层单位，该征稽一体机为按照路面稽查的特殊要求，创造性地将路面稽查设备高度集成的便携式设备。

2002 年，从南昌利德丰公司购进的 10 套车牌通不停车稽查设备，具有自动识别车号、自动识别欠费车辆报警的功能。2006 年，省交通征稽局对该设备重新开发管理软件，实现自动筛选漏费车辆并记录、自动收集相关图片和自动统计等功能。

二、管理

（一）内部管理

省交通征稽局（处）、处（所）、所（站）三级管理体制建立后，实行局（处）对厅、处（所）对局（处）、所（站）对处（所）的目标责任制。各所（站）按照人员分解任务，对个人实行“四包”（包征收任务，包车辆管理，包对有车单位稽查、路查，包养路费征收政策、法规宣传）、“两挂”（即任务和奖金挂钩，养路费和稽查效益挂钩）岗位责任制。

1991 年，人员定编、经费、微型计算机开通、文档管理、廉政建设、会计达标、职工培训、代征员管理、稽查管理、计划生育、基建、社会治安综合治理等 13 项指标，全部纳入责任目标管理，与奖励挂钩。制定月吨征费额、报停率、实征率等 14 项核算指标。实行"两费"年审制度，积极推进合同公证包缴制。

1991 年 10 月—1992 年 1 月，省交通厅养路费征稽处同甘肃人民广播电台在《青年之声》专题节目中联合举办"征稽之窗"栏目。

1992 年，《甘肃省公路养路费征收管理办法》颁布，各级交通征稽机构进行大量政策宣传、上门服务、签署协议、内核外查等工作，成功完成征费方式改革，取消车辆报停制度（特种车例外），改过去的按月按吨（费率）计征为按车龄档次实行养路费包缴制度。确立"管理就是服务"的观念，在征管工作中接待车主热情主动，办理缴费及时准确，解答问题准确耐心，处理违章不盛气凌人，不说粗话、脏话，坚持以理服人。办好司助之家，积极开展上门服务。9 月 2 日—6 日，西北片区交通征稽工作协调会在敦煌召开，西北五省区及应邀的其他省、市、区征稽局、处代表 56 人参会。

1993 年，全面推行养路费包缴制度，采取内外业结合、责任到人的征管机制。1994 年，对全省包缴车辆车型、吨位、包缴档次进行全面审核，结合公安车管部门年检审和换发九二式新牌照的机会，进行车辆摸底，同时加强对农用运输车和摩托车的征费管理。同年 9 月 11 日，省交通厅《对专项分成资金管理使用的批复》规定，从农用运输车和摩托车养路费收入中提取 10%作为专项经费，用于弥补人员经费、车辆使用费的不足。在建设费中由厅按收入的 5%拨给征稽机构管理费用。

1995 年 1 月 1 日起，全省专业运输企业和旅游部门的车辆，统一实行按费额和定额包缴制度。新增车辆当年度一律按标准费额或定额计征，从落户次年起按车辆档次实行包缴。

1997 年 5 月 28 日，省人大常委会第 46 号公告颁布《甘肃省公路交通规费征收管理条例》，1998 年 1 月 8 日，《〈甘肃省公路交通规费征收管理条例〉释义》经省人大常委会财经工作委员会、省交通厅审定通过，印发实施。1 月 15 日，《甘肃省公路交通规费征收管理办法》（省政府第 33 号省长令）实施。规定公路交通规费按定额和费额两种方式征收，不实行报停，从落户次年起按车龄档次实行包缴，统一机动车辆的征收方式。1998 年—

1999年，在地方人大、政府法制部门和广大车主中聘请一千余名执法联络员，定期征求意见，改进执法工作，弥补疏漏，避免执法失误和偏差。8月10日—12日，西北五省（区）二届三次交通征稽工作研讨会在嘉峪关召开，西北片区和山西、黑龙江、四川等15个省、市、区交通征稽部门代表63人参会。

1999年，省交通厅经省财政厅同意，实施增收分成的办法，即在完成1999年征收考核计划的基础上，以1998年的完成数为基数，对增收部分按10%给予增收分成，对超额完成1999年征收考核计划任务的，按超收部分给予10%稽查补贴补助费。省交通征稽局制定《甘肃省交通征稽系统建设部级文明样板路实施方案》，通过样板路建设，达到"五化"：征费管理制度化、征费程序规范化、征费设施标准化、工作场所园林化、队伍建设半军事化。"三无"，即征费工作无"三乱"、队伍建设无违纪、所容所貌无脏乱差。3月，省交通征稽局印发《文明示范"窗口"优质服务标准》，即环境清洁优美，秩序优良有序，指示图表、标志齐全，有"两台"（咨询台、服务台）、"四有"（有休息座椅、有开水供应、有学习资料、有留言登记）服务。上岗征稽人员统一着装，挂牌服务，使用文明用语，主动热情、规范服务。实行"五公开"，规费征收规定和征收标准公开、车辆退出运行和复驶规定公开、稽查处罚规定和违章处理结果公开、廉政建设和岗位职责公开、征稽工作管理程序公开。

2001年，在征费大户、有车单位、个体车主、地方政府有关部门、地方人大聘请义务监督员。在巩固原有"两台""四有""四上门"（宣传政策、征求意见、送票据、送免费证）服务的同时，深入偏远地区乡镇设立临时宣传征费点，定期指派人员做好宣传工作，现场办公，集中征费。

2005年，省交通厅下发《关于印发〈低速汽车征费计量核定原则暨参照表〉有关问题的批复》，就低速汽车、牵引车、载客三轮汽车等车辆的计量标准和包缴办法予以规范。

2006年，制定《甘肃省公路养路费、客货运附加费包缴管理实施办法（试行）》，调整交通规费包缴方式，将原来包缴月份应缴总额按月平均后逐月、逐季缴费改为按包缴月份每月足额缴费。最后一次缴费时，征稽机构开具有效期至年底的缴讫证，由计算机打印出该车当年已缴纳交通规费的累积金额，解决个别征稽处异地抢费、异地降低包缴月份收费的问题。全年包缴车辆一次性缴纳全年规费车辆 17.98 万台、29.82 万吨，缴费 4.54 亿元，车辆包缴合同签订率为 86.36%，包缴缴费率达到 88.57%。在全省范围开通异地缴费业务，打破地域限制，缴费时间由每月月末前缴纳次月交通规费调整为每月 10 日前缴纳当月交通规费，新增车辆领取牌照后 10 日内到当地交通规费征稽机构办理缴纳手续。有效缓解月末、季末、年末征费高峰期车主排队缴费的状况，减少车主因时间偏紧来不及缴费产生滞纳金的问题。在全省开通服务投诉电话 400-8866999。同年 4 月，自主研发完成"甘肃省机动车辆交通规费征收计量标准数据库"，涵盖国家发改委发布的《车辆生产企业及产品公告》《载货类汽车质量参数调整更正表》及交通部和国家计委联合发布的《公路汽车征费计量手册（第 3 册）》的各种车型及进口车型，填补甘肃省车辆收费计量信息领域的空白。采用通过车辆厂牌型号自动核定吨位的办法，保证同一车型在甘肃省征费吨位的统一性，减少征缴矛盾。先后制定出台《甘肃省交通规费费源管理办法（试行）》、《〈甘肃省机动车辆交通规费征收管理档案〉管理办法（试行）》《甘肃省交通规费征稽网络管理办法（试行）》《甘肃省公路养路费、客货附加费省内异地缴费管理办法（试行）》《甘肃省公路养路费、客货附加费省内异地缴费管理办法实施细则（试行）》《养路费、客货运附加费票证管理使用规范（试行）》《养路费、客货运附加费滞纳金缓征业务办理规范（试行）》《甘肃省交通规费征稽网络系统使用技术规范（试行）》《征稽业务网络办理规范（试行）》《摩托车专用养路费票据管理使用规范（试行）》《甘肃省交通规费征稽管理信息系统紧急情况处理办法（试行）》等征管规章制度。

2007 年，建立定期督查通报制度，下达四项征管质量指标（包缴缴费率、车辆漏费率、路面漏费率、手工票使用率）考核值。省交通征稽局下发《漏管车辆监控管理规定（试行）》《征管业务网络核查规定（试行）》，推进征管业务办理电子化。在电子办公平台为各征稽处征管科负责人建立用户和密码，并设置"标准计量数据库维护""征管处事务处理签""车主投诉处理""特殊原因减免滞纳金"电子工作流程，计算机自动记录各个环节的办理时间，用电子记录考核工作。在专网论坛开通"挂牌服务评议栏"专门版块，由基层工作人员对省交通征稽局征管部门工作人员的服务进行投票评议。甘肃省交通征稽局下发《关于规范使用交通征稽执法文书的通知》，重新制作并印发全省征稽部门统一使用的征稽执法文书。按照一车一案、一案一卷的要求，制作上路上户执法案件案卷范本。

2008年，征管质量考核指标调整，主要考核指标为车辆漏征率、路面车辆漏管率、车辆包缴率、年度新入籍车辆漏征率、年度退运车辆与复驶车辆比率。辅助考核指标为手工票据使用率、千次服务投诉率、千笔业务差错率。

（二）费源管理

费源管理主要利用车辆在管理过程中形成的各类管理台账与车辆基础档案资料构成。对车辆管理采取逐车记录，以车辆各类台账的记录方式管理辖区车辆运行、缴费、异动等状况。1987年—2001年使用纸质车辆台账，2002后采取数据库记录台账。

按照国家有关"两费"（养路费、车辆购置附加费）征收政策规定，从1991年起，对机动车辆缴纳"两费"情况实行一年一次的年度审验，审验合格的车辆由养路费征稽部门统一核发"甘肃省机动车辆缴纳养路费合格通行证"，凭此证和养路费缴讫证、车辆购置附加费凭证通行。甘肃省交通征稽部门主动联系当地公安车管、军队车辆监理、武警车辆管理部门，取得1990年7月以来本辖区车辆异动资料，军队和武警部队所属企业及编外车辆等有关资料，将审验表和车辆异动等有关资料与征费、报停台账等进行全面核对。审验表装入"两费"档案。新增、转入而未建立台账的车辆，须查验车辆购置附加费凭证，建立"两费"档案，登记台账并按规定征费。

1992年，省交通厅养路费征稽处制定《甘肃省养路费征稽所站基础工作标准化建设暂行规定》，建立车辆总台账、征费车辆台账、免费与半费车辆台账、个体车辆台账、农用车与三轮车台账；征费车辆档案；对报废、解体的车辆须取得证明、照片、鉴定材料等；对符合退出运行条件的车辆进行现场勘验和贴封。

1994年9月1日起，全省机动车辆将由公安交通部门换发新牌照。在换发牌照工作结束以前在"两费"征收卡、底数台账和"两费"档案中同时填写新旧车号，待全省换发牌照工作结束后统一使用新车号。在车辆换发新牌照后，车主持车辆行驶证和"两费"缴讫证及时到征稽部门办理变更手续。征稽站凭行驶证登记征费卡片、底数台账和"两费"档案，同时在缴讫证原车号上方填写新车号，并加盖"征费专用章"后凭证通行，有效期满后使用新车号。鉴于换发的新牌照不能拆卸报停，对原实行报停制的车辆征费方式进行调整，特种车按全年6个月包缴；挂车按全年8个月包缴；大型平板车仍允许按月、旬、次缴纳养路费和建设费，在缴费凭证有效期内凭行驶证办理报停手续，报停后必须贴封。

1995年，利用包缴机会逐台核对车辆的入户年份、吨位，重新审核包缴档次，完善车辆档案。同时，通过公安车管和附加费征管两个渠道，对辖区车辆异动进行全面调查。

2002年，利用启动征费网络系统的有利时机，着力解决车辆基数不对口及个别征稽处、所随意删改车辆台账及新车不上台账的问题，共清理出未上台账的车辆3659台、7.3万吨。2003年，建立摩托车农用车专门台账，进行分项管理，全年征收摩托车、农用车养路费726.7万元。2004年，加强异动车辆报批工作，对符合报废、转出、退出运行条件的车辆严格实行网络报批制度。开展车辆底数清查核对工作，针对甘肃省行政区域内单位和个人拥有或使用的各种客车、货车、客货两用车、特种车、专用车、营业性胶轮机械、牵引车、农用客（货）运输车、大型平板车、摩托车等。通过自查自纠，与车购办、公安车管、农机监理等部门认真清查核对，纠正错误数据和"大吨小标"车辆12.7万辆，车辆增加3.91万台，吨位增加12.89万吨（含自然增长的车辆和吨位）。

2006年，下发《甘肃省交通规费费源管理办法（试行）》，对费源的管理方式、管理手段、异动车辆、免减费、退出运行、车辆调驻、费源统计分析方法、检查考核等全面做出规范，明确费源管理的主体为各级交通征稽机构。7月，全系统开展征管车辆归位工作，按照征管车辆属地管理原则，对各地纳入外辖区车辆统一划归车籍地征稽所管理，共划归车辆708台、3848.5吨。9月，对各类驾校及金融保安公司押运车辆进行清查核对，纳入管理车辆1157台、2283吨。

2008年，省交通征稽局与省国税局实现计算机联网，数据共享。推行《交通规费费源管理办法》《交通规费档案管理办法》《交通规费网络管理办法》《征稽业务网络办理规定》等。查清全省交通征稽部门管辖普通汽车总数44.12万台、101.32万吨（不含警牌及"甘O"牌），与车管所管理汽车总数相比少1.79万台，汽车漏管率从6.84%降低为3.85%。共清理出漏管车辆2.89万台、7.01万吨，纳入管理的漏管车辆2.18万台、5.29万吨，入籍率为75.48%。注销、转出总数1.37万台、3.08万吨（其中退运转注销、转出合计8371台、1.8万吨）。摸清漏管车辆具体情况，包括车辆的运行情况、车辆拥有人的联系方式、地址等重要信息。将实际已无缴费能力的"无效费源"办理退运。对车管所确已注销的办理注销，同时将漏管的"有效费源"补充进来。对清理过程中发现的不符合退运、调出、免减费政策的车辆及恶意欠费的车辆，能联系到车辆拥有人的，均对其进行补费。

多年来交通征稽部门一直与公安车管、车购税征管、运管、高等级公路收费、车辆保险公司等涉车单位和部门建立良好的合作关系和车辆信息变化情况通报机制，及时掌握费源变化第一手资料，寻找新的费源增长点。

（三）养路费、客货运附加费台账演变和车辆档案建立

1990年，省交通厅养路费征稽处下发《关于建立机动车辆征费档案的通知》，各单位结合车购费换证时机，建立健全"两费"档案，建档工作应对有车单位、所有车辆进行核实、登记、建档，两费档案合装一袋，一车一档。摩托车暂不建档。兰州所负责建立车购费和辖区养路费档案，处属单列站只建立辖区养路费征收档案。

1992年，随着养路费微机征收系统2.0版的应用，实现"机动车辆登记簿""机动车辆总分类台账""退出运行车辆分户登记表""退出运行车辆总台账"等台账的打印功能，结束部分台账手工填制的历史。

1993年，经过反复认真核对车辆底数，分别建立车辆台账，征费车辆台账，免、半费车辆台账，个体车辆台账，农用车、三轮车台账。将包缴协议、公证书、公证谈话笔录、征费明细表、行驶证影印件等纸质资料归入档案管理。同年，省交通厅养路费征稽处下发《征稽工作基础标准化建设暂行规定》，在全系统推行。1995年3月，基础工作标准化建设在全省第一大站东岗站试点。3个月内，完善车辆总分类台账、征费卡和票据账，建立退出运行车辆台账和异动台账。

2002年，在"养路费微机征收系统"2.0版基础上开发"甘肃省养路费

征稽网络系统"，实现台账的自动打印，基本结束台账手工填制的历史。

2005年，"甘肃省交通规费征稽管理信息系统"建设完成，该系统的应用从根本上改变了以往各种系统版本需要将台账按时打印、存档问题，将台账以数据形式存储于数据库服务器中，可随时查阅、核对，纸质台账管理退出征稽业务的舞台。

2006年，甘肃省交通征稽局下发《甘肃省机动车辆交通规费征收管理档案管理办法（试行）》等7项规章，明确"一车一档"的建档原则，设置建档员和档案管理员岗位，规定档案的存储、管理方式、档案所含内容、档案转移方式等事项。2008年，《甘肃省机动车辆交通规费征收管理档案管理办法（试行）》修订后正式下发执行，同时在甘肃省交通规费征稽管理信息系统中支持对档案袋、登记表的直接打印功能。

（四）交通规费征收凭证

公路养路费征收票证在1992年以前为各省自行设计票据式样、自行印刷。1993年以后，逐步实行全国统一的票证式样，并由省级财政部门统一监印，全省统一发放。

1988年10月，省交通厅养路费征稽处下发《关于启用计算机打印公路养路费缴讫证的通知》，规定从11月1日起，在兰州沈家坡、酒泉养路费征稽站开始启用微机处理的养路费缴讫证，并陆续在白银、临夏、庆阳等养路费征稽站启用。印制了计算机打印专用的"甘肃养路费缴讫证"，印有"微机专用"缴讫证，及"机征NO"编号，所有项目均由计算机打印，加盖征稽站业务印章和经办人印章后，可作为各有车单位、自营车主缴纳公路养路费，车辆行驶公路的有效凭证，与现行的公路养路费缴讫证同时使用。下发《关于加强计算机养路费缴讫证内部财务管理工作的通知》，建立健全计算机养路费缴讫证清领台账，每月计算机养路费缴讫证审核以缴讫证号为依据，对缴费清单、发票进行核查，做到月底银行结交数同发票总额和计算机反映的每月实征额相一致。对由于工作失误和其他原因造成的不能使用的计算机缴讫证，应加盖"作废"印章后交财务人员做账以充销清领数。

1994年，完成新颁发的车辆征费卡及配套账表的建立。10月，省交通征稽局通知各征稽所、站从1995年1月1日起养路费、货运建设费两票合一，启用新票据。1999年，交通部在《中国交通报》发文确定2000年度全国养路费收讫证色样。

2000年以后，省交通征稽局对全省交通规费票据按一季度、半年、全年几个阶段编制票据需用计划，办理承包审批手续。提早设计票样，增设防伪标志，严格监督印制，及时办理票据入库。2005年，开展对2000年以来养路费票据全面清查工作，按照所票管员提票据和基础数据、处票管员核销、局检查组核查的方式进行，制定"票据清查明细表""结存票据回缴清单"，根据实际领用、使用情况按年度清查领入票数、使用票数、回缴票数、结转票数及收入数，做到了票费一致、账表一致，解决手工票录入不完整、不准确的现象，杜绝年底压票压款违规行为。12月，省交通征稽局规定手工票只能在设备出现故障或征费软件出现问题的紧急情况下及退费时使用，对已使用的手工票在48小时以内录入征费系统，并在专网论坛开设2006年全省手工票使用情况专栏，定期对手工票使用情况进行公布，跟踪监管。

2006年，推行计算机票据管理系统，实现票据的自动申领、下发、查询和票号跟踪管理。规定严禁跨年度使用票据，对跨年度使用的票据以作废处理。

2007年10月17日，财政部、交通部联合发出通知，统一全国公路养路费专用收据试样和缴讫证管理，统一公路养路费票据印（监）制管理。为防止伪造，每年年底前对下一年度公路养路费缴讫证的式样和颜色进行统一调整。

（五）征收管理特殊问题

1989年1月22日，省计划委员会下发《关于对金川有色金属公司在缴纳养路费中有关问题的函》，规定该公司行驶在矿山作业道路上的生产车辆暂定免征养路费；在公司厂、场内部很少或不行驶公路、街道而领有牌证的值班车、吊车和胶轮机械车等车辆减半计征养路费；领有牌证通行公路和市区道路的其他车辆按养征规定计征全费。今后凡属城镇市政施工的在建、维护和管理应由当地政府按国家有关政策规定统一管理，属于此类问题可参照上述办法酌情办理。

1991年4月，甘、青两省征稽部门在兰州就青海石油管理局驻敦煌车辆缴纳养路费达成意见。凡调驻、定居敦煌单位车辆的养路费由甘肃征收管理。物探处长驻青海不往返甘肃的车辆由青海省征管，因故回到敦煌基地再返青海工地时，由甘肃一次性征收当月养路费。今后凡调驻敦煌单位的新增车辆养路费由甘肃征管。运输处已调驻敦煌的八队由甘肃征收，四队由青海征收。

1992年12月，省交通征稽局通知矿区征稽所确定对国营四〇四厂车辆行驶在厂区内的各型汽车、摩托车减半计征养路费。对跨出厂区行驶公路的车辆，一律实行分档次包干缴费。对专用车、特种车、拖车、挂车可按实际使用情况，允许缴纳月、旬、次券，实行报停制。

1993年2月，省政府162号文做出7条规定，将玉门石油管理局车辆全部纳入征费管理范围，该局车辆一律凭玉门征稽站核发的缴费、免费、半费、减征凭证，方可在公路上行驶。同年6月，甘、青两省征稽部门就青海石油管理局驻敦煌单位车辆养路费的征管工作达成征收管理协议，对甘、青两省征稽部门的征管范围做出具体划分。

1995年2月，省交通厅养路费征稽处就玉门市公交公司车辆免缴养路费做出规定。对该公司承担市内公交客运的大型客车，暂定免征养路费。对该公司承担市内公交客运的中巴客车，暂定按吨位按车龄档次包缴养路费。此规定只限于玉门市区公交客运线路行驶时有效，若超出市区道路或改变使用性质，则应按月按吨、座位全额缴纳养路费。

1999年8月，为支持陇货精品发展，对新购买兰驼牌农用运输车的用户免征1年养路费。

2004年2月，根据省人民政府办公厅《关于扶持兰州宇通客车与一汽解放合作生产中重型卡车会议纪要》，省交通厅下发《关于对兰州宇通客车及兰驼集团解放中重型卡车免征一年养路费的通知》，决定对2004年—2005年在兰州生产、在甘肃境内销售运营的兰州宇通客车及兰驼集团（青岛一汽）解放中、重型卡车，从落籍当月起免征1年养路费。5月，省交通厅转发省财政厅、省公安厅、省监察厅《关于严格控制公务用车配备管理的通知》，对全省现有减、免征车辆进行彻底清理和重新审定。7月，根据《酒泉市人民政府办公室关于免征无锡俊驰牌车辆养路费的函》《酒泉地区行政公署关于对江苏省无锡市俊杰车辆厂在我区建设轻型助动车项目给予优惠政策的批复》，省交通征稽局向省交通厅上报《关于无锡俊驰牌助动车免征养路费的请示》。

三、征管队伍

1987年，甘肃省交通征稽队伍不包括计划外用工，实际工作人员492人，其中固定工481人、合同工11人。1989年起，连续3年招录养路费代征员190余人。1990年，有正式职工675人，代征员108人。1994年，有全民职工2803人，事业集体所有制职工217人，离退休职工107人。2000年，有职工1363人，所属16个处102个所和1个局机关后勤服务中心。

2001年以后，省交通征稽局党委从应届高校优秀毕业生中选配工作人员245名，改善干部队伍年龄结构、专业知识结构。2006年，机关内设机构负责人实行竞争上岗，调整交流科级干部12人，提拔科级干部10名，4名科级干部因年龄离岗。局机关科级干部平均年龄由原来的49.2岁下降到40.1岁。2007年，对全省征稽系统实行定编、定岗、定责。对定西、临夏、陇南、天水、嘉峪关、金昌等6个交通征稽处缺额的15名科级干部进行竞争上岗，同时根据局机关工作人员短缺的实际，在全省交通征稽系统和在兰交通系统公开选拔工作人员6名。4月，省交通征稽局党委制定《省交通征稽局科级干部管理办法》，对科级干部选拔任用、交流期限、免辞职情形、诚勉谈话、考核培训、奖惩、离岗退休、管理权限及纪律做出详细规定。

截至2008年年底，省交通征稽局下属15个交通征稽处，106个交通征稽所，共有职工1575人，其中男职工1049人、女职工526人。管理人员中县级干部35人，其中正县级10人；科级干部372人（工人聘任科级职务245人），其中正科级221人，一般干部362人；研究生学历8人，大学本科学历488人，大学专科学历686人，中专、高中及以下404人。1575人中全日制中专以上毕业生398人（本科187人、大专124人、中专87人）。其中局机关88人（男67人，女21人）；兰州处336人（男183人，女153人）；白银处102人（男64人，女38人）；定西处91人（男64人，女27人）；庆阳处105人（男70人，女35人）；平凉处94人（男60人，女34人）；天水处106人（男70人，女36人）；陇南处105人（男75人，女30人）；甘南处71人（男53人，女18人）；临夏处75人（男55人，女20人）；武威处78人（男56人，女22人）；金昌处57人（男34人，女23

人）；张掖处 84 人（男 62 人，女 22 人）；酒泉处 82 人（男 65 人，女 17 人）；嘉峪关处 35 人（男 22 人，女 13 人）；敦煌处 66 人（男 49 人，女 17 人）。

成品油价格和税费改革正式实施后，国务院办公厅转发《交通运输部等部门关于成品油价格和税费改革人员安置工作指导意见》，涉及人员安置途径有交通运输行业内部转岗，税务部门接收部分在编人员，地方政府统筹渠道安置。

2009 年 9 月，组织征稽人员报考国税部门接收涉改人员考试录用工作，共有 60 名征稽人员通过考试被国税部门录用。2010 年 12 月，共有 227 名征稽员通过考试被地税部门录用。同年 12 月 9 日，省交通运输厅党组召开加强路政执法工作会议，决定甘肃省公路路政管理总队和甘肃省交通征稽局合署办公，各公路路政管理支队、大队与交通征稽处、所整合组成新的公路路政管理临时支队、大队。组建甘肃省公路路政管理总队高速公路临时路政支队，机构、人员均实行派驻。至此，征稽人员转岗到路政执法岗位上，基本达到国务院"转岗不下岗，人人有去向、不增加社会就业压力"的要求。

附表：1987 年—2008 年甘肃省交通征稽局征费情况统计表

表 3-1-2

1987 年—2008 年甘肃省交通征稽局征费情况统计表

单位：万元

年份	车辆情况 总数				应征数				征费情况				
	台数	增长率	吨位	增长率	台数	增长率	吨位	增长率	养路费	货附费	客附费 非营运	营运	小计
1987	71998		260045		68450		247230		16379.90	—	—	—	16379.90
1988	76948	6.88%	276990	6.52%	72056	5.27%	259380	4.91%	18001.51	—	—	—	18001.51
1989	90313	17.37%	302756	9.30%	85734	18.98%	287406	10.80%	19155.16	—	—	—	19155.16
1990	94588	4.73%	321805	6.29%	90012	4.99%	306237	6.55%	27257.44	—	—	—	27257.44
1991	99927	5.64%	340064	5.67%	94514	5.00%	321643	5.03%	29943.67	—	—	—	29943.67
1992	100048	0.12%	339530	-0.16%	97342	2.99%	330347	2.71%	34863.13	—	—	—	34863.13
1993	114742	14.69%	348443	2.63%	106204	9.10%	308142	-6.72%	42168.45	—	—	—	42168.45
1994	127449	11.07%	362312	3.98%	118727	11.19%	314252	1.98%	47903.68	—	—	—	47903.68
1995	148069	16.18%	393561	8.62%	138555	16.71%	347676	10.64%	54893.03	—	—	—	54893.03
1996	160198	8.19%	411484	4.55%	150010	8.27%	368091	5.87%	58426.07	8854.59	728.19	—	68008.85
1997	155390	-6.28%	407406	-0.99%	139284	-7.15%	366407	5.46%	61967.12	8643.48	794.05	—	71404.65
1998	160828	3.50%	405370	-0.50%	144060	3.43%	362374	1.10%	64063.15	10027.11	873.23	—	74963.49
1999	161446	3.90%	410773	1.33%	149549	3.81%	370429	2.22%	58388.07	7350.64	751.51	—	66490.22
2000	170218	5.43%	391771	-4.63%	157625	5.40%	353643	4.53%	65970.70	7841.80	894.22	—	74706.72

续表

年份	车辆情况 总数				应征数				征费情况				
	台数	增长率	吨位	增长率	台数	增长率	吨位	增长率	养路费	货附费	客附费 非营运	客附费 营运	小计
2001	187743	10.30%	407306	3.97%	174395	10.64%	368236	4.13%	68140.81	8233.91	1030.67	—	77405.39
2002	198705	5.84%	432141	6.10%	185190	6.19%	391942	6.44%	71699.63	8646.44	1016.13	—	81362.20
2003	228767	15.56%	480478	11.19%	215677	16.46%	459836	17.32%	75574.53	8918.38	1333.82	—	85826.73
2004	238069	17.18%	595533	23.95%	234486	8.72%	535162	16.38%	80779.95	9431.66	1607.85	—	91819.46
2005	322571	20.33%	713719	19.85%	268791	14.63%	610439	14.07%	94208.95	11764.95	1879.04	—	107852.94
2006	382269	18.51%	829117	16.17%	315906	17.53%	694744	13.81%	107571.52	13365.14	2618.13	—	123554.79
2007	444120	16.18%	966340	16.55%	376474	19.18%	822822	18.44%	118352.84	14273.13	3455.60	1300.74	137382.31
2008	529996	19.34%	1121400	16.05%	434321	15.36%	893429	8.58%	133460.88	15986.22	4312.64	6656.06	160415.80
合计									1349170.19	133337.45	21295.08	7956.8	1511759.52

注：2009 年，征收养路费 80.79 万元，货运附加费 10.22 万元，客运附加费 4.69 万元。

第二章 路政管理

第一节 路产路权保护

一、路政执法

1990年，省政府颁发《甘肃省公路路政管理办法》，省交通厅依此授权省公路局对全省路政管理行使行政管理职权。全省路政机构围绕保护路产路权、保障公路安全畅通的中心任务，不断规范业内标准和执法行为，突出超限运输治理、高速公路路政管理和农村公路路政管理，逐步更新路政执法专用车辆，配备执法器材设备，加强路政基层机构规范化标准化建设。超限治理纳入路政执法日常工作，探索实行适应新形势的路政工作机制，执法队伍结构得到改善，路政管理基本实现信息化。1997年1月20日，省人大常委会第25次会议通过《甘肃省公路路政管理条例》并颁布实施。这是甘肃省第一部地方交通法规，从此路政管理走上依法治理的轨道。2004年6月开始，省交通厅联合省直有关部门，在全省范围内对超限超载、"大吨小标"和非法改装等不法行为集中整治。公路路容路貌不断改善，路产路权得到维护，车辆超限超载现象得到遏制，公路桥梁基础设施得到有效保护，因超限超载引发的道路交通事故明显下降。2005年，全省路政管理职能从省公路局剥离，另组建甘肃省公路路政管理总队。2009年，落实成品油价格及税费改革工作，理顺了"六项"规费取消后交通专项资金的转移支付渠道，交通征稽队伍整体转岗到路政。在过渡期，设立省公路路政管理总队、省交通征稽局合署办公临时党委办公室，各地设立公路总段路政支队和交通征稽处合署办公的临时支队。

（一）日常巡查

1991年—2001年，全省各级路政管理机构坚持路政巡查制度，2002年始，实行高速公路24小时巡查，国省干线每周巡查不少于4天，每天不少于4小时。

2005 年，全年路政执法人员累计出勤 16.52 万天，上路率达 92%。

2006 年，全省各级路政管理机构对辖区所管养公路路产全部重新登记，建立路产档案。加大路政案件查处力度，重点加强了对公路两侧建筑控制区的管理，依法拆除一批公路违法建筑和非公路标志牌；及时制止和查处了大量蚕食、侵占公路路产和乱挖、乱填公路边沟、边坡、路基等违法行为，收回了一批公路用地和公路路产。

2007 年，全省各级路政管理机构坚持"依法治路"，及时处理相关路政案件和突发事件，不定期地对辖区路政巡查情况进行督查和稽查。

2008 年，全省各级路政管理机构加大路面巡查力度，依法拆除了公路用地和两侧建筑控制区的违法非公路标志牌、门架、墙体广告、商业广告和临时构筑物，严厉打击了国省干线公路用地范围内设置棚屋、摊点、洗车、加油加水设施和蚕食侵占公路绿化带的不法行为。

2010 年，全省各级路政管理机构全面推行无节假日巡查，路政案件发现率在 98%以上。

（二）重点整治

20 世纪 90 年代，农村过境路段打场晒粮普遍，极易引发交通事故。2000 年后，公路大规模扩建拓宽，公路两侧违章建筑增加。随着高速公路发展，公路设施破坏盗窃案件增多。路政管理根据不同时期工作重点有针对性地开展专项整治。

1994 年，各地根据省公路局和省交警总队《关于开展警民共建文明路活动的决定》，成立由交警、公路管理部门联合组成的警民共建文明路领导小组，对违章建筑、摆摊设点、打场晒粮、广告牌、招商牌、跨越公路管线等违法行为进行综合治理。天水公路总段对难度较大的 310 线牛北段改建工程中部分房屋拆迁问题和叶堡、云山、马跑泉等乡（镇）堵塞交通问题，采取 7 个公路段划分的 3 个路政协作片联合上路及总段组织的全体路政人员会同工商、土地、公安等部门协同路查的办法，均得到解决。

2001 年，贯彻《超限运输车辆行驶公路管理规定》（交通部 2000 年第 2 号令），进一步规范超限运输管理，杜绝随意罚款、以罚代管等行为，同时强化路政赔补占用费的收缴，加强在建路段的路政管理工作。

2003 年，各级路政管理机构加强对光缆、水利工程、铁路建设、西气东输等重点工程的协调工作。

2005年，开展以"查处各类侵犯路产路权行为、整治路容路貌，控制、查处违法建筑"为主要内容的路政专项整治活动，对存在的违法建筑、违章广告牌、脏乱差现象和公路上摆摊设点、打场晒粮、占路为市，利用公路或公路边沟、边坡、路基进行车辆维修、汽车加水、占路施工作业、挖沟引水、排放污水，以及在公路沿线及桥梁设施周围取土、挖沙、拦河筑坝等违法行为，给予查处和取缔。

2006年9月15日—12月15日，集中开展为期3个月的路容路貌专项整治活动，有针对性地对高速公路用地和两侧建筑控制区的各类违法广告杂牌进行规范，对国省干线公路用地范围内设置的棚屋、摊点、洗车、加油加水设施和蚕食侵占公路绿化带的行为进行清除，对县乡公路及乡（镇）过境路段乱堆乱放现象、占路为市、摆摊设点和物资交流等活动进行取缔。各公路总段集中路政人员，兵分多路，实行责任包线、任务到线的责任制，加大上路巡查、监控力度，对辖区内的交通标志、桥梁、涵洞等进行统一的登记、整理；对超限车辆的交通流量、走向及绕行、逃避情况进行仔细的调查，做到对各类情况心中有数。突出治理重点，加强对重要路段的巡查。定西公路总段积极联合交通、工商、交警等有关部门，在全市范围内开展治理以路为市、占道经营、拆除违法建筑为重点的专项整治活动，活动中共出动执法人员18次430余人，装载机19次43台（班），清理乱堆乱放242处3100平方米，依法取缔洗车维修摊点23处。同年9月19日—9月29日，庆阳公路总段重点查处在公路用地范围内设置棚屋、摊点、洗车、加油、加水设施和蚕食、侵占公路绿化带的不法行为，清除和规范公路用地范围内各类非公路标志牌、广告牌匾、临时构筑物和各类违法建筑，整治村镇过境路段的脏乱差、乱堆乱放、占路为市等现象。活动中共发放公路法规宣传资料5000余份，查处各类违章建筑7起369平方米，依法拆除广告牌326块，清理乱堆乱放7处123平方米，取缔非法加水站点36处，查处顶管穿越公路1处，清理边沟垃圾1处80立方米，取缔临时摊点2处35平方米。平凉公路总段针对静宁威戎、新华、新胜，庄浪朱店、万泉、南湖，华亭策底，崇信赤城，平凉四十里铺、峡门，灵台独店、上良，泾川瑞丰、太平等街道村镇过境路段存在的以路为市、占道经营、公路脏乱差等现象，积极联合当

甘肃省志 公路交通志

地政府、公安部门进行专项集中整治。金昌公路总段集中力量对 G312 线、S212 线沿线及城市入口设置非公路广告牌、擅自开设交叉道口、以路为市、占路经营及公路控制红线区堆放物品、搭建临时构造物、倾倒垃圾等现象进行了全面整治。配合养护部门，重新粉刷国省干线公路的百米桩、里程碑，及时登记、报告桥梁破损、标志牌损坏等问题，在事故多发路段和多弯路段增设各种警示标志。酒泉公路总段对纳入整治范围的各种违法建筑、临时构筑物以及各类侵害路产路权等违法违章行为进行调查和详细登记，分类统计，下发违法通知书，并限期清理。

2008 年，全省各级路政机构配合实施乡村城镇"退市还路"改造工程和"千里文明线"创建活动。依靠地方政府在春季开展公路环境综合整治活动，突出治理过村路段，坚决取缔乱堆乱放现象、占路为市、摆摊设点和物资交流等活动，使一些路政管理中的"老大难"问题得到解决。省公路路政管理总队联合收费、养护和高速交警部门，在全省组织开展"迎奥保畅百日专项整治活动"，全省各级路政管理机构会同相关部门开展联合执法，重点打击破坏公路路产，特别是破坏公路隔离栅、乱开道口等严重危及高速公路安全畅通的违法行为，及时查处一批损坏、侵占、污染、占（利）用公路路产路权的案件，清理整顿跨路桥和公路两侧非公路标牌，集中解决嘉安高速公路、天巉公路等路段人为损坏路产、破坏交通封闭设施的问题，确保奥运火炬传递线路的安全和畅通。

2009 年，主动加强与公安、土地、规划、法院等相关单位的协调，加强对国省干线公路两侧建筑物、地面附属物、电缆管线、路障、搭接道口、公路标志标线、非公路门架和非公路标志的路政执法管理，集中整治占路为市、乱搭乱建、乱设加水站点、乱设非公路牌标志牌等行为，从源头上控制新增违法建筑。

2010 年，开展以三项行动为主要内容的"百日专项整治行动"，即保护路产路权专项治理行动、车辆超限超载专项治理行动、公路保通保畅攻坚行动。全面普查公路路产资源，建立健全省级公路路产档案和信息数据库。

（三）路政案件查处

随着路政管理的加强，路政案件得到及时有效查处。2006 年—2010 年，全省路政案件查处率在 98%以上。

1990年—2010年甘肃省各级路政管理机构查处路政案件情况见表3-2-1。

1990年—2010年甘肃省各级路政管理机构查处路政案件情况表

表3-2-1

年份	查处路政案件（起）	违法建筑（万平方米）	损坏路基路面（万平方米）	损坏行道树（万株）	损坏标牌桩	损坏桥梁栏杆	埋设广告牌电杆	埋设管线、管道（万平方米）
1990	—	2.47	4.52	0.61	558	—	—	—
1992	4360	—	—	0.32	—	422	—	—
1993	1239	—	—	0.84	—	—	—	—
1994	1900	16.82	—	0.2	—	—	—	—
1995	2152	1.56	1.45	1.1	2500	—	—	—
1996	2000	10.7	7.8	1.9	2200	—	—	—
1997	2122	11.18	—	—	—	—	—	—
1998	—	13.2	—	—	—	—	—	—
2001	1305	5.7	14.9	—	—	—	—	—
2002	871	4.59	—	—	—	—	—	—
2003	—	3.57	2.02	—	—	—	—	0.44
2004	—	4.6	1.7	0.25	1598	5456	6185	1.6
2005	—	4.13	3.76	—	—	3310	5273	1.33
2006	—	0.4	4.35	0.12	1301	7940	4465	1.41
2007	—	1.54	1.81	0.08	—	2370	9967	3.65
2008	14100	0.68	17.91	1828	3357	39216	9043	5.03
2009	—	2.55	103.71	7365	—	—	30218	1.37
2010	—	0.5	13.9	2802	—	—	29000	1.3

（四）路政宣传

1990年，通过各种形式广泛深入宣传《中华人民共和国公路管理条例》和《甘肃省公路路政管理办法》，受教育群众达1 000万人次。

1991年，陇南公路总段出动宣传车3辆、装载机1台，行程3 600公里，向公路沿线79个乡（镇）进行宣传，放映《公路卫士》和路政管理案例片《彩虹曲》共124场，受教育群众达34万人次。在违章建房较严重的乡村，采取边宣传边向违章建房户发放违章建筑限期拆除通知，采取先宣传、再教育、后强行拆除的方法。连续55天突击工作，拆除违章建房290处357间2 464平方米，清除公路堆物2 300处1.37万平方米，制止开山炸石48处。

1994年，各单位结合贯彻执行《中华人民共和国公路管理条例》《甘肃省公路路政管理办法》及警民共建文明路、文明建设样板路、迎接第四届中国艺术节盛会等，在全省范围内开展两次路政管理宣传月活动。全省共制作永久性宣传牌1 510块，书写标语1.07万条，出动宣传车3 366车（次），并利用电视、广播、报刊，达到较好的宣传声势和效果。永昌县为加强群众爱路护路意识，扩大宣传面，投资4 000元聘请县电视台拍摄路政电视宣传片，在永昌县电视台播放3次，起到标语、宣传品不能替代的作用，路政宣传深入每个家庭。岷县路政办和县广播站共同开设《路政管理法规知识之窗》栏目，定期向社会宣传路政管理知识。平凉电视台在两周的时间里专题宣传路政管理法规，《平凉报》连登宣传稿件3次。

1996年，全省制作宣传栏4 019幅，书写标语6 869条，张贴布告9万份。同时还与部分公路沿线的企事业单位、机关或个人签订了门前三包责任书，积极依靠地方政府，坚持齐抓共管，综合治理。永昌县工交局投资近万元制作一部路政管理宣教片，在春、秋路政违章多的月份连续播放10天，收视人数在10万人次以上。金昌公路总段路政法规宣传深入街头巷尾和乡镇村组现场说法，增强沿线群众的爱路护路意识。北道公路段依法拆除违章建筑"钉子户"的专题新闻在省市电视台播出后，引起社会各界的广泛关注。甘南总段地处少数民族地区，管养路线点多、线长、面广，沿线一些群众爱路护路意识淡薄。宣传月活动中，该段每天出动宣传车深入公路沿线村镇，张贴宣传标语600份，喷刷宣传标语300条；张贴藏汉文版《中华人民共和国公路管理条例》和《甘肃省公路路政管理办法》2000 份。全段路政人员从 5 月 8 日统一行动，利用一个月时间，深入涉及公路沿线的 7 县 35 个乡（镇）90 个自然村，行程数千里，与 80 个单位、994 户村民签订"爱路护路公约"。

1997 年初，《甘肃省公路路政管理条例》（以下简称《条例》）颁布。平凉公路总段在 1 月和 5 月先后组织两次大规模的"宣传月"活动。在平凉广播电台、电视台连续 20 天播放《条例》，编办专题节目，录制宣传录像、录音带，送发各县（市）广泛宣传。在《平凉日报》编发署名文章和《条例》原文。同时，将 160 多本《条例》单行本送发地、县（市）领导和所辖公路沿线的 47 个乡（镇）及有关部门。组织 14 辆宣传车和 20 名路政人员深入七县（市）开展现场宣传咨询活动，各公路管理段也积极配合，深入乡镇、厂矿、学校和公路沿线村社，下乡进户宣传《条例》。有针对性地在公路两侧书写路政标语，并在泾川、平凉、静宁三县（市）G312 线出入口醒目位置设立 3 块大型永久式路政宣传牌。

2002 年，省公路局将修订后的《甘肃省公路路政管理条例》分别在《甘肃日报》《人民之声报》等刊物全文刊登。各级交通主管部门和公路管理机构借重新修订《条例》之机，结合知识竞赛、授车授牌、支队挂牌等几项大型活动，广泛开展路政管理宣传教育活动。

2003 年，省公路局在两次路政宣传月和"12·4"全国法制宣传月活动中，运用广播、电视、报刊、文艺演出等多种生动活泼的形式来宣传《中华人民共和国公路法》和《条例》。5 月，配合各级政府对"非典"进行广泛宣传。全省共张贴路政管理通告、宣传画 10.7 万份，制作宣传标牌 640 块，喷刷宣传标语 6432 幅，出动宣传车 3603 辆次 25.69 万公里。

2005 年—2010 年，各级公路路政执法管理机构坚持立足公路沿线、面向驾乘人员的宣传原则，依托每年 5 月的路政宣传月和"12·4"法制宣传日，开展《中华人民共和国公路法》《路政管理规定》《超限运输车辆行驶公路管理规定》和《甘肃省公路路政管理条例》等相关法律法规的宣传。通过刊发内部刊物、出动路政宣传车、印发宣传资料、书写宣传标语、悬挂宣传横幅、开展法律咨询等形式，广泛宣传公路文化和法律法规，真正做到报纸有图文、电台有声音、电视有影像。据不完全统计，2005 年—2010 年全省各级路政管理机构共张贴布告、宣传画 73 万份，制作宣传标牌 2000 多块，喷刷宣传标语 1.1 万幅，出动宣传车 4328 次，在《甘肃日报》《甘肃经济日报》《甘肃法制报》等报刊刊登专版 12 期。

二、典型案件

（一）巡回法庭拔除"钉子户"

1996 年 4 月 15 日，临洮公路段在临洮县交警、工商、城建等部门的密切配合下，制止和拆除一批违章建筑。但有 6 个"钉子户"对临洮公路段的决定置之不理。5 月 16 日—17 日，定西地区中级人民法院驻定西公路总段巡回法庭，强制拆除 6 个"钉子户"违章建筑计 400.89 平方米，并在临洮县电视台、甘肃人民广播电台、《甘肃经济日报》《人民公路报》等报刊、电台曝光，刹住了临洮境内违章建房风。G312 线西巩驿段的 3 户违章建筑户抗拒执法，定西段依法向巡回法庭申请强制执行。法庭受理后，于 6 月 7 日张贴限期拆除公告。公告贴出后，有人出面干预、说情，总段顶住各方压力，于 6 月 10 日对这 3 起违章建筑强制拆除。6 月 22 日与 7 月 28 日，临洮县洮惠渠退水两次，损坏文明样板路 2700 平方米。案件发生后，临洮公路段与有关部门协商解决，但协商未果，依法向巡回法庭申请执行，法庭裁决洮惠渠管理处赔偿损失费 2 万元。

（二）秦安县违法建筑案

1999 年，秦安县查处 1 起县境内历史上涉及户数最多、面积最大、反响最强烈的违法建筑案件。这桩群体路政案件，涉案 9 起，涉案地域集中在秦南公路郑川村。案件缘由：在郑川村街道加宽铺油中无偿拆除 38 户村民的房屋 145 间，这使人均仅有 0.4 亩地的郑川村无法再给这些被拆除的农户划宅基地，因此经请示县政府同意，秦安县交通局与郑川乡政府协商，允许被拆除户在原宅基地内、公路边沟以外重建或翻修房屋，不再按县道两侧 10 米规定控制。涉案 9 户村民错误地仿照前述拆除户也紧挨路边修建新房，且不听路政人员的多次劝阻，强行修建。因县上初步考虑将来郑川搞开发，发布"通知"，规定公路控制红线内土地按城市规划办理。秦安县交通局受县政府的委托，起草秦安县政府《关于拆除秦南路郑川乡郑川村公路两侧违法建筑物的通告》，于 8 月 3 日发布。县交通局动员拆迁户自觉拆除，路政执法人员十多次找到 9 户家中做动员工作，通过做大量细致的思想动员工作，拆迁户虽口头上答应自行拆除，但迟迟不见行动。为此，依照《中华人民共和国公路法》按执法程序发出"公路路政管理违法行为通知书"，允许9户当事人来秦安县交通局陈述、申辩，因申辩理由不合理，均未采纳。按办案程序签发"公路路政管理处罚决定书"，规定当事人在15日之内向法院提出起诉，但9户当事人无有一户向法院申诉。秦安县交通局向县人民法院起诉9家拆迁户，县人民法院立案受理后，县交通局配合法院又3次同郑川乡党委、政府动员9户自行拆除，以减少损失，并限定在6天内如不自行拆除，法院将依法强制执行。在此限期内有2户自行彻底拆除，有7户只自行拆除了屋顶、门窗和部分墙壁。11月19日，秦安县交通局配合县法院，出动42人，车5辆，装载机1台，彻底拆除所剩墙壁，面积234平方米。

（三）庆阳总段胜诉两起无理索赔案

2005年4月，庆城公路段接到庆城县法院传唤，G211线823公里处，当地一村民起诉公路排水不通，暴雨冲毁其庄宅，造成宅基沉陷，十几间房屋倒塌，要求赔偿经济损失22万元。接案后庆阳公路总段经过认真勘查现场，拍照调查取证，咨询市建筑设计院，分析论证案情，以事实为依据，以法律为准绳，在法庭上有理、有据、有节，予以答复：水渠排水不畅是原告建筑废弃物堵塞所致；按建筑法规定，建筑物应远离水渠3米~5米，而原告为了扩大庄基，紧挨水渠违章建房；原告非法扩大庄基，当地土管局批准0.4亩庄基地，而原告实际建筑面积为1.2亩，属非法建筑，不受法律保护；总段征地修路在前，原告修宅基在后，而原告明知水渠排水有不可预见的后果，却将宅基紧靠水渠修建，占用公路用地。经过当庭答辩，法院调查，该案件是一起无理索赔案，庆阳公路总段胜诉。原告自感起诉带来一系列麻烦，向总段道歉并主动撤诉。

2005年8月，华池县一土地开发商借突发暴雨，S202线25公里处公路积水冲毁并淹没其开发地，向华池县法院起诉庆阳公路总段，要求赔偿其损失四万余元。总段接案后多次现场勘查，在当地群众中走访了解，调查取证，查阅公路改建征地原始材料。证实：S202线打庆公路改建在前，而开发商拓宽用地在后；开发商为拓宽用地人为破坏了原地形地貌，侵占了公路用地，毁坏了公路排水设施。2005年10月10日，华池县法院判决原告败诉。

三、公路路产赔（补）偿费

据不完全统计，1992 年—2004 年，全省共收缴公路路产赔（补）偿费和超限运输补偿费 14394.9 万元。

2006 年省路政总队设立财政专户至 2010 年，全省共收缴路产赔（补）偿费和超限运输补偿费 5.23 亿元，全部严格按照非税收入的有关规定及时解缴到国库，做到"收缴分离"。路政经费的使用申请、拨付工作，严格按照省交通运输厅批准的经费预算执行，确保收支两条线。1991 年—2010 年甘肃省公路路产赔（补）偿费收缴情况见表 3-2-2。

1991 年—2010 年甘肃省公路路产赔（补）偿费收缴情况表

表 3-2-2

年份	收入缴（万元）	年份	收入缴（万元）	年份	收入缴（万元）
1991	—	1998	1411.9	2005	
1992	110.7	1999	—	2006	8740.05
1993	158	2000	3500	2007	9171.70
1994	397.8	2001	1375.7	2008	8357.50
1995	400	2002	835	2009	13251.08
1996	400	2003	2040.8	2010	12800.36
1997	670	2004	3095		

四、应急保障

（一）应急保障机制

2006 年—2010 年，省公路路政管理总队制定《甘肃省公路路政管理保通保畅保安全应急工作预案》。省公路路政管理总队和各公路总段（分局）路政支队成立国省干线公路路政管理"三保"应急指挥中心，各（高速）公路路政管理大队相应成立了（高速）公路路政管理"三保"应急中队，全省共编制直属大队 1 个、高速应急中队 16 个、国省干线应急中队 76 个。

（二）抢险救灾

2008 年 5 月 12 日，四川汶川地震发生后，省公路路政管理总队迅速成立抗震救灾工作领导小组，分三路奔赴救灾一线，协助当地路政管理机构开展公路巡查、道路抢通作业现场秩序维护、超限车辆检测和各种警示标示牌设立等工作。开通抗震救灾物资运输绿色通道，在高速公路入口处、国省公路主要路段，设置"抗震救灾服务点"，并组织"抗震救灾救援队"，昼夜维护通往地震灾区主要道路的交通秩序和处理各类紧急事件。同时，加大治超力度，避免超限超载车辆对受损桥梁形成新的损伤，确保运往甘肃省灾区和兰州沿 G213 线南下经松潘至茂县救灾物资运输通道的安全畅通。抗震救灾期间，全省各级路政管理机构共出动路政人员 7150 人次，巡查国省干线、高速公路和县乡公路 15.6 万公里，设立安全警示标志 465 块，检查运输车辆 3.2 万辆，护送运输抗震救灾物资车辆 385 辆，为灾区捐款 12.3 万元。

2010 年 4 月 14 日，青海玉树地震发生后，省路政征稽合署办公临时党委办公室全力支援灾区，参加省交通运输厅抗震救灾队伍。开展全天候上路巡查，确保由甘入青道路的安全畅通。

2010 年 8 月 8 日甘南舟曲特大山洪泥石流灾害和 8 月 12 日陇南特大暴洪灾害发生后，省路政征稽合署办公临时党委办公室迅速成立抢险救灾保通保畅领导小组和甘肃公路路政抗洪救灾前线指挥部，向甘南、陇南、定西临时路政管理支队紧急下拨救灾款 20 万元和 3 万元生活物资，确保受灾地区职工正常开展工作。8 月 28 日，顺利完成舟曲师生"希望之舟"千里转运线的安全保畅任务。灾害期间，全省路政系统投入人员 3.66 万人次、车辆 1.17 万台次，疏导交通堵塞 460 起 9730 辆，清理公路打晒粮场 320 起 2.69 万平方米，护送救灾车辆 51 起 1230 辆，护送紧急救灾车辆 680 辆。

五、农村公路路政管理

20 世纪 90 年代，农村公路路政管理工作纳入当地政府管理目标，由政府出面与公路沿线各县、乡层层签订目标责任书，进行同步考核，"政府牵头、行业管理、群众参与"，集中整治公路标志标牌，实现路宅分界、路田分界。通过多年实践和摸索，全省农村公路路政管理逐步得到强化。1991

年—2010 年甘肃省农村公路路政管理情况见表 3-2-3。

1991 年—2010 年甘肃省农村公路路政管理情况表

表 3-2-3

年份	查处路政案件 （起）	查处违章建筑 （平方米）	受理路政许可 （件）	查处超限车辆 （台）	收缴赔（补） 偿费（万元）
1991	1103	3007	—	—	2.31
1992	895	26452	—	327	3.1
1993	231	4087	—	121	9.89
1994	209	5628	—	20	14.42
1995	290	12015	—	23	15.99
1996	603	18124	—	—	56.6
1997	1120	11971	—	—	10.78
1998	183	8968	—	—	39.42
1999	417	10044	—	48	24.78
2000	655	14402	—	5	14.92
2001	568	4963	—	68	30.09
2002	278	11327	—	126	10.44
2003	219	5825	—	32	10.66
2004	1181	4437	—	12508	70.14
2005	852	3819	22	23916	148.59
2006	84	2512	13	5891	158.43
2007	400	6511	12	6430	122.24
2008	492	8289	23	40692	271.05
2009	362	8927	8	6860	153.75
2010	473	7044	6	96262	948.59

第二节 超限运输治理

一、超限运输成因及治理

（一）超限运输成因和治理难度

2000 年以后，甘肃省高等级公路快速发展。为了"多拉多挣"，超长、超大货车需求量猛增。公路货运超限超载现象已成为损坏（害）公路的一个"顽疾"，公路安全运输也成为社会普遍关注的热点问题。车辆超限超载运输，严重扰乱道路运输市场秩序，引发恶性竞争，破坏车辆生产环节，诱发非法生产、非法改装车辆行为滋生，交通事故频发，致使道路通行效率降低。货车超限超载加速破坏公路和桥梁，严重影响路面寿命，降低公路通行效率。治理车辆超限超载工作涉及交通、公安、质检、安监、工商等多个部门，管理难度大，各部门之间缺少有效合力。按照《国务院办公厅关于加强车辆超限超载治理工作的通知》"坚持全国统一领导、地方政府负责、部门指导协调、各方联合行动的治理工作机制，明确职责，制订方案，完善措施，加强督促检查，切实做好治理工作"的要求，甘肃路政执法部门与交警、运管、养护等部门签订协议，多次开展集中整治、联合治超、信息抄告等活动，但并没有从根本上解决问题，也缺少对这些部门有效的监督约束机制，对治超不力的部门也没有惩处办法，制定的联合治超政策难以充分发挥效力。部分高速公路检测站没有修建辅道和配备称重检测设备，检测车道设计宽度满足不了大型运输车辆称重检测。有的称重设备使用年限较长，存在称重计量数据不准确的情况，多数超限检测站由于建设用地受限和执法经费等原因，存在对违法超限运输车辆无法卸载的困难。此外，由于运输格局和路网结构发生变化使部分治超站作用得不到充分发挥，流动治超由于称重设备受限导致行政处罚证据不足，严重影响治超的威慑力。农村公路出口多、绕道多，仅靠在出入口设置限高限宽门架、门墩方式，难以杜绝超载车辆出入。部分非法超限运输车辆行驶连接农村公路的高速公路跨线天桥，给高速公路通行带来严重安全隐患。加之农村公路等级低，各地农村公路路政人员严重不足，治超设备匮乏，超载车辆对公路的破坏尤为严重。省内或地市辖区内的短途超限超载车辆难以治理，主要表现在大型矿区、厂区及两省交界区域内的拉运矿物废渣的车辆增加，还有一些国家与地方重大项目大型设备、建筑材料等超限运输车辆增多，无疑也给公路造成严重危害。上述问题较为突出的有白银、武威、天水、陇南、平凉、庆阳、酒泉等地市。

（二）超限治理

2000年4月，交通部颁布《超限运输车辆行驶公路管理规定》。

2001年，酒泉公路总段为敦煌、安西、酒泉三个公路管理段路政部门配备便携式超限运输检测仪，与公安部门配合协作，在双塔设站对超限车辆进行专项检查。共检测车辆4万辆，查处超限运输车辆1万余辆，卸载超限货物60吨。

2002年，张掖市甘州区、临泽县、高台县黑河流域治理工作工程量大，大吨位车辆严重超载，造成部分县乡道路大面积破损沉陷。市路政管理部门多次向政府汇报，通过调解，临泽、高台县水利部门同意补偿一定损失。

2003年4月，省政府发布《关于加强对公路运输车中超限车辆管理的通知》，明确全省治超工作要依托11个公路通行费收费站，对超限运输车辆进行检测和卸载。

2004年5月，交通部、公安部、发改委等七部委联合印发《关于在全国开展车辆超限超载治理工作的实施方案》，车辆超限超载治理工作全面展开。省政府成立全省治理车辆超限超载工作领导小组，调整并新增24个治超监控检测站，全省治超监控网络进一步完善。省、州、市治理车辆超限超载办公室建立24小时值班制度。6月10日，省政府召开甘肃省治理车辆超限超载工作联席会议，明确各部门治理车辆超限超载工作职责。6月20日，全省各地治超办按照"统一时间、统一口径、统一标准、统一行动"的要求在已建成的12个超限运输检测站举行车辆超限超载集中整治启动仪式，这标志着甘肃省车辆超限超载工作进入集中治理阶段。治超工作由单一部门行为变为政府行为和多部门综合治理。在收费公路开通"绿色通道"，在兰州、白银、平凉等地开设电煤运输线路，保证鲜活农产品、电力用煤的正常运输。至2004年底，共投入路政执法人员近6万余人次，检查超限超载车辆99万辆，卸载13.76万吨，超限车辆在被检车辆中的比例由治理前的72%下降到7.94%。

2005 年，车辆超限超载的比例下降到 6% 左右，路面车辆超限超载现象初步得到遏制。公路通行效率提高，交通流量明显呈增长态势，省养公路和地养公路好路率达到 76% 和 57%。道路交通安全形势明显好转，全省因货运车辆超限超载发生的道路交通事故起数同比下降 10.53%，死亡人数同比下降 10.3%，受伤人数同比下降 3.34%，经济损失同比下降 13.43%。运输市场秩序明显好转，在全省 1~8 批"大吨小标"车辆更正工作中，共有 2327 辆载货类汽车按照国家发改委公告恢复了核定吨位，恢复率达到 83%。运力结构调整加快，大吨位车辆、厢式货运车辆得到长足发展，大部分运输业户合法装载运输，道路运输市场恶性竞争有所好转，运价合理回归。在 2005 年油价大幅上涨、能源供应仍然趋紧的情况下，治超工作没有影响宏观经济运行，运量增幅明显。

2006 年，省公路路政管理总队在执法管理上按照"统一口径，统一标准、统一行动"的要求，严格执行统一的超限超载认定标准，做到"四个坚持"，即坚持使用称重设备进行车辆检测，杜绝目测；坚持严格按照程序进行拦车检测和行政处罚；坚持以卸载为主，避免重复处罚；坚持按照有关规定文明执法、规范执法。全年共出动路面执法人员 13 万人次，检查车辆 71 万多辆，查处超限超载车辆 5 万辆，卸载货物 4.7 万吨，超限超载率控制在 6% 以下。全省因货运车辆超限超载发生的道路交通事故起数同比下降 14.75%，受伤人数同比下降 6.97%，经济损失同比下降 20.97%。兰州公路总段路政支队根据部分公路冲闯检测站点、恶意超限超载和驳载、绕道规避检测的超限超载车辆日益增多，高速公路成了超限运输的"重灾区"的新情况、新问题，组织开展对冲卡、绕道车辆的集中治理活动，采取固定监测与流动稽查相结合的办法，在依托盐场堡、西果园、青土坡 3 个监控站固定监测的同时，购置 3 台便携式超限检测仪，从监控站抽调部分路政人员，在柳忠高速公路北龙口服务区、东岗高速公路进出口、窑街收费站开展流动稽查工作。为了配合监控站做好超限治理工作，榆中、中川、永登 3 个公路管理段的路政大队也分别在 G312 线三角城、S201 线砂梁墩收费站和 X123 线永窑路开展流动稽查工作。通过六个多月的重点治理，冲卡、绕道车辆明显减少，共查处超限车辆 4693 辆，卸载 642 辆，卸载货物 2659 吨。白银公路总段加强对重要路段的巡查。景泰、白银公路管理段加强对 S201 线、S308 线、S217 线的流动巡查；靖远公路管理段加强对 S308 线（平川辖区）的流动巡查；会宁公路管理段加强对 S207 线、G312 线的流动巡查，超限超载车辆持续下降。定西公路总段加大超限车辆的监控检测力度，分别在岷县和安定设置临时超限运输监控检测点。酒泉公路总段加强源头治理。柳园监控站及敦煌、金塔两个临时治超站点组织路政人员采取深入厂矿、企业和货运装载第一线、上路宣传和散发传单等多种形式经常向司乘人员和货主宣称车辆超限超载的危害性和治理的必要性，部门协作与区域联动相结合，加大对物资集散地的监管及车辆运输企业的协调，从源头上遏制超限运输，引导司机和业主合理装载。

2007 年，对整车装运鲜活农产品的车辆实行不扣车、不卸载、不罚款的"三不"政策，确保鲜活农产品、工业原材料、电煤、国家重点物资运输畅通。使治理力度与社会可承受度有机结合，确保超限超载率始终控制在 6% 以内。同时还先后 4 次完成国家重要安全物资的护送任务。从 8 月 25 日开始，利用 4 个月的时间，在全省开展严惩"双超"保护桥梁安全专项整治活动，采取有效措施坚决禁止非法超限超载特别是车货总重超过 55 吨的车辆上桥行驶。全年各级治超机构共出动路面执法人员 14.4 万人次，检查货运车辆 85.2 万辆，查处超限超载车辆 5.4 万辆，卸载货物 4.3 万吨。同年 9 月，陇南公路总段在徽县麻沿、康县王坝、两当杨店 3 个检测站的基础上，增设 4 个临时超限检测点，采取宣传和教育相结合、卸载和处罚相结合的原则，实行严罚重管，取得了明显成效。

2008 年，配合公路养路费税费改革，对全省二级收费公路管理所、站及相关配套设置进行摸底调查，重新调整全省治超检测站点布局规划。

2009 年，在计重收费工作中积极阻截劝返超限车辆，超限车辆数量呈明显下降趋势。服务国家重要项目和省内工业企业发展，协调解决引洮工程大型设备运输行驶宁夏路段、酒泉风力发电设备运输行驶陕西路段的有关事项，保障项目建设的顺利实施。兰州公路总段先后在柳忠高速公路和平、兰州（天水路进出口）、盐场堡进出口，兰临高速兰州南进出口各设置路政服务执法岗亭 1 处，7 月起陆续投入使用，对过往超限超载车辆实行不间断检测并开展政策宣传、教育和劝返，先后劝返超限车辆千余辆，并为过往司乘人员提供饮水、法律咨询等便民服务九百多人次。

农村公路治超方面，按照"高速公路入口阻截劝返，普通公路站点执法监管，农村公路限宽限高保护"的总体要求，农村公路主要采取以堵为主、在重要出入口和节点位置限宽限高限载的监管方式。对于非法超限运输车辆绕行农村公路密集路段，采取地方交通局路政执法与省属属地公路路政执法管理处联合治超的工作机制，重点打击绕行农村公路非法超限运输车辆，确保农村公路路产路权不受侵害。陇南市成县建立农村公路治超站试点，探索农村公路超限治理新模式。对因区域内基础设施建设确需行驶公路的建设材料运输车辆，农村公路路政管理机构与施工单位签订临时保通和公路补偿协议，完工后由施工单位按公路原技术等级恢复。2005年—2010年甘肃省治超情况见表3-2-4。

2005年—2010年甘肃省治超情况表

表3-2-4

项目	2005	2006	2007	2008	2009	2010
投入执法人员（万人次）	15	13	14.4	12.42	13.58	12.4
检查货运车辆（万辆）	38	71	85.2	94.23	96.24	84.2
查处超限超载车辆（万辆）	7.7	5	5.4	4.67	4.77	4.17
超限超载卸（转）载货物（万吨）	12.9	4.7	4.3	2.8	2.53	1.8929
超限率	6%	6%	6%	5%	5%	4.95%

（三）治超宣传

2004年5月上旬，省交通厅根据全国治理车辆超限超载工作电视电话会议精神和国家七部委制定的《关于在全国开展车辆超限超载治理工作的实施方案》的要求，积极开展治理车辆超限超载宣传工作。遵循宣传先行和稳步推进相结合、部门协作与区域联动相结合、保护公路与发展经济相结合的原则，加强对车辆超限超载的危害性、治理的必要性及治理经验的宣传。宣传活动按照"广泛宣传、统一行动，多方合作、依法严管，把住源头、经济调节，短期治标、长期治本"的治理要求，突出"全面治理超限超载运输，保护路桥，关爱生命"的宣传主题，主要利用报纸、电视、广播和互联网等媒体宣传国家及甘肃省治理车辆超限超载的政策和步骤，宣传车辆在公路沿线向车主和村镇居民散发法律法规印刷品，邀请专家、学者就超限超载的危害性发表文章。

2005年—2010年，全省各级路政管理机构印发宣传材料，悬挂宣传横幅，编发工作简报。各级交通、公安部门在公路及附属设施上设置必要的限载交通标志，对超限超载车辆驾驶人员进行警示教育。地方各级政府及有关部门在集中开展治超工作前走访本地区一些重要的煤矿、电厂、大型生产和运输企业，以召开座谈会的形式宣传有关治理超限超载的政策。同时加强对"大吨小标"车辆恢复标准吨位工作。

二、公路超限检测站设置

2003年初，省政府下发《甘肃省人民政府关于加强对公路运输中超限车辆管理的通知》，省交通厅批转《甘肃省超限运输车辆行驶公路监控检测站管理办法》等规章制度，确定在酒泉、嘉峪关、武威、兰州、白银、定西、平凉、庆阳、陇南、天水设置12个固定式超限运输车辆行驶公路监控检测站。同年4月，为遏制公路运输中超限车辆上升势头，省政府以《甘肃省人民政府关于加强对公路运输中超限车辆管理的通知》批准设置酒泉柳园、武威六坝河、兰州盐场堡、兰州西果园、红古青土坡、平凉王家沟、定西十八里铺、庆阳长官等8个超限检测站。同年11月，以《甘肃省人民政府关于取消合并部分涉及向机动车辆收费罚款项目撤销调整部分公路和城市道路收费监测站（点）的通知》批准设置天水伯阳、白银新墩、陇南麻沿和嘉峪关4个超限检测站。

2006年10月，省政府以《甘肃省人民政府关于建立和完善治理超限超载车辆监控检测网络的通知》批准设置兰州花庄、白银白墩子、新墩，定西尖山，平凉神峪、凤口，庆阳板桥、甜水镇，天水百花、莲花，陇南两当、王坝、余家湾，甘南王格尔塘，临夏牛津河，酒泉柳园、金塔、阿克塞，张掖南华、老寺庙、民乐，武威青林、石门河，金昌下四分等24个超限检测站，至此省政府共计批准超限检测站点36个。同年开始，交通运输部和省交通厅列出专项资金专门用于公路超限检测站建设，建成或部分建成国家I类超限检测站12个，省级II类超限检测站4个。

省公路路政管理总队建设项目管理采取总队向总段下达建设任务，建设单位为相关公路总段，具体负责项目的建设组织实施工作和招投标工作及进度控制等。

2000年，兰州公路总段在G109线兰包路修建全省第一家超限运输监控站盐场堡监控站。2003年，对盐场堡监控站硬件设施进一步完善，并分别在G109线甘青路和G212线甘川路增设青土坡、西果园两个监控站，共投资396万元，于2004年4月1日起全部投入使用。酒泉公路总段在安西柳园收费站西侧修建超限运输车辆监控检测站及卸货场地。定西公路总段利用原十八里铺道班房建立超限运输监控检测站。修建监控检测机房、检测辅道、保管库房等设施，配置固定式动态称重仪、交通工具及调查取证器材。

同年5月10日，平凉公路总段泾川王家沟超限运输监控检测站投入运行。全年建成12个车辆超限监控检测站和4个临时性监控站点，配备标准的称重检测设备和卸载场地。

2006年2月，省交通厅以《关于下达2005年公路建设中央投资车购税追加计划的通知》，下达2005年超限检测站建设计划6个，分别为天水伯阳、定西十八里铺、庆阳长官、平凉神峪、嘉峪关、白银新墩。2007年6月，省交通厅以《关于下达2007年交通固定资产投资计划的通知》，下达超限检测站建设计划1个，即白银白墩子超限检测站。2008年5月，省交通厅以《关于下达2008年交通固定资产投资计划的通知》，下达超限检测站建设计划2个，分别为百花超限检测站和凤口超限检测站。2009年7月，省交通运输厅以《关于下达2009年交通系统成品油价税改革转移支付替代性返还支出预算的通知》，下达超限检测站建设计划8个，分别为兰州盐场堡、兰州张家寺、刘白高速新墩、酒泉金塔、张掖老寺庙、金昌下四分、临夏牛津河、甘南王格尔塘。

2006年—2010年，在9个国家Ⅰ类超限检测站建设中，统一全省超限检测站的模式和规格，由省公路路政管理总队委托省交通规划设计院有限公司统一设计，施工图设计和工程预算报请省交通运输厅批准后再由省公路路政管理总队下达各公路总段组织建设。

2003年起，省政府共批准设置36个公路超限检测站，其中高速公路超限检测站5个，国省干线公路超限检测站31个。截至2010年底，全省已建成国家Ⅰ类超限检测站 9 个，省级Ⅱ类超限检测站 1 个，共计建成运行超限检测站 10 个。全省基本形成覆盖主要干线公路和部分高速公路的治超监控网络体系。2010 年甘肃省公路超限检测站建设情况见表 3-2-5。

2010 年甘肃省公路超限检测站建设情况一览表

表 3-2-5

所在市州	站（点）名称		站（点）等级	所在市（县）	公路等级	路线编号	桩号（公里/米）	建设情况	批准文号	备注
兰州	1	盐场堡超限检测站	Ⅰ类	兰州市城关区	二级	G109 线	1727+700	建成	省政府甘政发〔2003〕32 号	
	2	青土坡超限检测站	Ⅱ类	兰州市红古区	二级	G109 线	1789+003	未建	省政府甘政发〔2003〕32 号	
	3	西果园超限检测站	Ⅱ类	兰州市七里河区	二级	G212 线	19+200	未建	省政府甘政发〔2003〕32 号	
	4	张家寺超限检测站	Ⅰ类	兰州市红古区	高速	G6 京藏高速	1640+000	在建	省政府甘政发〔2006〕90 号	与青海交界
白银	5	G109 线新墩超限检测站	Ⅰ类	白银市平川区	二级	G109 线	1551+500	建成	省政府甘政发〔2003〕101 号	

所在市州	站（点）名称		站（点）等级	所在市(县)	公路等级	路线编号	桩号（公里/米）	建设情况	批准文号	备注
白银	6	S201白银白墩子超限检测站	I类	白银市景泰县	二级	S201线	18+500	建成	省政府甘政发〔2006〕90号	与内蒙古交界
	7	G6京藏高速新墩超限检测站	I类	白银市平川区	高速	G6京藏高速	1478+400	未建	省政府甘政发〔2006〕90号	与宁夏交界
定西	8	定西十八里铺超限检测站	I类	定西市安定区	二级	G312线	1779+300	建成	省政府甘政发〔2003〕32号	
	9	尖山超限检测站	II类	定西市渭源县	二级	G212线	134+000	未建	省政府甘政发〔2006〕90号	
天水	10	G310线伯阳超限检测站	I类	天水市麦积区	二级	G310线	314+950	建成	省政府甘政发〔2003〕101号	
	11	G30连霍高速百花超限检测站	I类	天水市麦积区	高速	G30连霍高速	1306+500	在建	省政府甘政发〔2006〕90号	与陕西交界

所在市州	站（点）名称	站（点）等级	所在市(县)	公路等级	路线编号	桩号（公里/米）	建设情况	批准文号	备注
天水	12 莲花超限检测站	Ⅱ类	天水市秦安县	二级	S304线	184+860	未建	省政府甘政发〔2006〕90号	
陇南	13 余家湾超限检测站	Ⅰ类	陇南市文县	二级	G212线	697+400	在建	省政府甘政发〔2006〕90号	与四川交界
	14 麻沿超限检测站	Ⅱ类	陇南市徽县	二级	G316线	2510+000	建成	省政府甘政发〔2003〕101号	
	15 两当杨店超限检测站	Ⅱ类	陇南市两当县	二级	G316线	2387+300	未建	省政府甘政发〔2006〕90号	
	16 王坝超限检测站	Ⅱ类	陇南市康县	二级	S307线	61+700	未建	省政府甘政发〔2006〕90号	
临夏	17 牛津河超限检测站	Ⅱ类	临夏市	二级	S309线	147+100	在建	省政府甘政发〔2006〕90号	
甘南	18 王格尔塘超限检测站	Ⅱ类	甘南州夏河县	二级	G213线	239+000	未建	省政府甘政发〔2006〕90号	
平凉	19 神峪超限检测站	Ⅰ类	平凉市华亭县	二级	S203线	53+390	建成	省政府甘政发〔2006〕90号	与陕西交界

第三编 规费征稽与路政管理

685

甘肃省志 公路交通志

所在市州		站（点）名称	站（点）等级	所在市(县)	公路等级	路线编号	桩号（公里/米）	建设情况	批准文号	备注
平凉	20	G70福银高速凤口超限检测站	I类	平凉市泾川县	高速	G70福银高速	0+500	未建	省政府甘政发〔2006〕90号	与陕西交界
	21	王家沟超限检测站	II类	平凉市泾川县	二级	G312线	1712+350	未建	省政府甘政发〔2003〕32号	
庆阳	22	长官超限检测站	I类	庆阳市宁县	二级	S202线	171+500	建成	省政府甘政发〔2003〕32号	
	23	环县超限检测站	II类	庆阳市环县	二级	G211线	181+000	未建	省政府甘政函〔2003〕62号	
	24	板桥超限检测站	II类	庆阳市合水县	二级	G309线	1624+000	未建	省政府甘政发〔2006〕90号	
武威	25	青林超限检测站	I类	武威市凉州区	二级	G312线	2521+000	建成	省政府甘政发〔2006〕90号	
	26	六坝河超限检测站	II类	武威市凉州区	二级	G312线	2473+600	未建	省政府甘政发〔2003〕32号	
	27	石门河超限检测站	II类	武威市天祝县	二级	Z042	6+000	未建	省政府甘政发〔2006〕90号	

续表

所在市州		站（点）名称	站（点）等级	所在市（县）	公路等级	路线编号	桩号（公里/米）	建设情况	批准文号	备注
金昌	28	下四分超限检测站	Ⅱ类	金昌市永昌县	二级	S212线	103+800	在建	省政府甘政发〔2006〕90号	与内蒙古交界
张掖	29	老寺庙超限检测站	Ⅱ类	张掖市甘州区	二级	G312线	2661+800	未建	省政府甘政发〔2006〕90号	
	30	南华超限检测站	Ⅱ类	张掖市高台县	二级	G312线	2803+300	未建	省政府甘政发〔2006〕90号	
	31	民乐超限检测站	Ⅱ类	张掖市民乐县	二级	G227线	326+800	未建	省政府甘政发〔2006〕90号	与青海交界
酒泉	32	G30连霍高速柳园超限检测站	Ⅱ类	酒泉市瓜州县	高速	G30连霍高速	2738+600	未建	省政府甘政发〔2006〕90号	
	33	金塔超限检测站	Ⅱ类	酒泉市金塔县	二级	S214线	75+500	在建	省政府甘政发〔2006〕90号	与内蒙古交界
	34	柳园超限检测站	Ⅱ类	酒泉市瓜州县	二级	G312线	3296+000	未建	省政府甘政发〔2006〕90号	
	35	阿克塞超限检测站	Ⅱ类	酒泉市阿克塞县	二级	G215线	K207+000	未建	省政府甘政发〔2006〕90号	

所在市州	站（点）名称	站（点）等级	所在市（县）	公路等级	路线编号	桩号（公里/米）	建设情况	批准文号	备注
嘉峪关	36 嘉峪关超限检测站	I 类	嘉峪关市	二级	G312 线	2963+000	建成	省政府甘政发〔2003〕101 号	

第三节　路政行政执法与行政许可

一、工作机制和队伍建设

1993 年，兰州市中级人民法院在兰州公路总段设立甘肃省第一家公路巡回法庭，并与各县人民法院联系在 5 个公路段分别成立执行室。"巡回法庭"和"执行室"的主要任务是负责办理公路管理部门依法申请人民法院强制执行的案件，协助公路管理部门完善行政执法程序，指导行政执法活动；开展法制宣传，提供法律咨询服务；配合路政部门处理协调与其他执法部门的关系。自设立巡回法庭后，由法庭协助总段路政部门处理侵权，破坏公路案件 15 起，拆除违章建筑 9 处。

1994 年 4 月 29 日，成立"甘肃省酒泉地区中级人民法院公路巡回法庭"。全年巡回法庭共查处各类路政案件 134 起，结案率 100%。11 月 10 日，酒泉地区公路治安管理队成立，编制 10 人，由公安处在总段现有职工中选调，属聘用制合同民警。其业务受地区公安处和安西县公安局领导，行政隶属公路总段管理。治安队的主要任务是：加强公路治安保卫，维持公路建设和车辆通行费征收工作的正常秩序，处理公路产权纠纷，承担公路巡逻、设卡、守点及其他执勤任务。

1995 年，嘉峪关市路政管理部门申请市法院成立驻嘉峪关市路政管理办公室巡回法庭，并成立路政监察大队。在市辖 3 个乡成立道路交通管理所，兼管路政管理工作。金昌公路总段成立"金昌市中级人民法院公路巡回法庭"，河西堡、永昌公路段设立"法律执行室"。张掖地区成立"张掖地区中级人民法院驻张掖公路总段行政执行庭"和"驻交通处行政执法庭"。庆阳地区中级人民法院成立"公路路政巡回法庭"。4月，"临夏州中级人民法院公路巡回法庭"成立，此后相继成立"临夏县法院驻临夏公路段执行室""积石山保安族东乡族撒拉族自治县法院驻积石山公路段执行室""康乐县法院驻康乐公路段执行室""永靖县法院驻刘家峡公路段执行室"。截至1995年底，省交通厅公路局与全省各公路总段都已成立公路巡回法庭或行政执法联络处。部分县公路段和地养系统也成立了执行室或联络室。

1997年，依靠各级政府，妥善处理好相关部门之间的关系，争取当地政府对路政工作的领导、重视和支持，较好地解决了与水利部门关于"121"集雨灌溉工程建设，与城建部门有关"小城镇建设""开发区建设"等方面涉及的问题。继续巩固和发挥公路巡回法庭、执行室的作用，对既不自行履行处罚决定，又不申请复议、不起诉的279件路政案件强制执行，维护法律尊严。

1999年，各总段完成路政人员考试、聘用工作，新聘用路政人员528名。并推行执法责任制，制定了《路政赔偿案件备案审查制度》《路政执法错案追究制度》。

2006年4月28日，公路路政管理总队在省交通职业技术学院举行全省路政执法人员岗位练兵汇报演示活动。全省14个市（州）代表队，600多名路政人员参加。

2007年，从夯实基础、规范管理、巩固提高等方面大力开展以规范执法行为、规范行业管理为目标的行业"规范年"建设活动。

2008年，对全省路产管理、信息化建设、执法人员管理、国有资产管理、超限运输治理及综合规范化建设做了专题研究，制作了《甘肃路政行业形象识别系统》，按照"六个统一"要求，从"组织保障、政务实施、业务管理、教育培训、日常管理"五个方面，对全省公路路政规范化建设提出具体标准。7月24日，省路政总队在规范化建设试点单位武威公路总段召开全省路政管理工作规范化建设现场会，拉开全省公路路政行业规范化建设的序幕。省公路路政管理总队调整充实依法行政工作领导小组，整理编制《甘肃省公路路政管理法律法规规章制度及规范性文件汇编》，将路政执法依据、标准、人员等内容进行公示。完善案卷评查标准，规范路政许可文书格式，修改制作"甘肃公路路政管理工作示意图"，对近三年间依法行政资料整理归档，完成全省公路路产电子档案的建设工作。

各级路政管理机构认真开展依法行政自查自纠活动，推行首问负责制、一次告知制、限时办结制、岗位责任制、责任追究制等工作制度。2008年7月，交通运输部开展交通行政执法监督检查，省公路路政管理总队和武威公路总段分别被交通运输部评为交通依法行政示范单位和交通行政执法责任制示范单位。

2009年，健全完善执法监督约束机制，对14种损坏公路的违法行为根据违法程度，规定了处罚幅度，明确了自由裁量标准，确保执法公正公开。

2010年，按照"统一执法标志、统一执法服装、统一执法装备、统一执法文书、统一办公环境、统一服务标准"的"六统一"要求，对上至合署办机关，下至临时大队、治超站，全部按照既定的标志标识系统进行统一和规范，树立"甘肃路政"的品牌形象。

二、行政执法审批

现行的路政行政许可项目。在国道、省道上增设平面交叉道口的许可；因工程建设需要占用、挖掘国道、省道或者使公路改线的许可；跨越、穿越国道、省道修建桥梁、渡槽或者架设、埋设管线、电缆等设施的许可；跨省、跨市（州）超限运输车辆行驶公路的许可；在国道、省道设置非公路标志的许可；在国、省道两侧建筑控制区内埋设管线、电缆等设施的许可；因抢险、防洪修筑堤坝、压缩或拓宽河床危及公路安全的许可；国道、省道行道树采伐、更新的许可。

合并、下放、取消的行政许可项目。2003年，在行政许可清理方面，甘肃省公路局严格按照省政府、省交通厅的有关文件要求，对全省公路管理机构的行政许可实施主体和正在实施的法律、行政法规、地方性法规、部门规章、政府规章和规范性文件及设立依据、文件进行认真清理、核查，共提出保留审批事项22项、修订审批事项8项、修改审批事项1项、取消审批事项1项。

2004年，结合施行的《中华人民共和国行政许可法》及修改后的《中华人民共和国公路法》《甘肃省公路路政管理条例》，根据省上有关行政审批制度改革的要求，对涉及有关路政审批项目进行清理和调查，撤销部分审批项目，下放部分审批权限。根据《甘肃省人民政府关于公布省级政府部门行政审批第五批取消减少项目和中央在甘单位第二批取消行政审批项目目录的决定》，在省管理的公路两侧建筑控制区内修建临时建筑物列为取消审批项目，铁轮车、履带车等行驶省管理的公路许可列为下放审批项目，因在省管理的公路上施工、养护需中断交通或绕道通行的许可列为下放审批项目。

2009 年—2010 年，支持甘肃省工业企业发展，对省内重点工程建设项目运输大型设备的车辆给予通行便利和政策支持。主动与省内重点企业和招商引资企业联系，了解企业年度不可解体大件运输计划，对办理合法许可手续的大件运输车辆，超限补偿费减半收取，护送费全部减免。主动上门为企业服务，对于涉及大型工业企业的许可事项，采取"一事一议"的办法"特事特办"，公开承诺，限时办结。提前介入省内重点工业项目，实施协议管理，妥善解决兰新铁路第二双线、宝兰客运专线、西平铁路等国家重点建设项目涉及公路路产的事项。合署办机关、各支队、大队设立政务大厅，受理各类许可事项，为服务对象提供了优质便捷的"一站式"服务。简化行政许可流程，制作并公布了路政许可流程图。对 2006 年以来各项许可事项录入微机，进一步充实执法信息库，建立路政许可电子档案，初步开展网上许可工作。建立大件运输许可办理多部门、多岗位参与的内部牵制机制和现场勘验、复秤的长效机制，进一步规范大件运输许可的程序，堵塞补偿费流失漏洞。各级路政机构坚持实行"六公开"（服务内容、办事程序、审批依据、申报材料、承诺期限和收费标准公开），严格按权限受理审批各类许可事项，不断规范路政文书制作和案卷评查工作，大力推行首问责任制、一次告知制、限时办结制、责任追究制等便民制度，对服务内容、服务标准、办事时限等做出公开承诺，方便群众，有效提高办事质量和效率。

2005 年—2010 年底，省公路路政管理总队共受理各类许可事项 6120 余项，全部按程序按时限要求予以办理，行政许可事项办结率达到 100%。详情见表 3-2-6。

2005 年—2010 年许可案件办理情况表

表 3-2-6

年份	涉路施工（件）	办结率	非公路标志标牌（件）	办结率	超限运输（件）	办结率	护路林（件）	办结率	铁轮车、履带车和其他可能损害公路路面的机具行驶公路（件）	办结率	涉及河道作业	办结率
2005	44	100%	23	100%	240	100%						
2006	57	100%	12	100%	220	100%						
2007	99	100%	80	100%	580	100%			3	100%		
2008	95	100%	22	100%	998	100%	1	100%				
2009	84	100%	8	100%	1250	100%						
2010	85	100%	19	100%	2200	100%						
合计	464	100%	164	100%	5488	100%	1		3			

第四编 管 理

GAN SU SHENG ZHI GONG LU JIAO TONG ZHI

第一章 行政管理机构

第一节 省级管理机构

一、甘肃省交通运输厅

（一）机构沿革

1990年，甘肃省交通厅仍维持1978年建制，内设机构为办公室、计划处、财务处、科学技术处、劳动工资处、能源设备办公室、人事处、宣传处、监察室9个职能处室。当年，内设处室增加离退休干部管理处，另设厅直机关党委、公路运输工会工作委员会。

1991年2月中旬，成立甘肃省审计局驻省交通厅审计处。10月16日，启用印章。

1995年，甘肃省人民政府办公厅下发《甘肃省交通厅职能配置、内设机构和人员编制方案》（甘政办发〔1995〕62号），省交通厅机关内设办公室、体改法规处、综合计划处（加挂交通战备办公室牌子）、财务资产管理处、人事处、劳资处、科学技术处、审计处、宣传教育处、离退休干部管理处10个职能处室和机关党委、纪检组与监察室（系两块牌子、一套人马，合署办公），比原来增加1个。成立厅机关后勤服务中心；核定省交通厅机关编制75名，其中处级干部职数24名。

1996年，省审计厅驻省交通厅审计处一度撤销。1997年10月，省政府批准恢复省交通厅审计处（省审计厅驻省交通厅审计处）。

2001年2月26日，省政府办公厅《关于印发甘肃省交通厅职能配置内设机构和人员编制的规定的通知》（甘政办发〔2001〕21号），确定省交通厅内设办公室、体改法规处、综合规划处（交通战备办公室）、财务资产管理处、人事处、劳动安全处、建设管理处、科技教育处、离退休干部管理处9个职能处室。机关编制46名。

2006年1月10日，省交通厅党组会议研究决定，申请成立甘肃省交通厅审计办公室，隶属省交通厅管理。同年1月12日，向省机构编制委员会办公室（以下简称省编办）上报《关于成立甘肃省交通厅审计办公室的请示》。同年4月18日，根据甘肃省编办《关于增加内设机构的通知》精神，同意成立省交通厅审计办公室，为厅内设机构，增加处级领导职数2名。另设省监察厅驻省交通厅监察室（省纪委驻省交通厅纪律检查组）和厅直机关党委、省交通工会工作委员会。

2009年11月17日，根据《中共中央办公厅国务院办公厅关于印发〈甘肃省人民政府机构改革方案〉的通知》（厅字〔2009〕16号）和《中共甘肃省委甘肃省人民政府关于印发〈甘肃省人民政府机构改革实施意见〉的通知》（省委发〔2009〕9号）精神，根据省政府办公厅《关于印发甘肃省交通运输厅主要职责内设机构和人员编制规定的通知》（甘政办发〔2009〕211号），甘肃省交通厅改为甘肃省交通运输厅。

省交通运输厅内设办公室、政策法规处、综合规划处、财务资产管理处、人事劳资处、建设管理处、综合运输处、安全监督处、科教处、审计处、离退休人员工作处、交通战备办公室（省国防动员委员会交通战备办公室）12个职能处室。省交通运输厅机关编制64名。其中厅长1名、副厅长

5名、纪检组长1名、总工程师1名（正处级），处级领导职数25名（含机关党委专职副书记1名）。

纪检、监察机构的人员编制和领导职数，按省编办、省纪委文件规定执行。保留机关后勤服务中心，事业编制37名，处级领导职数2名。保留交通工会事业编制4名，处级领导职数2名。

厅属行业协会有：甘肃省公路学会、甘肃省交通劳动研究会（西北交通劳动研究会）、甘肃交通财务会计学会、甘肃省交通职工思想政治工作研究会、甘肃省国防交通协会。

2008年，省交通运输厅办公地点由兰州市城关区萃英门搬迁至酒泉路213号交通综合大厦。

（二）主要职责

1995年，甘肃省交通厅体制改革。其主要职责是：

1. 根据全省国民经济和社会发展需要，制定全省公路和水路交通运输行业发展战略、方针、政策和法规并监督执行。

2. 按照全省总体发展规划和交通部制定的全国公路、水路交通行业展规划和布局，组织编制全省公路、水路交通行业发展规划并负责上报、下达和检查监督执行情况。

3. 参与全省和区域性综合运输网规划及其他行业发展规划中有关交通运输规划的工作。归口管理公路、水路交通运输行业统计工作。

4. 对全省公路、水路运输进行行业管理。对关系国计民生的重点物资运输、紧急物资运输进行必要的调控。协调不同所有制运输企业之间的关系，发展合理运输。归口管理交通行业利用外资、技术引进工作。按照管理权限负责"三资"运输企业的立项、报批工作。审批跨省运输企业的开业及线路。

5. 管理和监督直属企业国有资产的保值、增值，指导、协调直属企业的重大经营活动和深化企业改革工作。

2001年，甘肃省交通厅体制改革，职责变化较大。

加强的职能：

1. 全省交通行业发展战略、发展规划、方针政策的研究制定和监督实施。

2. 全省交通基础设施建设市场的管理，重点是工程质量、工程招投标和工程造价的监督管理。

3. 全省道路、水路运输市场的行业管理。

4. 投资管理及投资所形成的国有资产运营的监督管理。

5. 全省交通行政执法工作。

6. 汽车出入境运输管理和汽车租赁业的行业管理。

下放的职能：

1. 交通行业有关企业年度会计报表审计等事务性工作，交有关事业单位或中介机构。

2. 把厅属企业的生产经营权交给企业，解除与厅直属企业的行政隶属关系。

3. 除国家、省重大科技项目外，原交通厅直接管理的科技项目成果鉴定、评审、评奖等工作交事业单位或中介机构承担。

4. 全省交通行业职工培训交有关院校、培训基地组织实施。

主要职责：

1. 贯彻执行国家有关交通工作的方针政策、法律法规，拟订全省公路、水路交通行业发展战略、方针、政策并监督执行。

2. 制订全省公路、水路交通行业的发展规划、中长期计划和年度计划并组织实施，负责全省交通行业统计和信息引导工作。

3. 指导全省交通行业体制改革和交通企业改革工作，维护公路、水路交通行业的平等竞争秩序，引导交通运输行业优化结构、协调发展，负责交通战备建设与管理工作。

4. 组织全省公路、水路及其设施的建设、维护和管理；负责重点交通基础设施项目的前期工作、立项审查、项目实施和竣工验收；负责全省运输站场、港口的建设布局管理工作；组织开展交通扶贫，负责以工代赈交通建设项目的审查实施工作；组织对公路水毁、地震灾害阻断交通的紧急抢修；负责全省高等级公路沿线服务设施规划布局和服务项目的管理。

5. 管理全省交通基础设施建设市场，负责交通基础设施工程质量监督、工程定额、工程招投标和工程造价工作的行业管理；负责全省公路、水路施工企业施工资质、资信的审查、报批和管理工作；负责公路（桥梁、隧道）车辆通行费征收的行业管理。

6. 管理全省道路、水路运输市场，负责全省道路、水路旅客运输（包括出租汽车和旅游运输）、货物运输、搬运装卸、车船维修、汽车租赁、汽车驾驶学校、驾驶员培训的行业管理和汽车出入境运输管理；负责全省水上安全监督、港航监督、船舶检验的管理工作；会同有关部门制定运输价格，调控重点物资运输和救灾、节日运输等紧急客货运输。

7. 负责交通规费及通行费的稽征、上缴、管理和监督；组织协调交通建设资金的筹集，负责政府拨付资金的管理、使用和监督；会同有关部门制定各项收费标准和管理办法，统一管理票据；审定厅属事业费预决算及各项财务计划并监督执行；监督管理厅属企业、事业单位的国有资产，指导交通行业国有资产重组和路产路权的经营管理工作。

8. 负责厅机关和直属单位干部人事、劳动工资、社会保障、行政监察和机构编制管理，管理厅直属单位的领导班子；指导全省交通行业职工教育、培训、队伍建设和交通系统的精神文明建设，负责管理厅属学校，开展智力引进工作。

9. 指导全省交通行政执法工作，组织起草地方性交通法规规章，负责全省交通行政执法监督检查、行政复议、路政、运政和航政管理工作。

10. 负责全省交通行业科技管理工作和安全生产、环境保护、节能工作；负责全省公路、水路交通通信信息系统建设与管理。

11. 指导全省交通系统的涉外工作，开展国际经济技术交流与合作，负责引进外资工作。

12. 承办省委、省政府交办的其他工作。

2009 年，组建甘肃省交通运输厅，增加指导城市公交和民航管理的职能，其职责调整和主要职责是：

取消的职责：

1. 取消已由国务院和省人民政府公布取消的行政审批事项。

2. 取消公路养路费、航道养护费、公路运输管理费、公路客货运附加费、水路运输管理费、水运客货运附加费等交通规费的管理职责。

下放的职责：

1. 将厅属企业的生产经营权交给企业，解除与厅直属企业的行政隶属关系。

2.全省交通行业职工培训交有关院校、培训基地组织实施。

划入的职责：

1.划入原省交通厅的职责。

2.将原省建设厅承担的指导城市客运和出租汽车行业管理职责，划入省交通运输厅。

加强的职责：

1.综合运输体系的规划协调。

2.统筹区域、城乡交通运输协调发展。

3.交通运输行业安全监督管理工作。

主要职责：

1.贯彻执行国家有关交通运输工作的方针、政策、法律法规，拟订全省公路、水路、城市交通运输行业发展战略、方针、政策并监督执行。

2.承担涉及综合运输体系的规划协调工作，会同有关部门组织编制综合运输体系规划；负责编制全省公路、水路交通运输行业的发展规划、中长期计划和年度计划并组织实施；会同有关部门编制全省民航运输行业发展规划；负责全省道路运输站场、港口、码头及高等级公路沿线服务设施的布局规划；负责全省交通运输行业统计、发展预测、经济运行分析和信息引导工作；拟订物流业发展规划、有关政策和标准并监督实施。

3.负责全省道路、水路、民航交通运输市场监督管理；组织制定道路、水路运输有关政策、准入制度、技术标准和运营规范并监督实施；指导全省城市及农村客货运输管理、出租汽车行业管理、城市轨道交通的运营管理，参与城市轨道交通规划工作；会同有关部门制定运输价格；组织重点物资运输和救灾、节日运输等紧急客货运输。

4.负责全省交通基础设施建设市场监督管理；拟订公路、水路、民航工程建设相关政策、制度和技术标准并监督实施；负责交通基础设施工程质量监督、工程定额、工程造价和工程招投标工作的行业管理；负责全省公路、水路、民航施工企业资质资信的管理工作。

5.负责组织全省公路、水路、民航等综合运输基础设施的建设、维护和管理；负责重点交通基础设施项目的前期工作（含初步设计）、项目实施和竣工验收；负责客货运输站场、港口、码头及航道建设与管理；负责组织对公路水毁等自然灾害阻断交通的紧急抢修；参与以工代赈交通建设项目的审查实施工作及交通扶贫工作。

6. 会同有关部门制定交通运输行业财务会计、国有资本、资产及专项资金管理的规章制度并监督实施；负责车辆通行费等非税收入的稽征、上缴和监督管理；负责财政性资金的拨付、使用和监督管理；负责编制交通运输行业部门预决算并监督执行；负责交通建设资金的筹融资工作，管理交通运输行业国有资产和国有资本；负责交通运输行业财务监督检查和内部审计工作。

7. 指导全省交通运输行业体制改革；拟订地方性交通法规规章；负责全省交通运输行政执法、执法监督、行政诉讼、行政复议及交通法制宣传教育。

8. 负责全省交通运输行业国防交通保障和民用运力动员、科技管理、节能减排、信息化建设与管理、社会治安综合治理工作。

9. 负责道路运输、水路运输和公路水运工程安全生产监督管理；指导和组织实施公路、水路行业应急管理工作；依法对交通运输行业生产经营单位进行安全生产监督检查。

10. 指导全省交通运输行业人才队伍建设、精神文明建设及涉外工作，开展智力引进工作及国际经济技术交流与合作。

11. 承办省委、省政府和交通运输部交办的其他事项。

与省发展和改革委员会有关职责的分工：一是交通基础设施建设项目初步设计审批、综合运输体系的规划协调、对全省民航业进行行业管理、以工代赈扶贫交通建设项目的立项、计划、实施管理职责，由省发展和改革委员会承担；省交通运输厅主要负责交通行业以上职责的组织实施。二是在全省民航建设和行业管理方面，省发展和改革委员会负责全省铁路民航发展专项规划，衔接国家相关部委争取国家铁路民航项目支持，组织协调铁路民航建设中的重大问题，承担省铁路民航建设办公室的工作；省交通运输厅会同省发展和改革委员会组织编制综合运输体系规划，管理省机场投资管理有限公司。

农村公路和运输站场建设资金及养护费、客货附加费、通行费支出管理的职责分工：农村公路和运输站场建设资金按照国库集中支付制度执行。养护费、客货附加费、通行费支出管理由省交通运输厅负责提出资金支出预算。省财政厅负责审核并按规定程序审批、拨付。

2009年，组建甘肃省交通运输厅，设12个内设机构。

办公室。负责文电、会务、机要、档案等机关日常运转工作；承担信息、安全、保密、信访、政务公开、新闻宣传、政务督查、提案办理、机关财务和资产管理等工作；起草重要报告和综合性文件。

政策法规处。承担交通运输行业重大政策研究和依法行政、法制宣传教育，指导交通运输行业改革工作；拟订相关地方性法规和规章草案，负责规范性文件的合法性审查；指导交通运输行政执法工作，归口管理公路路政、运政、水运和海事执法工作；负责交通行政执法监督检查、行政复议和行政诉讼工作。

综合规划处。编制全省公路、水路综合运输体系的发展规划、中长期计划和年度计划；承担会同与有关部门编制全省民航运输行业发展规划的拟订工作，负责交通运输行业燃油税转移支出初始预算的编制工作并监督实施；负责编制国防交通建设规划、年度计划和建设项目前期工作；负责交通运输行业综合统计、发展预测、经济运行分析、信息引导和交通扶贫的综合管理工作；对国省干线公路养护工作进行监管，指导农村公路网的规划工作。

财务资产管理处。会同有关部门制定交通运输行业财务会计、国有资本、资产及专项资金管理的规章制度办法并监督实施；负责交通运输建设筹融资及资金的使用管理；负责公路车辆通行费等非税收入的征收管理及收支预决算的编制工作；负责厅属行政事业单位财务预算及资金使用的审查报批；负责厅属单位国有资本、国有资产及政府采购的管理工作。

人事劳资处。管理厅直属单位的领导班子；负责厅机关及厅属单位干部人事、机构编制、职称评聘、人才交流、教育培训、劳动工资、社会保障、外事、社团管理及交通系统的智力引进工作；负责交通运输行业专业技术人员职业资格管理工作。

建设管理处。管理交通基础设施建设市场，维护交通行业基本建设市场平等竞争秩序；负责交通基础设施工程质量监督、工程定额、工程招投标、工程造价工作的行业管理；负责全省公路交通基础设施建设项目及大中修工程项目管理，组织和审批初步设计和施工图设计；组织协调省重点交通建设项目的实施和质量管理，组织或参与项目竣工验收。

综合运输处（出租汽车行业指导办公室）。协调综合运输体系建设，参与拟订综合运输发展方针、政策、规划和标准；拟订并协调交通现代物流业发展规划、有关政策和标准，按规定承担物流市场的管理工作；负责交通运输业经济运行分析和信息引导；负责全省道路、水路、民航运输市场监督管理工作，指导城乡客货运输、出租车行业管理、城市交通和轨道交通运营管理；负责组织道路运输站场、港口、码头、航道、民航机场项目建设管理工作；负责高速公路及重要国省干线路网运行监测和协调，指导高等级公路运营。

安全监督处。贯彻落实安全生产的方针政策、法律法规和规章标准；拟订并监督实施公路、水路安全生产政策和应急预案；指导和组织交通运输行业安全生产和应急处置体系建设；负责道路运输、水路运输和公路水运工程安全生产监督管理工作；负责道路运输源头安全监督管理及民航机场建设、运营安全管理；依法对交通运输行业生产经营单位进行安全生产监督检查。

科技处。指导和管理交通科技工作，拟定行业科技政策、中长期发展规划和年度计划；组织实施重大交通科技项目及科技合作与交流，负责科技成果的鉴定和推广应用；负责交通运输行业信息化建设的综合规划与管理及情报、标准、计量、环保、能源、节能减排、专业技术人员继续教育工作。

审计处。拟订交通运输行业内部审计工作规划、制度和办法，管理、监督和指导内部审计工作；组织开展厅属单位财务收支审计、交通基本建设项目审计、经济效益审计、领导干部经济责任审计及专项审计工作。

离退休人员工作处。拟订离退休人员工作的办法和制度；负责厅机关离退休人员的管理工作，指导直属单位离退休人员的管理工作。

交通战备办公室（省国防动员委员会交通战备办公室）。拟订全省国防交通工作的有关规定和保障计划，规划国防交通网络布局，指导有关行业编制交通重点目标保障方案，协调有关部门落实军事需求；组织国防交通建设项目的申报和可行性研究，并负责项目建设管理和交竣工验收；指导国防交通专业保障队伍建设和训练管理，实施应急交通保障；负责民用运力潜力调查和动员征用，制订国防交通物资储备计划并负责管理和调用。

机关党委负责机关和直属单位的党群工作。

二、直属在兰管理机构

（一）甘肃省公路管理局

甘肃省公路管理局前身为 1957 年 2 月 16 日成立的甘肃省交通厅公路局，县级建制。1993 年底，搬迁至甘肃省交通科技通信中心大楼（1992 年建成，兰州市城关区滨河东路 595 号）办公。当时厅公路局内部设置办公室、政治处、总工程师办公室、财务科、计划统计科、养路科、县乡公路科、路政处、设备材料科、劳资科、职工教育中心、离退休干部管理科、生活服务站、保卫科等，正科级建制。

1994 年 5 月 3 日，在中川高等级公路（时称"一幅高速公路"）和天北高速公路建成通车前，省交通厅印发《关于成立高等级公路管理机构的批复》，在厅公路局设置高等级公路管理科，编制 6 人。同时，设置科级建制事业单位甘肃省中川高速公路管理所，隶属厅公路局，编制 89 人。

1995 年 12 月 22 日，根据省交通厅通知，甘肃省交通厅公路局更名为甘肃省公路局。更名后单位性质、级别、经费渠道均不变。

1998 年，根据省机构编制委员会（以下简称编委）《关于省直事业单位机构改革试点工作安排的通知》，确定省公路局为省直事业单位机构改革试点单位，改革重点是调整职能，精简办事机构，核定人员编制。

1999 年 4 月 6 日，经省交通厅批准，省公路局成立经营管理办公室。同年 5 月，撤销省公路局生活服务站、保卫科、离退休干部管理科，成立局后勤服务中心、局离退休职工管理中心，均为科级建制。

2000 年 8 月 28 日，省编办批准《甘肃省公路局事业单位机构改革方案》《甘肃省公路局职能配置、内设机构和人员编制方案》，明确省公路局经费来源实行自收自支（从养路费中列支），核定省公路局机关事业编制 110 名，其中处级干部职数 26 名（含局领导 10 名）。

2001 年 9 月 11 日，省交通厅印发《甘肃省公路局职能配置内设机构和人员编制方案的通知》，明确省公路局的主要职责、内设机构职能。

2002 年，省公路局改革调整工作完成。改革调整后，内设 13 个副处级职能处室，即办公室、政治处、综合规划处、财务资产管理处、收费公路管理处、人事劳动安全处、监察审计处、科技教育处、省养公路管理处、地养公路管理处、路政管理处、工程建设管理处（招标办公室）、经营管理处。

2005年4月，省交通厅剥离省公路局路政执法职能，成立甘肃省公路路政管理总队，省公路局路政处同时撤销。

2007年，省交通厅将高速公路养护职能由各业主单位统一移交至省公路局负责。

2008年3月20日，省公路局成立甘肃省公路应急管理办公室，负责向全省发布道路阻断信息。同年4月15日，报请省交通厅党组批复，在省公路局地养公路管理处加挂农村公路管理处牌子，在经营管理处加挂高速公路养护管理处牌子，在科技教育处加挂总工程师办公室牌子。9月17日，经省编委审核，中共甘肃省委常委会议讨论，省编委印发《关于省公路局机构规格的通知》（甘机编发〔2008〕15号），将省公路局建制由正处级升格为副地级，并更名为甘肃省公路管理局，核定副地级领导职数2名。

2009年，随着国家实施成品油价格和税费改革，公路养路费取消，省公路管理局由自收自支事业单位变为全额拨款事业单位。2010年12月31日，省编委印发《关于核定甘肃省公路管理局主要职责内设机构和人员编制的通知》，批复省公路管理局设置13个副处级建制处室，按规定设置纪检监察室（纪委和监察室合署办公）、工会、团委，下设局后勤服务中心（省公路应急抢险保障服务中心）、局离退休职工管理中心、甘肃省公路检测中心等3个副处级直属事业单位。机关事业编制110名，其中局领导班子职数9名（局党委书记1名、局长1名，均为副厅级；党委副书记兼纪委书记1名、副局长4名、工会主席1名、总工程师1名，均为正处级）；内设机构副处级领导职数共14名（含监察室主任）。

下属单位：20世纪90年代初，省交通厅公路局企事业单位有第一工程队、第二工程队、第三工程队、第四工程队、机械维修中心、材料总库、第三产业发展公司、联片供热站、招待所和兰州恒达交通设施有限公司、甘肃公路机械材料有限公司和甘川公路七道梁隧道管理所、西兰公路车道岭隧道管理所、G312线酒嘉过境公路管理所、甘肃省中川高速公路管理所等。

1995年4月，经省交通厅批准，成立甘肃省公路工程总公司，与省交通厅公路局一套班子、两块牌子，总公司总经理由局长兼任。内设工程部、信息开发部、财务部、人事部、物资部均挂靠在局有关科室。第一至第四工程队、机械维修中心归并于省公路工程总公司。1996年3月19日，成立省公路工程总公司大型机械租赁站，挂靠在机械维修中心。1998年9月21日，省公路局与省公路工程总公司分离。1999年，组建甘肃恒达实业集团，整合局第三产业发展公司、材料总库、兰州恒达交通设施有限公司。生活服务站、联片供热站、招待所等单位于1999年整合为省公路局后勤服务中心。各收费管理所陆续移交相应的公路总段。

至2010年底，省公路管理局完成体制改革。直属事业单位有局后勤服务中心（省公路应急抢险保障服务中心）、局离退休职工管理中心、甘肃公路检测中心。局属企业有甘肃恒达路桥工程集团有限公司、甘肃省远大路业集团有限公司和甘肃恒智信息科技有限责任公司。

（二）甘肃省道路运输管理局

前身是甘肃省汽车运输总公司，1986年改称甘肃省交通厅运输管理局，县级事业单位。到1991年，局内设科室17个：党委组织科、党委宣传科、中央局纪委、厅派驻局监察组、工会、办公室、总务科、企业科、运输科、财务科、电算室、总工办、工业科、老干科、保卫科、培训部。同年5月18日，成立审计科，与财务科合署办公。

1993年2月8日，撤销局党委宣传科、局职工培训部，成立局党委宣传教育科。同年12月8日，根据省交通厅《关于厅运管局暂行设置机关内部机构的批复》，暂按51名事业编制设置岗位。内设机构：组织科、宣传教育科、纪委监察科合署办公、财务科（审计科）、离退休职工管理科、计划统计科、办公室、总务科、运输管理科、机务维修管理科、工会。

1995年1月16日，根据省交通厅《关于调整厅运管局等六个事业单位编制的通知》，省交通厅运输管理局事业编制为65名，其中全额拨款编制37名，自收自支编制28名。同年12月22日，省交通厅《关于厅有关直属事业单位更名的通知》，原甘肃省交通厅运输管理局更名为甘肃省公路运输管理局（以下简称省运管局）。

2002年7月3日，成立局离退休职工管理中心，撤销原离退休职工管理科。同年7月3日，成立局机关服务中心，撤销原总务科。

2003年12月22日，省交通厅《关于省公路运输管理局机构设置及人员编制的批复》，省运管局内设办公室、党委办公室、运政管理处、规划发展处、财务资产处、运输管理处、车辆安全处、企业协调处、科技教育处，纪委（监察）、工会、团委按有关规定设置，局机关原内设机构随文撤销，核定科级职数18名。

2005年9月6日，局运输管理处改为运输安全处，车辆安全处改为市场监督处（运政执法总队），运政管理处改为运政法规处（设运政大厅），企业协调处改为人力资源处，监察室改为监察审计处，核定科级干部职数21名。同年12月5日，成立局交通战备办公室，办公室设在运输管理处，设兼职人员1名。

2006年3月7日，省交通厅《关于省公路运输管理局有关机构设置的批复》，成立出租汽车行业管理处，核定科级职数2名。在局财务资产管理处加挂甘肃省道路运输站场资产运营监管中心牌子，增加科级职数1名。同年6月9日，经省交通厅批准，在省运管局科技教育处加挂甘肃省道路运输科技信息中心牌子，增加科级职数1人。同年6月16日，局科技教育处改为科技信息处。

2008年4月30日，农村运输职能调整至局运输安全处；车辆年检审职能调整至局市场监督处；行业精神文明建设调整至局党委办公室；扶贫、综合治理职能调整至局办公室。同年9月9日，省运管局将局机关服务中心、离退休职工管理中心在编人员纳入机关管理。从2008年9月1日起，机关服务中心、离退休管理中心只编列聘用和离退休人员经费。

省运管局早期办公地址设在兰州市七里河区安西路132号；由于办公楼改建，2006年5月搬迁至兰州市东岗东路277号（甘肃省道路运输科技信息中心院内）过渡。2010年5月搬迁至兰州市七里河区南滨河中路255号。

局属单位情况：2007年7月30日，省运管局《关于调整科技信息管理机制的通知》，建立"三位一体，相对分离，集中决策，独立运行"的运行机制，将局科技信息处、省道路运输科技信息中心、新网通科技信息有限公司设立一个党支部、一个法人，职能、人员相对分离，重大问题由处务会、支委会集中决策，分别执行。局科技信息处编制15人，按局工作人员管理；省道路运输科技信息中心编制60人，人员按照省交通厅公路通行费机构聘用人员管理规定实行岗位管理；新网通科技信息有限公司按现代企业制度运行，内设机构、编制、待遇根据企业经营状况自行控制，但原则上除信息化尖端人才外，不准新增人员。省道路运输科技信息中心高端服务费、网络接入费、40人工作经费在运管费内计划单列（含市州20名维护人员），独立核算。

（三）甘肃省水运管理局（甘肃省地方海事局）

1986年，甘肃省水运处更名为甘肃省交通厅水运管理处。1995年12月22日，省交通厅印发《关于厅有关直属事业单位更名的通知》，决定将原甘肃省交通厅水运管理处更名为甘肃省水运管理局（以下简称省水运局），更名后，其性质、级别、经费来源渠道均不变。县级事业单位，编制32人。2000年11月14日，同意成立省水运局后勤服务中心，科级建制，职数2名。2005年6月28日，省交通厅批复成立甘肃省水运工程质量监督站，与局工程规划科合署办公，不增设机构，不增加编制和人员，业务上接受甘肃省交通基本建设质量监督站的指导。

2001年3月1日，甘肃省地方海事局成立。前身是甘肃省港航监督处和船舶检验处。2001年5月8日，省交通厅向省水运局印发《关于加挂甘肃省地方海事局牌子的通知》，同意在省水运局加挂甘肃省地方海事局（以下简称省海事局）的牌子，水上安全监督机构的人员不增，经费来源渠道不变。2002年6月14日，省交通厅印发《甘肃省水运管理局、地方海事局、船舶检验处职能配置内设机构和人员编制方案》，确定一门三牌管理体制，省水运局、省海事局、省船舶检验处。事业编制63名，县级职数5名，科级职数19名。内设8个职能科（室）：办公室、工程规划管理科、财务资产管理科、人事劳资科、安全监督科、船舶检验科、水路运输管理科、船员管理科（船员培训中心），纪委、工会、团委按有关规定设置。同年11月19日，省交通厅印发《关于全省船舶检验工作职责调整的通知》和《关于全省海事系统统一以海事局（处）名义履行海事行政执法的通知》，确定省海事局船舶检验工作职责，确定各市（州、地）地方海事局和未设置地方海事机构的市（州、地）交通局（处）船舶检验工作职责。将船舶检验职责划归省水运局、省海事局。2007年2月，根据省交通厅《关于省水运管理局、地方海事局、船舶检验处内设机构调整的批复》，省水运局内设机构9个处室：办公室、党委办公室、法规处、规划建设处（加挂水运工程质量监督站）、财务审计处、安全监督处、船舶检验处、船员管理处、运输管理处（加挂信息中心），均为科级建制。编制 69 名。

（四）甘肃省公路路政执法总队、甘肃省交通征稽局合署办公临时党委办公室

1991 年—2005 年，甘肃省高速公路路政管理由甘肃省高等级公路运营中心路政执法指挥部负责。普通干线公路路政管理由各公路总段负责。农村公路由各市（州）县（区、市）交通局负责，局机关设路政管理办公室，办公室主任由副局长兼任，政府多部门参与。甘肃省公路局设路政处。

2005 年 4 月 27 日，省编办批复同意将省公路局路政管理处更名为甘肃省公路路政管理总队，为县级事业单位，隶属省交通厅。核定事业编制 40 名，其中县级领导职数 4 名。所核编制从省公路局划转 8 名，从省车辆购置附加费征收管理办公室划转 32 名。同年 4 月 30 日，省交通厅印发《关于成立甘肃省路政管理总队的通知》。7 月 14 日，省交通厅印发《关于甘肃省公路路政管理总队机构设置的批复》，同意省公路路政管理总队内设行政办公室、政工科、审理科、稽查科和财务科 5 个科室；核定人员编制 30 名，其中科级职数 10 名。同年 11 月 25 日，甘肃省公路路政管理总队（以下简称省路政总队）挂牌。

2007 年，省交通厅印发《关于适应高速公路管养分离改革做好路政管理工作的意见》，决定从 2007 年 4 月 1 日起，全省高速公路路政管理实行省路政总队和公路总段（分局）双重管理，以省路政总队行业管理为主的管理模式。高速公路路政管理由总队内设的高管科（对外加挂高速公路路政支队牌子）管理。

据 2008 年 5 月统计，全省路政管理人员应有编制 1221 人，实有 1134 人。其中省路政总队机关有正式在编人员 34 人；各公路总段（分局）路政管理人员编制 1188 人（省交通厅核定高速公路路政人员编制 336 人，总队下达其余等级公路路政管理人员编制 852 人）。实际聘用高速公路路政大队路政管理人员 249 人，路政管理支队路政管理人员 113 人，路政管理大队路政管理人员 332 人，超限车辆治理监控检测站路政管理人员 74 人，派驻收费公路路政管理人员 77 人；市（州）、县（市、区）路政管理人员 255 人。1134 名路政管理人员中，公务员 10 人（占 0.9%），事业人员 1072 人（占

94.5%），企业人员 52 人（占 4.6%）。至年底，共管辖国、省道里程 12341.31 公里，其中高速公路 1346.64 公路，一级公路 1950.4 公里，二级公路 6257.9 公里，三级公路 2458.4 公里，四级公路 327.75 公里，等外公路 0.23 公里。

各公路总段（分局）共配备专用路政执法车辆 154 辆。

截至 2008 年 11 月底，省路政总队下设 14 个公路路政管理支队、75 个大队和 16 个超限检测站。市（州）交通局（县乡公路建设管理处）、矿区交通局下设路政科（路政支队）15 个，县（市、区）交通局（公路管理站、管理段等）下设路政大队 87 个。

省路政总队办公地点在省公路局招待所 7 楼。

2009 年 1 月 1 日，国家成品油价格和税费改革正式实施。根据国务院、中编办、交通运输部等国家部委关于税费改革人员转岗安置的政策要求，结合全省交通征稽、路政执法机构及人员的实际情况，省交通运输厅党组于同年 12 月 4 日制定《关于印发〈加强公路路政执法工作方案〉的通知》。同年 12 月 9 日，省交通运输厅召开加强公路路政执法工作动员会议，全省交通征稽人员全部转岗安置到公路路政执法岗位，负责路政执法。省公路路政管理总队与省交通征稽局合署办公，所属机关工作人员整合编入新的工作机构。组建甘肃省公路路政管理总队、省交通征稽局合署办公临时党委办公室。负责临时党委闭会期间的日常工作。下设 7 个合署办公工作处，分别为综合处、征稽局工作处、审理处、稽查处、高管处、财务处、治超处。

全省公路路政管理支队、大队分别与交通征稽处、所整合，组成新的公路路政管理临时支队、大队，办公地点设在原交通征稽处、所。组建甘肃省公路路政管理总队高速公路临时管理支队，机构、人员均实行派驻，由原省路政总队和省高等级公路运营中心双重管理。原高速公路路政执法指挥部随即撤销。

截至 2010 年底，省公路路政管理总队、省交通征稽局合署办公临时党委办公室下设兰州、白银、定西、平凉、庆阳、天水、陇南、临夏、甘南、武威、张掖、金昌、酒泉、嘉峪关、敦煌 14 个临时路政支队，下辖榆中、兰州、中川、永登、红古、会宁、靖远、白银、景泰、安定、临洮、渭源、陇西、漳县、岷县、通渭、华亭、泾川、静宁、崆峒、灵台、庄浪、崇信、西峰、宁县、正宁、合水、华池、庆城、环县、镇原、秦州、麦积、秦安、清水、张川、武山、甘谷、武都、宕昌、文县、碧口、康县、盐官、徽县、两当、成县、临夏、刘家峡、东乡、积石山、和政、康乐、合作、碌曲、玛曲、迭部、舟曲、临潭、凉州、古浪、天祝、永昌、河西堡、甘州、高台、肃南、民乐、山丹、酒泉、敦煌、玉门、安西、马鬃山、金塔75个临时公路路政管理大队，35个高速公路路政管理大队（中队）。

高速公路路政管理机构。2002年10月，兰州公路总段根据省交通厅"属地管辖"的原则和精神，成立尹中等4条高速公路路政管理大队。在全总段职工中通过笔试和面试录用15名路政人员，与5名原招聘的路政人员一起分别派驻到4条高速公路路政管理大队。同时，为保证在建的兰海高速公路顺利施工，兰州公路总段还向该项目办派驻3名路政人员。

2003年，省交通厅制定《甘肃省高速公路路政管理实施办法》，向高速公路派驻9个路政管理大队，提出全省高速公路路政管理实行"统一领导，分级负责，垂直管理，依法行政"的意见和方案。

2006年3月，省路政总队根据管理实际需要，报请省交通厅批准成立高速公路路政管理科，加挂高速公路路政支队牌子。全省14个公路总段（分局）按照属地管辖的原则，设高速公路路政大队，派驻辖区高速公路收费运营机构，履行路政管理职责。

2007年4月，根据省交通厅《关于适应高速公路养管分离改革做好路政管理工作的意见》精神，省高等级公路运营管理中心、通行费收费管理处与省路政总队、各高速公路路政大队之间完成路政管理工作和相关财产、设备的交接。高速公路路政人员编制、经费预算、干部任免等事项，实行省路政总队和公路总段（分局）双重管理，以省路政总队行业管理为主。高速公路路政大队由22个调减为14个。高速公路路政管理经费从通行费计划中单列，切块下达省路政总队，省路政总队根据对各路政大队的监督考核结果下拨。

2009年12月，省交通运输厅根据燃油税费改革需要，全省交通征稽人员全部转岗路政执法工作，全省各级路政、征稽机构实行合署办公。成立省高速公路临时路政管理支队（派驻省高等级公路运营管理中心）及14个高速公路临时路政管理大队。全省高速公路路政执法人员556人，有执法车辆

80台。

农村公路路政管理机构。2000年，根据甘肃省交通厅关于印发《甘肃省交通厅关于加强全省公路路政管理工作有关问题的决定》的通知，农村公路的路政管理工作继续维持现状，由各地（州、市）交通处（局）主管本行政区域内的路政管理工作。其所属的公路管理机构也要设置相应机构，配备一定人员，按照《甘肃省公路路政管理条例》规定负责各自管辖路段内的路政工作。

2007年前，各市（州）交通局设路政管理科或路政管理办公室，各县区路政管理机构有路政大队、路政办、公路管理处、公路管养站等设置。2007年起，逐步规范14个市（州）交通局和矿区交通局路政管理机构为路政科，科级建制，在各县区设立路政大队，为副科级建制。

（五）甘肃省交通征稽局

1987年6月22日，甘肃省交通厅养路费征稽处成立。截至1991年年底，全省共有93个征稽站、15个征稽所、3个所一级处属单列站。

1996年，根据《关于省交通厅直属事业单位更名的批复》，甘肃省交通厅养路费征稽处更名为甘肃省交通征稽局，下属各养路费征稽所、养路费征稽站更名为交通征稽处、交通征稽所。全省各交通征稽处为副县级建制，各交通征稽所为正科级建制。单位性质、隶属关系、职级和人员编制均不变。

1997年2月26日，省交通征稽局下达各处机关机构设置及人员编制，除嘉峪关、矿区处外，其余各处设办公室、政工科、计财科、征管科、稽查大队、服务公司。机关总编制人数中含车辆购置附加费专职人员。嘉峪关处设办公室、计财科、征管科、稽查大队，不设政工科，政工工作归属办公室办理，不设服务公司。矿区处定编7人，设办公室、计财征管科，政工工作由办公室办理，稽查工作由计财征管科负责。

各市、州驻地设15个交通征稽处，各县（市、区）驻地和大的集镇设106个交通征稽所；局机关设12个职能处室和1个局机关后勤服务中心。

2006年，省交通征稽局机构改革完成，新成立的局政策法规处负责全局的依法行政和稽查工作，该处同时加挂甘肃省交通征稽执法总队牌子。各交通征稽处、所加挂甘肃省××交通征稽执法支队、甘肃省××交通征稽执法大队牌子。各处撤销原稽查大队，成立政策法规科。

2007 年，省交通征稽局党委下发《省交通征稽局机关内设机构人员编制》。局机关内设 12 个职能处室，1 个机关后勤服务中心，核定编制 80 人。

截至 2009 年年底，全省交通征稽系统有干部职工 1558 人，离退休人员 190 人。整体划转甘肃省公路路政总队。

局属单位：甘肃省交通征稽局局属单位见表 4-1-1、表 4-1-2。

（六）甘肃省高等级公路运营管理中心

2002 年 12 月，根据省交通厅《关于成立甘肃省高等级公路运营管理中心的通知》，批准成立甘肃省高等级公路运营管理中心，隶属省交通厅，事业性质，县级建制，核定事业编制 30 名、县级领导职数 3 名。

高速公路收费机构沿革。甘肃省高等级公路收费按"谁建设谁负责"的原则进行，建成一条，运营收费一条。收费机构均由省政府批复设立，统一归甘肃省高等级公路运营管理中心管理，全省高速公路收费实行统一管理。此模式一直沿用至 2007 年底。

2000 年 8 月，根据省交通厅《关于成立 G312 线凤郿段公路收费管理所的批复》，批准成立 G312 线凤郿段公路收费管理所，隶属于厅工程处，核定所机关编制 22 人，其中领导职数 3 人，人员从厅工程处内调剂解决。

2004 年 9 月，根据省交通厅《关于同意成立兰州至临洮高速公路收费管理处的批复》，批准成立兰州至临洮高速公路收费管理处，隶属于省公路局管理，科级建制，核定处机关人员编制 34 名（含聘用人员 18 名），处长兼党支部书记 1 人（副县级），科级干部职数 6 名（含七道梁隧道管理所 1 人），各收费站聘用制收费人员 200 名；原七道梁隧道管理所人员 49 人；计划外用工 17 名。

2004 年 9 月，根据省交通厅《关于成立国道主干线兰州至海石湾段高速公路管理处的批复》，批准成立国道主干线兰州至海石湾段高速公路管理处，隶属厅工程处，科级建制，核定处机关编制 34 名（含聘用制人员 15 名），处长兼党支部书记 1 人（副县级），科级干部职数 6 名；各收费站、隧道站、树屏监控分中心聘用制收费人员 220 名；计划外用工 25 名。

2004 年 12 月，根据省交通厅《关于同意成立临泽至清水高速公路收费管理处的批复》，批准成立临清高速公路收费管理处，隶属于甘肃路桥公路投资有限公司，科级建制，处机关人员编制 31 人（含聘用制人员 16 名），

1990 年甘肃省交通厅养路费征稽处所站机构表

表 4-1-1

征稽所	征稽站
兰州	东岗、大砂坪、沈家坡、西果园、榆中、西固、河口、安宁、海石湾、永登、皋兰
白银	景泰、白银、平川、靖远、会宁
定西	定西、陇西、通渭、渭源、漳县、岷县、临洮
平凉	八里桥、十里铺、泾川、崇信、安口、灵台、庄浪、静宁
庆阳	长庆桥、西峰、庆阳、马岭、宁县、正宁、镇原、华池、合水、环县
天水	秦城、北道、张家川、武山、秦安、清水、甘谷
陇南	宕昌、武都、文县、康县、成县、徽县、两当、礼县、西和、碧口
甘南	夏河、合作、迭部、临潭、卓尼、碌曲、舟曲、玛曲
临夏	广河、和政、康乐、东乡、永靖、积石山、临夏、双城
武威	武威、民勤、古浪、天祝
金昌	金川、河西堡、永昌
张掖	高台、临泽、张掖、山丹、民乐、肃南
酒泉	酒泉、玉门、玉门镇、安西（今瓜州）、柳园、敦煌、肃北、阿克塞、金塔
嘉峪关	所代站
矿区	玉门、矿区所代站

2008 年甘肃省交通征稽局处所机构表

表 4-1-2

征稽处	征稽所
兰州	城关、东岗、天水路、七里河、安宁、西固、龚家湾、雁滩、皋兰、榆中、永登、河口、海石湾
白银	白银、白银西、靖远、会宁、景泰、平川
定西	安定、临洮、陇西、岷县、漳县、通渭、渭源
平凉	八里桥、十里铺、崇信、灵台、静宁、泾川、华亭、安口、庄浪
庆阳	西峰、马岭、庆城、环县、宁县、镇远、华池、合水、正宁、长庆桥
天水	秦州、麦积、秦安、甘谷、武山、张川、清水
陇南	武都、宕昌、文县、碧口、康县、成县、徽县、两当、西和、礼县
甘南	合作、夏河、碌曲、玛曲、迭部、临潭、卓尼、舟曲
临夏	临夏、双城、广河、积石山、东乡、和政、永靖、康乐
武威	凉州、凉州西、民勤、古浪、天祝
金昌	金川、河西堡、永昌
张掖	甘州东、甘州西、山丹、临泽、民乐、高台、肃南
酒泉	肃州、玉门、金塔、玉门镇、清水
嘉峪关	嘉峪关、矿区
敦煌	敦煌、七里镇、柳园、瓜州、阿克塞、肃北

科级干部职数 6 名；各收费站聘用制人员 75 名，计划外用工 10 名。

2005 年 1 月，根据省交通厅《关于核定国道 312 线永山高速公路管理处人员编制的批复》，批准成立 G312 线永山高速公路管理处，隶属于省公路局，核定处机关人员编制 26 名（含聘用制人员 11 名），科级干部职数 6 名；聘用制收费人员 185 名（含计划外用工 22 名）。同年 8 月，根据省交通厅《关于核定柳古公路收费管理处人员编制的批复》，批准成立柳古公路收费管理处，隶属于甘肃长达路业有限公司，核定处机关编制 18 名；聘用制人员 532 名（含计划外用工 32 名）。同月，根据省交通厅《关于成立刘白高速公路收费管理处的批复》，批准成立国道丹拉路刘白高速公路收费管理处，隶属于甘肃长达路业有限公司，核定处机关编制 15 名；聘用制人员 202 名（含计划外用工 20 名）。9 月，根据省交通厅《关于核定兰州中川机场高速公路管理所人员编制的批复》，批准成立兰州中川机场高速公路管理所，隶属于厅工程处，核定所机关编制 15 名；聘用制人员 51 名（含计划外用工 6 名）。同月，根据省交通厅《关于核定天巉公路收费管理处人员编制的批复》，批准成立天巉公路收费管理处，隶属于厅工程处，核定处机关编制 18 名；聘用制人员 269 名（含计划外用工 29 名）。同月，根据省交通厅《关于核定白兰高速公路管理处人员编制的通知》，批准成立白兰高速公路管理处，隶属于厅工程处，核定处机关编制 15 名；聘用制人员 107 名（含计划外用工 11 名）。同年 11 月，根据省交通厅《关于同意成立清水至嘉峪关高速公路收费管理处的通知》，批准成立清嘉高速公路收费管理处，隶属于甘肃路桥公路投资有限公司，核定处机关人员编制 15 人；聘用制人员 192 名（含计划外用工 16 名）。

2006 年 7 月，根据省交通厅《关于核定古永收费管理处人员编制的批复》，批准成立古永高速公路收费管理处，隶属于甘肃路桥公路投资有限公司，核定处机关编制 15 名，聘用制人员 212 名（含计划外用工 18 名）。

2007 年 11 月，兰州、酒泉、武威、定西、平凉 5 个高速公路管理处及下设的柳树、白兰等 17 个收费管理所挂牌，隶属于省高等级公路运营管理中心，全省收费机构实行统一管理。

2009 年 6 月，根据省交通厅《关于宝天、平定高速公路收费管理机构人员配备及招录工作的实施意见》，经省交通厅 2009 年 5 月 21 日厅长办公会议、5 月 27 日党组会议及 6 月 8 日厅务会议研究，同意调整成立以下各收费管理机构：

成立宝天高速公路收费管理所，隶属定西高速公路管理处，管理人员控制在 25 名以内，科级干部控制在 6 名；收费人员、监控人员、隧道守卫人员、隧道消防救援人员按照 594 人配备（其中，收费人员 388 人，监控人员 170 人，隧道守卫人员 16 人，隧道消防救援 20 人）。

成立会宁高速公路收费管理所，隶属于定西高速公路管理处，管理平定高速公路西段，下设会宁、西巩驿、静宁、大山川、寺桥 5 个高速公路收费站和青岚、静宁、大山川 3 个隧道管理站；管理人员控制在 16 名以内，科级干部按 3 名配备；收费人员、监控人员按 468 名配备（其中，收费人员 338 人，监控员 130 人）。

成立崆峒高速公路收费管理所，隶属平凉高速公路管理处，管理平定高速公路中段，下辖崆峒山、平凉东、平凉西 3 个收费站及崆峒山隧道管理站；管理人员控制在 20 人以内，科级干部按 3 名配备；收费人员、监控人员、隧道消防救援人员按照 408 名配备（其中，收费人员 315 人，监控人员 73 人，隧道消防救援人员 20 人）。

成立泾川高速公路收费管理所，隶属平凉高速公路管理处，管理平定高速公路东段，下辖马峪口、白水、泾川东、泾川西、罗汉洞、长庆桥 6 个高速公路收费站；管理人员控制在 16 名以内。科级干部按 3 名配备。收费人员、监控人员按 384 名配备（其中，收费人员 311 人，监控人员 73 人）。

撤销凤郿收费公路管理所，现有 129 名收费管理人员全部划转到平凉高速公路管理处，根据实际工作需要安排到新成立的高速公路收费管理所工作。

（七）甘肃省交通工程质量监督站

1989 年 4 月 3 日，省编办印发《关于成立甘肃省交通厅基建工程质量监督站的通知》，同意甘肃省交通厅成立甘肃省交通厅基建工程质量监督站（以下简称厅质监站），县级编制，增加 10 名事业编制，配备领导职数 3 名。同年 8 月下旬，厅质监站正式成立。成立伊始，厅质监站与省交通科研所合署办公，"一套机构，两块牌子"，是融交通工程质量监督与科学研究为一体的质监科研单位，内设办公室、质监科、总工办、道路室、桥梁室、试验室、财务室、人劳科、电算室、情报室 10 个科室。

1993 年 2 月 18 日，厅质监站党委决定将内设科室中的道路室和桥梁室合并为桥梁道路室。至 1994 年年底，厅质监站定编 70 人，实际在编职工 68 人，干部 47 人，工人 21 人。其中技术干部 40 人，包括具有高级技术职务的 3 人（正高 1 人、副高 2 人），具有中级技术职务的 25 人，具有初级技术职务的 12 人；县级干部 7 人（省交通厅驻深圳办事处 1 人），科级干部 9 人。

1995 年，厅质监站内设的情报室、电算室合并到甘肃省交通科技通信中心。同年 12 月 23 日，根据省编办《关于甘肃省交通厅直属事业单位更名的批复》，省交通厅下发《关于厅有关直属事业单位更名的通知》，甘肃省交通厅基建工程质量监督站更名为甘肃省交通基建工程质量监督站（以下简称省交通质监站）。

1997年，经省交通厅和交通部质监总站批准，省交通质监站筹备成立甘肃省公路工程质量试验检测中心和甘肃新科公路工程监理事务所。

1999年10月20日，省交通厅印发《关于设立区域性交通基建工程质量监督分站的批复》，同意省交通质监站在平凉、天水、张掖、兰州分别设立区域性交通基建工程质量监督分站，名称分别为：甘肃省交通基建工程质量监督站平凉分站、天水分站、张掖分站、兰州分站。管辖区域及编制、办公地点见表4-1-3。

甘肃省交通基建工程质量监督站分站情况表

表4-1-3

单位名称	管辖区域	编制	办公地点
甘肃省交通基建工程质量监督站平凉分站	平凉、庆阳	3人	平凉公路总段
甘肃省交通基建工程质量监督站天水分站	天水、陇南、甘南	4人	天水公路总段
甘肃省交通基建工程质量监督站张掖分站	张掖、酒泉、金昌、嘉峪关、武威	5人	张掖公路总段
甘肃省交通基建工程质量监督站兰州分站	兰州、白银、临夏、定西	5人	兰州公路总段

2000年8月5日，省政府发布甘肃省省级行政处罚实施机构(第6号)，确认省交通质监站具备行政处罚主体资格，主体类别为行政委托组织。同年11月23日，省交通厅印发《关于省交通质监站与省交通科研所分离报告和交通科研所体制改革方案的批复》，省交通质监站与省交通科研所分离，由省交通质监站全面负责全省交通工程质量监督工作。其中23人被分到省交通质监站，18名退休人员中，4人划由省交通质监站管理。业务科室按照建

制整体划分，质监科划归省交通质监站。试验室、检测室、道桥室和总工办划归省交通科研所。办公楼全部划归省交通科研所，所共同占用的流动资产，在年末财务决算后，按4:6（省交通质监站40%、省交通科研所60%）的比例划分。11月28日，省交通质监站和省交通科研所分离。

2001年，省交通厅根据《公路建设管理办法》和交通部令相关规定，于7月2日印发《关于成立地（州、市）交通基建工程质量监督站的通知》，决定在全省各地（州、市）交通部门建立交通基建工程质量监督站，并授权省交通质监站进行行业管理。12月5日，省交通厅印发《关于省交通基建工程质量监督站主要职责的批复》。

2002年5月8日，为避免与新设立的市（州、地）交通基建工程质量监督站职能重复，省交通厅批复同意撤销平凉、天水、张掖、兰州4个基建工程质量监督分站。截至2003年底，全省14个市（州、地）成立10个交通质监站，另外4个没有成立质监站的市（地、州），也都确立了具体负责这项工作的职能部门。

2005年8月11日，甘肃省科学技术厅、省财政厅、省编办联合向省交通厅印发《关于甘肃省交通科学研究所体制改革方案的批复》（以下简称《批复》），原则同意省交通科研所组建股份制科技型企业，收回其事业编制37名。至此，省交通科研所完全与省交通质监站分离，开始独立运行。《批复》保留省交通质监站事业编制28名，县级领导职数4名。8月22日，省交通厅就《批复》内容下发通知。12月30日，省交通厅同意成立省交通质监站监理管理科，增加科级职数2名。

2006年6月9日，省交通厅同意增设工程安全监督科，核定科级干部职数2名。

2010年5月10日，省交通运输厅下发《关于同意省交通基建工程质量监督站增加内设机构和科级职数的批复》，同意增设检测管理科，核定科级职数2名。同意综合办公室、安全监督科各增加科级职数1名。同意省交通质监站增设总工程师职位（正科级）。

办公地址原在兰州市七里河区兰工坪北街17号（省交通科研所），2009年搬迁至兰州市城关区萃英门31号办公。

（八）甘肃省公路工程定额管理站

甘肃省公路工程定额管理站（以下简称省公路定额站）于1997年1月经省编委批复成立，为自收自支事业单位，县级建制，编制13人。同年3月，省交通厅批准，内设综合办公室、造价管理科和价格信息科3个科室，直至2010年底。

1997年3月起，在兰州市城关区北园48号办公。2002年2月，搬入兰州市城关区酒泉路213号。2010年1月，搬入兰州市城关区萃英门35号。

（九）甘肃省公路网规划办公室

1992年，根据交通部文件精神，省交通厅批准成立甘肃省交通厅公路网规划办公室，挂靠在甘肃省交通规划勘察设计院。

2004年3月12日，省编办根据省政府办公厅文件精神，批准成立甘肃省公路网规划办公室（以下简称省路网办），隶属省交通厅管理，事业性质，处级建制，编制18名。与省交通规划勘察设计院分离。

2005年4月26日，正式独立运转。同年5月12日，省交通厅《厅长办公会议纪要》，明确省路网办办公场所使用、车辆借用、资质以及技术资料、技术档案共用等有关事宜。同年11月21日、2007年2月28日，省编办、省军队转业干部安置工作小组批准增加省路网办事业编制各1人，至此事业编制达到20人。

2004年8月27日，省交通厅就职能配置和内设机构批复，单位内设综合管理科、规划研究科、咨询审查科3个科室，处级领导职数3名，科级职数6名。

2007年6月1日，省交通厅同意增设工程技术科，增加科级职数1名。

截至2010年底，省路网办内设综合管理科、规划研究科、咨询审查科、工程技术科4个科室。在编职工20人，其中正高级职称2人、副高级职称10人、中级职称4人；处级领导职数3名，科级职数7名。

办公地点设在兰州市城关区酒泉路213号交通综合大厦。

（十）甘肃省交通运输厅引进外资项目管理办公室

甘肃省交通运输厅引进外资项目管理办公室（简称省交通厅引资办）前身为省交通厅世行贷款项目管理办公室，筹备于1996年1月，同年8月正式成立，其间工作人员全部为系统内借调，主要负责世行贷款项目的建设管理。

1998年9月1日，省编办印发《关于成立甘肃省交通厅引进外资项目管理办公室的通知》，核定省交通厅引资办为事业性质、县级建制、自收自支事业编制7名、县级领导职数1名。9月18日，省交通厅印发《关于成立甘肃省交通厅引进外资项目管理办公室的通知》，确定了主要职能。9月21日，根据省交通厅印发《关于成立国道连霍路柳古段高等级公路建设办公室的通知》，省交通厅引资办与国道连霍路柳古段高等级公路建设办公室合署办公，负责兰州柳沟河至古浪段高速公路建设。

1999年9月15日，省编办印发《关于给甘肃省交通厅引进外资项目管理办公室增加编制的通知》，增加事业编制13名，经费自理，增加处级领导职数1名。增编后，自收自支事业编制20名，县级职数2人。

2001年5月，省交通厅引资办注册成立甘肃长达路业有限责任公司，合署办公。

2004年11月2日，根据省交通厅《厅务会议纪要》精神，省交通厅引资办与甘肃长达路业有限责任公司正式分离。11月29日，省交通厅印发《厅务会议纪要》，明确两单位分离后的资产分割、职能界定。12月9日，省交通厅印发《关于厅引资办机构设置及工作职能的批复》。内设综合处、国际经济合作处、国内经济合作处3个处室，暂定编制15人，其中县级职数3人、科级职数5人。2005年9月6日，成立甘肃省交通厅信贷管理委员会办公室，机构设在省交通厅引资办，编制3名，县级领导职数1名。

2006年1月6日，省交通厅印发《关于转发〈关于下达2005年度分配行政事业单位军队转业干部第一批编制的通知〉的通知》，增加2名事业编制。增编后，自收自支事业编制26名。

2007年3月21日，根据省交通厅《第四次厅务会议纪要》精神，甘肃省交通厅成立建设资金监督管理委员会，并在省交通厅引资办增设建设资金监督管理办公室。同年6月1日，省交通厅印发《关于同意厅引资办内设机构调整的批复》，同意内设综合处、外资项目管理处、建设资金监督管理处、招商处4个部门，核定科级干部职数8名（含信贷办1名）。

2000年后，分配军队转业干部7名。截至2010年底，在编职工15人。

省交通运输厅引资办先后在原省交通厅机关、运通大厦、交通综合大厦办公。

（十一）甘肃交通报社、甘肃交通新闻信息中心与《中国交通报》驻甘记者站

甘肃交通报社与甘肃交通新闻信息中心。《甘肃交通报》于1989年1月创刊。省交通厅成立《甘肃交通报》编辑委员会。编委会由厅党组副书记、副厅长及厅宣教处、厅计划处、厅财务处、厅公路局、厅养路费征稽处、水运处、《甘肃交通报》社的负责人组成，实行总编负责制。《甘肃交通报》社同《中国交通报》社驻甘记者站为两块牌子、一套人马。

1991年8月，经省交通厅党组会议讨论决定，将《中国交通报》驻甘记者站与甘肃交通报社分离。《甘肃交通报》为省交通厅机关报，具体业务归口厅宣教处。除总编辑解聘外，其余人员和编制划归厅公路局，并与《甘肃公路》合并办报，报名仍为《甘肃交通报》。

1992年，根据省委、省政府《关于进一步加强报刊管理的通知》精神，省交通厅成立《甘肃交通报》编委会。编委会成员由厅宣教处、厅人事处、厅办公室、厅公路局、厅征稽处、厅水运处和《甘肃交通报》八部门组成，主管厅领导任编委会主任。《甘肃交通报》实行编委会领导下的总编负责制，业务归口厅宣教处。行政关系挂靠厅公路局，编制归厅公路局。报社设编辑部和联通部。工作人员经费列入养路费开支，由省交通厅纳入厅公路局经费计划一并下达。其办报经费仍按原筹集办法执行。4月，经省交通厅向甘肃省新闻出版局请示将《甘肃交通报》由内部资料转为公开发行，并上报国家新闻出版总署。1993年7月27日，经国家新闻出版署批准，《甘肃交通报》为公开发行报纸，国内统一刊号（CN62-0061），转为正式报纸，由省交通厅主管并主办。1994年2月，经省编办批准，增加自收自支事业编制20名。5月，经省编办核定，处级职数2名，实有3人，暂超1人。

1999年12月，按照中共中央办公厅、国务院办公厅和省委、省政府关于整顿报刊的精神，《甘肃交通报》停刊。

2000年，省交通厅决定将《甘肃交通报》改办为《甘肃交通通讯》（内部资料）。

2001年12月，省交通厅成立甘肃省交通厅宣传调研中心。

2004年7月，经省编办批准同意在甘肃省交通科技通信中心加挂甘肃

省交通新闻信息中心的牌子。加挂后将原《甘肃交通报》自收自支事业编制20名划转到甘肃省交通科技通信中心。划转后，甘肃省交通科技通信中心事业编制61人（自收自支），县级领导职数3名。随后省交通厅将原《甘肃交通报》、甘肃省交通厅宣传调研中心撤销。至此，甘肃交通新闻信息中心正式组建。同年11月9日，经甘肃省事业单位登记管理局同意办理法人登记证。

2006年3月7日，经省交通厅厅务会议研究，同意内设综合部、交通周刊部、信息调研部、音像部4个部门。核定科级职数7名。同年7月，厅长办公会议研究决定，甘肃交通网站由厅办公室分管，厅科教处（网管中心）负责技术指导。根据交通新闻信息中心原定职责，交通网站整体移交甘肃交通新闻信息中心具体负责网站的策划、开发和管理。人员由交通新闻信息中心确定1名正式人员对网站具体管理，其他人员内部调节或社会招聘。后根据实际，增加1名科级干部职数。

办公地点设在甘肃省公路管理局办公楼。

《中国交通报》驻甘记者站。1987年，经省编委批复，成立《中国交通报》驻甘记者站。1991年8月，与《甘肃交通报》社分离，专职站长1名（正处级），正县级事业单位，编制3人。1992年3月，明确《中国交通报》驻甘记者站是《中国交通报》社派出的新闻机构，其性质任务按《中国交通报记者站工作条例》规定执行。记者站工作受双重领导，行政关系挂靠省交通厅公路局。正常经费由厅公路局列入计划解决，同时请示中国交通报社拨一定数量的经费，由厅公路局财务代办、核审，并统筹解决工作人员工资、奖励、福利、职称、住房分配、子女安排等。

（十二）甘肃省交通科技通信中心

1994年，按照省交通厅《关于成立甘肃省交通科技通信中心的通知》，经省编办批准，成立甘肃省交通科技通信中心，隶属省交通厅，为县级自收自支事业单位，编制40名；内设综合办公室、通信室、情报信息室、电算室等4个机构，科级职数8名。中心人员组成以原省交通厅电算室和省交通科技情报站为基础，成建制划入通信中心，其他各类人员由省交通厅调剂调入。

1999年11月28日，整体划归甘肃省交通厅工程处管理。

（十三）甘肃省交通史志年鉴编写委员会编辑部

1980年7月，交通部决定编写《中国公路交通史》，并要求各省、市、自治区成立编史机构，编写各省、市、自治区公路交通史。同年8月，省交通厅成立甘肃省公路交通史编写委员会，并在厅机关和公路、运输、水运三局成立编写办公室。

1984年初，省交通厅决定各地（州、市）也相应成立编委会及编写办公室，编写各地（州、市）公路交通史。

1990年1月2日，甘肃省交通厅印发《关于地（州、市）编史机构更名及缩减人员配备的通知》，明确资料入档、汇编地方志稿、做好年鉴编写准备三项工作。厅属各单位、各地（州、市）交通史编写办公室更名为交通年鉴编写办公室，核定事业编制2名，各地（州、市）所需人员经费在省交通厅划拨费用中列支（公路、运管各分担1人）。

1991年5月，经省编办批准，成立甘肃省交通史志年鉴编写委员会编辑部，科级建制，编制10人，顺年编纂出版《甘肃交通年鉴》，逐年反映和记录甘肃交通事业的发展过程；完成交通史志编辑、出版工作。截至2010年年底，有副县级领导职数1名，军队专业干部（副团职）1名，其他工作人员8名。

（十四）甘肃省交通运输厅后勤服务中心

1996年4月，省交通厅机关后勤服务中心（以下简称厅后勤中心）成立，为正县级事业单位，隶属省交通厅，县级领导职数2名。

1997年5月，省交通厅下发《关于省交通厅机关后勤服务中心正式运行有关问题的通知》，明确厅后勤中心事业人员编制50名（全额拨款事业编制30名，自收自支事业编制20名），设领导职数2名；内设综合办公室、车辆管理科、接待科、经营科，核定科级干部职数8名。

2003年6月，省交通厅核定厅后勤中心事业人员编制33名（县级领导职数2名，科级职数8名），其余17人（含7名退休人员）行政关系和工资关系安排在省交通征稽局。

2009年11月，机构改革保留厅后勤中心事业编制37名。2010年12月，从军队转业干部1名。科级干部职数11名。

下属单位甘肃通勤物业管理有限公司。

（十五）甘肃省交通学校

甘肃省交通学校始建于 1956 年，是省政府认定的省部级重点普通中等专业学校。1990 年，学校编制"八五"计划和十年规划，确定"稳定规模，优化结构，深化改革，提高质量，按需培养"的原则。"八五"期间专业设置调整为 5 个，即公路桥梁、汽车运用与修理、交通运输管理、财会、政工（文秘），撤销交通监理专业，前三个专业每年招 1 个班，后两个专业隔年招 1 个班，在校学生保持 600 人规模，完成学校扩建配套项目。

1990 年 7 月，根据省交通厅党组文件精神，原址在兰公坪的省交通干部学校、交通部电视中专甘肃分校迁入省交通学校院内，实现三校合址办公。三校形成一个党委、一支教学队伍、一个后勤管理。5 月开始准备，7 月底按期完成搬迁任务，9 月初三个学校的学生在省交通学校按期开学上课。

1991 年，学校有 5 个专业 14 个班，计 615 人。其中普通中专班 10 个，400 人；职工中专班 1 个，40 人。

1992 年，学校举办高级汽车驾驶员、修理工培训班 3 期，计 286 人，开办成人高考补习班一期 31 人。

1994 年，扩大教学规模。从 2 个类型、3 个层次、5 个专业、14 个班、580 人扩大到 3 个类型（普通中专教育、成人教育、电视中专）、6 个专业（路桥、汽运、财会、交通运输管理、汽车技术与管理、审计）、19 个班，共计学生 763 人（不包括两种短训，即汽车驾驶员培训、高级驾驶员和修理工培训）。在办好普通中专的同时，开始搞多形式、多功能办学，与重庆交通学院和甘肃联合大学开设 2 个专业，举办 3 个职工大专班。

1995 年，学校有职工 133 人，其中教师 71 人（高级讲师 8 人、讲师 43 人）。学校设有公路与桥梁工程、汽车运用工程、公路运输管理、交通财会、政工与文秘、路政管理、规费征收等 7 个专业，学制分别为 4 年、3 年、2 年，面向社会和系统内职工招生。另外学校与重庆交通学院、西安公路交通大学联合办学，设有函授站和研究生授课点。

1998 年，省交通学校进行 4 项内部改革。一是针对原校内部管理体制进行改革，撤销成人教育处等 5 个科级建制的专业科，增设主要负责招生和学生就业及图书器材管理的招生就业指导办公室及图书器材管理科。二是改革学校内部人事用工制度。鼓励在职富余人员在自己申请、学校批准的基础上自愿与学校解除劳动关系，自谋职业。对新运转的各科（处）、室、队进行定岗、定职、定编工作，在全校教职工中逐步实行逐级聘任制。依据教职工的工作实绩、责任大小、专任教师在奖金上以高于其他教职工25%的比例进行校内津贴和奖金分配。

1999年，成立多种经营管理工作办公室（含校汽车驾驶员培训队、工程处、公路勘察设计所），集中统一管理学校的多种经营工作。同甘肃省公路工程总公司协商，与甘肃交通建设工程监理公司联合成立甘肃交通建设工程监理公司第四监理室。

2000年，与兰州铁道学院联合办学，成立兰州铁道学院公路交通分院。交通学校按照省交通厅党组的要求，就两校联合办学、共同兴办普通本、专科教育多次协商。于7月12日达成联合办学协议，招收第一批公路与城市道路专业学生。

2002年，申报甘肃交通职业技术学院，提出"减少中专招生，扩大高职、大专和成人招生，学历教育与成人培训并举"的办学思路。根据交通建设需求，对专业结构和课程设置积极改革，将施工中的新设备、新技术、新工艺引进课堂。继续与长安大学、重庆交通学院、兰州铁道学院联合办学，设立北方交通大学（今北京交通大学）远程教育中心，并开始招生。大专以上层次招生达到2177人，占学生总数57.5%，学校总人数达到3784人。

学校地址在兰州市安宁区邱家湾128号。

（十六）甘肃交通职业技术学院

2003年4月7日，省政府批准成立甘肃交通职业技术学院。经省交通厅同意，设置院办公室、组织人事处、教务处、学生处等20个内部机构，甘肃省交通干部学校和甘肃省交通学校两校合并组建新学院，实现由中专学校向高职技术学院平稳过渡。学院成立初，设4个专业，即"公路与城市道路工程""桥梁工程""汽车运用工程"和"工程机械"专业。10月，省教育厅批准学院新增3个专业。

2004年，学校加强"汽车技术"和"公路与城市道路工程"两重点专业建设。申报新增"高等级公路维护与管理""公路工程质量检测""文秘"等3个专业，专业数达到12个。

2005年，整合学院房产资源和教学设备资源，把300名新生调到东校区住宿学习，让东校区闲置的住房和教室及教学设备得到充分利用，东西校区真正融为一体。

2006年，提出"遵循教育规律，适应市场需求，强调行业特色，实行产教结合，突出实践技能，提高综合素质"的教育理念，构建"以工科为主，以交通为特色，多专业协调发展"的办学格局。成立交通信息工程系，公路与桥梁工程系分为公路与桥梁工程一系和公路与桥梁工程二系。学院首届毕业生教育质量顺利通过省教育厅的考核验收。

2007年，学院设有公路桥梁工程系、汽车筑机工程系、管理工程系、交通信息工程系、基础教学部、成人教育处等6个教学单位，开设道路桥梁工程技术、汽车运用技术、物流管理、计算机应用技术等16个专业，拥有9个鉴定工种的国家第24职业技能鉴定所。学院在职教职工207人、专任教师145人，其中副高以上职称教师49人、讲师61人、双师型教师20余人，在册全日制学生近4000人。学院拥有固定资产1亿多元，图书馆藏书18万余册，5个实验中心，7个微机室，27个实验室，拥有设备先进的教学楼、实验楼、图书馆及电子阅览室。建有设施齐备的学生公寓楼和饮食多样的学生餐厅（单设民族餐厅），配有各种类型的多媒体教室和快捷畅通的校园网。

2009年4月，学院由省交通厅划转至省教育厅。学校占地258亩，固定资产2.2亿元。图书馆藏书50万册。

（十七）甘肃省交通干部学校

甘肃省交通干部学校1983年经省政府批准设立。1994年，编制21人，实有教职工24人。学校下设办公室、教务科两个科室；校级领导4人，开设岗位培训班3个（公路、征稽、运管），共100人；短训班6个，共计204人，全年培训304人。

1997年，省交通干部学校举办系统内培训班17个，培训741人，计划外培训班3个，培训231人；申请设立省委党校交通厅党校教学点，完成经济管理大专班72人招生工作；完成与西北师范大学联办交通管理大专班的教学任务，59人获得大专毕业证书。

1998年，全年开办各类培训班27个，计1219人。经省党校批准开设省党校经济管理本科班。

1999年，省交通干部学校举办短期培训班19期，1110人。开办学历教育班，完成技工9601班、经管97大专班的毕业工作，完成99经管大专班、本科班的辅导、招考工作，分别录取66人和36人。

2000年，完成短期培训29期2102人，为年计划的210%，较上年增长40%。学历教育完成4个党校班的招生录取工作，新增函授站2个、工作站1个，在校人数10个班498人，比上年增加227人。

2001年，学校共开办各类短期培训班26期1600人次，为年计划的133%；各类学历教育24个班967人，其中中专班2个24人，大专班14个581人，本科班6个298人，研究生班2个64人。

2002年，学校与武汉理工大学、长沙交通学院（今长沙理工大学）和长安大学合作开办3个大专班、两个专升本班、两个工程硕士研究生班。全年共开办各类短期培训班25期、2204人次。各类学历教育24个班，约1217人，其中中专班2个、大专班14个、本科班6个、研究生班2个，在册人数为上年967人的124%。

2003年，甘肃省交通干部学校并入甘肃交通职业技术学院（东校区）。学校地址在兰州市城关区雁滩路3918号。

三、直属驻地公路机构

1991年、1996年，金昌公路段、嘉峪关公路段先后升格为公路总段。1991年，新成立碧口公路段，隶属陇南公路总段。1996年，全省公路段改称"公路管理段"。2002年，按照"一分局四实体"改革方案，全省新增9个公路管理段。2005年增设一个公路管理段。2010年，新成立雄关、镜铁公路管理段，隶属嘉峪关公路总段。至此，全省14个公路总段下辖87个公路管理段。此外各总段根据需要成立路政、收费机构和一些经营性企业。

公路总段隶属于省交通厅运输厅，业务上受省公路管理局领导。

（一）甘肃省兰州公路总段

甘肃省兰州公路总段成立于1961年，系全民所有制正县级事业单位。1991年，兰州公路总段机关设办公室、总工办等17个科室。1993年4月，根据省委、市委关于纪检、监察机关实行合署办公的有关精神，纪委和监察科合署办公。同年 12 月，撤销城市经济管理办公室。1997 年 4 月，成立审计科和设备材料科。1999 年 4 月，内部科室调整，工程科更名为工程技术科，离退休干部工作科更名为离退休职工管理科；撤销总工办，其业务划归工程技术科和设计所，撤销组织科、宣传科，合并成立政治处，撤销财务科、审计科，合并成立财务审计科。2000 年 12 月，路政科更名为总段路政管理支队，属总段派出行政执法机构。2001 年 4 月，将宣传等业务从政治处分出，与教育科合并成立宣传教育科、群众工作处。2004 年，机关内设科室调整为党委办公室（加挂离退休职工管理科）、工会、团委、行政办公室、劳动安全科、财务资产管理科、养护计划监理科、监察审计科（与纪委合署办公）、科学技术教育科（加挂总工办）、纪委、收费公路管理科，原机关内设科室机构自行撤销。2007 年 4 月，将原养护计划监理科调整为养护工程监理科和计划统计科。

截至 2010 年底，兰州公路总段内设 11 个科室，分别为党委办公室（离退休职工管理科）、行政办公室、养护工程监理科、财务资产管理科、计划统计科、劳动安全科、科学技术教育科（总工办）、收费公路管理科、监察审计科（纪委）、工会、团委。管养兰州地区高等级公路计 5 条 289.457 公里，国、省、县道、专用道计 16 条 942.678 公里，合计里程 1232.135 公里。在职职工 1633 人。有专业技术人员 411 名，其中高级 49 人、中级 135 人、初级 227 人。大型现代化机械设备 500 余台（辆），固定资产达两亿余元。

办公地点在兰州市城关区民主西路 226 号西北弘大厦。

下属单位：1991 年，兰州公路总段下属单位为兰州等 5 个公路段和工程队、机运队、路面队。截至 2010 年年底，兰州公路总段下设 13 个基层单位及经济实体，分别为榆中、兰州、永登、红古、中川公路管理段（所）和河窑、河屯公路管理所，七道梁隧道公路管理所和总段工程处，路政支队，高等级公路养护中心，试验室，福瑞物业公司。

（二）甘肃省白银公路总段

甘肃省白银公路总段成立于 1961 年，后随白银市撤销而撤销。1986 年 1 月 20 日，省交通厅《关于成立白银公路总段的通知》决定，白银公路总段随白银市建制的恢复而恢复。白银公路总段为县级事业单位。1991 年，总段机关相继内设科室有：行政办公室、养路计划科，工程技术科等 18 个科室。1998 年 1 月，成立老干部科、党委秘书室更名为党委办公室。2004 年 1 月起，根据省交通厅批复，总段机关内设党委办公室（加挂离退休职工管理科牌子）、行政办公室、劳动安全科、财务资产管理科、科学技术教育科（加挂总工办牌子）、养护计划监理科、监察审计科（与纪委合署办公）、纪委、工会、团委，原总段内设机构大部分撤销。总段机关核定人员编制 46 名，其中县级领导职数 7 名、单列调研员职数 1 名、科级职数 15 名。成立路政支队，核定编制 8 名，其中科级职数 3 名；组建白兰高速公路路政大队、新墩超限运输监控站，核定编制 31 名，其中科级职数 3 名，隶属路政支队；组建会宁、靖远、白银、景泰路政大队，分别与所在 4 个公路管理段合署办公，共核定编制 60 名，其中科级职数 12 名。成立总段收费公路管理处，编制 3 人，科级职数 1 名。

办公地点在白银市白银区水川路 94 号。

下属单位：景泰、白银、靖远、会宁公路管理段和高等级公路养护中心，G312 线界岘段管理所，靖远收费公路管理所，景泰收费公路管理所及总段劳动服务公司，白银新世纪路业公司，总段机械化工程公司，总段试验室。

（三）甘肃省定西公路总段

甘肃省定西公路总段前身是定西养路段。1956 年 3 月，成立定西公路总段，正县级建制。1991 年后，内部科室变化频繁。至 2010 年 12 月，总段机关内设纪委监察科、组织科、宣传科、党委办公室、养路计划科、工程技术科、财务科、劳资科、路政管理科、职工教育科、总工办、行政办公室、老干部工作科、多种经营办公室、审计科（2009 年 3 月成立定西公路总段审计科，与监察科合署办公）、工会、团委等 17 个科室（部门）。在职职工 1342 人，其中行政管理人员 221 人。共有机械设备 351 台，使用高速公路养护机械设备 7 台。管养定西境内高等级公路 354.724 公里，普通干线公路 1383.462 公里。

办公地点在定西市安定区交通路 281 号。

下属单位：安定、陇西、漳县、通渭、临洮、渭源、岷县公路管理段和高等级公路养护管理中心，总段工程处，木寨岭隧道管理所，总段路政支队和定西市公路实业开发公司，定西兴发房地产有限责任公司，定西公路勘察设计院。

（四）甘肃省平凉公路总段

甘肃省平凉公路总段成立于 1961 年 11 月，正县级建制。1991 年 1 月，机关设行政办等 13 个职能科室（部门），其中团委为副科级建制，其余为正科级建制。1997 年 1 月，设路政科。同年 9 月，设交通材料设备供应科。2000 年 10 月，成立总段机关后勤服务中心。2001 年 8 月，成立工程技术管理科，撤销总工程师办公室。2003 年 12 月，按照省交通厅《关于省平凉公路总段机构设置和人员编制的批复》，机关内设党委办公室（加挂离退休职工管理科牌子）、行政办公室、劳动安全科、财务资产管理科、科学技术教育科（加挂总工办牌子）、养护计划监理科、监察审计科（与纪委合署办公）、纪委、工会、团委机构按有关规定设置，原总段内设机构随文撤销。原组织科、宣传科、老干部管理科未撤销。路政科撤销后成立总段路政支队，支队内设综合办公室、审理科、稽查科。2005 年 8 月，成立材料供应科，原交通材料设备供应科随之撤销。2007 年 2 月，设立收费公路管理科。

截至 2010 年底，总段管养平凉境内 24 条国、省、县、乡和专用公路共计 1065.513 公里。总段机关设办公室、党委办公室、组织科、宣传科、养路科、财务资产科、劳动安全科、收费公路管理科、监察审计科、科学技术教育科、老干科、工会、团委、路政支队 14 个科室（部门）。在职职工 1055 人，其中具有大专以上学历人员 397 人，各类专业技术职称人员 213 人。拥有各类养护车辆机械设备 469 台（辆）。

办公地点在平凉市崆峒中路 248 号。

下属单位：崆峒、泾川、灵台、崇信、华亭、庄浪、静宁公路管理段和 G312 线平凉公路总段鄜苊段管理所，G312 线静宁祁家大山隧道管理所，泾大收费公路管理所，华亭至庄浪二级公路管理所，G312 线凤鄜段路政管理大队，泾川王家沟超限监控检测站，甘肃省平凉市天翔路桥工程处，平凉市天科公路技术咨询有限公司，总段高等级公路养护管理中心。

（五）甘肃省庆阳公路总段

甘肃省庆阳公路总段成立于 1961 年，正县级建制。1991 年，总段机关设组织科、宣传科、教育科、养路科、路政科等机构。1993 年 5 月，纪委、监察科合署办公。1994 年 11 月，成立庆阳地区中级人民法院驻庆阳公路总段公路路政巡回法庭。1997年4月，设计划科、总工办，原宣传科与教育科合并为宣传教育科。2000年3月，养路科更名为养护监理科，总工办并入工程科。2003年12月，根据省交通厅批复，总段机关内设党委办公室（加挂离退休职工管理科牌子）、行政办公室、劳动安全科、财务资产管理科、科学技术教育科（加挂总工办牌子）、养护计划监理科、监察审计科（与纪委合署办公），同时按照有关规定设置工会、团委等机构，原内设机构即时撤销，机关核定人员编制50名，其中县级领导职数7名、科级职数16名。2004年5月，除保留行政办公室、工会、团委外，撤销其他原内设机构，新成立党委办公室（加挂离退休职工管理科牌子）、养护计划监理科、财务资产管理科、科学技术教育科（加挂总工办牌子）、劳动安全科、监察审计科（与纪委合署办公）。截至2010年底，共有在职职工1113人，其中高级职称31人、中级职称89人、初级职称109人，技师1人、高级工196人、中级工348人、初级工104人。

办公地点在庆阳市西峰区南大街55号。

下属单位：宁县、庆城、正宁、环县、镇原、华池、合水、西峰公路管理段和西长段公路收费管理所，木板公路收费管理所，打庆公路收费管理所，甜木公路收费管理所，总段高等级公路养护中心，总段工程处，庆阳远通公路工程公司。

（六）甘肃省天水公路总段

甘肃省天水公路总段成立于1953年。1991年，定员编制67人，其中行政管理人员57人、技术人员10人。总段内设14个科室，分别是办公室、党委办公室、养路工程科、计划材料科、人事劳动科、财务科、技术科、监察科、纪委、路政管理科、总务科、离退休干部科、工会和团委。1991年1月，增设总务科，撤销其所属部门计划材料科。同年4月，成立离退休干部科。1992年6月8日，撤销所属部门党委办公室、人事劳动科，恢复所属部门宣传科、组织科、劳动工资科。同年8月，撤销党委办公室、人事劳资科、党委组织科、宣传科、劳动工资科，依据工作需要成立审计科。1993年3月，将原计划材料科、养路工程科合并为养路计划科合署办公。1999年9月，设立多种经营办公室，设立设备材料科（对外称天水公路总段设备材料公司）。2000年3月，撤销组织科、宣传科，合并成立政治处；撤销财务科、审计科，合并成立财务审计科；撤销离退休干部工作科，成立离退休干部管理科；撤销总务科，成立后勤服务中心，与机关分离；设备材料科（设备材料公司）与机关分离；实验室划归设计所，设计所与机关分离。2010年3月，成立公路突发事件应急管理办公室。6月，成立监察审计科，将财务审计科的审计监督职能划归监察审计科，财务审计科改为财务科。成立收费管理科，专门负责通行费征收管理工作，将养路计划科原来的收费管理职能划归收费管理科。至年底，总段内设办公室、党委办公室、养路计划科、劳资科、财务科、技术科、纪委、监察审计科、收费科、应急管理办公室、离退休职工管理科、工会、团委等13个职能科室及部门。

2010年底，天水公路总段全段共有职工945人（包括管理服务人员185人，各类专业技术人员93人），离退休职工775人。养护25条公路1333.23公里。有机械设备133辆（台）。

办公地点在天水市秦州区红山路17号。

下属单位：秦州、麦积、甘谷、武山、清水、秦安、张家川公路管理段和总段高等级公路养护中心，总段工程处，G306线国防交通物资储备仓库，总段工程咨询中心，总段后勤服务管理中心，G316线徐家店收费公路管理所，S304线莲叶收费公路管理所，GZ045线金龙山收费公路管理所。

（七）甘肃省陇南公路总段

甘肃省陇南公路总段前身是岷县公路总段，成立于1961年，1962年底撤销岷县公路总段，成立武都公路总段。2003年，更名陇南公路总段。

1991年，总段共有职工1243人。机关设办公室、组织科等11个科室。管养国省道普通干线公路及县道、专用道等共计14条1241.37公里。1992年2月，成立离退休干部工作科（简称老干科）。1993年10月，职业教育科更名为宣传教育科。2009年8月，组织科更名为组织人事科。2009年7月，成立后勤服务中心。2000年4月，成立陇南地区首家具有旅游资质的陇南龙江旅行社，2009年1月撤销。2007年3月，成立陇南市农村公路通畅工程建设督导组。2009年9月，撤销G212线玉垒关关头坝大桥收费管理所。同年11月，撤销S206线清峪沟渡口管理所。

截至2010年底，总段共有干部职工1581人。其中管理人员235人；专业技术人员408人（高级职称17人，中级职称138人）；养护职工1144人。

第四编　管理

内设行政办公室、组织人事科、宣教科、纪委监察科、养路科、计划科、总工办、劳资科、财务科、审计科、工会办公室、团委。临设机构有陇南市农村公路通畅工程建设督导组。辖宕昌、武都、文县、碧口、康县、成县、徽县、两当、盐官等9个公路管理段和江武公路收费所,江洛收费管理所,路桥设计所,工程处,G212线碧口余家湾治超站,G212线文县东峪口治超站,G212线宕昌白杨治超站,G316线徽县麻沿治超站,国道316线两当杨店治超站,S307线康县王坝治超站19个单位。共管养国省道普通干线公路1315.374公里。

（八）甘肃省甘南公路总段

甘肃省甘南公路总段成立于1961年12月18日,县（处）级建制。1991年,全段共有职工734人。下设合作等6个公路段和总段工程队、总段车机队。1994年5月,核定领导职数9人。1996年,根据省交通厅《关于重新核定厅属自收自支事业单位编制的通知》,核定人员编制1602人。1997年7月,成立天原交通发展服务有限责任公司,经营住宿、餐饮为主体的天原宾馆。同年,成立总段实验室。2001年4月,成立甘南恒顺交通旅游公司。同时,根据甘南州新兴旅游业的特点,由甘南州恒顺旅游公司在夏河县桑科草原成立公路山庄旅游点及拉卜楞饭店。2003年9月,将车机队并入工程队称总段工程处。2004年8月,将拉卜楞饭店对外承包经营。同年10月,将天原宾馆（甘南新世纪宾馆）对外承包经营。2004年,内设办公室、劳资科、财务审计科、养路计划科、工程科、总工程师办公室。2007年,成立收费公路管理科。

截至2010年底,有在职职工1109人（其中,男职工780人,女职工329人）;有县（处）级干部5人,管理人员89人,专业技术人员124人,路政人员86人,工勤728人,招聘人员77人;有离退休职工516人。

办公地点在合作市人民东街9号。

下属单位:合作、碌曲、玛曲、迭部、舟曲、临潭公路管理段和G213线合郎公路收费管理所,S312线王达公路收费管理所。

（九）甘肃省临夏公路总段

甘肃省临夏公路总段成立于1961年。1991年,总段机关内设党委办公室、组织科、宣传教育科等12个科室和工会、团委2个群团组织。1994年

8月，撤销总段经济开发公司和机运队，合并成立综合服务站。原机运队和经济开发公司旧址开发为临夏市三道桥小商品综合批发市场，由总段综合服务站负责管理。1999年4月，总段合并党委办公室、行政办公室，成立办公室；合并组织科、劳资科，成立人事劳资科。同时，成立后勤服务中心。同年6月，撤销计划统计科、养路科，成立养路计划科。2001年2月，临夏市撤销三道桥小商品综合批发市场，总段综合服务站也随之撤销。同年3月，撤销人事劳动工资科，成立总段党委办公室、劳动工资科。同时，成立总段公路工程技术咨询中心。2002年6月，路政科更名为路政支队，各公路段路政股改为路政大队，路政大队与公路管理段合署办公。2004年3月，根据省交通厅关于"一分局四实体"养护机制改革精神和《关于省临夏公路总段机构设置和人员编制的批复》，成立公路养护中心（科级建制），与昌远公司合署办公。养护中心下设路桥工程处和机械租赁公司，并从6个公路管理段中分离成立6个公路养护工程处（科级建制），负责公路小修保养，隶属公路养护中心管理。总段职能科室也做变更，撤销宣教科和老干科，与党委办公室合并（加挂离退休职工管理科牌子）；劳动工资科更名为劳动安全科；财务审计科更名为财务资产管理科；工程技术科更名为科学技术教育科；养路计划科更名为养护计划监理科；纪检监察科更名为监察审计科（与纪委合署办公）。同年5月，总段在S309线三合养管站设立治理超限超载车辆临时检测点，隶属路政支队管理。2006年10月，将治超检测站迁至牛津河，成为固定的治理超限超载检测站。2005年3月，经总段党委决定，公路养护中心和养护计划监理科合并办公。2006年12月，成立收费公路管理科。2007年10月，成立总段大中修抢险工程队。

截至2010年底，总段共管养10条国省干线公路642.192公里。有在职职工793人，其中离退休职工346人。内设行政办公室、养护计划科、财务资产管理科、劳动安全科、科学技术教育科、收费公路管理科、监察审计科、党委办公室、纪委、工会、团委共11个职能科室。下设16个基层单位，即临夏、东乡、刘家峡、和政、康乐、积石山6个公路管理段和总段工程队、总段高等级公路养护管理中心、康临收费公路管理所、临合收费公路管理所、刘家峡收费公路管理所、祁家黄河渡口管理所、总段后勤中心。

1995年9月，总段机关从临夏市三道桥迁入西郊新村新建办公楼和实验楼办公。

（十）甘肃省武威公路总段

甘肃省武威公路总段成立于1961年10月，正县级事业单位。1991年，总段内设党委办公室、办公室、财务科、教育科、劳资科、保卫科、组织科、宣传科、养路科、计划科、工程技术科。2002年5月，按照"一分局四实体"机构改革方案，总段内设党委办公室（加挂离退休职工管理科）、行政办公室、劳动安全科、财务资产管理科、科学技术教育科（加挂总工办）、养护计划监理科、监察审计科（与纪委合署办公）；下设8个基层单位。

截至2010年底，总段内设党委办公室、行政办公室、劳动安全科、财务资产管理科、科学技术教育科（加挂总工办）、养护计划监理科、监察审计科、纪委、团委、工会。在职职工968人，其中养护职工516人，收费职工225人，施工人员23人，行政管理人员110人，路政人员94人；共有专业技术人员141人。全段共有固定资产7054.07万元，各类机械设备517台（辆），总值达5410万元。管养公路总里程769.907公里。

总段机关位于武威市凉州区南关中路253号。

下属单位：天祝、古浪、凉州公路管理段和总段高等级公路养护管理中心，总段公路检测中心，总段养护维修工程处，S308线大双公路管理所，总段路政支队。

（十一）甘肃省金昌公路总段

甘肃省金昌公路总段前身为金昌公路段。1991年1月，段机关内设党委办公室、行政办公室、财务审计股、养路计划股、工程路政股、设备材料股。共有职工258人。各类汽车18辆（台）。管养公路7条，全长318公里。同年8月，总段内设机构由股改为科，设行政办公室、党委办公室（含组织、宣教）、纪委、工会、团委、计划统计科、养路工程科、设备材料科、路政管理科、劳动人事科、财务科12个职能部门。1992年10月，将养路工程科、设备材料科、行政办公室等3个科室部分职能转变为经营服务型经济实体，成立工程队、设备材料场、生活服务站，独立核算，自负盈亏。1996年3月，成立养护计划科、工程监理科、路政管理科、集体经济办公室、计算机室。2000年1月，成立多种经营办公室、设备材料科。同年7

月，养路计划科更名为养护监理科，撤销原工程监理科。2003年12月，对内设机构进行调整，设党委办公室（加挂离退休职工管理科）、行政办公室、劳动安全科、财务资产管理科、科学技术教育科（加挂总工办）、养护计划监理科、监察审计科（与纪委合署办公）、工会、团委、后勤中心，原总段各内设机构随文撤销。是月，成立总段路政支队，下设永昌高速公路路政大队、永昌路政大队、河西堡路政大队，总段路政管理科撤销。

截至2010年底，总段共有在职职工589人，退休职工238人，其中专业技术人员186人，占在职职工总数的32%；大中专以上学历人数253人，占在职职工总数的43%；干部149人，占在职职工总数的25%。下设永昌、河西堡公路管理段和总段高等级公路养护管理中心，金永段公路养护管理处，总段养护维修工程处，总段路政管理支队6个基层单位及金昌金桥路业有限责任公司。内设党委办公室、行政办公室、财务资产管理科、劳动安全科、养护计划监理科、科学技术教育科、监察审计科、机关工会、团委及后勤中心10个职能科室。管养国道、省道和专道共计549公里。

1995年10月，总段办公地址由原永昌县河西堡镇搬至金昌市延安路38号。

（十二）甘肃省张掖公路分局

甘肃省张掖公路总段成立于1961年10月15日，正县级建制。1991年12月，总段内设办公室、党委办公室、路政管理科、财务科等15个科室。1993年2月，设立总务科，撤销党委办公室。同年5月，成立离退休干部工作科（老干科）。同年10月，设立审计科。同年12月，撤销职教科，合并宣传教育科。1998年3月，总段化验室更名为总段中心试验室。同年6月，原工程技术科、养路科合并，成立养路工程科，原宣教科分设为宣传科、职工教育科。1999年7月，集体经济办公室更名为多种经营办公室。同年8月，养路工程科分设为工程技术科、养路计划科。同年12月，设立体制改革办公室。2000年4月，总务科更名为后勤服务中心，设备材料科更名为设备材料物资供应处，试验中心更名为路桥工程试验中心。同年5月，养路计划科更名为养护监理科。2002年4月，经省交通厅研究决定撤销甘肃省张掖公路总段，成立甘肃省张掖公路分局。分局机关内设行政办公室、党委办公室、劳动安全科、财务资产管理科、养护计划监理科、科学技术教育科（兼总工办）、监察审计科、设备材料管理处、后勤服务管理中心、纪委、工会、团委共 12 个职能科室（部门）。2003 年 8 月 1 日，成立离退休职工管理科，监察审计科与纪委合署办公。2010 年 10 月，成立收费公路管理科。

截至 2010 年底，分局内设党委办公室、纪委、工会、团委、监察审计科、离退休职工管理科、行政办公室、劳动安全科、养护计划监理科、财务资产管理科、科学技术教育科、设备材料管理处、收费公路管理科、后勤服务中心共 14 个职能科室（部门）。

下属单位：山丹、民乐、甘州、高台、肃南公路管理段和分局高等级公路养护管理中心，分局公路养护维修工程处，分局收费公路管理处，东双公路收费管理所，张掖金达路业有限责任公司，甘肃天地路桥工程有限公司张掖分公司，张掖市大地公路工程咨询有限公司，分局路政管理支队。

（十三）甘肃省酒泉公路总段

甘肃省酒泉公路总段成立于 1961 年，正县级建制。1991 年 1 月，总段机关设财务科、养路科、劳资科等 12 个科室。同年 2 月，成立老干部工作科。1992 年 3 月，成立设计室和设备材料科。1993 年 3 月，将财务科原审计业务分设成立审计科。同年 8 月，纪委和监察科合署办公。1994 年 3 月，教育科与宣传科合并为宣教科。1995 年 2 月，恢复安全保卫科，原老干部工作科更名为离退休职工管理科。1997 年 3 月，撤销组织科，成立党委办公室；计划科与养路科合并，成立养路计划科。2000 年 3 月，养路计划科更名为养护计划监理科，撤销工程科和保卫科，成立总工办和政策研究室，分设宣传科和教育科。2002 年 12 月，撤销路政科。2003 年 3 月，撤销监察科、审计科，成立监察审计科。2004 年 11 月，撤销政策研究室、教育科、老干部管理科、宣传科，业务分别归入办公室、科学技术教育科、党委办公室。

截至 2010 年底，总段机关设办公室、党委办公室、养护计划监理科、财务资产科、劳动安全科、监察审计科、科学技术教育科、纪委、工会、团委 10 个科室（部门）。在职职工 1414 人，其中，具有大专以上学历人员 551 人，各类专业技术职称人员 298 人。拥有各类养护车辆机械设备 427 台（辆）。管养酒泉境内 20 条国、省、县和专用公路，共计 2345.677 公里。

总段办公地点在酒泉市肃州区西大街 44 号。

下设单位：敦煌、马鬃山边防、瓜州、玉门、肃州、金塔公路管理段和总段高等级公路养护管理中心，总段大中修工程队，总段技术咨询服务中心，柳星公路养护管理所，酒嘉过境公路管理所，安敦公路管理所，酒泉路桥工程处，金路发展总公司。

（十四）甘肃省嘉峪关公路段

甘肃省嘉峪关公路总段前身是嘉峪关公路段，隶属于酒泉公路总段。1996年1月，嘉峪关公路段与酒泉公路总段分设，由省公路局直接领导，科级建制。1997年12月，嘉峪关公路段更名为甘肃省嘉峪关公路总段，为副县级建制，人事、财务直属省交通厅领导。内设机构均为副科级建制。1998年，经总段申请，省交通厅同意总段机关内设8个科室：党委办公室、行政办公室、财务审计科、路政科、劳动工资科、工程科、养路计划科、纪检监察科。同年，又组建嘉峪关通达聚氨酯制品厂，为总段下属科级单位。2003年12月，省交通厅批复总段机构设置：党委办公室、行政办公室、劳动安全科、财务资产管理科、科学技术教育科（加挂总工办牌子）、养护计划监理科、监察审计科（与纪委合署办公）、纪委、团委、工会，原内部机构撤销；总段机关核定人员编制33名，其中县级领导职数3名、科级职数13名。

截至2010年底，总段机关内设7个职能科室。在职职工241人，其中，男职工142人，女职工99人；离退休人员97人（男70人，女27人），有各类专业技术职称人员83人，其中高级职称5人、中级职称25人、初级职称53人，技术工人146人。管养10条线路，计487.473公里。拥有各类车辆机械设备200余台（辆）。

办公地点在嘉峪关市建设东路13号。

下设单位：雄关、镜铁公路管理段和总段高等级公路养护管理中心，总段公路工程公司，总段路政管理支队，总段高速路政大队，安远沟交通量观测站，总段养护材料供应中心，总段公路养护中心。

第二节　市（州）管理机构

一、兰州市交通运输局

兰州市交通运输局前身是兰州市交通运输管理局和兰州市交通局，分别成立于 1956 年和 1977 年。2010 年 7 月，组建兰州市交通运输局。将原市交通局的职责、原市城市建设管理委员会承担的城市公共客运交通的规划、建设和管理的职责整合，划入市交通运输局。局机关设立办公室、综合规划处、公路建设管理处、客运管理处、货运物流管理处、水运航道管理处、安全监管处、财务审计处、人事处 9 个处室，机关行政编制 35 名。

局属单位：兰州市城市交通运输管理处、兰州市公路局、兰州市水运管理局（兰州市地方海事局）。

兰州市公路运输管理处成立于 1986 年。1996 年 6 月，将兰州汽车综合性能检测站划归市交通局直接管理。同月，设立兰州市东岗公路运输管理所，隶属该处领导。2001 年，设立兰州市城市交通运输管理处。原兰州市公路运输管理处正式划分为兰州市公路运输管理处和兰州市城市交通运输管理处。市交通局对市运管处内设机构进行调整，核定编制总数为 130 人。2009 年 1 月，国家燃油税费改革后，经费为中央燃油税返还转移支付资金，由省财政厅全额拨款。

榆中、永登、皋兰县运管所，红古区运管所等三县一区运管所人员管理均为属地管理。

二、白银市交通运输局

1985 年 7 月，白银市政府设立市交通局。1990 年 7 月，成立白银市公路建设管理处，科级建制，隶属市交通局领导。1998 年 6 月 15 日，成立白银市地方养路费征稽所，科级建制。同年 11 月 9 日，成立路政管理办公室，科级建制。2004 年 6 月，成立白银市交通基建工程质量监督站，科级建制。2010 年 10 月 9 日，白银市政府办公室《关于印发白银市交通运输局主要职责内设机构和人员编制规定的通知》，设立白银市交通运输局，为市政府工作部门。局机关设办公室（市国防动员委员会交通战备办公室）、综合规划科、财务资产管理科、建设管理科、行业管理科、公交运输科、纪检组（监察室）。机关行政编制 12 名。

局属单位：白银市地方海事局、白银市公交公司。

白银市公路运输管理处 1986 年 1 月成立。2003 年 6 月，白银市编办同意白银市运管处为县级建制，下属白银西区公路运输管理所。

三、定西市交通运输局

1984 年 8 月，工交分离，成立定西地区行政公署交通处。2003 年 9 月，定西地区行政公署交通处更名为定西市交通局。2010 年，根据《中共定西市委、定西市人民政府办公室关于印发〈定西市人民政府改革实施意见〉的通知》精神，设立定西市交通运输局，为市政府工作部门。同年 9 月 25 日，定西市政府办公室《关于印发定西市交通运输局主要职责内设机构和人员编制规定》的通知，局设办公室、财务科、综合规划科、建设管理科、地方海事和道路运输科（出租汽车行业管理办公室）、定西市国防动员委员会交通战备办公室。

局属单位：市交通基建战备办公室、市地方海事所、市交通工程质量监督站、市农村公路建设养护管理处、定西恒通公路工程有限责任公司、市机动车驾驶员培训学校。

1993 年 2 月，撤销地区交通处运管科，成立运输管理站，对外为定西地区公路运输管理处，一套班子、两块牌子，隶属行署交通处。1997 年，确定定西地区公路运输管理处为事业单位，县级建制，隶属行署交通处。2003 年 12 月，更名为定西市公路运输管理局。2005 年 1 月，市编委《关于印发〈定西市公路运输管理体制改革方案〉的通知》批准，实行市以下垂直管理，市公路运输管理局为正县级建制事业单位，内设办公室、财务资产科、运输管理科、综合科、车辆安全科、运政执法科等 6 个职能科室，下属 7 个正科级建制县（区）运管分局，人员由市运管局统一管理调配，经费实行收支两条线，省拨经费由市运管局统筹管理。同年 12 月，全市运政管理体制实现省级垂直管理，完成整体移交工作。按照职能层次划分为市、县（区）、乡（镇）三级。将县（区）运政管理机构改为市运管局的派出机构，乡（镇）运政管理机构改为县（区）运政管理机构的派出机构；将各县（区）公路运输管理所分别更名为定西市公路运输管理局××县（区）运管分局，将乡（镇）公路运输管理站更名为乡（镇）管理所；各县（区）分局统一为正科级建制，乡（镇）运管所为股级建制。各县（区）分局内设 3 个职能股室，分别是综合股、业务股、运政股（运政执法大队）。人员编制为安定分局 25 人、临洮分局 22 人、陇西分局 22 人、通渭分局 13 人、渭源分局

13 人、岷县分局 11 人、漳县分局 9 人。经费实行收支两条线管理，省上下拨的经费，由市公路运输管理局统筹管理，统一支配。

四、平凉市交通运输局

1985 年 7 月，成立平凉地区行政公署交通处，业务从经委分出。2002 年，撤销平凉地区行政公署交通处，设立平凉市交通局。2003 年撤地设市后，对市、区事权进行调整，将崆峒区的公路运输管理和公交客货运输、汽车维修市场管理职能上划市交通局。2010 年 1 月，市委、市政府下发《关于印发〈平凉市人民政府机构改革实施意见〉的通知》，组建平凉市交通运输局，将原市交通局的职责、市建设局指导城市客运的职责整合划入平凉市交通运输局，不再保留市交通局。同年 9 月 11 日，设立平凉市交通运输局，为市政府工作部门，设办公室、规划建设科、综合运输科、安全监督和水运管理科、财务审计科、交通战备办公室（国防动员委员会交通战备办公室，副县级）。

局属单位：市交通战备办公室、市农村公路建设管理处、市路政执法支队、市交通工程质量监督站、市道路桥梁设计室、市公路工程局、市车辆综合性能检测站、平凉汽车东站。

2002 年 9 月，平凉地区公路运输管理处改称为平凉市公路运输管理处，隶属平凉市交通运输局。2003 年，将崆峒区运管所成建制上划市运管处领导和管理。全市驾驶员培训学校（班）由市运管局统一审批、管理。

五、庆阳市交通运输局

1986 年 10 月，成立庆阳地区行署交通处。1997 年 2 月，成立庆阳地区公路管理局（正县级事业单位）、庆阳地区拖拉机农用三轮车养路费征稽所（科级事业单位），与行署交通处合署办公。2002 年 12 月，更名为庆阳市交通局。2010 年 1 月，庆阳市交通局更名为庆阳市交通运输局，为市政府组成部门。同年 5 月，庆阳市政府办公室《关于印发〈庆阳市交通运输局主要职责内设机构和人员编制规定〉的通知》，庆阳市交通运输局设办公室、人事教育科、规划法制科、财务资产管理科、建设管理科、综合运输科（庆阳市海市局）、安全监督科；设立纪检组、监察室。下属庆阳地区公

甘肃省志

公路交通志

路管理局。

庆阳市道路运输管理局前身是庆阳市公路运输管理处，2007年6月更名。同年10月，经市编委批复，市运管局内设办公室、人事科、财务资产科、运政法规科（运政大厅）、市场监督科（对外称运政执法支队）、机务维修管理科、科技信息科、运输管理科、安全生产监督管理科、出租汽车管理办公室、市道路运输应急救援指挥中心。正县级事业单位。直属8县（区）道路运输管理局，正科级事业单位。

六、天水市交通运输局

1985年7月，天水市交通局成立，下属地方道路工程队。1994年12月，成立天水市公路管理处。2010年5月，根据《天水市人民政府机构改革实施意见》，设立天水市交通运输局（同时加挂天水市交通战备办公室牌子），为市政府工作部门。

局属单位：市公路管理处、市交通培训中心、市交通基建工程质监站、麦贾公路收费管理处、天水陆桥交通工程有限公司。

天水市道路运输管理局2006年6月更名，由科级升格为副县级自收自支事业单位，隶属市交通局。市道路运输管理局对秦州、麦积两区运管所实行垂直管理，其他为属地管理，同时改所为局。2007年9月，市委、市政府同意市道路运输管理局由副县级升格为正县级事业单位，隶属关系不变。2009年5月，市编办同意市道路运输管理局内设办公室、财务资产科、道路运输科、运政管理科（挂运政大厅牌子）、规划发展科、市场监督科（挂稽查大队牌子）、机务维修科、科技信息科、驾培科、城市运输科。

七、陇南市交通运输局

20世纪80年代初，陇南地区工交分离，成立陇南地区行政公署交通处。2004年12月31日，更名陇南市交通局。2010年7月26日，市政府办公室印发《关于陇南市交通运输局主要职责内设机构和人员编制规定的通知》，内设办公室、财务科、运输安全科、工程科、综合规划科。

直属单位：市地方海事局、市交通勘察规划设计院、市公路建设投融资公司、市农村公路路政管理办公室、市交通工程质量监督管理站、市公路养护管理所、市交通重大项目协调办公室、市交通战备办公室、市陇运汽车运输（集团）有限责任公司、市公路工程总公司。

陇南市道路运输管理局 2003 年更名，各县公路运输管理所改称道路运输管理分局，科级建制，隶属县交通局。2010 年 7 月，根据《陇南市人民政府办公室关于印发陇南市交通运输局主要职责内设机构和人员编制规定的通知》，撤销陇南市矿区道路运输管理所，将其职责、人员编制划入市道路运输管理局。

八、甘南藏族自治州交通运输局

1991 年，甘南藏族自治州交通局机关内设办公室、财务室、公路室、编史办公室、运输办公室，均为正科级建制。下设州地方道路工程队，为正科级建制。2010 年 6 月，根据州委秘书处、州政府办公室《关于印发甘南藏族自治州交通运输局主要职责内设机构和人员编制规定的通知》精神，甘南州交通局正式更名为甘南州交通运输局，内设党委办公室、行政办公室、综合规划科、工程建设管理科、财务与审计科、路政管理科、安全监督管理科、铁路航空协调管理科、水运海事管理科、交通战备管理办公室。下设州交通工程质量安全监督管理站、州地方公路管理局、州交通工程咨询中心 3 个事业单位，管理州交通运输局公路工程处、甘南州洮启路桥有限责任公司。

甘南州道路运输管理局前身是甘南州交通局内设运输管理科，对外称甘南州运输管理处。2004 年 5 月，依据州机构编制委员会《关于甘南州公路运输管理体制改革方案的通知》精神，组建成立甘南州道路运输管理局。下辖一市七县 8 个分局，县（市）机构名称为甘南州道路运输管理局××分局，升格为正科级建制。核定全州运政人员编制 120 名。2007 年，根据州编委办公室《关于调整甘南州道路运输管理局内设机构的通知》，加挂州运政执法支队牌子。州运政执法支队实行"两块牌子、一套人马"，支队下设一市七县 8 个运政执法大队，大队为支队的派出机构。

九、临夏回族自治州交通运输局

1991 年 3 月，临夏回族自治州交通局内设人秘科、公路科、运输科、下辖州运输公司（县级）、水运处（科级）、公路运输管理处（科级）、局属工程队。全系统共有干部职工1146人，其中局机关26人。2010年，按照州委发《临夏州人民政府机构改革实施意见》的通知，州交通局更名为州交通运输局。同年，根据州政府办公室《关于印发临夏州交通运输局主要职责内设机构和人员编制规定的通知》，撤销拖拉机养路费征稽所，增加指导城市客运和出租车行业管理职责。

临夏州公路运输管理局前身是临夏州公路运输管理处，隶属州交通局。七县一市设运管所，股级建制，隶属于各县（市）交通局。2006年1月，经州编委《关于州道路运输管理体制改革的通知》批准，临夏州公路运输管理处更名为临夏州道路运输管理局，各县（市）运政管理机构更名为临夏州道路运输管理局××分局。州运管局为县级建制，各县（市）分局为科级建制，实行州以下垂直管理。2007年4月，经州委组织部、州人事劳动局、州编办、州交通局、州道路运输管理局五个部门联合下发《关于全州运政体制改革县(市)运管机构、人员上划移交工作的通知》，改革全州运政管理体制，完成对临夏市、临夏县、和政县、广河县、康乐县、永靖县、东乡族自治县、积石山保安族东乡族撒拉族自治县运管分局的人员上划移交工作。

十、武威市交通运输局

1991年，武威地区经济委员会内设交通科。1996年12月，地区经委改为武威地区经济贸易处（加挂交通处牌子）。1997年11月，机构改革时，地区行署贸易处（含交通处）内设交通科、交通战备办公室等。1998年7月，设立武威地区行政公署交通局，为武威地区经贸处二级部门。2000年10月，设立武威地区行署交通局，与地区经贸处分设，为武威地区行政公署组成部门。2001年10月，改名武威市交通局。2002年3月，根据市政府办公室《关于印发武威市交通局职能配置、内设机构和人员编制规定的通知》，市交通局内设5个职能科室，市交通战备办公室挂靠市交通局。2009年7月，将市交通局机关原20名省供事业人员和2名省供退休人员工资经费连编带人转为市财政全额供给。2010年1月，根据《中共武威市委、武威市人民政府关于印发〈武威市人民政府机构改革实施意见〉的通知》，组建武威市交通运输局，为市政府工作部门，将市交通局的职责划入市交通运输局。同年7月，根据《武威市人民政府办公室关于印发武威市交通运输局主要职责内设机构和人员编制规定的通知》，市交通运输局内设6个职能科室：综合办公室、计划财务科、公路科（加挂交通建设工程设计室牌子）、运输管理科（水运地方海事科）、法规科（路政科）、监察室。武威市交通战备办公室设在市交通运输局。

下属单位：市地方道路管理队、市交通基建工程质量监督站、市机动车驾驶员培训中心、市民武公路管理处。

武威市道路运输管理局前身是武威地区公路运输管理处，为县级事业单位，隶属武威地区经济委员会、武威地区经济贸易处。2001年10月，设立武威市公路运输管理处，隶属市交通局管理。2005年12月，更名为武威市道路运输管理局，仍为县级事业机构。除凉州分局由市道路运输管理局直属外，古浪、民勤、天祝道路运输管理局由当地政府管理，隶属于县交通运输局。

十一、金昌市交通运输局

1992年5月，金昌市工业交通局撤销，交通运输业务归新组建的金昌市政府生产办公室主管。1994年3月，市生产办公室更名为金昌市经济贸易委员会，内设交通科。1997年5月，设金昌市交通局，为副县级机构，是市政府职能部门，职能并入市经济贸易委员会，对外保留牌子，设运输科（挂交通战备办公室牌子）、公路科2个职能科室。2001年5月，市政府批准，将原隶属市经济贸易委员会的市交通局单设，为市政府直属部门，与市公路运输管理处合署。同年6月，市经济贸易委员会与市交通局办理人员编制、财产、物品设备（车辆）移交手续。2004年12月，金昌市政府办公室印发《关于金昌市交通局和金昌市公路运输管理处职能配置内设机构和人员编制方案的通知》精神，经批准，金昌市交通局与市公路运输管理处分设。市运管局隶属交通局管理。2010年2月1日，市委办公室印发《关于印发金昌市人民政府机构改革方案和实施意见》的通知，组建金昌市交通运输局。将市交通局的职责、市建设局的公共交通管理职责，整合划入市交通运输局，不再保留市交通局。将市交通运输局列为市政府工作部门，为正县级机构。同年 6 月，市政府办公室印发《关于金昌市交通运输局主要职责内设机构和人员编制规定的通知》，市交通运输局设办公室（纪检监察室与其合署）、公路管理科、路政管理科、运输管理科（挂交通战备办公室牌子）4个科室及市地方海事办公室。下属金昌汽车站。

十二、张掖市交通运输局

1985 年 6 月 15 日，张掖地委、张掖地区行政公署发布《关于成立地区经济委员会的通知》，保留地区交通运输管理处（事业单位），归口经委管理。原工交处公路运输科和地区公路工程队，划归地区交通运输管理处领导。同年 7 月，张掖地区行政公署专员第 6 次办公会议决定成立地区经委、行署交通处。地区交通运输管理处改为张掖地区行政公署交通处，作为行署的交通行政职能部门。2002 年 11 月，张掖地区行署交通处更名为张掖市交通局。2003 年 3 月 4 日，市委办公室、市政府办公室发布《关于印发张掖市交通局职能配置、内设机构和人员编制方案》的通知，核定市交通局职能科室 3 个：办公室、计划财务科、运输安全管理科。2010 年 3 月，市委、市政府发布《关于印发张掖市人民政府机构改革实施意见的通知》，组建张掖市交通运输局，将市交通局的职责划入市交通运输局，不再保留市交通局。同年 6 月，市政府办公室发布《关于印发张掖市交通运输局主要职责内设机构和人员编制规定的通知》，设立张掖市交通运输局，为市政府工作部门，内设机构 4 个：办公室、综合科、财务劳资科、安全管理科。市交通战备办公室挂靠市交通运输局。

局属单位：市公路工程局、市拖拉机养路费征稽管理办公室、市地方公路建设养护管理办公室、市路政管理办公室、市交通战备办公室、市交通工程质量监督站、市交通运输从业人员培训中心。

张掖市公路运输管理处 2002 年由科级建制事业单位升格为县级建制事业单位，隶属张掖市交通局管理。2003 年 6 月，核定处内设 6 个职能科室。

十三、酒泉市交通运输局

1985 年 10 月，撤销酒泉地区工业交通处，成立酒泉地区行署交通处。

2002 年 12 月，将酒泉地区行署交通处更名为酒泉市交通局。2005 年 6 月，根据酒泉市机构编制委员会《关于酒泉市公路运输管理处与酒泉市交通局分设的通知》，酒泉市公路运输管理处与酒泉市交通局分设，为正县级事业单位，隶属市交通局。2010 年 10 月，根据市政府办公室《关于印发酒泉市交通运输局主要职责内设机构和人员编制规定的通知》，设办公室、财务科、规划发展科、执法监察科、安全监管和应急保障科、交通战备办公室、地方海事办公室 7 个科室。

局属单位：市公路运输管理局、市公路管理局、市交通工程质量监督站。

十四、嘉峪关市交通运输管理局

1989 年 7 月，嘉峪关市交通局与市计划委员会合署办公，对外是市交通局，对内是市计划委员会交通科。1992 年 10 月，成立市交通战备办公室，与市交通局合署办公。1996 年，市交通局与计划委员会分设。下属市交通战备办公室（正县级）、市道路运输管理局（正县级）；全市三镇各设 1 个交通运输管理所。2010 年 2 月，根据市政府办公室《关于印发嘉峪关市交通运输局主要职责内设机构和人员编制规定》，组建嘉峪关市交通运输局，内设党委办公室、行政办公室、综合运输管理科、公路管理科。

嘉峪关市道路运输管理局 2003 年更名，内设办公室、运政管理科、运输管理科、车辆安全科、客运管理分局和货运管理分局，有职工 37 人。

十五、甘肃矿区交通运输局

1980 年 3 月 12 日，甘肃矿区交通运输局成立，隶属甘肃矿区办事处，正县级建制，负责矿区境内交通、公路、路政、运政业务管理工作。2009 年，燃油税费改革前，负责征收拖拉机养路费。截至 2010 年底，甘肃矿区交通运输局与甘肃矿区公路运输管理处合署办公，一个机构两项职能。局内设办公室、党工团宣教综合办、公路科、路政科、运管科（含运政大厅）、财务科、劳人科、安保监督科 8 个科室，设局长（1 人）、副局长（1 人），有职工 21 人。

第三节 县（区、市）管理机构

20世纪90年代以后，甘肃省各县（区、市）交通运输管理机构经历了与经济管理部门合并、分设的过程。2009年，根据改革需要，县（区、市）交通局改称交通运输局，将市政管理的公交运输业纳入行业管理。至2010年底，大部分县（区、市）交通运输局组建完毕，一部分县沿至2011年以后。县（区、市）交通运输局挂国防动员委员会交通战备办公室牌子。甘肃省县（区、市）交通运输管理机构设置情况见表4-1-4。

甘肃省县（区、市）交通运输管理机构设置情况表

表 4-1-4

局名	组建时间	前身	编制	职工数	下属单位	备注
城关区公路管理局	1988年10月		7			隶住建局
七里河区公路运输管理局	1986年4月		—	19		隶住建局
安宁区公路局	2009年8月		3	4		
西固区交通局	2008年	公路管理段	12	—		隶经委
红古区交通局	2003年1月		—	—	公路局、运管局	参公
永登县交通运输局	2009年	交通局	9	—	公路局、运管所	
榆中县交通运输局	2010年11月	交通局	9	10	公路局、运管所、路政大队	
皋兰县交通运输局	2010年9月	交通局	3	4	公路局、运管所	
会宁县交通运输局	2010年9月	交通局	9	—	县乡公路管理站、运管所、亚欧桥汽车站	
景泰县交通运输局	2010年12月	交通局	6	—	县乡公路管理站、运管所	

局名	组建时间	前身	编制	职工数	下属单位	备注
靖远县交通运输局	2010 年 12 月	交通局	8	—	县乡公路管理站、运管所	
白银区交通运输局	2010 年 12 月	交通局	7	—	公路管理站、运管所	
平川区交通运输局	2010 年 12 月	交通局	7	—	公路管理站、运管所、平川汽车站	
安定区交通运输局	2010 年 7 月	交通局	8	—	县乡公路管理站	
临洮县交通运输局	2010 年 11 月	交通局	7	—	农村公路管理养护站、公路建设站、地方海事所	
陇西县交通局	1985 年 12 月	工交局	6	—	县乡公路管理站	
渭源县交通运输局	2010 年 10 月	交通局	6	—	县乡公路管理站	
岷县交通局	1973 年	工交局	10	—	农村公路管理局、路政大队	
通渭县交通运输局	2010 年 11 月	交通局	8	—	县乡公路管理站、运管分局、襄中汽车运输有限公司等	
漳县交通局	1986 年 4 月	工交局		—	县乡公路管理站、运管所、汽车运输队	
崆峒区交通运输局	2010 年 3 月	交通局	12	—	路政大队、区乡公路管理站、公路规划所、质监站、公交处、汽运司、大修厂等	

甘肃省志 公路交通志

局名	组建时间	前身	编制	职工数	下属单位	备注
泾川县交通运输局	2010年11月	交通局		—	运管局、县乡公路管理站、路政大队	
灵台县交通运输局	2010年3月	交通局	8	—	运管所、公路项目办、县乡公路管理站、路政大队	
崇信县交通运输局	2010年7月	交通局		—	运管所、县乡公路管理站	
华亭县交通运输局	2010年12月	交通局	7	—	运管所、县乡公路管理站、路政大队	
庄浪县交通运输局	2010年10月	交通局	7	—	运管局、地方公路管理站、路政大队	
静宁县交通运输局	2010年12月	交通局	10	—	路政大队、县乡公路养护站、运管所	
西峰区交通运输局	2010年9月	交通局	11	—	公路局、路政大队、汽车北站	
庆城县交通局	1987年12月	庆阳县交通局	—	—	公路局、路政办公室	
宁县交通运输局	2010年12月	交通局	13	—	公路局、县乡公路管理站	
镇原县交通运输局	2010年10月	交通局	8	48	公路局、路政大队	
正宁县交通运输局	2010年12月	交通局	6	—	公路局、路政大队、汽车站	
环县交通运输局	2010年	交通局	8	—	公路局、路政大队	
华池县交通局	1991年5月	工业交通局	—	—	县乡道路养护管理局	
合水县交通运输局	2010年9月	交通局	10	—	公路局、客运公司	

局名	组建时间	前身	编制	职工数	下属单位	备注
秦州区交通运输局	2010 年	交通局	21	56	农村公路站、路政大队、公路项目中心、交通投资公司	
麦积区交通运输局	2010 年	交通局	—	93		
甘谷县交通运输局	2010 年	交通局	8	45	运管局、农村公路站、民生交通发展公司、汽车站、加林出租公司、公交公司、冀城出租公司、同力运输公司	
武山县交通运输局	2010 年	交通局	—	68	运管局、农村公路站	
清水县交通运输局	2010 年 12 月	交通局	9	50	运管局、农村公路站	
张川回族自治县交通运输局	2012 年 12 月	交通局	9	—	运管局、农村公路站	
秦安县交通运输局	2010 年	交通局	—	70	运管局、农村公路站、建管站	
武都区交通运输局	2010 年	交通局	—	78	路政大队、农村公路站、勘测队、运管局	
文县交通运输局	2012 年 10 月	交通局	14	—	运管局、农村公路站、路政办	
宕昌县交通运输局	2012 年 12 月	交通局	29	—	运管局、工程站、路政站	
康县交通运输局	2010 年 8 月	交通局	14	—	运管局农村公路站、路政办	

续表

局名	组建时间	前身	编制	职工数	下属单位	备注
成县交通运输局	2010 年 9 月	交通局	16	—	运管局	
徽县交通运输局	2010 年	交通局	9	—	运管局	
礼县交通运输局	1984 年	工业交通局	—	—	养护站、路政大队、运管局、	
两当县交通运输局	2010 年 11 月	交通局	6	22	运管局、地方道路站、汽车站	
西和县交通运输局	2010 年 10 月	交通局	—	—	运管局、汽车运输公司、汽车站、工程公司	
合作市交通局	1998 年	工业交通局	8	—	市乡公路养护站	
夏河县交通运输局	2010 年	交通局	11	23	地方公路养护站	
临潭县交通运输局	2010 年	交通局	5	—	路政办、公路办（内设）	
卓尼县交通局	1999 年	工业交通局	—	15	县乡公路管理站	
迭部县交通局	1998 年 10 月	工业交通局	—	—	地方道路管理站	
舟曲县交通运输局	2010 年	交通局	7	15	县乡公路管理站	
玛曲县交通运输局	2010 年	交通局	6	11	县乡公路管理站	
碌曲县交通运输局	2010 年	交通局	—	—	县乡公路管理站	
永靖县交通局	1991 年 8 月	工业交通局	5	—	公路养护站、刘家峡汽车站、水路运输安全管理所（县地方海事局）、公路工程试验室、质监站、路政办、向阳码头管理站、农村公路总工办	

局名	组建时间	前身	编制	职工数	下属单位	备注
和政县交通局	2002 年	工业交通局	8	57	地方海事处、路政大队、县乡公路站、和政汽车站	
临夏县交通运输局	2010 年	交通局	9	38	水路运输安全管理所（海事所）、农村公路站和莲花码头管理站、汽车站	
广河县交通运输局	2010 年	交通局	9	—	水路运输安全管理所、公路养护管理站	
康乐县交通运输局	2010 年	交通局	9	59	县乡公路站、汽车站、水运处	
东乡族自治县交通局	2002 年	工业交通局	—		县乡公路站、路政大队	
积石山保安族东乡族撒拉族自治县交通局	2002 年	工业交通局	—	53	县乡公路站、运管所、水运所、路政办公室	
临夏市交通运输局	2009 年	工业交通局	9	59	运管局、地方公路站	
凉州区交通运输局	2003 年 3 月	市交通局	17	—	公路管理站、运管所	
古浪县交通运输局	2010 年 12 月	交通局	8	—	公路管理站、运管局	
民勤县交通运输局	2010 年 11 月	交通局	17	—	公路管理站、运管局	
天祝藏族自治县交通运输局	2010 年	交通局	19	—	公路管理站、运管局	
永昌县交通运输局	2012 年 12 月	交通局	8	—	公路管理站、路政大队、运管所、汽车运输公司	

甘肃省志 公路交通志

续表

局名	组建时间	前身	编制	职工数	下属单位	备注
金川区交通运输局	2010 年 12 月	交通局	5	40	公路管理站、运管所、路政大队	
甘州区交通运输局	2010 年 6 月	交通局	6	—	县乡公路管理站、路政大队、运管所	
临泽县交通运输局	2010 年 4 月	交通局	5	—	县乡公路管理站、运管所、路政办	
高台县交通局	1987 年 7 月	工业交通局	12	—	县乡公路管理站、运管所、路政大队、安信汽车运输公司、汽车东站	
山丹县交通运输局	2010 年 3 月	交通局	5	—	县乡公路管理站、运管所、山阿公路路政大队、交通规划设计队	
民乐县交通运输局	2010 年 3 月	交通局	7	—	县乡公路管理站、路政办、运管所、恒泰公路工程公司	
肃南裕固族自治县交通运输局	2010 年 6 月	交通局	9	—	县乡公路管理站、路政办、运管所、客运站	
肃州区交通局	1997 年	工业交通局	43	—	运管所、公路管理所	
金塔县交通运输局	2010 年 8 月	交通局	8	—	县乡道路管理所、运管所	

局名	组建时间	前身	编制	职工数	下属单位	备注
玉门市交通运输局	2010 年 12 月	交通局	12	—	运管所、路政监察大队、地方公路管理站、农村公路养护中心、汽车站	
瓜州县交通局	1998 年 5 月	安西县交通局	—	—	运管局、县乡道路管理站、路政大队、道路养护中心	
敦煌市交通运输局	2010 年 12 月	交通局	8	—	运管所、市乡公路管理站、市汽车运输公司	
肃北蒙古族自治县交通运输局	2010 年 8 月	交通局	10	—	公路管理站、运管所	
阿克塞哈萨克族自治县交通运输局	2010 年 8 月	交通局	4	—	地方道路管理站、运管所	

第二章　行业管理

第一节　交通法规与行政执法

一、交通立法

1996 年，上报甘肃省人大常委会《甘肃省公路路政管理条例》《甘肃省道路运输管理条例》《甘肃省公路交通规费征收管理条例》，其中两个经省政府常务会议通过。经省八届人大常委会第 25 次会议通过后，《甘肃省公路路政管理条例》于 1997 年 1 月 20 日起颁布实施，这是甘肃公路交通行业第一部地方性法规。1997 年，省人大常委会又通过并颁布《甘肃省道路运输管理条例》和《甘肃省公路交通规费征收管理条例》。省人大、省政府称当年是"交通立法年"。交通部称：一个省在一年内连续出台三项交通法规，在全国还是第一家。这三项法规的出台，使甘肃省形成以《中华人民共和国公路法》为龙头，"三个条例"为框架的交通法律、法规体系，为依法治交通奠定了基础。1998 年 9 月 28 日，省九届人大常委会审议通过《甘肃省水路交通管理条例》。该条例的颁布实施使甘肃水路交通管理有了地方性法规，完善了甘肃省交通法规体系，也标志着甘肃交通立法框架的基本形成。

2002 年 6 月 1 日，省九届人大常委会第 28 次会议对上述条例做第一次修正；2004 年 6 月 4 日，省十届人大常委会对上述条例做第二次修正。

2008 年 5 月 29 日，《甘肃省高速公路管理条例》作为省第十一届人大常委会第 1 号立法项目审议通过，7 月 1 日实施。省交通厅于 6 月 19 日举行《甘肃省高速公路管理条例》宣传贯彻启动仪式。

2010 年 5 月，《甘肃省出租汽车管理条例》完成调研起草并上报省政府；《甘肃省农村公路条例》被省人大列入 2011 年立法计划顶备项目。此外，根据省人大常委会和省政府要求，组织力量对《甘肃省公路路政管理条例》《甘肃省水路交通管理条例》和《甘肃省水上交通事故处理办法》修订，其中《甘肃省水路交通管理条例》修订稿于 9 月 29 日经省人大常委会第 17 次会议正式通过；《甘肃省公路路政管理条例》于 8 月上报省政府，并被省人大常委会列为 2011 年甘肃省第一部修订出台的地方性法规。

二、行政执法与行政审批

（一）行政执法

1996 年，规范执法车辆标志牌、标志灯和示警装置，完善交通行政执法用车的管理制度。统一制订交通行政执法文书格式，由省公路局、省运管局、省征稽局、省水运局等印制下发执行。在全省首家完成行政处罚实施机构资格证书发放工作，向全省 436 个交通行政执法单位颁发了资格证书。

1998 年，在全省交通系统首次开展以检查"一法三条例"的贯彻执行情况为内容的执法大检查活动。省交通厅成立交通行政执法检查工作组，分 4 个片区对全省交通系统行政执法工作情况开展检查。召开座谈会 85 次，现场检查覆盖面达执法机构的 80% 以上。

1999 年，清理上报交通法律、法规、规章 53 项，由省政府法制局审核认定 35 项，确定共同或配合执行的法律、法规、规章 17 项。对交通法律、法规和规章逐条归并，把法律规定的各项职责分解到厅机关各执法处室和省公路局、省运管局、省交通征稽局、省水运局（港航监督），明确各执法部门的法定职责和义务，提出执法标准，制定 9 项配套制度，以保证执法责任全面贯彻执行。全系统推行行政执法责任制工作走在全省前列，得到省政府责任制检查组充分肯定，考核达到优秀。

2003 年上半年，根据交通部和省政府的要求，换发全省交通行政执法证件，共核发交通部行政执法证件和上岗证各 5422 本（个）、省政府行政执法证件 4147 本、交通行政执法主体资格证 322 套，保证全省交通执法人员在 8 月 1 日前全部持新证执法。对不符合交通执法资格的近八百人取消交通行政执法资格，收回执法证件。使全省持证执法人员由 6200 人减至 5422 人，初步整肃了交通执法队伍。同年，根据交通部 2 号令要求，省交警总队同意全省公路路政、交通规费征稽和运政执法车辆设置统一交通执法示警灯，喷涂交通执法标志，并核定车辆编制。

2007 年 7 月，省交通厅下发《甘肃省交通厅关于深入推行交通行政执法责任制的意见》。11月，推荐省运管局和省路政总队为交通行政执法责任制重点联系单位。

2008年初，全省第三轮持证执法工作启动。3月—5月，组织对全省4494名交通执法人员进行了执法资格培训考试，省交通厅派出3个巡考组对此次考试进行巡视。全省交通执法人员、执法机构执法主体资格证换发工作6月完成，新执法证件于8月15日正式启用。健全交通行政执法公示制、行政执法人员资格制、执法案卷评查制、行政执法监督制、行政执法评议考核制、行政执法责任追究制和行政执法奖励制等7项制度。

2009年7月，抽调省运管局、省水运（海事）局、省路政总队主管领导和执法业务骨干组成行政执法监督检查组，分三组对全省交通运输系统行政执法工作进行监督检查。总计检查市州交通局15个、运管局（处）16个、公路总段14个，抽查基层路政大队、高速公路路政大队、治超监控检测站、运管所（分局）、水运海事机构80个，召开座谈会38场（次），查阅各类文件材料1100卷。8月29日—9月3日，交通运输部行政执法第九检查组对省交通运输行政执法工作给予肯定。

（二）行政审批

1996年，按交通部、省政府部署开展"双清"工作，即清理行政执法主体和清理规章、规范性文件。经省政府研究审核后，于11月、12月两次在《甘肃日报》发出公告，明确了交通行政管理机构的执法主体资格，使全省交通系统416个单位取得了行政执法权力。同时，清理全省交通系统涉及行政处罚的交通规章、规范性文件30件。1997年，审查清理提交省政府废止的交通规章10件，修改1件。1998年，审核上报交通执法适用法律、法规、规章目录49项，经省政府法制局初步审核后认定36项。

2001年，第一批共清理出交通行政审批事项133项，报省政府公布取消或下放15项，减少比例为11.3%。第二批在剔除非行政审批事项24项的基础上合并43项，取消、下放、转移14项，保留行政审批事项减至49项，行政审批等事项减少比例为66%。2002年，第三批、第四批重点对保留的49项行政审批事项进行比照。2003年，提出拟保留交通行政审批项目48项，取消、下放和转移项目15项。经省政府公布取消、下放和转移交通行政审批项目共计27项，加上此次拟减少项目，省交通厅减少行政审批项目

42 项。2004 年，清理地方性交通法规 4 件、省政府规章 5 件、省政府转来的规范性文件 16 件，指导厅属二级局清理交通规范性文件近三百件。对行政审批项目重新调整核实，共减少行政审批项目 16 项，累计减少行政审批项目 43 项。2005 年，经省政府发文正式确认省交通厅行政审批、许可项目共计 40 项，总减幅超过 60%。2009 年，省交通厅行政审批事项由以前的 40 项减少至 27 项，其中行政许可由以前的 30 项合并为 23 项，非行政许可由以前的 10 项减少为 4 项。同年 9 月 10 日—11 日，在全省规范行政执法工作会议上，省交通厅被评为全省第三轮持证执法工作先进单位。

（三）法律服务

2000 年起，厅属各单位都不同程度建立法律顾问制度，聘请律师和其他法律工作者解决相关法律问题。截至 2006 年 10 月，厅直属 22 个单位和厅所属 30 个单位中有 29 个单位聘用法律顾问 41 名，分别属于 33 家律师事务所或法律服务机构。

2007 年，在对厅属各单位聘用法律顾问的情况摸底调查的基础上，针对交通系统法律顾问队伍素质和服务质量参差不齐，律师资源比较分散，缺少有效统一协调和管理等问题，本着集中、节约、高效的原则，对交通系统所聘法律顾问实行分级、分类、统一管理。一是建立法律顾问备案审核制度，有效提高法律顾问队伍的整体素质。二是实行法律顾问资源共享制度。三是建立动态法律顾问资源库。四是实行重大法律案件报备制度。五是建立健全法律顾问工作激励、约束机制。

三、执法队伍培训

1996 年，《中华人民共和国行政处罚法》（以下简称《行政处罚法》）颁布实施。省交通厅组织全省交通系统开展对《行政处罚法》的学习和宣传。先后编辑印发《行政执法文件汇编》3500 册，订购分发《行政处罚工作手册》等参考书籍近千册，安排布置全系统行政执法学习计划，要求厅直单位举办研讨班、培训班，促进交通行政管理人员学法用法。省交通厅举办全省交通系统行政执法单位领导参加的学习贯彻《行政处罚法》研讨班，请省人大、省政府和省高级人民法院专家授课。此后，各地各单位相继举办《行政处罚法》学习班共 30 期，参加培训 1843 人次。

1998 年，用一个月时间完成全省 5000 多名交通行政执法人员发证前的资格考试。6 月底前完成全省 5220 名交通行政执法人员省、部执法证件的发放工作。省交通厅制定《甘肃省交通厅交通行政执法证件管理办法》，对执法证件的申领、发放、使用和违法使用证件的处罚都做了具体规定。

2000 年初，对证件审验做出安排。3 月—6 月，共计审验执法证件 4440 个，审验合格 4222 个。新办、补办行政执法证件 902 个，其中核发部证 521 个、省证 381 个。

2001 年，印发《甘肃省交通厅关于加强交通行政执法队伍建设的意见》《关于整顿全省交通行政执法队伍的意见》《关于全省交通行政执法队伍开展"四项教育"的意见》和《关于全省交通行政执法人员实施学历教育的意见》，编印《全省交通行政执法队伍建设经验材料选编》。同年，对执法人员学历摸底调查，全省 42 岁以下达不到大专学历的行政执法人员约 90%参加了 2001 年的成人大专教育，对不适合从事执法工作的人员进行清理。

2003 年，根据全省各路段实际情况，加强路政人员配备，新增路政执法人员编制 312 人。

2005 年，结合交通执法证件审验，实行末位淘汰制。对考试不合格的三十余名执法人员，取消执法资格，调整岗位。审验个人证件和单位主体资格证 5210 本和 320 本，补办证件 1023 本。

2007 年，省运管局在全省推行"阳光运政"工程，组织开展"县（区）自查，市（州）互查的阳光运政稽查"活动和以执法为民、热情服务为核心内容的教育活动。省征稽局开展理想信念教育、法制教育、职业道德教育、警示教育和"在多征费中看作用，在树形象中做表率"的主题活动。省海事局制定实施《甘肃省地方海事局海事工作人员行为规范》。省路政总队在全省路政管理机构开展"加强作风建设、规范行业管理"主题实践活动，在全体路政人员中开展塑造"勤政高效、文明服务办事形象""忠于职守、依法行政执法形象""甘为公仆、廉洁奉公廉政形象""风纪严整、举止文明仪表形象"的"四个形象"建设活动。

2008 年，统一规范各交通法部门的执法文书，要求执法人员必须熟练掌握执法文书制作，案件的受理、立案、办案、处罚、结案都要将交通行政执法文书和平时监督检查所形成的文书统一归档，作为年终检查考核的重要内容。

第二节 综合规划

1991 年，修订《"八五"及 2000 年甘肃省公路、水运发展规划》，确定全省"八五"期交通基础设施建设的重点：国道改建方面，总规模为二级公路 431.95 公里，三级公路 187 公里，计改建 618.95 公里。车站建设方面，除完成金昌、嘉峪关、敦煌汽车站续建外，重点搞好甘肃省汽车货运中心建设，总建面积 1.59 万平方米，投资 1432.7 万元；省交通学校二期工程建筑面积 7672 平方米，投资 550 万元，站楼及校舍 2.8 万平方米；总投资 68076 万元，其中要求部补投资 37400 万元，省内自筹 30676 万元。根据甘肃贫困地区公路现状和存在的问题，国家"以工代赈"的良好投资环境和省政府关于渭河流域综合开发治理的决定，编制《甘肃省贫困地区十年公路发展规划》，需动用资金 5.62 亿元。同时，根据交通部计划司的要求，编制《甘肃省甘南藏族自治州"八五"扶贫公路建设规划》，计划投资 500 万元。编报《甘肃边防公路部门养护管理第八个五年规划》，建设规模改建三级公路 132 公里，需投资 1980 万元。

1993 年，对"八五"计划和"九五"规划做大幅调整，提出以建设二级和二级以上较高等级公路为主的《甘肃省"八五"期至 2000 年公路主骨架规划总体方案》。在此基础上，制订全省到 20 世纪末的公路交通发展规划目标：即从 1993 年开始至 2000 年，在全省建设二级和二级以上技术标准为主的"两纵两横"公路主骨架，和其他公路组成的公路网。"八五"目标实现后，全省公路通车里程预计达到 3.5 万公里，其中高速公路将实现零的突破，全幅达到 13 公里，一幅达到 23 公里，二级以上公路占全省公路总里程的比重由"七五"末的 2.1% 提高到 7.3%。2000 年，全省公路通车里程预计达到 3.52 万公里，其中高速公路和一幅高速公路达到 123 公里，二级以上公路占全省公路总里程的比重由"八五"末的 7.3% 提高到 10.5%。

1995 年，市场经济体制确立，要求计划工作从主要抓年度计划逐步过渡到编好行业发展战略规划、实行行业宏观调控上来。当年，编制《甘肃省"八五"交通扶贫攻坚计划和"八五"后两年交通扶贫公路建设项目建议计划》《甘肃省 2020 年运输量规划》《甘肃省交通"九五"计划和 2010 年长远规划》，以及《甘肃省国防公路 2020 年发展规划》。按照国务院及省委、省政府关于编制"九五"计划和 2010 年远景规划总体要求，编制《甘肃省交通发展"九五"计划和 2010 年远景规划基本思路》及《甘肃省 2000 年运量规划》《甘肃省 1995 年—2000 年第 6 批"以工代赈"公路建设规划》等。

1999 年，成立甘肃省交通"十五"计划编制领导小组，完成《甘肃省交通"十五"计划及 2015 年规划设想》上报交通部。按照国家关于加快西部大开发的整体思路以及省委、省政府的具体要求，编制上报《甘肃省 2000 年及"十五"交通建设情况汇报》《2000 年公路交通建设调整计划》。

2000 年，甘肃省交通规划工作与西部大开发战略相结合，与甘肃省扶贫开发，山、水、林、田综合治理，小城镇建设及资源利用相结合，编写《甘肃省农村公路三年发展规划》。同年，编制《西部开发"十五"路网建设规划》《"以工代赈"年度建议计划》《国扶贫困县连接国道国债扶贫项目建议计划》等。结合交通部《加快农村公路发展的若干意见》，制定《甘肃省加快农村公路发展的若干意见》，明确农村公路发展方向、建设任务和目标。编制完成《甘肃省公路、水路交通"十五"计划》及一个规划纲要和四个专题规划（《西部开发甘肃公路交通发展规划纲要》《国道主干线建设规划》《西部开发省际公路通道甘肃省路线布局、建设规划》《甘肃省公路网改造规划》《通乡通行政村公路建设规划》）。

2001 年，编制《甘肃省全面建设小康社会公路发展规划（2001 年—2020)》，完善《"十五""以工代赈"农村公路建设计划》。编制《甘肃省汽车站"十五"建设计划》。此外，加大全省汽车站建设力度，规范基本建设程序，所有项目从预可行性研究、项目建议书、工程可行性研究、初步设计、施工到招投标（地方进行）都严格要求，逐步改变省站场建设相对滞后的局面。2002 年，完善"一主五辅"全省站场建设规划，狠抓酒泉、嘉峪关、张掖、平凉、天水和陇南等五个区域中心规划工作。

2006 年—2008 年，按照省委、省政府和交通部的部署，适时启动多项规划的编制工作。先后有《甘肃公路水路交通发展"十一五"规划》《甘肃省高速公路网规划》《甘肃省高速公路网（甘肃段）路线规划》《甘肃省农村公路网规划》《甘肃省"十一五"通乡油路建设规划》《甘肃省"十一五"农村公路改造工程实施规划》《甘肃公路水路交通发展"十一五"规划》《甘肃省干线公路网规划（2006年—2030年)》《甘肃省内河水运发展规划（2006年—2020)》《甘肃省公路水路交通"十一五"规划中期评估报告》。完成《甘肃省高速公路网路线命名和编号调整工作实施方案》《甘肃省高速公路标志更换费用估算方案》和《国家高速公路网甘肃省桩号传递方案》。开展"新时期甘肃省公路交通发展战略研究""甘肃省干线公路网布局研究"和"甘肃省干线公路网建设支持保障体系研究"等3个科研课题的研究工作。完成《甘肃省内河水运发展规划》《鄂尔多斯盆地甘肃省交通运输专项规划》《甘肃省交通基础设施地震灾害损失分析评估报告》《甘肃省交通运输基础设施汶川地震灾后恢复重建规划》《汶川地震灾后公路恢复重建规划》（部省合编)、《汶川地震灾后甘肃交通养管设施恢复重建专项规划》等一系列规划及调研报告的编制。启动《甘肃省省养公路养护站点建设和养护机械化规划》。完成《甘肃省甘南藏族自治州公路交通维稳保畅规划》和《甘肃省甘南藏族自治州公路交通维稳保畅实施方案》的研究编制。

2009年，编制《甘肃省交通运输"十二五"规划（初稿)》《甘肃省高速公路网规划（2009年调整)》《甘肃省交通管养设施灾后重建规划》《甘肃省高速公路交通工程总体规划》（评审稿)、《甘肃省二级收费公路建设规划（2009年—2012年)》《甘肃省综合交通运输枢纽"十二五"规划》《甘肃省交通救援保障服务区规划》《甘肃省公路水路交通"十二五"规划（含加快实施国家高速公路项目）环境评估报告》《甘肃省道路网布局调整研究报告》（征求意见稿)、《甘肃省综合交通运输体系规划研究（初稿)》等11项专项规划。

2010年，争取交通运输部与甘肃省政府签订《关于加快推进甘肃交通运输发展会谈纪要》，与兰州市政府签订《兰州南交通运输发展会谈纪要》，与兰州市政府签订兰州南绕城等5个项目的联建协议，与酒泉市政府签订战略合作框架协议。

第三节　公路建设管理

1991年—1999年，甘肃省交通基础设施建设管理先后由省交通厅科学教育处、计划处、厅工程处和总工程师办公室管理。2001年开始，省交通厅成立建设管理处，负责交通工程建设管理，改变了以往多部门管理的格局。管理的项目有公路、运输、水运三大类，其中公路项目涉及二级及二级以上公路、路网改造、通县油路、乡通等级公路、乡通油路、扶贫公路、村通农二级公路、行政村通水泥路等，量大面广。2001年—2003年，交通基础建设累计投资247.89亿元。2004年突破百亿元大关，达到103.9亿元。"十一五"期间，全省交通基础设施建设投资842.5亿元，年均投资168.5亿元。

一、公路建设规章

2001年，根据交通部"第一年打基础、见成效，第二年抓巩固、上台阶，第三年再提高、上水平"的总体要求，省交通厅下发《关于开展第三个"公路建设质量年"活动的通知》。厅建设管理处制定《甘肃省公路建设市场管理办法实施细则》，从严格市场准入入手，结合新的企业资质就位和申报工作，加强对潜在投标单位的资质申报材料的审查。同时加强企业资信管理，为通过资信的从业单位颁发"资信登记证"。执行专家评标制度，补充和完善省交通厅评标专家库，共收入各类专家18人，并择优向交通部专家库推荐12名评标专家。

2002年，推行监理人员准入考试制度，改善监理从业人员的结构组成。加大对监理单位和监理人员的动态监督管理，落实监理责任制，严格监理责任追究制。完善质量监督体系，督促未建立质量监督机构的市（州、地）尽快建立，提高质量监督覆盖面。

2003年，制定《公路养护工程招投标管理办法实施细则》及《公路养护市场准入规定实施细则》，为养护运行机制改革创造条件。

2004年，逐步建立和推行网上招标制度。资格预审文件由投标人从网上下载，开标过程在网上进行，标底编制人员在投标文件递交截至之日前封闭，标书递交之后3天左右网上开标，纪检监察部门全过程监督。根据交通部的相关要求建立施工、监理企业动态管理制度，将施工、监理等单位在各个项目的履约表现记录在动态管理系统，做到各业主单位资源共享，只要在甘肃省公路建设市场有劣迹的企业，视情节轻重给予相应处罚措施。

2005年，修订《公路建设市场管理办法实施细则》。

2006年，根据最高人民检察院发布的《关于受理行贿犯罪档案查询的暂行规定》，在全省公路建设招投标工作中建立行贿记录单位查询制度。要求在公路建设项目招标文件中明确投标人的报价高于业主标底（或估算费用）3%或者低于业主标底（或估算费用）15%，按废标处理；如果投标单位在评标结束后放弃中标，存在卖标嫌疑，除按招标文件的规定处罚外，取消在甘肃省1年~2年的公路建设项目投标资格。改进和优化标底编制和开标的程序，推行工程保险代理和工程保险招标制度，实施"阳光工程"。

2007年，按照交通部《关于建立公路建设市场信用体系指导意见》精神，厅建设管理处制定《甘肃省公路建设市场信用体系实施细则》，明确由项目办、建设单位、省交通质监站、省交通厅对从业单位的市场行为和信用状况逐级管理和评价。实施质监部门常驻施工现场制度，并责成省交通质监站制定《甘肃省交通厅重点公路建设项目派驻驻地质量督察组管理办法》。

2008年，成立甘肃省交通厅农村公路建设领导小组，明确了农村公路建设管理的责任主体。

2009年，出台《甘肃省公路施工企业信用评价工作实施细则》，将从业单位信用评价结果与市场准入和招投标直接挂钩，充分发挥市场淘汰机制，促进公路建设市场的规范和有序发展。

二、工程质量管理

1991年，根据国家计委《关于在基本建设领域开展"质量、品种、效益年"活动的通知》精神，针对全省交通基本建设的实际情况，省交通厅从加强管理、解决问题入手，真正把全部经济工作的中心转移到提高经济效益的轨道上来，不断提高基本建设方面的管理与质量水平。厅计划处在落实交通基建项目初步设计、概算、资金来源、施工等的准备和招（议）标选定符合资质的施工队伍等施工条件后，及时向省建委申请批准项目开工时间，保证工期。

1992年，重点加强"河西千里窗口路"建设施工进度和质量管理，以10个月时间、四分之一的投资完成改建任务。

1998年，推行工程招投标制度和建设项目质量目标终身责任制。

2001年，甘肃将全省交通基础设施建设投资规模提高到61.1亿元。上半年，全省交通投资计划仅完成18亿元。面对这一严峻形势，省交通厅党组于 7 月下旬召开省交通厅 2001 年上半年经济形势分析会，要求和动员施工单位加大设备、人员投入。在路基施工高峰期，全线使用机械设备总量一千多台套，达到合同要求的 2 倍以上。各项目办普遍加强对征地拆迁工作的领导，主动与当地党委、政府沟通，争取支持与配合。

2003 年，推行"政府监督、社会监理、企业自检"三级质量保证体系。从省交通质监站几次工程质量大检查和对重点项目、重点部位多次不定期检查或抽查情况看，工程质量 100% 达到合格标准。2004 年，制定《2004 年"管理年"公路建设质量管理实施细则》，要求相关单位加强质量源头管理，将控制工程质量的重心前移。印发《关于进一步加强施工图审查工作的通知》，严格落实施工图的外业验收制度和施工图审查的"双控制"，这一制度在安敦、华庄、临合等公路工程施工图的审查中取得明显效果，直接节省工程投资 3000 多万元。提出了"法人负责、政府监督、社会监理、企业自检、设计保障"的五级质量保证体系新理念。实现单项工程质量一次验收合格率100%，优良品率 90%，单项工程质量验收评分 90 分以上的总体质量控制目标。省公路工程总公司被交通部评为三年质量年活动优秀企业。

2006 年，交通部加大对甘肃省交通项目的支持力度，加快了项目审批进度，增加了甘肃省公路项目储备。经过多次洽谈沟通，解决了甘肃省几条主要国道与陕西、青海、宁夏、四川、新疆等邻省（区）的对接问题。

2007 年，针对湖南凤凰桥发生的重大质量安全事故，交通部部署全国范围内的以桥梁为重点的安全生产专项治理活动。厅建设管理处根据厅党组的安排，论证了祁家黄河大桥的施工方案和迭九公路几座高墩大跨度刚构桥梁的设计方案，消除了安全隐患。厅总工程师办公室针对宝天高速公路建设项目中隧道多、光面爆破施工控制难度大以及在隧道光面爆破施工中常出现的一些问题，在天水举办公路工程隧道施工光面爆破技术培训会；针对黄土隧道施工中存在的共性问题，从安全监管、科研、技术、质量监督、项目管理、设计、监理、施工等不同角度分析和讨论，找出存在问题的原因，研究解决问题的办法，制定预防措施。在兰州组织召开黄土隧道施工控制技术座谈会，并邀请黄土隧道专家对技术人员开展技术培训和指导。

2009 年，实行工程质量责任制。对桥涵等构造物工程推行"首件工程制"，按照施工工艺"方案—实施—完善—推广"四步骤的要求，做好首件工程工艺总结和方案完善，使工艺操作水平日益精细、规范化。同年，实行"法人负责、四方会审、相互监督、共同把关"的审查原则，严禁任何单位或个人擅自变更设计和利用变更设计损害国家和集体利益。重大设计变更由建设单位汇总各方意见上报省交通厅，省交通厅组织专家充分论证后，由厅重大设计变更审查领导小组通过会议研究决定。非重大设计变更，不需现场调查或论证的，审查部门按程序、权限审批。对情况复杂、工程量及资金额度变化巨大的，由审批部门或单位组织相关部门、单位，邀请有关专家（或咨询）现场核查论证，根据核查结论提出审批意见，使设计变更更加合理、透明。

2010年，省交通厅先后开展两次综合督查，安排省交通质监站对全省公路建设项目开展4次综合检查，质量和试验检测等专项检查达到45次。

三、预算与设计管理

2001年，按照合理控制工程造价的原则，严格预算审批。厅公路定额站先后审核9项公路建设项目和11项公路建设项目房建配套工程预算。9项公路建设项目审核预算总金额为45.28亿元，审核后的预算总金额为40.73亿元，合计审减预算金额为4.55亿元（占原报预算总金额的10.05%），其中6项减少预算金额4.78亿元（占原报预算总金额的10.56%），3项增加预算金额0.23亿元（占原报预算总金额的0.51%），11项房建配套工程总体上也减少了预算金额。

2002年，加强对施工图设计的审查，对于重点公路建设项目实行"双院制"，委托具有同等资质和能力的设计院对施工图进行审查，并和原设计单位逐条交换修改意见，对施工图反复修改，达到提高施工图设计质量的目的。

2004年，建立变更设计审查会议制度，避免竞相攀比，杜绝豪华工程，并配合审计部门督促建设单位加强资金控制。据统计，当年通车的6个项目的投资控制水平比2002年通车的项目显著提高，通车的6个项目和概算相比，节约投资9亿多元。

2005年，按照《关于进一步加强施工图审查工作的通知》，落实施工图外业验收制度和施工图审查"双控制"，这一制度在天宝和罗定等高速公路工程施工图的审查中取得明显效果，降低了工程造价，减少了不必要的征地拆迁。年内审核主要公路基本建设项目施工图预算 8 个，预算金额 44.7 亿元，核定预算金额为 41.3 亿元，核减金额占批复预算的 8.16%。

2007 年，组织专家及时解决工程建设中出现的新情况和新问题，对宝天高速公路大坪里隧道景观设计多次论证和修改完善，对码头隧道洞口滑坡的问题做了及时处理。

2010 年，倡导"安全、环保、和谐、耐久、节约"等勘察设计理念和建设新理念。在营双、成武、雷西高速公路等项目中，考虑项目实际和所处环境特点，贯彻全寿命周期成本理念，和谐选线，力求环保，抓好细节，凸现特色，注重安全。在方案的比选上，不但考虑建设期费用，而且把养护、运营、管理费用及运营安全纳入方案比选中综合评价。在雷西、成武高速公路等项目通过实施地质勘查专项审查，重点解决地质勘查工作深度不够、进度滞后、设计与地勘资料脱节等问题，避免大的不良地质灾害对公路建设的影响。实行"法人负责、四方会审、相互监督、共同把关"的变更设计审查原则，对重大或较大设计变更按照交通部《公路工程设计变更管理办法》要求，组织专家充分论证后，由省交通厅重大设计变更审查领导小组通过会议研究决定，使设计变更更加合理、透明。

第四节　安全生产

一、安全生产四项指标

交通运输系统是高危行业，每年道路运输事故、公路施工事故等频繁发生。1991 年，仅全省交通系统职工伤亡事故 6 起，死亡 5 人，重伤 4 人；道路运输事故 5 起，死亡 4 人，重伤 2 人；公路工程土方坍塌事故 3 起，民工死亡 12 人，重伤 1 人。1993 年、1994 年，全省交通行业发生各类安全生产事故 460 起，死亡 104 人，受伤 600 人，直接经济损失 490.58 万元。

"八五"期间，道路运输万车死亡率、百万车公里经济损失分别比"七五"下降 10% 以上，"八五"期末企事业单位千人死亡率控制在 0.017% 以下，千人重伤率控制在 0.45% 以下，责任事故起数、经济损失均比"七五"

下降 5%。公路养护、建设杜绝一次死亡 3 人以上重大事故，千人死亡率控制在 0.045% 以下，责任事故起数、经济损失均比"七五"下降 5% 以上。

2002 年，重大事故仍然没有得到有效遏制。特别是厅属单位车辆交通事故达 11 起，死亡 11 人，重伤 3 人（其中交通事故 8 起，死亡 10 人，重伤 2 人；坍塌事故 1 起，死亡 1 人；其他事故 2 起，重伤 2 人）。

2004 年、2005 年，公路工程连续 2 年未发生伤亡事故。2007 年、2008 年，安全生产事故有所上升，分别达到 39 起和 29 起。2002 年—2010 年甘肃省交通行业安全生产四项指标见表 4-2-1。

2002 年—2010 年甘肃省交通行业安全生产四项指标

表 4-2-1

年份	事故起数					死亡人数	受伤人数	经济损失（万元）
	总起数	道路运输	厅属单位	公路工程	其他			
2002	23	8	11	—	4	57	32	—
2003	20	13	5		2	64	26	—
2004	21	16	4	1	—	77	47	
2005	21	16	5	—	1	55	107	527.95
2006	20	19			1	45		
2007	39				—	95	282	312
2008	29	20	7	1	1	73	140	
2009	19	14	3	2	—	56	112	268
2010	24	22	—	2	—	52	46	—

二、宣传教育

1991 年 5 月，省交通厅在全省交通行业开展第一次"安全生产周"活动。重点抓施工现场机械车辆管理、小翻斗车、拖拉机载人行驶、民工从事危险工序作业的检查，组织"安全在我心中"演讲活动，巡回播放安全电视录像，张贴安全生产标语，设置安全标志牌等。

1994 年 5 月 16 日—22 日，按照劳动部、交通部及省劳动局的安排，全省交通系统各单位开展以"勿忘安全，珍惜生命"为主题，控制事故为目的，倡导"遵章光荣，违章可耻""不伤害自己，不伤害他人，不被他人伤害"和反对"违章指挥，违章操作，违反劳动纪律"为主要内容的第四次"安全生产周"和第一次"反三违月"活动。此后，"安全生产周""反三违月"每年确定主题开展一次。先后确定的主题有"安全生产陇原行""以人为本，关爱生命""综合治理，保障平安""治理隐患、防范事故""和谐交通、平安运输"等。

　　2001 年，结合"安全生产周""反三违月"活动和交通部"道路运输市场管理年""公路建设质量管理年"等专项活动，开展安全生产法律法规和安全生产知识宣传活动。据不完全统计，全省公路养护单位共召开各类学习动员会、安全分析会 560 场次，参加人员 5.5 万人次，印发宣传材料 5000 份，张贴标语 7873 张，制定固定安全警示标志牌 820 块，办板报（专栏）684 期、安全简报 157 期，职工受教育率达 100%。

　　2004 年 6 月，全省交通系统各部门、各单位都成立一把手牵头的活动领导小组，制定具体活动计划和方案。采取简报、板报、标语、宣传材料、安全知识竞赛等多种形式，宣传国家各项安全法律、法规。据不完全统计，安全生产月活动期间，共发放宣传材料 6.6 万份，张贴安全警示标语 1.1 万张，悬挂大幅标语 1000 条，办板报、专栏 50 期，张贴宣传画 56 幅，出动宣传车传 116 辆次，出动执法人员 258 人次，厅举办培训班 2 期 90 人。共编发事故快报 10 期，编发《劳动与安全信息》18 期。

　　2006 年，印发《道路旅客运输安全法规知识问答》《道路危险货物运输安全知识问答》2 本宣传手册，共计 1 万册。

　　2010 年 12 月 20 日，组织各市（州）交通运输局、厅属各单位主要领导、分管安全生产工作的领导、部门负责人和安全生产管理人员进行安全生产与应急管理培训。特邀北京交通干部管理学院教授和省安监局专家讲授有关交通运输行业安全生产法律法规体系建设、安全生产应急管理知识和各类生产安全事故案例分析，取得良好效果。

第四编　管理

三、监督检查与制度建设

1991 年，省交通厅直属单位行政领导、劳动部门、工会三结合的厅安全委员会管理体制形成。厅系统各单位分别制定了行政一把手安全生产责任制、任期安全目标考核制度、安全检查制度、安全生产奖惩办法、事故查处制度。在公路建设上，注意公路安全防护配套设施建设，为防止塌方、泥石流、坠石、雪崩、风沙水毁等采取设置上下挡墙，驳岸、导流坝、湖泊等措施。在运输管理方面，从开展车辆综合性能检测入手，加强车辆基础管理，采用先进检测手段，运输车辆检测率在 95% 左右。

1994 年冬，要求各地（州、市）交通处（局）、厅属各单位搞好冬季安全生产大检查。厅长、主管副厅长、纪检组长和厅运管局等单位负责人深入运管所（站）、客运站（点）和公路养护班（组）调查研究，安排部署春运工作。春节前夕，厅领导带领在兰单位负责人深入兰州汽车西站、甘肃驼铃客车厂等单位检查冬季安全生产和防火工作。此后，每年春运安全生产大检查成为常态。

1996 年 8 月，根据全系统不断发生重特大事故的情况发出《关于加强安全生产工作的通知》。1999 年 3 月，厅安委会下发《关于加强道路施工安全管理的意见》。

2001 年以后，全省公路路况逐年提高，车况差、驾驶员素质低的问题逐渐显现，事故频发。

2002 年，下发《关于进一步明确水上交通安全管理工作职责的通知》等 17 个文件。按照省政府、交通部安排，狠抓节日安全运输，使"春运""五一""十一"客运高峰期实现安全、畅通、有序的工作目标。根据交通部《关于进一步做好危险化学货物运输专项整治工作的通知》，重点引导危货运输企业进行规模化、集约化经营，实行严格的危货运输企业市场准入制度。组织 4 次安全生产大检查，开具"事故隐患整改通知书"7 份、"交通行业安全检查整改表"29 份，提出整改意见、建议 93 条。2005 年，向省政府办公厅上报《甘肃省交通系统安全生产管理办法》《甘肃省交通行业公路工程建设、养护生产安全管理办法》《甘肃省道路运输行业安全生产管理办法》等。

2007 年，为全省一线养护作业人员制作标志服 899 套。实施交通建设安全专项整治工作，对宝天、平定、甜木、迭九等公路和祁家黄河渡口大桥等项目质量安全进行联合检查，共检查桥梁 162 座、隧道 34 座、重点部位 196 处，发现 204 处安全隐患。按照"分类管理、分级负责、条块结合、属地为主"的原则，加快救援队伍建设，建立"统一指挥、反应灵敏、协调有序、运转高效"的工作机制。

2008 年汶川"5·12"地震发生后，参与全省交通基础设施受灾情况普查，组织专家"会诊"，明确防范重点、工作范围、落实预防措施和手段，有效防止次生事故的发生。奥运会期间，下发《关于进一步加强公路、水路客运安全检查的紧急通知》，要求各级运输管理部门和客运站对进站旅客携带、托运行李物品进行严格安检，加大开包抽查力度。

2010 年，结合政府机构改革，新组建的省交通运输厅设立安全委员会，成立安全监督处，配备人员，强化行业安全生产管理工作。并要求厅属单位和各市（州）交通主管部门逐步设立专门的安全监督部门，形成自上而下安全归口管理。实行"一岗双责""一责双管"和"一把手负责制"。推行双目标责任考核，实行交通运输安全生产行业监管、属地管理。落实企业安全主体责任，督促交通企业层层签订目标责任书，将安全管理真正纳入到企业全面管理之中。加大安全投入，建立健全安全管理体系和规章制度，加强现场安全管理，强化隐患排查，开展安全生产标准化和信息化建设，建立自我约束、不断完善的安全生产长效机制。8 月，道路运输事故出现多发、频发现象。8 月 20 日，召开全省交通运输行业预防生产安全事故视频会议，对运营到期的夜班车和长途卧铺车暂停办理延期，对发生较大以上责任事故的车辆严禁投入运输市场。

四、专项整顿与隐患治理

1998 年，按照省安委会《关于加强重特大事故隐患治理的通知》精神，对会宁境 G312 线 1965 公里+100 米处、靖远境 G109 线 1588 公里+400 米处、永靖境小川黄河桥、省交通规划勘察设计院办公楼等处的重大事故隐患进行治理和防范。

2001 年，公路养护单位共投入资金 92.5 万元用于安全设施建设，省运管局和兰州市交通局共同筹措资金 90 多万元在兰州汽车东、西两站配备 X 光"三品"检查设备，当年 1 月投入运行。

2002 年，针对 G312 线凤郿段、天巉公路通渭至秦安段、S308 线洪水段、G312 线古浪龙沟堡段和柳古公路永登、中堡立体交叉路口事故多发的问题，经有关专家论证后，投入 70 万元在凤口至罗汉洞段设立安全警示标志和减速带，在危险地段增设必要的防撞设施和紧急避险车道；针对柳古公路龙沟堡段问题，投入 15 万元拆除永登中堡立体交叉路口中心隔离带，消除事故隐患。

2003 年，下发《关于进一步深化交通行业安全生产专项整治工作》的通知，把营运者安全生产条件作为市场准入和确定经营范围的重要依据，严格执行车辆技术等级评定制度。落实《危险化学品安全管理条例》和《道路危险货物运输管理规定》，严把企业资质关、车辆技术关和危险货物运输从业人员资格关，全省持证上岗率达 100%。建立分级危货运输事故应急处置处理机制，保证危货运输一旦发生事故，及时组织抢救，做好事故处理和善后。加大事故多发路段的专项整治，对天巉公路 62 公里~70 公里段等交通事故多发路段，先后投入资金 227 万元（不包括养护费用），增设交通安全警示设施，增设 4 处避险车道；投入四百余万元对 G312 线徐古公路 2403 公里+700 米处龙沟堡公铁立交桥路段进行改造，增设 2 处避险缓冲车道；投入 105 万元，对省道 308 线 209 公里加 800 米至 210 公里加 600 米处交通事故多发段进行局部改线，改建线路 0.789 公里，加大公路曲线半径，满足行车视距要求。针对罗汉洞至高平段的实际情况，投入整治资金 45.3 万元，在 G312 线 1702、1704 公里两处公路右侧分别修建临时紧急避险停车场和逃生车道；同时，在临时停车场修建蓄水池，供车辆驾驶员加水和冲凉刹车。

2004 年，经省上和国家预防道路交通事故领导小组同意，确定国家督办项目 1 个、省督办项目 6 个。全年投入整治资金 2391 万元。2005 年，投入安保工程资金 2503.7 万元。通过实施安保工程，与上年相比道路交通事故起数、死亡人数、受伤人数等指标分别下降 22.03%、12.68% 和 6.36%。

2006 年 6 月，省交通厅下发《甘肃省交通建设安全专项整治工作实施方案》，成立甘肃省交通建设安全专项行动领导小组。

2007 年 6 月，根据省政府全省安全生产隐患排查治理专项行动工作会议要求，部署安排全省交通行业安全生产隐患排查治理专项行动，印发《全省交通行业安全生产隐患排查治理专项行动实施方案》，重点在道路运输、公路养护、公路工程施工等 4 个领域开展安全生产隐患排查治理行动，全省共查出 324 个安全隐患，安全隐患排查整治率在 90% 以上。

2008 年，围绕"隐患治理年"活动，共查处一般隐患 1759 项，整改 1736 项，整改率 98.7%；重大安全隐患 193 项，整改 133 项，整改率 68.9%。5 月—7 月，开展安全生产百日督查专项行动，共排查各类安全隐患 1466 项（其中公路运输 519 项、公路工程建设 860 项、其他安全隐患 87 项），整改 1323 项，整改率达 90.25%。

2009 年，公路养护部门投资 1.2 亿元，对国省干线及农村公路危涵、沉陷、易滑坡路段和事故多发点段进行整治，对 96 座危桥加固改造；高速公路运营部门投资 3.7 亿元对 1316 公里高速公路的标识标牌、安全设施和服务区改造升级，在天巉公路、机场高速公路增设紧急停车带和缓冲车道，在马营梁、乌鞘岭和绣花庙等重点路段安装场外监控设施。道路运输管理部门累计投资近亿元，为 113 个三级以上客运站配备 X 射线行包检查设备和安全门检系统，对 5400 辆长途客车和危货车辆安装 GPS 监控系统。全省道路运输、公路养护、工程建设、高速公路运营安全预警、应急救援机制形成。

2010 年，开展"安全生产年""安全专项整治行动""打击非法违法生产经营的建设行为专项行动""公路水运工程平安工地建设活动"和"预防道路交通事故百日行动"等专项整治工作。全省交通运输行业对 282 家企业开展安全隐患排查，排查一般隐患 724 项，整改 720 项，整改率 99.4%；排查重大隐患 6 项，整改 6 项，整改率 100%。配合省安监局开展道路运输安全生产标准化评估工作，有 41 家道路运输企业被评为安全生产 A 级标准。下发《全省交通运输行业关于开展应急演练活动的通知》，分行业开展演练。同年 11 月 25 日，在武罐高速公路建设项目部召开全省重点建设项目"平安工地"创建授牌暨武罐高速公路施工应急保障演练观摩会。

五、"非典"防治

2003 年 4 月，开展防控"非典"（非典型性肺炎疫情）工作后，全省交通行业各部门、各单位设立领导小组办公室，实行 24 小时值班制度，每周两次定时分别由各市（州、地）向省交通厅、省交通厅向交通部报告疫情和预防控制工作情况；迅速形成信息畅通、指挥灵敏、组织有力的"非典"预防控制网络。把客运防控责任落实到各级组织、运输企业一把手，落实到站长、客运车辆驾驶员，把交通基础设施建设防控责任落实到项目办、施工、监理和各个班组（工段）。全省运管部门共印刷和发放宣传资料价值 31 万元。根据省"非典"防治领导小组要求，省交通厅提出《关于设置非典型肺炎疫情公路检查站的意见》，报经省政府同意后，在全省省际公路要道口设立 8 个临时交通卫生检疫站，后增设至 17 个。随后根据疫情，各（市、州、地）之间、县（区）之间都设立交通卫生检疫站。根据省防非领导小组《关于设立临时交通卫生检疫站留验站的紧急通知》，各地交通主管部门都制定站点示意图、工作流程图、管理网络程序图表等。又按照各站点人员组成情况，规定人员着装标准，实行挂牌上岗服务。道路交通卫生检疫站成立后，实行昼夜 24 小时执勤，对过往车辆逐个登记消毒，对乘客逐个测量体温。兰州市交通主管部门在城区出口设立 7 个检疫站，共 12 个检疫点，坚持对长途班车和客车先消毒后进城。平均每天消毒检查车辆达 1.6 万多车次，出租车日消毒 5000 车次；日均投入防控人员 778 人；日均投入资金 10 多万元。为了做好市区内交通工具的消毒工作，在兰州城区设立 46 个免费消毒点和临时流动免费消毒车，对兰州市的 30 家出租客运企业的 5000 辆出租车每天都进行全面消毒。至 6 月中旬，累计消毒出租车 21.9 万辆（次）。定西地区交通部门和运输企业对区内 13 个客运汽车站、9 个水运码头、2 个施工现场共计 2.17 万平方米的场所和区内 867 辆客运汽车、14 艘船舶定时消毒，发放"已消毒"标志。至 6 月上旬，全省共计运送旅客 587.75 万人次，发送货物 8.27 万吨；营运车辆消毒 44.1 万辆次。各地汽车站共设检疫、消毒站点 149 个。"非典"疫情得到有效控制。

据不完全统计，至当年 6 月中旬，全省交通行业用于防控"非典"支出 2079.1 万元，其中用于消毒设备及消毒液支出 532.5 万元，占支出总额的 25.6%；用于口罩、防护服等防护用品支出 226.8 万元，占 18.9%；人工费用支出 665.7 万元，占 32%；用于防非设施支出 117.8 万元，占 5.7%；登记表等基础资料费用支出 104.2 万元，占 5%；设备费用支出 57.5 万元，占

2.8%；其他项目费用支出 374.6 万元，占 18%。全部费用支出中，地方财政支出 66.8 万元，占总支出的 3.2%；省、市、县三级交通主管部门支出 1367.5 万元，占总支出费用的 65.8%；交通运输企业支出 561.4 万元，占总支出的 27%；其他单位支出 83.4 万元，占总支出的 4%。

第五节　交通战备

1991 年，重新组建甘肃省交通战备车队。1993 年，根据兰州军区交通战备领导小组召开的军事交通运输保障协调会和省支前委员会召开的支前工作会议精神，为保障"西部—93"军事演习中公路安全畅通，制订《甘肃省公路应急保障计划》。

1995 年，参与兰州军区"西部—95"军事演习。实现军区"一方演习、多方受益，一次演习、长久受益"的要求。

1999 年，按照中央军委新时期军事战略方针，编制完成"十五"国防交通建设计划。按照"全面整顿、重点建设、统筹规划、分级实施"的原则，从加强国防教育入手，完善管理制度，健全组织机构，组建一批训练有素、反应敏捷、能在各种应急情况下执行交通运输保障的骨干力量，并就应急时期重点路段、桥梁、架设便桥、开辟便道及迂回路线制定保障方案。

2001 年，完成交通运输保障队伍整组工作，经兰州军区、省交通战略办公室（以下简称省交战办）验收全部达到优秀。

2004 年 4 月，将设在省经贸委的省交战办移交省交通厅。正处级建置。

2005 年，按照《关于做好实施军营畅通工程准备工作有关问题的通知》精神，制订"军营畅通工程"建设计划。年内安排近五百万元对某师、兰空、省军区、27 分部等单位军用公路进行改建和养护。同年，六支部队以摩托化机动方式，分多个梯队从驻地出发，实施演练、运输等应急任务，途经天水、定西、兰州、武威、白银等多个地市，各市交战办和省交警、特警、高速公路运营中心、路政管理部门全力保障，协同完成甘肃省境内交通保障任务。9 月，组织兰州铁路局战备办、省通信管理局交战办、东航甘肃省分公司交战办有关人员在省军区国防动员指挥中心参与国防动员指挥机构室内编组作业启动演练。根据兰州军区统一安排和提供的二级交通重点目标评定标准，会同铁路、交通、通信、民航等有关部门，对省内原有的三级交通重点保障目标进行调研、评估、筛选。

2006年，按照国家交战办和兰州军区交战办"交通战备组织机构建设"的有关精神，在省公路局、省运管局、省水运局、省高等级公路运营中心、省公路路政管理总队等5个单位设立了交通战备工作机构，配备工作人员。

2007年，在省交通厅系统组建甘肃省交通专业综合保障旅，下辖公路运输大队、公路抢修抢建大队、公路桥隧大队、水运保障大队、高速公路保障大队、交通管制大队和公路勘察设计大队。各大队下辖若干中队，中队下辖若干区队。铁路、通信、民航系统对原专业保障队伍亦进行整组。各市、州也对原建保障队伍调整充实，确保组织落实。着眼市场经济条件下开展工作和军事斗争准备需要，不断加大法规建设力度，在国家《民用运力国防动员条例》颁布后，结合本省实际，制定《甘肃省民用运力动员实施办法》，经省政府颁布，于2007年10月1日起施行。

2008年，召开全省交通战备工作会议暨省交通综合保障旅成立大会。省国防动员委员会领导宣读成立保障旅、任命旅部及大队干部的决定。制定《甘肃省战备钢桥管理办法》《甘肃省国防交通专业保障旅工作制度》《甘肃省国防交通专业保障旅工作程序》《甘肃省国防交通专业保障旅工作职责》。藏区维稳行动开始后，保障旅立即召开会议紧急部署，组织公路抢修、高速公路、交通管制等专业保障队伍，全力配合省上开展甘南藏区维稳行动。3月16日起，在全省所有收费站点建立专门用于警车通行的"红色通道"，确保出行维稳任务的警车车队快速通行。甘南、临夏等国防交通专业保障队伍紧急抽调人员，加强路况信息掌控，设立维稳执勤巡逻组和车辆应急调度组，对重要路段实施交通管制。碌曲、玛曲、夏河、卓尼、迭部等保障中队按照统一部署，全员参加交通管制及巡逻执勤。累计出动交警、运政等执法人员2650人次、执法车辆480辆次，昼夜巡查警戒交通线路2356公里。在甘南维稳期间，保障旅在甘南藏族自治州成立公路保畅通应急指挥中心，抽调140名抢险应急队员和35台机械车辆组成7个应急小分队，全天候上路巡查，对被挖断、阻塞的公路及时抢修，对被破坏的道班、收费站及时恢复，并对翻浆严重、病害较多的路段加紧处置，先后抢修加固道路52处。保障旅主要领导在甘南期间，带领交战办和有关部门负责人到定西、天水等地驻军了解军事需求，汇报交通战备保障情况，调整施工力量和经费，整修营区进出口道路。为确保甘南州数千在校学生的人身安全，3月17日下午，甘南交通保障大队在3个小时内紧急调动民用运力106辆，由执法人员带领，分赴州卫校、畜牧学校、藏综专、师范、藏中等，对2700多名学生连夜紧急疏散。汶川特大地震发生后，第一时间启动应急预案，迅速调度全省交通系统干部职工和国防交通专业保障队伍奔赴抢险救灾一线，奋力投入抗震抢险救灾，以最快的速度抢通被损毁的公路。

2009年，交通专业保障旅召开第三次旅务会议。会议传达了兰州军区国防动员委员会第五次全会精神，审议并通过了保障旅首长职责、工作程序、工作制度和机构编成。贯彻国务院、中央军委《关于规范国防后备力量队伍组建工作的意见》和全省国防后备力量组织建设工作会议精神，按照"编实建强"的要求，抓好大队和中队领导岗位的编组落实，适时组织整组和点验。

2010年，贯彻"平时服务、急时应急、战时应战"的要求，依托运用挂靠部门的资源，整合铁路、公路、水路、航空等应急保障和交通战备的指挥管理手段，建立交通战备应急指挥中心。中心平时可作为信息管理、资源配置管理、训练演练、交通监控、保障力量部署、物资器材调配中心，急战时可作为交通保障指挥中心。

第六节　交通工程质量安全监督

一、工程质量安全监督

1991年，全省交通基建工程质量监督工作步入正轨，初步建立三级工程质量保证体系。同年9月25日，交通部对甘肃省交通厅质监站组织机构、质量意识、工作质量和监督工作的保证措施等四项内容进行考核，颁发合格证。1992年，根据交通部"第一年准备，第二年试点，第三年以后逐步展开，用五年或更多时间形成体制"的总部署，结合甘肃实际，在国道改建中选择不同类型的工程和施工单位，采取不同形式试点。在西兰公路工程建设项目中，借调有经验的技术人员，经过监理培训后，成立临时性监督站，效仿 FIDIC 条款进行监理。并首次向甘新、兰包公路和西兰公路的"627"大桥派驻工程质量监督员，向唐家台至刘寨柯、柳园至星星峡、兰州至巉口段二级公路改建工程分别委派监理工程师，对工程质量进行全过程监督。1993年 8 月 20 日—9 月 10 日，厅质监站与省交通厅工程处、省交通工程建设监理公司组成联合检查组，对全省在建的国道工程质量管理工作进行检查。1994 年 10 月 6 日，厅质监站在兰州主持召开 1994 年度西北公路工程质量监督网会。11 月 28 日，与省交通科研所、省交通工程建设监理公司、省交通厅工程处、省交通规划设计院联合向国道建设各施工单位、驻地监理组发出《全省国道建设项目工程质量大检查情况的通报》。1995 年，将全省凡是列入公路基建工程计划项目和贷款修建的地方公路项目全部纳入监督范围。1997 年，加大对重点工程项目的检查频率，对 G312 线徐树段、国道 109 线吴唐段、G310 线牛北路等进行不定期抽查。1998 年，根据国务院办公厅明传电报《关于加强建设项目管理确保工程质量的通知》和交通部"要把公路建设质量放在第一位"的指示精神，将全年两次的交通基建工程质量大检查增加到 3 次。在检查中，贯彻落实交通部 4 号令，履行工程质量认证权，按照部颁规范、标准进行工程质量等级评定。

2000 年 2 月初，对新设立的 4 个分站进行业务指导，四个分站工作相继展开。2001 年，将监管区域划分为东西两片，对每一个重点建设项目都确定固定不变的主管领导和质监人员。同年，根据交通部《工程质量检验评定标准》，检测公路里程 341.87 公里，大桥 23 座，中桥 34 座，小桥 57 座，涵洞、通道 476 道，互通立体交叉 11 座，隧道 9 座，取得数据 51 万个，并完成国道主干线天巉段、徐古段、江天段等工程建设项目交工验收前的质量检测评定工作。同时，四个质监分站也对地方道路部分建设项目实施监督。

2002 年，引用"公路工程检验评定软件"，改变以往检测数据均由人工评定为计算机计算评定；首次引进隧道地质雷达无损探测初砌厚度及背后密实度等，采用超声波回弹综合法检测隧道初衬混凝土强度、裂缝，采用全自动激光断面仪检测其断面尺寸并进行评价；桥梁采用动、静荷载试验检测其结构安全性，对结构承载能力、使用性能、动力特征、裂缝情况等进行综合评价；路面采用落锤式弯沉仪、激光平整度仪、地质雷达及钻芯取样等对路面弯沉、厚度、平整度、摩擦系数、构造深度等进行检测评价，并对 6 条高速公路的委托检测派员进行监督。

2003年4月7日，省交通质监站决定在各重点建设项目聘请义务监督员，由站内颁发聘书。5月16日，给8个建设项目聘请24名义务监督员，聘期到项目结束为止。2004年10月13日，对酒航公路存在的工程质量问题进行专项检查。2006年，共发出"公路工程质量监督意见"16份，取得监测数据13万个。2008年，以交通部开展安全生产"隐患治理年"活动为契机，督导各建设项目认真吸取教训，逐步把隐患排查和治理纳入施工管理过程，建立安全监管长效机制。

2009年，直接监督的各类公路建设工程29个，全长2822公里，主要包括：续建6条高速公路768公里；新开工3条高速公路319公里；在建和新建7条二级公路554公里；13条国道省道干线公路地震及冰冻灾后恢复重建项目1180公里。在监督过程中，以大型桥梁和隧道为监控重点，对续建的高速公路实行一季度一督查，两季度一分析；对宝天、平定高速公路等年内完工项目及灾后重建项目，每月一次质量督查。全年共计组织各类督查45次，实测数据7万多点（组）。

二、建设行业监管

省交通质监站除对交通基建实体工程质量安全进行监督管理外，还承担着规范行业行为、完善工程监理和试验检测市场、对涉及单位及从业人员进行资质审核评定等职责。在履行这一类职责时，省交通质监站始终将工作重心放在两个方面，一方面是根据行业发展中出现的新情况和新现象，不断完善并细化各项"规定""管理办法""实施细则"，确保理论依据与时俱进，行业行为有法可依；另一方面严把审核关，对施工企业和监理、检测人员的资质严格审核、登记、上报。

厅质监站成立之初，在综合实践经验和众多调查研究成果的基础上，根据交通部基建工程质量监督总站的有关文件精神，编写《甘肃省交通基本建设工程质量监督管理办法》《甘肃省交通基本建设工程质量监督管理办法实施细则》，1990年1月1日起试行。

1993年，受省交通厅委托，与省公路局一起，对全省公路系统施工企业进行资质年检，审核并帮助监理公司向交通部申报资质等级，同时向交通部申报 58 名监理工程师和专项监理工程师。至 1994 年，全省经由交通部批准的监理工程师有 37 人，专项监理工程师有 65 人。1995 年，额外审批颁发甘肃省内通用监理工程师证。至 1997 年底，监督覆盖面连续 3 年实现 100%。

1999 年，编制《甘肃省公路基本建设工程施工监理规程（试行）》，5 月 10 日由省交通厅颁布实施。2000 年，起草印发《甘肃省公路建设市场及工程质量管理实施细则（试行）》，针对工程质量试验检测中的具体问题，提出具体措施与相关要求。同时，编制《交通基本建设工程质量管理文件汇编》。8 月 15 日，省政府发布甘肃省行政处罚实施机构公告（第六号），确认省交通质监站具备行政处罚主体资格，主体类别为行政委托组织。

2001 年，落实《中华人民共和国招投标法》和交通部《公路建设市场准入规定》，严把准入关。按规定和法定程序，完成全省新开建设项目的路基、路面等工程的投标前各施工单位的资质审查 23 次，办理投标招标许可证 941 份。同时，省交通厅决定在全省各地（州、市）交通部门设立交通基建工程质量监督站，授权省交通质监站进行行业管理，负责各地交通质监站及人员的资质管理，经考核验收后颁发合格证书。2002 年—2003 年，根据交通部《关于治理整顿公路监理市场秩序的通知》要求，制定《治理整顿公路监理市场秩序实施方案》《甘肃省公路工程建立市场动态管理办法》《甘肃省公路工程监理单位年检实施办法》，编纂出版《交通工程文件汇编》。2004 年，制定《省交通质监站继续开展质量"管理年"活动实施方案》《甘肃省高等级公路建设质量进度评比奖励办法》《甘肃省高等级公路工程质量安全违约处理实施细则》《甘肃省县际及农村公路建设工程质量监督管理办法》。2005 年，制定《甘肃省农村公路工程质量监督管理办法（试行）》《甘肃省农村公路建设项目交、竣工验收办法》《甘肃省交通建设安全专项整治工作初验办法》《甘肃省公路工程工地实验室管理实施细则》。2007 年，印发《公路工程建设项目安全隐患排查治理专项行动实施方案》《甘肃省重点公路建设项目驻地监督管理办法》（讨论稿）、《质监站贯彻〈公路工程施工管理规范〉实施意见》《甘肃省交通厅重点公路建设项目派驻地质量监督组管理办法》（讨论稿）、《甘肃省交通基建工程质量监督站推行行政执法责任制实施办法》。2008 年，制定《甘肃省农村公路建设工程质量监督管理办法（试行）》《甘肃省农村公路建设工程竣（交）工验收办法》。7

月，确定 22 人为甘肃省公路工程试验检测专家库专家。12 月，根据交通部质监总站的要求，完成甘肃省公路工程试验检测专项治理工作，并制作"试验检测机构专用标识章"。2009 年，拟定《甘肃省公路工程大型桥隧安全预警机制实施方案》《甘肃省重点公路工程项目安全预警机制实施意见》《甘肃省重点公路工程项目安全事故应急救援体系实施方案》《甘肃省重点公路工程安全专项经费管理实施细则》和《甘肃省公路工程建设安全生产合同范本》。

2010 年，实施"三项改革"。第一，对各监理驻地办试验室"瘦身"，取消、减少监理驻地办试验室的试验和检测工作量，代之以委托具有试验检测资质的第三方试验检测机构。第二，是逐步将监督的重点对象从以往的全部从业单位向业主单位过渡；从抓全部从业人员向项目的"三大负责人"过渡；落实公路建设项目实行工程质量责任登记制度和从业人员必须先培训，经考核合格后再上岗的有关规定。第三，对站内科室重新调整分配，细化各个科室的工作责任。

第七节　公路工程定额

一、计价依据与管理办法

2001 年—2009 年，甘肃省公路工程定额站先后编制和修订十多项公路工程造价管理方面的有关补充编制规定、工程定额和编制办法。主要有《甘肃省公路工程预算补充定额》《甘肃省农村公路工程投资估算及概预算编制办法》《甘肃省县际公路建设工程投资估算及概、预算编制办法》《关于调整甘肃省公路基本建设工程概算、预算编制中高原施工增加费费率的通知》《甘肃省执行交通部 1996 年公路基本建设工程投资估算、概算、预算编制办法补充规定》《甘肃省公路工程预算补充定额》（修订版）、《甘肃省通乡公路工程投资估算及概预算编制办法》《甘肃省执行交通部 2007 年基本建设项目概算预算编制办法补充规定》和《关于甘肃省公路基本建设项目投资估算编制办法的补充规定》等。

参与编制交通部 2007 年 10 月 19 日正式颁布新修订的《公路工程基本

建设项目概算预算编制办法》（JTGB06-2007）及《公路工程概算定额》
（JTG/TB06-01-2007）、《公路工程预算定额》（JTG/TB06-02-2007）、《公路工程机械台班费用定额》（JTG/TB06-03-2007）。

二、公路建设项目概、预算审核

1997年—2010年，省定额站受甘肃省交通运输厅委托，先后审核公路建设项目造价311项共7780992.58万元，核定金额为7390470.20万元，核增核减合计数为-390522.37万元。

1998年—2010年甘肃省公路工程定额管理站造价审核汇总情况见表4-2-2。

1998年—2010年甘肃省公路工程定额管理站造价审核汇总表

表4-2-2

年度	审核项目数量（个）	原报造价金额（元）	审核造价金额（元）	造价变化（±元）
1998	13	2641842007.00	2670776038.00	28934031.00
1999	14	1650253570.00	1516035436.00	-134218134.00
2000	13	2332209307.00	2270265017.00	-61944290.00
2001	9	4528585598.00	4073590190.00	-454995408.00
2002	29	23766900603.00	21620662402.00	-2146238201.00
2003	34	6861615355.00	6376947090.00	-484668265.00
2004	35	4807469345.00	4589034448.00	-218434897.00
2005	12	4563346557.00	4225751938.00	-337594619.00
2006	50	1201445480.00	1142691090.00	-58754390.00
2007	12	8827826493.00	9029853756.00	202027263.00
2008	21	11199560766.00	10978036959.00	-221523807.00
2009	30	1273620213.00	1200809212.00	-72811001.00
2010	39	4155250471.00	4210248442.00	54997971.00

三、公路建设项目资格预审、编标、评标、审查会、论证会和交竣工验收

1997年—2010年，根据省交通厅安排，省定额站参加建设单位公路工程招标标底编制工作，以使标底编制更加合理。14年间，共参加74项投标资格预审、158项736个标段标底编制、151项评标、289项技术审查会、招标文件审查12项、鉴定造价纠纷5项，及时了解和掌握了公路建设情况，同时对造价管理工作相关的建设、技术、管理工作提出投资控制建议。

四、发布《甘肃公路工程造价管理信息》

1997年—2010年，省定额站及时调查分析公路工程主要材料、产品、设备等价格的市场变化情况，定期向社会公布造价管理方面的政策、法规和价格等信息动态。14年间，共编发38期文字版期刊，并在定额站主办的"甘肃公路造价管理信息网站"（www.gsglzj.com）实时发布公路工程造价管理与材料价格信息。

五、公路工程造价人员资格考试

1997年—2010年，省定额站根据交通部、部定额站和省交通厅的要求，结合本省实际情况，组织交通部公路工程造价人员甲、乙级培训及考试工作，先后有130人和425人分别取得甲、乙级资格证。

第八节 投资、融资与国内银行信贷

一、外资项目管理

1996年8月省交通厅世行（世界银行）贷款项目管理办公室（以下简称厅世行办）成立后，当年主要完成6项重点工作：按照世界银行要求，完成加强机构与人员的培训任务；配合省交通设计院，邀请交通部第一公路勘察设计院参与兰州至古浪段高等级公路项目工程可行性研究报告编制工作；配合省交通设计院完成兰州至古浪段高等级公路项目所经地区少数民族带状

图；完成柳沟河至忠河段、徐家磨至古浪段环境评价大纲；完成交通扶贫项目计划草本；完成道路安全改善报告、养护综合报告，加强机构和人员培训计划等资料的编写与翻译。

1997年，厅世行办先后完成兰州柳沟河至古浪公路世行贷款项目计划、报告和各种文体中英文本的编制，计有《移民安置行动计划》《环境评价报告》《环境行动计划》《环境执行纲要》《扶贫道路安排报告》《扶贫道路环境评价报告》《扶贫道路项目社会经济分析》《扶贫路征迁安置行动计划》《机构加强和人员培训报告》《人员培训计划》《设备采购计划》《项目实施计划》《财务分析报告》《道路安全报告》《道路养护报告》《施工监理大纲》等。该项目列入世行1998年财政年度计划。

1998年，省交通厅高等级公路建设办公室（以下简称厅高建办）按照世行贷款的程序和要求，完成甘肃省世行贷款公路项目的前期工作。世行执行董事会通过对中国三省公路项目贷款的决定，法律性文本生效，世行贷款公路项目启动进入实施阶段。

1999年，厅高速公路建设办公室实施世界银行项目各子项目，重点开展征地拆迁、工程协调管理等。

2001年，按照国家计委和财政部要求，配合日本国际协力银行完成刘寨柯至白银高速公路项目的前期工作。

2002年3月，中日双方签署贷款协议。5月，签署项目备忘录。8月，与中国进出口银行签署转贷协议，资格预审评审报告和招标文件报交通部批复后获得日本国际协力银行批准。

2005年，亚洲开发银行贷款项目临洮至罐子沟项目正式启动实施。省交通厅引进外资项目管理办公室（简称厅引资办）及时向亚洲开发银行方面整理、提供项目相关资料。在单位内部成立项目领导小组，协调和组织亚洲开发银行专家考察团先后3次深入陇南地区，对临洮至罐子沟一期武都两水镇至文县罐子沟段高速公路项目实地考察。与省发改委、省财政厅等单位座谈和交流，签署亚洲开发银行甘肃公路项目前期工作备忘录。同年10月，参加由亚洲开发银行召开的"西部道路发展项目"技术援助会议，就PPTA具体事宜进行谈判和磋商，在双方达成共识的情况下，项目技术援助工作（PPTA）于同年11月1日正式启动。亚洲开发银行技术援助咨询专家组一行 12 人陆续进场在甘肃开展为期四个半月的技术援助和咨询工作。在此期间，亚洲开发银行 PPTA 检查团对技术援助咨询工作进展情况进行 3 次检查，对所涉及的关于亚洲开发银行 PPTA 启动进场工作、地方道路、运输服务体系、投资额度、环境评估等工作进一步与省交通厅、省发改委、省财政厅等相关单位交流和磋商，并签署亚洲开发银行 PPTA 现场考察备忘录。2006 年，武都至罐子沟项目《项目协议》和《贷款协议》签署。同年 6 月 14 日，在国家财政部正式签署《中华人民共和国政府与亚洲开发银行关于拟建甘肃南部公路建设项目贷款评估谅解备忘录》，"备忘录"的签署使项目所涉及的项目范围（包括子项目）、设计、成本概算、融资计划、实施安排、采购计划、咨询服务、环境、移民安置、贫困影响等关键性问题均得以确认，为项目谈判、贷款谈判扫清了障碍。同年 11 月 14 日至 16 日，项目谈判、贷款谈判在北京亚洲开发银行驻北京代表处完成，贷款双方草签《项目协议》和《贷款协议》。至此，亚洲开发银行贷款周期中的项目立项、项目考察、项目评估、项目谈判、贷款谈判等环节均完成。2007 年 1 月，省交通厅领导拜会亚洲开发银行中国代表处，对甘肃省交通行业计划申请使用外资项目做重点推介。7 月 16 日，在兰州宁卧庄宾馆举行临洮至罐子沟项目启动签字仪式。11 月 13 日，项目贷款协议和项目协议在马尼拉正式签署。至此，临洮至罐子沟项目的国内、外两套前期工作程序全部完成。同年 5 月 14 日—18 日，邀请咨询公司与交通学院共同举办为期 5 天的武罐项目亚洲开发银行咨询服务、采购和支付政策培训，各相关单位 50 名代表参加。7 月 10 日—11 日，举办亚洲开发银行咨询采购和移民安置政策研讨会，平凉至定西项目和临洮至罐子沟项目以及白银市城市项目共 30 多名代表参加。同年 6 月 21 日—22 日，举办省交通厅日元贷款保值业务第一期培训。加强对在建亚洲开发银行项目平凉至定西高速公路的监督和检查。该项目是甘肃省实施的第一个亚洲开发银行公路项目，作为外资归口管理部门，分别于 7 月和 11 月前后两次赴项目办和施工现场进行检查和调研，掌握项目建设情况，落实资金使用方面的问题。10 月中旬，赴亚洲开发银行中国代表处就平凉至定西项目主线及子项目实施过程中出现的一些问题进行交流与讨论，最终双方就定陇公路合同变更、靖会公路线路调整、投资规模变化及亚洲开发银行资金投入等事宜达成一致意见。10 月，参加中国银行甘肃省分行举办的人民币债务利率风险管理讲座。

2008年，厅引资办为外资项目提供技术支持和服务保障。一是完善外资项目的信息管理系统，归类整理外资项目基础资料。通过这些资料，掌握外资项目的基本情况，为外资项目的规范化管理与服务提供依据。二是加大对外资项目的日常工作管理。9月上旬，对平定高速公路项目管理情况检查。10月下旬，陪同亚洲开发银行检查团对平定项目工地检查，对项目实施进度、工程管理等内容进行评估。三是做好武罐项目前期工作。11月下旬，陪同亚洲开发银行检查团对武罐项目检查，其间赴项目区实地考察，讨论项目实施计划安排、地方道路、农村客运站、设备采购变更以及减免承诺费和延长宽限期等问题。同时就武罐项目相关情况赴京向财政部、交通部汇报，为工作实施打好基础。四是开展以"如何更加合理、有效地使用外资为工程建设服务"为主题的调研活动，就延长武罐项目贷款宽限期、减免承诺费、加快提款报账进度、提高农村客运场站实施能力等相关问题到长达公司、省公路局和省运管局调研。

2009年2月，亚洲开发银行六国执行董事团对平定高速公路进行观摩考察，执董团对平定高速公路进度、国内资金配套及质量安全表示满意。4月—11月，亚洲开发银行官员分4次对武罐高速公路、平定高速公路进行检查，就移民安置、提款拨账、农村客运站更新等问题达成一致。

2010年，主要强化外资项目日常监管，发挥"执行机构"作用。主动与交通部、财政部、亚洲开发银行北京办事处、省发改委和省财政厅等多方协调，争取中方权益，完成平定项目推迟关账日期和武罐项目土建工程提高支付比例。平定项目关账日由2010年6月30日延长至2011年12月31日；武罐项目贷款支付比例由28%提高至54%。关账日期延迟和支付比例提高，使外资贷款得到充分利用。依据项目贷款协议，督促甘肃长达路业有限公司履行项目协议，按计划实施项目，完成年度提款报账计划。截至当年10月底，累计报账4190万美元。同年，与陇南市交通局联系，催办武礼公路进展情况，确保项目尽快完成采购。督促省运管局完成30个客运站和1500个行政村停靠站项目提款报账程序，按照外资项目的要求实施项目。根据省交通厅有关启动外资工作的指示精神，通过多次汇报协调，从省二级公路改造规划中筛选出5个项目，协调进入亚洲开发银行"多批次普通贷款项目"备选项目。通过与省发改委、省财政厅、交通运输部公路规划司、国际金融组织有关官员数次专题汇报和商谈，项目建议最终得到交通运输部首肯，项目有望在 2011 年上半年取得的进展。同时，加紧对平凉至天水高速公路的资料收集和整理，为纳入世界开发银行、亚洲开发银行备选项目做好前期准备。

截至 2010 年底，甘肃省累计申请使用国外贷款 8.5 亿美元。其中：

1998 年 6 月批准立项，2002 年 10 月建成的柳沟河至古浪高等级公路，实际利用世界银行贷款 1 亿美元（折合人民币 8.3 亿元），这是甘肃省第一个利用国外贷款修建的公路项目，也是首次按照 FIDIC 条款实施工程管理的公路项目。

2001 年 12 月批准立项，2005 年 12 月建成通车的刘寨柯至白银高速公路，实际利用日本国际协力银行日元贷款 200.13 亿日元（折合人民币 12.45 亿元）。

2003 年 11 月经甘肃省发改委立项，2006 年 6 月建成通车的河口至屯沟湾公路项目，实际利用世界银行贷款 1000 万美元。

2005 年 11 月开工建设，2009 年 10 月建成通车的平凉（罗汉洞）至定西高速公路，实际利用亚洲开发银行贷款 3 亿美元（折合人民币 24.9 亿元）。

2009 年 6 月开工，2013 年 12 月 26 日建成通车的兰州至海口高速公路武都（两水镇）至（甘川界）罐子沟段项目，是亚洲开发银行在甘肃省的第二个公路项目，实际利用亚洲开发银行贷款 3 亿美元。

二、建设资金监督管理

2007 年 4 月，成立甘肃省交通厅建设资金监督管理办公室（以下简称厅资金监管办）。依据财政部、交通部以及省交通厅文件，结合甘肃省交通基本建设特点，制定《甘肃省交通厅公路建设信贷资金监督管理实施细则（试行）》和《关于建设单位工程项目周转金使用管理的若干规定》。先后审批 4 家建设单位 11 个项目的信贷资金拨付，共计审核 37 次，拨付资金 15.08 亿元。定期深入项目工地进行财务、计量检查，有效保障资金使用。全年共组织人员分 3 次对平定、宝天高速公路，甜木、迭九、铁尺梁隧道等

5个项目资金使用情况进行专项检查。对在检查过程中发现的个别项目施工单位挪用建设资金、计量支付不规范、监管银行未认真履行三方监管协议等问题，要求整改，并在整改时效内再复查。同时对各项目每月资金批复进行动态监控，保障资金有效使用。审核各项资金账户余额，减少资金沉淀。当年，共计减少沉淀资金6.16亿元，降低了使用成本。

2008年以后，共完成对4家建设单位11个项目的51笔信贷资金申请审批，累计审批金额27亿多元。全年审核检查工作中，出具检查通报及建设资金审核意见书共6份，先后对6个在建项目进行8次专项检查。在深入宝天高速公路和天定高速公路施工一线后，了解到工程进展和资金紧缺的各种因素，根据实际情况分别批复周转金6800万元和3.07亿元，金额合计为37500万元。同年，确定两个调研课题，即"探索和健全省交通建设资金监管制度，使监管机制更加合理完善"和"从建设资金的监管角度如何更好地服务于交通企业发展"，通过调研和分析检查，在应对大宗材料价格波动风险方面，达成冬季备料的共识，先后计划批准宝天高速公路周转金1亿元，用于冬储沥青；计划批准康临高速公路周转金1亿元，用于大宗材料采购。

2009年，厅引资办根据省交通厅《公路信贷资金管理使用办法》，相继制定《公路信贷资金监督管理实施细则》和《建设单位工程项目周转金使用管理的若干规定》。年初，先后批复周转金3笔，累计金额达23500万元。截至当年11月底，厅资金监管办共批复信贷资金28笔，累计金额509573万元。其中上半年审核并批复24笔，累计金额190454万元。全年累计发布建设资金监管意见书10份；查出并纠正不规范使用建设资金47笔，累计金额6006.98万元；查出违规设立账户5个。

2010年5月初，召开2010年度信贷资金计划衔接会，与省公路管理局、省交通厅工程处、甘肃长达路业有限公司、甘肃省路桥投资公司四家建设单位沟通，了解掌握2010年度建设投资计划和信贷需求情况。2010年，全年共监管15个公路项目，计划完成投资134亿元，累计贷款额度83.3亿元，其中27.2亿用于偿还贷款本息，56.1亿元用于项目建设。全年分7批次深入工地一线专项检查，对建设中的16个公路项目76个合同段工程进度、建设资金使用方面进行检查，累计检查工作日70天，查出问题标段46个、违规资金42笔，累计金额9548万元，签发"建设资金监管意见书"10

份、要求问题标段全部限期整改，累计追回资金 7158 万元。同年，与厅财务处、信贷办及业主协调，合理调度信贷资金。通过及时调整信贷资金投放，既保证项目正常运转，又不使各业主账户因资金冗余产生沉淀，确保厅信贷资金安全、高效和封闭运行。同年，通过建立"建设资金管理意见书""信贷资金支付月报""信贷资金月度使用情况表""在建项目累计拨付资金情况表"，构建完整的监管工作程序，为动态化监管提供了保障。

三、招商引资

2005 年，为改变高等级公路服务区经营管理现状和加快高速公路经营权转让，拓宽筹资融资和经济合作新途径，根据省交通厅安排，厅引资办本着规范服务区管理、提高经营效益的原则，初步制定高速公路服务区经营管理方案。同时，就高等级公路服务区加油站的经营合作多次与中石油甘肃分公司和中石化西北分公司洽谈和沟通，并取得实质性进展。在国内经济合作中，厅引资办先后接待十多家有意投资甘肃省公路建设和高速公路沿线各加油站、服务区运营与经营的国内投资公司和咨询团体，为他们提供项目相关资料。按照省交通厅批示，厅引资办代表省交通厅参加甘肃省第十三届中国兰州投资贸易洽谈会。在这次洽谈会上，主要以项目推介为中心工作，重点推出连霍国道主干线天水至定西等 3 个引资融资项目和国道主干线兰州至临洮高速公路等 11 个收费权转让项目，共发放宣传册近两千份，接待参观人数近三千人次，实际接待有投资意向并进行简单洽谈的有 14 家单位，对有真正合作意向的 3 家单位提出了相关要求。

2006 年，共接待来访和咨询投资企业、财团和投资公司四十余家。5 月，赴河北保定星光集团公司实地考察。6 月，与星光集团共同考察拟投资的金昌至永昌公路、靖远至会宁公路、东岗至岘口公路。10 月，赴北京大洋龙发国际投资集团有限公司考察，及时提交考察报告。探索实行 BOT、TOT、BT 等投融资项目。对 BOT、BT 等项目实施投融资主体多元化，以引导民营资本参与交通基础设施建设。做好 PPP 模式的理论研究与探索，尝试采用 PPP 模式引进民间资金。

2007 年 7 月 6 日至 9 日，组织参加第十四届中国兰州投资贸易洽谈会。推出兰州南绕城高速公路等 6 条高速公路项目和 3 个运输场站建设项目。共接待有意向洽谈的企业、单位10家，发放宣传册3000份。11月30日—12月1日，参加省政府和省投资贸易局在上海举办的甘肃省投资项目推介洽谈会，推出5条高速公路项目、3个运输场站项目。

2008年，加大信息流通，建立引资融资信息平台，联合其他部门在甘肃交通经济协作网发布项目信息。在投资贸易促进局投资招商网推出项目动态、项目成果、项目推荐、政策法规。年内共接待来访和咨询投资企业、财团和投资公司四十余家，电话咨询十多家。

2009年，与中石油西北销售公司在高等级公路沿线加油站的联合经营工作中，厅引资办代表省交通运输厅与中石油再次洽谈与协商，于12月31日签订《续签协议》。同时，根据省交通运输厅关于引入竞争机制的指示精神，组织厅货运中心与中石化甘肃公司就交通救援保障服务区的合作进行现场选址和多次谈判，于8月签订《合作框架协议》。第十五届兰洽会期间，优先推出3个引资融资项目。

2010年，在全省二级道路交通救援保障服务区建设上引入战略合作伙伴，促成厅运输服务中心与中石化甘肃公司的合作，双方于年初正式签署合作协议，决定成立甘肃石化有限公司，建设二级公路交通救援保障服务区。年初，与中石油昆仑天然气公司接触，加快高速公路沿线加气站项目论证。第十六届兰洽会期间，为大会办理600张高速公路车辆通行证。6月28日—7月12日，全省共免费放行8750辆次，通过车队68队次，免收通行费22.86万元。共接送代表团成员68人次，动用车辆62台次，协助代表团领取会议各类证件、资料138份，为代表团申请会务车辆证件6份。在7月29日召开第十六届兰洽会总结表彰会议上，省交通运输厅被评为兰洽会宾客接待工作先进单位和组织工作先进单位，厅引资办、省公路管理局、省高等级公路运营中心被评为兰洽会保障工作先进单位。

四、国内银行信贷

1992年，省交通厅积极向交通部编报项目、汇报情况，取得交通投资公司支持。全年国道改建和公路扶贫、教育扶贫、GBM工程、货运中心等项目共投资近1.2亿元，省交通厅投入配套资金近4500万元；并从招商银行贷款1000万元。

1994 年 7 月 1 日起，在全省范围内开征货运车辆公路交通基础设施建设费。推行"贷款修路、收费还贷"，先后完成天北、中川、张掖、河永、西长、柳星等 6 处收费路段的建设任务，初步改变过去只由公路交通部门一家出资修筑公路的被动局面。

1998 年，省交通厅加大公路基础设施建设投入，最终调整总投资为15.7 亿元，是历史上投入最大的年份。当年，资金的主要来源是贷款，中国建设银行、中国工商银行、招商银行和中国银行等不仅给予放贷和先后做出贷款承诺，有的还签订长期合作协议。至年底，共到位资金15.58 亿，为年度投资计划的 99.6%。全部到位资金中，交通部车购费补助1.75 亿元，预算内基建拨款 1.5 亿，国债转贷资金 1.76 亿元，向银行贷款172 亿元。原计划贷款 12 亿元，由于国债转贷资金 3.95 亿未能全部到位，年终向银行增加贷款 2 亿元。

2000 年，全省交通基本建设投资由 1999 年的 40 亿元猛增到 50 亿元。省交通厅直接筹资规模计划 30.6 亿元，实际筹集到 30.83 亿元。当年，省交通厅被国家开发银行评为 AA 级；中国建设银行甘肃分行、中国工商银行甘肃分行、招商银行向省交通厅分别授信 30 亿元、10 亿元、2 亿元。

2001 年，省交通厅基本建设投资增加到 60 亿元。为保证"十五"期间全省公路建设有足够的资金来源，经省交通厅与国家开发银行多次协商，签订《项目开发与金融服务合作协议》，国家开发银行同意在"十五"期间为甘肃省公路建设贷款 130 亿元，在西北五省（区）中唯一获得国家开发银行AA 级贷款信用资格认证。获此认证，省交通厅可不经任何评审程序，在任何时候直接获得国家开发银行公路前期贷款资金 2 亿元。

2002 年，省交通厅与国家开发银行签订 100 亿元基本建设贷款协议。与中国农业银行甘肃分行协调完成兰刘公路及木寨岭隧道等 5 个项目的扶贫贷款，降低公路建设融资成本，把国家扶贫贷款政策第一次应用到甘肃省公路建设中。

2006 年，争取到的资金包括：交通部补助资金 7.66 亿元（含重点项目、公铁立交、治超站点等项目）。一般项目建设资金 6.039 亿元（农村公路改造、通达工程、渡口改造、乡镇客运站等项目）；经过与省财政部门接洽，收到国债转贷资金 9000 万元及预算资金 1640 万元；通过与各银行洽谈，新增（包括流动资金授信）银行授信贷款额度 142 亿元，到位资金 34.8 亿元。

2007 年，重点强化信贷资金的系统性管理，制定《甘肃省交通厅公路建设信贷资金管理办法》。实施统贷统还政策。两年间共筹集信贷资金 98.8 亿元，新增银行授信 439 亿元；办理转贷业务 102 笔 31.85 亿元；偿还到期贷款本金 98 笔 22.68 亿元。与有关银行签署战略合作协议。

2008 年，共筹措信贷资金 74.51 亿万元，争取银行新增授信 92 亿元，调剂偿还贷款 26.62 亿元。申请中央补助资金 22.34 亿万元，包括车购税重点项目资金 20.3 亿元，雪灾补助资金 1.6 亿元，抗震救灾补助资金 4000 万元，港口建设费 390 万元；申请中央国债专项资金 2.6 亿元；收到省财政安排客货附加费用于公路建设工程配套资金 2500 万元，重大项目前期费省预算内资金 50 万元，客货附加费配套偿债资金 1000 万元。全年共拨付建设资金 65.52 亿元，其中交通部补助资金、中央国债及省财政配套资金全部请拨到位，拨付雪灾补助资金 1.6 亿元，抗震救灾补助资金 4505 万元。

2009 年，共新增信贷资金 78.24 亿元，争取银行授信 224.07 亿元；办理转贷业务 27 笔，合计 9.61 亿元；偿还到期贷款本金 52 笔，合计 16.71 亿元。全年申请中央补助资金 45.31 亿元，包括车购税重点项目资金 22.71 亿元，灾后重建资金 22.6 亿元；申请扩大内需中央国债专项资金 2.12 亿元；收到省级地方政府债券 2 亿元；省财政安排燃油税返还用于公路建设工程配套资金 3800 万元，重大项目前期预算内资金 360 万元，一般公路项目车购税资金 7800 万元；省财政厅安排机场投资管理有限公司机场建设资金 2.22 亿元；为弥补省配套资金不足，根据省政府、省财政厅指示，签订中期票据合同 4.5 亿元。及时拨付建设资金 107.89 亿元，其中交通部补助资金（除 12 月追加 7.6 亿元）、中央国债及省财政配套资金（除前期费）全部请拨到位，拨付灾后重建资金 7.45 亿元，拨付中期票据资金 3 亿元。

2010 年，全年共筹集信贷资金 90.47 亿元，取得银行授信 307 亿元，基本解决了县通二级路、农村公路融资难问题和灾后重建等项目的资金缺口问题。

第九节　公路"三乱"治理

20 世纪 80 年代后期，交通、林业、矿产、卫生等行业不正之风抬头，服务质量低劣，营私舞弊严重。特别是在公路上乱设站卡、乱罚款、乱收费（简称"三乱"）现象盛行，严重损害了政府及交通行业形象。1987 年，国务院纠风办、公安部、交通部发出通知，在全国范围内开始治理公路"三乱"。根据有关精神，甘肃省治理公路"三乱"领导小组成立，由交通、经贸、公安、监察、财政、林业、物价、卫生、农牧、工商等部门组成，集中开展公路"三乱"治理工作。

公路"三乱"主要表现有：未经省政府批准擅自设立收费站、检查站，擅自改变合法站卡的位置或增高分站卡，非法上路查车；随意查车，逢车必查，双向拦车检查罚款；没有法定依据罚款，超标准罚款，罚态度款，重复罚款；滥收过境费，擅自提高过路（桥）费，罚款、收费不给或少给票据，使用不合法票据；同其他部门代查、代收、代罚；向过往车辆推销产品，强行拦车洗车；自定标准收取高额拖车费和保管费，没有拖车收拖车费；扣车后有意长时间不办理处罚手续以收取保管费等行政处罚违反《中华人民共和国行政处罚法》的其他行为。随着治理工作的深入，治理范围逐年扩大。

1991 年，成立甘肃省交通行业纠正行业不正之风治理"三乱"领导小组，小组办公室设在厅纪检组。通过努力，汽车运输企业部分司机、乘务员以车谋私，侵吞票款、运费等违纪车辆由原来的 10% 以上下降为 3%~4%；征稽、运管、养护、路政、水运管理部门少数人员不按规章制度收费、罚款，利用职权吃、拿、卡、要，收受贿赂，服务质量冷、横、硬的问题有所改善。同时查处了一批违法违纪案件。"纠风"期间，查处违法违纪案件 527 起，涉及金额 44.6 万元。其中立案查处 144 起，结案 122 起，结案率为 84.72%，案件涉及县级干部 12 人、科级干部 32 人，给予党纪处分 15 人、行政处分 54 人、刑事处罚 20 人。在此基础上建立健全各项规章制度，共清理废止规章制度 113 项，修订完善 848 项，新建 450 项。治理乱收费、乱罚款、乱摊派工作取得成效，全省交通行业共有收费项目 13 个，108 个标准；罚款项目 8 个。经整顿有收费项目 12 个，106 个标准，比原有数减少 1 个项，2 个标准；罚款项目 7 个，比原有数减少 1 项。

1993 年，各级纪检、监察部门贯彻"一要坚决，二要持久和不断抓阶段性成果"的方针，做到机构不散、人员不减、舆论不断、警钟长鸣。根据全省交通行业风气方面存在的问题，确定专项治理目标：运输企业生产经营活动中非经营因素影响经济效益下滑的问题；运输市场适应社会主义市场经济的相关制约因素；工程承包、招标和用工中的"跑、冒、滴、漏"等问题；提高征收执法队伍的素质等。这些治理项目分解量化到各部门后，得到具体落实。如运政部门打破框框，探索运输市场适应社会主义市场经济的有效途径和规律，精心培育新的运输市场运营机制和服务体系；公路工程部门严把承包、招标用人关；征费部门采用课题研讨、技术培训、理论教育形式，提高征稽队伍的整体素质和服务水平。按照省上部署，对 1985 年—1993 年间领导干部利用职权用公款送子女亲属上学的问题进行清理，共查处用公款上学 4 人，清退公款 3580 元；违反招工规定，将在校学生招工后，又继续上学而报销学费又领工资的 1 人。

1994 年，根据交通部指示精神，省交通厅党组把文明建设样板路工作作为反腐败、治理公路"三乱"的举措，列入重要议事日程，确定领导和办事机构，厅纪检组、监察室具体抓落实。确定 G109 线兰州至刘寨柯 262 公里路段为省建"文明样板路"。同时要求各地区也抓一条样板路。白银、武威、临夏、兰州、嘉峪关等地（州、市）成立由地（州、市）领导参加，交通、公安、工商、土地、城建等部门组成的文明建设样板路领导小组，动员社会各界支持和参与文明建设样板路工作。厅公路局、运管局、征稽处制定本部门文明建设样板路实施细则。12 月 26 日—28 日，省交通厅对省建"文明样板路"兰州至刘寨柯 262 公里路段检查验收。全省 14 个地（州、市）共确定并建设地区级文明样板路 14 条，全长 1929.06 公里，占全省国道、省道总长的 18.37%。

1995 年，公路"三乱"再次抬头，且成蔓延之势。按照中央关于在全国范围内集中狠刹在公路上乱设卡、乱收费、乱罚款的不正之风的要求，狠抓处治、措施、配套资金"三落实"。4 月，召开全省交通系统纪检监察工作会议，提出治理公路"三乱"的重点、达到的目标及采取的措施。4 月 18 日，全国治理公路"三乱"电话会议后，全省交通系统按照国务院和省政府要求，自查自纠。4月19日，厅党组研究决定停止甘青公路收费公路建设。厅长同有关部门负责人一起深入工地传达会议精神，修订甘青公路改造方案。厅属有关单位对运管、征稽、路政、通行费收费人员进行教育和培训，规范公务行为，执法人员佩戴标识、持证上岗，遏制交通部门自身存在的"三乱"。摸清设置站卡底数，分步实施综合治理。据统计，全省共有16个行政部门在公路上设置各种收费站、检查站316个，其中未经省政府批准的216个。经过集中整治撤除站卡212个（检查站192个、收费站20个），对各地各部门申报需要保留的104个站卡（木材检查62个、煤炭检查21个、通行收费4个、矿产品检查4个、卫生检疫3个），经领导小组研究通过，报省政府审批公布。设站数减少67.1%。同时，确定G312线张掖至酒泉221公里作为省建"文明样板路"。11月中旬，通过省交通厅组织的检查验收。

1996年4月初—5月中旬，组成17个检查组，由省公安厅、省林业厅和省交通厅7名厅领导带队，沿省境内G212线先后两次明察暗访；5月底—6月中旬，由各地（州、市）交通处（局）牵头，组成检查组对辖区内国道、省道进行一次全面检查；6月18日—7月15日，省交通厅和省纠风办、省公安厅、省林业厅、省工商局、省煤炭局抽调12人，组成4个检查组，对全省国道、省道再次进行联合检查；9月下旬，组成暗访组对陇南、甘南境内国道、省道进行暗访；年底，对G213线甘南州境内的"三乱"问题又集中治理一次。全年，共组成明查组62个、暗访组54个，共有40名地厅级领导上路检查，召开座谈会143次，走访司机群众820人，检查国道11条、省道32条，行程三万余公里，检查覆盖面达14个地（州、市）的80个县（市、区）。全年共受理群众举报92起，查处不合理收费139万元，处理违纪人员37人（3人被公安机关收审，3人被辞退，5人调离工作岗位，26人受到处分）。一部分地（州、市）公路"三乱"问题得到严肃查处，有关领导做了书面检讨。加强收费站标准化建设，经省政府批准的站卡统一制作站牌。年底，省交通厅和省林业厅评出20个文明木材检查站、5个文明收费站、40名优秀检查员、20名优秀收费员。5名优秀检查员和2个文明木材检查站受到林业部通报表彰。同年，省交通厅党组确定，G312线兰州至司家桥段为省建"文明样板路"。

1998年，治理公路"三乱"工作以巩固成果、防止反弹为重点，把治理工作纳入制度化、规范化轨道，确保国道、省道基本无"三乱"。牵头组织全省14个地（州、市）明察暗访21次，检查国道、省道1.5万公里；受理查处公路"三乱"案件37起。对公路收费站文明创建活动提出新要求，使公路收费站成为展示甘肃交通行业文明形象的又一"窗口"；省交通厅树立西峰汽车站等4个先进典型；省交通厅党组确定兰州至临夏蒿支沟段为省建"文明样板路"，年底建成，全省省级文明样板路里程达到1124公里。按照交通部部署，省交通厅与省精神文明建设指导委员会开展建设G312线甘肃段部级文明样板路活动。1999年，制定颁布《甘肃省交通系统精神文明创建管理办法及标准》。

2000年，对全省公路收费站摸底清理。经清理，全省共有公路、桥梁、隧道、渡口通行费收费站36个，除兰州市西固新城道路收费站只有省财政厅、省物价委批文，没有经过省治理公路"三乱"领导小组批准及省治理公路"三乱"办公室批文外，其他所有站（点）均手续齐备。对全省水上站点和水上收费项目重新登记和清理。

2001年，省治理公路"三乱"领导小组办公室下达全省实现所有公路基本无"三乱"的实施方案。3月下旬—4月下旬，省治理公路"三乱"领导小组组织4个检查验收小组对全省14个地（州、市）实现全省所有公路基本无"三乱"工作检查验收。通过检查验收，甘肃省实现所有公路基本无"三乱"目标，并于5月报告省政府，由省政府向国务院纠风办、交通部治理公路"三乱"办申请验收报告。对于在这次检查中清理出的2个收费站经省上批准办理了延期手续；林业部门对需重新调整和重新布设的站卡，向省治理公路"三乱"领导办公室申请报批，有关部门通过调查重新布设。

2002年4月，省治理公路"三乱"领导小组办公室组织人员分成4个小组对全省治理公路"三乱"工作明察暗访。通过查访发现矿产、防疫、烟草、农机、盐务、税务等部门都有不同程度的上路检查收费情况。检查组现场对"三乱"行为予以纠正，并通报全省限期整改，对有关责任人做出严肃处理。群众反映平凉市白水乡孟寨村村民和兰州市红古区窑街镇大沙村村民在村道上设卡收费问题突出，及时要求平凉、兰州两地有关部门查处，撤除村民设置的收费卡，停止收费。

2004年5月，根据省纪委《关于对全省执法监察重点工作进行调查摸底的通知》精神，省交通厅就省监察学会关于坚持标本兼治、加大从源头防治公路"三乱"问题，交通部关于交通系统纠正损害群众利益不正之风等问题进行调研。对各地落实《关于取消合并部分涉及向机动车辆收费罚款项目撤销调整部分公路和城市道路收费监测站（点）的通知》的情况进行检查；解决个别地方收费站点过多过密问题；对新设收费站点从严控制，规范收费站点管理，在显要位置公布批准文件、收费单位、主管部门、收费标准、收费期限、收费用途和监督电话。全年，各地（州、市）取消收费项目526个，涉及金额1433万元；整顿撤并道路站点30个，其中公路收费站点12个，城市道路收费站点1个，其他检查点、站点17个；查处涉及车辆乱收费案件27件，处理8人，涉及金额5067.4元。按照《甘肃省车辆超限超载治理工作实施方案》，在交通部统一安排下，治超工作遵照"广泛宣传、统一行动、多方合作、严管重罚、把住源头、经济调节、短期治标、长期治本"的原则，齐抓共管，标本兼治，综合治理。加强对车辆超限超载执法队伍的管理，避免在治理工作中引发新的公路"三乱"行为，上路执法人员在治超工作中严格做到"五不准"，即没有执法资格的人员不准上路执法；上路执法人员不准私开收费票据乱收费、乱罚款；车辆没有载重检测的，不准认定超限超载；车辆没有卸载消除违章行为的，不准放行；同一违章行为已被处理的，不准重复处罚。处理好治理车辆超载超限与治理公路"三乱"关系，把纠风工作与行业管理相结合，从源头上预防和治理公路"三乱"，切实解决执法不规范、乱收费、乱罚款、吃拿卡要、刁难群众等损害群众利益的问题。坚决纠正工程建设中侵害农民利益问题，做到"两个不拖欠"（不拖欠农民工征地拆迁费，不拖欠农民工工资），切实维护农民群众的利益。

2006年，将政务公开纳入年底目标责任管理范围。在推行首问责任制、限时办结制、一站式服务等承诺制度的基础上，不断创新政务公开的形式和内容，建立规范的政务公开工作程序和政务公开责任制度。按照省政府要求，省交通厅首批入住省政府政务大厅，将16项交通行业行政许可事项交由政务大厅窗口受理。同时，在省政府办公厅支持下，建立专门的省政府政务大厅交通运政大厅，推行道路运输许可证"窗口"式服务，将受理行政许可与办理行政许可相分离，形成一个窗口受理、内部流转、一条龙服务的审批运作方式。同年，根据省纠风办召开的"整顿旅游市场政风、行风热线直播"协调会议精神，研究制定参与"整顿旅游市场政风、行风热线直播"活动预案。组织成员单位参加甘肃交通广播电台开办的"巩固公路'三乱'治理工作成果，严格执法人员执法行为政风行风热线"专题直播节目，对反映的22个公路"三乱"问题做了现场解答。按照全国纠风工作会议和全省纠风工作会议的要求，各市（州）交通主管部门、运管部门规范出租汽车行业管理，建立科学合理的出租汽车经营权配置机制，严厉打击非法运营，坚决制止企业利用出租汽车经营权等方式向司机转嫁投资和经营风险的行为。结合交通行政执法工作实际，严格行政执法过错责任追究制，重点加大对行政不作为、乱作为的单位和个人的责任追究力度，基本消除了野蛮执法及执法过程中吃拿卡要的违纪现象。

2007年，报请省政府批准，对酒嘉二级公路等16条收费公路重新核准，彻底解决了全省公路收费站点审批不规范的问题。4月中旬，与省纠风办组成联合工作组对庆阳市长期遗留的乱设检查站问题现场调查，责成当地政府限期纠正解决。对各单位申请上报的各类收费站点，逐点现场查看，按有关规定严格把关。先后上报省政府审批河口至屯沟湾、甜水堡至木钵二级公路收费站，撤销G312线会宁西收费站。多次赴兰州、武威、金昌、定西、天水、白银、平凉、庆阳、临夏等地，行程2.2万公里，明察暗访，对发现的高速巡警在高等级公路上拦截检查车辆等违规现象和个别执法人员无证上岗、执法行为不文明、态度粗暴蛮横的问题，现场纠正。8月，参加省公安厅、省交通厅、省安监局联合开展的为期6个月的天巉、徐古汽车二级专用公路平安行整治行动。《西部商报》反映天水高速公路路政支队西川大队王铺执勤点加水收费问题后，省交通厅派员立即赶赴现场，会同省交警总队和天水市治理公路"三乱"领导小组办公室进行查处。10月下旬，接到省纠风办转国纠办（2007）53号函后，省治理公路"三乱"办即派人赶赴现场，对所反映的金塔县在额双公路上设置障碍，拟在公路修成后设置收费站一事调查处理。

截至2010年底，全省公路收费站点总数为148个，其中高等级公路收费站点数为68个、二级公路收费站点80个；合并取消政府收费还贷二级公路收费站（点）2个，撤销违规治超站（点）1个。同年，进一步完善"绿色通道"标志设置，确保"绿色通道"高效畅通。

第十节　科学技术

一、科技活动

（一）科技成果引进推广应用与西部项目研究

1991年，省交通厅提出在科研工作中要实现"四个转变"：即由因人设题型转变为生产应用型，由纯理论研究型转变为使用技术型，由中长期研究型转变为短、平、快效益型，由闭门造车封闭型转变为联合攻关、引进、吸取、消化、利用开放型。根据《甘肃省"八五"及2000年公路水运发展规划》，以公路、水路、汽车运输、交通工业生产急需为主攻方向，编制《"八五"期间甘肃省公路交通重点科技项目计划》，确定重点科技项目38个。公路养路征收微机管理系统应用、阳离子乳化沥青在筑路中推广应用、公路旧油皮再生利用技术推广、太阳能利用技术在公路施工与道班建设中的应用，被列为公路交通重点推广项目。

1993年，甘肃省引进转体施工技术，成功应用于宛川河桥建设工程。粉煤灰在中川高速公路、斜弯桥设计计算程序在天北高速公路互通式立交桥、真空吸水工艺在天北高速公路水泥混凝土路面中得到应用。计算机管理在运输管理中的使用取得成功，旧桥加固技术、稀浆封层技术、洞室松动爆破技术成功推广应用。

"八五"期间先后完成"黄土地区公路特殊结构的研究""公路客运计算机网络服务系统的推广应用""甘肃省货运中心计算机管理系统""G212线泥石流滑坡处治技术的研究""公路隧道计算机辅助设计系统（结构CAD部分）"5项联合科技攻关课题研究任务，"黄土地区公路特殊结构的研究""公路客运计算机网络服务系统的推广应用"被评为交通部"八五"行业联合科技攻关优秀项目。

2005年7月，由省公路局承担的"七道梁深埋长大公路隧道修建关键技术研究"通过鉴定验收，项目研究成果对七道梁隧道的修建起到重要指导作用，项目成果达到国内领先水平。

2007年，交通部对甘肃省承担的2006年度交通部西部交通建设科技项目"油砾石路面技术在甘肃公路建设和养护中的应用研究"和"气象灾害对平定高速公路边坡的影响及防治技术研究"的研究大纲，通过专家评审。

2008年，针对地震灾害公路建设的防震抗震问题申报西部项目，由交通部西部项目管理中心组织，对厅引资办承担的"干旱半干旱地区高速公路沿线生态环境建设试验示范研究"进行鉴定验收，成果达到国际先进水平。

2009年，"武罐高速公路抗震优化设计及灾害防治技术研究"项目被列入2009年度西部项目计划，该项目也是交通运输部开展的抗震重大科技专项11个分项中的一项。

2010年，"西部地区公路交通价值体系研究"项目被列入2011年西部项目计划。省交通运输厅承担的"气象灾害对平定高速公路边坡的影响及防治技术研究"项目研究成果通过预验收。

（二）交流合作

1991年，交通部下达的"汽车不解体检测诊断设备在汽车维修生产中的应用"课题，甘肃承担一部分研究任务，并参与协调工作。

1992年9月，首届"中国丝绸之路节"在兰州召开，省科委同时举办甘肃省科技成果展示交易会。省交通厅23个科研成果项目参加丝路节科技成果展示交易会，交易额达1366万元，创省交通厅科技交易额历史最好水平。7项成果被本次展交会分别评为金奖、银奖和优秀项目奖，其中，驼铃牌JT6122W型双层卧铺客车和TLK6900型长途客车荣获金奖，驼铃牌TLK6120新长途客车和QCZNY-III汽车第五轮智能测试仪荣获银奖，"公路隧道设计技术""阳离子乳化沥青在路面中的应用研究""黄土冲沟公路跨（穿）越工程技术计算机辅助决策"荣获优秀项目奖。

1993年夏，西安公路研究所举办科技"大篷车"活动，主要以公路建设为主题研究成功的新技术、新工艺、新产品，如沥青抗剥落剂、沥青快速抽提仪、透层油、架桥机、除雪机及自动栏杆机的实物、资料，先后到甘肃天水市、兰州市举办科技成果展览。同年8月11日，省交通厅主持在兰州成功举办卫星通信演示活动，国际海事卫星组织东亚总裁蔡敏康先生介绍了国际海事卫星组织形成和发展情况；台湾台扬科技股份有限公司的代表介绍了该公司生产的卫星移动通信终端产品和用户使用情况，并进行实际拨接远方终端通讯演示。

1994年8月16日—22日，省交通厅组团参加国家科委技术市场管理办公室、省科委、省经贸委和兰州市科委共同举办的"科技三新展交会"，选送27项交通科技成果进行展示交易。

1998年，举办日本NEI公司希丽思反光膜技术研讨会和美国JOINDA公司桥梁与混凝土裂缝修补技术座谈会。

2002年，省交通厅与中国科学院兰州分院开展科技合作。4月5日，召开科技合作恳谈会，确定"加入WTO后的甘肃交通运输发展战略研究""甘肃省公路交通信息系统规划试点工程建设""黄土半干旱地区公路绿化技术实验示范研究""G213线合（作）郎（木寺）段季节冻土区公路路基修筑技术研究"等4个首批科技合作项目开展合作研究。5月，首批科技合作项目的可行性研究报告通过评审，双方签订了合同书。6月中旬，首批合作资金到位，项目正式启动。并先后于11月、次年1月完成。

2003年，参加3项交通部西部交通建设科技项目。先后组织各项目组与北京、西安、新疆、云南等省（区）进行学术交流和技术研讨。

2004年，中国交通部和加拿大国际开发署发起并承担的中国与加拿大政府间合作项目"中国西部道路发展研究"启动。2月底，由加拿大技术培训有限公司（TTA）和DNLea咨询有限公司专家组成的考察组一行4人在甘肃考察，并就甘肃省承担的"当地路网规划与管理"以及参加的"道路安全评价""灾害缓解""性别平等"3个项目进行交流。9月，加方两位专家再次抵达甘肃，对"当地路网规划与管理"项目的示范点（宕昌县）实地考察，结合项目示范点情况同厅规划处、厅公路局、省路网办、省交通规划勘察设计院等部门和单位交流探讨。

（三）成果鉴定

1994年，全省交通系统有15项科技成果通过鉴定，依次是"黄土地区公路特殊结构的研究""公路客运计算机网络服务系统""粉煤灰在中川一幅高速公路中的应用研究""甘肃省2020年运量规划研究""七道梁隧道防冻防漏技术研究及施工""锚杆加固岩土边坡实用分析方法电算程序""引进'再生复活剂'铺筑沥青混合料再生路面研究""湟水河大桥伸缩缝大变形量的研究""人事劳资管理信息系统""乳化沥青稀浆封层在沙砾路面上的应用研究""天水北道渭河大桥支座复位技术研究""宛川河大桥转体施工""桥体抗腐蚀加固""G312线二级公路改建工程会宁段土石方洞室松动大爆破""盐渍土地区筑路问题研究"等。

1995年，全省交通系统有6项科技成果通过鉴定，依次是"公路客运计算机网络服务系统推广应用""旧桥承载能力检测、分析及加固研究""HB20型沥青混合料搅拌机、ZB16型再生沥青混合搅拌机""50吨架桥机的研究研制与应用""'双象牌'DTG9620D型20吨汽车列车挂车""新型复合材料的研究及其在汽车冲模上的应用"。

1996年，全省交通系统有11项科研成果通过鉴定，依次是"T型连续刚构立交桥设计与施工研究""真空吸水新技术在天北高速公路混凝土路面的应用研究""内陆贫困地区发展高速公路模式的研究""天水市1991年—2010年公路网规划""油路稳土薄基础处的研究""兰州东西两站多媒体查询系统""甘肃省公路运输服务中心计算机管理系统""G212线泥石流、滑坡处治技术的研究""公路隧道计算机辅助设计系统（结构CAD部分）""黄河法定检验船舶、船型应用研究""甘肃省木质船舶建设规范"。

1997年，全省交通系统有7项科技成果通过鉴定和验收，依次是"高等级公路图文数据综合管理系统""CBMA的推广应用""粉煤灰在高等级公路的推广应用""沥青抗剥落剂的推广应用""国道建设计算无粘结部分预应力混凝土连续桥梁的研究""G312线翟所滑坡的工程地质勘查研究"。

1998年，全省交通系统共有"甘肃省黄土土桥调查研究""甘肃省盐渍土地区筑路技术调查研究"（省公路局、兰州大学、省科学院地质自然灾害防治所）、"自动变速器多媒体教学系统"（省汽车应用工程研究所、西安公路交通大学）、"交通安全计算机管理系统"（兰州市交通局、市运管处）、"定西地区公路运输站场建设布局规划研究"（定西地区交通处）5项课题通过鉴定；"甘肃省公路运输全行业统计信息推广示范"（省交通厅）、"运管站计算机管理系统推广应用"（兰州市交通局、市运管处）、"定西地区小汽车技术服务公司喷漆烤漆房技术改造"3项通过验收。

1999年，"甘肃省公路桥梁管理系统（CBMS）推广应用"（省公路局、各公路总段）、"国道312线车道岭与祁家大山隧道计算机收费监控管理系统"（省公路局）、"黄河四龙至龙湾段航道建设与可研性研究"（白银市交通局）、"DJY2000 型 2.5 吨导热油加热沥青储油罐装置应用"（平凉公路总段）、"稳定土厂拌设备试制"（武威煤矿机械厂）、"导热油加热沥青装置应用"（酒泉公路总段）等通过验收。

2002 年，省交通规划勘察设计院、厅工程处"三滩黄河大桥施工控制技术研究"等 3 个项目通过省科技厅验收，其中"三滩黄河大桥施工控制技术研究"研究成果达到国际先进水平，"三滩黄河大桥设计关键技术研究"研究成果达到国内先进水平，两个项目被省科技厅评为 2002 年度甘肃省科技进步二等奖。

2003 年 7 月，省交通厅重点科研项目"高等级公路石灰粉煤灰碎石基层材料路用性能及合理配合比研究"通过项目成果鉴定。另有"甘肃省交通地理信息系统规划及实施方案""高等级公路石灰粉煤灰碎石基层材料路用性能合理配合比研究""甘肃省公路交通发展战略研究"项目成果达到国内领先水平。"土家湾隧道软黄土段地基加固技术实验研究"获得省科技进步二等奖，"黄土山区高等级公路新型支挡构造物研究"和"甘肃省物流业发展规划研究"获得省科技进步三等奖。

2004 年，省交通厅公路局承担的"甘肃公路数据库研究"项目通过交通部组织的成果鉴定，项目研究成果达到国内领先水平，并具有开发和推广前景。该项目建设完成甘肃省国、省、市、乡（镇）和村道全部的公路信息属性数据库和全省 1∶25 万电子地图，是一个基于 GIS 的网络化应用系统，系统根据养护管理的需要开发了相应的专题应用功能，如公路损坏电话语音上报、手机短信回复功能等。

2006 年，"西部盐渍土地区高性能混凝土耐久性研究"（省公路局承担，兰州大学参加）、"甘肃交通数字化图书馆系统开发与共享服务的研究"（甘肃交通职业技术学院承担，设计院、科研所参加）、"重载交通条件下高等级公路沥青路面结构研究"（路桥投资公司承担，长安大学、兰州交通大学参加）、"平定高速公路黄土隧道软基处治技术研究"（设计院承担，兰州交通大学参加）、"宝天高速公路（甘肃段）特长隧道修筑及管理技术研究"（厅工程处承担，长安大学参加）通过技术鉴定。

2007 年，甘肃省交通职业技术学院完成的省交通厅科研项目"甘肃民族地区交通建设与区域经济可持续发展关系研究"和"甘肃交通高等职业教育人才培养模式和发展研究"通过鉴定验收。

2008 年，受省科技厅委托，对厅工程处"戈壁地区公路风沙危害综合防护体系研究"进行成果鉴定，通过省级科技成果鉴定。受省科技厅委托，组织对甘肃路桥公路投资有限公司"甘肃省高等级公路经济型高性能沥青路面结构及施工技术研究"、甘肃省交通规划勘察设计院有限公司"关山隧道断层破碎带衬砌受力特性及承压水处置技术研究"进行省级科技成果鉴定。

2009 年，3 个项目通过省科技厅组织的省级科技成果鉴定，其中"连霍国道主干线嘉峪关至安西一级公路盐渍土地段路基修筑技术研究"成果达到国际先进水平，"公路旧桥承载能力鉴定与加固技术研究""甘肃省高等级公路沥青路面早期病害防治技术与研究"成果达到国内先进水平。省交通厅组织鉴定验收的项目 4 项，分别是省公路局"白兰高速公路长、大坡段沥青路面养护维修关键技术研究"和"甘肃省干线公路安全性评价研究"，省征稽局"甘肃省交通规费征收机动车辆计量标准信息系统研究"和"交通规费征稽信息系统研究与开发"。

2010 年，组织鉴定验收科研项目 3 项，分别是省公路局"甘肃省普通干线公路养护定员测算方法研究"和"甘肃公路行业形象标识系统研究"，省交通服务公司"甘肃省高速公路服务区运营模式应用研究"。

（四）科研项目管理

1992 年，省交通厅加强对重点科研项目的管理，对列入交通部行业科技联合攻关的项目和交通部二级通达计划项目由省交通厅重点管理，对列入省科委和省交通厅科研项目进行分类指导，对各单位自筹资金的科技进步项目实施宏观管理、统筹协调，减少重复开发。

1994 年，推进全行业技术进步，着力转化科技成果为生产力。按三个层次抓好项目管理，第一层次是列入交通部"八五"行业联合科技攻关的 5 个重点项目，即"黄土地区公路特殊结构的研究""公路客运管理计算机网络系统""甘肃省货运中心计算机管理系统""公路隧道（CAD）计算机辅助设计系统"和"G212 线泥石流、滑坡处治技术研究"。主要解决带有区域性特征的国道建设和货运枢纽建设，实现计算机管理等重大关键技术。第二个层次是列入甘肃省科委的重点科研课题，如"粉煤灰在中川一幅高速公路中的应用研究""天北高速公路 T 形刚构立交桥设计与施工"等项目。第三个层次是列入厅系统的在生产建设中有推广应用价值、经济效益和社会效益比较显著的项目，如"北道渭河大桥支座复位的研究""沿河路基础防护工程优化设计""汽车检测诊断技术推广应用""延长油路使用寿命的研究"。省交通厅先后与解放军总参科研三所、成都科技大学合作，解决七道梁隧道渗漏、冰冻问题，北道渭河大桥支座位移变形问题。中川高速公路建设过程中，解决掺粉煤灰水泥混凝土路面基层、用粉煤灰代替矿粉作沥青混凝土路面基层以及使用塑料格栅防止反射裂缝的技术问题。天北高速公路修建过程中，采用斜弯桥设计计算程序，解决斜、弯、坡桥的设计计算问题。为了提高刚性混凝土路面的平整度，采用真空吸水新工艺及建筑密封膏材料，采用减板伸缩缝解决桥头跳车等技术问题。

1999 年，成立省交通厅解决计算机 2000 年问题领导小组。2000 年 1 月 1 日顺利过渡，未受到"千年虫"侵扰。

2003 年，按照交通部部长关于"甘肃公路建设中最头疼的是湿陷性黄土问题，希望甘肃交通部门像抓信息化建设那样抓一抓对湿陷性黄土问题的研究"的要求，联系省内外科研单位和高等院校针对甘肃省公路建设面临的湿陷性黄土、环境保护、地质灾害、沥青混凝土路面设计与施工、高等级公路养护、高等级公路运营管理、筑路材料、低流量道路的设计与施工、冬季施工技术、试验检测技术、道路与交通安全、智能化交通、现代物流技术、建设项目信息化管理以及旧桥整诊断定与加固维修等课题，开展调研，加大科研项目前期工作力度。

二、"四新"技术与机具革新

随着甘肃省公路建设与养护任务逐渐增加，大量新技术、新材料、新工艺、新设备（简称"四新"）广泛推广应用。

（一）新技术、新材料、新工艺引进和运用

"九五"以后，引进乳化沥青、旧油皮再生利用、玻纤布封面和旧油皮再生复活剂等新技术，开展"隧道防渗研究""泥石流滑坡处理"等科技攻关项目，有效解决公路养护生产中存在的难题和质量通病。"十一五"以来，面对养护里程多、养护人力紧张、公路技术等级高和公路车流量大的新形势，加快推动公路养护现代化，抗车辙剂、改进乳化沥青、橡胶沥青等新材料陆续引进推广，旧油皮再生利用、超薄罩面、加铺应力吸收层、稀浆封层、微表面处置、同步碎石封层、雾封层等新型预防性养护工艺在高速公路和普通干线公路养护中普遍采用，先进成套设备广泛用于高速公路养护，公路养护机械化水平不断提高。

1990 年，粉煤灰运用于中川"一幅高速公路"路面工程，天北高速公路水泥混凝土施工采用真空吸水工艺。

1991 年，兰州公路总段推广预制块快速修补油路工艺；旧油皮再生利用在中川公路 170~175 公里路段实施。

1992 年，兰州夏方公路宛川河桥上开始采用转体施工新工艺，预制部分析架，经论证该工艺在陇南地区的深沟峡谷、陇东中部地区大而深的黄土冲谷等地形条件均可采用。

1993 年，白银公路总段在 G312 线的改建工程路基石方爆破中，在全省首次采用洞室松动爆破技术，在 9 月 29 日进行大型爆破，各药室装置达 6000 公斤，开炸石方约 25000 立方米。

1997 年，兰州公路总段在修复急流槽时采用钢筋混凝土矩形急流槽，底部在受力部位加混凝土坑滑墩，形成小型渡槽，从经济角度来说与浆砌片石急流槽相差无几，这是在黄土地区修建急流槽的有效措施，在省内尚属首例。

1998 年，庆阳公路总段在 S202 线华吴段油路工程中，引进适用于黄土区路基、基层、面层和路肩土壤强化加固的"奇迹"土壤强化剂，获得成功。

1999 年，平凉公路总段用 3 年时间，投资 329 万元引进山东聊城机械厂沥青加热储存装置系统，在平凉市二十里铺兴建占地 15 亩、储存能力 2000 吨、年周转量 6000 吨的导热油加热沥青库，实现沥青的加热和预热。高温沥青的产生与预热沥青的补充在封闭状态下等量、同步、自动进行，缩短升温时间，节约能源，将沥青加热工艺推进一步。整体装置经省交通厅、省公路局鉴定达到省内先进水平，是省内沥青加热技术的一次革新。

2001 年，白银公路总段运用油路碎石薄层封面施工工艺对路面龟裂、网裂等病害具有显著效果。

2002 年，省交通厅首次引进的 SMA 沥青玛蹄脂碎石路面新技术在白兰高速公路上试铺 3 公里，取得成功。这种新工艺铺筑而成的沥青路面具有抗高温车辙、抗低温缩裂、抗疲劳耐老化的特点。白银公路总段应用北京科宁冷补技术在 G312 线会宁县附近先后于深秋、初冬和春融分三次实施冷补作业，分别取得成功。庆阳公路总段引进澳大利亚成熟的 CCSS 土壤固化剂，在 S202 线 52 公里+600 米~56 公里+670 米段应用该材料，施工完成后，及时对其强度和承载力进行跟踪检测，经过试验分析认为 CCSS 固化剂固化路面基层十分成功。

2005 年开始，武威公路总段引进 GXH-2001 型改性沥青研究废旧油皮再生利用，并逐步推广应用。2006 年—2009 年，在全段广泛应用废旧油皮铺筑下面层。经研究，采用沥青改性剂对废旧油皮回收使用可节省大量沥青，有效降低养护成本，同时对环境起到保护作用，可广泛适用于翻浆、沉陷、坑槽等各类路面病害处置及养护维修工程。

2007 年，省公路局对 GZ045 线永山高等级公路 2563 公里+600 米~2578 公里段全长 15 公里路面病害进行微表面处置，该施工技术在全省尚属首次运用。

2008 年，酒泉公路总段瓜州公路管理段成功配制沥青冷补料，在总段各基层养护单位广泛应用，解决冬季用三合土临时处置病害、春季再次修补的难题，有效防止病害的扩大势态。冷补料使用方便快捷，容易储存，环境污染小。经估算，用冷补料修补每平方米的材料成本为 42 元。从发展和长远的角度来看，路面病害冷补虽然当时投入成本较大，但修补后的病害质量稳定，防止了病害继续扩大，后期经济效益显著。

2009 年，庆阳公路总段在管养的 G211 线 480 公里+100 米处罗川桥、418 公里+861 米处九龙河桥、G309 线 1764 公里+980 米处小园子桥采用粘贴钢板提载加固拱肋，加固后经动载测试，结果表明加固后桥梁的整体刚度明显提高，冲击系数显著下降，满足现行车辆荷载通行的要求，加固方法实用、有效。

2010 年，武威公路总段针对辖养路段，尤其是乌鞘岭路段高寒阴湿和武威沙漠地段温差大等气候条件下养护难度大的特点，进行橡胶改性沥青实验研究，引进年产量可达 10 万吨橡胶沥青生产设备，完成配方设计。同年，在 GZ045 线界古路 2407~2413 公里处铺筑双层橡胶沥青同步碎石封层表面处置试验路段 7 万平方米，同时为金永高速公路试铺 3200 平方米应力吸收层。该材料能提高路面的耐久性能和抵抗疲劳裂缝、反射裂缝的能力，有效延长使用寿命，降低养护费用。同年 7 月，武威公路总段展开 G30 连霍高速十八里水库段维护试验，在全省首次投产橡胶沥青，经专家检测认为这项技术在全国筑路行业处于领先地位。同年，金昌公路总段在永山高速公路微表面处置工程中，在全省首次将改性乳化沥青中沥青含量提高到 62%，将乳化沥青软化点提高到 57%。在永山高速公路 2028 公里+951 米处桥梁桥面铺装工程中，首次采用桥面抛砂处理与热熔改性沥青碎石防水粘结层处理，提高桥面的抗推移能力。

（二）新设备引进和运用

1949 年后，公路建养以人力为主、畜力为辅，养护机具主要为扁担、箩筐、洋镐、铁锹、三轮推车。养护机具仅作为手工操作的补充而进入公路养护领域，以减轻劳动强度为目的，大多用在劳动强度大的运输、破碎、碾压等工序上，机械技术水平低、品种少、性能差。1959 年开始，全省公路系统范围内开始筹建筑路机械工程队，逐渐配备小型拖拉机、翻斗车、吊车等较为实用的筑路、架桥机械设备。由于养护线路较长，机械设备数量较少，多数公路依靠人工和部分小型机具设备来实施养护。

20 世纪 90 年代初期，全省每年用于公路机具设备方面的投资 500 万~600 万元，筑养路机械投入仅占公路建设投资总额的 1%~2%。在机具设备构成中，运输机械占 50% 以上，工程机械只占 30%，推土机、装载机等通用机械多于拌和机、摊铺机等专用机械，养护机械又远少于施工机械。大、中型筑养护机械主要分布在 13 个公路总段和省交通厅公路局各工程队，各公路管理段和道班的养护机具多以小型运输车、翻斗车和拖拉机为主，全省公路系统机械设备利用率平均为 30%，养护作业仍主要依靠人工。

20 世纪 90 年代中后期，公路养护机械化作业日益受到重视，各公路总段千方百计筹措资金购置机械，在大中修养护作业中引进少数产品定型的工程机械，同时加强对机械使用技术的培训和管理。"九五"末，甘肃省公路养护机械价值近 2 亿元，翻斗车、工程车和小型养路机械在公路养护中普遍使用。

2001 年开始，省公路局组织实施《甘肃省公路机械化养护发展规划

（2001—2010）》，每年安排养路资金 1000 多万元购置养护机械设备，鼓励各公路总段配套资金，配备养护机械设备，养护机具不论在数量还是功能上都有很大提升。

2005 年，省公路局筹资 3000 多万元，通过公开招标采购，为国省干线公路养护单位配备 118 台小型养护设备。公路养护中，材料的运输、混合料拌和、路面铣刨和摊铺、压实等主要工序基本实现机械化。截至 2005 年底，全省公路系统各类养护机械设备达到 1827 台。

2006 年以后，在养护机械设备购置方面，省交通运输厅、省公路管理局加大养护机械投入力度，投入 4.7 亿元为各公路总段（分局）配置养护设备。如兰州公路总段 2008 年从德国引进的威特根沥青路面就地热再生列车式养护车组，是当时国际上最先进的沥青路面就地热再生施工设备。截至 2010 年底，全省公路系统拥有就地热再生养护列车、多功能修路王、稀浆封层车、拌和楼、摊铺机、压路机、装载机、灌缝机、乳化改性沥青设备、清扫车、养护车等各类养护机械设备 3755 台，养护生产方式由半机械化作业向机械化作业转变。

（三）机具革新

公路施工机具。1990 年，甘肃省公路局二队自行研制的总吊装 60 吨的桁架式公路桥梁架桥机在 G312 线会静段桥梁吊装中得到成功运用。

1995 年，在 G312 线静会段建设中，利用原有的缆索吊装设备，自行设计并加工拼装成首台架桥机，成功完成了五里铺中桥、富家岔中桥和涝子沟大桥的 T 梁安装。本架桥机由缆索吊装设备的桁架片拼装而成，其三个支头下均设有铰座，不需另搭排架，预制梁横移时架桥机不需移动。该机最大载重为 55.38 吨，机架由两根 78 米长的纵梁、三根横梁及两根前主柱和铰 A、B、C 组成，还有吊梁构件部分、行走部分和运梁系统（轨道与平车），共四部分构成。该架桥机适应于吊装重量在 50 吨以内的宽桥或跨径超过 30 米的梁板桥。

公路养护机具。1991 年，盐官公路段职工杨江顺研制成功刮路机。这种刮路机由两人操作（一人开小四轮拖拉机，一人操作刮路机），工作效率相当于 20 人的工作量。同年 4 月，临夏公路段设计第一台由拖拉机牵引的两侧能自动升降和加工的刀片式刮砂器，较人工作业工作效率提高 3~4 倍。

1992年，安西公路段成功研制边沟开挖机，工作效率比人工提高3倍。

1995年，平凉公路总段推广应用山东省德州地区公路管理局研制沥青加温设备厂的"沥青局部快热装置"专利技术，自购1台YK-50型沥青储存加热罐，1995年—1996年在G312线司界段和郿苋段二级公路路面施工应用中获得成功。燃料（大炭）消耗较用传统炉灶式加热每吨沥青可节约31~185公斤。应用这种快热装置，每小时可生产热油料3~4吨，每班可达30吨。此技术在全省首次应用。

1997年，张掖公路总段机运队试制ZJ-ZL0.6A型装载机成功。同时研制出SBJ02型沥青洒布机和一架可卷5毫米厚钢板的卷板机。

2002年，榆中公路管理段职工李培荣提出设想并组织人力研制的第三代沥青洒布车改装成功，并投入生产应用。

2004年，张掖公路分局完成ASR-250XD稳定设备骨料斗料筛改装。

2006年，张掖公路分局高台公路养护工程处职工赵开银利用报废的拖拉机后桥等部件改装成转盘式扫路机；张掖公路分局高等级公路机械化养护工程处职工将Y2-180型打桩机原有电气系统发电部分改装为皮带传动的硅整流交流发电机发电系统。同年9月，酒泉公路总段新建的容量达5000吨的4座高效、节能、无污染沥青储存罐和扩建改造的一个容量达3000吨的太阳能储油池正式投入营运。

2007年，张掖公路分局高等级公路机械化养护工程处对YC180打拔桩一体机、轮胎进行改造，设计加工了托架校正模具、校正平台。平凉公路总段崆峒公路管理段成功改造了一台G-60引风扫路机。崇信公路管理段利用已经报废的颚式碎石机和PC-400×300型锤式破碎机改造成一台废旧油皮破碎机，该设备每小时可破碎4~6吨旧油皮。

2008年，金塔公路管理段利用废旧闲置的设备改造研制了路肩刮路机，可以压平路肩，节省人力，且成本不到2万元。

2009年，肃州公路管理段改装成功1辆小型沥青洒布机。瓜州公路管理段利用废旧小汽车后桥成功改制了路面扫路机，每小时可以清扫路面15~20公里，相当于40人1天的工作量。

2010年，金塔公路管理段将陈旧设备改制成1台路面切割机。肃州公路管理段技协小组研制成功小型沥青洒油车。它利用沥青洒布车的原理，将小沥青油罐和空压机、沥青泵安装在报废的方圆车上，利用方圆车副传动带动空压机、沥青泵工作，改制成功的洒油车在养护中一天能完成500~700平方米。

三、信息化建设

甘肃交通信息化建设起步早。1984年，省交通厅成立电算室，从事交通规费征收系统软件的开发，并指导厅属单位的计算机应用。随着交通事业的发展，交通信息技术在全行业得到广泛应用。1994年，省交通厅成立甘肃省交通科技通信中心，专门负责交通专用通信网卫星端站传输电话、传真、数据、电话会议、图像等通信业务及全省交通系统计算机软件开发和推广应用。全省交通系统各单位也成立相应的部门，独自开发并建立起自己的计算机区域系统。1999年底，甘肃省交通科技通信中心由省交通厅工程处管理。2000年6月，甘肃省高等级公路建设开发有限公司挂牌运营，与省交通厅工程处一个机构、两块牌子。

2000年4月，省高等级公路建设开发有限公司与清华紫光公司共同投资成立甘肃紫光智能交通与控制技术有限公司。该公司的成立，标志着甘肃省交通信息化时代的到来，交通信息在甘肃IP行业占有一席之地。甘肃紫光公司先后开发公路基本建设管理系统及桥位设计软件系统和桥渡设计软件系统，其中后两项是该公司自主开发研制的专业计算机系统，国内尚属唯一。甘肃紫光公司制定《干线公路网联网收费、通信、监控整体规划》，先后完成一批水平较高、实用性较强、省内外影响较大的计算机应用技术项目，其中有20多项分别获得部、省、厅级奖励。2002年底，省交通厅直属单位计算机拥有量达到2500台，从事信息化工作的专职人员有数百人。全省交通系统计算机应用已由一般的统计、记账、打字等日常事务性工作转向工程设计、客运服务、规费征收、办公自动化等综合功能性工作，初步形成交通信息产业体系。

（一）公路管理系统

1991年，平凉公路总段自行研制的公路数据开发系统通过省交通厅鉴定。这一系统主要包括路线概况、路基断面、桥梁涵洞、超标纵坡、平曲线、管养单位、里程表等15个数据；引进柔性路面设计程序和挡土墙结构计算程序。

1992年，兰州公路总段引进路线CAD软件，使测设中的纵断面图、横断面图、路基设计表、土石方数量表、路线转角表一次完成。同年11月，"斜桥、曲线桥设计计算方法及程序研究"和"交通量调查计算机分析系统的开发研究"通过鉴定。省公路局第一次利用计算机系统进行横断面现场绘图、表格打印，首次使用DAD技术，同时开发的钢筋混凝土桩计算程序、柔性路面计算程序正式推广应用。张掖公路总段将G312线路况资料、路面平整度、弯沉值破损率、摩擦系数等数字输入计算机，建立数据库，实行养护计算机管理，提高公路养护管理的科学化水平。省交通规划勘察设计院成立APOLLO工作站，引进DAD技术，并将此技术应用于六盘山隧道引线设计，60%的内业图表由计算机绘制。

1993年，省交通规划勘察设计院对路段CAO进行二次开发，使同线路段2图3表均用计算机完成，次年达到4图3表。1994年7月，锚杆加固岩土边坡实用分析方法与电算程序开发完成，解决了边坡沿圆柱滑动情况下单向与多向锚固的稳定分析，锚固力计算和最适宜的锚固角计算在国内尚属首次。该院投资逐年加大，计算机技术应用到各个领域，平均2名技术人员拥有1台计算机；先后购置测绘系统程序HEAD程序、立交程序、概预算程序等软件21套；对通用图做修改，制成图库；编制公路测量程序，通过全站仪和E500计算器现场采集数据，与路线测量程序配套使用，节约人力60%，出图率达到90%。1996年，引进"CPMS"路面评价管理系统，其主要用于路面管理系统网级系统路面性能评价及预测，利用计算机为养护决策提供方案，对破损路面进行有效养护处置。1998年，引进新版本路线CAD软件7套及德国产CAPD/1软件，从结构到分析、计算到图表绘制全部采用CAD技术，并建立三维数字化地面模型（DTM），通过透视图和三维仿真动画检查平面设计、纵面设计及景观设计等。技术人员还自编涵洞CAD程序等运用于生产。2000年，首次将航测摄影技术运用于地形图测绘之中，将路线和立交设计集成CAD系统运用于路线设计中，为路线优化和设计提供强有力的手段。

2005年4月9日，"甘肃公路工程造价系统"（GScost2004）项目软件成果通过省交通厅评审，该系统达到了国内先进水平。

2006 年，武威公路总段启用甘肃省公路信息资源管理系统，主要使用数据查询、年报上报功能。同年，省交通规划勘察设计院有限责任公司采购200 多种（套）、自主研发 20 多种软件。生产部门在桥梁设计中采用桥梁通、桥梁博士、桥梁集成 CAD，桥梁三维方案设计使用的 Bentley 系列产品，道路设计采用 CARD/1、公路涵洞 CAD、路线集成 CAD、挡土墙计算，用于岩土勘察设计的理正岩土岩质边坡稳定分析、理正岩土挡土墙设计软件，用于工程造价的同望公路工程造价系统 WCOST2000、广联达造价软件等。

2007 年，武威公路总段及各公路管理段、高养中心应用公路桥梁管理系统单机版，主要使用统计、查阅桥涵基础资料、病害情况、维修加固情况，协助桥梁工程师编制养护计划和预算。2008 年，开始应用公路交通情况调查报送与统计系统。同年，庆阳公路总段引入"纬地道路交通辅助设计系统"（HintCAD）。

2009 年，各公路总段引入"甘肃省公路局业务管理系统"。同年，省交通科研所"公路路面综合测试系统开发应用研究"项目通过省交通厅验收。同年，甘肃路桥建设集团引进 MIDAS/Civil 桥梁结构分析软件和 DH3816 静态应变测试系统，用于省内桥梁结构检测分析工作。引进日本 TDS-530 可多点测量的数据记录器，桥梁动态信号测试 DHDAS 5920、信号采集分析仪 INV3060A/ INV1861A 及动态应变调理器 INV1861A 等。

截至 2010 年底，全省公路养护方面全面实现日常养护管理系统、应急信息报送系统、公路数据库管理系统、桥梁数据库管理系统、公路收费管理系统的推广和应用。业务管理方面运用人事劳资管理系统、职工教育管理系统、机械设备管理系统、交通财务管理系统。项目建设方面推广应用 GPS 定位测设系统、公路设计辅助系统、公路工程造价管理系统、计量支付系统和试验检测数据管理系统，推进完成二级收费公路收费系统升级改造。同年6 月 2 日，省交通基建工程质量安全监督综合管理系统启动运行。该系统是集工程建设项目的设计、咨询、建设、施工、监理、检测、监督信息于一体的网络管理平台。

（二）公路运输管理系统

1986 年 2 月，兰州第一汽车运输公司在省交通厅的支持下成立电算室，开发的主要软件有生产计划计算机管理系统、营运汽车货运路单处理系统及安全技术管理程序和一些日常事务性的管理程序。1991 年 5 月，省运管局、省交通厅电算室"客运信息管理系统"通过省交通厅鉴定。该系统是对省（自治区、直辖市）、地（州、市）两级公路运输管理部门所辖范围内客运情况数据进行收集、汇总分析、查询检索、打印台账报表、输出数据（磁盘）的计算机管理系统。1993 年 8 月，省运管局、兰州市第一汽车运输公司公路"客运计算机网络服务系统"通过交通部鉴定。该系统是对公路客运作业全过程进行计算机管理的实时多用户网络系统。系统具有生产调度、售票、检票、监控、查询、营收结算 6 个子系统。该系统可实现多个汽车站间的远距离联网售票，并可相互配载、相互结算。车站之间、车站与公司间通过网络互联，实现整个客运系统的网络化管理。成果在国内同行业中处于领先水平。同年，兰州市公路运输管理处、省运管局"公路运输管理站计算机管理系统"通过省科学技术委员会鉴定。该系统将运管站的主要业务工作纳入计算机管理。1995 年，省运管局完成"货运中心计算机信息管理系统"。在大力开发上述系统的基础上，汽车检测技术得到推广、应用。1990 年，自主开发的"汽车维修行业信息管理系统"通过鉴定。1992 年，"汽车维修实施定期检测、试情修理的试验研究"通过验收并推广。

1995 年 12 月，省运管局、省汽车运用工程研究所、省交通科技通信中心开发的"甘肃省公路运输服务中心计算机信息管理系统"通过省交通厅鉴定。该系统有 UNIX 操作系统、ORACLE 数据库系统和 TCPIP 通信协议，实现了多用户分布式系统。系统的总体功能包括零担、货代、仓储、特种、交易市场、财务、统计、办公自动化 8 大子系统，涉及公路运输服务的主要业务，具有综合服务功能。系统通过点对点通讯，实现省运输服务中心与临夏分中心和各零担运输站（货运服务站）之间的业务数据传递，为货物运输的调度和配载工作提供了有效的方法和手段。该系统在全国公路运输行业中处于领先地位。

1996 年 5 月，省运管局、兰州第一汽车运输公司开发的"兰州东、西两站多媒体查询系统"通过省交通厅鉴定。该系统集文字、图形、图像及音视频等多种媒体于一体，通过计算机控制，实现多种媒体的合成编排、播放和自助查询显示，实现了图、文、声、像等多种信息的综合查询服务。该成果在国内同行业的计算机信息服务系统中处于领先水平。同年，兰州市运管处开发了"兰州市公路运输管理处营运车辆管理综合台账"及"兰州市公路运输管理处营运车辆单车卡"两项软件，并于 6 月 1 日起在全处各业务科室、8 个运管所投入运行。

1997 年，白银汽车站开通"计算机售票和站务管理系统"。1999 年，定西、天水汽车站售票及站务实现计算机化管理。

2002 年，金昌市交通局引进智能化管理系统，使售票、检票、调度、结算、查询等工作实行域网管理；在河西地区率先使用 X 光行包检测机，实现了"三品"检查的现代化。

2004 年，酒泉汽车站改造建成快客候车室和智能化检票系统。

2005 年，省运管局在全省 14 个一级客运站引进车辆安检系统，首次实现营运班车站内"机检"。

2006 年，平凉市运管处建设市（州）级区域信息中心、县（区）级信息站及运输企业信息站，并对部分汽车客运站进行智能化改造。

2008 年，白银市运管处自主研发并在全省率先使用"白银驾校管理系统"。

2010 年，省运管局进一步拓展道路运输信息网络覆盖深度和广度，实现全省 64 户二级以上汽车客运站、25 户汽车综合性能检测站、43 户二级以上驾校与省道路运输信息中心的联网互通；实现全省重点物流园区、邮政运输企业与兰州陆上货运交易中心的联网互通。实施道路运输信息化应用"157"攻坚计划，即围绕交通信息资源整合这一中心，完善"应急指挥、运政管理、物流信息、电子政务、联网售票"五大信息系统，普及汽车站监控、GPS 监控、96779 综合服务、视频会议、IC 卡电子证件、RTX、站场资产监管七项应用技术，加强道路运输应急指挥、网上行政许可、客（货）运生产管理、电子政务、安全管理各关联系统的协同应用。

2010 年，省运管局完成 16 个市级道路运输信息中心、88 个县级信息站、37 个汽车客运站、20 户大型运输企业、130 户中小型运输企业、43 所驾校、24 个检测站、30 个物流园区（货物站）的信息化网络建设任务；完成交通数据库查询与展示系统，建成网上政务大厅，实现全省运管机构业务的网上受理；在已经建成的物流园区和货运站全面实现了物流数据的上传和发布；为市、县运管机构和省交通运输厅统一部署 OA 办公自动化系统和 RTX 即时通信系统。在平凉、兰州部分车站进行联网售票试点，平凉部分汽车站实现了车站之间的联网售票，全省联网售票工程可行性方案上报省交通运输厅审定。结合上海世博会交通运输保障要求，实现全省营运车辆 GPS 平台的联网联控，全省纳入 GPS 平台监控范围的车共计 1.1 万辆。完成视频会议系统的扩容建设，实现交通部、省交通运输厅、省运管局和市县运管机构视频会议系统的全面联网。同年 4 月，省运管局出台《甘肃省道路运输 GPS 监控系统管理办法（试行)》，并对 GPS 车载终端的安装和推广使用提出具体要求。

（三）规费征收、路政管理系统

1984 年厅电算室成立后，主要研究开发养路费征收系统。1988 年，省交通征稽处成立电算室。10 月，"养路费计算机征收系统"在兰州沈家坡征稽站投入运行。11 月，该系统在全国养路费计算机征收系统开发会议上进行交流，受到好评。该系统具有缴费处理、车辆运行管理、报表处理等十大功能。1990 年，该系统在 14 个征稽所站推广，1997 年全面推广到 81 个征稽站。随着收费公路的发展，公路收费系统软件的开发势在必行。1999 年，"车道岭与祁家大山隧道计算机收费监控管理系统（CBMS)"通过鉴定并向全省推广，实现收费自动化。高速公路大规模建设开始后，甘肃紫光公司适时开发高等级公路收费、通信及监控系统软件，使全省高等级公路管理更安全、可靠，保证了车辆行驶畅通和收费工作的准确高效。2002 年，光纤线路完成铺设，"一卡通"联网收费系统运行。同年，由省交通厅投资 500 多万元，甘肃紫光公司和省交通征稽局联合开发完成"甘肃交通规费征收网络管理系统"，实现全省车辆、征费数据共享，建立征管车辆数据库。该系统的运行，彻底改变了传统的局部单机征费的管理模式，解决了长期以来异地重征的老大难问题。2005 年，"甘肃省交通规费征稽管理信息系统"建成，该系统是专网传输全省"数据大集中"模式的规费征稽信息系统。2006 年 8 月，信息查询子系统（触摸屏、LED 信息发布系统）及远程监督子系统 6 个示范点正式启用，"车牌通"改造为"路面运行车辆交通规费监管系统"。

2010 年 6 月，甘肃省路政执法综合信息网络建成。以现有征稽网络为主干网络，通过光纤 SDH 电路与固定治超站点连接，并通过 3G 无线网与路政巡查、移动治超联网，形成全省路政执法综合信息网络；利用征稽系统现有软硬件设备，实现全省路政数据集中处理。完成行政许可、行政处罚、超限运输、路政巡查、移动执法、政务、现场监控和综合办公等 8 个子系统的开发及改造工作。同年，省高等级公路运营管理中心高速公路"风光互补供电系统"试验工程取得成功。

（四）办公自动化

公路部门。1995 年，开通全国交通专用长途通信网甘肃卫星通信网。

1999 年 11 月，甘肃省高等级公路建设开发有限公司申请域名 cdgcb（甘肃省交通厅工程处英文缩写），定位为企业网站。2000 年初，在新网申请域名 http//:www.gs-highway.com，即"甘肃公路信息网"，定位为行业网站。"甘肃交通信息网"原由省交通科技通信中心主办，是隶属于省交通厅的政府网站。当年，省通厅投资 1000 多万元进行交通系统综合业务智能平台的建设，并以此为契机，开展省交通厅办公自动化系统的规划和实施工作。该系统功能包括办公管理、个人事务管理、公共信息、视频会议等内容。2002 年，主要功能已开发完成。同年 2 月，"甘肃公路信息网"建成，由甘肃省高等级公路建设开发有限公司主办，甘肃紫光公司承办。同年 11 月，柳古高等级公路监控通信分中心竣工，内设办公室、会议室、监控机房、收费机房、交换机房等。同年，甘肃路桥四公司搭建局域网，采用世界领先水平的办公自动化系统技术和开发工具：IBM 的 Lotus Domino/Notes （Lotus Notes 5.08 版本），有针对性地开发收文管理、发文管理等 15 个模块的 OA 办公自动化系统软件，利用 Lotus Domino/Notes 的强大信息集成能力和通信能力，实现企业级信息的收集和存储、信息的处理和传输，以及信息的发布和共享，实现企业级的协调和协作及电子商务活动。

2003 年 8 月，甘肃路桥建设集团注册 gslq.com 国际顶级域名。2004 年 11 月，注册"甘肃路桥.cn"及"甘肃路桥.中国"中文域名。2008 年，基于 ASP.NET 技术，开发建立企业对外宣传网站"甘肃路桥信息网"，网站设置企业简介、集团新闻、工程项目、企业管理、精神文明等板块。

2003 年—2006 年，武威公路总段完成区域网络连接、电信宽带连接、网站建立等，建立远程视频会议系统。庆阳公路总段建成局域网、视频会议系统，配置 IP 电话，实现了内部信息资源共享和远程视音频信号的传输。

2005 年 9 月，定西公路总段信息化建设工程建设完工，局域网结构为星型网状拓扑结构，通过计算机中心机房将总段机关 15 个科室的 40 台电脑联入局域网，实现了机关科室电脑的互联，同时又接入电信 10 米光纤与因特网连接。同年，省公路工程定额站创建并主办的省内公路交通行业第一个"甘肃公路造价管理信息网"专业网站（www.gsglzi.com）注册开通。平凉公路总段建成行业信息网站。甘南公路总段网站 http：//www.gngl.net 运行。

2009 年，甘肃路桥建设集团联合甘肃紫光公司，在甘肃省内施工企业中首家开发合约管理模块、项目部远程考勤模块，并建立重点工程远程视频监控系统。

2010 年，平凉公路总段建成高效便捷的内部办公平台，建成总段和基层的网络平台及总段到分段（所）的二级视频会议系统。临夏公路总段机关实现 10M 光纤介入式局域网、媒体视频会议和 IP 电话，14 个基层单位全面实现 ADSL 局域网，12 个养管站接通有线网络或无线网，形成覆盖全段各部门和单位之间快速沟通的信息化通道。

征稽、收费部门。2003 年，甘肃省内的 4 条高速公路实施联网收费，甘肃省高速公路路网总体布局方案形成"省收费总中心—收费分中心—收费站"三级收费结构体系。

2004 年，酒泉征稽处采用北京极限科技公司开发的 Office Automation2.5 版网上办公软件，在处、所全面启用网络智能办公系统。2005 年，金昌征稽处办公自动系统投入运行。2006 年，全省交通征稽系统试用甘肃交通征稽专网有线部分。

2008 年，完成兰州至中川机场高速公路 ETC 不停车收费和电子缴费工程建设。2009 年 1 月 1 日起，电子缴费和 ETC 电子不停车收费系统运行。2009 年 10 月，省高等级公路运营管理中心在全路网推行计重收费。

运输部门。2005 年，甘肃东运集团建成了全省第一家道路运输企业信息站。建成的信息站主要包括东运在线企业网站（www.dyzx.com.cn）、东运集团 GPS 监控中心、主机房，信息交易大厅、调度指挥室和微机操作室等综合设施，并在司属 82 部营运客车上同步安装了 GPS 车载定位终端；配套开发东运在线网站宣传系统、组织管理系统、旅客运输信息管理系统、站务运营管理系统、办公自动化系统、驾校 IC 卡学时管理及驾校信息管理系统和 GPS 监控系统等 7 个应用软件，建成东运集团机关办公局域网、平凉汽车（西）站"智能化管理"及远程联网售票局域网、平凉交通技工学校信息化教学管理局域网、平凉天昊维修救援公司微机控制"二保自动检测线"及维修救援局域网、站务公司局域网、运务大厅局域网和 GPS 监控分中心局域网等 7 个局域网，面向社会提供 GPS 监控、货运配载、车辆交易、产品推介和其他网络业务服务。

2006 年 7 月，甘肃省道路运输信息化建设搭建信息网络应用平台和信息网络主骨架物理平台，开通甘肃省道路运输信息网这一总门户网站，实现省信息中心与 9 个市（州）信息中心、25 个县（区）级信息站、1 个运输集团、52 个汽车客运站的联网运行。建成办公自动化系统、运政管理信息系统、运输车辆 GPS 监控系统和视频会议系统。同年 11 月，甘肃省开展道路运输行业信息化建设与应用全国联网工作。同年 10 月，天嘉交通运输集团完成 GPS 设备装载项目。

2007 年 8 月，省运管局实施道路运输信息化建设、各级道路运输网站建设、三级客运企业和危货运输企业 GPS 应用平台建设，推广 IC 卡管理系统；研究开发客运、货运和道路运输辅助业综合服务系统软件，完善道路运输信息网络维护运行机制。按照"属地维护、联网运行、服务公众"的原则，建立省、市（州）、县（区）三级网络维护运行机制，拓展道路运输信息网络系统服务功能。加快办公自动化、标准协同式运政管理、投诉监控调度服务、客运票务清分、货运配载、GPS 监控、IC 卡运政稽查和远程视频会议等八大系统的推广应用。

2008 年，在全省道路运输行业建成网上政务大厅；完成道路运输数据中心建设，统一部署 OA 办公自动化系统和 RTX 即时通信系统。平凉部分汽车站实现车站之间联网售票，基本实现全省营运车辆 GPS 平台的联网联控，国家、省、市、县四级运管机构视频会议系统实现联网。为社会公众提供路况气象及收费政策咨询、车队调度、协助救援，发布可变情报板信息、常规天气预报、灾害预警等；为公安、部队等单位提供涉案车辆线索，保障车队、协助救援等。

四、主要科技成果简介

（一）公路工程

部分预应力混凝土在公路桥梁中的应用研究。1981 年 1 月—1993 年 8 月，省交通科学研究所承担的"部分预应力混凝土在公路桥梁中的应用研究"通过省科学技术委员会鉴定。1994 年获省交通系统科技进步一等奖。成果内容：本课题在国内公路桥梁设计中首次运用现代部分预应力原理。早在 1981 年就进行足尺实验梁的实验研究，并建成国内第一座部分预应力公路试验桥，属国内首创。部分预应力装配式连续梁的研究开拓了部分预应力混凝土在公路桥梁中应用的新领域。该成果国内领先，达到国际先进水平。

太平沟加筋土挡墙实验研究。1986 年 5 月—1991 年 12 月，省交通科学研究所、省兰州公路总段、省交通厅公路局承担的"太平沟加筋土挡墙实验研究"通过省科学技术委员会鉴定。1994 年获省交通系统科技进步一等奖，1995 年获省科学技术进步三等奖。成果内容：太平沟双面加筋土挡墙于 1986 年 6 月—1987 年 4 月由省兰州公路总段工程队负责施工。太平沟加筋土挡墙为一双层复合式断面、双面加筋路堤挡土墙，其断面形式与结构设计有创新，属国内首创。太平沟加筋土挡墙的设计、施工观测与研究，内容全面丰富，特别是在面板位移等方面的分析论述有所发展。研究成果达到国内先进水平。

七道梁隧道防漏、防冻技术研究及施工。1989 年 6 月—1994 年 5 月，省交通厅公路局、总参工程兵科研三所承担的"七道梁隧道防漏、防冻技术研究及施工"通过省交通厅鉴定。1994 年获省交通系统科技进步一等奖，1995 年获省科技进步三等奖。成果内容：提出"以排为主、以堵为辅、多道防线、综合治理"的施工技术原则。施工方案根据不同情况采取多种方案，使防漏、防冻技术研究非常成功。根据七道梁特定的环境提出的采用保温边沟方案是国内首创。提出的隧道防漏、防冻技术填补了中国寒冷地区隧道漏渗水处置技术的空白，处于国内领先水平。

公路隧道微机辅助设计系统（结构 CAD 部分）。1993 年 7 月—1995 年 12 月，省交通规划勘察设计院、兰州铁道学院、省水利水电勘测设计研究院、省计算中心、省测试中心承担的"公路隧道微机辅助设计系统（结构

CAD 部分)"通过交通部鉴定。该系统在微机上提供一套采用 DOS 保护模式的微机程序系统，包括公路隧道工程基本数据库（公路隧道规范库、围岩物理力学指标数据库、典型工程数据库）。依据现行规范的设计计算，这部分包括荷载结构法、有限单元法（线弹性有限元、弹塑性有限元、弹-粘塑性有限元），能适应新奥法、钻爆法、全断面开挖、分部开挖等施工方法，并能模拟施工的各个阶段工序，配有很强的图形显示处理功能，显示荷载结构计算的弯矩、轴力、剪力、位移分布图和有限单元法计算的网格图、变形图、各应力分量的彩色等值图、塑性区图，具有局部放大和选择消隐、显示功能。根据结构计算结果可以结合用户经验进行衬砌配筋设计计算。HTCAD 软件的参数化绘图部分可以在 AUTOCAD 环境下，根据上述设计计算和相应选择绘制隧道纵断面、内轮廓及建筑限界图、各类横断面图、洞门构造图局部等。HTCAD 系统与国内外其他系统相比，在 CAD 中引入围岩物理力学参数和典型工程数据库；在结构计算方面，运用非线性有限元和结构力学方法；采用了弹-粘塑性计算模型；并开发自己的图纸汉字输入环境。该系统在国内处于领先水平。

黄土地区公路特殊结构研究。1991 年 4 月—1993 年 12 月，省交通厅公路局、四川联合大学、省交通科学研究所承担的"黄土地区公路特殊结构研究"通过交通部鉴定，1994 年获省交通系统科技进步一等奖，1995 年获省科技进步三等奖，1996 年获交通部"985"行业联合科技攻关优秀项目奖。成果内容：采用数值分析与土工离心模型试验相对照和补正，并以广泛的现场调查资料为检验的研究手段，提出有关黄土地区公路构造物的新概念及新的设计施工方法。该成果在国内处于领先地位，达到国际先进水平。

三滩黄河大桥关键技术研究。1997 年 5 月—2001 年 8 月，省交通厅工程处承担的"三滩黄河大桥关键技术研究"通过省交通厅鉴定。2002 年获省科技进步二等奖，中国公路学会科技进步三等奖。成果内容：首次将灰色预测控制理论成功地应用于大跨径 PC（预应力混凝土）连续刚构桥的施工控制，并形成快速有效的施工控制系统。研制的以 Windows 为平台、以数据库技术为核心、以面向对象技术为设计思想的桥梁施工监控数据管理系统，为施工控制的快速有效提供有力的技术支持。提出适用于 PC 连续刚构桥施工监控及混凝土裂缝分析的 0 号块空间应力分析建模的新方法，通过对各施工和运营阶段最不利组合荷载作用下0号块的应力计算与实桥监测，为0号块的优化设计和选择最佳的施工方案提供了可靠依据。合拢方案优选研究采用模拟施工过程的动态有限元方法。提出7自由度空间薄壁箱梁单元，简化计算模型，增强计算分析功能，开辟箱梁结构分析新途径。提出双薄壁墩参数设计方法和箱梁无粘结预应力设计计算方法，为修订和完善现行《桥梁设计规范》积累有价值的资料。成功将无粘结预应力钢绞线应用于PC连续刚构实桥的箱梁大悬臂翼板工程中。

天巉公路隧道防排水设计施工研究。1997年7月—2002年8月，省交通工程处承担的"天巉公路隧道防排水设计施工研究"于2002年12月通过省科技厅验收，获2003年省建设厅科技进步一等奖、中国公路学会科技进步三等奖。研究成果：能反映坑道涌水的自然条件有地层岩性、地形地貌、地层构造、植被情况；与隧道渗漏水相关的人为因素有设计中遗漏重要隧道出水条件，采取了无效的措施，采用的隧道结构、施工方法与防排水要求不相适应及各种施工因素。甘肃地区黄土软岩隧道防排水设防重点为有效的路基排水系统、保温防冻的排水构造、全面的防水结构。依据对甘肃黄土区漏水隧道调查结果的分析、铁路隧道涌水状态分类，用工程类比法提出甘肃黄土区黄土软岩隧道涌水类型划分表，以及对涌水类型校核与细分的三种方法。在非饱和黄土隧道设计中，要采取一定的排水措施，以免黄土基质吸力丧失过多而危及结构安全。黄土软岩隧道防排水结构采用路边有槽形式；洞内路基排水系统采用中心排水管形式；拱墙部防水宜满铺防水板，以适应地层中水路的形成及演变；衬砌背后排水构造考虑维修养护的需要，要设疏通设施。

黄土山区高等级公路防排水系统研究。1997年8月—2001年8月，省交通厅科技处主持的"黄土山区高等级公路防排水系统研究"于2002年12月通过省科技厅验收，获2003年省建设厅科技进步一等奖。成果内容：提出甘肃黄土山区小流域洪峰流量确定方法；黄土路堑边坡降雨侵蚀规律及防排水技术；黄土路堤边坡漫流侵蚀规律；路面排水设计方法；黄土山区公路防排水的主要防护形式。本项目解决的主要技术关键有：建立适用于公路工程的小流域暴雨洪峰流量确定方法；分析归纳得出黄土路堑边坡降雨的侵蚀规律，从而提出路堑边坡防排水设计方法；探索压实黄土边坡降雨侵蚀规律，从而提出路堤边坡防排水设计方法；对路面表面水汇流规律、排水结构形式及计算方法进行研究，为高等级公路路面表面排水设计提供可靠依据；提出黄土山区公路排水系统设计原则。本次专门研究在国内尚属首次。

黄土冲沟地区桥梁复合地基应用研究。1999 年 9 月—2003 年 9 月，省交通厅工程处承担的"黄土冲沟地区桥梁复合地基应用研究"于 2004 年 12 月 27 日通过省科技厅验收，研究成果达到国际先进水平。成果内容：建立复合地基数值仿真模型与分析平台，对桥基复合地基的作用性状及适应性进行系统的理论分析；通过室内模型试验，研究基础刚度、桩土模量、下卧层特征对复合地基性状的影响，为复合地基的设计与计算提供科学依据；通过原位载荷试验及分析，对湿陷性黄土复合地基的承载力性状进行评价，建立桥基复合地基承载力的确定方法；初步建立黄土冲沟地区桥梁复合地基的设计计算与施工控制技术，为复合地基在桥梁基础中的推广应用奠定基础。巉柳高速公路借鉴课题研究成果，对原设计进行优化，首次采用灰土挤密桩复合地基技术，对全线 6 座桥梁基础下的湿陷性黄土地基进行了处理。

土家湾隧道软黄土段地基加固技术实验研究。2000 年 2 月—2002 年 6 月，省交通厅工程处承担的"土家湾隧道软黄土段地基加固技术试验研究"通过省交通厅鉴定，获 2003 年省科技进步二等奖。成果内容：将水泥粉喷桩加固技术应用于软黄土地基中，该种加固方法在黄土地区公路建设中为首次使用。同时，根据软黄土自身的特性和公路工程特点，结合试验研究和数值计算，提出柔性基础复合地基的分析思路，并通过对《建筑地基处理技术规范》JGJ79-91 中规定的水泥粉喷桩单桩承载力和复合地基结合试验研究和数值计算，提出柔性基础复合地基的思路，对《建筑地基处理技术规范》JGJ79-91 中规定的水泥划定取值范围，达到优化设计、降低工程造价的目的。采用高压旋喷技术加固隧道软黄土地基，旋喷深度在 50 米以上，有效地解决暗埋隧道基底加固技术难题。提出低强度桩——柔性筏基共同作用处理思路，按照此思路在公路工程中首次将新型土工合成材料——土工格栅应用于复合地基中，有效解决路基不均匀沉降问题，拓宽公路工程中土工合成材料的应用领域。土家湾隧道病害处置采用水泥水玻璃双液注浆技术固化坍塌泥流病害技术，通过大型现场载荷试验，对水泥粉喷桩及其复合地基性状进行系统试验研究，确定桩间土的承载力特性（比原状土提高 20%~40%）、桩土应力比特征（3~6）及其受力性状。载荷试验的规模和荷载板尺寸在国内尚属首例。

黄土路基压实技术研究。2001年10月—2004年12月，省交通科研所承担的"黄土路基压实技术研究"获得中国公路学会科技进步三等奖。成果内容：对中国黄土地区公路普遍出现路基沉陷、路面开裂等病害均与路基压实不足有关的问题，对黄土路基的压实标准和压实技术进行研究，研究成果的应用对控制黄土路基沉降、提高路基稳定性、减少公路病害产生了巨大的经济效益和社会效益。

甘肃省季节冻土区公路路基修筑技术研究。2002年7月—2005年12月，省交通科研所承担的"甘肃省季节冻土区公路路基修筑技术研究"通过省交通厅验收。2009年获得省政府颁发的省科学技术进步奖三等奖。成果内容：合作至郎木寺公路工程病害原因分析及冻害防治措施研究，天祝、祁连山区主要公路病害调研、分析研究，重冰冻地区路基设计原则及参数研究。

湿陷性黄土地区路基路面病害处置技术研究。2001年1月—2004年3月，省交通厅完成"湿陷性黄土地区路基路面病害处置技术研究"。该项目研究成果总体达到国际先进水平，其中关于柔性基础下复合地基承载力的研究达到国际领先水平。本科研项目对高填土路堤沉陷沉降控制技术、干旱地区湿陷性黄土路基边坡植物防护技术、高填土路堤下复合地基性状试验研究、湿陷性黄土地区挖方路段土基病害防治技术、湿陷性黄土地区沥青面层混合料抗裂技术、湿陷性黄土地区水泥沙砾基层材料裂缝防治技术等六个方面展开了系统研究，形成一套关于湿陷性黄土地区公路路基路面病害防治的较为系统的理论，为湿陷性黄土地区的公路路基路面病害防治工作建立理论依据，指导该类地区高等级公路的设计、施工和养护工作，可为湿陷性黄土地区有关公路路基、路面的设计和施工规范的编制提供理论依据。该项目首创了压实原状土样室内回弹模量的测试方法；首次建立在不破坏路面结构的情况下，测定运行中的公路路基回弹模量 E0 的技术；首次根据研究成果提出公路自然区划黄土地区Ⅲ2区路基回弹模量 E0 取为 20~27MPa，公路自然区划黄土地区Ⅲ3区路基回弹模量 E0 取为 20~26.5MPa；首次解决 SHRP 规范中 PG 分级存在的不能够区分不同标号沥青的问题；首次提出采用锥入度试验评价沥青胶浆的高温性能及其规律，试验方法简单易操作，试验结果可靠；首次提出采用低温蠕变试验评价沥青胶浆的低温性能及其规律，试验方法简单易操作，试验结果可靠；首次提出 SMA 混合料在满足规范规定的 $VCA_{mix} \leqslant VCA_{DRC}$ 时，路用性能并不最优，在 $(VCA_{mix}-VCA_{DRC})$ 约为 $[-2, 2]$ 区间时，路用性能最优；首次大规模系统的对基质沥青 AC、Superpave、纤维沥青混合料、改性沥青 AC、SMA、Superpave 沥青混合料的综合路用性能进行了优选评价，为西部湿陷性黄土地区高等级公路优选高抗裂性能沥青混合料提供了理论依据。

红层软岩地区公路修建技术研究。2002 年 7 月—2005 年 6 月，省交通科研所承担的"红层软岩地区公路修建技术研究"通过交通部验收。2006 年获得由四川省政府颁发的一等奖。成果内容：研究红层软岩的岩体工程性质，红层软岩地区公路边坡的稳定性分析评价及防护与加固、路堤填筑、桥梁基础和隧道关键设计施工技术以及重点路段路线方案选择等问题。

黄土地区隧道的修筑技术研究。2001 年 10 月—2005 年 10 月，省交通厅工程处、省交通规划勘察设计院有限责任公司承担的"黄土地区隧道的修筑技术研究"于 2005 年 11 月 23 日通过鉴定验收，成果总体达到国际领先水平。成果内容：研编数值仿真有限元程序；系统研究黄土土体参数、衬砌参数、开挖进尺以及埋置深度对围岩和衬砌结构受力与变形性状影响；分析隧道结构受力性状及浸水对结构的影响；开展大规模、系统全面的现场测试；提出深浅埋界定的新思路；推导浅埋土质隧道围岩压力公式；总结出黄土隧道防排水结构的设计原则；提出黄土公路隧道的衬砌断面形式；提出适合黄土隧道的施工方法；提出黄土公路隧道的病害类型及各种类型的处置方法。

G212 线公路陇南段修筑技术研究（公路滑坡泥石流防治技术研究）。2002 年 7 月—2006 年 9 月，省交通科学研究所承担的"G212 线公路陇南段修筑技术研究（公路滑坡泥石流防治技术研究）"获得 2007 年度中国公路学会科学技术二等奖。成果内容：对 G212 线陇南段滑坡、泥石流防治关键技术问题，依托相关工程，通过现场专项综合调查、研究和测试分析、物理模拟试验和数据模拟、计算分析 3S 技术等手段，研究取得滑坡、泥石流的分布、分类、判别和区划标准等 8 项研究成果。

黄土地区台后跳车对策及防治。甘肃路桥集团公司承担的"黄土地区台后跳车对策及防治"获 2005 年度省科学技术奖二等奖。成果内容：本项目结合不同的现场实体工程，通过采用不同的路基填料和地基处理措施，对桥头跳车病害进行预防研究，实测结果表明效果明显；采用半整体式桥台搭板的结构形式调整路桥过渡段的力学性状，有限元计算结果表明，长度大、坡度较大的搭板有利于路桥过渡段的受力；根据能量守恒原理，推导了路桥过渡段行车荷载的计算公式，该公式可用于路桥过渡段的设计计算。另外，在确立桥头跳车病害修复标准的基础上，推导了桥头加铺计算长度公式。

甘肃省高速公路交通工程规划关键技术研究。2007年5月—2009年3月，省交通厅完成"甘肃省高速公路交通工程规划关键技术研究"。基于甘肃省高速公路网规划，在全面调研并总结分析已建高速公路交通工程的建设经验和运营现状、国内外和省内交通工程建设经验的基础上，开展甘肃省高速公路交通工程总体规划研究，其主要内容包括收费站点布设、机电系统、交通安全设施及安全运营、房屋建筑及服务设施、供电与照明子系统。研究成果分析甘肃省高速公路网规划、建设及管理需求新情况，提出高速公路通信、监控、收费及其管理体制的框架结构，明确高速公路通信、监控、收费的实施规模、标准、计划及发展目标等，为今后甘肃省高速公路交通工程规划、设计、施工、运营管理等提供理论依据，填补甘肃省高速公路交通工程系统规划研究的空白。该课题研究成果在编制《甘肃省高速公路交通工程规划》和进行甘肃省高速公路网路线命名和编号调整工作、甘肃省高速公路网相关标志更换设计工作，以及十天国家高速、平武地方高速、青兰国家高速、京新国家高速等多条高速公路建设项目可行性研究工作中起到行业技术指导和参考作用。本项目获2009年中国公路学会科学技术三等奖。

刘家峡大桥关键技术研究。2009年5月—2012年12月，省交通厅工程处承担的"刘家峡大桥关键技术研究"获2014年度中国公路学会科技进步二等奖。成果内容：刘家峡大桥岩体特性及岸坡稳定性，岸坡工程地质—岩体力学环境条件研究，岸坡岩体特性及岩体质量分级，岸坡变形破坏机制，岸坡的稳定性分析与评价，研究潜在不稳定岸坡防治对策，研究库水位升降对边坡稳定性的影响，刘家峡大桥抗风性能研究，刘家峡大桥疲劳性能研究，刘家峡大桥抗震性能研究。相关成果：桥址区（第三系红层）岩体（石）物理力学参数研究报告，桥址区岸坡岩体卸荷特征研究，刘家峡大桥岸坡稳定分析报告，桥址区塌岸预测分析研究（在核心期刊发表学术论文2~3篇），刘家峡大桥风参数调研报告，桁式加劲梁悬索桥动力特性及其结构影响参数研究报告，静风荷载作用下桁式加劲梁悬索桥承载力与稳定评价报告，桁式加劲梁节段模型试验研究报告，桁式加劲梁抗风动力稳定综合评价报告，桁式加劲梁悬索桥气动稳定措施研究报告。结合课题研究成果，撰写学术论文，在国内外核心期刊发表学术论文 3~5 篇。刘家峡大桥疲劳车辆模型及其荷载研究报告，典型节点和吊杆锚点静力和疲劳试验研究报告，刘家峡大桥疲劳评估报告，在核心期刊发表学术论文 3~5 篇。桁式加劲梁悬索桥反应谱分析报告，桁式加劲梁悬索桥非线性地震响应时程响应分析报告，桁式加劲梁悬索桥抗震设计方案研究报告，非一致激励下桁式加劲梁悬索桥地震反应分析报告，钢管混凝土桥塔抗震性能研究报告。核心期刊发表学术论文 3~5 篇。

非饱和路基土物理力学特性研究。2010 年，省交通厅科技处主持的"非饱和路基土物理力学特性研究"通过省交通厅鉴定，获得 2011 年度中国公路学会科学技术二等奖。成果内容：采用室内试验与理论分析等手段，对非饱和路基土的土水特征曲线特性、强度特性和变性特性等进行系统研究，得到温度、土质、压实度及干湿循环过程对非饱和路基土土水特征曲线的影响规律，建立包含净平均应力的三变量广义土水特征曲线，以及包含净平均应力和偏应力的四变量广义土水特征曲线；获得非饱和重庆黏土以及非饱和黄土在不同压实度和吸力下的强度与变形特征，掌握干湿循环对路基回弹模量的影响规律，提出考虑基质吸力的非饱和路基回弹模量预估模型。基于对非饱和路基土物理力学特性的研究，提出路基填料选择、路基压实度的含水量控制、路基防排水等方面的建议。

（二）公路运输

客运信息管理系统。1989 年 12 月—1991 年 5 月，省交通厅运管局、省交通厅电算室承担的"客运信息管理系统"通过省交通厅鉴定。1992 年获省交通系统科技进步二等奖，同年获省电子计算机应用成果二等奖。成果内容：该系统是对省（自治区、直辖市）、地（州、市）两级公路运输管理部门所辖范围内客运情况数据进行收集、汇总分析、查询检索、打印台账报表、输出数据（磁盘）的计算机管理系统。

公路运输管理计算机管理系统。1992 年 5 月—1993 年 5 月，兰州市公路运输管理处、省交通厅运管局承担的"公路运输管理站计算机管理系统"

通过省科学技术委员会鉴定。1994年获省交通系统科技进步二等奖。该系统将运管站的主要业务工作纳入计算机管理。

公路客运计算机网络服务系统。1992年2月—1993年8月，省交通厅运管局、兰州市第一汽车运输公司承担的"公路客运计算机网络服务系统"通过交通部鉴定。1995年获省计算机优秀成果一等奖，1996年获交通部行业联合科技攻关优秀项目奖。该系统是对公路客运作业全过程进行计算机管理的实时多用户网络系统。系统具有生产调度、售票、检票、监控、查询、营收结算6个子系统。该系统可实现多个汽车站间的远距离联网售票，并可相互配载，相互结算。车站之间、车站与公司间通过网络互联，实现整个客运系统的网络化管理。系统采用效率高、可移植性好的C++3.1和美国SEQUIER软件公司C语言数据库函数库–code BASE混合编程。成果在国内同行业中处于领先水平。

甘肃省公路运输服务中心计算机信息管理系统。1992年5月—1995年12月，省交通厅运管局、省汽车运用工程研究所、省交通科技通信中心承担的"甘肃省公路运输服务中心计算机信息管理系统"通过省交通厅鉴定。该系统有UNIX操作系统、ORACLE数据库系统和TCP/IP通信协议，通过总结实现了多用户分布式系统。系统的总体功能包括零担、货代、仓储、特种、交易市场、财务、统计、办公自动化8大子系统，涉及公路运输服务的主要业务，具有综合服务功能。系统基本功能模块设计遵循了结构化的要求，应用系统的集成和控制采用了动态构造方法，能满足不同层次、不同用户对系统功能模块动态组合应用的要求，具有很强的适用性和可扩充性，符合公路货运服务市场的实际。系统通过点对点通讯，实现了甘肃省中心与临夏分中心和各零担运输站（货运服务站）之间的业务数据传递，为货物运输的调度和配载工作提供了有效的方法和手段。该系统在全国公路运输行业处于领先地位。

兰州东、西两站多媒体查询系统。1995年—1996年5月，省交通厅运管局、兰州第一汽车运输公司承担的"兰州东、西两站多媒体查询系统"通过省交通厅鉴定，1996年获省计算机优秀成果一等奖。该系统应用于公路客运站多媒体节目制作与信息查询，集文字、图形、图像及音视频等多种媒体于一体，通过计算机控制，实现多种媒体的合成编排、播放和自助查询显示。该系统是由触摸屏信息查询系统、大屏幕编播系统和 LED 彩电子显示系统三个部分组成。该系统集合 WINDOWS、VISUALBASIC、PHOTOSHOP、PREM IERE、FOXPRO 数据库等多媒体软件制作平台，实现了图、文、声、像等多种信息的综合查询服务。该成果在国内同行业的计算机信息服务系统中处于领先水平。

（三）战略规划

甘肃省公路水路交通"十一五"规划由甘肃省公路网规划办公室完成。"规划"结合甘肃省交通运输发展现状及未来需求，根据甘肃省 2010 年"超越总体小康水平"的目标，提出今后 5 年甘肃省交通力争实现新的跨越式发展，到 2010 年甘肃交通建设取得突破性进展，交通条件发生明显变化，对甘肃国民经济发展的制约状况得到改善，并为到 2020 年建成满足全面建设小康社会要求的交通运输系统奠定坚实基础。"十一五"期间，甘肃省交通建设总投资规模预计在 700 亿元左右，公路网总里程达到 5 万公里（含四级及四级以上村道），其中高速公路在 2000 公里以上，二级及二级以上公路约占总里程的 18%，高级、次高级路面里程约占 50%，所有具备条件的乡（镇）和 50% 的行政村通沥青（水泥）路，公路网密度接近 12 公里/百平方公里。

2004 年 4 月开始，2007 年 7 月完成，并于 2007 年 7 月经省发展和改革委员会正式批准实施，获 2009 年省优秀工程咨询成果二等奖。

甘肃省高速公路网规划（2007 年）由省公路网规划办公室完成。"规划"以建立现代综合运输系统为出发点，以国家规划高速公路网为基础和立足点，全面推进甘肃公路交通运输现代化建设步伐，实现国家高速公路网在甘肃境内畅通，充分发挥省会兰州的辐射功能。到 2030 年，构筑一个"外通周边省（区）、省会直达市（州）、市（州）彼此通达、连接重要县（市）"的省域高速公路网络，拉动区域经济增长，提高民众生活质量，保障经济、国防安全，满足甘肃全面建设小康社会和现代化建设的需要。规划总里程 4750 公里，其中国家高速公路 3753 公里、地方高速公路 997 公里。

本项目于 2004 年 2 月开始，2007 年 4 月完成，并于 2007 年 4 月经省政府正式批准实施，获 2009 年省优秀工程咨询成果一等奖。

甘肃省高速公路网规划（2009 年调整）由省公路网规划办公室完成。

"规划"结合甘肃省经济社会发展、产业布局及城镇发展规划，在原《甘肃省高速公路网规划》路线布局的基础上，按照"外接周边、内连市州、完善骨架、有效衔接"的基本要求，以"加密、连通、对接、扩容"为重点，采用纵横线与放射线、联络线相结合的布局模式，形成由两大系统（国家高速公路系统、地方高速公路系统）、44 条路线构成的甘肃省域高速公路网，路网总规模 7950 公里，其中国家高速公路 3753 公里、地方高速公路 4197 公里。与原规划相比，规划新增高速公路 27 条 3200 公里。

该项目于 2008 年开始，2009 年 11 月完成，并于 2009 年 11 月经省政府正式批准实施，获 2010 年省优秀工程咨询成果三等奖。

附：甘肃省交通系统职工主要科技著作出版、论文发表情况见表 4-2-3、表 4-2-4。

表 4-2-3

甘肃省交通运输系统职工主要科技著作出版情况表

名称	作者	出版社	出版时间
甘肃省"八五"交通科技进步成果汇编（1991—1995）	甘肃省交通厅	（内部发行）	1996 年 12 月
甘肃公路交通科技论文集·公路篇	甘肃省公路学会	兰州大学出版社	2004 年 12 月
甘肃公路交通科技论文集·桥隧篇	甘肃省公路学会	兰州大学出版社	2005 年 9 月
论文、资料汇编	甘肃省公路学会	（内部发行）	2003 年 12 月
十年磨一剑：王龙飞高速公路土建工程论文集	王龙飞	甘肃科技出版社	2010 年 8 月
交通工程及沿线设施养护	甘肃省公路局	人民交通出版社	2009 年 8 月
公路路基与路面养护	甘肃省公路局	人民交通出版社	2009 年 8 月
公路桥涵与隧道养护	甘肃省公路局	人民交通出版社	2009 年 8 月
公路养护机械使用与维护	甘肃省公路局	人民交通出版社	2009 年 8 月
兰州—海口高速公路甘肃段工程地质问题研究	甘肃省公路局	兰州大学出版社	2006 年 1 月
复杂地质条件下公路隧道信息化施工技术研究	甘肃省公路局	兰州大学出版社	2005 年 5 月

表 4-2-4　　　甘肃省交通运输系统职工论文发表情况统计表（省部级以上）

论文名称	作者姓名	发表时间	发表刊物名称	作者单位
浅谈沥青路面裂缝的产生机理与防治措施	郝东安	2008 年 4 月	《公路交通科技》	甘肃省公路管理局
GPS 坐标控制网纳入独立坐标系的方法	廖君儒	2010 年 2 月	《公路与自然》	
公路混凝土桥梁裂缝成因分析及防治措施	张鹏举	2010 年 5 月	《公路与自然》	
33 公里+560 米大桥钻孔灌注桩的施工	张　斌	2006 年 12 月	《兰州交通大学学报》	
论 PE 管热熔对焊接施工技术的应用	魏同春	2007 年 7 月	《广东技术师范学院学报》	
大桥箱梁预应力施工控制研究	张　斌	2009 年 11 月	《甘肃科技纵横》	
湿陷黄土高边坡喷锚网支护试验及其应用研究	高维隆	1998 年 4 月	《西安公路交通大学学报》	
浅谈黄土地区高等级公路高路堤施工技术	赵万中	2005 年	《甘肃科技》	
高速公路沥青混凝土路面施工质量控制	刘长玉	2007 年	《甘肃科技》	
浅析沥青混凝土路面施工中的若干技术问题	崔永昌	2007 年	《甘肃科技》	
桥梁施工中张拉预应力张拉施工工艺技术探讨	孙致元	2007 年 8 月	《甘肃科技》	
Sup-13 高性能沥青砼施工工艺	刘金召	2008 年	《甘肃工程建设》	
后张法预应力钢绞线施加预应力的计算与控制	王华德	2008 年	《中国科技纵横》	武威公路总段
浅谈公路施工工程中的成本控制	周文彪	2008 年	《甘肃科技纵横》	
浅谈公路工程施工中的材料质量控制	王　江	2008 年 6 月	《甘肃工程建设》	
水泥混凝土路面断板产生的原因及养护维修处治措施	王明成	2008 年 8 月	《甘肃科技》	
浅谈大体积混凝土的裂缝控制	王国斌	2008 年 8 月	《甘肃科技》	

续表

论文名称	作者姓名	发表时间	发表刊物名称	作者单位
浅谈我省高等级公路养护管理	郭成军	2009年	《甘肃科技》	武威公路总段
强夯技术在刘白高速公路施工中的应用	鲁华征 吴金荣	2006年5月	《交通标准化》	
公路斜交梁(板)式桥涵及锥坡几何尺寸计算	张立松	2007年2月	《甘肃科技》	
加强机械设备信息化管理	刘玉国	2007年8月	《建设机械技术与管理》	
浅谈推行公路养护工程监理制度	赵小平	2007年8月	《甘肃工程建设》	
大沙河桥加固维修工艺	刘玉国 安海峰	2007年9月	《筑路机械与施工机械化》	
沥青路面严重龟裂、网裂病害处治技术	肖威	2007年11月	《甘肃科技》	张掖公路分局
加强机械设备信息化管理	刘玉国	2007年	《建设机械技术与管理》	
稀浆封层技术在国道227线公路预防性养护中的应用	黄汉斌	2009年11月	《甘肃科技》	
浅析沥青碎石混合料配合比设计在公路施工中的应用	刘永红	2010年9月	《科学时代》	
乳化沥青生产要点控制及其优越性	白玉红	2010年10月	《价值工程》	
强夯技术在刘白高速公路施工中的应用	鲁华征 吴金荣	2010年11月	《建设机械技术与管理》	
黄土地区土桥的水稳性分析	李涛	2009年	《中国建材》	
论高速公路施工中的测量工作	冯骥	2002年	《西北大学学报》	庆阳公路总段
改性沥青碎石同步封层技术	史建勋	2008年	《甘肃科技》	

续表

论文名称	作者姓名	发表时间	发表刊物名称	作者单位
G310 国道牛脑段沥青混凝土路面机械化施工	王定喜	1999 年 3 月	《筑路机械与施工机械化》	
成本管理信息系统在公路施工企业中的应用	唐 信	2003 年 5 月	《甘肃科技纵横》	
含无钉区结合梁剪力钉的滑移与受力分析	张 确 陈玉骧	2004 年 2 月	《山西建筑》	
寒区公路翻浆和防治措施	王长江	2004 年 5 月	《甘肃科技纵横》	
浅析公路工程项目施工管理系统	张 镁	2005 年 3 月	《甘肃科技纵横》	
公路工程项目质量控制与进度管理研究	张丽娟	2005 年 9 月	《甘肃科技》	
浅谈对混凝土泵车的初步认识	张世虎	2006 年 1 月	《中国公路学报》	
祁家黄河大桥 C55 微膨胀钢管混凝土试验研究	李恒堂 狄生奎 张 诛	2006 年 5 月	《甘肃科技纵横》	甘肃路桥建设集团
预应力锚杆框架护面在边坡防护中的应用	谢永伟	2006 年 5 月	《甘肃科技纵横》	
祁家黄河大桥拱肋线形控制技术	王生辉	2006 年 5 月	《甘肃科技纵横》	
沥青路面早期破损原因分析及其预控	周康祥 雷建强	2007 年 6 月	《甘肃科技纵横》	
人工挖孔灌注桩施工工艺应用实例	徐鸿儒	2007 年 6 月	《甘肃科技纵横》	
浅析古渭坡浅埋段隧道施工	张成都	2008 年 2 月	《甘肃科技》	
祁家黄河大桥钢管拱拱肋测量控制	许尔柱	2008 年 3 月	《甘肃科技纵横》	
锁儿头隧道出口浅埋段施工技术	王小龙	2009 年 12 月	《甘肃科技》	
乌鞘岭高速公路隧道超前长管棚在洞口碎石土围岩中的应用	苟朝勇	2009 年 2 月	《甘肃科技纵横》	

续表

论文名称	作者姓名	发表时间	发表刊物名称	作者单位
施工机械的经济核算管理	王淑洋	2009 年 8 月	《发展》	
隧道甬岩监控量测技术在南阳山隧道施工中的应用	鲁海峰	2010 年 11 月	《公路交通科技》	
粉煤灰及石粉对人工砂高性能混凝土影响研究	刘建刚	2010 年 1 月	《现代隧道技术》	
箱梁预制的质量控制的 QC 活动全过程	朱守勤	2010 年	《科技信息》	
大面积混凝土地面裂缝原因分析及预防措施	梁富珍	2010 年	《甘肃科技》	
喷锚支护技术在华夏大峰工程中的应用	王效义	2009 年 6 月	《甘肃科技》	
浅谈项目施工的成本控制管理	许艳红	2010 年	《发展》	
钻孔灌注桩通病分析与防治	杨婷婷	2010 年	《科技信息》	
软土地基处理土合成材料施工技术探讨	张晓亮	2010 年	《科技信息》	
浅谈公路隧道常见渗水病害的控制与预防	冯志刚	2004 年 6 月	《兰州交通大学学报》	甘肃路桥建设集团
公路混凝土外观质量控制	刘昌智	2008 年	《科技纵横》	
浅谈 95 区试验路段施工	王治才	2005 年	《甘肃科技》	
保证桥涵混凝土的工程措施	赵文成	2007 年 6 月	《甘肃科技》	
从施工角度看我省县级公路改建	赵 艳	2007 年	《甘肃科技》	
谈强夯法在路基加固处理中的应用	郭明敏	2007 年	《甘肃科技》	
谈路基石方爆破	岳永篇	2006 年	《科技纵横》	
人字扒杆吊装技术在公路桥梁上的应用	周小宝	2007 年	《科技纵横》	
公路建设工程投标考察的必要性探讨	白荷军	2008 年	《甘肃科技》	
地道桥的有限元法结构分析	金建平	2009 年	《甘肃科技纵横》	
简述隧道工程光面爆破的主要技术参数	雒建奎	2009 年	《甘肃科技纵横》	
黄土隧道施工——双侧壁导坑法	宋长银	2009 年	《甘肃科技》	
浅谈公路施工企业如何以贯标促进企业管理	谈彩萍	2008 年	《甘肃科技》	

续表

论文名称	作者姓名	发表时间	发表刊物名称	作者单位
浅议施工企业机械设备管理	王润旺	2009 年	《甘肃科技》	
二级公路路面下基层的施工方法	魏建俭	2009 年	《甘肃科技》	
注浆法在黄土地区公路隧道陷穴处理中的应用	刘 杰	2008 年	《甘肃科技纵横》	
县乡沥青碎石路面病害成因及防治措施	王 强	2010 年	《中国科技博览》	
盐渍土地区公路路基溶蚀影响因素及防治措施	李 仁	2010 年	《甘肃科技》	甘肃路桥建设集团
浅谈几种改性乳化沥青	李学锋	2010 年	《科技信息》	
简述公路施工中提高机械设备经济管理效益的有效途径	王平寿	2010 年	《发展》	
浅谈水泥混凝土路面裂缝及施工中的控制	席海天	2010 年	《科技信息》	
冻结兰州黄土的 Maxwell 粘弹性本构模型试验	张小龙	2009 年	《甘肃科技》	
抗辙剂在沥青路面施工中的应用	刘 辉	2008 年 7 月	《中国公路》	
软弱围岩的蠕变损伤特性及最佳支护时间的确定	王永刚	2007 年	《中国铁道科学》	
预应力边坡锚固参数的优化设计方法	王永刚	2006 年	《公路交通科技》	甘肃省交通规划勘察设计院有限责任公司
武罐路（高比例桥隧路线）隧道群的隧址选择及线形特点	刘一华	2009 年 8 月	《公路交通科技》	
250m 大桥大跨度连续刚构桥的结构分析	曾志刚等	2009 年 7 月	《城市道桥与防洪》	
刘家峡大桥钢管混凝土拱塔共同工作性能研究	樊 江	2010 年 10 月	《公路交通科技》	

续表

论文名称	作者姓名	发表时间	发表刊物名称	作者单位
一种桥面铺装沥青混合料直接剪切强度容许值得确定方法	刘建勋 纪小平 陶永宏 曹晖 何世雄	2004年11月	《甘肃科技》	甘肃省交通规划勘察设计院有限责任公司
改性沥青老化后动态粘弹力学行为的研究	李晓民等	2007年	《中外公路》	
甘肃省公路地质灾害区划研究方案及技术关键	陈宏斌等	2007年11月	《公路交通科技》	
RTK技术的优缺点及其发展前景	余小龙等	2007年10月	《测绘通报》	
刚架与拱组合桥合理工序研究	武维宏等	2008年11月	《铁道建筑》	
车辆荷载作用下祁家黄河大桥振动控制与舒适度评价	武维宏等	2009年2月	《公路交通科技》	
高频地震波检测混凝土构件的方法	王洪海	2006年	《河西学院学报》	
Molecular interdiffusion of hauling theory between dissimilar polymers based on novel USW	张国宏	2010年	Advanced Materials Research	
沥青路面水破坏原因分析与设计探讨	张有安	2004年	《中国公路》	
浅谈怎样提高公路工程概预算编制质量的方法	张玉萍	2010年6月	《中国科技纵横》	
利用VB开发公路涵洞设计系统	胡学奎等	2007年9月	《公路交通科技·应用技术版》	
水泥混凝土桥面铺装早期破坏的现状及原因机理分析	马胜午	2009年	《福建建材》	

续表

论文名称	作者姓名	发表时间	发表刊物名称	作者单位
既有 RC 桥梁时变可靠性分析	赵永春	2007 年 2 月	《特种结构》	甘肃省交通规划勘察设计院有限责任公司
水泥混凝土早期裂缝分析与防治技术探讨	刘金平	2006 年 12 月	《兰州交通大学学报》	
某刚构—斜拉组合桥主桥结构计算与分析	董世秋等	2008 年 11 月	《公路》	
双车道公路线形设计中的视觉一致性	庚昱	2008 年 10 月	《公路交通科技》	
浅议山区高速公路建设中的地质工作	李锦	2005 年 10 月	《甘肃科技纵横》	
西北黄土成因初探	侯建军	2010 年 12 月	《甘肃科技纵横》	
基于结点重要度理论的运输枢纽布局方法研究	裴华	2009 年 4 月	《甘肃工程建设》	
全站仪在空间观测点测量中的应用	蒋建新	2005 年	《甘肃工程建设》	
GPS 全球定位系统在公路中线放样中的应用	秦晓明	2008 年 11 月	《山西建筑》	
武罐高速公路路线布设与景观、环保协调设计的探讨	杜荣春	2006 年	《交通节能与环保》	
干旱黄土地区坝武路堤涵洞及附属泄洪设施设计流量消减计算	高维隆 郑南翔 赵学艺 田伟平 李玉海 贺德荣 杨世君	2010 年 5 月	《公路》	甘肃省公路工程定额管理站

续表

论文名称	作者姓名	发表时间	发表刊物名称	作者单位
公路工程设计阶段的造价管理	李祥辉	2010 年 12 月	《公路》	甘肃省公路工程定额管理站
关于对公路基本建设工程投资估算、概算预算编制办法中部分取费标准的探讨	任金兰	2005 年 9 月	《交通标准化》	
水泥"挂牌价格"与实际采购"票证价格"的不平衡关系与指导价格的发布	赵　健	2010 年 10 月	《公路》	
高速公路网生态环境整治区划及环保模式的构建	罗红刚	2006 年 10 月	《公路交通科技》	甘肃省公路网规划办公室
基于灰色系统理论的公路运输量预测	雷鸣涛	2007 年 4 月	《公路交通科技》	
Settlement and Deformation Characters of Collapsible Loess-fill High Embankment and Settlement Calculation Thereof	吴敏刚	2009 年 3 月	ASSA 2009.3 ISSN 1078-6236	甘肃省水运管理局
树脂基复合材料及其在汽车冲模上的应用	苏文斌	1999 年 2 月	《客车技术与研究》	
公铁立交预应力箱梁张拉控制要点	张　宁	2010 年 6 月	《发展》	
大型石油化工装置设备基础地脚螺栓的管理与施工技术	王国繁 贾汝涛	2006 年 2 月	《甘肃科技》	甘肃省交通服务有限公司
甘肃省高速公路服务区生活污水处理组合技术研究与设计	李远广	2009 年 9 月	《交通建设与管理》	
黄土丘陵区域高等级公路绿化苗木的养护管理	赵之科	2007 年 10 月	《交通建设与管理》	
浅述公路边坡生态恢复措施	魏帮庆	2007 年 12 月	《公路交通科技》	

第四编　管理

839

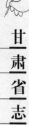

续表

论文名称	作者姓名	发表时间	发表刊物名称	作者单位
浅析如何提高监理人员职业竞争力	付有贵	2008 年	《甘肃科技纵横》	
沥青大碎石柔性基层用沥青性能研究	黄建强	2008 年	《甘肃科技》	
"以人为本"监理路桥施工企业员工激励机制	徐永忠	2009 年	《甘肃科技纵横》	
冲击碾压技术在湿陷性黄土地基中的应用	朱卫国	2010 年	《公路交通科技》	甘肃省交通
公路沥青路面施工监理质量控制的内容和办法	叶 成	2004 年	《建设监理》	工程建设监理
浅谈混凝土的配置及现场精细化管理	王金香	2008 年	《甘肃科技纵横》	有限公司
公路工程建设中建设、监理、施工三方关系之我见	丁 峰	2008 年	《甘肃科技纵横》	
浅谈建立继续教育的必须性和重要性	毛羽丽	2006 年	《甘肃科技纵横》	
冲击碾压技术在高速公路路基施工中的应用	张文泽	2007 年	《甘肃科技纵横》	
工程造价管理与控制方法	沈延亮	2007 年	《甘肃科技纵横》	

第三章　管理与经营

第一节　建设管理单位

一、甘肃省交通厅工程处

（一）机构沿革

1993年2月，省交通厅决定将省交通厅公路局工程处更名为省交通厅工程处，正县级建制，行使省交通厅全能处的职能，从根本上改变甘肃省公路建设上长期存在的养建合一、建设管理与施工为一体的管理体制。1993年3月，机关设办公室、征地拆迁办公室、总工程师办公室、计划统计科、工程科、财务科、人事劳资科、党委办公室、工会。

1999年6月，工程科与计划统计科合并组成生产办公室，组建计算中心（隶属生产办公室）。2000年6月，省交通厅工程处加挂甘肃省高等级公路建设开发有限公司牌子。2001年6月，成立甘肃省高等级公路科技教育培训中心、甘肃省高等级公路设备资产管理中心。同年7月18日，成立甘肃省交通网络管理中心。

2002年1月30日，机关机构调整，设办公室、计划财务科、人事劳资科、运营管理科、企划管理科。同年7月25日，成立养护科。2003年4月9日，成立设计室，撤销企划管理科。同年9月，成立企业管理办公室、工程建设管理科，撤销生产办公室。2004年4月9日，成立后勤服务中心。同年8月11日，成立监察审计科。2005年1月7日，设计室更名为总工程师办公室。2006年4月3日，监察审计科分设为审计科、监察科。2007年8月，撤销运营管理科、人事劳资科，成立劳动安全科。2010年5月，撤销企业管理办公室、后勤服务中心。

2010年，省交通厅工程处共有职工358人，其中高级职称48人，中级职称49人；研究生学历6人，本科学历152人。

下属单位：甘肃新路交通工程有限公司、甘肃紫光智能交通与控制有限公司、甘肃新瑞交通科技发展有限公司。

（二）项 目

省交通厅工程处代表省交通厅负责建设全省公路交通重点建设项目，1993 年—2010 年，共完成投资 434.67 亿元，完成重点建设项目 18 个。1993 年—2010 年甘肃省交通厅工程处重点项目建设情况见表 4-3-1。

1993 年—2010 年甘肃省交通厅工程处重点项目建设情况表

表 4-3-1

年 份	完成投资（亿元）	重点开工项目	重点交工项目
1993	2.2	中川"一幅高速公路"、牛背至北道改建一期工程阎西至北道段	唐家台至刘寨柯、兰州至嵌口段、柳园至星星峡段改建项目，马鬃山边防公路建设项目
1994	2.2		中川"一幅高速公路"
1995	2.1		G312 线静嵌段二级路新建、改建工程，G312 线安柳段二级路改建工程，兰州至武威公铁立交改线工程
1996	2.3	G312 线徐树段、G109 线吴唐段	
1997	2.38		中川公路马尹辅道工程
1998	9.20	天水至嵌口二级专用公路、凤翔路口至郿岘一级公路	G310 线牛背至北道段
1999	17.58	嵌柳高速公路、兰白高速公路	G109 线吴唐段
2000	23.5	尹中高速公路	
2001	22.28	兰海高速公路、山临高速公路	凤郿公路、天嵌二专公路
2002	20.08		嵌柳高速公路、兰白高速公路、尹中高速公路、凤翔路口至郿岘一级公路
2003	25.41	长庆桥至罗汉洞一级公路	兰海高速公路忠树段
2004	22.3	嘉安高速公路、华庄二级公路	山临高速公路、兰海高速公路、罗长公路

年 份	完成投资 (亿元)	重点开工项目	重点交工项目
2005	30.56	宝天高速公路	
2006	40.13	牛北公路大修改造工程	华庄二级公路、牛北公路大修改造工程
2007	45.01	天定高速公路	嘉安高速公路
2008	38.96	天水过境段高速公路、西长凤高速公路	
2009	66.96		宝天高速公路
2010	61.52		天定高速公路

（三）工程管理

1993 年，市场竞争机制被引入公路建设，实行工程招（议）标制。在各国道改建路段派驻征地拆迁办公室工作人员，专门负责征地拆迁协调、费用支出核查和协助解决疑难、遗留问题。加强对重点工程的调度指挥。成立由建设方、监理方、设计方、施工方参加的现场办公室。现场办公室通过召开生产调度会、统计员会、现场办公会、巡回检查等方法，对工程进行调度指挥，对质量、进度、安全进行检查，发现问题及时拍板解决。制定《公路工程基本建设合理化建议和技术改进奖励办法》。

1994 年，要求各施工单位按工程中标合同的有关条款，制定工程建设项目的质量目标和经济责任，层层落实。对重大技术问题必须组织专家论证，以确保质量达标。坚持三级质量保证体系，尤其是加强工程的监理工作和施工单位的自检工作。对重点工程重点部位要求监理人员必须旁站。严格审查设计文件的科学性与合理性，提出修改和完善意见。

1996 年，制定新《公路施工合同范本》，执行部颁新工程施工定额和竣工文件编制办法。采取内部招标竞争、重大复杂项目邀请招标。

1997 年，在工程质量管理中发挥质量监督作用，用好"三权"（即质量监督权、质量否决权、质量仲裁权），把好"三关"（即开工前把好资质审查关、施工中把好监督检查关、竣工时把好质量关）。路面工程施工采用工厂化作业，基层、面层施工实现机械化。严格变更设计程序。

1998年，面向全国公开招标，选择系统外、省外资质高和技术力量强的队伍参与工程施工和监理，弥补本省施工力量和监理力量的不足；推出"黄牌警告、红牌出场"制度；争取地方政府按"先征用拆迁砍伐、后按省市政策补偿"签订征地协议，成立专门征地拆迁部门。

1999年，省交通厅与厅工程处签订工程质量终身责任书。厅工程处与各项目办、项目办与各施工企业和监理企业签订工程质量终身责任书。通过开展"质量年"活动，在设计、监理、施工各方的共同努力下，提出"质量、进度没商量"的口号。当年第二次调度会后，在天巉、凤郿两个项目上设立奖励基金，给予黄牌警告的单位处以2万~5万元的罚款，取消2家施工企业和1家监理企业在白兰、巉柳两条高速公路上的投标资格；授予工程质量流动红旗的单位给予3万~10万元奖励。广泛应用新技术、新材料、新设备、新工艺，科学管理，精心施工。

2002年，山临、兰海两个项目同省国土资源厅签订"征地拆迁政府包干协议"，简化征地环节和手续，解决了征地拆迁的难题。山临项目办通过省统征办与省电信公司协商，签订征迁协议，解决了制约建设进度的电信光缆改迁问题。兰海项目办分别同省电信局、皋兰县电力局、联通公司等部门签订电力、电信光缆、管道改迁协议。

2005年，实行项目建设"三会"制，即征迁协调委员会、技术协调委员会、精神文明创建委员会；强化工程质量动态管理，完善工程建设"求助信箱"，开发"建设项目信息化综合管理平台"系统；开展"质量回头看""设计回访"及"质量联合大检查"等管理活动；重点加强对路基压实度、桥涵台背的处理，以及隧道、新旧路结合部、盐渍土、软土路基、构造物内外观质量的检查和控制，及时纠正各类质量问题。

2006年，制定《省交通厅工程处建设项目管理办法》《省交通厅工程处建设项目交竣工验收管理办法》《厅工程建设项目外业验收管理办法》等规章制度，实行项目办主要负责人分片包点、层层落实责任的管理机制，加强对施工现场管理。制定《交通建设安全专项整治工作实施方案》，加强爆破器材、爆炸物品的管理。

2008年，制定《甘肃省交通厅工程处设计变更实施细则》。

2009年，建立健全"三类人员"管理台账，对特殊工种人员、农民工和使用新技术、新工艺、新设备、新材料的作业人员进行上岗前、转岗前的安全常识和技能教育及适应性培训。制定《安全生产经费计量支付实施细则》和《甘肃省交通厅工程处公路建设项目农民工工资支付公示试行办法》。

2010年，加强对中心试验室和施工单位工地试验室的管理，保证检测试验的准确性和可靠性。各参建单位制定符合实际的公路工程混凝土质量通病治理活动实施方案，使混凝土工程施工中成熟的工艺工法得到有效推广。严格执行"红黄牌"制度，按照省交通运输厅信用评价体系，重奖严罚。全年对在建项目共奖励施工、监理单位210万元，处罚施工、监理单位164万元。

二、甘肃路桥公路投资有限公司

（一）机构沿革

2001年1月13日，省交通厅批准甘肃省公路工程总公司（项目法人）对古浪至永昌项目进行融资、建设、经营管理，并于8月3日批复成立甘肃省交通厅古浪至永昌高等级公路建设项目办公室。11月24日，省公路工程总公司与其下属的甘肃路桥第一公路工程有限责任公司、甘肃路桥第三公路工程有限责任公司共同出资组建甘肃路桥公路投资有限公司，隶属于甘肃省公路工程总公司，内设综合办公室、财务部、工程部。

2002年2月4日，甘肃路桥公路投资有限公司在省工商行政管理局注册登记，注册资本为1亿元人民币，注册经营范围为公路建设项目、水利水电项目、房地产项目的投资。同年4月11日，省交通厅同意将古永高等级公路和临泽至清水高速公路项目法人变更为甘肃路桥公路投资有限公司。

2003年，由于管理体制不顺，省公路工程总公司将甘肃路桥公路投资有限公司和古永收费处移交省交通厅管理。2004年12月22日，公司内设建设管理部、运营管理部、财务资产管理部和综合办公室。2006年3月7日，公司调整内设机构，设党委办公室、行政办公室、项目规划部、建设管理部、财务资产部、工程监理部、运营管理部、人力资源部、监察审计部9个部门。2007年，公司按照省交通厅建、管、养分离的改革思路，将所属古永、临清、清嘉3个收费管理处294人交由省公路局和公路总段管理。

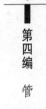

2006 年 1 月，甘肃路桥公路投资有限公司办公地点搬至兰州市城关区广场北路 96 号。

2005 年—2010 年甘肃路桥公路投资有限公司人员结构情况见表 4-3-2。

2005 年—2010 年甘肃路桥公路投资有限公司人员结构情况统计表

表 4-3-2

年　份	职工总数	大学以上比例	固定工比例
2005	43	85%	100%
2010	69	81%	100%

（二）建设管理

基础管理。公司强化公司法人负责制，健全公司组织机构，设立 9 个职能部门；完善各项管理制度 51 项；完善中层管理干部选拔任用和考核监督机制，管理岗位实行竞争上岗，按照德才兼备的原则对公司中层管理干部公开选拔聘任。

项目管理。项目建设从招标到项目实施、交工验收都严格按照国家和交通部的各项法规进行管理。建立从业单位信用管理体系，实施参建单位履约信用登记制度，加强对参建单位履约行为的监管。重点对施工单位的原材料进场、设备及人员到位、转分包、监理工作等进行专项检查，对一些因人员、设备不到位，原材料控制不严，现场管理混乱等原因造成工程进度滞后、质量问题较多的参建单位，给予通报批评和违约处罚。完善公司内部的质量监管体系和责任制度，从上至下推行分级管理、分工负责制，将工程质量管理的责任机制、监督机制有效落实到项目管理的各环节。强化合同履约和质量问责。层层建立工程质量责任卡，层层落实质量问责制，对检查发现的各类质量隐患严格督促整改，确保质量整改闭合率达到 100%。加大违约处罚力度，提高质量违约成本。强化现场管控，严把施工各环节。充分发挥公司及项目办质量巡查小组的质量管理作用，并邀请第三方检测机构及专家对工程质量进行评估、会诊和巡视，及时提供技术支持，解决质量难题。应用高性能新型路面结构，严格按新工艺、新材料组织施工，精心管理，在严控原材料质量的同时，加大对拌和、运输、摊铺、碾压等工序、工艺的检测和过程控制，使新型路面质量达到预期目标。对附属工程质量，要求房建单位对装饰装修材料统一招标、统一采购，确定品牌厂家供应知名产品，保证房建工程投入营运后的使用质量。

制定《防新欠农民工工资长效机制管理办法》，建立农民工工资保证金制度，有效解决和防范拖欠农民工工资问题。

管理理念。基于互联网技术和现代通信平台，在康家崖至临夏、永登（徐家磨）至古浪项目建立和运用三维信息技术、隧道远程监控、信息安全帽定位及高速公路建设项目管理信息系统等。细化和完善招标文件内容，有效防范施工中的合同纠纷和管理漏洞。对各项工程进入施工阶段的管理难点、重点及合同履约中的风险，在招标前认真分析、评估，并在招标文件中全面细化和完善，有效减少和防范施工中的合同纠纷。同时，从内部严格管理招标工作，加强对招标工作人员的法律法规教育和纪律教育，选用政治素质好、业务能力高、工作责任心强的人员参加招标工作。加强设计管理，强化设计责任，严格设计审查，有效防范施工中重大设计变更频繁、征迁干扰多等风险。加强合同履约管理，有效防范合同执行和工程建设质量、安全控制的各类风险。在管理中坚持制定合同、严格执行合同、认真落实合同。将项目建设沿线政府、有关单位和部门共同纳入项目建设体系中，签订合作共建协议，创建良好的建设环境。加强与沿线公安、消防、安监、医院、矿山、路政、运营等部门和单位的合作，充分调动和发挥管理部门的积极性和能动性，创建"安全生产救援协作""三同三保"联防联控等管理体系，为项目建设的规范管理、安全发展提供保障。倡导"小事成大事、细节定成败""粗活做细、细活做精、精益求精"的管理理念，对项目建设的每个环节、每个过程、每个阶段做到精细化、零缺陷、无遗漏管理。

推出"甘肃路投项目安全控制法"。将传统的管理与现代科学技术和先进方法相结合，在管理中大胆实践应用，形成"三个理念""四个创新""五个关键环节""六大体系"经验，通过省上组织的评审。坚持"产学研"结合的科研理念，做到边研究、边应用、边提高，有效解决一系列工程难题。康家崖至临夏项目成功应用经济型高性能沥青路面结构等多项科研成果，在全省高速公路路面结构得到应用；永登（徐家磨）至古浪项目在旧路改造中，利用旧路 102.25 公里。

管理手段。将传统管理手段与现代管理技术相结合，运用现代管理技术提升管理效率和质量。第一，落实现场控制，进一步强化传统管理手段。严格推行现场检查制度，加大项目办对施工现场的巡查频次和管理力度，督促监理人员严格执行现场旁站。公司每月坚持对各项目进行检查指导，及时发现和解决管理中的问题。第二，推行远程监控等现代管理手段，不断提升管理效率。公司对施工现场进行远程监控，做到监控停止、施工作业停止、计量停止。第三，建立项目建设信息管理系统。将项目建设的每项工作，诸如合同、变更、计量、质量、监理费用、进度计划等全部纳入局域网管理系统，建立电子信息控制平台，实现各项工作的信息化同步管理。

新工艺、新工法。组织开展"三维技术在高速公路建设中的应用""乌鞘岭特长公路隧道群建设与运营安全控制技术研究""徐古高速公路旧路基利用技术研究"等多项科研课题，用于解决工程建设施工中的一些难点问题。研究应用三维技术对施工设计进行管理，进一步优化设计方案，提高设计质量，解决前期设计不深、不细等问题。

在公路建设中首次运用现代通信网络技术，对隧道施工实行远程视频监控，使隧道施工作业完全处于透明可控状态，有效提高隧道施工质量。

利用现代科学技术进行安全管理，实行隧道作业人员安全帽数字芯片跟踪，有力保障隧道的作业安全。

应用路面科研成果解决路面车辙、破损等问题。将临泽至清水、武威过境高速公路项目取得的科研成果，转化应用到康家崖至临夏路面设计中，康家崖至临夏高速公路路面厚度从交通部批复的 17 厘米减到 12 厘米。

采用静电除尘新技术，取消了隧道竖（斜）井，有效解决隧道通风问题，节省大量工程投资和运营成本；在隧道照明设计上采用 LED 灯集中照明工艺，节省电能。

信息运用。2006 年后，计算机运用于日常办公，各类办公软件方便文件资料的编制、业务数据统计汇总、演示汇报和设计图纸的查阅和核算。

2007 年 3 月，注册 gs-lqtz.com 国际顶级域名，开发建立企业对外宣传网站——"甘肃路桥公路投资有限公司"网站。

（三）承建重点项目

2001 年—2010 年，甘肃省路桥公路投资有限公司共完成投资 63.06 亿元，完成重点项目古浪至永昌、临泽至清水、清水至嘉峪关、武威过境段、康家崖至临夏、永登（徐家磨）至古浪等 6 条高速公路建设任务，建成通车里程累计 309.69 公里（详见第一编公路）。

三、甘肃长达路业有限责任公司

（一）机构沿革

2001 年 2 月，省交通厅引进外资项目管理办公室组建甘肃长达路业有限责任公司，主要承担全省高速公路引进外资项目的建设管理。甘肃长达路业有限责任公司与厅引资办"一套班子、两块牌子"，实行自主经营、独立核算、自负盈亏管理模式。经营范围是公路建设、交通工程、绿化工程、引进资金、贷款、收费、公路养护。

2004 年 12 月，甘肃长达路业有限责任公司与省交通厅引进外资项目管理办公室实现分离，开始独立运转。2005 年 12 月 12 日，省交通厅批复甘肃长达路业有限责任公司更名为甘肃省交通厅长达路业有限责任公司，作为省交通厅项目执行机构。

公司成立之初，内设总经理办公室、计划财务部、工程技术部、人事劳资部、征地拆迁处、工会等工作部门；下辖甘肃圆陇路桥机械化公路工程有限责任公司、甘肃长兴公路工程有限责任公司、柳古公路管理处、刘白公路项目办公室，核定领导职数 6 名。

2004 年 12 月，公司调整内设机构，机关内设党群工作部、监察室、办公室、计划财务部、人力资源部、工程建设部、运营管理部、项目开发部 8 个职能部门和工会组织。党群工作部与监察室实行两块牌子一套人员的管理模式。将运营管理部公路养护职能划归工程建设部，子项目管理中的设备招标等工作划归项目开发部，审计工作全部归并计划财务部。

截至 2010 年底，公司在册职工 138 人、劳务派遣工 33 人，其中正高级专业技术人员 6 人、高级专业技术人员 44 人、中级专业技术人员 32 人、初级专业技术人员 35 人。

公司地址初在兰州市城关区安西路 168 号，后迁至兰州市城关区南昌路

677 号，办公楼建筑面积 3175 平方米。

（二）承建重点项目

2001 年—2010 年，甘肃长达路业有限责任公司建成或在建高速公路项目有刘寨柯至白银、平凉至定西、武都至罐子沟、营盘水至双塔等，建成或在建高速公路通车里程累计 829.56 公里；树屏至徐家磨二级汽车专用公路及一级公路 48.25 公里（详见第一编公路）。

第二节　经营单位

一、甘肃省交通规划勘察设计院有限责任公司

（一）机构沿革

甘肃省交通规划设计院成立于 1978 年 8 月 18 日。1996 年 8 月 29 日，更名为甘肃省交通规划勘察设计院，业务范围扩展到路业勘测和野外考察。至 1996 年底，共有职工 242 名，其中干部 149 人（高级职称 13 人，中级职称 57 人，初级职称 63 人，职员 10 人）。2003 年 5 月，省交通规划勘察设计院通过 ISO9001-2000 质量管理体系认证。11 月 21 日，省政府办公厅印发《关于甘肃省交通规划勘察设计院体制改革的会议纪要》，同意省交通规划勘察设计院改制为甘肃省交通规划勘察设计院有限责任公司。改制后挂靠在省交通规划勘察设计院的公路网规划办公室，由省交通厅收回直接管理。12 月 17 日，完成工商登记。是年，公司本部有职工 288 人，其中高级职称 12 人、中级职称 37 人、初级职称 102 人。3 个下属公司有职工 150 余人。2004 年 6 月 13 日，省交通规划勘察设计院有限责任公司挂牌。至 2010 年底，公司持有工程勘察综合甲级、工程设计甲级、市政工程设计甲级、建筑工程设计甲级、公路工程试验检测综合甲级、桥隧专项检测甲级、工程咨询甲级、工程测绘甲级、公路工程监理甲级、房建工程监理甲级、地质灾害治理勘察甲级、地质灾害治理设计甲级等 16 项甲级资质和水土保持方案编制、市政工程监理、景观绿化设计、工程招标代理 4 项乙级资质，具有交通工程机电综合专业资质、对外承包工程资格和节能减排第三方审核资质。与中交二院联合设计的宝天高速公路麦积山隧道被交通运输部评为"建国六十周年

公路交通工程勘察设计经典工程"。

公司设有行政管理部、党群工作部、财务审计部、人力资源部、经营开发部、生产管理部、总工办、项目服务部等8个管理部门；内设第一、第二、第三、第四、第五公路市政设计分院和建筑设计分院、综合交通规划研究分院、岩土工程分院、环境工程分院、咨询中心、智能交通设计研究分院、公路养护技术研究院等12个生产单位；设有桥梁技术研究所、隧道技术研究所、地质灾害技术研究所、路面技术研究所、智能交通技术研究所、公路安全技术研究所、路基排水技术研究所、建筑技术研究所等8个研究所；下辖甘肃兴陇交通工程监理有限公司、兰州朗青交通科技有限公司、甘肃海威公路勘察设计有限公司、甘肃畅陇公路养护技术研究院有限公司、甘肃泰陇建筑装饰工程有限公司、兰州利民物业有限公司等6个投资公司。公司共有员工934人，其中公司本部387人，有博士研究生14人、硕士研究生135人，教授级高工18人，高级职称145人、中级职称79人。下属投资公司有员工547人。

（二）管　理

公司完成企业化改制后，不断健全法人治理结构，企业内部形成合理的决策、执行和监督体系。创新生产管理机制，在统一核算的基础上，对生产单位实行全面承包经营和按产值比例分成为主的技术经济承包责任制，对管理部门实行与公司经济效益挂钩的目标考核责任制；创新分配机制，全面实行绩效考核；创新制度建设，不断健全完善公司内控管理制度，制定涵盖行政管理、财务审计、人力资源、经营生产、技术质量等方面的制度50多项，形成系统完备、内容全面、易于操作、衔接有序的管理制度体系；创新投资公司改革，按照扶优扶强的思路推进内部产业调整，理顺投资和产权的关系，逐步规范投资公司法人治理结构和内部管理机制；创新机构设置，根据管理和业务生产需要，不断完善和优化内部机构设置；坚定不移实施人才强企战略，建立人才引进、选拔、培养、使用、激励工作机制，制定人才发展规划、人才培养和高层次人才引进管理办法。

（三）设计项目

1991年—2010年，甘肃省交通规划勘察设计院有限责任公司共完成工程项目设计378项。1991年—2010年甘肃省交通规划勘查设计院有限责任公司主要设计项目情况见表4-3-3，1991年—2010年甘肃省交通规划勘查设计院有限公司主要工作情况见表4-3-4。

1991 年—2010 年甘肃省交通规划勘察设计院有限责任公司主要设计项目一览表

表 4-3-3

年份	项　目	设计阶段	主要工程量	公路等级
1991	兰包路大红门至刘寨柯段	两阶段、施工图设计	58.29 公里	二级
	六盘山隧道	施工图设计	23.85 公里	
	西兰路原平壑岘至尕路梁段	两阶段、施工图设计	22.67 公里	二级
	西兰路堡子坪桥	两阶段、施工图设计	214.61 米	
1992	西兰路凤翔路口至苋麻湾	工程可行性研究	138.23 公里	二级
	平凉泾河桥	施工图设计	277.82 米	
	西兰路兰州至中川段	工程可行性研究	63.44 公里	
1993	G312 线中川机场忠树段	两阶段初步设计	46.2 公里	一幅高速
	西兰路巉口至兰州段	初步设计、变更设计	78.66 公里	二级
	临夏莲花码头	工程可行性研究	—	
	甘新路安西至柳园段	初步设计	72.76 公里	
1994	福建石牌至大田段	两阶段、施工图设计	62.25 公里 4 项目	
	天水至巉口段	预可行性研究	210.95 公里	
	G312 线柳沟河至古浪段	预可行性研究	210.95 公里	
	G312 线安西至柳园段	工程可行性研究	72.76 公里	
	甘南川江果至迭部段	工程可行性研究	138 公里	
	G312 线安西至柳园段	施工图设计	72.76 公里	二级
	天水至巉口段	工程可行性研究	196.36 公里	
1995	G312 线树屏至徐家磨段	两阶段、初步设计	23.51 公里	二专
	G312 线柳沟河至段	两阶段、初步设计	33.4 公里	高速
	G312 线酒泉嘉峪关过境段	工程可行性研究	50.73 公里	
	G312 线树屏至徐家磨段	两阶段、施工图设计	22.82 公里	二专
	临夏莲花码头	两阶段、施工图设计	1 处	
1996	G312 线酒嘉过境段	施工图设计	53.35 公里	二级
	天巉路通渭至红土窑段	两阶段、初步设计	58.64 公里	二专
	G109 线靖远黄河大桥	三阶段、施工图设计	主桥 297.4 米 引桥 181.13 米	

续表

年份	项　目	设计阶段	主要工程量	公路等级
1997	G312线徐家磨至古浪段	工程可行性研究	148.99公里	二级专用
	G312线徐家磨至古浪段	两阶段、初步设计	149.71公里	二级专用
	临夏莲花码头	两阶段、施工设计	1处	
1998	西兰路凤翔路口至郿岘段	工程可行性研究	80.97公里	二级、一级
	天巉路	两阶段、施工设计	132.74公里	二级专用
	连霍公路巉口至河口段	两阶段、初步设计	78.26公里	高　速
	连霍公路古浪至星星峡段	预可行性研究	761.50公里	二级、一级
	完成特大桥设计	初步设计	2座688.88米	
	完成大桥设计	施工设计	23座4200.29米	
	隧道设计	施工设计	8座4939米	
1999	巉口至兰州柳沟河	施工图设计	77.74公里	高速
	G312线凤郿段	路基防排水完善设计	81.23公里	一级
	G212线兰州至罐子沟段	预可行性研究	704公里	
	合作至郎木寺段	初设外业勘测	176.54公里	二级
	刘寨柯至白银段	工程可行性研究	111.52公里	高速
	平凉至华亭	初步设计	55.80公里	二级
	G312线永昌至山丹	工程可行性研究	97.90公里	高速
	G212线兰州至临洮	预可行性研究	89.1公里	高速
2000	GZ连霍公路国道主干线清嘉、临清、山临、永昌	工程可行性研究	414.87公里/4项目	二级
	临洮边家湾洮河大桥	施工图设计	1.62公里	
	平凉公路改建工程	一阶段施工设计	54.42公里	
	G212线兰州至巉口	工程可行性研究	93.75公里	高速
	天水至巉口至兰州	路面施工图设计（变更设计）	191.62公里	二级专用
	丹拉公路刘寨柯(郝家集)	工程可行性研究	108.794公里	
	G313线安西	工程可行性研究	127.638公里	二级公路

年份	项　目	设计阶段	主要工程量	公路等级
2000	GZ 丹拉公路兰州忠和	两阶段初步设计	65.06 公里	高速
	S309 线康家崖	工程可行性研究	78 公里	一级公路
	G312 线凤翔路口至郎岘段	工程行性研究	83.7 公里	一级公路
2001	兰州至海石湾忠和至树屏段	两阶段施工设计	105.94 公里	高速
	兰临高速公路	两阶段施工设计	92.68 公里	高速
	GZ 连霍公路山丹至临泽段	两阶段初步施工设计	97.0 公里	高速
	连霍国道主干线临泽至清水段	两阶段初步设计	99.98 公里	高速
	牛背至北道段	施工图设计	114.41 公里	二级改建
	兰州至刘家峡	两阶段施工设计	41.12 公里	二级
	合郎公路碌曲至郎木寺段	两阶段初步设计	80.45 公里	
	景泰至西槽公路	工程可行性研究	101.56 公里	二级
	嘉峪关至安西	工程可行性研究	235.02 公里	二级
2002	刘寨柯至白银	两阶段初步设计	110.66 公里	高速
	临泽至清水	两阶段施工设计	99.98 公里	高速
	木寨岭隧道及引线	两阶段初步设计	10.72 公里	
	合作至郎木寺段	两阶段施工设计	151.91 公里	二级
	定西至通安驿段	两阶段初步施工设计	32.84 公里	二级
	金昌至武威	工程可行性研究	79.47 公里	二级
2003	兰州至临洮公路绿化工程	施工图设计	92.6 公里	高速
	天巉公路水毁修复工程	施工图设计	193.81 公里	二级
	GZ 连霍公路嘉峪关至安西	两阶段初步施工设计	235.29 公里	一级
	祁家黄河大桥	两阶段初步设计	5.51 公里	

续表

年份	项 目	设计阶段	主要工程量	公路等级
2003	华庄路关山隧道及引线段	两阶段初步设计	8.31 公里	
	华亭至庄浪公路	两阶段施工设计	60.92 公里	二级
	永登（徐家磨）至古浪公路	工程可行性研究	147.17 公里	二级
	宝天路散岔至天水段	两阶段初步设计	54.55 公里	高速
	平定路司桥至十八里铺段	两阶段初步设计	132.31 公里	高速
2004	连霍线永昌至山丹段改建工程	两阶段初步施工设计	117.81 公里	高速
	S309 线康家崖至临夏公路	两阶段初步设计	70.33 公里	高速
	武都区白龙江大桥	施工图设计	1.44 公里	
2005	炳灵寺黄河大桥两阶段	施工图设计	263.87 米	
	G312 线改线（张掖公铁立交）	施工图设计	1.34 公里	二级
	G312 线改线（临泽公铁立交）	施工图设计	1.30 公里	二级
	连霍线宝天路牛背至天水段	两阶段施工设计	42.5 公里/8 个标段	高速
	兰磨大通道临夏至合作段绿化工程	施工图设计	94.47 公里	二级
2006	连霍线宝天路牛背至天水段	两阶段施工设计	54.56 公里	高速
	G212 线文县高楼山隧道及引线工程	工程可行性研究	24.27 公里	
	岷县洮河大桥	一阶段施工设计	216.66 米	
	连霍线天水至定西（SJ2 合同段）	两阶段初步设计	88.26 公里	高速
	嘉峪关市峪泉至新城	一阶段施工设计	55 公里	
2007	连霍国道主干线天水至定西	两阶段施工设计	7 个标段 88.35 公里	高速
	嘉峪关市南市区新文路、讨赖河桥梁	施工图设计	路线 2.72 公里；桥 217 米	

第四编

管理

855

年份	项　目	设计阶段	主要工程量	公路等级
2007	康家崖至临夏	两阶段初步设计	70.97 公里	高速
	会川至宕昌公路	施工图设计	184.80 公里	二级
2008	营盘水（甘宁界）至古浪双塔段	工程可行性研究	148 公里	高速
	雷家角（陕西界）至西峰段	工程可行性研究	126.76 公里	高速
	西峰至长庆桥至凤翔路口	施工图设计	50.95 公里	高速
	S313 线郎木寺至玛曲公路	初步设计、施工设计	67 公里	二级
	S207 县靖远至会宁县际扶贫公路	一阶段施工设计	111.34 公里	二级
	哈尔钦至青海久治黄河桥	初步设计、施工设计	1.6 公里	
	榆中县青城古镇旅游景区道路桥梁	初步设计、施工设计	8.97 公里	
	岷县西江洮河大桥	初步设计、施工设计	657.28 米	
2009	S205 线江洛至武都	施工图设计	161 公里	高速
	G212 线宕昌至两河口	一阶段施工设计	52.35 公里	二级
	山丹东乐至清泉至双窝铺	施工图设计	61.6 公里	二级改建
	康家崖至临夏	路面施工设计	70.50 公里	高速
	临江至马泉	一阶段施工设计	72 公里	二级
	折桥至达川公路	初步设计、施工设计	77 公里	二级
	折桥至达川公路刘家峡黄河大桥	技术及施工设计	1.47 公里	
	营盘水至双塔高速公路	初步设计	158 公里	高速
	临夏至大河家公路	初步设计	77.5 公里	二级
2010	营盘水至双塔	施工图设计	158 公里	高速
	雷家角至西峰	初步设计	126.52 公里	高速
	十堰至天水徽县（大石碑）至天水	初步设计	112 公里	高速

年份	项 目	设计阶段	主要工程量	公路等级
2010	雷家角至西峰高速公路	安全设施施工设计	126.51 公里	高速
	十堰至天水高速公路	环保安全初步设计	111.53 公里	高速
	金昌至武威高速公路	环保安全初步设计	72 公里	高速
	韩店至张家川至 社棠二级公路	初步设计、施工设计	103 公里	二级
	S306 线岷县至 合作段工程	施工图设计	107.67 公里	二级改建
	长官路口至正宁至宫河段	初步设计、施工设计	104 公里	二级
	S313 线宕昌（南河） 至迭部	初步设计	144.61 公里	二级
	定西至临洮公路	水保方案报告	75.88 公里	二级
	韩店至张家川至社棠	初步设计、施工设计	200.48 公里	二级
	岷县陈家崖洮河大桥 施工图设计		1.17 公里	

1991 年—2010 年甘肃省交通规划勘察设计院有限公司主要工作情况汇总表

表 4-3-4

年份	完成主要工作量
1991	完成地质钻探 115 孔，进尺 2008 米，折合为 13411 标准米。完成房屋建筑设计 17 项 13720.18 平方米
1992	完成地质钻探 81 孔，进尺 1422.23 米，折合为 12702.48 标准米。完成房屋建筑设计 14 项 41809.6 平方米
1993	完成地质勘探 5978 标准米，完成房屋建筑设计 11 项 21643 平方米。
1996	完成地质钻探 8 项 143 孔，进尺 2439 米，折合 19392 标准米。房屋建筑设计 20 项 50182 平方米。承揽武威过境二级公路 46 公里、甘青公路改建工程施工监理任务 42 公里
1997	完成工程地质勘探 25160.45 标米。完成房屋建筑设计 33506 平方米。完成公路施工监理 26 公里、大桥监理 2 座
1998	完成公路地质勘探 60000 标准米。完成房屋建筑设计 55994 平方米。承担完成公路施工监理 54 公里、大桥监理 1 座 487 米

第四编 管理

年份	完成的主要工作
1999	完成公路地质勘探钻孔 425 个，计 50000 标准米。完成房建设计 12 项，总面积 20562 平方米。完成公路工程施工监理 6 项 59.61 公里、大桥监理 1 座 520 米。完成连霍公路马营至山丹段交通工程设计 75 公里
2000	完成工程预可行性研究 357.74 公里，工程可行性研究 752.5 公里（其中独立完成 588.12 公里，合作完成 164.38 公里），初步设计 375.08 公里，施工图设计 64.83 公里，施工图完善设计 4 项，交通工程设计 136.28 公里 完成地质勘探进尺 5211.7 米、探井 457.8 米，物探点 1262 个，剖面长度 20890 米 完成房建施工图设计 50367 平方米，交通工程中的房建初步设计 90320 平方米 完成 3 项共 59.25 公里的公路工程施工监理任务
2001	完成工程预可行性研究 705.1 公里，工程可行性研究 433.42 公里，初步设计 428.53 公里，施工图设计 338.5 公里 完成地质勘探进尺 8635.44 米，面波点 3217 个，剖面长度 85957 米 完成房建施工图设计 89900 平方米，交通工程设计 280.69 公里。完成 16 项共 119.7 公里的公路工程施工监理及 18 项路网改造项目的设计审核和技术咨询工作
2002	完成工程可行性研究 173 公里，初步设计 67.67 公里，施工图设计 455.67 公里，施工图完善设计、补充设计、修改设计 13 项 完成工程地质勘探进尺 8695.3 米，物探点 182 个，地震影像 1500 米。交通工程设计 218.11 公里，房建施工图设计 31000 平方米，完成 13 项共 172.82 公里的公路工程施工，大桥、特大桥施工 3442 米，隧道施工 15430 米，房建施工监理任务 30178 平方米 完成 19 项路网改造和省交通厅委托项目的设计审核、技术咨询工作

年份	完成的主要工作
2003	完成工程预可行性研究 968.45 公里，工程可行性研究 997.39 公里，初步设计 514.69 公里，施工图设计 828.6 公里，绿化初步设计 21.76 公里，绿化施工图设计 256.06 公里 完成工程地质勘探进尺 9145.93 米，钻孔 416 个，探井 108 个，面波点 624 个，剖面长度 20000 米。房建施工图设计 63414 平方米。完成路基土建 92.5 公里、路面 79 公里、大桥 399 米、隧道监理 4070 米 完成 37 项设计审核和技术咨询
2004	完成工程预可行性研究补充报告 2 项 446.3 公里，工程可行性研究 14 项 896.77 公里，初步设计 4 项 254.71 公里，施工图设计 9 项 627.12 公里，绿化初步设计 504.74 公里，绿化施工图设计 461.68 公里 完成地质勘探进尺 14674.49 米，钻孔 457 个，探井 30 个，物探点 1658 个，物探剖面 45595 米，高密度电法 11990 米。房建设计 59216 平方米。完成路基土建 27 公里、路面 133 公里、桥梁监理 513 米。完成内部项目审核 40 余项，外委咨询审查 20 余项 2005 注：全年共完成公路预可行性研究补充报告 2 项 507.7 公里，工程可行性研究补充报告 5 项 693.7 公里，工程可行性研究 6 项 262.8 公里，初步设计 5 项 427.95 公里，施工图设计 8 项 694.45 公里，绿化初步设计 276.04 公里，施工图设计 705.97 公里 完成地质勘探进尺 26038.9 米，钻孔 784 个，物探剖面 68008 米。房建设计初步设计 30660 平方米，施工图设计 28371 平方米。完成路面 98 公里、土建 90 公里、改建工程的监理任务 24 公里。完成内部项目审核 68 项，外委咨询审查 9 项
2006	完成工程可行性研究补充 3 项合计 280.33 公里，工程可行性研究 9 项合计 500.57 公里，高速公路初步设计 340.16 公里，二级公路初步设计 170.66 公里，二级以下公路初步设计 108.49 公里，二级公路以下施工图设计 127.09 公里，战备公路勘察设计约 250 公里，交通工程初步设计 182.359 公里，服务、收费设施设计 78017 平方米，绿化环保初步设计 467.97 公里，施工图设计图 35.99 公里，环评报告 1 项 109.52 公里，水保报告 1 项 139.94 公里。完成技术服务项目 4 项。完成工程地质勘探钻孔 647 个，总进尺 16474.29 米；探井 239 个，总进尺 1584.3 米；平硐 8 个，总进尺 160 米；完成物探纵断面 64.54 公里

第四编 管理

年份	完成的主要工作
2007	全年共完成工程可行性研究 40 项 1153.76 公里，其中高速及一级公路工程可行性研究 443.03 公里，二级公路工程可行性研究 238.6 公里，其他公路工程可行性研究 472.13 公里。完成勘察设计工作 40 余项，其中高速公路初步设计 297.6 公里、高速公路施工图设计 159.91 公里、二级公路施工图设计 474.01 公里、其他等级公路施工图设计 338.64 公里。完成钻孔 568 个，总进尺 11728 米；探井 215 个，总进尺 1213 米；物探剖面总长 22.6 公里 完成房建、交通工程设计 30 项，完成建筑设计 25262 平方米。完成水保报告 1 项，公路绿化工程初步设计 6 项 474.32 公里。完成工程监理项目 10 项，其中高速公路土建工程 71 公里，路面工程 154.5 公里，高速公路水毁修复工程 99.1 公里。完成技术服务项目 8 项
2008	共完成二级及其他公路初步设计 207.94 公里，施工图设计 544.07 公里；修改完善高速公路工程可行性研究 4 项 411.95 公里，完成二级及以下公路工程可行性研究 16 项 673.62 公里，正在研究阶段的高速公路工程可行性研究 216 公里。房建、交通工程设计近 40 项，建筑面积 53190 平方米。公路绿化工程施工图设计 5 项 632.25 公里，初步设计 1 项 43.4 公里。公路养护维修工程初步设计与施工图设计 8 项。承担 S205 线江洛镇至武都段等灾后重建项目 6 个，各项任务年内完成 80% 工作量。 完成工程地质钻孔 203 个、总进尺 3732.41 米、探井 61 个、进尺 303.2 米。完成 1/50000 平面地质调绘 358.5 平方公里，1：10000 平面地质调绘 199.3 平方公里，1/2000 平面地质调绘 271.01 平方公里，物探剖面 30.22 公里，声波测井 25 孔
2009	全年共完成公路工程可行性研究 1418.65 公里；完成高速公路初步设计 304.26 公里，施工图设计 113.90 公里；二级及其他公路初步设计 420.27 公里，施工图设计 820.29 公里。房建、交通工程设计 30 余项。公路绿化工程设计 798.88 公里 完成钻孔 1432 个，总进尺 28004.05 米；探井 635 个，进尺 3321 米；完成地质调绘 492.42 平方公里，物探剖面 13.15 公里，声波测井 17 孔 完成 6 条公路养护维修工程可行性研究，4 条公路养护维修初步设计和施工图设计。完成 6 项新建路面结构设计，多项技术服务审查、试验研究和委托试验任务

年份	完成的主要工作
2010	完成公路工程可行性研究 1008 公里；完成高速公路和一级公路初步设计 6 项 427.8 公里，正在进行高速公路初步设计 1 项 58.6 公里；完成高速公路和一级公路施工图设计 3 项 208.6 公里，完成高速公路施工图设计 3 项 250.7 公里；完成二级公路初步设计 8 项 622.5 公里，施工图设计 5 项 437.8 公里；完成折达公路刘家峡大桥、齐家坪洮河大桥、岷县陈家崖洮河大桥施工图设计；完成陇南、舟曲灾后水毁设计；完成成武高速公路安全设施、房建工程等近 30 项交通工程设计；完成房建初步设计 89092 平方米，施工图 58164 平方米；完成临渭高速公路环保初步设计等水保绿化设计 8 项 完成地质勘探 47817 米 2221 孔，探井 4433 米 1135 孔，地质调绘 770.28 平方公里，物探 38880 米，声波测孔 56 个 完成甘肃省高速公路"六大系统"维修改造工程方案设计

二、甘肃路桥建设集团有限公司

（一）机构沿革

甘肃路桥建设集团有限公司前身为 1954 年成立的甘肃省交通厅工程总队。1991 年 8 月，省交通厅公路局工程总公司成立。1993 年 8 月，在省工商行政管理局注册；办公地点在兰州市滨河东路 441 号；注册资本 1500 万元整；内设行政部、财务部、工程部，辖第一、第二、第三、第四工程队，公路机械维修中心，各公路总段工程队。1995 年 4 月，更名为甘肃省公路工程总公司（以下简称总公司），内设工程部、信息开发部、财务部、人事部、物资部等部门，挂靠省公路局有关科室和部门；辖省公路局第一、第二、第三、第四、第五工程队，局直属生活服务管理站。

1998 年 9 月，与省公路局实现企事分离，成为省交通厅直属企业。办公地点迁至兰州市城关区南滨河东路 745 号。内设机构调整为经理办公室、总工办、工程管理部、设备材料部、经营信息部、财务审计部、人事劳资部、政治部、工会等 9 个部室；下辖的 5 个工程队名称统一变更为省公路工程总公司一公司、二公司、三公司、四公司、五公司。实施"主副并举"产业多元化发展战略，相继成立中心试验室、材料供应处、机械设备租赁公司、预应力公司、设计咨询事务所等业务单位。1998年，总公司内设工程管理部、总工办、经营信息部、财务审计部、党群工作部、设备材料部、人事劳资部、办公室、工会等9个部门。2001年11月，总公司内设机构变更为工程管理中心、招投标办公室、财务结算中心、产业管理中心、项目开发部、审计部、经理办公室、党群工作部、人劳部等常设机构。同时，成立项目管理办公室临时机构，包括总监办、财务办、办公室、现场办等部门。2003年，总公司搬迁至兰州市城关区甘南路568号，办公建筑面积1.02万平方米。

2000年8月，总公司所属公司名称变更为：甘肃路桥第一、甘肃路桥第二、甘肃路桥第三、甘肃路桥第四、甘肃路桥第五公路工程有限责任公司，甘肃路桥房地产开发有限责任公司等。2005年7月，省公路工程总公司更名为甘肃路桥建设集团有限公司（以下简称路桥集团），并确定发展方向。所属一、三公司以路面施工为主，二公司以桥梁为主，四、五公司以隧道为主，房地产等其他公司以市场为导向适时进行结构调整，找准方向，不断发展壮大。2007年9月，注册资本变更为12000万元。10月19日，安全生产与设备动力部更名为安全生产与设备材料部，增加材料管理业务。2009年2月，成立预算合约部，同时撤销规划发展部，其业务并入办公室和预算合约部。2009年4月，甘肃圆陇路桥机械化公司、甘肃恒达工程公司整体移交路桥集团管理。7月，成立总工办、纪检监察部、审计部，同时撤销监察审计部。

下属企业：路桥一公司、路桥二公司、路桥三公司、路桥四公司、路桥五公司、圆陇公司、恒达工程分公司、路桥宏大公司、路桥飞宇公司、路桥试验检测公司、路桥物业公司等11个企业，有职工1947人。

1991年—2010年，多项工程获得省部级及以上优质工程奖。兰州中川机场飞行区道面工程获得2001年度中国建设工程鲁班奖；G312线永昌至山丹公路改建工程B2标段工程项目获得2000年度全国公路施工优质工程；国道主干线天巉公路路面工程获得2001年度全国公路施工优质工程。1990年—2010年甘肃路桥建设集团有限公司人员结构情况见表4-3-5。

1990 年—2010 年甘肃路桥建设集团有限公司人员结构情况统计表

表 4-3-5

年　份	职工总数	大学以上比例 (%)	中专以上比例 (%)	固定工比例 (%)	合同工比例 (%)
1990	672	3.87	8.78	58.78	24.85
1995	830	8.07	11.57	45.54	36.27
2000	1183	28.15	15.38	0	100
2005	1415	48.34	12.01	0	100
2010	1947	59.68	10.07	0	100

（二）经　营

企业经营情况。1991 年—1998 年，路桥集团为甘肃公路施工行业的主要力量，主要承担省交通厅和省公路局分配的施工任务。同时，顺应公路市场改革发展需要，在管理上向自负盈亏、自主发展的市场主体转变，对外联系、承建一部分工程任务和副业。1998 年 3 月，中标承建青海互助县高隆水电站部分项目，总投资 640 万元，这是第一次出省承揽工程。当时，机械化程度不高，人力仍然在公路施工中占有较大比重。企业每年完成产值仅有千万元。

1998 年 9 月，路桥集团步入自主经营、自主发展的公路建设市场，取得公路路基专业承包一级资质、公路路面承包一级资质、对外经济合作经营资质及 5 个公路工程二级承包资质，为开拓市场赢得准入条件。实施"一业为主、多种经营"的经营思路，拓展经营领域，先后成立石料场、预应力公司、公路设计事务所、机械设备公司、星宇广告公司、天宇科技公司；成立路桥投资公司，先后取得古永高等级公路、临清高速、清嘉高速、武威过境段项目的融资建设权和经营权。中标的河南洛阳至汝阳（市界）高速公路项目，为企事分离后中标的第一个省外项目。2002 年，通过 ISO9002 质量体系认证，推进规范化管理。集团承建的兰州中川机场飞行区道面工程获甘肃省建设工程飞天金奖、建设部 2001 年度中国建筑工程鲁班奖。集团获得甘肃省优秀建筑业企业称号。

2005 年 7 月，路桥集团逐步建立现代企业产权制度，开展市场化运作。

按照"立足省内，面向国内"的经营投标思路，一方面整合和调整产业布局，解决产业小而全、竞争力不强的问题，取得公路工程一级总承包资质和包括路基、路面、桥梁、隧道四个专业一级资质在内的资质证书，获得更高一级的市场准入资格。另一方面，坚持"公路施工为主、省内市场为主、干线公路建设为主"的"三为主"市场定位，成立路桥集团公司投标领导小组，建立投标激励机制，对所属各单位投标工作总体协调，提高市场经营投标能力。2007年，全年中标8个项目，其中7个为省外项目。中标的吉林长春至珲春支线图们至珲春段高速公路建设项目合同金额43398.4万元，创公司历史之最。

1995年—2010年甘肃路桥建设集团有限公司经营情况见表4-3-6。

1995年—2010年甘肃路桥建设集团有限公司经营情况统计表

表4-3-6 单位：万元

年份	产值	利润	资产总额	实现利税
1995	—		1500	
2000	62545.47	847.28	33284.06	1760.59
2005	214300	2345.13	62911.34	4308.92
2010	803979	10152.21	165522.42	17036.78

承建重点项目。1991年—2010年，路桥集团主要参与省内外重点项目建设，共参建各类工程项目194项，其中公路工程项目184项、房建项目10项。房建主要项目有路桥五公司、三公司、二公司、四公司办公楼，路桥大厦项目，路桥音乐广场项目，华峰大厦项目，榆中金绒尚都项目等。国省道重点项目及省外项目见表4-3-7（省内施工的高速公路详见第一编公路）。

1991年—2010年甘肃路桥建设集团有限公司国省道重点项目完成情况表

表4-3-7

项目名称	标段	全长（公里）	投资（万元）	开工时间	竣工时间
G310线红十段路面	TCA	30.62	3755.66	1999年1月	2002年10月

项目名称	标段	全长 （公里）	投资 （万元）	开工 时间	竣工 时间
G310 线路面工程	TCC	34.66	4720	2000 年 6 月	2003 年 6 月
S211 线民勤武威 二级公路路面工程	MWAMWB	95.000	5688.17	2001 年 9 月	2004 年 9 月
G213 线合郎二级公路	HLM4	41.080	5012.73	2003 年 7 月	2006 年 7 月
西库公路安西至 敦煌改建路面工程	ADM1	36.000	3223.44	2004 年 10 月	2007 年 9 月
陕西凤永高速公路 凌峰大桥	12 合同段	1.527	3700	2005 年 10 月	2009 年 7 月
图们至珲春高速公路	第 3 合同段	17.851	43398.4	2007 年 8 月	
S205 线江洛至武都二级 公路灾后重建工程	JWSG3	44.00	7393.97	2009 年 3 月	
金昌机场场外附属工程 进场道路	施工 1 标段	8.050	2099.72	2009 年 6 月	
G212 线两河口至罐子 沟灾后恢复重建工程	LGSG1	39.00	5972.57	2009 年 3 月	
S308 线红会至唐家台段 二级公路改建工程	HT3	24	2048.20	1998 年 7 月	1999 年 6 月
G 天嵋公路秦通段	TC42	5	3606.77	1998 年 11 月	1999 年 12 月
元谋至武定高速公路	B5	6.06	21592.60	2005 年 4 月	2007 年 4 月
G212 线两河口至临江 等 12 项汶川地震灾后 公路恢复重建项目施工 （一期工程）	LGSG1	38.86	16066.67/ 10094.10	2009 年 3 月	2010 年 8 月
G312 线界古路面工程	JG1	47.91	7678.38	2000 年 3 月	2001 年 11 月
G312 线永昌至山丹一级 公路二期工程路面工程	YS1	13.50	4868	2001 年 12 月	2002 年 9 月

第四编　管理

项目名称	标段	全长（公里）	投资（万元）	开工时间	竣工时间
G213线兰刘二级公路路面工程	LLM2	28.06	3215.31	2003年3月	2003年10月
G213线合郎二级公路路面工程	HLM3	39.22	4608.33	2003年7月	2004年11月
连霍国道主干线嘉峪关至安西一级公路路面工程	JALM6	41.42	16668.89	2006年6月	2007年10月
大庆至广州高速公路江西武宁至吉安段建设项目	DP1	25.26	19617.67	2006年5月	2007年12月
河南省泌阳至桐柏高速公路土建工程施工项目	第8合同段	4.35	10470.08	2006年1月	2007年1月
盐池至中宁高速公路路基及桥涵	14合同段	3.36	5080.13	2006年1月	2007年11月
准东煤矿2007年矿建剥离工程	第2标段	—	3503.12/718.87	2007年5月	2007年12月
内蒙古鲁北至图布信一级公路	路面2标	32.00	9540.76	2007年7月	2009年8月
银武线商州至漫川关高速公路路基桥隧工程	N21合同段	3.15	18102.88	2006年8月	2009年5月
G312线武威过境段改建工程	6标	26.65	4320	1996年1月	1996年12月
兰州中川民用机场扩建工程飞行区道面工程1标段	1标段	4.62	2858	1997年9月	1998年6月
天巉二级公路部分水毁路面修复工程	TCMX2合同段	96.81	2395.16	2004年4月	2004年9月
定西至陇西三级公路路面工程	DLM1合同段	32.843	1446.95	2004年12月	2006年5月
兰磨大通道临合公路路基工程施工	LH6合同段	6.64	3472.1515	2004年12月	2006年6月

项目名称	标段	全长（公里）	投资（万元）	开工时间	竣工时间
G214 线共和至姜路岭段二级公路路基工程	C 合同段	31	2939.06	2005 年 5 月	2006 年 9 月
G213 线兰州至刘家峡二级公路路基工程	LL4 标段	8	2381.58	2002 年 4 月	2003 年 4 月
永靖至积石山县际公路工程	YJ2 合同段	41.274	3289.43	2005 年 8 月	2006 年 10 月
G213 线祁家渡口黄河大桥工程	QJ2 合同段	0.828 公里	3015.52	2006 年 8 月	2009 年 5 月
计重收费项目土建改造工程	GSJT-3 标段	18 个收费站点	2241.5	2009 年 3 月	2009 年 7 月
甘肃省高速公路服务区改造工程	GSFG-2 合同段	19 个服务区	2525.23	2009 年 8 月	2009 年 12 月
G213 线兰州至刘家峡二级公路隧道工程	LL5	2.0	2190.37	2001 年 10 月	2002 年 10 月
G213 线合郎二级公路路基工程	HL8	14.00	2258.13	2003 年 3 月	2004 年 11 月
徽县至白水江县际公路改建工程	—	55.39	2485.10	2004 年 11 月	2005 年 12 月
和政至合作县际公路改建工程	HH1	31.37	2796.13	2004 年 10 月	2005 年 9 月
G315 线德令哈至大柴旦公路工程	D	38.00	9035.65	2007 年 9 月	2009 年 9 月
G212 线宕昌至两河口项目	TLSG1	21.28	3893.15	2009 年 3 月	2010 年 8 月
G212 线宕昌至两河口项目	TLSG2	31.12	5104.25	2009 年 3 月	2010 年 8 月
G212 线两河口至罐子沟路面项目	LGSG1	38.81	5675.17	2009 年 3 月	2010 年 8 月
G213 线兰州至刘家峡二级公路路基工程	LL1 标段	4.85	2229.87	2001 年 9 月	2002 年 9 月

第四编 管理

续表

项目名称	标段	全长（公里）	投资（万元）	开工时间	竣工时间
兰磨大通道临夏至合作段二级公路路基工程	LH9 标段	10.9	2126.56	2005 年 1 月	2006 年 11 月
某部 10~14 号道路改造工程		74.94	5540.81	2006 年 5 月	2006 年 10 月
景婺黄（常）高速公路建设项目交通安全设施工程		31.272	2821.33	2006 年 6 月	2006 年 9 月
福（州）银（川）线商州至漫川关高速公路	N21	3.15	18102.88	2006 年 7 月	2006 年 8 月
交通安全设施工程	JT5 标段	27.1	3167.0512	2008 年 7 月	2009 年 9 月
G212 线两河口-临江等 12 项灾后重建项目交通安全设施	HFJT2	216.59	2408.08	2009 年 6 月	2010 年 11 月

（三）管　理

信息化管理。2008 年始，路桥集团在甘肃省交通运输行业首推信息化管理，开发"数字路桥"一期系统，主要开发完成办公 OA 系统、预算合约系统、财务集中核算系统、项目负责人远程考勤系统等数字路桥系统，将集约化、精细化管理理念融入信息管理的具体流程中，实现企业上层管理思路和发展规划的刚性执行。

质量管理。建立质量责任制，实施动态质量管理，加强过程质量监控，实行质量工作一票否决制。同时，制定《工程管理奖罚办法》，兑现奖罚，增强责任心；制定《质量巡检计划》《试验室检验大纲》，加强质量检测，实施质量动态控制，多项工程获得省级优质工程。

机械化水平。1998 年以后，路桥集团推行机械化建设，购进大批大型公路施工机械设备。同时结合施工实际，研发实用的专用机械设备，在省内公路施工企业中始终占据着机械设备的领先优势。二公司职工制造的总吊装 60 吨的公路桥梁架桥机，在 G312 线会宁至静宁段桥梁吊装中得到成功运用。1998 年—2000 年，斥资 7564 万元购置 129 台设备，其中 M3000 间歇式沥青混合料拌和机、意大利产的玛连尼－百莱玛 MAP120E100L 可移动式沥青混合料拌和站、TIAN423 和海格莱沥青摊铺机，以及 P15 浮动均衡梁移动找平装置、福格勒 2500 摊铺机等机械设备属于省内首次购入、处于国内领先地位。在机械设备管理上，制定机械设备管理办法、建立岗位责任制，实行机（场）长负责制。路桥集团获得第七届全国设备管理先进单位称号。

扁平化管理。2009 年 2 月，路桥集团启用合约管控信息化系统，落实先签合同后进场、工程施工和机械租赁指导价等管理制度，加大项目合约和合同审核管理力度，从源头入手，规范项目成本管理。实施一些有特色的管理行为，如与所属单位签订承诺书，明确管理主体责任、开展大干 100 天劳动竞赛活动、实行项目预考核制度、出台合同管理办法、完工项目准决算办法；落实劳务队报备制、黑名单制。启用财务集中核算系统，推进财务关门制度，开通网银监管系统，规范和强化了财务管理，对项目收支进行远程控制，企业呈现扁平化管理的特点。

科技创新模式。2008 年，建立产、学、研、用的科研体系，出台工法编制管理办法，调动员工的创新积极性。总结企业技术成果，编写施工工法，多项施工技术代表了省内公路施工行业的先进水平：在静宁隧道施工中使用的双侧壁导坑法施工工法为甘肃省首次采用；在祁家黄河大桥中使用的上承式钢管混凝土拱桥盖梁预制吊装施工技术在省内处于领先水平；在桥涵工程中使用的粉煤灰混凝土施工技术，降低了工程成本。这一期间，共取得省部级及以上工法 10 项。

队伍建设。2001 年，与兰州大学经济管理学院、兰州铁道学院联合举办研究生、专升本等培训班。出台《名师带徒制度》，评选和重奖公司"十大明星"员工。深化人事劳资改革，采用工资总额同产值、实现税金复合挂钩的办法，核实工资总额，推行效益工资制。干部管理方面，制定《中层管理人员管理办法》《集团后备干部管理办法》，建立后备干部人才库。加强管理人才、专业技术人才、技能型人才三支队伍建设，建立人力资源信息库。加强领导班子建设，建立健全路桥集团职业项目经理人才库，为想干事的专业技术人员提供平台。开展"十佳"优秀员工评选。集团员工队伍由 1990 年的 672 人发展到 2010 年的 1947 人。

施工和管理标准化。1998 年以后，路桥集团打造产权明晰的现代企业制度，建设管理规范、顺畅的管理体制。1999年，出台《机关工作人员岗位职责》《总公司项目管理办法》，内容涵盖质量等16个方面，向制度化管理目标发展。2002年，通过北京中质协中心ISO9002质量体系认证，推进企业管理规范化。在财务管理上，实施下属公司主管会计由集团委派制。2007年，印发《管理制度汇编》4册，涉及法人治理、会议管理、人事、安全、工程等企业管理各方面。据统计，2007年—2010年，路桥集团共出台各项管理制度80项。

企业改制。作为甘肃交通系统中第一个企事分离的企业，路桥集团企业改革工作贯穿于整个发展过程。在企业治理上，按照"先易后难、自下而上、分阶段实施"的方针政策，以建立现代企业制度为目标，采用循序渐进的改制办法。首先，改变"五队一站"的单一管理结构，建立分公司管理模式。之后，对分公司模式进行改革，建立母子公司管理模式，所属11家公司全部申领企业营业执照，具有独立法人资格，母子结构形式的集团公司基本框架初步形成。要求所属公司部门按"四科一室"设置，并明确子公司领导配置要求，理顺母子公司管理机制。同时按照省交通厅"先接收、再清查、后移交"的总体思路，将恒达集团、圆陇公司纳入集团管理范围。其次，按"一企一策、因企制宜"的企业改革方针，通过资本公积转增的方式合理合法补齐缺额注册资本，注实集团及所属企业的注册资金，所属子公司发展能力得到提高。

班组化管理。2007年，路桥集团在承建的天定高速公路剪子亪隧道施工中采用班组化劳务管理模式，这是甘肃省公路施工企业首次采用班组化劳务模式。在班组化管理中，甘肃路桥建设集团天定十七标项目部按照隧道的施工工序，分别建立开挖、出渣、初衬、二衬等班组，班组劳务人员由项目部直接管理。项目技术人员将技术要点直接交底给班组劳务人员，减少包工头这个"二传手"，实现技术与现场的零接触，提高了施工效率，确保施工质量。2009年开始，又将班组化经验运用到武罐高速汪家坝隧道、小石村隧道施工管理中，均取得较好效果。汪家坝隧道获得甘肃省建设工程"飞天奖"。在此基础上，编制《甘肃路桥建设集团建设隧道施工班组化管理指南》，全面推广，提高项目经营效益和施工质量。

（四）工法专利

2008年—2010年，甘肃路桥集团有限公司共获得部级工法2项，省级工法8项。详见表4-3-8。

表 4-3-8

2008 年—2010 年甘肃路桥建设集团有限公司省（部）级施工工法清单

序	工法名称	部级	省级	获得时间	主要完成人员
1	上承武钢管混凝土拱桥盖梁预制吊装施工工法	GGG（甘）C3131–2010		2010 年 12 月	刘建勋、张沫、田过勤、姜敏、王生辉
2	戈壁沙漠地区水泥稳定沙砾半刚性基层施工工法		GJGF10–27	2010 年 12 月	曹贵、岳永和、康成生、林琴、魏虹
3	密级配沥青稳定碎石（ATB-25）基层施工工法	GGG（甘）B1025–2010		2010 年 12 月	曹贵、祁建福、陈仲明、王强、宿秀丽、冯远航、闫新平、梁辉
4	大跨度钢管混凝土拱桥双肋整体缆索吊装施工工法		GJGF10–16	2010 年 12 月	张沫、田过勤、杨锦峰、石义军、锥首峰
5	微膨胀钢管混凝土泵送顶升施工工法		GJGF10–23	2010 年 12 月	张沫、陆容柱、刘建刚、张建明、任文宏
6	高速公路薄壁空心墩无支架翻模施工工法		GJGF10–24	2010 年 12 月	郭毓新、刘永超、周小宝、谈彩萍、宿秀丽
7	道路热熔标线施工工法		GJGF10–26	2010 年 12 月	刘永红、刘辉、任文宏、郭亮、王瑞华、宿秀丽
8	大断面黄土公路隧道双侧壁导坑施工工法		GJGF09–27	2009 年 12 月	张建明、徐恕、杨锦峰、刘杰、叶林
9	沥青混凝土路面施工工法		GJGF07–22	2008 年 11 月	朱琪、聂满意、曹贵、朱平、任文宏
10	高速公路沥青混凝土路面互通立交匝道及加宽渐变段施工工法		GJGF10–22	2010 年 12 月	张占旭、曹德庆、谢宝山、岳永和、李冬梅

三、甘肃省交通科学研究院有限公司

（一）机构沿革

甘肃省交通科学研究院有限公司前身是成立于 1959 年的甘肃省交通科学研究所。1989 年 4 月 3 日，与新成立的省交通厅基建工程质量监督站合署办公，一套机构，两块牌子，人员编制 70 人。内设办公室、质监科、道路室、桥梁室、试验室、财务科、人劳科、电算室、情报站 10 个科室。

2000 年 11 月 23 日，省交通厅批复同意《省交通质监站与省交通科研所分离和省交通科研所体制改革方案》，省交通科学研究所为独立运行的事业单位。独立运作后，将原试验室、检测室、道桥室、总工办撤销，组建研究开发中心、试验检测中心、技术咨询服务中心和综合办公室 4 个部门。2005 年 9 月，省交通厅下发《关于省交通科学研究所改制工作中有关问题的批复》，同意省交通科学研究所改制为企业。10 月，甘肃省交通科学研究所有限公司完成工商注册。2006 年 9 月 29 日，召开股东大会，选举产生公司第一届董事会、监事会。公司机关设总经理办公室、财务资产部、人力资源部、党群工作部、总工程师办公室、生产经营部；甘肃省公路工程质量试验检测中心、研究开发中心。2007 年和 2008 年，公司取得国家发改委颁发的"工程咨询甲级"资质证书，交通运输部颁发的"公路工程试验检测综合甲级"资质证书、"交通建设工程监理甲级"资质证书、"公路工程试验检测桥隧专项"资质证书。公司成为西北地区首个获得双甲资质的试验检测机构。

2010 年 11 月，省交通科学研究所有限公司更名为甘肃省交通科学研究院有限公司，撤销原技术研究开发中心、技术质量部，新设科研技术管理部、道路工程技术研究所和桥隧技术工程研究所。办公地址为兰州市七里河区兰工坪北街 17 号，办公楼面积 2300 平方米。

职工队伍。1991 年—2005 年，公司为事业单位，人员总数为 42 人，其中高级职称 9 人，中级职称 16 人，初级职称 3 人（分别占员工总数的 21%、38%、7%）；本科 19 人，专科 7 人，中专 2 人（分别占员工总数的 45%、17%、5%）。2005 年，公司完成改制后，改革劳务用工制度，实行全员劳动合同管理制度，全面推行岗位聘用制。公司人员总数 63 人，其中高级职称 9 人，中级职称 15 人，初级职称 23 人（分别占员工总数的 14%、24%、

37%）；硕士研究生 1 人，本科 29 人，专科 25 人，中专 8 人（分别占员工总数的 2%、45%、40%、13%）。

2006 年—2010 年，公司人员总数从 128 人增至 270 人，其中正高级职称为 1 人，高级职称人数从 16 人增至 30 人，中级职称人数从 26 人增至 54 人，初级职称从 50 人增至 125 人；硕士研究生人数从 8 人增至 13 人，本科人数从 52 人增至 151 人，大专人数从 42 人增至 85 人，中专人数从 15 人降至 8 人。

下属公司：甘肃康大公路设计咨询有限公司、甘肃新科公路工程监理事务所。

（二）经 营

2005 年至 2010 年，公司共完成产值 2.9 亿元，其中试验检测 1.4 亿元，施工监理 1 亿元，设计咨询 5380 万元。

（三）承建重点项目

2005 年—2010 年，省交通科学研究院有限公司共完成试验检测项目 82 项，主要项目见表 4-3-9。

2005 年—2010 年，省交通科学研究院有限公司共完成监理项目 39 项（省内高速公路项目详见第一编公路），其他主要项目见表 4-3-10。

2005 年—2010 年，省交通科学研究院有限公司共完成设计咨询项目 8 项，主要项目见表 4-3-11。

2005 年—2010 年甘肃交通科学研究院有限公司试验检测主要项目表

表 4-3-9

合同时间	项目名称	业主名称	合同金额（万元）
2005 年 5 月	GZ 连霍临泽至清水高速公路检测合同书（路面、桥梁、涵洞、防护及其他构造物交工检测）（含临清路面检测委托书复印件 1 份、临清桥梁检测委托书复印件 1 份）	甘肃路桥公路投资有限公司	214.55
2006 年 9 月	GZ 连霍公路清水至嘉峪关高速公路检测合同书（路面交工验收检测）	甘肃路桥公路投资有限公司	330.44

甘肃省志 公路交通志

合同时间	项目名称	业主名称	合同金额（万元）
2006 年 10 月	G213 线临夏至合作段二级公路改建工程路面、桥梁交工检测合同书（路面、桥梁、收费站交工检测）	甘肃省公路局	242.68
2006 年 4 月	平凉（罗汉洞）至定西高速公路中心试验室（路基工程西段）	甘肃长达路业有限责任公司	419.63
2006 年 7 月	平凉至定西高速公路隧道地质超前预报及施工检测合同	委托方（甲方）：甘肃长达路业有限责任公司；丙方：①中铁二十局集团第二工程有限公司平定项目第六合同段项目经理部；②甘肃省公路工程总公司平定项目第七合同段项目经理部；③中铁五局（集团）有限公司平定项目第十合同段项目经理部；④路桥二公局第三工程有限公司平定项目第十一合同段项目经理部；⑤陕西省通达公路建设集团有限责任公司平定项目第十五合同段项目经理部	200.83
2007 年 9 月	西藏自治区交通厅公路管理局桥梁检测项目合同书	西藏自治区交通厅公路管理局	20.00
2007 年 12 月	2007 年甘肃省公路养护检测评定委托合同	甘肃省公路局	200.00
2007 年 9 月	GZ 连霍公路嘉峪关至安西高速公路桥梁交工验收检测合同书（含委托书原件 2 份）	甘肃省高等级公路建设开发有限公司	212.73
2007 年 10 月	GZ 连霍公路嘉峪关—安西一级公路路面工程交工验收检测合同书（含委托书原件 2 份）	甘肃省高等级公路建设开发有限公司	410.37

合同时间	项目名称	业主名称	合同金额 （万元）
2009 年 10 月	GZ 连霍公路嘉峪关至安西一级公路竣 工验收工程质量检测委托合同	甘肃省高等级公路 建设开发有限公司	370.98
2009 年 1 月	丹拉公路 GZ 刘寨柯至白银高速公路竣 工验收检测合同书 （含委托书原件 4 份）	甘肃长达路业 有限责任公司	375.32
2009 年 12 月	武都至罐子沟高速公路隧道地质超前 预报合同 （WG18/WG19/WG20/WG21）		384.68
2009 年 8 月	平凉（罗汉洞）至定西高速公路交工 验收工程质量检测委托合同（路面、 桥梁、隧道、交安）	甘肃长达路业 有限责任公司	1073.31
2010 年 3 月	武都至罐子沟高速公路监控量测、 质量检测合同（第 19、20、21、22 项目经理部）	武罐高速公路第 19、 20、21、22 合同段 项目经理部	231.44
2010 年 8 月	GZ 连霍公路天水至定西高速公路桥梁 工程质量检测委托合同	甘肃省高等级公路建设 开发有限公司	810.00
2010 年 5 月	G219 线新藏公路巴嘎至马攸木新桥至 帕羊段改建整治工程质量 鉴定检测合同	西藏自治区交通厅重点 公路建设项目管理中心	245.00
2010 年 4 月	张掖军民合用机场工程民用项目现场 检测合同协议书（中心试验室）	张掖军民合用机场项目 建设指挥部	48.60
2010 年 11 月	GZ 连霍公路天水至定西高速公路路 面、隧道、交通安全设施交工验收质 量检测委托合同	甘肃省高等级公路建设 开发有限公司	506.33
2010 年 4 月	G318 线川藏公路海通沟兵站至东达山 段整治改建工程质量鉴定 检测合同	西藏自治区交通厅重点 公路建设项目管理中心	217.11
2010 年 6 月	拉萨至贡嘎机场专用公路新建工程质 量鉴定检测合同	西藏自治区交通厅重点 公路建设项目管理中心	333.28

第四编　管理

续表

合同时间	项目名称	业主名称	合同金额（万元）
2009 年 6 月	平凉（罗汉洞）至定西高速公路交工验收工程质量检测委托合同（路基、桥涵）	甘肃长达路业有限责任公司	222.48
2009 年 9 月	GZ 连霍公路宝（鸡）天（水）高速公路交工验收工程质量检测委托合同（路面、桥梁、交通设施、隧道交工验收）	甘肃省高等级公路建设开发有限公司	1038.43
2009 年 9 月	西藏拉萨至贡嘎机场专用公路独立桥标工程质量鉴定检测合同协议书	西藏自治区交通厅重点公路建设项目管理中心	261.11
2009 年 4 月	2009 年甘肃省公路养护质量检测评定委托合同补充协议	甘肃省公路局	240.00

2005 年—2010 年甘肃省交通科学研究院有限公司监理主要项目表

表 4-3-10

合同时间	项目名称	业主名称	原合同金额（万元）
2004 年 3 月	安徽周六高速路项目	安徽瑞通交通开发有限公司	271.44
2007 年 12 月	三亚市海棠湾 B 区入口路市政工程建设工程委托监理合同	三亚市海棠湾开发建设有限公司	208.80
2008 年 2 月	三亚市金鸡岭路延伸段改造工程建设工程委托监理合同	三亚市交通局	180.35
2010 年 7 月	三亚市海棠湾 B 区入口路市政工程施工监理服务补充协议	三亚市海棠湾开发建设有限公司	266.40

2005 年—2010 年甘肃省交通科学研究院有限公司设计咨询主要项目

表 4-3-11

合同时间	项目名称	业主名称	原合同金额（万元）
2008 年 12 月	G212 线两河口至临江等十二项汶川地震灾后公路恢复重建项目工程勘察设计（施工图设计）	甘肃省公路局	879.85
2008 年 11 月	G213 线两河口至临江等 12 项汶川地震灾后公路恢复重建项目工程报价清单	甘肃省公路局	258.26
2009 年 6 月	S218 线静宁至庄浪公路工程勘察设计（初步设计、施工图设计）	甘肃省公路局	401.73
2010 年 8 月	G213 线东乡（锁南镇）至临夏（折桥）公路改建工程勘察设计（初步设计、施工图设计）	东乡族自治县交通局	215.00
2010 年 4 月	S311 线内官营至临洮公路建设勘察设计技术服务合同（初步设计、施工图设计）	甘肃省公路局	990.00

四、甘肃省交通工程建设监理公司

（一）机构沿革

1992 年 7 月，甘肃省交通工程建设监理公司成立，县级编制，全民所有制企业，在省工商行政管理局注册，隶属省交通厅。暂定编 15 人，人员由省交通厅工程处和省交通厅基建工程质量监督站内部调剂。办公地点设在兰州市东岗东路 103 号。机关设总监办和行政办公室两个部门。公司实行独立经营、自负盈亏的企业化管理，按国家和上级部门的有关规定，以及公司和建设单位双方确定的合同条款执行税后留利分成。

1993 年，公司增设第一监理室、第二监理室和第三监理室。1994 年 6 月，公司取得交通部甲级监理资质。1996 年 8 月，公司取得交通部核发的"临时监理资质证书"，获得在全国范围内从事一、二、三类公路及桥隧工程施工监理的公路工程临时监理资格，之后相继取得建设部核发的公路工程甲级监理资质和交通部的公路工程甲级监理资质。1997年6月，公司增设财务科、劳动人事科、检测试验室。2006年3月，省交通监理公司迁至兰州市城关区张家园56号。

2007年2月，调整机关职能部门设置，机关设综合办公室、生产经营部、财务资产管理部、人力资源部、后勤保障部五个部门，将监理室调整为监理所，设置第一监理所、第二监理所、第三监理所、第四监理所四个部门，核定科级干部职数19名。同年，公司取得公路工程甲级代建资质、甘肃省建设厅甲级试验检测资质，通过省质量技术监督局计量认证和省交通厅乙级试验检测资质验收。

2008年，公司取得省建设厅房屋建筑乙级监理资质，完成交通运输部公路工程甲级监理资质的重新认定。2009年，公司取得交通运输部特殊独立隧道专项监理资质，以及住房与城乡建设部房建工程乙级监理资质。

截至2010年底，省交通工程建设监理公司共有职工202人。下属企业有甘肃华顺交通科技咨询有限责任公司、甘肃华强工程试验检测有限责任公司。

（二）管　理

项目监理。公司自成立起，严格依照交通部《公路工程施工监理规范》（JTJ 077-95）和《公路工程施工监理规范》（JTGG 10-2006）进行管控。在具体工作中坚持推行技术交底制度，实行从驻地高监到监理组长到现场监理员三级技术交底，并严格要求施工企业落实技术交底制度；原材料进场必须经过检验，经检验合格方可用于施工；每一分部分项工程先确立样板工程，实行样板引路；施工过程坚持自检、他检、巡检的三检制度，不符合质量标准的一律要求整改或返工；自施工准备阶段至竣工交付使用的整套监理工作质量文件要记录齐全，保存完备。

2006年12月，由公司编制、省交通厅审批的《公路工程资料施工监理签认样本》施行。

技术交流。公司突出服务型企业定位，以"严格监理、优质服务"为基本准则，在工作中突出"勤"和"细"，在严抓工程质量、保证安全施工、确保工程进度的同时，做好监理服务工作。在监理过程中，各驻地监理人员以业主的利益为出发点，切实考虑施工环境，适时提出合理建议以满足业主单位要求。

天水至巉口段二级汽车专用公路改建工程项目监理部在审查路基补强变更中，由于现场计量准确，为建设单位一次性节约投资近八十万元。同时在路面工程施工监理中，结合陇东地区地质气候等特点，指出路面设计中上层面采用抗滑表层不合理，建议采用密实型细粒式沥青混凝土。建议被采纳，在不增加费用的情况下，对保证工程质量和延长路面寿命起到很好的作用。兰州过境段中川"一幅高速公路"项目监理部针对个别施工单位出现的进度严重滞后现状，帮助施工单位制订切实可行的施工计划，合理安排工序，严格现场监理，使工程进度由原来的每月 200 万元上升到每月 1000 万元，该项目 17 公里+60 米处天桥设计中规定台背回填从承台顶面填至拱顶，投资 89 万元，监理人员根据拱桥受力特点，建议采用填至拱角以上 1 米，即可满足结构要求，工程完工后投资仅用 18 万元，直接节省投资 71 万元。

针对交通建设市场不够规范，以及施工队伍素质、施工管理、技术程度差异较大的现状，监理人员不仅严格监理，还手把手地给施工单位教方法、教管理、教施工技术，帮助施工单位修订施工计划，改善施工条件。2002 年，永山公路二期工程项目监理部一年为施工单位提合理化建议 24 条，均被采纳。

制度创新。公司向各监理驻地下发统一的资料表格，依照监理程序和规范开展工作，通过监理指令、监理通知、暂时停工令等进行管理。

2003 年，刘白高速公路项目监理部一年发出各类监理工作指令 290 份，并在实践中坚持把监理合同、建设合同与工程设计图纸作为监理任务依据，依照监理规范、质量评定验收及工程技术标准要求严格实施监理。兰临高速公路第一合同段项目监理部针对施工单位盲目赶进度问题，及时责令整改，年度先后发出停工整顿的分部工程近十次，把住了工程质量关。2007 年，宝天高速公路项目监理部制定《隧道施工安全事故监理应急预案》，从制度上保证安全生产责任的落实。铁尺梁隧道项目监理部根据项目特点制定《公路工程施工活动范围内环境保护监理工作方案》，对保护自然生态环境，防止山体滑坡、淤塞河道、污染水源、水土流失、混凝土散落，以及有效减少扬尘和废弃物的处理都做出了详细规定，并与工程质量同步检查。

1992 年—2010 年甘肃省交通工程建设监理公司主要获奖项目见表 4-3-12。

1992 年—2010 年甘肃省交通工程建设监理公司主要获奖项目表

表 4-3-12

项目名称	所获奖项	评奖单位	开竣工日期
G109 线唐家台至刘寨柯段二级公路改建工程	优良工程	交通部	1991 年 8 月—1993 年 10 月
G312 线柳园至星星峡段二级公路改建工程	优良工程	交通部	1991 年 4 月—1993 年 10 月
G312 线中川"一幅高速公路"建设工程	优良工程	交通部	1993 年 4 月—1994 年 1 月
G312 线凤翔路口至郦岘段一级公路建设工程	甘肃省建设工程飞天奖	甘肃省建设厅	1998 年 10 月—1999 年 7 月
G312 线山丹至永昌公路一期路面建设工程	甘肃省建设工程飞天奖	甘肃省建设厅	1998 年 9 月—1999 年 10 月
GZ 连霍公路宝（鸡）天（水）高速公路牛背至天水段建设工程	省建设科技示范奖、先进监理单位	甘肃省住房与城乡建设厅、甘肃省交通运输厅	2005 年 9 月—2009 年 9 月
G213 线永靖祁家黄河大桥	省科技进步示范奖、甘肃省建设工程飞天奖	甘肃省住房与城乡建设厅	2006 年 8 月—2009 年 9 月

内部管理。公司在发展过程中，坚持引进培养专业技术人员、压缩非专业人员，重点投入工地一线。1998 年，公司除总监办留一名主任主持日常工作外，其余专业人员全部充实现场监理组。2002 年，通过开展岗位练兵、横向业务评比竞赛、参加函授学习和监理业务培训等途径，提高职工业务技能，监理人员持证上岗率 98%，有 51 人获得交通部专业监理工程师或省监理工程师资格，中、高级专业技术人员占到监理人员的 61%，形成专业配套、职称梯队合理、相对年轻的监理业务骨干队伍。2003 年，省交通监理公司推行干部培养制度，选拔一批年龄在 30~35 岁的业务骨干充实到中层管理干部队伍，担任项目负责人。制定引进人才措施，引进一批中级职称的监理工程师，同时吸纳部分中专毕业的监理员，形成宝塔式人才结构。

业务范围。2009年1月，公司建议实行项目总监负责制，由项目业主直接委托组建项目总监办，协助项目办负责管理全线监理业务，二级监理机构——驻地监理办在业主监督下，由总监办通过公开招标方式选择，或由业主公开招标选择驻地办时，总监办参与协助完成。2010年，甘肃省首次在庄天二级公路项目实行总监负责制。根据监理服务合同要求及项目的实际特点，设置1个一级总监理工程师办公室和3个二级驻地监理办公室，形成科学合理、指挥灵活、协调统一的两级监理组织机构。

随着企业资质的不断提升，公司经营范围不断扩大。2001年，公司投资十多万元，在路网较集中的河西地区建立中心试验室。在其他项目中建立相应规模的试验室，满足监理试验的需要，增加业务创收。2003年，开展工程咨询、招投标代理等业务。省交通监理公司从单一的省内公路工程监理企业转变为可承接省内外工程技术咨询、工程项目管理、工程招标代理、工程试验检测、公路工程勘察设计等全方位多业务咨询服务型企业。

管理制度。2002年，省交通监理公司将廉政建设管理融进监理业务工作的全过程，逐级签订《交通工程监理廉政建设责任制合同》，明确各自的权利、义务和责任。2006年，对各类制度进行修订和完善，重新印发《党委会会议制度及议事规则》《经理办公会议制度》《公司司务会议制度》等会议制度，以及新编《职工考勤管理制度》《奖惩实施方法》《资格证书管理办法》《聘用专业技术人员管理办法》。2008年，制定《公司资格考试、培训、证书管理办法》《公司职工奖惩管理办法》《公司车辆使用管理办法》及工程监理费内部结算程序等制度和规定。2009年，调整各部门工作职责，制定《目标责任制实施办法（试行）》《经营（工作）目标责任考核实施细则（试行）》《生产经营管理办法（试行）》《安全生产目标管理责任考核办法（试行）》《员工带薪年休假管理办法》《财务支出报销审批管理办法（试行）》《内部审计办法（试行）》等规章制度。同年，省交通监理公司在永古高速公路第6监理合同段、西长凤高速公路第5监理合同段试点经营目标责任制管理。年终，永古高速公路第6驻地办节约直接成本16%，西长凤高速公路第5驻地办节约直接成本7.7%。

（三）经　营

企业经营情况。省交通监理公司自成立以后，监理资质不断提升，经营范围不断扩大，从承接公路养护改建项目、二级公路建设项目、一级公路建设项目向高速公路、特殊独立大桥、特殊独立隧道发展，同时还开展工程咨询、招标代理、试验检测等业务，公司实现了多元化经营格局。2008 年 6 月，省交通监理公司被省交通厅评为甘肃省公路建设市场信用 A 级监理单位。

1998 年—2010 年甘肃省交通工程建设监理公司经营情况见表 4-3-13，1998 年—2010 年甘肃省交通工程建设监理公司利润情况见表 4-3-14。

1998 年—2010 年甘肃省交通工程建设监理公司经营情况表

表 4-3-13

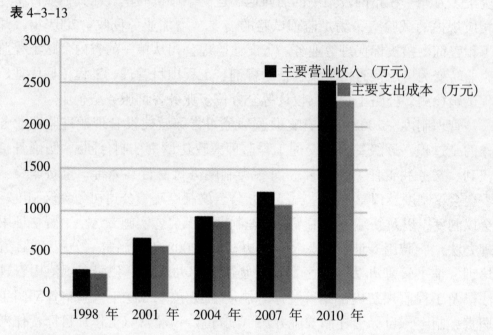

承建重点项目。1992 年后，相继承担部、省"八五"基本建设重点项目 G109 线唐家台至刘寨柯段、G312 线柳园至星星峡段和兰州至巉口段公路改建工程的监理工作。

2002 年，省交通监理公司承揽的 G312 线凤翔路口至郙岘段监理工程和永山段工程被省建设厅评为省建设工程"飞天奖"。监理的永古、永山、巉柳、柳忠四条高速公路按期交付使用，工程质量验收合格率 100%。2003 年，承接兰海高速公路路面工程第三标段，刘白高速公路第一、第二监理标段，兰临高速公路路面工程第四监理合同段，永山一级改高速公路项目，清

1998 年—2010 年甘肃省交通工程建设监理公司利润情况表

表 4-3-14

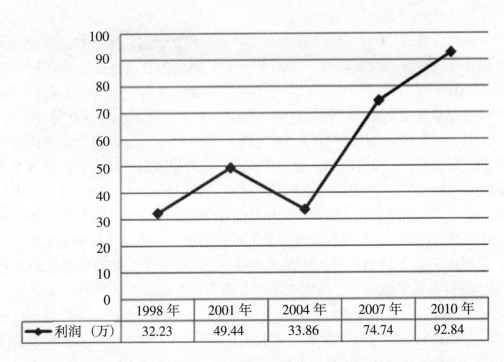

	1998 年	2001 年	2004 年	2007 年	2010 年
◆ 利润（万）	32.23	49.44	33.86	74.74	92.84

嘉高速公路项目。2005 年，承接宝天高速公路第五标段，平定高速公路路基第五标段两个高速公路标段监理任务，其中平定高速项目监理部驻地高级监理被省交通厅评为十佳生产技术标兵。2006 年，承担永靖祁家黄河大桥建设监理工作，新中标天定高速公路等高等级公路建设工程监理任务。2009 年，承担陇南地震灾后恢复重建项目，承接甘肃华运绿化公司职工培训楼、靖会二级公路房建工程等房建施工监理项目。2009 年，合同额达到3701.83 万元，与 1997 年相比较，合同总额增长十多倍。

省交通监理公司向外拓展业务，先后承接京珠高速公路粤境北段 D 合同段、广东 G106 线埂下至大桥高速公路建设工程、内蒙古阿拉善盟航天路（达来呼布至东风航天城二级公路）等项目的监理任务。

五、甘肃省交通服务有限公司

(一) 机构沿革

1980年9月11日,甘肃省交通服务公司成立,属集体所有制企业,实行独立经济核算,自负盈亏。1990年8月,更名为甘肃省交通劳动服务公司。2002年2月,公司内设党群工作部、企业管理部、市场研发部,同时将原财务部更名为资产财务管理部,保留经理办公室,核定科级岗位7个。2004年7月,公司购销部暂停经营业务。2005年1月,公司内设机构调整为工程管理部、人力资源部、企业管理部、资产财务部、综合办公室等5个部门,编制31人。其中,县级职数3名、科级干部10名。同年4月,更名为甘肃省交通服务公司。2005年10月,省交通服务公司成立服务区经营管理处,专门从事全省高等级公路服务区统一管理、一体化经营相关工作。

2006年1月26日,甘肃中油交通油品有限公司举行挂牌仪式。2007年9月26日,省交通服务公司出资组建甘肃高速公路服务区管理公司,统一负责全省高等级公路服务区的经营管理工作。2008年11月,工程管理部被更名为经营发展管理部,新成立党群工作部。2009年4月,接管甘肃新路工程公司和甘肃长兴交通物资有限公司。

截至2010年底,公司机关设综合管理办公室、党群工作部、经营发展管理部、资产财务部、人力资源部五个职能部门。下属甘肃华运园林绿化工程有限公司、甘肃华运高速公路服务区管理有限公司、甘肃华运建筑安装工程有限公司、甘肃华恒建筑工程有限公司、甘肃省交通印刷厂、直属工程处、甘肃新路交通工程公司、甘肃长兴交通物资有限公司等企业。

1996年,省交通服务公司购建兰州市嘉峪关路8层框架结构集商业、办公、住宅于一体的综合楼一栋,总建筑面积1642平方米。2002年2月,省交通服务公司租用省交通征稽局办公楼办公,并将省交通征稽局经营的金通宾馆更名为甘肃华运宾馆。2006年6月,甘肃华运宾馆停业。2007年4月,省交通服务公司搬入兰州市萃英门小区1号楼3层办公。

1995年—2010年,随着公司业务范围扩大,职工队伍不断壮大。1995年职工总数为127人,2000年为172人,2005年为202人,2010年为437人。

（二）经　营

1991 年—2010 年，甘肃省交通服务公司由计划经营转变为自主发展的市场经营，年完成产值从不足千万元到上亿元，市场开拓从依靠分配到年自主承揽任务两亿多元。

公司围绕"统一管理、一体化经营"的工作方针，打造高速公路服务区形象和服务品牌。一是逐步在兰州、定西、武威、酒泉、平凉、天水等地设置中心管理片区。实施"公司综合管理+服务区管理+片区中心管理+服务区现场管理"的四级管理体系，探索形成"直营为主+合作联营为辅"的服务区经营管理模式。二是推行标准化管理，以"服务区窗口温馨服务"课题研究为契机，制定完善《甘肃省高速公路标准化管理 BIS 行为规范识别手册》，建立健全服务区管理标准化体系。三是打造功能全、设施齐的服务环境。对全省 19 对服务区地坪路面、水暖管网等基础设施进行全面改造，建立甘肃省高速公路服务区门户网站，打造"我诚心经营，您放心消费"的司乘之家，逐步构建"管理科学化、经营规范化、服务标准化、品牌一体化"的温馨服务标准体系。

从 2007 年起，公司推进"三项"制度改革，相继出台《劳动用工管理办法》《工资分配管理办法》。人事制度上打破传统模式，体现"能者上、平者让、劣者汰"。用工制度上，打破职工身份界限，实现同工同酬。分配制度上体现效率优先、兼顾公平的原则，调动员工的积极性。

2010 年，公司财务管理全面执行预算管理，从事前预算、事中控制、事后考核入手，对所属各单位财务运行情况实现全方位监控，并通过将预算管理与经营目标责任制考核的有机结合，形成完整统一的预算管理体系。在项目管理上，全面落实标后预算管理，推行项目中标后评估制度，对所属各单位中标项目的预算编制、核准、执行、调整、分析、考核等各环节进行严格管理和监控，合理确定项目管理利润目标；坚持考核与奖罚相统一的原则，结合项目完工审计，对标后预算进行严格考核，降低工程成本，控制费用支出。以认证工作为主线，推行质量、环境、职业安康三个国际标准化管理体制。公司所属各单位均通过"三标一体"认证。

据统计，2009 年公司实现产值 1.56 亿元，总体实现利税 903 万元。2000 年—2010 年甘肃省交通服务公司经营情况见表 4-3-15。

2000年—2010年甘肃省交通服务公司经营情况统计表

表 4-3-15

年份	产值（万元）	利润（万元）	资产总额（万元）	实现利税（万元）
2000	2516	90	2167	156
2005	8673	176	8276	291
2010	39925	973	26854	2543

（三）承建重点项目

1991年—2010年，省交通服务公司参建省内重点项目共57项。其中绿化工程项目23项，房建项目34项。1991年—2010年甘肃省交通服务公司参建主要项目完成情况见表4-3-16。

1991年—2010年甘肃省交通服务公司参建主要项目完成情况表

表 4-3-16

项目名称	标段	全长（公里）	投资（万元）	开工日期	竣工日期
天巉二级公路绿化工程	TCLH	194	1100	2001年3月	2004年3月
柳忠高速公路绿化工程	LZLH	33.2	1493.1	2001年10月	2003年10月
白兰高速公路绿化工程	LBLH	60	1878.5	2002年3月	2005年11月
尹中高速公路绿化工程	YZLH	22	1542.7	2002年3月	2006年3月
巉柳高速公路绿化工程	CLLH	42	1231.1	2002年4月	2006年11月
天兰铁路绿化工程	TLTLH	15	370.83	2003年3月	2005年12月
兰海高速公路绿化工程	1标、2标	101.4	1912.85	2003年11月	2006年11月
陕西禹门口至阎良高速公路绿化工程	YYLH	16.605	183.36	2005年3月	2006年1月
宝天高速公路牛背至天水段绿化工程（一期）	NTLH1	——	3811	2005年12月	2008年12月

项目名称	标段	全长 (公里)	投资 (万元)	开工日期	竣工日期
G316 线杨两、 伏江段改建工程		—	1167.14	2004 年 6 月	2005 年 10 月
甘肃省高速公路服务区 改造工程	GSFG–3	—	3286.05	2009 年 9 月	2010 年 1 月
连霍国道天定高速公路 房建工程	TDFJ2	—	3154.66	2010 年 2 月	2010 年 11 月
甘肃公路建设项目平凉 至定西高速公路房建	LDFJ–1 标	—	2763.15	2008 年 3 月	2009 年 6 月
康家崖至临夏 高速公路房建	KLFJ–2 标	—	3050.21	2009 年 9 月	2010 年 9 月

六、甘肃省公路运输服务中心

(一) 机构沿革

1992 年，甘肃省公路运输开发服务中心成立，隶属省交通厅，国有独资企业。1993 年，经省交通厅批准，将省交通厅运管局所属的运输服务部、工贸公司、汽车配件经销公司、招待所和印刷厂划归省公路运输开发服务中心。1994 年，省公路运输开发服务中心正式运营，注册资金 1880 万元，管理人员 20 人，技术人员 23 人，生产（业务）人员 77 人，其他人员 88 人，共 208 人。同年 6 月 8 日，省公路运输开发服务中心更名为甘肃省公路运输服务中心。1999 年 7 月，接管甘肃省汽车运用工程研究所。同时调整汽车检测的行业政策，允许检测中心有偿检测，收费经营。2001 年 4 月 17 日，成立甘肃新辰快运有限责任公司。机关内设机构调整为办公室、计财科、人劳科、物业管理科、工会、运输部、培训部等 7 个部门，下辖招待所、检测中心、货运交易市场、汽修厂、甘肃新辰快运有限责任公司、工贸公司商店等 6 家企业。

2002 年，由省运管局牵头，以省公路运输服务中心为母体，组建甘肃陇运实业集团有限责任公司。2009 年，省公路运输服务中心与中国石油化工股份有限公司甘肃石油分公司合资成立甘肃交通石化救援保障服务有限责任公司。

截至 2010 年底，中心机关设综合办公部、财务资产部、生产经营部和物业管理部等四个业务部门。辖兰州主枢纽榆中交通枢纽项目部、雁儿湾快速货运集疏中心项目部和甘肃省交通战备训练基地项目部等三个项目部。甘肃陇运陆上货运交易有限公司、甘肃陇运交通职业培训学校、兰州汽车检测中心三个下属企业。同时承担省运管局在省内五家企业的投资监管任务，五家企业经营业务主要涉及公路客运、汽车制造和汽车检测三个行业。资产总额为 2.2 亿元（其中固定资产为 2 亿元），职工 240 人（其中在职职工 149 人，退休职工 91 人）。办公地点位于七里河区安西路 122 号，经营场所总面积为 1.8 万平方米（生产加工占用 4000 平方米，经营占用 3000 平方米，仓库占用 2000 平方米，其他 9000 平方米）。

下属公司有甘肃省交通（战备）干部培训中心、甘肃陇运现代物流有限责任公司、甘肃省交通厅兰州汽车检测中心、甘肃陇运交通职业培训学校、甘肃陇运实业（集团）快速客运有限公司。

（二）经 营

企业经营情况。从 1992 年开始，省交通厅投资 3000 多万元在兰州市安西路（今瓜州路）128 号建设运通大厦和货运信息系统，运通大厦和货运信息系统分别于 1994 年和 1996 年交付经营。至 1996 年底，省公路运输服务中心的产业基础和经营体系基本形成，资产总额 6431 万元，其中可经营性资产 3911 万元。下属 6 个经营实体，经营业务涉及货运信息服务、仓储、停车、食宿、印刷、零担运输、汽车吊装、汽车配件销售及小百货零售 9 个门类。1996 年经营收入 1455 万元。

1999 年，省交通厅将省公路运输服务中心所属的运通大厦、印刷厂和汽车配件经销公司的资产和人员分离，又把汽车运用工程研究所并入省公路运输服务中心。经过这次机构调整，省公路运输服务中心的资产总额减为 1974 万元，只有 1996 年的 30.7%，其中固定资产 1229 万元；固定资产中经营性资产为 908 万元，只有 1996 年的 23%。主要是办公用房、客房和一小部分设备，生产设备只占经营性资产的 11.7%。

2000 年后，省公路运输服务中心新建和改造部分生产设施，并取消部分经营项目。省运管局又将原汽车运用研究所的汽车检测中心划归中心，经过生产设施的新建、改造和经营单位的增减。至 2005 年底，中心资产总额达到 5210 万元。1994 年到 2005 年，六年盈利六年亏损，盈亏相抵，累计亏损 510 万元。

2006 年开始，省公路运输服务中心在榆中和平、马家梁和兰州雁儿湾建设三个生产经营基地。三个基地中的甘肃陇运陆上货运交易有限责任公司、甘肃省道路救援保障中心和甘肃陇运交通职业培训学校建成，并于 2009 年 7 月投产运营。1993 年—2010 年甘肃省公路运输服务中心经营情况见表 4-3-17。

1993 年—2010 年甘肃省公路运输服务中心经营情况表

表 4-3-17 单位：万元

年份	资产总额	收入	利润
1993	606.89	1238.02	5.78
1997	6431.26	1344.49	18.75
2000	2523.46	318.93	6.82
2005	3234.28	198.97	−150.83
2010	4423.11	515.33	−257.64

快速客运经营。根据甘肃陇运（集团）快速客运有限公司经营规模的变化，可划分为三个发展阶段，即从开业到 2003 年上半年的快速扩张阶段，2003 年下半年到 2008 年的调整提高阶段，2008 年之后的平稳发展阶段。

在运营模式方面，陇运快客采用运输过程一站直达、中途不上下旅客的方式，达到快捷、正点的要求。2000 年 5 月开始运营，年底为亏损。到 2001 年实现盈利 30 万元，初步在客运市场站稳脚跟。2001 年 11 月—2003 年 8 月，陇运快客先后与天水、庆阳、平凉、武威和临夏等地的运输企业合作成立 6 个加盟公司，独立经营的单位达到 7 个。其后，陇运快客吸引社会民营资本以融资加盟方式进入陇运快客公司经营。随着加盟公司的成立和民营资本的注入，陇运快客的经营规模和运输能力得到快速提升。至 2010 年底，公司资产总额 3311.8 万元，营业收入 3747.7 万元，利润 262.1 万元。

2002 年，陇运快客建成全省道路运输行业首个 GPS 监控平台，在运营车辆上陆续安装车载终端，获得车辆运行动态信息，依据信息对车辆运行进行实时调控的能力，杜绝窜线经营、超速行驶现象，增强运输安全的可控性。

2010年，引进全球移动通信（GSM）、地理信息系统（GIS）和计算机网络通信与数据处理等技术，扩展监控平台功能。之后，抓住移动通信和网络通信技术升级的时机，投入70万元，把监控平台改造为视频监控中心，同时在运营车辆上安装4路视频监控终端设备，通过视频网络传输系统，把运行车辆内外的实况传回公司监控平台，实现对车辆运行路线、速度、停靠方位、驾驶员规范操作、乘务员流程服务、旅客安全带佩戴情况和周边路况的在线监控，同时利用行车记录仪和平台系统自动报警功能，对车辆超速、串线运行和各种禁运规定执行情况进行监控。视频监控中心配备专职监控员，实行24小时值班制度，监控员根据监控记录和实时图像，向驾驶员及时传递路面安全信息，发出语音警报信息，对监控中发现的驾乘人员违规行为及车内不安全因素，通过无线语音系统进行提醒和纠正，形成驾驶员和安全监控人员对行车安全的双向控制、互为补充的安全保障机制，提高车辆运行的风险防控能力。

七、甘肃省交通物资供应公司

（一）机构沿革

甘肃省交通物资供应公司始建于1978年，对内称甘肃省交通局物资处。省交通物资供应公司机关设办公室、财务科。

1994年12月4日，省交通物资供应公司增设人事劳资科、保卫科。2004年12月12日，机关内设机构调整为办公室、市场营销部、资产财务部、人力资源部、监察审计部、广告经营部。

截至2010年底，公司机关设市场营销部、资产财务部、人力资源部、综合办公室、监察审计部，辖二级法人单位甘肃华通高等级公路广告有限责任公司、甘肃华通商务宾馆、甘肃省交通机电设备贸易公司。共有职工97人。公司地址位于兰州市永昌路2号交通实业大厦。

下属公司有甘肃华通商务宾馆、甘肃交通机电设备贸易公司、甘肃华通高等级公路广告有限责任公司。1991年—2010年甘肃省交通物资供应公司经营情况见表4-3-18。

1991 年—2010 年甘肃省交通物资供应公司经营情况统计表

表 4-3-18
单位：万元

年份	资产总额	营业收入	利润
1991	782.15	1303.05	7.00
1995	2036.45	158.74	9.37
2000	2513.97	1601.05	13.07
2005	10434.41	8479.72	39.69
2010	17306.59	20076.36	121.03

（二）生产经营

省交通物资供应公司主要经营道路沥青、高速公路广告、机械设备、各型汽车、金属材料、汽车配件、仓储租赁、住宿等。连续十五年赢利，平均年营业额 6000 多万元。2005 年、2006 年每年的沥青销售额都突破 1 亿元。2009 年沥青销售额突破 2 亿元，2010 年沥青销售额突破 3 亿元，形成以物资供销为主导，广告、住宿、仓储、租赁等多种成分并存的经营格局。

随着甘肃省高速公路建设的发展，公路建养沥青的采购供应成为物资公司的主营业务。公司按照"质量第一、优质服务、保证工期"的经营指导思想，加强与国有大型沥青生产厂家合作联营，取得中石油克拉玛依石化公司、中海油 36-1 沥青等多家沥青生产厂家区域总代理和特约经销权；与国外经营规模大、经济实力强、企业信誉好的沥青厂家和经销商确立良好的业务关系，建立稳定的沥青资源；与全国交通物资信息联网，并建立甘肃交通物资采购站，形成沥青采购供应的信息网络。同时为提高运输能力，组建专业运输车队，形成沥青订货、仓储、配送、发运、结算、服务等配套经营手段，能为用户提供高效、优质、全方位的服务。

省交通物资供应公司作为克拉玛依沥青甘肃总代理，成为甘肃省高速公路的沥青主供应商。在沥青资源紧张、供需矛盾十分突出的情况下，其为永山一期、柳忠、徐古、白兰、尹中、民武、景西、兰海、山临、临清、刘白、兰临、康临、武威过境、灾后重建等省内重点公路建设项目供应进口沥青、国产沥青、改性沥青六十多万吨。

八、甘肃驼铃客车厂

（一）机构沿革

甘肃驼铃客车厂始建于 1936 年，前身是甘肃省第一汽车修配厂，位于兰州市城关区大砂坪佛慈大街 321 号，占地面积 11 万平方米。1989 年，甘肃驼铃客车厂被中汽公司定为全国轻型客车定点生产厂。当年，有职工1101 人，其中有专业技术职称的 122 人。

1994 年，甘肃驼铃客车厂撤并原来的 28 个科室，改为 5 部 3 室 2 公司。

1995 年 2 月，成立清欠办公室，依法向法院起诉长期欠款用户 25 家，起诉资金为 760.85 万元，最终达成协议 24 家，调解资金 287.8 万元，收回111.19 万元。

1996 年，企业累计亏损达 2610.7 万元，在省交通厅支持下，设立"扶持企业生产发展资金"，共计 5000 万元，由省运管局滚动运作，以"无息贷款"方式安排运输企业购车，处理长期积压产品。

1997 年，解除劳动合同制职工 22 人，限期调离 2 人，签订停薪留职合同 5 人。同年 9 月，部分职工放假休息。

1998 年 3 月，甘肃驼铃客车厂全线停产。同年，成立职工再就业服务中心，制定《甘肃驼铃客车厂下岗职工管理和再就业服务中心建设实施办法》。按照分块搞活的思路，开拓多种经营渠道，有 273 名职工重返岗位。

1999 年，厂行政与工会签订集体合同，使劳动用工走向法制化轨道。对部分职能科室归并和撤销，实行定岗、定员和分配制度改革。甘肃驼铃客车厂第一材料供应站、兰州东风汽车配件销售中心、甘肃驼铃客车厂第二材料供应站三家门市部业务停业。

2000 年，调整销售公司部门领导，面向全厂公开招聘销售人员。同时对销售人员工资实行效益提成制、差旅费实行包干制。制定《甘肃驼铃客车厂工资管理制度》，对部分职工实行内部退养。多渠道融资，一方面寻求省交通厅、省运管局、省公路局从市场和资金方面给予支持；另一方面和供货厂商磋商，以缓解资金严重短缺的压力。先后和河南少林客车厂、四川野马客车厂进行意向性商谈。

2001 年，与淮阴船舶制造有限公司及淮安太元交通工程设施有限公司合资成立甘肃驼铃交通工程设施有限责任公司。成立稽查办公室，加大欠款回收力度。成立改制领导小组，探索严重亏损企业改制和产业结构调整的新路子。

2002年，成立改制办公室。甘肃驼铃客车厂被省上列为28户重点帮扶企业，办理"国有土地使用证"，核定全厂使用面积11.39万平方米。

2003年7月，甘肃驼铃客车厂改制，成立甘肃驼铃工贸发展有限公司。

2004年11月，通过《甘肃驼铃客车厂破产预案》，经省交通厅批复后转报省国资委。2005年7月，甘肃驼铃客车厂破产。2006年8月，甘肃驼铃客车厂进入国家政策性破产程序。

兰州宇通客车股份有限公司。2003年9月，郑州宇通客车集团、甘肃省公路运输服务中心、甘肃驼铃工贸发展有限公司在兰州成立兰州宇通客车股份有限公司。注册资本6000万元，员工700余人，主要从事客车（不含小汽车、发动机）制造、销售，汽车零部件、配件的生产和销售业务。2004年8月，对符合合资合同的原甘肃驼铃客车厂748人重新安排，其中上岗240人、内退334人、自愿买断4人、调离2人。上岗后离岗14人，待岗154人。

2004年，兰州宇通客车有限公司，在新产品开发、生产经营和市场销售等方面取得长足进步。生产客车740台，销售780台，实现含税销售收入1.45亿元，全年实现利润400万元，职工平均工资达到1400元，年度平均工资830元。组建初期，兰州宇通发展迅速，仅用两年多的时间实现扭亏为盈，成为西北客车市场龙头企业。当年，兰州宇通更是以1.6亿元的销售收入进入"甘肃省工业百强"企业榜。2005年，兰州宇通销售收入达2.44亿元。

2009年9月，郑州宇通客车集团公司单方面宣布停产撤资，并于2010年8月停发职工工资，停缴职工社保金。

（二）销售与管理

1994年，甘肃驼铃客车厂共生产客车149辆，实现销售收入1341万元，收回欠款215.09万元，实现税金187.75万元，完成技改投资800.85万元。

1995年，在用工制度上进行改革，完成劳动合同制的签字工作。出台8

项规章制度，先后清理各种违纪人员 4 人。加强对三产部门的管理，真正做到"自主经营，自负盈亏"。共完成工业总产值（不变价）580.2 万元，共生产改装各类客车 94 辆，实现销售收入 946.81 万元，共销售各类客车 116 辆，全年亏损 730 万元。

1996 年，共完成现价工业总产值 1769.12 万元，改装客车 173 辆，实现不含税销售收入 1692.33 万元；销售客车 180 辆，实现利润-975.66 万元。

1997 年，全年完成不含税现价工业总产值 1652.75 万元，全年改装客车 140 辆，全年实现不含税销售收入 1621.31 万元；全年回收往年度欠款 314.11 万元，全年销售客车 145 辆，全年预计实现利润-850 万元。

1998 年，在分配制度上打破八级工资制，推行计时计件工资制，实行按劳分配，调动职工的积极性。重视市场营销工作，把销售当作企业生产经营的龙头环节来抓，对售后服务做出许多承诺。完成不含税现价工业总产值 415 万元，全年改装客车 39 辆，全年实现不含税销售收入 592 万元，全年销售客车 61 辆，全年实现利润-896 万元。

1999 年，完成不含税工业总产值 2186 万元，改装客车 227 辆，比上年增加 188 辆；实现不含税销售收入 1805 万元。销售客车 195 辆，全年亏损 630 万元。

2000 年，工业总产值完成不含税现价工业总产值 2694 万元，改装客车 280 辆；销售客车 236 辆，实现不含税销售收入 2468 万元。

2001 年，完善各种规章制度，制定《甘肃驼铃客车厂加班工资及夜班津贴发放规定》。完成现价工业总产值 1410 万元；改装客车 159 辆，销售客车 202 辆；实现销售收入 1810 万元，实际亏损 570 万元。

2002 年，完成工业总产值 821 万元，改装客车 57 辆，销售客车 86 辆，销售收入 946 万元。

2004 年，公司在保证缴纳待岗职工社保金的同时，每月向待岗职工发放 200 元待岗工资。同年 2 月，补缴拖欠的职工养老保险金。4 月，为 1231 名职工（含退休职工）办理医疗保险。9 月，补缴拖欠的职工住房公积金。

（三）科研开发

1995 年，调整产品结构，走以销定产的路子。至 1995 年 12 月底，共完成"八五"技改投资 2300 万元。完成"八五"技改最重要的项目涂装车间的土建工程、焊装线的设备采购、总装线的设备采购，磷化和小件喷涂车间的土建和非标设计。同年，开发 TLK6602 和 TLK6650 新产品，研发 TLK6100W 前置卧铺客车和树脂复合材料模具。

1996 年，在产品结构调整中，成立由管理、技术、检验和操作者四结合的改进小组，调整和改进工艺工装。新研制开发的 TLK6602、TLK6700、JT6100W 客车投入批量生产。TLK6970 团体旅游车获得交通部汽车产品"金杯奖"，TLK6900 型长途客车获交通部展品优秀奖，TLK6910（JT662）长途客车获甘肃省优质产品称号。

1997 年，"八五"技改工程到位资金 800 万元，全年共完成技改投资 569 万元，其中建筑投入资金 78 万元，购置设备 384 万元，工程进度款等其他投资 107 万元，累计完成技改投资 3234.66 万元。

1998 年 12 月 24 日，新建配变电所投入运行，标志着"八五"客车生产技改项目基本完成。

1999 年，委托重庆公路科学研究所设计两款新型中档客车，12 月批量投放市场，实现当年开发设计、当年投入生产的目标。围绕新产品的设计和生产，为技术部门配备电脑室、装备 CAD 客车辅助设计系统。添置机绑涨拉蒙皮机，自制轻型车身组合等工装设备。"八五"技改生产线设备完成调试，投入生产。

2000 年，TLK6860 和 TLK6600 两款客车投入试生产；将 TLK6740 客车改为平地板客车，以适应小城镇、市区开通公交车的需求。

2002 年，完善 TLK6600、TLK6780、TLK6860 等客车产品。2004 年 4 月，按期完成 1480 万元的一期技改工程，对制作车间、总装车间、五金库、淋浴房和空压站进行改扩建。同年 5 月，兰州宇通客车有限公司自主研发的 8 米置前开门产品 ZK6798 车正式投入试制，全年销售 156 台。

人物与名录

一、人物传

慕生忠

慕生忠（1910年—1994年），陕西省吴堡县人，生于1910年10月。1933年加入中国共产党，先后在陕北、晋绥、晋南一带从事革命工作。1949年5月任西北野战军政治部民运部部长。1950年6月至1955年2月，先后任西北铁路干线工程局政治部主任，进藏部队十八军独立支队政委、西藏工委组织部长、西藏运输总队政治委员、西藏工委组织部部长兼青藏公路管理局局长。1955年9月，任兰州军区后勤部政治委员。同年12月授予少将军衔，荣获一级解放勋章、二级独立自由勋章、二级八一勋章。1955年12月，任西藏工委工交部部长，青藏公路工程局党委书记、局长等职务。

1960年，慕生忠被下放到甘肃八一农场任副场长。1961年任甘肃省交通厅副厅长。1963年，因病离职。1978年，再次出任甘肃省交通厅副厅长，

897

主管公路养护工作。1979 年，当选政协甘肃省第四届委员会副主席。1994 年10 月 19 日，在兰州病逝，享年 84 岁。

慕生忠一生对公路交通最大的贡献是于 1954 年修通全长 1283 公里的青藏公路。

1961 年 12 月—1963 年 6 月、1978 年 1 月—1981 年 9 月，慕生忠两度出任省交通厅副厅长，主管公路养护工作，对当时甘肃公路建设事业的恢复、调整和改革做出了贡献。

1961 年，时值交通体制改革，各公路总段收归省交通厅领导。在财政十分困难的情况下，慕生忠经常到各公路总段指导工作，用他的亲身经历教育干部职工自力更生、艰苦创业。1962 年，省交通厅制定通过了《甘肃省公路养护试行班组经济核算的若干规定（草案）》，全面施行班组经济核算和个人超产奖，提高养路工积极性；全面贯彻"以养好路面为纲"的指导思想，先后督促各公路总段开展消灭路面搓板和坑槽、加铺路面沙砾、改善路面技术状况、减少次等路、消灭差等路的一系列活动。至 1962 年底，全省干线公路好路率由 1961 年的 40%上升到 60%。慕生忠经常深入基层，当他看到道工生活困难，就用自己在农场工作的经验及时指导建议在道班开展副业生产。几年以后，全省各公路总段、道班都有了自己的副业生产场所，有些道班还达到了粮油肉蛋菜自给，从而提高了职工生活水平。

1978 年，慕生忠再次担任省交通厅副厅长。当年他就提出了解决 G212线和 G309 线山高、坡陡、路难行的问题，并建议对七道梁和子午岭实施隧道工程的方案。这两座隧道均于 20 世纪八九十年代完成，两条国道也已改造。上任之初，他又一次面临养护体制改革的档口。根据省委、省政府统一部署，慕生忠努力配合省交通厅对各养护单位进行全面整顿，调整了各级领导班子，提拔了一批中青年工程技术人员、业务管理人才。1979 年，修订了《甘肃省公路养护和管理工作规定》。同年，他当选为甘肃省政协副主席，仍抽出时间关心公路交通工作，解决交通工作中遇到的困难。1981 年，他卸任副厅长之职。时值省交通厅启动《甘肃公路交通史》编写工作。他积极建言献策，抽空参加编史会议，并撰写《青藏公路建设始末》，保存了珍贵史料。

赫振中

赫振中（1910年—2000年），河南省开封市人。1949年8月，到交通部公路总局第七运输处兰州修理厂（省汽修一厂前身）当钳工领班。中华人民共和国成立后，他是甘肃省第一汽车修配厂（甘肃驼铃厂前身）动力车间管钳班钳工。1975年10月退休。

赫振中在解放兰州战役中，率领工友冒着生命危险抢修被炸毁的黄河铁桥，并提前完成抢修任务，使解放大军得以迅速过河西进。在当时汽车缺少轮胎而无法行驶的情况下，他利用废旧材料修好轮胎翻新机，解决了轮胎缺乏的问题。在极端困难的条件下，赫振中发挥自己的聪明才智和创造力，修好大炮7门、汽车80辆、补胎机8台，支援了西北解放战争。1950年，他获得全国劳动模范称号和全国一等劳动模范奖章，赴京参加全国工农兵劳动模范大会，并参加了国宴。2000年10月14日在兰州病逝，享年90岁。

张金榜

张金榜（1929年—1994年），甘肃省兰州市人。1953年参加工作，1955年4月加入中国共产党。

张金榜是兰州汽车运输公司的一名司机。1964年，张金榜开上中国生产的"解放"客车，长年行驶在山区，东过六盘山，西到乌鞘岭，南抵岷山山脉，北达红会丘陵。在山区行车，如不及时调整分电盘，就会因海拔高度不同出现点火突爆，引起机器强烈震动，损伤机件，旅客也不舒服。张金榜在长期行车中摸清了各县的海拔高度，在分电盘上划上记号，车开到哪个县，就把分电盘调整到适当位置，使点火逐步适应海拔高度，避免了点火突爆现象。张金榜的经验是"眼勤、手勤、不怕累"，发现问题及时排除。旅途中，乘客休息时，他总是爬到车下检查、擦拭机器。汽车到了目的地，不管多晚、多累、多冷、多热，他都要用一两个小时保养汽车。检修车辆时，他坚持和修理工一起干。

1953年—1984年，张金榜安全行车133万公里，他驾驶的"解放"客车创造了110万公里无大修的纪录，比甘肃省制定的大修间隔里程定额延长近八倍，仅大修费用一项节约6.8万元，节约汽油4.49万公升，实现利润

人物与名录

899

16.15万元，这在当时国内乃至世界交通运输史上也属罕见。

1979年，张金榜被授予全国劳动模范称号。他是中共十大代表，第五、第六届全国人大代表，第五届全国人大常委，甘肃省第五届、第七届人大常委。1994年3月10日在兰州病逝，享年65岁。

张金榜住院期间，省、市领导前往医院看望。他病逝后，中共中央政治局原常委宋平，全国人大常委会副委员长倪志福，中纪委副书记侯宗宾，中华全国总工会及省上在北京参加"两会"的领导阎海旺、卢克俭、张吾乐、孙英、李子奇、许飞青、杨振杰等发来唁电唁函，省人大、省总工会，兰州市委、市人大、市政府、市政协及省交通厅等单位和部门的领导对张金榜的遗家属进行了慰问，并同各单位职工代表三百多人参加3月16日上午在兰州华林山革命烈士陵园举行的向张金榜遗体告别仪式。张金榜的骨灰安放在省级干部骨灰堂。

唐恩俊

唐恩俊（1938年—1998年），四川省三台县人，中共党员。1961年5月参加工作，他多年担任道班班长，1996年12月退休。

唐恩俊为改变陇南公路交通落后面貌，在公路养护一线埋头苦干三十多年。他走到哪个道班，哪儿的路面就彻底变样。他曾在养护经费不足、养护材料缺乏的情况下，自己动手，加班加点，采备养护材料，铺筑碎石路面，使良等路由1984年的1公里上升到1988年的7公里。几年间，他自备养护材料2000立方米，为国家节约资金近万元。他曾在抗洪抢险工作中不顾个人安危，划着小船一趟趟运送救灾物资，和职工一道修复公路损毁路段。由于数十年如一日的艰苦劳动，唐恩俊患上了严重的腰疾和腿疾，手掌满是老茧、皲裂，十指无法伸直。

他在几十年的养路生涯中，多次被评为陇南公路总段先进生产者，所在道班连年被评为先进班组。1989年5月，被省政府授予甘肃省劳动模范光荣称号。1989年9月，被国务院授予全国劳动模范荣誉称号，同时应邀出席全国劳模大会，受到党和国家领导人的接见。1998年10月因病去世，享年60岁。

二、人物简介

李 泰

李泰（1914年—1995年），河北省饶阳县人。1938年1月参加革命，同年6月加入中国共产党。在冀中军区、河北省饶阳县，历任区委书记、县委巡视员、宣传部长等。中华人民共和国成立后，任河北省九地委、定县地委宣传部部长、常委、副书记。1952年后，任中央重工业部直属建设工程公司副经理、党委书记。1955年3月—1959年10月，在东北工学院（今东北大学）、北京钢铁学院干部特别班学习。1959年11月—1965年3月，先后任甘肃省委候补委员、省冶金局副局长、省重工业局副局长、省委工业交通办公室副主任、省经济委员会第一副主任。1969年后，任甘肃省交通局局长、党的核心小组组长。1975年10月，任中共甘肃省交通局委员会书记。1979年，离职休养。1995年3月16日在西安病逝，享年81岁。

杨涤心

杨涤心（1915年—1997年），河北省玉田县人。1940年2月参加革命，1941年1月加入中国共产党。1940年2月—1942年1月，在平西挺进军校教导队学习，任干事。1942年2月—1945年8月，先后任平北分区司令部、供给处、赤源支队干事、连副指导员、指导员。1945年9月—1950年11月，先后任察北分区骑兵第一团连指导员、特派员、政治处主任。1950年12月—1960年2月，任骑兵第一师政治部组织科科长、骑兵第一师二团政治委员。1960年3月—1965年12月，任兰州军区政治部直属政治部副主任。1966年1月，任省交通厅政治部主任。1969年3月，任省交通厅副厅长。1982年，离职休养。1992年1月，经省委组织部批准，享受正厅级待遇。1997年9月11日在兰州病逝，享年83岁。遵其遗嘱，骨灰撒入黄河。

周焕南

周焕南（1915年—2000年），湖北省黄冈县人。1937年10月参加革命，1938年10月加入中国共产党。1937年—1945年，任新四军组织干事、连副指导员、指导员。1945年9月—1947年2月，任华野二纵队十二团副教导员、教导员。1947年3月—1948年1月，在华东军大高研班学习。1948年2月—1952年9月，历任华东军区政治处、运输部、汽车三十二团组织股、政治处副主任、主任。1952年10月—1956年1月，在华东后勤速成中学学习。1956年2月—10月，任华东军区整编汽车一团政治委员。1956年11月—1964年3月，任石油部敦煌石油运输公司党委副书记。1964年3月—1966年6月，任省交通厅政治部主任。1977年12月—1983年4月，任省交通厅副厅长。1983年5月，离职休养。1991年，经省委组织部批准，享受正厅级待遇。2000年2月6日在兰州病逝，享年85岁。

杨 峰

杨峰（1922年—1995年），原名杨存顺，陕西省宜君县人，生于1922年1月，大学文化程度。1936年12月加入中国共产主义青年团，1938年2月参加革命，同年5月加入中国共产党，曾在陕甘宁边区鲁迅师范学校学习。1938年9月—1944年11月，先后任陇东分区曲子县马岭镇中心小学校长，延安县政府教育科、延安公署教育科科员、副科长。1945年—1946年，任陕西省黄龙工委委员、合阳县委委员、地下党委负责人。1947年—1950年6月，先后任陕西省黄龙县支队政委、县委副书记、陕西洛川干部学校副校长。1950年7月—1952年1月，在北京高级马列学院学习。1952年4月—1956年11月，先后任马列学院干部科科长，马列主义基础教研室助教、讲师。1956年12月后，任中国科学院兰州分院副秘书长，甘肃省委党校党委委员、教研室主任。1971年11月—1975年10月，任省第二汽车修配厂党委副书记。1975年10月—1980年4月，任省交通学校党委书记。1980年5月，任省交通厅顾问。1984年1月，离职休养。1995年3月21日在兰州病逝，享年73岁。

蔡峻岭

蔡峻岭（1924 年—2001 年），河南省舞阳县人。1950 年参加工作，1958 年加入中国共产党。曾担任兰州市公交公司车队队长、书记，兰州汽车监理所书记，兰州市交通局技术科科长，1985 年退休。

蔡峻岭在汽车运输工作中多有创新。1958 年，他在全省汽车节油现场比武时获得"节油状元"称号。他的"节油"驾驶经验推广到了全省。蔡峻岭的出色表现为他赢得了荣誉。1959 年，他出席全国工业、交通运输、基本建设、财贸系统社会主义建设先进集体和先进生产者代表大会，受到了党和国家领导人刘少奇、周恩来的接见。1958 年、1959 年、1962 年分别出席甘肃省第二次、第三次、第四次先进生产者代表会议。2001 年 8 月 24 日在兰州病逝，享年 77 岁。

王应国

王应国（1936 年—1994 年），甘肃省文县人，藏族。1952 年 5 月，在文县参加工作。1954 年 8 月，在舟曲县人民银行工作。1956 年 5 月，加入中国共产党。1956 年 6 月—1958 年 11 月，在舟曲县委工作。1960 年 1 月，任舟曲县委农村工作部部长。1965 年 5 月，任舟曲县委副书记。1970 年 10 月，任夏河县革命委员会副主任。1973 年 4 月—1980 年 5 月，任甘南藏族自治州革命委员会副主任，同时先后兼任州委秘书长，碌曲县委书记、县革委主任，州科委主任等职。1980 年 6 月，任甘南州委副书记。1983 年 4 月，任甘南州委书记。1985 年 7 月，任西北民族学院党委书记。1990 年 9 月，任省交通厅副厅长、党组副书记。1993 年 1 月，当选甘肃省第八届人民代表大会常务委员会委员，并兼任省人大常委会民族侨务工作委员会主任。1994 年 1 月 20 日在兰州病逝，终年 58 岁。

王集卒

王集卒（1937 年—1998 年），陕西省朝邑县人。1949 年 6 月—1949 年 11 月，在陕西大荔地委干校、延安西北局机训队学习。1949 年 12 月—1954 年 10 月，任西北局机要处科员。1954 年 11 月—1958 年 4 月，先后在甘肃省委组织部干部处、省委政法部干部处工作。1956 年 10 月，加入中国共产党。1958 年 5 月—1960 年 1 月，先后在武威先锋农场、甘肃省政法干校、中央政法干校劳动和学习。1960 年 2 月—1973 年 3 月，先后在省政治干校检察班、省委组织部干部处、西北局组织部干部一处任干事、主任。1973 年 4 月—1978 年 4 月，任陕西钢厂宣传科、组干科科长。1978 年 5 月—1983 年 6 月，任甘肃省委组织部干部调配处办公室主任、副处长、处长。1983 年 7 月—1991 年 4 月，任甘肃省公路局党委书记。1991 年 4 月—1997 年 7 月，任省交通厅党组成员、纪检组组长、厅直机关党委书记。1997 年 8 月，离职休养。1998 年 11 月 21 日在兰州逝世，享年 62 岁。

姚元生

姚元生，甘肃省秦安县人，生于 1949 年 5 月，1971 年参加工作。1983 年 7 月加入中国共产党。曾任天水公路总段秦安公路管理段云山道班班长。他是甘肃省公路养路职工的一面旗帜。

姚元生发扬自力更生、艰苦奋斗的精神，带领职工克服高寒阴湿、环境艰苦的困难，使所养公路路况质量发生了显著变化，道班建设上了新台阶。1994 年，姚元生被省政府、省劳动竞赛委员会评为"甘肃省工人明星"。1995 年，应邀赴北京参加国庆观礼，受到交通部领导的接见。1996 年，被天水市委、市政府评为"劳动模范"。1998 年，被省交通厅评为"优秀养路工"。1999 年，被交通部评为"全国优秀养路工"。2000 年，被国务院授予"全国先进工作者"光荣称号，并参加国务院召开的"五一全国劳动模范和先进工作者"表彰大会。

李延平

李延平，河南省偃师人，1963 年生，高级技工，中共党员，兰州市第一汽车运输公司四队客车驾驶员。在企业改革中，李延平发挥一名共产党员的先锋模范带头作用，从大局出发，带头交清风险抵押金承包客车，带头跑新线路，安全行车，全心全意服务旅客，为公司的发展做出了贡献。1993 年之后的十多年，李延平累计安全行驶 87 万公里，为国家上缴包缴基数 137 万元。1995 年，被交通部评为"全国道路旅客运输先进工作者"，他驾驶的客车被评为"全国红旗客车"。1997年，被评为甘肃省"青年岗位能手"、甘肃省"职工技术标兵"，他驾驶的客车被评为甘肃省"青年文明号"班组。1998年，获中华全国总工会"五一劳动奖章"，同年被交通部、人事部授予全国"交通系统劳动模范"称号。1999年，被评为兰州市"十大杰出青年"。2000年，被国务院授予"全国劳动模范"光荣称号。

三、人物简表

（一）先进个人

1991年—2010年甘肃交通系统国家级先进个人名录（主要）

单位名称	姓名	称号	授予单位	授予时间	文号
兰州公路总段	李 潭	全国先进工作者	国务院	2005年4月	国发〔2005〕12号
	刘玉琴	全国先进女职工	中华全国总工会	2001年3月	
	周莲英	全国先进女职工	中华全国总工会	2002年	
	刘永忠	全国"五一劳动奖章"	中华全国总工会	2008年4月	中华全总工发〔2008〕19号
白银公路总段	彭永恒	全国优秀科技工作者、"五一劳动奖章"	中华全国总工会	1991年6月	
定西公路总段	吕亚琴	全国先进女职工	中华全国总工会	1998年3月	荣誉证
庆阳公路总段	徐建明	全国"五一劳动奖章"	中华全国总工会	2008年7月	
天水公路总段	姚元生	全国先进生产工作者	国务院	2000年5月	
平凉公路总段	何志勇	2007年全国用户满意服务明星	中华全国总工会	2008年2月	荣誉证

单位名称	姓名	称号	授予单位	授予时间	文号
陇南公路总段	申明义	全国"五一劳动奖章"	中华全国总工会	2008 年	
	屈永勤	全国抗震救灾优秀工会干部	中华全国总工会	2008 年	
	陈 勇	全国抗震救灾优秀工会干部	中华全国总工会	2008 年	
	周小平	全国交通运输行业抗震救灾先进个人	中华全国总工会	2008 年	
	李荣清	全国第五届职工职业道德先进个人	中华全国总工会	2003 年	
甘南公路总段	杨进才	全国交通行业青年岗位能手	交通运输部、共青团中央	2008 年 6 月	交体法发〔2008〕126 号
金昌公路总段	徐国玺	全国"五一劳动奖章"	中华全国总工会	1999 年 4 月	
酒泉公路总段	高匡宇	全国知识型职工	中华全国总工会、人事部等十部委	2007 年 1 月	
定西公路总段	吕亚琴	全国先进女职工	中华全国总工会	1998 年 3 月	荣誉证
甘肃路桥建设集团有限公司	任文宏	全国先进女职工	中华全国总工会	1996 年 3 月	
	尹华山	全国"五一劳动奖章"	中华全国总工会	1997 年 4 月	
	张维国	全国"五一劳动奖章"	中华全国总工会	2004 年 5 月	
	朱 平	全国"五一劳动奖章"	中华全国总工会	2007 年 4 月	

1991年—2010年甘肃交通系统省部级先进个人名录（主要）

单位名称	姓名	称号	授予单位	授予时间	文号
省公路局	许超杰	先进生产工作者	交通部、人事部	1991年 1992年 1993年	
	马秉玲	优秀党务工作者	中共中央组织部、甘肃省委	1996年	
	赵彦龙	交通运输系统抗震救灾英雄	交通运输部、人力资源和社会保障部	2008年	交体法〔2008〕29号
	任忠章	抗震救灾交通、通信保障先进个人	国家交通战备办公室	2008年	国动交战〔2008〕6号
	吴敏刚	甘肃省奥运火炬传递先进个人	甘肃省政府	2008年	甘政发〔2008〕83号
	谈敦仪	优秀专家	甘肃省委、省政府	2001年	省委发〔2001〕22号
兰州公路总段	窦永学	全国交通系统劳动模范	交通部、人事部	1998年9月	人发〔1998〕81号
	李培荣	全国交通技术能手	交通部	2004年1月	交人劳发〔2004〕16号
	李潭	全省先进工作者	甘肃省委、省政府	2005年4月	省委发〔2005〕18号

甘肃省志

公路交通志

单位名称	姓名	称号	授予单位	授予时间	文号
白银公路总段	庹述芬	全国交通系统劳动模范	交通部	1991 年	
	郭武军	全省法制宣传教育工作先进个人	甘肃省委、省政府	1996 年	
	胡振琦	第四批精神文明建设先进工作者	甘肃省委、省政府	1998 年 12 月	
	闫玉仁	全国交通运输系统先进工作者	人力资源和社会保障部	2009 年 12 月	人社部发〔2009〕170 号
	白建胜	甘肃省先进工作者	甘肃省委、省政府	2010 年 4 月	甘政字〔2010〕8 号
	李玉海	2006 年—2010 年全省法制宣传教育先进个人	甘肃省委、省政府	2011 年 6 月	甘通字〔2011〕8 号
定西公路总段	王万山	甘肃省劳动模范	甘肃省委、省政府	1994 年 4 月	荣誉证
	侯亚红	全国交通系统巾帼建设标兵	交通部	2002 年 3 月	荣誉证
	李金莲	全国交通系统巾帼建设标兵	交通部	2008 年 3 月	交体法发〔2008〕132 号
	胡振琦	全国交通系统抗震救灾保畅先进个人	交通部	2008 年 2 月	交体法发〔2008〕95 号
平凉公路总段	文长泰	全国交通系统劳动模范	交通部、人事部	1994 年 1 月	荣誉证
	芦应乾	从事财务工作 30 年先进个人	财政部	1994 年 4 月	
	文长泰	全国交通系统学习包起帆先进个人	交通部	1996 年 12 月	荣誉证
	杨锦芸	全国交通系统公路职工贤内助	交通部	1999 年 1 月	荣誉证

单位名称	姓名	称号	授予单位	授予时间	文号
平凉公路总段	朱宗乾	甘肃绿化奖章	甘肃省政府	2002 年 3	奖章
	李永生	2008 年度交通文明执法标兵	交通运输部	2008 年 10 月	交体法发〔2008〕421 号
	李龙林	全国交通行业抗灾保通先进个人	交通部	2008 年 2 月	交体法发〔2008〕95 号
	杨 尧	全国交通技术能手	交通运输部	2009 年 12 月	荣誉证
	何志勇	全国优秀养路工	交通部	1999 年 9 月	荣誉证
庆阳公路总段	徐建明	全国交通系统抗震救灾先进个人	交通运输部	2008 年 7 月	
	王振宝	甘肃省劳动模范	甘肃省委、省政府	1999 年 9 月	
	马思保	劳动模范	人事部、交通部	2001 年 10 月	人发〔2001〕106 号
	徐建明	优秀共产党员	甘肃省委、省政府	2008 年 7 月	
天水公路总段	魏引成	甘肃省劳动模范	甘肃省委、省政府	1996 年 5 月	
	赵彦平	全国交通运输行业抗震救灾先进个人	交通运输部	2008 年 7 月	奖状
	汪来文	甘肃省先进工作者	甘肃省委、省政府	2010 年 4 月	奖状

人物与名录

单位名称	姓名	称号	授予单位	授予时间	文号
陇南公路总段	王芝英	全国交通系统抗洪救灾先进个人	交通部	1991 年	
	董锦华	精神文明先进工作者	甘肃省委、省政府	2001 年	
	王建宝	甘肃省先进工作者	甘肃省政府	2001 年	
	牛小平	全国交通行业巾帼建功标兵	交通部	2007 年	
	王海燕	全国交通运输系统先进工作者	交通运输部	2009 年	
	吴勤俊	全国交通运输系统先进工作者	交通运输部	2009 年	
甘南公路总段	曹新民	全国交通系统劳动模范	人事部、交通部	1998 年	
	仇俊成	全国交通行业抗灾保通先进个人	交通部	2008 年 2 月	交体法发〔2008〕95 号
	杜永刚	全省抗震救灾优秀共产党员	甘肃省委	2008 年 6 月	省委发〔2008〕36 号
		全国交通运输行业抗震救灾先进个人	交通运输部	2008 年 7 月	交体法发〔2008〕167 号
	吕惠平	甘肃省先进工作者	甘肃省委、省政府	2010 年 4 月	甘政字〔2010〕8 号

单位名称	姓名	称号	授予单位	授予时间	文号
临夏公路总段	苏书祯	全国交通系统先进工作者	交通部、人事部	2005 年 3 月	国人部发〔2005〕21 号
	张天云	抗震保通先进个人	国家交通战备办公室	2008 年 11 月	交战备字〔2008〕27 号
	裴明彪	全省民族团结进步先进个人	甘肃省委、省政府	2006 年 8 月	
武威公路总段	秦保忠	全国交通系统劳动模范	人事部、交通部	2005 年 3 月	国人部发〔2005〕21 号
	陈生虎	交通运输文明执法标兵	交通运输部	2010 年 12 月	交政法发〔2010〕762 号
张掖公路分局	甄华亭	劳动模范	交通部	1991 年 6 月	奖状
		1989 年—1990 年度全国交通系统两个文明建设劳动模范	交通部	1991 年 7 月	奖状
	梁荣	全国交通岗位技术能手	交通运输部	2009 年 10 月	奖状
	雷东权	全国交通岗位技术能手	交通运输部	2009 年 10 月	奖状
张掖公路分局	金勤国	全国交通运输系统先进工作者	人事部、交通运输部	2009 年 12 月	奖状
	许吉庆	全国交通运输行业精神文明建设先进工作者	交通运输部	2010 年 9 月	奖状

单位名称	姓名	称号	授予单位	授予时间	文号
酒泉公路总段	贾生会	全国边防公路养护管理先进工作者	交通部、解放军总后勤部	1991 年 1 月	
	王自清				
	何 荣				
	陈呼赛	甘肃省见义勇为积极分子	甘肃省委、省政府	1992 年	
	茹虎忠				
	贾希平	全省第六次民族团结进步模范个人	甘肃省委、省政府	2009 年	省委发〔2009〕21 号
甘肃路桥建设集团有限公司	冯金义	甘肃省劳动模范	甘肃省委、省政府	1999 年 9 月	
	殷金峰	交通运输系统抗震救灾英雄	人力资源和社会保障部、交通运输部	2008 年 6 月	人社部发〔2008〕52 号
	杨锦峰	2008 年交通运输系统青年岗位能手	交通运输部、共青团中央	2008 年	
	张詠	全国交通运输系统劳动模范	人力资源和社会保障部、交通运输部	2009 年 12 月	人社部发〔2009〕170 号
甘肃省交通厅工程处	高丽峰	全国交通行业青年岗位能手	交通部	2007 年 4 月	交体法发〔2007〕164 号
	李 红	全国交通行业巾帼建功标兵	交通部	2008 年 3 月	交体法发〔2008〕132 号

续表

单位名称	姓名	称号	授予单位	授予时间	文号
甘肃省交通厅工程处	张伟	全国交通行业青年岗位能手	交通运输部、共青团中央	2008年6月	交体法发〔2008〕126号
	吴保成	"八五"期间全省建设工作先进工作者	甘肃省政府	1996年2月	甘政发〔1996〕14号
	李睿	优秀科技工作者	交通部	2001年9月	
		青年岗位能手	交通部	2003年	
	王宏源	甘肃省十大优秀青年	甘肃省政府	2007年7月	
	赵毓璋	甘肃省劳动模范	甘肃省政府	2010年4月	甘交办〔2010〕35号
甘肃省道路运输管理局	杨曦	北京奥运会火炬接力甘肃传递先进个人	甘肃省政府	2008年12月	甘政发〔2008〕83号
甘南州交通运输局	赵卫东	2010年全国防汛抗旱先进个人	国家防汛抗旱总指挥部、人社部、解放军总政治部	2010年12月	人社印发〔2010〕90号
甘肃省水运管理局（省地方海事局）	陈珂	2007年度交通运输系统海（水）上搜救先进个人	交通部	2007年12月	
	孔永明	全国公路水路运输量专项调查先进个人	交通运输部	2009年10月	

单位名称	姓名	称号	授予单位	授予时间	文号
甘肃省水运管理局(省地方海事局)	范志鹏	"九五""十五"期间全国内河建设优秀个人	交通部	2007 年 4 月	
		全国公路水路运输量专项调查先进个人	交通运输部	2009 年 10 月	
		全国交通运输系统先进工作者	人社部、交通运输部	2009 年 12 月	
甘肃省交通工程建设监理公司	邢　康	全国交通运输系统劳动模范	人力资源与社会保障部、交通运输部	2009 年 12 月	人社部〔2009〕170 号
	杨宗川	全国交通系统优秀监理工程师	交通部	1996 年 6 月	交基发〔1996〕504 号
定西交通征稽处	雍　福	全国交通系统先进工作者	人事部、交通部	1998 年	
临洮交通征稽所	黄桂芳	全国交通系统巾帼建功标兵	交通部	2006 年	
平凉交通征稽处	魏允吉	全国交通系统先进工作者	人事部、交通部	2001 年	
酒泉养路费征稽所	赵　俊	全国车购费征管先进个人	交通部	1993 年	
				1995 年	
	王培陇	1991 年至 1993 年度车购费征管工作先进个人	交通部	1993 年	
定西公路总段路政支队	胡振琦	全国交通行业抗灾保通先进个人	交通运输部	2008 年	
甘肃省高等级公路运营管理中心	曹　键	全国交通行业抗灾保通先进个人	交通运输部	2008 年	

续表

单位名称	姓名	称号	授予单位	授予时间	文号
甘肃省高等级公路运营管理中心	苏书祯	舟曲抗洪抢险道路交通保障先进个人	兰州军区国防动员委员会	2010年3月	

（二）专业技术人员和享受政府特殊津贴人员

1991年—2010年甘肃省交通运输厅直属单位正高级工程师及享受国务院特殊津贴人员名录

姓名	工作单位	获得资格时间	享受津贴时间
吴廷相	白银公路总段		1993年
王景春	省交通规划勘察设计院		1999年
杨重存	省公路局	2004年12月	
张克玺	省公路工程总公司	2004年12月	
牛思胜	省公路工程总公司	2004年12月	2001年6月
张汉舟	省交通规划勘察设计院有限责任公司	2004年12月	2006年
杨惠林	省交通规划勘察设计院有限责任公司	2004年12月	2005年8月
景 韧	省交通规划勘察设计院有限责任公司	2004年12月	
赵发章	省交通厅工程处	2005年11月	
赵书学	省交通规划勘察设计院有限责任公司	2005年11月	
韩友续	省交通规划勘察设计院有限责任公司	2005年11月	
丁兆民	省交通科学研究所	2005年11月	
杨宗义	省交通规划勘察设计院有限责任公司	2006年11月	
李俊升	甘肃路桥公路投资公司	2006年11月	
骆首峰	甘肃路桥建设集团公司	2006年11月	
王晓钟	甘肃路桥建设集团公司	2006年11月	
常学亮	省交通厅工程处	2006年11月	
赵河清	省公路局	2009年11月	
达世德	省交通厅工程处	2009年11月	

续表

姓名	工作单位	获得资格时间	享受津贴时间
陈宏斌	省交通厅工程处	2009 年 11 月	
冯金义	省交通厅工程处	2009 年 11 月	
张 吉	甘肃路桥公路投资有限公司	2009 年 11 月	
袁永新	省交通规划勘察设计院有限责任公司	2009 年 11 月	
雷鸣涛	省公路网规划办公室	2010 年 12 月	
高维隆	省公路工程定额管理站	2010 年 12 月	
聂双成	甘肃长达路业有限责任公司	2010 年 12 月	
刘立星	甘肃长达路业有限责任公司	2010 年 12 月	
樊 江	省交通规划勘察设计院有限责任公司	2010 年 12 月	
庹 昱	省交通规划勘察设计院有限责任公司	2010 年 12 月	
杨铁轮	省交通规划勘察设计院有限责任公司	2010 年 12 月	
刘金平	省交通规划勘察设计院有限责任公司	2010 年 12 月	
董建军	省交通规划勘察设计院有限责任公司	2010 年 12 月	
曹永军	省交通规划勘察设计院有限责任公司	2010 年 12 月	
刘建勋	甘肃路桥建设集团有限公司	2010 年 12 月	
张建明	甘肃路桥建设集团有限公司	2010 年 12 月	
程永华	省公路管理局	2010 年 12 月	
赵鸿德	省公路管理局	2010 年 12 月	
吴祥海	省公路管理局	2010 年 12 月	
邓君德	省公路管理局	2010 年 12 月	
李向阳	省交通厅工程处	2010 年 12 月	
刘颖才	省交通厅工程处	2010 年 12 月	
朱卫国	省交通工程建设监理公司	2010 年 12 月	
范志鹏	省水运管理局	2010 年 12 月	
胡志宏	省交通服务公司	2010 年 12 月	
姜爱民	省交通科学研究院有限公司	2010 年 12 月	
李 涛	庆阳公路总段	2010 年 12 月	

（三）行政管理人员

1991 年—2010 年甘肃省交通运输厅副厅级（副巡视员）以上领导名录

姓名	职务	任职时间
秦中一	厅长	1983 年 4 月—1993 年 5 月
夏家邦	副厅长	1983 年 4 月—1992 年 10 月
	党组书记、副厅长	1992 年 10 月—1993 年 6 月
胡国斌	副厅长	1983 年 4 月—1993 年 5 月
	厅长、党组书记	1993 年 5 月—1998 年 4 月
张玉堂	副厅长	1991 年 4 月—1994 年 4 月
王应国	副厅长、党组书记（正厅级）	1990 年 9 月—1993 年 6 月
王集卒	纪检组组长	1991 年 4 月—1997 年 4 月
庹述芬	副厅长	1991 年 11 月—1998 年 4 月
高更新	副厅长	1993 年 6 月—2001 年 3 月
吉西平	副厅长	1994 年 11 月—2000 年 11 月
阎正芳	副厅长	1996 年 3 月—1998 年 4 月
王吉祥	纪检组组长	1997 年 4 月—2008 年 8 月
	巡视员	2008 年 8 月—
徐拴龙	厅长、党组书记	1998 年 4 月—2004 年 7 月
韩国杰	副厅长	1998 年 4 月—2003 年 4 月
王志贵	副厅长	1998 年 4 月—2002 年 6 月
翟文祥	副厅长	2001 年 3 月—2007 年 4 月
辛 平	副厅长	2002 年 4 月—2010 年 12 月
康 军	副厅长	2002 年 8 月—2008 年 6 月
杨咏中	厅长、党组书记	2004 年 7 月—
李 睿	总工程师	2005 年 11 月—2008 年 11 月
	副厅长	2008 年 11 月—2010 年 10 月
艾玉德	纪检组组长	2008 年 8 月—
王繁己	副厅长	2008 年 11 月—
阮文易	副厅长	2010 年 12 月—
赵彦龙	副厅长	2010 年 12 月—
吕振铎	副地级调研员	1992 年 1 月—1993 年 7 月
郝启明	副地级调研员	1996 年 1 月—1999 年 5 月
宁润田	助理巡视员	2001 年 12 月—2005 年 5 月
张明振	助理巡视员	2001 年 12 月—2004 年 3 月
王 坚	助理巡视员	2005 年 1 月—2007 年 3 月
陈新年	副巡视员	2006 年 11 月—
盖宇仙	副巡视员	2009 年 8 月—

四、先进单位

1991 年—2010 年甘肃省交通系统国家级先进集体名录（主要）

单位名称	称号	授予单位	授予时间	文号
甘肃省公路局	全国抗震救灾英雄集体	中共中央、国务院、中央军委	2008 年	
兰州公路总段离退休党支部	全国先进离退休干部党支部	中共中央组织部	2004 年 10 月	
兰州公路总段工程处	全国模范职工小家	中华全国总工会	2010 年 5 月	
兰州公路总段高等级公路养护中心	国家级职工书屋建设示范点	中华全国总工会	2010 年 11 月	
兰州公路总段榆中公路管理段工会	全国模范职工小家	中华全国总工会	2008 年 4 月	总工发〔2008〕21 号
白银公路总段	交通战备工作正规化建设合格证	国务院、中央军委交通战备领导小组	1991 年 3 月	
白银公路总段兴泉道班工会小组	全国模范职工小家	中华全国总工会	1995 年 1 月	
白银公路总段兴泉道班	全国"五一劳动奖状"（先进班组）	中华全国总工会	1997 年 4 月	
白银公路总段三滩养管站	全国模范职工小家	中华全国总工会	2008 年 4 月	总工发〔2008〕21 号
白银公路总段青江驿养管站	全国模范职工小家	中华全国总工会	2001 年 5 月	
定西公路总段工程处	全国精神文明建设工作先进单位	中央文明委	2005 年 10 月	奖牌
定西公路总段	全国精神文明建设工作先进单位	中央文明委	2009 年 6 月	奖牌

续表

单位名称	称号	授予单位	授予时间	文号
平凉公路总段南湖养管站	全国"五一劳动奖状"	中华全国总工会	2002年5月	奖状
天水公路总段云山道班	全国模范职工小家	中华全国总工会	1993年	奖状
天水公路总段麦积养管站	全国"五一劳动奖状"	中华全国总工会	1999年5月	奖状
天水公路总段	全国创建文明行业工作先进单位	中央文明委	1999年9月	奖状
	抗震救灾重建家园"工人先锋号"	中华全国总工会	2008年6月	奖状
陇南公路总段宕昌城关养管站	三八红旗先进集体	全国妇女联合会	2006年	
陇南公路总段石洞滩养管站	抗震救灾重建家园"工人先锋号"	中华全国总工会	2008年	
甘南公路总段抢险队	抢险救灾先进集体"工人先锋号"	中华全国总工会、国家安全生产监督管理总局	2010年9月	总工发〔2010〕51号
甘南公路总段临潭公路管理段工会	全国模范职工之家	中华全国总工会	2010年5月	总工发〔2010〕30号
甘南公路总段工程处	抗震救灾重建家园"工人先锋号"	中华全国总工会	2008年7月	总工发〔2008〕43号
临夏公路总段工会	全国模范职工之家	中华全国总工会	2008年1月	总工发〔2008〕21号

人物与名录

919

单位名称	称号	授予单位	授予时间	文号
S308线大双段公路管理所	女职工建功立业标兵岗	中华全国总工会	2006年2月	
金昌公路总段下四分道班	全国模范职工小家	中华全国总工会	1998年4月	
张掖公路分局小寨子道班	全国先进班组	中华全国总工会	1992年4月	奖状
张掖公路分局小寨子道班	全国"五一劳动奖状"	中华全国总工会	1992年4月	奖状
张掖公路分局小寨子道班	模范职工小家	中华全国总工会	1993年10月	奖状
张掖公路分局工会	全国交通建设系统工会工作先进集体	中华全国总工会、交通部	2008年3月	奖牌
酒泉公路总段	交通战备工作正规化建设合格证	国务院、中央军委交通战备领导小组	1991年3月	
酒泉公路总段文化路养管站	全国模范职工小家	中华全国总工会	1999年9月	
酒泉公路总段桥湾养管站	全国模范职工小家	中华全国总工会	2003年9月	
甘肃圆陇路桥机械化公路工程有限责任公司	全国"五一劳动奖状"	中华全国总工会	2003年4月	
甘肃路桥建设集团	抗震救灾重建家园"工人先锋号"	中华全国总工会	2008年6月	奖牌
甘肃路桥建设集团	全国"五一劳动奖状"	中华全国总工会	2009年4月	奖牌
白银汽车运输公司白银汽车站	全国"五一劳动奖状"	中华全国总工会	1998年	
山临高速公路收费管理所张掖西站	2007年度全国交通行业"巾帼文明示范岗"	交通运输部、中华全国妇女联合会	2008年3月	
柳树高速公路收费管理所兰州收费站	全国"五一劳动奖状"	中华全国总工会	2008年4月	

1991 年—2010 年甘肃交通系统省部级先进集体名录（主要）

单位名称	称号	授予单位	授予时间	文号
甘肃省交通厅公路局	河西千里公路建设先进单位	甘肃省政府	1992 年	
	兰郎公路建设做出突出贡献的单位	甘肃省政府	1993 年	
国道主干线永昌至山丹段一级公路	"九五"期间优秀重点建设工程	甘肃省政府	2001 年	甘政发〔2001〕1 号
甘肃省公路局	全国交通系统先进集体	人事部、交通部	2005 年	国人部发〔2005〕21 号
	全国交通行业抗灾保通先进集体	交通部	2008 年	交体法发〔2008〕95 号
	全国交通运输行业抗震救灾先进集体	交通运输部	2008 年	交体法发〔2008〕167 号
甘肃省公路局党委	抗震救灾先进基层党组织	甘肃省委	2008 年	省委发〔2008〕36 号
兰州公路总段	河西千里公路建设做出突出贡献的单位	甘肃省政府	1992 年	
	兰郎公路建设做出突出贡献的单位	甘肃省政府	1993 年	
	全国交通系统档案工作先进集体	交通部	2000 年 9 月	交办发〔2000〕468 号

单位名称	称号	授予单位	授予时间	文号
兰州公路总段	"九五"全国交通专业保障队伍整组工作先进单位	国家交战办	2001年9月	交战办〔2001〕50号
兰州公路总段榆中公路管理段	省级文明单位	甘肃省委、省政府	1998年9月	
	精神文明建设先进单位	甘肃省委、省政府	1998年12月	
兰州公路总段红古公路管理段	全省精神文明建设工作先进单位	甘肃省委、省政府	2010年9月	
兰州公路总段中川公路管理段	省级文明单位	甘肃省委、省政府	2006年1月	
白银公路总段	交通系统两个文明建设先进单位	交通部	1991年7月	
	路政管理工作先进单位	交通部	1993年	
	1996年和1997年度交通部公路工程"三优"评选获奖单位	交通部	1998年	
	第五批精神文明建设文明单位	甘肃省委、省政府	2001年2月	
	全国交通系统先进集体	人事部、交通部	2005年3月	国人部发〔2005〕21号
	创建全国交通文明行业先进单位	交通部	2005年12月	
	省级文明单位	甘肃省委、省政府		

续表

单位名称	称号	授予单位	授予时间	文号
白银公路总段青江驿养管站	全国交通系统"青年文明号"	共青团中央、交通部	1997年4月	
	全国交通系统"文明示范窗口单位"	交通部	2001年	
	全国交通行业文明示范"窗口"	交通部	2005年	
G109线吴唐段、S201线营景段	省级文明样板路	甘肃省委、省政府	2003年1月	省委发〔2003〕3号
白银公路总段景泰收费所	全省精神文明建设工作先进单位	甘肃省委、省政府	2008年1月	
	省级文明单位	甘肃省委、省政府	2010年12月	
定西公路总段	兰郎公路建设做出突出贡献的单位	甘肃省政府	1993年8月	奖牌
	省级文明单位	甘肃省委、省政府	1994年12月	奖牌
			1995年12月	
	全省国土绿化先进单位	甘肃省委、省政府	2001年3月	奖牌
	1996年—2000年全省"三五"法制宣传教育先进单位	甘肃省委、省政府	2001年6月	奖牌
定西公路总段工程处	甘肃省文明单位	甘肃省委、省政府	2002年12月	奖牌
定西公路总段马营养管站	全国交通行业巾帼文明岗巾帼建功标兵	交通部	2007年3月	交体法发〔2007〕99号
临洮公路管理段	全国青年文明号	共青团中央	2008年12月	交体法发〔2008〕126号

甘肃省志 公路交通志

单位名称	称号	授予单位	授予时间	文号
定西公路总段木寨岭隧道管理所	全国交通运输系统先进集体	人力资源和社会保障部、交通运输部	2009 年 12 月	奖牌
平凉公路总段泾川公路管理段	全国绿化先进单位	甘肃省政府	1991 年	奖牌、荣誉证
平凉公路总段柳家铺道班	全省交通系统建设先进集体	甘肃省委、省政府	1994 年 12 月	奖牌
平凉公路总段	省级文明单位	甘肃省委、省政府	1994 年 12 月	奖牌、荣誉证
平凉公路总段	全国交通系统学习青岛港先进单位	交通部	1996 年 12 月	奖牌、荣誉证
平凉公路总段	第二次公路普查先进集体	交通部、国家统计局	2002 年 6 月	奖牌
平凉公路总段	省级文明单位标兵	甘肃省委、省政府	2010 年 12 月	奖牌
平凉公路总段工程建设处	公路工程优质工程三等奖	交通部	1998 年 3 月	奖牌、荣誉证
平凉公路总段崇信公路管理段	省级文明单位	甘肃省委、省政府	2001 年 2 月	奖牌
平凉公路总段静宁公路管理段	省级文明样板路	甘肃省委、省政府	2001 年 2 月	荣誉证
平凉公路总段祁家大山隧道管理所	全省"三五"法制宣传教育先进单位	甘肃省委、省政府	2001 年 6 月	奖牌
平凉公路总段抢险救灾突击队	舟曲抢险救灾先进集体	甘肃省委、省政府、省军区	2010 年 12 月	奖牌
庆阳公路总段	甘肃省文明行业	甘肃省委、省政府	1998 年 10 月	
天水公路总段工程处	全国交通系统先进集体	交通部、人事部	1991 年 10 月	奖状
天水公路总段工程处	全国交通系统先进集体	交通部、人事部	1992 年 10 月	奖状
天水公路总段工程处	全国交通系统先进集体	交通部、人事部	1993 年 10 月	奖状
天水公路总段工程处	全国交通系统先进集体	交通部、人事部	1994 年 10 月	奖状

续表

单位名称	称号	授予单位	授予时间	文号
天水公路总段	省交通系统双文明建设先进单位	甘肃省委、省政府	1994 年	奖状
	甘肃省思想政治工作优秀企业	甘肃省委、省政府、省文明委	1996 年 8 月	奖状
	全国交通系统学习青岛港先进单位	交通部	1996 年 12 月	奖状
	安全生产先进单位	甘肃省政府	1997 年 8 月	奖状
天水公路总段秦安公路管理段	省级文明示范窗口	甘肃省委、省政府、省文明委	1997 年 1 月	奖状
陇南公路总段	省级文明单位	甘肃省委、省政府	1998 年	
陇南公路总段文县公路管理段	交通运输系统抗震救灾英雄集体	人力资源和社会保障部、交通运输部	2008 年	
陇南公路总段工会	抗震救灾基层先进工会	人力资源和社会保障部、交通运输部	2009 年	
甘南公路总段	兰郎公路建设先进单位	甘肃省政府	1994 年	
	精神文明建设先进单位	甘肃省委、省政府	2001 年 2 月	
甘南公路总段合作公路管理段工会	模范职工小家	甘肃省委、省政府	1998 年	甘工发〔1998〕32 号
甘南公路总段工程处	精神文明建设文明单位	甘肃省委、省政府	2003 年 1 月	省委发〔2003〕3 号
	全国交通行业文明单位	交通部	2008 年	交体法发〔2008〕80 号
甘南公路总段王格尔塘养管站	全国交通运输系统先进集体	人社部	2009 年	人社部发〔2009〕170 号

人物与名录

925

续表

单位名称	称号	授予单位	授予时间	文号
临夏公路总段	甘肃省文明行业	甘肃省委、省政府	2001 年 2 月	
	全国交通战备先进单位	交通运输部	2008 年 11 月	交战备〔2008〕27号
临夏公路总段东乡公路管理段	全省民族团结先进集体	甘肃省委、省政府	1994 年 10 月	省委发〔1994〕52 号
临夏公路总段三合养管站	全国文明道班	交通部	1999 年 9 月	甘交发〔1999〕20 号
临夏公路总段南龙养管站	全国交通系统先进集体	交通部、人事部	2001 年 1 月	
临夏公路总段双城养管站	全国交通系统先进集体	交通运输部、人事部	2009 年 3 月	
金昌公路总段	兰郎公路建设先进单位	甘肃省政府	1993 年 8 月	甘政发〔1993〕158 号
	河西千里公路建设突出贡献单位	甘肃省政府	1993 年 1 月	甘肃公路工作第四十九期
张掖公路分局小寨子养管站	青年文明号	共青团中央、交通部	2007 年 4 月	奖牌
张掖公路分局元山子养管站	青年文明号	共青团中央、交通部	2003 年 6 月	奖牌
张掖公路总段（分局）	全省经济体制改革先进集体	甘肃省委、省政府	1991 年 4 月	奖杯
	全省造林绿化先进单位	甘肃省委、省政府	1991 年 10 月	奖状
	文明单位	甘肃省委、省政府	1992 年 12 月	奖牌
	河西千里公路建设突出贡献单位	甘肃省政府	1992 年 12 月	奖牌

单位名称	称号	授予单位	授予时间	文号
张掖公路总段（分局）	兰郎公路建设突出贡献单位	甘肃省政府	1993 年 9 月	奖牌
	1991—1993 全国交通系统先进单位	交通部、人事部	1994 年 10 月	奖状
	先进基层党组织	甘肃省委	1996 年 6 月	奖牌
	省级文明行业标兵	甘肃省委、省政府	2008 年 12 月	奖牌
	全国交通行业文明单位	交通部	2008 年 2 月	
张掖公路总段工程科 QC 小组	优秀质量管理小组	交通部	1993 年 10 月	奖状
张掖公路总段草湖道班	先进集体	人事部、交通部	1998 年 5 月	
张掖公路管理段	文明单位	甘肃省委、省政府	1998 年 12 月	奖牌
张掖公路总段收费公路管理处	省级文明单位	甘肃省委、省政府	2001 年 2 月	奖牌
G312 线高台公路段	省级文明样板公路	甘肃省委、省政府	2001 年 2 月	奖状
G312 线张掖公路段	省级文明样板公路	甘肃省委、省政府	2001 年 2 月	奖状
G312 线张掖公路段、高台段	部级文明样板路	交通部	2001 年 12 月	
张掖公路分局天地张掖分公司	省级文明单位	甘肃省委、省政府	2003 年 1 月	奖牌
G227 线民乐段	省级文明样板路	甘肃省委、省政府	2003 年 1 月	奖牌
甘民县际公路	省级文明样板路	甘肃省委、省政府	2006 年 12 月	奖状
酒泉公路总段文化路养管站	全国文明道班	交通部	1999 年 3 月	
酒泉公路总段阿克塞养管站	全国职业道德建设先进班组	中共中央宣传部、国家经贸委等六部委	1999 年 3 月	

单位名称	称号	授予单位	授予时间	文号
酒泉公路总段	省级文明单位	甘肃省委、省政府	1992 年 3 月	
	窗口公路建设先进单位	甘肃省政府	1993 年 2 月	
	河西千里公路建设先进单位	甘肃省政府	1993 年 5 月	
	兰郎公路建设先进单位	甘肃省政府	1993 年 9 月	
酒泉公路总段文化路养管站	全国春运工作先进集体	交通部、团中央等六部委	1996 年 3 月	
酒泉公路总段玉门公路管理段	省级文明样板路	甘肃省委、省政府	2000 年 3 月	
嘉峪关公路总段	2004 年度省级文明单位	甘肃省委、省政府	2004 年 12 月	
嘉峪关公路总段路桥工程处	省级文明单位	甘肃省委、省政府	2010 年 12 月	
甘肃省公路工程总公司	1999 年至 2001 年全国公路建设质量年优秀企业	交通部	2001 年 12 月	交公路发〔2001〕724 号
	公路工程优质工程三等奖	交通部	1999 年	
甘肃路桥建设集团	交通运输文化建设示范单位	交通运输部	2010 年 9 月	奖牌
	甘肃省第八批精神文明建设先进单位	甘肃省委	2006 年 12 月	省委发〔2006〕79 号
甘肃路桥建设集团经营部	全国交通行业巾帼文明岗位	交通部	2007 年 3 月	
连霍国道主干线山丹至临泽段高速公路工程	全国交通建设十佳优质管理项目	交通部	2005 年 12 月	

续表

单位名称	称号	授予单位	授予时间	文号
宝天高速公路天水过境段项目办公室	全国交通运输行业文明示范窗口	交通运输部	2010 年 9 月	
甘肃省交通厅工程处	甘肃省重点项目建设先进单位	甘肃省政府重大项目建设协调领导小组	2001 年 1 月	
	国土绿化先进单位	甘肃省政府	2001 年 3 月	
	全国交通系统先进单位	人事部、交通部	2005 年 3 月	
	全国交通文明行业先进单位	交通部	2005 年 12 月	
	甘肃省精神文明建设先进单位	甘肃省委、省政府	2008 年 12 月	
	黄河流域（片）大型生产建设项目水土保持先进单位	水利部黄河水利委员会	2010 年 9 月	
甘肃路桥飞宇交通设施公司	2009 年度全国交通运输系统先进集体	国家人力资源和社会保障部、交通运输部	2009 年 12 月	人社部发〔2009〕170 号
甘肃省交通服务有限公司	全国交通运输行业文明单位	交通运输部	2010 年 9 月	
甘肃省交通工程建设监理公司	全国交通系统先进监理单位	交通部	1996 年	交基发〔1996〕504 号
兰州市公路运输管理处、城市交通运输管理处	交通运输管理先进单位	交通部	1992 年	

人物与名录

单位名称	称号	授予单位	授予时间	文号
甘肃省白银汽车运输公司白银汽车站	道路交通系统文明单位（文明客运站）	交通部	1997 年	部公路发〔1997〕646 号
白银市白银区公路运输管理所	道路交通系统文明单位（道路运输管理文明单位）	交通部	1997 年	部公路发〔1997〕646 号
甘南州交通运输局	全省精神文明建设先进单位	甘肃省委、省政府	2009 年 10 月	
嘉峪关市交通运输局	兰州军区"九五"交通战备先进单位	兰州军区国防动员委员会	2001 年 12 月	
	交通战备正规化建设暨"双向优质服务"活动先进单位	兰州军区国防动员委员会	2003 年 9 月	
兰州市水运管理局	第三次全国港口普查先进集体	交通运输部	2009 年	
甘海巡 100 号	工人先锋号	中华全国总工会	2009 年 4 月	
甘肃省交通征稽局	全省城镇退役士兵安置工作先进集体	甘肃省政府、省军区	2003 年	
白银车购费征管办公室	1991 年至 1993 年度车辆购置附加费征收工作先进单位	交通部	1993 年	
甘肃省公路路政管理总队	交通依法行政示范单位	交通运输部	2008 年	
白银车购费征管办公室	车购费征管工作先进单位	交通部	1995 年	
平凉交通征稽处	全国交通系统先进集体	人事部、交通部	2005 年	

甘肃省志 公路交通志

续表

单位名称	称号	授予单位	授予时间	文号
武威交通征稽处	省级文明行业	甘肃省委、省政府	2008 年	
金昌交通征稽处	全国交通行业文明单位	交通部	2006 年	
甘肃省公路路政管理总队	全国依法行政示范单位	交通运输部	2008 年	
甘肃省高等级公路运营管理中心	2008 年北京奥运会火炬接力甘肃省传递先进集体	甘肃省政府	2008 年 12 月	
	舟曲抗洪抢险道路交通保障先进单位	兰州军区国防动员委员会	2010 年 3 月	
机场高速公路收费管理所	全国交通行业"文明示范窗口"	交通部	2008 年 2 月	
中川机场收费管理所	青年文明号	交通运输部	2008 年 6 月	交体法发〔2008〕126 号
兰海高速公路收费管理所海石湾收费站	青年文明号	共青团中央、交通运输部	2009 年 12 月	交政法发〔2009〕779 号

注：先进单位（集体）、个人（人物）以各单位上报、复核为准。

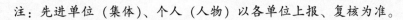

人物与名录

附　录

一、文　献

（一）省人大文件

甘肃省公路路政管理条例（2004年）

（1997年1月20日甘肃省第八届人民代表大会常务委员会第25次会议通过，根据2002年6月1日甘肃省第九届人民代表大会常务委员会第28次会议《关于修改〈甘肃省公路路政管理条例〉的决定》第一次修正，根据2004年6月4日甘肃省第十届人民代表大会常务委员会第10次会议《关于修改〈甘肃省公路路政管理条例〉的决定》第二次修正）。

第一章　总　则

第一条　为加强公路路政管理，保护公路路产路权，保障公路完好畅通，根据《中华人民共和国公路法》等有关法律、法规，结合本省实际，制

933

定本条例。

第二条　凡本省行政区域内的国道、省道、县道、乡道、专用公路，包括外商独资、中外合资或者其他方式投资修建的公路，均适用本条例。

第三条　公路、公路用地及公路附属设施（以下简称公路路产），受国家法律保护，任何单位和个人均不得侵占和破坏。

第四条　公路路政管理实行统一管理、分级负责、综合治理的原则。

各级人民政府应当加强对公路路政管理工作的领导。省交通行政主管部门主管全省公路交通事业。各级公路管理部门负责各自管辖路段的路政管理工作。专用公路的路政管理工作由专用单位负责。

有关行政管理部门应依照各自职责，积极配合做好公路路政管理工作。

第五条　任何单位和个人都有保护公路路产、路权的义务，对侵占、破坏公路路产和侵犯公路路权以及不依法进行路政管理的行为都有制止、检举的权利。

第二章　管理职责

第六条　公路管理部门的路政管理职责是：

（一）宣传、贯彻实施有关公路路政管理法律、法规和规章；

（二）维护公路、公路桥涵、隧道、渡口的养护、施工作业的正常秩序；

（三）实施公路路政巡查，依法查处违反本条例的各种违法行为；

（四）管理和保护公路路产，维护路权，对违反公路路政管理的行为有权制止并依法进行处罚；

（五）负责设置、维护建成公路的标志、标线；

（六）依法实施公路两侧建筑控制区管理，取缔违法建筑设施；

（七）审理从地下、地面、空中穿（跨）越公路的其他建筑设施事项；

（八）负责对超过公路、公路桥梁、隧道、渡船限载、限高、限长、限宽标准和超过载重质量（以下简称超限）的运输车辆及公路状况进行监督管理；

（九）审批铁轮车、履带车等上路行驶有关事项；

（十）法律、法规、规章规定的其他职权。

第七条　下列行为由省公路管理部门审核后报省交通行政主管部门批准：

（一）国道、省道公路行道树的采伐、更新；

（二）法律、法规规定的其他需要报批的有关事项。

第八条　下列行为由省公路管理部门审批，需有关部门审批的报请有关部门：

（一）在国道、省道上设置立交、平交道口，埋设各类管线，修建跨越公路的桥梁、渡槽、牌楼等；

（二）跨地、州、市及跨省、直辖市、自治区行政区域的超限运输；

（三）因国家建设确需占用、利用公路路产期限在30日以上的；

（四）法律、法规规定的其他需要报批的有关事项。

第九条　下列行为由市、自治州、地区行政公署公路管理部门或者省属公路管理部门按照各自的管理范围进行审批，需有关部门审批、备案的，报请有关部门审批、备案：

（一）乡道经营使用权或者产权变动；

（二）在县道、乡道上设置立交、平交道口，埋设各类管线，修建跨越公路的桥梁、渡槽、牌楼等；

（三）跨县（市、区）的超限运输；

（四）因国家建设确需利用、占用公路路产期限在30日以内的；

（五）县道、乡道公路行道树的采伐、更新。

第十条　除第七条、第八条、第九条规定的行为外，其他行为由县、市、区公路管理部门或省直属公路管理部门按照各自的职责范围进行管理。

第十一条　公路路政管理人员执行公务时，应着标志服装，持国家或省颁发的行政执法证件。

用于公路监督检查的专用车辆，应当设置统一的标志和示警灯。

第三章　路产管理

第十二条　在公路两侧边沟、截水沟、边坡以外各不少于1米宽的土地，以及用于建设、养护公路和公路附属设施的其他土地为公路用地。任何单位或个人不得侵占。

公路用地应当按照国家有关规定办理。

因公路改线而不再行驶车辆的旧公路，经县级以上人民政府批准，可调换公路建设用地或者改作公路料场、绿化等附属设施的用地。

第十三条　在公路、公路用地范围内，禁止下列行为：

（一）设置棚屋、摊点、维修、洗车、加水、加油场点和电杆、变压器、广告牌、招商牌、标牌及其他非公路设施；

（二）进行集市贸易，举办物资交流会等商业性活动；

（三）挖掘公路路基、路面、边坡、采矿、取土、挖砂；

（四）填埋、堵塞、损坏公路排水系统或者利用公路桥涵、排水沟等设施引水灌溉、排放污水、筑坝蓄水、设置闸门；

（五）堆积、抛撒、焚烧污物及其他类似行为；

（六）盗窃、迁移、破坏、损坏、涂改公路标志、标线及测桩、界桩、护栏、花草树木等公路附属设施；

（七）铺设妨碍公路安全畅通的空中或者地下管线；

（八）其他侵占、破坏、损坏、盗窃、迁移、污染公路路产的行为。

第十四条　在高速公路、一级公路和封闭的二级公路上禁止下列行为：

（一）设置平交道口；

（二）铁轮车、履带车、未封闭的垃圾车、拖拉机和非机动车辆等行驶；

（三）冲闯站卡、拒绝缴费；

（四）其他侵占、破坏、损坏、盗窃、迁移、污染公路路产的行为。

第十五条　在大中型公路桥梁和渡口的上、下游各 200 米，小型桥梁的上、下游各 50 米，公路隧道上方和洞口外的 100 米范围内，禁止下列行为：

（一）采挖砂石、淘金、开矿、修筑堤坝、压缩或拓宽河床、烧荒、刷坡、爆破、取土、伐木及其他类似行为；

（二）倾倒垃圾、污物、堆放物品、停放装载危险品的车辆以及其他类似活动；

（三）铺设输送易燃、易爆、易漏和有毒物品的管道及其他妨碍公路桥梁、渡口、隧道安全畅通的行为。

第十六条　严禁乱砍滥伐和损坏公路行道树。不论树权属谁所有，需要采伐更新时，按本条例第七条、第九条有关规定办理。

禁止利用公路行道树架设电线、悬挂各种标牌等有损树木生长的行为。

第十七条　因修建铁路、机场、通信设施、水利工程和进行其他建设工程需要占用、挖掘公路或者使公路改线的。

建设单位应当事先征得有关公路管理部门的同意；影响交通安全的，还须征得有关公安机关的同意。

占用、挖掘公路或者使公路改线的，建设单位应当按照不低于该段公路原有的技术标准予以修复、改建或者给予相应的经济补偿。

第十八条 修建跨（穿）越公路的各种桥梁、渡槽、管线、牌楼等设施须经公路管理部门同意；影响交通安全的还需征得公安交通管理机关同意。

第十九条 在公路上不得擅自增设交叉道口。确需设置的，必须经公路管理部门和公安交通管理机关批准。建设单位修建交叉道口，应符合国家规定的公路技术标准。

第二十条 超限车辆，不得任意通行；确需通行的，超限运输承运人应按分级管理原则向公路管理部门提出书面申请，并按规定缴纳路产补偿费或技术保护措施费。妨碍交通的，还须经公安交通管理机关批准。

超过规定核载质量的货运车辆禁止通行。经过省交通行政主管部门批准，公路管理部门可以在公路上设置测重装置。

第二十一条 除农业机械因当地田间作业需要在公路上短距离行驶外，铁轮车、履带车和其他可能损害公路路面的机具，不得在公路上行驶。确需通行的，必须经有关公路管理部门同意，采取有效的保护措施，并按照公安机关指定的时间、路线行驶。对公路造成损坏的，应当按照损坏程度给予补偿。

第二十二条 在公路两侧建筑控制区外从事开山炸石、采矿、取土和施工作业，不得危及公路路产安全；

采矿作业不得在公路两侧建筑控制区内进行，矿井不得穿越公路。确需穿越的，应经公路管理部门批准，造成路产损失的，须赔偿损失。

第二十三条 通过公路渡口的一切车辆和人员，应当遵守公路渡口管理规定。

第二十四条 在公路施工和养护时，应当保障车辆通行，并设置明显的标志。过往车辆及人员应当服从管理人员的指挥。如需中断交通或绕道通行的，须经公路管理部门和公安交通管理机关批准，公路管理部门必须采取保证车辆安全通行的措施，并发布通告。

第二十五条 任何单位和个人不得在公路上、桥头、渡口、隧道口擅自

附
录

设置检查、收费站、卡，确需设置的，应经省人民政府批准。

过往车辆通过批准设立的站、卡应按规定缴纳通行费或接受检查。

第二十六条 公安交通管理机关在处理交通事故时，对涉及损坏公路路产的，应配合公路管理部门按有关规定做出赔偿处理。公路管理部门应配合公安交通管理机关禁止在公路上打场晒粮、摆摊设点等妨碍公路安全畅通的行为。

第四章 公路两侧建筑控制区

第二十七条 公路两侧建筑控制区，是指永久性建筑物或者工程设施边缘与公路边沟（坡顶截水沟、坡脚护坡道）外缘的最小间距：国道不少于20米，省道不少于15米，县道不少于10米，乡道不少于5米。其中高速公路、一级公路和封闭的二级公路不少于30米，立交桥、通道不少于50米。

除公路防护、养护需要的以外，禁止在公路两侧的建筑控制区内修建建筑物或地面构筑物。

在公路弯道内侧和平交道口附近修建建筑物，其距离必须满足行车视距的要求。

第二十八条 各级人民政府的土地、城建、规划等有关部门在编制城市、村镇规划，审批建设项目，办理土地征用等手续时，涉及公路路政管理的，应事先征得公路管理部门同意，依照本条例第二十七条之规定办理。

第二十九条 在公路两侧开发和建设时，不得填埋公路路基、边坡和公路排水系统，并应设立独立的排水设施，保证排水畅通。

第三十条 在公路两侧建筑控制区内、公路用地以外设置各种广告牌、招商牌及其他标牌，必须经公路管理部门批准，统一规格并与公路景观相协调。

第三十一条 公路通过城市规划区的，公路两侧建筑控制区应按批准的城市总体规划办理。通过乡镇的，仍按本条例规定办理。对已成为城市道路的国道、省道，因城市建设确需绕城改线的，当地人民政府应对公路改道做出规划，并组织实施。

第五章 法律责任

第三十二条 凡违反本条例，造成公路路产损失的，须缴纳赔偿费。逾期不交的，从逾期之日起，每日追缴赔偿费金额 5‰的滞纳金。

第三十三条　对违反本条例的单位和个人，公路管理部门有权分别情况予以查处：

（一）对违反本条例第十三条、第十四条第（一）（四）项、第十五条规定的，由公路管理部门责令其停止违法行为，限期纠正，恢复原状，返还原物，赔偿损失，没收从事违法活动的工具。未造成公路路产损失的，可并处 1000 元以下罚款；已造成公路路产损失的，可并处 1000 元以上 5000 元以下的罚款；

（二）对违反本条例第十六条规定的，由公路管理部门责令停止违法行为，没收非法所得，补栽保证成活的盗伐株数十倍的行道树，并依照《中华人民共和国森林法》及其他有关规定予以处理；

（三）对违反本条例第十七条、第十八条、第十九条、第二十二条规定的，由公路管理部门责令其停止违法行为，补办手续，补缴有关费用；情节严重的，可并处 2 万元以下的罚款；

（四）对违反本条例第十四条第（二）（三）项、第二十条、第二十一条、第二十五条第二款规定的车辆，由公路管理部门责令其补办有关手续，可并处 200 元以下罚款；

（五）对违反本条例第二十五条第一款、第二十七条、第二十九条、第三十条规定的，由公路管理部门责令其停止违法行为，限期纠正；逾期不纠正的，依法强制拆除其违法建筑，并视其情节轻重，可并处 2 万元以下罚款；

（六）对违反本条例第二十八条、第三十二条规定的，遵循谁批准、谁负责的原则，由批准者负责取缔并恢复原状。

第三十四条　违反本条例有关规定，对公路造成损害的，应当依法承担民事责任。

对公路造成较大损害的车辆，必须立即停车，保护现场，报告公路管理部门，接受公路管理部门的调查、处理后方得驶离。

第三十五条　当事人对公路管理部门给予的处罚不服的，可以依法申请行政复议，或者向人民法院起诉。逾期不申请复议或不起诉又不履行处罚决定的，由做出处罚决定的公路管理部门申请人民法院强制执行。

第三十六条 公路路政管理人员违反本条例规定，玩忽职守、滥用职权、徇私舞弊的，由其所在单位或上级主管部门给予行政处分。触犯刑律的，由司法机关依法追究刑事责任。

公路管理部门及其路政人员违法或失职造成当事人经济损失的，依照《中华人民共和国行政处罚法》和《中华人民共和国国家赔偿法》处理。

第六章 附 则

第三十七条 本条例实施中的具体应用问题，由省交通行政主管部门负责解释。

第三十八条 本条例自公布之日起施行。

甘肃省道路运输管理条例（2004 年）

(1997 年 5 月 28 日甘肃省第八届人民代表大会常务委员会第 27 次会议通过 根据 2002 年 6 月 1 日甘肃省第九届人民代表大会常务委员会第 28 次会议《关于修改〈甘肃省道路运输管理条例〉的决定》第一次修正 根据 2004 年 6 月 4 日甘肃省第十届人民代表大会常务委员会第 10 次会议《关于修改〈甘肃省道路运输管理条例〉的决定》第 2 次修正)

第一章 总 则

第一条 为加强道路运输管理，保障道路运输经营者及其服务对象的合法权益，促进经济和社会发展，根据国家有关规定，结合本省实际，制定本条例。

第二条 本条例所称道路运输管理是指对道路旅客运输、货物运输、搬运装卸、车辆维修、运输服务的管理。

第三条 本条例适用于在本省行政区域内从事道路运输的经营者及其服务对象和道路运输管理者。

城市公共客运交通不适用于本条例。

第四条 县以上人民政府的交通行政管理部门是本行政区域道路运输的主管部门，负责组织实施本条例。其所属的道路运输管理机构具体行使道路运输的管理职能，对违反本条例规定的行为实施行政处罚。

其他有关行政管理部门应当按照各自的法定职责，做好道路运输的管理工作。

第五条　道路运输实行多家经营、统一管理、协调发展的方针，保护正当竞争。

省交通行政管理部门应当在产业政策、行业规划等方面加强调控，促进道路运输业健康发展。

第二章　基本管理

第六条　申请经营营业性道路运输的单位和个人，应当符合国家规定的道路运输业户开业技术经济条件，具备与其经营种类、项目、规模和范围相适应的设备、设施、场地、资金和专业人员。

第七条　申请经营营业性道路运输的单位和个人，应当持技术经济条件的有关证明，依照国家有关法律和行政法规的规定，向所在地的县以上道路运输管理机构提出开业申请。

道路客货运输经营者，应当按规定建立车辆技术档案，并随车携带车籍所在地道路运输管理机构核发的道路运输证。

第八条　道路运输管理机构可以参加经省人民政府批准设立的道路检查站对运输车辆进行检查，可以在搬运装卸、车辆维修、客货运站点和运输服务的作业现场对道路运输经营者的经营行为进行检查。

第九条　道路运输经营者，应当按规定接受所在地道路运输管理机构对道路运输经营许可证的年度审验。

从事道路运输的单位和个人，应当向所在地道路运输管理机构报送道路运输的统计资料。

第十条　道路运输经营者需要变更登记或者注销登记时，应当在30日前向原审批道路运输管理机构提出申请，经批准后，依法向原核准登记的工商行政管理、税务部门办理变更登记或者注销登记，并在原经营地公告。

第十一条　道路运输经营者应当严格执行国家价格政策及省规定的收费项目、价格、工时定额及费率标准。

道路运输经营者应当对经营项目明码标价。

第十二条　道路运输经营者应当使用符合国家规定的客票、货票及其他结算凭证，不使用规定票据或者不付给有效票据的，旅客、托运人或者其他服务对象可以拒付费用。

附录

第十三条　道路运输经营者应当依法纳税，按照国家及省人民政府的规定缴纳道路运输管理费、交通规费。

道路运输管理机构应当按照国家规定，加强对道路运输管理费的使用管理，专款专用，任何单位和个人不得挪作他用。

第十四条　道路运输管理机构依法履行管理职责，应当坚持管理与服务并重的原则，实行管理规定、办事程序、收费标准公开，接受社会监督；建立、健全内部监督制度，主动纠正不适当的道路运输管理行政行为；与有关部门相互配合，保障道路运输畅通，为道路运输经营者及其服务对象服务。

第三章　旅客运输和货物运输

第十五条　道路旅客运输包括班车客运、高速客运、定线客运、旅游客运、出租汽车客运、包车客运等。

道路货物运输包括普通货物运输、零担货物运输、大件货物运输、集装箱运输、冷藏保温运输、危险货物运输、商品汽车运输等。

第十六条　道路运输管理机构对道路旅客运输的线路、经营区域及出租汽车的经营权按照公平、公正、公开的原则，分级审批，或实行招标投标制度。

道路运输管理机构批准的零担货物运输实行定线、定点、定班次运输。

第十七条　道路旅客运输经营者应当按照批准的线路运营，在核准的站、点载客，并按规定的班次、时间发车。不得违反规定超员运行。

出租汽车客运经营者应当按照乘客指定的目的地，选择合理的线路行驶，不得故意绕行；未经乘客同意，不得搭乘他人；显示"空车"标志的出租汽车，不得拒载乘客。

第十八条　道路旅客运输经营者除遇自然灾害、交通事故或者车辆机械故障无法继续行驶外，不得中途更换车辆或者将旅客转由其他承运人运送。

第十九条　道路运输管理机构应当对车站、港口、货场的集散货物和大宗、重点货物运输进行组织协调。承运人、托运人双方应当签订运输合同，实行合同责任运输。

第二十条　国家和省规定的限运、凭证运输货物，承运人、托运人应当按照规定办理有关手续。

第二十一条　在道路旅客、货物运输中，由于承运人、托运人或者旅客的责任，给他人造成人身伤害、财产损失或者车辆设施损坏的，由责任方依照国家有关规定或者约定承担赔偿责任。

第二十二条　道路运输经营者不得以不正当手段争揽客、货源，不得干扰、排挤他人的正常道路运输经营活动。任何部门和个人不得以任何借口对道路运输经营活动进行地区封锁。

第二十三条　经营道路班车客运、旅游客运、包车客运、零担货运的车辆应当悬挂统一的线路标志牌。线路标志牌根据国家和省规定的统一格式，由道路运输管理机构按开业审批权限制发。

危险、大件货物运输车辆应当按规定装置运输标志。

出租汽车客运车辆应当按规定装置并使用出租标志灯和里程计价器，张贴票价表和监督电话号码。

第二十四条　经营道路运输的车辆应当达到《汽车技术等级评定标准》二级以上标准。

从事危险货物运输和高速客运的车辆，应当达到《汽车技术等级评定标准》一级以上标准。

第二十五条　县以上人民政府下达的抢险、救灾、军事等紧急运输任务，道路运输经营者应当服从统一调度、统一指挥。

第四章　搬运装卸

第二十六条　搬运装卸经营者为道路运输车辆进行搬运装卸货物，应当按照当地道路运输管理机构核准的项目、范围进行作业。道路运输管理机构应当加强对车站（场）、港口、货场、仓库、厂矿等货物集散地搬运装卸经营者的管理。

第二十七条　搬运装卸经营者从事搬运装卸作业，应当严格遵守安全操作规程，禁止野蛮装卸，保证作业质量。搬运装卸的货物有特殊要求的，应当按照货物包装上标明的要求作业。

由于搬运装卸的原因，造成货损、货差、灭失的，搬运装卸经营者应当承担赔偿责任。

第二十八条　托运人应当申报货物品名、重量等，因匿报和在货物中夹带危险品，造成搬运装卸机具、设施损坏或者人身伤害的，应当承担赔偿责任。

第二十九条　运输车辆维修包括汽车（摩托车）大修、总成修理、维护和专项修理。

第三十条　运输车辆维修经营者应当按照道路运输管理机构批准的类别及作业范围经营，执行国家和省颁发的技术标准及安全、技术规定，执行车辆出厂质量保证期制度。

运输车辆维修经营者进行维修作业，应当按照有关规定，与车主签订维修合同，对维修竣工的车辆签发出厂合格证。

第三十一条　运输车辆维修实行公平竞争，车主可以按车辆维修类别自行选择维修厂、点，任何部门和个人不得强制或者变相强制车主到指定的维修厂、点维修车辆和为运输车辆装配有关设备。

第三十二条　道路运输管理机构应当加强运输车辆维修质量监督，定期对运输车辆维修经营者的维修质量进行检查。

第三十三条　汽车综合性能检测经营者应当严格执行国家规定的检测技术标准，按照省道路运输管理机构评定的检测级别从事汽车综合性能检测。

第六章　运输服务

第三十四条　道路运输服务是指为道路运输提供服务的各项业务，包括客货运输车站（场）服务、客货运代理、货运配载、仓储理货、运输中介信息服务、车辆租赁和培训汽车驾驶员及道路运输从业人员等。

第三十五条　客货运车站（场）经营者应当为旅客、货主在购票、候车、托运行李包裹、货物等方面提供必要的设备和安全优质的服务，为承运人提供载客、配货、停车、发车等经营条件。

第三十六条　客货运代理和联运服务的经营者应当对旅客和货主承担民事责任。在旅客和货主受到损害需要赔偿时，经营者应当先行赔偿，并有权向责任人追偿。

第三十七条　运输信息服务经营者所提供的信息应当准确、及时。

第三十八条　道路运输货物仓储经营者应当按照货物的性质、保管要求和有效期限，对货物分类存放，保证货物完好无损，方便货主及时存取。

第三十九条　汽车租赁经营者应当与承租人签订汽车租赁合同，并提供技术状况完好、装备齐全的车辆。

第四十条　汽车驾驶员培训的经营者应当按照国家制定的教学大纲进行培训，为学员提供合格的师资、教材和必要的场地、设备。

第四十一条　营业性道路运输车辆的职业驾驶员、客运乘务员、汽车维修质量检验员、汽车维修工、危险品运输人员、汽车驾驶员培训学校（班）的教员、教练员等道路运输从业人员应当参加岗位职责培训，具备相应能力的，方可上岗。

第七章　罚　则

第四十二条　违反本条例规定，有下列行为之一的，处以警告或者50元以上200元以下罚款；情节严重的，可处以200元以上500元以下罚款，或者暂扣3个月以下道路运输证：

（一）道路旅客运输车辆不按规定的班次、时间发车的；

（二）道路旅客运输车辆超员运行的；

（三）客运出租汽车经营者故意绕行、未经乘客同意搭乘他人、显示"空车"标志时拒载乘客、不使用或不正确使用里程计价器的；

（四）道路客货运输车辆不按规定装置、悬挂规定的线路、运输标志牌的；

（五）不按规定使用或者不付给服务对象客票、货票及其他结算凭证的；

（六）道路运输从业人员不按规定参加岗位职责培训或者无岗位职责培训合格证从事道路运输经营活动的；

（七）道路运输车辆在运行中不携带道路运输证或者使用无效道路运输证的。

第四十三条　违反本条例规定，有下列行为之一的，处以300元以上1000元以下罚款；情节严重的，可处以中止车辆运行或者责令停业整顿：

（一）不按规定接受道路运输管理机构的经营许可证年度审验的；

（二）道路旅客运输、零担货物运输车辆不按批准的线路经营的；

（三）道路旅客运输车辆不按规定站、点运送乘客，中途无故更换车辆或将乘客转由他人运送的；

（四）运输车辆维修经营者不执行车辆出厂质量保证期制度或者对维修竣工的车辆不按规定签发出厂合格证的；

（五）汽车综合性能检测站不按实测数据或者未经检测填写检测单的；

（六）使用达不到《汽车技术等级评定标准》二级以上车辆经营道路运输的；

（七）涂改、伪造、倒卖和非法转让道路运输经营许可证、道路运输证、道路运输车辆运输标志、线路标志牌的。

第四十四条　违反本条例规定，有下列行为之一的，没收非法收入，可以并处 1000 元以上 2000 元以下罚款；情节严重的，吊销道路运输经营许可证：

（一）不按道路运输经营许可证批准的范围、方式、种类以及项目经营的；

（二）承运限运、凭证运输货物无有效证明及运输凭证的；

（三）对从事危险货物运输和高速客运的车辆，达不到《汽车技术等级评定标准》一级以上标准的。

第四十五条　不按规定申领道路运输经营许可证经营道路运输的，没收非法收入，可以并处 2000 元以上 5000 元以下罚款，责令按规定办理道路运输经营许可证。

第四十六条　违反本条例规定，有下列行为之一的，由工商行政管理、物价、财政等部门分别按有关法律、法规的规定进行处理：

（一）以不正当的手段干扰、排挤他人从事正常道路运输经营活动的；

（二）违反国家价格政策及省规定的收费项目、价格、工时定额及费率标准收费的；

（三）违反国家票据法规定的；

（四）有其他违法行为的。

第四十七条　道路运输经营者不按规定缴纳道路运输管理费、交通规费的，责令限期缴纳，并按日收取千分之五滞纳金；拒不缴纳的，暂扣 1 个月以下道路运输经营许可证或者 3 个月以下道路运输证。

第四十八条　道路运输管理机构实施行政处罚时，应当按照《中华人民共和国行政处罚法》的规定执行。

第四十九条　道路运输管理人员执行监督、检查任务时，应当按照规定着装、佩戴统一标志，并出示国家、省颁发的行政执法证件。

用于道路运输监督检查的专用车辆，应当设置统一的标志和示警灯。

第五十条　道路运输管理人员在行使行政职权时，违反本条例规定，有下列情形之一的，由所在单位或者上级主管部门责令改正，依法给予行政处分；构成犯罪的，依法追究刑事责任：

（一）滥用职权，徇私舞弊的；

（二）以权谋私，索贿受贿的；

（三）玩忽职守，严重失职的；

（四）非法设立检查站、拦截车辆的；

（五）违反规定收费、罚款的；

（六）非法扣押证件的；

（七）侵犯道路运输经营者及从业人员人身、财产权利的。

第五十一条　当事人对道路运输管理机构所做的具体行政行为不服的，可以依法申请行政复议或者提起行政诉讼。当事人对具体行政行为逾期不申请复议或者不提起诉讼又不履行的，道路运输管理机构可以申请人民法院强制执行。

第八章　附　则

第五十二条　本条例实施中的具体应用问题，由省交通行政管理部门负责解释。

第五十三条　本条例自 1997 年 7 月 1 日起施行。

甘肃省高速公路管理条例

（本条例已由甘肃省第十一届人民代表大会常务委员会第 3 次会议于 2008 年 5 月 29 日通过，自 2008 年 7 月 1 日起施行。）

第一章　总　则

第一条　为了加强高速公路管理，保障高速公路完好、安全和畅通，根据《中华人民共和国公路法》《中华人民共和国道路交通安全法》和国家有关法律、法规，结合本省实际，制定本条例。

第二条　本条例适用于本省行政区域内高速公路的养护、运营、路政、交通安全管理。

第三条　省人民政府交通行政主管部门主管全省高速公路工作，其所属

附　录

的高速公路养护、运营、路政管理部门依据本条例的规定分别负责高速公路的养护、运营和路政管理工作。省公安机关主管全省高速公路交通安全管理工作，公安交通管理部门具体负责高速公路的交通安全管理工作。

第四条　省人民政府有关部门和高速公路沿线各级人民政府，应当积极支持高速公路的管理工作。

第二章　养护管理

第五条　公路养护部门应当按照公路技术规范和操作规程实施高速公路养护，实行专业化养护，做好预防性、周期性养护，保证高速公路处于良好的技术状态。

高速公路养护应当积极应用新技术、新材料、新工艺，降低养护成本，及时处置公路病害，提高养护质量。

第六条　公路养护部门应当加强高速公路巡查和公路技术状况检测评定。发现公路病害和危及高速公路正常运行的情况时，应当及时组织修复，排除险情。

第七条　高速公路管理、养护人员实施检查、维护作业时，应着统一的安全标志服装。高速公路管理和养护作业车辆、机械进行现场作业时，必须设置明显统一的标志，开启示警灯；在确保过往车辆通行的前提下，其行驶路线、方向、速度和停靠可以不受高速公路标志、标线限制，过往车辆应当注意避让。

高速公路养护、维修施工时，应当选择交通量较小的时段，避免影响车辆通行。施工单位应当设置规范的施工标志、安全标志等养护安全设施。通过施工现场的车辆，必须减速并按设置标志行驶，服从现场指挥人员的指挥。

养护作业人员进行正常养护作业时，任何单位和个人不得阻挠。

第八条　公路养护部门在高速公路占道养护作业时，应当事先通报公安交通管理部门、路政管理和公路运营管理部门。影响交通安全的，公安交通管理部门应当根据情况适当增加警力，加强交通安全监督检查，维护道路交通秩序。

高速公路养护作业需要半幅封闭或者中断交通时，养护单位应当编制施工路段现场交通安全预案，在施工5日前通过新闻媒体和高速公路信息发布系统公告相关信息，并在施工路段前方与相关入口设置公告牌。

高速公路养护作业完毕，养护单位应当迅速清除公路上的障碍物。确认无安全隐患后，方可恢复通行。

第九条 公路养护专用料场应当依法办理有关手续，在专用料场采取养护用料时，任何单位和个人不得非法干涉。

第十条 高速公路养护、运营管理部门应当制定紧急抢险预案。因自然灾害致使交通中断时，应当及时组织修复，恢复通行，并发布相关信息。难以及时恢复通行的，应当报告当地人民政府帮助组织抢修。

第三章 运营管理

第十一条 高速公路运营管理部门应当健全制度，加强管理，公开收费、服务等事项，接受社会监督，提高公共服务和运营调度水平，保障服务设施完好，为通行车辆及人员提供安全、快捷、文明、优质的服务。

第十二条 高速公路服务区应当实行统一的规范化经营管理，提供必要的住宿、餐饮、加油、车辆维修等经营性服务和免费停车、洗手间等公益性服务。

省高速公路运营管理部门应当加强对服务区经营单位服务质量的监督检查。对达不到管理要求的，应当责成其采取相应措施，限期整改。

第十三条 高速公路互通出入口、服务区的增设或者关停，应当适应当地经济社会发展需要，以方便群众生产生活和符合高速公路建设规定为原则，并报经省交通行政主管部门批准。

第十四条 高速公路运营管理部门应当及时收集、汇总和掌握辖区路段内交通流量、路况、施工作业、气象等有关信息，并对路网信息及时研究分析和判断，需要做出调度决定的，应当及时下达路网调度指令，并通过新闻媒体和高速公路信息发布设施发布有关服务信息。

第十五条 驶入收费高速公路的车辆，均应缴纳车辆通行费，法律、法规另有规定的除外。

收费高速公路的车辆通行费收费标准、收费期限和收费站设置应当按照国务院《收费公路管理条例》的规定审批。收费标准和年限应当在收费站口向社会公示。收费公路收费期满的应当按照规定停止收费，拆除收费设施，并由省人民政府向社会公告。

收费高速公路实行联网收费。

对进入高速公路的货运车辆，其通行费收取可以采用计重收费的方式，具体办法由省人民政府制定。

第十六条 驶入收费高速公路的车辆应当在收费站入口领取通行凭证，在收费站出口交回通行凭证，不得冲卡、损坏和中途更换通行凭证。

对无通行凭证、损坏通行凭证、互换通行凭证、违规折返进出同一收费站的车辆，按照联网区域内最大里程收取车辆通行费。

对无正当理由超时行驶的车辆，按照时速 60 公里所能行驶里程收取车辆通行费。

第十七条 收费人员识别车辆收费类别时，车辆驾驶人员应当出示相应的有效证件或者证明材料，拒不出示证件或者证明材料的，应当在收费站指定的停车地点接受处理。

第十八条 高速公路运营管理部门应当根据车流量开启足够的收费道口。收费道口全部开启后，待交费车辆排队超过 200 米或者遇有紧急情况时，应当启动应急措施，保证道口畅通。

第十九条 紧急抢险救援、部队军事行动、运输鲜活农产品及其他重大活动需通行高速公路时，相关部门应事先与高速公路运营管理部门进行协调，高速公路运营管理部门应当在进出口设立专门通道，确保快捷通行。

高速公路上发生重特大交通事故以及其他突发事件时，有关救援机构应及时告知高速公路运营管理部门，为执行现场抢险、救护任务的车辆开辟免费紧急通道。

第二十条 高速公路运营管理部门及其工作人员不得有下列行为：

（一）违反收费标准收费；

（二）在车辆通行费标准之外加收或者代收其他费用；

（三）强行提供商业性服务。

第四章 路政管理

第二十一条 公路路政管理部门应当依法加强路政管理，保护公路路产路权，保障公路完好畅通。

第二十二条 高速公路隔离栅外缘起 30 米，立交桥、特大型桥梁隔离栅外缘起 50 米范围为高速公路建筑控制区。没有隔离栅的，建筑控制区范围从公路用地外缘起算。

在建筑控制区内，除公路防护、养护需要外，禁止新建、扩建建筑物和地面构筑物。

拆除建筑控制区内既有合法建筑物，应当按规定给予补偿。

第二十三条 高速公路特大型桥梁周围 300 米、大中型桥梁周围 200 米、隧道洞口上方和洞口外 100 米范围内以及公路两侧一定距离内，不得从事挖砂、采石、取土、倾倒废弃物、爆破、地下开采等危及高速公路安全的活动。

第二十四条 在高速公路、高速公路用地范围内、高速公路建筑控制区内设置广告设施及其他非公路标志，应当报省路政管理部门批准。

第二十五条 任何单位和个人不得擅自占用、挖掘、阻断高速公路。因工程建设等确需占用、挖掘高速公路、高速公路用地和附属设施，跨越或者穿越高速公路修建桥梁、渡槽、架埋设管线及修建地下构筑物，以及在高速公路建筑控制区内埋设管线、电缆及修建地下构筑物的，建设单位应当报经路政管理部门批准。

因工程建设损坏已有公路的，建设单位应当在撤离现场前修复或者给予相应经济补偿。

高速公路改扩建时，相关设施建设单位应当根据签订的合同将其设施迁移。

第二十六条 任何单位和个人不得损坏、擅自移动、涂改高速公路标志、标线、标桩、界桩以及其他附属设施；不得填埋高速公路边沟、开设平面交叉道口。

第二十七条 在高速公路上行驶车辆的外廓尺寸及轴载质量必须符合公路工程技术标准。超限车辆不得在限定标准的高速公路及其桥梁、隧道通行；确需通行的，超限运输承运人应当向路政管理部门提出书面申请，并按要求采取有效的防护措施。承运人不能按规定采取防护措施的，由路政管理部门帮助采取防护措施，所需费用由承运人承担。

路政管理部门应当在省人民政府批准的超限运输检测站对载货车辆进行检查。载货车辆应当按照引导标志行驶到指定地点接受检查处理，不得强行通过。

第二十八条 运输易抛洒物品的车辆在高速公路上行驶时，应采取有效

附
录

封闭措施，不得向车外滴漏、流淌、抛洒物品。

第二十九条　对高速公路及其附属设施造成损坏的，当事人应当立即报告公路路政管理部门。公路路政管理部门应当及时赶赴现场调查处理。

第五章　交通安全管理

第三十条　公安交通管理部门应当依法加强高速公路交通安全管理工作，保护高速公路交通参与者的人身、财产安全。

第三十一条　进入高速公路的车辆应当配备故障车警告标志牌和灭火器；货运车辆和挂车要按规定安装、粘贴侧面及后下部防护装置、车身反光标识。

禁止在机动车号牌上安装、喷涂、粘贴影响交通技术监控信息接收的材料。

第三十二条　机动车在高速公路上行驶，不得超过限速标志标明的速度。在无限速或者解除限速标志的路段，车辆最低时速不得低于60公里；小型客车最高时速不得高于120公里；大型客车、货运车辆最高时速不得高于100公里；运载危险物品的货运车辆最高时速不得高于80公里。

第三十三条　车辆在隧道或者特大型桥梁遇障碍、发生故障等原因停车的，驾驶人应当采取安全措施，组织乘车人迅速撤离，并立即报告公安交通管理部门。

在高速公路上行驶的车辆发生故障不能立即修复的，应当报告公安交通管理部门，公安交通管理部门应当将故障车辆拖离。

第三十四条　除执行指挥疏导交通、抢险救援等紧急任务的车辆机具及其他从事高速公路管理、养护活动的车辆机具外，其他车辆禁止在应急车道内行驶。正常通行车辆遇前方交通堵塞等情形时，须在右侧行车道内依次排队等候，不得占用最左侧车道，同时开启危险报警闪光灯，夜间还应当同时开启示廓灯、后位灯。

第三十五条　车辆通过收费站安全岛通道时，最高时速不得超过5公里；在安全岛通道前后各100米内应当按照标线、道口指示灯行驶，不得变更行驶路线。

除领卡、缴费和其他特殊情况外，禁止在安全岛通道前后各200米内停车及上下人员。除执勤警察及高速公路管理工作人员外，其他人员不得在上述范围内行走、滞留。

除遇有障碍、发生故障等必须停车的情况外，高速公路上禁止停车、上下人员或者装卸货物。驾乘人员休息、检查车辆应当进入服务区。

第三十六条 因雨、雪、雾、沙尘天气和路面结冰、道路施工作业、交通事故、突发事件及其他情况影响车辆正常行驶时，公安交通管理部门可以采取限制车速、车道等临时交通管制措施，并在车道入口处设立明显标志。

确需关闭高速公路的，由省公安交通管理、高速公路运营管理部门共同商定，并及时发布信息。紧急情况下，现场执法人员可以先行处置，同时分别报告省公安交通管理、高速公路运营管理部门组织路网调度和区域交通分流。需要关闭高速公路的情况消除后，有关部门应及时开通高速公路，恢复交通。

第三十七条 运输爆炸物品、易燃易爆化学物品以及剧毒、放射性等危险物品的车辆通过高速公路时，承运人应当按照公安交通管理部门指定的时间和速度行驶，悬挂明显标志，采取必要的防护措施。

运输危险物品车辆发生事故或者故障，当事人应当立即报告公安交通管理部门或者有关部门。安监、公安、卫生、环保、质监等部门，应当在当地县级以上人民政府的统一指挥下，协作配合开展事故抢险救援工作。

第三十八条 公安交通管理部门应当积极查处破坏、盗窃、损坏高速公路设施的行为，追缴盗窃的公路设施，取缔非法设置的摊点、加水点等，保障高速公路行车安全。

第三十九条 公安交通管理部门或者路政管理部门接到高速公路上发生交通事故报告后，应当相互通告，并及时赶到事故发生地点，实施救援，按各自职责分工，勘查现场和路产损失，疏导交通，尽快恢复正常交通秩序。

公安交通管理部门在处理涉及高速公路路产损失的交通事故时，应当通知路政管理部门，处理路产损失的赔偿。

对交通肇事逃逸的车辆，高速公路运营管理部门应当积极协助公安交通管理部门缉查。

第六章 法律责任

第四十条 违反本条例规定，拒交、逃交车辆通行费的，由高速公路收费站责令补交；拒不补交，堵塞收费车道，影响其他车辆正常通行的，由路政管理部门将堵塞收费车道的车辆拖离，所需费用由当事人承担，并处以200元罚款。

第四十一条 违反本条例规定，在高速公路建筑控制区新建、扩建建筑物和地面构筑物的，由高速公路路政管理部门责令限期拆除，并可处以2万元以下罚款；逾期不拆除的，由高速公路路政管理部门拆除，所需费用由修建、设置者承担。

第四十二条 违反本条例第二十条第（一）项规定的，由价格主管部门依法予以处罚，省交通行政主管部门应当对运营管理部门负责人和有关责任人给予行政处分。

第四十三条 违反本条例第二十三条、第二十五条、第二十六条规定的，由高速公路路政管理部门责令停止违法行为，限期恢复原状，并可处以2万元以下罚款。

第四十四条 违反本条例第二十七条规定，车辆在高速公路上擅自超限行驶的，由路政管理部门责令停止违法行为，可以处以3万元以下罚款。

第四十五条 违反本条例规定，运输易抛洒物品的车辆向车外滴漏、流淌、抛洒物品的，由高速公路路政管理部门责令改正，可以处以500元以下罚款；造成严重后果的，依法承担法律责任。

第四十六条 围堵收费站、服务区，聚众闹事，闯卡通行，打骂、侮辱收费服务人员，妨碍正常交通秩序的，由公安机关依法处理；构成犯罪的，依法追究刑事责任。

第四十七条 违反本条例交通安全规定的，由公安交通管理部门依照有关法律法规予以处罚。

第四十八条 高速公路相关管理部门工作人员有下列行为之一的，由其主管部门按照规定给予行政处分；构成犯罪的，依法追究刑事责任：

（一）违反规定在高速公路上拦截车辆的；

（二）收缴的罚款不按规定上缴国库的；

（三）违法扣留车辆及其他有效证件的；

（四）勒索司乘人员财物的；

（五）不履行法定职责的。

第七章 附 则

第四十九条 全封闭控制出入并收取车辆通行费的其他公路管理，参照本条例执行。

第五十条 本条例自 2008 年 7 月 1 日起施行。

甘肃省人民代表大会常务委员会关于废止《甘肃省公路交通规费征收管理条例》的决定

（2010 年 3 月 31 日省十一届人民代表大会常务委员会第 14 次会议通过）

根据《中华人民共和国立法法》和有关法律的规定，甘肃省第十一届人民代表大会常务委员会第 14 次会议决定：1997 年 5 月 28 日甘肃省第八届人民代表大会常务委员会第 27 次会议通过的《甘肃省公路交通规费征收管理条例》，从即日起予以废止。

甘肃省公路交通规费征收管理条例

第一条 为了加强公路交通规费征收管理，促进公路交通事业持续发展，制定本条例。

第二条 本条例所称公路交通规费，是指经国家和省人民政府批准征收的公路养路费、车辆购置附加费、客运和货运车辆公路交通基础设施建设费。

国家另有规定的，从其规定。

第三条 本条例适用于本省境内公路交通规费的征收稽查管理。

第四条 省交通行政主管部门主管全省公路交通规费的征收管理工作。

省交通行政主管部门设置的交通征稽机构（以下简称征稽机构），负责具体实施公路交通规费的征收稽查工作。

各市、州（地区）、县（市、区）交通行政主管部门按照各自的职责权限，负责本行政区域内三轮运输车和从事营业性运输的拖拉机养路费的征收稽查工作。

公安、财政、物价等部门在各自的职责范围内配合征稽机构做好公路交通规费的征收管理工作。

附

录

第五条　省交通行政主管部门、财政部门及交通征稽机构按照国家和省的有关规定加强对公路交通规费的管理。公路交通规费应纳入预算，用于公路基础设施建设、养护和管理，必须专款专用，严格审计监督，任何单位和个人不得平调、截留、挤占、挪用、坐支和用于平衡预算。

第六条　凡本省行政区域内拥有或者使用机动车辆（以下简称车辆）的单位和个人（以下简称车主）均应按国家和省的规定缴纳公路交通规费。

第七条　公路交通规费征收的具体办法和标准，按国家和省人民政府的有关规定执行。

第八条　凡符合国家和省暂定减征、免征公路交通规费的车辆，由车主向当地征稽机构申请，经省交通行政主管部门核准。

征稽机构对车主提出减征、免征公路交通规费的申请，应在接到申请的二十日内做出回复。

第九条　经核定减征、免征公路交通规费的车辆有下列情形之一的，应当全额缴纳公路交通规费：

（一）不按期办理减征、免征手续的；

（二）超出使用范围及从事营业性运输的；

（三）出售或租赁给其他单位或个人使用的；

（四）擅自改变特种车辆、专用车辆用途的。

第十条　凡在本省缴纳公路交通规费的车辆，车主应与征稽机构按车龄档次签订包缴合同，依合同缴纳公路交通规费。

按规定缴清公路交通规费的车辆，由征稽机构发给缴讫证。

公路交通规费票证，由省财政部门按照国家和省的规定统一监制和管理，由征稽机构申领、使用和核销。

第十一条　缴费车辆有下列情形之一的，车主可凭有关部门的证明和车辆行驶证向征稽机构申请办理退出运行手续，退出运行期间停征公路交通规费：

（一）被司法机关和其他行政机关依法扣押或封存的；

（二）因发生重特大交通事故、自然灾害，造成严重损坏，3个月内无法修复的；

（三）依法破产和关闭企业待处理的；

（四）待报废的。

退出运行的车辆恢复运行时，应当按照规定缴纳公路交通规费。

第十二条　上路行驶的车辆，驾驶员必须随车携带公路交通规费缴、免凭证，以备征稽机构查验。

第十三条　征稽机构确需在公路路口、桥头、隧道口、渡口等设置公路交通规费稽查站、点的，必须经省人民政府批准。公路交通规费稽查站、点应设有明显的标识。

第十四条　征稽机构根据工作需要可以指派人员上路、上户对车辆、车主缴纳公路交通规费的情况进行稽查。

第十五条　车主在办理车辆年度检验、落籍、转籍、过户、改装、报废、调驻等手续前，应当持车辆有关证件和资料到征稽机构办理缴费和变更登记手续，征稽机构审核签章后，方可到公安交通管理机关办理上述有关手续。

公安交通管理机关应按期向同级征稽机构提供车辆统计资料。

第十六条　未按规定在车籍地征稽机构办理公路交通规费变更手续而转卖、转让车辆的，由车籍凭证上载明的车主负责缴费；无法查找车主的，则由车辆使用方负责缴费。

第十七条　对未按期足额缴纳公路交通规费的，征稽机构应责令其补缴全额公路交通规费，并按国家和省的规定加收滞纳金。年度内连续拖欠公路交通规费四个月以上的，按拖欠时间的不同，处以应缴费额 20% 至 50% 的罚款。

第十八条　车主在办理车辆立户、转籍过户、改装改型、调驻手续前，不按规定办理公路交通规费缴纳手续和变更登记手续的，征稽机构应责令其限期补办手续，对逾期不办的，可并处 100 元至 200 元的罚款。

第十九条　对偷逃、拒缴公路交通规费的，征稽机构应责令其补缴全额公路交通规费和加收滞纳金，并处以应缴费额 50% 至 100% 的罚款。

对偷逃、拒缴公路交通规费不接受处理的，征稽机构可暂扣车辆或车辆行驶证、车辆购置附加费凭证，发给暂扣凭证，并通知发证机关，责令车主按规定期限接受处理。

车主接受处理后，征稽机构应当立即退还暂扣的车辆或证件。对暂扣车辆，征稽机构应妥善保管，不得使用，造成损坏的，按《中华人民共和国国家赔偿法》赔偿。

暂扣车辆满 3 个月以上，车主不到征稽机构接受处理的，征稽机构可申请法院裁决后依法拍卖暂扣车辆。拍卖所得冲抵应缴费款、滞纳金后，其余额退还车主。

第二十条 对违反本条例第十二条规定的本省籍车辆，由稽查地征稽机构负责征收公路交通规费，造成重复征收的，由车籍所在地征稽机构根据车主出具的有效缴、免费凭证，及时负责退回重征费款。

对违反本条例第十二条规定的外省籍车辆，按国家有关规定处理。

第二十一条 对伪造、倒卖、转借、涂改公路交通规费凭证的，征稽机构除责令补缴全额公路交通规费和加收滞纳金外，并处应缴费额 1 至 3 倍的罚款。

对擅自征收公路交通规费者，征稽机构应全部追回其非法所得，并处相当于非法所得数额 1 至 3 倍的罚款。

构成犯罪的，由司法机关依法追究刑事责任。

第二十二条 当事人对征稽机构做出的行政处罚决定不服的，可依法申请复议或向人民法院起诉。逾期不申请复议也不起诉，又不履行处罚决定的，由征稽机构申请人民法院强制执行。

第二十三条 对阻碍征稽人员执行公务或围攻、辱骂、殴打征稽人员的，由公安机关依照《中华人民共和国治安管理处罚条例》处理；构成犯罪的，由司法机关依法追究刑事责任。

第二十四条 交通征稽人员执行公务时应统一着装，佩戴标志，出示国家或省统一制发的行政执法证件，使用专用停车示意牌，不符合上述规定的，车主有权拒绝接受稽查。

交通征稽机构的稽查专用车辆，应当按国家规定装置统一的标志灯饰。

第二十五条 征稽人员应文明执法，优质服务，按章收费，不得刁难车主，不得违反规定随意拦截车辆和乱收费、乱罚款。

征稽人员违反规定，玩忽职守、滥用职权、营私舞弊、贪污挪用公路交通规费的，由所在单位或者上级主管部门按有关规定处理。构成犯罪的，由司法机关依法追究刑事责任。

第二十六条　本条例实施中的具体应用问题，由省交通行政主管部门负责解释。

第二十七条　本条例自发布之日起施行。

（二）甘肃省人民政府文件

甘肃省人民政府关于加快高等级公路建设的决定

（甘政发〔1998〕92号）

各地行政公署，各市、自治州人民政府，省政府各部门，中央在甘各单位：

根据党中央、国务院关于启动市场，扩大需求，加快基础设施建设，保持国民经济持续、快速、健康发展的战略部署，省政府决定动员全社会力量，加大公路建设投资力度，加快我省公路尤其是高等级公路建设的步伐。

一、提高认识，加强领导。加快包括公路建设在内的基础设施建设，是党中央、国务院做出的重大决策，是确保实现国民经济增长目标的重要措施之一。加快公路建设不仅能解决交通运输瓶颈，改变交通运输长期滞后的问题，更重要的是能扩大内需，促进并带动整个国民经济的发展，扩大劳动就业，维护改革、发展、稳定的大局。各地各部门要充分认识加快公路建设的重要性，增强紧迫感和责任感，抓住机遇，积极行动，加强协调，采取有力措施，确保完成我省公路建设任务。

二、制定建设目标，落实工作任务。按照国家公路网规划的要求，1998年—2002年，我省重点建设连云港至霍尔果斯（GZ45）国家东西大通道通过我省境内牛背至星星峡段和丹东至拉萨（GZ25）国家南北大通道通过我省境内刘寨柯至享堂段车流密度较大的兰州市附近路段的高等级公路建设，以及符合我省公路规划网"两纵两横"中其他车流密度较大路段的高等级公路建设，同时注意进一步提高乡村道路的通达深度。具体任务是：到2002年建设（成）高速公路270公里，一级公路400公里，二级汽车专用公路450公里，二级公路1800公里，县乡道路1500公里，形成以兰州市为中心，高等级公路畅通发达、乡乡通公路、村村通机耕道路的交通网络。

三、加大前期工作力度，加快公路建设速度。要采取措施，尽快扭转一些项目前期工作相对滞后的局面。勘测设计要优先加快重点路段的设计进度，同时引进竞争机制，不断提高设计质量；征地拆迁由地（市）县政府包干完成，并在时间上适度超前，不能延误公路开工日期；项目审批要严格按基建程序办理，但手续要简化，速度要加快。对近期计划新开工项目要集中力量逐个突破，确保按期开工。其他项目应统一考虑，分轻重缓急，明确工作进度。

四、加强公路建设市场监管，确保工程质量。在加快公路建设的同时，要严格防止赶急图快、不求质量、降低标准的错误倾向。各级交通部门和项目业主单位，要认真执行国家有关规定，实行基本建设的"四项制度"，以提高工程质量、控制工程造价为重点，规范市场行为，加强市场管理，保证公路建设的高效率、高质量和低成本。要严格基本建设程序管理，加强设计文件、招标文件的审查和施工单位、监理单位的资格预审；要规范建设单位项目报建、开工报告审批和招投标行为，强化对建设单位、施工单位和中介机构的监督约束，坚决杜绝非法分包、转包；要完善质量保证体系，加强技术指导和监督，加大质量监督力度。交通主管部门要组织力量，深入一线检查指导，对履约差和出现严重质量问题的单位及时严肃查处，直至清退出场。

五、实行对高等级公路建设征地拆迁定额包干的办法。凡高等级公路建设征地拆迁，采取省上定额补偿，沿线地市县包干完成的办法。即将高等级公路建设的征地、拆迁和安置工作作为行政责任目标，由地（市）县政府根据高等级公路建设计划及时组织实施，并妥善安置好当地群众的生产和生活。

征地拆迁的补偿费用，由省上实行定额补偿，地（市）县政府包干使用。定额补偿的标准如下：

1. 征用耕地的补偿费用包括土地补偿费、安置补助费以及地上附着物和青苗补偿费。征用菜地、园地、水浇地、水田的土地补偿费，按征用前3年平均每亩年产值的4至6倍补偿；征用旱地按征用前3年平均每亩年产值的3至5倍补偿；征用弃耕地，可按邻近同等土地前3年平均亩产值的3倍补偿；征用鱼塘、草原、宅基地等的补偿标准，按省人民政府批准的州、市人民政府或地区行署规定补偿标准的下线执行。

被征用耕地的青苗补偿费标准为当季作物产值，无苗的按当季实际投入给予补偿，青苗补偿费为每亩 500 元至 800 元。

安置补助费，按照需要安置的农业人口数计算。每一个需要安置的农业人口的安置补助费标准，为该耕地被征用前 3 年平均亩产值的 2 至 3 倍。

征用耕地的补偿费用与安置补助费之和不得超过下列标准：

菜地、园地为每亩 9000 元，水浇地为每亩 6500 元，川旱地为每亩 4000 元，山旱地为每亩 2000 元。

各地应根据实际情况尽可能给予优惠。

2. 凡划拨使用的国有荒山、荒坡、荒滩，按每亩 40 元缴付土地管理费。

3. 高等级公路在施工过程中确需临时用地，应与被借地单位签订临时用地协议，经批准方可使用。借用期间，应按所借土地的年产值逐年予以补偿。

4. 公路改、扩建范围内被征土地上的树、建（构）筑物的补偿标准，按当地县级以上人民政府的规定执行。

5. 全民所有制单位应积极支持高等级公路建设，其建筑物、电力、电讯、管道等（包括土地和地上、地下一切设施及附着物）的补偿，由交通部门与产权单位协商解决。

6. 违章建筑无条件拆除。公路用地划定后抢建的房屋和抢种的农作物、树木，一律不予补偿。

7. 与高等级公路或其通道、涵洞相衔接的农路和水渠，采用民办公助办法，每延米补助 10 元，但不征地，由当地乡村自修、自用、自养。

六、高等级公路建设应多用闲置土地，尽量不占用农地，严格控制占用耕地。凡占用耕地的，必须按规定开发复垦不少于所占面积且符合质量标准的耕地。没有条件开垦和按《甘肃省基本农田保护条例》规定缴纳基本农田造地费，标准按规定下线执行。

七、各级土地管理部门对高等级公路建设用地要积极提供服务，依照法定程序办理用地审批手续。凡法律、法规规定的有关文件、各项手续齐备的，土地管理部门应及时办理。超过审批权限的，应及时上报。为了加快高等级公路建设速度，建设项目可行性研究报告一经批准，项目业主单位即可报批土地，进行征地拆迁等准备工作。

八、适当提高现行养路费征收标准，扩大公路建设资金规模。增加部分和原征收的养路费中用于基本建设部分、已开征的货运车辆公路交通基础设施建设费（70%）以及客运车辆公路交通基础设施建设费，从1998年7月1日开始，每人公里增加1分钱合并，用于高等级公路建设。

九、调整现有贷款修建的公路、桥梁、隧道车辆通行收费标准，增加部分予以集中，用于高等级公路建设。

上述两项费用的提高和调整比例，由省交通厅提出具体方案，按规定经省物价局和省财政厅核定后，报省政府批准。

十、为了统一协调兰州过境段公路建设中的问题，成立"世行贷款项目国道312线兰州过境段公路征地拆迁协调领导小组"，由省政府主管副秘书长担任组长，省计委、省建委、省物价局、省土地局、省交通厅、兰州市人民政府、武威地区行署领导为成员，负责协调相关问题。

1998 年 12 月 30 日

甘肃省民用运力国防动员办法

（甘肃省人民政府令第 37 号）

2007年8月15日省人民政府第105次常务会议讨论通过，自2007年10月1日起施行。

甘肃省民用运力国防动员办法

第一条 为了加强和规范全省民用运力国防动员工作，保障在战时与平时特殊情况下对民用运力的需求，根据有关法律、法规，结合本省实际，制定本办法。

第二条 本省行政区域内进行民用运力国防动员及大军区级以上单位批准的军事训练、演习等征用民用运力适用本办法。

第三条 本省行政区域内拥有或管理民用运力的单位和个人应当依法履行民用运力国防动员义务。

因履行民用运力国防动员义务而遭受直接财产损失、人员伤亡的，依法享有获得补偿、抚恤的权利。

第四条 县级以上人民政府应当做好民用运力国防动员准备工作，支持、鼓励单位和个人建造、购买、经营符合国防要求、平战结合的民用运载工具及相关设施设备，增强动员潜力。

第五条　省国防动员委员会负责组织领导全省民用运力国防动员工作。各市州、县市区国防动员委员会分别负责组织领导本行政区域内民用运力国防动员工作。

县级以上人民政府国防交通主管机构在本级人民政府和国防动员委员会的领导下，负责具体实施本行政区域内民用运力国防动员工作。

第六条　本省行政区域内的铁路、航空运力国防动员工作，由其国防交通主管机构具体组织实施，并在业务上接受上级国防交通主管机构的指导协调。

第七条　县级以上国防交通主管机构具体履行下列职责：

（一）宣传有关国防交通工作的法律、法规和政策，制定本区域内民用运力国防动员工作的规划和具体实施措施；

（二）检查和督导有关部门、单位和人员依法履行职责，全面落实民用运力国防动员准备和实施的各项工作，协调解决工作中的有关问题；

（三）协助本级国民经济动员机构对需要进行加装改造的预征民用运载工具及相关设备进行论证、试验和实施；

（四）负责建立本辖区的民用运力数据库；

（五）参加贯彻国防要求的民用运载工具及相关设备的竣工验收；

（六）组织、指导有关部门确定预征民用运力，负责征用民用运力的编队、集结和移交工作；

（七）向本级人民政府编报年度民用运力国防动员经费预算，办理征用民用运力经费的结算与补偿、抚恤等事宜；

（八）承担本级人民政府和国防动员委员会交办的其他工作。

第八条　县级以上交通、公安、邮政、电信等有关部门，应在各自的职责范围内，做好民用运力国防动员工作。

第九条　需预征的民用运力应当依法登记，县级以上人民政府的交通、公安、邮政、电信等有关部门，应当结合本部门年度交通工具统计、登记和审验（核）工作，按照民用运力国防动员登记要求，在每年1月底前，向同级国防交通主管机构报送上年度民用运力的有关资料数据。

各市州国防交通主管机构应于每年2月底前将上年度民用运力基本情况，报送省国防交通主管机构。

铁路、民航国防交通主管机构应于每年2月底前将上年度本行业在本省的运力情况，抄送省国防交通主管机构。

第十条　县级以上人民政府国防交通主管机构及行业国防交通机构应对下列运力情况进行登记：

（一）民航运力，包括适航营运的客、货运输飞机、机场和人员等有关情况；

（二）铁路运力，包括铁路机车、车辆和车站及其他与铁路运力维修保障有关情况；

（三）公路运力，包括4吨（含）以上普通载货车、集装箱车、运油车、运水车、加油车、平板车、35座以上乘坐车、起重车、牵引车、工程车、救护车等车辆及相关人员情况；车辆维修厂、站等有关情况；

（四）水路运力，30吨以上的驳船、50客位以上的渡船、客（货）船及其有关人员情况；一次性驳运能力在100吨以上的码头、渡口及管理单位、人员情况等。

第十一条　各级国防交通主管机构应加强对预征民用运力的动态管理，及时掌握预征民用运力的信息，提高管控能力，并严格遵守国家保密法规定，确保信息安全。

第十二条　省国防交通主管机构会同有关部门拟订民用运力国防动员预案，市州、县市区国防动员委员会应根据上级要求制定贯彻预案的实施方案，并组织实施、演练。

第十三条　各级人民政府和国防动员委员会接到民用运力国防动员实施令后，应立即召集本级国防交通主管机构、经济动员机构、人民武装机构及其他有关部门，及时研究、部署工作，调整和决定实施方案，并组织实施。

第十四条　民用运力国防动员实施应按以下步骤进行：

（一）受领并下达任务。（二）进行任务动员、运力准备及对已确定加装改造方案的组织实施。（三）组织被征民用运力的集结、点验和运力交接；（四）遂行国防运输任务。（五）任务完成后，进行收拢清点运力、损失评估、办理移交及复员等手续。（六）办理补偿与抚恤的有关事宜。（七）其他有关工作。

第十五条　运力单位或个人应按要求准备好被征运力，保证运载工具及相关设施设备技术状况良好、人员技能素质符合要求，并在规定时限内到达集结点。

第十六条　各市（州）、县（市、区）国防交通主管机构会同本级人民武装动员机构，共同组织运力使用单位和运力管理单位或个人进行运力交接、点验。交接、点验的主要内容包括：

（一）协调指挥运力进场（站）和编队。（二）检验运力技术状况和数量并填表登记。（三）向使用单位点验、介绍运力情况并交接签字。（四）其他相关事宜。

第十七条　在动员实施阶段，因情况紧急来不及按正常程序组织征用民用运力时，运力使用单位可在书面通知当地人民政府的同时，直接征用。事后，使用单位须报经大军区国防交通主管机构，并补办手续。

第十八条　平时情况下，凡军事训练、演习需要民用运力的，按照中央军事委员会规定的程序报大军区级以上单位批准后，可以有偿征用。有偿征用的民用运力相关费用按租赁方式计价结算，具体工作由县级以上国防交通主管机构承办。

第十九条　运力使用单位依法完成任务后，应签发"运力复员通知"和"运力受损情况证明"，并通知相关国防交通主管机构进行交接。

第二十条　被征用的民用运力在遂行任务期间，在本省行政区域内免缴通行费、停车费，并优先通行。

第二十一条　参加预征民用运力训练的人员，在训练期间的误工补助或在原单位的工资、奖金、福利待遇及伙食补助、差旅费等应参照国家有关民兵参加军事训练的规定执行。

第二十二条　拥有或管理民用运力的单位和个人，因履行民用运力国防动员义务而造成下列直接财产损失和人员伤亡的，应予以补偿和优抚。

（一）因履行民用运力国防动员义务而造成的人员伤亡；

（二）民用运载工具及相关设备以及机场、车站、港口、码头等设施的灭失、损坏和折旧；

（三）民用运载工具及相关设施设备操作、保障人员的工资、福利或津贴等；

（四）应当给予合理补偿的其他直接财产损失。

第二十三条　国防交通主管机构认为被征运力损失情况需要评估的，应组织评估机构和专业人员，依据"运力受损情况证明"，对运载工具及相关设施设备的损毁情况进行评估，并出具"评估报告"作为补偿的依据。

第二十四条　民用运力国防动员所需准备、实施等费用按照国家有关规定执行。

第二十五条　县级以上人民政府国防交通主管机构平时开展工作所需经费，由各级地方财政负担。

有关部门和单位开展民用运力国防动员工作所需经费，由本部门和单位给予安排。

第二十六条　上级赋予的临时性民用运力国防动员任务所需经费，由国防交通主管机构提出申请，报上级机构或本级人民政府给予安排。

第二十七条　民用运力国防动员经费应当专款专用，按照资金管理监督办法，接受财政、审计部门的监督。

第二十八条　有关地方人民政府、部门不及时支付民用运力动员费用，造成严重后果的，依法追究有关领导和人员的相关责任。

违反本办法的其他行为，依照国务院《民用运力国防动员条例》有关规定处理。

第二十九条　本办法自 2007 年 10 月 1 日起施行。

甘肃省高速公路网规划（2009 年调整）

（甘肃省人民政府办公厅甘政办发〔2009〕197 号）

一、规划调整的背景及意义

2007 年 4 月经省政府审议通过并正式批复的《甘肃省高速公路网规划》（甘政办发〔2007〕37 号）实施以来，对我省高速公路发展发挥了重要的指导作用。截至 2009 年 9 月底，已建成 1407 公里（其中：国家高速公路1377 公里，地方高速公路 30 公里）；在建里程 974 公里（其中：国家高速公路 861 公里，地方高速公路 113 公里）；已建和在建高速公路总里程达到了 2381 公里。京藏国家高速公路在甘肃境内全部贯通，甘、青、宁三省区省会之间实现了高速公路连通；连霍国家高速公路甘肃境内建成和在建高速公路里程超过 80%，省会兰州的六个出口公路全部实现了高速化。我省高速公路建设取得了令人鼓舞的成就，实现了超常规跨越式发展，对全省经济社会的快速发展起到了重要的促进和推动作用。

但同时，也应清楚地看到，尽管我省高速公路发展取得了明显成效，但站在全国交通发展趋势的层面来审视我省高速公路发展水平，站在全省经济社会发展全局的要求来审视我省高速公路适应能力，站在全省人民对交通需求的角度来审视我省高速公路服务水平，从发展数量和服务能力来说，总体上仍处于初级阶段，交通瓶颈制约尚未得到根本缓解。特别是2008年"两灾"（冰雪灾害、地震灾害）发生后，我国陆路交通暴露出路网连通度不高、迂回线路偏少等问题，交通运输部已经确定了今后高速公路建设突破发展的四个重点方向：一是加快国家高速公路建设成网，发挥路网规模效应；二是加快国高网中的断头路建设，贯通省际通道；三是加快早期建成高速公路的扩容改造，提升路网通行能力；四是加快具有通道功能的地方高速公路建设，提高路网连通度。这四个方向对进一步完善高速公路网，增加迂回线路，提高公路抗灾能力提出了更高的要求。另外，国家为应对全球金融危机，扩大内需，确保国家经济运行安全，加大了对交通基础设施建设的投入，并对交通运输网络的发展和完善提出更高要求。

附
录

为了适应新的发展要求，全国各省（区）相继启动了高速公路网规划调整工作。我省周边主要省（区）中，陕西、四川、内蒙古等省（区）调整后的高速公路网总规模均在8000公里以上；青海省调整后的高速公路网总规模也达到了6630公里。比较而言，我省原规划的高速公路网总规模仅为4750公里，总量明显偏少。而且，我省原规划的高速公路中，除了已建和在建项目外，规划待建的高速公路实际里程仅2300余公里，其中已安排进行项目建设前期工作的1600余公里，今后需要安排的建设项目不足700公里。这些项目将主要集中在2015年以前安排建设，2020年底以前有望基本建成；2021年—2030年的规划期内项目严重不足。可以看出，受当时条件的制约，我省原规划的高速公路网存在总量不足、通达深度不够、路网联络线和迂回线较少等问题，与西部周边省区调整后的路网规模相比还有一些差距。

甘肃地处祖国西部内陆，是西北五省（区）交通运输的中枢、古丝绸之路的咽喉，也是第二亚欧大陆桥的重要通道，是承担过境和中转交通的关键区域，交通区位优势明显，战略地位十分重要。甘肃独特的地域特征和区位优势，决定了甘肃综合交通运输网络在西部地区、全国乃至国际范围内均具有重要的交通枢纽地位和作用。甘肃综合交通运输网络的建设，事关国家综合交通网发展全局，"甘肃通则西部通、西部通则全国通"。这就要求甘肃路网规划布局应站在更高的层面上，从全国交通需求的大局来思考，充分发挥交通枢纽省份应有的作用。

适应新形势、新任务和新要求，并结合国家扩内需，加大交通基础设施建设步伐等一系列政策措施，以科学发展观为指导，以贯彻落实甘肃省委、省政府提出的"四抓三支撑"总体工作思路和"中心带动、两翼齐飞、组团发展、整体推进"的区域发展战略为核心，以"三个服务"为宗旨，以促进具有西部特色的甘肃综合交通运输体系建设，增强高速公路网与其他运输方式的衔接，增强路网的通达性与机动性，以应对自然灾害、突发事件和保障国家安全提供基础设施保障为主线，以"加密路网、优化布局、完善结构、有效衔接"和"县县通高速"为基本目标，甘肃省交通运输厅对甘肃省高速公路网进行了布局优化和调整加密，经省政府审议通过后，正式编制完成了《甘肃省高速公路网规划（2009年调整）》。

甘肃省高速公路网规划的调整，将适应未来较长一段时期全省经济社会发展对交通的需求，对有力推动甘肃"两个社会"（建设全面小康社会、构建社会主义和谐社会）的建设，同时提高高速公路建设项目决策的科学性，提高交通走廊资源综合利用效率，确保全省高速公路持续、快速、有序发展具有十分重要的现实意义和战略意义。

二、指导思想与调整原则

（一）指导思想

以党的十七大精神和科学发展观为指导，立足于甘肃经济地理特征和交通区位优势，围绕甘肃省工业强省、科教兴省的发展战略，以保增长、扩内需、强基础、调结构、促和谐为主线，服从并服务于全省经济社会发展大局，进一步完善甘肃省域高速公路网布局结构，构筑布局合理、高效畅通、覆盖全省、通达四邻、迂回便捷的高速公路网络，形成全国重要的交通枢纽，提高全省公路交通现代化程度，为省内5大经济区（陇中、河西、陇南、陇东、民族）协调发展、鄂尔多斯盆地能源开发、西陇海—兰新经济带和关中—天水经济区产业开发以及甘肃省主体功能区的规划建设提供良好的交通运输保障。

（二）调整原则

1. 体现规划的基础性

高速公路网规划的调整加密，要以《国家综合交通网中长期发展规划》《国家高速公路网规划》《甘肃省高速公路网规划》等现有规划所拟定的网络布局为基础和依托，遵循"总体不变，联网加密、优化完善"的基本思路和原则。

2. 突出规划的前瞻性

高速公路网规划的调整加密，要考虑近期经济社会发展的需要，但更要适应远期经济社会发展对交通运输提出的更高要求，应突出前瞻性与超前性，以规划控制引导需求，充分发挥高速公路在统筹区域协调发展、推进城镇化、工业化和农业产业化进程中的先导和引导作用。

3. 增强规划的适应性

高速公路网规划的调整加密，要与甘肃经济发展格局和生产力布局相适应，满足经济发展对运输的需求；要与城镇体系发展格局和人口布局相适应，满足人民群众便捷出行的要求；要与周边省（市、区）高速公路规划相适应，满足省际通道建设的需要。

4. 强化规划的指导性

高速公路网规划的调整加密，要适应当前建设及长远发展的要求，注重对不断出现的新问题、新矛盾的综合分析，采取更为灵活、适应现实及未来发展的规划对策，规划内容更加务实和具有全局性、战略性，规划的可操作性更强，对高速公路建设与发展的指导性更加突出。

5. 注重规划的协调性

高速公路网规划调整加密，要从满足现代综合运输体系发展的要求出发，进一步加强与铁路、机场、管道、航运等运输方式的协调，同时，也要更加注重与土地、水利、文物、环保等行业规划之间的相互协调，实现通道资源的高效利用，通过科学选线，达到合理布局、节省投资、节约土地、适应环境，构建资源节约型、环境友好型的现代综合运输体系。

6. 提高路网的通达性

高速公路网规划的调整加密，要从构建综合交通网络的需要出发，进一步加密既有路网，新增迂回线路，对高速公路"卡脖子"路段进行扩容改造，在满足功能要求的基础上，提高路网选择的灵活性、通达性和便捷性，增强网络的通行服务能力、经济辐射能力和应急保障能力。

三、规划调整目标

甘肃省高速公路网规划调整以"完善网络、优化布局、扩大规模、强化枢纽、增容扩能、加快步伐"为总体目标，通过"增加通道、联网加密、区域均衡"，以达到"扩大覆盖面、拓展辐射范围、增加迂回路线、加强网络效应"的目的。力争在规划期内构筑起布局合理、高效畅通、覆盖全省、通达四邻、迂回便捷的高速公路网络体系，实现"县县通高速"目标，进而促进具有西部特色的甘肃综合交通运输体系发展，为甘肃经济社会发展提供强有力的交通运输保障。

具体目标是：

一是有效对接周边省份，形成出省高速通道，实现兰州到宁夏、青海、四川、陕西等四省（区、市）省会（首府）城市和新疆、内蒙古两个自治区毗邻的中心城市当日到达。

二是构筑省会兰州辐射市州的高速通道，实现省会到所有市（州）通高速，80%以上的市（州）可当日往返。

三是增加路网联络线、省际联络线，改善区域路网结构，提高路网通达性、机动性、迂回性和可靠性，实现相邻市州间的便捷联系；同时，进一步扩大高速公路网的覆盖面，实现全省所有的市（州）以高速公路互通，所有县城通高速公路。

四是连接省境内铁路、机场、主要旅游景点和重要产业基地，强化枢纽功能，增强高速公路与其他层次路网、其他运输方式的协调、衔接，形成高速集疏运通道，提供便捷、安全、可靠的交通运输保障。

四、布局调整方案

（一）原布局方案

根据2007年4月省政府批复实施的《甘肃省高速公路网规划》，甘肃省高速公路网以国家高速公路网为基础和依托，以省会兰州为中心，国家放射线和纵横线为主，地方联络线为辅，规划布局了17条高速公路路线，总规模4750公里，其中，国家高速公路省内路线9条（段）3753公里，地方高速公路8条997公里。规划按"近期联通、中期成网、远期完善"三个阶段实施，2030年左右全面建成省域高速公路网。

（二）布局调整方案

按照规划调整的指导思想、原则和目标，结合甘肃省经济社会发展、产业布局及城镇发展规划，在原《甘肃省高速公路网规划》路线布局的基础上，按照"外接周边、内连市州、完善骨架、有效衔接"的思路，以"加密、连通、对接、扩容"为重点，采用纵横线与放射线、联络线相结合的布局模式，形成由两大系统（国家高速公路系统、地方高速公路系统）、44条路线构成的省域高速公路网，路网总规模7950公里，其中国家高速公路3753公里，地方高速公路4197公里。与原规划相比，规划新增高速公路27条3200公里。

1. 国家高速公路系统

涉及甘肃的有9条路线，包括2条首都放射线、1条南北纵线、6条东西横线（含联络线），规划建设总里程3753公里。

2. 地方高速公路系统

规划调整后地方高速公路共计35条4197公里。包括2条省会放射线、9条国网联络线（新增7条）、8条省际联络线（新增6条）、1条市域联络线、1条航空枢纽联络线和14条通县高速支线（新增）。

（三）新增线路功能及路线规划

新增的27条高速公路（7条国网联络线、6条省际联络线、14条通县高速支线）线路功能及路线规划方案如下：

1. 国网联络线（7条）

1）庆阳—平凉高速公路：路线大体走向为庆阳（西峰）至镇原至平凉（四十里铺），全长131公里。路线两端分别与青兰、福银2条国家高速及华庆、平武地方高速公路连接，可形成延安至庆阳至平凉至天水至武都至九寨沟的省际快速联络通道。

2）环县—正宁高速公路：路线大体走向为甜水堡（宁甘界）至环县至庆城至合水至宁县至宫河至罗儿沟圈（甘陕界），全长314公里。路线北端接宁夏规划的银川至环县（甜水堡，宁甘界）高速，南端接陕西规划的西安至淳化至旬邑高速公路，形成北通银川，南至西安的省际快速联络通道；同时，规划路线分别与青银、定武、青兰、福银4条国家高速连接，是宁夏、甘肃、陕西三省（区）毗邻地区重要的对外运输大通道。

3) 景泰至礼县高速公路：路线大体走向为景泰至平川至靖远至会宁至通渭至甘谷至洛门至礼县，全长495公里（含与连霍国家高速共线30公里）。路线分别与定武、兰营、京藏、青兰高速公路连接，扩大了上述国家高速公路的连通度，是一条重要的高速路网联络线。

4) 张掖至西宁高速公路：路线大体走向为张掖至民乐至扁都口（甘青界），全长约90公里。路线南接青海省规划的西宁至民乐（扁都口）高速公路，分别与连霍、京藏国家高速公路连接，是一条重要的高速路网联络线，亦是我省河西走廊和新疆地区通达青海省西宁市的一条便捷省际快速运输通道。

5) 航天城至酒泉高速公路：路线大体走向为河西（蒙甘界）至航天城镇（双城）至鼎新至金塔至酒泉，全长约220公里。路线北联内蒙古规划的策克至额济纳旗至东风航天城一级公路，南接连霍国家高速公路，是我省酒泉通往东风航天城和国家级策克口岸的主要公路，也是发展酒泉航天城现代科技旅游的重要线路，将直接沟通连霍与京新国家高速公路，有助于形成蒙、甘、青三省（区）省际快速联络通道，具有十分重要的经济价值和国防战备意义。

6) 武威至金昌高速公路：路线大体走向为武威至双城至金昌，全长约90公里。路线东南方向接连霍高速公路与天祝藏区实现高速连通，西北方向连接金昌机场，构筑天祝藏区连接市政府驻地武威市、河西走廊东段重要的民航机场金昌机场的快速联络通道，具有重要的藏区维稳保障作用。

7) 静宁至天水高速公路：路线大体走向为静宁至威戎至庄浪至张家川至清水至天水（麦积区），全长225公里。路线分别与青兰国家高速公路、平武地方高速公路和连霍国家高速公路连接，是一条重要的高速路网联络线，构成我省陇东南地区连接省会兰州的又一条便捷通道。

2. 省际联络线（6条）

1) 凤县（陕西）至合作高速公路：甘肃境内路线大体走向为杨店（甘陕界）至两当至徽县至成县至西和至礼县至岷县至卓尼至临潭至合作，全长552公里（含与十天国家高速共线120公里）。路线东联陕西规划的太白至平木至凤县至两当（杨店、甘陕界）高速公路，西接兰郎地方高速公路，并可通过规划新增的临（夏）循（化）地方高速与青海规划的西宁至平安至同仁高速公路连通，直接沟通了十天、兰海、兰郎等高速公路，形成东西横贯甘肃南部地区3市（州）、9县（市）的对外运输大通道。

2）武都至九寨沟（四川）高速公路：甘肃境内路线大体走向为武都（两水镇）至铁坝至中寨至青龙桥（甘川界），全长95公里。路线南接四川规划的成都至松潘至九寨沟高速公路，东连兰海国家高速公路，北通平武地方高速公路，并可通过规划的庆（阳）平（凉）、吴（起）庆（城）地方高速公路与陕西省规划的延安至吴起高速公路连通，共同构筑延安至庆阳至平凉至天水至武都至九寨沟高速公路，形成纵贯陕北、陇东、陇南、川北的一条重要的省际快速联络通道。

3）蒙甘青三省区战备通道（阿拉善左旗至武威市至西宁）高速公路：甘肃境内路线大体走向为阔图湖（蒙甘界）至民勤至武威至九条岭至仙米寺（甘青界），全长约300公里。路线北连内蒙古规划的临河至阿拉善左旗至民勤（蒙甘界）高速和一级公路，南接青海省规划的西宁至武威高速公路，可沟通京新、包茂、荣乌、连霍、京藏等国家高速公路，共同构成蒙甘青三省区之间重要的省际快速联络通道，是全国荒漠化监控和防治的前沿地带（民勤县域腾格里沙漠、巴丹吉林沙漠地区）的重要生态保护公路，亦是一条重要的国边防战备公路，具有重要的经济和战略意义。

4）临夏至循化（青海）高速公路：甘肃境内路线大体走向为临夏（双城）、临夏县、达里加山垭口（甘青界），全长38公里。路线西连青海规划的西宁至平安至尖扎至循化至达里加山高速公路，东接兰郎地方高速公路，是我省临夏回族自治州通达青海省西宁市的一条重要省际快速联络通道。

5）碌曲至久治（青海）高速公路：甘肃境内路线大体走向为碌曲（尕秀）至玛曲至阿万仓至沙木多黄河桥（甘青界），全长135公里。路线北连兰郎地方高速公路，南接四川、青海规划的汶川至马尔康至阿坝至久治至玛沁至西宁高速公路，是我省甘南藏区与青海、四川毗邻藏区的一条重要的省际快速联络通道，同时也是青海、甘肃两省通达汶川地震断裂带的迂回线路。

6）泾源（宁夏）至华亭高速公路：甘肃境内路线大体走向为山寨（宁甘界）至马峡至华亭，全长28公里（含与平武地方高速共线15公里）。路线北连宁夏规划的银川至泾源至山寨高速公路，南接平武、平宝地方高速公

路，是构筑银川至华亭至宝鸡跨省区快速联络通道的重要组成路段。

3.通县高速支线（4条）

为实现"县县通高速"的目标，规划建设通县高速支线共计 14 条652公里（已扣除共线里程 12 公里）。具体路线分别是：兰州至永靖高速、正宁至榆林子高速、灵台至华亭高速、康县至望关高速、文县至青龙桥高速、两河口至舟曲高速、迭部至郎木寺高速、王格尔塘至夏河高速、临夏至积石山高速、临夏至东乡高速、康乐至广河高速、漳县至殪虎桥高速、肃北至阿克塞高速和元山子至肃南高速。

（四）布局调整效果评价

调整加密后的新规划实施后，将达到以下预期效果：

1.高速公路网通达深度增加，覆盖范围扩大

省会兰州与各市（州）以高速公路相连，相邻市（州）以高速公路相连通：全省 86 个县（区、市）政府驻地通高速公路（比原规划增加 32 个）；调整后的高速公路网总里程将达 7950 公里，路网密度由原规划的 1.1 公里/100 平方公里增加到 1.8 公里/100 平方公里。调整后的高速公路网通达深度和覆盖范围显著提高。

2.省际通道增多，省域高速公路网和国家高速公路网衔接更加紧密

原规划布局方案共有出省通道 16 条（陕西方向 6 条、四川方向 2 条、青海方向 2 条、宁夏方向 4 条、内蒙古方向 1 条、新疆方向 1 条）。调整方案新增加出省通道 11 条（陕西方向新增 2 条、四川方向新增 1 条、青海方向新增 4 条、宁夏方向新增 2 条、内蒙古方向新增 2 条）。调整后，与周边省区通道达 27 条，强化了省网与国网的衔接，与其他省区的路网衔接，使甘肃交通的走廊作用和枢纽地位得到显著增强。

3.路网线路有迂回余地，交通机动性大大提高

调整方案增加了路网联络线，增多了出省通道，使车辆行驶路线有了较大的选择和迂回余地，提高了路网的通达性、机动性与可靠性，增强了应对自然灾害、突发事件和保障国家安全的能力，有利于建立快速、便捷、安全、高效的公路交通运输体系。

4.路网布局形态更加合理

规划调整方案在河西地区增加了南北向高速通道，在东部增加了路网联

络线，在少数民族地区和重要产业基地布设了新线，路网结构明显加密，使甘肃省高速公路网布局形态由原规划的"西干东网"状优化调整到"西树东网"状，布局形态更加合理。另外，注重了其他路网层次（一般国省干线网、农村公路网）的有效衔接，使甘肃省公路网整体布局结构更加优化、完善。

5. 路网服务区域经济社会发展的能力显著增强

甘肃省高速公路网规划调整方案基本覆盖了全省主要经济区域，城镇化、工业化和农业产业化发展轴线。规划路线贯通了省内 5 大经济区（陇中、河西、陇南、陇东、民族），有利于促进区域协调发展；连通了鄂尔多斯盆地能源基地、西陇海—兰新经济带和关中—天水经济区，有助于促进鄂尔多斯盆地能源开发和西陇海—兰新经济带、关中—天水经济区的发展；能够满足甘肃省主体功能区战略框架（即"一横一纵六区"城镇化和工业化战略格局，"一带三区"为主体的农业战略格局和"三屏四区"生态安全战略格局）规划建设与发展的需要：连接了全省红色旅游基地和国家 4A 级、5A 级著名风景区及旅游胜地，为发展全省旅游业提供了交通基础设施保障。调整方案实施后，高速公路将成为全省、市（州）、县（区、市）经济社会发展的黄金通道和公路交通实践"三个服务"的重要载体。

6. 有助于促进综合交通运输体系的发展

调整方案增强了高速公路网与铁路、民航等主要运输方式的衔接、运输枢纽的衔接，更加注重综合交通运输大通道和综合运输枢纽的建设，有助于形成高速集疏运通道。如：出于构筑综合运输大通道的考虑，新增张掖—西宁路线，与在建的兰新铁路二线张掖至西宁段处于同一走廊带，为今后以张掖综合运输枢纽为中心，构筑金昌至张掖至西宁综合运输大通道奠定了基础；又如，规划方案连通了全省已有枢纽机场和支线机场，并通达规划的全部支线机场所在地，有利于开展陆空联运。总之，高速公路网的规划调整为巩固和提高公路交通在综合运输体系中的地位与作用、构建现代综合交通运输体系奠定了坚实的基础。

7. 有效促进交通的可持续发展

甘肃省高速公路网规划调整方案的实施，将进一步促进国土资源的集约利用、环境保护和能源节约，为建设环境友好型、节约型交通和实现交通现代化奠定基础，并有效支撑经济社会的可持续发展。

五、实施方案

（一）建设进展及资金需求

调整加密后的甘肃省高速公路网总规模将达到 7950 公里。除已建成和在建项目外，规划期内（2009 年—2030 年）拟新开工建设项目实际建设里程为 5524 公里，建设任务相当繁重。为了保障规划方案的有序实施，拟按"近期联通、中期成网、远期加密"三阶段实施，力争 2030 年以前全面建成省域高速公路网。

按静态投资匡算，甘肃省高速公路网未来建设资金需求总量约为 4170 亿元。建设资金主要来源于中央投资、省内各项规费、国债资金、银行贷款及利用外资，包括社会资金。由于甘肃地方财力不足且项目融资能力弱，需要国家大力扶持。在确保国家对高速公路网建设稳定投入的前提下，通过深化投融资改革，积极搭建银政、银企融资平台，全方位、多渠道筹措资金；特别是地方高速公路，要充分发挥两个积极性，实行省地联建。总体上看，经过全社会的共同努力，甘肃省高速公路网建设目标是可以实现的。

（二）阶段性建设目标

甘肃省高速公路网规划总体目标大体分三个阶段实施。

近期（至 2010 年）：以"联通"为主。主要任务是加快省会连接市（州）路线和国家高速公路网重要出口路、省际"断头路"建设。

力争到"十一五"末，全省高速公路通车里程达到 2000 公里以上；出省高速通道口增加到 5 个；省会兰州与除甘南、陇南以外的其余市（州）政府驻地以高速公路连通；35 个县（市、区）政府驻地通高速公路；省会与周边省区的银川、西宁、西安等中心城市可当日到达（500 公里以内当日往返）。

中期（2011 年—2020 年）：深入贯彻落实扩大内需促进经济增长十项措施的具体要求，进一步加快高速公路网建设步伐，争取"成网"。

——到 2015 年底：全省高速公路通车里程力争达到 4000 公里以上；出省高速通道口增加到 16 个；实现省会兰州与各市（州）政府驻地全部以高速公路连通，50 个以上的县（市、区）政府驻地通高速公路；省域高速公路网基本形成主干网。

——到 2020 年底：全省高速公路通车里程力争达到 5500 公里左右；

出省高速通道口增加到 24 个；68 个以上的县（市、区）政府驻地通高速公路。外联周边，内通市（州）、重要工矿区和旅游胜地，布局合理、功能完善、协调发展的省域高速公路网基本形成。

远期（2021 年—2030 年）：实施"加密"工程，全面建成省域高速公路网。

以增加联络线、迂回线和扩容改造为重点，以新增路线建设为主要任务。到规划期末，全面建成省域高速公路网；出省高速通道口增加到 27 个；省会兰州与各市（州）政府驻地全部以高速公路连通，86 个县（市、区）政府驻地通高速公路；布局合理、高效畅通、覆盖全省、通达四邻、迂回便捷的高速公路网络全面建成，为甘肃公路交通现代化、构建现代化综合运输体系奠定基础，为甘肃省经济社会全面协调和可持续发展提供良好的交通运输保障。

六、对策措施

（一）加强统筹协调，依法实施规划

调整加密后的甘肃省高速公路网规划是我省高速公路发展的宏伟蓝图，是全省国民经济和社会发展规划的重要组成部分，具有行政指导性和权威性，各行业发展规划、区域发展规划等要与本规划统筹兼顾、协调推进，保障高速公路规划目标能够顺利实现。

（二）明确目标任务，落实工作责任

调整加密后的甘肃省高速公路网总体规模大、资金需求量大、实施难度大。规划发展目标的实现，一是要寄希望于国家西部大开发战略的继续深入实施；二是要寄希望于国家加大对甘肃的支持力度；三是要寄希望于经过10年—20 年发展，甘肃经济实力能有显著提高，交通基础设施建设资金困难状况将有所好转；四是要寄希望于抓住国家对高速公路网进行调整的机遇，争取将我省规划的重要地方高速公路纳入国家高速公路网中。总之，规划的实施任重而道远，需要国家、省上、地方政府以及社会各界的关心与支持。

为保障本规划的顺利实施，全省各级政府和有关部门要在省政府的统一领导下，分级负责，分工协作，吸引和发挥社会各方力量，充分调动各方面的积极性。国家高速公路实行部、省联建，地方高速公路推行省、市联建或市、县联建，群策群力，共同推进我省高速公路建设。

附 录

（三）创新融资渠道，建立资金保障

抓住国家加快交通基础设施建设的新机遇，力争一批具有通道功能的地方高速公路进入国家有关规划，争取更多的中央资金支持；在力争更多国家财政债券的同时，争取发行我省地方性公路建设政府债券，鼓励发行公路建设企业债券；充分发挥省级交通融资信用平台的作用，进一步加大银政、银企合作力度，继续扩大银行信贷规模，积极争取国内银行贷款；进一步加强与世行、亚行等的合作，争取国外金融机构的贷款；建议省财政对高速公路建设给予一定的资金支持，各市政府配套部分建设资金；同时，积极吸引民间资本参与高速公路建设；积极研究税费改革形势下的公路建设投融资体制和运行机制，多渠道、多方式努力拓宽资金来源，为公路建设提供长期、稳定的资金保障。

（四）加强前期工作，强化项目管理

加紧开展规划项目的前期工作，做大、做实项目储备。按照"规划一批、论证一批、建设一批、储备一批"梯次推进，确保项目建设、报批、储备的连续性。制定明确的阶段任务，细化分解目标，建立切实推进项目加快建设的工作机制，以完善的项目法人责任制、招投标制、工程监理制、合同制和质量监督制，强化项目建设管理全过程，以工作的高质量，确保工程高质量。

同时，积极争取国家将部分对于加强省际和重要区域间联系、完善高速公路网整体结构和提高路网整体服务水平的重要通道公路纳入国家高速公路网规划。

（五）推进科技创新，实现科学发展

坚持以人为本、全面、协调、可持续的科学发展观。在规划、设计、建设各个阶段，要注意保护生态环境，搞好水土保持、节约自然资源。要根据我省地貌、地质特点因地制宜，广泛采用经济实用的筑路技术，尤其要加强特殊桥梁、长大隧道、路面结构、路基稳定等工程技术的研究应用。积极开发和应用新材料、新工艺、新技术，努力降低高速公路建设成本，要用科技创新，加快我省高速公路建设步伐。

（六）注重统筹兼顾，实现协调发展

在高速公路建设过程中，要更加重视高速公路与公路网中其他层次路网的衔接，与其他运输方式的衔接和协调，要注重与土地、水利、文物、环保等行业规划之间的相互协调，实现通道资源的高效利用；要从构建综合交通运输体系的角度，合理布局、统筹安排、节省投资、节约土地、适应环境、协调发展，建设资源节约型、环境友好型的交通行业。

（三）甘肃省交通厅文件

甘肃省交通厅印发《关于建立和完善我省公路运输市场经济体制的若干意见》的通知
（1992年11月20日）

各地、州、市交通处（局、经委）：

现将《关于建立和完善我省公路运输市场经济体制的若干意见》印发你们。请参照执行。

关于建立和完善我省公路运输市场经济体制的若干意见

江泽民同志在党的十四大报告中指出："建立和完善社会主义市场经济体制，是一个长期发展的过程，是一项艰巨复杂的社会系统工程。既要做持久的努力，又要有紧迫感；既要坚定方向，又要从实际出发，区别不同情况，积极推进。"贯彻十四大精神，深化改革，扩大开放，建立和完善我省社会主义运输市场经济体制，必须以货畅其流，人便于行，安全优质服务为宗旨，在国家宏观调控下，强化市场机制，优化资源配置。会同各有关方面运用经济的、法律的和必要的行政手段，完善市场规则，保护公平正当的竞争，实现优胜劣汰，积极引导市场向统一、开放、有序的方向健康发展。

一、建立并完善以国有经济、集体经济为主体，个体、私营及其他经济成分为补充，多种经济成分长期共同发展的经济结构。各级交通运输主管部门对运输经营者，不论其经济性质、隶属关系、规模大小，都要一视同仁地维护他们的合法权益，保护他们在市场中公平正当的竞争，使其各尽所能，各得其所。

二、取消对新增营业性运力的额度控制。对凡是申请参加营运又具备经营条件的单位和个人，即应根据市场需求，及时办理审核发证手续，在审核经营者的条件时，着重于保障安全和服务质量。

三、全面放开货物运输、汽车维修、搬运装卸和运输服务市场。货物运输除抢险、救灾和战备物资实行指令性计划外，其他物资运输实行市场调节；对重点大宗物资的运输，要引导承托双方双向选择，实行合同运输；坚决取缔欺行霸市、败坏职业道德等不正当的经营竞争行为，打破条条块块的分割、封锁和垄断，维护经营者和货主的正当权益；积极兴建公路运输开发服务中心，逐步使全省物流客流集散中转站联片成网，最大限度地降低全社会物流费用，加速客流、物流运转。凡申请从事汽车维修、搬运装卸、运输服务的，不论国营、集体、个体，只要符合开业条件，一律批准经营；各级交通运输主管部门要切实搞好宏观调控，合理规划布点，监督经营者遵章守纪，依法缴纳税、费，提高运输质量和服务水平。

四、鼓励和支持各行各业及个人兴办公用型汽车站、客运代办、货运代理、货物包装、仓储、信息服务等运输服务项目。谁投资，谁所有，谁受益。在选址、办理开业手续方面，各级交通运输主管部门要主动与有关部门协调，合理布局、提供服务。

五、积极引进国外资金、先进技术装备和科学管理方法，鼓励发展中外合资经营道路运输、汽车维修和各种运输服务业。

六、以政策导向鼓励客车车头向下，乡村始发。凡申请从事乡村、边远山区、牧区客运的，只要符合开业条件，就应及时办理审批手续，使其尽快投入营运。鼓励开辟跨省运输、边贸运输、零担运输和旅游、出租、冷藏、特种、快件运输。

七、积极开展客运新开线路招标经营和新增运力营运证有偿使用的试点，以此筹集的资金主要用于交通设施和车辆更新换代的贷款。

八、积极会同物价部门建立以市场形成价格为主的运价机制。逐步放开公路运价。应允许货运运价在一定幅度内浮动。可根据服务质量的高低、条件设施的不同对运输服务业实行差别费率。

二、碑　铭

1993年出版的《甘肃省志·公路交通志》收录古代迄近当代交通碑铭一百多通，引起读者兴趣。1991年以后，随着城乡基本建设的大规模进行和对古文献的整理，新发现数以百计的碑刻、金铭，其中有一部分属于交通碑铭，极具研究价值。同时，随着交通基础设施建设的推进，新增一大批新建公路工程碑刻，这些碑刻主要集中在陇东、陇南、甘南、临夏一带，题材丰富，时代特色浓郁。特别是公路隧道，全省有97座，一隧一题刻，其中高速公路隧道题刻多为甘肃省书法家张化琪题写。为了保存史料，特拣选古代金铭碑刻23通、近代4通、当代14通汇编于此，以飨读者。

附　录

（一）古代碑铭

东汉摩崖石刻

□□□□□和平元年岁庚寅[1]……

古 [2]河阳[3]太守□君讳福 [4]字伯会……

已先汉景帝少子封爵□□君……

令幽州刺史部□□以之……闻仁□□

有虑深远之羌□尔难迨……逼明□

从瑕庑之不□□□怨命……修□

乃眷西顾命君守邑……

□怀远人岁丰……

吏民追思□惠……

伊君德□□绝遹……

□功实佳古……子

……公素简约

……材费国邦

……赵亿建造[5]

【题解】石刻在张家川回族自治县恭门镇河峪村、马涧村樊河上游北岸台地。东汉桓帝和平元年（150年）刻石。刻文崖面高250厘米，残宽110厘米，距地面65厘米。碑额有一独体的隶体"汉"字，正文隶书共14行，每行约20字。刻文崖面下半部损毁严重，字迹无法辨认。此为甘肃省境内最早的一处摩崖刻石，1988年被列为县级文物保护单位。从现存内容看，摩崖类成县《西狭颂》（惠安西表），是阿阳太守□福的记功碑，今人遂称《恭门颂》。恭门当陇山交通要冲，东通陕西陇县（古称汧县），西通陇城、天水，南下清水、上邽（今天水秦州区）。摩崖刻志于此，盖与阿阳太守□福整治陇山道路有关。

【注释】

　[1] 和平元年岁庚寅：为东汉桓帝和平元年（150年）。

　[2] 释文多作"古"，依拓本细辨似应为"故"。

　[3] 释文多作"河阳"，依拓本细辨本应为"阿阳"。阿阳：汉县，西汉属天水郡（郡治平襄，今通渭碧玉），东汉属汉阳郡，治地在今静宁西南城川乡咀头村。

　[4] □君讳福：阿阳太守□福，姓氏无法辨认，正史失载。编者认为应为李氏，与《西狭颂》李翕同宗。

　[5] 赵亿：应为摩崖建造主事者。学界多认为是东汉辞赋家汉阳西县人赵壹（任汉阳郡上计吏），恐非。因为此摩崖既然是阿阳太守□福的记功碑，自然应由阿阳郡属官建造，而赵壹未曾在阿阳任职，再者"壹""億"也不相通。另甘谷汉简中有"赵亿"，是否为同一人，待考。（见刘雁祥《甘肃金石录·天水卷》〔未刊，下同〕）

武都太守李翕天井道碑

　　盖除患蠲难为惠，鲜能行之。斯道狭阻，有坂危峻，天井临深之厄，冬雪则冻，渝夏雨滑汰，顿踬伤害。民苦拘驾推排之役，勤劳无已，过者战战，以为大戒。太守阿阳李君[1]履之，若辟风雨。部西部道桥掾李祗（阙），镶缒西坂，天井山止（阙），入丈四尺。坚无呰溃，安无倾覆。四方赖之，民悦无强。君德惠也，刊勒纪述，以示万载。

建宁五年四月廿五日己酉讫成

【题解】摩崖碑位于成县西狭通草川道中，位置失考，已佚。碑文记述东汉武都太守李翕、西部道桥掾李祇率领民众治理天井山道路之德政。此碑立于东汉灵帝建宁五年（172 年）。宋代洪适《隶续》载："武都太守李翕天井道碑，今在成州（今成县），灵帝建宁五年造。李君以建宁三年到郡，明年治西狭，又明年治郙阁，治天井，可谓除患蠲难，心乎惠民者。" 赵绍祖《古墨斋金石跋》："李翕为武都太守，治西狭、郙阁、天井三地之险以通行旅，可谓有惠政于民矣。"清岑建功《舆地纪胜补阙》："汉天井山记，亦汉阳太守李翕建宁五年造。今藏碑之家惟有前一碑四年所立者，后一碑五年所立者少有之。又老农云："往年雷震崖石仆地，此碑不知所在。是可惜也。"故该碑存佚无考。碑文录自洪适《隶续》。

【注释】

[1] 李君，李翕，汉阳阿阳（今静宁县城川乡咀头村）人，史书缺载。《后汉书·皇甫规传》提到李翕任安定属国都尉。据《西狭颂》载：少时以荫入宿卫，后来在黾池任职，修治道路，再任郡都邮。建宁三年（170 年）任武都郡（治今成县）太守。

[撰书者] 仇靖：武都下辨人。曾任武都郡从史位。有学者认为，建宁四年（171 年），太守李翕开西狭道，仇靖撰文并书写《西狭颂》；建宁五年（172 年）撰写《天井道碑》。次年又撰写《郙阁颂》。熹平二年（173 年）撰文并书写《耿勋碑》。（见罗卫东《甘肃金石录·陇南卷》）

马向宣题记

圣宋皇祐四年孟冬。尚书屯田员外郎、通判阶州事朱处仁，自十六日之本州故城镇峰贴城平定关点检城寨后，廿三日过此，又巡历至武平、沙滩诸寨回。

廿五日题记河口镇西石门硖东壁上

左班□□□马向宣、右班殿直巡检李士宗、福津县尉王□□行

【题解】该摩崖刻石位于舟曲县城东南大川镇境内石门沟峪口东壁，高出河床 0.9 米处，镌刻楷体阴文 100 余字，记载了北宋仁宗皇祐四年（1052 年）冬尚书屯田员外郎兼判阶州（今武都区）事朱处仁巡察阶州境内峰贴城

附
录

（今舟曲县峰迭，遗址尚存）、平定关（今舟曲县坪定）、武平（今舟曲县武坪）、沙滩（今舟曲县沙滩）等关隘城寨情况。

仪制令碑

贱避贵，少避老

仪制令

轻避重，去避来

【题解】宋太宗时立。20世纪90年代初出土于清水县白沙乡省道323线路旁。碑现藏于清水县城北的赵充国陵园。碑高89厘米，宽67厘米，厚10厘米，白石质材。碑中段上部刻有"仪制令"3个大字，右书"贱避贵，少避老"，左书"轻避重，去避来"。碑文楷书，无落款。《宋史·孔承举传》载：将作监孔承恭举令文"贱避贵，少避长[1]，轻避重，去避来"，请诏京北并诸州要害处设木牌刻其字，违者论如律。太宗从之，诏令全国重要道路广立"仪制令"，以维护交通秩序。陕西略阳县灵崖寺也出土有"仪制令碑"。（见张国藩《陇山交通与诗歌》）

【注释】

［1］令文为"长"，碑文为"老"，长通老。

徽县"渔关提领"印

渔关[1]□（醮）提领印

【题解】"渔关□提领印"藏徽县文化馆。1979年从徽县农副公司收购门市部征集。铜质，正方印，直钮，边长5.3厘米，厚1.7厘米，重1.15斤，九叠篆印文"渔关□提领印"（熊国尧《元代"鱼关醮提领印"浅证》释为："渔关醮提领印"）。印背右阴刻"行中书省发"，左阴刻"至元五年润正月监遣官□□□"。"至元"为元惠宗妥欢帖睦尔（1335年—1340年）的年号，"至元五年"即1339年。

【注释】［1］渔关：水会渡，即徽县虞关乡老虞关之鱼关渡。出土的元至元五年"渔关□提领印"，与1339年长官元帅武思信奉旨发动军民整修嘉陵江上游水陆道路工程在时间上吻合，历史背景相同，可以印证经略阳以上至徽县经过"渔关"的这条陇蜀古道在政治、军事、贸易和交通诸方面的重要性。

明代洮州茶马金牌[1]

皇帝圣旨：合当差发，不信者斩。

【题解】此牌已佚。文存《洮州厅志》卷16《番族·茶马》。

【注释】

[1] 茶马金牌：明太祖洪武二十六年（1393年），明廷所制茶马交易金牌信符。令洮州、河州、西宁各茶马司收贮官茶，每三年一次，遣在京官选调边军，赍捧金牌信符，往附近番族，将运去茶易马，给与边军骑操。偿命曹国公李景隆，赍入番与诸番要约。篆文上曰"皇帝圣旨"，左曰"合当差发"，右曰"不信者斩"。凡41面。洮州火把藏、思囊日等族，牌4面，纳马2500匹。河州比里卫西番26族，牌21面，纳马7705匹。西宁曲先、阿端、罕东、安定四卫，巴哇、申中、申藏等族，牌16面，纳马3050匹。下号金牌降诸番，上号藏内府，以为契。三岁一遣官合符。以茶易马，上马茶百20斤，中马70斤，下马50斤。贩运私茶出境者死罪，虽勋戚无贷。（见张俊立《甘肃金石录·甘南卷》）

附录

□察院明文

□巡按陕西监察……示知一应经商人等……茶马贩通番捷路……旧规诸察俱许……□有仍前□便由……官兵通□□放者……

【题解】该碑2006年发现于康县望关乡政府西北约100米处的石猫梁上，现存康县文化馆。碑残缺，仅存碑体上半段，宽70厘米、高90厘米、厚18厘米，阴刻楷书，49字，题额"□察院明文"，正文，竖书7行，现残存每行7~8字。残碑文字大部可识。由碑文中"茶马贩通番捷路"等字，可判定该残碑为记载古代有关茶马贸易事宜。立碑时间及立碑人均不详。据罗卫东考证，明世宗嘉靖十五年（1536年），巡茶御史刘良卿上奏"严禁边地茶贩私售"之后，"陕西巡茶御史督严各该边备、分巡、兵备等道，悉如本官所拟，申明律例，严加防守。仍书大字告示，翻刊印刷，发仰各该把截地方常川张挂，晓谕军民人等"。该碑便是巡按陕西监察御史即巡茶御史刘良卿命令察院以石碑形式发布的告谕"经商人等"的"大字告示"。立碑时间应为明嘉靖十五年（1536年）。撰书者佚名。

唐宋时期，陇右是茶马互市的重要地区，茶马道纵横交错，难以考释，研究不够深入。此残碑的发现，证明甘肃有茶马道存在，填补了空白。碑文"茶马贩通番捷路"应为私路，起汉中，过嘉陵江，进入康县，在望关乡北进秦州、西进洮州（今临潭）。

牛头山[1]路碑

盖闻弘治十四年十月十五日，游方祭心释子续念、佛春等云游巩昌府阶州迭石里牛头山椒元沟，道路砟硤，用柴火烧石路，往来通行。同齐心助力舍财。

客人陕西略阳县茹王里杜忠青（以下70人名略）

【题解】该碑为当地民众纪念开路而建立。碑文中"用柴火烧石路"一句揭示了火烧开路的方法。此碑高1.2米，宽0.8米，上额正中竖写"皇帝万岁"，碑文损毁严重，字迹残缺较多，内容为记载明孝宗弘治十四年（1484年）当地人协助游方僧人开山修路事宜。右下角已残缺，建碑时间无考。现存康县三河乡石碑岭村椒元沟。

【注释】　[1]牛头山：在康县南部秧田乡、三河乡境内，牛头山以南地区，习惯上称为康南地区，自古交通不便。

马家梁摩崖

虞关巡检许清，（字）文澄。因见山路数处崎岖陡峻，往来乘驴策马，驮轻负重，挨排难行，坠落崖河，伤死者甚多。澄发心令男许琳、许瑛，司吏卜连率领兵牌人等，用工开修，更异坪（平）坦。立石为铭者矣。

成化三年岁次丁亥三月吉日就石

【题解】该摩崖刻石又称"虞关修路摩崖碑记"，位于徽县虞关乡虞关村

西 10 米处马梁山中段的石壁上，东临嘉陵江，西靠宝成铁路，北侧近靠虞
关中学。地处青泥岭主峰铁山南侧山脚通往古鱼关老街的青泥便道上。石壁
面凹凸不平，但字迹清晰可辨，石刻高 1.35 米、宽 1.3 米，碑文楷书，从左
到右竖刻 8 行，每行字数不等，共 95 字，阴刻题记。其记载了明宪宗成化
三年（1467 年）虞关巡检许清主持开修道路事宜。此摩崖石刻题记所在地虞关
古渡附近，所记开修道路即青泥古道通往水会渡（徽县老虞关之鱼关渡）部分。
虞关老街，20 世纪 80 年代被江水冲毁塌陷，现已大部不存。作者佚名。

通北口摩崖题刻

大明岁次庚午年，岷州管辖临江里地名洞冰后（通北口）尖佛嘴边踩
（塌），人马难过。近蒙三司老爷过往，改（让）宕昌地方旧地地方总甲黄世
龙带领众人开斩。

阶州□伦

嘉靖二十四年

【题解】该摩崖题刻位于宕昌县甘江头乡甘江头村。墨书 9 行，因崖面
不平，书写随意，布局不整，每行字数不等，记载了明武宗正德五年（1510
年）通北口尖佛嘴道路塌陷，人马难过。明世宗嘉靖二十四年（1545 年）
总甲黄世龙带领众人开山修路之事。临江里即今宕昌县临江乡、甘江头乡等
地。"洞冰后"为通北口之讹音。作者无考。

重修河州茶马司记

始予巡行至巩昌，得洮州茶马司申状：厥司敝甚，乞修补。比至洮，亲
按茶课，环视果皆颓敝，仅得一库稍完。大惧弗堪且滋弊。乃准其状，俾修
理之。抵河州，而其茶马司申状犹夫洮也。按记茶课，视其库藏，若少完于
洮，而其颓垣败壁多类。亦准其状。乃按西宁茶马司竣事，亦有洮河之申。
予以三司历年久而废敝均也，于是乎悉准理焉。方河州招番易马，而予在督
视。陕西苑马寺寺丞李堂，守备河州、陕西都司署都指挥金事李良，适相其
事。于是万马腾骧，殆成云锦。仰惟天威远布，羌人效诚，而窃庆吾事之易
集也。然等其马额，酬以茶值，则实于司焉取给。而司之修茸适成。堂等乃

揖而言曰：“茶马司之置之敝，垂百余年，而更新伊始。愿乞一言，用识岁月，俾有所考。”予曰：“凡救偏补敝，吾职也。矧茶马司敝甚，吾督其一修，亦常分耳。安事夫记。”既而再四请。且闻故老亦有旷时仅见之叹。予重感之，乃从其请而为之言：夫茶马司之来尚矣。自唐世已立互市。至宋熙宁间，以茶博马，有提举茶场之设。其后沿革不同。至我朝底定西羌，分族立长。符合金牌纳马，谓之差发，以茶酬之。而茶马司之设，实肇于国初焉。及今金牌之制虽寝，然纳马酬茶，皆缘其旧。所以奔走乎诸番之向化，资给乎三边之勍敌，胥此焉出。然则茶司所职者卑而所关甚大。百余年来，日就于敝。坐观其敝而不为之所，则风雨之摧凌，狐鼠之窜伏，败腐盗窃，日甚一日，匪直一敝而已。予每思天下之事，固有欲除其弊而忽其根冗，重惜乎费而贻其大害者，此类是也。知此，则茶司不可不修也明矣。不可不修，则虽劳民力，输民财，尚不为害。矧不动于官，不烦于民，出于茶法之余而自足，其为力也不亦省乎？茶之储库，每岁出入盈缩不下数十万。今皆深截固密，而向之一切风雨狐鼠之害，不劳而自去。其为弊也，不少除乎？其以事至者，观库藏之苟完，厅事之少适，得以终日而有所施焉，则其为益又有出于意外者夫。是役也，不为无益之费、不急之工。其亦所谓暂费而永宁，一劳而久佚者矣。司既整若完固，乃进其官吏而告之曰：“凡予奉命而来，及今督其茶司之修，所以为裕储蓄，革奸蠹，以济边务也。今司既葺而新之，汝官吏亦岂可不知所以图自新乎？出纳会计，惟公惟慎，而不敢有或欺。旦夕勤守，洁其宇舍。视其少敝，则随而葺之，求无败事。不然，贪黩荒晏，徒为容奸鬻慝之地，则国法必触，深负乎主典之责。是岂吾所以修是司之意哉？执是训以往，则夫后来继今者之官吏，得以承焉，庶几永不坠也。”司之旧额，前大门，次二门、角门。有厅三间及左右房各一。库四十二间。外内墙垣计百十丈余。皆因其旧，拓而新之。而后之官厅三间与夫公廨一十六间，则其创制也。洮、西宁之茶司，皆将次第举。顾欲遍记，而吾力莫逮。聊此言之，以见修理之梗概云。若夫茶马政法之振修，则又望夫知道者继而至焉。庸书以俟。

正德九年甲戌九月记

【题解】明武宗正德九年（1514年）立于河州（今临夏市）茶马司，现佚。

御史李润撰文。碑文记述了河州茶马司修葺经过和朝廷设置茶马司的重要性。

据《明史》记载，明太祖洪武四年（1371年）"设茶马司于秦、洮、河、雅诸州，自碉门、黎、雅抵朵甘、乌思藏，行茶之地五千余里"。据《河州志》记载为洪武五年（1372年）。洪武十六年（1383年）罢洮州（今临潭县）茶马司，以河州茶马司总之。茶马司设立以后，根据情势不断调整。明初有四大茶马司，后为五司。神宗万历二十九年（1601年）的资料中，从五司变为六司，"部议西宁、河、洮、岷、甘、庄浪六茶司交马共九千六百匹，著为令"。

茶马司设令、司丞。据《河州志》记载，管理茶马司的机构为"监督府"。"监督府，监督茶马之任也"。设同知一员，正五品。辖36族，44关。土司招商中马，州卫指挥、千户俱听辖。（见马志勇《甘肃金石录·临夏卷》）

重修郡路摩崖

见在六巷居住，河中心太〔大〕方石都〔堵〕水，郡路通行不得。自给资财，请石匠打调修路，万古通行。

大明国万历十三年四月吉日修造，石匠邓邦余

【题解】该摩崖记载了西和县六巷柱腰崖补修道路事宜。明神宗万历十三年（1585年）立碑。该摩崖位于今西和县六巷乡柱腰峡石崖，与宋绍兴摩崖《修路记》及清康熙《凿修石路碑记》同地，相隔二十多米，惜于1989年修路时毁坏。碑文录自新修《西和县志》。

过白水峡读摩崖碑

开路磨碑[1]纪至和[2]，于今险易较如何？水来陇坂寻常见，峰比巫山十二多。一线天光依峡落，悬崖鸟道侧身过。蜀门秦塞元辛苦，何故行人日似梭。

明万历二十一年春，陕西布政司分守陇右道按察副使兼右参议前吏
兵工三科左右给事中内江梦夔张应登书
属下徽州知州宋洛刊石
工房吏廖希科监刊，石匠秦大川

【题解】该摩崖镌刻于徽县大河乡《新修白水路记》摩崖旁。碑文内容为读《新修白水路记》之感想，系明神宗万历二十一年（1593年）张应登所作七言诗一首。此碑形制长方形，高140厘米，宽89厘米。楷书竖刻8行，计56字。

【作者】张应登：字玉车，四川内江人，明万历间进士。万历十三年（1585）冬，任彰德府推官（亦称司理）兼林县知事，后调吏兵工三科左右给事中。万历十九年（1591年）出任山东巡按御史。次年，改任陕西布政司分守陇右道按察司副使兼右参议。擅长诗赋、书法，曾撰《汤阴精忠庙志》10卷。

【注释】

[1] 开路磨碑：宋雷简夫撰《新修白水路记》摩崖石刻。

[2] 至和：即宋至和元年冬，利州路转运使、主客郎中李虞卿，以蜀道青泥岭旧路高峻，请开白水路一事。（见罗卫东《甘肃金石录·陇南卷》）

紫云寺 [1]茶马摩崖碑记

奉各上司批示

巩昌府岷州抚民厅为恳天剪苛除殃等事，蒙陕西按察使整饬洮岷兼辖陇右督理茶马、分巡屯田道副使黄 [宪牌] 奉巡抚甘宁都察院齐批，据本道呈：据巩昌府呈详，审明洮州土司杨汝松 [2]、昝继祖 [3]、杨世芳 [4]，大侯温卜、纳马民工巴肖只多那节等告汪厅官 [5]□案，详由奉批，既经审明议确，如实在案，缴合同并发领存照，奉此。□□临巩布政司照会蒙总督川陕部院加二级博 [□□□] 呈准，本道移据巩昌府呈 [事奉] 批如详结案缴等，因俱□□ [道合行] 饬知，勒石为此。仰厅官 [遵照来文事] 理，嗣后招中茶马， [缘因洮州不产大马]，止以三尺为度， [每马□□□照例给发] 茶二十四封，验中 [之后，即收喂养。或] 有倒毙，与番人无 [涉。□□□马，亦] 不与番人相涉，务期 [□□□草，番人无] 累。刊立石碑，垂久 [遵行。如或] 阳奉阴违，仍将遵行 [具文报导]，以凭查验存案 [等。因蒙此合] 行晓谕，为此仰中马 [□□□番民一体] 遵照。

右谕通 [知]

[康熙四] 十三年七月二十 [日] □□

刊载洮州卫

【题解】此摩崖石刻在临潭县新城东五里之红崖，碑文刻在菩萨殿屋顶宽 207 厘米、高 150 厘米范围内较为平整之红色砂岩悬崖上，底部少部分岩面断裂崩落，相应部分碑文缺失。正文自右至左竖刻，共 26 行，满行 14 字，楷书，每字 5 厘米见方。正文顶部自右至左横刻一行通栏标题"奉各上示批示"，每字 12 厘米见方。碑面朝南。《洮州厅志》卷 16《番族·茶马》中所录此碑文因错页而致使明宣德十年四月初四日明宣宗给洮州都指挥使李达的敕书的后半部分成为此摩崖碑文的后半部分。原石剥落或模糊不清部分，依《洮州厅志》补录，并以方括号标出。此碑无具体撰书人姓名。

【注释】

[1] 紫云寺：《洮州厅志》卷 16《番族·茶马》："查康熙季年，番人以中马为累，请岷州抚民厅汪元 转详各宪，蒙定章刊石。此石现在洮州城东二里许紫云寺庙顶石墙上，惜字迹间有剥落处。"又《洮州厅志》卷 3《建置·寺观》："天竺寺在厅治东五里，石碑上有茶马碑记。"紫云寺，亦名天竺寺，俗称菩萨殿。创建年月不明，清光绪六年（1880 年）重修，后屡毁屡建。今紫云寺为 1996 年重建。

[2] 杨汝松（1686 年—?）：卓尼第十一任土司，清康熙三十二年（1693 年）至清乾隆十四年（1749 年）在任。其间，奉命平定舟曲武坪 24 部反叛，扩大统治范围。其曾参与打击新疆分裂势力准噶尔的战斗。组织刊印了《甘珠尔》大藏经。

[3] 昝继祖：洮州第十一任昝氏土司。清康熙三十五年（1696 年）至雍正十一年（1733 年）在任。

[4] 杨世芳：洮州第五任小杨土司。清康熙三十五年（1696 年）承袭。其子于清乾隆间承袭。

[5] 汪厅官：岷州抚民厅同知汪元，江苏长洲县（属苏州府）人。清康熙三十二年（1693）任。任内除暴安良，建学兴教，整顿田租赋税，颇有政绩。于清康熙四十一年（1702 年）主持编修《岷州志》。（见张俊立《甘肃金石录·甘南卷》）

便商桥记

永宁，我伏邑一巨镇也。南山峙于左，北山拱于右，沿北山东下，渭河环流，水淖而土肥，林木蓊郁，嘉禾秀发，烟火数于家，四方行旅商贾杂沓辐辏，附近村落骈趋入市，阛阓喧嚣，邑城远不逮，盖由来久矣。

余自壬辰[1]秋莅兹土，编保甲，劝种植，及赴郡城省会，固不时至云。乙未夏，王师西指，余即于是□调赴军前，信宿于此，士民执爵祖道。明年丙申，余出塞挽运，沙漠万里无烟，人迹罕到，每偃仆，毳幪风雨，长夜萧条，寂寞中回念我永宁风景，宛然在目，未能一日去诸怀也。又明年丁酉夏六月，余自酒泉改调赴湟。又明年，戊戌夏五月廿一日寅刻，余在湟，方披衣坐，卧床戛戛动，亟起即止。越五日，大总戎使者从都下归，经伏，以永宁山压告余。余震恐，犹疑南山之逼而仆也。比假旋，南山故无恙，土自北山飞来，相距二十余里，奔腾冲涌，越渭河直达南山下，其时目不及瞬，而永宁全镇及数十村落，四野沃壤，数万生灵俱消，归无有矣。[2]余尝疑桑田沧海之说，未足深信，即有之，亦非人所能见。庸拒知一人之身，一邑之中不出三四年，昔之所见，若彼今之所见，若此一痦寐间，皆成梦幻。

呜呼！天下事岂犹有可据以为常者耶？虽然无常者，天道也；有常者，人事也。论天道则有不测之变迁，论人事则有必尽之补救，亩而陵矣，村而墟矣。死者不复生，九原不可作矣，孑遗残黎，嗷嗷中野。蒙皇仁浩荡，蠲赈并行，悯其孤苦，予以生全，此诚救灾恤患之旷典，非煦煦小惠之所可同日语也。

至若四达通衢，跬步间，高下辄数丈，雪雨泥泞，僵仆不能行，其新疏水道数筑桥，土虚不能载，辄圮坏，行人咸苦之。余曰："是有司之责也。"因捐资，募里人治道。其有坟而凸者，有坠而凹者，悉平之。更建一大桥，垒石其下，上以巨木覆之，以期永久。桥成，颜之曰"便商"。并叙其由，望后之同志者勤修而葺补之，亦以志斯土之被灾特异，而除道成梁之不无小补云尔。是为记。

【题解】碑已散佚。曹思义撰文。文载清续相文、万绍焕修、巩建丰纂（乾隆）《伏羌县志》卷11《艺文志》。曹思义，江南无锡（今江苏无锡市）人。进士。康熙五十一年（1712年）任伏羌县令。

【注释】

[1] 壬辰:康熙五十一年（1712年）。

[2] 清周铣修、叶芝纂（乾隆）《伏羌县志》卷14《祥异志》载："（康

熙）五十七年五月二十一日，地大震，北山南移，覆压永宁全镇、礼辛少半，西北村庄无有存者，伤三万余口。"（见刘雁祥《甘肃金石录·天水卷》）

"关照"[1]印版

嘉峪关游府孙为给照事，今据车户一名，运粮柳沟，于本月日出关交仓换照，赴关验放，如有冒名夹带运夫逃人等入关者，查出定行严处不贷。

此照

康熙五十六年　月　日

【题解】该关照印版木刻，呈梯形，长 20.5 厘米，宽 11 厘米，厚 2 厘米。上部横行阳刻楷书"关照" 2 字，下面竖行阳刻楷书关照内容，共 6 行 56 字。现藏于甘肃省博物馆。

【注释】

[1] 关照:为清康熙五十六年（1791）嘉峪关营游击孙朝捷的关照印版。所谓关照，为边塞管理者对出入关口者颁发的出入证件，也称之为关文。康熙年间，为了供给西征准噶尔军队的粮食，从内地大量往西部关外运粮。由于当时运粮民夫甚多，书写关照麻烦，就刻制了印版，涂黑拓印，填写日期后，只需加盖印章即可。

凿修石路碑记

肇自五行结散以来，此山林木森森，昔人开径，止容人足，号"十八盘山"。匍匐上下，多樵子流也。崇庆寺僧海玉留心久矣！自修寺造桥后，力将兴工，奈数终而止。其徒寂金不忘师言，募化十方，凿成大道，人马可并，需金一镒，用工五百。经月而成，遍告善人，皆曰："可勒之于石。"金从众志，故祈余言以志之。

康熙六十一年立

【题解】该碑记载了在西和县六巷拄腰崖凿修道路事宜。未载撰者姓名。清康熙六十一年（1722 年）立碑。该碑在西和县上六巷拄腰峡，与宋理宗绍兴摩崖《修路记》及明万历《重修郡路摩崖》同地。另，民国《西和县志》

附录

艺文志下载："道旁有石高三尺余，上刻'碧峰插天'四大字，不纪年月，左边有'恒书'二小字。俗传为恒阳祖师所书，究属荒渺，然字迹颇雄壮神奇。"惜均于1989年修路时毁坏。碑文录自新修《西和县志》。作者佚名。

仁廉邑侯于老爷[1]输赀修桥碑记

公讳鲸，字饮川，□□人也。自康熙六十年下车，礼士恤民，兴利民□，□留其善政勒于此。邑北四十里，郭嘉镇东南，旧有小水，因地□崩，水道遂成□□。雍正四年，水自镇中冲出，□地渐成大沟，冬□□人夜，嗟□□之苦。公遂输赀建桥，咸享好生之德，□□□以志公德之不朽云。

昝雍正九年岁次辛亥交四月吉旦

功德主王弘□立

【题解】碑在今秦安县郭家镇。清雍正九年（1731年）立石。拱首条形碑，碑首竖刻"大清"，碑正中大书"仁廉邑侯于老爷输赀修桥碑记"13字。文字阳文雕刻。

【注释】

[1] 于老爷：即秦安知县于鲸，雍正初年在任。道光《秦安县志·官师》："于鲸，汉军，贡生。"（见刘雁祥《甘肃金石录·天水卷》）

众修碑记

道光十八年九月初七日立。

盖闻"周道如砥""履道坦坦"，《诗》《易》之所谓也。然徒杠舆梁，文王道之所云。今我南北岩，东连宝凤，西接□陇，须非水陆卫衢，然车马辐辏，诚亦山径之要道也。

昔有古道，今已倾。隔岸相陕，恨天涯于咫尺；半步难趋，悲其路于穷途。众等目挈心伤，缘约同人共其事。即夹良匠，俄然而苍龙横眼，俄然而长虹飞空。似王道之荡荡，如王道之平平。行见受书之彦，玉树生阶前，芝兰专庭内，岂不惜阴堰中得来者。载功成告，刊名于石。

总理会首：史宗兴、卫金茂、南凤银、胡秉忠

匠工：王佐（后商号及众多功德人名略）

碑阴文：

李德江、李思学（后施银功德人名略）。

【题解】碑现存天水市麦积区东岔镇码头村铁佛寺。清道光十八年（1838 年）立石。高 150 厘米，宽 72 厘米。青色岩石，质地细腻。碑阳额竖刻"皇清"2 字，平刻"万古千秋"。阴额上刻"皇清"，两侧云纹圆圈内分别刻有"日"和"月"字，下横刻大字"众修碑记"。（见刘雁祥《甘肃金石录·天水卷》）

创修铁锁桥序

创修铁锁桥序，捐助姓名开列于后。

经环者，川原之途；舟楫者，江河之渡。而桥梁者，所以济舟楫之不可及者也。是故造舟为梁，以舟作桥，板桥人迹，以板作桥，石桥路滑，以石作桥。乃更有不能容乎舟，不能徒藉乎板，不尽赖乎石，而以铁锁为之者。非矜奇而立异，非好大而喜功，诚以可大可小也。舟之难容，即坚且实，异于板之易坏；锻炼周内，异于石之易散也。

若此境有桥，由来久矣。而往往□萦旋倾数十年，无可如何者。□愿效前人之制，而以铁锁为之，以为永远之计。然工程浩大，不仰望于邻邑，何以补予不足？不祈求于四方，何以助予不给？因同心祝颂，募化于矣人君子。君施其财，予竭其力，财力相济，广同向善之心耳！

功德主：焦尔德·焦尔魁·冯树喜（以下众多人名略）

廪膳生员陈正身题

大清道光二十四年岁次甲辰孟月吉日立

【题解】碑现存天水市麦积区党川乡石咀村龙珠寺。清道光二十四年（1844 年）立石。高 120 厘米，宽 72 厘米。灰岩石质，碑圆额书有"同结善缘"4 字。（见刘雁祥《甘肃金石录·天水卷》）

建修河边道路碑记

尝闻炼石补天女娲氏之功昭著于天下，注海□地□□禹之□□□□宇

附录

宙，厥后司空平治道途，人皆知坦平之堪履矣。然世远年湮，□□作□修治之□。今立节族河北桥头前上下，虽云一达道路，或有□黄乌而□□□□止亦若四达之衢，九达之达，崖道崎岖，行走者难过上下□有不便往来，屡有溺河坠崖之惨。适梁正和兄弟二人于□补修上下设立槛杆崖嘴，修治大道，□积德积功不□□□□□上下往来，得其便宜。□是为序。

今将施钱开列于后：立节族路工施钱四十千文，寺内施钱六千文，花年城子孙娘娘殿内施钱二千文，寺内施钱三千文，占单族寺内钱五千文，喇嘛山路工一千□百文，阳布山路工钱一十五千文，□道寺寺内钱二千文，阳什拉哈路工钱一十五千五百文，占单族桥工钱五百文，果者族[1]水道工钱五千文。

直隶阶州儒学生员辛登奎书砵

工匠张元□

大清道光二□

阳什拉哈梁正和、梁正中立

【题解】大理石质。此碑通体一石，高120厘米，宽64厘米，厚8.5厘米。榫头宽29厘米，长7厘米。碑额为单线饰，碑身两边及底边为双线工字形线饰。碑额正中分两行竖刻书"德垂不朽"4个大字，字右侧、左侧又分别刻"日""月"2字。碑文共15行。皆楷体，不甚规整。碑面局部微有剥落。2007年，舟曲县立节乡政府修建办公楼时在立节村出土，后迁至立节乡占单村梁氏家中保护。碑文记载了修建河边道路时上河片区各族所筹款项数目等内容，对研究当时道桥工程组织、受益范围、用工分配、钱款筹措等情况提供了真实史料。

【注释】

[1] 立节族、占单族、果者族：今舟曲县立节乡立节村、占单村、果者村。（见张俊立《甘肃金石录·甘南卷》）

钦加运同衔署秦州直隶州正堂敬轩彭老公祖大人
批示采买驿草定规碑文

驿草病民久矣。军兴以来，流弊滋甚。我州正堂敬轩彭老公祖大人轸念民瘼，下车数月，诸凡积弊裁汰几尽。即而查□驿草……

供给陋规、钱粮诸弊，即传四乡绅耆齐集里民局妥议稔知。约差互相为奸，其弊……

不当，一者由斤数旧无定额，故束数苦无成规。因具禀，变束为斤，每束以一十二……

驿草，秦州西路共一万二千五百束，酌定为一十五万斤。蒙恩批示，查驿草……

折价缴官一条据禀，春秋二季共采一十五万斤，足备一年之需，每斤准给钱……

谷旦随时给价，不准承差及号书、马夫从中勒扣，著为定章，其余厅草所需……

草除照驿草办理可也，等因奉此。公赴……

州右，并合林老爷议妥，厅里各项街子镇满年折钱一十串文，届□交清，永不增……

附录

不朽云。兵房票儿钱每一斤一文，草差使费钱每三斤一文，厅草……

公议每□派钱二百文，定冬□□交清，堂草、厅草并乡约梆钱一应在……

街社东街□束，□□□□八束，东□里八束，豆腐料二束，西街二十一束，焦家磨……

束，杨屲庄七束，峡门上三束，神雨沟十二束，黄家小山七束，东社莫家庄五束……

十八束，温家上庄十束，武家庄四束，袁家山一束，焦家山九束，树林子四束，新庄……

庄子二束，黄家山十五束，赵家窑三束，安房下三束，斩断山一束，南社到回沟……

刘家坪二十一束，贾家沟二十一束，董家湾二十一束，北社北街二十五束……

里四束，莫家庄四束，王家鸦火五束，刘家渠十一束，下寨子十一束……

家坪十二束，贾家庄十二束，段家坪二束，南坪上二束，张家窑二束……

坪上五束，柳家河十二束，贺旗寨八束，刘家沟五束，曹南家山十束，前杜……

二束，毛旗寨二十七束，何家上庄十二束，吴家寺三十二束，何南家山三束，窑庄……

　　□□□□□二束。

大清同治十一年岁次壬申夏五月谷旦合立

【题解】碑现存天水市麦积区麦积镇街亭村文庙。清同治十一年（1872年）立石。高118厘米，宽62厘米，厚20厘米。白岩石质，碑圆额上中刻有"秦州直隶州印"方形篆印，两侧饰有飞龙、云纹。碑下部断裂散佚。

【注释】

　　[1]彭老公祖大人：秦州知州彭光藻。光绪《秦州直隶州新志》卷12《名宦下》："彭光藻，字敬轩，湖南武陵贡生。强直敢为，供应兵差严整有法纪，将弁莫敢喧索……备诸耗费余弊皆划绝，胥吏一不得染指。厅断明敏，奸猾莫能欺，人谓数十年未有也。"老公祖，明清时期对地方长官的尊称。（见刘雁祥《甘肃金石录·天水卷》）

重修桃日道路记碑

　　洮阳虽属边陲，然每逢寺期，四方之客商，牵车而服贾者，率由于此。此路前人曾运木柱修之，奈来往日盛，加以雨水之冲激，不数年而崎岖百出矣。今于四月上旬，杨公谕众首事人重兴［新］修理，而首事勇于从善，同心募化十方，阅两月而路成。乞余□文以记其事。余即直赋其事曰：闲寻寺院，曲径通幽；既赴船城[1]，周行示我。惟兹□□，恍如蜀道之难；今也坦平，顿改城门之轨。公等同心好善，见义必为。念旧日之城□，□怀废坠；积贞瑶以代木，倍觉固坚。徒步者安便，不待扶筇而立；载驱者顺利，无烦将□之□。伏希继起有人，庶可永垂不朽。

时咸丰十年岁次庚申蕤宾之吉。凤右马斯才子□撰并书

钦赐花翎加正二品、洮州世袭指挥佥事、副总府、加五级、记录五次、功德主杨元[2]。

敕赐禅定寺世袭僧纲司、功德主杨思布旺秀

世袭官标下募化：千总马斯作、守备张浙遴把总杨应舟，千总王文礼

　　首事：杨作舟、王守训、董夏娃、杨喜、李桂芳、王玺、何文富、

张得珍、张登科、奚殿杰、王四十、杨玉哥、赵官喜、杨□□
桃日掌尕[3]公立

【题解】此碑现镶嵌于卓尼县关帝庙北墙外侧，面向禅定寺正门。碑石四边置入墙体，碑身如在龛中。碑石为青灰岩质。高102厘米，宽52厘米。碑石今已碎裂成大小八九块。碑文自右至左竖刻，共12行，行约30字，皆中楷。由于碑面碎裂严重，部分文字缺失。

【注释】

[1] 船城：卓尼县古城。筑于明嘉靖十七年（1538年）。因筑于洮河北岸两山之间的台地上，整个城郭呈东西两端高，中间低，酷似船形，故名。

[2] 杨元：卓尼第十七任土司，于清道光二十四年（1844年）承袭父职。他精通藏汉文，有见识，屡受清廷嘉奖。

[3] 掌尕：汉意为部落、村寨。（见张俊立《甘肃金石录·甘南卷》）

附录

（二）近代碑刻

天水县东乡[1]劝募渭河船费[2]序碑

渭水之有船只久矣，补修之费年必派收，扰累殊甚。世俊[3]窃欲筹集的款为一劳永逸之举，于民国元年据情禀请，蒙卢公祖[4]批准在案，因合吾乡三十六地方，劝募钱若干。未及集成，适值康公嗣缙[5]继任，破坏一切，而此款亦受影响，所募之数除补修新旧船□，亦甚寥寥无几，尽归东泉学校，盖几□乎事败垂成矣。

六年三月重申前请，复蒙张济洪公祖批准，始募钱一千一百一十一串五百，合俊捐钱八串五百，共计钱一千一百二十缙，悉发本乡当商生息，以作常年经费。遂于南北两岸立石，用志始末，并刊录抄由批如左，以垂不朽云。

特奖四等嘉禾章存记道尹署天水县知事张[6]批。

据禀该绅拟在东乡各处，劝募渭河船费钱一千余串，发商生息，以为常年补修经费，等情以悉，当属可行。从此可除每年派收之款，以免扰累乡民，公私两有裨益，应准照办。除另委李尚财、李福寿等襄办此事外，即如来恳备案，以垂久远，切切抄由批发。

右批东乡总绅潘世俊准礼。

中华民国六年三月二十一日（天水县印）。

玉皇庙二十五串文（以下35个里寨村落捐款数目略）

中华民国七年岁次戊午一月谷旦，潘文藻[7]

协办李作楫、张秉钧、李琦、汝攀桂、高恒泰、李尚财、高攀桂、李尚志、傅顺义、高树兰、高振甲、李保全、傅耀宗、高得魁、高兴堂、高定鼎

乡约张兆达、李俊选、傅顺有立石

【题解】碑现存天水市麦积区社棠镇镇政府。民国七年（1918年）立石。高170厘米，宽74厘米。白岩石质，碑圆额上书"社棠镇"3字。

【注释】

[1] 天水县东乡：民国二年（1913年），废秦州置天水县（今天水市麦积区、秦州区辖境），治今天水市秦州区。东乡，即县城东部地域的乡村。

[2] 渭河船费：民国之前，今麦积区境内渭河上没有桥梁，南北两岸民众通过渡船往来。而渡船维修费用大都向两岸民众摊派，是谓之"渭河船费"。

[3] 世俊：潘世俊，字萃千，麦积区马跑泉潘集寨人。民国元年（1912年），当选天水县临时议会议员。曾任天水县东乡总绅，天水县银粮经征局总办。

[4] 卢公祖：卢应麟，甘肃皋兰县人，民国元年（1912年）任秦州知州，次年秦州改置天水县。

[5] 康公嗣缙：康嗣缙，甘肃海原县（今宁夏中卫市海原县）人。任秦州知州。

[6] 张：张绍烈，安徽合肥人。曾任渭川道尹兼天水县知事。

[7] 潘文藻（1878年—1952年）：潘世俊子，字士凫，清光绪年间秀才。民国七年（1918年）和民国十年（1921年），两次当选甘肃省议会议员。曾任天水县东乡总绅、天水县银粮经征局总办。（见刘雁祥《甘肃金石录·天水卷》）

槐树关盘坡垭口[1]修路摩崖

中华民国二十二年

【题解】民国二十二年（1933 年）。在太子山槐树关盘坡垭口，撰书者佚名，今残存。题记石面高 165 厘米，宽 70 厘米。文字被人凿砸，漫漶不清，约有 120 字，仍可辨者为"中华民国二十二年"数字。

【注释】

[1] 盘坡垭口，为临夏州南部与甘南州交界。早在明代，这里就设有交易市场，附近群众在盘坡垭口进行粮食和畜产品交易。今交通发达，市场早已不存，但"粮食场"这个地名仍然保留下来。至民国二十二年（1933 年），太子山南北麓夏河、临夏两县群众，分别把公路修到盘坡垭口，并在盘坡垭口石壁上刻有摩崖题记。（见马志勇《甘肃金石录·临夏卷》）

董家坝补修道路碑

永垂万古碑记

武都县县政府县长孔渭。[1]

武都常备队[2]大队长刘。

伏以尝闻者为补修道路。城东钜（距）城六十里董家坝□下□江堤边以行大道，今岁河水殒失崩塌倒坏，闭处止□下行走。人民呈请县长伏乞电准赏赐资财，以传地方□□径（经）理，做工劳力费神，以催民夫。为武都之要关，商人来往，时刻不止，上通甘各县常行，下□川驮、背、挑三者。一（以）下前往二里之远，上石岩岩，□下河水挨山，万无寸土，□□□走，用请石匠击石，开路补砌，以修宽余平坦，以应逾□□□千万人来往之不险不难，后永无其患哉！为新立补□□碑记云耳。

百货局卡长张治庵

稽查长陈本初

烟酒局卡长王起云

成功首人董琪发、段芝芹

乡约李维财

民国二十四年小阳月上浣之日立

赵希稷、石工韩文

【题解】碑文记载了补修阶州董家坝水毁道路经过。立碑时间为民国二十四年（1935年）四月，碑有缺损，现存陇南市武都区外纳乡董家坝村。

【注释】

[1] 孔渭：浙江绍兴县人。民国二十三年（1934年）冬任武都县长，民国二十五年（1936年）调任。

[2] 常备队：防汛常备队，是由沿河道堤防两岸的乡、村、城镇街道居民中青壮年组成的群众性防汛队伍，汛期分批组织出动。（见罗卫东《甘肃金石录·陇南卷》）

白沙至山门修路碑

君讳丕基[1]，字肇亭，邑东白沙镇人士也。幼超闾阎，长慕三乘，利济为怀，慈祥作事为念。

白沙镇至山门镇三十华里，是一道长峡，悬崖峭壁。入山峡，碧流曲折，途径崎岖，盛夏则山洪暴发，阻挡旅客；严冬涉水，寒冰没胫。君见其况，怵焉，日夜焦思，欲修之。适邑绅阎君简丞慨捐助银圆百元，鼓成其事。君雇佣石匠，躬亲凿锤，铲高就夷，凹处填平。工程艰巨，乐施好善诸人，或数金，或半粟，或以劳力相助，同心协力，经历五六寒暑，始全其功告竣。行旅欢呼，可以夜涉，免性命之危，绝不测之忧，庶黎无不称颂，犹如靳君者有几人哉！此余与同社诸君，嘉其行，不忍没其迹，而云有以问世云尔。

其佐工助资诸人，则阎、景、梁、赵、姚、夏、孟、张、他、谢、郭、李、田、靳、樊、杨、戚、刘、崔、魏、白、马、武、王、郜、党二十六姓四十三君，及二女信士而已。

中华民国二十五年岁次丙子夏上浣
东八铺白沙镇汤浴铺龙山庙阖社公制

【题解】碑立清水县白沙乡下店子村靳氏老宅大门口。民国二十五年（1936年）立石。保存完好。

【注释】

[1] 靳丕基：白沙乡下店村人，善于经营，成一方巨富。乐善好施，利济为怀，修桥补路，远近称颂。（见刘雁祥《甘肃金石录·天水卷》）

（三）当代碑刻

喀尔钦沟摩崖石刻

石头硬，硬不过我们决心。二排。

【题解】此摩崖刻于喀尔钦沟九天门沟与光盖山沟分岔处的岩壁上。是1957年解放军工兵营修筑卓甸（卓尼至迭部甸尕寺）公路时，筑路战士所刻，表现了当时解放军战士的筑路决心。字刻在不规则的岩面上，字体率意。（见张俊立《甘肃金石录·甘南卷》，下同）

平娃桥[1]碑

王平娃同志于一九五八年保卫此桥时英勇牺牲。

平娃桥新建于一九五九年七月。

【题解】此碑共两块，形制相同，分别立于大夏河平娃桥东西两侧的路旁。碑为花岗岩质，高73厘米，宽40厘米，厚15厘米。碑文自右至左分3行竖刻，楷书。1995年秋，两碑均毁，现仅存碑座。

【注释】

[1] 平娃桥：原名头到河桥，木梁。位于S212线（兰郎公路）198公里+330米处。1958年4月7日，在甘南平叛战斗中，有人欲纵火破坏此桥，青年道工王平娃受命守护于此，不幸以身殉职，时年24岁。1959年甘南州工交局工程队在旧桥址上改建新桥，并报经甘肃省交通厅批准，命名为"平娃桥"，后毁。甘南公路总段于1992年建成新桥，立碑勒石以记其事，后又被人毁坏。

特大交通事故反思碑

（碑阳）

一九九二年八月九日特大交通事故反思牌

立碑单位：夏河县汽车联运二队

监制单位：甘南州公安局交警三队

甘肃省志

公路交通志

立牌时间：一九九五年八月九日

（碑阴）

一九九二年八月九日，夏河县汽车联运二队大客车在此处发生一次死亡四十二人、受伤二十人的特大恶性交通事故。为吸取血的教训，引起每个交通参与者反思，立此"反思牌"。

一九九五年八月九日

【题解】此碑立于临潭县术布乡、卓尼县阿子滩乡、完冒乡插花交界处的大路石山顶原省道306线旁边。系由钢筋水泥浇筑而成。高175厘米，宽50厘米，厚13厘米。碑文均自右至左竖刻，黄漆填底。"反思牌"3字书于碑阳正中，仿宋体，每字30厘米见方。其余文字均为行书小字。1992年8月9日，夏河县汽车联运二队一大客车严重超载超速兼带病运行，至此处失控滚坡，酿成惨祸。

麻路洮河大桥碑

麻路洮河大桥于一九九一年度由省计委立项列为以工代赈建设项目，一九九一年十一月五日破土动工，一九九二年十月一日竣工验收并交付使用。工程总投资为156万元，其中以工代赈投资64万元，省计委配套资金20万元，省州财政配套资金27万元，交通厅配套资金45万元。大桥为2孔35米双曲拱桥，桥面净宽为7+2×0.25米，全长94.1米。设计荷载为汽—20、挂—100。设计洪水频率为1／100，地震烈度7度。

卓尼县交通局
一九九二年十月一日立

【题解】碑分两通，分别在卓尼县麻路洮河大桥北东西两侧。碑高135厘米，宽80厘米，厚11厘米，矩形，花岗岩质。此碑竖于桥头东侧。碑文自左至右横书，中楷。碑阳自右至左分两行竖刻杨复兴亲笔题词："发展地方道路，振兴卓尼经济。"

杨复兴
癸酉七月

桥西侧石碑亦矩形，花岗岩质，碑阳、碑阴四周刻回文线饰。碑阳正中竖刻"麻路洮河大桥"6个行书大字，其右竖刻楷书"甘肃省卓尼县"6字，左刻行书题款："卢克俭题，一九九二年十月一日。"碑阴自右至左竖刻楷书：

设计单位：甘肃省交通厅规划设计院

承建单位：甘肃省洮河林业局

公元一九九二年十月一日竣工

黄河首曲第一桥碑

黄河，藏语即玛曲。自青海省久治县境由西向东入本县木西合乡，环绕阿尼玛卿山，贯通全县八乡，由东向西进入青海省河南县，流程四三三公里，形成了"九曲黄河第一曲"之壮景。黄河首曲，自古无桥。一九五五年六月，玛曲县建政，县委和政府即筹划建桥。一九七五年三月，经甘肃交通局测设，一九七六年四月该局工程处第二施工队承建，于一九七九年八月迎着改革开放的春风竣工通车。从此，"一桥飞架南北，天堑变通途"，两岸人民结束了泅渡黄河的历史，促进了甘、青、川三省交界地区的交通事业和社会经济的发展。

【题解】碑立于玛曲县城黄河桥北，花岗岩质。碑额呈浅"V"形。碑高172厘米，宽100厘米，厚15厘米。

碑阳碑额为玛曲县境轮廓及黄河环绕玛曲县境图案。碑面正中自上而下竖刻："黄河首曲第一桥，玛曲县人民政府二〇〇〇年六月。"

在此两行汉文中间竖刻藏文"黄河首曲第一桥"。

碑阴碑文自右至左竖刻，楷体，字用红色油漆做了描绘。

王震大军抢渡黄河 [1] 碑记

四十八年过去，黄河未曾忘记。公元一九四九年秋，中国人民解放军一野一兵团司令员王震将军，率所部三个军近十万大军，发起兰州战役。左翼进攻风雷之势，所向披靡。于八月廿二日和平解放临夏，各族人民获得新生，欢欣鼓舞。大军旋即抢渡黄河，挥戈西进。沿岸群众，筹集物资，踊跃支前。两天搭成浮桥一座，竟遇洪峰冲毁。遂集羊皮筏一百五十余张，扯船两只，水手五百余名，实施抢渡。十月卅一日拂晓，我军炮火轰鸣，震撼山岳。彼岸王家大山蒋马敌军居高临下，负隅顽抗。子弟兵同水手凭皮筏抢渡，冒弹雨强行登岸，击退残敌。随之大军一次渡河，军民风雨同舟，历时四十余天，将士及战马、辎重安全抵岸，踏上了解放青海、新疆的征程。

然山河仍旧，逝者如斯。一九六七年，刘家峡水库建成蓄水。原永靖县城及渡河故址——尕脑渡被淹没，旧迹依稀，沿岸群众悉数移民他乡。当年军民亲如一家，并肩战斗之壮举，逐渐鲜为人知。今日临夏民族团结，百业俱兴，在中共临夏州委、州政府的关怀之下，中共临夏县委、县人民政府决定在莲花乡原渡口附近建此王震大军抢渡黄河雕塑纪念碑，并列为全县爱国主义教育基地，以缅怀当年各族人民同子弟兵并肩战斗，亲如鱼水，共同致力于祖国独立，民族解放事业之壮举。教育后人，牢记革命历史，激发热爱党，热爱祖国，热爱人民军队，共建美好家园之热情。

何得隆撰文

公元一九九七年十月

【题解】1997 年 10 月立。在临夏县莲花台。未著书者名氏。今存。此碑在王震大军渡河雕塑之东南，为另一独立之碑。碑高、宽均 300 厘米，整体轮廓为一门大炮形状，炮身雄踞长方形碑座之上，炮体东西两面镶嵌大理石雕刻之碑文。炮口直指黄河彼岸。碑之东侧为《王震大军抢渡黄河碑记》，碑文用楷书，字体严整劲道。

【作者】何得隆：莲花堡人，甘肃农业大学毕业。时任中共临夏县委书记。

【注释】

[1] 王震大军抢渡黄河：据《永靖县志》载，1949 年 8 月 23 日，永靖获得解放，人民解放军进驻县城莲花堡。此前，莲花渡浮桥因河水暴涨被冲毁，部队首长决定仍在原址架浮桥摆渡，军民一起动手，抢架浮桥。8 月 25 日，又被洪水冲垮。遂决定从上游哈脑渡口即尕脑渡口用羊皮筏摆渡。从蒋杨村、莲花村组织杨孝斗、杨官顺等 140 余名水手，自带羊皮筏，从哈脑渡摆渡解放军 100 余名，抢占黄河对岸烽火台，控制有利地形，掩护大军渡河。后又组织水手 500 余名，筹集牛、羊皮筏 150 余只，木船 2 只。8 月 31 日，二十五团先期渡河，攻占王家大山阵地，歼灭守敌两个骑兵连。由是，军民奋勇争先，抢渡黄河。经过五天奋战，至 9 月 4 日，确保二军和三军四

师及十团、十二团 3 万余大军和 2000 多匹战马及军用物资安全渡过黄河。与此同时，62 军从积石山县大河家渡口渡过黄河，挺进青海。（见马志勇《甘肃金石录·临夏卷》）

刘家峡水库向阳码头 [1] 纪念碑

（碑阳）

向阳码头建设工程纪念碑

永靖县人民政府刊立

二〇〇〇年四月三十日

（碑阴）

向阳码头竣工纪念

向阳码头，黄河古渡。王震大军，抢渡西往。一九六八，电站蓄水。库区两岸，交通中断。党和政府，心系移民。计委交通，立项筹资。九八动工，两年建成。水路联通，造福人民。德政工程，万众铭记。特立此碑，以遗后人。

永靖县人民政府

二〇〇〇年四月三十日

设计单位：甘肃省水利水电勘测设计研究院

建设单位：永靖县交通局

施工单位：永靖县建筑公司一〇三处

【题解】2000 年 4 月立，刘家峡水库向阳码头永靖县人民政府刊立。今存。（见马志勇《甘肃金石录·临夏卷》）

【注释】

[1] 向阳码头：在永靖县三原乡境内刘家峡水库北侧，与临夏县莲花码头隔水相望，是古丝绸之路黄河古渡。解放战争中，王震大军从莲花古渡抢渡黄河，向西进军。莲花、向阳码头之建设，对于沟通兰州至临夏北路交通，及当地经济建设具有十分重要的意义。该码头从 1998 年动土修建，2001 年 5 月正式投入运营，工程总投资 580 万元，建成 245 米长、6 米宽码头引道 1 条，配置长 45 米、宽 8 米，荷载 60 吨，抗风能力为 6 级的大型滚装船 1 艘。

碑为乘风破浪帆船造型，一船两帆。中嵌黑色大理石碑，刻文如上。

莲花码头[1] 工程纪念碑

（碑阳）

莲花码头工程纪念碑

临夏县人民政府

公元二○○○年十一月

设计单位：甘肃省交通规划设计院

建设单位：临夏县交通局

施工单位：临夏县建筑公司 002 处

（碑阴）

莲花码头工程是因建设刘家峡水电站而被中断的临夏州北线水路交通的恢复性工程，亦是临夏、永靖、东乡、积石山四县库区综合开发的水陆联运枢纽工程。该工程由省计委、省交通厅以甘计移〔1994〕21 号批复修建。工程由码头、引道、管理站房及渡船三部分组成。预算总投资四百万元，以工代赈资金八十万元，交通配套资金四十万元。实际完成投资□□□万元。1988 年开始动工建设，2000 年 11 月全面竣工，该工程的建成使用对于贯彻落实州委、州政府"两点一线"战略，必将产生重大而深远的影响。工程建设期间，省州各级领导和省移民办等有关部门给予了极大关怀和支持，使得这一工福顺利竣工，造福于民。为之永记，特立此碑。

公元二○○○年十月一日

【题解】2000 年 10 月立，在临夏县莲花乡刘家峡水库码头。此碑混凝土碑座，大理石碑身。高 120 厘米，宽 120 厘米，末著撰书人姓名。今存。

【注释】

[1] 莲花码头：在刘家峡水库南岸、是丝绸之路陇西段南线，是临夏州城北大门，是通往省会兰州的主干道之一。古代从哈脑渡口过黄河，是北去兰州、西上青海的交通要道。军事地位十分显要。1943 年，哈脑渡浮桥被洪水冲毁，后重建浮桥于莲花堡黄河上，称莲花渡。1949 年，王震将军率中国人民解放军在此处渡河西进，解放了青海、新疆。1967 年，刘家峡水

库蓄水，莲花城被水库淹没，县治迁刘家峡小川，居民随迁。为了连通临夏北线交通，始有码头之建。

折双公路一期改扩建工程纪念碑

（碑阳）

甘肃省以工代赈项目

折双公路一期改扩建工程纪念碑

临夏县人民政府

二〇〇〇年十二月

设计单位：临夏州交通局

建设单位：临夏县交通局

施工单位：县建筑总公司

（碑阴）

附录

折双公路起自临夏市折桥乡，至我县双城村，全长 45.876 公里，其中我县境（内）29.084 公里。横穿榆林、漫路、铁寨、尹集、韩集五乡（镇）。为顺应变化，加速区域经济社会发展步伐，县委、县政府在省计委、交通部门及各级领导的关怀和支持下，决定按三级公路标准上马，建设折双公路一期改扩建工程，并由省计委、省交通厅甘交计字〔1996〕45 号文列入以工代赈项目，正式批准立项，预计总投资 4551 万元。其中以工代赈资金 227 万元，省交通厅养路费配套资金 114 万元，州、县自筹资金 114 万元。自 1995 年 10 月正式动工，2000 年 11 月全线竣工。

工程建设期间，沿线干部群众，积极响应，大搞民工建勤，共改扩建路基 30.04 公里（包括双大路 0.953 公里），共铺沙 46 万立方米，新建各类涵洞□道，中小桥 5 座，砼激流槽 138.1 米，砼边沟 3700.1 米，边沟跌水 2 处，挡土墙 1073 米，路肩墙 1328.5 米，护坡 43.3 米，示警柱 492 根，志牌 9 个，里程碑 30 个，百米柱 150 处，各种农路小桥 45 处，实际完成总投资□□□□万元。

该工程的顺利完工，不仅为上马建设二期铺油工程奠定了基础，而且为沿线乃至全县经济社会发展注入了新的活力。全县干部群众无不拍手称快。

为记赞省、州、县有关部门，各级领导亲切关怀之情和沿线干部群众广泛参与之壮举，特立此碑，以志纪念。

【题解】2000年11月。在临夏县双城兰郎公路与双大公路交会处，今存。碑高2米，分碑座和碑身两部分，座高1米，碑身圭首方趺，高1米，混凝土预制。

临夏县水尕路捐资碑

（碑阳）

水尕路捐资铺油工程简介

水尕路南起北原水管所，北至河西乡尕李家村，全长11公里。不仅是先锋乡经济社会发展的大动脉，也是连接北原、先锋、安家坡、河西四乡的一条重要公路通道。随着经济社会的快速发展和与日俱增的交通运输量，水尕路原有的沙砾路面已严重影响着全乡的小康社会的建设步伐，广大人民群众也迫切要求对此路改建铺油。乡党委、乡政府坚持"潜力在民间，希望在民营"的思想，不等不靠，抢抓机遇，顺应民意，决定通过向社会募捐的方式，上马建设水尕路6.4公里一期铺油工程。

自今年三月发出倡议以来，先后收到各种捐款98.97万元，占工程总投资142万元的69.7%。其中州、县单位捐款58万元；州、县领导、先锋籍国家公职人员和民营企业家，以及全乡干部、教师、职工群众捐款40.97万元。该工程于今年6月13日动工，按三级路标准改建铺油。经过全乡干部群众和广大施工人员100天连续奋战，于9月20日全面竣工，极大地改善了当地群众生产、生活条件，为全州社会集资办交通开创了先河。

为了铭记州、县有关单位的鼎力支持和社会贤达人士的慷慨资助，特此立碑，将捐款2万元的单位和个人名单予以公布，以示纪念。也向为该工程慷慨解囊的各界人士和参与工程建设的各族干部群众表示真挚的感谢！

州交通局、州财政局、州农办、州移民办、妇联系统、县发展计划局、县财政局、县交通局、县移民局、县扶贫办、王武明、潘尚齐各六万元；马林怀、赵玉庆、徐玉川、韩得蒲、何世太、张玉珠各两万元。

主办单位：临夏县先锋乡人民政府

公元二〇〇三年九月二十八日

（碑阴）

先锋乡水尕路捐资铺油工程纪念碑

捐资铺油，造福桑梓。

【题解】2003 年 9 月立，在先锋乡赵杜家村路旁。今存。碑通高 240 厘米，碑座高 100 厘米，碑石高 140 厘米，为黑色大理石。碑阴 8 字行草书题词。

【书者】张兴珊：康乐县人，大学文化程度，时任临夏县委书记。

临夏县土王路捐资铺油碑

（碑阳）

捐资铺油，造福桑梓。

土王路二期铺油工程，起于桥寺乡大梁家村小刘家社，止于窦家社，全长五公里，向南向北与临贾路、塔莲路相接。桥寺乡人民素有乐善好施、济公好义之义举。乡党委、乡政府顺应民意，抢抓机遇，决定采取政府投资、群众集资、社会捐资方式，建设土王路二期铺油工程，开创全州社会捐资修路之先河。

该工程按四级公路标准设计，油面宽六米，桥涵二十八道，总投资一百四十点八万元，由县计划发展局立项批复建设，县兴临建筑有限责任公司十一分公司中标承建。自倡议捐资以来，各方仁人志士，社会贤达，积极响应，慷慨解囊。二〇〇三年四月二十八日捐资铺油动员大会共捐款九十一点三一万元。其中州、县单位捐款五十一万元，州县领导、桥寺乡籍干部、民营企业家、乡属干部、教师、群众捐款四十点三一万元。工程于四月二十九日动工建设。修建中全乡干部、大梁村群众及施工单位，万众一心，众志成城，艰苦奋战，严把工程质量关，于九月二十日全面竣工，圆多年夙愿，建成了康庄大道。

为铭记社会各界对该工程的关心和支持，特立此碑，以示诚谢，铭刻完永，千古流芳。功在当代，利在千秋!

桥寺乡人民政府

二〇〇三年九月二十九日

（碑阴）

土王路二期铺油工程捐资功德榜

州移民办 20 万元（以下 23 家捐款单位略）

州交通局长郝献国 800 元（以下 15 名捐款人名略）

全乡干部职工、乡属机关干部、大梁村籍干部职工及群众的捐资不再罗列，一并鸣谢。

【题解】2003 年 9 月立，在临夏县桥寺乡小刘家村土王路起点。今存。碑通高 200 厘米，梯形水泥碑座，座高 50 厘米，刻"青年民兵路"。钢筋混凝土碑身，黑色大理石贴面。高 150 厘米，长 200 厘米。

临夏县土何路功德碑

（碑阳）

河州北行，万顷原上。红日普照，福地三角。乡有万众，人心如炬。勤劳勇敢，物产滋丰。德殊诚信，民风高尚。时在公元二〇〇三年六月六日。党委号召，万民齐聚，捐资铺油。州委领导，通力扶助。全乡上下，一举回应。社会贤达，有识之士。共议乡是，次聚一堂。乐善好施，急公好义。慷慨解囊，各界捐资，四十六万。公路建设，立如潮涌。土何公路，东连土桥，西接何王。三角铺油，三点三二，路建四级，油面六米。招标立项，开工炮响。施工经天，一百零八。基础坚实，线型流畅。路面平坦，绿柳成行。发展经济，意义非常。功在当代，造福梓桑。党政群一心铺出康庄道，县乡村合力挥写新篇章。兹立此碑，以示诚谢。铭刻隽永，百世流芳。

三角乡人民政府

二〇〇三年九月二十八日

（碑座）

万众一心，众志成城。

（碑阴）

土何公路三角段铺油捐资光荣榜（捐款单位、个人名略）

【题解】2003 年 9 月，在临夏县北原干沟西畔之土何路起点。不著撰书人名氏。今存。碑总体造型为插屏式，砖混结构，碑为大理石贴面，通高200厘米，卧碑形式。梯形碑座，高130厘米。中间大理石刻字。座上两侧有边柱。上为黑色大理石碑身，高70厘米，筑160厘米。

修筑清社公路纪事碑

清水为上邽古郡，地处古代关陇大道要塞。县境之内，关山巍峨，秦岭绵延，自古以来，交通不便，行旅艰难。改革开放，百业渐兴，经济复苏，上邽古地，再现生机。然而全县商旅货运，仅有红社公路沟通，且路况不佳，塌方频繁，泥石流、滑坡等灾害连绵不绝。雨季来临，公路中断，全县之内，无进出之路可行。交通掣肘，成为全县社会经济发展一大瓶颈。

二〇〇六年，县委县政府审时度势，高瞻远瞩，大胆决策，提出艰苦奋斗，艰苦创业，发扬河南林县"红旗渠精神"，举全县之力，凝万民之智，全县动员，全民动手，打通县境南出口，构筑全县致富通衢的决策。清水南部山区虽山大沟深，但土地广袤肥沃，农林资源丰富，且集中了全县三分之一农业人口，自古为清水农业主产区。长期以来，由于交通不便，物不能畅其流，货不能尽其用，人民生活，比较困难。建国以来，历届政府虽多有打开县境对外南出口通道之设想，终因沿线山岭绵延，沟壑纵横，施工难度大而久久搁置。清社公路北起县城西干河桥头，沿关陇故道翻山越岭，南抵麦积区社棠镇，全长三十二点九五二公里，路基工程预算投资四千七百三十六万元。二〇〇六年四月二十一日，清社公路在既无项目支持，又无国家一分钱投资的条件下如期开工，县委县政府号召全县人民发扬"宁在苦中干，不在苦中熬"的当代红旗渠精神，有钱出钱，有力出力，同心同德，开拓脱贫致富通途；全县十八个乡镇打破地域界限，分段承包，协作施工，于群山峻岭间向贫穷落后宣战。省市领导关怀备至，多次亲临指导工程。四大组织领导人手一把铁锹，带头义务劳动，全县干部职工积极投工投劳。沿途百姓将妇挈雏，自带干粮，披星戴月，远涉数十余华里，为公路建设出力流汗，义务投工三十多万个。工程技术人员住帐篷，饮山泉，昼夜奋战建设工地。设计施工之际，先后征用土地四百八十亩，搬迁坟墓八十七座，移栽果树七千多棵，平挖青苗一百二十亩。沿线群众舍小家，顾大家，无怨无悔，鼎力相助。永清镇原泉村后峪组献出祖祖辈辈饮用的老井，草川铺乡村民搬迁祖宗

附录

1013

四代十座先祖坟茔，为工程让路。为解决资金短缺，县四大组织领导上兰州，进京城，争取专案。全县干部职工捐款捐资，垫付施工机械燃料费。兰天集团张建友先生、天水昊峰公司程俊峰先生相继捐款一百万元，清水邦丰公司史不朽先生捐资三十万元，支援工程建设。全县上下，三十余万民众万众一心，同舟共济，夏干三伏，冬战三九，顶烈日，冒酷暑，斗风雪，踏冰霜，苦干实干，完成路基土方一百五十二万立方米，石方五千七百立方米，防护工程六万九千九百八十六立方米，涵洞九十七道一千四百多延米，中桥两座，小桥两座，历时一年半时间就使路基全线贯通。

道路交通运输，利国利民之大事，发展经济之根本。清社公路与原红社公路相比，不仅与天水市区联系里程可缩短十二公里，且路幅宽，线型优，南部山区永清、草川、丰望三乡镇二十一个自然村十万人民商旅进出，农林产品外运，从此畅通无阻，是清水连接陇海铁路、三一〇国道和宝天高速最便捷的外出通道。全县人民自力更生，不等不要，自我挑战，一镐一锹，移山填沟。不仅于万山丛中开拓出一条致富通途，而且以实际行动创造并实践了"宁在苦中干，不在苦中熬"的当代红旗渠精神，其利在当代，功在千秋。其精神可颂可扬，其功德百世流芳。特立此碑，并刻捐款名录于后，以昭显人民精神永放光芒。

（捐款人名计6426人，从略）

中共清水县委清水县人民政府

二〇〇七年六月十五日

【题解】碑立清水县草川铺乡九龙山梁。2007年立石。横卧矩形大碑，大理石材，电脑魏碑体。碑面为记事碑文，碑阴为"宁在苦中干，不在苦中熬"的清水精神语。（见刘雁祥《天水金石录·天水卷》）

焦家庄乡南沿沟村道路建设碑

（碑阳）

南沿沟村道路建设简介

南沿沟村位于祁连山脚下，现有十个村民小组，590户，2341口人。耕地面积4636亩，人均1.8亩。多年来，村"两委"班子在县党委、政府的正确领导下，紧紧围绕"农业增效，农民增收，农村稳定"这个中心，积极调整产业结构，大力发展特色产业，组织实施劳务输转，使全村经济和村民收入实现了持续稳步增长的良好局面。

2008 年，乡党委、政府和村"两委"班子（党委、政府：张福清、杨延勇、赵文茂；村委会：马永录、曹雄鹏）认真学习贯彻科学发展观，积极推进新农村建设。针对全村土石道路年久失修、颠簸不平，制约经济全面发展的实际，以"国家农村道路建设年"为契机，积极争取国家投资，广泛发动村民筹资，努力寻求社会各方援助支持，投资 71.2 万元，建成了长达6.82 公里的乡村柏油马路建设。该道路的建成横贯全村 9 个社，直接受益村民 2341 人，极大改善了全村村容村貌，方便了群众生产生活，将为全村经济发展和新农村建设起到积极的推动作用。

焦家庄乡南沿沟村村委会

二〇〇八年十月

附

录

（碑阴）

功德榜（捐款单位、个人名略）

【题解】南沿沟村道路建设碑，位于金昌市南沿沟村古番和遗址之东公路旁边。该碑石为青色大理石质，高 95 厘米，横宽 130 厘米，厚 13 厘米。碑阳、碑阴碑文均从上到下、自左至右横书阴刻，皆隶书。碑座高 35 厘米，横宽 180 厘米，厚 86 厘米，为钢筋混凝土砌制，外贴枣红色瓷砖。（见祝巍山《甘肃金石录·金昌卷》）

中山铁桥百年纪念碑

（碑阳）

中山铁桥 [1] 百年纪念 [2] 碑

中共兰州市委兰州市人民政府

二〇〇九年八月

（碑阴）

铁桥百年赋

白塔耸峙，黄河东逝；古关静穆，楼映半空。一桥彩虹临波，百年流云飞渡。今逢盛世，毋忘尘忆，唯吾兰州，矢志创新，兹镌铭为念。

昔陇府金城重镇，绾丝路而通三秦，唯一河而成南北之堑。年及洪武，浮桥颤渡，然夏汛漫卷，冬凌凝寒。迨至清末之岁，始行建桥议案。遂集中西合璧以成，倾全省之力赴艰。柱砥中流，铁梁横空；终成勋业，蔚然景观。三边利济，商旅荣繁；通衢信步，九曲安澜，诚以"天下黄河第一桥"之隆誉，易名中山之佳话，谱写兰州解放之新篇，见证中华民族复兴之沧桑巨变。

噫嘻哉，百年古桥，风流永瞻；大河雄奔，虹影如幻。人文标志，独秀新天。带风情百里，襟绿涛两山；历史名胜，风光无限。夫若无祥风以润，金瓯之磐；铁石纵固，斯桥何延？是以国之发展，和谐为先；市之富强，稳定乃安。炎黄族裔，永承天眷；祺我兰州，康乐尽圆。

【题解】石碑左倚将军柱，右偎中山桥，取材于黄河兰州段整块天然石，高 340 厘米，长 480 厘米，宽 120 厘米，总重约 50 吨。混凝土基座，大理石贴面。碑阳镌刻"中山铁桥百年纪念碑"9 个隶书大字。碑阴镌刻马建勋创作（吴辰旭修改）的《铁桥百年赋》，以纪念铁桥建成百年，寓意经历沧桑的中山铁桥扼守黄河咽喉要道百年。赵正书丹。隶书，270 多字。

【作者】马建勋：辽宁省沈阳市人，1964 年出生。著名辞赋家，主要作品有《2009 盛世钟鸣祈福中华元旦颂辞》《己丑年清明祭黄帝陵文》（全球征文一等奖）、《平凉赋》等。

【修改者】吴辰旭：甘肃著名辞赋家。原甘肃日报记者，经济日报高级顾问。

【书者】赵正：号黎泉，山丹人。著名书法家，曾任甘肃省书法家协会主席。以汉简书知名海内。《黄河第一桥碑》（碑阳、阴）、"中山桥"桥名均为其书丹。

【注释】

[1] 中山铁桥：建成于清光绪三十三年（1909 年）。初名"兰州黄河铁桥"，后改称"中山桥"。全部建桥材料于光绪三十三年（1907 年）从德国

走海运到天津，再由甘肃洋务总局从天津转运至兰州，历时近两年。建桥的工程师是美国人满宝本和德国人德罗，施工负责人为天津人刘永起，施工人员以德商聘来的 69 名华洋工匠为主，历时 3 年建成。中山铁桥长 234 米，宽 7.5 米，有 6 墩 5 孔，桥上飞架 5 座钢架拱梁。造价白银 30.6 万两，有"黄河第一桥"之称。现为全国文物重点保护单位。

[2] 百年纪念：2009 年 8 月 26 日上午 10 时 30 分，中山铁桥桥南广场东西两侧礼炮齐鸣，黄河钢琴协奏曲环绕上空，中山铁桥百年庆典活动隆重举行。

中共甘肃省委、省人民政府、省军区和兰州市委、市人民政府等相关领导出席庆典仪式。100 年前参加过铁桥建设的比利时人林阿德先生的后裔，以及兰州市各界群众代表参加了庆典仪式。

在黄河钢琴协奏曲第二乐章《黄河颂》的音乐声中，著名表演艺术家陈逸恒满怀激情地朗诵了在全国征文赛中获得一等奖的《铁桥百年赋》。《铁桥百年赋》全国征文活动共收到来自全国 16 个省、市词赋作家的 86 篇作品。经评委会评审，评选出了 6 篇优秀作品。其中辽宁省沈阳市马建勋的作品获得一等奖；清华大学历史系在读博士、兰州市民张景平作品，重庆市綦江县胡健作品获得二等奖；兰州市文联岳逢春作品、山东省枣庄市韩邦亭作品、甘肃省档案馆陈乐道作品获得三等奖。庆典仪式上，省上领导为 6 位获奖作者颁奖。

在 8 月 26 日的中山铁桥百年庆典中，曾参与铁桥建设的比利时人林阿德的后裔一行 9 人引人关注。他们为能参加这次庆典而兴奋不已，脸上洋溢着喜悦的笑容，在桥前合影留念，追忆前人的功绩。林阿德的父亲林辅臣原名叫保罗·斯普林加德，于 1842 年 4 月出生于比利时首都布鲁塞尔附近的农村，1865 年 8 月来到中国，1881 年被李鸿章任命为首任肃州（今酒泉市）税务司，显赫一时，人称"林大人"。林辅臣在中国娶妻生子，有 3 儿 9 女，大儿子正是林阿德。1906 年，林辅臣返回比利时，为支持铁桥建设，于同年 5 月带 3 名工程技术人员返回中国。然而在返回途中，林辅臣不幸染疾病故。临终前，他将未竟的事业托付给大儿子林阿德。随后林阿德继承父亲遗志，协助兰州道彭英甲兴办实业，完成了林辅臣未竟的事业。林阿德后来被比利时委任为驻中国参赞。在中山桥边，林阿德的后裔福兰科（音）说："非常喜欢中国，中国是团结伟大的国家。我的祖母是兰州人，我有八分之一的中国血统，因此我对中国更加有感情。"

《甘肃省志·公路交通志（1991—2010）》
参与编纂人员

叶　林	程宏远	丁江涛	闫　丽	赵亚伟	杨在春
代献杰	蒲芳玉	张樱凡	陈小芬	马佳丽	金　倩
金治光	任　民	王晨帆	孙敏明	成文博	王鹏程
拦　博	张兆斌	李祥辉	蔡小宁	沈林兵	脱　瑛
燕育庆	金　磊	孟　洁	李军保	付　军	田多瑞
郭晓琴	曹铭钧	金生磊	吕　健	刘珊珊	王　莹
黄　文	司应举	樊姗姗	乔　欢	廖文辉	张　蕊
陈波宇	刘亚坤	何连玉	牛晓静	苏国才	魏春丽
王朝锋	魏　明	强晓东	郭娟娥	李　铎	王宏斌
付　顺	白英江	李照军	史铁平	邢永鹏	张　瑞
王忠平	李　戈	刘健康	杨虹伟	胡文博	闫科文
刘琴宝	李富东	王都堂	刘永雷	刘志功	陈建国
白亚平	鲁　睿	冯晓会	王亚妮	陈顺刚	刘兴龙
杨　盼	赵红梅	蔡　釜	王维学	刘　霞	杨　兰
赵志毅	马世民	陈　伟	张若萱	周　琳	叶秦显
柳顺才	陈新伟	许　恒	金凌星	张彤锋	朱　芸
郜　剑	吕双科	何　震	石建云	卢晓燕	王　伟
孙云龙	方　理	赵卫东	呼志健	严伟才	蒲仲棣
唐　亮	姚　超	陈美玲	王建平	雷　涛	李建春
崔秀华	车　成	李义虎	（排名不分先后）		

甘肃省地方史志编纂委员会文件

甘志委发〔2018〕18号

甘肃省地方史志编纂委员会
关于《甘肃省志·公路交通志（1991—2010)》出版的批复

省交通厅：

你厅 2018 年 8 月 9 日《关于送审〈甘肃省志·公路交通志（1991—2010)〉的报告》及志稿收悉。经省地方史志编纂委员会 2018 年 10 月 9 日主任会议终审，批准该志出版，公开发行。

此复。

甘肃省地方史志编纂委员会（章）

2018 年 10 月 29 日

后 记

　　《甘肃省志·公路交通志》遵循辩证唯物主义和唯物史观，坚持"存史、资治、教化"原则，全面、系统、客观、完整地记载甘肃省1991年—2010年全省公路交通事业的发展变化及其规律，反映公路交通系统攻坚克难、锐意进取、拼搏奉献、努力改变甘肃交通落后面貌的精神风貌，突出甘肃公路交通行业发展特色、脉络和交通行业取得的丰硕成果。

　　2006年，省政府办公厅批转省地方史志办公室《关于〈甘肃省志〉第二轮任务分解的通知》，其中《公路交通志》被列为第35卷，由甘肃省交通厅牵头完成。2007年《公路交通志》第二轮修志工作开始，但由于种种原因，修志工作没有完成。

　　2015年，省地方史志编纂委员会《关于印发〈甘肃省志〉第二轮编纂工作倒排工期表的通知》，要求《公路交通志》在2019年出版。2016年5月，省上正式印发《甘肃省地方志事业"十三五"规划》，并下发《"十三五"时期二轮省志编纂规划表》，明确每部志书每个年度的目标任务。省交通运输厅将第二轮修志工作列入工作重点，对《公路交通志》修志工作进行全面部署。

　　2016年7月，省地方史志办公室召开专题会议，对第二轮修志工作进行专题安排。会议结束后，省交通运输厅高度重视，成立厅领导和厅机关处室负责人及厅属各单位与各市（州）交通运输局主要领导组成的编纂委员会，编纂委员会下设编纂组和办公室，具体工作由省交通科技通信中心负责，并在年度预算中列入专项经费。从省公路管理局、省道路运输管理局等单位抽调3名具有较高政治理论修养和语言文字水平、熟悉全省交通运输工作，特别是1991年以来交通运输发展情况的人员，从事编纂工作，正式启动《公路交通志》编纂工作。7月29日，省交通运输厅召开《甘肃省志·公路交通志》编纂工作会议，全省交通运输系统50多个单位及交通厅机关各处室200多人参加会议。会议对《公路交通志》编纂工作做出全面安排，明确要求有关单位和部门落实人员，限定时间，按时保质保量完成编纂任务。制定下发《甘肃省志·公路交通志》编纂方案、《甘肃省志·公路交通志》编纂工作规程、《甘肃省志·公路交通志》目录。省交通运输厅与各修志单位签订《甘肃省志·公路交通志》编纂工作目标责任书，落实主体责任，确定工作时限。各市（州）交通运输局（委）、省公航旅集团、厅属各单位根据编纂工作要求，按照专兼职相结合的办法，落实编纂人员。随后对参加修志工作的分纂人员进行业务培训。主要编纂人员先后参加省地方史志办公室举办的培训班3期。编纂人员边学习边工作，准确领会落实省上关于修志工作的有关精神和要求，加强与《公路交通志》各编纂单位、部门的联系，并及时指导解决分纂单位、部门编纂过程中存在的困难和问题。各修志单位认真负责，按照目录要求，认真整理收集资料。2016年12月《公路交通志》编纂办公室组成3个督查组，对编纂单位进行督查，全面推进《公路交通志》编纂工作。

2017年4月底，各单位基本完成资料收集整理工作，进入长编编纂阶段。同年5月和7月，为提高编纂质量，加快长编报送速度，编纂办公室通过发督促函和深入各单位进行督查的形式，对长编报送工作进行督办促进，截至7月底，各修志单位均按目录要求结合本单位工作内容报送资料长编，总计约300万字。省地方史志办公室多次对修志工作进行督导，其间编纂组按照督导组的意见和建议对报送的长编逐卷进行审读，对报送资料不完整、不准确、不翔实及不符合志书稿件要求的，提出修改意见，反馈给修志单位补充完善。12月29日，《公路交通志》初稿完成。2018年5月，完成送审稿，共四编，计106万字。分别报省地方史志办公室、省交通运输厅编纂委员会各成员、各分纂单位、交通系统离退休老领导和专家进行审稿和征求意见。2018年6月8日，省地方史志办公室召开《甘肃省志·公路交通志》复审会议，编纂组根据会议要求进行了完善。同年7月9日，形成终审稿正式上报甘肃省地方史志编纂委员会终审。10月9日，甘肃省副省长、甘肃省地方史志编纂委员会主任何伟主持召开省地方史志编纂委员会主任会议对志稿进行终审。省政府办公厅主任、省地方史志编纂委员会副主任滕继国，省政府副秘书长、省地方史志编纂委员会副主任石培文，省委办公厅副主任赵有宁，省人大常委会办公厅副主任俞超，省政协办公厅副主任李耀永，省地方史志编纂委员会副主任、省地方史志办公室主任张军利，省地方史志办公室副主任郝宗维、李振宇、徐大武、张正龙，副巡视员石为怀出席会议。会议原则通过本志终审，要求按照终审意见认真修改完善，报省地方史志办公室审核、批复后出版。会后，编修办公室对全志作了修改，2018年10月29日省地方史志编纂委员会批准本志出版。

《甘肃省志·公路交通志》在编纂过程中，得到省地方史志办公室的全力指导，得到全省交通系统各单位及相关人员的大力支持协助，特别是地方志、出版界专家石为怀、周乾隆，交通系统专家王吉祥、王坚、尚晓青、马智义、陆田、王其功、赵淑巧、余小龙，校对专家陈永强、薛建伟等提出了许多宝贵的意见，全省交通系统各相关单位100多人参与资料收集与整理，在此一并表示感谢！

由于时间紧、任务重，再加上编纂工作人员水平所限，错误和遗漏在所难免，望读者批评指正。

编　者

2018年10月

后　记